中国石化
SINOPEC

BEIJING 2022

北京2022年冬奥会官方合作伙伴

中国石油化工集团有限公司
CHINA PETROCHEMICAL CORPORATION YEARBOOK

年鉴 2021

《中国石油化工集团有限公司年鉴》编委会　编

中国石化出版社

图书在版编目（CIP）数据

中国石油化工集团有限公司年鉴．2021 /《中国石油化工集团有限公司年鉴》编委会编．— 北京：中国石化出版社，2021.11

ISBN 978-7-5114-6500-9

Ⅰ．①中… Ⅱ．①中… Ⅲ．①石油化工厂—中国—2021—年鉴 Ⅳ．① F426.22-54

中国版本图书馆 CIP 数据核字（2021）第 224810 号

中国石化出版社出版发行

地址：北京市东城区安定门外大街58号
邮编：100011 电话：（010）57512500
发行部电话：（010）57512575
http：//www. sinopec-press. com
E-mail：press@ sinopec. com
北京科信印刷有限公司印刷

*

787×1092 毫米 16 开本 51 印张 77 彩页 1386 千字
2021 年 12 月第 1 版 2021 年 12 月第 1 次印刷
定价：380.00 元

《中国石油化工集团有限公司年鉴》2021 年卷

编　委　会

《中国石油化工集团有限公司年鉴》2021 年卷
编　辑　部

地　　址：北京市东城区安定门外大街 58 号

邮政编码：100011

电　　话：（010）57512413　57512414

电子信箱：chengqz@sinopec.com

The Editorial Department of

《CHINA PETROCHEMICAL CORPORATION YEARBOOK》

Add：58 Anwai Street, Dongcheng District, Beijing China

P.C：100011

Tel：+86-10-57512413/57512414

Email：chengqz@sinopec.com

编辑说明

一、《中国石油化工集团有限公司年鉴》（简称《年鉴》）是中国石油化工集团有限公司正式对外公布一定时期生产、经营、财务状况及有关数据资料的权威性出版物，向国内外公开发行。《年鉴》从1988年问世至今，已出版26卷。2021年卷《年鉴》为第27卷。

二、2021年卷《年鉴》全面、系统地记述了2020年集团公司在生产经营、深化改革、科技创新和企业管理等各方面的基本情况和重大事项，图文并茂，直观反映了集团公司及其所属企事业单位的新变化、新成果，为各级领导科学决策和科学管理提供依据，为集团公司内部和社会各界人士了解集团公司提供翔实、可靠、可鉴资料。

三、2021年卷《年鉴》共设27个栏目：大事记、总述、境内油气勘探开发、境内石油工程、炼油生产、化工生产、境内炼化工程、产品销售、资本与金融业务管理、国际化经营、重点工程建设、公用工程、安全生产、绿色低碳、科研开发与管理、企业改革与管理、财务资产管理、组织人事管理、物资采购与管理、数字化转型、内部监督、企业党建与企业文化、新闻与出版、企事业单位、人物、统计资料、附录。为便于读者查阅和检索，文前附中、英文目录，书后附企事业单位主题词索引和表题索引。

四、《年鉴》所收录的数据表中，空格表示该项统计数据不详，“—”表示无该项统计数据，“…”表示该项数据不足本表最小单位数。

五、《年鉴》中，“中国石油化工集团有限公司”简称“集团公司”，“中国石油化工股份有限公司”简称“股份公司”，两者统称“中国石化”。

六、《年鉴》中插图由各单位提供，图片版权归各单位所有。

七、在《年鉴》的编纂和出版过程中，承蒙有关单位领导、专家、管理人员的大力支持和帮助，在此，谨向为《年鉴》提供稿件和资料、对稿件进行审读把关以及给予《年鉴》各种帮助的人士，致以诚挚的谢意。对2021年卷《年鉴》存在的缺点和疏漏，诚请广大读者批评指正。

《中国石油化工集团有限公司年鉴》编辑部

2021年8月

董事长致辞

2020年是非同寻常、极不平凡的一年，新冠肺炎疫情全球蔓延、世界经济严重衰退、国际油价历史性暴跌、各类风险矛盾叠加碰头，公司经营发展经历了前所未有的艰难局面。面对严峻复杂形势，中国石化各级领导班子和广大干部员工坚持以习近平新时代中国特色社会主义思想为指导，在党中央、国务院的坚强领导下，坚持稳中求进工作总基调，聚焦“六稳”“六保”，抓主要矛盾、抓系统优化、抓底线防控、抓化危为机，勇夺疫情防控、生产经营双胜利，取得跑赢大市、好于预期的经营业绩。2020年，在国际油价同比（下同）下降21美元/桶条件下，公司实现营业收入2.14万亿元，利润总额726.22亿元，净利润620.5亿元，上缴税费2993亿元，盈利水平位居央企前列，品牌价值位居国内能源化工行业首位。

我们服务大事大局、挺身在前，“大国重器”顶梁柱作用进一步彰显。听从党中央号令，全力投身抗疫斗争，火速转产增产紧缺医卫原料物资，12天建成一条熔喷布生产线，76天从零起步建成全球最大的熔喷布生产基地，快速打通口罩产业链，坚决守护员工群众生命安全和身体健康。全面完成决战脱贫攻坚硬任务，如期攻克甘肃东乡深度贫困堡垒，集团公司定点扶贫和对口支援的8个县全部脱贫摘帽，67家直属企业承担的709个村的帮扶任务全面完成。聚焦提质增效稳增长，接续部署实施攻坚创效行动，积极应对低油价冲击，全力扭转经营困局，顺利完成国务院国资委下达的各项考核指标，发挥了稳定器、压舱石作用。

我们立足“两个大局”、深入谋划，公司未来发展的目标任务更加清晰。认真分析内外部环境，紧密结合公司实际，深入开展战略研讨，广泛征求意见，提出了世界领先发展方略，明确了构建以能源资源为基础、以洁净油品和现代化工为两翼、以新能源新材料新经济为重要增长极的“一基两翼三新”产业格局，制定了价值引领、市场导向、创新驱动、绿色洁净、开放合作、人才强企发展战略，开启了打造世界领先洁净能源化工公司新征程，凝聚起推动公司高质量发展的强劲动力。

我们围绕主责主业、转型升级，产业格局调整迈出坚实步伐。坚持以推进供给侧结构性改革为主线，持续优化投资结构、产业布局，着力提升全产业链竞争力。大力实施七年行动计划，油气探明储量大幅增长，原油产量实现硬稳定，天然气产销再创历史新高，进一步扛稳扛实油气保供政治责任；境外扭亏脱困顺利推进，连续三年实现自由现金流为正。炼油、销售和化工产业链持续做强做优，市场地位持续巩固，成品油经营量显著提升，低硫船燃占据市场主导，合成材料顶替进口势头强劲，中科炼化全面建成投产，镇海基地、海南乙烯和古雷一期等项目积极推进，阿穆尔天然气化工项目实现交割。新业务新业态稳健发展，产业资本孵化和撬动作用有效发挥，可降解材料加快布局，易派客、石化e贸、易捷等电商平台迅速发展，能源综合服务站加快建设，氢能、风能、光伏、地热等新能源有序发展。

我们聚焦活力动力、攻坚克难，改革创新管理效能持续释放。全面部署深化改革三年行动，油气管网资产、人员顺利完成划转移交，“双百行动”“科改示范行动”等专项改革扎实推进，“四供一业”分离移交进入收官，退休人员社会化管理基本完成，厂办大集体改革完成目标任务，“处僵治困”深入推进，驻京办专项清理成效得到巩固。打造技术先导型公司迈出坚实步伐，牵头承担的国家战略科技攻关任务取得积极进展，特深层油气勘探开发、超高温随钻测量、智能化节点地震仪等一批关键核心技术和装备取得突破；在浙江、广东推进新型研发机构建设；启动智能运营中心建设，加快智能制造试点与推广，转型升级的信息化基础更加牢靠。坚持强管理防风险，扎实开展对标世界一流管理提升行动，镇海炼化成为国资央企新标杆；深入推进安全生产专项整治三年行动，安全生产形势总体平稳；全力打好污染防治攻坚战，不断提高绿色企业创建质量，绿色发展水平持续提升。

我们着眼质量实效、争先进位，全面从严治党向纵深发展。党建工作在中央企业站排头、争第一的目标追求牢固树立，务实创新融合抓党建更加凸显，抓班子带队伍取得明显成效。大力培养优秀年轻干部，引进高校毕业生超万人。持续提升基层党支部标准化规范化信息化建设水平，“石化党建”信息系统实现功能应用全覆盖，基层班组党员力量覆盖达到100%。持续完善“大监督”格局，强化正风肃纪反腐高压态势，减存量、遏增量成效明显。大力传承石油精神、弘扬石化传统，持续推进作风建设，形成了同心同德谋发展、万众一心创伟业的强大凝聚力。

成绩来之不易，这是公司全体干部员工辛勤付出、共同奋斗的结果，凝结着以习近平同志为核心的党中央的亲切关怀，凝结着上级各部门、社会各界的指导帮助，凝结着广大客户和消费者的高度信赖，凝结着海内外合作伙伴的协作支持。在此，我代表公司董事会、管理层，代表公司全体干部员工，向所有关心、支持和帮助中国石化的朋友们表示衷心的感谢！

2021年是具有里程碑意义的一年，我们党迎来了百年华诞，“十四五”的宏伟画卷正在徐徐展开，中国石化站到了新的发展起点。我们将更加紧密地团结在以习近平同志为核心的党中央周围，坚持以习近平新时代中国特色社会主义思想为指导，全面贯彻党的十九大和十九届历次全会精神，笃定前行、只争朝夕，攻坚克难、再谱新篇，着力打造世界领先洁净能源化工公司，以更加优异的成绩庆祝建党100周年，为全面建设社会主义现代化国家贡献石化力量。

我们将持续加强对外合作，与您携手共创更加灿烂美好的明天！

马永生

组织机构图

（截至 2020 年底）

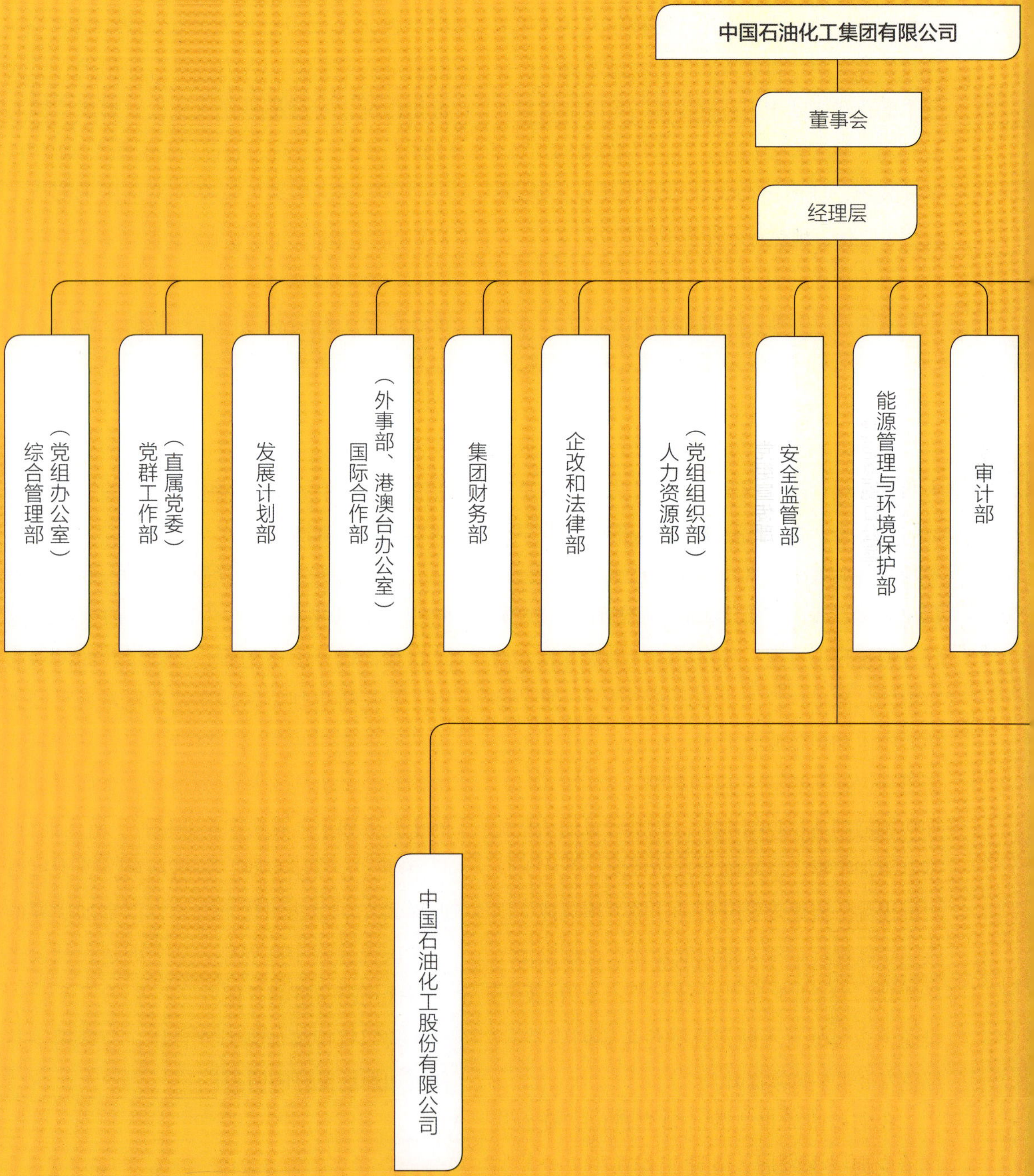

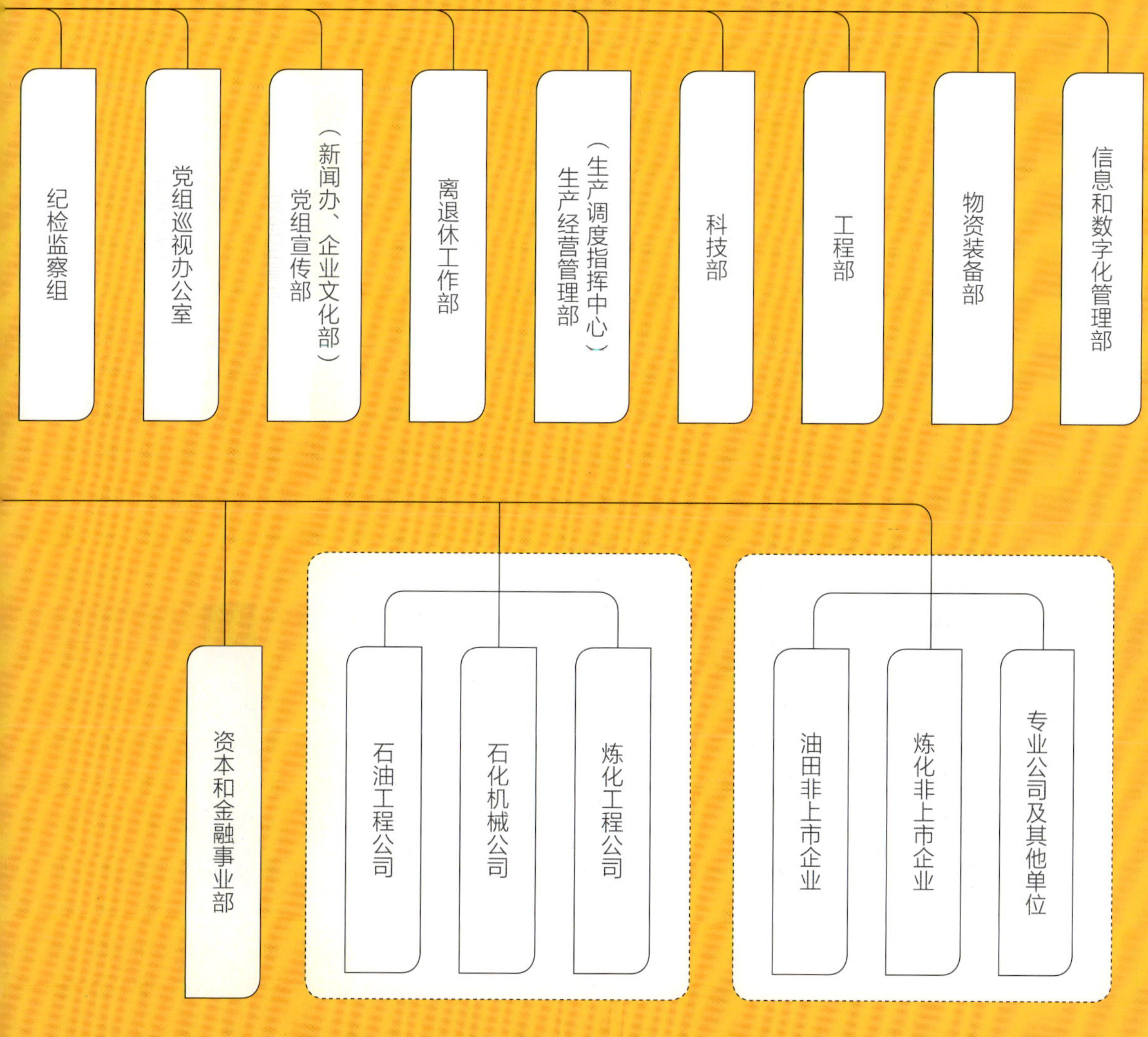
纪检监察组
党组巡视办公室
党组宣传部（新闻办、企业文化部）
离退休工作部
生产经营管理部（生产调度指挥中心）
科技部
工程部
物资装备部
信息和数字化管理部
资本和金融事业部
石油工程公司
石化机械公司
炼化工程公司
油田非上市企业
炼化非上市企业
专业公司及其他单位

单位：亿元
33000
27500
22000
16500
11000
5500
0
19 692
24 003
29 368
30 034
21 423
2016 年
2017 年
2018 年
2019 年
2020 年
营业收入

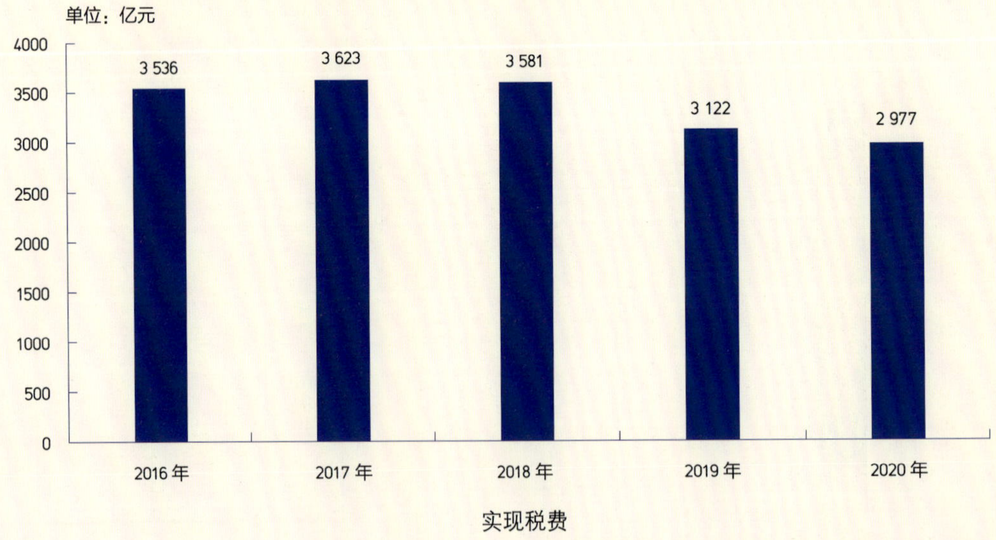
单位：亿元
4000
3500
3000
2500
2000
1500
1000
500
0
3 536
3 623
3 581
3 122
2 977
2016 年
2017 年
2018 年
2019 年
2020 年
实现税费

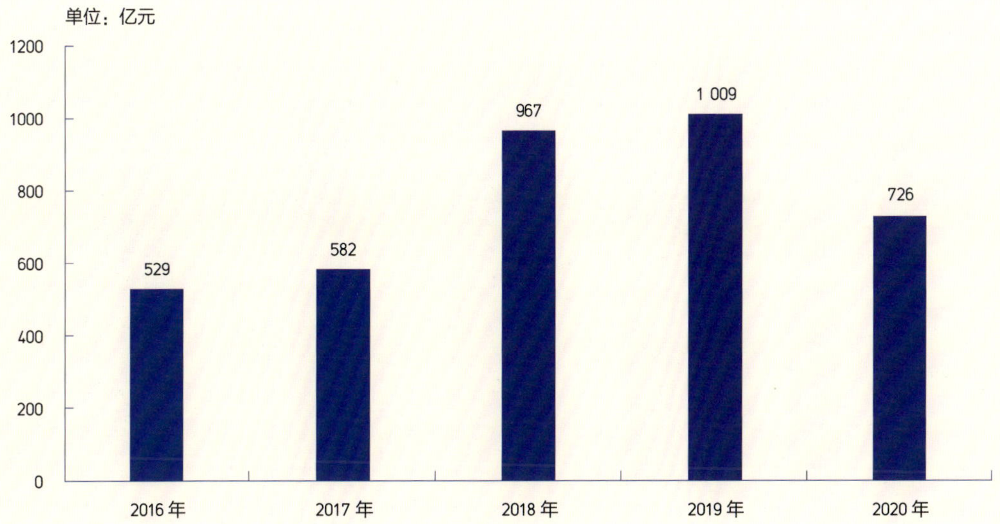

利润总额

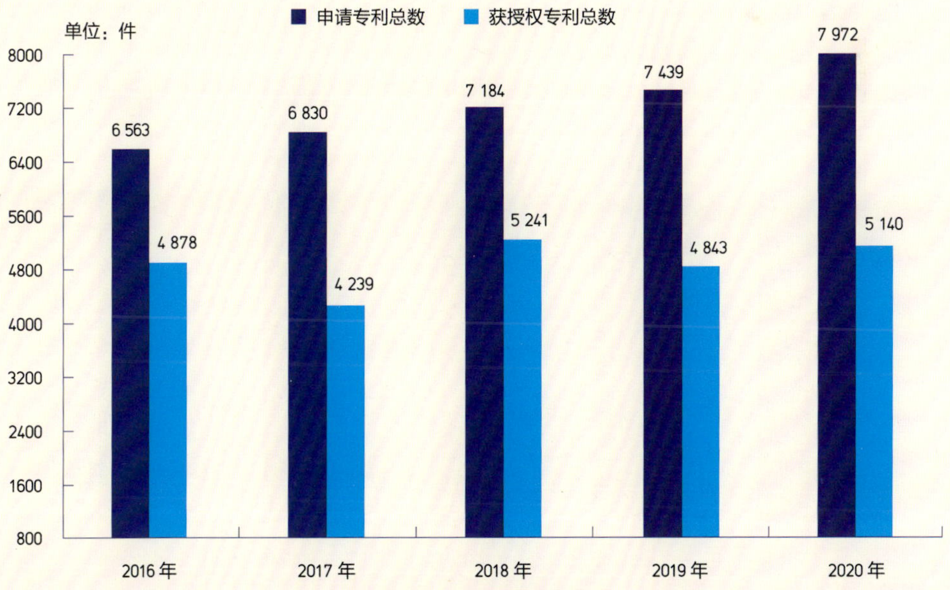

申请专利及获授权专利总数

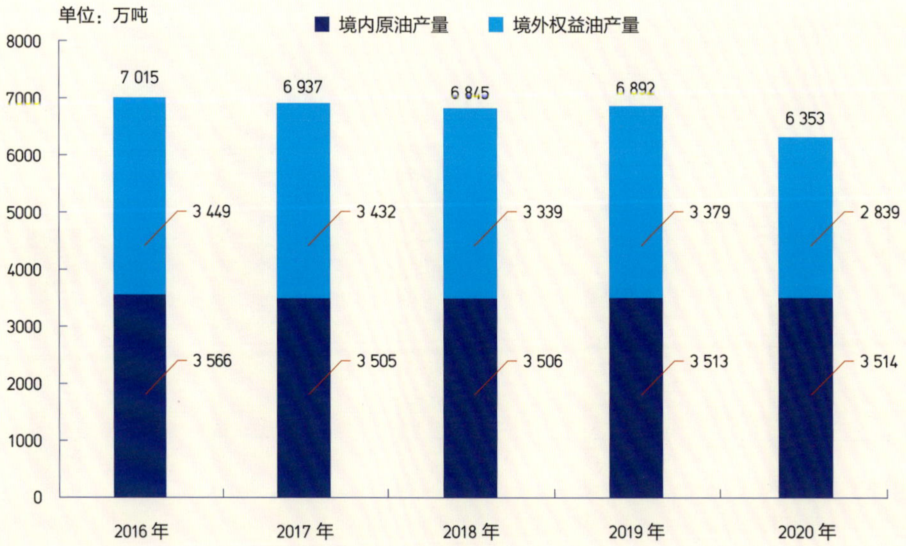

原油总产量

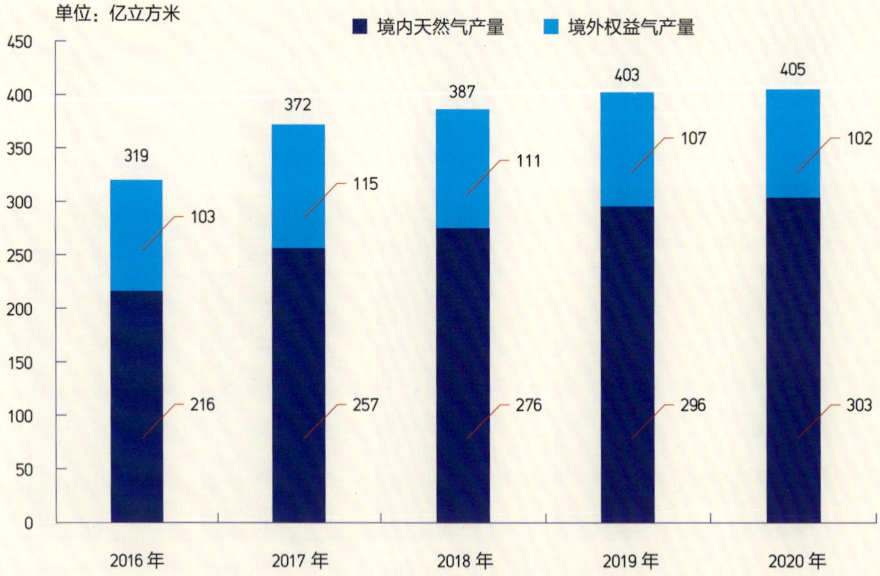

天然气总产量

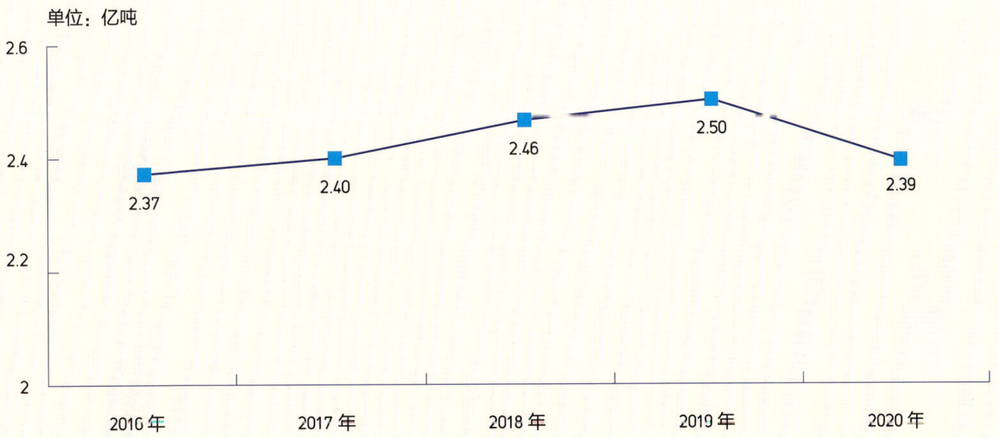

原油加工量

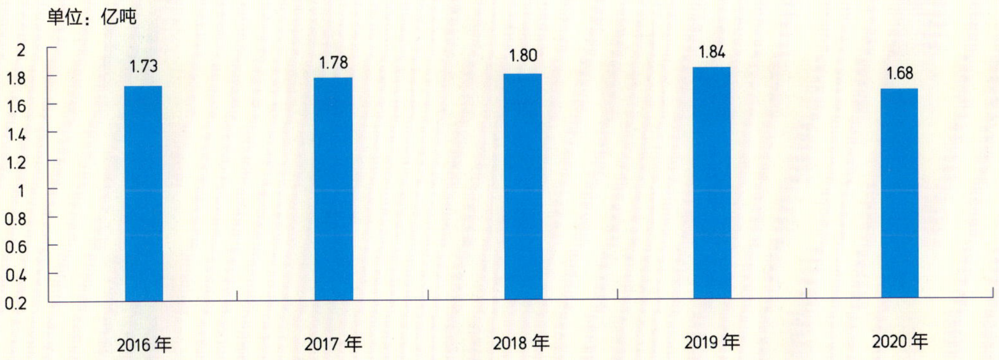

境内成品油经营量

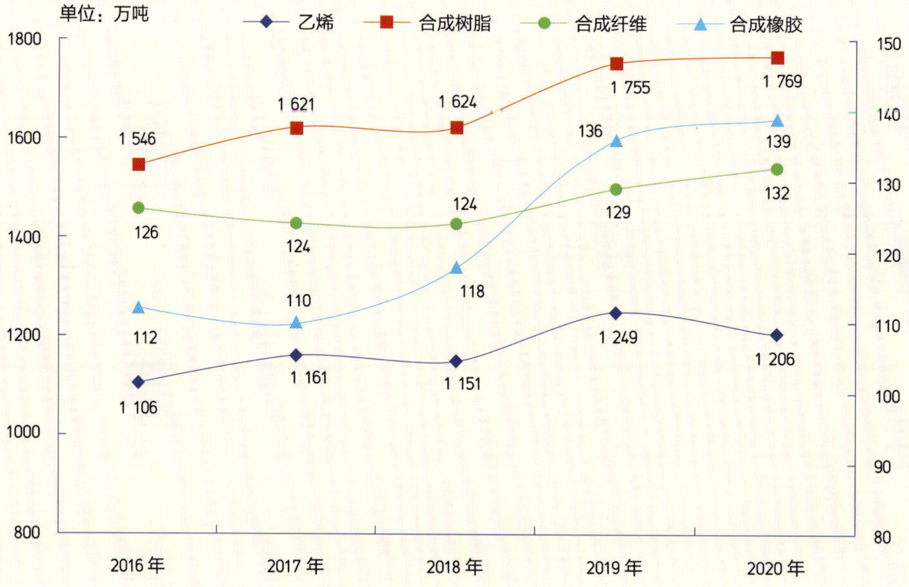

乙烯及三大合成材料产量

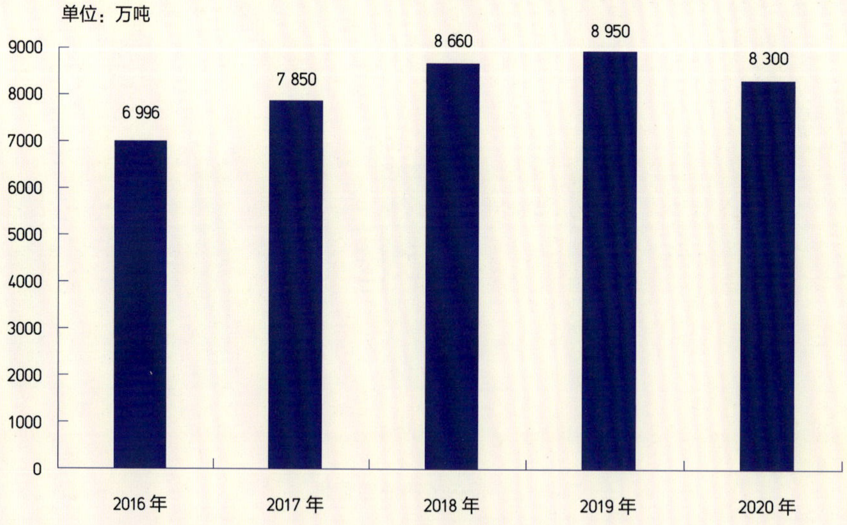

化工产品经营总量

2020 年，集团公司国内大力实施七年行动计划，油气探明储量大幅增长，原油产量实现硬稳定，天然气产销再创历史新高，油气保供政治责任进一步扛稳扛实，油气勘探取得 5 项重大突破、6 项新突破、17 项商业发现的新成果，超额完成年度储量任务。图为华东油气田吉泰 1 井施工现场

2020 年，集团公司大力推进高质量勘探和效益开发，加快天然气产供储销体系建设，油气盈亏平衡点持续下降，稳油增气降本成效显著。境内生产原油 3 514.4 万吨，增加 1.3 万吨；生产天然气 302.8 亿立方米，上产 6.9 亿立方米。境外上游深挖资源潜力，勘探成果显著，稳步推进开发建产，完成权益油气当量产量 3 672 万吨，扭亏脱困顺利推进，连续三年实现自由现金流为正。图为西南气田威荣页岩气田威页 35# 平台

2020 年，集团公司石油工程板块统筹推进拓市场、创效益、调结构、促改革等各项工作，有力保障集团公司稳油增气降本，全面完成年度各项目标任务。海外集中优势深耕重点市场，进一步巩固传统市场地位，项目运行高效平稳，全年新签合同额 26.8 亿美元，完成合同额 17 亿美元。图为中原石油工程公司顺利完钻的西北油田顺北 71X 井

2020 年，集团公司炼油板块扎实开展“百日攻坚创效”行动，积极推进持续攻坚创效，固根基、扬优势、补短板、强弱项，推动炼油业务迈出至暗时刻，稳住了高质量发展基本盘，打赢了转危为安主动仗，疫情防控、生产经营实现“双战双胜”。全年加工原油 2.39 亿吨。图为中科炼化一体化项目全景

2020年，集团公司化工板块一手抓疫情防控，保障员工健康和装置安稳运行；一手抓攻坚创效，努力完成生产经营各项任务，实现双战双胜，为“十三五”收官和决胜全面可持续发展交出一份满意答卷。全年化工产品经营总量8 300万吨；生产乙烯1 206万吨、对二甲苯494万吨。图为天津石化新建20万吨/年聚丙烯装置

2020年，集团公司炼化工程板块加强统筹、持续创新，炼化一体化的工程服务优势得到充分发挥，各项工作取得显著成效。境外市场及时调整开发策略，项目执行总体可控，二次经营成效显著，全年新签合同额15.37亿美元，完成合同额8.07亿美元。图为古雷炼化一体化项目建设现场

2020 年，集团公司炼油销售充分发挥一体化经营优势，以资源优化、渠道优化、产品细分及客户服务促进市场开拓，实现境内成品油经营量 1.68 亿吨；非油品营业收入增长 5.6%。天然气业务全力拓市扩销，落实了党组“好于预期、跑赢大市”的经营要求，全年销售天然气 552 亿立方米、增长 14%。图为江苏石油分公司某油库

2020 年，集团公司以“识别大风险、消除大隐患、杜绝大事故”为主线，推进 HSSE 体系有效运行，持续强化承包商安全管理，夯实员工健康工作基础，有序推进安全生产专项整治三年行动，安全生产形势保持总体平稳升。境外公共安全工作突出境外疫情防控、保障复工复产工作主线，持续完善管理体制和运行机制，不断加强风险评估与控制、风险防范与保障、应急处置与救援等工作，连续第 13 年保持境外公共安全“零死亡”纪录。图为广州石化组织消防演练

2020 年，集团公司全力打赢污染防治攻坚战，持续推进“绿色企业行动计划”，着力推进能效提升、资源利用、碳减排等重点工作，各项指标总体受控，绿色企业创建质量不断提升。全年固体废物合规处置率 100%，废气综合达标率达 99.9% 以上，二氧化硫、氮氧化物总量降低 4% 以上，外排废水达标率 100%、排放总量下降 3.2%，COD、氨氮排放总量下降 2% 以上。图为齐鲁石化乙烯产品罐区

2020 年，集团公司大力实施创新驱动发展战略，持续加大科技投入力度，牵头推进国家战略科技任务攻关，打造技术先导型公司迈出坚实步伐。全年申请专利 7 972 件、获授权专利 5 140 件；牵头项目获国家科技进步一等奖 1 项、二等奖 3 项，获国家技术发明二等奖 1 项，获中国专利金奖 1 项、银奖 3 项、优秀奖 6 项，专利综合优势继续位列中央企业首位。图为宁波新材料研究院揭牌运行

2020 年，集团公司大力推进产业数字化转型，“两化”融合成效显著，智能化“田厂站院”试点扩大，智能运营中心、“石化智云”平台建设取得突破，信息化、数字化支撑不断增强。图为广州石化作为发布主体，在“5G 与粤港澳大湾区发展论坛”上发布“5G+ 智慧石化”行业解决方案

2020 年，集团公司全面部署深化改革三年行动，油气管网资产、人员顺利完成划转移交，“科改示范行动”扎实推进，“双百行动”“三项制度”改革不断深化，“四供一业”分离移交进入收官，退休人员社会化管理基本完成，厂办大集体改革完成目标任务，“处僵治困”深入推进，驻京办专项清理成效得到巩固。大力培养优秀年轻干部，启动实施“三百三千”实践锻炼计划，新引进高校毕业生超万人。图为集团公司深化改革三年行动工作部署会

2020 年，集团公司党组坚持以习近平新时代中国特色社会主义思想为指导，以“中央企业党建巩固深化年”为抓手，聚焦务实、创新、融合，大抓责任、质量、实效，党建工作在中央企业站排头、争第一的目标追求牢固树立，党建质量持续提升，引领保障公司在大战大考中交出了合格答卷。图为集团公司召开党的政治建设推进会

2020 年，集团公司忠诚践行“两个维护”，坚定不移全面从严治党，持之以恒正风肃纪反腐，政治生态全面重塑并实现根本好转。坚守政治巡视定位，突出监督重点，创新方式方法，持续深化中央巡视整改，有序开展企业巡察工作，形成“一岗双责”“同题共答”协同推进的良好格局。全力推进审计制度建设、境外审计管理体制改革、审计队伍建设、审计工作转型升级等工作，完成全年审计监督任务和审计署经济责任审计迎审配合工作。图为集团公司党组第二轮巡视进驻动员暨警示教育大会

2020 年，集团公司大力传承石油精神、弘扬石化传统，持续推进作风建设，形成同心同德谋发展、万众一心创伟业的强大凝聚力。全面推进品牌战略实施，强化品牌顶层设计，体系建设日趋完善，发布全新品牌主张和品牌口号，品牌价值持续增值。图为集团公司“石油魂——大庆精神铁人精神”宣讲报告会

2020 年，集团公司面对疫情严峻形势，12 天建成一条熔喷布生产线，76 天从零起步建成全球最大的熔喷布生产基地，快速打通口罩产业链，坚决守护员工群众生命安全和身体健康。全面完成决战脱贫攻坚硬任务，如期攻克甘肃东乡深度贫困堡垒，集团公司层面定点扶贫和对口支援的 8 个县全部“脱贫摘帽”，67 家直属企业承担的 709 个村的帮扶任务全面完成。推进公益事业常态化发展，深入实施健康快车、情暖驿站等公益项目，让公司发展成果更多惠及人民群众。图为仪征化纤熔喷布项目全面投产

目录

境内石油工程

炼油生产

化工生产

境内炼化工程

产品销售

资本和金融业务管理

国际化经营

重点工程建设

公用工程

安全生产

绿色低碳

科研开发与管理

企业改革与管理

财务资本管理

组织人事管理

物资采购与管理

信息和数字化

内部监督

纪检监察

党组巡视

内部审计

企业党建与企业文化

企业党建

企业文化

新闻与出版

新闻媒体

图书出版

企事业单位

油气和新能源板块

炼油和销售板块

化工和材料板块

资本金融和支持板块

人　物

统计资料

附　录

索　引

CONTENTS

Petrochemical Production

Domestic Refinery and Chemical Engineering

Marketing

Capital and Financial Business Management

International Operation

Finance & Capital Management

Organization and Personnel Management

Material Purchase & Management

Information & Digitization

News & Publishing

News Media

Book Publishing

Enterprise & Institutions

Personages

Statistics

Appendix

Index

企业形象宣传专版单位名称

前插页

1：北京航天长征机械设备制造有限公司
2：中国工商银行股份有限公司北京市分行
3：天津钢管制造有限公司
4：贵研资源（易门）有限公司
5：星展银行（香港）有限公司
6：瑞穗银行（中国）有限公司北京分行
7：三菱 UFJ 银行香港分行
8：丸红（北京）商业贸易有限公司
9：林德亚太工程有限公司
10：立信会计师事务所（特殊普通合伙）
11：大华会计师事务所（特殊普通合伙）
12：未势能源科技有限公司
13：北京市海问律师事务所
14：北京龙禹易捷商贸有限公司
15：北京博奥晶典生物技术有限公司
16：天津安捷物联科技股份有限公司
17：浙江海正生物材料有限公司
18：上海重塑能源科技有限公司
19：江阴兴澄特种钢铁有限公司
20：华荣科技股份有限公司
21：湖南永通集团有限公司
22：江苏武进不锈股份有限公司
23：隆基绿能科技股份有限公司
24：上海化学工业区发展有限公司
25：蔚来汽车销售服务有限公司
26：天津中德工程设计有限公司
27：吴忠仪表有限责任公司
28：北京瑞赛长城航空测控技术有限公司

后插页

1：江苏油田
2：天然气分公司
3：石油工程技术研究院
4：石油物探技术研究院
5：新星公司
6：茂名石化
7：金陵石化
8：长城润滑油
9：塔河炼化
10：石油化工科学研究院
11：镇海炼化
12：扬子石化
13：上海石化
14：扬巴公司
15：中韩石化
16：中原石化
17：上海石油化工研究院
18：北京化工研究院
19：广州（洛阳）工程公司
20：财务公司

中国石化
SINOPEC

大事记

2020 年

2020

1月

17 日　中央组织部宣布中央关于集团公司董事长、党组书记调整的决定：张玉卓任中国石油化工集团有限公司董事长、党组书记。

2月

7 日　中国石化与合作伙伴对接完成 11 条口罩生产线。

21 日　中共中央政治局常委、国务院总理、中央应对新冠肺炎疫情工作领导小组组长李克强到中国石化合作企业考察口罩生产情况。

3月

6 日　燕山石化熔喷无纺布生产线一次开车成功，产出合格产品。

9 日　中国石化首批熔喷布制成口罩。

14 日　中国石化每日自产协产口罩双超百万。

23 日　中国石化部署开展“百日攻坚创效”行动。

25 日　张玉卓当选中国石油化工股份有限公司董事长。

29 日　仪征化纤熔喷布生产线一次投产成功。

4月

14 日　中国首个深层页岩气田——威荣页岩气田建设全面铺开。

5月

7 日　中国石化成功发行 30 亿美元境外债券，创公司债券历史最低利率水平。

9 日　中国石化 16 条熔喷布生产线全部投产。

10 日　2020 中国品牌价值评价信息发布，中国石化品牌价值位居能源化工行业第一，在全国排名第二。

12 日　根据中央组织部任职决定，赵东任集团公司党组副书记。

20 日　中国石化发布 2019 年度社会责任报告。报告指出，2019 年中国石化实现税费 3 122 亿元，炼油能力和芳烃生产能力均排名全球第一，投入扶贫资金 2.31 亿元。

6月

5 日　“中国石化公众开放日”入选生态环境部、中央文明办评选的十佳公众参与案例。

16 日　中科炼化一体化项目正式投产。

28 日　中国石化成立风险管理公司。

7月

1 日　根据中央组织部任职决定，张少峰任集团公司党组成员、总会计师。

14 日　国家知识产权局发布第 21 届中国专利奖授奖决定，中国石化 10 项专利获奖，其中专利金奖 1 项、银奖 3 项、优秀奖 6 项。

17 日　中国石化获 2019 年度中央企业负责人经营业绩考核 A 级。

8月

8 日　中国石化轮值冬奥会合作伙伴俱乐部主席单位。

9 日　中国石化获中国品牌节年会授予的抗疫致敬品牌企业、华谱奖 2 个奖项。

10 日　财富中文网发布 2020 年《财富》世界 500 强排行榜，中国石化名列第 2 位。

11 日　中国石化部署推进对标世界一流管理提升行动。

25 日　中国石化举办就业帮扶临夏州（东乡）专场招聘会，提供 133 个工种供当地大中专毕业生选择。

9月

3 日　中国石化启动自 1983 年成立以来最大规模的毕业生招聘。

11 日　中国石化首次举办境外“云开放日”活动。

30 日　中国石化石油销售公司正式运营。

10月

2 日　中国石化北斗运营服务中心开工建设。

10 日　中国石化部署推进深化改革三年行动。

11月

3 日　根据中央组织部任职决定，李永林任集团公司党组成员、副总经理。

20 日　中国石化 6 家企业获第六届全国文明单位称号。

21 日　中国石化定点扶贫的甘肃东乡县，湖南凤凰县、泸溪县，安徽颍上县、岳西县，新疆岳普湖县和对口支援的西藏班戈县、青海泽库县全部实现脱贫摘帽。

23 日　中国石化启动碳排放达峰和碳中和战略研究。

24 日　中国石化 21 人获全国劳动模范称号。

30 日　中国石化首套乙醇胺装置开车成功。

12月

3 日　中国石化获中国证券金紫荆特别奖项。

10 日　中国石化获联合国全球契约组织“2020 实现可持续发展目标企业最佳实践”荣誉。

15 日　广州石化氢燃料电池供氢中心一期项目投产。

18 日　中国石化部署试点经理层成员任期制和契约化管理。

28 日　中国石化召开工作会议，全面部署实施世界领先发展方略，开启打造世界领先洁净能源化工公司新征程。

中国石化
SINOPEC

总　述

2020 年度报告速览

2020年是非同寻常、极不平凡的一年，新冠肺炎疫情全球蔓延、国际油价历史性暴跌、各类风险矛盾叠加碰头，中国石化经营发展经历了前所未有的困难局面。面对严峻挑战，在以习近平同志为核心的党中央坚强领导下，中国石化各级领导班子和广大干部员工聚焦“六稳”“六保”，坚持抓主要矛盾、抓系统优化、抓底线防控、抓化危为机，取得了疫情防控和生产经营双战双胜。全年，在国际油价同比（下同）下降21美元/桶条件下，中国石化实现营业收入2.14万亿元，利润总额726.22亿元，净利润620.5亿元，上缴税费2 993亿元。

服务大事大局、挺身在前，“大国重器”顶梁柱作用进一步彰显。面对疫情严峻形势，认真贯彻落实以习近平同志为核心的党中央的决策部署，12天建成一条熔喷布生产线，76天从零起步建成全球最大的熔喷布生产基地，快速打通口罩产业链，坚决守护员工群众生命安全和身体健康。全面完成决战脱贫攻坚硬任务，如期攻克甘肃东乡深度贫困堡垒，集团公司层面定点扶贫和对口支援的8个县全部脱贫摘帽，67家直属企业承担的709个村的帮扶任务全面完成。聚焦提质增效稳增长，接续推进“百日攻坚创效”“持续攻坚创效”行动，全力应对低油价冲击，全力扭转疫情造成的经营困局，取得跑赢大市、好于预期的经营业绩，发挥了稳定器、压舱石作用。

立足“两个大局”、深入谋划，公司未来发展的目标任务更加清晰。认真分析内外部环境，紧密结合集团公司实际，深入开展战略研讨，广泛征求意见，提出了世界领先发展方略，明确了构建以能源资源为基础、以洁净油品和现代化工为两翼、以新能源新材料新经济为重要增长极的“一基两翼三新”产业格局，制定了价值引领、市场导向、创新驱动、绿色洁净、开放合作、人才强企发展战略，开启了打造世界领先洁净能源化工公司新征程，凝聚起推动公司高质量发展的强劲动力。

围绕主责主业、转型升级，产业格局调整迈出坚实步伐。国内大力实施七年行动计划，油气探明储量大幅增长，原油产量实现硬稳定，天然气产销再创历史新高，油气保供政治责任进一步扛稳扛实；境外持续优化投资和经营策略，实现了自由现金流为正。炼油、销售和化工产业链持续做强做优，市场地位持续巩固，成品油经营量显著提升，低硫船燃占据市场主导，合成材料顶替进口势头强劲，中科炼化全面建成投产，镇海基地、海南乙烯和古雷一期等项目积极推进，阿穆尔天然气化工项目实现交割。新业务、新业态稳健发展，产业资本孵化和撬动作用有效发挥，可降解材料加快布局，“易派客”“石化e贸”、易捷等电商平台迅速发展，能源综合服务站加快建设，氢能、风能、光伏、地热等新能源有序发展。

聚焦活力动力、攻坚克难，改革创新管理效能持续释放。全面部署深化改革三年行动，油气管网资产、人员顺利完成划转移交，“双百行动”“科改示范行动”等专项改革扎实推进，“四供一业”分离移交进入收官，退休人员社会化管理基本完成，厂办大集体改革完成目标任务，“处僵治困”深入推进，驻京办专项清理成效得到巩固。打造技术先导型公司迈出坚实步伐，牵头承担的国家战略科技攻关任务取得积极进展，特深层油气勘探开发、超高温随钻测量、智能化节点地震仪等一批关键核心技术和装备取得突破；在浙江、广东推进新型研发机构建设；启动智能运营中心建设，加快智能制造试点与推广，转型升级的信息化基础更加牢靠。坚持强管理、防风险，扎实开展对标世界一流管理提升行动，镇海炼化成为国资央企新标杆；深入推进安全生产专项整治三年行动，安全生产形势总体平稳；全力打好污染防治攻坚战，不断提高绿色企业创建质量，绿色发展水平持续提升。

着眼质量实效、争先进位，全面从严治党向纵深发展。党建工作在中央企业站排头、争第一的目标追求牢固树立，务实、创新、融合抓党建更加凸显，抓班子带队伍取得明显成效。大力培养优秀年轻干部，启动实施“三百三千”实践锻炼计划，新引进高校毕业生超万人。持续提升基层党支部标准化、规范化、信息化建设水平，“石化党建”信息系统实现功能应用全覆盖，基层班组党员力量覆盖达100%。持续完善“大监督”格局，强化正风肃纪反腐高压态势，减存量、遏增量成效明显。大力传承石油精神、弘扬石化传统，持续推进作风建设，形成了同心同德谋发展、万众一心创伟业的强大凝聚力。

2021年是具有里程碑意义的一年，中国共产党将迎来百年华诞，“十四五”的宏伟画卷正在徐徐展开，中国石化站到了新的发展起点。中国石化将更加紧密地团结在以习近平同志为核心的党中央周围，坚持以习近平新时代中国特色社会主义思想为指导，全面贯彻党的十九大和十九届二中、三中、四中、五中全会精神，笃定前行、只争朝夕，克难奋进、再谱新篇，着力打造世界领先洁净能源化工公司，以更加优异的成绩庆祝建党100周年，为全面建设社会主义现代化国家贡献石化力量。

中国石化
SINOPEC

境内油气勘探开发

综述 | 油气勘探 | 油田开发 | 气田开发
采油气管理 | 油气集输 | 设备管理 | 基层管理

综　　述

2020年，国内上游坚持以习近平新时代中国特色社会主义思想为指引，全面贯彻落实习近平总书记“四个革命，一个合作”能源安全新战略和重要批示精神，认真贯彻中央“六稳”“六保”部署，全力落实集团公司党组工作安排，积极应对新冠肺炎疫情和低油价冲击的大战大考，以攻坚创效行动为抓手，严抓疫情防控，迅速复工复产，积极应对低油价冲击，全力落实七年行动计划和稳油增气降本实施方案，精心编制国内上游“十四五”发展规划和重点盆地展现发展规划，聚焦低成本发展和增加经济可采储量，加强高质量勘探和效益开发，狠抓稳油增气降本，加快天然气产供储销体系建设，加大改革创新、精益管理，全面完成年度各项目标任务，夺取了疫情防控和生产经营“双战双胜”。

一、疫情防控有力有效

听党指挥、闻令而动，全力投入疫情防控人民战争、总体战、阻击战，坚决守护员工群众生命安全和身体健康，千方百计克服重重困难，积极创造条件迅速全面复工复产，毫不松懈抓好常态化疫情防控，接续开展“百日攻坚创效”“持续攻坚创效”行动，把疫情影响降至最低，发挥了勘探开发产业链带动作用。

二、油气勘探取得重大突破

持续加大勘探投入，深化基础研究，以“八个共同”一体化推进高质量物探，加大风险勘探和圈闭预探，强化重点区带评价，取得5项重大突破、8项重要突破、6项新突破、17项商业发现，全年新增石油探明储量1.3亿吨、天然气探明储量3 756亿立方米，分别增长25%和33%。

三、原油产量保持硬稳定

研究制订不同油价情景下的应对方案，根据油价走势优化产能和产量结构，暂缓平衡油价高于40美元/桶的产建项目，扎实推进顺北一区、准西缘、济阳、胜利难采储量等产建项目，全年新建原油产能253.8万吨；狠抓老油田精细开发，全年自然递减率稳定在10.2%。全年生产原油3 514.4万吨，增加1.3万吨。

四、天然气增产增销增效再创佳绩

开发方面，聚焦少井高产，加快威荣、南川、川西、东胜、河坝等气田产建，持续推进涪陵页岩气田立体开发，抓好普光、元坝、大牛地等气田稳产，全年新建天然气产能59.2亿立方米，增加24.3亿立方米；生产天然气302.8亿立方米，上产6.9亿立方米。经营方面，全力做好采暖季天然气保供，研究完善储气库建设运营模式，做好区域精准营销和市场攻坚，加快储运设施建设，全年经营天然气544.9亿立方米，增加54.1亿立方米，增幅11%，较全国平均增幅高6个百分点；市场份额达16.8%，增长0.8个百分点。全年天然气全产业链盈利104亿元，增加40.3亿元。

五、工程“四提”“五化”成效显著

加强油公司和石油工程公司一体化协同，制订实施方案，坚持示范引领，完善制度标准，建立技术模板，以“十大措施”推进石油工程“四提”，平均钻井周期缩短22.2%、压裂施工效率提高31.1%、钻井故障复杂时效降低58.7%、页岩气单井产量提高10.4%，钻机动用率显著提升，降低工程成本11.2亿元。以五大示范工程引领推进地面工程“五化”，顺北五号联合站节约用地80亩（5.33万平方米）、缩短施工周期30%；页岩气标准化集气站场节约用地28.3%、缩短工期22.5%；老区优化简化实现降本增效3.3亿元；扎实推进标准化采购，节约采购资金8.6亿元。加大采油工程创新创效力度，全年抽油井检泵周期延长52天、维护作业频次降低0.03、分注率提高0.7个百分点、措施有效率提高1.3个百分点。

六、降本增效力度持续加大

强化“左右不了油价，但可以控制成本”的意识，加强投资、储量、产量、成本和效益“五统一优化”，严格全员全要素全过程成本管控，全力推进十大降本增效项目，抓实SEC储量目标管理，深化区块目标管理和“三线四区”模型应用，全年油气盈亏平衡点分别降低 8.1 美元 / 桶、19 元 / 千米^3。在国际油价降低 20 美元 / 桶的情况下，国内上游实现管理口径盈利 10.7 亿元。

七、科技创新取得新成果

持续抓好国家重大专项和关键勘探开发理论技术攻关应用，断陷盆地油气精细勘探理论技术及示范应用、高含水油田提高采收率关键工程技术与工业化应用、大型复杂碳酸盐岩油藏高效开发关键技术及应用获国家科技进步二等奖，单点高密度地震、超深层油气勘探开发、大幅度提高采收率、常压和深层页岩气低成本开发、陆相页岩油气勘探开发、旋转导向钻井、高温测井等技术和装备攻关应用取得重要进展，勘探开发云和生产信息化平台为攻坚创效提供了有力支撑。

八、改革管理迈出新步伐

适应国家油气体制改革，加强“中—中”合作，获取中国海油海上 4 个招商区块；抓住国家管网改革契机，组织加快推进天然气销售体制改革；全面贯彻落实集团公司深化改革三年行动方案、对标世界一流管理提升行动实施方案，研究制订国内上游实施方案；突出价值引领和可持续高质量发展导向，组织修订国内上游企业绩效考核体系；深化油公司改革和“三项制度”改革，推动存续业务改革调整，抓好难动用储量合作有效开发，深化自主承包经营，推动老油田外闯市场创收创效，资源配置效率效益持续提高。

九、安全环保严抓不懈

抓好 HSSE 管理体系运行，推进安全生产专项整治三年行动计划，组织召开 3 次安全事故事件反思会，严抓矿权交叉开采等重大安全风险管控，启动地质灾害风险等级判定标准研究和编制，推进抽油机本质安全提升改造，抓好设备设施完整性管理体系试点建设，完成元坝净化厂联合装置泄漏爆炸和检修作业重大风险降级等重大隐患整治。组织召开 3 次集团公司井控领导小组会，开展西北工区井控应急演练，确保了井控安全。深入推进绿色企业行动计划，西北油田、河南油田、江汉油田和华北油气田通过绿色企业创建验收；累计实施 112 个能效提升项目，单位油气综合能耗、电耗分别降低 2.9%、5.6%；完成 93 个污染防治攻坚项目，全年废水、废气污染物排放分别减少 5.6%、18.3%。

（王立杨）

油气勘探

【概述】 2020 年，集团公司各油田企业持续加大高质量勘探，油气勘探整体呈现良好发展态势，全年新增石油探明储量 1.3 亿吨、控制储量 2.08 亿吨、预测储量 2.1 亿吨，天然气探明储量 3 756 亿立方米（含页岩气 1 918 亿立方米）、控制储量 1 675 亿立方米、预测储量 2 816 亿立方米，三级储量油气当量超额完成计划指标。截至年底，集团公司在全国 36 个陆上盆地和 5 个海域盆地拥有勘查区块 190 块，面积 43.69 万平方千米；6 个区块增列页岩气勘查矿种，增列面积 1.32 平方千米。

（时应敏）

【常规勘探工作量】 2020 年共完成二维地震 566 千米、三维地震 5 237 平方千米；完成风险井 8 口、预探井 106 口、评价井 152 口、滚动勘探与油藏评价井 225 口，合计 491 口井、进尺 153.88 万米。预探井获工业油气流 39 口，成功率 45.3%。风险探井获工业油气流 3 口。

（时应敏）

【2 项重大突破】 ①塔里木盆地顺北地区奥陶系新区带油气勘探取得重大突破，顺北 41X、顺北 57X、顺北 71X、顺北 52A 井获高产工业油气流，顺北地区主干一级、二级断裂及分支断裂实现新突破，进一步证实下古生界碳酸盐岩断溶体整体含

油、局部富集、储层控富的成藏特征，为落实顺北油田10亿吨资源阵地奠定坚实基础。②四川盆地川东地区寒武系新层系天然气勘探取得重大突破，平桥1井获高产工业气流，证实下组合存在“新生古储、侧向供烃”成藏模式，开辟了海相勘探新领域，新增天然气控制储量112亿立方米，落实区带资源量5 000亿立方米，有望成为新的资源阵地。

（时应敏）

【7项重要突破】 ①胜利滩海东部斜坡带古近系新区带勘探取得重要突破，桩海斜25井、埕北830井获高产工业油流，新增石油预测储量1 076万吨，初步落实古近系圈闭资源量2亿吨，有望形成规模增储新阵地。②东营凹陷新区带新类型油藏勘探取得重要突破，丰深斜11井深层系获高产油气流，新增石油预测储量1 008万吨，进一步落实盐家—利津地区沙四下砂砾岩圈闭资源量5 200万吨；利910、利940、利斜890、滨斜695、坨斜726、坨斜729、坨斜768等井中浅层系获工业油气流，进一步落实东营凹陷洼陷带岩性圈闭资源量6 500万吨，揭示了成熟探区多层系的勘探潜力。③川西南二叠系新层系勘探取得重要突破，井研地区金山1井火山岩获工业气流，新增天然气预测储量783亿立方米，对培育川西南规模增储新阵地具有重要意义；威远地区靖和1井茅一段泥灰岩、茅二段溶蚀缝洞储层获工业气流，落实圈闭资源量1 064亿立方米，威荣页岩气田进行立体勘探具有广泛前景。④资阳地区须家河组油气勘探取得重要突破，东峰5井须五段勘探取得成功，新增天然气预测储量364亿立方米，有望形成规模增储新阵地。⑤大牛地盐下奥陶系勘探取得重要突破，风险探井大深1井马四段钻遇良好气层，新增预测储量405亿立方米，证实深层风化壳岩溶具备较好的勘探潜力。⑥普光探区新层系勘探取得重要突破，立体勘探部署普陆3、杨柳1、宣汉1等井，分别在陆相侏罗系致密气和海相茅口组岩溶气领域取得成功，落实陆相圈闭资源量1 234亿立方米、海相茅口组圈闭资源量1 121亿立方米，拓展了新的勘探层系。⑦松南深层高压气藏新类型勘探取得重要突破，长岭查干花次凹查1、查2井、龙凤山次凹北5、北212侧井均取得成功，新增天然气预测储量191亿立方米、控制储量105亿立方米，初步落实圈闭资源量520亿立方米。

（时应敏）

【5项新突破】 ①四川盆地通江地区须家河组断缝体天然气勘探取得新突破，马4、马5井须家河组取得成功，新增天然气控制储量193亿立方米，落实圈闭资源量1 115亿立方米。②鄂尔多斯盆地彬长地区油气勘探取得新突破，泾河75、55井中生界获成功，新增天然气预测储量739万吨、控制储量612万吨；风险勘探长探1井古生界获工业气流，提升了鄂南海相勘探潜力。③白音查干凹陷斜坡带腾下段油气勘探取得新突破，达66、67井取得成功，新增石油预测储量1 188万吨。④泌阳凹陷东部砂砾岩体油气勘探取得新突破，部署实施泌291井，老井复试井泌453井均获成功，新增石油预测储量810万吨油当量。⑤苏北盆地盐城、金湖凹陷新区带勘探取得新突破，盐城5、盐城6、河8井均获工业油气流，落实圈闭资源量5 933万吨，拓展了勘探新领域。

（时应敏）

【16项商业发现】 石油方面，顺北油田5号断裂带油气勘探获重大商业发现，新增石油探明储量3 104万吨、控制储量4 692万吨；塔河油田TH12560X井区奥陶系油藏勘探获商业发现，新增石油探明储量2 748万吨；东营凹陷石油勘探获重大商业发现，新增石油探明储量1 615万吨、控制储量737万吨；准噶尔西缘石油勘探获商业发现，新增石油探明储量1 605万吨；沾化凹陷石油勘探获商业发现，新增石油探明储量1 246万吨；滩海地区石油勘探获商业发现，新增石油探明储量1 007万吨；高邮、金湖凹陷油气获商业发现，新增石油探明储量213万吨、控制储量505万吨；泌阳、南阳凹陷油气勘探获商业发现，新增石油探明储量333万吨油当量、控制储量505万吨油当量；惠民凹陷石油勘探获商业发现，新增石油探明储量286万吨、控制储量398万吨；溱潼凹陷西斜坡阜三段勘探获商业发现，新增石油探明储量236万吨、控制储量276万吨。天然气方面，川西气田雷四段气藏勘探获重大商业发现，新增

天然气探明储量830亿立方米；元坝地区西部须三段致密气勘探获商业发现，新增天然气探明储量318亿立方米；东胜气田新召区带天然气勘探获商业发现，新增天然气探明储量234亿立方米、控制储量135亿立方米；长岭断陷龙凤山地区天然气获商业发现，新增天然气探明储量144亿立方米、控制储量72亿立方米，新增凝析油探明储量88万吨、控制储量221万吨；大牛地气田大98、大48等井区天然气勘探获商业发现，新增天然气探明储量281亿立方米；西湖凹陷武云亭地区构造—岩性复合油气藏勘探获商业发现，新增天然气探明储量32亿立方米气当量。

（时应敏）

【3个好苗头】 ①顺北地区顺北隆1井获工业油气流，断裂带之外"穹窿+断裂"新类型油气勘探发现好苗头；②川北地区马7井获工业气流，雷口坡组勘探发现好苗头；③中扬子地区风险探井枫1井灯影组、长兴组储层发育，灯影组试获气流，海相新区勘探发现好苗头。

（时应敏）

【勘探效益】 2020年共预探圈闭171个，完钻125个，新获工业油气流圈闭51个，圈闭预探成功率32.5%。平均每口探井探明油气地质储量106.8万吨，每米进尺探明油气地质储量312.7吨，每吨探明油气地质储量直接成本38.8元。

（时应敏）

【非常规勘探开发工作量】 2020年完成二维地震584千米、三维地震750平方千米；完成钻井225口，进尺112.2万米，其中完成探井31口、开发井194口，投产179口，新建页岩气产能34亿立方米。

（王　烽）

【非常规油气勘探进展】 ①川东南侏罗系陆相页岩油气新领域勘探获重大突破，涪页10HF井试获日产油17.6立方米、气5.58万立方米，有望打造成国家级陆相页岩油气勘探开发示范区。②济阳坳陷渤南洼陷页岩油新领域勘探获重大突破，义页平1井21段压裂试获峰值日产油93吨，明确了济阳坳陷中演化—富灰质夹层型页岩油具有规模勘探潜力。③武隆地区火炉次凹新区带页岩气勘探获重大突破，隆页3HF井试获日产气7.2万立方米，落实有利区资源量4 778亿立方米。④盆缘复杂构造区道真向斜新区带页岩气勘探获重要突破，真页1HF井试获日产气7.49万立方米，落实有利区资源量1 530亿立方米。⑤延川南气田煤层气新层系勘探获新突破，延3-22-22井10号煤层实现日产气4 000立方米以上稳产，拓展了气田稳产的资源基础。⑥涪陵页岩气田东胜—平桥西区块实现国内首个常压页岩气规模获商业发现，新增探明地质储量1 918.27亿立方米，为涪陵气田持续上产奠定资源基础。

（王　烽）

油田开发

【概述】 2020年积极克服疫情和低油价双重影响，坚持"四精"开发理念，坚持勘探开发一体化、地质工程一体化，抓效益建产、抓优化调整、抓稳产基础，在难动用储量开发、提高采收率技术攻关应用和提升开发管理水平上下功夫，控递减、调结构、降成本，持续攻坚创效、提质提效，油田开发工作稳中向好。

油田开发资源动用情况。截至年底，各油田企业投入开发油田226个，动用石油地质储量76亿吨，当年新增动用储量9 112万吨。井网、工艺条件下标定可采储量19.7亿吨，采收率25.9%。

油田开发现状。截至年底，共有油水井数72 183口，其中油井53 240口、注水井18 943口。油井开井40 474口，油井利用率87.9%，年均含水90.6%，平均单井日产油2.4吨，采油速度0.5%，剩余可采储量采油速度13.2%，采出程度22.5%。注水开井13 078口，水井利用率85.2%，平均单井日注水67.9立方米，年注水32 517万立方米，年注采比 0.87，累计注采比 0.82。

（侯　振）

【原油产量】 2020 年，国内上游原油产量 3 514.4 万吨，增长 1.3 万吨。各油田企业原油产量见表 1。

（侯　振）

表 1　　国内上游各油田企业原油产量　　万吨

油田＼年份	2020	2019	2018	2017	2016	2015
国内上游	3 514.40	3 513.10	3 506.03	3 505.40	3 565.50	4 173.70
胜利油田	2 340.10	2 340.50	2 341.00	2 341.60	2 390.20	2 710.00
中原油田	125.10	124.00	126.00	127.30	147.80	182.60
河南油田	120.00	130.00	136.00	156.50	169.10	231.00
江苏油田	104.00	106.10	113.20	120.10	133.00	155.50
江汉油田	68.10	68.10	68.30	69.70	73.90	88.50
西北油田	670.00	662.00	650.00	630.00	594.30	703.00
华东油气分公司	46.00	45.30	42.20	36.00	33.00	35.00
华北油气分公司	18.10	16.30	13.10	10.00	9.40	39.60
东北油气分公司	4.40	5.10	3.00	1.80	3.50	14.70
西南油气分公司	2.70	2.70	2.20	1.30	0.70	1.70
上海海洋油气分公司	15.80	12.90	10.60	11.00	10.50	12.00

【滚动勘探与油藏评价】 ①全面推进滚动单元细分工作。面对东部油田滚动勘探目标更隐蔽、碎小、复杂的实际，深化滚动勘探单元划分，重点围绕中高渗断块、高丰度砂砾岩、普通稠油等 138 个增储潜力区开展研究论证，部署滚动勘探井 244 口，新增可动用储量 2 160 万吨，当年动用新发现储量 1 152 万吨，新建产能 18.4 万吨。②持续加强勘探开发一体化评价。紧跟顺北、济阳、溱潼等区带勘探新发现，坚持勘探开发评价研究超前谋划、资料录取超前结合、地质工艺超前准备实施，加快新发现成果快速增储建产；针对老油田周边、储量零散地区，以滚评井替代勘探评价井，节约投资。③积极开展难动用储量评价与技术攻关试验，围绕济阳深层低渗、准中永进深层特低渗等潜力阵地，开展有效动用评价试验，2020 年落实可动用储量 771 万吨。

（侯　振）

【产能建设】 ①积极做好开发部署优化。面对年初低油价挑战，分类优化调整产能结构，暂缓一批地质工程风险大、平衡油价高于 40 美元 / 桶的产建项目，开发成本较年初计划下降 0.5 美元 / 桶。②超前做好方案井位准备。深化顺北、塔河、济阳低渗致密、胜利海上等重点区带建产潜力认识，超前研究、超前部署、超前论证，6 月底完成全年工作量准备，为低油价下优化调整提供了空间。③突出抓好方案设计优化。以“少井高产”为目标，建立“一体化”设计流程，地质、工程、工艺等各环节交互式优化，单井平均日产油能力提高 0.5 吨。④突出抓好产建组织运行。按照地质工程风险、经济效益、钻前准备进展等优化实施节奏，各环节高效衔接，顺北一区、难采储量开发等重点项目有序运行，全年新建原油产能 253.8 万吨，与上年基本持平。

（侯　振）

【老油田精细开发】 老区坚持以提高开发效益为目标，紧盯不同类型油藏增效关键要素，狠抓精细描述、精细开发和稳产基础投入，全力控含水、控递减、降成本、强基础，开发质量进一步提升。①持续夯实水驱油藏稳产基础。坚持油藏精细描述与稳产基础投入力度不减，细化整装、断块、低渗透不同油藏分注政策界限，大力推广转流线调流场、层系轮替、注采耦合、分区调控、人工强边水驱等高效调整技术，坚持从严水质管理，持续提高水驱“三率”，水驱自然递减率持续降低。②持续提升稠油热采质量。持续加强全过程保干配套，高效推广组合吞吐、复合化学吞吐、分层注汽等蒸汽流场高效调整技术，解决了热采单元汽窜、水淹、动用不均衡等问题，2020 年热采稠油保持产量稳定，油汽比稳中有升。③全力提升缝洞型碳酸盐岩油藏开发效果。以提高储量动用程度和构建空间结构井网为目标，深化风化壳区和断溶体油藏岩溶系统精细描述工作，在缝洞规模逐年减小的条件下，单井能力维持在 20 吨 / 日；以溶洞空间关系和缝洞配置关系为基础，以注水注气重力驱替理论为指导，当年注水增油 72 万吨、注气增油 85 万吨，水驱、气驱控制储量分别增加 1.3 亿吨和 2 亿吨。④持续推进大幅度提高采收率技术攻关与应用。积极扩大聚合物驱、非均相驱等成熟技术应用规模，持续加强化学驱正注项目调整增效，加快推进 6 项提高采收率重大先导和海上二元复合驱先导试验实施进度，化学驱年增油 108 万吨，保持稳定。

（侯　振）

【油田开发管理】 ①加强开发项目评价，提高质量效益。狠抓滚动井风险管控，暂缓部署高风险低效滚动井位 25 口，暂缓下达 22 口井批次计划；严把开发项目效益关，严格按照基准平衡油价 40 美元 / 桶评价，暂缓胜利、西北、中原、江汉、河南、江苏等油田地质工程风险大、收益率不达标产建项目 50 余个。②进一步加强 SEC 管理。结合 SEC 储量目标化管理，压实各层级责任，逐个单元定期进行风险评价和应对措施论证；同时将高效储量阵地及时纳入产能建设，提高增量对新增 SEC 储量的贡献率。

（侯　振）

气田开发

【概述】 2020 年，加快推进东胜、川西须家河组气藏等滚动评价，全力实施川西气田，东胜气田，威荣、永川页岩气等重点新区上产工程，持续加强川东北海相、涪陵页岩气田、大牛地气田等老区综合调整和精细管理，克服新冠肺炎疫情和市场双重影响，天然气产量增加 7 亿立方米，站上 300 亿立方米新台阶，实现天然气有效快速发展。

常规气田开发储量动用情况。截至年底，各油田企业投入开发气田（藏）151 个，累计动用天然气储量 16 535 亿立方米，储量动用率 50.85%，标定经济可采储量采收率 31.46%。其中，气层气动用储量 12 983 亿立方米，标定采收率 32.81%；溶解气动用储量 3 553 亿立方米，标定采收率 26.54%。全年新增天然气动用储量 495 亿立方米。

气田开发现状。截至年底，共有常规天然气生产井 5 259 口，开井 4 365 口，开井率 83%，平均单井日产气 1.7 万立方米；地质储量采气速度 1.8%，采出程度 23.5%，动用储量储采比为 9.8。2020 年度天然气储采平衡系数为 0.65。

（张　华）

【天然气产量】 2020 年生产常规天然气 214.4 亿立方米，减产 4.4 亿立方米。

（张　华）

【生产能力】 截至 2020 年底，国内上游常规天然气生产能力 230.06 亿立方米，其中气层气生产能力 215.73 亿立方米、溶解气生产能力 14.33 亿立方米。

（张　华）

【天然气开发管理】 持续加大鄂尔多斯盆地致密气效益开发规模，当年新建产能 10 亿立方米，截至 2020 年底，华北油气分公司年生产能力达 49.3 亿立方米。持续开展大牛地气田上古精细三维地质建模和数值模拟跟踪研究，深化下古气藏高产富集规律认识，加大精细开发调整和老井措施增产力度，开展产能建设先导试验，地质工程一体化提升单井产能，全年新建产能4亿立方米，大牛地气田年综合递减率控制在5%，实现年产30亿立方米以上持续稳产。持续加强东胜气田储层及含气性预测，气层钻遇率提高21个百分点；针对不同储层特征加强井网井型优化，加大丛式井场井部署力度，井控储量提升14个百分点，单井产能提升27%以上，全年新建产能6亿立方米，年产量突破15亿立方米。

川西致密气少井高产开发实践取得新突破，首次实现致密气单井无阻流量突破100万米^3/日。加强中江复杂隐蔽窄河道精细刻画，深化高产富集规律认识，持续向主力河道低部位和中弱振幅异常区拓展，创新“少段多簇+大排量+可变黏滑溜水”体积改造新工艺，有效提升单井产能，全年新建产能1.5亿立方米。其中，江沙318HF井水平段长度1 038米，气层钻遇率100%；创新“密切割+强加砂+可变黏滑溜水”体积改造工艺，分11段61簇压裂，入地液量17 643立方米、入地砂量4 204立方米，无阻流量104万米^3/日，套压30兆帕，日产气23万立方米，数模预测单井EUR1.8亿立方米，是前期主体区开发井的2.3倍。针对江沙318河道，实施2亿立方米高效产能建设工程。

川东北海相气藏加强综合调整和精细管理，稳产基础进一步夯实。普光气田持续开展主体细分层系开发调整，加强大湾区块滚动扩边建产和分水岭区块产能建设，全年投产新井5口，新建产能4亿立方米；元坝气田深化长兴组气藏礁体精细刻画和储层连通性认识，加强动态跟踪分析，建模数模一体化落实储量动用状况和剩余气分布，进一步落实调整潜力，全年完钻调整井2口，测试井1口，新建产能0.9亿立方米；加强上部飞仙关组气藏开发评价，正实施评价井1口，加快落实元坝气田长期稳产接替资源。加强普光、元坝边底水气藏控水稳气工作，加强水侵规律研究和水侵动态预警，制定每口井产量红线，及时跟踪优化调整工作制度，减缓边底水推进速度，进一步延长稳产期、提高采收率。

滚动勘探与气藏评价取得积极进展，在东胜气田、川西须家河组气藏、东北龙凤山气田等评价可动用储量387亿立方米，为2021年产能建设落实了阵地。华北油气分公司在东胜气田锦30井区、锦58井区和锦72井区，加强储层及含气性预测，深化沉积相研究，分区分藏开展精细描述，实施评价井13口，落实商业开发储量200亿立方米。西南油气分公司加强川西须家河组气藏难动用储量效益开发攻关，深化断缝体气藏高产富集规律认识，加强断层与裂缝预测研究，初步落实Ⅰ、Ⅱ类有利区展部和储量规模，在Ⅰ类有利区实施评价井新8-2井，试验氮气钻新工艺，稳定日产气7万立方米。

（张　华）

【涪陵页岩气田开发进展】 持续推进新老区产能建设，实现涪陵页岩气田上产稳产。2020年新开钻井144口，完钻井132口，完试井122口，投产井132口，新建产能24.04亿立方米，实现年产气77.74亿立方米，销售74.39亿立方米。焦石坝区块立体开发调整成效显著，持续引领国内页岩气开发，新建产能18.58亿立方米；积极推进白马区块、南川东胜等外围新区评建一体化建产，新建产能5.46亿立方米；强化老区精细管理，全面推进增压开采、排水采气等措施增产，气田综合递减率得到有效控制。

截至2020年底，涪陵页岩气田累计开钻井795口，完钻井728口，完试井639口，投产井630口，开井588口，平均单井日产气3.9万立方米，累计产气369.5亿立方米。

（王　烽）

【威荣页岩气田开发进展】 威荣页岩气田深层页岩气开发工艺逐步成熟配套，一期全面建成投产，二期产能建设有序推进。2020年完钻井36口，试井43口，投产井43口，新建产能9.23亿立方米；年产气5.48亿立方米，销售5.24亿立方米。截至2020年底，气田累计完钻井82口，投产井59口，新建产能11.61亿立方米，日产气水平突破300万立方米，气田累计产气6.65亿立方米。

（王　烽）

【煤层气开发进展】 ①分类施策低效井治理，加强老井调层开发，稳步推进实施调整井18口，创新推广有效支撑体积压裂，实现延川南煤层气田稳产。截至2020年底，气田累计投产井999口，开井966口，产气井834口，累计产气17.11亿立方米、销气13.43亿立方米。②加大三交北合作区合作开发，实现权益年产气0.4亿立方米，销售0.32亿立方米。③加强织金大井组排采试验，单井平均日产气1 760立方米，基本形成配套开发技术政策。

（王　烽）

采油气管理

【采油工程队伍】 截至2020年底，采油工程系统共有采油（气）厂57个、采油气工程服务中心（或油气井下作业中心）7个、工程技术管理部（中心）11个，合计总人数99 928人。其中，采油（气）厂74 560人，采油气工程服务中心（或油气井下作业中心）22 670人，石油工程技术研究院2 689人。按队伍类型分，采油工程一线及辅助队伍（队站）共有1 549个、62 573人，采油（气）厂科研单位103个、4 293人。

（马玉生）

【重点工艺技术措施工作量及效果】 2020年，各油气田企业共实施油气水井大修作业1 068口，成功980口井，成功率91.8%，平均修井天数42天。从大修工艺类型上看，大修主要以套损井修复、井下落物打捞、管柱解卡、复杂故障修复等复杂工艺为主，共实施964口井，占大修成功井数的90.3%。共实施油气水井补孔改层措施2 852井次，有效2 507井次，有效率87.9%；油气水井老井压裂256井次，有效229井次，有效率89.5%。油气水井酸化1 257井次，有效1 078井次，有效率85.8%；油井泵升级754井次，有效653井次，有效率86.6%；油井防砂1 581井次，有效1 453井次，有效率91.9%。

（马玉生）

【采油气工程综合管理】 2020年，面对新冠肺炎疫情和低油价叠加冲击的大战大考，采油工程系统认真贯彻落实集团公司和国内上游工作会议精神，围绕年度工作重点和目标，结合攻坚创效行动方案和提质、提速、提效、提产“四提”推进方案，聚焦工艺集成，推进技术规模应用，大力实施全生命周期低成本发展战略，全力推进原油效益稳产、天然气再上产工作，加快技术创新进步，提升工程管理水平，采油气工作总体呈现稳中有进态势，在精细注水、稠油开采、低渗及非常规油气开发等技术攻关应用，长停井复产提效综合治理、注采管柱长寿命和井下作业自动化提升，出水气藏优化排水采气等方面取得较好进展，全年抽油井检泵周期延长52天、维护作业频次降低0.03、分注率提高0.7个百分点、措施有效率提高1.3个百分点。①系统开展回顾性评价，推进技术和工作提升。先后向党组领导汇报《采油工程系统现状回顾及下步工作安排》和《页岩气压裂技术和装备回顾性评价》，配合完成《作业自动化工作回顾性评价》等汇报，系统总结成绩，与中国石油等单位进行对标分析，查找不足，部署工作重点。发布《应对低油价采油工程“五项”重点工作》，指导2020年和未来一段时间采油工作的开发。②持续推进采油工程技术创新和集成应用，实现创新创效。在技术发展和应用上，主要围绕提升“改造储层和提高单井产量、储层动用和提高采收率、测试评价油气藏和降本增效”目标，抓实技术的创新和应用，取得积极进展。水驱油藏围绕“精细分注、智能测调”工艺思路，攻关智能分注分采，推广应用韵律层细分、测调一体化等精细注水技术，测调一体化在井数3 607口，分注率达51.1%，层段合格率保持在80%以上。稠油油藏围绕“均衡注采，冷热并举”的工艺思路，强化均衡热采、高效冷采等技术的集成应用，全年完成产量459.5万吨，油汽比稳定在0.54。低渗致密油藏围绕“优化改造、能量补充”的工艺思路，持续优化提升压裂改造、二氧化碳注气技术，创新压驱注水技术。页岩气围绕“四提”，持续压裂工艺技术优化升级，全电动5000型压裂装备单机组最高日压裂单井 8 段、平台 9 段。采气工艺技术、深层油气开采等技术也取得长足进展。③推进井下作业提产提速，降本增效目标基本实现。全年完成作业工作量 30 986 井次（含投产投注和套损井治理工作量），使用作业成本 84.3 亿元，降低 3 604 井次和 9.4 亿元，完成费用降低 2% 的目标；措施有效率达 86.9%，单井次增油恢复到 275 吨，超额完成年初制定的目标。④推进注采管柱“双五”长寿提升。围绕打造长寿命举升和注水管柱，实现油水井维护周期均达 5 年，在举升、注水、抽油机等工具、设备系列化、标准化建设取得较好的成绩，平均检泵周期达 1 124 天，上升 102 天，其中 4 000 余口井已超过 5 年。⑤持续开展套损井专项治理。遵循“方案不落实不干、工艺不针对不干、效益不过关不干”原则，集成推广多臂检测、液压整形、套管贴堵等套损井快速修复技术，完善“可视化检测 + 打通道 + 井壁再造加固”等一体化高效治理技术。共完成套损井治理 551 口，治理费用 50 944.4 万元，增油 11.6 万吨，增气 842.6 万立方米，增注 323.7 万立方米。⑥持续开展废弃井治理。全年共完成废弃井治理 1 080 口，完成 3 次弃置费测算工作。⑦技术交流及业务竞赛圆满完成。组织开展国家二类采气工、集输工技能竞赛及集团公司一类采油测试工技能竞赛，促进了基层一线员工技术技能复合型人才的培养，其中在采气工职业技能竞赛中，中国石化 6 家单位 23 人参赛，11 人获奖，3 个团队获团队一、二等奖，1 家分公司获团体三等奖，1 家分公司获优秀组织奖。

（马玉生）

【井下作业工作量】 2020 年，各油田企业共完成井下作业 28 556 井次（不含新投产投注井 2 430 口及套损井专项治理 551 口），其中措施作业 11 915 井次、维护作业 16 641 井次。按井别分类，油井作业 22 239 井次，其中措施作业 8 636 井次、维护作业 13 603 井次；气井作业 1 661 井次，其中措施作业 216 井次、维护作业 898 井次；水井作业 5 338 井次，其中措施作业 3 063 井次、维护作业 2 140 井次。油气水井年总作业频次 0.49 井次 / 口，措施作业、维护作业频次分别为 0.20 和 0.29 井次 / 口。

（马玉生）

【井下作业施工能力】 截至 2020 年底，一线井下作业队伍共 371 支、8 634 人，其中小修队伍 312 支、6 994 人，年作业能力 18 002 口井；大修队伍 30 支、842 人，年作业能力 486 口井；试油（气）队 29 个、798 人，年作业能力 1 369 口井。

（马玉生）

【井下作业装备现状】 截至 2020 年底，各油田企业共有井下作业设备 3 582 台，其中提升设备 922 台、压裂酸化设备 541 台、辅助设备 2 066 台。使用年限 10 年以上的设备 1 033 台，5—10 年的设备 1 273 台，5 年以下的设备 1 223 台，分别占设备总量的 29.2%、36.1% 和 34.7%。后勤厂站 71 个，其中机修厂（车间）11 个，年机修能力 9 185 台；泵修厂（车间）9 个，年泵修能力 3 546 台；油管厂 24 座，年油管检测能力 3 912 万米，年修复能力 3 504 万米；抽油杆厂 13 座，年抽油杆检测能力 1 092 万米，年修复能力 806 万米。

（马玉生）

油气集输

【概述】 截至 2020 年底，油田原油集输处理系统共建有联合站 114 座，原油稳定装置 31 套，接转站 238 座，油库 8 座，原油储罐库容 126 万立方米。设计原油稳定能力 4 259 万吨 / 年，原油外输能力 7 981 万吨 / 年。2020 年稳定原油 1 855 万吨，原油外输量 3 579 万吨。油田采出水处理系统建有污水处理站 193 座，设计含油污水处理能力 5.6 亿米^3/ 年。2020 年处理含油污水 4.3 亿立方米。注水系统共有各类注水站 735 座，配水间 2 875 座。2020 年实际注水量 3.3 亿立方米，站出口水质达标率 94.8%。

（刘德生）

【主要技术经济指标】 输油泵平均运行效率51.6%，管网效率86.6%，集输系统效率44.7%；注水泵平均运行效率74.5%，注水系统注水管网效率74.3%，注水系统效率55.3%。

（刘德生）

【海上油气开采设施及生产】 截至2020年底，海上油田（自营区块）共有各类海上采油平台124座。其中，中心平台6座、井组平台89座、单井平台29座；海底输油管线100条，总长612.2千米；海底输气管线15条，总长990.8千米；海底注水管线66条，总长115.9千米；海底电缆130条，总长432.4千米。海上油气水井共998口，开井889口。其中，油井620口，开井540口，年生产原油351.9万吨、天然气1.41亿立方米；气井93口，开井73口，年产气量14.83亿立方米；注水井285口，开井276口，年注水量1 901.98万立方米。

（马玉生）

设备管理

【概述】 截至2020年底，国内上游共有在册设备179 795台（套），设备资产原值544.94亿元、净值198.41亿元、设备新度系数为0.36。共有主要专业设备84 098台（套），设备资产原值401.89亿元、净值138.15亿元，新度系数0.34。综合完好率97.7%，主要设备利用率84.6%。

（刘德生）

【油田设备状况】 2020年各油田企业设备状况统计见表2。

表2　2020年各油田企业设备状况统计

单位	在册设备				主要专业设备					
	在册台数	原值/亿元	净值/亿元	新度系数	在册台数	完好率/%	利用率/%	原值/亿元	净值/亿元	新度系数
股份公司	179 795	544.94	198.41	0.36	84 098	97.70	84.60	401.89	138.15	0.34
胜利油田分公司	38 458	120.52	36.20	0.30	30 844	99.70	90.19	105.05	31.70	0.30
西北油田分公司	26 677	59.84	16.36	0.27	8 246	98.82	96.36	38.28	9.69	0.25
天然气分公司	22 927	86.74	56.17	0.65	698	100.00	100.00	40.17	26.91	0.67
中原油田分公司	20 951	162.52	47.78	0.27	9 476	98.91	86.94	132.82	37.58	0.22
河南油田分公司	8 994	21.57	4.97	0.22	7 528	99.32	79.22	19.38	4.43	0.22
江汉油田分公司	11 742	26.35	7.55	0.31	8 758	99.79	82.06	19.15	5.80	0.31
江苏油田分公司	5 498	11.81	3.15	0.28	3 783	99.70	92.68	10.99	2.98	0.33
西南油气分公司	12 430	21.44	10.90	0.51	1 479	99.64	97.22	11.87	6.93	0.58
华北油气分公司	23 355	18.71	8.84	0.44	8 937	99.63	98.92	13.18	7.11	0.55
华东油气分公司	3 531	5.69	1.98	0.40	2 255	99.88	87.40	3.98	1.62	0.48
东北油气分公司	5 232	9.75	4.51	0.46	2 094	97.72	75.82	7.02	3.40	0.48

（刘德生）

【设备管理】 ①西北油田、胜利油田、天然气分公司、中原普光4家试点企业设备设施完整性管理体系试点建设有序推进。②井下作业自动化工作取得阶段成果，通过现场试验定型小修作业模块化自动修井模式及中修作业机械化模块、二层台无人化模块，制定井下作业自动化配置标准1.0版。③设备管理挖潜增效成果显著，通过盘活闲置资产创效益、技术创新提效率、深挖承修潜力控成本、优化设备运行降费用，“百日攻坚创效”期间降本增效1.5亿元。④积极研发推广网电修井机、无绷绳修井机、对置式往复注水泵、纯电动修井机等绿色高效设备，实现经济效益与社会效益双丰收，年节电近1亿千瓦·时。⑤按照集团公司统一部署，制订设备管理信息化三年工作计划及设备域管理平台建设可研。⑥组织开展油田企业设备大检查，企业自查发现问题13 609个，集中检查发现问题312个，已全部完成整改，实现PDCA闭环管理。⑦完成82项物资采购技术规范编制，开展油套管、大型原油储罐用钢板标准化采购，2020年累计节约采购资金8.33亿元。

（刘德生）

基层管理

【深化油公司改革迈出新步伐】 全面落实集团公司深化改革三年行动方案，制订国内上游深化改革管理工作方案，明确工作重点和计划安排。坚持油公司改革“扁平化架构、科学化决策、专业化管理、市场化运营、社会化服务、效益化考核、信息化提升”核心内涵，突出信息化条件下生产组织模式优化，持续实施纵向压扁和横向整合，推进精干高效体制建设，进一步提效率、激活力、增动力。持续推进“瘦身健体”，完成8家单位法人压减。胜利油田积极开展精干高效机关建设，机关部门由35个整合为28个，341个科室压减为140个办公室（室），深入推进机关和厂、区管理职能优化；江汉油田在清河采油厂推进信息化条件下精干高效采油管理区建设，采油管理区人均管井数从1.36口提升至1.6口，人均劳动生产率由421.2吨/年提高至483.6吨/年；华东油气分公司全力打造“管理+技术”的新型油公司专业化队伍，采油气工程服务中心用工总量较成立之初减少270人，人均创效收入由74万元/年增长至163.9万元/年，提高121%；江苏、西南、华北等油（气）田启动厂直接管理到班组试点。

（吕海峰）

【对标管理提升取得新成效】 贯彻集团公司对标世界一流管理提升行动部署，健全完善《油公司组织管理效能对标指导意见》，以采油气厂、采油气管理区和专业化队伍为对标主体，建立实施11个专业60项指标的分层次、分专业对标体系，评价组织机构的精干高效水平和价值创造能力，每季度通报排名先进单位和标杆指标，形成统一的对标、追标、创标平台。企业对标先进找差距，强化分析促提升，改革管理效果持续显化，2020年采油气厂厂级吨油完全成本降低10%，人均产量增加6%，人均管井数增加7%；专业化业务实现收入增长6%，人均创收增加23%。

（吕海峰）

【自主经营试点成效显著】 以东北油气分公司、华东油气分公司为试点单位，深化自主承包经营，高标准制定东北油气分公司第2个自主经营承包期经营目标，落实5项自主经营权，充分为企业放权，激发企业经营活力。东北油气分公司按照“一厂一策”“一个单位一策”的方式，下放权力，配套各项支持政策，确定承包经营方案，严考核、硬兑现，全面构建以财务绩效为核心的经营和承包管理体系，搭建内部市场经营机制，以效益为中心，用激励机制引导实施自主经营措施，努力提质增效，2020年还原原油减值后，利润总额726万元。华东油气分公司围绕总部下达的五大经营承包指标，全面落实“稳油、增气、降本”工作要求，深入推进“扭亏脱困”工作，超额完成三年自主经营考核指标，2018—2020年合计实现考核利润16.02亿元，超目标值6.46亿元；经营现金流61.17亿元，超目标值4.62亿元；原油盈亏平衡点均优于考核指标且持续降低，分别为

50.5 美元 / 桶、49.98 美元 / 桶和 46.51 美元 / 桶。

（吕海峰）

【合作开发难动用储量取得新进展】 围绕加快将难动用储量转化为产量和效益，总结推广胜利油田与石油工程公司合作开发难动用储量经验，制定《中国石化难动用储量合作开发指导意见》，明确合作开发的管理模式、合作范围、合作方式、合作程序、监督机制等细则，召开难动用储量合作开发推进会，推进鄂南致密油合作开发。胜利油田分公司创新合作开发、运营权流转、市场化运行等体制机制，采用“五单”项目经营模式，难动用储量合作开发规模不断扩大，开发效益不断提升，难动用储量新建产能由 2017 年的 26 万吨提高到 2020 年的 62 万吨，增幅 138.5%，百万吨产能投资由 57.6 亿元降低到 47.7 亿元，降幅 17.2%。华北油气分公司制定《油气资源合作开发管理办法》，分类别明确公司难动用储量合作开发责任主体，完善相关管理制度和业务流程。

（吕海峰）

【加快推进天然气销售体制改革】 落实集团公司天然气跨越式发展工作部署，按照《关于中国石化天然气销售体制改革方案的批复》要求，抓住国家管网改革契机，立足全国“一张网”，积极推进天然气销售体制改革，完成 10 个天然气销售中心和 5 个合资公司组建；稳妥有序完成国家油气管网运营机制改革资产移交，加快推进天然气产供储销体系建设，逐步建立以天然气分公司为主体的天然气销售一体化管理模式。重庆、西北、西南、华北、东北等区域销售中心组建工作稳步推进，加快在全国范围内布局，全力提升中国石化天然气销售业务市场竞争力。2020 年，通过加强重点区域、细分市场研究，做好区域精准营销和市场攻坚，天然气销售实现逆势上扬，全年销售天然气 516 亿立方米、增长 11.9%，较全国平均增幅高 6 个百分点，天然气全产业链盈利 104 亿元。

（吕海峰）

【推进以价值创造为导向的绩效考核机制建设】 持续完善绩效考核管理制度体系，制定下发《2020 年中国石化国内上游绩效考核实施细则》，进一步加大工效联动力度，兑现基数从工资总额的 25% 提高到 29%。坚持效益效率优先和差异化考核，突出质量、效益和价值创造，围绕提升全要素生产率，聚焦提质增效和增长趋势，加大劳动生产率、新增经济可采储量、油气销售等指标考核力度，设置人均油气当量增长率、系统外收入增长率、天然气销售量增长率、终端燃气经营量增长率等指标。强化油田企业上市非上市一体化管理和绩效目标主体责任，区分油气田分公司、勘探分公司、天然气分公司、自主经营、局有限公司等不同类型企业，差异化设置考核指标，配套专项奖励措施。建立国内上游“百日攻坚创效”“持续攻坚创效”行动考核激励机制，激发了全员创效活力。持续强化绩效考核过程管理，强化月度考核、“星旗榜”评比和新增经济可采储量目标化管理等过程考核，突出计划执行和专业管理，以月保季、以季保年，确保生产经营按计划平稳运行和年度目标的实现。

（吕海峰）

【深入推进“三项制度”改革】 全面总结推广综合改革试点、岗位价值评估和人才盘点等“三项制度”重点改革阶段成果；加大企业内部薪酬分配改革，推进收入能增能减；强化劳动生产率管理，优化人力资源配置，外闯市场员工达 2.05 万人，促进了人员动起来、走出去。中原油田按照“大岗位”理念，优化岗位设置、梳理工作流程，试点单位岗位压减率均达 50% 以上。西南油气分公司探索建立岗位价值量化体系，形成岗位价值等级矩阵，实行量化计酬。胜利油田建立完善“1+2+2”绩效考核体系，加大工效联动挂钩力度，推进差异化薪酬分配。东北油气分公司编制新“三定”方案，岗位设置减少 18%，基层干部定员减少 43%，实行干部分级选拔竞聘，真正做到“优者上、庸者下、劣者汰”。江汉涪陵、胜利新春实施新项目人力资源管理新模式，构建市场、岗位、绩效和能力“四位一体”的差异化分配机制，调动了干部员工队伍积极性。西北油田采用价值链分析方法“三分业务”，构建形成油公司模式下“二元一体”用工模式，持续引进胜利、中原、河南、江苏等油田人员业务承揽，实现系统内人力资源优化配置。

（吕海峰）

【推进基层规范化管理】 制定下发《加强“两册”应用，提升基层规范化管理的指导意见》，健全完善基层规范化管理体系，以落实岗位责任制为核心，以推进“两册”管理为抓手，加强“三基”和“三标”建设。胜利油田以“两册”为基础实施基层标准化看板管理，西北油田立足“一册三卡”强化岗位标准化操作，河南油田开展井、站、人“三达标”活动，江苏油田深入开展“班组星级竞赛”。

（吕海峰）

【剥离企业办社会职能基本完成】 截至 2020 年底，10 家企业 273 个“四供一业”维修改造项目主体工程全部竣工，完成清算鉴证。物业供暖市场化运行平稳，居民市场化收费机制基本建立，居民享受高质量专业化服务的需求不断得到满足。13 家企业全部完成退休人员社会化管理的职能移交、人员移交、档案移交、党员移交等重点任务，移交过程平稳有序。

（杨思湘）

【做好企业办社会职能剥离移交后的服务协调】 2020 年，各企业与地方政府反复对接协商，加快调整市政和社区管理职能过渡期业务承接方式，完成由业务承揽向劳务输出方式转变，保证移交业务全面承接和平稳过渡，使油地居民同享市民待遇、共享城乡改革发展成果。江汉石油管理局完善“事要解决”长效机制，利用地方政府社区网格管理信息平台，及时反映群众诉求，促进了问题高质量解决。

（杨思湘）

【业务结构调整迈出坚实步伐】 围绕“剥离、治理、盘活、发展”，大力推进上市业务和非上市业务一体化管理，加强资源统筹、合理调配，推进分公司业务与存续业务协同发展。2020 年，发（供）电、产（供）水、信息通信等业务，围绕油气主业生产需要，推进技术设备升级，加快节能减排改造，强化运行管理，为主业生产提供坚实保障。中原供水实施黄河水系统与主业生产站点联网改造，供水规模提升至 4.25 万米^3/ 日，保障主业服务的同时，单位制水成本不断降低。生产后勤服务、宾馆旅游餐饮、运输、城市燃气等业务，推进专业化整合，深化合资合作，提升服务水平。西南石油局 2 家燃气单位加强市场合资合作，整合当地终端燃气销售资源，开拓了终端市场。积极推进“大后勤”生产服务保障体系建设，江汉石油管理局实施油田食堂业务一体化管理，形成“中央厨房、区域食堂、供应点”三级布局模式。农业、矿产品、节能环保等业务实现特色发展。胜利石油管理局整合原土地资源，推进胜利农业规模化、机械化、产业化发展。华东石油局成立二氧化碳研究所，建立二氧化碳在地质研究、工程设计、气源保障、现场压注上的一体化运行机制，持续做大驱油业务。积极参加中国石化业务品牌评选，选树优秀业务品牌，中原服务、江苏紫京被评为中国石化业务品牌营销推广案例。

（杨思湘）

中国石化
SINOPEC

境内石油工程

综述 | 石油地球物理勘探 | 钻井工程 | 测井 | 录井
井下特种作业 | 油田地面工程建设 | 机械制造 | 设备管理

综 述

2020 年，石油工程板块以习近平新时代中国特色社会主义思想为指导，在集团公司党组的坚强领导和大力支持下，团结带领全体干部员工咬定目标、攻坚克难、苦干实干，统筹推进拓市场、创效益、调结构、促改革、防风险、强党建等各项工作，经受住了疫情防控、攻坚创效与应对低油价的考验，有力保障了集团公司稳油增气降本，全面完成年度各项目标任务，为可持续高质量发展奠定基础。

服务保障高效有力。以保障国家能源安全、服务集团公司高质量勘探和效益开发为己任，围绕油气田需求和部署，持续提升“四种能力”，以一流的装备、一流的队伍、一流的技术保障增储上产。①“四提”“五化”成果显著。“三北一川”重点工区平均钻井周期缩短 20.5%，压裂施工时效提高 49.3%，复杂故障时效降低 34.8%，全面完成“四提”目标；积极打造“五化”样板工程，实现省心、省力、省时、省人、省钱；加快推进物探高质量发展，完工采集项目效率提高 23%。②重点项目建设保障有力。参战建成顺北一区百万吨产能等产建工程；高效实施隆盛—阳春沟、桂花等三维示范地震项目；有力保障青宁管道、中科炼化、库车商储基地等重点项目建设。③难动用储量合作开发取得新进展。协同油气田企业推广难动用储量合作开发模式，累计动用储量近 8 000 万吨，建成产能 96.2 万吨 / 年。

科技创新扎实推进。实施创新驱动战略，加大科研攻关力度，取得一批新成果、新进展，新增获授权专利 505 件。①科技研发体系持续完善，挂牌成立石油工程酸性气技术中心、致密油气技术中心，以“2 个研发中心”和“12 个技术中心”为主体的井筒工程研发体系基本搭建完成。②瓶颈技术攻关取得突破，旋转导向系统的关键核心技术、200℃高温高压测井系统攻关取得突破，连续油管侧钻技术、可控膨胀堵漏技术、碳同位素录井评价技术等关键技术取得新进展。③信息化建设步伐加快，石油工程一体化云平台项目（SICP）进入实质性建设阶段，“两化”融合迈出新步伐。

改革优化持续深入。积极稳妥推进关键领域改革措施落地见效。①统筹市场布局和资源优化配置取得突破，推动队伍、装备、物资、工程技术等资源向高效市场聚集，西北、华北、西南工区后勤基地、项目部整合初见成效；集中采购、物资分区设库积极推进，内部优势产品互供正式启动。②内部专业化重组取得进展，积极稳妥推进“测、录、定”业务专业化重组，成立中石化经纬公司筹备组，各项筹备工作和业务移交有序推进。③结构调整取得阶段性成果，队伍总量有效控制，辅助业务单位持续压减，机关管理人员占比持续下降。④“三项制度”改革深入推进，加快构建项目部分类定级管理模式，推广“三千法”经验，加大项目经理人竞争性选拔力度，落实差异化薪酬、契约化管理、职业化发展要求，推进建设适应市场竞争需要的项目经理人队伍。提升净利润、营业收入和资金管理“三挂钩”考核力度，有效激发了广大干部员工的内生动力。

经营管理不断加强。①开展“百日攻坚创效”和“持续攻坚创效”行动，制订实施《应对低油价工作方案》，推动刚性成本硬下降，成本管控成效明显。②风险管控持续加强。健全合规、内控、风险管理一体化推进机制，着力强内控、防风险、促合规。开展纠纷案件处置专项行动，风险防控体系进一步完善。③资金管控更加有力。大力优化资金运行，开展“两金”压降专项治理，“两金”占用下降 18.4 亿元。④对标提升管理持续深化。制订《对标一流管理提升行动方案》，坚持每季度开展“比学赶帮超”对标竞赛，有效激发各层级对标一流找差距、补短板、创先争优的工作热情。⑤现场标准化建设加快推进。坚持“安全、适用、经济、先进”的理念，系统推进钻井井场、泥浆不落地等“六个标准化”建设，管理基础进一步夯实。

疫情防控和 HSE 管理保持平稳。①疫情防控精准有效。建立“三大运行”机制，突出抓好各项防控措施落实，实现精准监测、精准排查、精准防控，全力守护干部员工生命安全和身体健康。②深化安全管理提升，扎实开展安全生产专项整治三年行动、安全生产月活动，严格执行直接作业环节安全管理“十条措施”，强化承（分）包商管理，抓好重点井、高风险井的井控管控，建设运用生产视频监控平台，确保安全生产的平稳运行和绿色企业创建。

党建工作持续加强。①推进“不忘初心、牢记使命”主题教育，创新政治理论学习方式、健全深入基层调研机制、认真召开专题民主生活会，解决40个基层调研发现的问题。②持续提升党建质量，逐级压实“一岗双责”，严格执行民主集中制和“三重一大”决策制度，发挥党组织“把方向、管大局、促落实”作用；加强干部队伍建设和年轻干部培养选拔，大力实施人才强企工程，选拔选聘科研设计与工程技术专家、各类专业精英450人，评选表彰“铁军名匠”58名；开展“五比”竞赛，全年发放“比学赶帮超”奖金3 630万元。③持续增强队伍合力，积极改进一线员工生产生活条件，开展“走基层、访万家”、冬送温暖、夏送清凉、金秋助学、助残济困等民生工程，保持员工队伍和谐稳定。

（汪映春）

石油地球物理勘探

【概述】 截至2020年底，集团公司共有陆地采集队伍55支，其中地震队伍35支、非地震队伍9支、新业务队伍11支。从业人员7 996人，其中合同制员工6 776人、规范劳务派遣业务外包工875人、其他用工345人。

（柳毓文）

【主要装备】 截至2020年底，集团公司共有可控震源174台，数字地震仪主机67台（套），接收道数47.41万道，其中408采集链3.88万道、428采集链24.54万道、508XT采集链10万道、I-NODAL节点6.6万道、滩海采集链2.39万道，各类运载设备509台（套）。装备固定资产原值48.01亿元、净值12.73亿元，综合新度系数0.27。

（柳毓文）

【采集工作量及实施情况】 2020年，共实施陆地采集二维地震2 655.35千米、三维地震16 456平方千米。国内完成工作量101万炮；国内三维平均日效693炮、提高13.6%，二维平均日效113炮、提高6.7%，东部、西部、南方地区项目多次刷新纪录；单炮一级品率达90.17%，超指标7.4个百分点。

（柳毓文）

【制定出台《促进中国石化物探专业高质量发展的措施》】 集团公司制定出台《促进中国石化物探专业高质量发展的措施》，明确物探专业高质量发展思路、“一年见成效、两年提水平、三年上台阶”的工作目标，以及加快提升物探技术保障能力、加快提升物探装备和软硬件水平、加强物探专业一体化统筹、加强地震勘探均衡生产、加强地震项目分区域组织实施、加强物探投资与成本管控等重点措施，对物探专业发展具有重要意义。形成地震部署共同研究、技术方案共同优化、项目实施共同推进、质量管理共同把控、成本效益共同提升、科技创新共同攻关、新冠肺炎疫情共同防控、安全管理共同加强等共识，推出联合部署、均衡生产、连续施工等一批创新性措施，提升了系统优化水平，有力支撑了项目高效运行、资料质量提高和整体效益提升，累计节约勘探成本近3亿元，实现共赢多赢。

（柳毓文）

【主要技术进步】 ①智能化节点地震仪研制和应用取得突破。自主研发的I-Nodal节点地震仪器攻关成功，标志着中国石化首次有了自己的地震采集设备。节点采集技术一年内实现从试验到展开、从“有缆+节点”混合采集到全节点采集的两个跨越，促进了施工效率大幅提升。渤南三维地震项目采用全节点采集，平均日效达1 229炮、最高日产2 318炮，创东部老区生产新纪录。“节点地震采集系统的研发与工业化应用”成果经集团公司鉴定达到国际领先水平。②单点高密度地震勘探技术持续推广。在胜利探区完成草桥北、陈家庄、商河、单家寺4个地震勘探项目，满次面积898.28平方千米，共采集单炮180 624炮，地震资料品质、施工日效和项目质量均大幅提高。③宽频高效可控震源技术扬名海外。沙特阿美S84项目应用宽频高效可控震源技术，激发频率1.5—96赫兹，最高日效2.8万炮，创沙特阿美日效新纪录。“海量数据现场质量分析监控”“井中分布式光纤探测技术”等多项新技术取得新进展；山前带采集、大沙漠区可控震源高效采集等一体化攻关取得阶段性进展；积极开展“北斗+5G”技术应用研究，申请成为中央企业北斗产业协同发展平台成员单位。

（于　静　巩长春）

钻井工程

【概述】 集团公司钻井业务主要分布在石油工程公司的胜利石油工程公司、中原石油工程公司、江汉石油工程公司、华北石油工程公司、华东石油工程公司、西南石油工程公司6个地区分公司和海洋石油工程公司等单位。钻井研究、专业技术服务及钻井施工单位共39个，其中陆地钻井公司19个、海洋钻井公司2个、钻井研究院3个、钻井技术服务公司10个、其他油田服务公司5个。钻井系统用工总量约5.07万人，其中合同制员工约3.32万人。

（黄立玫）

【主要装备】 拥有陆地钻机674台，其中电动钻机286台、机电复合驱动钻机222台、机械钻机166台；海洋钻井平台13座，其中座底式2座、自升式9座、半潜式2座。各类顶驱352套；LWD（FEWD）70套，MWD234套；防喷器2 487台，其中单闸板512台、双闸板1 085台、环形防喷器890台；固井装备262台，其中水泥车247台、混浆撬15台；欠平衡装备旋转防喷器57台；空气压缩机86套。

（黄立玫）

【主要工作量】 2020年，平均动用钻机439.03台，开钻井3 070口，完井3089口，其中集团公司内部市场完井2 277口、国内外部市场完井266口；完成钻井进尺919.41万米，其中集团公司内部市场649.63万米、国内外部市场121.66万米。

（黄立玫）

【重点工艺井应用】 完成深井钻井385口，超深井（6 000米以深）钻井140口；完成定向井服务1 662井次，其中水平井510井次；各类固井7 552井次；常规欠平衡井41口，其中气体钻井25口。

（黄立玫）

【主要技术进步】 页岩气钻井技术逐步完善。形成涪陵工区激进参数钻井技术、高压喷射钻井技术、旋转导向、近钻头定向技术、旋转下套管技术、控压钻进技术、复杂水平段防卡技术等系列技术，为页岩气井提速提效提供保障。2020年完成页岩气井钻井320口，钻井进尺173.8万米，完成井平均井深4 855.61米，机械钻速7.27米/时，钻井周期82.81天。

超深井钻井技术趋于成熟。通过持续开展超深井关键技术攻关研究，超深井钻井配套技术日臻成熟，为特深层油气勘探开发提供有力支撑。顺北工区采用“新型PDC+等壁厚螺杆”提速技术、超深小井眼连续取芯技术，形成二叠系和志留系地层封堵防漏、深部硬地层钻井提速、185℃高温MWD随钻测控等技术系列。在西南工区，形成空气泡沫钻井、预弯曲动力钻具防斜技术、川西致密储层氮气钻井技术等系列。2020年超深井完井140口，平均井深6 771.62米，平均机械钻速6.03米/时，平均钻井周期137.42天。

钻井液技术取得突破。页岩气水平井APD水基钻井液技术，通过开展APD水基钻井液在页岩井壁稳定适应性研究，形成高密度水基钻井液流变稳定性控制技术，高密度水基钻井液摩阻控制技术，润滑型烷基糖苷产品分子设计、制备和工业化生产技术和 APD 高性能水基钻井液现场工艺，在丰页 1 井等 6 口井现场应用，井壁稳定和润滑防卡效果良好。针对顺北工区和准噶尔南缘高温油基钻井液的封堵需求，研制出抗温 180℃球状凝胶 MPA-Ⅲ，粒径范围 2—15 微米，对油基钻井液流变性影响较小，封堵性良好，180℃HTHP 滤失量降低 25%，可视砂床侵入深度降低 30% 以上。现场应用表明，与抗高温纤维 HPS、变形封堵剂协同作用，封堵防漏和降低消耗量效果良好。其中，顺北 5-8CH 井应用井段 7 708—8 503.34 米，奥陶系钻进中未发生漏失，平均消耗量为 0.113 米^3/ 米。

创造多项钻井新纪录。超深井钻井技术：顺北 71X 井，由中原石油工程公司施工，创中国石化完钻井深 8 000 米以深钻井周期最短纪录（132.74 天）。枫 1 井，由中原石油工程公司施工，创中国石化 273.1 毫米套管下深最深纪录（6 925 米）。定向井钻井技术：顺北 53-2H 井，由胜利石油工程公司施工，创中国石化水平井最深纪录（8 874.4 米）。顺北 55X 井，由华北石油工程公司施工，创中国石化定向井最深纪录（8 725 米）。钻井液技术：威页 34-1HF 井，由中原石油工程公司施工，创中国石化油基钻井液密度最大纪录（2.45 克 / 毫升）。

（黄立玫）

测　井

【概述】 集团公司拥有胜利测井公司、中原测井公司、江汉测录井公司、西南测井公司、华北测井公司、华东测井公司共 6 家测井单位；测井、射孔队伍 255 支，其中裸眼测井队 143 支、生产测井队 34 支、射孔队 78 支；分布在集团内部 227 支，国内外部 21 支，国外市场 7 支。用工总量 5 123 人。

（高瑞香）

【主要装备】 拥有测井系统 298 套（裸眼测井 177 套、生产测井 38 套、射孔 83 套）。井下仪器 7 501 支，包括成像井下仪器 1 113 支、特殊井下仪器 302 支、常规井下仪器 6 086 支。

（张新华）

【工作量】 2020 年，累计完成各类测井 11 219 井次（不含射孔）、27 474 万标准米，分别减少 1 641 井次和 296 万标准米。测井曲线优等品率 97.08%。

（高瑞香）

【主要技术进步】 2020 年，持续技术攻关，推广成熟技术，有力支撑新区勘探及老区开发。裸眼测井方面：SINOLOG900 网络成像测井系统投产 2 套，边试验边改进，全年在胜利油区推广应用 12 口井，优化整体性能，并实现万米电缆传输速率达 1 000kbps，增强系统兼容挂接能力；规范仪器在加工、组装、测试、实验等各环节标准化流程，为批量化生产做准备。测井施工工艺日益完善：为应对大斜度、阻卡严重等复杂井况施工难题，形成泵出式、直推式、过钻头存储测井施工工艺，有效提升测井时效及安全性，多次刷新测井施工纪录，其中顺北 53-2H 井利用直推式存储测井工艺，取全取准各项测井资料，测井井深 8 874.4 米，井底温度 170.5℃，创造亚洲最深定向井测井纪录。射孔方面：继续完善提升牵引器射孔技术，全年在涪陵、中国石油泸州和长庆油田等应用百余口井，创造牵引器输送最大井斜和牵引器射孔最大井斜 2 项全国纪录。解释评价方面：以“十三五”国家科技重大专项为依托，创新形成复杂地质体测井评价、智能化页岩气地质甜点测井评价等技术，并配套先进软件，全面提升地质体测录井评价能力。成功解释涪页 10HF 井、平桥 1 井、隆页 3HF 井、丰深斜 11 井、顺北隆 1 井、顺北 71X 井等一批重点探井，在新区域、新层系重大发现中，充分发挥油气勘探“眼睛”的支撑作用。

（张新华）

录　井

【概述】 集团公司录井系统共有9家服务商，分别为胜利地质录井公司、中原录井公司、江汉测录井公司、西南地质录井公司、华北录井公司、华东录井公司、胜利石油工程有限公司海洋钻井公司、西南石油工程公司临盘钻井公司、上海特殊作业分公司。截至2020年底，共有队伍495支，其中综合录井队416支、地质录井队75支、其他录井队4支；分布在集团内部404支，国内外部71支，国外市场20支。用工总量5 065人。

（高瑞香）

【主要装备】 拥有主要录井设备926台，平均新度系数0.26。其中，综合录井仪449台，新度系数0.23；气测录井仪15台，新度系数0.22；地质录井仪121台，新度系数0.32；其他设备341台。

（张新华）

【工作量】 截至2020年底，累计完成录井3 126口、录井天数140 443天，分别减少215口和12 694天。完井资料合格率100%。

（高瑞香）

【主要技术进步】 水平井综合地质导向技术更趋成熟，集钻井轨迹设计、随钻地质模型构建及轨迹动态调整等功能于一体，提高了地质中靶率、储层钻遇率及钻井时效。全年在川渝工区应用80余口井，平均优质储层钻遇率达97.6%；华北工区应用85口井，砂岩钻遇率90.67%，含气显示钻遇率68.7%；胜利工区应用45口井，水平井油层平均钻遇率从88.3%提高到95.4%，有力促进钻井提速提效。井下复杂情况预警更及时。采用科里奥利质量流量计实现钻井液出口流量的精确测量，配套自主研发的软件，形成随钻井涌、井漏早期预警系统。基于区域测、录井资料综合分析，钻前静态预测和钻中动态监测相结合，形成随钻地层压力预监测技术，为安全钻进提供有力保障。全年为胜利工区15口探井提供随钻地层压力监测技术服务，预报地层压力异常60次。

（张新华）

井下特种作业

【概述】 集团公司石油工程井下特种作业业务主要分布在胜利石油工程公司、中原石油工程公司、江汉石油工程公司、西南石油工程公司、华北石油工程公司、华东石油工程公司6家地区分公司和海洋石油工程公司等单位，主要为油气田勘探开发提供试油测试、储层改造、修井作业、海上作业、稠油开采等专业的石油工程承包和技术服务。截至2020年底，全系统拥有井下特种作业员工8 170人、专业队伍295支。

（曹　明）

【主要装备】 拥有各类主要生产设备2 121台（套），拥有2000型及以上泵车254台，主要资产原值69.5亿元，新度系数0.41。

（曹　明）

【工作量】 2020年完成井下作业6 228井次。

（曹　明）

【主要技术进步】 具备8 000米以深超高温高压高含酸性油气井测试、3 000米长水平段大型压裂和8 000米以深深井修井作业能力，在深层和常压页岩气大型压裂、超高温超高压超深油气藏完井测试、致密油气藏效益开发、酸性气田安全开发等方面取得显著成效。

页岩气压裂实现工厂化作业和绿色开发。在

西南页岩气田形成多套压裂工艺，作业方式由单井作业到“井工厂”作业，配备国产5000型成套电动压裂装备，在涪陵和威荣页岩气等多个平台开展电动压裂作业，压裂效率大幅提升，保障了页岩气勘探开发需求。

“三超一高”测试技术取得突破。围绕西北超深+超高温+超高压+高含硫井测试的世界级难题，不断强化技术攻关，测试技术处于国内领先地位，先后发现顺北52A井、顺北71X井和顺北1-24X井等多口高产井，成为西北油田和中国石油塔里木油田测试服务的保障主体。

页岩油新领域勘探取得重大发现。在胜利油田页岩油区块探索“高导流通道主缝+体积分支缝”的组合缝网压裂工艺，配套二氧化碳增压撬和大通径高压管汇，解决施工压力高、加砂困难、原油不易流动的难题，义页平1井日产油超过90吨，实现济阳坳陷页岩油新领域勘探重大突破。

连续油管作业技术取得新进展。研发8类76种196项工具和36项特色技术，成为国内首家连续管穿光纤/电缆技术服务商，在胜利东部老区连续油管侧钻实现突破性进展，在中国石油页岩气区块实现国内首次套变井修井。

各项施工纪录不断刷新。页岩气压裂井最深6 530米，单日最多压裂9段，泵送桥塞最深达6 108米；塔里木盆地酸压井段最深达8 874.4米；连续油管单井钻塞数量最多40支，连续油管实现一趟钻32支桥塞，连续油管侧钻井完钻井深1 460米，高压带压作业井口压力最高27兆帕。

（曹　明）

油田地面工程建设

【概述】 截至2020年底，集团公司有3家设计企业（石油工程设计公司、中原设计公司、江汉设计公司）、7家施工企业（胜利油建公司、中原油建公司、河南油建公司、江汉油建公司、江苏油建公司、胜利建工公司、中原建工公司）、1家监理企业（江苏监理公司）和1家管道技术服务企业（管道技术公司）；从业人员13 755人，其中设计板块2 284人（16.60%）、油建板块8 512人（61.89%）、建工板块2 833人（20.60%）、监理板块126人（0.91%）。

（刘　芳）

【资质情况】 勘察设计及咨询资质：工程勘察综合甲级，海洋工程勘察甲级，地理信息系统工程专业测绘甲级；石油天然气（海洋石油）、海洋行业（离岸工程）、建筑行业（建筑工程）、市政行业（给水、排水、城镇燃气、热力工程）工程设计甲级，环境（固体废弃物处理专项）工程设计甲级，市政行业（桥梁工程、道路工程、电力行业、环境卫生工程）、海洋行业（沿岸工程）、化工石化医药行业（化工工程）、机械行业（通用设备制造业工程、金属制品工程）、大气及水污染防治、环境工程（大气污染防治工程、水污染防治工程）专项设计乙级；石油天然气、港口河海工程、建筑、市政公用工程（热力、给排水、燃气、热力、通信信息、火电）工程咨询甲级，工程造价咨询甲级；石油天然气、建筑、市政行业资信甲级；特种设备设计许可证（压力容器）A1、A2、A3级，特种设备设计许可证（压力管道）GA类、GB类、GC类。

施工及制造资质：石油化工工程、建筑工程、公路工程、水利水电工程、市政公用工程施工总承包一级，机电工程、港口与航道工程、电力工程施工总承包二级，海洋石油工程、消防设施工程、钢结构工程、建筑装饰装修工程、防水防腐保温工程、地基与基础工程、公路路面工程、桥梁工程施工专业承包一级，建筑机电安装工程、输变电工程施工专业承包二级；起重设备安装工程、环保工程专业承包三级；长输（油气）管道定期检验（DD1）资质、管道漏磁检测证书；A1、A2、A3级特种设备制造许可证（压力容器）；GA1甲级、GB1级（含PE管道）、GB2级、GC1级特种设备安装改造维修许可证（压力管道），静设备、电气设备、仪表设备和控制系统、防腐类、绝热类等检维修资质，锅炉安装维修改造一级资质（参数不限），电梯安装、改造、维修 A 级资质。

监理资质：建筑工程、石油化工工程、市政公用工程监理甲级，电力工程监理乙级、机电安装工程监理乙级。

其他资质：民用无人驾驶航空器经营许可证；生活污水、工业废水处理设施运行三级资质；工业固体废物无害化处理、有机废物处理、生活垃圾处理处置设施运行三级资质；地质灾害治理丙级勘察单位、乙级评估单位；通过 ISO 9001 质量管理体系、ISO 14001 环境管理体系、QHSAS 18001 职业健康安全管理体系认证。

（刘　芳）

【市场开拓】 面对新冠肺炎疫情肆虐及国际油价持续低迷的双重夹击，以集团公司“百日攻坚创效”“持续攻坚创效”行动为统领，以市场开发“五不干”为抓手，充分发挥专业化、一体化作战优势，积极向优质市场、中高端市场拓展，持续提升项目中标率和毛利率。集团内，持续巩固油气板块市场，大力拓展炼化、销售板块业务，先后进入库车、岳阳原油商业储备基地勘察、储库主体工程，实现历史性突破；进入水封洞库勘察，开辟了新的市场方向。集团外，对非成熟市场项目实行提级管理，全面分析项目风险，通过两级决策制度从源头上避免投标项目亏损的风险。国家管网市场首战告捷。对标学习、聚力攻坚，先后中标 4 个标段中的 4 个项目，共 200 千米、7.7 亿元，以第一梯队进入国家管网高钢级、大口径管道建设新市场；项目承揽获新突破，中标的浙江石化鱼山—中金海管施工总承包工程合同额 14.2 亿元，是中标的单体合同额最大的项目。全年集团外市场新签合同额 56.12 亿元。

（刘　芳）

【主要装备】 截至 2020 年底，拥有各类工程设备及仪器 10 657 台（套），综合完好率 99.56%，包括各类工程机械、起重搬运机械、焊接切割设备、工程勘察设备和仪器仪表等，同时采用框架租赁与装备调剂等手段有效缓解装备老旧和结构性短缺问题，为项目生产提供坚实的装备服务保障。2020 年重点安排山东管网、国家管网项目，青宁输气管道工程、沙特 MIP 项目、常规施工设备更新改造等项目，购置大型全自动焊及其配套设备、定向钻、管道内检测器等先进设备，服务能力大幅度提升，为市场开拓奠定基础。滩浅海工程建设装备齐全，可建造浅海自升式平台、1 万吨级大型固定平台，铺管作业水深可达 100 米；带压封堵设备覆盖管径范围 40—1 219 毫米，满足国内大多数长输管道所采用的管道口径；全自动焊装备适用 508—1 900 毫米管道焊接，达到全球范围内最大口径；水平定向钻穿越最长 4 071 米，管径最大 1 422 毫米，处于国内领先水平。积极开展主要专业装备自动化、智能化发展，增强高端化装备实力，为进一步开拓市场做好准备。

（刘　芳）

【主要技术创新】“水网地区铜衬垫外根焊全自动焊接成套技术研究”和“水网地区连续作业施工组织方案研究”等课题在国家管网立项；重大科研项目“油气地面工程建设‘五化’关键技术与装置研究”全面启动。智能化管道及智能化油气田项目厚积薄发，承揽顺北油气田一区奥陶系油气藏产能建设数字化交付工程等项目。先后完成油气田及长输管道电控一体化小屋、高硫容天然气脱硫药剂、络合铁脱硫吸收氧化循环撬等成果转化，自主研发的焊接数据采集系统已实现量产，即将规模化应用。

全年开展科研项目 83 项，其中国家项目 6 项、集团公司项目 20 项、国家管网项目 4 项、其他省部级项目 1 项；获国家奖励 1 项，集团（省部）级奖励 5 项，其中一等奖 2 项、二等奖 3 项。其中，“近浅海新型构筑物设计、施工与安全保障关键技术”获国家科技进步二等奖，“胜利化学驱聚合物溶液保黏关键技术及应用”获中国石化科技进步一等奖；“非常规多项分离系列装置及工业应用”获湖北省科学技术进步二等奖。共申请专利 108 件、获授权专利 66 件，“适用于低分压 CO_2 捕集纯化的吸收体系与节能工艺”在美国提出发明申请。

工程创优成效显著，获省部级以上奖项 71 项。山东液化天然气项目获国家优质工程奖，甬台温成品油管道等 7 项工程获中国石化优质工程奖，宿州—扬州高速公路江苏段主体工程施工项目 SY-YZ1 标段获评山东省建筑质量“泰山杯”工程，延安气田延 873 井区地面集输工程获评全国化工优质工程，鄂安沧输气管道一期等 12 项工程获全国优秀焊接工程奖。获优秀 QC 成果、优秀勘察设计等省部级以上其他奖项 48 项。

截至 2020 年底，拥有施工工法 158 项，获授权专利 545 件、软件著作权 96 项。

（刘　芳）

【重点工程】 2020 年，始终服从服务于集团公司能源战略和重点工程建设，紧紧围绕集团公司“百日攻坚创效”行动和“持续攻坚创效”行动重点考核项目，自我加压、挂图作战、提级管理。集团公司层面加强内部协调，统筹资源配置，全面指导、定期检查、狠抓落实；各单位“视工期为命令”，一切资源向项目集中，全面抓实生产现场管理和运行优化，确保资源投入满足工期计划需要，项目管理水平持续提升。

国内项目“一手抓疫情防控、一手抓生产经营”，坚持优质资源向重点项目倾斜，青岛—南京输气管道工程、潜江—韶关输气管道工程、新气管道韶关站—中国石油西气东输二线始兴站输气联络线、董家口—东营原油管道工程、广东省天然气管网工程、中俄东线安平—泰安段、江苏滨海 LNG 配套输气管道等大型长输管道项目稳步推进；普光气田 1#—4# 线连通线、涪陵页岩气田采出水处理项目、顺北油气田五号联合站项目等集团内产能建设项目保障有力；库车原油商储项目、福建原油商储项目、湛江原油商储项目、南宁屯里油库迁建等项目进展顺利。青宁输气管道工程高邮湖连续定向钻穿越，潜江—韶关输气管道工程 9 条隧道、罗家渡武江跨越、山体直铺顶管穿越等一批难度大、风险高的控制性工程管控有力，圆满完成施工任务；江苏如东 H5# 海上风电场工程海上升压站、三峡新能源阳西沙扒二期海上风电项目升压站等新能源项目建设能力持续提升。“百日攻坚创效”行动期间，集团公司 18 个重点项目、90 个目标节点全部按期完成或提前实现；“持续攻坚创效”行动期间，集团公司 8 个重点项目、75 个目标节点全部按计划推进；除集团公司考核的重点项目外，其他项目克服疫情影响，统筹配置资源，狠抓综合进度，节点可控、运行良好，全部满足业主对项目生产的新要求。

（刘　芳）

【海洋工程建造与安装】 2020 年，拥有分别位于胜利桩西内港和龙口胜利港的 2 处海工建造基地，以及胜利 901 铺管船、胜利 902 铺管船等海上施工专用船舶和装备。海洋工程累计中标 20.47 亿元，提升 201.45%，其中“浙江石化 4 000 万吨 / 年炼化一体化鱼山—中金 7 条产品海底管道工程”中标额 14.25 亿元，创集团公司海底管道单项目合同额新纪录；依托“数字化平台建造技术研究”成果，成功中标合同额 3.49 亿元的“旅大 5-2 北一期陆地建造工程”；依托“大直径海底电缆敷设装备研究”成果，承揽三峡新能源山东昌邑莱州湾一期海上风电场 35 千伏海缆及敷设项目，合同额 6 000 万元。

针对浙江石化海底管道距离长、管线规格多、工期紧的特点，改进常规海底管道铺设施工组织设计方案，采用二接一方式进行铺设；为解决中小口径管道自动焊接及双金属复合管焊接问题，开展小口径厚壁管 SERIMAX 自动焊工艺及双金属复合管焊接工艺技术研究，自主研发 2 套二接一对中系统；为确保铺管设备的可靠性，自主设计 2 套履带式组合辊道、902 铺管船的 10 米加长托管架，以及配套的作业线移管系统，同时为 901 铺管船新配置 1 台 50 吨电动张紧器系统。

“埕岛油田西北部新区产能建设工程（SH 采修一体化平台）”获 2019 年度中国石化优质工程奖，“埕岛油田中心一号平台改造工程”“中广核南鹏岛海上风电海上升压站工程上部模块工程”获全国优秀焊接工程优秀奖。

（刘　芳）

机械制造

【概述】 集团公司机械制造业务涵盖石油工程、油气开发、油气集输三大领域，形成钻井、修井、固井、压裂设备、特种作业设备、钻头钻具、完井工具、天然气压缩机、集输钢管等12类特色技术产品系列，建有国家认定企业技术中心、院士专家工作站、博士后科研工作站、全国钻采专标委固压设备标准工作部、国家石油机械装备重点实验室等科研平台，具备牙轮钻头4万只、金刚石钻头5 000只、螺杆钻具3 000根、固压装备300台（套）、钻修设备200台（套）、大型压缩机50台（套）、高压管汇20万件、钢管60万吨的年产能力，市场覆盖全国各油气生产区域并出口40多个国家或地区，形成产品门类齐全、特色技术优势突出的油气装备研发、制造、销售和服务体系。

（田治明）

【混合钻头研发团队被授予中国石化优秀创新团队称号】 2020年3月5日，石化机械公司混合钻头研发团队被授予中国石化优秀创新团队称号。该团队面向国内外油气勘探开发市场，研制的14种尺寸规格、107个型号的混合钻头，现场应用提速效果良好，机械钻速平均提高65.3%、进尺平均提高56.9%、平均每米钻井成本降低41%，受到钻井用户的好评与青睐。在川渝、陕甘、新疆、吉林、辽河等地区，混合钻头累计创造各类指标纪录65项。

（孙海涛　廖　侃）

【海洋物探及勘探设备国家工程实验室通过验收】 海洋物探及勘探设备国家工程实验室是国家发改委2016年批复建设的中国海洋物探及勘探设备领域唯一的国家级创新示范平台，由中国石油大学（华东）作为法人单位，联合中石化石油机械股份有限公司、中石化海洋石油工程有限公司等单位共同建设。2020年5月14日，海洋物探及勘探设备国家工程实验室通过专家组验收。专家组讨论并形成一致意见，认为实验室完成筹建期各项任务，实现预期目标，同意通过验收。

（吴　刚　胡　鹏）

【成功研制世界首台陆地电动固井车】 2020年6月28日，石化机械公司研制的世界首台陆地电动固井车在四川威远页岩气田完成首口井固井施工作业，设备运行稳定，固井质量优良，工业试验取得圆满成功。该固井车首创电动固井系统，采用电驱动力设计技术、混浆—泵注变频传动技术、主动安全防护技术、大功率固井泵车载集成技术；装机功率1 600马力、最大工作排量2.8米^3/分、最高工作压力79兆帕，可实现单机完成深层、超深层固井施工注水泥及清水替浆施工；独有的变频电机和长寿命柱塞泵组合，使设备可在满负荷工况下全天候连续作业，无级变速可满足宽幅压力、排量等各种复杂工况作业，1台1600型电动固井车相当3台600马力传统柴驱固井车同时作业，兼具大功率、环保节能、维护成本低等优势；关键零部件全部实现国产化配置，解决了动力系统“卡脖子”问题。

（张　也　庞　坚）

【新型压裂管汇成功实现工业化应用】 2020年8月24日，新型5 1/8in-15k井口单通道压裂管汇，在四川威远县威202H15平台圆满完成38段页岩气压裂施工，标志着该型压裂管汇首次工业化应用获得成功。该型管汇是石化机械公司针对川渝地区页岩气大规模加砂压裂施工研制的一种新型全法兰连接压裂管汇系统，相比传统连接方式减少90%管汇连接工作量，现场安装人员减少60%，安装时间缩短80%以上，为用户节约施工成本，提升作业效率。特别是该型管汇由橡胶密封改为金属密封，泄漏风险大幅降低，为井工厂压裂施工提供了一种更简洁、更安全、更高效的管汇连接方案。

（杨　玮　庞　坚）

【超大功率全电动压裂成套装备正式投入商用】 2020年9月7日，石化机械公司开发的超大功率全电动压裂成套装备在四川威荣页岩气田威页31-2HF井完成2段压裂作业，运行整体稳定，标志着超大功率全电动压裂成套装备进入到市场规模化成机组商用阶段。12月20日，国家发改委公布绿色技术推广目录名单，石化机械公司开发的超大功率电动压裂装备应用技术上榜。

（付喜艳　庞　坚）

【知识产权保护在国际商贸舞台上行稳致远】 2020年11月23日，集团公司在武汉组织召开“337”调查案件经验总结交流会。该案发生在中美关系日趋紧张复杂的敏感时期，石化机械公司切实履行发案单位责任，提高站位、精心谋划、妥善应对，通过3个多月的激烈较量，圆满结案，切实维护了中国石化的声誉和形象，维护了石化机械公司在美合法商业利益。

（卢　鹏）

【国家工信部“海洋油气压裂作业系统研制”项目通过验收】 2020年12月11日，国家工信部召开“海洋油气压裂作业系统研制”项目验收会，专家组一致同意项目通过验收。该项目由石化机械公司牵头，取得“海洋油气压裂作业系统集成技术”“压裂装备轻量化、模块化技术”“海洋工况智能化压裂作业集中控制技术”和“海洋压裂作业安全保护技术”四大技术成果；开发了国产压裂船船型，研制了适应海洋工况的13套大型设备。依托该项目，石化机械公司建设了国内首套海洋压裂装备模拟试验平台，获授权专利29件、软件著作权6项，制（修）订相关标准5套，培养了一批油气开采装备制造领域的青年技术人才。

（应　杰　庞　坚　孟森林）

设备管理

【概述】 截至2020年底，石油工程系统拥有主要专业设备17 180台（套），其中钻井设备5 075台（套）、测井设备1 117台（套）、录井设备839台（套）、井下作业设备260台（套）、物探设备2 504台（套）、工程机械设备1 118台、海洋工程设备202台（套）。设备资产原值513.4亿元、净值182.63亿元，新度系数0.34。设备管理人员1 096人，设备维修人员1 503人。

（张　军）

【主要设备技术指标】 2020年，石油工程主要专业设备综合完好率99.47%，运转时率67.25%。各专业设备指标见表1。

表1　2020年石油工程主要专业设备技术指标

设备分类＼技术指标	设备数量/台（套）	综合完好率/%	利用率/%	故障停机率/%	新度系数
钻井设备	5 075	99.84	84.93	0.03	0.34
测井设备	1 117	99.46	84.39	0	0.21
录井设备	839	99.55	86.39	0	0.24
井下作业设备	260	99.81	84.88	0	0.49
物探设备	2 504	99.05	91.22	0	0.17
工程机械设备	1 118	99.24	77.64	0	0.31
海洋工程设备	202	98.56	87.31	0	0.53

（张　军）

【重大装备技术选型论证工作】 组织开展2020年度石油工程重大装备更新改造工作，结合集团公司“十四五”发展规划安排，加大装备更新和结构调整力度，逐步提高电动钻机、深井钻机、网电钻机数量，提升了重点工区的设备配套标准。2020年新购钻机7部，升级钻机6部，改造钻机

5 部、顶驱 18 台、52 兆帕泥浆泵组 67 套、自动焊设备 150 台、采集设备 6.6 万道等。

（张　军）

【设备大检查】 根据集团公司 2020 年设备大检查的要求，创新方式组织开展设备大检查，结合各地区疫情防控措施实际情况，成立 3 个检查组，抽查中原石油工程公司、华北石油工程公司 2 家地区公司及其生产经营单位，重点对西北、西南、华北 3 个重点工区的基层施工队伍进行现场检查。同时，依据安全视频系统开展线上检查，加大检查的覆盖面，检查效果良好，共计检查出各类问题 512 项，督促各单位抓好整改，提升了设备的本质安全。

（张　军）

【设备检测评估】 组织开展 2020 年石油钻机、修井机井架底座和整机检测评估分级工作，完成钻修井机检测 180 部，其中整机 66 部、井架底座 106 部。出具检测评估报告，全面分析设备的整体状况、存在问题、安全隐患并指导制定整改措施。通过检测工作的开展，进一步规范了大型设备检测评估工作，健全了大型设备档案资料，并为设备维修保养和判报废工作提供了基础和依据，切实提升设备运行效率和质量，确保设备的本质安全。

（张　军）

【装备战略规划和滚动计划】 组织编制并下发《石油工程公司主要专业装备“十四五”发展规划》，对专业装备发展做出统一部署，紧紧围绕装备管理体系建设、钻机结构调整、资源优化配置、重点地区保障、“安稳长满优”运行等重点，推进装备结构优化调整，推进装备自动化、智能化发展，推动装备总体配套能力迈向中高端，推进装备研发制造产业链延伸，有效提升装备业务可持续发展能力，强化装备管理体系建设，为下一步装备管理工作指明方向。

（张　军）

【设备操作规程和配套规范】 组织编制主要专业装备现场操作维护规程，规范主要专业装备的现场操作、使用、维护，完成 ZJ20—ZJ120D 各种类型钻机的 29 个整机规程和 21 类钻机部件 789 个规程的修订及审查。

（张　军）

中国石化 SINOPEC

炼油生产

综述 | 工艺技术进展 | 装置达标和节能减排

设备管理 | 质量管理 | 原油资源及储运

综　　述

2020年，炼油板块坚持以习近平新时代中国特色社会主义思想为指导，认真贯彻落实党组决策部署，始终服从服务全局，全面统筹做好疫情防控，扎实开展“百日攻坚创效”行动，积极推进“持续攻坚创效”，固根基、扬优势、补短板、强弱项，推动炼油业务迈出至暗时刻，全年加工原油2.39亿吨，稳住了高质量发展基本盘，打赢了转危为安主动仗，疫情防控、生产经营实现“双战双胜”。

突显一体优势，化危为机创效益。围绕发展大局，坚持问题导向、聚焦主要矛盾，推进系统优化，打赢抵御风险、化危为机的效益攻坚战。供、产、储联手攻坚，协同降低原油成本创效；满足化工、配合销售、加强自销产品经营，灵活实施调负荷、优结构、拓市场，实现一体创效；疫情期间，118套装置临时停工控负荷，部分企业提前停工大修，努力保持较高出口量，维护国际市场信誉；市场内销好转，努力复工复产，调整产品结构，完善价格机制，引导企业主动降低成品油收率，全年成品油收率降低4.6个百分点，化工轻油收率增长1个百分点；加大低硫船燃生产供应力度，增加441万吨。深度引领价值管理，全方位强化成本费用管控，紧紧抓住价值链增值点，全力挖潜增效，全年降低78种助剂价格，节省费用超千万元；多维度开展“百日攻坚创效”与“持续攻坚创效”，以超常规努力创出最大化效益。

夯实管理基础，苦练内功稳生产。聚焦提高核心竞争力，坚定信心、苦练内功，沉着应对取得实效。第一时间学习贯彻习近平总书记重要讲话和重要指示批示精神，做好长期作战的思想和工作准备，抓好常态化疫情防控；在特殊时期，实现低负荷下安全清洁平稳生产，镇海炼化等企业顺利完成装置检修。克服疫情和负荷大幅波动、长江洪涝灾害影响，高质量完成4项安全环保重大风险、5项重大安全环保隐患治理和236项污染防治攻坚战任务。罐顶气相连通安全环保综合治理有序推进，开展双边作业提升工作，高处作业和受限空间专项整治取得成效。华北企业积极应对臭氧污染防治和重污染天气，12家企业通过绿色企业验收，管网改革平稳移交。优化完善运行管控机制，确保重大国事活动期间实现安稳生产。环保指标全面达标，安全生产总体平稳，未发生环境污染事件。持续推进合规性问题整改，加强催化裂化、重整、加氢等重点装置运行“诊断”，制定炼油企业低负荷工况用能优化等指导意见，实现特殊工况下装置节能减排与设备安稳运行。推进设备完整性管理体系建设，9家企业完成体系中期发布，17家企业启动体系建设；加强检修专家服务和标准化管理，23家企业的297套装置顺利完成检修并一次开车成功。强化高压空冷、大机组等薄弱环节管理，提升设备运行可靠性，炼油装置二级及以上非计划停工减少5次，全年未发生一级非计划停工。

把握阶段重点，深化改革促发展。发挥改革和管理的突破和先导作用，深化管理体制和运行机制改革，推动管理能力和效能实现跨越提升。重点领域改革攻坚持续深入，倒排时间进度，顺利完成原油管网改革任务。深化劳动用工管理，炼油板块用工总量减少1 611人，完成“十三五”用工总量控制规划目标。坚持价值引领、推进业财融合，炼油业务财务转型成效初显。润滑油公司“双百行动”试点平稳推进。现代化企业制度体系不断完善，推进“对标世界一流”管理提升行动，建设基层单位“三标”管理体系，内控制度执行有效性稳步提升。修订完善炼油板块绩效考核办法，建立“百日攻坚创效”“持续攻坚创效”专项激励方案，考核体系不断完善。坚持“抓两头、促中间”，对7家重点企业进行管理诊断与技术服务，提出500余项改进措施，推动企业管理水平提升。防范化解风险扎实有效，加强市场分析研判，采购原油经营风险得到有效防控；密切关注油价、汇率和疫情变化，科学有效应对市场，降低不利影响。加大融资性贸易等违规业务排查监管力度，有效防范化解风险。

聚焦战略部署，优化产业布新局。加快构建“一基两翼三新”现代化能源化工产业体系发展新格局，全面推进炼厂差异化发展。中科炼化建成投产，镇海炼化改扩建项目一期工程全面实施，炼油基地化建设取得重要突破。天津石化等炼油结构调整项目中交、投产，装置结构调整步伐不断加快。金陵石化高端石墨材料项目、上海石化氢燃料电池供氢中心项目，以及茂名石化高端基础油、高端石墨材料项目均取得实质性进展。青岛炼化—青岛胶东国际机场、上海石化—虹桥机场航煤管道项目提升了航煤管道输送能力。青岛石化、胜利石化等企业低硫船燃项目建成投用，产能快速提高。天津南港码头出口完善项目建成投用，镇海炼化宁波成品油基地（一期工程）建设、成品油出口设施不断完善。金陵石化、上海石化、茂名石化油浆脱固侧线试验取得实质性进展。扬子石化无灰分散剂拓产降本取得积极成效，自主技术复合剂高端化、低成本开发取得突破。镇海炼化等企业在线实时优化（RTO）项目有序推进，逆流连续重整机理模型完成开发，S Zorb 在线实时优化国产化进程加快，炼油技术智能化水平持续提升。天津石化等 6 家企业完成智能工厂建设，智能化、信息化水平不断提升。

（易　漾）

工艺技术进展

【常减压蒸馏】 截至 2020 年底，中国石化 32 家炼油企业（不含福建炼化）共有 57 套常减压装置，总加工能力为 2.9 亿吨 / 年。全年共有 55 套装置投入运行，共加工原油 2.39 亿吨，减少 1 181 万吨。原油平均硫含量 1.61%，平均酸值 0.42 毫克（氢氧化钾）/ 克，API 平均 30.14。

装置运行经济技术水平。全年，加工原油中劣质原油比例降低 1.29 个百分点。一次平均轻收降低 1.15 个百分点；总拔降低 1.73 个百分点。装置能耗上升 0.06 个单位。

装置运行周期。通过强化设备、工艺管理，严格日常巡检及精细化操作，及时消除隐患，攻克技术难关，有效减少非计划停工，延长了装置运行周期。

新技术应用。原油在线快评、在线调和技术在海南炼化等企业推广应用；常减压在线实时优化技术在扬子石化、齐鲁石化等企业立项实施；上海石化、青岛炼化等企业通过常减压直拔工艺实现沥青生产，沥青快评设施在燕山分公司等企业部署试用；低硫船燃组分调和技术应用于海南炼化、青岛石化等企业，提升了常减压装置产品结构调整的灵活性。

（高　娜）

【催化裂化】 截至 2020 年底，中国石化催化裂化装置总加工能力为 8 710 万吨 / 年，平均装置规模 164 万吨 / 年。全年运行装置 51 套，加工原料 7 547 万吨。中国石化加工能力 200 万吨 / 年以上催化裂化装置达 17 套，新投产 3 套催化裂化装置包括天津石化 280 万吨 / 年、荆门石化 280 万吨 / 年、中科炼化 420 万吨 / 年。同时，一批新技术、实用技术在催化裂化装置得到应用。

装置运行经济技术水平。全年，催化裂化装置掺渣比提高 2.39 个百分点。生产汽油增加 44 万吨。装置平均能耗为 45.64 千克标油 / 吨。

新技术应用。年内，积极探索催化裂化装置助力炼油结构调整技术，完成重油高效催化裂解技术——65 万吨 / 年 RTC 装置在安庆石化的工业应用试验。新技术采用快速流化床反应器，具有较好的乙烯、丙烯选择性和更低的焦炭选择性。完成劣质催化柴油生产轻质芳烃（LTA）技术长周期工业应用，C_6—C_8 芳烃产率达 24%，填补劣质 LCO 加氢—催化裂化生产轻质芳烃的国内外技术空白。在变径流化床反应器平台上，开发出生产超低烯烃汽油的 ULO 技术，可生产烯烃含量低于 10% 的催化汽油，并在石家庄炼化 220 万吨 / 年和 90 万吨 / 年重油催化裂化装置上实现工业应用。

（崔守业）

【延迟焦化】 截至 2020 年底，中国石化共有 36 套延迟焦化装置运行，年加工能力 4 705 万吨，负荷率 75.9%。

装置运行经济技术水平。全年，焦化原料残碳率 21.55%，与上年持平，密度 1 030.9 千克 / 米^3、降低 2.8 个单位。总液收率提高 0.36 个百分点。生焦指数与上年持平。装置能耗与上年持平。

（高　娜）

【催化重整】 截至 2020 年底，中国石化催化重整总加工能力为 3 379 万吨 / 年。全年有 42 套催化重整装置运行，其中连续重整 37 套，负荷率 93.58%；半再生重整 5 套，平均负荷率 86%。

装置运行经济技术水平。全年，连续重整装置的“重整生成油 RON × 重整生成油收率”为 93.2、能耗为 47.96 千克标油 / 吨，半再生重整装置的“重整生成油 RON × 重整生成油收率”为 94.28、能耗为 43.89 千克标油 / 吨。

新技术应用。采用中国石化自主知识产权的世界首套 260 万吨 / 年逆流连续重整技术在中化集团泉州石化顺利投产。该技术由工程建设公司和石油化工科学研究院共同自主研发，打破 200 万吨 / 年以上超大型连续重整装置均为国外专利技术垄断的局面，实现国产大型连续重整装置从无到有的突破，为超大规模化建设奠定坚实基础。高效环保的重整生成油液相加氢脱烯烃催化剂 TORH-1 在长岭炼化工业应用，芳烃损失小于 0.1%（质量），苯、二甲苯溴指数小于 10 毫克（溴）/100 克，可以完全替代工业颗粒白土，该项目已通过中国石油和化学工业联合会组织的技术成果鉴定。技术创新性强，具有自主知识产权，总体达到国际先进水平，是市场唯一可以完全替代工业颗粒白土、烯烃脱除率和芳烃损失率均满足要求的重整生成油脱烯烃技术。青岛石化重整装置首次采用 SR-1000 新型重整催化剂密相装填及无需额外预硫化开工技术，催化剂具有活性高、选择性好、稳定性高及原料适应性好等特点。

（张红良）

【S Zorb】 截至 2020 年底，中国石化 S Zorb 装置总加工能力为 4 200 万吨 / 年。全年有 32 套 S Zorb 全装置运行，稳定生产硫含量小于 10×10^{-6} 的精制汽油，负荷率 79.18%。

装置运行经济技术水平。全年，S Zorb 装置原料硫含量为 264×10^{-6}，最高达 956×10^{-6}。产品硫含量为 2.9×10^{-6}，辛烷值（RON）损失为 0.6。能耗为 5.59 千克标油 / 吨，剂耗为 0.02 千克 / 吨原料。

新技术应用。高稳定性 S Zorb 吸附剂具有更好的活性稳定性，硅酸锌生成速率降低 40%，实现高硫原料长周期稳定生产清洁汽油，在 20 套装置使用，生产清洁汽油超过 2 000 万吨 / 年。多功能 S Zorb 吸附剂在金陵分公司等企业 4 套装置完成工业试验，产品具有更好的辛烷值保留能力，且原料适应性强、产品组成可调节，产品汽油的烯烃含量可降低 1—3 个百分点，RON 损失可减少 0.2—0.5 个单位。

（崔守业）

【煤油加氢】 截至 2020 年底，中国石化煤油加氢装置总加工能力为 2 193 万吨 / 年。全年有 26 套装置运行，负荷率为 56.2%。

装置运行经济技术水平。全年，装置加工原料总硫含量为 0.15%，硫醇硫含量为 324×10^{-6}。产品硫醇硫含量为 4.98×10^{-6}，总硫含量为 587×10^{-6}，烟点为 24.79 毫米。能耗为 7.2 千克标油 / 吨。

新技术应用。年内，齐鲁分公司 60 万吨 / 年煤油加氢装置采用真硫化态催化剂进行开工，经反应器入口升温、置换后产出合格航煤，开工过程省去注硫强制硫化阶段，缩短了开工时间；中韩石化 2# 航煤加氢装置（50 万吨 / 年）采用石油化工科学研究院开发的拓宽馏程增产喷气燃料加氢精制（JeFIT）技术进行改造，并于 12 月底一次开车成功，在氢分压 1.6 兆帕条件下，用拓宽馏程后的常一线（干点 <265℃）生产合格的喷气燃料产品。

（高　娜）

【柴油加氢】 截至 2020 年底，中国石化柴油加氢处理装置加工能力为 9 525 万吨 / 年。全年运行装置 49 套。各企业积极调整产品结构，降低柴汽比，柴油加氢装置负荷率为 75.38%。

装置运行经济技术水平。全年，装置加工原料硫含量为 0.891%。精制柴油硫含量为 5.69×10^{-6}，十六烷指数 50.02。原料催化柴油比例为 22.09%，焦化柴油比例为 24.35%，装置能耗为 9.62 千克标油 / 吨。

新技术应用。年内，低失活国Ⅵ柴油加氢RS-3100催化剂在九江分公司120万吨/年和中韩石化80万吨/年柴油加氢装置进行工业试验，加工含有50%二次加工油的混合原料，在平均反应温度350℃的条件下生产出硫含量6.2×10^{-6}、多环芳烃含量4.2%的国Ⅵ柴油产品。天津石化、镇海炼化等多家企业对柴油加氢装置分馏部分进行改造，同时在反应器内匹配装填少量加氢裂化催化剂，降低柴油收率，精制柴油的十六烷值、多环芳烃等指标得到明显改善。

（高　娜）

【蜡油加氢处理】 截至2020年底，中国石化蜡油加氢处理装置加工能力为2 785万吨/年。全年运行装置15套，装置负荷率80%。

装置运行经济技术水平。全年，装置原料硫含量为1.862%，密度为926.6千克/米^3，总氮含量为$1\,825\times10^{-6}$。精制蜡油硫含量为$2\,160\times10^{-6}$，总氮含量为871×10^{-6}，密度为901千克/米^3。加工原料中焦化蜡油比例为20.61%，溶剂脱沥青油比例为7.18%，精制蜡油收率为95.43%，精制柴油收率为3.82%。装置平均能耗为7.57千克标油/吨。

新技术应用。北海炼化蜡油加氢装置与柴油加氢装置联合，共用氢气系统，在氢分压6.4兆帕条件下加工重蜡油原料，实现4年运转周期。该装置压力等级较低，加工重焦化蜡油与减压蜡油的混合原料，能耗小于5千克标油/吨。福建联合石化230万吨/年蜡油加氢处理装置采用级配催化剂体系加工减压蜡油与脱沥青油（50∶50）混合原料，首次实现连续运转时间不低于3年的长周期稳定运行。

（高　娜）

【加氢裂化】 截至2020年底，中国石化加氢裂化装置加工能力为4 056万吨/年。全年运行装置26套（含安庆石化、长岭炼化、茂名石化催柴转化装置，金陵石化1#恢复加氢裂化工况），装置负荷率为82.5%。

装置运行经济技术水平。全年，加氢裂化装置处理原料密度为897.5千克/米^3，直馏蜡油比例为94.61%，焦化蜡油比例为7.67%，原料硫含量为1.9%，总氮含量为0.115%。轻石脑油收率为7.25%，辛烷值为80.6。重石脑油收率为22.5%，芳烃潜含量为47.13%。航煤收率为20.32%，烟点为25毫米。柴油收率为26.58%，硫含量为3×10^{-6}，十六烷值为55。加氢尾油收率为22.52%，BMCI值为12.69，装置能耗为22.84千克标油/吨。

新技术应用。采用新型催化剂及优化催化剂级配技术，增产航煤并提高尾油质量，稳定增产优质5#工业白油。天津石化1#加氢裂化装置级配装填高加氢活性体相法FTX加氢精制催化剂，260—350℃柴油馏分芳烃不大于2.0%，可以长周期稳定生产5#工业白油。“大比例增产航煤兼产优质尾油加氢裂化技术”通过中国石化科学技术成果鉴定；加氢处理催化剂RN-410具有高脱硫脱氮活性，加氢裂化催化剂RHC-131兼具高加氢性能和开环性能，航煤收率高，尾油质量好。该催化剂及加氢裂化催化剂性能梯级级配技术在燕山分公司应用结果表明，航煤收率由上周期的30.22%提高到43.28%，尾油BMCI值由上周期的10.8降至8.7。

（张红良）

【渣油加氢】 截至2020年底，中国石化渣油加氢处理装置加工能力为2 994万吨/年。全年运行装置15套，加工量2 711万吨。

装置运行经济技术水平。全年，装置处理原料硫含量为2.41%，氮含量为0.33%，残炭率为9.99%，金属（Ni+V）含量为58.7×10^{-6}，密度为963.4千克/米^3。加氢渣油硫含量为0.32%，氮含量为0.21%，残炭率为4.42%，金属（Ni+V）含量为11.6×10^{-6}。装置能耗为13.7千克标油/吨。

新技术应用。年内，中国石化开发的沸腾床加氢技术实现5万吨级及50万吨级工业应用，总加工能力达55万吨/年。其中，5万吨/年工业示范装置完成沸腾床加氢生产低硫船燃的工业试验，50万吨/年装置实现连续稳定生产。引进浆态床渣油加氢装置顺利开工。

（高　娜）

【润滑油生产】 截至2020年底，中国石化共有9套糠醛精制装置，加工能力328万吨/年，开工运行7套，负荷率96.54%；酮苯脱蜡装置13套，加工能力289万吨/年，开工运行11套，负荷率

71.59%；白土补充精制装置 8 套，加工能力 123 万吨 / 年，开工运行 5 套，负荷率 63.66%；加氢补充精制装置 1 套，加工能力 10 万吨 / 年，负荷率 63.10%；润滑油加氢—老三套组合工艺装置 1 套，其中加氢改质总加工能力为 30 万吨 / 年，负荷率 109%；润滑油全加氢装置 1 套，其中裂化单元加工能力为 30 万吨 / 年、负荷率 93.33%，异构单元加工能力为 40 万吨 / 年、负荷率 95.90%；润滑油加氢异构装置 2 套，加工能力为 60 万吨 / 年，负荷率 100%。2020 年基础油综合收率降低 1.57 个百分点，综合能耗降低 4.80 个单位，综合物耗升高 0.31 个单位。

2020 年，坚持以重点企业设备说明书和认证等成果带动行业用油配套。写入设备说明书及获得 OEM 认证 188 项，其中主流产品 98 项、高端装备 68 项，92 项已形成配套成果。开发示范性应用案例 239 项，先后发布高端新产品 50 余项，达到国际并跑，自研的 2 款航空发动机油写入用户分类管理表。全年获授权专利 35 件。

汽车领域，汽油机油获 API 最高规格 SP/GF-6 全球首批认证，为国内唯一；SLC 产品成为全球首个获 GF-6 认证的 OEM 产品。柴油机油 CK-4 15W-40 获上柴、CI-4 15W-40 获中国重汽、有机冷却液获长安汽车技术认证并配套。长寿命车辆齿轮油和 GL-5 写入东风德纳说明书。

工业领域，72 款产品被列入全球冶金装备巨头达涅利全球新版设备润滑手册，基本覆盖其全部润滑点。磺酸钙润滑脂系列产品写入西马克用油手册配套包钢西马克 2250 轧机全线。国内第一款通过实机 5 000 小时验证的高端液压油 AE-S 获三一重机技术认可并配套其全系列工程机械。AE 液压油获国内盾构机第一的中铁工程装备技术认可。AP 工业齿轮油获水泥立磨龙头莱歇用油推荐。涡轮机油获百万千瓦级的白鹤滩水电站的技术准入并配套。4503-1 空压机油获斯可络压缩机技术认可并配套。4632 难燃液压液获美国 FM 公司认证。BLM-F/G 润滑脂通过舍弗勒轴承技术评价并进入其采购系统，BLM-H 润滑脂通过 SKF 技术认可并配套。

新兴领域，风电齿轮油、机器人用油脂实现千台套规模化配套。齿轮油写入青岛四方城际动车组 CRH6 设备说明书，完成新誉地铁齿轮箱台架试验并写入其设备说明书，VS 75-90 城轨齿轮油首次配套地铁，VT 75W-90 齿轮油批量配套大连机车。

自主制定的《动车组驱动齿轮箱润滑油》国家标准和《纯电动汽车减速箱用油》《农机传动系统用润滑油》《机器人行业专用润滑油脂》等行业标准引领行业规范发展，技术水平国内领先。

（林　崧）

装置达标和节能减排

【概述】 2020 年，中国石化 30 家炼油企业（不含福建炼化、巴陵石化、中科炼化）综合商品率降低 0.21 个百分点，加工损失率降低 0.01 个百分点，综合能耗增加 0.69 个百分点，单因能耗增加 0.03 个百分点，储运损失率增加 0.003 个百分点。

（高　娜）

【炼油达标】 2020 年，综合商品率、加工损失率、综合能耗、单因耗能、原油储运损失 5 项指标全部达到年度达标考核指标。

1. 专业达标

实现炼油专业保标的企业有 28 家：天津石化、石家庄炼化、沧州炼化、洛阳石化、河南油田、胜利油田、济南炼化、安庆石化、九江石化、中韩石化、长岭炼化、荆门石化、金陵石化、扬子石化、高桥石化、上海石化、镇海炼化、广州石化、茂名石化、海南炼化、北海炼化、塔河炼化、江苏油田、泰州石化、清江石化、湛江东兴公司、青岛炼化、青岛石化。

2. 专业竞赛

大型炼厂排名第 1 到第 6 位的企业是青岛炼化、金陵石化、广州石化、天津石化、镇海炼化、茂名石化。

中型炼厂排名第 1 到第 3 位的企业是塔河炼

化、湛江东兴公司、安庆石化。

小型炼厂排名第1位的企业是沧州炼化。

3. 同类装置竞赛

常减压装置。55套运行的常减压装置参与同类装置竞赛，排名第1至第10位的是茂名石化5#、天津石化3#、青岛炼化、上海石化3#、九江石化1#、济南炼化1#、金陵石化4#、扬子石化3#、广州石化3#、湛江东兴公司。

催化裂化装置。51套运行的催化裂化装置参与同类装置竞赛，排名第1至第10位的是金陵石化3#、金陵石化1#、齐鲁石化3#、九江石化1#、青岛炼化、镇海炼化2#、荆门石化2#、长岭炼化2#、扬子石化2#、广州石化1#。

加氢裂化装置。26套运行的加氢裂化装置参与同类装置竞赛，排名第1至第3位的是茂名石化2#、燕山高压、海南炼化。

延迟焦化装置。32套运行的延迟焦化装置参与同类装置竞赛，排名第1至第5位的是镇海炼化3#、金陵石化3#、九江石化、洛阳石化、青岛炼化。

催化重整装置。35套运行的连续重整装置参与同类装置竞赛，排名第1至第3位的是湛江东兴公司、九江石化、茂名石化2#。

渣油加氢装置。15套运行的连续重整装置参与同类装置竞赛，排名第1至第3位的是九江石化、金陵石化2#、安庆石化。

S Zorb装置。32套运行的S Zorb装置参与同类装置竞赛，排名第1至第3位的是金陵石化2#、青岛炼化、洛阳石化。

硫黄回收装置。53套运行的S Zorb装置参与同类装置竞赛，排名第1至第3位的是上海石化3#、镇海炼化5#、湛江东兴公司2#。

（高　娜）

【节能减排】 2020年，炼油板块综合能耗上升1.2个百分点、单因能耗上升0.4个百分点，能源消费总量降低240万吨标煤。

多措并举强化“能效提升”计划落实。督促企业健全并完善节能减排工作责任制，切实把节能责任落实到节能管理的每个环节。以节能业务数字化管理系统为起点打造节能协同管理机制。修订完善对炼油综合能耗、炼油单因能耗指标的绩效考核细则，同时加大对优秀能效提升项目的奖励额度，从考核激励上发挥对企业的导向作用。强化节能挖潜。先后完成炼油企业用能分析、组织推进节能工作和开展函调工作，摸清了家底和节能潜力。大力提升能效项目实施率和实施成效。全年完成80项，剔除大检修推迟因素，完成率70%。合同能源管理项目投用10项，年度节能量2.83万吨标煤。

创新能效对标工作方法。从源头和运行过程管控用能，形成炼油企业能效对标指标和对标实施细则，通过对生产单元、装置系统性工艺用能对标和关键用能设备的能效对标，提升企业源头和过程节能的意识。现场传递能效对标的数据、理念和方法。全年组织系统内专家先后赴天津石化等7家企业开展节能调研服务，共提出200余条节能措施。

强化节能降本增效。实施燃料结构优化，督促相关企业及时找准燃料优化方向和措施；优化电站平稳高负荷运行，督促企业提高电站产能利用率，降低外购动力费用；及时编制《炼油企业低负荷工况用能优化指导意见》，供企业参考实施；督查扬子石化等企业增加低温热发电量，降本减费成效明显。

着力培养节能人才。组织“五大类装置节能培训班”，安排装置技术骨干参加，培训学员节能素养、传递节能压力。安排有潜质的节能管理人员，参加企业节能技术服务，开拓节能人员视野，积累现场服务实践经验，着力培养节能专家。

抓实落后机电设备淘汰工作。落后机电设备淘汰工作进展顺利。全年炼油板块明令淘汰的电机、变压器和机泵分别为3 605台、96套和8台。

（佟玉文）

【环保治理】 2020年，炼油板块克服疫情和负荷大幅波动、长江洪涝灾害等因素影响，完成2项集团公司一级环境风险销降、3项集团公司重大环保隐患治理。华北地区企业积极应对臭氧污染防治和重污染天气，沿江和华南地区企业平稳度汛，12家企业通过绿色企业验收，完成236项污染防治攻坚战任务。全年未发生环境污染事件。

环保达标率显著提升。炼油企业外排工业废水、外排有控废气基本实现全面稳定达标。齐鲁石化、高桥石化等通过优化瓦斯平衡、提高干气脱硫效率等手段，实现加热炉烟气稳定达标。金陵石化、湛江东兴公司、北海炼化、沧州炼化等企业达标率有效提升。

污染物总量稳步减排。通过增上污染治理项目、强化生产运行管理、优化环保设施运行等措施，炼油企业实现 COD、氨氮等废水污染物分别减排 9.1% 和 21.8%，二氧化硫、氮氧化物、VOCs 等废气污染物分别减排 29.8%、19.6% 和 8.2%。

抓实季节性水体污染防控。提前总结企业应对优秀案例，组织沿江、沿黄和华南地区企业召开专题交流视频会，共享水体污染防控应急应对经验。长岭炼化、安庆石化、中韩石化、九江石化等企业提前做好应急准备，组织专项应急演练，储备充足应急物资，专班专人值守雨水排口、岸线堤坝等重点区域，未发生水体污染事件。

加强臭氧污染治理与防控。京津冀及周边、华北地区企业，实现脱硫醇尾气、重整再生烟气、酸性水罐罐顶气等 VOCs 有组织工艺废气治理率 100%。13 套延迟焦化装置实施密闭除焦改造。济南炼化、长岭炼化、北海炼化等企业实施动力锅炉烟气提标治理和低氮燃烧改造，氮氧化物低于排放标准 50%。

落实长江大保护战略。落实集团公司沿江企业结构优化和生态文明建设视频会、长江流域企业生态环境保护座谈会精神，金陵石化、荆门石化等 12 家企业通过实施污水提标治理、增加串级利用等措施，废水排放量减少 3.8%，COD 排放量减少 16.8%，氨氮排放量减少 17.9%，污水回用率提高至 36%。

推进危废“三化”工作。积极协调政策支持，推动“三泥”干化技术应用，推进华中地区（荆门石化）、珠三角（中科炼化）危废处置中心建设。齐鲁石化、镇海炼化等企业将剩余活性污泥鉴定为一般固废，广州石化、扬子石化等企业获危废内部综合利用政策，大幅降低外委处置量。济南炼化、长岭炼化、中韩石化、上海石化增上 4 套油泥干化设施，可实现年减量约 7 000 吨。炼油企业实现“三泥”减量 10.5%，FCC 废催化剂减量 6.1%。

（常　田）

【节水减排】 2020 年，炼油企业工业水运行情况良好，加工吨原料油平均取新鲜水 0.43 吨，加工吨原料油排污水 0.17 吨，指标创近 5 年新低。

继续推进节水减排工作。各企业积极开展水平衡测试，查漏堵漏；增加雨水回用设施，减少新鲜水用量；积极增上凝结水回用设施、污水深度处理设施；在合理范围内增加污水回用量；部分企业开展海水淡化替代新鲜水。

（朱　哲）

设备管理

【概述】 2020 年，炼油板块设备总体运行继续保持良好状态，装置长周期运行管理水平稳步提升，中韩石化全厂装置实现“四年半一修”，在燕山石化等 6 家企业炼油装置启动“五年一修”长周期运行试点工作。炼油装置大检修管理工作顺利完成，所有检修装置全部一次开车成功，天津石化、中韩石化、北海炼化、青岛石化全厂大修，镇海炼化、塔河炼化、燕山石化、金陵石化系列装置检修质量较高。设备完整性管理体系建设第 1 批推广企业建设进展顺利，广州石化、镇海炼化已具备验收条件，比原计划提前半年以上。

持续推进设备完整性管理体系建设。第 1 批设备完整性管理体系建设 9 家企业均已进行体系中期发布，镇海炼化提前具备体系验收条件。正式启动第 2 批 17 家企业设备完整性管理体系建设工作。组织第 1 批 6 家企业和第 2 批 7 家企业进行“结对子”活动，高桥石化与镇海炼化“结对子”后，体系建设推进速度较快，具备中期发布条件，比原计划提前近 1 年。首次开展体系内审工作，组织编制体系内审评分标准，对广州石化、齐鲁石化等 11 家企业开展体系内审检查。落实设备 KPI 指标引领作用，对企业各专业 KPI 进行分析，装置可靠性指数总体较好，平均值达96.77%。开展体系建设标准化工作，组织安全工程研究院、中国特种设备检测研究院互相借鉴优秀做法，形成统一的体系建设实施方案。推进可靠性工程师团队建设，编写设备可靠性团队建设的人事通讯，介绍中韩石化、九江石化、齐鲁石化、沧州炼化等企业优秀做法，统一各企业人力资源管理部门思想，指导团队建设，中韩石化等11家企业成立专职可靠性团队。

全年共有23家炼油企业的297套装置顺利完成检修工作。装置长周期运行持续保持较高水平，累计达到“四年一修”的装置有338套、增加30套，“三年一修”以上的有540套、增加50套。

重视检修管理工作。炼油板块积极应对疫情影响，优化调整装置检修计划，为疫情后炼油装置全面复产打牢基础，燕山石化等10家企业的43套装置提前检修，11套装置停工待料同步消缺；中韩石化等12家企业的114套装置检修推迟，济南炼化、九江石化全厂等检修延后至2021年。继续推进管理过程标准化，组织修订《炼油企业检修管理指南》，完成第1轮专家审查；组织编制催化重整、制氢装置的设备隐蔽检查方法；持续开展检修技术服务，组织专家赴北海炼化、燕山石化、天津石化、金陵石化、齐鲁石化、中韩石化、青岛石化、济南炼化、塔河炼化等企业开展检修技术服务16次，提出检修建议600多条；组织专家对济南炼化、九江石化、长岭炼化等2021年大修企业检修计划进行审查，优化计划内容和范围，节约大修费用约1亿元。

（吕　伟）

【设备防腐蚀管理】 2020年，炼油板块持续强化设备防腐管理，设备腐蚀情况总体可控。编制印发《低负荷运行及停工待料炼油装置设备防护指导意见》。全面应用“脉冲涡流扫查＋定点测厚”组合技术开展设备腐蚀检测，共计检测管件29 057个，发现腐蚀减薄超过20%的管件2 649个、占比9.1%，及时消除装置运行隐患。对7家企业41套的260台高压空冷器使用情况开展调研，编制《临氢装置高压空冷器管理指导意见》；在上海石化开展高压空冷防腐系统研发工作，实现冷高分污水硫氢化氨、pH值精准在线分析和空冷器前注水量智能调节，提升加氢装置反应流出物系统工艺防腐蚀效果，确保设备长周期安全运行。

（吕　伟）

【加热炉运行情况】 2020年，对广州石化等12家企业的270台加热炉运行情况进行检查测试。加热炉平均热效率92.30%，提高0.10个百分点。在齐鲁石化4#常减压装置进行高效示范加热炉建设，常减压炉改造后，热效率达94.5%—95.2%。

（朱　哲）

【催化烟机运行】 2020年，集团公司共有催化烟机47台，其中故障停机16台次，连续4年将故障停机次数控制在不超过20次。

（朱　哲）

【大机组运行管理】 2020年，为应对大机组运行问题，印发《炼油装置大型机组运行操作及检修管理补充意见》。

（朱　哲）

【电气专业管理】 2020年，炼油板块未发生因电气原因造成的二级及以上非计划停工。启动中国石化电气缺陷标准库建设工作。全面推进电气设备带电检测工作。按期完成高耗能落后机电设备淘汰工作。

（邢　勐）

【仪控专业管理】 2020年，炼油板块未发生因仪控原因造成的二级及以上非计划停工。启动中国石化仪控缺陷标准库建设工作。青岛炼化、长岭炼化、茂名石化、北海炼化、湛江东兴公司、洛阳石化、九江石化等企业自控提升项目稳步推进，效果均满足《炼化企业装置自控提升管理要求》。

（邢　勐）

质量管理

【概述】 2020年，中国石化持续加强质量管理，认真履行“质量永远领先一步”“质优量足，客户满意”的方针目标，充分发挥上中下游一体化的整体优势，推行上游企业要为下游企业服务、上道工序要对下道工序负责的质量管理和考核机制，践行“每一滴油都是承诺”的社会责任，用实际行动维护了企业的信誉，赢得了客户的信赖，打造了中国石化良好品牌形象。通过严格产品指标管理，开展质量风险排查与管控，加强异常数据管控和全过程产品质量控制，全年出厂产品质量稳定满足标准要求和用户使用要求。出厂产品合格率100%，在国家、各级政府部门质量监督抽查中，抽检合格率100%。

（李爱文）

【产品实物质量】 2020年，炼油产品实物质量总体稳定，按照国家标准、地方标准和出口协议标准要求，稳定供应汽、柴油产品。

汽油：按照《车用汽油》《车用乙醇汽油调合组分油》等国家标准、地方标准（京标）和出口汽油协议标准等产品标准生产汽油。

柴油：按照国家《车用柴油》《军用柴油》等国家标准、军用标准、地方标准（京标）和出口柴油协议标准等产品标准生产柴油。

（李爱文）

【产品质量管理】 2020年，中国石化紧紧围绕“质量永远领先一步”的质量方针、“每一滴油都是承诺”的社会责任和“质优量足、客户满意”的质量目标，不断加强质量管理工作，形成具有中国石化特色的质量管理模式，全员质量意识不断提高。从体系建设、制度管理、全过程质量控制、风险排查与管控、质量改进及用户服务等方面，开展质量管理工作。全年出厂产品质量合格率100%，未发生质量事故。

年内，开展质量管理体系有效性检查，派遣外审观察员，查找薄弱环节及质量隐患，制定整改措施，把质量管理责任落到实处，不断提高质量管理体系运行的有效性，全面提升企业质量管理水平。加强质量风险管理，构建风险防控体系，提升风险识别和管控能力。严格产品指标管理，进行月度统计分析和质量情况通报，狠抓全员、全过程质量控制，提高质量管理控制水平。组织开展“质量日”“质量月”活动，加强质量宣传，提高质量意识，做好产品售后服务，提升客户满意度。以客户为焦点，了解客户需求，解决客户困难，持续改进产品质量，满足客户使用要求。利用信息化手段，监控产品质量数据，加强异常数据分析，做到及时提醒，提前预防，使质量管理由事后处理逐步向事前管控转变，提高质量管控的科学性与工作效率。

（李爱文）

原油资源及储运

【储运设施】 原油管道。截至2020年底，中国石化共拥有原油长输管道1 142千米，其中油田企业运营管理原油长输管道669千米、炼化企业运营管理原油长输管道473千米。

原油储罐。2020年，中国石化炼化企业在用原油储罐294座。

原油码头。2020年，中国石化共拥有货主、合资、合作原油深水码头15座（含岙山合作码头），25万吨级以上原油泊位22座（岙山2座）。

（单云峰）

【原油资源配置】 2020年，受新冠肺炎疫情影响，中国石化炼化企业原油资源配置减少1 029万吨，其中接收自产原油减少136万吨、接收中国石油原油减少9万吨、接收中国海油原油减少19万吨、接收进口原油减少866万吨。中国石化以加工进口原油为主，进口原油占资源总量的88.6%（进口原油品种118个，来源于39个国家，其中中东地区占57.9%，西非地区占17.0%，南美地区占10.5%，欧洲地区占6.1%，北非地区占2.1%，北美、大洋洲、东南亚等地区占6.3%）；国内原油占11.4%，其中自产原油占10.9%、中国石油供原油占0.3%、中国海油供原油占0.2%。

（单云峰）

【原油资源运输】 2020年，中国石化炼化企业原油资源进厂量减少1 015万吨，其中管输与一程直靠进厂占原油资源总量的93.3%、减少1 123万吨，其他方式运输进厂占原油资源总量的6.7%（其中国内水运5.2%、火车1.3%、汽车0.2%）增加108万吨。

（单云峰）

【原油采购成本】 2020年，为应对突如其来的新冠肺炎疫情暴发对市场带来的剧烈影响，中国石化通过动态优化原油采购策略、节奏和结构，抓好区域资源配置优化，实现原油采购降本。加强对原油市场走势研判，准确把握采购节奏；抓住市场机遇，积极落实高性价比原油资源；根据产品市场走势，优化原油采购结构；发挥装置潜力，加大劣质原油采购力度；加强对高低硫原油价差走势分析，积极主动调整原油计价比例；指导企业做好新油种加工方案，进一步开拓资源多元化，保障企业需求，降低原油采购成本。

（单云峰）

【滞期管控优化】 2020年初，受新冠肺炎疫情影响，国内成品油需求大幅下滑，原油加工量大幅调减，原油库存急剧上升，进口原油接卸与滞期控制面临巨大压力。中国石化充分发挥一体化管理优势，积极应对疫情影响，统筹协调，及时研判和应对各种突发情况，细化日常运行管理，优化油轮接卸安排。密切跟踪油轮到港时间、接卸和输转动态，加强滞期管控；挖掘管道和企业罐容潜力，优化调整船期和卸货方案，提高原油接卸效率。通过强化管理、加强协调等措施，全年实现滞期时间、滞期费比预期“双节省”。

（单云峰）

【稳定原油供应】 原油管网改革资产交割后，中国石化认真分析管网分离后原油采购、运行等管理机制变化，研究鲁宁和沿江企业原油采购机制、管道原油库存管理办法、计量交接办法、计划和运行调度管理机制；为应对原油管道运行业务发生的变化，中国石化与国家管网建立合理、畅通的生产运行管理机制，加强日常生产运行沟通和协调，继续发挥原油管网运行效率，保障炼化企业资源稳定供应。结合国家管网新原油管道投产安排，与国家管网和相关炼化企业提前做好新原油管道设施投用和资源流向调整工作，确保中国石化炼化企业原油资源平稳供应。

（单云峰）

【加强原油储运损失管理】 2020年，持续加强原油途耗管理，强化到港原油接卸损失控制，着力解决原油末站交接计量工作中出现的问题，不断提升原油储运管理水平。全年原油储运损失率比年度目标低0.001个百分点，节约原油成本近550万元。

（单云峰）

中国石化 SINOPEC

化工生产

综述 | 有机原料 | 合成树脂 | 合成橡胶 | 合成纤维原料 | 合成纤维聚合物 | 合成纤维 | 碳一化工 | 化肥 | 无机原料 | 生物及精细化工 | 质量管理 | 设备管理 | 达标管理与节能减排 | 计量管理

综 述

2020 年，新冠肺炎疫情在全球蔓延，世界经济严重衰退，化工生产经营面临严峻挑战，化工板块认真贯彻落实集团公司党组决策部署，一手抓疫情防控，保障员工健康和装置安稳运行；一手抓攻坚创效，努力完成生产经营各项任务，实现双战双胜，为“十三五”收官和决胜全面可持续发展，交出一份满意答卷。

经营业绩保持稳定。全年合成树脂产量增长 0.7%，合成橡胶产量增长 1.9%，合成纤维产量增长 1.8%，精细化工产量（不含合资）增长 3.9%，三大合成材料新增顶替进口 25.5 万吨。

安稳运行持续进步。在应对疫情上，燕山石化、仪征化纤 76 天建成年产万吨级熔喷布产能，在抗击疫情中发挥了重要作用。各企业认真抓好疫情严重期间的装置负荷调整及随后的复工复产，确保生产装置安全运行和员工身体健康；化工销售、生产企业面对疫情期间交通管制道路封闭等不利因素，主动联系驻地政府开辟“绿色通道”，合理调整产品流向，保证产品及时出库；处于疫情初发“震中”的中韩石化，克服重重困难，确保装置安稳生产。在安全管理上，落实集团公司安全生产专项整治三年行动计划，排查安全生产关键领域和关键环节存在的问题，建立问题隐患和制度措施“两个清单”，按照“五定”原则落实整改；强化承包商和直接作业环节安全管理，开展高处作业专项治理，持续推进安全风险识别管控和隐患排查整治。在环保管理上，打好污染防治攻坚战，开展臭氧污染防治专项行动和 VOCs、氮氧化物专项整治。推进绿色企业行动计划，完成 10 家绿色企业创建工作。在运行管理上，狠抓非计划停工管理，定期召开专题视频会，分析停工原因、分享管理经验、完善整改措施，各企业积极学习和借鉴，加强了日常运行管理和隐患排查，提升了安稳优运行水平。在设备管理上，有序开展设备完整性管理体系建设，完成第 1 批试点上线，启动第 2 批系统建设；稳步推进“关键机组远程诊断及检维修策略服务系统”在 10 家企业试点，转动设备长周期运行水平进一步提升；扎实开展腐蚀监测和加热炉运行优化，静设备安全、高效运行水平明显提高；天津石化、中沙石化、扬巴公司、中韩石化、中天合创和中原石化等企业顺利完成装置检修、改造，消除一批困扰装置长周期运行的隐患和瓶颈，茂名石化抓住市场机遇 2 次推迟检修，全年高负荷运行。

结构调整不断深化。在原料结构调整上，按照“自产为主、外采补充、进口调节”的原则，统筹两个市场、两种资源，保障了乙烯原料供应。对石脑油、加氢尾油、液化气等原料进行投入—产出效益测算，优化调整投料比例。在产品结构调整上，茂金属聚乙烯膜料系列产品产业化开发取得成功，实现北部、东部、南部 3 个区域布局；开发生产茂金属聚丙烯熔喷料；开发出更多高性能苯乙烯类热塑性弹性体新产品，在医用 SEBS 及光缆光纤油膏用 SEPS 等新产品领域拓市增效；轮胎用溶聚丁苯橡胶全面通过著名轮胎企业的生产准入，官能化改性产品完成工业化试生产，实现溶聚丁苯领域的突破性进展。成功开发新型医卫防护材料 PE/PET 复合纺纤维，及时推向市场；可降解聚酯 PBST、PBAT 和 PBSA 相继在万吨级工业装置上试生产成功，产品质量达到预期目标。精细化工新材料技术攻关取得新进展，EVOH 中试产品已成功投放市场，F 型产品实现批量生产和销售；长链二元酸产品攻克色度问题，产品质量趋于稳定，通过改造实现连续稳定运行。

市场开拓积极稳健。充分利用多媒体和数字共享平台，密切产销衔接，根据市场需求变化快速优化生产运行方案，细化产品方案，统筹推进区内和跨区资源优化。化工销售公司落实以客户为中心的经营理念，深化精细营销，做深做细做实“一品一策”“一户一案”“一企一制”，不断加强“两个服务”的意识和能力，提升了经营质量；利用“石化 e 贸”平台，加快向电商营销模式转型，销售网络得到扩大，平台注册会员大幅增长。催化剂公司面对全球炼化企业开工率不足、催化剂消耗量下降近 20% 的不利形势，提高服务质量，保证系统内炼化装置高质量运行，统筹开拓国内市场，加快国际化进程，海外市场占有率进一步提高。

经营潜力深入挖掘。严格控制各类成本，制定成本管理工作要点和管控目标，聚焦燃动辅材、修理、外部加工劳务、化验计量检验等重点费用，多方位对比分析，狠抓超支管控，持续推进全员成本目标管理。严格资金计划管理，优化资金配置，最大限度压缩资金净占用规模，降低资金使用成本。加快清退长期亏损、不分红、非持续经营等低效无效股权投资项目，通过合作开发、租赁、置换和对外转让等多种方式，下大力盘活处置低效无效资产和闲置土地房产，中原石化等企业按期完成驻京办房产清退工作。按照总部工作部署，积极落实“百日攻坚创效”“持续攻坚创效”实施方案，全年实施增效项目 1 305 项，建立“日跟踪、周通报、月回顾”工作运行机制，在门户网站设立专栏促进学习交流，强化督办运行，确保各项措施落实落地。

风险管控得到加强。根据《中国石化金融衍生品业务管理办法》，确定化工产品衍生品业务年度计划、风险控制指标、业务操作主体资格，做好日常业务监控。加强“两金”占用管理，及时盘点产成品库存，强化外储货物的货权管理。系统梳理客户和供应商经营状况，加强承兑汇票管理，防范信用风险，企业外部应收账款比年初减少 8 亿元。做好付息债务的分析监控，从严控制债务规模，优化债务结构，降低债务风险。按照《深化内控制度执行有效性提升行动推进方案》，围绕集团公司防范化解 8 个方面 33 项重大风险和新冠肺炎疫情影响，认真开展重点领域问题和风险排查，实现“强内控、防风险、促合规”的管控目标，严守不发生系统性风险的底线。

（师　巍）

有机原料

【概述】 集团公司有机原料主要产品有乙烯、丙烯、丁二烯、苯、甲苯、二甲苯、环氧乙烷、环氧丙烷、环氧氯丙烷、苯酚、丙酮、丙烯酸和苯乙烯等。其中，乙烯、丙烯、丁二烯、苯、甲苯、二甲苯为基础有机原料，其余为主要中间原料。

集团公司主要有机原料生产能力见表 1。由表 1 可见，邻二甲苯、间二甲苯、环氧丙烷、环氧氯丙烷、苯酚、丙酮、丙烯酸和苯乙烯等的生产能力没有变化，乙烯、丙烯、丁二烯、苯、甲苯、混合二甲苯、对二甲苯和环氧乙烷的生产能力有所增加。

2020 年，坚持以攻坚创效、“比学赶帮超”、乙烯装置运行专项竞赛、绩效评价等对标活动和管理平台为抓手，持续推动专业对标管理，促进指标持续提升；按照“自产为主、外采补充、进口调节”的原则，统筹两个市场、两种资源，保障乙烯原料供应，并充分发挥炼化一体化优势，做好原料结构调整和装置运行优化；根据市场形势变化、装置运行实际和生产经营安排，统筹做好装置大修组织，突出低排放操作、开工条件检查确认和关键环节、重点部位，深入开展现场技术服务，圆满完成大修各项工作，实现安全、环保、经济检修目标；推进落实安全生产专项整治三年行动计划，打好污染防治攻坚战，开展臭氧污染防治专项行动和 VOCs、氮氧化物专项整治，推进绿色企业行动计划，组织开展乙烯装置管道波纹管膨胀节使用及运行情况专项排查，进一步提升装置本质安全环保水平。

为全面贯彻落实党的十九大提出的“建设知识型、技能型、创新型劳动者大军，弘扬劳模精神和工匠精神，营造劳动光荣的社会风尚和精益求精的敬业风气”要求，进一步加大技能人才培养、选拔工作力度，促进优秀人才脱颖而出，集团公司联合中国就业培训技术指导中心主办 2020 年全国行业职业技能竞赛乙烯装置操作工竞赛，集团公司取得团体第一，个人 8 金、6 银、10 铜的佳绩。

表 1　集团公司主要有机原料生产能力　万吨 / 年

产品名称 \ 年份	2020	2019	2018	2017	2016	2015
乙　烯	1 254.84	1 144.84	1 112.80	1 112.80	1 084.40	1 052.00
丙　烯	1 140.92	1 064.91	1 031.53	1 032.77	1 011.75	986.95
丁二烯	192.70	180.70	180.70	180.70	183.64	185.14
苯	578.07	555.82	555.82	548.84	536.34	538.38
甲　苯	258.02	196.19	196.19	167.60	140.60	143.14
混合二甲苯	473.16	386.20	373.20	337.52	303.12	305.76
邻二甲苯	46.52	46.52	46.52	46.52	46.52	46.52
间二甲苯	8.00	8.00	8.00	8.00	8.00	8.00
对二甲苯	591.41	583.91	483.91	483.91	483.91	483.91
环氧乙烷	194.25	157.25	146.45	155.95	139.31	139.31
环氧丙烷	62.50	62.50	62.50	62.50	38.50	38.50
环氧氯丙烷	2.60	2.60	2.80	2.80	2.40	2.40
苯　酚	75.75	75.75	75.75	75.75	75.75	85.75
丙　酮	46.04	46.04	46.04	46.04	46.04	52.14
丙烯酸	19.00	19.00	19.00	19.00	23.08	23.08
苯乙烯	253.00	253.00	242.30	242.30	231.60	228.10

（曾淼洋）

【乙　烯】 截至 2020 年底，集团公司生产乙烯的企业共 17 家，生产能力合计 1 254.84 万吨 / 年（含 MTO 装置），增加 110 万吨 / 年，增长 9.61%，其中中科炼化乙烯装置投产新增产能 80 万吨 / 年、中韩石化乙烯装置完成扩能改造产能增加 30 万吨 / 年。

采用的生产技术主要有美国 Lummus 公司、美国 S&W 公司、中国石化与 Lummus 联合开发及中国石化自主开发的专利技术，其中中韩石化、中科炼化、中原石化 MTO 装置、中天合创 MTO 装置、中安联合 MTO 装置均采用中国石化自主专利技术。

（曾淼洋）

【丙　烯】 集团公司丙烯产品分炼油丙烯和化工丙烯两大类。截至 2020 年底，生产炼油丙烯的企业共 28 家，炼油丙烯由炼厂气分装置生产；生产化工丙烯的企业共 17 家，化工丙烯由蒸汽热裂解装置和 MTO 装置生产。集团公司丙烯生产能力为 1 140.92 万吨 / 年，增加 76.01 万吨 / 年，增长 7.14%，其中中韩石化新增产能 23 万吨 / 年、中科炼化新增产能 57.01 万吨 / 年、江苏油田分公司核减产能 4 万吨 / 年。

（曾淼洋）

【丁二烯】 截至 2020 年底，集团公司生产丁二烯的企业共 13 家，生产能力合计 192.7 万吨 / 年，增加 12 万吨 / 年，增长 6.64%，其中中科炼化新增产能 12 万吨 / 年。

（张　燕）

【纯　苯】 截至 2020 年底，集团公司生产纯苯的企业共 30 家，生产能力合计 578.07 万吨 / 年，增加 22.25 万吨 / 年，增长 4%。

（苏　莹）

【甲　苯】 截至2020年底，集团公司生产甲苯的企业共16家，生产能力合计258.02万吨/年，增加61.83万吨/年，增长31.52%。

（苏　莹）

【混合二甲苯】 截至2020年底，集团公司生产混合二甲苯的企业共18家，生产能力合计473.16万吨/年，增加86.96万吨/年，增长22.52%。

（苏　莹）

【对二甲苯】 截至2020年底，集团公司生产对二甲苯的企业共9家，生产能力合计591.41万吨/年，增加7.5万吨/年，增长1.28%。

（苏　莹）

【邻二甲苯】 截至2020年底，集团公司生产邻二甲苯的企业共6家，生产能力合计46.52万吨/年，同比持平。

（苏　莹）

【间二甲苯】 截至2020年底，集团公司生产间二甲苯的企业共1家，生产能力为8万吨/年，同比持平。

（苏　莹）

【甲　醇】 截至2020年底，集团公司生产甲醇的企业共4家，生产能力合计689.10万吨/年，同比持平。其中，川维化工公司生产能力为87.10万吨/年，其中77万吨/年甲醇装置采用英国戴维甲醇合成技术、10万吨/年甲醇装置采用德国鲁奇甲醇合成技术；宁夏能化生产能力为62万吨/年，采用丹麦托普斯低压甲醇合成技术；中天合创、中安联合生产能力分别为360万吨/年、180万吨/年，2套装置均采用德国鲁奇甲醇合成技术。

（佘振红）

【丁　醇】 截至2020年底，集团公司生产丁醇的企业共有2家，生产能力合计35.50万吨/年，同比持平。齐鲁分公司装置设计采用英国戴维工艺技术；扬巴公司装置采用德国巴斯夫公司技术。

（佘振红）

【辛　醇】 截至2020年底，集团公司辛醇生产企业只有齐鲁分公司，生产能力为25.50万吨/年，同比持平，采用英国戴维工艺技术。

（佘振红）

【环氧乙烷】 截至2020年底，集团公司生产环氧乙烷的企业共11家，生产能力合计194.25万吨/年，增加37万吨/年，增长23.53%，其中中韩石化新增产能12万吨/年、中科炼化新增产能25万吨/年。

（张　燕）

【环氧丙烷】 截至2020年底，集团公司生产环氧丙烷的企业共3家，生产能力合计62.5万吨/年，同比持平。

（张　燕）

【环氧氯丙烷】 截至2020年底，集团公司生产环氧氯丙烷的企业共1家，产能为2.6万吨/年，同比持平。

（张　燕）

【苯　酚】 截至2020年底，集团公司生产苯酚的企业共4家，生产能力合计75.75万吨/年，同比持平。

（张　燕）

【丙　酮】 截至2020年底，集团公司生产丙酮的企业共4家，生产能力合计46.04万吨/年，同比持平。

（张　燕）

【丙烯酸】 截至2020年底，集团公司生产丙烯酸的企业共1家，生产能力为19万吨/年，同比持平。

（曾淼洋）

【苯乙烯】 截至2020年底，集团公司生产苯乙烯的企业共15家，生产能力合计253万吨/年，同比持平。

（张　燕）

合成树脂

【概述】 截至2020年底，集团公司合成树脂总生产能力为1 888.70万吨/年，增长91.50万吨/年。其中，聚乙烯生产能力为837.92万吨/年，增长41.50万吨/年；聚丙烯生产能力为840.68万吨/年，增长50万吨/年；聚氯乙烯生产能力为60万吨/年，产能没有变化；聚苯乙烯生产能力为69.80万吨/年，产能没有变化；ABS树脂生产能力为20万吨/年，产能没有变化；其他树脂生产能力为60.30万吨/年，产能没有变化。各种合成树脂生产能力见表2。在合成树脂中，聚乙烯、聚丙烯两大品种占主导地位，总生产能力为1 678.60万吨/年，占集团公司合成树脂生产能力的88.88%。

2020年，集团公司合成树脂装置运行稳定，主要技术经济指标保持历史较好水平，各装置节能降耗工作持续推进，着力打造行业领先的绿色低碳聚烯烃产业链。中科炼化一体化项目顺利投产，35万吨/年聚丙烯装置、20万吨/年聚丙烯装置、35万吨/年高密度聚乙烯装置3套新建聚烯烃装置实现一次投料成功。

表2　　集团公司合成树脂分品种生产能力　　万吨/年

产品名称＼年份	2020	2019	2018	2017	2016	2015
合成树脂合计	1 888.70	1 797.20	1 723.20	1 713.00	1 695.68	1 585.68
聚乙烯	837.92	796.42	761.42	756.42	721.42	695.92
LDPE	154.62	154.62	154.62	154.62	117.62	117.62
HDPE	323.30	281.80	281.80	281.80	283.80	288.30
LLDPE	360.00	360.00	325.00	320.00	320.00	290.00
聚丙烯	840.68	790.68	751.68	749.98	750.56	666.06
聚氯乙烯	60.00	60.00	60.00	60.00	60.00	60.00
聚苯乙烯	69.80	69.80	69.80	69.80	69.80	69.80
ABS树脂	20.00	20.00	20.00	20.00	20.00	20.00
其他树脂	60.30	60.30	60.30	56.80	73.90	73.90

（刘志武）

【聚乙烯】 截至2020年底，集团公司共有35套聚乙烯装置，总生产能力为837.92万吨/年，增加41.50万吨/年。其中，单线能力最大的是镇海炼化线型低密度聚乙烯装置。35套聚乙烯装置中，低密度聚乙烯（LDPE）装置有釜式法工艺2套，管式法工艺8套；高密度聚乙烯（HDPE）装置有淤浆法工艺7套，气相法工艺4套，环管加气相法工艺1套；线型低密度聚乙烯（LLDPE）装置有气相法工艺13套。从装置套数和生产能力上看，集团公司高压聚乙烯装置以管式法工艺为主，低压高密度聚乙烯装置以淤浆法工艺为主，线型低密度装置全部采用气相流化床工艺路线。

（刘志武）

【低密度聚乙烯】 截至2020年底，集团公司LDPE装置生产能力为154.62万吨/年，同比持平。共有10套LDPE装置，其中燕山分公司、上海石化、茂名分公司、长城能化各2套，齐鲁分公司、扬巴公司各 1 套。燕山分公司 1 套采用日本住友化学釜式法工艺，1 套为美国埃克森管式法工艺；上海石化 2 套均采用日本三菱油化管式法工艺；茂名分公司 1 套采用美国匡藤公司管式法工艺，1 套为 BASELL 工艺；长城能化 1 套采用美国埃克森釜式法工艺，1 套为美国埃克森管式法工艺；齐鲁分公司装置采用荷兰 DSM 公司管式法工艺；扬巴公司采用 BASELL 管式法工艺。

（刘志武）

【高密度聚乙烯】 截至 2020 年底，集团公司 HDPE 装置生产能力为 323.30 万吨 / 年，增加 41.50 万吨 / 年。共有 12 套高密度聚乙烯装置，分别是扬子石化、燕山分公司、茂名分公司、上海赛科公司、福建联合石化、中沙石化、中韩石化、中科炼化各 1 套，齐鲁分公司、上海石化各 2 套。其中，燕山分公司、扬子石化装置均采用日本三井油化淤浆法工艺；齐鲁分公司 2 套、福建联合石化 1 套均采用气相流化床工艺；上海石化 1 套采用北欧化工环管加气相流化床反应器工艺技术；上海石化、茂名分公司各 1 套采用菲利浦环管淤浆法工艺；中科炼化 1 套采用道达尔公司双环管淤浆法工艺；上海赛科公司装置采用 BP 公司气相流化床工艺；中沙石化、中韩石化装置均采用 INEOS 公司的双环管淤浆法工艺。

（刘志武）

【线型低密度聚乙烯】 截至 2020 年底，集团公司 LLDPE 装置生产能力为 360 万吨 / 年，同比持平。共有 13 套 LLDPE 装置。天津分公司、齐鲁分公司、中原石化、茂名分公司、广州分公司、扬子石化、福建联合石化、镇海炼化各 1 套，采用美国 UCC 公司气相流化床工艺，中沙石化、中韩石化、长城能化的 2 家合资公司（中天合创、中安联合）所属装置采用自主开发气相流化床工艺，上海赛科公司 30 万吨 / 年 LLDPE 装置采用 BP 公司的气相流化床工艺。

（刘志武）

【聚丙烯】 聚丙烯装置按生产方式可分为连续法和间歇法两大类。截至 2020 年底，集团公司聚丙烯生产能力为 840.68 万吨 / 年，增加 50 万吨 / 年，为中科炼化新建 35 万吨 / 年和 20 万吨 / 年生产能力、间歇法聚丙烯装置核减 5 万吨 / 年生产能力。集团公司连续法聚丙烯装置生产能力为 812.20 万吨 / 年，占聚丙烯总生产能力的 96.61%。共有 44 套连续法聚丙烯装置，生产工艺以环管法工艺为主。其中，有 27 套环管法聚丙烯装置，占聚丙烯装置的 61.36%，6 套为引进海蒙特环管技术、单线能力最大为茂名分公司 17 万吨 / 年聚丙烯装置，21 套为国产化环管技术、单线能力最大为中安联合 35 万吨 / 年聚丙烯装置；其他 17 套装置中，5 套为三井油化釜式法聚丙烯工艺，6 套为 INEOS（原阿莫科）气相法聚丙烯工艺，2 套为“NOVOLENE”气相法聚丙烯工艺，2 套为“HORIZONE”气相法聚丙烯工艺，2 套为 BASSEL 公司的多区反应聚合工艺。集团公司间歇法聚丙烯装置生产能力为 28.48 万吨 / 年。

（刘志武）

【聚苯乙烯】 截至 2020 年底，集团公司共有 6 套聚苯乙烯生产装置，生产能力为 69.80 万吨 / 年，均采用连续本体法工艺。其中，燕山分公司、广州分公司、茂名分公司、上海赛科公司各 1 套，扬巴公司 2 套。

（刘志武）

【聚氯乙烯】 截至 2020 年底，集团公司生产 PVC 的企业只有齐鲁分公司 1 家，生产能力为 60 万吨 / 年，同比持平。

（刘志武）

【ABS 树脂】 截至 2020 年底，集团公司生产 ABS 树脂的企业只有高桥石化 1 家，生产能力为 20 万吨 / 年，同比持平。

（刘志武）

【其他树脂】 截至 2020 年底，集团公司生产乙烯醋酸乙烯共聚物（EVA）的企业共有 3 家，生产能力为 30 万吨 / 年。

（刘志武）

合成橡胶

【概述】 截至2020年底，集团公司合成橡胶生产能力为158万吨/年，无新增产能，仍是国内最大、世界第二大合成橡胶生产商。各合成橡胶装置全年保持连续稳定高负荷生产，产量再创历史新高。在各类合成橡胶产品中，乳聚丁苯橡胶产量增长最多，主要原因是：齐鲁石化和扬子石化的丁苯装置生产运行平稳，全年保持高负荷生产；SBS橡胶产量保持较大幅度的连续增长。顺丁橡胶和乙丙橡胶均出现一定幅度的减产。

（徐忠亮）

【顺丁橡胶】 截至2020年底，集团公司顺丁橡胶生产能力没有变化。镍系顺丁橡胶方面，生产运行、技术经济指标、产品质量稳定性及优级品率等继续保持国内领先。锂系顺丁橡胶（低顺橡胶），高桥石化低顺橡胶产量创历史新高。稀土顺丁橡胶方面，完成第3代高效催化剂的工业化试用，达到预期效果。

（徐忠亮）

【丁苯橡胶】 截至2020年底，集团公司丁苯橡胶生产能力没有变化。3套乳聚丁苯橡胶装置均保持满负荷生产，并继续加大环保产品的生产力度。齐鲁石化新开发的环保型乳聚丁苯油胶ESBR-1739形成连续生产。

（徐忠亮）

【SBS热塑性弹性体】 截至2020年底，集团公司SBS生产能力没有变化。巴陵石化持续提高环保产品比例，加大SAM系列高附加值产品的生产力度。茂名石化完成SBS装置后处理二线改造，单线处理能力进一步提高，装置产品牌号进一步丰富。

（徐忠亮）

【SEBS热塑性弹性体】 截至2020年底，集团公司SEBS生产能力没有变化。2020年底，巴陵石化新建5万吨/年SEBS主装置建成中交。

（徐忠亮）

【SIS热塑性弹性体】 截至2020年底，集团公司SIS生产能力没有变化。巴陵石化稳定SIS产品在标签胶、胶带等重点领域的供给量，巩固国内市场占有率。

（徐忠亮）

【SEPS热塑性弹性体】 截至2020年底，集团公司SEPS生产能力没有变化。

（徐忠亮）

【丁基橡胶】 截至2020年底，集团公司丁基橡胶（含溴化）生产能力没有变化。9万吨/年丁基橡胶装置卤化提质升级改造项目获批复，装置改造中。

（徐忠亮）

【乙丙橡胶】 截至2020年底，集团公司乙丙橡胶生产能力没有变化。

（徐忠亮）

【异戊橡胶】 截至2020年底，集团公司异戊橡胶生产能力没有变化。

（徐忠亮）

合成纤维原料

【概述】 集团公司生产的合成纤维原料有精对苯二甲酸（PTA）、精间苯二甲酸（PIA）、丙烯腈（AN）、己内酰胺（CPL）、乙二醇（EG）5个品种。截至2020年底，集团公司合成纤维原料的生产能力为 820 万吨 / 年。

（朱　良）

【精对苯二甲酸】 2020 年，集团公司 PTA 生产能力为 311.9 万吨 / 年。根据 PTA 市场情况，适时调整装置开停车，天津石化 PTA 装置经营性停车。

（朱　良）

【丙烯腈】 2020 年，集团公司丙烯腈生产能力为 107 万吨 / 年。受疫情影响，一季度主要装置低负荷运行。科鲁尔公司装置 6 月更换本体催化剂，丙烯单耗大幅降低。安庆石化丙烯腈装置空压机优化改造后，能耗下降明显。

（朱　良）

【己内酰胺】 2020 年，集团公司己内酰胺生产能力为 90.9 万吨 / 年。巴陵石化通过优化运行，减少轻质油中酮含量，降低环己酮耗环己烷；优化萃取工序配比，减少残液中己内酰胺含量，降低己内酰胺耗环己酮。石家庄炼化通过技术攻关，改善己内酰胺精制系统萃取效果，延长了离子交换树脂运行周期。

（朱　良）

【乙二醇】 2020 年，集团公司乙二醇生产能力为 329.86 万吨 / 年。

（朱　良）

合成纤维聚合物

【概述】 集团公司生产的合成纤维聚合物主要品种有聚酯（PET）、聚乙烯醇（PVA）、聚酰胺（PA6）、聚对苯二甲酸丁二醇酯（PBT）。截至 2020 年底，集团公司合成纤维聚合物生产能力为 361 万吨 / 年。

（朱　良）

【聚酯】 2020 年，集团公司聚酯生产能力为 339.33 万吨 / 年。

（朱　良）

【聚乙烯醇】 2020 年，集团公司聚乙烯醇生产能力为 29.83 万吨 / 年。川维化工公司进一步深化品种结构调整，PVC 专用 PVA 分散剂、低黏 PVA、微粉系列等产品产销量增加。

（朱　良）

【聚酰胺】 2020 年，集团公司聚酰胺生产能力为 7.7 万吨 / 年。巴陵分公司开发生产了应用于导热、增强改性领域的第 2 代高流动性尼龙产品。

（朱　良）

合成纤维

【概述】 合成纤维的五大品种是涤纶、锦纶、腈纶、维纶、丙纶，俗称“五大纶”。集团公司拥有涤纶、腈纶、维纶、丙纶和超高相对分子质量聚乙烯纤维和芳纶生产装置。截至 2020 年底，集团公司合成纤维生产能力为 180.51 万吨 / 年。

（朱　良）

【涤纶】 2020 年，集团公司涤纶短纤生产能力为 130.6 万吨 / 年。仪征化纤新建 20 万吨 / 年涤纶短纤装置投产。

（朱　良）

【腈纶】 2020 年，集团公司腈纶生产能力为 26.48 万吨 / 年。上海石化腈纶南纺装置关停。安庆分公司研发生产了阻燃腈纶产品。齐鲁分公司成功以 DMAC 溶剂替代 DMF 溶剂用于纺丝生产，通过中国化学纤维工业协会组织的成果鉴定。

（朱　良）

【维纶】 2020年，集团公司维纶生产能力1.65万吨/年。川维化工公司3S水溶纤维产品质量提升，获用户高度认可。

（朱　良）

【超高分子量聚乙烯纤维】 2020年，集团公司超高相对分子质量聚乙烯纤维生产能力为3 300吨/年。

（朱　良）

【对位芳纶纤维】 2020年，1000D芳纶产品实现批量生产；完成400D喷丝板的研制和小样试制，根据市场需要调整开发方向，成功开发200D和500D产品。

（朱　良）

碳一化工

【概述】 集团公司以煤、天然气、渣油等为原料生产的碳一化工产品涉及氢气、一氧化碳、合成氨、甲醇、丁辛醇、乙二醇等多种产品，主要作为下游装置低成本原料。2020年，碳一化工板块业务实现提质增效、有序发展。中科炼化煤制氢气装置于9月建成投产，扬子石化煤制氢气装置二期改造施工完成，镇海炼化二期煤制氢气项目开工建设。

（余振红）

【煤气化】 截至2020年底，集团公司有15套煤气化装置运行，其中金陵分公司、南化公司（2套）、齐鲁分公司、宁夏能化、茂名分公司、九江分公司、中天合创共8套煤气化装置采用GE水煤浆气化技术，安庆分公司、巴陵石化、湖北化肥3套煤气化装置采用Shell干粉煤气化技术，扬子石化、中安联合、中科炼化3套煤气化装置采用中国石化自主知识产权的SE干粉煤气化技术，镇海炼化1套煤气化装置采用中国石化自主知识产权的SE水煤浆气化技术。

2020年，通过强化专业管理，优化原料煤配方，组织开展技术攻关、技术交流和技术服务等形式，保障装置安稳运行，煤气化装置实现安全稳定运行。其中，金陵分公司和宁夏能化水煤浆气化装置、巴陵石化粉煤气化装置分别实现A级连续运行达553天、443天、262天，均创装置投产以来最好纪录；中天合创煤气化装置实现四年一大修的目标。2020年，安庆分公司合成氨装置、巴陵石化合成氨装置、南化公司煤制氢气装置分获煤气化装置竞赛第1名、第2名和第3名。

（余振红）

【天然气】 截至2020年底，集团公司天然气化工装置主要分布在川维化工公司、扬子石化。其中，川维化工公司以天然气为原料制取乙炔和甲醇，进而生产合原合纤产品，天然气年加工能力约15.5亿立方米；扬子石化一氧化碳装置采用德西尼布天然气蒸汽转化技术、巴斯夫AMDEA脱碳技术和空气产品公司深冷分离技术，以天然气为原料生产一氧化碳、氢气和羰基合成气，作为下游装置原料。

（余振红）

【油气化】 截至2020年底，集团公司仅镇海炼化有1套油制氢气装置，采用德士古重油部分氧化气化技术和林德低温甲醇洗技术，以脱油沥青为原料制取氢气供炼油装置。

（余振红）

化 肥

【概述】 集团公司生产的化肥产品主要有合成氨、复合肥、硫酸铵 3 个品种。截至 2020 年底，集团公司化肥产品总生产能力为 333.55 万吨 / 年，同比持平。各化肥产品生产能力详见表 3。

表 3　集团公司主要化肥生产能力　万吨 / 年

产品名称 \ 年份	2020	2019	2018	2017	2016	2015
合成氨	157.50	157.50	157.50	157.50	157.50	157.50
复合肥	40.00	40.00	40.00	40.00	50.00	50.00
硫酸铵	136.05	136.05	100.05	100.05	100.05	100.05

（余振红）

【合成氨】 截至 2020 年底，集团公司合成氨生产企业有 5 家，生产能力合计 157.50 万吨 / 年，同比持平。除川维化工公司以副产氢气为原料外，其他均以煤为原料；安庆分公司、南化公司采用托普斯氨合成工艺，巴陵石化、湖北化肥采用凯洛格氨合成工艺；川维化工公司采用卡萨利氨合成工艺。

（余振红）

【复合肥】 截至 2020 年底，集团公司生产复合肥的企业只有南化公司 1 家，生产能力为 40 万吨 / 年。自 2015 年 1 月 1 日起全套生产装置租赁给安徽辉隆农资公司，合同期 5+5 年，已停产。

（余振红）

【硫酸铵】 截至 2020 年底，集团公司生产硫酸铵的企业主要有 8 家，生产能力（实物量）合计 136.05 万吨 / 年（不含金陵分公司、中天合创、中安联合副产品能力），同比持平。其中，石家庄炼化、巴陵石化、安庆分公司、齐鲁分公司、宜昌资产分公司生产能力分别为 26.60 万吨 / 年、102 万吨 / 年、3.20 万吨 / 年、2.25 万吨 / 年和 2 万吨 / 年。

（余振红）

无机原料

【概述】 集团公司无机原料产品主要为硫酸、硝酸、盐酸和烧碱 4 个品种。截至 2020 年底，集团公司无机原料总生产能力为 287.30 万吨 / 年，增加 41 万吨 / 年。各无机原料产品产能详见表 4。

表 4　集团公司主要无机原料生产能力　万吨 / 年

产品名称 \ 年份	2020	2019	2018	2017	2016	2015
硫　酸	178.00	138.00	123.00	88.50	88.50	88.50
浓硝酸	22.00	22.00	22.00	22.00	22.00	22.00
盐酸（折 31%）	10.50	10.50	10.50	10.50	10.50	10.50
烧　碱	59.80	58.80	57.80	56.30	56.30	56.30

（余振红）

【硫酸】 截至2020年底，集团公司生产硫酸的企业共4家，生产能力合计178万吨/年，增长40万吨/年。其中，南化公司、巴陵石化、荆门分公司、石家庄炼化生产能力分别为50万吨/年、89.5万吨/年、21.50万吨/年和17万吨/年。

（佘振红）

【硝酸】 截至2020年底，集团公司生产硝酸的企业只有南化公司，稀硝酸、浓硝酸生产能力分别为47.5万吨/年（折百）、22万吨/年，同比持平。

（佘振红）

【盐酸】 截至2020年底，集团公司生产盐酸的企业共4家，生产能力合计10.50万吨/年（不含南化公司、齐鲁分公司），同比持平。其中，江汉盐化工、巴陵石化生产能力分别为5万吨/年、5.50万吨/年。

（佘振红）

【烧碱】 截至2020年底，集团公司生产烧碱的企业共4家，生产能力合计59.80万吨/年，增加1万吨/年。其中，齐鲁分公司、江汉盐化工、巴陵石化、南化公司生产能力分别为20万吨/年、19.30万吨/年、10.5万吨/年和10万吨/年。

（佘振红）

生物及精细化工

【概述】 集团公司有专用化学品、高性能聚合物及单体、精细化工中间体和生物化工4类及13小类产品，详见表5。

表5　集团公司生物及精细化工产品

大类	小类	产品
专用化学品	油品添加剂	润滑油无灰分散剂（T151、T154A、T154H、T161、T161C）
	油气田化学品	耐温抗盐表面活性剂、聚胺抑制剂、极压减摩剂、极压润滑剂、高效润滑剂、纤维类随钻堵漏剂、有机土、消泡剂、聚合醇封堵剂、黏土稳定剂、降压增注驱油用纳米乳液等
	特种溶剂	对二乙基苯（PDEB）、戊烷（聚烯烃用、发泡剂用、脱附剂用）
	合成材料助剂	橡胶防老剂（4010NA、4020、TMQ）、PVA分散剂、纳普®弹性纳米粒子（复合α成核剂、复合β成核剂、抗菌剂等）
	杀菌剂	漂粉精（次氯酸钙）、强氯精（三氯异氰尿酸）
高性能聚合物及单体	黏合剂和涂料	双酚A型液体环氧树脂、双酚A型中高相对分子质量固体环氧树脂、邻甲酚醛环氧树脂、双酚A酚醛环氧树脂、苯酚酚醛环氧树脂、风电用环氧树脂、水性环氧树脂、溴化阻燃型环氧树脂、复合材料用环氧树脂及稀释剂、固化剂、增韧剂等，VAE乳液、VAE粉体
	特种聚合物	聚醚多元醇、聚合物多元醇
	功能性膜材料	超滤膜及管式、帘式膜组件
	3D打印材料	改性PLA、改性ABS、PP粉体、环氧树脂类光固化材料、水溶酯类支撑材料等

续表

大类	小类	产品
精细化工中间体	C_2 下游	一乙醇胺、二乙醇胺、三乙醇胺
	C_4 下游	聚异丁烯丁二酸酐
	C_5 下游	异戊烯、甲基叔戊基醚
生物化工	生物发酵化学品	C_{12}/C_{13} 长链二元酸

（戴　珺）

【油品添加剂】 主要产品为润滑油无灰分散剂，生产企业为扬子石化，产品牌号有 T151、T154A、T154H 和 T161，2020 年与国际著名润滑油添加剂公司合作，成功开发无灰分散剂新牌号 T161C，产品质量受到高度认可，扬子石化成为国内首家打入某国际著名添加剂公司全球供应链的厂家。为进一步提高装置灵活性，开发生产聚异丁烯丁二酸酐产品，成功应用于路标漆等行业，自 2017 年投放市场，销量稳步增长，最大化释放装置产能。

（戴　珺）

【油气田化学品】 主要有钻井助剂、注水压裂助剂和三次采油助剂 3 类 12 个产品，生产企业为南化公司。南化公司围绕生产经营、挖潜增效，努力开发润滑剂、新型微乳表面活性剂等代加工新品种。

（戴　珺）

【特种溶剂】 主要产品为 PDEB 和戊烷。PDEB 生产企业为扬子石化，主要用于吸附分离法生产 PX。2020 年面对 PDEB 国内市场需求萎缩、国外出口受阻等诸多不利因素，扬子石化及时调整经营策略，通过供产销密切配合，保障了客户需求，保持着全球最大的生产供应商地位。戊烷生产企业为上海石化，提供聚烯烃用、发泡剂用、脱附剂用等细分产品，可根据客户需求，控制特定微量组分含量。其中，聚烯烃用戊烷满足极低水分指标要求，长期应用于上海赛科公司聚烯烃装置。

（戴　珺）

【合成材料助剂】 主要有橡胶防老剂系列产品和纳普®弹性纳米粒子，生产企业分别为南化公司和燕山分公司。2020 年，南化公司生产稳定、产量创新高，RT 培司、6PPD 和 4010NA 产量创技改后同期历史新高，完成 6PPD 后处理技改和 TMQ 釜式连续化技术攻关，产品质量持续提升。

纳普®弹性纳米粒子是中国石化开发的世界首创技术，并在燕山分公司建成千吨级装置，可生产丁苯、丁腈、丙烯酸酯、硅、丁苯吡、氯丁等 20 多个牌号产品，主要用于树脂改性，可同时提高材料的韧性和耐热性，也可以辅助成核剂等易团聚助剂在高分子材料中的分散，提高助剂使用效率，为客户创造价值。

（戴　珺）

【杀菌剂】 主要有漂粉精、强氯精等产品，生产企业为中石化江汉盐化工湖北有限公司（简称江汉盐化）。2020 年，江汉盐化进军终端消费市场，推出 4 款含氯消毒剂日化产品；以效益为目标开展强氯精销售市场攻坚，努力开发新客户，强氯精销售量稳步提升；抓住疫情期间消毒剂需求大幅上升机遇，挖掘市场和拓宽销量，产品出口 80 多个国家和地区，市场优势地位进一步巩固。

（戴　珺）

【黏合剂和涂料】 主要有环氧树脂、醋酸乙烯—乙烯共聚乳液（VAE）等产品。

环氧树脂生产企业为巴陵分公司。2020 年，该公司优化产销结构，不断拓展基础环氧树脂在风电、美缝剂、汽车涂料专用、地坪专用、电泳粉末涂料等领域的新用途。开发了一系列的新产品：5G 通信基材用环氧树脂、复合材料用树脂体系（复合材料电杆、碳纤维复合导线、复合针式绝缘子、抽油杆、船舶舰艇等领域用树脂体系）、水性环氧树脂（适用于地坪、金属防腐、美缝剂等领域）、功能型环氧树脂（氢化双酚A型环氧树脂、多功能团环氧树脂体系）、装饰用高透环氧体系（已经形成系列化产品，在工艺涂层等方面应用广泛，产品远销国外）。12月底，特种环氧树脂（邻甲酚醛环氧树脂）首次整柜经“一带一路”海上路线，出口欧洲市场。

VAE乳液生产企业有燕山分公司和川维化工公司。2020年，燕山分公司成功开发自流平砂浆、建筑胶粉、复合黏接专用领域产品，主要牌号包括BJ-720、BJ-806H、BJ-809、BJ829。川维化工公司加大VAE环保产品CW40-907的推广力度，高黏系列产品替代外资中高端市场，并开发涂层、涂布用高玻璃化转变温度乳液产品；“水基型建筑胶黏剂”“水基型包装胶黏剂”共7个系列VAE产品连续16年取得“中国环境标志产品”认证。

（戴　珺）

【特种聚合物】 主要有聚醚多元醇（PPG）、聚合物多元醇（POP）、超滤膜、纳滤/反渗透膜等产品。

天津资产分公司聚醚新产品开发取得新进展，研发新品TFH-2、TQA-104和AEO-7共3个牌号，低VOC产品EP-330N稳定供应大型汽车企业，POP56/45产品拉伸撕裂强度等关键指标达到国内领先水平，低气味、低黏度POP05/45L成为主力产品；8万吨/年聚醚项目二期完成主体建设。

燕山分公司超滤膜可根据客户需求，生产各种规格型号的帘式膜组件和压力式膜组件，产品已在天津分公司、九江分公司、镇海炼化及北京燕山威立雅水务有限责任公司成功应用；燕山分公司纳滤/反渗透膜项目于2019年获批复后，2020年主要进行工程建设、设备采购和生产前的准备工作。

（戴　珺）

【生物化工产品】 主要产品有C_{12}/C_{13}长链二元酸，生产企业为扬子石化。可批量生产供应合格的C_{12}二元酸精制产品，广泛应用于热熔胶、尼龙、防锈剂等领域。

（戴　珺）

【精细化工中间体】 乙醇胺产品包括一乙醇胺、二乙醇胺和三乙醇胺，由中科炼化生产。乙醇胺主要用作生产合成树脂和合成橡胶的增塑剂、硫化剂、促进剂等。

（戴　珺）

质量管理

【概述】 2020年，化工板块以习近平新时代中国特色社会主义思想、《中共中央 国务院关于开展质量提升行动的指导意见》和国务院国资委《关于中央企业开展质量提升行动的实施意见》为指导，积极贯彻落实集团公司年度工作会议精神，按照《中国石化2020年度质量工作要点》要求，坚持“质量永远领先一步”的质量方针，聚焦提质增效升级，推进质量管理体系有效性建设，不断提高产品质量和服务质量水平，努力实现高质量发展。

开展“互联网+包装二维码”应用工作。组织开展包装二维码打印机的测试，召开二维码应用工作现场交流会，下发《化工产品二维码应用规范》，指导企业开展“互联网+包装二维码”应用工作，实现客户通过扫描包装二维码即可在互联网上获取产品合格证和加工建议。加大包装二维码的宣传力度，打造中国石化化工产品品牌“名片”，大力打击假冒产品。

开展分析检验业务管理工作。开展化工企业分析检验业务摸底工作，并召开化工分析检验工作提升视频会，开展分析检验业务降本增效工作。根据化工企业分析仪器更新和新增需求，统一组织分析仪器投资与采购工作。

开展质量提升项目管理工作。持续开展质量提升行动，帮助企业解决质量“瓶颈”问题，下达质量提升项目计划，将齐鲁石化、扬子石化和上海石化等9家企业的20个项目列入计划。

开展质量技术服务工作。以“质量月”活动为契机，以服务企业为重点，组织专家组对4家企业开展质量技术服务工作。以帮助企业解决实际问题为根本出发点，重点帮助企业梳理质量管理体系运行有效性，和标准化管理、实验室管理、产品实物质量控制、用户服务等方面存在的重点、难点问题。

开展质量管理体系有效性管理工作。安排观察员对齐鲁石化、金陵石化、海南炼化和江汉盐化 4 家企业外审过程进行观察，监督审核机构的工作能力和工作质量，观察并了解被审核企业的质量管理体系运行情况。

开展在线分析仪表管理工作。持续抓好质量控制在线分析仪表投用率、完好率和取代率的提升。年内，化工板块在线分析仪投用率较高的企业为高桥石化、镇海炼化和燕山石化，提升较大的企业为上海石化、南化公司和巴陵石化；完好率较高的企业为天津石化、长岭炼化、高桥石化，提升较大的企业为洛阳石化、上海石化和南化公司；取代率较高的企业为镇海炼化、上海石化和齐鲁石化。

2020 年度，扬子石化、镇海炼化、齐鲁石化、上海石化、安庆石化和川维化工公司 6 家企业被授予质量管理先进单位称号，12 人被授予质量管理先进个人称号。

（韩文旭）

【化工产品客户服务】 ①跟踪客户投诉处理。2020 年累计接到 23 件用户投诉，减少 14 件。投诉处理完成率为 100%，平均处理周期为 6 天。②开展均聚聚丙烯和聚酯产品满意度调查。从调查结果来看，中国石化均聚聚丙烯总体满意度、产品质量、产品技术服务等方面得分高于国内外竞争对手；聚酯总体满意度、产品质量、产品交付等方面得分高于国内外竞争对手。

（韩文旭）

【质量培训】 组织 29 家企业分析检验管理人员（技术骨干），在管理干部学院举办化工分析检验高级研修班。邀请国内分析检验专家从实验室能力认可、实验室信息化技术应用、先进分析技术、统计工具分析等方面进行授课，围绕化工分析检验业务降本增效、实验室管理、分析方法建立、新技术新仪器应用等方面组织学员撰写论文，并进行论文交流和答辩。

（韩文旭）

设备管理

【概述】 2020 年，集团公司 24 家化工企业设备固定资产原值总计为 3 086.09 亿元、净值总计为 877.35 亿元，设备新度系数为 0.28。

（方紫咪）

【设备体系建设】 推进设备完整性管理体系建设。2 家试点企业和 9 家第 1 批推广企业持续进行业务流程优化，重点抓好信息化应用；17 家第 2 批推广企业成立专业团队，编制体系文件，推动定时性工作和预防性策略的执行。同时，组织设备缺陷库和化工设备 KPI 指标的编制和研讨，为技术分析提供支撑，为设备管理提供引领，设备完整性体系建设进一步落实落地，夯实了设备管理的基础。

构建设备域信息化管理系统。在《中国石化设备管理信息化总体规划方案》的基础上，继续落实设备信息化项目的建设和推广工作。中国石化炼化企业修理费管理系统、关键机组远程诊断及检维修策略服务系统、中国石化炼化设备腐蚀管理系统等实现一期项目的验收，为下一步推广积累了经验；部分企业建设了关键机泵监测管理和智能运维决策平台，监测和评估关键机泵的运行状态，提高了机泵预知维修水平。

提升装置现场管理水平。扬子石化、中韩石化等企业扎实开展 5S 全员设备管理工作，根据编制的目视化标准进行现场治理，打造了标准泵区、标准罐区、标准机柜间、标准变电所、标准管廊，现场管理水平稳步提升。部分企业结合装置大检修进行标准工地建设，加强施工现场管理，提高了检修人员素养，检修管理迈上新台阶。为夯实基础管理，提高员工素质，组织编制《炼化企业推行 5S 管理行动方案》，在燕山石化、齐鲁石化、金陵石化等企业进一步试点。

（方紫咪）

【专业管理】 动设备管理：①利用状态监测技术开展预知维修。通过大机组远程诊断及检维修策略服务中心对 10 家企业的 330 台机组进行在线监控，出具 30 余份诊断分析报告，提出检修维护建议，强化了关键机组运行管理，为装置安全稳定长周期运行保驾护航。②通过自查整改消除设备隐患。吸取内外部企业事故教训，组织各企业做好敞口转动设备、乙烯“三机”段间管线的隐患排查整改工作。③稳步推进润滑油国产化攻关。支持长城润滑油新技术、新产品的研发和推广，督促润滑油公司做好技术服务工作，参与相关机组故障的分析，排查和消除故障中润滑油的影响因素。

静设备管理：①炼化设备腐蚀管理系统的成功上线，有效监控管道、设备的腐蚀速率，提升了预防性维修的质量和水平。②持续开展加热炉运行评价，加热炉运行水平稳步提升。乙烯裂解炉加权平均热效率为 93.71%、提高 0.09 个百分点，芳烃加热炉加权平均热效率为 92.34%、提高 0.47 个百分点。③针对部分企业乙烯裂解装置、热电装置超高压蒸汽管线（≥ 9.8 兆帕）发生鼓胀变形、管道爆裂等现象，组织专题研究，制定处置策略。④组织服役 20 年以上压力容器安全性与剩余寿命研究，为企业制定维护、检修、更换策略提供理论支持。

电气仪表管理：①积极推进电气仪表的隐患整治，先后组织专家对齐鲁石化橡胶区域电气隐患治理、上海石化热电 220 千伏变电站和烯烃控制室隐患治理等项目进行审查，加快项目推进。②按要求完成国家明令淘汰电气设备的更新，全年更新淘汰电机和变压器共计 3 424 台，投资 6 017 万元。③分析企业电气故障案例，组织专题交流，针对外电网波动、电气设备故障及系统抗波动能力不足等问题，提出加强线路巡检和治理、加强电气设备运行维护水平、增加稳控和线路保护等措施。④对不符合安全规范的老装置控制室，有序开展整改，DCS、FCS 和 SIS 国产化改造稳步推进。

检修管理：开展“五年一修”长周期运行试点工作。为了进一步提高装置运行经济性和竞争力，缩小与国外先进企业差距，在燕山石化、茂名石化、镇海炼化、中韩石化的乙烯装置和金陵石化的芳烃装置开展“五年一修”长周期运行试点工作。要求各试点单位认真评估装置运行中影响长周期的瓶颈，落实长周期运行措施，做到精心管理、精细操作、平稳运行，确保经济、优质、高效地实现“五年一修”长周期运行目标。

空分装置专业化管理：组织编制《中国石化空分装置专业管理指导意见》，从组织机构、装置前期管理、工艺技术管理、设备运行维护等方面细化要求，提升空分装置运行管理水平。开展故障案例收集，根据装置分区进行分类收集，提出措施，举一反三，为加强设备预知维修水平提供依据。

（方紫咪）

【设备大检查】 2020 年，炼化企业设备大检查采取体系内审与传统设备大检查结合的方式，对 11 家开展完整性体系建设的企业进行体系内审，对 9 家尚未开展设备完整性体系建设的企业仍进行传统设备大检查。其中，体系内审按 5 个专业、6 个要素，重点关注设备分级、定时事务、预防性维修和 KPI 分析等工作的贯彻执行情况，共发现亮点 81 项，查出问题 911 项，提出建议 283 条。传统设备大检查依照设备完整性管理体系要求，分 8 个专业，对 8 个专项进行重点检查，共发现亮点 60 项，查出问题 758 项，提出建议 254 条。

在检查过程中，发现各企业普遍存在的一些问题，通过交流讨论，制定了针对性措施。同时也收集了各企业管理上好的方法和新技术应用的优秀案例，通过总结提升，在炼化企业进行广泛推广。

（方紫咪）

【现场技术服务】 针对大检修企业，开展技术服务。2020 年，针对扬巴公司、天津石化、中原石化、中韩石化等企业大检修，组织技术服务团队到装置现场进行检修计划和施工方案的整体优化，重点抓好检修安全和质量，帮助企业协调解决关键检修物资到货、检修人员调配等问题，确保检修按进度完成并且一次开车成功。

针对设备缺陷，开展根本原因分析。动设备方面，主要是对系统内企业乙烯裂解气压缩机透平振动和轴位移波动等问题，先后组织专家帮助分析原因、制定措施，及时消除系统瓶颈。静设备方面，主要对换热器、冷箱泄漏、超高压蒸汽管线珠光体球化等问题，分别组织专家进行现场研讨，为下一步工作提供方向。

针对新开工装置，做好现场帮扶。2020 年，中科炼化空分装置开车进度滞后，组织相关专家进行现场交流研讨，优化开工网络，确保空分装置安全按期开车，及时打通炼油装置全流程；针对空分装置运行中出现冷凝蒸发器烃类含量超标的情况，组织现场分析排查，提出临时应对措施和下一步工作方案，为装置安全稳定长周期运行提供支撑。

（方紫咪）

【专业培训】 2020 年，根据企业的需要，举办装置检维修技术、动设备、静设备、空分装置技术和状态监测技术等培训班。通过有针对性的培训，培养了一批基础扎实、技术过硬的专业管理人才，在提升设备专业管理水平、提高检修维护质量和加强修理费管理等方面，起到了良好的促进作用。

（方紫咪）

达标管理与节能减排

【达标工作组织】 化工达标管理工作按专业、分装置组织开展。专业达标方面，2020 年涵盖乙烯、芳烃、有机化工、合成树脂、合成橡胶、合成纤维原料、合成纤维、碳一化工 8 个专业、24 家企业。装置达标方面，继续组织同类装置竞赛，覆盖乙烯、芳烃、乙二醇、苯乙烯、苯酚丙酮、丁二烯、高压聚乙烯、低压聚乙烯、线型低密度聚乙烯、连续法聚丙烯（化工和炼油 2 个系列）、顺丁橡胶、SBS、PTA、聚酯、涤纶短纤维、丙烯腈、腈纶、己内酰胺、煤气化等 19 类共计 141 套装置。

（马国锋）

【达标重点工作】 2020 年，化工板块按照集团公司工作会议部署，坚持“基础 + 高端”发展方向，坚持问题导向、目标导向和结果导向，着力提质增效和持续攻坚，深入开展专业达标和同类装置竞赛，以总部“比学赶帮超”活动为抓手、以班组劳动竞赛为载体，调动全员积极性，努力克服疫情不利影响，大力实施运行优化、结构调整和节能降耗，保障装置“安稳长满优”运行，有力推动化工板块决胜全面可持续发展、迈向高质量发展。

（马国锋）

【专业达标】 侧重生产运行的经济性，主要以物耗、能耗、损失率等技术经济指标的价值量化为主，重点体现实际完成与年度计划的差值，采用价值量化方式进行各专业的达标核算，体现效益优先的专业管理思路。2020 年，设置达标考核的 8 个专业中，乙烯专业 10 家企业全部达标；芳烃专业 6 家企业达标，齐鲁分公司、洛阳分公司视同达标；合成树脂专业 14 家企业全部达标；合成橡胶专业 6 家企业全部达标；合成纤维原料专业 9 家企业全部达标；合成纤维专业 5 家企业达标，洛阳分公司不达标；有机化工专业 11 家企业达标，中韩石化视同达标；碳一化工专业 11 家企业全部达标，化工专业达标率整体达 98.7%。

（马国锋）

【同类装置竞赛】 同类装置竞赛覆盖主要化工生产装置，以同类装置技术经济指标“比学赶帮超”竞赛为主，不同类型装置根据技术特点选取相应的考核指标，主要包括产量计划完成情况、物耗、能耗、损失率、非计划停工次数（天数）、长周期运行时间、产品质量、安全、环保及新产品和差别化等相关指标，通过同类装置对标改进推动整体技术经济水平提升。

2020 年，根据各类别装置考核规则和评分办法，共评选出优胜装置42套，其中燕山石化、茂名石化、天津石化分获乙烯装置前3名，金陵石化、海南炼化、扬子石化分获芳烃装置前3名，茂名石化1#、扬子石化、镇海炼化分获乙二醇装置前3名，安庆石化、茂名石化分获苯乙烯装置前2名，高桥石化获苯酚丙酮装置第1名，茂名石化2#、镇海炼化分获丁二烯装置前2名，燕山石化2#、茂名石化2#分获高压聚乙烯装置前2名，茂名石化、中韩石化分获低压聚乙烯装置前2名，镇海炼化、扬子石化、广州石化分获线型低密度聚乙烯装置前3名，燕山石化1#、茂名石化2#、镇海炼化1#分获化工连续法聚丙烯装置前3名，长岭炼化、中韩石化老线、海南炼化分获炼油连续法聚丙烯装置前3名，燕山石化获评顺丁橡胶优胜装置，巴陵石化获评SBS优胜装置，仪征化纤2#、扬子石化3#分获PTA装置前3名，安庆石化2#获评丙烯腈优胜装置，仪征化纤3#、仪征化纤2#分获聚酯装置前2名，仪征化纤2#、仪征化纤3#分获涤纶短纤装置前2名，安庆石化获评腈纶优胜装置，石家庄炼化获评己内酰胺优胜装置，安庆石化、巴陵石化、南化公司分获煤气化装置前3名。

（马国锋）

【创标树标】 上海石化克服乙烯装置处于运行周期末期的不利因素，狠抓结构优化和平稳运行，深入挖潜，努力提升乙烯装置运行水平，成为2020年集团公司唯一一家实现乙烯收率、高附收率、乙烯能耗、高附能耗、装置损失率5项主要指标均进步的企业。燕山分公司着力乙烯装置运行管理，克服长周期运行末期设备运行效率下降等影响，成功解决裂解气压缩机振动值超标和乙烯制冷压缩机漏油问题，保证关键机组平稳运行，全年未发生非计划性停工，同时加强产销衔接，充分释放下游装置产能，持续拓市扩销，确保已生成后路畅通，全年乙烯产量突破81万吨，创10年来最好运行水平。茂名分公司持续开展运行瓶颈攻关，加强运行末期操作监控，充分考虑原料变化，强化裂解深度、文丘里压力等关键参数的跟踪调整，提高裂解炉运行效率，延长运行周期，同时实施产量提升技改10多项，其中甲烷氢压缩机入口增加排放线至燃料气系统，有效缓解了夏季压缩机排出压力高问题，连续3年突破118万吨。镇海炼化、茂名分公司坚持践行绿色低碳发展战略，持续提升能源管理水平，双双入选国家工信部2020年重点用能行业——乙烯行业能效“领跑者”企业。镇海炼化着力推进绿色生产，高度重视节水管理工作，积极推广节水新技术实施节水改造，先后采用高效换热器专利技术、乙烯高盐污水回用技术、“气浮+预处理+超滤+反渗透”清净废水和雨水回用技术等，不断提升节水水平，引领水效提升，再获2020年度国家重点用水行业——乙烯行业水效“领跑者”称号。

（马国锋）

【节能减排】 2020年，化工板块万元产值综合能耗下降0.049个单位，节能率为3.45%，节能量157万吨标煤，9家企业能耗下降。6家托管企业万元产值综合能耗上升0.011个单位，节能率为–0.95%，4家企业能耗下降。实施“能效提升”计划项目79个，总投资3.7亿元，年增效2.6亿元，年节能量19.6万吨标煤。

节能攻坚创效成果显著。其中，仪征化纤PTA装置节能改造年增效4 498万元，茂名石化乙烯装置在线实时优化年增效888万元，燕山石化制苯装置节能改造年增效1 000万元，金陵石化芳烃低温热利用年增效1 950万元。

开展节能技术骨干培训。学员分别在管理干部学院和西安交通大学化工学院脱产学习，共有38名学员参加培训。

编发《化工节能案例汇编》。收集整理企业近年实施的节能改造实例，筛选出有推广价值的13类技术89个典型案例，供企业参考借鉴。

镇海炼化、茂名分公司、仪征化纤、巴陵石化、南化公司、金陵分公司、安庆分公司、燕山分公司8家企业被评为2020年度化工节能先进企业。

（黄志壮）

计量管理

【计量管理与监督】 2020年，化工板块积极贯彻落实国家计量法律法规和中国石化计量管理制度，应用在线校准、远程诊断等前沿技术，不断提高计量设备的现代化和信息化水平，夯实计量基础，支撑计量业务高质量发展。组织召开计量仪表在线校准研究验收会，完成14个校准（核查）方法验收。加强石脑油途耗管理，采取有效措施降低石脑油途耗率。会同中国计量协会能源计控工作委员会召开2020年计量年会，推进石油石化行业能源计量技术研究及创新，推广及宣传企业计量仪表在线校准规范，安排获奖论文发布及交流。2020年度，化工板块6人被授予计量管理先进个人称号。

（韩文旭）

境内炼化工程

综　述

2020 年，面对突如其来的新冠肺炎疫情，炼化工程板块积极落实集团公司年度工作会议各项部署，全体干部员工齐心协力、攻坚克难，加强统筹、持续创新，炼化一体化的工程服务优势得到充分发挥，各项工作取得显著成效，在大战大考中交出了亮丽答卷。

生产经营任务全面完成。积极应对市场形势，抓住机遇、精细管理、深化改革，全年累计实现营业收入 523.53 亿元，各项生产经营目标任务全面完成。

重点工程保障有力。强化过程管理，全力保障集团公司重点工程项目顺利实施，项目质量、安全整体受控。

（刘红叶）

生产经营管理

【概述】 2020 年是极不平凡的一年，突如其来的新冠肺炎疫情给工程建设保障能力带来了前所未有的风险和挑战。面对严峻复杂的形势，炼化工程板块坚持以习近平新时代中国特色社会主义思想为指导，坚决贯彻落实集团公司党组决策部署，坚持服从服务国家能源战略部署和中国石化主业发展，勇夺疫情防控和生产经营“双战双胜”，取得了来之不易的经营业绩，为集团公司全面完成经营目标做出应有的贡献。

（刘红叶）

【市场开发卓有成效】 2020 年，炼化工程板块努力克服疫情影响，紧盯重点项目合同，发挥产业链、业务链、技术链整体优势，新签订合同金额为人民币 630.14 亿元，其中境内新签合同金额为人民币 528.52 亿元、增长 15.9%。

持续深耕境内市场，新签多个大型项目，包括镇海炼化乙烯扩建项目，合同金额约为人民币 120.93 亿元；海南炼化乙烯及炼油改扩建工程项目，合同金额约为人民币 35.97 亿元；天津液化天然气（LNG）项目扩建工程（二期）接收站项目、合同金额约为人民币 31.83 亿元；浙江石化舟山炼化一体化项目（二期），合同金额约为人民币 28.70 亿元；盛虹炼化一体化项目，合同金额约为人民币 16.76 亿元；山东裕龙岛炼化一体化项目，合同金额约为人民币 11.89 亿元。

（刘红叶）

【重大项目顺利实施】 截至 2020 年 12 月 31 日，中科炼化一体化项目建成中交并投产；福建古雷炼化一体化项目施工处于收尾阶段，总体进度完成约 90%；中沙聚碳酸酯项目处于施工收尾阶段，总体进度完成超过 90%；中化泉州乙烯项目建成中交并投产；镇海炼化乙烯扩建项目处于施工、安装阶段，总体进度完成超过 40%；浙江石化舟山炼化一体化项目（二期）处于施工、安装阶段，总体进度完成超过 60%。

（刘红叶）

【工程保障能力不断加强】 推动项目有序复工复产，积极开展攻坚创效行动，全力保障项目平稳运行；加强对重点工程项目建设的协调力度，依托远程协同工作体系，保障各项工作持续推进；以效益和进度为核心，实施进度偏差、收入偏差和预算偏差“三重预警”，及时纠偏、加强闭环管理；通过优化设计工作流程和专业分工界面，加强标准化、集成化、模块化设计和模块化建造，提高设计和施工效率。

持续加强分包管理体系建设，对战略分包商 QHSSE 体系运行有效性进行动态评估；持续加强战略分包商培育，优化分包资源分配，保障项目建设质量、安全、进度、成本受控；完善分包资源和信息共享平台，对分包商资源库和分包商考核评价一体化管理，优化分包管理成本。在保障各工程项目物资供应的同时，积极探索提升采购管理水平、提高采购效率、降本增效的途径和办法，持续推进框架协议采购和集中采购，加强境外项目采购管理，取得较好成效。

（刘红叶）

技术创新

【概述】 2020 年，炼化工程板块紧盯炼化行业发展的新需求，在工艺技术研发的同时，同步开展装备技术、施工方法的研发，技术创新能力明显增强，发展基础更加牢固。

（刘红叶）

【工程技术研发工作稳步推进】 2020 年，炼化工程板块新开设重点科研课题 172 项，相关科研课题紧密围绕工程市场技术发展趋势和需求，重点研发项目稳步推进。“固体超强酸 C_5、C_6 异构化技术开发及工业试验”完成湛江东兴公司装置开汽、标定，并于 12 月 1 日通过总部验收；“安全可靠大通量等离子体处理 VOCs 成套技术研究与示范”重点环保研究项目在荆门石化完成装置建设、投产及标定工作，完成攻关目标；“二代高效环保芳烃技术开发与工业应用”“高掺渣低排放重油催化裂化技术集成与开发”等其他重点环保攻关项目均按计划分别在海南炼化和荆门石化完成装置建设、投产和标定工作，科研项目研究进展整体受控。

（刘红叶）

【专利申请与获奖情况】 2020 年，炼化工程板块完成新专利申请 660 件，其中发明专利 401 件，占比 60.8%；新增获授权专利 361 件，其中发明专利 131 件。在科技创新及工程建设领域获省部级及以上科技进步类奖项共计 81 项，其中“炼化含硫废气超低硫排放及资源化利用成套技术开发与应用”获国家级科技进步二等奖；获省部级科技进步奖 24 项、发明奖 2 项；获国家级优秀设计奖 2 项、国家级优质工程奖 8 项、省部级优质工程奖 35 项。

（刘红叶）

企业管理

【概述】 2020 年，炼化工程板块治理水平稳步提升。坚持规范运作，强化公司治理，注重股东回报，加强与利益相关方沟通，扎实推进公司全面可持续发展，企业的资源优化和改革重组各方面工作取得良好成效。

（刘红叶）

【企业改革促进可持续发展】 秉承“创建世界领先技术先导型工程公司”的愿景，按照“一体化经营、集团化管控”的发展模式，全面推进企业资源优化和改革重组，向国际化布局、差异化发展、数字化转型、智能化提升发力，努力打造“能源化工行业全产业链、全生命周期综合服务商”的品牌；深入推动公司改革，统筹各业务板块协同发展，形成集团化规模优势，发挥一体化协同效应，在巩固传统和核心业务领域的基础上，健全和延伸业务链，做大做强高端业务。

持续推进并完善信息科技分公司改革工作，截至 2020 年底，顶层设计整体推进、市场开发重点突破、各项生产经营工作稳步推动；成立炼化工程集团俄罗斯子公司，旨在更加高效服务境外项目和业主。

（刘红叶）

【数字化工程建设取得新突破】 2020 年，炼化工程板块大力推进数字化转型、智能化提升，按照

“数据 + 平台 + 应用”模式，梳理工程全生命周期业务流、分阶段管理过程流、生产工具流“三流合一”场景，编制“十四五”信息和数字化发展规划框架，全面谋划数字化转型整体规划和行动路线图；加大《石油化工工程数字化交付执行细则》试点推广，提升工程数据移交系统，保证重点项目数字化交付进度和质量；聚焦智能工厂服务，深化工程主数据应用，探索研究设备域一体化应用，参与“石化智云”建设、中标国家工信部设计仿真工业软件适配验证中心项目。

（刘红叶）

【环保低碳业务持续拓展】 2020 年，炼化工程板块不断拓展节能环保业务，签订延迟焦化装置密闭除焦改造项目、低温甲醇洗尾气治理项目、废渣填埋场场地修复项目及循环水系统节能改造项目等合同。在节能领域，积极推动现有合同能源管理项目和碳足迹评价服务，承担多项节能课题研究工作，并推动加油站和油库光伏电站建设项目。在土壤修复领域，密切跟踪境内多地区污染场地修复项目，并组成联合体参加科威特 KOC 原油污染土壤修复项目投标。为推进“碳达峰、碳中和”战略路径课题研究，连手中国科学院过程工程研究所和燕山石化创立碳中和绿色技术联合研发中心。

（刘红叶）

QHSSE 管理

【质量安全责任体系贯彻始终】 2020 年，炼化工程板块在疫情风险和安全生产双重叠加的困难条件下，始终坚持“以人为本，质量至上”的 QHSSE（质量、职业健康、安全、公共安全与环境）核心价值理念，不断完善 QHSSE 管理体系，有效落实企业主体责任，持续推动风险分级管控及隐患排查治理双重预防性机制建设，全面辨识安全风险和重大隐患，强化风险防控，夯实“三基”管理，全力推进质量安全标准化建设和本质安全能力建设，坚持“四不两直”监督检查与“交叉互查”相结合，创新开展远程视频巡检，对重点领域、关键环节、重大隐患和突出问题进行诊断评估、持续跟踪。通过组织多层次培训、深化设计本质安全管理、深入开展质量提升活动等措施，不断提升 QHSSE 管理水平。以“全员、全过程、全方位、全天候”的管理理念，强化境内外项目 QHSSE 管理，保障境内外项目的顺利实施。

（刘红叶）

中国石化 SINOPEC

产品销售

天然气销售 | 加油（气）站产品销售 | 炼油自销产品销售 | 化工产品销售

天然气销售

【概述】 2020年，天然气销售板块坚决落实“一基两翼三新”产业格局和实现天然气跨越式发展要求，以“百日攻坚创效”“持续攻坚创效”行动为抓手，全力拓市扩销、深化企业改革、加快工程建设、狠抓安全生产、加强党的建设，实现疫情防控、生产经营“双战双胜”，落实了党组“好于预期、跑赢大市”的经营要求。全年经营天然气574亿立方米、增长11.8%，其中销售天然气552亿立方米、增幅14%，国内市场份额达16.8%。

（齐得晟）

【市场开发成果显著】 ①资源渠道进一步丰富。在确保自产陆上气全产全销基础上，优化长约LNG进口，加大现货采购量。紧抓改革机遇，利用第三方接收站增加LNG进口量。引进中国石油陆上气、山西煤层气补充需求，丰富资源渠道。②市场范围进一步拓宽。组织商签用户年度供气合同、长期销售协议和三方管输协议，锁定存量市场。抓住国内疫后需求恢复增长期，提高双气源、气液联供用户供气比例。坚持“应开尽开”，发展天津、鄂安沧、青宁、新气潜江—韶关段等管道周边新用户220家。打通“南气北上”“东气西进”“川气入黔”“海气南下”等新通道，新增市场日供气量1 350万立方米。③营销结构进一步优化。分区域采取“气液并重”“以气带液”“气卖液交”等精准营销模式，新开LNG液体用户48家。发挥文96、文23、金坛储气库调峰优势，租用港华储气库库容，扩大华北冬季、长三角迎峰度夏市场。协调内部炼化企业提高自营气供应，不断提升经营总量。④终端开发进一步加速。立足长城燃气平台，抓住省级销售单位成立契机，加强与地方政府及企业合作，大力开发直供及终端用户。完成滨海投资入股项目股权交割，加快进入成熟燃气市场。⑤保供能力进一步增强。疫情期间保持向湖北供气549万米^3/日，为全国150余家防疫物资生产企业供气130万米^3/日，免费向武汉雷神山医院供气7.4万立方米，展现了央企担当。提前筹措2020—2021年供暖季资源229亿立方米，储备高日调峰能力2 800万立方米，保供工作顺利进行。

（齐得晟）

【经营效益再创新高】 ①采购降本实现新突破。抓住国际LNG现货市场价格较低时机开展现货贸易，摊薄已签长约资源成本。优化船期及资源流向，船舶利用率达93%的世界领先水平。②设施增效创造新成绩。天津、青岛接收站年接卸量分别达754万吨和674万吨，均跻身国内同类接收站前列，实现淡旺季全周期满负荷运行。统筹组织管网运行计划，大幅提高储运效率。③营销创收取得新进展。制定“紧贴市场、一企一策”价格策略，完善用户激励机制，用做大总量摊薄成本、增加收益，有效对冲市场降价影响。发挥客户经理积极性，抢占优质用户供气主动权，努力扩大高端、终端销量，增强市场创效能力。④经营挖潜呈现新增长。发挥“资源池”“资金池”统筹作用，坚持实施全方位、全流程、全业务对标挖潜、降本增效，不断提升经营效益，实现天然气业务高质量发展。

（齐得晟）

【重点工程加快推进】 加强防疫措施落实、加大现场监护力度、加速实施“五化”建设，重点工程项目优质高效安全开展。青岛LNG一期工程获国家优质工程奖，文23储气库一期、鄂安沧管道一期工程获集团公司优质工程奖。①在建工程加快实施。青岛LNG二期、天津LNG二期、金坛储气库等重点工程超额完成节点目标。中科炼化一体化输气管道干线、济南东部城区改线工程顺利投产。江汉黄场储气库一期一阶段地面工程开工。茂名石化专线具备投产条件。高邮管道全线贯通。完成74项站场阀室扩能改造和320项应急改扩建甩头工程，为终端开发打下良好基础。②规划项目加快推进。青岛LNG三期、天津LNG三期、龙口LNG、舟山LNG、皖东北管道、山东东南干线、广西燃气“县县通”等项目前期工作顺利推进，拓宽未来发展空间。③“五化”建设加快开展。初步完成 LNG、长输管道等标准化设计内容。在天津 LNG 二期等工程中通过 3D 建模技术部分实现模块化施工。重点抓好电控一体化小屋等工厂化预制成品推广。提升机械化作业水平，完成青岛 LNG 二期储罐气顶升等施工。推广工程建设管理系统，实现项目信息化管理。开展标准化采购和设备国产化，提高了建设效率。

（齐得晟）

【设施运行平稳安全】 树牢安全发展理念，收紧管理责任链条，抓实风险排查整治，储运设施整体运行安全平稳。①安全基础更加坚实。完成 HSSE 体系内审，加强带班值班管理，推动安全生产责任制落实到位。深化“三同时”工作，加强合资合作前置安全评价，确保依法合规。强化对承包商安全记分考核和“一把手”承包，履行甲方主体责任。狠抓加强直接作业环节安全管理十条措施执行力建设，提升现场安全监管水平。完成绿色企业复核，达到绿色基层创建目标。②生产运行更加高效。建立与国家管网协调机制，强化调控指挥，实现生产、销售、工程衔接有序，设施运行平稳。开展管道完整性体系建设，细化设备基础管理，确保本质安全。与国家管网签订计量交接协议，按时组织气质监测。严格井控管理，储气库运行优质安全。加强能耗管理，构建清洁低碳、安全高效的能源体系。③风险管控更加有力。建立管网大数据分析机制，下发《管道巡线和第三方施工风险防控管理整改提升方案》，科学开展管道保护。加强风险评估和动态管理，扎实开展风险隐患问题排查治理。强化公共安全，治安反恐防范一级目标全部达标。④应急体系更加完善。深化应急预案体系和企地合作机制建设，有效处置运行异常事件。认真贯彻国家、集团公司疫情防控部署，建立常态化防疫体系，实现全体合同制员工“零感染”。

（齐得晟）

加油（气）站产品销售

【概述】 面对新冠肺炎疫情突然暴发、消费需求锐减及国际油价低位震荡、国内市场竞争激烈等严峻形势，油品销售板块坚持疫情防控和生产经营“两手抓、两手硬”，在极其困难的经营创效环境下，扎实组织开展攻坚创效，较好完成各项任务目标，实现“双战双胜”。全年实现油气经营总量 2.16 亿吨，下降 8%；境内成品油经营量 1.68 亿吨，下降 8.9%。

（段义彭）

【抗击疫情】 新冠肺炎疫情突然暴发后，油品销售板块迅速响应，第一时间公开承诺“油品不断供、商品不涨价、服务不打烊”，除政府强制关闭的 214 座加油站外，其他加油站全部开门营业；在疫情最为严重的湖北省，1 800 余座加油站开通绿色通道，部分高速公路站点为防控物资运输、救护救援和施工车辆提供“三免三优”服务（免费为车辆和司乘人员消毒、免费供应速食或盒饭、免费提供休息场所，优先进入绿色通道、优先加油、及时给予优惠），向火神山、雷神山医院施工建设免费送油上门；紧急推动 786 吨熔喷布定向配置和易捷牌口罩上市供应；在全国 126 个地市的 7 000 多座便利店临时增加蔬菜销售业务，确保民生供应；开展“我有易捷店，谁有滞销品”公益助农专项行动，为相关企业和农户解决燃眉之急；在全国范围内推广使用石化“电子钱包”，完善“一键加油”“一键到车”等功能应用，真正做到“加油不下车、购物不进店、全程无接触”。

（段义彭）

【油气经营】 坚持“精细精准灵活”策略，实施区域差异化营销，提升加油站服务水平，确保零售量效规模随着疫情趋稳持续回升；建立复工复产动态监测机制，组织开展市场调研和客户走访，直分销经营规模基本稳定；紧盯 LNG 重卡消费需求增长的机遇，强化营销组织和资源衔接，扩大天然气终端销售规模；向各级政府有关部门反映市场不公平竞争的有关情况，推动政府开展“打非治违”专项活动，努力营造公平有序竞争环境；积极应对成品油管网划转，坚持低库存运作，深入推进全口径物流优化，严控高运价资源流向，销货运杂费减少6亿元。

（段义彭）

【非油品经营】 持续强化易捷品牌的培育塑造和宣传推广，在最新发布的中国品牌价值评价中，易捷品牌价值达161.33亿元，成为石化品牌系列中价值最高的子品牌。做大自有品牌商品销售规模，新增定制专销、贴牌联标5个品类、16个品牌商品，实现营业额98.3亿元。结合疫情对零售行业的影响，推出易捷网上商城、直播带货等新销售模式，全年共组织直播活动450场，线上交易额达23.6亿元；精心组织第三届“易享节”主题营销活动，店庆日3天销售额突破10亿元。大力拓展洗车、广告、快餐、易捷咖啡等新业态，加油站综合服务功能明显增强。

（段义彭）

【网络发展】 实施“竣工不奖励、投营才奖励”等新考核机制，推动加油站发展项目尽快投营，全年新投营加油（气）站908座，其中当年发展当年投营673座。在强化疫情防控和施工安全双重要求下，全年完成加油（气）站防渗改造2 030座，单站改造周期减少4天，累计完成防渗改造30 138座，基本完成防渗改造任务。按照“产业有长远规划、项目有政策支持、市场有稳定需求、结合石化资源发展”的发展原则，有序布局加氢站建设。开启“千站太阳能光伏发电”计划，累计投营充电站281座（全资自建17座）、充电桩984个。加快实施站级一体化和加油卡升级换代项目建设，推进“加油中石化”APP建设，提升加油站信息化、数字化水平。

（段义彭）

【基础管理】 开展重大经营风险管控体系诊断与建设，梳理重点领域合规清单，聚焦安全环保、数质量管理、商品采购、项目建设、资金资产等重点领域，完善全面风险防控体系，全年实现安全环保零事故，接受各级政府及集团公司质量抽检合格率100%；组织开展“我为经营查风险，我为管理找漏洞”主题活动，编制符合销售特色的公司治理、知识产权、劳动用工、商业合作等合规清单，强化对资金、发票、反垄断、反不正当竞争、招投标及产品数质量等领域的风险管控；运用远程信息技术手段，组织开展加油站液位仪应用、非油品采购、油库收发油等重点业务领域专项审计，完成合资企业3年轮审计划。

（段义彭）

炼油自销产品销售

【概述】 2020年，中国石化自销产品主要由炼油销售公司、润滑油公司及燃料油公司等统一销售。充分发挥中国石化的一体化经营优势，以资源优化、渠道优化、产品细分及客户服务促进市场开拓，实现自销产品的扩量增效。其中，沥青产销量再创历史新高；润滑油脂、高档产品销量分别增长10%、18%，高档产品占比达71.5%，效益达同行企业的1.85倍，实现跑赢大势和优于同行的目标；燃料油实现经营量2 837万吨、增幅21%。

（王新军）

【润滑油】 2020年经营总量完成132万吨、增长9.5%，销售结构持续改善，降本减费过亿元。持续推进高端新兴领域合作，获国内首个API最高规格SP/GF-6汽机油认证，72款高端工业油产品纳入国际知名钢铁行业设备商全球设备润滑手册，涡轮机油获全球单机容量最大百万千瓦级白鹤滩水电站技术准入，实现发电领域国际高端OEM制造商认证覆盖率100%，风电齿轮油、机器人用油脂实现千台（套）规模化配套。围绕“一带一路”建设，克服国际油价和汇率剧烈波动、疫情蔓延等不利影响，跟进中资企业海外项目配套，海外市场销量增长8%。大力实施“军民融合”，护航“天问一号”和“嫦娥五号”顺利完成探测和取样任务，为国家重大装备、重点项目提供配套润滑保障。

（王新军　李俊春）

【燃料油】 保税业务量效创历史新高。2020年实现保税油经营量808万吨、增幅49%，终端配送710万吨、增幅48%，占有率达43%、增长7个百分点，成为国内低硫船燃最大实体供应企业。港口市场占有率达43%、增长7个百分点。积极推行“两仓合一”，争取资源“就近存储、就近销售”，深化“一船多供”“跨关直供”“挂港加油”“浮仓供油”“锚地供油”等业务模式。全力以赴保障疫情形势下海上供应链稳定，实现全球“三大矿商”“四大粮商”“十大集装箱”等规模客户中国采购量60%以上。内贸经营质量实现稳步提升。内贸业务实现经营量546万吨、增幅64%。与交通运输部海事局正式签订战略合作协议，成为其主要战略供应商。常态化开展“访企业，送服务，拓业务，创效益”活动；推进水上和陆上网点建设，完成广东石油分公司24座水上站划转工作；山东“微山一号”加油趸船投入运营。

（李俊春）

【其他自销产品】 2020年实现经营总量完成3 866万吨，减少263万吨；吨产品费用减少1.3元。疫情期间，液化气统筹谋划，保证企业后路畅通和民用气资源供应。沥青实现多产多销，多家企业出厂量创新高，经营量1 042万吨，首次破千万吨大关。灵活优化固液硫比例和资源流向，确保华东企业生产后路畅通。突出市场引领，注重稳价推价，石油焦全年持续推价51次，累计涨幅达500—1 300元/吨。发挥万州港硫黄定价作用，坚定市场信心。抓住创效增效机遇，开展进口丙烷中转经营、石油焦掺配销售和前沿销售、资源置换等工作；开展异辛烷存货经营，降低采购成本2 577万元；统筹区域资源配置，优化互供资源流向，增效235万元。深化物流管理加强铁路运输战略合作，实现降本减费1 600万元。突出技术创新，抓好研发应用，“硬质沥青开发和工程应用”技术成果获集团公司科技进步三等奖，完成沥青新特产品销售4.2万吨。特种石蜡产品相变蜡已进入采购、销售商务流程，炸药蜡、农药蜡进入应用性能验证阶段。完成系统内催化油浆性能和针状焦应用评价，实现茂名石化、金陵石化针状焦产销研用项目有序推进。

（王新军）

【品牌建设】 润滑油公司以打造中国高端润滑油品牌形象为目标，以航天科技、高端装备、大国重器的高端应用案例为重点组织宣传，不断增加长城品牌的科技元素，品牌力持续领跑润滑油行业，获中国品牌节年会中国品牌500强、2020抗疫致敬品牌企业称号。充分利用中央电视台、中央广播电视总台等权威平台，强化“大国重器背后的隐形力量”“服务中国航天60年”“国际化发展”“冬奥会”等品牌形象，结合航天发射任务，连续举办航天体验营、航天助威团等活动，联合光明网“双微”发起“我和天问合个影”主题抽奖活动，丰富“航天科技”的品牌形象内涵。坚持运用互联网思维，召开金吉星新品云发布会，通过新媒体渠道有针对性地开展线上口碑传播，并联合品牌联盟、快手、易捷开展“寻找中国好车主”公益活动、“寻找有故事的卡车人”活动，提升金吉星、尊龙产品在车主和卡车司机群体中的口碑，实现品牌形象的线上与线下互联。参加重点行业展会，在专业期刊上投放品牌及商品广告，在专业网站发布用油科普知识，提升长城品牌细分行业的传播强度，打造长城技术与市场全融合的润滑服务专家形象。紧跟国际化发展步伐，提振海外品牌形象。通过投放海外赛场广告，综合平面媒体、互联网络等媒介，丰富了中国石化“高科技、高品质、国际化”的品牌形象。

炼油销售公司加强“东海牌”沥青品牌建设，2020年“东海牌”沥青销量历史性突破千万吨，品牌影响力不断提升。加强技术攻关，优化产品结构，拓宽供应渠道，扬子石化、青岛炼化、荆门石化首次产出90A沥青。夯实前沿库标杆效应，提高区域市场竞争力，建立云南瑞三、河北保定前沿库。助力雄安新区建设，中标雄安新区首条高速——京雄高速项目SG2标段，成为京雄高速公路最大的沥青供应商。保供江西萍莲高速50A沥青，提升“东海牌”硬质沥青在高等级公路品牌影响力。成功供应越南F1赛道项目，提升品牌国际影响力。参加2020（第十九届）中国国际化工展览会，展示公司形象。秉承“国内领先、国际驰名”之愿景，推动品牌与业务融合，提升“东海牌”沥青品牌的影响力和美誉度。

（王新军）

化工产品销售

【概述】 2020年，面对新冠肺炎疫情暴发叠加各类风险挑战，化工产品销售坚决贯彻集团公司决策部署，践行使命职责，紧盯主要矛盾，开展系统优化，严防各类风险，夺取疫情防控和生产经营双胜利，为化工和材料板块及集团公司“十三五”圆满收官做出积极贡献。全年实现经营总量8 300万吨，减少650万吨。

（武 晶）

【服务企业】 疫情暴发后，化工销售迅速进入战时状态，以尽最大努力避免企业减产、停产为原则，以视频、电话等方式与企业积极做好沟通，密切产销衔接，根据市场变化和物流动态调整装置负荷，每日跟踪企业负荷率、库容、库存，对每个产品的流向做好后续安排。积极抢租可用社会仓储资源，紧急调配共享托盘帮助生产企业提高固体仓储能力，提高产品消费集中、装卸能力强的中转库周转量，千方百计疏通企业后路。面对交通管制、道路封闭等不利因素，主动联系驻地政府开辟“绿色通道”，改变运输途径，发挥水路、铁路运输优势，合理调整产品流向，全力打通产销生命线。全力保障生产企业新装置开车，多方筹措资源，提前布局市场，克服物流条件的制约，保障了新装置后路畅通。与生产企业详细对接制订“一企一制”方案，以市场为导向，引导优化排产，满足市场与客户需求。

（武 晶）

【服务客户】 全面落实以客户为中心的经营理念，持续完善“一户一案”运行流程。提高大客户服务和协调层级，加强产品条线渠道统筹力度，强化大客户战略合作。推进跨区集团性客户服务及业务合作，优化整合供应链管理，确保了疫情和检修期间行业大客户生产需求。加强直供客户挖掘与服务，强化客户服务过程管理。加强信息平台应用，通过“一户一案”信息系统收集客户需求，提高客户需求解决效率。充分发挥95388客服中心作用，协调解决各类疑难问题，持续提升综合服务能力。疫情期间，建立下游开工率跟踪机制，推动客户复工复产，电话跟踪1 000多家生产型客户，协助近200家客户解决实际困难，迅速提振市场需求。

（武 晶）

【系统优化】 立足中国石化全局，推进化工“基础+高端”发展，加强市场前瞻性研究，深入开展系统优化，全面提升经营质量。发挥桥梁纽带作用，成立产销研用（MPRC）小组，开发推广合成树脂、合成纤维、合成橡胶新产品，提高三大合成材料高附加值产品及专用料销售比例，促进化工产品结构优化调整。发挥跨境、跨区域、跨部门协同优势，统筹国际国内两个市场、两种资源，加大国际优质资源获取力度，维护国内化工产业链健康发展。发挥市场与战略研究室作用，组建团队，建立模型，完成多篇专题研究报告。成立医卫材料和可降解材料专项工作小组，深入开展市场调研，研讨抢占高端市场。

（武 晶）

【精细营销】 加强市场分析预判，建立市场快速响应机制，提高市场预测准确度，制定应对措施和经营策略。深化“一品一策”运行，细化产品及价格策略，差异化制定通用料与专用料/新产品营销策略。通过大数据维护和使用，及时收集客户个性化需求，提供解决方案并督促落实，以差异化服务提升价值。通过代理、合作等多种形式，提高资源获取能力，提升自营贸易直采率和直销率。

（武 晶）

【电商平台】 落实构建“一基两翼三新”产业格局部署，克服疫情不利影响，稳步推进“石化e贸”电商体制机制调整，有序开展岗位设置、职责调整、网点布局和流程再造，实现向电商营销模式转型。推动客户经理全部下沉网点，新设合肥、内蒙古等代表处，进一步完善网点布局，提升市场触角作用和服务功能，实现全流程透明化、简洁化、高效化、可控化。

（武　晶）

【物流管理】 加强信息技术运用，完成物联网项目一期验收，开展物流项目二期建设，统筹推进物联网系统与物流运行安全监控中心建设。提高运载工具认证检查与日常检查、抽查效率，推动预约提货、产品智能入库与智能出库。全面推广共享托盘试点工作，加强物流作业过程管控。开展第2届危险化学品道路运输事故应急处置培训与演练，提高HSSE应急处置能力。统筹优化国内外重点资源地、市场主消费地及交通枢纽中心仓储网络布局。

（武　晶）

【风险防控】 面对全球疫情蔓延、国际油价暴跌、金融市场动荡导致的潜在经营风险，加强大势研判和市场分析，经受住了疫情期间市场大幅下跌的严峻考验，坚决守住了不发生系统性重大风险底线。调整风险防控管理体制，设立两级风险防控部门，制定经营业务风险管控办法，加强交易对手、业务限额、敞口风险管控。修订价格、供应商、客户、自营贸易、金融衍生品等管理办法。牢固树立安全环保红线意识，开展“四不两直”检查，加强危险化学品物流运输和仓储管理。抓好疫情常态化防控，保证了经营管理工作有序开展。

（武　晶）

中国石化 SINOPEC 资本和金融业务管理

【概述】2018年6月28日，中国石化集团资本和金融事业部（简称资本和金融事业部）正式挂牌，作为集团公司直属事业部，对集团公司所有新兴产业的财务投资和各类金融服务业务进行集中、统一、专业化管理，负责企业年金的投资运营职能，推进石化金融科技平台建设。截至2020年底，资本和金融事业部管理的企业包括中国石化财务有限责任公司、中国石化盛骏国际投资有限公司、中石化保险有限公司、中石化保险经纪有限公司、上海浙石期货经纪有限公司、太平石化金融租赁有限责任公司、实华国际租赁有限公司和中国石化集团资本有限公司。2020年，资本和金融企业实现利润总额70.53亿元。其中，财务公司实现利润26.76亿元，盛骏公司实现利润22.14亿元，资本公司实现利润17.04亿元，超额完成“持续攻坚创效”目标。板块金融业务没有出现重大风险和违规事件，实现整体风险可控。

（霍宏涛）

【全力完成疫情防控、攻坚创效、脱贫攻坚任务】①全力以赴战疫情。2020年，受新冠肺炎疫情影响，金融市场出现波动，集团公司部分企业现金流紧张，2个资金平台千方百计筹措资金，主动压自营、保贷款，保障企业生产经营资金迫切需求。武汉封城期间，财务公司本部紧急承接武汉分公司业务线上操作，有效保障驻鄂、驻湘成员企业金融服务需求；盛骏公司全力做好筹融资和资金集中管理，疫情期间有效提供了稳定、安全的境外融资和结算服务。金融科技平台项目组疫情期间不懈怠，实现24万名党员在疫情期间党费缴纳线上化。②打赢攻坚创效战。金融企业通过提供免费结算、调整贷款利率定价政策、办理票据承兑和优惠贴现、坚持汇价优惠、帮助企业降低保费等措施，为集团主业降本减费17.38亿元。

（霍宏涛）

【坚持立足石化产业、支持服务大局】保障企业资金需求，降低企业融资成本。2个资金平台运行平稳，高效准确提供结算、支付服务，全年完成资金结算2 833万笔、45.74万亿元。2家租赁公司努力开拓市场化租赁业务，积极支持石化主业发展，推进西南石油工程公司、巴陵恒逸等重点租赁项目。加强保险集中统筹管理，顺利开展集团巨灾险、综责险续保工作，新增集团安责险统保险种，实现广覆盖、低成本一揽子集中采购。优化车险统保框架协议。自保公司增资到位，重点紧盯再保人信用风险和理赔效率，全年统筹向企业完成赔付1.56亿元。保险经纪公司增资工作积极推动，全年为企业降低保费4 750万元，为企业争取赔款4 133万元。服务集团期货业务成交额356.37亿元，积极推进中石化朝阳风险管理有限公司设立，浙石期货由BB级升至BBB级。强化企业年金管理，全年实现投资收益68.4亿元，全年投资收益率10.13%。加强财务金融类股权管理，对安邦保险等存在风险项目启动退出程序，解冻南京银行股份，激活约0.90亿元沉淀资产，售出ETF累计回流资金26.71亿元、实现新增利润3.35亿元。

（霍宏涛）

【依托主业优势，打造转型升级新引擎】直接投资取得积极进展，资本公司围绕新能源和光伏材料，投资凤阳硅谷智能，布局超薄光伏及光电显示特种玻璃产业链；投资百佳年代，布局光伏胶膜材料；投资针状焦项目，协助金陵石化开发高增值产品，延伸高碳材料产业链；围绕新材料，投资参股国内首个聚乳酸产业化项目海正生物，布局生物可降解材料。所投的智能制造服务商浙江中控和润滑油添加剂企业瑞丰新材完成上市；主营燃料电池系统的重塑科技已发展成为全球最大的氢能商用车发动机供应商之一。基金募集设立取得实质性进展。首支科创基金“恩泽基金”正式运行，首支新兴产业基金“朝阳基金”获集团公司批复。资本公司、恩泽基金与康明斯（中国）投资有限公司在北京签署合作意向书，推进绿氢产业发展。

（霍宏涛）

【推进石化金融科技平台建设】建设集团金融交易类数据平台，逐步挖掘数据价值。建设集团征信平台，对集团公司全产业链合作方全面精准画像，实现差异化管理和定价，并防范各类信用风险和财务风险。建设集团互联网风控平台，加强线上金融交易行为的风险防控。建设包括数字人民币的集团线上收银台，积累集团数据资产。建设集团线上金融产品平台，提供供应链金融、互联网保险、个贷、年金养老等产品，完善电商业务和集团产融生态。

（霍宏涛）

【坚持战略引领，编制“十四五”发展规划纲要】 根据集团公司党组提出的世界领先发展方略和“一基两翼三新”产业格局，按照十九届四中、五中全会精神和集团公司统一部署，开展“十四五”发展规划纲要编制工作。

（霍宏涛）

【推进关键领域改革和管理制度落实落地】 针对资本和金融业务，出台财务金融类股权管理、投资计划管理、产业链金融业务管理、重大风险事项应急管理等相关办法，为规范管理程序、完善决策流程、推动产业链业务规范发展、提高风险事项应对及处置效率等工作奠定坚实基础。

（霍宏涛）

【抓紧抓牢风险防范工作，守住不发生重大风险的底线】 ①分期推进预警指标建设，基本形成《行业监管及通用风险预警指标（一期）》共24项，持续推动二期“个性化风险预警指标”建设。②规范风险事项检查与监督管理，明确督查督办工作范围和内容，严格落实好各项督查督办工作。落地实施风险管理工作例会机制，实现两级防风险管理工作的高效协作。③积极落实专项检查，在重点业务领域开展资金风险、交易对手风险等多项企业风险自查及排查工作，进一步提升内控执行有效性。④推动风险管理专题培训，组织“财务管理和风险管理专业人才培训班”，切实加强队伍建设。加强集团境外资金流动性管理、股权投后管理、利率汇率及信用风险防控，守住了不发生重大风险的底线。

（霍宏涛）

中国石化 SINOPEC

国际化经营

综述 | 对外经济合作 | 国际贸易 | 外事管理

综　述

2020 年，新冠肺炎疫情突然暴发和国际油价剧烈波动等一系列风险、矛盾交织叠加，集团公司生产经营和改革发展经历的困难前所未有。中国石化始终牢记初心使命，科学谋划公司国际化经营"十四五"发展规划，积极推动一批重大国际合作项目，不断优化投资管控机制和风险防范体系，扎实开展境外疫情防控和国际合作，国际化经营业务取得新成绩。

（戚　鸣）

对外经济合作

【境外油气勘探开发】 2020 年，境外油气勘探开发直面低油价挑战，持续进行投资优化管控，积极落实"持续攻坚创效"行动部署，认真完成各项重点任务，油气生产平稳，成本、投资得到较好控制。

深挖资源潜力，勘探成果显著。全年完成三维地震采集 2 800 平方千米，探井和评价井 29 口、成功率达 83%，在埃及、厄瓜多尔、巴西、安哥拉、俄罗斯等区域取得油气新发现，新增权益 2P 储量和 2C 资源量 733 万吨油当量。稳步推进开发建产，全年开钻新井 390 口（含参股），投产新井 505 口，新建权益产能 332 万吨。积极做好新项目开发和存量资产运营，推进资产结构优化。狠抓降本增效和风险防控，总体呈现出稳中有进、稳中提质、稳中向好势头。全年生产权益油气 3 672 万吨油当量，其中石油 2 838.76 万吨、天然气 102.09 亿立方米。

截至 2020 年底，在全球 24 个国家投资 46 个油气勘探开发项目，初步形成油气并举、海陆兼顾、常规非常规多样化的总体境外油气战略布局。

（徐　晓）

【境外石油工程技术服务】 2020 年，境外石油工程统筹疫情防控和生产经营两大任务，扎实开展"百日攻坚创效"和"持续攻坚创效"行动。①全力阻击新冠肺炎疫情，周密部署，落实防控责任，坚持常态化防控、标准化防护、科学化诊治，保障了员工生命安全和身体健康。②奋力组织生产经营，紧盯年度目标任务，大力开拓市场，优化项目运行，推动复工复产，努力增收创效，圆满完成全年目标任务。

2020 年，集中优势深耕重点市场，进一步稳固传统市场地位，沙特、科威特等主力市场效益突出，项目运行高效平稳。截至年底，在 37 个国家执行石油工程项目（合同）397 个，合同总额 162.7 亿美元。全年新签合同额 26.8 亿美元，完成合同额 17 亿美元。

（徐　晓）

【境外炼化合资合作】 全面强化项目机会研究和投后管理，与全球合作伙伴构建更加紧密的战略合作关系。2020 年，俄罗斯阿穆尔天然气化工项目完成交割。沙特延布炼厂合资项目、俄罗斯西布尔公司参股项目、俄罗斯克拉斯诺亚尔斯克丁腈橡胶合资项目、新加坡润滑油脂及配套码头项目、阿联酋富查伊拉仓储项目及荷兰 VESTA 仓储项目运行正常。俄罗斯 SEBS 项目、泰国炼销项目等重点项目正按计划稳步推进。截至年底，累计初始投资 47 亿美元，拥有境外炼油能力 750 万吨 / 年、仓储能力 136 万立方米、润滑油脂能力 8 万吨 / 年、丁腈橡胶能力 1.05 万吨 / 年。

（靳楚楚）

【境外炼化工程技术服务】 2020 年，境外炼化工程努力克服新冠肺炎疫情影响，及时调整境外市场开发策略，化危为机，完成境外炼化工程合同额 8.07 亿美元，新签境外合同 39 个，新签合同额 15.37 亿美元，完成年初制定的 15 亿美元计划目标。境外项目执行总体可控，二次经营成效显著，截至年底，在 16 个国家执行炼化工程项目 55 个，执行合同总额 54.77 亿美元。

（靳楚楚）

【境内国际合资合作】 响应更高水平对外开放和“稳外资”要求，积极推动境内重点国际合资合作项目落实。油气领域，与中国石油、中澳煤层气公司签署共同投资山西省三交北地区煤层气及天然气资源开采合作项目协议。炼化领域，积极加快新项目开发，与英力士签署战略合作备忘录，推进境内炼化资产引入外资等一揽子合作项目；进一步扩大现有合资公司合作，开展扬巴公司中央废气处理等多个新建项目，启动扬巴公司三期项目可行性研究。镇海炼化 / 利安德巴赛尔第 2 套环氧丙烷 / 苯乙烯合资项目、与阿朗新科橡胶合作等一批新的单项化工合作项目得到落实。

（靳楚楚　徐　晓）

国际贸易

【概述】 充分发挥国际化贸易团队力量，强化对国际原油市场的跟踪分析，建立全球化运作机制，降低采购成本，保证集团公司生产经营的资源供应，保障国家能源安全。2020 年进口原油 2.096 亿吨，减少 1 121 万吨。面对国际市场成品油消费低迷形势，合理安排成品油出口，尽可能发挥炼化产能，努力做大成品油国际贸易，出口成品油 1 630 万吨，减少 1 020 万吨。

抓住国际 LNG 市场有利时机，加大 LNG 现货采购力度，摊薄整体进口成本，实现“增量增效”，全年 LNG 进口 1 747 万吨，折合 246 亿立方米，增加 29.8 亿立方米，增长 13.8%。

一般贸易方面，受全球新冠肺炎疫情、中美贸易摩擦等诸多不利因素的影响，全年实现设备材料（石油机械）、煤炭、炼销副产品贸易额 16.54 亿美元，减少 71.87%。“易派客”国际业务平台交易金额 145.34 亿美元，减少 18.71%。与“一带一路”沿线 59 个国家的 125 家供应商和 154 家采购商建立合作，实现工业品贸易 49.41 亿美元，减少 32.7%；实现金砖国家贸易金额 12.35 亿美元，减少 13.8%。化工销售克服疫情影响，实现国际化经营增量，全年实现化工品境外贸易额 34.2 亿美元，经营总量 723.6 万吨。催化剂境外贸易额 7 500 万美元，经营总量 2.3 万余吨。聚烯烃催化剂成功开拓韩国、印尼和科威特等新市场。燃料油完成全球船供油网络规划，加快推进斯里兰卡分公司投入运营。润滑油加大对国际知名企业客户的开发，不断提升润滑油业务国际化影响力。

（靳楚楚　徐　晓）

外事管理

【重要外事活动和对外交流】 2020 年，集团公司围绕中心工作实施开放合作战略，不断拓展对外交流交往渠道，持续提升公司对外形象和国际化水平。

积极配合国家总体外交，参与重大外事活动。集团公司主要领导担任沙特二十国集团工商界峰会（B20）能源、可持续与环境组联合主席及 B20 政策推广委员会委员。集团公司参与 B20 能源组全年各项工作，特别是在政策建议文本磋商、推广中结合国家相关部委意见积极发声，推动政策建议吸纳更多中方立场，维护了中国企业的核心发展利益。

深化与合作伙伴的交流交往，推动项目落地。克服新冠肺炎疫情影响，主动联系外方合作伙伴，通过信函、电话会、视频会等方式密切高层对外联系。集团公司主要领导与有关合作伙伴往来信函近百封，往来对象包括沙特、阿联酋、伊朗、伊拉克、俄罗斯等资源国部长及世界主要石油石化公司董事长、CEO 等；与合作伙伴高层举行电话会或视频会，就合作情况进行沟通；出席股份公司业绩发布电话会，向投资者介绍公司生产经营和发展战略。集团公司其他高层领导也与合作伙伴保持密切信函往来并多次连线，个别领导还安排面对面会谈。对外交往未因疫情中断，国际合作朋友圈继续扩大。

借助各种平台和资源，服务企业发展。积极联系埃克森美孚、BP、壳牌、沙特阿美、沙比克、巴斯夫等国际领先石油石化公司，了解其转型发展经验，为集团公司对标一流提供参考。联系日本企业、银行等，对销售业务特别是零售业务下一步发展提供建议。

（戚　鸣）

【因公出国（境）管理与服务】 2020 年，受新冠肺炎疫情影响，集团公司团组出行和项目人员倒班轮换严重受阻，国际化经营面临境外疫情常态化防控与做好境外“双稳”和“复工复产”的双重压力。集团公司在因公出国（境）管理上努力做到“两个确保”，通过出国（境）任务线上审批和境外公共安全线下特批进行“双重审批”把关，并在人员出行前，严审投保、疫苗接种等事项，严把“内防输出”源头关，确保团组和境外机构项目疫情不扩散和不“倒灌”；通过采用 24 小时值守措施，保障出国（境）各项业务不中断，确保特殊时期国际化业务有序开展，境外机构项目正常运行。在服务上努力做到“多方满意”，通过配合国家“点对点”包机服务和全力抢购商业航班机票，为倒班轮换人员提供出行解决方案；通过协办任务延期、补汇、续保、机票等手续，为回国受阻团组解决后顾之忧，确保最终安全返回；通过多渠道收集和发布各国入出境管制措施、签证政策变化和航班航线调整等重要信息，有力指导涉外单位安排紧急出行。

（戚　鸣）

【境外公共安全管理】 2020 年，集团公司境外公共安全工作坚持“以人为本、预防为主、安全发展”理念，突出境外疫情防控、保障复工复产工作主线，持续完善境外公共安全管理体制和运行机制，不断加强风险评估与控制、风险防范与保障、应急处置与救援等工作，连续第 13 年保持境外公共安全“零死亡”纪录。

全力做好境外疫情防控工作。①建立健全境外疫情防控组织体系和制度体系。坚决落实党中央、国务院要求，第一时间成立集团公司疫情防控工作领导小组，统筹部署集团公司疫情防控全面工作。成立集团公司境外疫情防控指导组，对全系统境外疫情防控工作进行统一指挥、统一组织、统一协调；坚持按战时思维开展境外疫情防控工作，用制度把门，用措施管人，先后印发《境外机构项目新冠肺炎疫情防控指导意见》《中国石化境外新冠肺炎疫情事件应急预案》《关于做好境外疫情常态化防控工作的指导意见》等一系列制度文件，对境外疫情防控实施全员、全方位、全过程、全覆盖管理；落实“一国一策、一地一策、一个项目一策”的分级分类防控策略，督促各派出单位和境外机构项目严格贯彻境外疫情防控“3345”工作方针，结合实际制定自身的实施意见、防控方案和应急预案。境外疫情期间，各派出单位本部层面制定境外疫情防控工作相关管理规定、办法和细则等 230 余项，境外机构项目结合实际制定疫情防控工作相关制度 700 余项。②突出境外疫情防控的针对性和有效性，确保境外员工生命健康安全。坚持中外籍人员“一盘棋”，确保境外疫情防控实现人员全覆盖、过程全覆盖；树立“以防为主”的理念，强化拟回国人员远端防控、派出人员前端防控，全力做好外防输入工作；强化防疫物资、相关药品和生活物资采购及储备，要求滚动储备 3 个月用量；重视与疫情相关的各类衍生风险的防范，全力保障境外员工思想稳定、队伍稳定。③强化医疗保障和应急能力建设，科学开展境外疫情事件应急处置。完成防疫物资发运超 72 个批次，累计发运口罩 174 万只，测温仪、医疗器械和其他物资 7 万多件；积极协调为境外员工购买新冠肺炎专项保险，与国际医疗救援机构强化应急联系，聘请国内知名新冠肺炎治疗专家开展远程诊断和服药指导；加强疫情防控知识和防控措施宣传，树立新冠肺炎疫情“可防、可控、可治”的信心。④强化视频巡检和监督检查，持续补短板堵漏洞。在境外疫情初期，组织对所有境外机构项目进行2轮全覆盖远程视频巡检，并配合国家有关主管部门开展多轮次联合视频巡检；随着境外疫情常态化防控工作推进，逐步建立健全对重点国家、重点项目、重点场所、重点人员、重点环节的月度巡检机制，实现监督检查常态化。⑤推动人员倒班轮休，支持境外机构项目复工复产。通过单独包机、联合包机、使领馆包机及抢订商业航班机票等形式，大力推进人员倒班轮休，有效缓解境外员工队伍稳定压力，并积极做好人员出入境信息备案和统计工作，全面摸排和梳理疫情期间无法正常回国（境）倒班轮休人员情况，制订应休未休人员倒班轮休工作计划。截至年底，累计派出因公急需出国（境）人员3 554人，回国（境）人员5 169人。⑥组织新冠疫苗接种，强化派出人员健康保障。主动出击，积极协调国家有关部门和地方疾控中心，为境内急需派出人员进行紧急接种，并督促驻有关国家的境外公共安全牵头协调单位联系当地接种。截至年底，共有总部部门及近40家企事业单位、专业公司、境外机构项目的5 605名拟派出人员完成两针疫苗接种，1 052人完成第一针接种。⑦坚持以人为本，确保境外员工思想和队伍稳定。高度关注境外员工所思所想所忧，通过多方发力、多措并举，有效保证境外员工思想稳定、队伍稳定。⑧扎实开展常态化防控工作，统筹协调境外疫情防控和国际化业务有序开展。随着越来越多的国家实行“带疫解封”，中国石化精准施策，积极推动境外疫情常态化防控机制建立。

做好新形势下的境外公共安全工作。①有序开展境外公共安全风险评估。编发半年一次的《境外公共安全风险状况评估报告》2期，并针对国际热点事件组织编发专题研究；组织各单位积极按照线上评估和审批要求开展相关工作，线上评估率超过90%，线上审批率达100%。截至年底，各派出单位累计上报公共安全风险评估报告277份，其中橙色Ⅱ级及以上风险等级公共安全风险评估报告97份。②积极组织境外公共安全培训。在国内疫情形势根本性好转后，重启境外公共安全培训，严格督促各培训基地制订落实《境外公共安全培训班疫情防控方案》，确保平稳完成本年度培训工作。截至年底，全系统在境内共组织初训、复训班48期，培训1 029人。③完善境外人员保险和医疗保障。积极配合自保公司及时扩展新冠肺炎疫情医疗费用保险；丰富外派员工就医渠道，积极协调自保公司为所有外派人员提供“极速问诊”视频医生服务，帮助解决外派员工就医后顾之忧。④科学开展应急处置工作。按照“内紧外松”原则，组织各单位对境外机构项目公共卫生事件应急预案进行修订完善，积极开展安全风险排查和应急演练，应急能力和处置水平得到提升。同时，抓好境外海事卫星应急通信设备的日常演练，截至年底，已完成设备测试305台次。⑤协调推进国别风险提示和安全风险预警。围绕集团公司国际化业务布局，搜集汇总分析相关国家重大风险，针对性提出相关意见建议，适时发布《国别风险信息年度报告（2019年）》和3期《国别风险信息提示》，完成2个专题研究。加强境外公共安全风险预警，发布境外公共安全信息通报52期和境外公共安全风险追踪24期，累计发布《全球新冠肺炎疫情现状及对经济和安全形势影响简要分析》28期，不定期发布特殊时期、特定区域安全防范提醒及新冠肺炎疫情和拉沙热、革登热等传染病疫情防范提示5期。

大力推进境外员工身心健康管理工作。组织开展境外员工身心健康管理专项研究。制（修）订境外员工身心健康管理制度，提出加强和改进境外员工身心健康管理措施，搭建了境外员工身心健康管理与服务信息平台。

（戚　鸣）

中国石化
SINOPEC

重点工程建设

综述 | 油田地面建设工程 | 炼化项目 | 物流储运项目 | 工程建设管理

综　述

2020年，面对突如其来的新冠肺炎疫情，在集团公司党组的坚强领导下，工程建设系统坚持以经济效益和工期目标为导向，在保障安全质量、依法合规、过程管控的基础上，快速推进工程建设。全年46个集团公司重点项目（含7个商储项目）顺利实施，2座油气田地面工程、34套炼化装置、4套油气储运设施及管道项目建成投产投用，完成5家企业120套主要生产装置的重点大修改造，全面完成年度建设任务，实现“十三五”圆满收官。

“百日攻坚创效”和“持续攻坚创效”行动效果显著。按照集团公司统一部署，制订专项行动方案，将46个重点工程项目纳入行动方案，协调各参建单位对接项目实施计划，解决现场存在的主要问题和突出矛盾，分解目标任务，以周保月，以月保年，全力推进项目建设。燕山石化、仪征化纤2个熔喷布项目均提前投产，为中国石化抗击疫情做出突出贡献。

威荣页岩气田、顺北油气田产能建设地面工程进展顺利，涪陵页岩气田二期产能建设地面工程，中科炼化一体化，天津石化、洛阳石化、茂名石化炼油结构调整，扬子石化EVA、荆门石化催化裂化，燕山石化连续重整等项目建成投产和具备投产条件。洛阳、天津、库车原油商储库，普光气田1#—4#线连通线，湛江—北海成品油管道，中科一体化配套输气管道建成投用。日照—濮阳—洛阳、董家口—东营原油管道、青宁输气管道、潜江—韶关输气管道、广西支干线、韶关—西气东输二线始兴站联络线、广西LNG接收站气化外输扩能7个项目正式移交国家管网。

山东LNG（二期）、天津LNG（二期）和岳阳、福建、茂名（二期）、洛阳（二期）4座原油商储库加紧施工，古雷炼化一体化部分装置建成中交，公用工程陆续投用，镇海基地、海南炼化100万吨/年乙烯、中沙石化聚碳酸酯、九江石化芳烃、中韩石化乙烯脱瓶颈改造等项目全力推进，上海赛科公司乙烯原料配套、安庆石化和扬子石化炼油结构调整、巴陵石化己内酰胺产业链搬迁升级、上海石化大丝束等项目有序推进。

从严抓好招标投标监管。强化招标投标日常监管，确保重点项目、一类项目做到“应招必招、应公开必公开”。全年直接监管项目共894个标段，中标总金额887.05亿元，其中公开招标标段636个，公开招标率90.96%（金额）。严格执行《中国石化建设工程市场诚信体系管理办法》，从严处理违规承包商，对山东浩展设备安装工程有限公司等8家承包商给予警告处理，对南京扬子监理等2家企业给予通报批评处理，对扬州市建设安装工程有限公司等10家企业给予限制投标处理；将锦州亿达铁道工程建设监理有限公司等3家企业列入承包商“黑名单”，自处理决定下发之日起3年内不得重新申请加入投标人库。规范工程建设承包商管理，落实《中国石化建设项目承包商记分量化考核管理办法》要求，逐月发布考核情况，全年累计105家单位在线记录事件9 504条；各企业对1 399名直接作业环节人员安全记分合计3 270分，其中20人被清出现场、61人被暂停现场作业资格。

强化工程质量监管。督导工程质量监督总站行使政府授予的质量监督职能，对中国石化建设项目全面开展质量监督，全年在监重点项目44项，严格依照监督方案，采取增加巡检频次、增加质量管控等措施，做实监督工作。重点工程项目完成检测焊口数（含各种检测方法）297 246道，返修焊口数量9 692道，焊接一次合格率96.74%；完成射线拍片1 147 906张，不合格底片14 073张，按底片计算焊接一次合格率98.77%；未发现重大质量问题，质量总体受控。组织开展质量督查，对中科炼化、古雷炼化项目、潜江—韶关段输气管道等重点工程进行17次质量督查，发现各类质量问题2 294项；日常综合及专项检查474次，共发现问题8 374项，均已完成整改。对于现场发现的触犯“红线”的质量问题时刻保持高压态势，坚决做到彻查彻改，严格落实质量责任制和约谈通报机制，及时约谈十四化建等公司，全力确保各工程项目质量受控。

（宋　铎）

油田地面建设工程

【威荣页岩气田产能建设地面工程续建】 该工程总体建设30亿立方米产能，新建DN250—500管线49千米（含光缆、污水管线）、外输管线2千米，采气站23座、集气总站1座、污水预处理站1座、作业区管理中心1座，河流穿越4处，地面工程投资49 986万元。项目分2期建设，一期工程于2020年底建成；截至12月底，二期总体进度完成48%，9#、35#、31#、32#平台建成投产，集气管线、供电工程投用。

（黄婉萍）

【川西气田产能建设地面工程续建】 该工程原可研计划新建产能34亿立方米混合气，总体规划6个平台，包括脱硫工程、集输工程、外输管道、公用工程4个部分，批复投资575 932万元。脱硫站场平开始施工。

（黄婉萍）

【顺北油气田产能建设地面工程续建】 新建五号联1座、DN400原油外输管道195千米及相关配套设施。原油处理规模100万吨/年，天然气处理规模3.8亿米^3/年、采出水处理规模1 500米^3/日。批复投资27.57亿元。截至12月底，总体进度完成86.7%，顺北五号联合站撬块全部就位，工艺管线安装，室内设备基础浇筑，110千伏输变电建设工程中交。

（黄婉萍）

【涪陵页岩气田产能建设地面工程（二期）——产出水收集与处理系统工程续建】 该工程包括产出水收集干线19.8千米，收集支线24.2千米，外排管线7千米，泵站15座；新建1 600米^3/日污水处理站1座（2×800米^3/日分列处理单元建设，另预留800米^3/日一列位置）及配套公用设施等，总投资2.09亿元。工程于2020年7月中交。

（黄婉萍）

炼化项目

【中科合资广东炼化一体化项目续建】 项目包括设计炼油能力1 000万吨/年、乙烯生产能力80万吨/年，主要装置包括30套工艺装置和4×450吨/时CFB锅炉、3×100兆瓦发电机组及相应配套公用工程；厂外工程包括码头和成品油管道，码头建在厂区北侧，共8个泊位。批复总投资346.7亿元。截至2020年底，常减压、蒸汽裂解、催化裂化等20套主要生产装置及公用工程系统建成投产。

（王　科）

【洛阳石化炼油结构调整项目续建】 项目新建260万吨/年渣油加氢、120万吨/年连续重整联合、45万吨/年芳烃抽提、12万吨/年乙苯、10万吨/年硫黄回收5套装置；改造5套装置，即常减压蒸馏装置由800万吨/年扩改至1 000万吨/年、1#催化装置由140万吨/年扩改至180万吨/年、2#催化装置由140万吨/年扩改至160万吨/年、220万吨/年蜡油加氢改造为150万吨/年中压加氢裂化装置、80万吨/年航煤加氢装置扩改至120万吨/年；新建1套含盐污水处理场、1座中心控制室、4台航煤储罐等，批复总投资45.2亿元。截至2020年底，常减压、1#催化、2#催化、渣油加氢、连续重整等8套主要生产装置建成投产。

（王　科）

【中韩石化乙烯脱瓶颈改造项目续建】 项目包括新建30万吨/年HDPE、30万吨/年PP、6万吨/年丁二烯3套装置；改造3套装置，即乙烯装置由80万吨/年扩大到110万吨/年、裂解汽油加氢装置由55万吨/年扩大到70万吨/年、芳烃抽提装置由35万吨/年扩大至40万吨/年；配套新建1台产汽能力300吨/时的燃气锅炉和1个聚合物包装立体仓库，部分公用工程和储运设施改造，批复总投资42.5亿元。截至2020年底，项目总体进度完成94.4%，HDPE和PP装置土建及地管施工收尾，钢结构及设备安装全面展开，丁二烯装置试压包已全部完成，正在进行尾项清理；3套改造装置已投产。

（王 科）

【天津分公司炼油产品结构调整及油品质量升级改造项目群】 项目新建装置6套：260万吨/年渣油加氢装置、280万吨/年重油催化裂化装置、双脱装置、70万吨/年气分装置、120万吨/年S Zorb装置、10万米^3（标准）/时天然气制氢装置，批复总投资75.4亿元。工程于2018年7月16日开工，2020年6月30日主要工艺装置建成中交，累计实现安全工日708天，连续安全人工时803.8万个。6套工艺装置于2020年9月18日投产。

（周旭东）

【茂名石化产品结构优化项目】 项目新建1套260万吨/年浆态床渣油加氢裂化及石脑油柴油加氢组合装置。装置设计新鲜原料油进料量260万吨/年，操作弹性60%—110%，年开工时数8 400小时。装置主要包括：浆态床反应部分、轻油联合加氢部分、分馏部分、催化剂储存与泵送部分、气体脱硫部分等单元。配套新建15万吨/年硫黄回收联合装置，主要包括15万吨/年硫黄回收、500吨/时溶剂再生、200吨/时酸性水汽提、浆态床渣油加氢系统配套工程等，其中硫黄回收包括二级克劳斯硫回收、尾气净化、硫黄成型包装等工序。2020年6月30日，新建260万吨/年渣油单元中交；12月16日，150万吨/年轻油联合加氢装置成功产出合格产品，装置一次开车成功。

（周旭东）

【扬子石化10万吨/年EVA装置】 项目主要包括新建压缩、聚合、高低压分离、造粒、脱气、醋酸乙烯回收和包装等主装置单元；配套建设火炬、过氧化物仓库、醋酸乙烯中间储罐、变电所等辅助设施；管廊、水、电、汽、风等公用工程依托公司已有资源和设施或进行改造，项目总投资15.4亿元。项目于2020年5月28日建成中交，2021年1月投产。

（周旭东）

物流储运项目

【中科炼化一体化工程配套输气管道项目续建】 该工程包括“一干一支”（输气干线和东兴炼化支线），管道线路总长约75.5千米，批复投资75 288万元。截至12月底，输气干线约54.5千米已投用。东兴炼化支线为湖光站—东兴站，管道长约21千米，站场阀室已具备投产条件。

（黄婉萍）

【董家口—东营原油管道工程续建】 项目管线全长373千米，站场改扩建2座、新建2座，总投资25.4亿元。2020年9月，工程随国家油气管网改革移交国家管网。

（黄婉萍）

【日照—濮阳—洛阳原油管道工程续建】 项目管线全长782千米，站场改扩建2座、新建4座，总投资49.39亿元。2020年9月，工程随国家油气管网改革移交国家管网。

（黄婉萍）

【潜江—西气东输二线始兴站联络线工程续建】 项目管线全长70千米，设计输量2 000万米^3/日。沿线建阀室3座，并改扩建两端的2座站场，工程建设投资8.77亿元。2020年9月，工程随国家油气管网改革移交国家管网。

（黄婉萍）

【广西支干线工程新开】 项目管线全长448千米，

一期设计输量30亿米^3/年，二期44亿米^3/年。沿线共设工艺站场3座，包括1座衡阳分输站（改扩建）、1座才湾清管站和1座永州分输站，线路截断阀室23座，可研批复投资49.6亿元。2020年9月，工程随国家油气管网改革移交国家管网。

（黄婉萍）

【潜江—韶关输气管道工程续建】 项目管线全长856千米，设置站场9座、阀室39座、维抢修中心1座，年输气60亿立方米，总投资115.89亿元。2020年9月，工程随国家油气管网改革移交国家管网。

（黄婉萍）

【青宁输气管道工程续建】 项目全长531千米，途经青岛市、日照市、临沂市、连云港市、宿迁市、淮安市、扬州市，共2个省7个市16个县（区），设计任务输量72亿米^3/年，沿线共设站场13座、阀室20座。工程于2020年4月投用并移交国家管网。

（黄婉萍）

【山东液化天然气（LNG）项目二期工程续建】 项目新建2座16万立方米LNG储罐及其配套的附属设施，新增规模400万吨/年，使全站规模提高至700万吨/年，项目总投资15.67亿元。截至12月底，总体进度完成91.32%，内罐壁板组对、焊接收尾，罐内二次底板施工，内外管道预制，平台施工。

（黄婉萍）

【天津液化天然气（LNG）项目二期工程新开】 项目二期工程新建1个3万—26.6万立方米LNG运输船泊位及相应工艺配套设施，新建5台22万立方米LNG储罐及配套设施，全站规模提高至1 080万吨/年，项目批复投资47.10亿元。截至12月底，罐体基础施工，码头补偿平台、引桥横梁及港池挖泥施工，钢管桩沉桩完成67%。

（黄婉萍）

【广西液化天然气（LNG）接收站气化外输扩能工程续建】 项目包括新增4台罐内低压泵、3台高压输送泵、3台开架式海水气化器（ORV）、2台1.34万米^3/时的海水泵，气化外输能力达3 000万米^3/日，总投资3.67亿元。2020年9月，工程随国家油气管网改革移交国家管网。

（黄婉萍）

【金坛盐穴天然气地下储气库工程续建】 项目新建注采站、采卤站各1座，集配气站5座，部署储气井36口，监测井4口，分2个阶段进行建设，批复投资368 126万元。截至12月底，一阶段工程总体完成进度88.5%，二阶段工程总体进度完成40.9%，钻井工程全部完成，7口井投用，2020年累计造腔52.7万立方米。

（黄婉萍）

【江汉盐穴天然气储气库一期工程一阶段项目地面工程（不含联络线）新开】 项目新建集注站1座（最大注气能力250万米^3/日、最大采气能力200万米^3/日），注采井场4座，改建采输卤站1座，新建DN150集输管线5.9千米、DN150注水管线5.81千米，总投资2.39亿元。截至12月底，总体进度完成14.8%，桩基和基础开始施工。

（黄婉萍）

【湖北石油荆州油库迁建工程续建】 项目新建3 000吨级油品码头及趸船1座，建设3.7千米管廊，批复投资38 645.74万元。截至12月底，总体进度完成14.25%，现场开始围墙及临设施工，码头桩基施工。

（黄婉萍）

【广西南宁屯里油库迁建工程续建】 项目新建4座5 000立方米和6座1万立方米汽油储罐、6座1万立方米柴油储罐、2座1 000立方米乙醇储罐、2座2 000立方米消防水罐及配套设施，投资56 750万元。截至12月底，总体进度完成40%，现场地管、罐基础、事故池及油污池、发油管理室及道路施工全面展开，罐体安装开始。

（黄婉萍）

【天津南港原油商业储备基地工程（一期）新开】 项目一期工程新建20座单罐容积为10万立

方米的浮顶储罐及配套设施，总库容为 200 万立方米。总投资 26.45 亿元。工程于 2020 年 12 月 30 日中交，安全质量受控。

（黄婉萍）

【天津南港原油商业储备基地工程（二期）新开】 项目二期工程新建 16 座 10 万立方米储罐及配套设施，工程投资 18.98 亿元。截至 12 月底，总体进度完成 83.2%，16 台储罐焊接完成，8 台进行充水试验。

（黄婉萍）

【库车原油商业储备基地工程新开】 项目新建 8 座 10 万立方米原油罐及配套辅助生产设施。工程于 2020 年 12 月底中交并投用。

（黄婉萍）

【湛江商业东海岛原油储备基地工程新开】 项目新建 12 座 12.5 万立方米储罐及消防站、综合办公楼、泡沫站、危废暂存库等附属设施，投资 151 454 万元。工程于 2020 年 12 月 31 日中交。

（黄婉萍）

【洛阳原油商业储备基地工程（二期）新开】 项目新建 8 座 10 万立方米储罐及配套设施，投资 8.78 亿元。截至 12 月底，总体进度完成 71.02%，道路、地管施工，罐体安装全面展开。

（黄婉萍）

【岳阳原油商业储备基地工程新开】 项目新建 8 座 10 万立方米储罐及配套设施，投资 11.67 亿元。截至 12 月底，总体进度完成 34.42%，现场基础处理基本完成，土方施工收尾，罐基础施工、挡墙施工。

（黄婉萍）

【茂名北山岭原油商业储备基地工程（二期）新开】 项目新建 16 座 10 万立方米浮顶油罐及配套设施，投资 19.50 亿元。截至 12 月底，总体进度完成 37.38%，现场土建施工全面展开，桩基施工完成 89%，基础施工完成 31%，罐基础开始交安。

（黄婉萍）

【福建原油商业储备基地工程新开】 项目新建 16 座 10 万立方米储罐及配套设施，投资 215 515.23 万元。截至 12 月底，总体进度完成 47.8%，现场桩基施工全部完成，储罐基础完成 37.06%，建构筑物开始施工。

（黄婉萍）

工程建设管理

【设计管理】 ①及时开展重点工程建设项目和重点检修改造项目的设计管理工作。主要组织和参与镇海基地、海南炼化乙烯及炼油扩建、古雷炼化一体化、中韩石化乙烯脱瓶颈及炼油改造、安庆石化炼油结构化调整改造、九江石化芳烃、巴陵石化搬迁、上海石化大丝束、上海赛科公司乙烯原料配套工程、燕山石化炼油清洁化改造、原油商储项目群等重点工程建设项目和中韩石化、齐鲁石化、巴陵石化、长岭炼化、石家庄炼化、九江石化、高桥石化、胜利石化等重点检修改造项目的设计管理及检查协调。组织项目设计统一规定审查，参加可研方案论证、设计技术交流讨论、工艺包审查、总体设计和基础设计审查、总体统筹控制计划审查等。检查落实设计条件，检查协调工程设计进度，协调装置（单元）之间的界面关系、设计与采购施工的界面关系等。及时协调解决设计过程中出现的问题，确保设计质量和进度。此外，在项目启动初期，配合对接落实项目建设启动相关条件；配合审查企业上报的工程设计采购方案，落实工程设计招标、设计委托等设计选商工作。②制度建设。组织调研和修订《中国石化抗震减灾管理办法》，并正式颁布实施。③技术基础工作。组织编制并发布《油气田地面工程数字化交付细则（试行）》和《长输管道工程数字化交付细则（试行）》2 项工作规定。组织开展古雷炼化一体化项目设计质量检查。组织直属工程公司进行设计管理工作交流研讨。组织开展上游板块“五化”工作对接，推进上游板块“五化”工作。组织 LNG 项目“五化”工作专题会，加快推进 LNG 项目“五化”工作。

（贾　楠）

【生产准备与投料试车】 2020 年，共有 2 座油气田地面工程、34 套炼化装置建成投产，4 项油气储运设施及管道建成投用（见表 1）。各企业按照《中国石化建设项目生产准备与试车管理规定》文件要求，认真做好组织、人员、技术、物资、资金、营销、外部条件 7 个方面的生产准备工作，做到生产准备与工程建设同步进行无缝衔接，加强对项目生产准备和投料试车全过程管理，认真进行投料试车条件检查，保证装置投料试车顺利进行。为保证投料试车一次成功，2020 年总部共组织总体试车方案审查 13 次，投料条件检查 11 次，各类研讨、总结及问题协调会 9 次，开车队及开车专家组 27 批。

表 1　2020 年新建油气田地面工程、炼油化工装置和油气储运设施投产计划完成情况

序号		单位	名称	建设规模 /（万吨·年$^{-1}$）	投产时间
一	1	江汉油田分公司	涪陵页岩气田产出水收集及处理系统	1 600 米^3/ 日	10 月 21 日
二	2	中原油田分公司	普光气田 1#—4# 线连通线工程	10 亿米^3/ 年	4 月 29 日
三	3	中科炼化	热电装置（四炉三机）	4×450 吨 / 时 3×100 兆瓦	8 月 9 日
	4		常减压装置	1 000	6 月 17 日
	5		催化裂化装置	420	8 月 24 日
	6		加氢裂化装置	200	9 月 19 日
	7		渣油加氢装置	440	8 月 20 日
	8		连续重整装置	180	8 月 19 日
	9		柴油加氢装置	200	8 月 19 日
	10		煤油加氢装置	150	8 月 6 日
	11		S Zorb 装置	240	8 月 26 日
	12		POX 装置	18 万米^3（标准）/ 时	9 月 12 日
	13		烷基化装置	30	8 月 27 日
	14		硫黄回收装置	3×13	8 月 16 日
	15		蒸汽裂解装置	80	9 月 30 日
	16		EO/EG 装置	25/40	9 月 12 日
	17		裂解汽油加氢装置	40	10 月 1 日
	18		芳烃抽提装置	20	10 月 7 日
	19		高密度聚乙烯装置	35	9 月 27 日
	20		聚丙烯装置（环管）	35	8 月 7 日
	21		聚丙烯装置（气相法）	20	8 月 31 日
	22		EOA 装置	5	11 月 30 日
四	23	荆门分公司	重油催化裂化装置	280	6 月 7 日

续表

序号		单位	名称	建设规模/(万吨·年$^{-1}$)	投产时间
五	24	燕山分公司	连续重整装置	100	3月16日
六	25	洛阳石化	渣油加氢装置	260	9月27日
	26		连续重整装置	120	8月28日
	27		芳烃抽提装置	45	8月29日
	28		硫黄回收装置	10	9月30日
七	29	扬子石化	EVA 装置	10	12月31日
八	30	茂名石化	硫黄回收装置	15	9月4日
	31		浆态床渣油加氢装置	260	12月31日
	32		轻油联合加氢装置	150	12月16日
九	33	天津石化	渣油加氢装置	260	11月3日
	34		催化裂化装置	280	11月5日
	35		S Zorb 装置	120	11月6日
	36		制氢装置	10万米^3(标准)/时	11月1日
十	37	管道储运公司	洛阳原油商业储备基地工程	80万立方米	6月30日
十一	38	销售华南分公司	湛江—北海成品油管道工程(湛江至廉江段)	800	8月30日
十二	39	天然气分公司	中科炼化一体化配套输气管道工程	18亿米^3/年	5月20日
	40		青宁输气管道工程(已划转)	72亿米^3/年	12月15日

(谢国学)

【大修改造】 2020年按计划完成5个重点大修改造项目(见表2),涉及120套生产装置大修改造,总费用60.12亿元(检修费用21.78亿元,同步实施改造项目投资38.34亿元)。

重点大修改造项目中,全厂性停工大修改造共计5家(北海炼化、天津石化、中沙石化、中天合创、中韩石化),其中检修停工装置达20套以上的3家,包括天津石化(35套)、中天合创(27套)、中韩石化(38套)。大修改造计划总费用达10亿元以上的有2家,包括天津石化(17.6亿元)、中韩石化(21.9亿元)。全年组织大修改造项目协调会、重大方案审查、检查调研共计12次。

表2　2020年重点大修改造项目实施情况

序号	企业名称	大修装置范围	实施时间	总费用/亿元
1	北海炼化	650万吨/年常减压等16套主要生产装置	2月10日—5月15日	5.40
2	天津石化	250万吨/年、1 000万吨/年常减压等35套主要生产装置	5月5日—7月11日	17.60
3	中沙石化	100万吨/年乙烯裂解等9套主要生产装置	5月9日—7月3日	8.81
4	中天合创	2×180万吨/年甲醇合成、2×180万吨/年S-MTO等27套主要生产装置	6月3日—7月20日	6.41
5	中韩石化	350万吨/年、500万吨/年常减压、80万吨/年乙烯等33套主要生产装置	10月15日—12月31日	21.90

(远　征)

【招标工作】 优质高效组织招标，保障重点工程建设。2020年，中国石化集团招标有限公司共组织完成招标1 481个标段，累计中标额378.82亿元；累计签订招标代理合同136份，合同金额为8 642万元。

持续提升质量管理工作。顺利通过认证机构对公司质量管理体系第3次监督审核。公司质量管理体系工作整体比上一年度有较大提升，各部门、各分部不断强化管理、规范流程操作，进一步营造了全员关心质量、全员重视质量的良好氛围。

优化服务，创新疫情防控期间开评标工作。疫情期间，充分发挥电子交易平台的作用，应用“远程开标、远程评标、在线监督、电子档案管理”等工具，消除全流程电子化招标的盲点、断点和堵点，让招标投标工作不受时空、地域、环境等因素的影响，实现招标采购全流程“不见面”。顺利完成531个标段远程开评标工作，累计合同成交金额达129亿元。

降投资、增效益，扎实开展“百日攻坚创效”和“持续攻坚创效”行动。对重点工程建设项目建立专项工作组，精心组织人力资源，统筹策划，有序开展招标工作。通过专业化的招标采购，对市场资源实现精准配置，全年节资金额逾10亿元，节约投资比率平均在2%以上，有效降低了工程投资。

保障招投标工作高效开展，完善提升交易平台建设运营管理工作。交易平台全年稳定运行，为集团公司“公开透明、公平竞争、公正诚信、廉洁高效”开展工程招标采购工作提供了强有力支撑，有效保障了各企业工程建设的顺利开展。年内，开展“全国两会”及“护网行动”期间系统的运行监控保障工作，确保了非常时期交易平台的安全稳定运行。在新冠肺炎疫情防控期间，交易平台的远程开评标功能有效解决了推动业务开展和避免人群聚集的难题，通过“远程开标”“远程评标”“在线监督”等工具的应用，有力保障了招投标工作顺利进行。

有效规范承包商考核管理，持续开展建设工程承包商管理信息平台建设和应用推广工作。系统于年初上线试运行，随着不断应用推广，监管部门和企业的需求也不断明晰，项目团队据此持续开展完善提升工作。年内对合同管理、记分管理和量化管理、承（分）包商及从业人员管理、数据统计等功能模块及考核模型进行了优化完善。

应用推广方面，协助174家单位完成组织架构初始化和工作流的搭建，对胜利油田、新星公司等企业进行重点培训。全年有近百家建设单位和总包单位在线开展评价考核工作，共记录事件5 000多项次。平台规范承包商考核管理，加强承包商直接作业环节管理，促进制度有效落地实施提供了信息化支撑，使承包商考核工作得以高效开展、数据信息互联共享，对于完善中国石化工程建设监管体系具有里程碑意义。

持续提升平台功能，完成交易平台三期可研编制工作。针对二期系统在功能完善性、操作友好性、系统扩展灵活性等方面的不足，组织石化盈科和江苏国泰开展较为细致的需求梳理工作。三期可研报告正式版已报送总部，待组织正式评审。

持续提高业务能力，加强培训工作。加强评标专家培训，2020年共举办11期培训班，参训人数共计2 369人，累计培训总部级专家2 508人。加强员工业务培训，举办“招标讲堂”，提升核心业务能力培训等。

做实专业化公司，积极推进深化改革工作。深化改革取得实质性进展，新的领导班子已配备到位，集团公司已批复“三定”方案并组织实施。

扎实做好疫情防控工作，保障日常工作。按照党组关于疫情防控的部署和要求，根据国家发改委有关通知，制订下发《项目开评标活动疫情期间工作方案》，编制远程开标工作手册、远程评标工作手册，以及疫情期间解密补救方案，对疫情期间开评标各项工作进行安排，全面推进在线投标、远程开标，积极推广远程评标。同时，建立严格的疫情防控管理体系，开评标场所必须采取环境消毒、实名登记、体温检测、询问近期出行情况等有效措施，进入场所人员必须佩戴口罩，按总部疫情防控有关要求安排布置工作场地、就餐等，落实好各项防控措施。

（王　宇）

【标准管理】 2020年，石油化工工程建设标准化工作，遵循“立足行业、服务企业、国际接轨”的工作方针，兢兢业业、扎实工作，较好地完成全年各项任务。

持续开展国家标准全文强制工程规范和技术标准编制工作。编制完成《炼油化工工程项目规范》《加油加气站项目规范》《石油库项目规范》《地下水封洞库项目规范》4项强制规范征求意见稿；完成《石油化工建筑物抗爆设计标准》《油气回收处理设施技术标准》《汽车加油加气加氢站技术标准》3项国家标准报批。

高效完成行业标准、企业标准编制审查任务。组织完成《合成纤维厂供暖通风与空气调节设计规范》《石油化工非金属管道技术规范》等25项行业标准的报批定稿；完成《石油化工料仓技术规定》《有机废气及恶臭气体处理设计规定》《加氢站、油气氢合建站工程技术规范》等19项企业标准的报批（见表3）。

稳步推进标准国际化工作。持续开展标准英文版编审工作，完成《石油化工钢制设备抗震设计标准》等8项国家标准和行业标准英文版的审查。通过标准国际化发展，不断提高标准技术水平和影响力，更好地服务于工程建设、服务于“走出去”和“一带一路”建设的实施。

开展工程建设标准体系建设与“十四五”规划编制。在组织对国家标准和行业标准复审的基础上，编制完成工程建设标准“十四五”发展规划初稿，并组织召开炼化工程标准体系和“十四五”发展规划审查，研究石化工程标准体系建设方案，明确“十四五”期间标准工作的重点任务，并侧重落实到各有关责任单位。

表3　2020年公告批准的国家标准和行业标准目录

序号	标准编号	标准名称	发布机构
1	GB/T 50455—2020	地下水封石洞油库设计标准	住房和城乡建设部
2	SH/T 3506—2020	管式炉安装工程施工及验收规范	工业和信息化部
3	SH/T 3511—2020	石油化工乙烯裂解炉和制氢转化炉施工及验收规范	工业和信息化部
4	SH/T 3208—2020	石油化工电气系统电阻接地设计规范	工业和信息化部
5	SH/T 3209—2020	石油化工企业供配电系统自动装置设计规范	工业和信息化部
6	SH/T 3210—2020	石油化工装置安全泄压设施工艺设计规范	工业和信息化部
7	SH/T 3042—2020	合成纤维厂供暖通风与空气调节设计规范	工业和信息化部
8	SH/T 3523—2020	石油化工铬镍不锈钢、铁镍合金、镍基合金及不锈钢复合钢焊接规范	工业和信息化部
9	SH/T 3545—2020	石油化工管道工程无损检测标准	工业和信息化部
10	SH/T 3211—2020	地下水封石洞油库水幕系统设计规范	工业和信息化部
11	SH/T 3212—2020	石油化工电阻式伴热系统设计规范	工业和信息化部
12	SH/T 3213—2020	石油化工企业供配电系统安全分析导则	工业和信息化部
13	SH/T 3214—2020	石油化工挤压造粒框架设计规范	工业和信息化部
14	SH/T 3215—2020	石油化工料仓框架设计规范	工业和信息化部
15	SH/T 3216—2020	储气井工程技术规范	工业和信息化部
16	SH/T 3569—2020	石油化工电缆桥架施工及验收规范	工业和信息化部

（何铁奕）

【炼化工程造价管理】 加强制度建设。修订并发布《中国石化工程造价专业人员管理办法》。同时组织专业机构修订《中国石化工程造价专业人员管理实施细则》，进一步明确工程造价人员管理制度、流程和管理职责、分工。

加强计价体系建设，推动计价依据的改革、

发展、创新。编制完成 2019 版《石油化工安装工程概算指标》编制说明和《石油化工安装工程主材费》。开展行业检修定额修编工作，在完成《石油化工行业检修工程预算定额》和《石油化工行业检修工程计价规则》应用调研报告后，组织召开检修定额修订工作启动会及研讨会，提出 11 项专项研究课题及工作思路，为检修计价依据改革和定额编制打下基础并组织专业人员开展现场调研工作。

加强设备材料价格跟踪及预测。拓展设备材料价格采集手段和范围，明确定额人、材、机价格动态测算方法。逐步建立石化工程造价管理价格预测与发布系统，定期发布非标设备价格信息、安装主材基础价格及调整系数、建筑工程 A 类材料价格信息及石油化工安装工程“人、材、机”价格指数和综合指数。

开展工程造价管理工作专项研究。组织召开工程造价改革与发展研讨会。召开工程造价管理及造价咨询企业工作座谈会，就工程造价改革、行业发展方向、市场经营现状、工程造价咨询招投标市场存在的问题等进行交流和讨论。完成编制《石油化工工程造价咨询行业发展报告》，针对石油化工工程造价咨询行业的发展现状、发展环境、主要影响因素分析和主要问题及应对措施等方面进行系统性的研究和阐述。

研究建立造价管理信息平台。研究建立“工程计价体系管理信息平台”，目的是建立基础数据库，实现定额、指标、主材费等计价依据制修订和费用水平测算及动态管理。研究建立建设项目“工程造价管理信息平台”，建立工程建设项目数据采集、分析、应用平台和过程控制及管理平台。

（蒋　炜）

中国石化 SINOPEC

公用工程

热电 | 水务

热 电

【概述】 2020年，热电业务贯彻执行集团公司党组各项决策部署，持续加强热电专业化管理，抓安稳运行、抓攻坚创效、抓系统优化、抓升级改造、抓政策争取，圆满完成年度工作目标任务，为中国石化实现全面高质量发展奠定坚实的公用工程基础，为助力打造世界领先洁净能源化工公司做出新的更大贡献。

（胡海翔）

【全力提升电力和热力供应保障能力】 2020年是极具挑战的一年，面对前所未有的困局，在保障主业稳定用热需求的基础上，充分挖掘装置产能潜力，用足用好煤炭消费量指标，努力提高自发电量增收增效。全年完成供热量4.06亿吉焦、发电量387.49亿千瓦·时、供电量364.89亿千瓦·时。

（胡海翔）

【提高机组稳定运行水平】 修订完善电力可靠性管理制度，组织开展锅炉“四管”泄漏、大面积停电等隐患排查和专项整治，严格落实热电装置非计划停工管理措施。2020年，集团公司发电设备利用小时数5 146小时；机组非计划停工管理成效显著，镇海炼化CFB锅炉应用等离子熔敷技术，锅炉全烧煤连续运行周期超12个月，煤焦混烧超18个月。宁夏能化通过管控燃料煤掺配、优化运行方式和实施煤仓清堵措施，机组运行水平大幅提升。

（胡海翔）

【持续提升技术经济指标】 落实管理提升、运行优化、攻坚创效和升级改造等具体措施，主要技术经济指标再创历史新高。全年供电标煤耗累计完成308.49克/（千瓦·时），供热标煤耗累计完成37.69千焦/千克，主要运行指标处于同行业领先水平。

（胡海翔）

【扎实推进电力技术监督】 贯彻落实国家、行业、集团公司电力技术监督政策法规和标准规程，结合自身实际修订发布《中国石化电力技术监督管理规定》，完善管理体系，制订工作计划，落实专项费用，建立定期查评制度，完善技术监督预警机制，技术监督范围拓展为11项专业监督和4项设备设施监督。分专业细化技术分析，建立异常情况预警、告警工作机制，保障热电装置及电网安全、可靠、经济运行。

（胡海翔）

【加强燃料管理实现降本减费】 优化煤炭供应、储存、掺配和燃烧方案，夯实煤炭采制化基础，把好入厂验收关，严格管控亏吨亏卡。以对标为载体，研究建立煤炭精细化管理考核体系和分析评价机制，持续规范煤炭数量、质量验收方法和验收流程，全年入厂入炉煤热值差107.85千焦/千克，处于行业先进水平。优化配煤掺烧，通过掺烧经济煤种、提高焦煤比、掺烧可燃废物、压减燃油和瓦斯高成本燃料等措施，茂名石化、川维化工公司和齐鲁石化等企业全年累计节约热电燃料成本1.90亿元。

（胡海翔）

【资源综合利用价值可观】 广州石化、长岭炼化和荆门石化等企业积极争取地方环保部门政策支持，深入开展电站锅炉协同处置固废工作，获显著的经济效益和社会效益。广州石化CFB锅炉协同处置油泥、活性污泥等多种固废和污水处理场高浓度废气，年节约处置费用近7 000万元。胜利发电厂捕捉市场动态信息，推行招标竞价机制，粉煤灰销售额超过3 000万元。

（胡海翔）

【技术攻关与应用见成效】 热电专业开展蒸汽系统整体优化，梳理炼化装置副产蒸汽和使用流程，分析能效提升潜力，在南化公司和川维化工公司组织开展专题研究。中韩石化成功实施热电联产装置全系统低温热深度利用项目，降低蒸汽用量约100吨/时。加速推进机组通流提效等节能改造，13台机组改造项目建成投用，胜利发电厂2台300兆瓦机组改造后供电标煤耗下降10克/（千瓦·时）以上。

（胡海翔）

【污染治理取得实质性进展】 截至2020年底，集团公司所属燃煤（焦）锅炉已全部实施超低排放改造，外排烟气指标优于国家和地方标准，排放总量持续降低。落实集团公司总经理1号令要求，结合各企业锅炉工况和燃煤特性，专题研究锅炉低氮燃烧、SCR脱硝设施优化运行和技术改造措施，在不降低机组运行周期的前提下，实现重点企业、重点区域燃煤锅炉环保排放平稳达标。宁夏能化优化锅炉燃烧，SCR入口氮氧化物浓度大幅下降，处于系统内领先水平。

（胡海翔）

【信息化建设加快推进】 认真落实国务院国资委关于自备电厂网络安全及能源智慧信息平台建设要求，结合中国石化实际，组织编制项目方案，试点建设实时监控信息系统，搭建实时/历史数据库，基于“石化智云”平台，面向国家、集团、企业、电厂4个层面，建设数据采集、分析与专业应用系统。齐鲁石化建成投用机组节能监控优化一体化平台，支持实时优化调整，最大限度发挥机组性能。建设总部端电厂专业管控信息平台，对所有电厂的生产过程、运行情况进行实时监督和管理，为整体优化运行提供决策依据，在此基础上开展大数据分析和业务深化应用，持续提升专业管理效率。

（胡海翔）

【利用电改政策实现降本增效】 跟踪研究电力市场交易政策，动态扩大交易规模，2020年46家主要生产企业交易电量219亿千瓦·时，与目录电价相比降本6.75亿元，其中茂名石化、西北油田和燕山石化分别降本8 324万元、6 940万元和6 062万元；通过调整联网变压器运行方式，降低基本电费开支3.24亿元，其中青岛炼化、齐鲁石化和燕山石化分别降本3 988万元、3 941万元和3 622万元。

（胡海翔）

【政策协调与争取成绩斐然】 加强与各级政府沟通协调，积极争取机组延续运行和自备电厂相关政策。安庆石化3#机组、高桥石化5#机组获国家能源局华东监管局行政许可，准予分别延续运行7年和3年；胜利油田1#、2#机组获国家能源局山东监管办行政许可，准予分别延续运行8年和7年。安庆石化炼油转化工结构调整项目同步新建的2台35兆瓦自备机组获安徽省发改委核准。

（胡海翔）

【深入开展现场技术服务】 组织专家团队深入开展专业技术服务，共同研究扬子石化热力系统整体优化，高桥石化、九江石化机组升级改造和能效提升等工作。深入分析装置用汽需求特性及热电机组运行方案，协同推进蒸汽系统整体优化，降低企业整体用汽成本。

（胡海翔）

【现场考评与专业管理突出实效】 从企业抽调专家组成检查组，对31家油田和炼化企业开展热电专业现场考评工作。重点检查《防止电力生产事故的二十五项重点要求》《动力煤炭验收技术规程》等法规标准执行情况，积极推进热力系统整体优化、节能减排综合改造、降低用电成本、推进配售电改革、电力市场化交易和加强技术监督管理等重点工作。根据集团公司相关制度规定，经综合评定，胜利油田、广州石化等16家企业获评热电专业竞赛优胜单位。

（胡海翔）

水　务

【概述】 2020年，水务系统认真贯彻落实集团公司工作会议精神，持续加强专业化管理，抓安稳运行、抓攻坚创效、抓系统优化，不断推进技术进步，全面强化服务保障，圆满完成年度工作目标任务，为打造世界领先洁净能源化工公司做出贡献。

（叶晓林）

【安稳运行水平大幅提升】 ①夯实水务专业管理基础。完成《水务管理技术要求》第 3 部分化学水和第 4 部分污水处理与回用等一级企标复审，持续开展《循环水处理效果监控方法》等系列标准贯标工作，加强水质分析管理，完善水质在线分析仪表配置和维护，确保水质稳定。②提升水务运行保障能力。优化水务装置运行方式和水资源配置，精心组织装置检修，克服边检修边生产、交叉作业多、检修污水水质复杂等困难，圆满完成服务保障主业的任务。全年取新水量降低 5.2%，供循环水量降低 0.8%，产化学水量降低 1.6%，处理污水量降低 4.0%，外排污水达标率 100%。③加快推进淘汰设备更新。加大设备隐患排查和治理力度，按季度跟踪淘汰设备更新情况。水务专业纳入淘汰目录的设备已更新 3 042 台，更新率 83.3%，洛阳石化和燕山石化等 29 家企业水务系统淘汰设备更新全部完成。④持续提升技术经济指标。落实管理提升、运行优化和攻坚创效等具体措施，新鲜水供水自用损失率完成 5.17%、进步 4.2%，循环水单位电耗完成 4.32（千瓦·时）/（千米^3·米）、进步 0.3%，化学水标准离子水耗完成 17.49 米^3/千摩、进步 4.0%，11 项水务专业竞赛指标进步 1.0%。

（叶晓林）

【专业化管理持续强化】 ①持续推进贯标工作。通过现场考评和调研等形式，现场督导企业持续开展专业贯标，按照标准要求更新符合标准的智能监测换热器和自动加药设施等，确保标准落地。各企业结合员工学习培训工作，组织多种形式的学习，深入开展《循环水处理效果监控方法》等系列标准贯标培训，夯实专业基础。②深入开展现场服务。组织专家团队深入开展专业技术服务，共同分析中安联合水务管理、扬子石化循环水管理、九江石化炉水管理，以及南化公司循环水余压发电技术攻关等方面存在的问题，研究提出解决方案，均取得较好效果。在年度专业现场考评中，边检查边服务企业，共发现问题 571 项，提出建议 366 条。③有序推进标准化水场建设。按照管理标准化、运行自动化、数据信息化、环境友好化和决策智能化原则，持续打造标准化水场，积极推进有关项目立项和实施，赴重点企业进行现场调研指导，协助企业解决瓶颈问题。截至 2020 年底，相关项目已启动 144 个，涉及水场 176 个。其中，企业自行实施项目 123 个，立项金额 5.5 亿元，已实施项目 102 个；上报总部项目 21 个，已批复项目 16 个，批复金额 9.1 亿元。④加快推进水务“三废”治理。落实集团公司全面完成污染防治攻坚战和长江、黄河流域企业生态环境保护等要求，加大新鲜水排泥水、假定净水、污水处理场异味治理力度。落实《水务系统固体废物管理技术要求》，消除水务系统自身环保风险。水务专业实施“三废”治理项目 113 个，已完成项目 96 个，上海石化、金陵石化和川维化工公司等 17 家沿江企业总体完成新鲜水排泥水回收改造。

（叶晓林）

【攻坚创效取得实效】 高度重视攻坚创效行动，结合全员成本目标管理，不断深化节能降耗和节水减排工作。统筹优化生产运行，以水务系统耗电量最大的循环水系统为主要抓手，通过实施循环水系统整体优化，更换节能水泵风机或实施调速改造，根据主装置负荷和昼夜温差及时调整水泵风机运行台次等措施，不断降低循环水系统耗电量。在南化公司和广州石化开展循环水余压回收发电试点建设，取得较好效果，年节电分别达 130 万千瓦·时、80 万千瓦·时。水务业务攻坚创效项目共 22 项，增效目标 6 456 万元，累计实现增效 7 108 万元，完成创效目标的 110.10%。

（叶晓林）

【信息化建设全面推进】 协调完成水务管理信息系统企业端建设推广项目审批，优化工作安排，制定现场实施进度表，全面启动现场实施工作。截至 2020 年底，30 家企业中已有 27 家完成现场对接，其中 16 家已完成商务谈判、14 家已开始实施，南化公司已启动上线试运行。基于“石化智云”平台完成水务管理专业域水务运行、水质管理、水量管理和水务运营4个APP应用以及水务运行监控、水量平衡分析等5个业务组件的设计开发。完成热电水务财务分析系统集成，消除信息孤岛，实现业务数据和财务数据全覆盖，保障了生产数据与财务数据的一致性，为水务业务业财一体化提供信息支撑。

（叶晓林）

【技术攻关取得突破】 积极开展水务技术攻关，开创新思路、运用新技术，攻坚克难，提高运行效率。采用ABR高效生物技术等处理高盐污水，降低系统盐负荷，提高污水回用率，助力绿色企业创建工作。推广先进企业水质分析工作经验和创新的化学分析技术在水质分析中的应用，试点建设工业水质智能检测系统。启动典型补水循环水系统处理方案和典型炼化污水处理技术研发工作。天津石化、中韩石化和广州石化等5家企业制定提升凝液回收利用措施。巴陵石化采用活性炭催化氧化处理氨肟化污水，COD去除率可达50%，采用耐高盐高效脱氮反应器（HNR）处理己内酰胺污水，进水总氮从100毫克/升稳定降解到10毫克/升以内。天津石化开发应用工业制程水质智能检测系统，1套智能检测系统可取代8名水质检验工。

（叶晓林）

【资源化综合利用水平持续提升】 水务业务不断提高污水资源化利用水平，践行央企社会责任，实现内部降本和外部形象提升。实施新鲜水排泥水回收，提升循环水阻垢缓蚀剂配方适配性，加大凝液回收力度，回收化学水系统仪表水、正洗水等，全年回用污水8 998万立方米，增长2.1%。广州石化、北海炼化和高桥石化等企业污水回用率均达50%以上。仪征化纤将生化西区沼气送至聚酯装置热媒炉燃烧，全年送烧沼气900万立方米，为企业降本1 485万元；疫情期间加强仪征市人民医院医疗污水的处理深度，25天完成生化东区外排污水紫外消毒改造，外排污水得到有效消毒处理。

（叶晓林）

中国石化
SINOPEC

安全生产

综述 | 安全文化建设 | 安全监督管理 | 员工健康管理 | 公共安全管理

综　　述

2020年，面对新冠肺炎疫情暴发、国际油价历史性暴跌、市场需求大幅度萎缩等严峻形势，集团公司认真学习贯彻习近平总书记关于安全生产的重要论述，坚持安全发展理念，以“识别大风险、消除大隐患、杜绝大事故”为主线，推进HSSE体系有效运行，持续强化承包商安全管理，夯实员工健康工作基础，有序推进安全生产专项整治三年行动，安全生产形势保持总体平稳。

（程敬博）

安全文化建设

【完善体系运行机制】 进一步明确并督促体系要素主责部门履行职责，建立体系审核标准和量化评分细则，规范体系审核和管理评审工作。各企业结合实际制定完善要素监测指标，定期进行监测分析，查找不足，堵塞漏洞，促进了体系有效运行。

（程敬博）

【强化制度保障】 对照HSSE管理体系要求，修订、合并安全管理制度，制度可操作性进一步提高。加强安全技术标准研究，编制石油工程HSE标准整编手册，制定关键安全设施运行维护、风险评估技术等21项企业标准，进一步支撑体系落地。

（程敬博）

【推动体系持续改进】 加强集团公司体系审核员队伍建设，完成试点单位体系“二方审核”。各企业积极开展体系内审，将审核结果纳入绩效考核，促进安全责任落实。

（程敬博）

【全面提升应急处置能力】 完善应急预案。修订集团公司总体预案和生产安全专项预案，补充煤矿事故应急处置原则。中原普光、西南油气田等驻川企业针对含硫天然气管道泄漏、地质灾害多发等安全风险，修订完善相关预案。

提升综合应急能力。积极开展应急演练，提高演练的针对性和实战效果，以实战促提升。西北油田组织开展井喷失控重大火灾事故综合演练，镇海炼化开展罐组重大火灾演练，进一步提升重特大事故的应对能力。

强化专（兼）职应急队伍建设。推动专职消防队转型升级，提升专职队伍综合应急救援能力。加强基层单位义务应急队建设，提高基层一线初期应急处置能力。加快推进国家级应急基地建设，得到国家应急管理部肯定。

（程敬博）

安全监督管理

【持续夯实风险管控基础】 编制完成29套典型装置（设施、场所）风险检查表，规范了装置风险评估工作。优化升级风险分析管理平台（PHAMS），完善安全可靠性数据库。加强安全风险定量评估（QRA）机构管理，开展外部防护目标的QRA评估，建立了外部风险防范基础数据。

（程敬博）

【狠抓重大安全风险防控】 制定集团公司重点管控安全风险清单，推行领导干部分级承包管控机制，推进集团公司重大安全风险销项降级。研究制订系统性安全风险管控方案，并推广应用。各企业积极开展抗爆整治，有效降低控制室、机柜间等安全风险。

开展安全隐患排查治理。坚持“泄漏就是事故”的理念，组织开展泄漏隐患大排查、大整治。分析炼化企业近5年泄漏规律，举一反三排查整治泄漏隐患。结合安全生产专项整治三年行动，组织开展易自聚、易氧化物料泄漏隐患专项排查，集中治理外浮顶罐浮盘密封油气超标、独立安全仪表系统（SIS）缺陷等安全隐患。

深入开展施工安全专项整治。严格项目发包、施工组织、施工方案审批等关键环节管理，开展受限空间、高处作业专项整治，严格执行“双十条”管控措施，确保现场作业安全可控。

（程敬博）

【强化重点领域关键环节管理】 严格承包商检查问责。严格落实“一把手”承包责任，持续开展承包商及直接作业环节专项督查，及时通报有关问题，对严重违章行为紧盯不放、严肃问责，承包商和直接作业环节安全管控明显加强。

持续开展“四不两直”检查。结合重点时期、重点工作，组织开展青岛及天津LNG接收站、建设项目复工安全条件排查等专项检查。各企业举一反三排查整改，对责任单位和责任人进行问责。

加强专业检查督查。组织对胜利海域海上安全生产情况进行监督检查，聘请煤炭系统专家对宁夏能化煤矿开展安全技术服务。对21座涉及管网改革的石油储备基地开展安全互查，督促企业落实主体责任，加强过渡期安全生产管理。

（程敬博）

员工健康管理

【推进职业病危害风险管控】 各企业积极落实技术和管理措施，整治噪声超标岗位和化学毒物、粉尘超标场所。在试点单位积极开展噪声危害治理，总结分享治理经验，改善员工工作环境。

（程敬博）

【夯实职业健康管理基础】 组织国家标准专题培训，开展职业病防治法宣传周活动，努力提升全员职业健康防护意识和能力。加强劳保防护用品入库质量检验，合格率和职工满意度持续提高。国家卫健委专题报道中国石化职业健康管理经验做法。

（程敬博）

【推进员工健康管理】 进一步分析在岗员工非生产性死亡原因，启动员工群体健康干预试点项目。组织健康高危人员筛查，推进“一人一策”健康干预措施。各企业建立应急医务室，配备自动体外除颤器（AED）等设施，积极推进员工帮助计划（EAP），关注和改进员工心理健康。发动企业EAP骨干和志愿者，打响心理战“疫”。“奋进石化”微信平台宣传教育广大干部员工正确面对疫情，保持心理健康，维护生产安全稳定；将“心福咨询”模块升级为“新型肺炎·石化心理热线”，为石化员工提供心理支持服务。

（程敬博　王馨媛）

【全力做好疫情防控】 新冠肺炎疫情暴发后，集团公司第一时间成立疫情防控工作领导小组，综合研判疫情信息，调整完善防控策略，统筹境内、境外疫情防控。各企业迅速行动，全力守护员工健康安全，全力支持湖北保卫战、武汉保卫战，为全国抗疫斗争取得重大战略成果贡献了石化力量。

（程敬博）

公共安全管理

【扎实开展反恐防范工作】 突出“两特两重”管理，推进治安反恐防范一级重点目标达标建设，规范人防、物防、技防设施配备。完成十九届五中全会、第三届进博会等重大活动的安全保障工作。连续第7年清理整治新疆勘探遗留爆炸物，完成2万千米清线任务，得到自治区政府充分肯定。

（程敬博）

【建立自然灾害防范长效机制】 制定自然灾害防范管理规定，积极推进管道地质灾害治理。相关企业完善防台风应急预案，落实防汛措施和“零报告”制度，全年未发生因灾造成的人员伤亡和生产事故。

（程敬博）

【强化危险化学品运输安全管理】 贯彻落实国家《危险货物道路运输安全管理办法》，制定完善相应管理制度，强化托运、承运、装卸等关键环节的安全监管。试点应用危险化学品运输安全管理信息系统，开展应急值守和监测预警，预警总数明显下降。

（程敬博）

【持续强化境外公共安全管理】 以确保境外员工生命健康安全为核心，将境外公共安全管理从传统的事故灾难、社会安全、自然灾害、公共卫生风险防范，延伸至境外员工身心健康、交通安全、国别风险、全球性重大疫情等各类风险防范，健全制度、组织和管理体系，完善风险防控措施，提升应急处突能力，连续13年保持境外社会安全事件“零死亡”。

（程敬博）

中国石化 SINOPEC

绿色低碳

综述 | 绿色企业行动 | 能源管理 | 环境保护

应对气候变化 | 绿化管理 | 绿色能源

综　述

2020 年，中国石化深入贯彻落实习近平生态文明思想及系列生态环境保护工作重要指示批示精神，全力推进污染防治攻坚战和臭氧污染防治行动，持续推进“绿色企业行动计划”，着力推进能效提升、资源利用、碳减排等重点工作，各项指标总体受控，努力打造中国石化绿色洁净亮丽名片。

全年，集团公司万元产值综合能耗为 0.519 吨标煤，下降 0.38%；工业取水量减少 1 000 万立方米，污水回用率提升 1.68 个百分点；国（省、市）控排放源废水、废气综合达标率分别达 100% 和 99.9%，固废妥善处理处置率 100%；4 项主要污染物化学需氧量、氨氮、二氧化硫、氮氧化物全面完成国家下达的年度减排目标任务。

年内，集团公司获环境社会责任企业和绿色发展典型案例企业称号，连续第 10 年获中国低碳榜样称号；中原油田普光气田、华东油气田、海南炼化和北海炼化分别获国家工信部、行业协会绿色工厂称号；在国家能效对标和能效“领跑者”评比活动中，集团公司继续保持领先水平。

（刘兆鑫）

绿色企业行动

【深入开展绿色企业创建】 围绕绿色发展、绿色能源、绿色生产、绿色服务、绿色科技、绿色文化六大计划，集团公司统一部署，各部门联合推动，各企业全面行动、全员参与，绿色企业行动成效显著，绿色文化逐步形成，绿色发展水平稳步提高。2020 年，共有 39 家企业完成绿色企业创建，已评企业全部通过复核，3 年共有 76 家企业完成创建，创建完成率达 67%。2 家企业获国家级绿色矿山称号，3 家企业获国家级绿色工厂称号，4 家企业获石化行业绿色工厂称号，4 家企业产品被评为石化行业绿色产品。

（刘兆鑫）

【绿色企业行动实现全覆盖】 根据绿色发展形势和突出问题，进一步完善绿色企业评价体系，针对各企业实际，开展“现场 + 远程”服务指导，重点企业一对一跟踪服务，各板块、各企业积极参与。油田、炼化、销售板块加大对未创建企业的帮扶、诊断和指导的同时，强化对已评企业的“回头看”和复核；催化剂公司、长城能化、石化机械公司等专业公司对标对表、提升短板；工程、科研板块以绿色企业行动为抓手，从绿色基层着力，稳扎稳打。

（刘兆鑫）

【扎实推进绿色基层建设】 进一步完善采油基层单位、装置、加油站等 10 类绿色基层评价体系，科学指导企业开展绿色基层评价。企业各层级全员行动，通过完善评审考核机制、深入对标自评、查找问题弱项、系统整改提升，打造绿色基层。部分油田企业结合自身实际，完善制定基层提升评价量化指标，并实施分级考核。2020 年，油田板块完成 550 个绿色采油、绿色集输等绿色基层建设；炼化企业规范现场管理、消除区域异味、减少“跑冒滴漏”，建成 530 个绿色装置；销售企业广开思路，采取在加油站引入智慧元素、罩棚顶部安装光伏发电等形式助推绿色基层建设，建成 6 000 余座绿色加油站；石油工程公司推进泥浆不落地、野外建设环保厕所、大力推广网电代替柴油发电，打造 240 余支绿色钻井队、作业队。截至 2020 年底，集团公司 8 800 个基层单位完成绿色基层创建，绿色基层创建率达 37%。

（刘兆鑫）

【开展绿色企业行动中期评估】 全面梳理绿色企业行动实施 3 年的工作成效，清洁能源、绿色产品、资源能源利用、污染物排放、温室气体排放 5 项指标基本按计划完成，六大计划 25 项措施有序推进；通过系统总结分析绿色企业行动工作中存在的突出问题，如绿色发展限制因素仍然存在、绿色企业行动认识需持续提升、行动动力有所弱化、绿色基层建设工作任务重等，结合碳达峰碳中和、持续强化污染防治、防范化解重大环境风险等集团公司绿色发展重点工作任务，针对性制定“十四五”绿色企业行动工作目标和任务，为全面践行绿色洁净发展战略、树立行业绿色发展标杆奠定基础。

（刘兆鑫）

能源管理

【稳步推进“能效提升”计划】 以推动注采输一体化能效提升工程、能量系统优化工程、低温热综合利用工程、燃煤电厂能效提升工程、节能监测诊断提效工程、循环水系统节电降耗提升工程等重点节能工程为抓手，着力推动“能效提升”计划项目落地。2020 年实施“能效提升”项目 559 个，实现节能 101 万吨标煤、效益 15.9 亿元。

（刘兆鑫）

【深入开展对标工作】 积极参加国家部委和行业协会组织的能效“领跑者”活动，瞄准一流水平，互学互促。在国务院国资委 2019 年度石油石化行业中央企业能效对标活动中，青岛炼化被评为炼油子业务能效最优企业，镇海炼化、茂名石化、天津石化被评为乙烯子业务、乙烯与双烯能效最优企业。在 2019 年度石油和化工行业重点耗能产品能效“领跑者”标杆企业评比活动中，青岛炼化获原油加工企业第 1 名；镇海炼化、茂名石化分获乙烯生产企业第 1 名、第 2 名；海南炼化获对二甲苯生产企业第 1 名。

（刘兆鑫）

【持续推进用能结构优化调整】 38 家企业实施采油污水余热、地热、太阳能利用等新能源项目 230 项，替代标煤 121.4 万吨。西北油田开展注气、网钻、修井、泵车油改电作业，节能 1.4 万吨标煤。中韩石化与相邻的国电青山热电厂合作，实现跨企业的热电联产，年节能 3.64 万吨标煤。

（刘兆鑫）

【推进炼化企业能源管理系统建设】 有序推进能源管理数字化转型、智能化发展，按照“数据 + 平台 + 应用”新模式，以“能效最大化，能流可视化，在线可优化”为目标，积极开展 37 家炼化企业能源管理信息系统建设工作。镇海炼化通过建设和应用能源管理信息系统，实现主要能源工质的全流程管理与一体化优化，获国际清洁能源部长级会议（CEM）工作组颁发的 2020 年全球能源管理领导奖。胜利油田大力推进能源管控中心建设，初步实现能效在线智能监测优化，节电 10%。

（刘兆鑫）

【持续开展节水工作】 通过完善节水考核指标体系，改善用水结构，取用水总量持续降低，全年节水 1 000 万立方米。在国家工信部、水利部、国家发改委、市场监管总局四部委组织开展的“2020 年重点用水企业水效‘领跑者’引领行动”中，镇海炼化被评为石油炼制行业水效“领跑者”企业；镇海炼化、燕山石化被评为乙烯行业水效“领跑者”企业。

（刘兆鑫）

环境保护

【坚决打好污染防治攻坚战】 ①全力推进污染防治攻坚战项目实施。通过跟踪督办、月季通报、从严考核等系列举措，强力推动污染攻坚战措施项目的实施。②高标准开展臭氧污染防治专项行动。印发《中国石化臭氧污染防治专项行动方案》（总经理第1号令），全面开展VOCs、氮氧化物专项整治，提出严于国家和地方的VOCs、氮氧化物排放浓度标准，大力推动减排项目实施。③全面贯彻落实新"固废法"要求。开展危险废物安全专项整治和建筑、生活垃圾治理行动，杜绝固体危险废物违规问题；大力推动区域危险废物处置中心建设，有序推进10座危险废物处置中心建设。④加快企业用地土壤地下水调查。推动88家企业全面完成调查及报告审查工作；开展土壤修复技术和工程实例交流，积极推动"长江经济带石化类场地污染治理技术研究与集成示范"研究。

（刘兆鑫）

【全力做好以长江、黄河流域为重点的生态保护工作】 ①狠抓重点流域企业环保能效提升。召开沿江企业结构优化与生态文明建设视频会和长江流域企业生态保护座谈会，明确主要目标和重点工作，制定工作措施，确定项目清单；开展长江、黄河等重点流域企业现场督查和黄河流域企业生态环境保护提升研究。印发《中国石化落实黄河流域生态保护行动方案指导意见》，明确黄河流域企业生态环境保护目标任务。②快速推动生态保护红线区内设施关停退出和生态修复。胜利油田、西北油田退出401口油气井和20座场站，按时完成中央环保督察要求的退出任务；关停搬迁8座油库和码头；实施码头岸线环保综合治理，覆绿面积达37.8万平方米；已退出临时占地实施生态恢复率100%。

（刘兆鑫）

【持续加大环保隐患治理力度】 ①持续开展固体废物减量化、资源化、无害化，积极拓展固体废物综合利用途径，按要求治理老旧固体废物填埋场。开展危险废物安全专项整治和建筑、生活垃圾治理行动，印发《中国石化危险废物环保管理指南（试行）》等系列指导性文件，杜绝固体危废物违规问题。2020年，固体废物合规处置率100%，固体废物综合利用率提高3.0%。②持续开展废气综合治理，落实国家污染防治攻坚战、蓝天保卫战、臭氧污染防治和秋冬季大气污染综合治理攻坚行动等各项要求，开展科技攻关，提高废气治理水平。废气综合达标率达99.9%以上，二氧化硫、氮氧化物总量降低4%以上。③按照严于国家标准开展废水治理，全面落实国家打好污染防治攻坚战、碧水保卫战、长江大保护、黄河生态保护等要求，持续提升废水治理水平。开展清洁生产，大力实施源头减排，加强非常规水资源利用和污水回用。中安联合零排放项目列为"十条龙"科技攻关，建立零排放示范工程。集团公司外排废水100%达标，COD、氨氮排放总量下降2%以上，废水排放总量下降3.2%。

（刘兆鑫）

【强化持证排污、按证排污管理】 ①2020年，油田、销售等企业加大力度办理排污许可证，年底前排污许可分类管理名录要求的排污单位全部实现持证排污。②按照排污许可规定的监测方案，强化自行监测工作，全面监测有组织废气、厂界大气、污水和雨水等各监测点位和因子，确保污染物排放得到有效监控。③持续完善排污许可台账记录，按时提交排污许可执行报告，主动向地方政府报告排污许可执行情况，切实做到按证排污有迹可循。

（刘兆鑫）

【不断强化风险隐患化解和应急处置能力】 ①持续开展环境风险降级与评估工作。制订环境风险分级管控方案，落实环境风险隐患治理措施。②加大重大环境风险管控和隐患治理力度。继续实行集团公司领导指导管控机制，召开重大环境风险管控和重大环保隐患治理工作推进视频会。③大力推动各类环保问题隐患整改。创新方式方法，加快完成问题整改。2020年，集团公司一级环境风险源降级79%，未发生集团公司级突发环境污染和生态破坏事件。

（刘兆鑫）

【积极推进建设项目环保合规管理】 ①严格执行内控管理，源头杜绝"未批先建"。2020年，集团层面从严完成181个一类建设项目可研和基础设计专项论证、审查会签。②强化重点项目管控，助力持续攻坚创效。建立集团公司环保重点管控项目清单，74个环保重点管控项目环保工作进展顺利。③推进遗留项目整改，胜利油田调整开发工程等 8 个项目全部取得环评批复，历史遗留项目全部完成销项。④探索建立建设项目环保依法合规核查机制，对 8 家企业的 87 个项目开展核查，督促企业环保合规管理迈上新台阶。

（刘兆鑫）

应对气候变化

【启动碳达峰、碳中和专项课题研究】 中国石化坚决贯彻落实习近平总书记重大宣示，积极推进碳排放达峰和碳中和战略路径研究工作。2020 年 11 月 23 日，与国家发改委能源研究所、国家应对气候变化战略研究和国际合作中心、清华大学签订合作意向书，启动中国石化引领能源化工行业碳排放达峰和碳中和战略路径课题研究，确定自身转型发展的战略目标、重点任务、实施路径和保障制度。

（刘兆鑫）

【持续夯实温室气体排放管理基础】 ①持续开展碳盘查核查工作，核实碳排放数据，为减排夯实数据基础。②加强温室气体减排考核，明确企业温室气体减排主体责任，推进全系统温室气体排放管理工作深入开展。③研究建立产品碳足迹核算评价方法，选取航空煤油、润滑油基础油、聚丙烯、对二甲苯 4 种产品，统一开展产品碳足迹核算，助推完善中国石化产品碳标签体系管理。④系统分析现有碳排放管理信息系统存在的问题及国家碳市场业务需求，积极推进碳排放信息系统全面升级完善，做好全国碳市场应对及公司实现碳达峰、碳中和目标任务支撑。

（刘兆鑫）

【加大二氧化碳捕集利用力度】 ①持续开展炼化企业二氧化碳回收利用，回收制氢、合成氨等装置排放的高浓度二氧化碳，用作工业用气、驱油或食品级加工气体。2020 年，炼化企业共回收利用二氧化碳 129 万吨。②结合油价和二氧化碳气源、气价情况，在胜利、中原、华东等油（气）田企业实施二氧化碳驱油项目，取得增油与减排的双重效益，全年油田企业二氧化碳驱油注入 29.8 万吨，增油 4.3 万吨。

（刘兆鑫）

【强化甲烷排放管控】 ①开展油气田油气损耗监测与防控治理技术专项研究，对油气损耗监测及防治等关键技术进行攻关，探索建立生产系统油气损耗的定量评估及防控治理体系。②油田企业持续强化密闭混输工艺运用，大力实施套管气回收，推广“边试气边进站”工艺，加强边远零散井回收等措施，年回收甲烷约 6 亿立方米，相应减少温室气体排放约 900 万吨二氧化碳当量。③仪征化纤、扬子石化、上海石化等炼化企业持续优化生化装置沼气送烧项目运行管理，提高沼气利用效率，年回收利用沼气 1 286 万立方米。

（刘兆鑫）

【积极参加碳交易】 碳交易试点企业制订合理的履约方案和交易计划，积极利用 CCER 抵扣配额政策，降低履约成本，按时完成年度碳配额履约工作。2020 年，集团公司碳交易量 359.6 万吨、交易额 1.2 亿元。

（刘兆鑫）

绿化管理

【积极参加地方国土绿化建设】 ①响应全绿委大规模国土绿化行动，积极参加地方国土绿化建设，以实际行动履行中国石化经济、政治和社会责任，取得卓越成效，胜利油田、中原油田、金陵石化、广州石化等企业将厂矿区绿化建设与“国家森林城市”“海绵城市”“花园式工厂”创建相结合，取得丰硕成果，累计有47家企业或单位被授予全国绿化模范单位、全国绿化先进集体等称号，“石化绿”赢得社会广泛赞誉。②中国石化联合上海市绿委办，以苏州河沿线整体改造提升工程为契机，联合指导上海石油分公司所属的“中国第一加油站”整体改造提升工程，将其建设成为最美“网红加油站”，成为中国石化建设绿色加油站的标杆站点。

（刘兆鑫）

【圆满完成第四届绿博会中国石化展园建设】 第四届中国绿化博览会于2020年10月18日—11月18日在贵州省都匀市成功举办，中国石化展园同期开园。中国石化展园将企业对绿色发展的坚守与承诺以“石化绿印”镌刻在祖国黔南大地的宏大绿色画卷上，展示出中国石化高度的社会责任与担当，得到各方一致好评，并获绿化博览会优秀展园银奖和最佳科技新成果应用奖，中国石化绿化委员会获优秀组织奖。

（刘兆鑫）

【回馈社会，谱写幸福新篇章】 开展古树名木和珍贵树种的摸底调查与统计，加强企业对古树名木和珍贵树木的保护力度。中国石化所属的西北油田、海南炼化、洛阳石化等企业辖区内共有二级古树4株、三级古树20株，珍贵树木4株，均得到有效保护，生长状态正常。同时，天津石油分公司通过全民义务植树网设立企业林，支持陕西“留住古树 记住乡愁”公益项目，捐赠资金16.96万元。

（刘兆鑫）

绿色能源

【氢能业务加快布局】 完成集团公司氢能专项规划；加快布局加氢站建设，截至年底，累计建成加氢站10座，其中投入运营8座；研究南疆及内蒙古地区风光电制氢项目前期方案。

（安永兴）

【地热能开发利用有序推进】 资源勘探方面，围绕河南、山东、河北等重点开发目标优化部署，探井完井9口，成功率100%。市场开拓方面，积极拓展北方“2+26”、汾渭平原11城市及南方冬冷夏热城市等优质市场，新建换热站104座，清河200万平方米及霸州、博野、东光285万平方米供暖产能建设顺利实施。推进雄安新区建设方面，国家重点工程——“京雄高速铁路”雄安动车所供暖工程、雄县100万平方米热源政府整治替代项目如期完成，成功中标容东片区供热（冷）项目建设运营管理服务项目，完成合资公司成立，参与容东片区建设。全年新增地热供暖能力超800万平方米，累计建成供暖能力超6 000万平方米。

（安永兴）

【分布式太阳能光伏项目积极推进】 积极利用废弃油气井场、屋顶等资源，大力推进分布式太阳能光伏发电项目建设，全年完成项目可研批复39个（装机规模达100兆瓦），新建装机规模21兆瓦，累计装机超100兆瓦。胜利油田16.4兆瓦光伏项目、河南油田双河东区2.41兆瓦光伏项目、新星公司咸阳法士特4.5兆瓦光伏项目顺利并网。全年发电1亿千瓦·时。

（安永兴）

【风能发电项目稳妥试点】 陆上风电方面，完成陕西渭南20兆瓦风电项目可研批复，实现集团公司风电业务零突破。海上风电方面，开展海南、山东、广东、福建、天津、江苏等地区海上风电场规划选址前期研究工作，初步完成海上风电发展规划报告编制，形成近期5.95吉瓦、远期8.55吉瓦、总计14.5吉瓦装机规模的规划方案。

（安永兴）

中国石化 SINOPEC

科研开发与管理

综述 | 知识产权

综　述

2020年是“十三五”收官之年，也是攻坚克难的拼搏之年。新冠肺炎疫情暴发以来，在集团公司党组的坚强领导下，科技系统围绕国家重大战略需求和公司生产经营需要，持续深化科技体制机制改革，大力推进关键核心技术攻关，为夺取疫情防控、生产经营“双胜利”提供了有效支撑。

积极为疫情防控提供医卫材料保障。坚持“面向人民生命健康”，紧急成立由科研、生产单位组成的攻关组，成功研发出熔喷布聚丙烯专用料，为保障口罩核心层材料供应提供了有力支撑。同时，持续推进医用防护服、注射器等高端材料研发，全力支撑打赢疫情防控阻击战。

科技体制机制改革取得新成效。强化顶层设计，编制对标世界一流管理提升行动方案、深化改革三年行动方案，制订《“十四五”科技专项规划》。建立科技投入持续增长的长效机制，完善科研经费管理办法，将研发投入增长率、自主技术转化应用指标纳入企业科技创新考核，引导企业加大研发投入力度。深化科技领域“放管服”改革，简化项目立项和过程管理，赋予科研单位更大自主权，推动建立完善符合科研规律的内控管理流程。强化基础研究，制定《基础研究课题管理实施细则》，加大基础研究支持力度。启动“科改示范行动”，催化剂公司、大陆架公司入选国务院国资委“科改示范行动”，在8家直属研究院扩大实施“科改示范行动”，首批试点单位北京化工研究院、安全工程研究院方案获批复实施，完善运行管理体系，深化市场化选人用人和激励约束机制，着力提升自主创新能力。推进新型研发机构建设，宁波新材料研究院揭牌运行，积极谋划在广东建设新型研发机构。推进科技孵化器建设，承办中央企业熠星创新创意大赛“新材料与新能源”赛事，在上海石油化工研究院、北京化工研究院设立创新孵化平台公司，探索实施科技型企业分红激励。统筹利用国际科技资源，完善海外研发中心运行管理。

知识产权管理持续提升。强化知识产权统一规范管理，对标世界一流企业，提升知识产权管理能力。针对重点项目实施知识产权工作前移，积极挖掘创新点，提升核心竞争力。盘点成套技术专利，查漏补缺，完善布局。建立分级管理体系，合理合规处置低价值专利。全年申请专利7 972件，在央企处于领先地位。

质量、计量和标准化管理基础工作进一步夯实。修订印发质量、计量、标准化等管理办法。编制实施《质量管理体系有效性评价》企业标准，构建全产业链7个专业质量管理体系有效性量化评价模型。积极有序开展产品质量监督抽查。制定实施《客户服务管理规范》，上线运行智能语音导航和智能质检功能，客户服务质量水平不断提升。制订《中国石化“十四五”标准化专项规划》，编制发布5项ISO国际标准、12项国家标准、49项行业标准。获批筹建全国石油专用计量技术委员会。

（林　源）

知识产权

【概述】 2020年度，中国石化共申请专利7 972件，其中境内发明专利5 987件；获授权专利5 140件，其中境内发明专利3 119件；中国石化在中央企业专利质量排序中综合排名第一。在2019年和2020年中国国家知识产权局举办的第21届和第22届中国专利奖评选活动中表现优秀，分别获金奖1项、银奖3项、优秀奖6项，金奖1项、银奖4项、优秀奖11项。

在国务院国资委2019年中央企业专利情况排序中，中国石化继续在中央企业专利质量排序中综合排名位居第一，在 2019 年中央企业累计有效发明专利情况排序中位列第二，在 2019 年中央企业发明专利授权情况排序中排名第二，在 2019 年中央企业发明专利申请情况排序中位列第七。中国石化的专利创造数量和管理水平继续保持央企领先地位。

（张洪波）

企业改革与管理

综述 | 体制改革 | 企业管理 | 内控与风险管理 | 法治建设

综　述

2020年，集团公司坚决贯彻落实党中央深化国有企业改革等一系列决策部署，聚焦"六稳""六保"，聚焦活力、动力、效力，坚持抓主要矛盾，坚持抓统筹督促，坚持抓底线防控，持续深化管理体制改革，着力理顺管理关系，扎实推动法治央企建设，不断提升管理水平，为建设世界领先洁净能源化工公司提供有力的体制机制支撑保障。

坚持深化改革破除体制机制障碍，重大改革任务推进成效显著。全面部署深化改革三年行动，改革的方向、目标、路径和重点更加明确，年度改革任务全面完成。总部机构和人员进一步优化，总部部门主要权责界面更加清晰，简政放权持续深化。油气管网资产、人员顺利完成划转移交，"双百行动""科改示范行动"等专项改革扎实推进，"四供一业"分离移交进入收官，退休人员社会化管理基本完成，厂办大集体改革完成目标任务，"处僵治困"深入推进，驻京办专项清理成效得到巩固。

坚持对标一流不放松，企业管理水平持续提升。扎实有序推进对标世界一流管理提升行动，确定8个对标领域、45个重点任务，制定66个提升目标、153条改进措施。修订"三基"工作标准，落实基层岗位操作手册、基层岗位管理手册编写应用，提炼典型做法形成标准，推进基层"三标"建设指导意见落实，企业基础管理不断夯实。健全完善管理创新机制，申报单位和成果数量、质量大幅提升，管理创新成果推广应用不断深入。

坚持底线思维，重大风险防控工作推进有力。全面加强风险管控体系建设，主动把握大势，准确研判风险，强化运行统筹，有效处置风险。开展重大经营风险管控体系诊断和建设工作，制定短、中、长期整改建设目标和措施。坚持"管业务必须管风险"，抓实8个方面33项重大风险防控措施。深化内控制度执行有效性提升行动，组织开展内控检查调研，风控、内控体系更加健全，金融衍生品业务等管理不断强化，信用风险、法律风险、涉美风险管控切实加强，守住了不发生系统性风险的底线。

坚持学习贯彻习近平法治思想，积极推进法治央企建设。有序推进合规管理体系建设，持续完善优化制度管理，推进内控、风控合规一体化，集团公司章程、投资管理办法等一批关系全局的重要制度得到健全完善。严格两级法律审核，积极跟进重大项目法律服务，合同管理水平进一步提升。大力开展纠纷案件处置专项行动，实现积案数量、涉案金额双下降。开展知识产权侵权线索排查专项行动，妥善应对知识产权法律纠纷。持续深化依法合规文化建设，有序推进法律人才队伍建设，"七五"普法圆满收官。

（李鑫轶）

体制改革

【协调推进油气管网运营机制改革】 加强协调督导，组织管网改革周例会，实施"红黄绿"工作运行预警机制。开展管网重组审计，组织应对法律尽职调查，开展有关论证，起草审核内部重组、项目交易等各类文本。9月30日完成资产交割。

（王俊瑶）

【筹划部署深化改革三年行动】 制订工作方案，编制工作台账，加强组织领导，细化分解目标，强化督导考核，切实推进深化改革三年行动落地见效。8项重点任务全部按期完成。

（王俊瑶）

【深化推进"双百行动"】 润滑油公司、石化机械公司和易捷公司3家"双百企业"深化改革工作扎实推进，在健全公司治理体系、"三项制度"改革等方面重点突破、以点带面，打造改革示范尖兵，同时将镇海炼化纳入“双百企业”范围。

（王俊瑶）

【统筹推进“总部机关化”问题整改】 总部综合部门压减至20个、减少20%，各部门和事业部内设机构、中层职数、中层及以下定员压减比例均超过20%。制定完善“两单两表”，明确20类业务98项授权放权事项，提出压缩审批备案事项130项，压减30.6%。

（王俊瑶）

【巩固驻京办专项清理成效】 在完成国务院国资委“三个一律”关停任务基础上，加强督导督办，规范资产处置，开展专项审计。45家原驻京办完成资产处置，17家需要办理工商注销的原驻京办全部完成注销。10家宾馆酒店全部由集团统一管理，并取消子企业冠名。

（王俊瑶）

【扎实推进厂办大集体改革】 “一企一策”细化措施，倒排进度、分类推进。集团公司534户厂办大集体企业，累计完成517户，分流安置4.5万人，人员安置率达91%，完成国务院国资委“人员安置率要达90%以上”目标。

（王俊瑶）

【基本完成“三供一业”分离移交收尾工作】 严格按照国家财政部和国务院国资委有关要求，聚焦硬任务、硬目标，按月细化分解工作关键节点，倒排时间进度，压实节点进度计划，实行动态管控，督促企业优化、细化维修改造工作计划，加快推进完成维修改造主体工程。截至2020年底，已全部完成管理职能移交和资产划转，完成维修改造主体工程，全部完成补助资金清算鉴证，从业人员得到妥善分流安置，移交业务运行平稳，员工队伍总体稳定。

（汪海洋）

【完成退休人员社会化管理主体移交工作任务】 中国石化共有142家所属单位涉及退休人员社会化管理工作，涉及各类退休人员81.4万人，分布在全国30个省（自治区、直辖市）273个地级市，相关从业人员5 200多人。成立公司主要领导任组长的工作领导小组，先后出台指导意见、资产处置和账务处理意见、人力资源相关方案编制等配套政策文件。建立“红黄绿”预报警机制，建立区域协调联动推进机制，强化区域内单位间沟通协作。截至2020年底，中国石化按照整体移交原则，全部完成所属142家单位81.4万退休人员的人事档案移交、党员组织关系划转和管理服务职能移交，圆满完成国务院国资委确定的任务目标，资产划转、人员分流安置等工作按计划平稳推进。

（汪海洋）

【推进培训疗养机构改革】 根据国家发改委和国务院国资委关于做好培训疗养机构转型为养老服务设施的有关要求，对所属疗养机构进行专项调查，研究探索与专业机构合作转型养老服务设施的有效路径，编制上报中国石化培训疗养机构改革实施方案。

（汪海洋）

企业管理

【全面启动对标世界一流管理提升行动】 率先开展管理提升专项课题研究，于9月24日印发《中国石化对标世界一流管理提升行动实施方案和工作清单》，成立对标提升行动领导小组，下设办公室和战略管理、组织管理、运营管理、财务管理、科技管理、风险管理、人力资源管理、信息化管理8个专业组，建立统筹谋划、板块协同推进、企业组织实施、基层执行落地的“四位一体”组织体系。对外与国务院国资委对口处室建立工作联系机制，对内建立“对标提升”石化通工作群，确保信息交流及时、工作沟通顺畅。印发中国石化对标世界一流管理提升行动“明白纸”和“路线图”，并先后举办2期“对标世界一流管理提升”培训班。11月23日，国务院国资委在镇海炼化召开对标世界一流管理提升现场推进会，推广镇海炼化精益化管理经验。12月，中国石化对标提升方案和工作清单入选国务院国资委“十家中央企业优秀对标方案和清单”，在国务院国资委下属各单位分享和推广，国务院国资委评价中国石化对标提升行动走在央企前列。

（冉林秀）

内控与风险管理

【开展重大经营风险管控体系诊断与建设】 聘请外部咨询公司，对联合石化公司、化工销售公司、国际事业公司、油品销售公司开展重大经营风险管控体系诊断与建设工作，对标国际一流，进一步加强重大经营风险管控，健全完善风控、内控体系，提出完善公司全面风险管控体系建设及防范化解重大经营风险的方案建议，坚决遏制重特大经营风险事件发生，为中国石化持续健康发展奠定坚实基础。

（吴雪琳）

【推进内控制度执行有效性提升行动】 贯彻落实习近平总书记重要讲话精神和国务院国资委有关要求，围绕“强内控、防风险、促合规”，坚持问题导向，聚焦重点领域，强化过程管控，持续推进内控制度执行有效性提升行动。对风控内控管理、重大风险管控、重点领域风险排查开展检查调研，按照“六不放过”原则，压实整改责任，实行销号管理，以整改促提升，及时堵塞管理漏洞，积极化解风险，坚决守住不发生系统性风险的底线。

（吴雪琳）

【防范化解重大金融衍生品业务风险】 正式上线金融衍生品风险管理信息系统（Derivatives Risk Management System，简称DRMS1.0），实现对持仓、保证金和止损3个关键风险指标线上监测跟踪，每日对止损限额（亏损预警线）指标进行监控，针对指标异常，及时对管理层预警并采取应对措施。

（吴雪琳）

【法律风险防控常态化】 常态化组织开展法律风险排查处置。组织15家涉外经营单位重点排查境外重大法律纠纷、涉外法律合规风险和新冠肺炎疫情形势下境外相关法律风险，按月编制《境外法律风险排查处置情况工作月报》。推进风控、内控、合规管理一体化建设，编制反海外腐败、反商业贿赂等领域合规风险清单和指引。编发《年度法律风险管理报告》《法律风险清单指引》《法律风险管理专刊》，指导企业做好法律风险防控工作。及时跟进立法执法动态，编发《2019年美国<反海外腐败法>执法动向分析与合规法律风险提示》《因公赴美人员遇突发情况相关法律风险指引》，提示相关风险。切实做好新冠肺炎疫情防控常态化下法律风险防控，及时妥善处置销售公司被假冒登记为中海国龙集团公司股东一案，将风险隐患消灭在萌芽状态。

（张志军）

法治建设

【通过国务院国资委法治央企建设总结验收】 按照国务院国资委法治央企建设总结验收工作要求，集团公司印发《关于做好法治央企建设总结验收工作的通知》，组织总部部门及138家直属单位开展内部自查和总结验收，积极做好迎检准备。根据疫情防控实际需要，首次利用法律管理信息平台搭建“网上展厅”，开展线上全面检查、线下重点督导，国务院国资委政策法规局充分肯定该做法并在中央企业内推广。集团公司最终排名处于中央企业第一梯队。

（吴明晓）

【“七五”普法各项工作圆满收官】 集团公司全面落实“七五”普法工作计划，压紧压实“谁的业务谁普法”责任制，充分发挥领导人员引领示范作用。党组领导带头学习法治、宣传法治、厉行法治，6月17日举办党组理论中心组（扩大）民法典专题辅导学习会，集团公司董事长在“12·4”国家宪法日发表弘扬宪法精神、学习贯彻习近平法治思想署名文章。多渠道开展法治宣传教育，录制月度普法视频12期，编发“法治石化”官微20篇，《中国石化报》刊发合规管理、法治建设专版报道6版。继续开展“与法同行，油中感谢”社会普法活动，5年累计参与人数接近400万人。

（吴明晓）

【完成法律专业“人才强企”工程试点】 继续推进法律专业“人才强企”工程试点，完成直属单位级3名高级专家和5名专家的选聘，贯通专业技术序列人才成长通道，最终形成一支由油田、炼化、销售、科研等各板块共36人组成的法律专家团队，覆盖公司法律首席专家、高级专家，总部部门高级专家、专家，直属单位高级专家、专家等各个职级。

（吴明晓）

【依法助力企业抗击新冠肺炎疫情】 贯彻国务院国资委工作要求，坚持“防控疫情，法治同行”，助力企业依法战疫、攻坚创效。集团公司总法律顾问牵头成立疫情防控法律工作组，建立有效线上协调机制；印发《新冠肺炎疫情防控法律合规工作指引》；及时启动建设防疫专用熔喷布、纺粘布生产线经营范围增项及商标补充注册；协助市场监管部门、公安机关打击假冒中国石化品牌生产、销售伪劣熔喷布干扰市场秩序、妨害疫情防控违法犯罪行为；在“法治石化”官微开设依法战“疫”法律合规宣传专刊，及时解读政策、提示风险。

（吴明晓）

【出台合规管理基本制度】 印发《中国石化合规管理办法》《中国石化合规管理体系建设方案》，分别顶层设计集团公司合规管理基本制度和体系建设指导方案，明确合规管理基本要求，规划了合规管理组织体系、制度体系、业务流程、工作机制、保障措施，高度契合集团公司打造世界领先洁净能源化工公司战略部署，工作起步高，指导意义强。

（吴明晓）

【全面启动合规管理体系建设试点】 根据《中国石化合规管理体系建设方案》进度安排，印发《关于开展合规管理体系建设试点工作的通知》，分板块选取包含主要国际化经营单位在内14家重要子企业，正式启动合规管理体系建设试点工作。经过半年试点运行，截至2020年底，14家试点单位全部完成合规制度编制，正有序推进合规管理体系建设。

（吴明晓）

【印发首批合规管理指引和风险清单】 编制印发“反海外腐败、反商业贿赂”“反垄断（经营者集中）”“涉外业务国际制裁”“产品和技术出口管制”4套合规管理指引和风险清单，明确相关业务领域法律法规要求、主要合规风险点、风险防控目标及措施。结合工作指引，将梳理出的风险点纳入集团公司风控矩阵进行统一管理，探索内控流程监督管控有效渠道，积极推进“内控、风控、合规一体化”。

（吴明晓）

【首起在美“337”调查顺利和解结案】 受美国合作方知识产权纠纷影响，石化机械公司江钻公司产品被美国国际贸易委员会发起“337”调查。集团公司主动应对，积极作为，强化内外统筹和专业化应对，通过检索发现早于原告方专利技术的已公开技术、启动新产品设计开发绕开原告专利封锁等合法途径，迫使原告和解结案。案件整体历时3个多月，应对时间、费用支出均处于国内同类案件处置的领先水平。

（吴明晓）

【修订印发《中国石化制度管理办法》】 修订印发《中国石化制度管理办法》，贯彻落实党的十九届四中全会精神、国家相关法律法规，以及党组加强制度建设要求，以构建“系统完备、科学规范、运行有效”的制度体系为目标，以“管理制度化、制度流程化、流程信息化”为方向，首次明确外规内化要求，强化制度体系化、标准化建设，完善制度全生命周期管理，进一步提升公司制度管理水平。

（吴明晓）

【建立法律法规识别机制】 根据新发布的《中国石化制度管理办法》规定，建立法律法规识别机制，按月度对国家发布的重要法律法规及合规监管要求进行梳理解读，编发专题简报，结合公司经营管理实际做出合规风险提示，推动相关业务部门及时健全完善制度，贯彻落实国家法律法规和各级监管要求，确保依法合规经营。

（吴明晓）

【优化完善公司制度体系】 将制度制修订纳入年度重点工作，推进制度建设与时俱进，巩固体制机制改革成果。全年共制修订制度 129 项，集团公司章程、党组落实全面从严治党主体责任规则、党组前置研究讨论重大经营管理事项管理办法、投资管理办法等一批重要制度得到健全完善；集中废止无效制度 35 项，制度体系进一步精简集成。

（吴明晓）

【强化制度统筹管理】 加强总部制度建设统筹管理，完善制度制发程序，在“一个文号、一件制度”发文方式基础上，增加“一个文号、多件制度”的集中发文方式，并统一以“制”字文号编印制度，减少制度发文数量，更加注重质量与实效，提高制度权威性。

（吴明晓）

【持续深化“马上就办”工作】 坚持“马上就办”不停步，“办就办好”见成效，在推进总部“马上就办”常态化运行基础上，深化企业“马上就办”，建立企业践行“马上就办”季度通报制度，每季度通报文件办理时效情况，总结提炼部分企业的典型做法，促进工作交流和共同提升。各企业抓深化融合，抓机制建设，抓组织保障，有效发挥了“马上就办”的抓手作用和撬动效应。

（吴明晓）

【纠纷案件管理继续深化】 4 月 28 日，召开全系统法律纠纷管理和风险防控工作视频督导会，总结部署法律纠纷管理和风险防控工作。印发《关于进一步加强法律纠纷管理和风险防控工作的通知》，在全系统深入开展纠纷处置专项行动，通过强化发案单位负责制，采取“一案一策”“红橙黄”挂牌督办和销项管理措施，“挂图作战”，一批重大历史遗留案件得到妥善处置。2020 年，全系统办结各类法律纠纷案件 768 件，压降涉案金额 154 亿元，避免和挽回损失共计 44.23 亿元，实现积案数量、涉案金额双下降。组织编写《法业融合动态预警有效防控环保重大法律风险的创新与实践》获集团公司第 29 届管理现代化创新成果一等奖。完成首次重大法律纠纷维权总经理奖励评审工作，32 家单位上报的 30 件案件获奖励，奖励金额共计 500 万元。

（张志军）

【应收账款法律清收】 积极推进应收账款法律清收工作，印发《关于加强应收账款法律清收工作的通知》，建立应收账款异常预警、法律人员全程介入、重大应收账款法律清收挂牌督办、销项管理等工作机制，助力“两金”压降工作取得实效。2020 年共有 70 家企业的法律人员参与应收账款法律清收共计 350 笔，涉及欠款总金额 67.82 亿元，全年通过法律途径收回应收账款金额 18.79 亿元。

（张志军）

【知识产权维权力度不断加大】 印发《关于加强知识产权法律维权工作的通知》，组织开展知识产权侵权线索排查专项行动。印发《关于防范使用外国软件有关风险的通知》，指导企业妥善应对软件使用相关问题。加大专利和技术秘密维权力度，全力推进上海石油化工研究院、燕山石化、石油化工科学研究院、巴陵石化相关核心技术维权工作。加强知识产权合规管理，结合法律法规变化及业务实际需求修订知识产权示范文本。做好中化泉州丙烯腈合资、镇海炼化大风、江宁石化收购等重大项目知识产权法律支持工作。

（张志军）

中国石化 SINOPEC

财务资本管理

综述 | 预算成本管理 | 资金管理 | 会计管理 | 资产股权管理
土地房产管理 | 价税管理 | 财务风险管理 | 总部财务管理
财会队伍建设 | 财务状况 | 资本运作

综　述

2020年，面对疫情突发和持续、经济遭受重创、国际油价低迷、需求大幅萎缩，集团公司生产经营和效益实现受到严重冲击，财务系统管理坚持以习近平新时代中国特色社会主义思想为指导，在集团公司党组的坚强领导下，保持政治高站位，主动担当作为，强化奋勇向前的使命感和干事创业的责任感，紧扣高质量发展主题，统筹做好攻坚创效、资金保障、风险管控、财务转型各项工作，经受住重大考验，疫情防控和生产经营双战双胜，取得好于预期的经营业绩，顺利完成2020年业绩目标。

（夏吉鹏）

预算成本管理

【财务绩效位居央企前列】 一季度，集团公司整体出现亏损，生产经营极为困难，按照党组决策部署，全力推进“百日攻坚创效”和“持续攻坚创效”行动，抓好效益成本组工作统筹和组织协调，二季度实现扭亏为盈，三季度实现大幅盈利，拉动生产经营回归正常轨道，打赢了一场效益攻坚战，全年实现净利润620.5亿元，位列中央企业第四。①围绕攻坚创效行动，强化预算牵引机制，增效创效成效显著。坚持集团公司整体效益最大化，加强一体化统筹，将攻坚创效细化分解目标纳入月度滚动预算管理，优化财务预算与生产经营安排，引导各板块和企业算大账、算细账、勤算账，有力推动优化增效、降本增效、政策增效和资产创效等各项举措落实落地，全年累计实现增效创效533.4亿元，为超额完成国务院国资委考核目标奠定坚实基础。②突出问题导向，深化经济活动分析，有力保障各项考核指标全面完成。密切跟踪市场形势变化和集团公司重点绩效指标执行情况，及时开展“百日攻坚创效”、国际一流企业对标、工程企业成本管控、“十三五”重点绩效指标回顾等8项专题分析，有力保障年度重点工作任务落地见效，有效促进相关工作常态长效。

（卢　静）

【建立高质量发展指标评价体系】 为全面落实集团公司发展方略和发展战略，推动公司全面快速步入高质量发展轨道，从重总量、重速度转变为重质量、重效益，结合国务院国资委“两利四率”考核要求，从资本获利能力、科技创新能力、持续发展能力、跨国经营能力、企业运营能力、风险防控能力、社会贡献能力、绿色发展能力8个维度，构建战略落地执行的指标评价体系。①借鉴战略地图、平衡计分卡等战略管控执行工具的理念，全面推进中国石化高质量发展指标评价体系建设，力争在纵向上建立“集团公司—板块—企业”逐级细化的三级指标体系，在横向上将绩效指标与业务发展有机衔接，形成上下战略分解支撑，左右业财协同融合的金字塔式指标评价体系。通过强化目标对齐、加强沟通对接、落实对标对表，促进全集团各层级达成战略共识，有效推动战略目标细化落地执行。②科学设置评价指标与计分权重。经过多次研究讨论，充分征求意见，结合“十四五”发展规划，充分体现发展战略，确保评价结果更加科学有效。③开展国际同业公司对标。选取埃克森美孚、壳牌、BP、雪佛龙、道达尔等全球化能源化工公司开展对标，结合公司“十三五”各项评价指标历史运行情况，综合确定高质量发展5档评价标杆值。④牵引“十四五”发展规划向高质量发展迈进。做好“十四五”投入产出发展目标建议测算，为“十四五”发展提供有效的量化评价准绳。

（卢　静）

【实施降本减费挖潜增效】 强化成本管控，挖掘降本增效潜力。坚持“一切成本皆可控”的理念，把过紧日子要求落到实处，精打细算压开支，千方百计增效益。①面对严峻形势，坚持“一切成本皆可控”的理念，及时优化成本管控目标。在一季度严峻的经营形势下，及时下发《关于积极应对疫情影响进一步加强财务管控有关事项的通知》，要求各板块和企业把过紧日子要求落到实处，精打细算压开支，千方百计增效益。2020 年，集团公司主营业务变动成本比年初预算下降 4%，12 项非生产性支出较年初预算下降 26.6%。②搭建成本对标平台，实施行为和标准双管控。建立全员成本目标管理对标平台，推进各板块和企业全过程优化、全要素降本、全链条挖潜，全面分析各项成本费用支出的合理性、必要性，严控预算外支出。油田板块、化工板块、炼化工程集团、石油工程公司、国勘公司单位完全成本均呈逐年下降趋势。③注重经验总结，实行典型案例推广，全面提升成本费用管控水平。组织各板块及时总结攻坚创效过程中形成的优秀经验，征集各板块共 72 家企业成本管理经验做法。按照实施成效、特色亮点和可复制、可推广性等维度，定量评价、优中选优，评选出 39 家降本增效典型案例进行汇编，并在全系统推广学习，进一步扩大降本措施应用成效。全年累计实现降本增效 83 亿元，比攻坚创效目标多 11 亿元。

（卢　静）

【全级次亏损子企业治理成效明显】 2020 年，全面贯彻落实国务院国资委“三稳四保一加强”部署，坚持疫情防控和生产经营两场硬仗一起打，着力发挥中央企业“国家队”“顶梁柱”作用，在全系统开展攻坚创效专项行动，扭转了被动的生产经营局面，全面完成全级次亏损子企业年度治理目标。①根据下达的年度亏损治理目标，按月逐户检查亏损企业减亏扭亏情况，利用经济活动分析会和《企业财务动态》等平台定期通报治理效果，及时预警纠偏。②针对小额亏损子企业、由盈转亏子企业较多等问题，对相关板块进行约谈，要求其高度重视，逐户分析，狠抓落实，确保亏损子企业户数逐月下降，全力以赴完成年度亏损治理目标。③针对长城能化、山西石油分公司等国务院国资委关注的重点亏损子企业超亏问题，对相关板块进行督导，要求板块进一步强化管控，积极引导企业减亏、控亏，同时结合“持续攻坚创效”行动，制定有针对性的亏损治理措施，力争完成年度治理目标。④组织各板块在 2020 年亏损治理的基础上，结合集团公司“十四五”规划和各业务板块具体规划有关内容，提出 2021—2023 年亏损企业治理专项行动规划初步方案，并持续完善优化。⑤组织各板块对扭亏困难的子企业及属于管理机关的亏损子企业进行梳理，并针对存在的问题提出下一步工作建议。全年，按利润总额统计，集团公司全级次亏损子企业共 127 家，亏损面 9.2%，优于年度目标 0.8 个百分点，比 2016 年的 42.6% 下降 33.4 个百分点；亏损子企业累计亏损 572.2 亿元，比年度目标减亏 4.3 亿元。

（卢　静）

资金管理

【强化资金预算管控】 积极应对疫情对现金流影响，在确保集团公司复工复产资金需求的基础上，通过“严预算、降占用、增流入、控支出”等方式，加大现金流回收力度，现金流状况持续好转，全年实现自由现金流 234 亿元，大幅好于年初预算。按照“量入为出、收支匹配”的原则，强化资金收支管控，合理调整非生产性资金、投资资金支付节奏，优化生产经营安排，严控非急需物资装备采购，压减库存占用规模。强化月度预算管控，以资金预算管控为抓手，加强对月度预算执行情况的分析和总结，加大监督考核力度，按月对资金预算指标完成情况进行通报，以月保季、以季保年，确保完成年度现金流指标。强化资金集中统筹管理，全面开展银行账户限额清查，加大境内外资金归集力度，资金使用效率进一步提升，集团直属企业除上市募集资金、境外受限资金外，基本实现集中归集，公司资金集中度维持96%左右的较高水平，其中境外上升3个百分点至85%左右。

（张　鸾）

【筹融资集中管控】 强化内部资金调剂，充分发挥多渠道融资优势，加大低成本融资力度，在确保到期债务平稳接续的基础上，有效降低融资成本，年末付息债务4 573亿元，创10年来最低，全年综合融资成本率2.6%，维持央企领先水平，利息支出下降18亿元、降幅20%。充分发挥企业和总部资金池的资金头寸调剂作用，全年组织2个资金平台月均为企业提供周转性贷款超1 400亿元，集团直属企业境内周转性资金需求基本通过内部调剂解决，降低外部融资规模，提高内部资金使用效率。积极做好到期债务接续，组织企业提前制订接续方案，通过资金平台借款、银行贷款及发行境内外债券等多种方式，完成到期债务接续超1 000亿元。抢抓市场机遇和时间窗口，积极做好债务结构优化，加大低成本融资力度，全年发行境外债券30亿美元、发行人民币债券880亿元，争取银行优惠贷款超400亿元。

（张　鸾）

【保障境外资金安全】 加强宏观形势研判，积极应对国际金融市场动荡加剧、境外美元市场流动性紧张的局面，围绕境外资金流动性风险、金融衍生品业务风险、利率汇率风险，研究形成分析成果并深化应用，逐月下发资金风险提示，组织企业做好境外财务资金风险防控工作。做好境外流动性保障，提前安排落实近100亿美元的资金备付额度，根据市场情况组织盛骏公司加大境外资金备付规模，在美元流动性最紧张的3月，安排境外资金备付规模超70亿美元，有效保障生产经营和债务接续的资金需要。提前做好境外资金回流安排，从2月初开始组织境外企业加快资金回收，累计从阿根廷、哈萨克斯坦等新兴市场国家新增资金回流超1亿美元，确保境外资金安全。搭建全球宏观分析决策分析体系，加强与金融机构、研究机构的沟通交流，组织内外部专家构建全球宏观分析研究框架，完成公司全球宏观分析决策数字化平台的顶层设计。

（张　鸾）

【推动降杠杆减负债和“两金”占用压降】 以重点单位为突破口，加强动态跟踪，强化统筹管理，多措并举降低杠杆率，年末资产负债率55.1%，如期完成3年降杠杆目标任务，“两金”占用较预算下降120亿元。对照公司年末资产负债率和“两金”占用管控要求，对企业预算目标进行细化分解，并制订年度降杠杆减负债和“两金”占用工作方案，确保工作目标落实到位。强化跟踪分析，对照年度管控目标，逐月跟踪指标完成情况并进行通报排名，分析变化原因，对欠进度企业进行专项督导。强化重点帮扶，针对公司资产负债率内部结构性矛盾突出的特点，对新星公司、部分油田矿区企业等资产负债率较高的企业，提出并实施专项注资方案，有效缓解企业资金和债务压力。加大应收款清收力度，组织企业加快资金回流，严控新增应收款规模，开展应收账款专项清理工作，集团直属企业非正常“两金”较年初下降5亿元。

（张　鸾）

【完善资金风险防控体系】 以防范资金安全风险为切入点，加大风险排查力度，强化制度体系建设，不断提升风险防控水平。全面完善资金管理制度体系，结合发现的突出问题，采取“1+N”的模式，以资金管理办法为核心，逐步完善“从上至下、内容明确、权责清晰、管控到位”的资金管理制度体系，全年修订和制定《金融衍生品业务管理办法》《资金管理办法》《特殊资金管理办法》《应付款项管理办法》等一系列制度。全面开展资金风险排查，通过企业自查、专项清查和总部抽查相结合的方式，对全系统资金管理情况进行全面检查，围绕银行账户、权限、流程、凭证、对账、不相容岗位、轮岗交流等管理内容进行重点排查，加强多维度资金风险管控，全年开展资金自查和账户专项排查共3次，组织北京地区、广州地区、南京地区2批资金安全专项抽查。全面落实资金管理培训任务，组织召开资金管理培训班，结合新下发的资金管理制度进行详细讲解，针对境内外资本市场深刻变化进行分析，组织企业对如何提升公司资金管理水平进行讨论。

（张　鸾）

【健全应付款项管理长效机制】 贯彻落实党中央国务院重大决策措施部署安排，扎实开展清欠专项工作，全面提升应付款项管理水平。制定《中国石化应付款项管理办法》，进一步加强防止拖欠工作长效机制建设，并通过资金业务培训，对直属企业进一步强化政策宣贯，推动制度有效执行落地。结合公司经营实际，持续加大对国务院国资委政策要求的细化解读，下发5次专项通知，做好岁末年初、重大节假日等关键时点的清欠工作再部署、再要求，确保维护稳定大局及中国石化央企形象不受损害。持续加大对直属企业清欠工作专项督查力度，全年开展6次专项抽查，下发6次问题通报，已基本实现对直属企业的全覆盖，通过以检促清，持续健全完善清欠工作常态化运行机制，推动政策措施落实落地。

（张　鸾）

【深化资金系统功能应用】 做好资金系统建设和上线工作，采取远程和线下集中相结合的方式，分5批完成207家企业上线，系统日均登录用户近4 000人，项目建设初具成效。集团直属企业和股份公司所属企业的资金账户、资金预算、资金结算、商业汇票、筹融资、授信担保等业务均被纳入新的资金集中管理信息系统管理。在保障平稳运行的基础上，持续做好功能完善和提升，特别是着力强化系统风险管控功能，对系统风险管控节点进行全面梳理，梳理风控点近1 900个，按高、中、低3个风险等级进行划分，分类制定信息化风险管控实施策略。针对长期无动态账户、大额付款、长期挂账备用金、对账差异等事项设置监控和预警功能，实现对异常交易的动态管控。针对非直联账户暂无法实现电子化对账的问题，成立专项课题组，制订将非银企直联账户纳入直联银行对账管理体系的实施方案，着力提升银行账户对账功能。

（张　鸾）

会计管理

【2019年财务决算顺利完成】 财务决算工作紧紧围绕“落实财务重点工作、强化会计基础工作、抓好问题整改工作”下功夫，主要做好决算组织领导，推进决算与重点工作有效衔接，夯实决算管理基础，强化审计问题整改，优化决算工作流程，强化报表编制质量审核，加强财务情况分析等工作，及时做出调整安排，克服疫情带来的不利影响，保障整体工作进度不受影响，顺利完成集团公司2019年财务决算工作，特别是作为央企首批参加决算会审单位，较好完成国务院国资委会审问题的回复和解释，在国家财政部和国务院国资委2019年度财务决算评比中再次获表彰通报，集团财务决算工作质量得到进一步提高。

（张晓光）

【财务共享服务建设稳步提升】 按照集团公司改革发展总体部署，结合公司整体战略规划，稳步提升财务共享服务建设。积极推进海外试点工作，完成国际事业公司境外和中石化香港公司报销、总账、成本、资产业务上线，完成国勘公司业务回迁工作，指导国勘公司共享完成18家利润中心上线。持续完善共享业务操作规范，合并2个工程板块业务标准化模板，梳理下发油田、炼化板块基于业务场景的凭证附件标准化清单，有效推动共享业务标准化。采取线上和线下相结合的调研方式，深入了解企业会计工作变化情况和共享业务处理的难点问题，帮助企业疏通财务流程，解决企业与共享中心之间的疑难问题，提升共享应用效果，促进企业财务转型。

（张晓光）

【集团报表一体化项目顺利实施】 按照集团FIRMS系统实施建设工作计划，经过企业平台功能和流程测试、系统功能及操作培训、配置企业级指标和维度、搭建企业报表管理架构、增设企业报表、分析核对指标维度查询结果和企业报表数据，在完成试点企业单轨上线的基础上，完成集团直属全部 121 家企业推广上线工作。组织共享开展 FIRMS 系统集团大合并工作，完成集团大合并直属企业间及集团与股份间月报、决算报表测试和数据核对、完成集团层面各管理口径合并报表的测试和数据核对工作，完成 FIRMS 系统集团层面管理口径、国务院国资委、国家财政部、境外合并报表单轨上线。

（张晓光）

【强化依法治企和财务基础管理提升】 为贯彻落实集团公司 2020 年财务工作会议精神，巩固“财务基础管理年”“严肃财经纪律专项整治”工作成效，夯实攻坚创效工作成果，在全集团开展会计合规性专项检查，结合内审外查相关问题，明确检查重点，覆盖企业联营并表和海外单位，通过排查整改进一步夯实会计基础工作，提高财务管理水平。持续完善财务管理制度建设，依据国家最新会计法律法规，在研究财务共享管理实践的基础上，重新制定会计基础工作管理制度，明确财务共享模式下会计基础工作的管理原则、职责分工、业务流程、风险管控和会计监督、稽核等要求，为夯实会计基础工作提供制度保障。

（张晓光）

资产股权管理

【健全完善工作体系】 按照“管理制度化、制度流程化、流程信息化”的总体工作思路，进一步健全完善资产（股权）三级管控责任体系，梳理修订集团公司资产管理办法和股权管理办法，在国有产权登记管理、资产评估、国有资产交易及运营管理等环节做到有法可依、有章可循、权责清晰、责任落实。组织对集团公司内控手册涉及资产、股权管理的控制点进行整合修订，进一步理顺和优化业务流程，在强化国资监管的基础上加大授权放权力度，资产、股权管理主要控制点由 4 个方面 31 个合并精简至 3 个方面 11 个。利用国务院国资委产权管理综合信息系统，中国石化股权管理信息系统、会计集中核算系统固定资产管理模块和资产调剂平台等信息化手段，加强对资产（股权）管理数据的分析和应用，切实履行好监管职责。

（韦统郡）

【深化资产分类管理】 树立价值引领导向，常态化推进资产分类评价创效工作。完善资产分类评价指标，建立中国石化行业装置分类评价体系，修订租赁资产、合同资产等分类标准。着重从落实资产全生命周期管理、进一步优化资产分类评价体系、注重资产运行效率清查、加快推动资产盘活创效 4 个方面部署开展资产分类评价创效工作，集团公司总资产报酬率、净资产收益率均创“十三五”以来最好水平。注重评价结果运用，下达年度资产盘活增效计划，抓好低效资产、无效资产的“两资”处置，进一步扩大盘活创效资产范围，为盘活创效工作涉及的经济行为审批、资产评估备案事项开通绿色通道。全年内部调剂闲置资产 2.58 万项、净值 37.2 亿元，出租盘活资产 1 645 项、创效 2.77 亿元，对外转让资产 1 290 项、创效 5.8 亿元。

（韦统郡）

【常态化开展法人压减】 按照国务院国资委巩固“压缩管理层级、减少法人户数”工作成果，完善“瘦身健体”长效机制，促进企业高质量发展的工作要求，常态化开展“压缩管理层次、减少法人户数”工作。结合产权登记年检及日常管理工作，借助天眼查、国家企业信用信息公示系统等大数据手段，加大对法人户数的梳理，不断夯实法人户数。积极厘清各层级权责边界，梳理管控流程，从严控管理层级、加强法人户数管理等方面对板块和企业的压减工作进行安排部署，结合企业未来发展定位，从强化产业布局、加强管理及规避风险角度统筹考虑，进一步加大存量法人压减力度及新增法人管控力度。在方案制订和实施推进的过程中，把压减工作同全面深化改革工作统筹考虑、协同发力，使压减工作与“处僵治困”、全级次亏损子企业治理、分离移交等专项改革工作相互促进、共同深化。在压减工作推进过程中严格遵循有关法律法规，严格履行内控程序，防止国有资产流失。2020年，压减法人100户，超年度计划50户，超年度奋斗目标2户。

（韦统郡）

【组织清理低效参股】 针对长期不分红、长期亏损或非持续经营问题，建立参股经营投资压减库，下达集团公司第1批低效无效参股投资清退计划。引导企业从“被动退”向“主动退”转变，逐一对纳入清退计划的低效无效参股投资进行分析研究，按照项目所处工作阶段，分类细化工作措施、落实责任。建立工作季报报送机制，定期进行跟踪检查，明晰存在问题和下季度工作安排，充分发挥总部专业力量，指导和帮助企业优化完善工作方案，协调解决重点、难点问题，推动清退工作措施落实。全年完成参股投资清退10项，确定清退方案并已启动实施14项，共取得处置资金收入0.63亿元，通过低息贷款形式提前回收资金2.06亿元。

（韦统郡）

【规范参股经营投资管理】 制订集团公司参股经营投资自查整改工作方案，组织所属企业聚焦参股投资方向、参股合作方选择、参股方式、股权管理、投资回报等关键环节梳理检查参股投资情况。在梳理分析的基础上，将86项存在问题和风险隐患的参股投资列入整改计划，由总部挂牌督导。为确保整改工作取得实效，组织相关责任主体深究问题存在原因，落实整改措施和方案，及时堵塞管理漏洞。下发加强参股投资管理通知，以提质增效升级、防控风险为核心，推动各级责任主体进一步强化股权监管，落实股权数据维护责任。规范做好直管股权行权管理，重点监控重大参股投资收益分红情况，努力提升现金分红水平。

（韦统郡）

【提升产权登记工作】 按照国务院国资委“利用3年时间完成新一轮对中央企业产权登记数据的全面核对”的工作安排，2020年8月，国务院国资委产权局委托会计师事务所分别从制度建设、业务办理、档案管理、监督检查及数据分析应用、经济行为是否合规、境外子企业管理等方面对集团公司产权登记工作进行现场核对，集团公司产权登记工作获国务院国资委认可。组织开展产权登记年度检查，从板块分布、经营状况、所处层级、分红回报、财务核算及产权登记办理情况等维度对公司所属投资进行全面分析，更新集团公司产权图谱，共享产权登记数据，为集团改革和管理提供数据支持，取得较好的应用效果。

（韦统郡）

【夯实资产评估基础】 修订资产管理办法涉及资产评估的有关条款，强化大额资本运作项目的机构选聘监管，细化境外资产评估及估值工作要求，常态化开展已备案项目经济行为完成情况及在库机构执业质量评价。在3家央企中率先组织现场集中评审，高质量、高效率完成1 133.46亿元重组资产的审核备案工作，为项目顺利交割奠定坚实基础。2020年，共审核备案资产评估项目254项，涉及资产账面净值1 411.4亿元，备案评估值2 191.96亿元。

（韦统郡）

【推动资产股权处置】 全年审核批复资产处置事项29项，组织11项股权流转处置方案分析论证，完成山东石油中海燃供、石油工程中原总机、销售深岩公司等股权挂牌转让事项，高桥石化设备检验所、广东石油东沙洲水上加油站等股权协议转让事项，西南石油局金梧桐公司、胜利饭店等股权无偿划转事项的审核、报批工作，推动资产、股权处置，在重大交易事项中深度参与方案论证及实施工作，有效防范投资风险，提升投资价值。组织开展重大国有资产交易项目梳理排查工作，对资产、股权处置实施全流程、多方面监管，坚决杜绝利益输送情况发生，确保国有资产保值增值。

（韦统郡）

【积极稳妥配合推进改革】 持续跟踪“四供一业”分离移交工作进展情况，根据分离移交情况，完成九江资产分公司等6家企业资产划转工作。对企业驻京办资产处置进展情况进行跟踪落实，每周督导，根据进展情况进行挂牌警示，协调解决重点、难点问题，39 家企业完成资产处置，对外处置房产累计金额约 1.7 亿元。配合推进退休人员社会化管理，对涉及资产移交的 41 家企业情况进行系统梳理，跟踪掌握移交进展，加快推进资产划转方案实施，完成中原石油勘探局、茂名石化等 34 家企业资产划转工作。

（韦统郡）

土地房产管理

【日常土地处置项目经营创效成效显著】 梳理低效利用土地情况，下发《2020 年土地盘活处置计划》，突出目标导向和价值引领，及时调整土地经营与创效战略，重点关注重要区域不动产经营创效能力，加大力度引导企业开展土地经营创效工作，加快审批节奏，加强过程跟踪。全年累计完成土地盘活处置项目 82 项，涉及土地 148 宗 268.6 万平方米，创收约 6.48 亿元，比年初制定的计划目标多 2.48 亿元；取得实物资产 8 处，建筑面积 2.8 万平方米，不动产公允价值约 6.51 亿元；调整置换加油站等土地 26 宗 16.9 万平方米，节约投资 5.51 亿元。2020 年度实现综合创效 18.5 亿元。

（王新成）

【重点土地处置项目运营管控逐步强化】 持续推进国家管网、巴陵石化、高桥石化涉及的大宗土地资产运作。高桥石化化工板块 1 498 亩（99.87 万平方米）土地交由政府收储。积极协调落实 150 亿元补偿协议，推进相应土地产权注销事宜。按照“一手交地一手补偿”的原则，已收回补偿款 118.8 亿元，完成剩余土地权证注销手续办理。巴陵石化己内酰胺产业链搬迁区域内 4 066.34 亩（271.09 万平方米）土地，按照“一次收储，分期交地”的原则交由政府统一收储。已签订相关补偿协议，取得搬迁补偿款 14.96 亿元，确定土地处置创利 9.9 亿元，同时以低于成本价的价格取得新厂区建设用地。国家管网重组涉及的土地评估及划转等工作有序开展。指导企业对拟划转国家管网的土地开展评估，优化土地价值测算方案，完成涉及的全部土地资产移交工作，助力企业转型发展的同时，争取合理利益分配空间。

（王新成）

【住房管理工作再上新台阶】 紧密关注并跟进中科炼化生活区、南化公司集资房、海南炼化后勤基地、胜利油田胜利花园二期等项目开工建设情况，督导荆门石化职工改善性住房严格按照集团公司总经理办公会会议要求推进，确保职工稳定、过程透明、规范运作。严格落实党组巡视组有关工作要求，完成中央巡视组有关住房问题自查报告，跟进相关巡视问题督办整改。指导胜利油田职工住房登记办证工作，理清住房规划、建设、竣工、验收、分配及后续流转等全过程相关资料，积极与地方政府对接，设置工作专班专项推进工作，已基本完成首次登记 22.44 万套、转移登记 18 万套的相关工作。

（王新成）

【土地专项管理有序开展】 配合国务院国资委完成“僵尸企业”和特困企业土地、房产调查统计工作，共统计整理中国石化在册的 39 户“僵困”子企业不动产 70 950 项，其中土地 62 337 项、房产 8 613 项，为进一步摸清“僵困”企业不动产状况奠定基础，也为企业转型发展、“处僵治困”相关不动产处置可能性做了前延性预判。协助国务院国资委进一步深化划拨土地入市课题工作研究，开展划拨土地数据采集、地价测算和典型案例调查研究工作，深入剖析划拨土地入市存在的最大政策障碍。配合国管局完成中国石化在京单位 2020 年度土地利用调查和 2021 年土地利用计划报送工作，完成北京市规土委《北京市城市建设用地标准（实行）》征求意见反馈工作。

（王新成）

价税管理

【争取落实财税优惠政策】 争取落实各项财税优惠政策，将政策落实作为“百日攻坚创效”和“持续攻坚创效”的重要任务。①积极落实疫情财税优惠政策。利用优惠累计增效 7.5 亿元，其中行政事业收费减免 4 亿元、土地使用税减免 2 亿元、享受防疫财税优惠 1.5 亿元。②积极争取财税政策。研究新星公司资源税问题，力争有利税收条件。指导石化机械公司申请重大技术装备进口免税资格复核，全年预计进口免税 0.6 亿元。积极向国家财政部、国务院国资委反映“处僵治困”涉税诉求。国家财政部、税务总局已印发《关于“僵尸企业”处置过程有关税收政策的通知》(财税〔2020〕18 号)，对于“僵尸企业”资产处置免征土地使用税、房产税。向国家财政部反映商储公司、天然气分公司增值税留抵退税问题，商储公司申请留抵退税 10 亿元、天然气分公司中原储气库申请留抵退税 4.6 亿元。

（卢　静）

【开展财税政策研究】 跟踪国家财税改革动向，结合集团公司发展战略，研究争取财政和税收支持政策。①研究海南自贸港税收政策。海南自贸港税收优惠主要涉及贸易便利化、刺激岛内消费、鼓励境外投资、加强基础建设等方面，集团公司在海南企业可在现有政策框架内，享受企业所得税低税率等优惠，建议用好境外投资所得免税政策，合理筹划境外股权投资架构。②梳理集团公司研发费用加计扣除政策使用情况，“十三五”期间研发加计扣除税额呈现逐年增长。③整理下发《减税降费政策汇编（2018—2020 年）》。梳理总结 2018 年 1 月—2020 年 9 月国家出台的 127 项财税法律法规，帮助企业加强对减税降费政策的理解和掌握，推进各项政策措施落地见效，把政策优惠用好用足。

（卢　静）

财务风险管理

【强化金融衍生品业务监督管理】 按照国务院国资委金融衍生品业务管理要求，修订《中国石化金融衍生品业务管理办法》，开展制度宣贯培训，下发应用指南，重构金融衍生品业务管控体系。明确集团公司董事会、集团公司党组、总部部门及企业金融衍生品业务管理职责，组织设立金融衍生品业务管理委员会、货币类及商品类衍生品业务委员会，健全管理架构，夯实责任，重构金融衍生品业务管理运行体系。完成金融衍生品操作主体业务资质审核和报批工作，开展 2019 年专项审计，完成金融衍生品业务季度抽查工作，以查促改保障金融衍生品业务规范有序开展。建设完成衍生品业务风险管理信息系统（DRMS，一期），设置风险监控指标，加强线上监控，落实风险报告机制，及时发送风险提示，跟踪指导风险处置，提升金融衍生品业务监管效率和效果。

（贾海晶）

【启动信用风险管控体系建设】 开展交易对手信用风险排查工作，强化赊销、票据、委贷、担保等业务管控要求，严防信用风险事件发生。组织编制《中国石化信用风险管理暂行办法》，建立全集团统一的信用风险管理规范，着力解决信用风险管理碎片化等问题，构建覆盖交易对手评级、授信、风险监控、风险预警及处置全过程的规范流程，为信用风险管理提供有力的制度保障。启动信用风险管理系统建设，提升信用风险管理信息化水平，解决风险信息滞后等制约因素，强化信用风险事前、事中管理，扭转事后被动应对风险的不利局面。

（贾海晶）

【提升汇率利率和流动性管控水平】 加强汇率利率风控数据收集，在 FIRMS 系统中搭建外汇信息收集报表，实现外币数据的自动收集和统计，按月获取外币资产和负债的风险敞口情况，持续提升风险信息收集处置能力。对 48 个资源国外汇管理政策、汇率波动、已有风险隐患进行分析研究，搭建“一国一策”汇率风险台账，按月下发月度资金风险提示，指导企业按季进行风险排查，进一步健全风险预警机制。组织开展 2 个资金平台的流动性风险调研和排查，从日间头寸管理机制、流动性风险指标、信息化建设、风险隐患、沟通机制等多方面进行风险评估，加强重点企业风险督导检查机制。

（贾海晶）

【加强税务风险管理】 编制下发个人所得税汇算清缴指导文件及政策汇编，顺利完成首次个人所得税年度汇缴工作，保证公司依法合规开展财税工作。按时向主管税务机关报送集团公司 2019 年度关联交易分国别报告和主体文档，积极协助境外机构履行所在国报送义务，有效防范境外税务风险。根据税收法律法规变化，结合风险防控要求，优化调整税务风险监控指标，组织税务风控系统培训，提升系统应用效率和效果。

（贾海晶）

【严控各类投资项目风险】 加强投资制度梳理研究，提出境外投资财务管理办法修订建议，参与投资管理办法修订工作，进一步明确管理职责和审批权限，提升投资项目审批流程规范性。严控各类投资项目财务审核，全年完成 45 项、162.7 亿元的集团直属企业固定资产投资项目审查，对资本公司设立境外投资平台、恩泽基金、境外收购项目出具财务审核意见，强化集团公司持有基金管控措施，参与国勘公司、海南洋浦发展公司等退出项目审核，从财务视角保障投资项目科学性，严控退出项目财务风险。建立项目审核管理台账，记录项目基本信息、存在问题、审核结论和建议，奠定投资项目全周期管理基础。

（贾海晶）

总部财务管理

【强化总部经费预算管控】 认真落实勤俭办企业总体要求，细化梳理总部部门业务和年度工作安排，逐项落实各项业务的必要性和费用规模，从管行为、控标准入手，在保障运行的基础上，从严从紧核定 2020 年部门经费预算指标。加强部门工作经费等非生产性支出预算管控，提出并落实总部费用压减具体工作目标。

（孙晓光）

【完善总部财务费用报销系统配置】 根据改革后总部部门运行需求，完成部门相关业务审批权限和流程在费用报销系统中的配置工作。根据集团公司有关文件规定，及时完成会议费和招待费标准调整在费用报销系统中的配置工作。根据国家财政部和集团公司关于规范电子会计凭证报销入账归档有关要求，在完善费用报销系统配置的同时，完成相关档案的归集和整理工作。完成机关党委党费共享上线工作。

（孙晓光）

【规范个人所得税年度汇算清缴】 根据修订后《中华人民共和国个人所得税法》和《个人所得税专项附加扣除暂行办法》有关要求，在完成总部员工 6 项专项扣除信息采集、系统设置和数据应用等工作的基础上，统一布置、落实有关政策、组织有关数据和现场指导，组织开展并按期完成总部员工 2019 年度个人所得税综合所得汇算清缴工作，确保总部员工个人所得税规范申报缴纳和政策红利落地。

（孙晓光）

【争取落实财税政策支持】 积极与主管税务部门沟通，按期提交相关资料，取得 2019 年度代扣代缴个人所得税手续费返还资金 282 万元。根据 2020 年朝阳区促进商务经济高质量发展引导资金项目申报通知要求，组织并完成有关材料的报送工作，密切跟踪申报和审核进展情况，取得引导资金 1 500 万元。

（孙晓光）

财会队伍建设

【全面推进财务转型工作】 2020年，集团公司正式发布《关于全面推进财务转型的指导意见》，全面探索构建与高质量发展相契合的财务管理体系。①坚持战略导向和价值引领，推动转变财务管理理念。根据财务转型指导意见，组织梳理总部、板块和企业的三级财务的权责清单，战略跟踪督促各板块和企业修订相关制度并完善管理流程，进一步理顺各层级管理关系，明晰职能定位和管理界面，优化财务管控模式。②跟踪转型进度。指导各板块根据财务转型指导意见，编制财务转型实施方案，对照年初工作目标，按季度跟踪进展，同时定期总结相关工作成效并梳理存在的问题，形成典型工作经验，确保转型实施方案落地见效。③组织工作交流。9月，组织开展财务转型工作推进会，加强各板块和企业工作经验交流。油田等8个板块汇报推进财务转型的进展及成效，5家企业介绍典型经验做法，促进各板块和企业取长补短，坚定信心。④开展现场调研督导。针对销售板块的"前台＋后台"财务管控模式转型，以及发挥财务价值引领作用，10月选择山西部分企业进行现场调研，督促其进一步提高管理会计应用水平，建立完善站级差价核算模型和量价平衡模型，为扭亏脱困提供支撑。

（卢　静）

【财会队伍建设扎实有效】 强化价值管理、价值创造、价值提升，举办2期总会计师培训班，120名总会计师参训，19名总会计师现场述职，推荐107名财会人员进入骨干人才库，用好"三百三千"实践锻炼计划，加快财会人员流动、轮岗和交叉培养，财会专家团队不断壮大，队伍整体素质取得长足进步。推进党建与业务深度融合，落实"一岗双责"，推行党建两抓法，财务系统党的建设坚强有力。

（刘国红）

财务状况

【概述】 2020年，集团公司合并报表实现营业收入21 423.32亿元，实现利润总额726.22亿元，实现利税3 477亿元，实现净利润620.5亿元（其中归属母公司净利润428亿元）。截至年末，集团公司合并报表资产总额22 399.6亿元，负债总额10 778.47亿元，所有者权益11 621.13亿元（其中归属母公司权益7 899.46亿元）。报表口径资产负债率48.12%（不含国勘公司），比年初下降1.3个百分点。国务院国资委管控口径资产负债率为55.1%（含国勘公司），在消化国勘公司资产减值564亿元的情况下，较年初下降0.4个百分点，完成国务院国资委下达的降杠杆减负债目标任务。

集团公司合并会计报表见表1和表2。

（卢　静）

表1　　资产负债表　　百万元人民币

项目	2020年	2019年	2018年
流动资产：			
货币资金	206 269.99	151 408.96	200 150.24
交易性金融资产	23 139.45	21 672.66	41 559.55
应收票据	0	2 192.53	12 017.32

续表

项目	2020 年	2019 年	2018 年
应收账款	41 146.59	66 578.64	73 996.23
应收款项融资	11 475.20	10 068.89	
预付款项	19 453.21	21 086.68	18 606.61
其他应收款	44 218.34	33 754.41	30 288.67
存货	229 617.07	250 573.61	241 515.19
合同资产	21 274.88	17 878.54	14 299.71
一年内到期的非流动资产	902.29	2 703.97	7 350.05
其他流动资产	128 900.73	115 524.03	161 086.41
流动资产合计	726 397.75	693 442.91	800 869.99
非流动资产：			
其他债权投资	9 132.91	3 192.84	4 192.47
长期应收款	12 649.92	16 098.54	30 411.30
长期股权投资	181 061.16	145 422.12	137 959.30
其他权益工具投资	12 930.96	9 727.18	12 318.67
固定资产	546 827.57	576 329.97	570 522.45
油气资产	136 942.40	140 426.41	145 507.89
在建工程	149 461.53	191 973.29	154 489.32
使用权资产	36 164.33	33 882.83	31 941.58
无形资产	139 516.21	134 632.50	130 426.32
商誉	10 804.23	10 881.75	10 861.15
长期待摊费用	16 020.69	14 965.79	11 913.43
递延所得税资产	26 920.78	19 486.49	23 586.76
其他非流动资产	235 130.06	221 256.77	209 065.33
非流动资产合计	1 513 562.73	1 518 276.49	1 482 195.97
资产总计	2 239 960.49	2 211 719.40	2 283 065.96
流动负债：			
短期借款	71 467.67	71 448.75	93 371.52
应付票据	19 610.27	20 391.54	13 726.15
应付账款	208 302.10	240 175.75	255 534.75
合同负债	146 754.11	148 226.19	143 068.44
应付职工薪酬	14 378.20	16 766.79	14 852.64
应交税费	81 412.85	74 773.69	93 369.12
其他应付款	92 346.87	79 075.55	80 590.30
一年内到期的非流动负债	39 944.52	56 254.64	50 641.64
其他流动负债	46 490.48	22 624.89	50 398.97

续表

项目	2020 年	2019 年	2018 年
流动负债合计	720 707.07	729 737.80	795 553.52
非流动负债：			
长期借款	43 134.47	60 920.70	62 850.03
应付债券	205 867.51	193 506.23	227 833.56
长期应付款	16 857.25	19 917.96	31 196.18
租赁负债	22 958.12	20 383.35	10 767.20
长期应付职工薪酬	2 047.80	2 287.20	2 428.47
预计负债	46 348.99	43 993.03	43 764.96
递延所得税负债	8 782.83	7 030.29	6 696.25
其他非流动负债	11 143.24	15 176.82	13 372.08
非流动负债合计	357 140.20	363 215.58	398 908.74
负债合计	1 077 847.27	1 092 953.38	1 194 462.26
所有者权益：			
实收资本	325 547.22	325 547.22	326 547.22
资本公积	55 813.12	51 946.56	54 722.61
其他综合收益	−22 589.58	−23 800.19	−27 999.04
专项储备	2 278.25	2 193.17	2 069.04
盈余公积	228 834.82	223 498.74	217 355.85
一般风险准备	2 040.77	1 765.55	1 765.24
未分配利润	198 021.51	169 350.11	147 683.67
归属于母公司所有者权益合计	789 946.12	750 501.16	722 144.60
少数所有者权益	372 167.10	368 264.87	366 459.10
所有者权益合计	1 162 113.21	1 118 766.03	1 088 603.70
负债和所有者权益总计	2 239 960.49	2 211 719.40	2 283 065.96

表 2　　利润表　　百万元人民币

项 目	2020 年	2019 年	2018 年
一、营业收入	2 142 332.42	3 003 416.84	2 936 840.85
二、营业总成本	2 100 708.66	2 915 046.78	2 841 575.40
其中：营业成本	1 700 556.29	2 497 874.87	2 425 746.15
税金及附加	237 335.18	247 173.54	251 392.65
销售费用	64 323.00	63 553.43	61 166.33
管理费用	72 163.87	79 575.67	81 144.46
研发费用	14 414.38	13 690.49	11 339.89

续表

项 目	2020 年	2019 年	2018 年
勘探费用	9 722.73	10 519.67	10 753.27
财务费用	2 193.22	2 659.10	32.65
加：其他收益	8 836.23	7 111.66	8 178.58
投资收益（损失以“－”号填列）	48 746.53	13 634.84	13 282.33
公允价值变动收益（损失以“－”号填列）	791.63	–2 736.85	2 028.11
信用减值损失（损失以“－”号填列）	–3 064.96	–1 991.62	–329.31
资产减值损失（损失以“－”号填列）	–30 655.51	–2 338.01	–16 172.02
资产处置收益（损失以“–”号填列）	3 170.57	–870.63	–846.81
三、营业利润（亏损以“－”号填列）	69 448.25	101 179.45	101 406.33
加：营业外收入	10 461.53	5 498.48	8 049.71
减：营业外支出	7 287.35	5 803.81	12 717.94
四、利润总额（亏损总额以“－”号填列）	72 622.43	100 874.12	96 738.09
减：所得税费用	10 572.19	21 773.05	24 253.45
五、净利润（净亏损以“－”号填列）	62 050.24	79 101.07	72 484.64
减：少数股东损益	19 234.54	32 170.88	33 821.92
六、归属于母公司所有者的净利润	42 815.70	46 930.19	38 662.72

资本运作

【中国石化管道资产重组交易工作顺利完成】 根据国家石油天然气管网运营机制改革战略部署和集团公司总体安排，积极推进中国石化管道资产重组交易至国家管网相关工作，重组交易涉及 30 家企业，包括天然气、成品油、原油管道超过 3 万千米。①统筹制订重组交易总体方案，履行国资监管、证券监管和集团公司内外部报批程序，重组交易方案分别于 2020 年 7 月 23 日、9 月 28 日获股份公司董事会、股份公司股东大会审议和审批通过。②开展税收筹划，优化研究方案，争取政策支持，优化税费成本超过 50 亿元。③“一企一策”研究制订相关企业重组出资方案，协调交易所和外部股东，解决冠德、川气东送管道等重点企业难点问题。④与国家管网持续协商谈判，积极争取并在交易协议中充分体现中国石化利益。相关资产于 2020 年 9 月 30 日按期完成交割，11 月 30 日完成主要资产的工商变更。考虑期间损益结算和铺底油交易后，最终交易总对价 1 284 亿元，交易完成后，中国石化及所属企业持有国家管网 14% 股权（对价 700 亿元）成为第二大股东，同时获现金 584 亿元，增加合并口径税前利润 377 亿元。

（赵建航）

【稳妥推进销售公司混合所有制改革试点工作】 经党组会研究，集团公司向国家发改委上报销售公司混改试点实施方案后，持续稳妥推进相关工作。①积极向国家发改委、国务院国资委等有关部门沟通汇报，争取政策支持。国家发改委于 2020 年 12 月向集团公司反馈关于销售公司混改实施方案的书面意见。②实施成品油管道资产剥离，经与国家管网反复协商，确定销售公司出售成品油管道资产的范围，细化实施方案，规范履行内外部审批程序，9月30日按期完成资产交割任务。③围绕“三项制度”改革试点、增强企业活力和市场竞争力开展工作。按照党组会审议通过的《销售系统非油品经营管理综合改革方案》，销售公司稳妥持续推进实施非油品综合改革试点工作，研究制定职业经理人配套制度和管理办法，完成经理班子和部门员工市场化招聘。组建董事会、监事会和党委，厘清与销售公司的事权关系，有序推进试点单位非油品综合改革。

（赵建航）

【上市公司和资本运作管理不断加强】 ①做好上市公司日常监管。全年组织审核控股上市公司董事会和公告重大事项908项，办理股东年会和临时股东大会授权手续，做好异常情况及时报告，起草9家控股上市公司年报中控股股东相关内容，加强归口管理和专业审核，在上市公司重大事项决策上贯彻股东意志，依法行使股东权利，维护中国石化资本市场形象。②做好资本市场舆情防控。密切跟踪上市公司股价走势，每日形成上市公司资本市场动态简报发相关领导。关注舆情动态，主动应对，加强对形势的预判和对突发问题的监控，全年未发生资本市场舆情风险。③做好参股公司首次公开发行上市和国有股权管理审批工作。对资本公司参股的瑞丰新材（占比20%）和浙江中控（占比4.95%）拟申请首次公开发行上市相关国有股权管理事宜进行审核，以集团公司文件上报国务院国资委，并协调国务院国资委审批下发批文，完成2家企业上市的国资监管审批工作，2020年11月上市。指导销售公司和催化剂公司研究推进参股企业股份制改造及上市研究工作。④按照《国务院关于进一步提高上市公司质量的意见》要求，根据集团公司年度培训计划安排，举办提高上市公司质量培训研讨班，上市公司董秘、证券事务相关人员、上市公司股东单位和总部相关部门30余人参加研讨培训交流。⑤资本运作管理制度日益完善。为加强集团（股份）公司控股上市公司管理和资本运作工作，制定下发《中国石化上市公司国有股权监督管理办法》《中国石化控股上市公司重大事项报告及股东大会授权工作指引》，提升上市公司国有股权管理水平，加强中国石化上市公司国有股权监督管理，规范中国石化上市公司国有股权变动行为，有效防止国有资产流失，促进国有资产保值增值。制定下发《中国石化财务顾问资源库管理办法（试行）》，规范财务顾问资源库的使用，加强财务顾问管理，提高聘用财务顾问质量，充分发挥财务顾问作用，提高资本运作水平。

（赵建航）

【持续推进地热业务混合所有制改革】 2019年7月，新星公司地热业务重组工作完成，为确保地热业务混改工作稳妥有序推进，2020年指导新星公司加快落实中冰双方签署的地热业务资产重组协议有关要求，按照上报国家发改委混改试点方案进行梳理，结合集团公司新能源发展总体要求，加大内部授权放权力度，探索市场化用工改革，提升市场竞争能力，着手研究下一步深化混改思路。①绿源公司现金收购新星公司所属雄安地热项目部，实施进一步的专业化重组。②绿源公司双方股东完成公司3 000万美元注资，注册资本金调增至84 939.88万元人民币。③经新星公司领导班子会决定，下放绿源公司投资权限，调整绿源公司投资决策权限及程序，将三类项目决策权限授权给绿源公司董事会，权限金额调整至2 000万元，对于绿源公司决策权限范围内的投资项目，新星公司不再对项目进行批复或出具答复意见，由绿源公司按程序批复后将批复文件抄报新星公司。④充实绿源公司管理人员队伍，由新星公司派出22名有先进管理经验的机关工作人员，深入各个重要岗位，不断提升绿源公司的整体管理水平。⑤积极接洽投资者，参与国务院国资委混改推介会，为下一步引资工作做好准备。

（赵建航）

中国石化 SINOPEC

组织人事管理

综　　述

2020年，集团公司组织人事工作以习近平新时代中国特色社会主义思想为指导，深入贯彻落实党的十九大及十九届二中、三中、四中、五中全会精神，积极践行新时代党的组织路线，坚决把思想统一到党组决策部署和党组领导新指示新要求上来，积极克服新冠肺炎疫情带来的不利影响，围绕“一基两翼三新”产业格局，统筹疫情防控和攻坚创效工作，做好组织保障和人才支撑两件大事，较好完成年度目标任务。

领导班子和干部队伍建设。坚持以习近平新时代中国特色社会主义思想为指导，研究制定贯彻落实新时代党的组织路线的思路举措，确保选人用人工作正确方向。聚焦做到“两个维护”，实施“一把手”政治能力提升计划，探索完善政治素质考察的方法措施，引导广大干部增强政治判断力、政治领悟力、政治执行力。坚持把深化中央巡视整改作为一项重要政治任务和长期任务，改进完善酝酿动议做法，积极推进董事长（执行董事、分公司代表）、党委书记“一肩挑”的领导体制，加大干部交流力度，确保各项整改措施落地见效。坚持事业为上，把疫情防控、复工复产、脱贫攻坚等一线“考场”作为考察识别干部的“赛场”，切实优化领导班子配备、增强整体功能，加大干部能上能下力度，切实激励干部担当作为。聚焦考全察实、精准识人，推进综合考评、能力测评、绩效考核“两评一考”全覆盖，完成三年一轮领导班子全面考察。扎实推进深化改革三年行动，稳妥实施5家单位经理层成员任期制和契约化管理，修（制）定出台领导人员退休和退出现职管理制度。组织召开年轻干部工作推进会，实施年轻干部队伍建设“三步走”计划，启动“三百三千”实践锻炼计划，加大优秀年轻干部选拔使用力度，注重发挥各年龄段干部作用，激发干部队伍干事创业活力。深入开展领导干部个人有关事项报告专项整治。修订选人用人工作监督检查和责任追究制度，同步启动监督检查和治理提升专项行动。推进重点领域重要敏感岗位轮岗交流，开展中层干部“带病提拔”倒查。强化中层干部队伍宏观管理，不断优化年龄结构，率先对延迟退出现职放权。高质量举办2020年度组织人事部长培训班，持续推进组织人事部门自身建设。

人才队伍建设与培训开发。编制“十四五”人才发展规划的“五大计划”，谋划深化改革三年行动工作举措，深入实施人才强企工程。深化完善人才成长发展通道，组织集团公司级专家选聘工作，规范直属单位专家职数管理。统筹推进战略科学家、科技领军人才、科技骨干人才、青年科技后备人才队伍建设。加大人才引进配置力度，做好“六稳”落实“六保”，积极参加中央企业“抗疫稳岗扩就业”专项行动，专门追加毕业生引进计划3 500人，2020年度引进计划规模达1.1万人，是上年的2.3倍。《国务院就业工作领导小组简报》介绍了中国石化扩招高校毕业生工作。中国石化入围中国年度最佳雇主，获北京高校毕业生就业优秀用人单位等称号。制定加强技能队伍建设措施，持续推进职称评审、职业技能等级认定改革，组织开展国家级和集团公司级职业技能竞赛，9人被授予全国技术能手称号。全年共有2人获全国创新争先奖、1人获杰出工程师奖，63人享受国务院政府特殊津贴。加快青年人才队伍建设，与帝国理工学院合作培养青年科技人才7名。2020年克服新冠肺炎疫情影响，抢抓时机在央企中率先启动线下培训，圆满完成全年重点人才培训，总部全年培训重点人才3 084人次，全系统参加1天以上脱产培训达129万人次，培训规模与上年基本持平；网络培训总时长4 142万学时，较上年翻一番，中国石化教育培训工作得到上级部门充分肯定。研究制定《中国石化企业党校工作细则》，组织召开企业党校工作座谈会，进一步明确企业党校职能定位和任务要求。加强管理人员培训，在中央党校举办“一把手”政治能力提升培训班，开展中青年干部等系统培训，构建了从毕业生入职到直属单位“一把手”的递进式、系统化培训体系框架。加强各类人才培训，设计实施集团公司高级专家、石化名匠、海外项目经理等重点培训项目。

劳动用工与薪酬绩效考核。科学编制“十四五”用工总量规划，修订印发《优化用工专项评价激励办法》《用工增减变化调整人工成本指标办法》。组织劳动定员标准修订，指导企业按照经营管理模式和用工模式调整用工方向，有序开展人力资源优化配置工作。积极推进市场化员工制度在“双百企业”及“科改示范企业”的探索实施，推动国企改革三年行动方案落实落地。全年用工总量持续减少，人力资源有序盘活，加快推动了以劳动合同管理为关键、以岗位管理为基础的市场化用工制度。完善工资总额管理办法，引入薪酬市场对标结果，建立健全工资总额与经济效益同向联动、人工成本效能调节、人工成本支付能力调节和薪酬水平市场化调节的“一联动三调节”机制，加快建设市场化、类别化、差异化、多元化的考核分配机制，激发价值创造活力。加大正向激励力度，首次实施增效创效大户奖励，并将人力资源价值增值评估纳入领导班子年度绩效考核。推进工资总额分类管理，对处于充分竞争行业且管理比较规范的部分企业实施工资总额备案制。支持企业提升自主创新能力，对关键核心技术攻关领军人才及团队、国家重点实验室和国家工程实验室等国家级创新平台所需工资总额实行单列管理。做好人工成本过程管控，依据效益效率动态调整企业人工成本，对效益下降和长期亏损单位加大控制力度。指导企业建立健全长效激励约束机制，组织部分单位实施岗位分红激励和超额利润分享机制。组织海外单位制订薪酬福利改革方案，完成部分单位方案审批工作。开展激励性年金评选，共评选 6.51 万人，使用资金 5.67 亿元。完善考核评价体系，充分发挥价值引领、价值评价、价值分配作用。做好“百日攻坚创效”“持续攻坚创效”行动考核监督工作，从考核激励、干部考察监督、跟踪督办、评选表彰等方面实施激励约束，引导干部员工攻坚克难、增效创效。制定《2020 年提质增效稳增长特别奖励办法》，引导企业深挖潜力、多做贡献。增设油气勘探重大发现专项奖，激励勘探战线干部员工努力寻求战略突破和规模效益增储。中国石化获国务院国资委中央企业负责人经营业绩年度考核 A 级，并被授予考核分配工作年度先进单位称号。

总部机构改革与队伍建设。根据国务院国资委开展中央企业去“总部机关化”工作要求和集团公司党组工作部署，完成总部各部门、事业部“三定”工作，对内设机构进行优化整合，精简编制定员和中层职数；同时，严格落实“去行政化”要求，规范内设机构名称和干部职务职级称谓。按照建设高素质专业化干部队伍目标要求，综合分析中层领导人员队伍结构，有序开展人员选聘工作。把政治标准放在首位，坚持正确选人用人导向，注重年轻干部培养使用，总部中层领导人员队伍结构进一步优化。加强总部高层次人才队伍建设，结合战略发展需要，畅通专业人才成长通道，完善专家作用发挥机制，充分激发专家队伍活力。

综合管理与信息化建设。科学编制“十四五”人力资源发展战略规划，探索研究未来组织人事工作顶层设计，推进建设专业化、市场化、高质量、高效能的人力资源管理体系。有效开展组织人事系统自身建设、海外人力资源管理等调查研究，发挥参谋作用。专题研究、着力推动管理制度化、制度流程化、流程信息化。组织梳理编制岗位说明书，落实岗位责任。加快推动人力资源业务平台建设和上线应用，协同推进人力资源共享，加强干部人事档案信息有效利用和日常管理，实现业务端到端全流程信息化，持续推动人力资源管理数字化转型。积极打造“讲政治、重公道、业务精、作风好”的模范部门。强化党支部建设，推动党建帮扶和联建共建，充分发挥党支部的政治功能，抓好党支部、党小组政治学习，进一步锻炼党性、淬炼政治品格，坚定组织人事干部在经济领域为党工作的初心和使命。

离退休人员管理。离退休工作以习近平新时代中国特色社会主义思想为指导，深入学习贯彻党的十九大、十九届历次全会精神和全国离退休干部“双先”表彰大会、全国老干部局长会议及集团公司工作会议精神，一手抓新冠肺炎疫情防控，一手抓离退休工作，较好地完成各项工作任务，为企业改革发展、和谐稳定做出贡献。

（杨应忠）

领导班子和干部队伍建设

【深入学习领会和贯彻落实新时代党的组织路线】 认真学习习近平总书记关于党的建设和组织工作的重要论述和指示批示精神，特别是认真学习领会习近平总书记在中央政治局第二十一次集体学习时的重要讲话精神，围绕“贯彻落实新时代党的组织路线”进行专题研讨，并按照“五个抓好”基本要求，聚焦健全素质培养、知事识人、选拔任用、从严管理、正向激励“五大体系”，研究制定贯彻落实新时代党的组织路线的思路措施，确保选人用人工作正确方向。2020 年第 11 期《央企情况》刊发集团公司贯彻落实新时代党的组织路线情况介绍。

（杨兴泽）

【全力推进中央巡视及选人用人专项检查整改工作】 认真落实集团公司党组要求，持续深化对巡视整改工作的认识，坚持以巡视整改为导向加强领导班子和干部队伍建设，坚持在干部管理日常工作中持续深化巡视整改，确保各项整改任务动真格、改到位、见实效。截至 2020 年底，列入《中央巡视反馈意见整改完成情况总表》6 个问题表现、15 项整改措施，已完成 12 项、取得阶段性成效 3 项，申报销项问题表现 4 个。针对选人用人专项检查反馈问题制定的 29 项整改措施，已完成 28 项，取得阶段性成效 1 项。

修订出台《中国石化领导人员选拔任用工作监督检查和责任追究办法》，突出政治监督、担当作为监督，进一步完善选人用人监督工作机制；加强对权力集中、资金密集、资源富集、资产聚集的重点部门和关键岗位干部的监管，系统梳理排查重点领域重要敏感岗位人员，一次性集中轮岗交流 2 245 人；推进中层干部“带病提拔”倒查工作，对符合倒查情形的原中层干部的选拔任用过程进行倒查和追溯问责；指导相关直属单位开展选人用人生态治理专项行动，派员参加专题民主生活会，与主要领导进行谈心谈话，督促新任班子肃清流毒影响、匡正选人用人风气。在 17 家销售企业所属 35 家地级公司设置专职纪委书记职位。

（杨兴泽　王显达）

【组织召开中国石化年轻干部工作推进会】 2020 年 4 月 28 日，召开全系统年轻干部工作推进会。会议对深入推进新时代年轻干部工作进行再部署、再动员，提出年轻干部队伍建设“三步走”计划，并按照“开阔视野格局、丰富基层经历、吃劲岗位磨炼、经验文化融合”4 个方向，采取总部与企业之间、企业与企业之间及企业内部交流挂职 3 种方式，启动首批 150 名“三百”计划和 1 245 名“三千”计划人选的实践锻炼工作。“三百三千”计划在系统内外引起较大关注，《中国组织人事报》《中国青年报》、人民网、新华网等多家主流媒体进行报道。

（杨兴泽）

【健全完善干部酝酿动议做法】 牢牢把握党对干部人事工作的领导权和对重要干部的管理权，认真落实选人用人主体责任，坚持发扬干部工作民主，对酝酿动议工作进行改进完善，通过先后 2 次召开“书记专题会”、及时征求分管领导和党组成员意见，进一步强化党组领导班子对选人用人工作的集体领导和把关作用。

（杨兴泽）

【把政治标准作为选人用人的首要标准】 坚持把好政治首关，探索完善政治素质考察的方法措施，在全面考察时对领导班子及领导人员进行政治评估和测评，职位人选考察时对考察对象进行政治“画像”，对干部进行全面政治体检。新冠肺炎疫情爆发后，把全力抓好疫情防控和攻坚创效作为对各级领导班子和领导人员践行“两个维护”最现实、最直接的检验，坚持“察事”与“识人”相结合，切实把政治过硬的干部发现出来，对政治上不合格的坚决一票否决，2020 年共对 300 多名领导人员政治素质反向测评，对测评项得票超过两位数的领导人员开展专题分析、精准识别，防止出现“两面人”。

（杨兴泽）

【旗帜鲜明激励干部担当作为】 突出重实绩、重实干、重担当，在坚持政治过硬的前提下选能力过硬的干部，把疫情防控、复工复产、脱贫攻坚等一线“考场”作为考察识别干部的“赛场”，2020年共提拔使用和进一步使用2名援疆干部、1名援藏干部、1名博士服务团成员、1名抗疫楷模，在攻坚创效先进单位选拔使用46名领导人员，同时采取退出现职、免职、降职等方式，调整不适宜担任现职领导人员14人，切实营造了干事创业的良好氛围。

（杨兴泽）

【在完善公司治理中加强党的领导】 坚持把党的政治建设摆在首位，深入贯彻落实“两个一以贯之”要求，把坚持和加强党的全面领导和完善公司治理相统一，健全完善中国特色现代企业制度，大力推进董事长（执行董事、分公司代表）、党委书记“一肩挑”，同时总经理兼任党委副书记的领导体制建设，切实强化党的组织在同级组织中的领导地位。截至2020年底，全系统共有112家直属单位实行新领导体制，占比达88.9%。

（杨兴泽）

【聚焦改革发展需要选优配强领导班子】 坚持支撑战略、服务发展，选优配强各级领导班子，为全系统打赢疫情防控和攻坚创效两场硬仗提供组织保证。重点聚焦选优配强“一把手”，对一批直属单位正职进行调整完善；聚焦班子整体功能欠缺问题，对一批经营困难、排名靠后、竞争力不强的企业班子进行优化调整；聚焦领导班子缺员问题，对缺少主体专业副职的班子进行补充配备；聚焦激发队伍活力，着力推进部门和企业之间、不同板块之间及行政、党务干部之间的交流，特别是新提拔的纪委书记、总会计师基本实行易企交流任职。2020年，共研究调整483名党组管理领导人员，其中提拔（含职级提升）158人次，平职调整226人次（含进一步使用40人），退出现职、转任专家、辞职99人。在中组部开展的2019年度“一报告两评议”中，集团公司选人用人工作总体评价“好”率达90.6%，创历年最高水平。

（杨兴泽）

【让干部资源向最能发挥价值的岗位流动】 坚持干部资源一盘棋，打破企业归属、条块分割，推动各类干部资源统筹使用、优化配置，注重从管理先进、规模较大的企业选派或引入成熟干部到困难企业、新建单位、新兴业务任职，推动业务发展、管理提升；注重选派年轻干部到艰苦地区、地方政府、总部部门、国际化经营单位担任领导职务，加强交流互鉴、复合培养；注重对板块趋同、业务相近的企业干部统筹优化、合理配备，实现干部资源效能最大化。2020年，重点对油品销售板块19家企业、化工销售板块6家企业领导班子进行联动调整，推动“60后”干部、“70后”正职、“75后”副职合理流动、均衡分布，进一步增强了干部队伍活力。

（杨兴泽）

【锻造适应新时代要求的年轻干部队伍】 坚持使用是对年轻干部最好的培养、最大的激励，按照“分池鉴才、分池选才”的思路，实施“两个集中、两个加大、一个及早”举措，大胆使用看准了的优秀年轻干部。2020年，新提拔45岁及以下党组管理领导人员46人，占新提拔领导人员的45.1%，是“十三五”期间选拔人数和占比最高的一年。截至年底，党组管理的领导人员中，“70后”共333人、占31.4%；45岁左右及以下共156人、占比14.8%；“80后”13人。

（杨兴泽）

【领导班子全面考察和综合考评实现全覆盖】 紧盯3年完成一轮直属单位领导班子全面考察任务，克服常态化疫情防控困难，自加压力，有序高效推进全面考察和职位人选考察工作。2020年共完成53家直属单位全面考察，基本实现境内单位领导班子全面考察3年全覆盖。创新考核方式，积极推进领导班子综合考评、领导人员素质能力测评、绩效考核“两评一考”工作，并将副总师级领导、总部部门、事业部及境外机构领导人员纳入考评范围，共组织完成181个领导班子、1 030名领导人员的综合考评工作，实现党组管理的领导人员全覆盖。

（杨兴泽）

【营造风清气正的选人用人生态】 集团公司党组召开专题会，对规范选拔任用程序、落实班子成员责任、严肃选人用人纪律等提出明确要求，坚决防止“小圈子”“小团体”、老乡帮、同学帮及跑风漏气、打招呼等各种不良风气。坚持按原则、制度、程序办事，认真落实“凡提四必”要求，推行领导人员提拔任职廉洁从业情况“双签字”背书制度、任职承诺制度，强化干部“任前体检”，坚决防止“带病提拔”。加强对直属单位组织部长的政治考察和审核把关，做到“五个坚决不用”，推动打造“讲政治、重公道、业务精、作风好”的组工干部队伍。

（杨兴泽）

【全面完成党委换届任务】 紧盯上一轮巡视反馈问题，建立直属单位党委按期换届动态分析、提醒督促、定期通报工作机制，重点对7家因各种原因未正常换届的单位逐一沟通、跟进督导，加快换届选举进程；对任期届满的单位排出计划、定期联络，确保实现“应换尽换”，2020年共有31家单位党委完成换届选举。截至年底，全系统144家单位党委全部完成一轮党委换届，实现全覆盖，党委换届工作进入常态化、制度化轨道。

（杨兴泽）

【健全完善市场化经营机制】 按照深化国企改革三年行动方案部署要求及集团公司工作安排，调研了解和学习借鉴先进央企经验做法，坚持试点先行、以点带面，督促指导纳入“双百行动”的3家企业（石化机械公司、润滑油公司、易捷公司），纳入“科改示范行动”的2家企业（催化剂公司、石油工程技术研究院德州大陆架公司）率先推行经理层成员任期制和契约化管理。

（杨兴泽）

【健全完善领导人员退休、退出现职管理制度】 深入贯彻落实中央有关精神，修订《中国石化领导人员退休管理办法》，研究制定《中国石化领导人员退出现职管理暂行办法》，进一步提升领导人员退休、退出现职管理工作的规范化、科学化、制度化水平。

（杨兴泽）

【领导班子和领导人员监督】 持续抓好领导干部个人有关事项报告，深入开展专项整治工作，分层级、分类别开展检视整改，编印《领导干部报告个人有关事项工作资料汇编》，多渠道、多形式组织精准辅导培训，建立“三级审核机制”和“两级纪实清单”，层层压实审核把关责任，重点查核一致率达100%，在中组部组织召开的专项整治座谈会上，中国石化作为8家参会单位中唯一央企，进行经验交流。

（王显达）

【选人用人监督】 部署启动“直属单位选人用人工作监督检查和治理提升专项行动（2020—2022年）”，对24家直属单位开展选人用人专项检查，采取约谈提醒、专项督办、班子调整等措施加大督办力度，确保整改质量和效果。直属单位选人用人工作“总体评价”和“从严监督管理领导人员”“好”的得票率平均值分别为88.82%和91.16%，提升1.26%和3.56%；新提拔中层领导人员“认同+基本认同”得票率平均值达93.04%。强化干部选任事项审核把关，全年共批复83家次单位113人破格提拔，69家次单位144人延迟退出现职。

（王显达）

【中层领导人员队伍宏观管理】 贯彻集团公司年轻干部工作推进会部署，强化中、基层干部队伍年龄结构分析研判，把好破格提拔、延迟退出两道关口，用好“岗级分离”等措施，督促有关单位加快优秀年轻干部培养选拔，截至2020年底，集团公司中层领导人员40岁以下占比15%，比上年上升1.6%，完成“十三五”目标。进一步规范退出现职中层领导人员管理，下发《关于对中层领导人员延迟退出现职审批权限进行授权放权的通知》，率先对64家单位进行授权放权；全面梳理2009年后集团公司中层退出相关政策文件，制定《直属单位中层领导人员退出现职管理办法》，充分发挥退出现职中层领导人员作用。

（王显达）

【中层机构和中层领导人员职数管理】 落实《中国共产党宣传工作条例》，组织30家直属单位通过调整宣传机构设置、增配部门负责人等措施加强宣传力量配置。加强信访、维稳、综治等工作系统化管理，指导40家信访维稳重点单位健全机构、优化职能、加强力量。全面取消中基层机构和领导人员行政化称谓和行政化职级，建立完善符合市场化要求的领导人员职级名称体系，对1 600多个中层机构、6 000多名中层职务名称进行调整。根据油气管网改革部署，指导天然气分公司、销售大区公司等10家单位及时调整机构编制。按照“保证重点、服务发展”的思路，将编制资源向新领域新业务倾斜、向价值创造聚集，全年批复核增39家单位中层机构33个、中层职数166个，核减13家单位中层机构117个、中层职数318个。

（王显达）

【议事协调机构管理】 根据领导人员变动和集团公司深化体制改革情况，及时调整公司级议事协调机构74个次，有效保障相关工作正常运行。截至2020年底，共有集团公司级议事协调机构68个。

（王显达）

【组织人事部门自身建设】 积极践行新时代党的组织路线，以培育世界一流人力资源管理能力为目标，举办2020年度组织人事部长培训班。直属单位、事业部（专业公司）的166名组织人事部长和党组组织部49名管理人员参加培训。

（王显达）

人才队伍建设

【人才强企工程】 系统总结“十三五”期间人才工作主要措施和取得成果，分析人才工作存在的问题及面临的挑战机遇，研判国内外人才工作发展趋势，围绕“一基两翼三新”产业格局，加快新业务领域人才布局，编制“十四五”人才发展规划的“五大计划”。专题研究分析人才流失情况，设立2个子专题重点分析8家直属研究院和全系统人才流失较为严重的企业，研究流失特点、剖析流失原因、提出对策措施。

（李　康）

【人才成长通道和领军专家队伍建设】 系统总结人才成长通道建设情况，学习借鉴华为等企业先进经验，将“有利于最大限度发挥专家作用、有利于激发队伍活力、有利于专家体系的有序发展”作为出发点和落脚点，形成《关于进一步加强和改进专家管理工作的措施》。制定《关于进一步发挥集团公司首席专家和高级专家作用的实施意见》，明确专家职责定位，搭建工作平台。研究制订“十四五”集团公司级专家选聘规划及2020年选聘工作方案，选聘14名首席专家。率先在法律线条试点公开选聘专家队伍，3个直属单位法律高级专家职数和5个专家职数面向全系统公开选聘，推进法律人才队伍建设。

（李　康）

【高层次人才选拔培养】 加快高层次人才选拔培养，一批优秀人才获国家级称号或表彰。孙焕泉（总部）入选第四届中华国际科学交流基金会杰出工程师奖，滕加伟（上海石油化工研究院）入选百千万人才工程国家级人选；郑松青（石油勘探开发研究院）、胡光辉（石油物探技术研究院）获孙越崎青年科技奖；64人（专业技术人才52人、技能操作人才12人）享受国务院政府特殊津贴；选派张国欣、佟敬华、雍斌、白宗和、胡海峰、于佳6人参加2020年度国际化高端会计人才培养。截至2020年底，聘任在岗集团公司首席专家28人、高级专家121人、技能大师45人。

（邓　勇）

【青年人才培养】 举办第一期“未来科学家”创新能力提升班，培训第一届中国石化青年科技精英赛获奖选手 57 人。加快推进青年人才队伍建设，选派 5 名学生到帝国理工学院攻读博士学位。

（邓　勇）

【成熟人才引进配置】 编制 2020 年成熟人才引进计划，批复同意 104 家单位引进成熟人才 2 685 人。审核批复 54 家单位引进 386 人。从单位分布看，在京单位引进 279 人，京外单位引进 107 人；从人才来源看，系统内成熟人才 226 人，社会成熟人才 160 人。通过人力资源优化配置平台，审核发布 78 家单位 611 个岗位 2 138 人的招聘公告，有效提升人力资源优化配置效能。创新实施人才引进“双百计划”，11 家单位推荐上报 17 名候选人。经专家评审，择优确定 7 人入选，其中科技领军人才 2 人、新兴业务骨干人才 5 人。

（刘美荣）

【职称评审】 落实国家职称改革政策，继续坚持重能力、重业绩、重贡献的评审导向，严格标准，规范程序，突出对专业技术人才职业道德、创新能力、业绩水平和实际贡献的评价。进一步强化职称外语水平要求，严格执行评审诚信承诺制度，要求送审论文重复比例不超过 20%。审核并批复 11 家单位提报的独立评审或联合评审委员会的换届请示，批复长城能化和工程质量检督总站组建高级职称评审委员会。完成 2018 年前评审的工程技术、经济、会计、审计系列 2 244 名教授级职称确认为相应专业系列的正高级职称。全系统推广职称评审信息化平台，实现全系列、各层级、全流程在线评审，105 余家直属单位的 2.62 万人使用平台进行线上评审。285 人通过正高级职称评审，6 174 人通过高级职称评审，4 943 人通过中级职称评审，5 098 人通过助理级职称评审，1 058 人通过员级职称评审。

（许　斌）

【博士后工作】 截至 2020 年底，有博士后工作（流动）站 31 个，在站 200 人，2020 年出站 63 人，有 52 人出站后留在中国石化工作。承担省部级科研课题 118 项，博士后科研成果获省部级奖 24 项，申请专利 324 件，在核心期刊发表论文 211 篇。选派 1 名博士服务团成员支援西部大开发工作。

（邓　勇）

【职业技能等级认定】 在总结试点工作经验基础上，全面推行职业技能等级认定工作，制定并印发《中国石化职业技能等级认定工作管理规定》及与其配套的考务、题库等“1+7”制度。积极争取政策支持，解决职业资格改革政策过渡期中国石化自行颁发的 13.3 万本等级证书入网问题。加强认定质量管理，主动接受地方监管，升级认定信息化综合管理平台，在 31 个省（自治区、直辖市）备案完成率 100%，职业技能等级证书上网查询率 100%，相关做法在全国技能人员职业资格改革培训班上做经验交流发言。全年共组织认定 6.85 万人，合格 4.6 万人。合同制员工中技能操作人员持证率为 73.8%，高技能人才占技能操作人员比例为 46%。

（丁新兴）

【业务竞赛】 克服新冠肺炎疫情影响，承办集输工、乙烯装置操作工国家级二类职业技能竞赛，参加采气工仪器仪表维修工、化学检验员、吊装等国家级二类职业技能竞赛，取得 18 金、17 银、24 铜的优异成绩。举办集团公司一类业务竞赛 1 项、二类业务竞赛 3 项，25 家直属单位的 285 名选手参加决赛，产生 84 名获奖选手、16 个团体奖单位及 22 个优秀组织奖单位。共有 31 人被授予中国石化技术能手称号，24 人被授予中国石化青年岗位能手称号，21 人晋升高级技师技能等级。9 人在国家级职业技能竞赛中获前 3 名。

（丁新兴）

薪酬与业绩考核

【概述】 优化薪酬总量决定机制，完善工资总额管理办法，建立健全工资总额与经济效益同向联动、人工成本效能调节、人工成本支付能力调节和薪酬水平市场化调节的机制。完善创效奖励机制，研究制定提质增效稳增长特别奖励办法，给予绩效考核和工资总额特别奖惩。做好“百日攻坚创效”行动和“持续攻坚创效”行动考核监督，引导广大企业和干部员工攻坚克难、增效创效。增设油气勘探重大发现专项奖，激励勘探战线广大干部员工努力寻求战略突破和规模效益增储。探索推进上市公司股权激励、科技型企业股权和分红激励、超额利润分享等中长期激励机制，激发核心骨干人才活力。用足用好国家和地方阶段性社会保险减免政策，做到能免尽免、能减尽减。中国石化获国务院国资委中央企业负责人经营业绩考核A级，被授予考核分配工作先进单位称号。

（李　萌）

【年度绩效考核】 协助国务院国资委做好集团公司负责人2019年度经营业绩考核，中国石化连续5年考核结果为A级，获评中央企业考核分配工作先进单位。开展集团公司高级管理人员、总师级领导人员、党组管理领导班子，以及单位（部门）2019年度绩效考核和2020年度《绩效考核责任书》签订工作。

（李　萌）

【完善创效奖励机制】 根据国务院国资委特别奖励办法，研究制定集团公司《2020年提质增效稳增长特别奖励办法》，在考核正常计分和工资效益同向联动的基础上，紧盯调整后净利润奋斗目标，对勇于担当、效益贡献突出的单位，给予领导班子绩效考核和工资总额特别奖励；对增效创效工作不力且无特殊原因的单位，给予相应惩罚，最大程度调动广大干部员工积极性。

（颜家佳）

【增设油气勘探重大发现专项奖】 贯彻落实习近平总书记大力提升国内油气勘探开发力度重要批示指示精神，在集团公司总经理专项奖中增设油气勘探重大发现奖，奖励在油气勘探中取得重大发现成果及做出突出贡献的单位，进一步激励勘探战线广大干部员工解放思想、积极探索，努力寻求战略突破和规模效益增储，不断开拓油气勘探新局面，夯实上游可持续发展资源基础。

（颜家佳）

【做好“百日攻坚创效”行动和“持续攻坚创效”行动考核监督】 根据集团公司“百日攻坚创效”行动和“持续攻坚创效”行动部署，认真履行考核监督职责，紧扣增效创效、生产经营、成本控制三大目标和重点措施，从专项考核与激励、干部考察与监督、跟踪督办3个方面制订考核监督工作方案，组织相关部门对指标进行分解，制定专项考核细则和计分规则，建立考核监督工作运行机制，组织开展阶段性评估和总结，并根据目标和措施完成情况，会同相关部门从专项奖励、考核加减分、评选表彰3个方面实施激励约束，引导广大企业和干部员工攻坚克难、增效创效。

（颜家佳）

【绩效对标评价】 根据中国石化年度决算数据，从盈利能力、成本控制、生产经营、资本运营和发展能力5个维度，对油田、炼油、化工、油品销售、石油工程、炼化工程和公用工程7个业务领域绩效水平进行综合对标，在绩效考核管理系统中发布2019年度对标评价标准和对标结果。截至2020年底，已形成2007—2019年连续12年的对标数据库，为企业分析诊断管理短板提供有效支撑。

（李　萌）

【优化工资总额决定机制】 研究完善工资总额管理办法，建立健全工资总额与经济效益同向联动、人工成本效能调节、人工成本支付能力调节和薪酬水平市场化调节的“一联动三调节”机制，实施2019年度考核兑现；实施创效（增效）大户企业及领导班子奖励，将人力资源价值增值评估纳入领导班子年度绩效考核，实现“效益升工资升、效益降工资降”“劳效高工资高、劳效低工资低”，提升了薪酬资源配置效率。

（颜家佳）

【推进工资总额分类管理】 根据国务院国资委工资总额管理有关规定，对关键核心技术攻关领军人才及团队、国家重点实验室和国家工程实验室等国家级创新平台、“科改示范行动”企业科研骨干等实行工资总额单列管理，有效激发科技人才创新活力。对市场化程度高且法人治理结构完善的石化盈科、上海赛科公司，以及代表集团公司发展战略、创新驱动的资本公司，稳妥实施工资总额备案制管理。研究制定工资总额备案制管理内部指引，结合“双百行动”“科改示范行动”等，组织符合条件的企业研究制定工资总额备案制管理办法，进一步提升工资总额管理的灵活性与适应性。

（颜家佳）

【探索中长期激励机制】 持续推进上市公司股权激励，指导“双百企业”石化机械公司研究制订限制性股票激励计划，并上报国务院国资委预审核。加大科技创新激励力度，扩大科技型企业股权和分红激励实施范围，指导“科改示范企业”石油工程技术研究院德州大陆架公司、石油工程建设公司石油工程设计有限公司探索实施岗位分红激励，推动形成有利于自主创新和科技成果转化的激励机制。探索实施超额利润分享机制，研究提出镇海炼化试点超额利润分享机制有关意见。

（颜家佳）

【落实社会保险减免政策】 根据国家和地方出台的阶段性社会保险减免政策，指导、督促企业积极与地方政府沟通对接，认真研究政策，精准实施申报，做到能免尽免、能减尽减、能早尽早、能争取的政策尽力争取享受。截至 2020 年底，137 家企业 2—12 月 4 项保险（基本养老保险、失业保险、工伤保险、基本医疗保险）累计减免费用约 47 亿元。

（刘　腾）

【清缴企业年金个人所得税】 按照北京市税务部门清缴企业年金个人所得税的工作安排，根据党组领导提出的依法纳税、公私分明、避免风险、合规操作的要求，牵头做好过渡性年金个人所得税清缴工作，数据测算、系统升级、政策解释、税费清缴 4 项工作齐头并进，按计划进度平稳完成税款清缴工作。

（刘　腾）

【推进企业年金相关业务实施共享服务】 大力推进企业年金相关业务实施共享服务工作，先期将石油工程公司本部及区域公司、石化机械公司等单位的企业年金相关业务委托共享服务公司管理。与共享服务公司编制包含 18 项服务内容的《企业年金共享服务职责划分表》和《企业年金共享服务操作手册》，并在共享运营系统配置企业年金业务服务模块，设置待遇支付管理、缴费信息管理等 6 个服务子目录。

（刘　腾）

【健全海外收入分配制度】 组织完成海外人力资源管理及收入分配制度体系宣贯培训。结合 2020 年度人工成本预算编制，按照“三同向”原则（中国石化海外人工成本预算总量与整体海外效益目标同向，各单位海外人工成本预算总量与海外业务规模、效益目标同向，海外人均人工成本与海外劳动生产率同向）发布海外人工成本预算编制条件，并结合海外单位效益、业务类型等情况逐家对接，分类核定人工成本预算指标。组织审核海外单位薪酬管理制度和薪酬福利改革方案，形成统一的审核原则，完成 12 家单位方案审核批复工作。

（颜家佳）

【退休人员统筹外费用处理】 根据国家和集团公司推进退休人员社会化管理工作安排，研究梳理退休人员统筹外费用，形成退休人员统筹外费用处理意见，指导企业编制统筹外费用处理实施方案。成立审核组，形成统一的审核原则，明确有关项目处理意见。经反复审核对接、征求意见后，完成全部 122 家企业方案批复工作。

（颜家佳）

劳动用工管理

【用工总量管理】 合理预测“十四五”期间用工增减变化，科学编制“十四五”用工总量规划并分解到年度。修订《用工增减变化调整人工成本指标办法》和《优化用工专项评价激励办法》，加大对低效企业的约束力度和与当期效益的挂钩力度。完善中国石化劳动定员标准体系，启动新版劳动定员标准制修订工作，完成油田、石油工程、催化剂和煤化工等9项劳动定员标准修订。指导新成立单位和业务调整变化单位完成“三定”工作，推动单位持续提高“三定”水平。全年用工总量持续减少，2020年末用工总量63.7万人，减少3.7万人、减幅5.5%，超额完成“十三五”规划目标。

（俞庆国）

【“抗疫稳岗扩就业”专项行动】 积极践行政治责任和社会责任，参与国资央企“抗疫稳岗扩就业”专项行动，实现集团公司2020年度新吸纳就业人数、农民工用工人数均超过上年度。切实保障农民工及贫困地区人口就业，疫情期间稳定农民工返岗复工7.5万人，返岗复工率100%。做法2次在《中国石化报》头版刊发，在中央机关内部网站、新华网、光明网、国务院国资委新闻网等媒体刊发，见到良好的社会效应。

（俞庆国）

【人力资源优化配置】 开展优化人力资源配置，加大激励力度，鼓励各单位盘活用工存量，提升人力资源配置效率。对积极盘活人力资源、认真开展优化配置的单位给予一定奖励，促进企业用工存量有效盘活，人力资源供给和需求进一步达到平衡。用好人力资源优化配置平台，打破员工流动信息壁垒，通过信息化手段提升人力资源配置效率，用好平台业务承揽、人力资源输出项目激励功能，基本实现用工供需信息线上发布、甲乙方优化配置项目线上匹配、优化配置激励线上提报审核等全流程电子化、信息化。

（党玉涵）

【退役军人接收安置】 认真落实中央关于接收安置退役军人有关政策要求，按计划接收安置符合条件退役军人。与国家退役军人事务部签署《退役军人就业合作协议书》，达成退役军人就业合作协议。中国石化被授予全国扶持退役军人就业重点企业称号。

（党玉涵）

【市场化用工制度建设】 按照社会化招聘、契约化管理、精细化考核、市场化薪酬、制度化退出的“五化”理念，在评估试点效果的基础上，指导并推动炼化工程集团、新星公司、石化出版公司、易派客公司、易捷公司、石油工程公司、广西石油分公司、石化机械公司、润滑油公司、资本公司等单位深化试点实施，建立优胜劣汰、进出通畅的市场化用工制度。突出劳动用工改革的系统性、整体性、协同性，编制实行定量为主、定性为辅的“五化”评估体系，在推动企业加快建设市场化经营机制，推进市场化用工制度建设方面落地见效。

（谭冬冬）

【油气管网运营机制改革】 按照集团公司油气管网运营机制改革领导小组决策部署，积极做好推进机构和人员划转相关工作。与国家管网签署《中国石油化工集团有限公司国家管网集团公司有关油气管网改革机构和人员划转备忘录》，顺利完成机构和人员交割。划转共涉及10家直属企业，其中划转中层机构156个、合同制员工1.12万人、其他用工1.41万人、非在职人员9 553人。

（尹　刚）

【岗位价值评估】 通过建立以5套定岗工具为核心的战略定岗模型、岗位价值评估工具SPE（Sinopec Position Evaluation）和统一的岗位说明书、岗位目录编制规范、岗位竞聘规范等系列文件，形成具有中国石化特色的岗位管理方法论和工具箱，填补了岗位管理理论和操作层面空白。

指导12家直属单位开展岗位价值评估工作，在推动企业业务模式转换、市场化改革等多个方面取得较好成效。

（杨　鹏）

人才培训开发

【教育培训管理】 按照集团公司党组领导“培训工作不能有丝毫放松”“始终抓紧抓好教育培训”要求，抓统筹、抓优化、抓重点，研究完善管理人员素质培养体系，优化推进各层级专业技术、技能操作、国际化等重点人才培训，大力开展线上线下混合式培训，全面加强制度建设，积极做好培训基础建设，各项工作取得扎实进展。集团公司教育培训工作得到上级部门充分肯定，中组部干部教育局调研后评价中国石化教育培训工作“有灵魂、有传承、有特色、有实效”。

（任军辉）

【重点人才培训】 坚持面向竞争、面向实战、面向未来，在常态化防疫情况下，2020年总部培训重点人才3 084人次，培训规模与上年基本持平；网络培训总时长4 142万学时，较上年翻一番。管理人员方面，针对直属单位“一把手”、50岁左右党组管理副职、45岁左右中层正职、40岁左右中层副职、35岁左右基层正职、30岁左右基层副职、青年员工，举办直属单位“一把手”政治能力提升培训班，中青年干部培训一班、二班、三班，青年干部示范培训一班、二班，青工政治轮训和新入职员工培训8个层级的系列培训班，初步构建从毕业生入职到直属单位“一把手”的递进式、系统化培训体系框架。专业技术人才方面，围绕打造专业精深、技术精湛、业务精通的专业技术人才队伍，按照“综合塑造—专业强化—复合提升—创新引领”的路径，开展进阶式系列培训，重点举办勘探开发和炼油化工领域高级专家创新发展高级研讨班、人力资源专家班、“未来科学家”创新能力提升班等培训班，培训586人。技能操作人才方面，围绕打造知识型、技能型、创新型技能人才队伍，按照“拔尖技能人才精进、高技能人才拓展、普通技能人才职业技能晋级”的思路，大力开展技能人才提升行动，重点举办大国工匠锻造、石化名匠塑造等培训班，培训138人。国际化人才方面，对照世界一流找人才差距、补培训短板，按照“国际化领军人才、国际化专业骨干、国际化储备人才”3个层级开展培训，探索构建分层次分专业的矩阵式国际化人才培训模式，重点举办海外项目经理能力强化培训班、国际商务专业人才培训班等，培训644人。

（任军辉）

【助力脱贫攻坚】 认真落实“贫困地区干部教育培训帮扶计划”，坚持扶贫培训优先，67家直属企业承担全国709个村的扶贫任务，全系统派出扶贫干部接近2 000人。全力做好定点扶贫地区基层干部和技术人员培训帮扶工作，采取送教上门、内部培训机构对口支援等形式，配合当地政府组织开展针对性培训，组织采购政治理论、养殖、耕种、农林、畜牧等43类、268门授课课件和68门课程光盘送到扶贫县。探索建立扶贫培训长效机制，统筹系统内外优质培训资源，专门搭建“中国石化扶贫培训网络平台”，完善专区学习、在线考试、自主选学等功能模块，累计上线培训课程200余门，实现扶贫干部“云培训”。

（任军辉）

【培训基础建设】 切实加强企业党校建设，2020年12月16日在上海召开第一次企业党校校长座谈会，交流经验，研讨问题，促进了内部培训资源的优化共享。着力建强师资队伍，完成专职教师盘点，形成专题报告，2020年专门安排毕业生招聘计划引进党建教师20人，同步加强兼职教师队伍建设，形成1万余人的核心兼职师资库。分层分类开展管理人员岗位培训课程体系建设，依托中国石化网络学院大力推广学习地图的开发与应用，构建了理论学习、党性教育、岗位业务、专业知识于一体、线上与线下相结合的岗位培训课程体系。积极推进网络培训，依托中国石化网络学院分层分类开展在线培训，通过举办网络专题班，开展线上线下混合式培训，扩大培训覆盖面，提升培训效果。

（任军辉）

【毕业生引进工作】 按照中央“实行公开招聘、促进就业公平”的总要求，坚持公开、公平、公正原则，坚持严格标准、严格程序、严格把关，坚持招聘信息、过程、结果“三公开”。2020 年招聘计划超过 1.1 万人，是上年的 2.3 倍。《国务院就业工作领导小组简报》介绍了中国石化扩招高校毕业生工作，中央和地方媒体给予高度关注，共青团中央、国务院国资委、央视财经、凤凰、新浪、搜狐、网易、澎湃新闻等主流媒体发布相关新闻。

（任军辉）

总部人事管理

【概述】 截至 2020 年底，总部直接负责组织人事管理的 23 个部门有内设机构 169 个，部门中层及以下定员 1 075 个，其中中层领导职数 365 个、专业技术职位 710 个。实有中层及以下员工 1 033 人，其中现职中层领导人员 292 人、退出现职中层领导人员 64 人、部门各层级专家 159 人、业务人员 518 人。总部部门中层及以下员工平均年龄 43.3 岁，35 岁以下占 17.2%，36—45 岁占 43.0%，46—55 岁占 32.8%，56 岁以上占 7.0%。从学历结构看，博士研究生占 7.4%，硕士研究生占 42.9%，大学本科占 48.9%。从职称结构看，正高级（教授级）占 9.0%，副高级占 70.6%。

总部部门派出机构有 4 个审计分部、6 个纪检监察组工作局，共有中层机构 43 个，中层及以下编制 231 个。实有中层及以下人员 170 人，其中中层领导人员 58 人、专家 12 人、业务人员 100 人。

（王双恩）

【机构编制管理】 根据国务院国资委开展中央企业去“总部机关化”工作要求和集团公司党组工作部署，组织开展总部各部门、事业部“三定”工作。工作中坚持科学规范、精干高效、实事求是等原则，积极推进大部室制，优化整合内设机构，精简编制定员和中层职数，确保内设机构职能相对完整独立，编制职数与权责匹配。严格落实“去行政化”要求，进一步规范内设机构名称和干部职务职级称谓，总部部门和事业部内设机构由“*** 处”改称“*** 室”，党的工作部门内设机构负责人称为“主任、副主任”。

“三定”工作后，总部部门、事业部内设机构、中层及以下编制定员和中层领导职数压减比例均在 20%以上。通过“三定”工作，进一步明晰总部机构和岗位职责，精减中层及以下编制和人员，优化工作流程，为促进总部转职能、转方式、转作风，提高工作质量和效率，提升管理服务水平创造条件。

（周晓刚）

【干部队伍建设】 按照建设高素质专业化干部队伍要求，加强总部部门中层领导人员年龄、学历、专业、来源等信息分析研判，主动与有关部门沟通，研究提出部门中层领导人员选聘工作方案。先后开展 22 个部门中层领导人员选聘工作。工作中，把政治标准放在首位，坚持正确选人用人导向，注重考察了解干部在疫情防控、攻坚创效行动等重要任务、关键时刻的表现，切实把愿做事、能干事的干部选出来、用起来。2020 年，共选拔任用部门中层领导人员 65 人，其中 40 岁及以下 25 人；进一步推动部门中层领导人员交流，加大优化配置力度，总部与直属企业交流 7 人，总部部门内部交流 11 人，中层领导人员转任专家 8 人，总部部门中层领导人员队伍结构进一步优化。

（冯洪祥）

【人才开发工作】 加强总部高层次人才队伍建设，紧密结合战略发展需要，畅通专业人才成长通道，组织开展 17 个部门级专家的选聘工作，共新聘任首席专家 13 人、高级专家 26 人、专家 24 人，逐步完善专家作用发挥机制，充分激发专家队伍活力。修订印发《总部部门业务人员聘任管理办法》，对调入总部员工加大竞争性选拔力度，严格年龄限制，强化素质要求，为加快优秀年轻干部成长成才、防止“断层”“盖层”问题创造条件。规范完成总部及部分在京单位职称评审工作，其中通过评审的正高级（教授级）职称 31 人、高级职称 146 人、中级职称 6 人。组织开展十九届四中全会精神培训班。采用远程培训的方式，组织中层领导人员和部门级专家共 590 人参加网上专题培训，有力促进了干部人才队伍政治素质提升。

（崔子晗）

【薪酬保险工作】 按照国务院国资委对集团总部工资总额管理相关规定和指导意见，研究提出调整集团总部工资总额管理范围方案，做好总部部门中层领导及以下人员工资总额规划、测算等工作，指导部门在绩效考核基础上做好奖金分配，重点向表现突出、业绩较好员工倾斜，充分发挥奖金的激励作用。完成月度工资、绩效奖金发放、基薪晋档，社会保险、企业年金等日常管理工作，组织做好 2019 年度激励性年金评选工作。研究分析总部中层及以下人员薪酬结构及发放水平，提出完善意见。

（杨莹莹）

【专项工作】 做好“三百三千”实践锻炼计划服务保障，组织总部部门 47 名年轻干部到直属企业挂职锻炼，协调部门接收直属企业挂职干部 61 人，使其从不同领域、不同专业、不同角度深入理解企业生产经营，进一步强化复合型人才培养。开展总部部门享受政府特殊津贴候选人推荐，经部门申报、专家评审，向集团公司推荐 4 名人选。做好军转干部安置工作，经发布公告、统一笔试、组织面试等程序，接收军转干部 5 名。

（李乐涵）

综合与信息管理

【“三项制度”改革统筹】 认真贯彻落实国企改革三年行动方案，把“三项制度”改革作为重点任务，与编制“十四五”人力资源发展规划、对标世界一流管理提升行动等同步谋划、同步对接、同步实施。成立深化人力资源改革工作小组，建立例会制度，编制深化改革三年行动工作台账，采集重点量化指标基础数据，健全工作落实机制。组织召开油田、炼化、销售、工程、科研 5 个板块“三项制度”改革推进视频会，对“三项制度”改革进行再动员、再部署，明确要求、压实责任。重点抓好“双百行动”“科改示范行动”企业、重点改革企业、混改企业等的改革推动和跟踪指导，助推集团公司整体改革落实落地。发挥考核牵引作用，进一步完善“三项制度”改革评估指标体系，研究制定“三项制度”改革评估办法，开展试评估并对企业进行通报，有效传递压力、营造对标追标氛围。

（周　颖）

【人力资源信息化建设】 人力资源信息化建设紧紧围绕数据支撑、辅助决策的职能定位，坚定不移推进制度流程化、流程信息化，按照“数据 + 平台 + 应用”的新模式，逐步整合各人力资源信息系统，加快推进业务端到端全流程信息化、智能化建设，解决数据应用集成共享，消除信息孤岛，持续提升人力资源信息系统工作运行效率和目标管理效能。2020 年，通过对人力资源业务梳理，开展流程评估优化并绘制流程图，完成人力资源业务平台整体基础架构设计，为实现员工入离调转等 8 类业务审批流程的在线操作夯实基础。

（张玉乾）

【人力资源共享服务】 扎实开展基础共享服务，支持各单位完成人员信息维护、薪酬计发、报表统计等工作，服务及时率 99.98%，服务准确率持续保持 100%。积极拓展企业年金、社保、数据分析、管理咨询等业务，在石油工程板块等 12

家单位实施企业年金共享，开展集团公司人才流失分析、薪酬内部对标分析，完成员工自助系统2.0版升级。

（孙军峰）

离退休人员管理

【概述】 截至2020年底，按上报中组部统计数据口径，集团公司共有离退休人员473 732人，其中离休干部2 321人、退休干部149 509人、退休工人321 902人；内退人员32 083人。离退休人员和内退人员总计505 815人。离退休人员党员156 615人（不含内退人员党员10 113人），设有15个离退休人员党委，70个党总支，1 173个党支部。有专职离退休工作人员3 443人，兼职工作人员810人。2020年，集团公司离退休工作以习近平新时代中国特色社会主义思想为指导，深入学习贯彻党的十九大、十九届历次全会精神和全国离退休干部“双先”表彰大会、全国老干部局长会议及集团公司工作会议精神，一手抓新冠肺炎疫情防控，一手抓离退休工作，较好地完成各项工作任务，为企业改革发展、和谐稳定做出贡献。

（崔文生）

【在抗击新冠肺炎疫情战役中发挥正能量】 发挥老同志在抗击新冠肺炎疫情战役中的独特优势，持续为党的事业和社会进步增添正能量。总部和各直属单位离退休工作部门坚决贯彻习近平总书记重要讲话精神和党中央决策部署及集团公司党组有关要求，在抗击疫情战役中坚定信心、积极作为。充分发挥离退休党支部战斗堡垒作用。通过多种形式进行学习引导，开展线上书画作品展、居家健康生活展示等活动，消除焦虑恐慌，增强战疫信心。积极开展正能量活动。开展“传承石油精神、弘扬石化传统”“增添正能量·共筑中国梦”“我看脱贫攻坚新成就”等活动，通过多种形式，发挥老同志的独特优势和典型示范带动作用，为坚决打赢疫情防控阻击战贡献力量。

（崔文生）

【加强思想政治建设】 加强离退休人员思想政治建设，引导离退休老同志时刻听党话、永远跟党走。贯彻中央部署和集团公司党组要求。把学习贯彻习近平新时代中国特色社会主义思想作为离退休工作的根本任务，采取开展网络主题党日活动、通过微信群转发学习资料、组织腾讯（钉钉）视频支部学习会等方式，开展离退休老同志学习活动，教育引导老同志听党话、跟党走。认真落实离退休干部政治待遇。及时向离退休干部通报中央有关会议和文件精神，使全系统离退休老同志树牢“四个意识”、坚定“四个自信”、做到“两个维护”。

（崔文生）

【积极开展敬老月活动】 以敬老月为契机，向离退休老同志传递各级党组织的关心关爱。向离退休老同志致慰问信。重阳节前夕，党组领导在《中国石化报》头版发表慰问信，向全系统离退休老同志致以节日祝福和诚挚问候。指导企业开展老年文体活动。按照疫情防控常态化要求，结合退休人员社会化工作实际和老同志特点，指导企业以通报情况、走访慰问、文艺演出、座谈联欢等形式开展活动。开展评选表彰“石化健康老人”活动。表彰全系统184名2020年度“石化健康老人”，起到示范作用。

（崔文生）

【做好退休人员社会化管理工作】 按照中办国办厅字〔2019〕19号和中国石化企〔2020〕55号文件精神，做好企业退休人员社会化移交工作。扎实推进退休人员社会化管理工作。做好社保管理服务有效衔接、党员组织关系转移，配合进行人事档案属地集中管理、统筹外费用处理和资产划转工作，按时完成主体任务，总体运行平稳可控、有序有效。审阅直属单位退休人员社会化管理工作方案。按照集团公司部署安排，除具体负责总部退休人员社会移交工作外，还负责审阅全系统129家直属单位报送的退休人员社会化管理工作方案。协调在京单位开展社会化工作。积极做好沟通、协调在京单位与北京市有关部门的对接工作。

（崔文生）

【认真做好关心下一代工作】 按照中国关工委工作部署和集团公司党组要求，认真做好集团公司关心下一代工作。学习贯彻纪念中国关工委成立30周年大会精神。11月17—18日，纪念中国关工委成立30周年大会召开，中国石化6个集体和32名个人受到大会表彰。会后以签报形式向党组领导报送《关于参加纪念中国关工委成立30周年暨全国关心下一代工作表彰大会有关情况的汇报》。开展爱国主义教育。依托银发宣讲、红夕阳讲坛等平台载体，开展“传承红色基因、争做时代新人”“传承石油精神、弘扬石化传统”等主题教育活动，发挥“五老”独特优势和示范带动作用。南化公司厂史陈列馆被中国关工委评为第4批全国关心下一代党史国史教育基地，集团公司关工委领导出席挂牌仪式并对做好青年员工党史国史教育提出要求。积极参与社会治理创新。配合有关部门开展普法教育、家庭教育、关爱帮扶等活动。

（崔文生）

【强化部门自身建设】 持续加强部门自身建设，努力推进新时代离退休工作创新发展。抓好政治理论学习。持续以习近平新时代中国特色社会主义思想武装头脑，深入学习贯彻党的十九大和十九届二中、三中、四中、五中全会精神，强化理论学习，严格工作标准，增强服务意识，建设一支讲政治、重感情、业务精、作风好、老同志信得过的过硬团队。加强作风建设。要求全系统离退休工作者大力传承石油精神、弘扬石化传统，始终保持昂扬向上的工作状态，切实落实“马上就办”“办就办好”和“首问负责制”，以精细、严谨、务实、高效的作风做好离退休各项服务管理工作。抓宣传信息工作，充分发挥《石化老年》《离退休工作信息》和“石化离退休”微信公众号的凝心聚力宣传作用。抓片区研讨交流，总结和推广离退休工作先进经验和研究成果，促进全系统工作水平和服务质量提升。

（崔文生）

中国石化 SINOPEC

物资采购与管理

综　述

2020年，面对新冠肺炎疫情冲击、供应链风险加剧等重大挑战，物资供应系统坚决贯彻集团公司党组决策部署，积极融入“一基两翼三新”产业格局，同心同向，顽强拼搏，全面保障物资供应，奋力推进攻坚创效，深入推进管理提升，为集团公司疫情防控和生产经营“双战双胜”做出重要贡献。

疫情防控物资保障到位。通过全球紧急寻源，多方汇集资源，贯通产业链条，全力协调运输，全力确保防疫物资供给到位，全力推动防护口罩增能上产，全力保障从零起步建成熔喷布生产基地，在战“疫”大考中交出合格答卷。

物资保供降本成效显著。聚焦复工复产和重点项目物资需求，贴近现场、靠前服务，强化统筹、加大协调，有力履行保供服务责任。扎实推进“百日攻坚创效”“持续攻坚创效”行动，紧盯市场动态，优化采购策略，提优集中招标，推进国产攻关，降低库存占用，推行绿色采购，深挖物资采购降本潜力。

集团化采购效能持续提升。优化集团化采购运行，调整集团化采购目录，动态调整组采牵头单位，加强集团化采购物资框架协议管理，充分发挥集中采购规模优势和总部、企业积极性。推进区域资源共享和央企联合采购，在更大程度上集中需求、共享资源，推进集团化采购更上台阶。

招标采购更为高效规范。简化企业招标方案审批流程，推进大宗原辅料二阶段招标，建立招标异议快速处理机制，大力推行全流程电子化招标和远程招标，持续提升招标工作质量和效率。提出物资招标采购“七加强、六不得”，进一步优化营商环境。组织物资招标采购征文活动，推动招标采购理论研究与管理创新。

电商平台生态建设加快。聚焦系统集成优化，推进物资域全流程贯通、仓储数字化和设备全生命周期管理信息化，加快推进物资采购数字转型。优化“易派客”平台功能，完善“易系列”生态，推进“易派客”标准体系建设，做优做强平台服务，推动创造更大价值。

物资采购管理持续提升。落实对标一流管理提升行动，推进采购管理对标评估，全面聚焦精益管理，推进全生命周期采购，加强标准化采购，优化供应资源管理和物资质量管理，加强物资供应队伍培训，推动物资采购管理基础更为夯实，管理水平持续提升。

（杜　涵）

保供降本

【概述】 2020年，物资供应系统全力保障防疫物资供应，全力保障复工复产需求，全力服务重点工程项目，持续推进采购攻坚创效，大力推进重大装备国产化，全年累计供应生产建设物资2 163亿元，其中长周期设备1 172台（套）、次长周期设备6 836台（套），阀门20余万台，煤炭3 531万吨，钢材296万吨，化工原辅料1 060亿元。全年节约采购资金144亿元，采购资金节约率达6.6%，提高0.8个百分点，有力保障了生产建设物资的安全、及时、绿色、经济供应。

（杜　涵）

【保障防疫物资生产供应】 全力保障防疫物资供应，成立防疫物资保障专项工作组，建立17个应急保供工作群，集结总部企业1 430名采购人员，在武汉、北京、上海、南京4地设立应急储备库及配送基地，境内外、线上下、全天候联动，24小时响应防疫需求。全年累计为集团公司境内企业供应防护口罩近7 000万只、测温仪器2.9万支、消毒化学品410吨，为30个国家（地区）的37家境外机构和项目供应防护口罩175万只、其他防护物资7万件。在燕山石化、仪征化纤熔喷布生产线建设中，紧急协调多方政府部门、地方海关和16个设备制造厂家，调配7个省13个市优质运输资源，8天抢运燕山石化28台（套）设备，1个月交付仪征化纤原需6个月交货的生产线设备，助力快速建设投用16条熔喷布生产线。发挥中国石化供应链核心企业作用，发布“我有熔喷布、谁有口罩机”的英雄帖，贯通产业链，融通供应链，全力推动口罩增能上产，仅用32天实现每日自产和协产口罩“双百万”，累计生产口罩超2亿只。

（杜　涵）

【保障重点项目物资供应】 围绕复工复产，系统梳理需求，按照“一项目一策略、一节点一任务”，优化采购方案，强化供应协调，成立55个保供服务小组和24个招标服务组，盯紧物资供应关键节点，统筹推进项目采购，全力协调工厂制造、质量检验、现场服务和资料交接，有力保障46个重点工程项目、120套大修改造装置的物资供应。其中，镇海基地项目261台（套）设备提前1个月完成采购，海南乙烯项目年底全部完成框架协议签署，天津、湛江、库车3个原油商储项目提前10个月中交。在集团公司重点项目“百日攻坚创效”和“持续攻坚创效”中，345个物资供应相关节点全部按期完成，有力保障重点项目物资及时供应。

（杜　涵）

【推进重大装备国产化】 紧紧围绕集团公司“一基两翼三新”产业格局，编制中国石化重大装备国产化“十四五”发展规划，统筹推进重大装备国产化工作。梳理“卡脖子”物资清单，依托重点工程项目开展重大装备国产化论证，2020年确立120万吨/年裂解气和丙烯压缩机组等26个国产化攻关项目，其中13个项目通过技术委托开发已启动国产化攻关工作，对比进口设备节约采购资金1.81亿元，交货周期普遍缩短30%以上。截至“十三五”末，中国石化油气勘探开发装备国产化率达92%、千万吨级炼油装置国产化率达94%、百万吨级乙烯工程国产化率达87%、百万吨级芳烃项目国产化率达92%、煤化工项目国产化率达94%，重大装备国内制造周期较进口普遍缩短4—6个月，共计节约采购资金约5亿元。

（杜　涵）

【降低物资采购成本】 扎实推进“百日攻坚创效”“持续攻坚创效”行动，深挖采购降本潜力。紧盯原材料市场价格变化，及时优化调整石脑油、煤炭、油套管等大宗物资采购价格，全年石脑油采购节约4.2亿元、煤炭采购节约12.5亿元、油套管采购节约6.8亿元。推进集中招标降本，充分集合7个原油商储项目需求，发挥规模优势开展集中招标，罐板采购资金节约率18%、焊材节约率21%。推进联合采购降本，与中国石油、中国海油共享采购资源，统一招标方案，DCS备件、消防车、聚丙烯催化剂等品种降本显著。大力推进绿色采购降本，推进包装物减量计划，推进能效提升设备采购，集团公司全年共采购高能效设备近1.2万台。大力推进全生命周期采购，选取压缩机、空分、锅炉等75类物资，按照运行性能、检修维护和可靠性3类指标，制定应用量化评价标准，追求全生命周期性价最优。

（杜　涵）

集团化采购

【概述】 2020年，集团化采购总额达1 921亿元，集团化采购率达88.8%、提高0.6个百分点，集团化采购规模稳步提升，集中采购规模优势得到更大发挥。持续完善集中决策、专业执行、上下协同的集团化采购运行模式，总部及企业两级集中采购率保持在100%。推进区域资源共享和央企联合采购，进一步提升集团化采购效能。

（杜　涵）

【持续优化集团化采购运行】 优化集团化采购物资目录，将防喷器及控制装置配件、钻井泥浆泵配件、造粒设备配件、固井工具、多极多速电动机等物资调整为集团化采购物资，集团化采购物资共 1 838 个小类，占物资小类总数的 40%，进一步整合大宗通用物资需求。优化总部组织集中采购运行，对 40 家组采牵头企业开展考核评价，动态调整 228 项总部组采物资的牵头单位，充分发挥总部和企业的分工优势。加强集团化采购框架协议管理，疫情期间发布集团化采购框架协议延期清单，每月对框架协议接续情况开展跟踪通报。全年签订集团化采购框架协议 10 529 份，集团化采购框架协议接续及时率保持在 100%，保障生产建设物资平稳有序供应。

（杜　涵）

【推进央企联合采购】 与中国石油、中国海油开展央企联合采购，建立三方工作机制，组建设备、电仪、材料、化工、煤炭、海外及资源共享 7 个专业小组，确定 47 个联合采购试点品种，对部分设备配件、特殊储备、应急储备和抢险救灾物资开展库存信息共享，推进供应商信息、技术标准、国产攻关成果、评标专家资源、电子平台资源及海外采购资源共享，提升集中采购效能和供应保障能力。

（杜　涵）

【推进区域资源共享】 优化整合西南工区、江苏地区上游企业物资采购、仓储、质检、配送资源，制订资源共享优化提升方案。西南工区以钻井液化学剂、页岩气压裂材料和气田涉硫涉酸材料为试点品种，确定区域牵头单位，分头整合区域资源，按区域统一确定运输商、建设中心库，由牵头单位统一组织必检物资检验，推进区域采购集中化、质检一体化、储备信息化、配送网格化，有效提升区域物资供应效能。

（杜　涵）

招标采购

【概述】 严格落实国家审计署发现问题整改，贯彻落实《优化营商环境条例》要求，坚决推进应招必招、能招尽招，持续优化招标采购管理。2020 年，集团公司招标采购率达 85.2%，提高 1 个百分点；公开招标率达 97.1%，提高 1 个百分点；电子招标率达 98%，提高 2.7 个百分点，招标采购质量效率进一步提升。

（杜　涵）

【强化招标基础管理】 进一步加强招标采购管理，明确物资招标采购“七加强、六不得”要求，加强招标制度执行、招标方案管理、条件设置管理、评标办法管理、招标过程控制、招标后评估和招标队伍培训，不得以不合理的条件限制或者排斥潜在投标人，规范招标业务操作，持续优化营商环境。落实《保障中小企业款项支付条例》要求，优化投标保证金支付方式，建立投标保证金的收取清退流程，确保招标采购依法合规。组织 2020 年物资招标采购征文活动，共收到 57 家单位的 257 篇来稿，评选产生优秀论文 50 篇，其中 15 篇在中国招标投标协会组织的 2020 年中国招标采购理论研究与实践创新征文活动中获奖，物资招标采购的理论研究进一步深入。

（杜　涵）

【持续提升招标效能】 简化企业招标方案审批流程，对企业集中采购招标方案，取消总部专业采购部审批环节。建立招标异常快速处理机制，制定招标业务异常协同处理管理办法，提升异议处理质量和时效。推进实施大宗原辅料二阶段招标，快速响应市场价格变化，进一步提高招标效率。大力推行全流程电子化招标和远程招标，实行“投标不见面、评标不聚集、全程无纸化”，疫情期间远程招标比例达 86.3%，为集团公司复工复产保驾护航。

（杜　涵）

电子化采购

【概述】 2020年，物资供应系统加快推进采购数字化转型，优化完善电子化采购信息系统，持续深化系统集成和数据共享。加快构建电商平台生态体系，“易派客”平台专区功能不断完善，“易系列”工具应用进一步推进，“易派客”标准体系建设加快。集团公司全年网上采购率达99.8%，提升1.3个百分点，平台采购广泛应用，采购效能持续提升。

（杜　涵）

【持续深化信息系统应用】 持续优化电子化采购功能，完善供应资源信息数据库，深化供应资源标准化信息的集成应用；推进物资需求计划（MRP）功能优化，进一步提升订单集成、供应商评价等功能。全力推进信息化项目建设，完成物资域全流程贯通、仓储数字化、重要设备全生命周期信息化和废旧物资处置专区等各重点项目的开发测试工作，2020年在11家企业实现试点上线，系统集成和数据共享加速推进。

（杜　涵）

【持续提优电商生态】 全力打造“易派客”特色专区，优化完善钢铁、阀门、劳保、MRO等专区功能，展现专业特质，提升服务质量，实现价值增值。推进物流专区上线运行，全面集成物流信息，汇集整合物流资源，贯通采购订单与物流业务流程，挖掘物流服务价值。持续完善推广“易系列”工具，全力打造工业品电商生态，以服务强黏性、提流量、增效益。全年实现“易保理”服务规模49亿元、“易权通”服务规模6亿元、“易商旅”服务规模5 577万元、“易生活”服务规模2 523万元。

（杜　涵）

【大力推动“易派客”标准应用】 持续完善“易派客”标准体系，累计制定以产品质量评价标准为核心要素的企业标准2 990项，参与制定国际标准2项、国家标准3项、行业标准4项、团体标准1项，提升平台公信力，增强用户信任度。推进“易派客”标准国际化发展，“易派客”产品质量评价模板入选IEC标准，“易派客”绝热泡沫玻璃质量评价标准在ISO获准立项，推动实现“一次检验、一张证书、全球通用”，获评中国质量协会2020年全国质量标杆。

（杜　涵）

物资管理

【概述】 物资供应系统深入推进对标一流管理提升行动，扎实开展采购管理对标评估，中国石化采购管理水平持续位居央企前列。着力提升标准化采购，加强供应资源管理，强化物资质量管理，优化物资储备管理，加强物资供应队伍培训，物资供应管理持续强化。

（杜　涵）

【深入开展采购管理对标提升】 持续推进采购管理提升，在国务院国资委中央企业采购管理对标评估中，中国石化总分位居同组第一，连续6年位列首位，采购管理组织与体制、采购管理流程与运营、供应商管理、信息化与大数据应用4项分项指标均排名组内第一。落实对标一流管理提升行动，分解采购管理对标提升重点任务，全力提升集中采购、标准化采购、招标采购水平。扎实开展企业采购管理对标评估，胜利油田、茂名石化、上海石化、石油工程公司、炼化工程集团、浙江石油分公司、重庆石油分公司等牵头单位认真负责、积极组织，102家企业高质量完成自评、分组调研和集中评估，“比学赶超”蔚然成风。

（杜　涵）

【推进标准化采购工作】 大力推进标准化设计、标准化采购，编制国内上游、炼油化工、油品销售各业务板块的标准化采购工作推进方案，计划对246项采购技术标准规范进行制修订。2020年编制完成国内上游82项采购技术标准，国内上游采购物资化工专业标准化率达90%、材料专业达97%、电仪专业达69%、设备专业达45%，进一步规范物资选型，提升通用互换性和稳定可靠性。

（杜　涵）

【加强供应资源管理】 严格供应商资格审查和违约处理，2020年新增资格审查合格供应商3 210家，其中招标采购资格审查合格供应商1 475家、其他采购方式资格审查合格供应商1 681家、通过法人信用认证且产品质量评价合格供应商54家。克服新冠肺炎疫情影响，对1 187家投标供应商开展现场复核，现场复核合格率为95%。全年共向145家供应商发出提示函，处理违约供应商41家，其中取消交易资格18家、暂停交易资格15家、通报降级8家，督促供应商诚信经营，维护阳光、透明、健康、诚信的物资供应生态。严格供应商履约动态考评，及时调整14 301家供应商的星级级别，并反馈到采购决策环节，促进供应商不断提高服务水平。

（杜　涵）

【强化物资质量管理】 制修订A类石油石化设备材料监造大纲，将85项A类设备材料分为材料、阀门管件、石化专用设备、石化转动设备与电气设备、石油专用设备5个分册，对质量控制要求和监造工作流程进行全面规范。加强质量巡检、监造和监督检查，全年对9 425台（套）设备、8.4万件阀门及管配件和23.7万吨重要材料实施监造，及时发现并跟踪处置质量异常问题887项，物资入库验收合格率99%以上，有效保证物资制造质量。

（杜　涵）

【优化物资储备管理】 进一步强化储备管理，组织开展清仓查库，积极推行储物于商，加大调度调剂，开展改代利用，减少资金占用，库存规模下降5.3%，积压物资下降21.9%。推进储备资源集中共享，建立DCS备件战略储备，编制涉外关键配件储备清单，建立“易派客”应急物资专区及不锈钢管、合金钢管、阀门等总部集中储备物资专区，推进应急抢险物资库存资源共享，应急保障能力进一步增强。

（杜　涵）

【加强物资供应队伍建设】 建设物资采购在线培训专区，组织开展物资采购招标及评标相关人员培训、物资供应管理绩效考核办法制度解读培训、物资采购信息系统优化提升培训，各企业招标人员、评标专家、管理科长、关键用户等相关人员积极参与在线学习，共计培训1.9万余人次。针对招标及评标相关人员培训课程内容，组织编写1 200余项题目，在线开展专项测试，招标培训人员考试通过率达84.5%，评标培训学员考试通过率达76%，供应队伍的专业素质和业务能力得到进一步提升。

（杜　涵）

中国石化 SINOPEC

信息和数字化

综述 | 经营管理数字化 | 生产营运数字化 | 贸易和金融服务数字化 | 信息和数字化基础设施 | 信息和网络安全 | 综合管理

综　述

2020年，中国石化聚焦提质增效升级和塑造竞争新优势，大力推进产业数字化转型。联合石化公司ERP、商旅平台等重点项目完成推广上线，智能运营中心、智能化“田厂站院”建设实现重要突破，经营管理数据服务平台、企业数据资源中心试点工作扎实推进，国资监管信息化水平评估、2020网络安防演习成绩均排名央企前列、行业领先。推进“两化”深度融合取得新成效，青岛安全工程研究院、化工销售公司、镇海炼化、胜利油田4家企业的创新应用成果被国务院国资委选为2020年国有企业数字化转型典型案例，信息和数字化有效促进产业升级、提质增效，为集团公司实现“双战双胜”提供重要支撑。

（王景涛）

经营管理数字化

【建设和应用】 完善经营管理平台系统，应用集成化、业务协同化、管理数字化水平有了新提高。完成联合石化公司ERP推广并实现全面上线运行；建设推广全面预算、资产分类评价、金融衍生品风险管理等系统应用，石化党建平台实现“三个百分之百”全覆盖，新一代协同办公系统在总部和31家企业上线应用；建设经营管理数据服务平台，建立3万多个数据资源模型，支持了财务、物资、营销、金融等业务领域数据共享和分析应用；加强ERP、合同、内控、审计、业务公开等系统集成，完成企业财务系统权限梳理与问题整改专项工作；全力配合国家管网改革的移交工作，全面完成云资源专区搭建、系统分拆和应用迁移，保证了管网资产顺利交接。

（王景涛）

【“十三五”推广应用成效】 建成集成共享的经营管理平台，提升了集团规范化、精细化管理水平。全面推广ERP大集中、一体化投资优化与管控、集团统一报表、共享服务等平台系统，完善提升资金集中、合同管理、审计、纪检监察等系统功能，强化了集团管控、风险防范，促进了管理提升、业务转型。财务管理实现集团会计核算“一本账”，全级次报表实现在统一系统、按统一标准快速出具；集团统一“资金池”“票据池”覆盖境内外所有企业，企业资金集中度达94%，统筹运作资金年均创效60亿元以上；共享服务平台支撑了一体化共享服务业务运营，财务共享服务实现标准化、自动化、智能化；合同、法务、审计、内控、纪检监察等管理实现全程在线、信息共享，实现线上线下闭环管控，促进了“大监督”格局建设。

（王景涛）

生产营运数字化

【建设和应用】 加强生产领域数字化、智能化建设，推进产业智能制造升级取得新进展。完成智能运营中心四大功能44项应用的总体方案设计并启动建设，已完成危险化学品运输监测等15项应用上线；总结中原普光、西北油田采油三厂智能油气田试点成果，形成建设规范和业务组件，并在西北油田、胜利海洋、江汉涪陵3家单位开展智能油气田推广建设；稳步推进智能工厂建设，完成齐鲁石化、天津石化、上海石化、金陵石化、海南炼化、青岛炼化6家企业推广，首次在中科炼化实现生产基地和智能工厂建设同步设计、同步施工、同步投用，在扬子石化、长岭炼化、广州石化、北海炼化4家企业推广实施；加快智能加油服务站建设，完成站级一体化系统在近2万座加油站推广，“易捷加油”“石化钱包”等便捷应用实现全国上线；完成大连石油化工研究院智能研究院试点建设，13项应用全面上线运行；在国家工信部、应急管理部和国务院国资委指导下，与中国工业互联网研究院、中国移动、航天科工等单位联合开展“工业互联网+安全生产”“工业互联网+设备管理”等应用创新工作。

（王景涛）

【“十三五”推广应用成效】 建成协同智能的生产营运平台，提升了资源优化、降本增效和本质安全水平。总部生产营运指挥系统覆盖集团全产业链，增强了生产运营一体化统筹能力；利用计划优化系统建立生产经营一体化优化模型，实现集团资源合理配置、区域资源平衡优化；通过推广安全、环保、油气管线、危险化学品运输等管理系统，实现业务运行实时监控和风险隐患动态监管，提高了快速响应和应急处置能力。推进产业智能制造升级，累计建成2个智能油气田示范区、11家智能工厂、150座智能加油站和1家智能化研究院，走在了中国流程工业智能制造应用领域前列。通过数字化改造，提升了企业全面感知、协同优化、预测预警和科学决策能力，创新了生产组织方式、运营管理模式，部分企业实现一体化优化、精细化生产、智能化管理。

（王景涛）

贸易和金融服务数字化

【建设和应用】 加强金融科技、电子商务等服务平台推广应用，助力新业态、新经济发展实现新突破。推进金融科技平台建设，完成B2C支付、通用风控和征信服务等功能上线应用，实现供应链金融产品、在线保险产品试点上线。完成商旅平台在全集团推广上线，实现员工差旅全流程服务，全年累计服务员工出行32万余次；提升“石化e贸”平台功能，支撑化工品统销全类产品、企业自销产品及燃料油、天然气等业务实现线上销售，平台成交量达6 094万吨，增长46.3%；完善“易派客”平台建设，完成与41家供应商系统一体化连接，支撑了阳光供应链生态建设，平台年交易额突破3 900亿元，被国家工信部评为2020年大数据产业发展试点示范。

（王景涛）

【“十三五”推广应用成效】 建成互联高效的客户服务平台，促进了营销服务模式创新，支撑了商业新业态发展。“易派客”“石化e贸”、易捷等专业电子商务快速推广，形成具有石化特色的“互联网+”商业生态圈。其中，“易派客”打造易采购、易保险等“易”系列服务产品，业务遍及104个国家和地区，平台运营5年，累计交易额突破1.41万亿元，“易派客”先后获评2017年金砖国家核心成果、2020年全国十佳电子化采购平台；“石化e贸”为客户提供合约采购、现货销售、竞价交易等“一站式”服务，提高了市场快速响应、精确营销服务能力；以“易捷”为核心的油品和非油品综合服务矩阵，实现线上线下多渠道聚合、多场景无接触消费服务，支撑了多元化经营生态圈建设。

（王景涛）

信息和数字化基础设施

【建设和应用】 提升网络、云资源等基础设施能力，信息系统安全保障水平迈上新台阶。沙河数据中心基本建成，支撑了智能制造、“石化钱包”等重点项目快速部署和推广应用；集团境内互联网出口实现全面集中管控，全集团境内互联网出口从上千个削减为22个，有效降低了网络安全攻击风险；推进实施信创工程，启动中国石化北斗运营服务中心建设，完成集团和企业门户网站IPv6转换工作。

（王景涛）

【“十三五”推广应用成效】 建成敏捷安全的技术支撑平台，保障了信息基础设施和应用系统安稳高效运行。建成覆盖总部、区域中心和企业的石化混合云，支撑900多个应用云上运行；建成境内外10个区域中心、9个子节点，网络覆盖235家企业和分支机构，主干网总带宽达50G；建成南京灾备中心，实现资金集中等27个重要系统异地灾备；统一身份、移动应用、即时通信“石化通”、高清视频会议等基础应用全面推广。

（王景涛）

信息和网络安全

【建设和管理】 持续加强网络安全风险评估、隐患治理、定向帮扶和实战攻防演练工作，企业网络安全管理水平明显提升，评价达B级以上水平的单位有101家，占比83.47%，提高20%，全集团全年未发生重大网络安全事件；高度重视、周密部署，认真组织企业参加公安部2020网络攻防演习，总得分排名央企前列、行业领先；组队参加“2020全国工业互联网安全技术技能大赛”和“中央企业‘新基建’网络安全技术大赛”，分获团体总分奖和团体二等奖。

（王景涛）

【“十三五”推广应用成效】 网络安全综合防御水平大幅提升，建立了网络安全责任制、“三同步”管控、网络安全通报、重点时期保障与应急响应处置等长效机制，实行信息化项目网络安全“一票否决”；建成了网络纵深防御体系和态势感知平台，实现互联网应用、互联网访问和桌面终端安全管控全覆盖。

（王景涛）

综合管理

【加强信息和数字化顶层设计】 围绕集团公司“打造世界领先洁净能源化工公司”、构建“一基两翼三新”产业格局的总体部署，编制《中国石化数字化转型战略研究报告》《中国石化“十四五”信息化发展规划报告》，系统谋划集团公司未来一段时期信息和数字化发展的目标、路径和重点任务，初步完成集团公司信息化应用架构（信息化树）设计，为总部、事业部（专业公司）和企业的各层级信息化建设提供基本遵循。

（王景涛）

【深入开展深化改革、对标提升专项工作】 按照集团公司党组和全面深化改革领导小组的工作部署要求，制定相关工作任务和推进措施，组织油田、炼化板块交流会和企业信息处长座谈会，对推进信息化管理提升、数字化转型工作进行再部署、再落实；完善信息化制度体系框架，新修订《信息和数字化管理办法》《信息系统安全等级保护管理办法》《网络安全和信息化考核细则》等规章制度；制定12项“石化智云”平台建设技术规范，初步建立以内部企业IT团队为主的“石化智云”平台运营机制；开展数据治理工作，油田、炼化企业数据资源中心试点建设取得突破；组织新一代信息技术、“两化”融合、数字化转型等线上专题培训，全年累计培训企业信息化人员 5 100 余人次；组织开展企业“两化”融合管理体系贯标，全年完成 10 家企业贯标实施，累计通过贯标认定企业达 47 家，总数排名央企前列。

（王景涛）

【深入开展持续攻坚创效工作】 充分发挥信息化在打赢疫情防控阻击战和持续攻坚创效工作中的重要支撑作用，疫情期间以最快速度完成总部机关视频会议设备部署和网络改扩建，优化完善视频会议保障机制，充分满足复产复工多业务场景视频会议和远程办公需求，圆满完成中科炼化“云投产”三地直播互动等多个大型视频会议保障任务；指导各企业信息化部门迅速推广电子门禁、复工管控、移动办公等系统，持续加强计算机机房和网络巡检；石化盈科公司、共享服务公司和各企业通力合作，全面加强各类信息系统、电商平台的运行保障和技术支持，确保总部调度指令顺畅通达、“供、产、销、运”协同联动、资金财务有序运转，“易派客”电子商务、进出厂物流管理、融合通信、移动应用、网络学院 5 个信息系统被国务院国资委选入“首批企业数字化抗疫产品和服务清单”；深入实施“深化应用创新创效行动计划”，累计形成企业典型案例 119 项，促进增收创效效果显著。

（王景涛）

【“十三五”期间获得荣誉】 “十三五”期间，集团公司信息化水平持续位列央企第一方阵前列，累计获评国家试点示范 23 项、央企典型案例 15 项。其中，集团公司被国家工信部评为“两化”融合突出贡献单位，“石化智云”“石化 e 贸”“易派客”、共享服务平台、智能工厂等被国务院国资委评为央企信息化应用优秀案例；九江石化、镇海炼化、茂名石化、上海石化、中原普光 5 家企业获评国家级智能制造试点示范；石油石化工业互联网平台（ProMACE）被国家工信部选为 2018 年工业互联网试点示范项目，油气生产智能管控等 2 个工业 APP 获评 2019 年工业互联网 APP 优秀解决方案，安全工程研究院、化工销售公司、镇海炼化、胜利油田 4 家企业成果获评 2020 年国有企业数字化转型典型案例。

（王景涛）

中国石化 SINOPEC

内部监督

纪检监察

综　述

2020年，面对严峻复杂的大战大考和艰巨繁重的改革发展稳定任务，在以习近平同志为核心的党中央坚强领导下，集团公司党组和纪检监察组认真贯彻落实中央纪委国家监委、中组部、国务院国资委党委部署，忠诚践行“两个维护”，以深化中央巡视整改为牵引，坚定不移全面从严治党，持之以恒正风肃纪反腐，充分发挥监督保障执行、促进完善发展作用，公司政治生态全面重塑并实现根本好转，为夺取疫情防控和生产经营“双胜利”，全面完成改革发展各项目标任务提供坚强保证。

（郝风波）

政治建设

【突出政治引领】 坚持和完善“第一议题”制度，通过党组（党委）会、中心组学习、专题研讨等多种形式，在学懂弄通做实习近平新时代中国特色社会主义思想上下功夫。制定实施《党组深入贯彻落实习近平总书记重要指示批示工作细则》《党组进一步加强向党中央请示报告工作机制》，部署开展落实总书记重要指示批示“回头看”，确保件件有回应，事事有着落。

（郝风波）

【压实政治责任】 召开加强党的政治建设推进会，深化推进党的政治建设22项重点措施，制定巩固深化主题教育成果25项重点措施，印发《党组落实全面从严治党主体责任办法》，推动各级党组织细化责任清单，健全责任体系，明确目标措施。加强对领导干部监督，完成300余名党组管理领导人员政治素质反向测评，加强领导人员廉洁情况“活页夹”对比研判、贯通应用，纪检监察组共对236名拟提任领导人员回复党风廉政意见。

（郝风波）

【强化政治监督】 紧跟中心和大局，聚焦落实习近平总书记关于口罩及熔喷布（料）有关工作的重要指示批示精神，全过程跟进监督防疫物资转产扩产保供稳价；聚焦保障国家能源安全，落实“四个革命、一个合作”能源安全新战略，深入研判应对低油价中的重大风险、突出困难和难得机遇，督促抓住用好低油价窗口期；聚焦科技创新引领，围绕落实党中央创新引领决策部署开展深入调研，提出完善科技体制机制针对性措施，督促推动破解“卡脖子”难题；聚焦深化改革三年行动，跟进督促公司深化改革三年行动实施方案和80项具体措施推进实施；聚焦决战决胜脱贫攻坚，深入开展扶贫领域腐败和作风问题专项治理，对8个对口支援和定点扶贫县开展全覆盖“回头看”，对12家直属单位扶贫工作开展重点检查；聚焦落实“六稳”“六保”，督促推进攻坚创效行动，有效保障党中央重大决策部署及党组重点工作部署落实落地。一系列及时具体、精准有效的政治监督，有力提振了士气、提升了形象，彰显了中国石化“大国重器”的顶梁柱作用，得到党中央国务院领导、中央纪委国家监委、中组部、国务院国资委等高度肯定。

（郝风波）

构建“大监督”格局

【优化“大监督”顶层设计】 突出党组（党委）全面监督的引领性和系统性，突出纪检监察机构专责监督的政治性和权威性，突出业务部门职能监管的专业性和针对性，以纪检监察监督为主干，以干部监督为基本环节，以巡视巡察监督为桥梁纽带，以财会监督为基础，以审计监督为尖兵，以法律合规监督为底线，以群众监督为检验，以信息化大数据为支撑，推动监督融入公司治理、转化为治理效能。

（郝风波）

【做实“大监督”平台】 充实调整监督委员会及其办公室，制定监督委员会工作规则（试行），每月召开监督委员会办公室工作例会，每季度印发监督重点任务清单，建立请示报告、重大风险研判、信息互通、监管互动、措施互补、成果互享、督办反馈等工作运行机制，推动监督大融合，实现党内监督、监察监督、企业监督大贯通。

（郝风波）

【发挥“大监督”效能】 以强监督促进强监管，发挥“大监督”整合资源、集成信息、统筹协调、系统推进的平台优势，集中开展境外腐败、利益输送、设租寻租和化公为私问题“四个专项整治”，统筹推进违规经营投资责任追究工作体系建设，组织资金管理、非油品业务等专项监督，深化领导人员亲属经商办企业问题专项治理，抓实海南炼化、古雷石化等重点工程建设项目派驻督查，有效促进依法合规管理和风险防控，提升了“止损挽损、倒逼改革、规范管理、促进发展”监督效能。

（郝风波）

作风建设

【锲而不舍落实中央八项规定精神】 从严从快查处违反中央八项规定精神问题，点名道姓曝光典型问题，释放越往后盯得越紧、执纪越严强烈信号。持续整治违规吃喝、违规收受礼品礼金、违规超标准接待等突出问题，狠刹干部调整交流中“迎送风”等不良风气，坚决制止餐饮浪费，开展以食堂采购名义公款购买地方特产或礼品用于送礼问题专项检查，深挖细查顶风违纪、隐形变异问题。巩固拓展驻京办专项治理成果，稳步推进后续资产处置并加强监督检查，防止明关暗开、死灰复燃。

（郝风波）

【坚决整治形式主义、官僚主义】 制定《关于深化总部作风建设的若干措施》，实施持续为基层解困的23项重点措施，大力精文减会、严格检查评比计划事项监督执行，加强“四不两直”调研督查，开展集中纠治“四风”专项行动评估，广泛采用视频会议、连线调研等信息化方式，切实减轻基层企业负担。

（郝风波）

【大力传承弘扬优良作风】 发扬伟大抗疫精神，举办“石油魂——大庆精神铁人精神”宣讲报告会，召开“传承石油精神、弘扬石化传统，加强党建思想政治工作”推进会，激发在大战大考中的责任担当，厚植“苦干实干、三老四严、求真务实、精细严谨、家国情怀”的文化基因。

（郝风波）

一体推进不敢腐、不能腐、不想腐

【坚决有力惩治腐败】 始终保持惩治高压态势，发挥企地联合办案、内部提级办案优势，严肃查办违纪违法案件，与地方监委联合审查调查并采取留置措施 21 人。配合地方纪委监委全力开展国际追逃追赃，1 名“红通人员”归案。加大对典型案件及有关安全生产事故追责问责力度，精准运用“四种形态”，深化落实“三个区分开来”，健全用好澄清正名、容错纠错机制，激发干事创业、担当作为内生动力。

（郝风波）

【深化以案促教、以案促改、以案促治】 对资金管理、加油站建设等领域典型案件进行专题分析，用好纪检监察建议，督促系统整改、堵塞漏洞。深刻汲取案件教训，聘请独立中介机构对有关重点经营单位进行管理诊断，完善重大经营风险管控体系，进一步规范企业经营决策管理和风险防控。

（郝风波）

队伍建设

【严格选育管用】 突出政治标准、把好政治关口，拓宽选人用人视野，滚动调整直属单位纪委书记、副书记备用人选库，完善巡视备用人才库，建立审查调查、案件审理专业人才库。加大直属单位纪委书记、副书记轮岗交流力度，深化直属单位纪委书记履职考评结果运用及反馈力度。

（郝风波）

【加强专业化建设】 坚持边学习、边调研、边工作、边总结，开展“6+1”重点课题调研，分层分类开展全员培训，突出实战练兵，与地方纪委监委试点开展跟案学习、联合培养，选派 39 人参加上级培训和中央巡视、重大专项工作，强化政策水平，提升专业能力。

（郝风波）

【不断提高规范化法治化水平】 纪检监察机构改革、职能配置全面落地，天津工作局组建运行，各直属单位纪检机构完成规范更名。修订纪检监察组工作规则、请示报告等 10 余项改革配套制度，完善监督执纪执法工作流程，规范审批使用审查调查措施。选聘 20 名集团公司特约监督员，自觉接受群众监督。坚持刀刃向内、从严管理，严肃查处纪检监察干部违规违纪问题。

（郝风波）

党组巡视

【概述】 2020 年，集团公司党组巡视工作在集团公司党组、党组巡视工作领导小组正确领导下，克服疫情影响，坚守政治巡视定位，突出监督重点，创新方式方法，持续深化中央巡视整改，圆满完成 30 家单位的巡视任务，有序开展企业巡察工作，形成“一岗双责”“同题共答”协同推进的良好格局，有效发挥了监督保障执行、促进完善发展作用。

（于　伽）

【中央巡视整改成效进一步深化】 认真贯彻中央巡视工作新精神新要求，结合国务院国资委党建考核反馈问题，主动对照十九届中央第五轮巡视发现的问题开展自查，针对 7 个方面制定 30 项整改措施，一并纳入中央巡视整改任务清单，分类深化整改。集中整改时制定的 159 项措施均已完成或阶段性完成，一批深层次问题得到有效解决。5 月 7 日、11 月 13 日，张玉卓、赵东和蒋亮平先后向中央巡视办、中央纪委国家监委四室汇报推动中央巡视整改落实情况，得到相关领导充分肯定。

逐步健全完善整改机制，认真贯彻习近平总书记关于“四个融入”抓整改的要求，落实“三个三”整改机制，即细化“三个清单”、加强“三个统筹”、推进“三个纳入”，既注重“当下改”，又着眼“长久立”，整改质量和效果不断提升。建立“每周跟踪督办、每月汇总分析、阶段总结回顾”工作机制，定期专题研究推进中央巡视整改工作，推动党组、总部部门和直属企业 3 个层面同题共答、同频共振、同向发力。11 月下旬，组织开展复盘总结，结合“十四五”规划和 2021 年工作安排，对整改措施进行完善、增补，形成新版整改台账，包含整改措施 205 项，其中已完结 66 项、阶段性完成且需长期坚持深化 93 项、新增 12 项、其他需重点关注 34 项，推动整改任务层层分解、责任层层压实、措施层层落地。

（于　伽）

【党组巡视监督平台作用进一步彰显】 不断深化对政治巡视内涵和要求的理解和把握，坚持围绕中心、服务大局，认真落实党组和领导小组的各项部署安排，以政治生态建设“四部曲”为目标，紧扣职能责任、紧扣关键少数、紧扣重点问题。突出同题共答，将巡视监督作为全层级全员全过程必须共同完成好的一项重大政治任务，巡前广泛收集有关情况，主动向党组分管领导了解被巡视单位有关问题；巡中分赴巡视一线，加强指导督导；巡后压实被巡视党组织整改主体责任，做好巡视“后半篇文章”。持续创新方式方法，克服疫情影响，首次在第二轮巡视中采用“一托三”方式，同步对 20 家单位党组织开展常规巡视、机动巡视和巡视“回头看”，首次由党组书记做进驻动员讲话，首次将巡视进驻动员与警示教育大会合并召开，首次采取“视频＋现场”“会议＋书面”相结合方式完成 2020 年第二轮巡视反馈工作，首次对 2017 年以来巡视的 130 家单位开展巡视整改“回访”评价，党组巡视权威性、震慑性、实效性和公信力显著增强。

（于　伽）

【党委巡察工作进一步规范】 全面贯彻中央巡视工作方针，准确把握政治巡视要求，系统谋划部署，党委巡察工作进一步规范。在“面上”加大指导力度。打通全面从严治党“最后一公里”，在前期分类指导推动的基础上印发《关于直属单位党委开展巡察工作的意见》，为全面规范开展巡察工作提供遵循和依据。在“线上”推进交流提升。按照“全覆盖开展—规范化进展—高质量发展”三部曲的总体思路，组织召开部分直属单位巡察工作座谈会，交流经验，解决问题，促进提升。在“点上”加强调研督导。动态掌握各单位巡察工作开展情况，利用党组巡视现场督导之机对企业开展巡察工作调研，了解巡察工作开展情况和存在的问题及建议，对有关工作进行指导，通过“以干代训”提高巡察干部政治站位和业务能力，带动巡察工作高质量开展。充分发挥巡视综合监督平台作用和联系群众纽带功能，推动各类监督贯通协同。

（于　伽）

【巡视巡察队伍建设强基固本】 强化队伍建设，按照“六有”（统筹有方、协调有序，指导有法、督导有为，服务有效、保障有力）要求，加强内部分工与协作。强化队伍培训，派员参加中央巡视培训，组织 2 轮巡前集中培训。当好巡视组“娘家”“管家”，完善联席会、巡视联系人机制，坚持领导班子带队赴巡视组进行调研督导。加强作风建设，制订《“三抓三促三提升”行动方案》，发布《廉洁自律提示板》。加强团队建设，关心关爱员工，给员工集体过生日，老同志退休统一实行“三个一”（一场欢送座谈会、一份暖心礼物、一段工作视频 VCR）；坚持党建带工建，参与“云健步走”、平板支撑健身等，引领“快乐工作、健康生活”新风尚；落实帮扶救助主体责任，做好工会帮扶活动，先后为多名会员申请“温暖”补助，员工向心力、凝聚力和精神面貌发生巨大变化。

（于　伽）

【其他工作】 健全完善制度体系建设，坚持把提高巡视工作规范化水平作为一项根本性的基础建设，结合工作实际完善制度体系，修订印发“一个办法”“两个意见”“三个规则”等6个规范指导类制度、9个操作实施类制度，巡视巡察工作规范化水平显著提高。加强信息化系统建设。按照总体规划设计、分步实施应用的原则，分期推进巡视巡察信息系统建设，对信息门户进行改版升级，结合疫情防控常态化管理要求，积极采用VLINK云视频会议APP，使用手机端民主测评和问卷调查，共计测评763人次，解决了疫情期间集中开会难的问题，促进了信息交流共享。

（于　伽）

内部审计

综　　述

2020年，审计部门在集团公司党组的正确领导下，认真贯彻落实党和国家及集团公司党组对审计工作的系列新要求新部署，全力推进审计制度建设、境外审计管理体制改革、审计队伍建设、审计工作转型升级等工作，圆满完成审计监督任务和审计署经济责任审计迎审配合工作，开展各类审计项目982项，促进增收节支11.83亿元，为集团公司打造世界领先洁净能源化工公司贡献了审计力量。

（李青山）

专项审计和审计调查

【概述】 2020年，审计部门紧紧围绕党中央重大决策部署，集团公司中心工作和企业热点、难点问题，开展专项审计或审计调查435项，促进了相关改革工作的落实和推进。

（李青山）

【总部组织实施的专项审计和审计调查】 总部紧密围绕党中央重大决策部署，按照集团公司党组部署安排，组织开展清理拖欠民营中小企业账款、信息化管理2项专项审计和金融衍生品业务、驻京办清理2项审计调查，揭示和反映了部分企业相关业务管理中存在的体制性障碍、制度性缺陷和管理漏洞，及时向集团公司党组提交审计报告，并提出建设性意见和建议，得到集团公司党组领导和有关部门的高度重视，为贯彻落实党中央重大决策部署，促进集团公司依法合规经营、加强风险防控、提质增效发挥了较好作用。

（李青山）

【企业组织实施的专项审计和审计调查】 企业审计部门紧紧围绕中心，抓住影响效益的关键领域和环节，组织开展成品油外采、直分销业务管理、采购管理等专项审计或审计调查431项，收到较好效果，促进了企业增收节支和精益管理。

（李青山）

经济责任审计

【概述】 2020 年，审计部门贯彻落实中办国办《党政主要领导干部和国有企事业单位主要领导人员经济责任审计规定》，经济责任审计内容由以财务收支为主调整为重点对领导干部权力运行和责任落实情况进行审计监督，由以离任经济责任审计为主向任中经济责任审计转变，全年开展经济责任审计 250 项，其中任中经济责任审计 30 项。

（李青山）

【总部组织实施的经济责任审计】 总部对 25 家企业原主要负责人开展离任经济责任审计。始终将所属企业主要负责人任职期间贯彻执行党和国家经济方针政策、集团公司党组决策部署，推动企业提质增效升级，经营管理国有资产、国有资源，防范化解重大风险等有关经济活动作为审计重点，加大对领导干部权力运行和责任落实情况的审计监督，促进了领导人员进一步增强依法治企、从严管理的意识，为组织人事部门考核评价经营者提供了重要依据。

（李青山）

【企业组织实施的经济责任审计】 企业审计部门在强化下属二级单位领导人员经济责任审计工作的基础上，开展对关键部室负责人、建设项目部负责人等履职情况的审计，全年开展经济责任审计 225 项，促进了企业领导及关键岗位人员依法依规经营和管理。

（李青山）

风险内控审计

【概述】 2020 年，审计部门以促进公司控制力、企业执行力的提高为目标，对照《内部控制手册》和相关监督办法，开展风险内控审计 76 项。

（李青山）

【总部组织实施的风险内控审计】 总部重点对化工销售公司 5 家分公司化工产品贸易重大风险管控情况开展风险内控审计；组织 109 家单位开展工程建设领域招标风险内控审计，并重点审计 17 家单位，提出改进经营管理的审计意见和建议，促进优化了内部控制体系和增强了企业的风险管理控制意识。

（李青山）

【企业组织实施的风险内控审计】 企业审计部门组织开展内部控制审计评价 74 项，结合实际选择主要业务流程，分别按季度、半年度开展独立审计评价工作，实事求是地提出审计评价意见和建议，促进了内控制度的有效执行和完善，防范了经营管理风险。

（李青山）

固定资产投资审计

【概述】 2020 年，审计部门以促进企业不断规范投资行为、提高投资效益为目标，全年开展固定资产投资项目审计 190 项，为集团公司控制投资成本、提高投资效益做出贡献。

（李青山）

【总部组织实施的固定资产投资审计】 总部对49个重点工程开展固定资产投资审计，实现集团公司一类工程投资项目竣工决算审计全覆盖。重点对建设程序的合规性、投资成本控制、工程招投标及发（分）包、工程质量管理等进行检查，深入揭示了固定资产投资及建设管理中存在的问题。

（李青山）

【企业组织实施的固定资产投资审计】 企业审计部门开展固定资产投资项目141项，同时前移审计关口，加强过程监督，积极开展工程结算审计，为企业节约投资成本。

（李青山）

财务资金审计

【概述】 2020年，审计部门以维护企业合法权益和促进企业严格财务管理、提高会计信息质量为目标，深化财务资金审计工作，全年开展财务资金审计16项。

（李青山）

【总部组织实施的财务资金审计】 总部结合经济责任审计等项目对企业财务资金情况开展审计，重点对资金收付、担保授信、财务会计报告、资产、负债、收入、成本费用和执行财经纪律等情况进行审计，促进企业规范财务管理行为。

（李青山）

【企业组织实施的财务资金审计】 企业审计部门为核实下属单位财务收支的真实性、合法性及合规性，严肃财经纪律，加强内部管理，全面开展财务资金审计16项，为企业考核下属单位提供了可靠依据。

（李青山）

合资合作项目审计

【概述】 2020年，审计部门以维护中国石化合法权益、提升合资合作项目创效能力和管理水平为目标，开展合资合作项目审计15项。

（李青山）

【总部组织实施的合资合作项目审计】 总部结合经济责任审计等项目对企业合资合作项目情况开展审计，重点对股权投资决策情况、投资合同（协议）和章程情况、日常监管和中国石化派出高管人员履职情况、股权投资项目的经营业绩和投资分红情况等进行审计，促进了企业提升股权投资项目的创效能力，维护了中国石化的合法权益。

（李青山）

【企业组织实施的合资合作项目审计】 企业审计部门以促进合资合作项目管理、防范投资风险和维护资产安全为目标，全年开展合资合作项目审计15项，防范了企业的经营风险。

（李青山）

审计信息化建设

【概述】 2020年，审计部门大力加强审计信息化建设步伐，为审计人员开通业务信息系统查询权限，优化提升审计管理信息系统功能，组建大数据审计团队，研究开发审计数据模型，大数据审计工作取得明显进展。

（李青山）

【为审计人员开通业务信息系统查询权限】 总部层面开通 25 个信息系统查询权限，140 家企业为审计部门全口径开通了信息系统查询权限，为审计人员利用信息系统开展审计查证提供了有力支持。

（李青山）

【审计管理信息系统功能得到优化提升】 对审计项目管理流程进行全面优化，将审计项目计划分解、审前调查、过程督导、报告审理、问题整改等关键环节全部嵌入审计管理信息系统，实现对审计项目的全过程在线管控。完成审计查证报表分析模块建设，开发报表查询、数据分析、穿透查询 3 项主要功能，减少了跨系统之间的重复查询，为开展远程在线审计提供重要支持。审计管理信息系统移动平台成功上线，实现移动端的信息动态浏览、项目周报审阅、关键管理环节审批等功能，为克服新冠肺炎疫情影响提供了工作便利。

（李青山）

【大数据审计工作取得明显进展】 加强内外部经验交流和学习借鉴，组织大数据审计团队赴国家电网、中国电信等 12 家兄弟央企调研学习借鉴大数据审计的先进经验和做法。探索建设大数据审计模型，梳理提出“ERP 与零管系统库存异常”“物资采购未执行框架协议”等 10 个模型 29 个场景的建设方案，并在销售业务和招投标审计模型建设中探索应用大数据算法以及文本识别（OCR）技术。

（李青山）

审计基础管理

【概述】 2020 年，总部以夯实基础管理为重点，全力推进审计制度建设、境外审计管理体制改革、审计队伍建设、审计工作转型升级等，各项管理工作迈上新台阶。

（李青山）

【审计管理制度全面优化】 2020 年，总部在 2019 年工作基础上将原有 58 项审计制度合并精简为 19 项，提前完成全年制度制修订任务。在制度制修订过程中，坚持传承与创新并重，既融入了党和国家及集团公司党组对审计工作的新要求，又保留了以往好的经验做法。按照精简效能、实用管用的原则，删繁就简，制度篇幅从原来的 490 页 21.36 万字，压减到 147 页 6.39 万字，字数压减 70.1%。新制度出台后，以《审计简报》的形式对 19 项审计制度逐一进行要点解读。

（李青山）

【境外审计管理体制改革取得突破】 2020 年，为深入贯彻落实党和国家关于加大境外国有资产审计监督力度的要求，境外审计分部于 2020 年 9 月 30 日顺利组建成立。境外审计分部的成立，改变了境外审计力量分散、审计深度不够等被动局面，为境外审计专业化管理和常态化监督奠定了基础、创造了条件。

（李青山）

【审计队伍建设持续加强】 2020 年，总部组建了由退二线的 10 名党组管理副职领导人员和 32 名企业中层领导人员组成的集团公司审计专员队伍，组建了由 162 名来自不同业务领域专家组成的境外兼职审计专家队伍，内部组建了 25 人的大数据审计团队，形成 3 支辅助审计队伍。同时，把培训作为提升审计人员素质能力的重中之重，分专业领域对兼职审计专家进行拉网式培训；深入落实审计大讲堂机制，全年举办审计大讲堂 45 期。

（李青山）

【审计工作转型升级稳步推进】 2020 年，总部做深做透审前调查，大幅度压缩审计项目现场审计时间和人数，不断加大审计发现问题整改力度，推动审计模式从“橄榄型”向“哑铃型”转变。在董家口原油商业储备基地竣工决算审计、勘探分公司总经理郭旭升任中经济责任审计、驻京办（驻外办）清理审计调查等6个审计项目中实现全过程远程在线审计，由现场审计向非现场审计转型取得突破。

（李青山）

【全面从严治党责任得到落实】 2020年，总部认真落实“第一议题”制度，确保党和国家重要决策部署在审计部第一时间学习贯彻，确保集团公司党组部署要求在第一时间传达落实。持续加强作风建设和党风廉政建设，坚持警示教育和人文关怀两手抓，促进审计人员既牢记并遵守廉洁纪律，又时刻保持昂扬进取精神面貌。

（李青山）

【协调配合国家审计署的审计检查工作】 2020年，国家审计署对集团公司原董事长、党组书记戴厚良开展经济责任审计，对集团公司开展贯彻落实国家重大政策措施情况审计。审计部门把迎审工作作为重中之重，周密部署，全力配合，积极营造良好环境，切实加强日常沟通和协调，确保审计工作顺利开展，维护了集团公司的良好形象。

（李青山）

中国石化 SINOPEC

企业党建与企业文化

企业党建 综述 | 党建工作 | 统战群团工作

企业文化 思想教育工作 | 企业文化建设 | 新闻宣传工作 | 品牌建设与管理 | 社会公益

企业党建

综　　述

2020年，集团公司党组坚持以习近平新时代中国特色社会主义思想为指导，团结带领各级班子和广大干部员工坚决贯彻党中央、国务院各项决策部署，紧紧围绕构建“一基两翼三新”产业格局、打造世界领先洁净能源化工公司愿景目标，以“中央企业党建巩固深化年”为抓手，聚焦“务实、创新、融合”，大抓“责任、质量、实效”，努力在中央企业“站排头、争第一”，党建质量持续提升，引领保障公司在大战大考中交出合格答卷。

（韩冬笑）

党建工作

【党组自身建设】 制定实施《中共中国石化党组深入贯彻落实习近平总书记重要指示批示工作细则》，落实“第一议题”制度，建立督查机制，构建工作闭环，推动习近平总书记重要指示批示在中国石化不折不扣落到实处。制定实施《中国石油化工集团有限公司党组前置研究讨论重大经营管理事项清单管理办法（试行）》，推进党的领导融入公司治理，充分发挥党组领导作用。制定实施《中共中国石油化工集团有限公司党组进一步加强向党中央请示报告工作机制》，全年向党中央报告17件，报备文件29件。修订《中共中国石油化工集团有限公司党组落实全面从严治党主体责任办法》，健全责任体系，列出责任清单。巩固深化“不忘初心、牢记使命”主题教育成果，党组带头举办读书班，集体学习党章，讲专题党课，开展课题调研，直接联系一线党员群众，有力推动解决问题。

（张登宇）

【深化推进党的政治建设】 结合庆祝“七一”召开公司加强党的政治建设推进会，深入贯彻习近平新时代中国特色社会主义思想和党的十九大精神，推进党的政治建设落实落地，促进主题教育成果转化和中央巡视整改深化，持续净化政治生态，带动全面提升党建质量。以政治建设推进会为契机，修订印发《中国石化深化推进党的政治建设重点措施》，梳理形成全面从严治党制度目录索引，巩固扩大政治建设实践成果。

（韩冬笑）

【巩固深化主题教育成果】 根据中央《关于巩固深化“不忘初心、牢记使命”主题教育成果的意见》精神，结合实际制定印发《中国石化巩固深化“不忘初心、牢记使命”主题教育成果重点措施》，持续引领公司广大党员、干部不断增强“四个意识”、坚定“四个自信”、做到“两个维护”。严格落实“第一议题”制度，坚持把习近平总书记重要讲话和指示批示作为党委（党组）会、中心组学习的“第一议题”，作为党员干部培训的“第一课程”，作为党内政治生活的“第一标尺”，作为推动工作、解决问题的“金钥匙”，推动习近平新时代中国特色社会主义思想大学习、大普及、大落实。

（韩冬笑）

【加强党的建设顶层设计】 对公司党的建设在央企“站排头、争第一”目标定位，抓党建“务实、创新、融合”理念方法等进行提炼，形成党的建设系统思路。围绕落实党的十九届五中全会精神，结合公司实施世界领先发展方略、打造世界领先企业目标愿景，研究提出“1355”党建总体思路（突出“以高质量党建推动高质量发展”主线，深化“责任、质量、实效”3个体系，做到“首位意识、系统观念、务实方法、创新思维、融合导向”5个坚持，推进“政治铸魂、思想聚力、组织强基、作风塑形、纪律固堤”五大工程）。制定印发《党组落实全面从严治党主体责任办法》及责任清单，编制公司“十四五”党建规划，按照“五年规划、三年滚动、每年修正”思路持续完善。对党组（党委）发挥“把管促”领导作用、领导干部提升“政治三力”和加强党委书记、党支部书记、党务干部“三支队伍”建设做出系统部署。

（韩冬笑）

【健全深度融合长效机制】 修订完善《中国石化党建工作领导小组工作规则》，明确领导小组在促进党建工作与生产经营深度融合，持续提高党建工作质量实效方面的职责，为健全融合长效机制提供制度保障。研究制定《关于在重大任务、重大活动、重大工程、特殊时间、特殊事件中充分发挥党的政治优势的若干意见》，提出充分发挥党的政治优势、各相关方参与、集中力量办大事的具体措施。

（韩冬笑）

【助力疫情防控攻坚创效】 围绕贯彻落实集团公司党组关于疫情防控和攻坚创效决策部署，印发《关于做好疫情防控和复工复产有关工作的通知》《关于在“百日攻坚创效”行动中充分发挥党组织和党员作用的通知》等文件，引导各级党组织和广大党员积极投身抗疫斗争、复工复产一线，切实发挥战斗堡垒作用和先锋模范作用。部署全系统使用专项党费3 119万元，动员全系统党员为湖北捐款4 774万元，制定印发《关于进一步做好关心关爱境外机构员工及家属工作的通知》《关于开展境外机构员工专项“走访”工作的通知》，总部层面划拨专项帮扶救助金413.2万元，直属党委划拨专项党费121.8万元，推动和支持有关直属单位党委落实党组“两稳”部署；组织公司抗疫先进评选表彰，召开抗疫表彰大会，赢得较好反响。燕山石化合成树脂厂、湖北石油分公司李郑军分获全国抗击新冠肺炎疫情先进集体和个人。

（韩冬笑）

【优化完善党建工作考核】 连续7年开展覆盖全系统的党建工作考核。2020年度党建考核体现“四个首次”（首次在考核内容中明确设置KPI，首次将“四不两直”调研督查情况纳入考评结果，党的十九大以后首次现场查验全覆盖，首次通过“石化党建”平台实现全流程考核）、“四个是否”（党组的要求是否落实，巡视巡察和上年度党建考核指出的问题是否解决，整体工作是否提升，特色亮点是否典型），“指挥棒”导向更加鲜明。

（韩冬笑）

【组织开展党建述职评议】 采用考核述职和集中述职相结合的办法，连续5年全覆盖组织各级党组织书记抓党建工作述职评议。重点选取12家企业党委书记集中述职（其中6家向会议书面述职），全系统直属单位党委书记列席会议，放大了述职效应。

（韩冬笑）

【推进基层党建“三化”建设】 编印《中国石化党支部标准化规范化建设工作手册》《基层党支部书记基本功训练应知应会500问》；持续开展“双示范”创建、优秀党支部书记示范行、党建专家行和“四不两直”调研督导，整顿软弱涣散基层党组织，促进党建标准化、规范化建设。顺应“互联网＋党建”趋势，持续提升完善“石化党建”平台功能，加大推广应用力度，实现“三个百分之百”（在职党员使用率、党费线上缴纳率、平台功能使用率）。

（韩冬笑）

【完善党工委运行管理机制】 制定印发《关于板块党工委工作运行机制建设的指导意见》，明确日常运行、统筹运行、协同运行等工作机制、工作内容和基本程序，探索厘清党工委工作界面，为各板块制定党工委工作运行机制和总部部门支持党工委工作提供依据，促进党工委有序有效开展工作。各板块党工委积极落实工作职责，加强板块事务统筹协调，履行管党治党责任，切实发挥一体化工作优势。

（刘　畅）

【加强总部党的“三基本”建设】 结合总部机构改革需要，规范部门党组织名称及设置，实现机构改革与党组织调整设置同步进行。加强党建基础工作管理，指导总部部门及专业公司、在京直属单位党组织按期规范换届选举。创新党建考核形式，抽调基层党支部书记组成考核组，全面、客观评价总部部门党组织工作成效，并按照10%纳入部门业绩考核。严肃党内组织生活，党员领导干部落实双重组织生活等制度，党组领导带头参加所在支部迎庆“七一”等党内组织生活。

（刘　畅）

【持续深化总部作风建设】 贯彻落实习近平总书记关于学习石油精神重要指示批示要求，举办“石油魂——大庆精神铁人精神”宣讲报告会，总部及直属单位2万余名干部员工参加；部署开展深化总部作风建设主题党日，印发《关于深化总部作风建设的若干措施》，召开深化总部作风建设推进会，开展作风建设“四不两直”检查，对发现问题及时进行教育提醒和督促整改，打出了作风建设“组合拳”。修订印发《直属纪委工作规则》《党员处分工作程序》，围绕疫情防控和攻坚创效开展政治监督，组织开展廉洁风险点排查、廉洁从业警示教育和关键节点提醒，持续深化总部党风廉政建设。

（刘　畅）

【持续助力脱贫攻坚工作】 修订印发对外捐赠管理办法，抓实对外捐赠管理。组织开展“党费助脱贫”工作，将全系统上缴集团公司1个月留存党费736万余元，全部用于国务院扶贫办选定的3个贫困县脱贫攻坚，得到国务院扶贫办充分肯定。发动总部部门工会组织结合日常慰问和全员普惠，购买扶贫产品和湖北特色产品，助力地方经济复苏和打赢脱贫攻坚战。集团公司定点扶贫和对口支援的8个县750个村全部实现脱贫摘帽，脱贫攻坚工作年度综合考评位居央企第一。

（刘　畅）

统战群团工作

【加强党对统战工作的领导】 在党群工作部增挂党组统战部牌子，完善统战工作领导小组、领导小组办公室、领导小组成员单位主要职责及领导小组议事规则，规范工作运行。开展党外人士思想动态调研和意见征集，组织召开党外代表人士座谈会，推荐党外代表人士参加中央企业党外干部理论培训，推广“王新红工作室”建设，持续凝聚党外人士为企业改革发展做贡献。

（李　欢）

【助力攻坚创效】 印发《关于在“持续攻坚创效”行动中进一步发挥工会组织作用的通知》，指导各级工会组织开展专项劳动竞赛2 624项。各直属单位结合自身特点和工作实际，积极打造覆盖全面、各具特色的劳动竞赛品牌，形成劳动竞赛工作案例、工作法38个。广泛开展“五小”、合理化建议等群众性创新创效活动，全年征集合理化建议18.7万余条、开展技术革新1万余项、获授权发明专利4 200余件。发挥工会“大学校”作用，组织开展技能培训、岗位练兵，筑牢打造知识型、技能型、创新型员工队伍坚实素质基础。

（谢梓峰）

【弘扬劳模精神】 全国劳动模范和先进工作者表彰大会召开后，集团公司党组第一时间传达学习习近平总书记在表彰大会上的重要讲话精神，并向全系统发出号召，要求大力弘扬劳模精神、劳动精神、工匠精神，凝聚团结奋进的强大力量。在《中国石化报》、“石化党建”平台等媒体集中宣传劳模事迹，发挥先进典型“领头雁”效应。

发动直属单位广泛组织劳模座谈，面对面分享心得体会；发出学习倡议，大力宣传事迹，全方位营造浓厚氛围，引导广大员工学楷模、争先进，立新功、创一流。2020 年，全系统共涌现出 21 位全国劳动模范。

（谢梓峰）

【民主管理】 加强以职代会为基本形式的企业民主管理，督促指导各直属单位强化职代会制度建设和职权落实，全系统职代会制度普遍建立。以召开工会工委全委会、书面征求意见等形式，选举集团公司职工董事、职工监事，对申报不定时工作制和综合计算工时制岗位提出意见建议，保障职工合法权益。围绕深化改革三年行动实施方案，顶层设计推进措施，保障职工对企业混合所有制改革的知情权、参与权、表达权和监督权。

（谢梓峰）

【关心关爱职工】 引导各级工会组织在疫情期间开展“线上走访”，将落脚点放在为员工办实事、为基层解难题具体措施上。加强帮扶救助金合规管理政策研究，就进一步压实各单位帮扶救助主体责任、完善工作机制、加强帮扶对象动态管理制定办法措施。深化“安康杯”竞赛，35 家单位获 2018—2019 年度全国“安康杯”优胜单位、优胜班组荣誉。落实全国总工会要求，督促各级工会开展“送清凉”活动，做好高温津贴发放和劳动保护工作，切实保障员工合法权益。2020 年帮扶救助各类人员共计 116 867 人次，支出帮扶救助金（含实物折款）共计 1.77 亿元。

（谢梓峰）

【文体工作】 提前策划“我心向党”庆祝中国共产党成立 100 周年主题文艺作品创作活动，组织“春天的交响”文艺志愿服务在线演出，唱响永远跟党走主旋律。开展“传承石油精神，弘扬石化传统”微视频征集，展现广大员工立足岗位攻坚克难、无私奉献的时代风采。结合疫情防控实际，创新组织员工线上健身系列活动，组织 EAP 在线讲座，引导员工在疫情期间自觉、便利、科学、文明健身，当好健康“第一责任人”。举办集团公司 2020 年新春团拜会，营造节日氛围、鼓舞工作干劲。组织第 13 届职工文艺录像调演评审，集中展示职工群众文化建设丰硕成果。

（谢梓峰）

【强化青年思想引领】 扎实推进“青年大学习”行动，组织深入学习贯彻习近平总书记“五四”寄语精神，累计举办主题团日 2 666 场次、主题宣讲 1 869 场次、辅导报告 915 期、网络知识竞赛 781 期，团干部上团课 5 621 次，专题调研 887 批次，11 万余名团员青年参加。深入开展“青工政治轮训”，全系统各级团组织累计举办青工政治轮训近 2 000 个班次，参训学员近 22 万人次。持续拓展“青春系列新媒体”，实现覆盖 22.7 万名青年，“青春石化”年度阅读量达 100 万人次。

（王　彬）

【带领青年岗位建功】 团结带领青年积极投身疫情防控，奋力在战“疫”中点亮青春，组织开展“弘扬伟大抗疫精神”主题团日，号召广大团员青年向抗疫优秀青年典型学习；组织各级团组织和广大团员青年积极响应“攻坚创效”行动号召，开展“攻坚创效青年怎么做”大讨论，组建攻坚创效青年突击队和“直播带货”小分队，为集团公司全面夺取疫情防控、生产经营“双战双胜”贡献青春智慧和力量。全系统 1 名青年获全国青年岗位能手标兵称号，8 名青年获全国青年岗位能手称号。

（王　彬）

【服务青年成长成才】 制定实施《共青团推优入党工作实施细则（试行）》，党团联合推进推优入党工作的做法，得到团中央有关部门肯定。加强新入职高校毕业生“师带徒”工作，通过建立与新入职青工“一对一”“多对一”的培养关系，全系统新入职高校毕业生拜师率达 100%。广泛开展“走基层、访青年、寻最美”活动，建立团干部直接联系服务青年常态化工作机制，积极开展青年联谊活动，累计发现、梳理、解决 1.77 万个自身建设和青年反映问题。

（王　彬）

企业文化

思想教育工作

【打造践行习近平新时代中国特色社会主义思想“重要阵地”取得初步成效】 坚持把学习贯彻习近平新时代中国特色社会主义思想、十九届五中全会精神作为首要政治任务，作为党内重要会议、中心组学习的“第一议题”，作为党员干部培训轮训的“第一课程”。制定贯彻落实总书记重要指示批示的工作细则，教育引导广大干部员工深入学习贯彻党的十九届五中全会、《习近平谈治国理政》第三卷、全国“两会”精神，进一步用党的创新理论武装头脑、指导实践、推动工作，增强“四个意识”、坚定“四个自信”、做到“两个维护”，努力把中国石化打造成为践行习近平新时代中国特色社会主义思想的重要阵地。加强和改进党委中心组学习，实施学习内容主题化、学习研讨专题化、调查研究课题化、学习践行成果化的“四化”学习模式，编发党委中心组学习参考，用好中心组集体学习研讨上报平台，党委中心组月均学习率提升至98.7%，学习质量和效果进一步提升。

（冯春艳）

【意识形态领域保持健康向上的良好态势】 制定《中国石化深化推进党的政治建设重点措施》《中国石化巩固深化“不忘初心、牢记使命”主题教育成果重点措施》，进一步强化政治建设。深入落实《党委（党组）意识形态工作责任制实施办法》，制定出台《集团公司直属单位党委意识形态工作责任制实施细则（2020年修订版）》，全面梳理意识形态工作风险点，持之以恒严抓意识形态工作责任制的落实，努力把严的要求体现到意识形态工作的各个层面和环节。持续深化中央巡视问题整改，在2019年中央巡视整改措施的基础上又明确8个重点问题整改任务，将意识形态工作作为每轮巡视监督的一项重点内容。强化对闵恩泽、陈俊武等先进典型宣传，持续壮大主流宣传报道，不断增强社会主义意识形态的凝聚力和引领力。完善管理制度，及时处置负面舆情，强化阵地管理，下发《关于认真执行< 网络信息内容生态治理规定 >的通知》《关于建立完善网络信息巡查长效机制的通知》，对网络信息清查和肃清流毒等工作开展“回头看”，对有自建网络的有关企业进行再要求、再督查，对石化报社、石化出版公司、石化党校等媒体阵地、出版阵地和远程网络平台等，加强风险管控和网络信息督查，确保意识形态领域的总体安全。

（冯春艳）

【攻坚创效的宣传引导有声有势】 先后策划“攻坚创效·党旗高高飘扬”“攻坚创效·总部迅速起跑”等宣传主题，形成立体宣传矩阵。利用《中国石化报》、石化电视台开展访谈，刊播总部部门和企业负责人的感受体会，形成示范引领。第一时间印发攻坚创效行动“明白纸”8万份，刷屏微信“朋友圈”。全系统各媒体平台持续宣传开拓市场、挖潜降本、系统优化等经验事迹，累计对内报道（不含内部二级单位）11.8万多条次。同时加大对外宣传，《人民日报》、人民网等中央、地方和行业媒体刊发、转发中国石化攻坚创效信息1.8万多条次，营造了“站排头、争第一”的浓厚氛围，凝聚起了众志成城、攻坚克难的强大合力，彰显了中国石化在推进疫情防控和经济社会发展中的良好形象。

（冯春艳）

【基层思想政治工作不断创新】 先后6次分地域、分重点，组织开展“中国石化员工心理状况调查”，为党组决策提供参考。率先在全国开通“24小时疫情心理专线”和“境外员工心理热线”，服务员工7 000多人次，为八大区域的境外员工举办21场线上心理直播课。成立中国石化心理健康（EAP）工作委员会，更好地维护员工身心健康、助力领先企业建设。紧扣集团公司年度工作会等重要工作，利用《中国石化报》、“奋进石化”

平台等多种载体，发布形势政策宣传解读类文章，编发形势任务教育“明白纸”“口袋书”，制作防疫系列动漫，将党组声音、党组关怀及时传递到基层一线。适时适度做好“处僵治困”、分离移交办社会、离退休人员社会化管理等重大改革的宣传引导，统一了思想、理顺了情绪、凝聚了共识。广大干部员工昂扬向上，干劲充足，在特殊时期砥砺前行，坚守一线，做到守初心、敢奋斗、能拼搏、不懈怠。

（冯春艳）

【组织“传承石油精神、弘扬石化传统，加强党建思想政治工作”推进会】 2020年12月10—11日，集团公司“传承石油精神、弘扬石化传统，加强党建思想政治工作”推进会在大庆市召开，进一步深入学习领会习近平总书记关于石油精神的重要指示批示精神，对传承石油精神、弘扬石化传统进行再动员、再部署，进一步改进提升党建思想政治工作，以高质量党建推动高质量发展，为打造世界领先洁净能源化工公司提供坚强保障。集团公司相关部门负责人，胜利油田、镇海炼化、广东石油分公司等28家单位负责人参加会议并做交流发言。

（冯春艳）

企业文化建设

【概述】 2020年，中国石化在继承石油精神、石化传统基础上培育的企业文化，是引领支撑公司改革发展，激励干部员工攻坚克难、不断前进的法宝。

（冯春艳）

【坚守“为美好生活加油”的企业使命】 坚守以人为本、家国情怀和人类命运共同体意识，坚持把人类对美好生活的向往当作企业发展的方向，致力于提供更先进的技术、更优质的产品和更周到的服务，为社会发展助力加油；坚持走绿色洁净的可持续发展道路，构建清洁低碳、安全高效的现代能源体系，为推进生态文明建设做贡献；坚持合作共赢的发展理念，在实现高质量发展的同时，为各利益相关方带来福祉。

（冯春艳）

【以“打造世界领先洁净能源化工公司”作为企业愿景】 践行“创新、协调、绿色、开放、共享”的新发展理念，落实高质量发展要求，着力构建以能源资源为基础，以洁净油品和现代化工为两翼，以新能源新材料新经济为重要增长极的“一基两翼三新”产业格局，分三步把中国石化打造成为世界领先洁净能源化工公司。

（冯春艳）

【坚守“人本、责任、诚信、精细、创新、共赢”的企业价值观】 将其作为全体员工在打造世界领先企业中共同遵循的基本价值准则，作为公司经营发展过程中必须坚守的原则和标准。

（冯春艳）

【积极培育“严、细、实”的企业作风】 传承和弘扬以“苦干实干”“三老四严”为核心的石油精神和以“求真务实、精神严谨、家国情怀”为内涵的石化传统，努力将其贯穿到企业经营管理的全过程。

（冯春艳）

【做实企业文化，增强文化感召力】 2020年，继续完善集团公司企业文化建设顶层设计，做好“十四五”企业文化建设专项规划，为企业文化建设向文化管理升级奠定基础。持续推动企业文化与经营管理融合不断深化，安全、绿色、质量、法治、廉洁等专项文化建设有序开展。持续打造有影响力的文化教育基地，南化公司前身永利化学工业公司铔厂和胜利油田功勋井成为国家级工业遗产基地，第四建设公司、北京化工研究院等6家企业获第六届全国文明单位称号。

（冯春艳）

【以石油精神、石化传统增强文化凝聚力引领力】 2020年，继续加强“传承石油精神、弘扬石化传统”教育，举办“石油魂——大庆精神铁人精神”宣讲报告会、“传承石油精神、誓夺双战双胜”先进事迹报告会，召开“传承石油精神、弘扬石化传统，加强党建思想政治工作”推进会，开展向全国抗疫先进典型燕山石化合成树脂厂、湖北石油分公司武汉知音加油站站长李郑军等学习活动，进一步厚植“苦干实干”“三老四严”“求真务实、精细严谨、家国情怀”等文化基因。

（冯春艳）

新闻宣传工作

【概述】 2020年，在新冠肺炎疫情、国际形势等复杂舆论环境下，集团公司新闻宣传工作紧抓抗疫传播主线，持续输出公司转型升级、攻坚创效、低碳洁净等正面议题，积极引导化解舆情风险。公司舆情整体积极正面，年度未发生特别重大级舆情。

全年，中国石化境内互联网信息总量651 476篇（条），其中新闻（资讯）总量为260 103篇、微博318 292条、微信65 091篇、论坛7 606条、博客384篇。正面及中性信息占比95.1%，社会责任、经营动态、内部管理等是主要正面传播议题。全年中国石化正面新闻（资讯）共计244 268篇，集团统筹以“抗疫”“脱贫攻坚”“攻坚创效”等关键词为核心，集中突出中国石化社会责任行动，主题宣传广泛深入，正面传播取得历史性突破。

（冯春艳）

【抗疫传播全年高热，责任形象深入人心】 围绕熔喷布生产等产业链保供、资金物资驰援武汉抗疫、直播带货助力湖北经济复苏、“百日攻坚创效”等核心议题，中国石化以“中央厨房”方式不间断发稿，相关正面新闻报道近7万篇。《人民日报》、新华社、央视三大中央主流媒体报道量创新高，达3 717篇次，增幅61%；打造“我有熔喷布，谁有口罩机”等现象级传播，采用“云监工”“直播带货”等多种手段进一步引导舆论，公司声誉得到全方位提升。

（冯春艳）

【硬核“跨界”传播，以创新动能展实力】 2020年一季度，中国石化48小时内对接完成11条口罩生产线，76天建成全球产能最大熔喷布生产基地，一键加油、创新卖菜、三次跨界驰援等系列主题传播，树立实力创新、产业链帮扶形象。抗疫系列传播展现了企业实力与社会责任高度契合，刷新公众认知。

（冯春艳）

【社会活动热度持续，赋能应用不断扩展】 “情暖驿站·满爱回家”公益活动、“中国石化光明号”健康快车、天然气保供等周期性主题宣传持续开展。结合疫情实际，创新应用全系统“公众开放日-云开放日”载体，活动形式不断迭代、延伸，企业正面社会形象塑造逐步深化。

（冯春艳）

【转型升级传播深入，塑造低碳洁净形象】 “中国石化率先启动碳达峰与碳中和研究”“中国石化举办氢能发展战略研讨会”等话题受到主流媒体关注。低碳发展议题的广泛传播在央企中占据“先发优势”，持续宣传新能源、新材料、新技术领域。进一步输出公司新愿景，不断塑造科技领先、绿色发展形象。

（冯春艳）

品牌建设与管理

【概述】 2020年，中国石化全面推进品牌战略实施，体系建设日趋完善，品牌价值持续增值。中国石化品牌价值334.37亿美元，位列全球第42位。中国石化品牌价值位列“中国品牌价值信息评价”全国第二、能源化工行业第一，品牌价值2 991.97亿元。

（冯春艳）

【强化品牌顶层设计】 印发《关于加强中国石化品牌建设的指导意见》和《中国石化业务品牌建设实施意见》，开展指导意见宣贯，推动全系统品牌建设工作加速前进。编制完成《中国石化“十四五”品牌建设规划》，纳入集团公司“十四五”总体规划。将品牌对标纳入集团公司对标世界一流管理提升行动实施方案，系统化推进品牌建设工作融入中心工作。11月7日，中国石化正式挂牌品牌部，与党组宣传部实行“一套机构、两块牌子”管理。

（冯春艳）

【发布全新品牌主张和品牌口号】 修订完善中国石化品牌定位，发布“创新引领行业未来 责任创享美好生活”品牌主张和“能源至净 · 生活至美”品牌口号。寓意中国石化将推动全球能源低碳化转型作为目标和追求，以创新引领能源化工发展未来，以责任助力为美好生活加油，与利益相关方共创共享美好生活。

（冯春艳）

【业务品牌价值持续提升】 召开业务品牌建设推进研讨会，中国石化旗下业务品牌价值显著提升。其中，“易捷”品牌价值161亿元，“易派客”品牌价值98亿元，“长城润滑油”品牌价值77亿元，“东海牌沥青”品牌价值12亿元。化工板块合成树脂产品品牌化运作取得进展，结合“塑化剂0添加”独特优势，以试点贴牌或品牌授权的方式打造“中国石化原生料”品牌，赢得市场竞争。

（冯春艳）

【评选中国石化十大优秀品牌营销案例】 成功举办“中国石化十大优秀品牌营销案例”征集活动并汇总形成30个优秀案例集。评选出“我有熔喷布 谁有口罩机”“中国石化‘一键加油’实现无接触数字化服务”“用整体思维做技术和服务‘乘法’”“打造中国石化‘海外名片’”等中国石化十大优秀品牌营销案例和20个品牌营销案例提名，进一步推动品牌与业务的深度融合，实现“品牌创优、品牌创效”。

（冯春艳）

【积极开展冬奥主题活动】 围绕“6·23”国际奥林匹克日、“8月8日俱乐部换届仪式”“冬奥会倒计时‘500天’，组织开展冬奥宣讲团走进中国石化”“点亮希望行动——走进东乡、走进西藏”“北京冬奥会轮值主席活动”等主题活动，对外展示了负责任、国际化大公司的品牌形象。围绕“洁净能源，为冬奥加油”主题，中国石化启动“洁净加油团”品牌行动，提出“3个洁净倡议”“30个洁净承诺”“300个洁净加油团”“3 000名洁净加油团员”“30 000座洁净加油站”，助力3亿人参与冰雪运动，彰显负责任、国际化大公司形象。

（冯春艳）

社会公益

【助力脱贫攻坚】 中国石化牢记习近平总书记嘱托，助力打赢脱贫攻坚战，自1988年以来累计投入及引进帮扶资金超24亿元，每年派出2 000名扶贫干部深入帮扶第一线。经过不懈努力，公司总部对口支援的西藏班戈县、青海泽库县和定点扶贫的安徽岳西县、颍上县，湖南凤凰县、泸溪县，新疆岳普湖县，甘肃东乡县共 8 个县、750 个村均实现“脱贫摘帽”，惠及近 300 万贫困人口；67 家直属企业承担的 709 个村的帮扶任务全面完成。在中央单位定点扶贫考核中，集团公司连续 3 年被评价为“好”，2019 年获全国脱贫攻坚组织创新奖。公司《聚焦消费扶贫 全力以赴助力脱贫攻坚》案例在国务院扶贫办“中国企业精准扶贫综合案例 50 佳”2019 年评选中位列第一。2020 年 10 月 16 日，公司发布首部助力甘肃东乡脱贫攻坚履责报告和《中国石化助力 脱贫攻坚文志》《图志》。2021 年 2 月，集团公司扶贫办获全国脱贫攻坚先进集体称号。

（冯春艳）

扶贫迹忆大事记

扶贫迹忆大事记

1988—2001
- 从 1988 年开始，中国石化承担安徽颍上县、江西宁冈县和甘肃庄浪县、渭源县的扶贫工作任务。其中，在宁冈县投入资金 420 万元；在庄浪县投入资金 576 万元；在渭源县投入资金 438 万元。

2002
- 对口支援西藏班戈县，成立援藏工作领导小组、援藏项目经理部。

2003
- 修建西藏班戈县县城两条主干道——吉江扎西路和幸福路，投入资金近 2 700 万元。
- 援建湖南凤凰县“千麻公路”，惠及当地 3 个乡镇 11 个村、19 个苗寨，2005 年 10 月正式通车。

2006
- 在西藏班戈县设立“中国石化助学基金”，截至 2020 年 9 月，帮助近 500 名品学兼优的贫困家庭孩子完成学业。

2007
- 捐资 3 000 万元建造完成以“中国石化光明号”命名的火车医院。“中国石化光明号”是第一列也是唯一一列国内企业捐赠的健康快车。截至 2020 年底，健康快车足迹遍布全国 18 个省市自治区 39 个地区，累计捐资 1.8 亿元，免费治愈贫困白内障患者近 4.7 万名。

2010
- 在湖南凤凰县凉灯村的悬崖上打通了一条通村路，与世隔绝的全村 816 名苗族群众终于走出了大山。该村是凤凰县最后一个通路的村，通村路的建成标志着凤凰县村村通公路的目标顺利完成。投入资金 45 万元。

2012
- 帮扶湖南凤凰县发展红心猕猴桃种植产业。截至 2020 年 9 月，累计投入资金 350 万元，种植猕猴桃 2 570 亩（171.33 万平方米），合作社社员的人均年收入由原来的 1 500 元提高到 2 万元。

2013
- 承担新疆岳普湖县和甘肃东乡县的定点扶贫任务，历时 2 个月建成布楞沟村“惠民路”，全长 20 千米，投入资金 2 500 万元。

2014
- 8 月，与西藏高原天然水有限公司达成战略合作协议，携手共同开发易捷“卓玛泉”水项目。

2015

- 完成甘肃东乡县布楞沟流域人饮工程，投入资金 4 950 万元。
- 中国石化易捷便利店体验馆首次开展红心猕猴桃鉴赏推广活动，打通市场销售环节。

2016

- 实施甘肃东乡县布楞沟流域易地搬迁、危房改造项目。截至 2020 年 9 月，共完成 1 394 户的实施任务。
- 在安徽颍上县集中 300 万元建设的村级小康标准敬老院正式启用。
- 10 月 14 日，中央企业第一部中国石化精准扶贫白皮书发布。

2017

- 与中国扶贫基金会合作，在湖南省凤凰县廖家桥镇拉毫村开展并实施“百美村宿”旅游扶贫项目。
- 8 月 5 日，首部援藏白皮书《中国石化在西藏（2002—2017）》在拉萨发布。

2018

- 5 月 23 日，中央企业深度贫困地区现场推进会在临夏州召开，会上中国石化做典型经验交流。中国石化 2013 年帮扶东乡县以来，在 6 个乡镇、25 个村投入帮扶资金 3.1 亿元，帮助 2 021 户、10 091 名群众实现脱贫，受益群众达 3 万余人。
- 7 月 18 日，甘肃东乡县突发暴洪灾害后，中国石化向东乡县委、县政府致慰问信，并捐赠 500 万元救灾款。协调甘肃石油公司驰援受灾群众，全面保障受灾群众基本生活需求。
- 8 月，安徽岳西县正式“脱贫摘帽”。
- 10 月 16 日，《中国石化精准扶贫白皮书（2017—2018）》在北京发布，这是中国石化继 2016 年后，第二次发布精准扶贫白皮书。
- 10 月 19 日，《中国石化在新疆（1978—2018）》在乌鲁木齐发布。
- 12 月，西藏班戈县正式“脱贫摘帽”。

2019

- 2 月，在甘肃省脱贫攻坚推进大会上，甘肃省委、省政府授予中国石化甘肃省脱贫攻坚帮扶先进集体荣誉称号，甘肃石油荣获甘肃省脱贫攻坚先进集体称号。
- 4 月，安徽颍上县正式“脱贫摘帽”。
- 4 月 2 日，集团公司扶贫办公室联合中国石化报社发起消费扶贫行动倡议，推动石化员工积极参与消费扶贫，助力贫困地区产品扩销农户增收。
- 5—6 月，中国石化扶贫案例入选国务院扶贫办“中国企业精准扶贫 50 佳案例”。西南油气分公司“农旅融合，助力脱贫攻坚”项目入选中国企业扶贫分领域案例。
- 10 月，中国石化荣获全国脱贫攻坚组织创新奖。
- 10 月 17 日，发布首部消费扶贫报告。

2020

- 2 月，新疆岳普湖县、湖南凤凰县和泸溪县正式“脱贫摘帽”。
- 4 月，青海泽库县正式“脱贫摘帽”。
- 11 月，甘肃东乡县正式“脱贫摘帽”。至此，中国石化定点扶贫和对口支援的 8 个县全部实现“脱贫摘帽”。

【抗击疫情】 新冠肺炎疫情是新中国成立以来在中国发生的传播速度最快、感染范围最广、防控难度最大的一次重大突发公共卫生事件。作为国有重要骨干企业，中国石化第一时间响应、第一时间行动、第一时间落实，向全系统吹响战“疫”集结号，从保障能源供应、增产医卫原料、捐款捐物、复产复工等方面投入到抗击疫情中，在大战大考中发挥了中央企业的“国家队”“顶梁柱”作用，彰显了中国石化的责任担当。

党建引领。中国石化党组深刻领会把握习近平总书记重要讲话和指示精神，坚决服从党中央统一指挥、统一协调、统一调度，增强“四个意识”、坚定“四个自信”、做到“两个维护”，及时建立决策高效、运转协调的指挥体系，多次召开党组学习会及疫情防控工作领导小组会议，确保中央政令畅通、令行禁止。党组主要领导多次连线驻鄂企业，视频调研其他企业，先后到加油站、口罩生产线、熔喷布项目建设现场调研，传递战“疫”信心，凝聚战“疫”合力。中国石化所属130多家直属企业第一时间成立由企业主要负责人牵头的领导体系，建立高效有力的运转机制。充分发挥基层党组织的引领作用和党员示范作用，形成一个支部一个堡垒、一个小组一块阵地、一个党员一面旗帜的生动局面。

保障供应。面对疫情这种严峻大考，中国石化发挥中央企业在重大突发事件中的“压舱石”作用，迅速指挥调动有关驻鄂企业，向武汉市捐赠200吨消毒剂、1万件军大衣等物资，向湖北省捐赠5 000万元善款，公司所属医院和改制医疗机构派出医务人员奔赴疫区。①保障油气供应。为持续稳定油品市场，中国石化发挥全系统3万座加油站的作用，向社会承诺正常营业，全力保障油品供应。中国石化驻鄂企业全力保障应急救援油品供应。湖北石油分公司1 800余座加油站、1 600多个便利店坚持营业，5 300余名一线员工勇做“逆行者”，全力保障应急救援油品供应。为支援雷神山医院建设，湖北石油分公司和润滑油公司免费为建筑工地提供1.65万升柴油和1 000桶工程机械润滑油；医院建成后，为所有急救车辆免费供油。武汉多家方舱医院用油告急，湖北石油分公司紧急驰援2.6万升柴油；西南石油局保障四川、湖北等省市的工业用户和人民群众生活正常供气；天然气分公司为雷神山医 院免费供气，保障疫情防控期间天然气安全稳定供应。②保障医卫物资供应。面对疫情下医卫物资紧缺的情况，中国石化及时调整炼化企业生产计划，开足马力生产医卫物资原材料，并信守原材料不涨价承诺。为缓解口罩供不应求的状况，中国石化在社交媒体上发布“我有熔喷布，谁有口罩机”的合作需求，快速对接口罩生产企业，跨界联合筹建11条医用口罩生产线，连接了供产销。此外，中国石化投资2亿元，“学习火神山，半月建座厂”，在燕山石化和仪征化纤建设10条熔喷布生产线，日产熔喷布可达18吨，能用于生产1 800万片医用平面口罩，或日产360万片N95口罩。自2020年3月3日起，中国石化在加油站销售一次性防护口罩，每天供应达15万只；3月17日起，在50座加油站开售儿童口罩，每天供应1万只。③保障生活物资供应。疫情期间，中国石化3万座加油站全部实现“一键加油”，以无接触安全服务护航经济发展；在全国有7 000多座易捷便利店临时增加蔬菜等销售业务，既方便了居民，又缓解了农户的燃眉之急。武汉石油启动优化货源调配预案，在170余座加油站的易捷便利店配备了米、油、粮等生活必需物资和洗手液、消毒液等卫生防疫产品。北京石油分公司拓展“一键到车”服务内容，推出“安心买菜”业务，做到加油不下车、充值不圈存、开票不进店、购物不接触。广东石油分公司所管理的2 200多座便利店在疫情期间全部正常营业，推出“加油闪付”、无感支付、极简支付等不下车、免接触结算方式。浙江石油分公司依托全省1 700多家便利店帮助销售疫情期间滞销的农产品，吸引30多家农户和企业寻求合作。

复工复产。在疫情严峻大考面前，中国石化以率先复工复产的主动作为拉动相关产业快速恢复运行，勇当战疫情稳经济的排头兵。截至2020年3月4日，除湖北个别按要求延迟复工的企业外，中国石化其他所属企业全部复工复产，复工率达100%，有力稳定产业链、供应链，促进国民经济快速企稳复苏。

稳岗扩就业。中国石化落实中央精神，按照国务院国资委工作部署，积极推进“抗疫稳岗扩就业”专项行动，招聘覆盖农民工、社会成熟人才和应届毕业生，并向中国石化定点扶贫地区、湖北地区生源倾斜，助力经济稳增长和稳就业。

弘扬抗疫精神。2020 年 8 月，由品牌联盟、中共武汉市委、武汉市人民政府联合主办的第 14 届中国品牌节年会，授予中国石化抗疫致敬品牌企业、华谱奖奖项。获 2 项国际大奖——2020 年度 SABRE 亚太区域“工业化学品行业”及“能源和自然资源行业”品牌和声誉管理杰出成就奖。9 月，全国抗击新冠肺炎疫情表彰大会在北京人民大会堂隆重举行。中国石化燕山石化合成树脂厂被授予全国抗击新冠肺炎疫情先进集体称号。中国石化销售湖北石油分公司武汉知音加油站站长李郑军获评全国抗击新冠肺炎疫情先进个人。10 月，由国务院国资委主办的中央企业抗击新冠肺炎疫情表彰大会暨先进事迹报告会在北京召开，中国石化仪征化纤短纤部熔喷装置获评中央企业抗击新冠肺炎疫情先进集体。12 月，中国石化凭借 2020 年疫情期间在保障油气稳定供应、增产增供医卫原料、创新商业模式便利百姓生活、拉动产业链复工复产等方面的突出贡献和成功实践，被联合国全球契约组织授予 2020 实现可持续发展目标企业最佳实践荣誉。

（冯春艳）

【健康快车】 2020 年，“中国石化光明号”健康快车再次起航，于 10 月驶抵广西贺州，为 1 006 名白内障患者实施免费复明手术。截至 2020 年底，集团公司已连续 17 年开展“中国石化光明号”健康快车项目，累计捐赠善款超过 1.8 亿元，为 18 个省（市、区）39 个地区超过 4.7 万名贫困地区白内障患者带去光明和希望，并捐建 21 所白内障治疗中心。

（冯春艳）

【情暖驿站 · 满爱回家】 2020 年，集团公司继续在广东、广西、江西、湖南、贵州 5 个省（区）的 247 座加油站，为春节出行、留守过年及坚守岗位的人员提供“1+10+X+1”免费服务。为留粤过年的外来务工人员提供 1 万份爱心福袋和防疫礼包，在广州、佛山等 7 个地市 20 座加油站开设免费寄送点，向外来务工人员提供 1 万份免费年货、福袋邮寄到家服务。将扶贫产品引入“年货节”，推出“扶贫套餐”，助力乡村振兴。截至 2020 年底，“情暖驿站 · 满爱回家”累计服务超过 420 万辆“返乡摩骑”和近 5 000 万春节出行人员，志愿者服务累计超过 4.5 万人次。“情暖驿站”已成为国内知名公益品牌，获全球品牌与声誉杰出成就奖、亚洲地区企业公民黄金标准奖、中国青年志愿服务项目银奖等奖项。

（冯春艳）

【爱心加油站 · 环卫驿站】 集团公司于 2016 年在江苏正式启动“爱心加油站 · 环卫驿站”公益品牌项目，2018 年在京津冀、长三角、珠三角、川渝 13 个省（区、市）规模化启动“环卫驿站”公益项目。项目以加油站为平台，配备空调、微波炉、暖瓶、更衣柜、书报、网络等基础服务设施，为环卫工人提供纳凉、取暖、饮水、热饭、上网、看报、休息等服务。截至 2020 年底，累计在全国 2 617 座加油（气）站 设立环卫驿站。

（冯春艳）

【品牌公益】 长城润滑油连续 12 年举办“中国航天员体验营活动”，连续 10 年组织“中国航天助威团”活动，连续开展“幸福 1+1”计划，为普通民众创造近距离了解中国航天事业的机会，弘扬航天精神，传播航天文化。其中，“中国航天体验营”是国内持续时间最长、最具影响力的公益性航天科普教育活动。2020 年 10 月，长城润滑油联合公益顺风车、易捷等单位共同发起“寻找中国好车主”公益活动，鼓励广大车主在行车途中记录、传递交通文明，以榜样力量引导更多车主安全驾驶、文明出行。2020 年，“易捷·卓玛泉”创新公益方式，携手中国高铁，冠名京沪高铁，为复工复产保驾护航。

（冯春艳）

【抢险救灾】 2020 年 3 月，四川西昌突发森林大火。集团公司第一时间启动应急预案，在确保离火场较近的加油站生产安全的基础上，加大资源调配力度，开通绿色通道，全力保障抢险救灾油品供应。7 月，南方地区经历多轮强降雨过程，多地遭遇洪涝灾害。集团公司向江西洪灾地区、安徽颍上县捐赠防汛物资，并全力做好油品资源保障，用实际行动为防汛救灾加油助力。

（冯春艳）

【助力冬奥】 2020 年 9 月和 10 月，前往甘肃省东乡县布塄沟小学和西藏班戈县石化小学，组织开展“加油冬奥，圆梦冰雪——中国石化点亮希望行动”冬奥体验营招募活动，35 名同学顺利入选为冬奥体验营小营员，获得走进北京观看升旗仪式、参观奥运场馆、为冬奥健儿加油，实现圆梦冬奥的“绿色通行证”。11 月，启动“洁净加油团”品牌行动，发出“为创造北京冬奥会和冬残奥会的精彩、非凡、卓越奉献洁净产品”“为冬季运动融入亿万民众提供洁净服务”“为点亮梦想与美好生活践行洁净行动”3 个洁净倡议，积极参与冬奥、服务冬奥、奉献冬奥，持续助力“三亿人参与冰雪运动”的目标。

（冯春艳）

【服务农忙】 为保障农业生产、农忙机械用油，集团公司立足市场，强化沟通、贴心服务，多措并举，通过组建助农服务队、量身定制优惠政策、开辟绿色通道、免费送油到田间地头等，为助力农作物丰产丰收做出贡献。

（冯春艳）

【参与社会普法】 集团公司积极参与社会普法，2020 年连续第 6 年面向全社会组织开展“与法同行，油中感谢”宪法知识答题活动，引导社会公众学习宪法知识，弘扬宪法精神，维护宪法权威。继续向中国法律援助基金会捐赠 100 万元，支持开展法律援助志愿服务。

（冯春艳）

【志愿服务】 集团公司秉承“奉献、友爱、互助、进步”的服务精神，组织员工参与志愿活动，为社会送温暖，传播正能量。2020 年，青年志愿者服务达 95.16 万人次、时长达 150.95 万小时。

（冯春艳）

新闻媒体

【概述】 2020年，中国石化各媒体包括《中国石化报》《中国石化手机报》《中国石化》杂志、石化V视、中国石化新闻联播（电视）、中国石化新闻网、《车友报》、中国石化报微信公众号、中国石化新闻图片网、石化新闻客户端、中国石化新闻网微博、集团公司官网、股份公司官网等，坚持以习近平新时代中国特色社会主义思想为指导，认真贯彻集团公司工作会议和宣传思想工作会议精神，坚决贯彻党组“各项工作在央企站排头争第一”要求，坚持“纸媒做精、新媒做强、融合有道、传播有效”，及时宣传中央精神，准确传递党组声音，深入报道防疫抗疫、脱贫攻坚、攻坚创效亮点，生动讲好石化故事，充分展示央企担当，切实发挥“内聚人心增信心，外树形象展风采”作用，为中国石化打造世界领先洁净能源化工公司提供了有价值、有影响的新闻宣传服务。

（庞　炜）

【做好习近平新时代中国特色社会主义思想和十九届五中全会精神的宣传】 2020年，中国石化各媒体第一时间刊发习近平总书记一系列重要讲话指示批示精神，包括在党的十九届五中全会、十九届中央纪委四次全会、全国“两会”、“不忘初心、牢记使命”主题教育总结大会、全国抗击新冠肺炎疫情表彰大会上的重要讲话精神等重要报道共80余篇，占全年头版头条1/3；第一时间报道党组传达学习习近平总书记重要讲话、指示批示精神和十九届五中全会精神专题学习会，党组领导到石化企业宣讲十九届五中全会精神、进行工作调研指导等报道共70余篇；第一时间报道干部员工学习宣传贯彻习近平总书记重要讲话精神和十九届五中全会精神情况，对胜利油田、镇海炼化、江苏石油分公司、茂名石化、金陵石化等一大批单位组织干部员工学习宣传贯彻情况进行报道。每个出报日，只要当晚新华社有习近平总书记的重要报道，各媒体都及时刊发，体现了党组机关报的政治担当。

（庞　炜）

【做好党组奋力打造世界领先洁净能源化工公司的宣传】 从张玉卓董事长在2020年3月30日股份公司业绩发布会上第一次提出“一基两翼三新”，到7月20日召开的年中工作会明确“世界领先”“洁净能源化工”理念，再到12月28日召开的年度工作会全面阐述实施世界领先发展方略、打造世界领先洁净能源化工公司愿景目标、构建“一基两翼三新”产业格局，各媒体高度关注，通过开设《新时代新作为新篇章》《打造世界领先洁净能源化工公司》等专栏，刊发系列评论、领导专访、理论文章，运用新媒体平台进行交流互动，对党组愿景目标的具体内涵、实践要求和现实意义，进行宣传解读，全年共刊发党组重要会议、部署和领导到基层调研报道380余篇。

（庞　炜）

【做好各单位学习贯彻中央要求和党组决策部署的宣传】 中国石化各媒体重点报道各单位加大油气勘探开发力度、稳增长保效益、提效率增活力、防风险夯基础、提质增效升级、推进本质安全洁净生产、加强党的领导及完善中国特色现代企业制度的思路、举措和实践。《贯彻集团公司年度工作会》专栏重点报道各单位紧扣世界领先愿景目标，坚决扛起保障国家能源安全、引领中国石化工业高质量发展两大核心职责，加快构建“一基两翼三新”产业格局所做的思考和探索；《领导干部论坛》专栏刊发署名文章77篇；约请专家介绍化工新材料下一步努力方向，谈易捷、“易派客”“石化e贸”打造“互联网+商业+金融+N”全渠道服务矩阵思路等。通过党组高层“讲”、领导干部“论”、业内专家“言”，进一步增强了打造贯彻践行习近平新时代中国特色社会主义思想重要阵地的政治自觉，凝聚起推进高质量发展的石化力量。

（庞　炜）

【做好疫情防控复工复产宣传】 面对突如其来的新冠肺炎疫情，中国石化报微信公众号大年初二率先发声，各媒体持续立体报道党组带领干部员工听从习近平总书记指挥、闻令而动，坚决打赢疫情防控人民战争，做好油气保供、防疫物资生产、员工健康防护、创造条件复工复产等各项工作，报道30余个抗疫典型故事，其中既有喊出“我是党员，这个时候不能退”“让党旗在防控疫情第一线高高飘扬”口号的湖北抗疫前线企业的党员干部，也有为保障熔喷布生产克服各种困难的石化员工，还有石化企业医护人员赶赴武汉参与抗疫救援的逆行者，2个重点报道对象被授予全国抗击新冠肺炎先进集体、先进个人。特别推出156篇融媒体报道作品、8个版的抗击新冠肺炎疫情表彰大会特刊，制作的宣传片《担当》《逆行而上》分别在集团公司年中工作会和抗疫表彰大会上播放。截至年底，各媒体刊发抗疫报道5 100余篇，其中《中国石化报》刊发1 600余篇、专题版面52个，电视新闻230余条，新媒体平台3 300余条。媒体融合报道组被集团公司评为抗疫先进集体。

（庞　炜）

【展示助力脱贫攻坚成效】 2020年，《中国石化报》刊发扶贫攻坚报道100余篇，策划专题报道12个专版、扶贫公益广告6期，策划中国石化8个定点扶贫县“一县一版”系列报道。开设《走向我们的小康生活》《听扶贫干部讲扶贫那些事》专栏，对30多位中国石化扶贫干部进行多媒体报道。开展“扶贫攻坚采访报道一线行”，推出助力甘肃东乡脱贫攻坚特别报道、祝贺东乡脱贫摘帽2个特刊12个版面，推出扶贫纪实片《东乡巨变》《我眼中的东乡》（中英文版），中国石化报微信公众号、石化V视等制作《东乡，脱贫了！》《点亮！一个深度贫困地区的巨变》等16个融媒体作品。

（庞　炜）

【推出攻坚创效行动专题报道】 从3月24日开始，各媒体通过图文音视等多种呈现形式，刊发评论员文章11篇，策划71个攻坚创效行动专题报道，组织230个版面，制作《大干100天！促进生产经营全面回归正轨》《鼓足干劲尽锐出战，确保全面完成全年目标任务》等119个融媒体作品，持续报道总部和各企业攻坚创效工作动态、行动措施和创效进展，努力讲好石化企业精心组织生产运行、提高经营创效能力、厚植产业发展根基、全力推动科技创新、全面深化改革、提升安全环保水平的故事。

（庞　炜）

图书出版

石油石化类

【《轻烃加工工艺与工程》出版发行】 该书由中国工程院院士、全国工程勘察设计大师孙丽丽主编，论述了炼油厂碳六及以下轻质烃类（简称轻烃）的加工工艺过程和工程技术。内容包括炼油厂轻烃资源与加工利用方案、轻烃回收与净化、炼厂“干气”的综合回收利用、高辛烷值清洁汽油组分、石油化工基础原料及相关精细化学品、合成树脂与合成橡胶、轻烃加工综合效益分析等。该书系统、完整和深入地论述了炼油厂轻烃加工工艺和工程，是突出理论与实践、工艺与工程、技术与经济及国内与国外相结合的创新性专著，可供从事炼油与石化规划、研发、设计、生产及其管理的科技工作者和生产经营者学习参考。

（炼油化工出版分社）

【《石油炼制辞典》（第二版）出版发行】 该项目为“十二五”国家重点图书出版规划项目，于2020年11月出版发行。该书由王基铭院士主编，内容涵盖炼油工艺过程、原料、中间产品、石油产品、添加剂及催化剂、产品性质及评定、专用设备及仪器、油品储运、环保及经济等专业词汇，特别收录了炼油工业在近30多年发展中出现的大量新技术词汇。词条术语科学规范，中英对照，释义简明准确，实用性强。该书根据全国科学技术名词审定委员会审定公布的《化工名词（一）——石油炼制·煤制油及天然气·生物质制油》，规范修正了第一版部分词条的中英文名称及释义，并重点审查校订了词条的英文译名。可作为反映当代炼油最新知识和技术的工具书，供从事炼油工业科学与技术工作的人员及有关高等院校的教师和学生使用。

（炼油化工出版分社）

【《常减压蒸馏装置技术进展与应用》出版发行】 该项目为中国石化“十三五”重点图书出版规划项目，于2020年6月出版发行。该书由股份公司副总裁赵日峰主编，参与该书编写的作者均是长期从事常减压蒸馏领域教学、科研、设计、生产和管理工作的专家。全书共19章，系统介绍了常减压蒸馏技术的国内外进展、原料和产品、工艺原理和工艺流程及操作参数、基础工艺计算、流程模拟计算、主要的工艺设备和仪表控制、工业装置操作技术、节能减排与安全环保、工程伦理和职业操守等方面的内容，重点突出了工艺和设备计算的内容。该书具有很强的实用性和学术性，对常减压蒸馏装置的专业技术人员、管理人员及高等院校相关专业师生具有较大的参考价值，也可用于炼油业务高级人才的培养。

（炼油化工出版分社）

【《石油化工设备维护检修规程》部分分册出版发行】 自2020年1月起，《石油化工设备维护检修规程》化纤设备、热电联产设备、空分设备等分册出版发行。8月，《石油化工设备维护检修规程》化工设备、仪表、碳一化工设备、环保设备等分册第2次审查会在南京组织召开。

（装备综合出版分社）

【《中国石化压力容器发展史》出版发行】 该书于2020年10月出版发行。该书以新中国成立70年以来国民经济发展历史为背景，结合典型石化项目，介绍对石化行业发展具有重要作用的首台（套）及有重要技术突破的压力容器；展现中国石化对石化压力容器等关键设备、技术装备制造业发展的推动作用；重点突出在国产化、大型化技术路线的引领下，中国压力容器装备设计、制造领域的重大发展、巨大成就，甚至一些经验教训。该书的出版，一方面展示了石化设备领域取得的巨大成就，另一方面给从事压力容器及特种设备工作的新从业人员提供了解那段艰苦创业历史的机会，大力传承以“求真务实、精细严谨、家国情怀”为主要内涵的石化传统的精神。

（装备综合出版分社）

【《石油化工设备维护检修技术（2020版）》出版发行】 该书由中国化工学会石化设备检维修专业委员会组织编写，由中国石化、中国石油、中国海油、中国中化及国家能源集团总部及下属有关企业设备管理部门负责人组成编委会，全国石油化工、煤化工企业供稿参编。该书自2004年开始，每年出版一册，为石化企业技术人员提供了设备检维修技术交流的平台。该书内容丰富，包括设备管理、长周期运行、状态监测与故障诊断、腐蚀与防护、检维修技术、润滑与密封、节能与环保、新设备新技术应用、工业水处理、仪表自控设备、电气设备11个栏目，密切结合石化企业实际，具有很好的可操作性和推广性，为加强石油化工企业设备管理，提高设备维护检修水平，确保炼油化工装置安全、稳定、长周期运行等方面发挥了重要作用。

（装备综合出版分社）

【服务总部和行业，做好标准出版工作】 2020年，石化出版社继续做好石化标准的出版和发行工作，包括国家能源局发布的石油产品行业标准、国家工信部发布的石化产品行业标准和工程建设行业标准、中国石化发布的石化企业标准。全年出版标准208项，包括NB/SH/T 0527—2019《石油焦（生焦）》等32项石油产品行业标准、SH/T 3022—2019《石油化工设备和管道涂料防腐蚀设计标准》等29项工程建设行业标准、Q/SH CG41—2020《管输原油降凝剂技术要求》等147项石油化工企业标准。

（装备综合出版分社）

【ASME锅炉及压力容器规范2019中文版出版发行】 为满足中国ASME持证单位、计划进行ASME认证单位及其他单位对ASME锅炉及压力容器规范中译本的需要，经美国机械工程师学会（ASME）授权，与中石协ASME规范产品专业委员会（CACI）合作，翻译出版2019版锅炉及压力容器和相关规范，包括《动力锅炉建造规则》《材料》《采暖锅炉建造规则》《无损检测》《压力容器建造规则》《焊接、钎接和粘接评定》等共11卷（册）。

（装备综合出版分社）

【《全国压力管道设计和审批人员培训教材》（第四版）出版发行】 为了适应压力管道设计新形势的要求，规范压力管道设计审批人员培训、考核工作，2020年6月出版发行该书。该书重点反映自2015年以来相关的国家及行业的最新标准，以满足和适应压力管道设计许可（换证）时设计、校核人员业务考试和设计审批人员培训班培训、考核需要。全书共列举1 400多个问题，以问答的形式进行详细准确的解答。在讲清基本原理与基础理论的同时，力求理论联系实际，突出工程实践中的设计技术。该书内容丰富、实用性强，所涉及内容是压力管道设计人员必须了解和掌握的基础理论和实际技术。该书可作为压力管道设计审批人员必需的培训教材，亦可作为压力管道设计单位资格许可（换证）时，设计、校核人员业务考试的主要参考资料。

（装备综合出版分社）

【《管道完整性管理技术丛书》出版发行】 为适应中国管道管理的最新形势，2020年12月出版发行该丛书。该丛书由中国石油大学（北京）联合国家能源局、中国石油和化学工业联合会、中国石油学会、NACE国际完整性技术委员会及相关油气企业的专家学者200余人共同编写。丛书共计10个分册，包括《管道完整性管理体系建设》《管道建设期完整性管理》《管道风险评价技术》《管道地质灾害风险管理技术》《管道检测与监测诊断技术》《管道完整性与适用性评价技术》《管道修复技术》《管道完整性管理系统平台技术》《管道完整性效能评价技术》《管道完整性安全保障技术与应用》，全面覆盖了整个全生命周期管道完整性领域的数据、风险、检测、评价、审核等各个环节。适用于长输油气管道、油气田集输管网、城镇燃气管网及各类工业管道。丛书的出版，对推动油气管道完整性技术进步和行业发展意义重大。

（装备综合出版分社）

【石油化工行业标准汇编系列出版发行】 由中国石化科技部组织编辑的石油化工行业标准汇编系列《石油产品行业标准汇编2020》《石油和石油产品试验方法行业标准汇编2020》《石油化工产品及试验方法标准行业汇编2020》，于2020年底出版。2020版石油化工行业标准汇编收入了截至2020年6月底发布的石油产品、石油化工产品及试验方法行业标准文本，反映了石油化工产品及其试验方法行业标准复审修订情况、废止情况、新制定标准的发布实施情况，方便相关生产企业、科研、检验检测和教学单位及广大用户的使用。

（装备综合出版分社）

【《石油化工设备完整性管理》出版发行】 该书由中国石化炼油事业部组织编写，系统介绍了中国炼化企业设备管理制度的形成及发展，国外完整性管理的起源、发展、定义及内涵，以及中国特色的炼化企业设备完整性管理体系的构成；详细介绍了炼化企业设备完整性管理体系的策划与实施，包括进度安排、前期准备、体系文件编制、技术方法集成应用、可靠性工程师团队和体系运行机制建立、体系文件发布实施，以及中国特色的炼化企业设备完整性管理体系的关键要素创新；对炼化企业设备完整性管理体系的持续改进和炼化企业设备完整性管理信息平台也进行了描述。该书的出版对于炼化企业设备完整性管理水平及整个企业管理水平的提升起到积极的促进作用。

（装备综合出版分社）

【《石油石化企业劳动防护用品系列口袋书》出版发行】 该系列口袋书由集团公司安全监管部和集团公司劳动防护用品检测中心组织编写。该系列口袋书按照劳动防护用品的分类进行编写，分为《基础知识》《头部防护》《呼吸、眼面部及听力防护》《手部、足部防护》《躯干部、堕落类防护》《皮肤、应急救援类防护》6个分册，重点阐述了石油石化员工常用劳动防护用品的使用原则、正确使用方法、维护保养方法、使用周期、相关标准等，并配有具体实例。该口袋书采用彩色印刷，图文并茂，配以简单易懂的图片，方便员工理解和使用。

（装备综合出版分社）

【《中国油气产业发展分析与展望报告蓝皮书（2019—2020）》出版发行】 该书是全面研究中国油气产业发展现状和趋势展望的分析报告，由中国石油企业协会和对外经济贸易大学“一带一路”能源贸易与发展研究中心合作完成，相关参编单位有中国石化石油勘探开发研究院、中国海油经济研究院等。全书共分国际篇、国内篇、合作篇、专题篇、附件5个部分。蓝皮书以文字分析为主，辅以必要的图表数据，分析与展望强调逻辑性、高度性、权威性，同时对产业热点问题坦率提出看法和观点，力求对相关部门和油气企业实际工作起到指导作用，对油气行业理论研究者和实际工作者均具有一定的参考价值。

［企业文化与教育出版分社（年鉴出版分社）］

【《中国石油化工集团有限公司年鉴（2020年卷）》出版发行】 2020年卷《中国石油化工集团有限公司年鉴》（简称年鉴）于2020年10月出版，为出版的第26卷年鉴，共设27个栏目，全面、系统地记述了2019年中国石化在生产经营、深化改革、科技创新和企业管理等各方面的基本情况和重大事项，图文并茂，直观反映中国石化及其所属企事业单位的新变化、新成果，为各级领导科学决策和科学管理提供依据，为中国石化内部和社会各界人士了解公司提供翔实、可靠、可鉴资料。

［企业文化与教育出版分社（年鉴出版分社）］

【《智能油田》出版发行】 该书全面反映中国石化乃至全国主要油气田智能化建设水平。共包含9章，首章即开宗明义地探讨智能油田的内涵，提出智能油田“九化”的整体业务架构，并给出智能油田实践落地的“三个一工程”思路。其后，系统研究油田业务分析、数据治理、工业互联网平台、数字化转型等内容，展示了人工智能、大数据、边缘计算等最新成果，为油田企业进行智能化建设提供了借鉴参考。最后，展望CPS系统、数字孪生技术在未来油气工业中的应用前景，提出了“虚实结合、向数而生”的美好愿景。该书突破传统阅读方式，利用AI技术，开创了“五维图书”，不因出版而定型，实现可读、可听、可看、可生长、可交互。读者可通过扫描图书封面二维码下载并安装“AIBOOK”应用，召唤“数字助理”——李肖帅，讲解该书、互动问答。

（勘探开发出版分社）

【《全球地壳隆坳演化与海陆变迁论》出版发行】 该书由中国工程院院士康玉柱携其团队进行编写，于2020年8月出版发行。作者否定了板块运动学说，书中通过例举大量能够反映全球地壳隆坳演化与海陆变迁的案例，分别从地球运动的起源、地壳沉积体系、全球地应力特征、全球主要构造运动、地壳构造变形样式、全球地壳隆坳演化特征等方面对该观点进行阐述与论证，认为全球各大陆整体是不分的，各个陆块地质时期的变化是海陆变迁的结果。该书在开创性地将全球构造划分为八大体系的基础上，再一次丰富和发展了全球地质科学理论，观点一经提出，便在地质学界引起强烈反响，使该书成为一部内容十分丰富、学术水平极高的著作，具有重要的理论和指导意义。

（勘探开发出版分社）

经济管理类

【《新基建：数字经济重构经济增长新格局》出版发行】 该书聚焦中国新一轮科技革命和产业变革趋势，全面解读5G基建、特高压、城际高速铁路和城际轨道交通、新能源汽车充电桩、大数据中心、人工智能、工业互联网等“新基建”七大领域，深度剖析中国新一轮经济增长的内在逻辑与实现路径，并前瞻性提出政策红利下资本、企业与个人所面临的巨大机遇，帮助读者把握中国经济趋势、读懂前沿科技、抓住投资风口，有效提升商业决策的质量与效能。

（经济管理分社）

【《变局：中国智库专家视角》出版发行】 该书汇辑中国著名经济学家陈文玲2016年以来公开发表的关于国际变局和中美关系的相关重要文章、研究报告、会议发言、媒体采访、交流对话、专题讲座等研究成果，从国际形势变局、大国关系调整、经济格局演化等视角分析研判复杂多变的国际形势特别是中美关系走势，对中国如何在“变局”中正确处理国际关系特别是大国关系进行了深度研究与思考。

（经济管理分社）

【《双循环：构建以国内大循环为主体、国内国际双循环相互促进的新发展格局》出版发行】 该书立足于当前国际国内错综复杂的经济形势，深度剖析“双循环”经济格局的时代背景、本质内涵与经济逻辑，从扩大内需、深化改革、创新驱动、开放型经济新体制、“一带一路”等维度出发，多角度、多侧面地阐述“双循环”经济的丰富内涵和现实意义，并提出相应的政策思路与实践举措，帮助读者读懂中国经济趋势、把握宏观政策，在时代脉搏的跳动中寻找机遇。

（经济管理分社）

【《数字经济：新基建浪潮下的经济增长新引擎》出版发行】 该书聚焦数字经济发展新动向、新趋势，从数字基建、产业互联网、5G战略、智能商业、数字化转型五大角度切入，深度剖析数字经济时代企业、政府等主体及教育、医疗、金融、交通、短视频等行业正在发生或者即将发生的重大变革，试图帮助读者对数字经济建立更全面、立体、深刻的认知。

（经济管理分社）

【《黄河流域高质量发展的战略研究》出版发行】 该书依据习近平总书记关于黄河流域生态环境与高质量发展的重要讲话精神，从国家战略高度，对黄河流域高质量发展的理论与实践进行科学研究。深入分析了黄河流域高质量发展的模式选择，并对黄河流域省份、城市和实体经济高质量发展进行了全面、整体的评测与动态分析。

（经济管理分社）

【《金融科技研究：前沿与探索》出版发行】 该书对金融科技研究发展较快的6个领域，包括众筹、网络借贷、另类数据、社交媒体、数字加密货币与区块链技术、机器学习与人工智能，进行了系统性的梳理与总结。同时对国内外经济、金融、会计、管理及其他社会科学领域最新期刊的研究动态进行了阐述。

（财金大众分社）

【《巴芒演义：可复制的价值投资》出版发行】 该书用中国传统的章回小说体，以巴菲特和芒格的价值投资体系成长过程为线索，将近代投资领域的大师们一一搬上舞台。格雷厄姆、巴鲁克、凯恩斯、费雪、施洛斯、索普、格罗斯、米尔肯、林奇、格林布拉特、博格等人各成体系的投资思想、精彩绝伦的投资案例，与巴菲特和芒格的成长融合在一起，可以让读者明白以上理念分歧所发生的特殊背景、适用环境及其变化过程。

（财金大众分社）

【《手把手教你读财报（新准则升级版）》出版发行】 该书坚持从投资者的视角出发，尽最大可能摒弃晦涩的术语和难懂的公式，以一份真实的财报为例，阐述了财报阅读方法和排雷技巧，并侧重介绍如何通过财报中的异常数据，提前发现和排除投资陷阱的实战经验，力求让毫无会计基础的投资者也能轻松读懂财报，远离毁灭价值的垃圾企业。

（财金大众分社）

【《中国光电之星：舜宇集团腾飞的奥秘》出版发行】 该书聚焦舜宇集团求新求变的发展历程，展现舜宇集团如何从一家起步于打磨一枚镜片的乡镇企业，历经“两个转变”“转型升级”“战略跨越”，终成国内光电行业“隐形冠军”的成功之路。

（教育教材分社）

【《张一鸣让字节跳动的创业哲学》出版发行】 该书以“今日头条”创始人、“抖音之父”、字节跳动创始人张一鸣先生的“创业哲学”为主题，从梦想、定力、决策、选人、用人、管理等维度，呈现张一鸣先生创业过程中的无限创业情怀，以及其在企业发展及企业管理方面的全系统思路与见解，以求为广大创业者和企业管理者提供借鉴和启示。

（教育教材分社）

【《数智物流：5G 供应链重构的关键技术及案例》出版发行】 该书深入阐释了传统供应链与新物流供应链的本质区别、新零售时代下供应链升级突围手段及推动新物流发展的主要因素。

（教育教材分社）

【《地产销售 4.0：思维、标准与技术要点》出版发行】 该书围绕“房地产销售 4.0”主题，梳理出销售人员应该掌握的 57 个概念和 39 个思维模型，同时提出销售人员之所以“职业化”的 4 个特质和维度，在每个维度中都运用“刻意练习”的方法，选择那些业内执行不力却熟视无睹的领域，死磕技术要点和执行细节，试图找出房地产销售行业的“宝石”。

（教育教材分社）

【《丝绸之路经济带发展报告：2018—2019》出版发行】 该报告结合新科技革命爆发、地缘政治经济格局变迁等新时代背景，基于“集聚系统论”，提出高质量建设“一带一路”的整体思路与政策选择，即采用“中心市场、区域生产网络、战略制造群落核心区域、差异化支点、高速通道、定制化国际治理体系”系统，可持续推进全面开放新格局的构建。报告结合基础理论、内外形势及典型案例分别对各个组成部分的发展选择进行了深入研究。

（年鉴综合分社）

【《嘉言善行：山区校长谈教育》出版发行】 该书从不同角度深入梳理治校之道，总结提炼管理方略、创新实践和前瞻思考，收录的文章都源于山区校长的深度打磨，致力于打造学术影响力、社会影响力、政策影响力，最终以总结性成果反哺山区教育，实现山区教育经验全国共享，服务于中国乡村教育创新发展。

（年鉴综合分社）

中国石化 SINOPEC

企事业单位

油气和新能源板块 | 炼油和销售板块 | 化工和材料板块 | 资本金融和支持板块

油气和新能源板块

胜利油田

【概况】 胜利油田是中国石化集团胜利石油管理局有限公司（简称胜利石油管理局）和中国石油化工股份有限公司胜利油田分公司（简称胜利油田分公司）的统称，主要从事石油天然气勘探开发、地面工程建设、油气深加工、矿区服务与协调等业务。工作区域分为东西两部分，东部主要分布在山东省东营、滨州、德州等8个市28个县（区）内以及海上辽东东地区，主体部分位于东营市，包括渤海湾盆地的济阳、昌潍等5个坳陷；西部主要分布在新疆、青海、甘肃、宁夏4个省（自治区），涉及准噶尔、吐哈等6个盆地。胜利油田本部位于东营市济南路125号。

胜利油田是在20世纪50年代华北地区地质普查和石油勘探的基础上发现并发展起来的。1961年4月，位于东营构造上的华8井首获工业油流，标志着胜利油田的发现。1964年1月，中共中央批准组织华北石油勘探会战，胜利油田勘探会战和开发建设拉开序幕。1972年8月，改称胜利油田会战指挥部。1989年8月，更名为胜利石油管理局。1998年6月，国家进行石油石化重组，胜利石油管理局由原中国石油天然气总公司划归集团公司。2000年5月，中国石化整合上市，将油田勘探开发核心业务组建成立胜利油田有限公司，2006年1月，变更为胜利油田分公司。2013年，将管理局的物探、钻井、测井、录井及地面工程建设等业务，整合到中石化石油工程技术服务有限公司。2017年，进行公司制改制，成立胜利石油管理局有限公司。

截至2020年底，胜利油田有二级单位58个、三级单位766个。其中，胜利石油管理局有限公司有二级单位23个、三级单位289个，胜利油田分公司有二级单位35个、三级单位477个。用工总量98 883人，其中合同制员工95 085人。拥有高级技术职称（含正高级）16 836人，中级技术职称11 685人。

截至2020年底，胜利油田共发现油气田81个，累计探明石油地质储量55.87亿吨；投入开发油气田74个，累计生产原油12.46亿吨，累计生产天然气594.02亿立方米。

胜利油田主要技术经济指标和主要生产建设指标分别见表1和表2。

（宋占魁　兰　峰）

【疫情防控】 油田把疫情防控作为首要政治任务，全力守护员工群众生命安全和身体健康。加强与地方政府、相关企业的沟通协调、联防联动，织密指挥网、责任网、防控网、服务网、志愿网“五张网”，组织3 000多名机关干部下沉防控一线，500多支党员突击队、9 000余名志愿者守护小区防疫阵地，累计派出1.4万人配合地方进行疫情防控，监控人员流动32万人次，加强境外、重点地区返回人员跟踪管理服务，胜利工区保持零疫情。第一时间发动党员群众捐款4 350万元、无偿献血24.7万毫升，派出23名医护人员驰援湖北、省内重点地区和海外项目，所有胜大超市门店不歇业、不提价、保民生，克服困难筹措专项资金进行民营企业清欠，减免中小企业经营用房租金，加大对口扶贫力度，助力湖北疫后重振发展，油田3个集体、8名个人获中国石化和山东省抗疫表彰。针对疫情形势发展变化，优化机制，整合队伍装备，细化落实常态化防控措施，把疫情对生产经营的影响降到最低，克服困难及时复工复产，发挥油田产业链带动作用。

（兰　峰）

【油气勘探】 胜利油田以油藏经营管理理念为指导，坚持防疫生产两手抓，开展攻坚创效行动，持续推进高质量勘探，获4个油气新发现、5个商业发现和1个新进展的勘探成果，探井成功率达48%。年内新增探明石油地质储量5 760.65万吨、控制石油地质储量6 132.89万吨、预测石油地质储量8 341.56万吨。东部探区，页岩油勘探取得新突破，通过加强济阳坳陷页岩油赋存与富集规律研究，开展甜点选区评价，樊页平1井试采日产油78吨，为页岩油先导试验开展提供了技术支撑；通过重新认识古近系沉积储层与成藏规律，部署桩海斜25井在东营组日产油350吨、日产气3.10万立方米，埕北830井日产油153吨，新增预测储量1 076.5万吨，形成海上新的规模增储阵地；通过强化东营深层储层发育机理及油气成藏规律研究，部署钻探的丰深斜11井沙四下日产油81.70吨、日产气4.2万立方米，证实陡坡带深层自源体系多期扇体连片富集，向下拓展了勘探空间；低渗透油藏勘探见到好效果，史平147井试采获日产油23吨，展现了东部老区巨大的勘探潜力；另外，在东营、惠民、滩海和沾化地区取得4个商业发现。年内东部探区新增探明石油地质储量4 155.24万吨、控制石油地质储量2 929.83万吨、预测石油地质储量8 341.6万吨。西部探区，西部准中洼陷实现规模增储，永进地区的永301、永3-侧平1等井获成功，新增控制储量3 200万吨，部署的成6、征10等井见到活跃油气显示，呈现良好勘探前景，在车排子地区获千万吨级商业发现；通过对深化沙湾组沉积储层及油气成藏的认识，部署的排652等井均获成功，在准噶尔西缘取得商业发现近源体系首次上报探明储量，新增探明石油地质储量1 605.41万吨。年内西部探区新增探明石油地质储量1 605.41万吨、控制石油地质储量3 203.06万吨。

（侯　飞）

2020年3月28日，工程项目开工复工仪式现场（李　龙　摄）

【油气开发】 胜利油田开发工作聚焦提质、提速、提效、提产、降本，坚持算清效益账、多干效益活、多产效益油，持续推进攻坚创效行动，产能建设水平和开发运营质量进一步提升，全年生产原油2 340.11万吨、商品量超计划13.55万吨，生产天然气5.68亿立方米，新增SEC储量149万吨、储量替代率6.5%。坚持地质工程一体化优化，创建新模式、引进新技术，加大与工程公司合作开发未动用储量力度，推行项目化管理、市场化运营、运营权流转，全年新建（增）产能152万吨，百万吨产能建设投资由57.5亿元降至50.4亿元，平均钻井周期缩短25.4%；聚焦提能量、控含水、降递减，加大稳产基础长效投入，加强精细注采、热效管理、化学驱增油，强化停产停注井和双低单元治理，加快低渗压驱、稠油降黏复合驱、高温高盐油藏化学驱、海上二元复合驱等新技术攻关应用，开发技术指标进一步改善，稠油油汽比0.61、提高0.06，稀油自然递减率控制在8.6%，综合含水率控制在92.3%以内。通过效益开发实践，明确了10亿吨未动用储量高效建产、10亿吨双低单元提质增效、10亿吨高含水区块三次采油等“3个10亿吨”潜力方向，以及西部、深层、海上、稠油4个百万吨产能建设阵地，效益稳产基础不断夯实。

（姬　光）

2020年10月23日，中国石化重点探井史平147井压裂通过开工验收（夏兆明　摄）

【经营创效】 强化价值引领，优化成本经营，推动一切工作向价值创造聚焦、一切资源向价值创造流动。推进全员、全要素、全过程降本增效。全年实现挖潜增效41.5亿元，油气单位完全成本和盈亏平衡点持续下降，胜利石油管理局经营业务盈利2.36亿元，应对低油价的能力本领进一步增强。全面推动“1+2+2”绩效考核体系向基层贯穿延伸，激发各层级内挖潜力、外闯市场、多创效益，资源资产整体运营效能持续提升，全年盘活内部用工1.14万人、外闯市场2.51万人，外部市场签订合同额22.7亿元，盘活闲置资产净值1.2亿元、清理无效负效资产1.3亿元，扩大自营降低外委费用5.1亿元。加大高风险业务、岗位和重点人员管理力度，推进屡查屡犯治理，加强问题整改落实，经营风险得到有效防控。突出科学高效、合作开放，推进市场化运行平台和保障体系建设，健全高效运营、监督监控、市场协调机制，加强社会化队伍管理，深化承包商战略合作，构建了更加广泛的内外部、甲乙方市场化运营模式，形成了甲方强管理降成本与乙方重服务创效益的良性互动。

（杨荣才）

【QHSSE管理】 胜利油田以质量进步标准提升推进本质安全绿色发展，完善QHSSE管理、监督、督查、考核“四大体系”，增强风险管控能力，坚决守住红线底线，提升安全绿色发展水平。以安全生产专项整治三年行动计划为统领，坚持“从零开始、向零奋斗”，突出识别大风险、消除大隐患、杜绝大事故，全面落实双重预防机制，建设中国石化风险管理样板工程，实施安全风险动态管理和减量降级，开展受限空间、高处作业专项治理及泄漏隐患大排查、大整治，抓实海上、罐区、承包商、危化品和直接作业环节监管，推行停工停产集中培训，加强应急能力建设和员工健康管理，改善岗位环境、加大保护力度、提高保护标准，促进员工身心健康，安全生产形势总体稳定。强化“净零”理念，全力推动绿色企业创建，构建能源监测、排放物监测、油区生态观测体系，抓实全系统降能耗、减损耗、控物耗、减排放，加快新能源开发利用、占比达5%，全面完成自然保护区核心区和缓冲区300处生产设施关停退出，氮氧化物、二氧化硫主要污染物排放总量分别下降6.29%、8.44%，胜利油田分公司能耗总量及强度分别下降10.02%、10.3%，能耗管控水平大幅提升，在集团公司绿色企业创建评比中列上游板块第1名。实施勘探开发全过程、技术服务各专业质量标准提升规划，开展“大地面”工程建设试点，推进注水管柱、抽油机井举升等长寿命工程，新发布138项企业标准均达行业先进水平。

（于福寅）

2020年5月28日，清洁能源发展试点项目营二丛式井场分布式光伏发电项目正式运行（朱克民　摄）

【改革管理】 聚焦提效率、增动力、激活力，在解决深层次矛盾和发展根本性问题上持续发力。完善构建现代企业管理体系和运营机制，激发老油田内在活力和发展潜能。健全完善胜利油田分公司“六项机制”，深化开发单位“七大体系”建设，“管理部门+服务中心”组织架构全部调整到位，推动《新型采油管理区规范建设管理大纲》落实落地，管理区劳动用工优化达50%，运营能力持续增强；聚焦“引领统筹、指导服务、监督监控”职能定位，优化机关机构设置、岗位设置和工作职责，持续推行大办公室、大岗位制，38个机关处室优化调整为28个机关部门，341个科室压减为140个办公室，与油藏经营管理相适应的组织架构进一步完善；厘清业务流、管理流、监督流，业务流程由859支压减为128支，建立了横向覆盖油藏经营管理全领域、纵向支撑技术服务全过程的业务流程体系。

（兰　峰）

【办社会职能分离移交】 坚持政府主导、属地管理、企业配合，转职能、抓责任、促提升，做好分离移交“后半篇文章”。协调增加物业专业和应急维修改造资金投入，协调推进维修改造小区竣工验收，落实新冠肺炎疫情常态化防控措施，执行小区封闭管理措施，推进“网格化管理”，守护小区零疫情。协调政府、联系居民、监督服务机制初步构建，202 个移交小区维修改造、20 余万套职工住房登记、16 万名退休人员社会化管理主体任务全面完成，实现了交得出、接得住、可持续、更美好，96 家厂办大集体企业完成清理，企业办社会和历史遗留问题得到有效解决。

（兰 峰）

【科技创新】 胜利油田突出科技创新核心支撑作用，持续加大科研经费投入，修订完善科技奖励办法，配套实施一系列激励性机制措施，集聚创新优势，强化基础研究，推动技术集成和先导试验联合攻关。断陷盆地精细勘探、潜山油气成藏、单点高密度地震等关键理论技术深化应用，深层勘探取得新认识；发展体积压裂、压驱注水、二氧化碳驱等技术序列，低渗油藏开发能力得到提升；攻关稠油降黏复合驱、微生物驱等技术，改变稠油热采单一模式，稠油转换开发方式取得进展；开展非均相复合驱、高温高盐油藏聚合物驱及海上三采先导试验，拓展化学驱大幅提高采收率技术的应用领域；页岩油勘探开发技术取得重大突破，为先导试验创造了条件。加快大数据、云计算、区块链等应用，构建“数据 + 平台 + 应用”信息化建设新模式，完成海上智能油田试点建设方案设计，推进能源管控中心建设，优化提升勘探开发业务协同平台、信息化基础设施一体化运维服务平台，提高了生产管理运行效率。危废资源化利用、硫化氢防控、“注、采、输”一体化能效提升、“光伏 + 多能互补”绿色技术加快应用，大力推广低氮燃烧技术和网电钻井、网电修井等新能源设备，有力保障了安全绿色生产。全年开展课题研究 489 项，其中国家级 14 项、集团公司级 109 项；申请专利 650 件、获授权 433 件；获国家级科技奖励 2 项、省部级奖励 17 项。

（宋占魁）

【技能人才队伍建设】 增强技能培训的针对性和实效性，抓好高技能人才、改革发展急需人才和青年后备人才培养，全年共组织完成各类技能操作培训班 630 余期，累计培训 4.2 万人次。适应疫情防控常态化要求，指导培训机构和直属单位科学采用钉钉直播、线上线下相结合、送教上门、区域送教等方式，创新培训模式，推动培训转型，形成了疫情防控常态化形势下技能培训工作正常开展的新路径。全年组织开展在线岗位练兵活动 25 轮 1 287 场，涵盖采油工（含信息化）、集输工（含信息化）等 11 个一线主要工种，共计 28 家单位 2.2 万余名员工参加，并在《胜利日报》和《胜利晚间新闻》进行报道。在全国行业职业技能竞赛中，胜利油田获优秀组织单位奖并取得优异成绩。成功举办胜利油田第 21 届职业技能竞赛。组织选拔推荐优秀技能人才参加国家、山东省和集团公司组织的评选，1 人享受国务院政府特殊津贴，1 人被评为全国技术能手，4 人被授予中国石化技术能手，3 人被授予山东省技术能手，1 人被评为山东省泰山产业领军人才，7 人被评为齐鲁首席技师，胜利石油管理局、胜利油田分公司被评为山东省技师工作站设站单位。积极争取东营市人才政策，3 人被评为东营市首席技师，2 个技能创新工作室被评为东营市首席技师工作站，10 名拔尖人才办理“东营优才卡”，向东营市推荐 12 名优秀技能人才担任兼职教师。全年油田组织开展职业技能等级认定 6 058 人，4 367 人晋升职业技能等级。

（宋占魁）

2020 年 6 月 18 日，胜利油田召开一线生产难题揭榜挂帅大会（顾伟清 摄）

【和谐稳定】 全面落实疫情常态化管理，采取“网上办”“掌上办”“电话办”等措施，确保疫情期间社保服务不中断。落实阶段性社保费率下调政策，节约保险费用支出 9.8 亿元。职工基本医疗和生育保险合并实施。提高职工基本医疗保险待遇，住院医疗费最高支付限额由 24 万元调整为 40 万元。油田补充医疗保险重疾、特药补助报销比例提高至 90%。增设北大鲁中医院等 10 家定点医药机构。全面实现住院医疗费全国异地联网结算，医保个人账户全省内异地联网结算。持续开展“走基层、访万家”活动，加大困难群体精准帮扶救助力度，累计发放各类救助金、慰问品、互助金等合计 9 287.78 万元；建立区域职工服务中心，集成工会法律咨询、绿色就医通道、住房公积金申办等服务窗口，方便员工群众生活；实施幸福一线、幸福员工行动，依托胜利职工 e 家、工会会员卡开展线上普惠服务、消费扶贫工作。深化民主管理，充分发挥群团组织桥梁纽带作用，开展各类劳动和技能竞赛、青春建功劳动竞赛。推进各级落实信访“只访一次”，加大矛盾纠纷排查化解。强化法治教育，加强保密管理，强化舆情管控，化解重大矛盾风险维护稳定，开展油区集中整治行动，涉油案件下降 10.1%，完成安保维稳任务，油田大局保持和谐稳定。

（宋占魁）

【国企政治优势】 突出政治引领，建立党委中心组示范学、党支部跟进学、全覆盖培训轮训机制，推进习近平新时代中国特色社会主义思想大学习、大普及、大落实，统筹谋划推动油田 6 个方面 66 项重点任务落地见效。深入宣贯转变观念更新理念 160 条和机关职能优化 76 条，持续深化转观念、转方式、转作风。各级党组织和群团组织融入中心、服务大局，聚焦疫情防控和攻坚创效，开展复工复产、高效勘探、效益开发、外闯市场创效劳动竞赛。按业务优化各级班子结构和职位，修订中层领导人员、基层管理人员选拔任用办法，畅通三支人才队伍成长通道，实施培养选拔年轻干部专项行动，年度新提 40 岁以下中层副职比例由 2015 年的 6% 提高至 33.9%；统筹优化基层党组织设置，编制“1+4”《党建“三基本”工作手册》和《基层管理手册》《班组管理手册》《岗位工作手册》，推动基层党建和基础管理规范化上水平。高标准完成中央和党组巡视问题整改，开展全覆盖党建考核和抓党建述职评议，构建“五位一体”大监督体系，完善“六督联动”机制，强化政治监督和日常监督，完成 4 轮 32 个单位部门常规巡察和巡察“回头看”，加大“三务”公开力度，整治形式主义、官僚主义，保持正风肃纪高压态势。

（杨荣才）

表 1　　胜利油田主要技术经济指标　　亿元

指标名称＼年份	2020	2019	2018	2017	2016	2015
工业总产值	576.63	806.67	854.79	688.53	605.16	758.51
工业增加值	300.03	508.24	587.56	376.11	248.96	428.37
资产总计	1 591.98	1 639.36	1 234.83	1 414.71	1 660.67	1 766.07
流动资产	49.32	60.90	151.75	162.01	160.25	103.36
固定资产原值	4 059.60	3 923.35	3 822.30	3 801.52	3 705.45	3 631.62
固定资产净值	934.62	955.91	991.64	1 153.24	1 444.09	1 558.06
销售收入	664.85	838.99	888.50	797.27	591.19	784.92
实现利税	−25.48	142.79	84.40	−123.49	−139.14	33.55
税　金（费）	102.17	141.72	191.61	151.33	112.84	141.67
综合能耗①/吨标煤·万元$^{-1}$						
胜利石油管理局	3.376	3.534	3.649	3.758	3.763	3.91
胜利油田分公司	0.269	0.298	0.308	0.308	0.313	0.31

① 2016 年起，综合能耗指标按行业惯例，保留小数点后 3 位

表 2　　胜利油田主要生产建设指标

指标名称 \ 年份	2020	2019	2018	2017	2016	2015
原油产量 / 万吨	2 340.11	2 341.51	2 341.00	2 341.61	2 390.19	2 710.03
天然气产量 / 亿立方米	5.68	4.88	4.80	4.07	4.04	4.57
新增原油生产能力 / 万吨	152.00	155.39	144.3	115.60	68.43	145.70
新增天然气生产能力 / 亿立方米	0.97	1.02	0.49	0.68	0.31	0.43
新增探明石油地质储量 / 万吨	5 760.65	4 644.29	2 502.61	3 458.90	2 989.19	1 090.72
新增探明天然气地质储量 / 亿立方米	24.92	13.78	7.52	11.95	6.94	4.25
二维地震 / 千米	301.00	959.00	819.00	431.00	888.32	1 015.77
三维地震 / 平方千米	1 999.00	2 258.00	1 066.00	1 375.00	964.49	1 016.00
石油钻井 / 口	1 335	1 441	1 318	1 043	676	1 149
钻井进尺 / 万米	328.74	339.58	300.39	240.62	157.30	256.80
勘探投资 / 亿元	57.91	56.45	37.83	37.47	32.37	33.42
开发投资 / 亿元	105.91	129.12	101.94	74.42	44.99	96.54

中原油田

【概况】 中原油田是中国石化集团中原石油勘探局有限公司（简称中原石油勘探局）和中国石油化工股份有限公司中原油田分公司（简称中原油田分公司）的统称，实行一体化管理。主要从事石油天然气勘探开发、工程技术服务、油气销售、社区管理等业务，主要勘探开发区域包括东濮老区、川东北工区和内蒙古探区。

1975 年发现中原油田，1979 年投入开发。1982 年 3 月，成立中原石油勘探局。2000 年 1 月，重组为上市和非上市两部分，上市部分称为中原油田分公司，非上市部分称为中原石油勘探局。2012—2013 年，完成石油工程专业化重组暨社区管理体制调整。2017 年 11 月，中原石油勘探局进行公司制改制，更名为中原石油勘探局有限公司。截至 2020 年底，中原油田资产总额 380.98 亿元，负债总额 256.67 亿元。其中，中原油田分公司资产 349.14 亿元，负债 221.63 亿元，资产负债率 63.48%；中原油田勘探局资产 31.84 亿元，负债总额 35.04 亿元，资产负债率 110%。设置机关职能部室 24 个、所属单位 46 个，用工总量 4.16 万人（含合资公司员工 9 030 人）。其中，中原油田分公司设置机关职能部室 22 个、所属单位 24 个，用工总量 29 663 人（含合资公司员工 4 785 人）；中原油田勘探局设置机关职能部室 2 个、所属单位 22 个，用工总量 11 937 万人（含合资公司员工 4 245 人）。

2020 年，中原油田拥有油气资源探矿权、采矿权 36 个，面积 1.88 万平方千米。其中，探矿权 14 个，面积 1.73 万平方千米；采矿权 22 个，面积 1 539.71 平方千米。完成投资 24.53 亿元，上报控制石油地质储量 669.21 万吨、预测天然气地质储量 110.43 亿立方米，生产原油 125.11 万吨、井口天然气 84.79 亿立方米、硫黄 174.72 万吨。获省部级科技进步奖 8 项，完成“十三五”国家科技重大专项“高含硫气藏安全高效开发技术”攻关任务，集团公司“十条龙”“超深高含硫气田提高采收率”项目顺利“出龙”。持续加强信息化建设，完成普光智能气田 1.0 试点，建成油田开发生产、经营管理关键业务移动应用。加强黄河流域、长江流域、内蒙古生态区环境保护和治理，推进

“能效提升”工程，油田通过河南省首批环保诚信企业初评，通过集团公司绿色企业年度复审，普光分公司被评为国家绿色工厂示范单位、连续5年被评为四川省环保诚信企业。在全国和集团公司业务竞赛中获4金、2银、1铜，中原油田获第六届全国文明单位称号。

中原油田主要技术经济指标和主要生产建设指标分别见表1和表2。

（李　丽）

【油气勘探获突破】 2020年，中原油田完成勘探投资7.22亿元，原油发现成本每吨比计划降低7.40元，天然气发现成本每千立方米比计划降低0.50元，“普光探区新层系勘探重要突破”“内蒙古探区白音查干凹陷近洼斜坡带腾下段勘探新突破”2项成果分获中国油气勘探重大发现二、三等奖。加强普光工区“三新”领域勘探研究，获致密气普光陆相侏罗系、岩溶气普光茅口组、岩溶气通南巴区块海相雷口坡组3个重要突破，分获日产13万立方米、16.40万立方米、34.80万立方米工业气流。强化东濮老区富油气区周边挖潜，新增探明石油地质储量116.50万吨；积极探索古近系页岩油、上古生界煤成气等“三新”领域，初步落实濮卫次洼西翼千万吨级页岩油勘探场面、文卫濮结合部百亿立方米煤成气勘探场面。加大内蒙古探区白音查干下洼勘探力度，新增预测石油地质储量1 188.35万吨。

（李　丽）

【气田稳产能力增强】 2020年，中原油田落实集团公司“天然气大发展”要求，天然气SEC储量完成45.68亿立方米，超计划0.68亿立方米，“毛坝9块滚动勘探”等5个项目获中国石化天然气高效开发奖。普光分公司加强大湾、毛坝滚动增储和老区调整挖潜力度，精细气藏开发管理，加快产能建设项目实施及重点工程推进，截至年底，井口气生产能力达82.81亿立方米，气田稳产期进入第11年，较方案设计延长3年。通南巴区块加强“探、评、建”一体化，优化方案编制，强化老井及探井试气跟踪，落实开发潜力，初步评价具备日产气32万立方米生产能力。东濮老区优选桥口、白庙凝析气藏开展提高采收率先导试验，不断探索改善气藏开发效果新方法；精细挖潜保持稳产，强化气层气精细描述及伴生气管理增效，产量实现硬稳定。

（李　丽）

2020年3月19日，普光天然气净化厂夜景（白国强　摄）

【老区原油产量实现增长】 2020年，中原油田在老区开发工作中加强油藏研究、水驱治理、注采调控、开发管理和工艺配套，在开发投资比计划压减43.60%、措施工作量压减49%的情况下，原油SEC储量完成159.29万吨、超计划6.29万吨，自然递减8.84%、减缓1.75个百分点，“文明寨油田高效开发”“东濮凹陷濮卫环洼带高效滚动勘探”“卫城油田断裂带新区产能建设”“濮城油田沙二下油藏老区产能建设”“特高含水油藏低成本水动力学调整改善开发效果技术”“套损检测及修复技术”6个项目获中国石化原油高效开发奖。加快产能建设，单月投产新钻井22口，创近年最好水平；优化产能建设投资34.50%，新建产能超计划0.53万吨。优化措施实施，调整注采、产液、措施结构，油井措施有效率96.50%，超攻坚创效目标1个百分点，水驱动用程度提高1.10个百分点。精细注采管理，强化动态调控，加强低成本技术应用，提高水驱效率，实施动态调配6 055井次，累计增产原油4.72万吨。

（李　丽）

【普光探区陆相勘探获突破】 2018年，中原油田开展四川盆地勘探开发动态调研，明确近年盆地陆相天然气开发成果80%均集中在侏罗系地层。2019年，开展陆相分层系评价，老井复查，确立“上返侏罗系，寻找河道砂”勘探思路。部署实施普陆3井，该井在千一段水平段钻遇砂岩段499米，录井全烃大于1%的气测异常段4层260米，测井解释气层16层169.70米，解释孔隙度 1.50%—3.80%。2020 年 4 月，在千佛崖组 3 510—3 930 米井段，采用水平井簇射孔 6 段体积压裂，10 毫米油嘴求产，获日产 13 万立方米高产工业气流。按照“源岩控藏、河道控储、裂缝控产”思路，落实千佛崖组 4 个砂组岩性圈闭面积 729.10 平方千米，资源量 1 234.50 亿立方米，是中原油田在普光探区启动陆相勘探 10 余年取得的首个实质性突破。

（徐 玮）

【普光探区茅口组岩溶气勘探获突破】 普光探区二叠系茅口组岩溶储层受颗粒滩和岩溶作用共同控制，呈“滩 + 岩溶”储层发育模式，具有“多期多套、叠置连片”大面积分布特征。2019 年，针对宽缓正向构造区的杨柳坪构造和构造稳定的宣汉洼陷部署杨柳 1 井、宣汉 1 井，均见到良好气测显示。2020 年 6 月，杨柳 1 井茅口组勘探获突破，在 5 712—5 820.60 米井段，3 层 7 米酸压试气，10 毫米油嘴求产，日产天然气 16.40 万立方米，不含硫化氢，新增天然气预测储量 62.69 亿立方米。通过中二叠统地质—地震层位精细标定，明确岩溶储层的波形结构特征，落实宣汉北次洼、宣汉南次洼、东岳寨—清溪场构造带、分水岭南 4 个重点区带，有利面积 210 平方千米，资源量 1 121 亿立方米，为普光气田长期稳产提供保障。

（陶 岚）

【白音查干凹陷近洼带腾下段勘探获突破】 2020 年，中原油田加强白音查干凹陷近洼斜坡带类型和腾下段沉积充填演化研究，明确近洼斜坡带发育断坡型和古隆型斜坡。通过多属性融合预测技术在古隆型斜坡落实达 66、达 67 等 4 个岩性圈闭，落实圈闭面积 20.50 平方千米 。部署的达 66 井、达 67 井均钻遇厚油层，其中达 66 井是部署在达 65 块岩性圈闭低部位的一口评价井，完钻井深 1 990 米，腾下段录井见油迹、荧光显示共计 87 层 176.48 米，钻遇油层 52.80 米，证实近洼斜坡低部位地层增厚、砂体增多、油层增厚；达 67 井是部署在达 59 北岩性圈闭的一口评价井，完钻井深 2 138.20 米，全井段录井见油斑、油迹、荧光显示共 83 层 199.50 米，腾下段钻遇油层 24.80 米 /15 层。针对腾下段 1 855.90—1 959.10 米井段、油干层 16 层 30.30 米进行常规射孔抽汲求产，日产原油 5.82 立方米，进一步证实近洼斜坡带具有规模效益勘探潜力。近洼斜坡带腾下段含油井段长 120—600 米，具有自生自储特征，新增石油探明地质储量 87.52 万吨、预测地质储量 1 188.35 万吨，白音查干凹陷首次实现近洼斜坡带规模增储。

（陶 岚）

【通南巴区块海相勘探获首个突破】 通南巴区块位于四川盆地的东北部，自 2018 年中原油田取得经营权后，将雷口坡组作为海相突破重点，优选母家 1 井和马深 1 井进行试气，揭示雷顶岩溶储层发育模式及须二下亚段充填岩性的复杂特征。通过踏勘和老井复查，建立研究区雷口坡“白云岩岩相 + 岩溶残丘 + 岩溶水系”储层发育模式，形成“微古地貌刻画溶蚀沟谷表征岩溶水系和岩溶残丘，波形属性预测白云岩展布”的雷顶岩溶储层预测技术。2019 年，中原油田优选马路背背斜构造中带雷顶岩溶储层发育区部署马 7 井，针对雷口坡组岩溶储层 3 198—3 228 米试气，日产天然气 34.80 万立方米，天然气组分分析不含硫化氢。2020 年，马 7 井在须家河、雷口坡组电测解释气层分别为 34.10 米 /8 层、3.80 米 /1 层，雷口坡组试气 8 毫米油嘴，25 毫米孔板，油压 8.02 兆帕，日产天然气 13.53 万立方米，发现雷口坡组岩溶气藏试气 5.45 万—13.53 万立方米，落实圈闭资源量 313 亿立方米，该井的成功实施标志着通南巴探区雷口坡组不整合岩溶气藏勘探获突破。

（陶 岚）

2020 年 11 月 14 日，通南巴区块马 7 井射孔施工场面
（白国强 摄）

【“超深高含硫气田提高采收率技术”项目“出

龙”】 2018—2020 年，中原油田完成集团公司“十条龙”项目——“超深高含硫气田提高采收率技术”研究。该项目以破解高含硫气田提高采收率技术难点为目标，对深层礁滩相碳酸盐岩气藏储层精细描述及剩余气分布规律、高含硫气藏控制递减与提高采收率对策、超深高含硫气藏控水稳气技术等 6 个课题进行研究攻关。研究低孔低渗滩相储层精细描述及有效动用方法，形成礁滩相储层内幕相控精细刻画技术，使低孔低渗储层预测符合率提高至 81.60%；采用差异性粗化和单重—双重混合介质建模，实现千万级网格气藏精细模拟，为气藏开发提出有效动用策略；提出“水侵优势通道因子”识别办法，形成气藏水驱前缘识别、预测、追踪及稳气控水工艺技术，在普光气田硫沉积治理应用 48 井次，累计保障 2.20 亿立方米产量，有效恢复气井生产能力；开展硫沉积机理研究，明确储层及气井硫沉积规律，配套研发出井筒与集输系统硫沉积治理技术；系统研究气田湿气增压模式、增压点布局和增压工艺，提出高含硫气田湿气集输系统增压开采对策，优化组合“PLC 控制 + 站控系统 + 监测报警联锁”安防系统，降低高含硫气田集气站湿气增压整体安全风险。2020 年 11 月 23 日，该项目通过集团公司验收，研究成果达到国际先进水平。

（陶　岚）

【完成“十三五”国家科技重大专项“高含硫气藏安全高效开发技术”攻关】 2016 年 1 月—2020 年 12 月，中原油田完成“十三五”国家科技重大专项“高含硫气藏安全高效开发技术（三期）”攻关。该项目按合同要求完成 6 个课题 30 个专题研究，超额完成经济、技术考核指标，7 项优于合同指标，3 项达到合同指标。形成高含硫气藏高产高效技术系列和高含硫气田生产运行安全环保技术系列，包括高含硫气藏储层硫沉积动态分布（理论）模型、抗硫高钢级套管变形失稳理论模型、深层低孔低渗滩相储层有效动用技术、块状滩相气藏提高储层动用程度技术、超深复杂生物礁气藏精细刻画与增产技术、高含硫气藏硫沉积预测与治理技术、礁滩相气藏水侵动态预测及控制技术、高含硫气田生产运行安全管控技术和净化装置能效提升及尾气二氧化硫减排技术等创新技术 9 项。应用礁滩相储层精细刻画技术成果，评价增加可动用地质储量 333.70 亿立方米；部署实施 14 口开发调整井，预计新增可采储量 214.70 亿立方米；综合应用控水、控硫、过油管射孔等工艺技术，普光气田水侵速度下降 17.50 百分点，有力支撑普光气田、元坝气田稳定 100 亿立方米天然气产量。应用安全环保技术系列，确保连续油管作业、生产测试、深穿透射孔、堵水、套变监测等各项作业安全受控；普光气田 22 个高风险管段整体安全可控，保障净化厂安全平稳运行。

（陶　岚）

【普陆页 1 井部署方案通过集团公司审定】 2020 年，中原油田以普光探区侏罗系为首选目标，加大页岩气勘探力度。科研人员开展多学科联合作业，分岩矿类、储层类、烃源岩类、含气性共 4 类、749 项次，对侏罗系泥页岩进行分析化验，完成普光探区 82 个井台、127 口过陆相探井钻井及 20 口取芯井岩芯资料研究，认为千佛崖组一段泥页岩处于陆相页岩气有利区。通过对比千一段不同亚段、小层的页岩分布、地化及储集等特征，优选出千一中亚段 4 小层为最优质页岩段，在川东高陡褶皱带普光东向斜构造提出风险探井普陆页 1 井部署方案。4 月底，该井部署方案通过集团公司专家组审议通过，中原油田正式开启页岩气领域探索。

（徐　玮）

【中原储气库群建设】 2020 年，中原油田开展储气库“十四五”规划编制，规划建设储气库区 5 个、储气库 11 个，计划“十四五”末实现工作气量 100 亿立方米。编制完成文 23（二期）储气库方案，优化管材、注采管柱、工艺、地面工程等，在满足建库需求的同时，降低投资 3.27 亿元。开展储气库可行性研究方案编制，其中清溪储气库可行性研究方案通过集团公司审查，卫城储气库、文 13 西储气库可行性研究方案按集团公司初审要求修改完善，文 24 储气库可行性研究方案初稿完成。加强储气库配套关键技术攻关，涉及地质、工程、安全、信息化等 5 个课题 17 个专题，确保中原储气库群高效建设、安全运行、智能化管理。

（张　雨）

【普光气田重点工程 1#—4# 连通线投运】 1#—4# 连通线工程是普光气田“十三五”规划的重点工程，该工程起于大湾 402 集气站出站汇管，止于普光 104 集气站，全长 7.32 千米，主要扩建站场 3 座，设置管道紧急截断阀室 3 座。地坝梁隧道洞身段坡度为 41°，是普光气田集输系统中长度最长、坡度最大的隧道。该项目于 2018 年 8 月 20 日完成可行性报告批复，11 月 11 日开始施工。2020 年 4 月 29 日，该工程全面投运，有效释放大湾区块产能，降低产量波动，减少下游部分净化装置开停机次数。

（徐　玮）

【东濮老区原油稳定系统集中优化工程成功投运】 东濮老区原油稳定系统集中优化工程是集团公司重点投资项目，是中原油田重点优化工程。中原油田有油水井 5 200 余口、计量站 300 余座，因油气产量下降，油田优化地面布局及地面工艺，压减设计能力及站点数量，实施东濮老区地面系统优化整合。该工程于 2019 年 6 月 4 日开始施工，分为地面工程系统整体优化和原油集中稳定优化工程两部分，主要消减 6 座联合站的原油稳定装置，新建 1 套原油稳定装置。2020 年 7 月 16 日，该工程成功投运，油田 4 个采油厂 6 座联合站的原油稳定装置正式停用。截至年底，原油稳定处理单位能耗由 5.40 千克 / 吨下降至 3.28 千克 / 吨，优化岗位人员 35 人，年节约操作成本 306 万元，减少高风险管理点 6 个，有效缓解安全环保压力。

（李宁侠）

【管理效能提升】 2020 年，中原油田深化改革管理，加强管理效能提升。优化投资、储量、产量、成本、效益，油气单位变动成本较年初预算下降 18 元 / 吨；强化低效、无效资产盘活，地方政府有偿征收文卫小区空置住房 1 287 套；争取税收优惠政策，加强物资采购标准化管理，18 个项目挖潜增效 5.52 亿元。开展对标世界一流提升和深化改革三年行动，实施财务、计划、外部市场业务归口管理，整合内蒙古探区勘探开发机构，深化油公司组织效能评价，采油管理区用工减少 4.51%，作业业务人均利润等 8 项指标创集团公司标杆。“四供一业”及其他办社会职能移交、维修项目改造和退休人员社会化管理基本完成；43 家改制等非公企业党组织和 2 005 名党员关系移交地方政府，驻京办事机构专项清理、医保移交全面完成。优化人力资源管理，引导职工向优质高效项目流动，“三支队伍”结构不断优化，劳动生产率持续提高；开展集中培训 126 期、1.83 万人次，在线培训 18.50 万人次；油田 42 门培训课程获集团公司精品“好课程”奖，占获奖总数的 32%。构建“1+3+X”风险管理机制，制定财务资金、采购等 8 个领域 38 项重要风险防范措施，启动合规管理体系建设试点，重大决策、规章制度、合同法律审核率 100%，中原石油勘探局高资产负债率等 7 项重大风险事项实现降级和化解。

（李　丽）

2020 年 7 月 6 日，中原油田在安全仿真培训基地开展安全培训（仝　江　摄）

【普光分公司获国家绿色工厂示范单位称号】 2020 年，普光分公司加强国家生态文明建设，坚持以“绿色普光”推进企业持续高质量发展，做好理念绿色、工艺绿色、生产绿色、环境绿色、产品绿色、保护绿色“六个绿色”建设工作。生产的净化天然气达到国家标准《天然气》（GB 17820—2018）一类气指标；硫黄达《工业硫黄质量标准》（GB 2449—2006）一等品指标，被中国质量协会评为“七满意”产品。10 月 29 日，国家工业和信息化部公布第 5 批绿色制造名单，普光分公司被评为国家绿色工厂示范单位，成为中国石化油气田板块唯一获奖单位。

（陶　岚）

【“中原服务”品牌标识启用】“中原服务”品牌是集团公司首个综合性公共服务品牌，致力于“提供专业化、差异化、集成化公共服务”的品牌定位，“让业主满意、让员工成长、让企业发展”的品牌使命，“规范、诚信、合作、共赢”的品牌核心价值，本着“单一主品牌 + 少量优质业务品牌”原则，重点培育水务、电力、热力、信息通信、餐饮酒店、职工培训等优势突出、成长性好的业务品牌，打造层次分明的品牌架构，提升品牌协同力。“中原服务”品牌商标完成设计和注册后，2020 年 3 月 26 日，中原油田下发《关于加强“中原服务”品牌标识推广应用管理的通知》，正式启用“中原服务”品牌标识。该标识由红色的“ZY”组成，融合“中原、飞鸟、船帆、阳光”的含义。主要使用范围：生产经营场所、行政办公场所、会务标志、环境导示等；旗帜、媒体宣传、线上媒介等；礼赠附属品、事务性用品、证章等；包装用品、作业设备、员工服装等。5 月 10 日，中国石化发布《2020 年中国石化十大优秀品牌营销案例以及提名榜单》，“中原服务”品牌获中国石化十大优秀品牌营销案例。

（张　雨）

【中原油田获第六届全国文明单位称号】 2020 年，中原油田针对油田发展新形势、全国文明单位创建新要求，加强统筹协作，细化创建措施，根据“全国文明单位”测评标准，分阶段制订督导方案，建立“三位一体”格局开展创建宣传活动。坚持把创建全国文明单位作为推动改革发展的重要抓手，推进精神文明建设“六大工程”，开展社会主义核心价值观考核和精神文明建设考核等工作；依托油田企业文化和品牌优势，开展志愿服务、典型选树、明德讲堂、文艺文化等特色工作，持续开展“人无我有、人有我优、人优我新”创建活动；加强对油田生产工作区域、厂区道路综合治理，并按照濮阳市综合提质三年行动和创建工作总体要求，推动居民小区环境提档升级，为职工家属打造幸福家园。深化精神文明建设油地共建共享，贯彻落实油地双方战略合作与发展框架协议，落实协作发展议题 44 个；支援贫困乡村建设，建设爱油支油经典阅读室和广播站等，走访慰问贫困户 380 户，帮扶濮阳县东柳村成功脱贫。全力推进志愿服务工作，建立志愿服务联络总队和 51 个志愿服务直属支队，注册志愿者 3.20 万人，年均开展志愿服务 200 余次，累计志愿服务 40 万小时，打造出“志愿中原”服务品牌，助推全国文明单位创建。11 月 20 日，中原油田获第六届全国文明单位称号，连续 6 届获该称号。

（陶　岚）

表 1　　中原油田主要技术经济指标　　亿元

年份 指标名称	2020	2019	2018	2017	2016	2015
企业总产值①	145.85	169.58	140.06	157.64	124.13	188.72
企业增加值①	72.96	67.38	65.83	68.34	58.33	89.17
资产总计	380.98	416.44	279.24	334.97	370.33	460.55
流动资产	31.25	43.28	39.28	41.98	40.65	54.54
固定资产原值	392.00	384.97	359.36	398.72	396.88	389.42
固定资产净值	125.89	134.65	137.09	170.06	203.53	215.54
销售收入	127.91	151.97	149.84	174.05	154.40	212.64
实现利税	8.72	0.54	9.83	−31.95	−91.44	6.31
税　金	14.51	18.26	20.79	21.59	27.08	49.08
综合能耗②/ 吨标煤·万元 $^{-1}$						
中原油田勘探局	0.10	0.24	2.32	0.53	0.56	5.19
中原油田分公司	0.59	0.60	0.597	0.56	0.48	0.47

①中原油田分公司企业总产值 / 增加值即工业总产值 / 增加值
② 2015 年、2018 年数据为工业综合能耗，其他年份数据为企业综合能耗

表 2 中原油田主要生产建设指标

指标名称 \ 年份	2020	2019	2018	2017	2016	2015
原油产量 / 万吨	125.11	124	125.34	126.42	146.67	182.64
天然气产量 / 亿立方米	64.05	70.68	65.62	59.76	39.97	58.53
新增原油生产能力 / 万吨	10.20	9.55	7.74	5.71	0.40	1.53
新增天然气生产能力 / 亿立方米	4.62	2.93	1.05	3.97	0.12	0.08
新增探明石油地质储量 / 万吨	305.18	236.82	643.07	0	0	0
新增探明天然气地质储量 / 亿立方米	31.60	72.46	10.20	0	0	0
二维地震 / 千米	0	0	190.00	150.00	0	260.00
三维地震 / 平方千米	0	31.00	63.00	254.00	427.00	161.00
探　井①/ 口	24	25	17	17	9	15
开发井①/ 口	37	31	14	13	0	5
勘探投资 / 亿元	7.22	7.99	6.82	5.73	3.72	5.17
开发投资 / 亿元	14.79	16.55	11.31	9.04	5.14	4.06

①探井、开发井均为完井口数

河南油田

【概况】 河南油田为中国石化集团河南石油勘探局有限公司（简称河南石油勘探局）和中国石油化工股份有限公司河南油田分公司（简称河南油田分公司）的统称。其前身组建于 1972 年 5 月 1 日。1998 年，河南油田由中国石油天然气总公司划归集团公司。2000 年 1 月，河南石油勘探局和河南油田分公司分设分立。2012 年 9 月—2013 年 9 月，河南油田钻井公司、物探公司、油建公司等 7 个二级单位完成石油工程专业化重组，划归石油工程公司管理。2017 年 9 月，中国石化集团河南石油勘探局改制更名为中国石化集团河南石油勘探局有限公司。

河南油田是以油气生产为主，集油气勘探、开发、精蜡化工、施工作业、辅助生产和社会服务于一体的国有大型Ⅰ类企业；矿权范围地跨河南省南阳、驻马店、周口、漯河，陕西省咸阳、铜川、延安和新疆巴音郭楞蒙古族自治州、伊犁哈萨克自治州 9 个市（州）。本部设在河南省南阳市宛城区油田五一村，其所属新疆采油厂位于新疆维吾尔自治区巴音郭楞蒙古自治州焉耆回族自治县城。截至 2020 年底，河南油田拥有探矿权区块 11 个、面积 5 234.23 平方千米，采矿权区块 8 个、面积 2 074.66 平方千米。油气资源总量达 13.62 亿吨，已发现 16 个不同类型的油气田，累计探明石油地质储量 3.91 亿吨、天然气地质储量 129.30 亿立方米，已投入开发 16 个油气田，累计生产原油 8 996.16 万吨、天然气 30.32 亿立方米。

河南油田实行勘探局、分公司—二级厂（处）—管理区（大队）三级管理体制。截至 2020 年底，河南油田设机关部门 20 个、机关直属机构 7 个、二级单位 20 个，其中河南油田分公司下属 11 个、河南石油勘探局下属 9 个。共有 128 个管理区（大队）基层单位。全油田有直属党委 21 个，其中河南石油勘探局和河南油田分公司单位党委 20 个、移交单位党委 1 个，党总支 36 个，党支部 336 个（含直属党支部 1 个），党员 6 173 名。有合同制员工 1.15 万人（河南油田分公司 0.77 万人），其中拥有教授级职称的 66 人、高级职称的 2 241 人、中级职称的 2 141 人、初级职称的 1 143 人；享受政府特殊津贴的 5 人，集团公司突出贡献专家 9 人，获闵恩泽青年科技人才奖的 17 人，学术、技术带头人 10 人。

河南油田主要技术经济指标和主要生产建设指标分别见表 1 和表 2。

（韩　伟　郭运平）

【完成油气生产任务】 2020 年，河南油田新建产能 9.71 万吨，落实商业开发储量 207 万吨。生产原油 120 万吨，其中老井自然产量 109.82 万吨、新井产量 5 万吨、措施增加产量 5.18 万吨。生产天然气 8 765 万立方米，其中溶解气 2 874 万立方米、气层气 5 891 万立方米。年末综合含水率 93.57%，自然递减率 15.95%，稠油热采吞吐油汽比 0.18。

（郭运平）

2020 年 4 月 15 日，河南油田采油二厂员工在王 83 测 1 井井场布置连接双空心杆内循环加热管线（单朝玉　摄）

【控制储量完成情况】 2020 年，河南油田计划新增控制储量 600 万吨，实际完成新增控制储量 662.68 万吨（油当量），其中石油地质储量 202.96 万吨、天然气地质储量 48.50 亿立方米、凝析油地质储量 63.80 万吨，完成年计划的 110.45%。新增储量地区：赵凹油田泌 73-1 井、泌 88-1 井、泌 446 井井区古近系核桃园组油藏划分为 4 个计算单元，新增计算含油面积 1.92 平方千米，控制石油地质储量 45.79 万吨，技术可采储量 7.63 万吨。安深 2 井井区古近系核桃园组—大仓房组凝析气藏划分为 4 个计算单元，新增计算含气面积 13.22 平方千米，控制天然气地质储量 48.50 亿立方米，技术可采储量 5.82 亿立方米；凝析油地质储量 63.80 万吨，技术可采储量 7.67 万吨。春光油田春 137 井井区新近系沙湾组，春 130 井、春 308 井、春 310 井井区古近系，春 131 井、春 136 井、春 139 井、春 141 井井区白垩系，油藏划分为 10 个计算单元，新增计算含油面积 4.39 平方千米，控制石油地质储量 157.17 万吨，技术可采储量 31.92 万吨。

（韩　伟）

【能源化工生产】 2020 年，河南油田能源化工加工原油 24.31 万吨，生产特种蜡 16.50 万吨，销售特种蜡 16.95 万吨，实现经营收入 8.73 亿元，盈利 242 万元。综合商品率 98.69%，加工损失率 0.55%。炼油能耗 46.98 千克标油 / 吨，单位能量因数耗能 10.31 千克标油 / 吨。开发特种蜡新产品 4 个：NYTJ-201 号精密铸造蜡、NYTB-209 号包裹蜡、NYTZ-305 号复合蜡、NYQS-301 号专用蜡。特种蜡产品达 42 个品种、127 个牌号。

（郭运平）

2020 年 3 月 10 日，河南油田南阳能源化工有限公司一联合车间糠醛精制装置获油田绿色装置称号（李家武　摄）

【科技创新成果】 2020 年，河南油田开展科技项目 129 项，其中国家级 1 项、集团公司级 29 项。完成科技项目 71 项。“中深层地热资源评价与数值模拟技术及应用”“春光探区井约束提高分辨率处理与储层精细预测”“泌阳凹陷油气聚集规律与精细评价关键技术”“稠油油藏强化聚合物驱技术研究与应用”“提高采油系统效率与智能化监控技术”5 个项目分获集团公司 2019 年度科技进步二等奖、三等奖；评出河南油田 2020 年度科技进步获奖项目 55 项。申请专利 110 件，其中发明专利 50 件；获授权专利 85 件，其中发明专利 20 件。

（郭运平）

【安全环保管理】 2020年，河南油田加强双重预防体系建设，聚焦风险、隐患清单管理，体系建设获河南省应急管理部门好评，成为河南省石油天然气行业双重预防体系规范起草单位。建立要素运行监测指标，修订二级单位HSSE体系19个。坚持“331”（三类问题剖析、责任倒追三级、每月记分考核曝光）问题追踪模式，阻断风险向事故传导的链条，“三类问题”占比不断下降。加强现场督导检查，推动“六必查”（检查整改问责必查、风险识别管控必查、隐患排查治理必查、安全履职尽责必查、培训教育效果必查、HSSE会议质量必查）管理，建立“六实时”（实时报备、实时督查、实时纠正、实时跟踪、实时反馈、实时分析）视频督查机制，开展许可作业专项提升整治，进行关键措施信息化验证，保障了施工作业安全。加大承包商安全监管力度，实行季度HSSE综合管理评审，累计处罚承包商28.90万元。建立绿色企业行动和污染防治例会协调、分级服务、分级督导三项推动机制。实施“一方案两清单”（油田绿色企业行动计划实施方案、任务分解清单和项目实施清单）项目，完成“采油二厂燃油锅炉天然气燃料替代工程”“宝浪七个星固废场环境隐患治理工程”“下二门矿区生活污水处理建设工程”等重点治理项目。创建绿色基层单位12个，推广实施钻井泥浆不落地、作业现场囊式围堰措施，提升作业现场环保水平，绿色企业创建通过集团公司验收，获中国石化绿色企业称号。

（韩　伟）

2020年6月6日，河南油田新疆采油厂宝浪油田本布图3号计量站绿色环保生产现场（张秉宇　摄）

【保效增效】 2020年，河南油田推进“百日攻坚创效”和“持续攻坚创效”行动，累计实现创效1.46亿元。电费管控方面，开展5项生产技术优化工程，注水单耗降低0.21（千瓦·时）/米^3；根据尖峰平谷电价，拉大峰谷电价价差，实施油水井间开1 127井次，优化机泵运行209台次，节约电费1 300万元。燃料费管控方面，推进生产经营全周期“五优”（优化组织运行、优化技术指标、优化管理方法、优化系统能耗、优化市场机制）管理，精细管控，节约增效；加大工业天然气价格谈判力度，降价5%左右；注汽量由4 682米^3/日降至3 941米^3/日，降幅16%，稠油热采油汽比提升0.02。材料费管控方面，加强市场研判，多渠道、多举措、全方位降低物资采购成本，聚合物价格下降2 600元/吨，煤炭价格下降50元/吨，实现降本增效1 907万元。非生产性支出方面，严控办公设备购置，调控空调、电梯运行，优化照明方案布置，细化供暖面积结算，非生产性支出下降1 472万元，降幅27%。业务招待费管控方面，贯彻中央八项规定精神，严格执行集团公司、油田有关纪律要求，加强审批管理，杜绝超标接待，全年业务招待费161万元，下降59万元。

（韩　伟）

【工程建设】 2020年，河南油田完成工程项目投资12.03亿元，其中河南油田分公司完成投资11.75亿元、河南石油勘探局完成投资2 892万元。河南油田分公司重点项目完成南阳、泌阳、春光区域勘探钻井36口、进尺8.16万米；完成春光、下二门、魏岗、双河、井楼等区块产能建设钻井88口、进尺12.52万米，共建井91口，产能9.70万吨；完工投用“采油二厂燃气锅炉低氮燃烧改造工程”“采油二厂注汽锅炉余热利用系统改造工程”“宝浪油田第二电源建设工程”“宝浪联合站锅炉隐患治理工程”“采油一厂江河联合站蒸汽锅炉低氮改造工程”；开工建设“宝浪联合站轻烃压缩机安全隐患整改工程”。河南石油勘探局重点项目完成“钻井废水回收治理工程”“水电厂厂区光伏发电工程”“电力设施隐患整改项目配套工程”；开工建设“含油污泥无害化处理工程”“下二门矿光伏发电工程”。

（郭运平）

【节能工程】 2020年，河南油田以“绿色低碳”为核心，围绕“转方式、调结构、提质增效升级”工作要求，加强节能技术推广应用，落实节能技术措施项目，丰富节能降碳手段，在机采、注水（聚）、注汽、集输、公用等系统，实施“机采系统参数优化”“采油二厂注汽锅炉余热利用系统改造工程”“精细注水调整，提高有效注水”等节能技术措施项目30项，完成节能量1.24万吨标准煤。通过管理节能、技术节能、工程节能、结构节能等方法，完成节能量目标。河南油田分公司、河南石油勘探局工业万元产值（2010年不变价）综合能耗分别比考核指标降低1.11%、12.90%，节约标准煤（等价值）1.24万吨。

（郭运平）

【外部市场开发与管理】 2020年，河南油田围绕外创市场工作的整体部署和规划目标，实施各类项目179项，实现产值4.15亿元，用工人数达2 136人。推动外部市场竞争模式由“量”向“质”的转变，拓展工程技术服务市场占有率，技术服务板块产值占外创市场总产值的27.84%。海外市场在疫情期间创新发展，改变传统的谈判模式，通过网络视频、电子邮件、微信等媒体平台，进行技术交流、商务洽谈，完成“阿尔巴尼亚Bankers公司PM油田开发技术支持”“振华石油成都研究中心海外勘探开发项目技术支持”2个项目的签订工作。

（韩　伟）

【精细勘探成果】 2020年，河南油田针对老区深层系、新区新领域，加强基础研究，优化勘探部署，精细组织实施，取得一系列勘探成果。泌阳凹陷三新领域精细勘探取得突破，新增三级储量1 522万吨；东南部砂砾岩体、赵凹—安棚地区岩性油气藏深层系天然气勘探取得突破，新增控制+预测储量天然气135亿立方米、凝析油169万吨，获中国石化油气勘探突破三等奖；孙岗—下二门断层+岩性油藏勘探取得新发现，新增探明储量206万吨。南阳凹陷东部构造带评价勘探取得新发现，新增探明储量127万吨。泌阳、南阳油气勘探获中国石化商业发现三等奖。西部春光探区立体勘探取得进展，白垩系发现新的含油条带，古近系含油面积持续扩大，新增控制储量157万吨。勘探质量管理见成效，控制储量发现成本降低7.60%。

（郭运平）

【油田开发技术】 2020年，河南油田形成高渗区流场调整、低渗区强化注采等聚驱后水驱提高采收率技术，成果在12个主力后续水驱单元推广应用，覆盖储量3 780万吨，累计增油3.62万吨；形成分采分注、液流转向、封堵调控等技术，在双河、下二门等油田水驱单元中推广应用，自然递减由18.55%降至9.27%，吨油耗水由56立方米降至26立方米；形成汽窜通道定量描述技术和不同类型汽窜通道治理技术，在井楼、古城等稠油区块推广应用，累计增油3.14万吨，油汽比由0.14提高至0.27，提高采收率3.50个百分点；形成套管液压整形和液压加固补贴技术，处理的变形套管最长段达9.70米，套损井治理技术实现自主化；形成渭北油田浅层致密油藏体积压裂技术，完成压裂施工30井次，累计增油5 642吨，平均单井增油188吨。

（郭运平）

2020年1月26日，河南油田重点天然气探井——旬宜2井压裂试气施工现场（刘振涛　摄）

【微生物防腐技术应用】 2020年，河南油田针对江河区油井腐蚀速率高、投加缓蚀剂费用高、有效期短的问题，攻关应用微生物防腐技术。筛选评价适应不同井温（50—90℃）的内源反硝化细菌和生物激活剂，形成现场微生物防腐加药工艺。实施89口井，硫化物去除率> 94.90%，SRB < 6个/毫升，单井加药周期由3天增至7天。单井年加药费用节约500元/井次，减少维护作业8井次，创效110万元。

（郭运平）

【"六个百口井"专项治理工程】 2020年，河南油田按照"地质上有潜力，工程上有手段，经济上有效益"的原则，通过油藏潜力分析，攻关配套低成本技术，应用实施936口井，增产原油9.50万吨，增加注水48.50万立方米，减少无效产液7.70万立方米，恢复可采储量64.50万吨、水驱控制储量204.40万吨。

（郭运平）

【战疫情促复产】 2020年，河南油田在新冠肺炎疫情期间，把职工群众的生命安全、身体健康放在首位，积极落实各项防控工作。疫情来临，第一时间行动响应，快速建立防控体系，专题研究部署28次，发出紧急通知要求48次，组织捐款88万元，组建突击队194个，2 100多名党员梳理、排查人员2 556人（境外226人），在职人员实现"零感染""零病例"，涌现出一批"最美的逆行者""最执着的坚守者"抗疫先进典型，油田社区服务中心获集团公司抗击新冠肺炎疫情先进集体称号。新冠肺炎疫情形势好转后，第一时间组织复工、复产，开展勘探、开发系统会战及全员"增储上产、扭亏脱困"劳动竞赛，在较短时间内恢复生产，最大限度减少疫情带来的损失，保障了全年生产目标任务的完成。

（郭运平）

2020年2月8日，河南油田第一例新冠肺炎患者在油田总医院治愈出院（石正文　摄）

【员工队伍培训】 2020年，河南油田举办各类员工队伍线下培训班160期，培训11 893人次。其中，管理干部培训23期、1 761人次，专业技术干部培训18期、1 181人次，技能操作培训110期、7 156人次，大学生培训2期、147人次，安全环保与应急管理培训7个项目、1 648人次。举办网络培训34期，培训15 207人次。其中，"大师讲坛"14期、2 566人次，勘探开发主体专业培训4期、647人次，主体工种转岗和外创市场培训5期、850人次，形势任务教育1期、8 310人次，专业系统业务培训10期、2 834人次。推荐125名管理、技术和技能操作人员参加集团公司组织的35个项目的集中培训；参加集团公司组织的网络培训6期、4 968人次，国际化人才培训1期、47人次。

（郭运平）

【业务竞赛】 2020年，河南油田设集输工、采油测试工、配电线路工、油品分析工、消防战斗员5个工种，组织开展多项业务竞赛。经各单位层层开展岗位练兵、培训选拔，150余名选手参加决赛，23名选手分获竞赛各工种各项名次，并被授予河南油田技术能手称号；5人被授予职业技师资格。采油一厂、采油二厂、采油气工程服务中心等7个单位获优秀组织单位称号。组织承办全国行业职业技能竞赛集输工竞赛暨中国石化采油工测试工竞赛，河南油田2个项目各选派6名选手参赛。其中，集输工竞赛取得金牌2枚、银牌2枚、铜牌2枚，获团体奖第1名；采油测试工竞赛取得金牌1枚、银牌1银，获团体奖第3名；李辛获全国技术能手称号，王春、李幸、吴锋获中国石化技术能手称号，王春、李幸获中国石化青年岗位能手称号，景天豪、高廷彬、李岩获优秀教练团队奖；河南油田获优秀组织单位奖。

（郭运平）

【群众经济技术创新】 2020年，河南油田按照集团公司持续开展"当好主力军、奉献在岗位、建功创一流"主题劳动竞赛的要求，结合油田持续攻坚创效行动，聚焦质量效益、扭亏脱困、增储上产、外创市场、安全环保、节能减排、素质提升，全方位、多层次开展群众经济技术创新活动。在中国能源化学地质工会2019年度职工技术创新成果的评审中，油田28项成果参评。其中，采油一厂"小修解卡打捞工艺技术配套研究应用"、采油气工程服务中心"井口抽油杆气动锯切装置的研制与应用"2项成果获优秀技术创新成果一等奖，采油二厂"一种快速移动抽油机电机的滑轨装置”、采油气工程服务中心“防卡并双作用投捞器的研制”、水电厂“悬式绝缘子吊装架的研制与应用”3项成果获二等奖，采油一厂“易解封双封找堵水工艺管柱研究与应用”“气水脉冲清洗管线技术研究与应用”“井口密闭加药装置的研制”等13项成果获三等奖。

（韩 伟）

【员工帮助计划（EAP）】 2020年，河南油田全面深化实施员工帮助计划（EAP）。举办“EAP实施与相关技术”培训班，讲授EAP项目核心理念、实践原则及相关流程，培训近百名EAP骨干及志愿者，提升了EAP方法和技术的运用；开展“让EAP助力攻坚创效”活动，编写设立激发活力、情绪疏导、和谐关系等13门课程，深入19家单位基层站、队，开展团队辅导50余场次，参与人数达1.20万余人。在新冠肺炎疫情发生后，第一时间成立疫情防控心理援助志愿者服务队，通过EAP心理热线“67030345”及网络宣传平台，开展“共同战疫—河南油田员工心理状况问卷调查”活动，参与员工6 923人；“河南油田EAP志愿者”微信公众号编发疫情防控文章56篇，点击量2.37万人次；EAP 24小时心理咨询热线“67030345”一对一电话，接访咨询172人次；利用微信群开展心理危机干预知识学习28课时，参与人员2 172人次；分享转发集团公司、河南省总工会及官方发布的心理防护相关文章160余篇，受益2万余人。“四种情绪”系列微课被奋进石化“心福咨询”栏目转载，防疫一线人员心理疏导案例被编入《众志成城“心”战役——中国石化EAP抗击新冠肺炎疫情实战经验选编》电子书。

（韩 伟）

【精准扶贫工程】 2020年，河南油田实施精准扶贫工程，对口扶贫淅川县厚坡镇马王港村。协助村农机专业合作社创新经营模式，开展秸秆回收业务，安排就业8人，户年均增加收入1 000元；捐资90万元建设的“四室”（电商室、爱心超市、卫生室、图书文化室）项目建成投用；发放教育扶贫项目资金7.49万元（63人）；捐资51万元建设马王港村深水井工程；利用中石化易捷便利店、河南油田官方微信等平台，购销淅川县、马王港村农副产品88.80万元。8月，马王港村通过国家脱贫攻坚普查。按照集团公司在助力湖北经济复苏“荆楚优品”暨湖北助农扶贫特色产品云订货启动仪式上的要求，河南油田订购湖北18种扶贫特色商品，合计金额277.46万元，超额完成集团公司下达的指标，为助力打赢脱贫攻坚战和湖北经济复苏贡献了力量。

（郭运平）

表1 河南油田主要技术经济指标 亿元

指标名称＼年份	2020		2019		2018		2017		2016		2015	
	河南石油勘探局	河南油田分公司	河南石油勘探局	河南油田分公司	河南石油勘探局	河南油田分公司	河南石油勘探局	河南油田分公司	河南石油勘探局	河南油田分公司	河南石油勘探局	河南油田分公司
工业总产值①	1.49	32.40	1.49	47.76	1.76	53.97	1.93	47.28	3.35	45.24	3.89	70.48
工业增加值	1.01	9.06	0.98	19.59	0.38	0.38	1.07	8.43	1.03	0.83	1.25	28.16
资产总计	20.37	90.26	24.12	102.51	23.29	23.29	20.39	84.64	23.24	113.59	23.27	140.23
流动资产	4.79	5.01	7.91	5.33	6.95	6.95	5.02	9.52	5.39	11.41	3.38	12.26
固定资产原值	16.67	370.02	16.76	359.89	18.44	18.44	28.08	342.20	27.15	320.61	26.52	312.83
固定资产净值	5.91	29.41	8.63	37.64	9.95	9.95	13.80	62.16	15.22	95.81	17.16	113.01
销售收入	11.93	32.04	12.55	39.13	13.90	13.90	13.08	47.22	15.54	43.98	17.16	62.74
实现税费	0.96	2.69	1.18	5.50	1.29	1.29	1.21	7.08	1.19	8.38	1.49	12.23
综合能耗/吨标煤·万元$^{-1}$	0.182	0.734	0.209	0.732	0.211	0.689	0.214	0.619	0.316	0.543	0.39	0.55

① 2013年数据不包含工程板块拆分重组单位

表 2　　河南油田主要生产建设指标

指标名称 \ 年份	2020	2019	2018	2017	2016	2015
原油产量 / 万吨	120.00	130.01	136.01	156.50	169.07	231.00
天然气产量 / 亿立方米	0.88	0.91	0.84	0.80	0.67	0.51
新增原油生产能力 / 万吨	9.71	12.00	10.71	14.52	7.90	11.26
新增天然气生产能力 / 亿立方米	0.02	0.09	0.01	0.01	0.21	0.01
新增探明石油地质储量 / 万吨	329.17	311.06	0	0	77.68	440.10
新增探明天然气地质储量 / 亿立方米	0	0	0	0	—	—
二维地震 / 千米	0	200.00	—	—	—	—
三维地震 / 平方千米	0	0	80	100	137	320
石油钻井 / 口	124	167	132	121	76	145
探　井	36	33	39	43	45	62
开发井	88	134	93	78	31	83
钻井进尺 / 万米	20.68	27.88②	23.39	21.60	13.69	17.10
勘探投资① / 亿元	3.30	3.56	4.01	5.95	4.68	5.78
开发投资 / 亿元	7.21	9.50	5.86	4.63	3.00	5.48

①勘探投资含滚动勘探投资部分
②数字有变动

江汉油田

【概况】 江汉油田为中国石化集团江汉石油管理局有限公司（简称江汉石油管理局）和中国石油化工股份有限公司江汉油田分公司（简称江汉油田分公司）的统称，是以油气勘探为主、盐卤化工配套发展的国有大型企业。江汉石油管理局组建于 1972 年 5 月，1998 年划归集团公司。截至 2020 年底，下属二级单位 23 个，主要分布在湖北潜江、武汉、荆州，重庆涪陵、万州，山东寿光，陕西安塞等地。主要基层单位有采油队 15 个、采气队 2 个、输油（气）队 4 个、化工车间 16 个。资产总额 399.92 亿元，固定资产原值 785.49 亿元、净值 292.77 亿元，流动资产 34.06 亿元。

2020 年，江汉油田面对新冠肺炎疫情肆虐、国际油价暴跌、页岩气产销矛盾突出的局面，努力打好“疫情防控、复工复产、防汛减灾、攻坚创效”四大战役，取得良好的经营业绩。全年生产油气当量 657 万吨、增长 4.4%；实现收入 160.61 亿元，利润 24.71 亿元。第三次获全国文明单位称号。

江汉油田主要经济指标和主要生产建设指标分别见表 1 和表 2。

（罗秋林）

【新冠肺炎疫情得到有效防控】 开展全面疫情摸底排查，实施严格防控措施、广泛宣传发动，坚决守护员工群众的生命安全和身体健康。有序恢复生产，努力将疫情影响降至最低。开展“百日攻坚创效”和“持续攻坚创效”行动，江汉油田获评集团公司“百日攻坚创效”先进单位。展示央企担当，全力保障防疫消毒剂需求，满负荷生产漂粉精，以中国石化名义驰援武汉及油田周边地市，为湖北保卫战、武汉保卫战做出积极贡献。组织党员、群众自愿捐款支持湖北抗疫，响应“荆楚优品”云订货，助力湖北疫后重振发展。江汉油田战“疫”事迹多次登上中央电视台、人民网、新华网等主流媒体。

（罗秋林）

【石油天然气勘探取得突破】 全年新增石油三级储量 1 464 万吨、探明储量 226.68 万吨，是近 10 年勘探成果最丰硕的一年。川东侏罗系陆相页岩油气、寒武系新层系天然气勘探取得资源规模超万亿立方米，分获中国石化油气勘探特等奖和一等奖。涪陵白马区块深层常压页岩气、潜江蚌湖向斜岩性油藏勘探形成“两个规模商业增储新阵地”。红星二叠系新层系、涪陵茅口组新类型页岩气勘探和复兴凉高山组新领域石油勘探展现出良好的勘探潜力。完成湖北 4 个拟招标区块前期评价，与恩施州联合组建中石化湖北页岩气投资有限公司。

（罗秋林）

【效益开发见到实效】 全年生产天然气 68.05 亿立方米、原油 115.24 万吨，油气当量 657 万吨。涪陵页岩气田新建产能 14.89 亿立方米，中部气层评价井获高产工业气流。原油开发实现提质降本，落实可动用储量 248 万吨，自然递减率 11.44%，盈亏平衡点 3 210 元 / 吨、降低 477 元 / 吨。黄场盐穴储气库地面工程开工，累计溶腔 69.5 万立方米。

（罗秋林）

【企业改革不断深化】“四供一业”28 个维修改造主体工程全部完工，业务全面移交。冬季供暖质量明显改善；退休人员社会化管理基本完成，受到国务院改革督察组好评，工作经验在国务院国资委《国有企业改革动态》上刊发。整合成立资产经营管理中心、基地发展中心，一体统筹资产经营和后勤服务。开展厂直管班站、专业技术人员集中管理等试点，油公司改革持续深化。

（罗秋林）

【科技创新成果丰硕】 承担国家科技项目 4 项，股份公司项目 35 项；获省部级科技奖励 10 项，申请专利 60 件、获授权专利 42 件。国家科技重大专项“涪陵页岩气开发示范工程”项目基本完成，成果宣传片入选“2020 年全国科技周”。涪陵焦石坝区块稳产技术取得成果，复兴侏罗系陆相页岩油气勘探开发关键技术立项攻关。

（罗秋林）

【企业管理不断深化】 完善经营机制。梳理确定油田“两高一重”范围和管控措施，建立重大经营风险事件报告、子公司内控行权报告制度，公司法人治理结构不断完善。制定选商、客户信用、承包商等管理制度，修订合同管理办法，完善内控体系，加强审计监督筑牢风险防线。深入挖潜增效。强化全过程成本管控，管理费、维修费持续走低，油气单位变动成本降低 9 元 / 吨。加强项目投资管理，一批低效无效项目暂缓实施；做好现金流管理，资金集中度提高 1.5 个百分点；强化物资采购，大宗物资采购成本下降 8 个百分点；优化人力资源配置，优化内部用工 4 027 人、调剂资产 466 项，内部响应工作量 1 068 项、金额 9.39 亿元，人均劳动生产率 15.27 万元，企业在国内石油行业上游争星旗活动中获星旗；优化页岩气营销模式，实现增收 864 万元。巩固和拓展外部市场，盐化工成为解放军防化部队洗消剂唯一供货商。完善 HSSE 管理体系，动态管控风险，枫 1 井井控和硫化氢泄露风险总值下降 10%；开展“全员安全诊断”活动，全员安全记分管理落地；抓好绿色企业创建工作，江汉油田获中国石化绿色企业称号；绿色基层创建达标率 56.7%；推进污染防治，10 个二级风险源实现降级，涪陵遗留固废填埋场隐患整改完成。出台碳排放管理办法，江汉油田分公司万元产值综合能耗处于国内上游先进水平。

（罗秋林）

【党的政治建设持续加强】 深入开展学习研讨，推进习近平新时代中国特色社会主义思想大学习、大普及、大落实。梳理《深化推进党的政治建设工作任务清单》，抓好党组巡视、党建考核反馈问题整改，得到集团公司好评。源头参与重大决策，前置审议36项。加强基层组织建设，出台落实全面从严治党主体责任实施细则，层层签订党建工作责任书、任务指导书。推进“双示范”创建、党建共建，基层班组党员覆盖率达100%。组建党员抗疫突击队、党员攻关小组，做好疫情防控和攻坚创效，4个基层党组织、10名党员获省部级荣誉。加强人才队伍建设，加大年轻干部培养使用力度，提拔中层管理人员22人，40岁以下整体占比16.5%。推进人才强企战略，引进高校毕业生177人，聘任油田级专家4人，组织培训2.6万人次，多人在省部级以上技能竞赛中取得好成绩，江汉油田博士后工作站获评全国优秀等级。强化考核成果运用，解聘排名靠后的2名中层管理人员和3名油田专家。加强党风廉政建设，完成8家二级单位党委巡察，实现首轮全覆盖。深入开展集中纠治“四风”专项行动，推动政治生态根本好转，信访举报量下降24%。持续解决形式主义和官僚主义问题，督查检查、评比表彰、会议文件等大幅压减。加强思想文化建设，开展攻坚创效专题宣传，深化“担当作为、争创一流”形势任务教育，传承石油精神、弘扬石化传统，1人被评为全国劳动模范。走访慰问员工群众8.6万人次，获稳岗补贴0.72亿元，减免社保费1.98亿元。

（罗秋林）

【首获中国石化油气勘探特等奖】 12月15日，江汉油田“川东南侏罗系陆相页岩油气新领域勘探重大突破”项目被评为股份公司2020年度油气勘探重大发现特等奖，是江汉油田首次在中国石化获油气勘探特等奖。江汉油田通过深化川东复兴地区陆相页岩油气甜点评价，优选东岳庙段部署钻探涪页10HF井，采用“超密布缝+投球转向+强化支撑+储层保护”压裂工艺对水平段分32段进行压裂，试气获日产页岩气5.58万立方米、原油17.6立方米，实现侏罗系页岩油气勘探重大突破。

（罗秋林）

【完成油气当量创历史最高纪录】 2020年，江汉油田完成油气当量657万吨，增长4.37%，比“十二五”末增长58.42%，创历史最高纪录。生产天然气68.05亿立方米、超产518万立方米，其中页岩气67.05亿立方米、常规气1亿立方米。全年生产原油115.24万吨、超产0.24万吨，其中江汉采油厂46.76万吨、清河采油厂47.10万吨、坪北经理部14.40万吨、荆州采油厂6.74万吨。

（罗秋林）

【彰武新区新增石油预测地质储量300万吨】 1月26日，彰武流转区块首口预探井彰武斜13井，经试油，获日产1.23立方米工业油流，新增石油预测地质储量约300万吨。彰武新区于2018年12月流转至江汉油田。2019年初，江汉油田分公司成立联合攻关团队，针对彰武三维东部陡坡带地震资料信噪比低等难点开展资料处理攻关，完善地震资料解释技术，精细刻画构造特征，充分利用钻井资料加强地震地质结合，不断深化断裂控砂、相控储层预测和成藏研究分析，综合评价优选彰武断陷东部陡坡带作为突破目标区，部署钻探首口预探井彰武斜13井。该井于2019年12月30日开钻，2020年1月26日完钻。

（罗秋林）

【平桥1井获20万立方米高产天然气】 江汉油田分公司组织展开多轮次联合圈闭井位论证会战，通过成藏地质条件研究，分析四川盆地川东地区下组合存在源储对接有利成藏模式，在涪陵地区下古生界落实有利目标，优选平桥背斜部署了平桥1井。6月22日，部署在涪陵页岩气田平桥区块的风险探井——平桥1井，经测试，获日产天然气20万立方米。

（罗秋林）

【江汉老区蚌湖向斜带2口井获得高产油流】 11月12日，部署在潜江凹陷岩性油藏蚌湖向斜带的广斜79井试油获自喷日产原油50.2吨。广斜79井完钻井深3 663米，在潜4段0油组钻遇油层21.5米/1层，是江汉油田近20年来产量最高的一口评价井，也是钻遇埋藏最深、单层油层最厚的探井，预计新增控制储量150万吨，进一步证实了该区滩坝岩性类油藏的勘探潜力。

（罗秋林）

【获全国关心下一代工作先进集体称号】 11月18日，江汉油田关工委被中国关工委和中央精神文明办公室授予全国关心下一代工作先进集体称号，汪永菊被授予全国关心下一代工作先进工作者称号。2016—2020年，油田关工委组织“五老”宣讲团，举办“宣讲党的十九大精神”“不忘初心，牢记使命”“腾飞中国，辉煌70年”等专题报告会，进行43场次宣讲活动。开展“中华魂”主题教育活动，有49名青少年在湖北省征文演讲比赛中获奖，油田关工委被评为湖北省“中华魂”主题教育优秀组织单位。开展“传帮带”活动，利用专家工作室，举办技术讲座；开展“师徒结对、传授技艺”活动；组织“祖孙三代看油城”新老石油人对话使命与担当“等活动。开展关爱行动，组织社区义务监督队，到网吧和社区巡查；开展“大手牵小手”活动，举办老少同台诗歌朗诵等；举办“我的家训”征文活动，编撰《情系家园》一书，举办会战员工子女校外辅导站和假日乐园，油建校外辅导站被评为全国首批优秀爱心托管班。开展“五好关工委”创建活动，有13个基层关工委被集团公司和湖北省授予五好关工委称号。

（罗秋林）

【艾晓慧获全国劳动模范称号】 11月24日，江汉采油厂员工艾晓慧在全国劳动模范和先进工作者表彰大会上，获全国劳动模范称号。

（罗秋林）

【沈金才获评第20届全国青年岗位能手】 7月6日，涪陵页岩气公司青年沈金才获评共青团中央第20届全国青年岗位能手。

（罗秋林）

表1　　江汉油田主要经济指标　　亿元

指标名称 \ 年份	2020	2019	2018	2017	2016	2015
工业总产值	117.94	125.58	123.13	110.90	97.28	89.81
工业增加值	82.50	95.54	96.57	83.72	92.29	53.74
资产总计	399.92	370.24	317.40	337.14	382.23	360.40
流动资产	34.06	16.43	15.84	18.36	28.61	17.87
固定资产原值	785.49	723.16	654.17	613.79	568.95	505.77
固定资产净值	292.77	280.88	261.91	250.43	290.40	271.81
销售收入	160.61	168.32	161.89	137.56	126.48	114.78
实现利税	24.71	32.73	20.41	8.94	35.91	–9.44
税　金	8.39	11.01	11.87	11.10	39.35	3.62

表2　　江汉油田主要生产建设指标

指标名称 \ 年份	2020	2019	2018	2017	2016	2015
原油产量 / 万吨	115.24	116.57	117.00	119.18	126.34	151.50
天然气产量 / 亿立方米	68.05	64.43	61.41	61.34	51.72	33.07
新增原油生产能力 / 万吨	9.21	9.30	9.81	7.09	4.79	6.70
新增天然气生产能力 / 亿立方米	14.89	8.94	5.13	23.50	20.17	25.00
新增探明石油地质储量 / 万吨	226.68	229.67	0	0	0	46.71
新增探明天然气地质储量 / 亿立方米	0	0.32	0	0	0	3 805.98

续表

年份 / 指标名称	2020	2019	2018	2017	2016	2015
二维地震 / 千米	65.00	175.00	354.00	550.00	180.00	680.00
三维地震 / 平方千米	469.00	150.00	187.74	200.00	638.48	1 354.76
石油钻井 / 口	255	255	220	162	117	281
探　井	33	31	18	24	29	34
开发井	222	224	202	138	88	247
注水井 / 口	3	8	12	5	3	9
钻井进尺 / 万米	88.72	80.17	62.04	38.54	50.65	98.55
勘探投资 / 亿元	13.39	12.27	9.99	5.31	11.20	14.41
开发投资 / 亿元	62.48	47.80	33.43	25.67	56.11	117.66

江苏油田

【概况】 江苏油田是中国石化集团江苏石油勘探局有限公司（简称江苏石油勘探局）和中国石油化工股份有限公司江苏油田分公司（简称江苏油田分公司）的统称，是以油气勘探开发为主，石油炼制和盐卤盐硝开发生产综合发展的国有大Ⅰ型企业。江苏油田组建于 1975 年 4 月 23 日；1998 年 3 月，划归集团公司；1998 年 11 月，安徽油田并入江苏油田；2000 年 1 月，设立江苏石油勘探局、江苏油田分公司；2012 年 12 月，剥离石油工程业务，设立江苏石油工程有限公司并独立运行；2017 年 9 月，中国石化集团江苏石油勘探局更名为中国石化集团江苏石油勘探局有限公司。主力油区分布在江苏、安徽 2 个省的 6 个地市 15 个县（市、区）58 个乡镇内，在广东徐闻、广西百色有部分探矿区块。油田机关及主要科研单位设在扬州市经济开发区。

江苏油田实行江苏石油勘探局（江苏油田分公司）—二级单位—基层单位三级管理体制。截至 2020 年底，共有二级单位 17 个、在岗合同制员工 8 805 人、离退休人员 11 525 人、家属 3 175 人。总资产 78.22 亿元，其中固定资产净值 34.79 亿元。江苏油田分公司所属油气勘查、开采区块共计 31 个，区块总面积 2.01 万平方千米。其中，油气勘查区块 6 个，面积 1.89 万平方千米；油气开采区块 25 个，面积 0.12 万平方千米。累计探明油田 38 个（含广东徐闻、广西百色油田），探明含油面积 278.22 平方千米，累计探明石油地质储量 3.02 亿吨、天然气地质储量 93.80 亿立方米（含溶解气）。投入开发油气田 37 个，动用含油面积 212.74 平方千米，动用石油地质储量 2.51 亿吨，占探明储量的 83.11%。累计生产原油 5 016.97 万吨（其中江苏油区 4 875.6 万吨）、生产天然气 16.35 亿立方米。

2020 年，新增探明石油地质储量 213.54 万吨，新增控制石油地质储量 505.57 万吨，新增预测石油地质储量 813.82 万吨；生产原油 104.03 万吨、天然气 4 043 万立方米，吨油完全成本 2 888 元；实现收入 43.01 亿元、利润总额 -10.30 亿元。其中，江苏油田分公司实现收入 26.36 亿元、利润总额 -11.02 亿元，江苏石油勘探局实现收入 16.65 亿元、利润总额 7 222 万元。

江苏油田主要技术经济指标和主要生产建设指标分别见表 1 和表 2。

（屈传刚）

【领导班子调整】 2020年6月8日，江苏油田在扬州召开领导班子（扩大）会，集团公司人力资源部副总经理、党组组织部副部长周予川代表党组宣布油田领导班子调整决定：交流江苏石油勘探局党委常委、副总经理，江苏油田分公司总会计师肖国连，任胜利石油管理局党委常委、总会计师，胜利油田分公司总会计师；交流华北石油局党委常委、华北油气分公司总会计师杨占玄，任江苏石油勘探局党委常委、江苏油田分公司总会计师。

（屈传刚）

【油气勘探】 2020年，江苏油田分公司勘探总投资4.50亿元，完钻各类探井22口，下油层套管井14口，裸眼完井8口。有结论探井21口，新获工业油流井9口，落空井12口，探井综合成功率43%。盐城5井在阜宁、泰州组天然气、阜三段常规油和阜二段页岩油多层系、多领域取得突破，打破盐城凹陷21年的勘探沉寂。徐闻13井首次在澗二段上部层系钻获新油层，是继徐闻X6井突破7年之后又一个勘探新发现。苏北盆地成熟区带部署的秦8、河8、肖16、台15、刘陆X1等探井均取得成功，合计新增控制石油地质储量505.57万吨。

（屈传刚）

2020年9月28日，预探井盐城5井试获日产8万立方米工业气流，打破盐城凹陷20年勘探沉寂（周执宝　摄）

【油气开发】 2020年，江苏油田分公司开发总投资4.39亿元，完钻开发井51口，新增动用地质储量151.44万吨，新增可采储量163.78万吨，新增注水储量76.74万吨。推进富油区带滚评建一体化运行，新建产能5.57万吨。强化老区稳产综合治理，自然递减率10.17%、综合递减率5.28%。实施二氧化碳注驱，增油1.63万吨。推进难采储量开发试验，联38块平衡油价从82美元/桶下降到39美元/桶。加大抽油机自适应柔性控制、自循环洗井等新技术攻关与应用，降本1 442万元。开展储量价值最大化研究攻关，在预算油价下降31.3%情况下，SEC储量增长84万吨、替代率80.8%。

（屈传刚）

【炼油化工】 2020年，实现销售收入18.94亿元、利润总额3 402万元，入库税金4.36亿元。炼油业务方面，加工原（料）油50.78万吨，完成年计划的103.6%，增长1.22%。化工业务方面，生产聚丙烯3.13万吨、增长1.7%，生产MTBE 2.55万吨、增长2%，稀乙烯回收利用2 575吨。化纤业务方面，生产化纤4 752吨、增长39%，其中产销高端EP复合纤维1 480吨、高端ET系列642吨。销售业务方面，统配产品25.3万吨、直销产品19万吨，平均售价4 135.46元/吨。

（屈传刚）

【经营管理】 2020年，推进系列攻坚创效行动，挖潜增效6.71亿元。深化专项治亏行动，江苏油田分公司盈利区块占比80%，增长1倍，江苏石油勘探局经营业务盈利面60.5%，止降回升。紧盯人工、井下作业、动力费等成本大头，成立工作组专门开展成本细化分解活动，单位变动成本降低197元/吨、降幅21.1%。强化资产分类评价创效，盘活低效无效负效资产230项，实现创效3 057万元。认真研究用好新冠肺炎疫情期间惠企政策，落实各类税费优惠1.5亿元。成立10个对标提升行动专业组，着力解决10个方面、25个重点问题。开展《基层管理手册》《岗位操作手册》编写工作，采油班组资料由原来的148项减少到75项，作业班组资料由原来的125项减少到64项。强化重大风险日常监控，下发93份整改通知书，对12个单位、21人次进行责任追究。修订完善内控实施细则，新增内控流程8个，更新修订制度179项，删除废止制度14项，新增制度6项。

（屈传刚）

【市场开拓】 2020年，面对疫情带来的冲击，加快市场复工复产，新签市场合同14.52亿元，其中超千万元合同21个、500万元以上合同66个，实现外部市场收入12.2亿元。扬州石化抢投抢产熔喷料212吨、医用复合纤维3 398吨。江苏紫京中标国家管网、中国石油东油沥青等22个新项目，实现收入2.75亿元。工程中心开拓东北华北新兴市场，实现收入4 715万元、增加94%。新源公司加强硝水提质推价增量，实现收入1.66亿元。矿开公司拓展西北石油局“代运行+”业务、进入浙江油田等新市场，完成收入1.39亿元。物资供应中心中标国家管网青宁、滨海仓储物流等项目，实现收入8 762万元。运输物流中心开拓长城钻探、华中化销等新市场，新增收入6 260万元。车辆服务中心拓展设备租赁、工程机械维修、中央空调运维等综合服务业务，实现收入1 303万元。

（屈传刚）

【安全健康】 2020年，江苏油田全面开展体系内审工作，对10家二级单位和10个要素主责部门开展体系内审，共开具不符合项121项，提出改进措施建议52项，经验做法2次在全系统推广。加强直接作业环节安全监管，建成覆盖3 656口油水井、35个场站、222个重点部位的视频监控平台。强化安全风险分级管控和隐患排查治理，完成安全技术措施项目110项1 662万元、安保基金项目4项572万元，油田级安全风险总值由234降至207，降低11.54%。修订下发《江苏油田承包商安全管理实施细则》，将“承包商安全管理能力不足”列入油田系统性安全风险进行管控。完善健康管理网络，配备208名专兼职健康管理员，强化疫情防控，加强重点岗位职业危害因素监测，

2020年9月30日，江苏油田召开承包商安全专题研讨会

（钱志刚　摄）

首批通过2020年度江苏省健康企业建设评估。

（屈传刚）

【环保节能】 2020年，制（修）定环保制度20项、各类操作规程916项，规范各类环保台账记录格式13项。推进绿色企业行动计划，完成三年污染防治攻坚战任务，全面实施钻井泥浆不落地、绿色修井等项目，江苏油田顺利通过绿色企业复核验收。开展土壤和地下水调查，土壤布设480个点位、958个样品，地下水布设155口井、305个样品。开展一体化能效提升，通过油藏动态调整、注水改造、管网优化、地面配套、调参等手段，增油4 520吨，机采系统效率提升0.57%、注水系统效率提升4.76%、集输系统效率提升1.3%，节约电力760万千瓦·时。推进新能源项目，建成69座光伏电站并网发电，容量2.3兆瓦；曹庄储太阳能电站建成投用，用电费用下降11%。全年完成节约能源折合标煤1.51万吨，完成江苏省“百千万”企业双控检查的能源消耗总量和强度考核目标。江苏油田连续16年获评集团公司环境保护先进单位，保持中国石化绿色企业称号。

（屈传刚）

【企业改革】 2020年，按照“机构扁平化、运行市场化、岗位价值化”原则，压减机关部门1个、二级单位1个、三级单位12个，机关与辅助队伍用工占比降到11.6%。实施采油厂直管班站改革，下沉202名管理人员到生产一线，2个采油厂在股份公司管理效能对标中排名靠前，人均管井数、用工效率等指标名列前茅。开展测试、维护、餐饮、后勤业务专业化剥离重组，推进油管杆清洗修复业务整合，清退各类社会用工417人，优化盘活用工398人。设立5个油田级项目组，示范带动各层级96个项目组攻关破题。推行“千分制”绩效考核新模式，构建奖金分配与业绩表现全额挂钩机制，形成“干好本职保基薪、创造价值挣绩效”氛围。积极稳妥推进扬州石化股权改革敲槌落地，全面完成“四供一业”分离移交，基本完成退休人员社会化管理。

（屈传刚）

【科技人才】 2020年，江苏油田安排科技经费

1.51 亿元，组织运行科技计划项目 102 项；申请国家专利 73 件，获授权 66 件；登记软件著作权 10 项，申请中国石化专有技术 1 项；完成股份公司科技项目 3 项、江苏油田科技项目 33 项。加快信息化建设步伐，深化 EPBP 平台数据共享，数据采集齐全率达 96%，推进生产现场无人化值守，面向电脑端打造油田版应用商城，面向移动端研发“岗位通”APP，生产管理效率效能持续提升。更新完善油田各专业骨干人才库，选聘油田首席专家 3 人、高级专家 11 人、专家 17 人，向集团公司推荐专家人才 184 人，优选 7 名年轻干部参加集团公司“三百三千”计划、34 人进入油田“333”培养工程锻炼。田明劳模工作室被评为全国劳模和工匠人才示范性工作室，杨莲劳模工作室被评为全国能源化学系统劳模创新工作室。

（屈传刚）

【党建和企业文化】 2020 年，坚持把党的政治建设摆在首位，完善党委前置审议、年度党委扩大会、季度党建推进会、月度党建分析会等工作机制，建立从党委到支部、从书记到党员、从部署到推进、从实施到考核的全面从严治党责任体系。开展“扭亏为盈、奋斗有我”主题实践，开展“大干一季度、攻坚二季度、汗洒三季度、冲刺四季度”劳动竞赛。二级单位党委全面换届选举，“双示范”基层党支部创建不断深化，“双亮双争”党员先锋行动扎实开展，实现中国石化党建平台应用“三个百分之百”。开展“传承石油精神、弘扬石化传统”专题教育，举办“传承石油魂、礼赞奋斗者”企业文化宣讲。坚持公众开放日活动常态化，线上线下 4.2 万人走进水乡油田，《人民日报》、新华网等主流媒体 89 次宣传推介。江苏油田连续 3 届获全国文明单位称号。

（屈传刚）

【民生工程】 2020 年，坚持把民生事作为心头事来抓，修订江苏油田补充医疗保险办法，提升门诊、住院报销比例和大病帮扶额度，建立域外海外员工家庭联系卡，健全帮扶救助、走访慰问、志愿服务长效机制，退休人员、劳动家属基本养老金分别平均上调 228 元、109 元。强化医疗保险管理服务，完成基本医疗保险异地人员手工报销 8 085 人次，完成补充医疗保险报销 1.25 万人次，完成生育医疗费用报销和生育津贴申报等业务 104 人次。组织走访慰问离退休职工 4 500 人次，组织老同志健康体检 1 200 人次，为 83 个困难家庭发放互助金 20 余万元。扩大员工体检自选范围，开展 EAP 心理援助服务 36 场，为疫情期间 1 980 名坚守岗位员工发放慰问补贴。

（屈传刚）

表 1　　江苏油田主要技术经济指标　　亿元

指标名称 \ 年份	2020	2019	2018	2017	2016	2015
工业总产值	26.55	38.51	43.29	37.74	32.40	40.88
工业增加值	11.25	22.87	24.61	19.60	11.55	20.83
资产总计	92.27	78.22	69.69	82.59	129.14	153.27
流动资产	32.56	15.73	14.05	16.80	19.36	8.91
固定资产原值	284.96	286.72	300.59	295.43	303.71	299.22
固定资产净值	32.93	34.79	41.09	46.93	103.45	134.50
营业收入	43.01	62.45	67.32	58.58	51.56	66.57
实现利税	−1.74	1.38	7.68	−52.59	−32.44	−2.86
税　金	8.29	10.64	13.37	11.31	9.93	11.76
综合能耗 / 吨标煤 · 万元$^{-1}$						
江苏石油勘探局	0.229	0.928	0.388	0.525	0.59	0.48
江苏油田分公司	0.352	0.370	0.340	0.312	0.30	0.30

表 2　　江苏油田主要生产建设指标

指标名称 \ 年份	2020	2019	2018	2017	2016	2015
原油产量 / 万吨	104.03	106.09	113.16	120.10	133.01	155.50
天然气产量 / 亿立方米	0.40	0.51	0.70	0.43	0.23	0.37
新增原油生产能力 / 万吨	5.57	5.90	4.41	4.67	2.27	9.51
新增探明石油地质储量 / 万吨	213.54	159.53	67.8	105.00	165.10	117.62
新增动用石油地质储量 / 万吨	151.44	149.18①	163.53	67.80	—	134.14
二维地震 / 千米	—	—	42.81	30.00	—	600.71
三维地震 / 平方千米	292.00	40.90	70.20	170.00	162.00	211.51
完井 / 口	84	62	49	50	36	90
探　井	33	23	20	30	26	32
开发井	51	39	29	20	10	58
钻井进尺 / 万米	21.51	14.93	12.82	12.54	10.23	22.27
勘探投资 / 亿元	4.50	2.36	2.41	2.73	4.49	5.59
开发投资 / 亿元	4.39	3.53	3.55	4.96	0.92	3.76

① 包含当年新增 101.76 万吨、复算增加 47.42 万吨

上海海洋石油

【概况】 上海海洋石油是中国石化集团上海海洋石油局有限公司（简称上海海洋石油局）和中国石油化工股份有限公司上海海洋油气分公司（简称上海海洋油气分公司）的统称，位于上海，是集团公司下属主要从事海洋油气勘探开发及工程服务的上游油田企业。上海海洋石油局主要承担油田企业基地、码头、房产的经营管理以及公共服务职能，是矿区业务的利润中心和管理中心；上海海洋油气分公司主要在东海、南海、黄海等海域开展自营勘探，并承担中国石化部分海外海域油气资源勘探开发项目的评价研究，同时代表中国石化参与管理东海平湖油气田、西湖油气田的开发生产。

上海海洋石油的前身为地质矿产部上海海洋地质调查局，组建于 1973 年 4 月，1997 年 1 月整体归入中国新星石油公司，2000 年 3 月随中国新星石油公司整体并入集团公司，2002 年 7 月，分别直属集团公司和股份公司管理。2009 年，按照集团公司要求，上海海洋石油局、上海海洋油气分公司实行“一体化”管理。2014 年，上海海洋石油局有关海洋石油工程业务整合成立中石化海洋石油工程有限公司，随石油工程公司上市。上海海洋石油局直属集团公司管理。上海海洋油气分公司直属股份公司管理，负责上游勘探开发业务。上海海洋石油局、上海海洋油气分公司实行一体化集中管理、专业化集约发展模式。

截至 2020 年底，上海海洋石油下设 13 个机关综合管理部门、4 个直属机构、8 个二级单位；拥有从业人员 421 人、在岗合同制员工 398 人，其中经营管理人员 104 人、专业技术人员 255 人，具有高级专业技术职称 164 人。上海海洋油气分公司拥有矿权区块 34 个，所属探区主要分布在东海、南海、南黄海等海域，自营和联合矿权区块面积 10.37 万平方千米；自营探区拥有石油三级地质储量 1 483 万吨油当量，其中探明储量 508 万吨油当量。合作探区拥有石油天然气三级地质储量

1.05 万亿立方米气当量，其中探明储量 3 509 亿立方米气当量。已探明油气田 17 个，其中自营油气田 1 个（涠洲油田）、合作油气田 16 个。

2020 年，上海海洋油气分公司生产份额原油 15.77 万吨、份额天然气 6.27 亿立方米；实现销售收入 16.84 亿元，投资收益 1 649 万元，利润总额 1.06 亿元。上海海洋石油局实现营业收入 0.9 亿元，实现利润总额 0.07 亿元。

上海海洋石油主要技术经济指标见表 1。

（林雪梅）

【领导班子调整】 2020 年 5 月 29 日，集团公司党组以视频会议形式宣布对上海海洋石油局领导班子调整的决定：周荔青任上海海洋石油局执行董事、党委书记，上海海洋油气分公司代表，免去其上海海洋石油局总经理、上海海洋油气分公司总经理职务；赵勇任上海海洋石油局总经理、党委副书记，上海海洋油气分公司总经理，免去其上海海洋油气分公司总地质师职务。免去粟开喜上海海洋石油局副总经理、党委委员，上海海洋油气分公司副总经理职务，另有任用。

（林雪梅）

【合作区规模油气发现获新突破】 2020 年，上海海洋油气分公司以“规模储量、快速转产”为原则，转变勘探思路、深化基础研究、加快部署实施，高质量勘探成效明显。武云亭武南地区评价勘探取得重要进展，新增天然气探明储量约 33 亿立方米气当量，落实武云亭地区三级储量超 400 亿立方米气当量，并同步实现武南优质储量向产量的快速转化，该勘探成果获股份公司年度商业发现三等奖；团结亭下洼滚动勘探取得重要进展，团结亭 A7 井获高产油气流，新增天然气地质储量 21 亿立方米，初步证实团结亭—绍兴 36-5 复合油气藏规模富集区。

（林雪梅）

【自营区勘探工作稳步推进】 2020 年，南海北部湾涠西探区扩储取得阶段性进展，在高精度地震资料融合处理基础上，深化复杂断块成藏规律分析，部署论证涠 6-3 滚动评价井，为涠洲油田东块扩储提供有力支撑；南黄海探区完成 3 批次 976 平方千米叠前时间偏移处理，重新落实构造圈闭 16 个，资源量超 6 000 万吨，为下步井位部署夯实了基础；琼东南探区通过类比分析、多类型复合圈闭目标评价，明确北礁低隆起西翼为有利区带；玉泉东探区开展 529 千米二维测线叠前深度偏移重处理，并综合运用相邻三维工区探井资料和区域二维地震资料，完成 1 750 平方千米二维地震资料解释，初步落实多个局部构造圈闭，资源量近 5 亿吨，具有较大勘探潜力。

（林雪梅）

【招商区块竞标取得实质性进展】 2020 年，上海海洋油气分公司参加中国海油 15 个招商区块的竞标，经过多轮次选区评价，优选出 7 个有利区块，高质量支撑中国石化中标“4+1”个目标区块，同时精心组织编制中标区块勘查开采方案，获集团公司评审专家高度肯定，获莺琼盆地 2 个有利区块操作权，有效拓展资源阵地和发展空间。

（林雪梅）

【深入开展“蓝海战略”大讨论】 2020 年，上海海洋石油局党委贯彻落实集团公司领导对上海海洋石油的要求，组织学习研讨讲话精神，并在全系统开展“蓝海战略”大讨论，汇集践行“蓝海战略”的集体智慧，明确跨入“蓝海”的核心就是培育超越同行的海洋油气资源发现动用能力，构建高技术、低成本优势，依托现代化管理体系，打开勘探开发传统禁区和高难度领域，开拓海域高效增储增产资源阵地。同时，全面启动“蓝海战略”重点工作，分别成立海外海域油气资源战略实施、重点油气区块海工建设方案准备及持续优化、海域外交敏感区对外联络领导小组和工作小组。

（林雪梅）

【矿区经营保障水平跨上新台阶】 2020 年，上海海洋石油局围绕主营业务发展需求，充分激发存量资产价值，加大对外经营创收力度，努力提供更高质量、更佳水平的服务保障。着力提升租赁收益，充分发挥区域优势，整合优质资源，开拓外部市场，真大路基地、一海码头等场地码头做到“能租尽租，整体提价”，实现存量资产创效最大化，全年完成对外经营收入 5 376 万元；积极扩展矿区经营范围，开拓二氧化碳销售、水泥转运等特色增值业务，充分挖掘码头创效潜力，推动形成新的效益增长点；加快推进美好家园建设，编制东塘路基地建设整体规划方案，开展该基地升级改造，启动人才公寓建设，整体提升基地服务保障功能。

（林雪梅）

【疫情防控和 HSSE 管理保持良好态势】 2020 年，上海海洋石油统筹做好疫情防控和安全生产工作，做到“两手抓、两手硬”，安全环保总体稳定，全年未发生上报等级安全环保事故。坚决有力推进疫情防控，贯彻党中央疫情防控总体部署，全面执行集团公司、地方政府及甲方防疫防控要求，第一时间打响疫情防控阻击战，确定“两个目标”、把握“四个特点”、落实“五项要求”、严抓“十项措施”，同时精准推进常态化疫情防控、抓细抓实冬春季特殊时期疫情防控，实现“确诊、疑似病例和无症状感染者为零”的疫情防控目标，守护员工生命健康，保障海上连续生产。深化 HSSE 管理提升，压实安全环保责任，推进领导安全引领力建设，强化事故警示教育，重点落实“两特两重”安全管控，严格执行“十条措施”和全员积分管理，持续开展隐患排查治理和承（分）包商管理，抓好重点井、高风险井井控管理，深化运用生产视频监控平台，本质安全水平持续提升。

（林雪梅）

【科技进步取得一批新成果】 2020 年，上海海洋石油围绕产业链、业务链重大需求，积极推进关键领域核心技术科技攻关，开展各类科研项目 48 项，其中国家重大科技专项子课题 3 项、集团公司科技部项目 5 项。加强关键技术攻关，持续深化西湖凹陷构造—岩性复合油气藏富集规律认识，逐步形成隐蔽目标识别评价技术，为勘探开发井位部署提供技术支撑；建立一套适用于海域复杂断块地区的地震融合处理技术，有力支撑涠西评价井部署；形成海上多类型油气藏高效开发技术，实现不同类型油气田增储上产；形成油气资源选区评价技术，支撑海域招商区块综合评价与战略选区；形成“两宽两高”地震采集处理技术，为东海深层气田勘探开发提供技术支撑。加强知识产权保护，在平台设备、钻完井、井筒技术和船舶设备等核心业务领域申请并受理专利 12 件，数量创历史新高。

（林雪梅）

【构建现代化管理体系迈出新步伐】 2020 年，上海海洋石油坚持“眼睛向内、苦练内功”，以更加务实管用的举措，补短板强弱项，提升管理水平。全面启动对标管理，推进对标一流提升行动，先后制订科技信息、人力资源管理、专家作用发挥和导师带徒等工作提升方案，管理效能持续提升；积极推进管理创新，研究成果获石油石化行业一等奖 1 项、集团公司三等奖 1 项；严格招投标管理，节约资金 2 300 万元，增加收入 2 600 万元，有效堵塞管理漏洞，提升经营效益。强化投资管理，编制 3 类项目投资管理决策办法，理顺投资流程；持续推动重点项目，宁波 19-6 气田群（一期）开发项目向国家能源局报备。增强物资保供能力，落实集中采购和统一储备要求，提高采购效能；积极推进标准化采购、招标框架协议采购，招标采购率提高 24%；全力做好疫情防控、复工复产和特殊时期生产物资供应，强有力保障生产经营和疫情防控“双战双胜”。持续提升信息化水平，实现平台船舶卫星网络全覆盖，为企业生产经营管理提供通信保障；完成网络准入控制系统建设，终端安全环境显著提升。深化合作项目体制机制建设，西湖合作项目联管会、领导见面会机制有效落实，西湖作业公司首度执行总经理轮值，建立“426”管理模式，有力支撑西湖合作项目高质量运行；绍兴 36-5 合作开发破冰，实现理念、模式由被动向主动转变，推动中国石化方案作为谈判优选方案之一。

（林雪梅）

【改革攻坚持续推进】 2020 年，上海海洋石油调整机关部分机构职能职责，实施油品销售部模拟二级单位运行，按节点完成退休人员社会化管理等重点改革任务，进一步激发企业发展内生动力；深化“三项制度”改革，组织开展职业雇员试点，健全薪酬分配体系和差异化激励机制，修订绩效考核办法和突出贡献奖励办法，进一步调动广大员工的积极性和创造性。

（林雪梅）

【全面推动党的建设向纵深发展】 2020年，上海海洋石油锚定“站排头、争第一”目标，对标先进企业，制订党建工作提升方案，以党建工作提升推动整体工作全面进步。突出政治建设，严格落实“第一议题”制度，组织学习贯彻十九届四中全会精神集中轮训和十九届五中全会精神宣讲，党员干部队伍的政治意识、政治能力、政治担当持续提升。压实党建责任，细化落实全面从严治党主体责任，全面落实“三重一大”，加强党委会前置研究，开展党组织书记抓党建工作集中述职，推动“一岗双责”融合落实。加强队伍建设，把好选人用人导向，注重在疫情防控、攻坚创效、扭亏脱困中发现和选拔使用干部，推进“三百三千”挂职交流，干部年轻化步伐不断加快。强化基层基础建设，将支部建在船上，支部书记配在船上，完善“海陆双线”党建模式，严格组织换届、分类定级、党员覆盖各项工作，中国石化石化党建平台“三个百分之百”指标全面完成，党员积分管理、党员成长档案等试点工作逐步推进。推动廉政建设，开展中央巡视整改、集团公司巡视迎检、纠正“四风”专项行动，推动构建“大监督”格局，政治生态得到持续改善。弘扬争先文化，完善海洋石油特色文化，“奉献绿色能源、保护蓝色海洋”核心价值理念、“勇立潮头、勇争第一”“小企业也要有大志向”的企业精神更加深入人心。抓实维稳、保密、统战、群团和离退休工作，形成上下齐心、攻坚创效的强大动力。

（林雪梅）

表1　　上海海洋石油主要技术经济指标　　亿元

指标名称＼年份	2020	2019	2018	2017	2016	2015
企业增加值	−2.45	−0.79	−38.34	1.91	2.53	1.37
上海海洋石油局	0.49	0.54	0.54	0.43	0.29	0.60
上海海洋油气分公司	−2.94	−1.33	−38.88	1.48	2.24	0.77
资产总计	133.04	128.21	130.10	164.33	166.37	148.72
上海海洋石油局	2.91	2.42	2.23	2.13	2.19	1.81
上海海洋油气分公司	130.13	125.79	127.87	162.20	164.18	146.91
流动资产	71.71	66.22	57.57	43.55	31.38	22.12
上海海洋石油局	0.73	0.77	0.65	0.50	0.49	0.50
上海海洋油气分公司	70.98	65.45	56.92	43.05	30.89	21.62
固定资产原值	16.26	16.19	16.17	16.07	16.73	3.18
上海海洋石油局	15.54	15.53	15.55	15.48	16.22	2.61
上海海洋油气分公司	0.72	0.66	0.62	0.59	0.51	0.57
固定资产净值	1.67	1.71	1.71	1.77	1.81	1.49
上海海洋石油局	1.47	1.51	1.56	1.59	1.65	1.27
上海海洋油气分公司	0.20	0.20	0.15	0.18	0.16	0.22
销售收入	17.74	14.69	13.99	14.09	12.80	13.72
上海海洋石油局	0.90	0.92	0.82	0.69	0.61	0.77
上海海洋油气分公司	16.84	13.77	13.17	13.40	12.19	12.95
实现利税	2.64	−9.78	−53.80	−12.53	−7.09	−6.63
上海海洋石油局	0.09	0.12	0.12	0.06	0.09	0.26
上海海洋油气分公司	2.55	−9.90	−53.92	−12.58	−7.18	−6.89

续表

指标名称 \ 年份	2020	2019	2018	2017	2016	2015
税　金	1.51	1.66	1.71	0.65	0.72	0.84
上海海洋石油局	0.02	0.06	0.07	0.04	0.05	0.12
上海海洋油气分公司	1.49	1.60	1.64	0.61	0.67	0.72

西北油田

【概况】 西北油田是中国石化集团西北石油局有限公司（简称西北石油局）和中国石油化工股份有限公司西北油田分公司（简称西北油田分公司）的统称，位于新疆维吾尔自治区境内，是中国石化上游油田企业之一，主要从事油气田勘探开发与油气销售业务。本部机关设在新疆维吾尔自治区首府乌鲁木齐，在巴音郭楞蒙古自治州轮台县建立前线生产指挥基地。主力油田——塔河油田位于塔里木盆地北部沙雅隆起阿克库勒凸起南部，地处库车县和轮台县境内。

西北油田的前身是组建于1955年的华北地质局二二六队，1997年1月整体归入中国新星石油公司，2000年3月随中国新星石油公司整体并入集团公司，并于2003年6月整体划归集团公司、股份公司直属。2008年5月，与勘探西北分公司整合重组，组合成新的西北油田分公司。2017年9月，西北石油局完成公司制改制，名称变更为中国石化集团西北石油局有限公司。

截至2020年底，西北油田共有中层机构40个，其中机关职能部门18个、直属机构5个、二级单位17个，合资公司2个；拥有合同制员工3 932人，其中经营管理人员796人、专业技术人员2 718人、技能操作人员418人。共有博士研究生30人、硕士研究生634人、大学本科2 344人、大学专科497人、中专及以下427人；具有正高级职称的41人、副高级职称的1 023人、中级职称的1 305人、初级职称的709人。

截至2020年底，西北油田分公司拥有登记区块26个，面积82 606.36平方千米（其中勘查区块17个，面积77 501.17平方千米，主要分布在塔北、塔中和巴麦地区；开采区块9个，面积5 105.19平方千米，主要分布在塔河、天山南和巴楚地区）。累计探明石油地质储量15.59亿吨，动用石油地质储量10.75亿吨，石油可采储量1.83亿吨，石油采收率17.0%；累计探明天然气地质储量2 126.48亿立方米，动用天然气地质储量1 343.35亿立方米，天然气可采储量387.81亿立方米，天然气采收率30.38%。共有各类井2 354口，其中油气井2 128口。

西北油田主要经济指标和主要生产建设指标分别见表1和表2。

（王登高　张　莉）

【领导班子调整】 2020年5月28日，根据集团公司党组决定，委派张煜任西北石油局执行董事、党委书记，西北油田分公司代表，中国石化新疆反恐领导小组组长；免去刘宝增西北石油局执行董事、党委书记，西北油田分公司代表，中国石化新疆反恐领导小组组长职务，另有任用。9月23日，根据集团公司党组决定，王保生任西北石油局委员会副书记，为西北石油局工会主席人选（仍任纪委书记）。11月24日，根据集团公司党组决定，宋刚任西北石油局委员会委员、西北油田分公司副总经理；免去唐世春西北石油局委员会委员、西北油田分公司副总经理职务，另有任用。

（王登高　张　莉）

【生产经营指标完成情况】 2020年，西北油田生产原油670万吨，完成年计划的100%；生产天然气19.1亿立方米，完成年计划的100.53%。销售原油644.43万吨，完成年计划的100%；销售天然气14.33亿立方米，完成年计划的102%；销售液化气 9.965 万吨，完成年计划的 108%。全年完成投资 79.6 亿元，营业收入 113.2 亿元，实现利润 6 642 万元，单位完全成本 1 255 元 / 吨、降低 347 元 / 吨，单位操作成本 358 元 / 吨、降低 14 元 / 吨。西北石油局实现利润 1 510 万元，完成预算目标的 101%。

（王登高　张　莉）

【油气勘探】 2020 年，西北油田以落实规模优质储量为核心，优化井位部署，大打高质量勘探进攻仗，全年新增探明石油地质储量 5 853.74 万吨、溶解气储量 102.41 亿立方米，完成年度计划的 121%，勘探成功率达 60%，探明储量发现成本 47.3 元 / 吨。持续攻坚创效，全面完成年度各项指标，取得 2 个商业发现、2 个重要发现、4 个新发现油气成果，获集团公司油气勘探 6 项大奖。

2 个商业发现：顺北地区 5 号断裂带中段北部取得商业发现，多口井滚动评价获高产，深化了油气藏认识，落实探明储量石油 3 104.79 万吨、溶解气 96.78 亿立方米；塔河中深层滚动评价取得商业发现，勘探开发一体化评价塔河西部鹰山组内幕缝洞型油藏，在 TH12560 井区提交探明石油储量 2 748.95 万吨、在 TH10387 井区提交控制石油储量 2 683.03 万吨。

2 个重要发现：顺北 57X 井在 5 号带南段获得高产油气流，证实 5 号断裂带南段"中部主走滑断面 + 两侧地堑断面"复合构造新类型整体含油气，进一步拓展了 5 号带南段资源阵地；顺北 41X 井在顺北 4 号主干一级走滑断裂带获得工业油气流，证实北东向走滑断裂带油气成藏条件好，开拓了新的规模增储阵地。

4 个新发现：顺北隆 1 井探索断裂带之外"穹窿"新类型获稳产工业油气流，拓展了断裂带间油气勘探新局面；顺北 52A 井在北东向分支断裂获高产油气，拓展了顺北分支断裂勘探新领域；顺北 71X 井在 7 号主干二级断裂带弱拉分段获工业油气流，进一步证实二级断裂带良好勘探潜力，拓展了勘探新领域；库车山前碎屑岩天然气勘探取得新突破，开拓了新的增储领域，为公司天然气增储提供了资源保障。

（王登高　张　莉）

【油气开发】 2020 年，西北油田以提高开发质量和效益为中心，全力推进顺北上产和塔河稳产，持续提升开发水平。全年生产原油 670 万吨，其中新井产油 34.51 万吨、措施增产 46.95 万吨、老井自然产油 588.55 万吨（含注气产量）；全年生产天然气 19.1 亿立方米，油气 SEC 储量替代率达 125% 以上，各项开发经济技术指标持续改善，获集团公司油气开发 5 项大奖。①塔河地区深化岩溶系统研究，加强油藏精细描述，推进地质工程一体化，强化未动用储量效益建产，新建产能 71.6 万吨；系统构建注采井网，精细开展注水注气，扩大覆盖规模、提高驱替效率，自然递减率降至 12.6%，创历史新低。②顺北地区油气产量达百万吨，全面深化顺北一区 1 号、5 号带差异研究，制定差异化开发对策，同时全流程加快新井投产节奏，强化高产井管理和低产井治理，全年生产原油 98 万吨、天然气 3.2 亿立方米。③稳步推进天然气开发，塔河主力气田通过加大综合治理力度，强化措施挖潜实现稳产；同时持续推进气藏滚动评价力度，积极拓展资源接替阵地，加强塔河老区白垩系、石炭系及三叠系碎屑岩气藏滚动扩边和井网调整，推进新区天山南及顺北二

探井顺北隆 1 井钻井作业现场

2020 年 10 月 12—20 日，西北油田勘探开发研究院开展野外地质考察，重点研究塔里木盆地超深层寒武系和震旦系的烃源岩。图为科研人员进入大湾沟剖面进行观测

区部署评价；通过高效组织检修、储气调峰等优化措施保证增产增销；全年天然气产量增加 1.1 亿立方米。

（王登高　张　莉）

【科技创新】 2020 年，西北油田突出问题导向，集聚创新资源，探索了创新模式。攻关方向更加明确，组织召开勘探开发工程三大技术交流会，广泛开展开放型座谈会，深入推进交流合作，系统梳理出理论技术难题 96 项。创新平台搭建完成，按照构建内外联动、开放合作的大科研团队方向，完成科技创新高水平基础研究平台、高质量技术攻关平台、高效率科研成果转化平台“三大平台”顶层设计，为集聚优质创新资源、提高科技攻关效率奠定了坚实基础。关键技术攻关有新进展，“超深断溶体油气藏空间雕刻及储量计算技术”被行业鉴定为国际领先。“古岩溶系统识别描述技术”支撑了老区注采调整和井网构建。顺北地区推广应用防塌堵漏、复合破岩等技术，钻井周期缩短 28%。塔河地区攻关试验短半径侧钻技术，侧钻周期降至 8.35 天。“集成配套超深储层分段酸压技术”为实现“少井高产”创造了条件。

（王登高　张　莉）

【安全环保】 2020 年，西北油田认真践行“安全发展、绿色发展”理念，常态化开展疫情管控工作，实现安全生产、清洁生产、平安稳定。HSSE 管理体系有效运行，强化引领力建设和责任压实，推进体系要素与分委会管理制度相融合，落实了安全生产责任制。现场管控从严从实，按照集团公司、自治区要求推进安全生产专项整治三年行动，强化风险管控、隐患治理，持续开展承包商安全管理提升专项行动，严格落实直接作业 10 条措施，保持了安全生产，全面开展安全生产示范创建和现场标准化建设，有效提升了安全“三基”管理水平。绿色企业创建成效明显，坚持“创绿、真绿、全绿”理念，完成 20 个污染防治项目，达标创建 7 个绿色基层单位，顺利通过集团公司绿色企业创建验收，被授予中国石化绿色企业称号。应急处置与安全保卫能力持续提升，高标准承办中国石化西北工区井控应急演练，持续完善网格化安保体系，加强区域联动机制建设，有效保障了生产安全和公共安全。常态化开展疫情管控工作，深入贯彻落实习近平总书记关于新冠肺炎疫情防控重要指示批示精神，按照自治区和集团公司的统一要求和部署，建立 6 项常态化疫情防控制度，西北油田分公司党委成立“抗疫保产”领导小组，设置勘探、开发、产销等 7 个专业化小组，将抗疫、保产和创效任务全面覆盖，形成全岗位联动，无一人感染，油气产量未受影响。

（王登高　张　莉）

【生产经营管理】 2020 年，西北油田牢固树立“大运行”理念，优化生产组织，高效保障生产经营。①油气产销平稳有序，强化生产资源调配，严格产交预警管理，多措并举拓展用户，圆满完成产销任务。②工程效率得到提升，打通前置手续容缺办理渠道，创新联合踏勘机制，上钻周期较年初缩短 30 天，钻机动用率提高至 93%。各地区工程公司积极整合资源，强化装备升级，加快科技攻关，推进“四提”水平显著提升，高效保障了油田勘探开发需要。③能效管理经济高效，扩大直供电交易，提高 10.7%。加快电网治理、节气提效和电机改造，能耗低于下达指标 7.2%。④重点项目顺利推进，各油建队伍积极克服疫情影响，高质量加快施工节奏，按期投运顺北原油外输管道，年度减少原油倒运 72 万吨。建成顺北 110 千伏输变电工程，完成五号联合站主体工程建设，为顺北地区上产增效提供有力保障。上线运行生产应急指挥系统，标志着生产运行信息化建设迈上新台阶，有效支撑生产应急“大运行”管理新模式。⑤全年经营管理扎实有力，盈亏平衡油价降至 41.05 美元 / 桶，盈利能力持续增强。经营决策注重疫情和市场形势研判，确保经营目标实现。严格资金管理，持续加强风险管控，加大欠款清收力度，年末外部应收账款较总部下达指标减少 63%。大力优化产品结构、库存结构和产品价格，狠抓资产盘活和压减非生产性开支，优化增效成果明显，全年创效增效 6.5 亿元。强化前期论证，加快项目实施，提升投资质量，完成全年投资 79.6 亿元，百万吨产能建设投资低于考核指标 2.8 亿元。

（王登高　张　莉）

【企业管理】 2020年，西北油田变革管理模式和组织方式，管理体系和运营机制不断完善。油公司建设稳步推进，聚焦油藏经营价值最大化，梳理明确各方职能职责，构建“经营绩效＋风险管控＋党的建设”考核架构，积极推进油藏经营管理主体责任落实。退休人员社会化管理工作全面完成。市场运营机制进一步完善，制定钻井工程优质优价奖励办法，开展各专业金银牌队伍评比，激发了作业队伍积极性。持续推进流程优化，在投资管控、市场准入、合同签审等方面简化了审批程序。试点开展油气生产运行一体化承包，向经营承包转型迈出了坚实一步。管理效率得到提升，建立对标世界一流管理量化指标体系，目标方向和路径举措更加清晰。实施地质工程一体化，明确了机构、责任和运行方式。审计、“三基”、内控管理、制度建设等工作稳步推进。

（王登高　张　莉）

【党建工作】 2020年，西北油田认真落实“务实、创新、融合”要求，推动党建工作与中心工作相融互促，党的建设质量不断提高。突出党的政治建设，推进习近平新时代中国特色社会主义思想大学习、大普及、大落实，严格落实“第一议题”制度，制定加强党的政治建设22条措施，细化落实全面从严治党主体责任，党员干部的政治意识、政治能力、政治担当持续提升。深化组织力提升工程，修订党建工作考核实施细则，开展党建基础工作交流会、基层单位党政正职述职，深化基层党组织规范化、标准化建设。有序推进集团公司、油田内部“三百三千”计划，大力培养优秀年轻干部。强化党风廉政建设，深入开展中央巡视、党组巡视整改，启动实施党委巡察工作，持续完善“大监督”格局，强化党风廉政警示教育，专项开展纠治“四风”、为基层减负行动，促进了油田政治生态持续向好。和谐稳定局面进一步巩固，全面完成定点扶贫任务，信访举报数量下降，保密工作、统战工作、离退休工作持续强化，群团组织桥梁纽带作用得到发挥，凝聚了推动高质量发展的强大合力。

（王登高　张　莉）

【脱贫攻坚】 2020年，西北油田继续选派58名驻村干部代表中国石化赴阿克苏地区柯坪县、喀什地区莎车县12个村开展“访惠聚”和深度贫困村第一书记驻村工作，全面深化精准扶贫、精准脱贫，持续推进驻村各项工作。截至年底，西北油田所驻4个村及8个第一书记村全部退出贫困村，实现1 671户7 480人脱贫，人均纯收入由2014年的3 770.8元/年提高至10 104.8元/年，村集体经济收入由3.8万元/年提高至16.8万元/年，西北石油人助力地方政府如期打赢脱贫攻坚战，进一步彰显了中国石化的政治担当。2020年，西北油田获新疆维吾尔自治区“访惠聚”优秀组织单位称号，2个驻村工作队获自治区先进工作队称号，14名驻村队员获自治区“访惠聚”先进个人称号。

（王登高　张　莉）

【西北油田高质量发展规划】 2020年6月12日，集团公司董事长、党组书记张玉卓到西北油田调研指出：西北油田要深刻领悟“加快形成西部大开发新格局”的政治要求和时代意义，进一步解放思想，快增储快上产，夯实油气资源基础，为打造“一基两翼三新”产业格局贡献力量，更好保障国家能源安全。中国石化将举全集团之力支持西北油田拓展资源，对标胜利油田、大庆油田的产量规模，快增储快上产，实现大突破大发展。

西北油田党委第一时间组织召开领导班子扩大会议以及高质量发展务虚会和一系列专题讨论会，认真学习领会贯彻落实张玉卓董事长调研指示精神，将思想统一到党组对西北油田的新要求、新目标上来，各业务领域深入研究油田发展潜力和面临的挑战，认真规划建成千万吨级油气田和可持续高质量发展的实现路径和保障举措，形成了西北油田高质量发展规划。进一步明确西北油田“三步走”发展战略：2022年建成千万吨级油气田，2025年实现油气当量1 500万吨，远期向着油气当量3 000万吨目标迈进。8月完成编制并上报集团公司发展计划部，9月完成中国石化党组审查，10月1日正式发布西北油田高质量发展规划。

（王登高　张　莉）

【启动“幸福西北嘉园”项目工作】 2020年，长春路北区规划建设项目部启动“幸福西北嘉园”项目建设工作，克服疫情影响，与地方政府相关部门积极沟通，全力推进项目前期建设手续办理工作，于3月中旬全面复工，截至年底，在建17栋住宅大部分完成5—12层主体施工，形成产值3.7亿元。4月，西北油田配合项目部在南北疆2个会场进行车位宣贯工作，11月完成西北油田及中国石化驻疆单位在“幸福西北嘉园”购房职工的房屋（车位）抽号分配工作。

（王登高 张 莉）

表1 西北油田主要经济指标 亿元

指标名称＼年份	2020	2019	2018	2017	2016	2015
工业总产值	112.85	172.13	180.33	132.51	89.26	19.91
工业增加值	72.31	130.88	154.27	98.59	57.55	84.09
资产总计	337.10	326.04	337.75	353.26	379.44	412.63
西北石油局	10.75	10.64	11.11	12.34	12.22	11.67
西北油田分公司	326.35	315.40	326.64	341.28	367.22	400.96
流动资产	14.19	15.75	16.57	15.80	19.37	14.26
西北石油局	2.56	2.06	2.02	1.90	1.63	1.01
西北油田分公司	11.63	13.69	14.55	13.90	17.74	13.25
固定资产原值	1 087.07	1 053.10	1 008.35	968.63	942.35	902.03
西北石油局	12.11	12.12	11.75	13.01	13.05	10.93
西北油田分公司	1 074.96	1 040.98	996.60	955.62	929.30	891.10
固定资产净值	237.07	249.43	269.74	300.2	330.40	358.46
西北石油局	6.79	7.16	7.20	8.59	9.06	7.49
西北油田分公司	230.28	242.27	262.54	291.61	321.34	350.97
总收入	114.76	176.09	184.59	135.26	93.02	115.70
西北石油局	1.59	2.23	2.60	2.26	2.30	2.73
西北油田分公司	113.17	173.86	181.99	133.00	90.72	112.97
实现利税	11.50	51.89	68.65	26.83	−21.93	−2.89
西北石油局	0.60	0.24	0.47	0.34	0.37	0.04
西北油田分公司	10.90	51.65	68.18	26.49	−22.31	−2.93
税 金	10.47	32.31	37.26	25.04	11.23	15.41
西北石油局	0.23	0.20	0.39	0.29	0.27	0.03
西北油田分公司	10.24	32.11	36.87	24.75	10.96	15.38

表2 西北油田主要生产建设指标

指标名称＼年份	2020	2019	2018	2017	2016	2015
原油产量/万吨	670.00	662.01	650.03	630.03	594.30	703.00
天然气产量/亿立方米	19.10	18.02	17.42	16.00	14.00	16.00

续表

指标名称 \ 年份	2020	2019	2018	2017	2016	2015
新增原油生产能力 / 万吨	62.69	71.80	73.60	82.70	45.90	62.30
新增天然气生产能力 / 亿立方米	3.16	3.13	2.65	2.61	2.86	1.69
新增探明石油地质储量 / 万吨	5 853.74	4 885.32	5 050.00		1 474.87	5 339.07
新增探明天然气地质储量 / 亿立方米	102.41	130.69	142.56		74.65	35.80
三维地震 / 平方千米	1 364.00	2 228.00	1 033.00	1 540.00	2 119.00	892.00
石油钻井 / 口	84	95	93	90	95	104
探　井（含侧钻）	28	24	21	23	15	16
开发井	56	71	72	67	80	88
钻井进尺 / 万米	51.63	61.04	54.90	54.93	46.14	62.78
勘探投资 / 亿元	31.57	30.23	22.62	20.19	17.77	14.90
开发投资 / 亿元	44.01	39.41	29.59	27.79	24.88	30.39
综合能耗 / 吨标煤・万元 $^{-1}$	0.39	0.40	0.36	0.35	0.34	0.33

西南油气田

【概况】 西南油气田是中国石化集团西南石油局有限公司（简称西南石油局）和中国石油化工股份有限公司西南油气分公司（简称西南油气分公司）的统称。西南石油局负责西南油气田矿区（社区）管理与服务，西南油气分公司负责西南地区油气勘探、开发、销售业务。队伍主要分布在四川、重庆、贵州、云南、广西、湖南等地。西南油气田机关设在四川省成都市高新区吉泰路688号中国石化西南科研办公基地。

西南油气田的前身是组建于1976年的国家地质总局四川石油普查勘探指挥部，1983年3月更名为地质矿产部西南石油地质局，1997年1月更名为中国新星石油公司西南石油局，2000年3月随中国新星石油公司整体并入集团公司，并于2003年5月调整为集团公司西南石油局和股份公司西南分公司。2007年3月，西南石油局和西南分公司与中南石油局、中南分公司、滇黔桂石油勘探局、南方勘探开发分公司整合重组，组成西南石油局、西南油气分公司、石油工程西南公司。2009年12月，石油工程西南公司划归西南石油局。2012年12月，西南石油局石油工程物探单位全部划入中国石化西南石油工程有限公司和地球物理勘探有限公司。2017年9月，中国石化集团西南石油局改制为中国石化集团西南石油局有限公司。

截至2020年底，西南油气田有机关职能部门20个、直属单位28个，用工总数8 193人（合同制员工5 346人），其中具有正高级职称的51人、高级职称的1 072人。西南油气分公司有勘探区块13个、开采区块24个，累计提交天然气探明地质储量11 987.73亿立方米（含勘探分公司勘探、西南油气分公司开发的区块内探明天然气储量3 119.05亿立方米）；有气田23个、气井1 873口、开井1 758口，累计生产天然气786.58亿立方米、原油182.92万吨。

西南油气田主要技术经济指标和主要生产建设指标分别见表1和表2。

（杨征宇）

【领导班子调整】 2020 年 4 月 29 日，集团公司党组召开江汉油田、西南石油局、华东石油局干部视频会，宣布对江汉油田、西南石油局、华东石油局领导班子调整的决定：郭彤楼任西南石油局执行董事、总经理、党委副书记，西南油气分公司总经理；甘振维不再担任西南石油局执行董事、总经理、党委副书记、委员，西南油气分公司总经理，另有任用。2020 年 10 月 9 日，西南石油局召开领导班子（扩大）会，集团公司党组组织部宣布调整决定：曾德超任西南石油局党委副书记、纪委书记、监事，为工会主席人选；朱荣茂不再担任西南石油局党委副书记、委员、纪委书记、工会主席、监事职务，任二级协理员。

（杨征宇）

【主要指标完成情况】 2020 年，西南油气分公司新增探明储量 830 亿立方米、控制储量 525 亿立方米、预测储量 1 148 亿立方米，分别完成年计划的 111%、105%、230%。新增 SEC 储量 203 亿立方米，储量替代率 302%，完成年计划的 101.5%。新建（增）天然气产能 16.4 亿立方米，增长 5.1 亿立方米；生产天然气 67.14 亿立方米，增长 0.94 亿立方米；生产原油 2.7 万吨，超产 0.7 万吨；销售天然气 62.12 亿立方米，增长 1.03 亿立方米。完成投资 54.85 亿元，增长 4.74%；油气单位完全成本 1 262 元 / 吨（还原为 1 215 元 / 吨）；实现营业收入 93.61 亿元、报表利润 3.06 亿元（还原为 7.66 亿元）。西南石油局实现营业收入 18.96 亿元、报表利润 1.08 亿元。

（杨征宇）

【油气勘探】 2020 年，西南油气田油气勘探取得“2 项商业发现、2 项重要突破、4 项新进展、2 项好苗头”，获集团公司勘探成果奖 5 项。川西气田雷口坡组气藏新增探明储量 830 亿立方米，整体探明 1 140 亿立方米，探明了又一个千亿立方米级海相大气田，获集团公司重大商业发现特等奖，入选中国石化“2020 年度十大新闻”；丰谷须二气藏勘探取得商业发现，新增控制储量 525 亿立方米。川南二叠系 3 个新层系勘探和资阳须家河组勘探取得突破，均获集团公司勘探突破二等奖。靖和 1 井在威荣梁山组和茅口组测获工业气流，分别落实资源量 310 亿立方米、1 064 亿立方米；金山 1 井首次在井研火山岩测获工业气流，新增预测储量 784 亿立方米；东峰 5 井在资阳探区须五段测获工业气流，新增预测储量 364 亿立方米。永川高陡背斜页岩气评价取得新进展，落实资源量 609 亿立方米；龙泉山构造带西侧侏罗系勘探取得新进展，落实资源量 217 亿立方米，拓展了侏罗系勘探新阵地；中江侏罗系精细评价取得新进展，向南拓展了侏罗系增储阵地；新场构造带老区扩边拓层勘探取得新进展，落实资源量 164 亿立方米。在井研二叠系栖霞组、林滩场龙马溪组勘探发现好苗头。

（杨征宇）

【油气开发】 2020 年，西南油气田油气开发取得“1 个夯实、2 个新高、3 个突破、3 个新进展”，获股份公司开发成果奖 13 项。老区稳产基础持续夯实，元坝气田年产净化气 34 亿立方米，调整井新增产能 2 亿立方米，稳产期延长 2 年以上；川西陆相老井综合递减率下降至 6.2%，新建产能 2.05 亿立方米，连续 15 年稳产 25 亿立方米以上。全年累计新建产能 16.4 亿立方米、增长 17%，天然气日产量突破 2 200 万立方米，保有产能 75 亿立方米、增长 10%；年内新增 SEC 储量 203 亿立方米，年末 SEC 储量 648 亿立方米、增长 133 亿立方米，储采比上升到 9.7。永川南区深层页岩气试验评价实现商业突破，永页 5-2HF 井测获无阻流量 37.4 万米^3/ 日，5 亿米^3/ 年产能建设全面启动；丁山常压页岩气评价取得商业突破，丁页 3-1HF 井测获无阻流量 21.3 万米^3/ 日，初步明确 10 亿立方米建产新阵地；须家河组难动用储量攻关取得突破，实施氮气钻完井和大规模体积压裂试验，新 8-2 井测获无阻流量 51 万米^3/ 日，为推动难动用储量效益开发奠定了基础。威荣、川西海相、河坝规模上产取得新进展，威荣一期 10 亿立方米产能全面建成，二期 20 亿立方米产能建设全面启动；川西气田完成测试 7 口井，平均无阻流量超 100 万米^3/ 日，按照“少井高产、效益最大化”原则编制完成开发优化方案并通过总部审查；河坝嘉二气藏一期成功投产，二期河嘉 206H 井测获日产气 50 万立方米，整体建成产能 2 亿立方米。

（杨征宇）

威荣页岩气田一期 10 亿立方米产能全面建成。图为威页 35# 平台（肖　燕　摄）

【经营管理】 2020 年，西南油气田完成投资 54.85 亿元，单位投资新增 SEC 储量 29.4 万吨 / 亿元，探明储量发现成本 11.5 元 / 吨，西南油气分公司实现利润 3.06 亿元（还原为 7.66 亿元）；存续部分实现利润 1.08 亿元，连续 5 年保持盈利。增收增效方面，统筹管网互联互通、新区和终端市场拓展，加强边远井销售，实现尽产尽销；推动非居民用气价格上浮，提升威荣页岩气销售价格，实施“基础气量 + 合同网交气量”销售模式，扩大网上交易规模，实现增收 2.62 亿元。降本增效方面，加强全口径成本管控，通过提高 SEC 储量降低折耗，深挖地层水处理、业务外包、井下作业等重点成本增效潜力，大幅压降付息债务规模，单位现金操作成本下降 2 元 / 吨，单位完全成本下降 46 元 / 吨。优化增效方面，持续开展资产分类评价，高效资产由 89.9% 提升至 91.2%，低效、无效、负效资产由 7.7% 降至 4.9%，资产负债率由 44% 降至 31%。管理增效方面，持续推行石油工程项目大包、框架发包，减少独家谈判，严控新增业务外包；优化物资采购策略、采购方案、调剂闲置设备、统筹车辆调度，实现管理增效。

（杨征宇）

【生产运行】 2020 年，西南油气田扎实开展攻坚创效行动，保障了生产运行平稳高效。加强油地协调和手续办理，取得用地规划手续 102 座井场、环评手续 358 口井，分别增加 41% 和 108%。紧密工程衔接，完成钻前工程作业 169 口井，开钻新井 125 口井，完成储层改造 123 井次，大幅增长。大力推进石油工程“四提”，威荣、永川、川西气田钻井周期分别缩短 15%、28%、19%；威荣页岩气田推广应用二代体积压裂工艺，川西中浅层广泛应用一体化建井技术，须家河组成功试验氮气钻完井工艺，元坝气田实现“一孔双礁”，提高了单井产能。地面工程“五化”成效显著，川西陆相建成标准化场站 30 座、节约用地 17%、缩短工期 10%；威荣页岩气田建成集中预制工厂 1 座，第一批试点井场建设节约用地 8%、缩短工期 10%。年内新（改）建站场 81 座、管线 119 千米，提前完成元坝气田检修，完成川西陆相地面信息化改造和中江、威荣、草池增压站建设，在河坝气田建成双塔络合铁脱硫站，有力支撑增储上产。加强物资供应协同，优化保供机制，抓实过程控制，保障重点项目有序运行。

（杨征宇）

【安全环保】 2020 年，西南油气田推进安全生产专项整治三年行动，抓好 HSSE 管理体系建设，承接制度 40 项，不断完善制度化、清单化管理机制。健全风险管控和隐患治理双重预防机制，组织开展全员风险识别，有序实施隐患治理项目，风险隐患得到有效管控。有序推进设备设施完整性体系建设，完成元坝净化厂联合装置泄漏爆炸和检修作业重大风险降级。修订《承包商安全监督管理实施细则》，认真落实直接作业“十条措施”，全面实施“远程 + 现场”双重监管，严查严重违章行为和重大隐患，严格执行全员安全记分管理，有效促进承包商和直接作业环节安全管控。印发《生产安全事故应急预案》，配备专（兼）职应急管理人员 243 人，组建基层义务应急队 69 支，组织专项演练 1 760 次，全面提升应急救援能力。加强治安风险点管控和防护技术改造，完成元坝净化厂一级治安反恐重点目标达标建设验收，公共安全基础持续巩固。践行“大健康”理念，建立高危人员健康管理台账，有序开展职业病危害因素检测和职业健康体检等工作，抓好员工健康体检、EAP 帮扶和常态化疫情防控，有效保障员工身心健康。发布实施绿色企业行动“两清单一方案”，抓好依法合规、清洁生产、污染防治“三个重点”管控，保持了绿色企业称号，获评 2020 年度集团公司环境保护先进单位。扎实推进“能效提升”计划，制订《攻坚创效节能环保保障方案》，实施能效提升项目6项，加强能效检测评估、生产工艺技术优化，节能减排取得良好成效。

（杨征宇）

【科技创新】 2020年，西南油气田承担国家重大专项课题4项、开展各级各类科研项目222项。“龙门山前雷口坡组气藏勘探开发关键技术研究”“超深高含硫气田提高采收率技术”2项“十条龙”项目顺利“出龙”。年内，获省部级科技奖励5项，其中“深层页岩气勘探关键技术及威荣大气田的发现”获中国石化科技进步一等奖。持续优化科技创新体制机制，推行“项目长”负责制，组建地质工程一体化攻关团队，深化院、厂合作，开展“专家一线行”，发挥科技创新支撑引领作用。举办首届“青年科技精英赛”，加大与高等院校、外协团队交流力度，评选表彰知识产权工作先进单位、优秀创新团队、科技标兵等先进典型，营造了尊重人才、崇尚创新的浓厚氛围。申请专利173件，新增国家授权专利76件、国外授权专利5件，超额完成专利指标任务。信息化建设再上新台阶，EPBP 2.0系统、数据资源管控平台顺利上线运行，数据管控能力持续增强，服务效率提升12%；石油工程业务智能管控平台建成上游首个基于微服务、云平台的信息系统，全面支撑远程监督和远程验收；“四川盆地天然气勘探开发工业互联网平台”项目成功入选四川省级工业发展资金项目，“石油工程业务智能管控平台研发与推广应用”获中国信息协会“2020中国能源企业信息化卓越成就奖”。

（杨征宇）

【改革管理】 2020年，西南油气田成立5个专项改革领导小组，统筹推进全年各项重大改革任务。持续推进油公司体制建设，在采气三厂实施“厂管站”改革试点，推动采气业务管理层级压扁。按照“去行政化”要求，规范了部门和单位机构名称。按照集团公司统一部署，实现元坝—普光联络线向国家管网平稳移交，并启动集团公司销售体制改革。持续推进“瘦身健体”，完成1家企业法人、1家事业单位、207家分支机构的注销工作。“三供一业”分离移交收尾工作进展顺利，完成所管辖的1.48万退休人员社会化管理。积极盘活分离移交后基地富余人力资源，实现向主业转岗125人。开展对标世界一流管理提升行动，制订行动方案和对标工作清单。抓实组织效能对标工作，强化组织实施和总结评估，管理效能持续提升。规范市场管理，严格推行承包商“红黄牌”管理和“末位淘汰”机制，淘汰队伍9支，优化了承包商队伍。建立健全合规管理机制，加强合同管理、内部控制、风险管理和法律服务，全面落实风险隐患整改，有效防范了经营风险，名列集团公司法治央企建设A类企业榜首。

（杨征宇）

【党的建设】 2020年，西南油气田树立“站排头、争第一”的目标追求，在务实、创新、融合上狠下功夫，党建质量持续提升，为夺取“双战双胜”提供了坚强保证。召开庆祝中国共产党成立99周年暨加强党的政治建设推进会，制定全面从严治党主体责任清单、重大事项请示报告细则、党员领导干部“一岗双责”融合落实实施意见等制度，抓实中央巡视、党组巡视、党建考核和审计反馈问题整改，以实际行动践行“两个维护”。巩固深化“不忘初心、牢记使命”主题教育成果，严格落实“第一议题”制度，深入学习研讨党的十九届四中、五中全会精神和《习近平谈治国理政》（第三卷），有力推动学懂弄通做实。树立正确选人用人导向，立足全方位、多角度、近距离考核，突出一线选优、正向引领，干部队伍结构进一步优化。广泛搭建“党员突击队＋应急抢险”“党员技能攻关团队＋小改小革”等“党建＋”平台，有力推动党建与生产经营深度融合，在疫情防控和攻坚创效中充分发挥了“三个作用”。制定持续整治形式主义具体措施，强化正风肃纪反腐高压态势，对8家单位开展巡察监督，常态化开展党风廉政警示教育，减存量、遏增量取得成效。开展内审外查审计项目26项，三年内控独立审计评价全面收官，有力支撑管理水平提升。评选表彰首届道德标兵，举办“传承石油精神、弘扬石化传统”故事大赛，系统实施“1+X”心气文化阵地建设，获四川省文明单位称号。深入开展“攻坚创效”系列立功劳动竞赛、“劳模工匠一线行”等活动，抓好“青年大学习”“师带徒”等工作，凝聚起攻坚创效的强大合力。落实特殊敏感时期稳控措施，深化矛盾纠纷排查，成功化解3个历史遗留问题，维护了企业和谐稳定。

（杨征宇）

表1　西南油气田主要技术经济指标　亿元

指标名称 \ 年份	2020	2019	2018	2017	2016	2015
工业总产值						
西南油气分公司	92.84	93.10	78.57	73.44	68.63	73.15
工业增加值						
西南油气分公司	56.01	52.85	44.60	41.69	38.96	43.76
资产总计						
西南石油局	23.21	24.17	25.08	26.95	26.69	27.62
西南油气分公司	375.15	348.03	327.63	360.30	389.47	404.31
流动资产						
西南石油局	7.3	7.35	7.79	9.08	8.10	8.90
西南油气分公司	35.27	7.82	3.61	2.79	2.62	2.38
固定资产原值						
西南石油局	18.86	19.87	19.89	21.14	20.96	20.62
西南油气分公司	619.93	603.64	585.65	571.70	550.87	454.74
固定资产净值						
西南石油局	10.56	11.54	12.08	13.11	13.56	13.67
西南油气分公司	220.21	236.40	258.58	289.37	304.35	239.31
销售收入						
西南石油局	18.96	24.89	23.91	21.76	19.87	22.82
西南油气分公司	93.61	93.24	83.67	77.05	68.75	73.22
实现利税						
西南石油局	1.93	1.03	0.99	1.01	1.51	2.35
西南油气分公司	9.68	9.31	−11.32	10.38	7.72	17.57
税　金						
西南石油局	1.13	1.36	1.23	1.41	1.85	1.39
西南油气分公司	9.22	8.91	8.90	7.99	5.86	4.49
综合能耗 / 吨标煤·万元$^{-1}$						
西南石油局	0.04	0.03	0.04	0.04	0.045	0.04
西南油气分公司	0.84	0.90	0.92	0.90	0.87	0.79

表 2　　西南油气田主要生产建设指标

指标名称 \ 年份	2020	2019	2018	2017	2016	2015
完成二维地震采集量 / 千米	—	—	133.03	—	—	—
完成三维地震采集量 / 平方千米	331.09	—	437.49	882.00	264.53	700.08
完成钻井数 / 口	91	94②	51	58	42	62
完成进尺数 / 万米	44.39	41.05②	27.97	22.13	14.75	17.02
原油产量 / 万吨	2.70	2.69	2.18	1.29	0.75	1.72
天然气产量 / 亿立方米	67.14	66.21	61.45	60.68	55.10	48.25
新增天然气生产能力 / 亿立方米	14.11	5.29	2.94	1.75	4.55	18.11
新增天然气地质储量 / 亿立方米	2 503.07	2 002.47	3 419.21	1 206.58	1 538.11	2 403.65
勘探开发投资额① / 亿元	50.12	51.44②	33.40②	36.41②	29.23②	45.51②

①仅包含勘探、开发投资额
②数据为更新后数据

东北油气田

【概况】 东北油气田是中国石化集团东北石油局有限公司（简称东北石油局）和中国石油化工股份有限公司东北油气分公司（简称东北油气分公司）的统称，是中国石化在东北地区唯一一支从事石油天然气勘探开发研究的主体专业化油公司。本部机关位于吉林省长春市西安大路 4936 号。其前身成立于 1977 年，2000 年并入中国石化，2008 年 1 月 9 日，中国石化将原东北分公司、东北石油局、勘探北方分公司、华东分公司吉林项目部腰英台油田重组为新的东北石油局暨东北油气分公司，按大 I 型企业管理，实行“一套班子、两块牌子”的管理体制。2017 年 9 月，中国石化集团东北石油局名称变更为中国石化集团东北石油局有限公司。

截至 2020 年底，东北油气田下设 10 个管理部门、4 个直属机构、5 个二级单位；共有正式职工 976 人（岗合同制员工 951 人），其中管理人员 213 人、专业技术人员 545 人、技能操作人员 193 人；具有高级职称的 331 人（教授级的 21 人）、中级职称的 276 人、初级职称的 110 人。

截至 2020 年底，东北油气分公司辖有油气勘查与采矿区块 19 个，总面积约 1.09 万平方千米，分布在吉林省和内蒙古自治区。其中，油气勘查区块 6 个、勘查面积约 0.97 万平方千米，采矿区块 13 个、开采面积约 0.12 万平方千米。油气总资源量 16.54 亿吨油当量。已获累计石油探明储量 10 537 万吨，累计天然气探明储量 1 174 亿立方米。

东北油气田主要技术经济指标和东北油气分公司主要生产建设指标分别见表 1 和表 2。

（吴　瑶）

【领导班子调整】 2020 年 9 月 28 日，集团公司党组召开东北石油局干部视频会，宣布对东北石油局、东北油气分公司领导班子调整的决定：元涛任东北石油局执行董事、党委书记，东北油气分公司代表；马代鑫任东北石油局总经理、党委副书记，东北油气分公司总经理；牟汉生任东北油气分公司副总经理，东北石油局党委委员。集团公司党组副总经理刘宏斌在北京出席会议并讲话。

（吴　瑶）

【新冠肺炎疫情防控】 面对突如其来的疫情，东北油气田提高政治站位，充分认识疫情防控形势的严峻性、复杂性、艰巨性、长期性，第一时间研究部署、动员防控，对标习近平总书记重要指示精神，按照党组部署，强化组织领导，健全工作机制，层层压实责任，把干部职工的身体健康放在第一位，实施全面的摸底排查、严格的管控措施，竭尽所能多渠道采购防疫物资，固化防控有效做法，有序推进复工复产，坚持常态管理，确保防控零死角、零盲区、零疏忽，做到了疫情防控和生产经营“两不误”。

（吴　瑶）

【天然气勘探】 认真落实“七年行动计划”战略部署，天然气高质量勘探取得突破及进展。①松南深层高压气藏新类型勘探取得重要突破，部署的查1、北5、梨8等井均获工业气流，拓展了勘探新领域。②长岭断陷龙凤山地区获商业发现，新部署的北220井测试获天然气8.6万米^3/日，优选北213-1、北201-7等3口老井复试，单井测试产能最高达6.88万米^3/日，实现了营城组、火石岭组多个含气层系的增储上产。③陆相页岩气取得新进展，梨页1HF井营城组试采稳定，吉梨页油1井沙河子组测试获天然气7.6万米^3/日，进一步证实了陆相页岩气的潜力。2020年新增天然气探明储量145.64亿立方米、控制储量105.59亿立方米、预测储量191.06亿立方米，分别完成计划的145.64%、105.59%和191.06%。

（吴　瑶）

【稳健开发】 东北油气田坚决落实“七年行动计划”战略要求，稳步推进天然气开发。①致密气方面，开展龙凤山营城组气藏评建一体化、苏家屯气田扩建、皮家气田滚动评价等工作，新建产能0.76亿立方米。②火山岩方面，推进龙凤山气田火石岭组评建一体化，新建产能0.63亿立方米，评价梨树断陷中央构造带，SN167-1HF井钻遇油气显示，累计58层879米。③老区挖潜方面，实施松南气田营城组与登娄库组气藏立体开发，龙凤山北201井区凝析气藏、伏龙泉与八屋气田等区域挖潜，新建产能1.36亿立方米。2020年共新建天然气产能2.75亿立方米、完成计划的100.73%，新增天然气SEC储量16.66亿立方米、完成计划的104.12%。

（吴　瑶）

【工程“四提”“五化”】 ①石油工程“四提”迈上新台阶。钻井速度进一步提高，探井、开发井钻完井周期分别缩短6.5%和16.4%；钻完井工程质量稳步提升，钻井复杂故障率降低48%；控资降本效果显现，平均单井钻采投资降低15.7%，每米费用降低22%。压裂百米水平段工程成本降低22.3%，施工效率提高63.6%，北201-30井冬季1日内完成10段压裂施工，创集团公司新纪录。②地面工程“五化”取得阶段性成果。形成了快速、高效、适应东北工区的中低压气井建设标准，推广应用了“一体化、撬装化、智能化”设备，标准化设计率达80%，产建项目撬装设备使用率高于70%。

（吴　瑶）

大型压裂现场

【科技支撑】 ①创新提出中基性火山岩“三位一体”控藏模式，为火山岩勘探提供理论支撑。②深化火山岩多尺度裂缝描述，建立孔缝双重介质三维地质模型，从技术上支撑了松南气田采收率的提高。③深化钻完井工程技术攻关和集成推广，形成了高效钻头与破岩工具优选、裂缝性地层防漏堵漏、超低密度水泥浆平衡压力固井等配套技术，解决了地层“上塌下漏”、可钻性差、固井难度大等问题，钻井施工效率大幅度提升。④攻关低成本压裂技术，推广应用温度场预测、返排液重复利用、缝内暂堵、耐酸可溶球等特色工艺技术，单井压裂施工成本大幅降低。⑤完成EPBP2.0升级上线，推进了数据标准化和流程规范化，实现了业务集成、信息集成与生产全过程管控。

（吴　瑶）

【天然气销售】 东北油气田应对严峻的市场形势，采取有效措施积极拓市增效。①实施“三代新模式”，即“代工、代输、代售”，疫情期间另辟蹊径，实现淡季增销 30 万米^3/日。②开拓“三个新领域”，在化工、分布式能源、贸易商方面，拓展增量市场 1.2 亿立方米。③实现“三个新突破”，外采俄气 30 万米^3/日，首次实现多气源供给、非管制气推价；积极响应国家发改委天然气价格市场化机制，通过重庆石油天然气交易中心上线竞拍，以均价 2.419 元 / 米^{3}完成首单交易，为走向全国市场畅通了道路；借助用户管道实现与国家管网互通互联，使天然气营销方式由传统的自产自销、以产定销向产供销一体化转变。

（吴　瑶）

【改革管理】 ①成立龙凤山气田高效开发项目部，探索“科研—生产—管理”一体化运行模式，以产量和效益为导向，实行“项目单评、计划单列、产量单计、成本单核、效益单算”的运作机制，充分调配公司优势资源，制定责权利对等的多维度考核办法，激发内生动力，实现气藏、钻井、压裂、投产全链条一体化的闭环管理。②推行精益管理，以“提高效率、增强活力、提升价值”为导向，全面导入精益理念，把精益管理融入和贯穿到生产经营全过程，把“效率、效果、效益”作为衡量各项工作的主要标准，确定试点单位，明确 6 个方面定性、2 个方面定量的目标任务，完成全方位提升管理水平的准备工作。③顺利完成退休人员社会化管理工作，移交 488 名退休人员人事档案，签订管理服务协议，实现 144 名党员组织关系网上转接、统筹外费用的清理与规范等工作，走在集团公司直属单位最前列。

（吴　瑶）

【党的建设】 ①坚持把党的政治建设摆在首位，推动集团公司党组的决策部署落实落地。强化思想武装、把牢发展方向，落实党建责任，构建党建闭环管理模式。深化“三基本”建设，持续推动基层组织力提升。②加强宣传思想引领，掌握意识形态主动权，信访保密、统战群团工作呈现和谐稳定良好态势。干部职工积极投身疫情防控和攻坚创效，队伍的凝聚力战斗力明显增强。松南采气管理区党支部获集团公司先进基层党组织称号。③充分发挥“大监督”作用，规范制度执行和权力运行。加强政治监督，把好政治关、廉洁关，开展全员反腐倡廉教育，筑牢拒腐防变思想防线。首次开展党委巡察，全面从严治党向基层延伸。积极配合党组巡视组完成巡视工作，认真整改审计发现的问题，坚决做到“两个维护”。规范问题线索处置，严惩违规违纪，执纪问责动真碰硬。

（吴　瑶）

【人才队伍建设】 坚持党管干部人才的基本原则，实施人才强企工程，落实“三百三千”实践锻炼计划，外派 6 人、接收 4 人、内部交流锻炼 8 人，选派 9 名 35 岁以下基层正职参加总部青干班的培训，持续加强复合型领导人才储备。

（吴　瑶）

【帮村联户工作】 2020 年，东北油气田认真履行社会责任，持续定点帮扶吉林省长岭县北正镇七撮村，共计捐款 50 万元，用于建设七撮村固鲁嘎屯庭院围栏建设项目。为助力湖北经济复苏，在春节、端午、中秋等传统节日期间，累计采购湖北扶贫产品金额达 73.71 万元。

（吴　瑶）

表 1　　东北油气田主要技术经济指标　　亿元

指标名称＼年份	2020	2019	2018	2017	2016	2015
工业增加值	22.90	11.65	10.08	8.63	7.41	8.11
东北油气分公司	22.75	11.50	9.97	8.58	7.36	8.06
东北石油局	0.15	0.15	0.11	0.05	0.05	0.05
资产总计	54.56	57.21	48.89	51.62	57.68	57.43

续表

年份 指标名称	2020	2019	2018	2017	2016	2015
东北油气分公司	52.64	55.26	46.94	49.65	55.71	55.41
东北石油局	1.92	1.95	1.95	1.97	1.97	2.02
流动资产	2.13	3.07	1.93	1.73	4.42	1.56
东北油气分公司	0.97	1.91	0.81	0.67	3.40	0.52
东北石油局	1.16	1.16	1.12	1.06	1.02	1.04
固定资产原值	147.46	133.22	124.19	126.42	122.56	118.43
东北油气分公司	146.49	132.13	123.09	125.26	121.39	117.42
东北石油局	0.97	1.09	1.10	1.16	1.17	1.01
固定资产净值	38.43	42.04	39.77	44.66	45.81	46.02
东北油气分公司	38.11	41.73	39.43	44.26	45.38	45.55
东北石油局	0.32	0.31	0.34	0.40	0.43	0.47
销售收入	14.97	17.29	13.86	11.92	10.926	14.963
东北油气分公司	14.82	17.14	13.74	11.87	10.87	14.96
东北石油局	0.15	0.15	0.12	0.05	0.056	0.003
实现利税	−11.34	2.29	1.97	0.80	−0.47	−4.80
东北油气分公司	−11.40	2.25	1.91	0.78	−0.47	−4.82
东北石油局	0.06	0.04	0.06	0.02	0.01	0.02
税　金	0.97	1.13	0.90	0.63	0.5877	0.86
东北油气分公司	0.95	1.11	0.88	0.62	0.57	0.84
东北石油局	0.02	0.02	0.02	0.01	0.02	0.02
综合能耗 / 吨标煤 · 万元 $^{-1}$	0.63	0.50	0.54	0.54	0.71	0.53

表 2　　东北油气分公司主要生产建设指标

年份 指标名称	2020	2019	2018	2017	2016	2015
原油产量 / 万吨	4.41	5.11	3.01	1.80	3.51	14.29
天然气产量 / 亿立方米	9.19	9.5	8.53	8.40	7.81	6.15
新增原油生产能力 / 万吨	0.95 （凝析油）	0.99 （凝析油）	0	0.36	0.06	1.96
新增天然气生产能力 / 亿立方米	2.75	1.84	1.12	0.95	0.86	2.00
新增探明石油地质储量 / 万吨	88.48 （凝析油）	394.21 （凝析油）	—	—	—	97.95
新增探明天然气地质储量 / 亿立方米	145.64	102.52	32.18	—	—	51.56
三维地震 / 平方千米	—	—	—	—	20.13	152.00
油气钻井 / 口	42	36	17	22	23	26

续表

年　份 指标名称	2020	2019	2018	2017	2016	2015
探　井	12	16	8	9	11	9
开发井	30	20	9	13	12	17
钻井进尺 / 万米	17.99	14.11	10.19	5.56	8.30	8.71
勘探投资 / 亿元	5.04	5.71	2.33	1.04	1.38	1.88
开发投资 / 亿元	10.07	7.47	4.33	2.24	2.94	2.23

华北油气田

【概况】 华北油气田是中国石化集团华北石油局有限公司（简称华北石油局）和中国石油化工股份有限公司华北油气分公司（简称华北油气分公司）的统称，总部位于河南省郑州市，是中国石化集团公司上游油田企业之一。其前身为组建于1975年5月的地质矿产部第二石油普查勘探指挥部，1997年1月并入中国新星石油公司，2000年3月随中国新星石油公司整体并入中国石化，2002年5月，根据中国石化重组改制总体部署，原华北石油局组建中国石化新星公司华北石油局和中国石油化工股份有限公司新星华北分公司，2003年7月分别划归集团公司、股份公司直接管理。2013年1月，按照集团公司关于石油工程专业化重组和矿区（社区）管理体制调整的总体部署，对石油工程和社区板块进行分离，成立华北石油工程有限公司，实现油公司、工程公司和社区业务“三分开”。2015年3月，中国石油化工股份有限公司华北分公司更名为中国石油化工股份有限公司华北油气分公司。2017年9月，中国石化集团华北石油局完成公司制改制工作，公司名称变更为中国石化集团华北石油局有限公司。

华北石油局主要负责社区管理，拥有郑州、新乡、咸阳、榆次、须水5个生活基地。华北油气分公司主要从事油气勘探开发、生产和销售业务，油气生产基地位于陕西省榆林市、延安市、咸阳市，内蒙古鄂尔多斯市，宁夏盐池县和甘肃省庆阳市、平凉市等地区。

截至2020年底，华北油气田配备有1套党政领导班子（成员共8人），下设23个职能（处室）部门、12个二级单位。拥有正式职工3 037人，其中拥有教授级高级职称的26人、高级技术职称的625人。拥有油气勘探开采区块26个，总面积2.64万平方千米。其中，鄂尔多斯盆地18个，合计面积2.15万平方千米；渭河盆地2个，面积608.233平方千米；沁水盆地1个，面积1 374.804平方千米；南华北盆地1个，面积2306.296平方千米；二连盆地3个，面积541.278平方千米；巴丹吉林盆地1个，面积76.072平方千米。已获累计石油探明储量2.41亿吨、控制储量1.76亿吨、预测储量3.01亿吨，累计天然气探明储量6 843.30亿立方米、控制储量7 168.43亿立方米、预测储量3 771.51亿立方米。

华北油气田主要技术经济指标和华北油气分公司主要生产建设指标分别见表1和表2。

（张新悦）

【领导班子调整】 2020年5月，徐庆任华北石油局党委委员、纪委书记、工会主席、监事；免去王治平华北石油局党委委员、纪委书记、工会主席、监事职务，任二级协理员。8月，免去陈路原华北石油局党委委员职务，解聘其华北油气分公司副总经理职务，任二级协理员。9月，徐庆任华北石油局党委副书记（仍任纪委书记、工会主席）；何云、梁斌、梁文龙3人任华北石油局党委委员；李建山被选为中国石化第10批援疆干部，免去其华北石油局党委副书记职务（仍任党委委员）。聘任何云为华北油气分公司副总经理；聘任梁斌为华北油气分公司总会计师；聘任梁文龙为华北油气分公司副总经理。

（张新悦）

【年度各项目标任务全面完成】 2020年，生产天然气47.5亿立方米，上产3.24亿立方米，较集团公司下达基本目标超产2亿立方米；天然气年末日产达1 460万立方米，增长12.3%；生产原油18.1万吨。新建天然气产能10.2亿立方米，新增天然气SEC储量63.3亿立方米、储采比提升至4.55，油气产量、储量均超额完成年度目标，油气生产总量保持持续增长势头。油气单位完全成本、原油盈亏平衡点实现逐年下降。

（张新悦）

【夯实能源资源基础】 2020年，超额完成增储任务，勘探发现成本14元/吨油当量，下降7.4%，保持中国石化上游较好水平。强力推进地质物探和地质工程一体化，探井成功率达58.3%、提高1.5个百分点。获集团公司天然气商业发现奖2项、油气勘探突破奖2项。新增天然气探明储量509亿立方米，北部气田持续稳产上产基础更加坚实。富县岩溶气藏提交规模控制储量，三级储量突破千亿立方米，南部首个投入开发气田已箭在弦上。鄂南中生界开展“断缝体”精细评价，提交优质探明储量307万吨、“控制+预测”储量1 352万吨。长探1井上石盒子组试获2.6万米^3/日高产气流，彬长盒1段首次提交预测储量，揭示了鄂南碎屑岩致密气发展的广阔前景。大深1井马四段试获日产气0.5万立方米，进一步明确了大牛地深层潜力和方向。杭深1井中元古界钻遇4套含气层，有效拓展了盆地深层裂陷槽勘探新领域。

（张新悦）

【夯实稳产上产基础】 2020年，大力开拓接替领域，大牛地下古生界首次提交岩溶气藏探明储量274亿立方米。持续加强剩余气分布研究，开展井网优化和高效调整，全年滚动建产4.4亿立方米。持续推进大幅提高单井产能扩大试验，平均初产提高1倍，地质工程一体化“少井高产”开发模式基本成熟。强化老井精细管理，总结二次增压稳产特征，开展“泡排+”差异化治理，开井率、生产时率稳中有升，气田综合递减率降至5.3%，全年产气31.6亿立方米，上产1亿立方米。杭锦旗气田坚持地质工程一体化部署设计，开展动态迭代优化提升，确保单井多穿单砂体、多沟通流动单元，全年高效建产5.8亿立方米，其中新召气区平均单井产量较方案设计提高30%。开展精细气藏评价，落实可动用储量200亿立方米。鄂南原油深化“零基研究”，泾河2平9井瞄准断缝体自然求产，稳定日产油14吨；开展6项针对性先导试验，评价落实可开发储量850万吨，坚定了重启鄂南效益开发的信心。定北开发评价取得新认识。精细刻画太2构造特征，气水分布规律更加清晰，柳8-2井稳定日产气4.2万立方米，落实可动用储量104亿立方米，证实了气藏类型与开发潜力。

（张新悦）

采气一厂职工日常巡检（杨　哲　摄）

【夯实油气研究基础】 2020年，杭锦旗上古生界过渡带3种成藏机理、4个成藏区带、差异化成藏理论持续深化，有效指导了规模增储上产，获集团公司科技进步一等奖。大牛地、富县下古提炼形成“岩溶控储、双向供烃、复合输导、双优富集”成藏模式，有力支撑了规模商业发现和接替目标培育。大牛地单砂体构型表征技术日趋完善，动静态结合剩余气分布研究更加深入，有效支撑了老区高效调整。杭锦旗微幅构造精细描述、河道心滩精雕细刻、气水展布精准刻画、含气甜点精确识别，全面指导了快速高效建产。建立形成“气藏结构定井型、地面条件定井组”立体开发模式，储量动用程度大幅提高，中高效井比例达

67%。7 个项目获天然气高效开发奖。集成配套致密气藏小井眼丛式井组优快钻完井、低成本高效压裂技术系列，储层全过程保护，协同一体化降本，超额完成“四提一降”目标，在中国石化上游名列前茅，全年创下 28 项效率和产量纪录。配套完善下古酸压改造技术，大 1-544 直井试获无阻流量 32.6 万米 ^{3}/ 日高产工业气流。同井采注技术持续升级换代并扩大应用规模，年增气 2 500 万立方米、降本 1 819 万元。大牛地 2 号脱硫站顺利投产，井口撬装脱硫持续优化，单位脱硫成本不断降低。

（张新悦）

【夯实生产运行基础】 2020 年，持续开展 2 次“攻坚创效”，实施“决胜 2020、决战 2021”专项行动，超额完成总部调增后产量指标，年末日产达 1 460 万立方米，创历史新纪录。推进井位超前部署，生产运行组织效率大幅提高，当年井位 3 月底全部下达，2021 年井位年底前完成部署，产建转入阵地战、全面掌握主动权。密切跟踪疫情形势，高效组织复工复产，狠抓手续审批协调，优化生产运行节点，单月最高开钻、压裂井数创近 5 年最高纪录。投产井数超过前两年总和，新井贡献率达 40%，创历史最好水平。杭东线提前 1.5 个月贯通，大牛地北一段采出水管线、大杭管道改线工程顺利完工，杭锦旗值班点二期达入住条件，2 座集气站按期投产，有力保障了产建快速实施和产能及时释放。重点物资保供贴近需求、贴近现场、贴近厂家，供应及时率、质量合格率进一步提升，获集团公司物资管理先进单位称号。

（张新悦）

大力推进石油工程提速提效（闫志洪　摄）

【夯实经营管理基础】 2020 年，修订投资管理办法，充分体现“事权为纲、权责对等”理念，开展分类分级考核管理，推行设计预算一体化管控，全年优化投资 4.3 亿元，天然气 10 亿立方米产建投资 27.5 亿元、降低 7.2%，创造了历史最好水平。构建投资管理平台，完善单井工程投资预警，严格设计预算变更，完成 86 个项目后评价，实现投资项目全生命周期、全过程跟踪管理。推进财务转型落地，开展单井投入产出评价，制定分类治理措施，强化资产盘活创效，用好政策逆势推价，严控重点成本费用，降低非生产性支出，全年降本增效 1.23 亿元。加强资金管理和税收筹划，节税 4 104 万元、减少财务费用 9 271 万元。油气单位完全成本降至 1 124 元 / 吨，单位产品盈利能力达 162 元 / 吨、提高 65%，为“十三五”最好水平。

（张新悦）

【重大风险管控和隐患治理能力进一步增强】 2020 年，严密组织新冠肺炎疫情防控，动态跟踪制定精准措施，有效保障了全员身心安全。开展领导风险承包活动，完善隐患排查治理机制，加大整治力度、实行闭环管理，公司级安全风险降级 1 项、降值 3 项，一级环境风险降级 5 项。完善气煤交叉开采重大风险管控，加强与地方政府、煤矿企业沟通协调，组织专项应急演练，多方联动应急处置能力进一步提高。

（张新悦）

【体制机制建设日趋完善】 2020 年，启动存续业务体制机制改革，组建治安保卫大队，做好“四供一业”收尾，完成退休人员社会化移交。着力打造机关能力中心，中层人员首度推行年薪制考核，建立精简优化用工激励机制，实现差异化考核，倒逼机关效能不断提升。全面推行管理区“一室一中心”，采气二厂试点厂直管班站，2 个管理区扭亏为赢。全面梳理制度体系，提升内控质量，制修订制度 35 项。开展承包商回访、年度业绩考核，有力服务全面市场化。以“事权为纲”的全员责任体系、以价值创造为导向的绩效考核体系、以效益为引领的市场管理体系持续发力，给奋斗者加满油的机制进一步健全，公司管理效能实现大幅提升，1 个项目获集团公司管理现代化创新成果一等奖。

（张新悦）

【夯实党建和谐基础】 2020 年，加强党的政治建设，建立“不忘初心、牢记使命”主题教育长效机制，认真落实“第一议题”学习制度，举办专题读书班，中层干部轮训全覆盖，坚持传承石油精神、弘扬石化传统，同步提炼华北作风，抓实从严治党责任。构建“五位一体”“大监督”格局，深化专项巡视、审计、党建考核反馈问题整改，开展“四问”大讨论，党的领导和公司管理更加深度融合。召开“头脑风暴”务虚会，组织青年干部座谈，制订完善公司“十四五”规划，卓越企业发展蓝图更加清晰。强化干部人才队伍建设，大力弘扬“六气精神”，落实容错纠错机制，干部队伍担当意识高涨，干成了一批大工程、创造了一批新纪录。坚持向基层倾斜，选育优秀年轻干部，建功在基层、成长在基层形成鲜明导向。实施专家“职责 + 项目”履职模式，落实好“三百三千”计划，人才支撑作用有效发挥。党建与生产经营紧密融合，充分发挥党员干部、团青骨干先锋模范作用，成立突击队、组织志愿者，奋勇投身疫情防控、攻坚创效行动，为生产经营提供有力支撑。召开基层党建推进会，规范基层支部建设，实现班组党员全覆盖，基层党组织战斗堡垒作用凸显。和谐企业建设扎实推进，为加班员工免费供应最好“夜班餐”，建设心理健康加油站、创建幸福茶歇角，前线员工配发沙蒿过敏爱心包，发放疫情防控专项补助，多措并举为基层减负，全员干事创业积极性、主动性显著增强。举办第 29 届职工运动会，顺利推进公司志编纂，开通郑州合作医院导医“绿色通道”，帮助解决子女“入学难”问题，完善员工健康档案，启动职工互助基金，员工获得感、幸福感、安全感明显提升。

（张新悦）

【全国文明单位复验顺利通过】 2020 年 8 月，受中央精神文明建设指导委员会委托，陕西省精神文明建设指导委员会督导组对华北油气分公司采气二厂进行三年一次全国文明单位复验督导检查。督导组听取汇报、发放问卷调查，并对咸阳基地办公场所环境卫生、文化阵地建设情况进行实地查看，对社会主义核心价值观宣贯落地、企业精神文明创建工作开展情况进行资料查阅。11 月 20 日，中央精神文明建设指导委员会下发《关于复查确认继续保留荣誉称号的全国文明城市、文明村镇、文明单位、文明家庭、文明校园的通报》文件，公司采气二厂顺利通过 2020 年全国文明单位复审工作，成功保持全国文明单位称号。

（闫志洪）

表 1　　华北油气田主要技术经济指标　　亿元

指标名称 \ 年份	2020	2019	2018	2017	2016	2015
工业总产值	63.42	67.25	57.28	46.56	46.74	57.97
华北石油局	0.37	2.12	0.62	0.37	0.47	0.62
华北油气分公司	63.05	65.13	56.66	46.19	46.27	57.35
工业增加值	53.07	50.77	46.31	31.42	33.98	42.40
华北石油局	0.11	0.19	0.33	−0.34	0.30	0.48
华北油气分公司	52.96	50.58	45.98	31.76	33.68	41.92
资产总计	197.40	191.89	213.58	227.20	282.09	290.36
华北石油局	3.34	3.57	3.66	5.20	5.60	6.54
华北油气分公司	194.06	188.32	209.92	222.00	276.49	283.82
流动资产	8.99	6.02	17.15	11.78	5.99	7.67

续表

指标名称 \ 年份	2020	2019	2018	2017	2016	2015
华北石油局	1.87	1.98	2.05	2.54	2.59	3.21
华北油气分公司	7.12	4.04	15.10	9.24	3.40	4.46
固定资产原值	572.84	540.24	507.95	485.18	476.21	436.11
华北石油局	5.46	5.52	2.99	6.35	6.64	6.44
华北油气分公司	567.38	534.72	504.96	478.83	469.57	429.67
固定资产净值	141.69	142.38	148.11	157.10	171.40	204.05
华北石油局	1.77	1.87	1.46	2.55	2.93	3.01
华北油气分公司	139.92	140.51	146.65	154.55	168.47	201.04
销售收入	69.35	72.64	65.65	48.40	47.23	59.33
华北石油局	1.89	1.97	2.65	2.13	0.51	0.69
华北油气分公司	67.46	70.67	63.00	46.27	46.72	58.64
实现利税	10.94	73.95	4.56	−8.21	−45.95	−18.72
华北石油局	0.30	0.06	0.17	−0.42	−0.08	0.08
华北油气分公司	10.64	73.89	4.39	−7.79	−45.87	−18.80
税　金	3.03	3.36	3.19	2.57	2.55	3.14
华北石油局	0.10	0.14	0.16	0.13	0.19	0.23
华北油气分公司	2.93	3.22	3.03	2.44	2.36	2.91
综合能耗 / 吨标煤 · 万元$^{-1}$	0.372	0.385	0.371	0.369	0.33	0.32
华北石油局	0.229	0.252	0.248	0.245	0.21	0.20
华北油气分公司	0.515	0.518	0.494	0.493	0.44	0.43

表 2　　华北油气分公司主要生产建设指标

指标名称 \ 年份	2020	2019	2018	2017	2016	2015
油气产量 / 万吨	396.97	368.91	336.05	307.14	360.46	363.23
新增油气生产能力 / 万吨	100.00	61.94	50.391	60.918	63.72	60.13
新增油气探明储量地质储量 / 万吨	816.02	442.50	—	633.95	—	—
三维地震 / 平方千米	156.00	333.00	284.00	685.00	582.00	869.00
二维地震 / 千米	200.00	—	889.00	—	—	—
油气钻井 / 口	234	171	122	96	112	171
探　井	24	25	19	15	18	23
开发井	210	146	103	81	94	148
钻井进尺 / 万米	87.56	53.94	44.31	37.32	42.78	66.44
勘探投资 / 亿元	6.20	5.96	3.96	3.91	4.72	6.49
开发投资 / 亿元	32.70	21.74	19.32	13.75	25.26	27.91

华东油气田

【概况】华东油气田是中国石化集团华东石油局（简称华东石油局）和中国石油化工股份有限公司华东油气分公司（简称华东油气分公司）的统称，是中国石化常规与非常规油气勘探开发的专业队伍。2020年6月13日，本部由江苏省南京市建邺区江东中路313号中泰国际广场6幢搬迁至江苏省南京市建邺区江东中路375号金融城9号楼。华东石油局前身为1970年5月6日成立的江苏省石油勘探指挥所，隶属地质部石油海洋地质局管理。1997年1月，纳入中国新星石油公司管理。2000年4月，随中国新星石油公司整体并入集团公司。2003年5月，华东石油局和华东分公司分别调整为集团公司和股份公司直接管理。2012年11月8日，华东石油局石油工程专业队伍划出，成立中石化华东石油工程有限公司。2015年3月20日，华东分公司开始运行油公司管理体制，更名为华东油气分公司。

截至2020年底，华东石油局和华东油气分公司机关部门实行一体化管理，共设有职能部门和党群部门14个，直属单位（机构）2个，所属二级单位10个（华东石油局3个、华东油气分公司7个），用工总量1 708人，其中在职职工1 674人（华东石油局357人、不在岗7人，华东油气分公司1 351人、不在岗27人）；具有各类高级专业职称的416人、中级专业职称的437人。累计2人享受政府特殊津贴。

截至2020年底，华东油气分公司在苏北、下扬子、南黄海探区拥有油气勘探区块9个，总探矿权面积6 313.52平方千米。其中，苏北油气勘查面积3 519.92平方千米，下扬子中古生界油气勘查面积2 572.21平方千米，南黄海油气勘查面积221.39平方千米。登记拥有石油矿产开采权的区块10个，全部在苏北盆地，面积626.03平方千米；在四川、重庆、贵州、山西、陕西、宁夏、内蒙古等地拥有可进行非常规资源勘探的区块9个，其中煤层气勘探区块2个（东道梁、乡宁），总面积405.21平方千米，煤层气资源量445亿立方米；可进行煤层气勘探区块3个（延川南、织金、红果），总面积1 733.31平方千米，煤层气资源量2 450亿立方米；页岩气勘探区块4个（南川1、南川2、彭水1区、彭水2区），总面积7 513.75平方千米，预测地质资源量3万亿立方米。

华东油气田主要经济指标和主要生产建设指标分别见表1和表2。

（刘　波）

【领导班子调整】2020年4月29日，集团公司党组召开华东石油局、江汉油田、西南石油局干部视频会，宣布领导班子调整决定：姚红生任华东石油局局长、党委副书记，华东油气分公司总经理。

（刘　波）

【中石化重庆页岩气有限公司揭牌成立】2016年华东油气分公司进驻南川，建成钻井平台27个，开钻井75口、完钻井53口、完成产能测试井44口，累计对外售气12.58亿立方米。2020年1月3日，由股份公司与重庆园业实业（集团）有限公司共同投资组建的中石化重庆页岩气有限公司在重庆南川区揭牌成立，主要经营范围包括矿产资源勘查开采、燃气经营、石油天然气管道储运等业务。华东油气分公司受股份公司委托履行股东权利和义务。

（刘　波）

【生产经营指标超额完成】2020年，华东油气田提交石油探明地质储量236.21万吨，提交页岩气探明地质储量1 446.58亿立方米，实现收入34.12亿元，盈利1.95亿元。其中，华东油气分公司收入29.38亿元，利润1.66亿元；华东石油局收入4.74亿元，利润2 821万元。油气单位完全成本1 568元/吨，降低126元/吨。经营现金流20.20亿元，超额完成年度目标任务。

（刘　波）

【油气产量再创新高】2020年，华东油气分公司生产原油46.01万吨，增长1.47%；生产煤层气3.83亿立方米，增长7.21%；生产页岩气10.69亿立方米，增长32.02%。全年生产油气191.20万吨油当量，增长18%，再创历史新高。

（刘　波）

【页岩气勘探开发成果丰硕】 2020年，华东油气分公司创新勘探思路，东胜—平桥西区块落实探明储量1 446亿立方米，通过国家储委审查。甩开勘探阳春沟，胜页3井测试日产气7.10万立方米，评价出有利面积123平方千米，资源量1 179亿立方米。真页1井测试日产气7.49万立方米，初步评价出Ⅰ类区面积266平方千米，资源量2 138亿立方米。甩开勘探火炉次凹，初步落实武隆向斜有利区面积503平方千米，资源量4 778亿立方米，为常压页岩气规模化商业开发奠定资源基础。优化开发方案，坚持地质工程一体化、滚评建一体化、深化认识与精细管理一体化，落实“少井、高产、大平台”要求，新建产能5.50亿立方米，稳步推进新区产建；分区分类、“一井一策”，持续推进老区稳产，自然递减明显减缓。全年措施增产7 696万立方米，SEC储量评估平均单井EUR1.17亿立方米。

（刘　波）

2020年6月17日，南川工区204平台焦页204-1HF及焦页204-2HF两口井获日产15万立方米商业气流，井口压力均超过20兆帕，为“百日攻坚创效”行动增辉添彩。图为204平台压裂现场（何能举　摄）

【页岩气工程技术提速降本显著】 2020年，华东油气分公司南川页岩气开发钻井提速、压裂降本、地面“五化”全面进步，东胜区块单井钻井周期由69.78天降至36.80天，武隆区块最快提至22天，水平段实现“日进1里”目标，试点钻井“日费制”，提速增效显著。推广应用“全电压裂＋趾端滑套”创新工艺，压裂噪声降低30%，创造单日8段施工纪录；持续加强低成本攻关，施工费用降低24%。地面标准化设计覆盖率95%，减少现场53%安装工作量，集气站建设周期缩短40%；地面工程投资优化2 250万元，减少征地18.64平方千米。

（刘　波）

【胜页20-2HF井试获高产商业气流】 胜页20-2HF井是华东油气分公司部署在重庆市南川区的一口重点页岩气评价井。在压裂施工中，围绕“百日攻坚创效”行动目标，优化工艺技术和施工方案，使用趾端滑套工艺替代首段射孔，节约施工周期5天，节省费用50余万元；应用投暂堵球转向，提高段内均匀改造程度，确保该井16段分段压裂施工的高效完成。2020年5月2日，试获日产气22万立方米商业气流。该井的突破，盘活了东胜背斜北部4个平台共计17口井的页岩气资源，有效推动区域页岩气的开发进度。

（刘　波）

【常规油增储上产取得新突破】 2020年，华东油气分公司立足高质量勘探，取得“1个重大突破、1个新进展”的成果。①溱潼凹陷阜二段页岩油勘探取得重大突破，沙垛1井获日产50吨高产油流，落实溱潼凹陷页岩油勘探Ⅰ类有利区面积37.50平方千米，资源量6 082万吨，开辟了苏北老区勘探新领域。②立体勘探取得新进展，风西1井试获日产油5.20吨，取得溱潼凹陷西斜坡浅层岩性勘探新进展；殷东、吉泰构造开辟了商业动用储量的新层系；张浅1井压裂试油日产8吨，揭示海安凹陷火成岩勘探新潜力。加快滚动评价，落实开发可动用储量174.60万吨，新建产能2.72万吨。推进仓西3井区和南华201井区2个项目续扩建，深化水驱，加强气驱，新增经济可采储量58.10万吨，年末SEC储量245.70万吨，储量替代率126%，储采比5.30，自然递减率10.60%、综合含水率63.10%，原油盈亏平衡点降至43.80美元/桶，创历史最低。常规油产销实现“十一连增”。

（刘　波）

【煤层气实现效益稳产】 2020年，华东油气田开展延川南气田10号煤煤相研究，创新有效支撑体积压裂理念，应用小型电动压裂，实现10号煤新层系勘探突破，落实有利区面积216平方千米，资源量118亿立方米。深化煤系气“沉积控储、保存控气、物性控产”富集高产认识，优选未动用区实施滚动扩建，投产井14口，日产气4.60万立方米。通过小井组效果评价织金工区，大井组增加动用煤层，提高压裂规模，产气效果显现。推进三交北对外投资合作，首次获4 000万立方米权益气。全年实现煤层气产量硬稳定，产气3.40亿立方米。

（刘　波）

【安全绿色发展平稳运行】 2020年，华东油气田筑牢“战疫”安全屏障，沉着冷静应对，科学有序组织，从应急预案、防疫物资、带班值班等方面做好全方位保障，实现疫情零疑似、零感染。以HSSE管理体系为抓手，推进安全生产三年专项整治行动。全面开展风险识别与隐患排查，常态化开展视频督查和“四不两直”检查，推进承包商安全管理“一把手”承包责任。持续实施绿色企业行动计划，严控污染物排放。定期开展重要岗点职业危害因素监测，实现职业病危害因素监测率、防护合格率两个100%，员工健康进一步得到保障。全年安全环保态势平稳，获2019年江苏省“安康杯”竞赛优胜单位，保持集团公司绿色企业和江苏省平安企业称号，获石油化工联合会绿色工厂称号。

（刘　波）

吉泰1井施工现场（周　剑　摄）

【三交北煤层气天然气对外合作项目】 三交北煤层气天然气项目合作方分别为中国石化、中国石油、中澳煤层气责任有限公司，华东油气田作为中国石化代表单位拥有该项目开发期26%的参与权益。2006年进行致密砂岩气勘探评价，2012年获得勘探突破，2014年开展先导试验，2017年提交储量171.47亿立方米，叠合含气面积206.49平方千米。截至2019年底，钻井127口，其中西区108口，压裂测试99井次/233层；区块投产井71口，开井58口，日产气44.60万立方米，年产气9 900万立方米，年销售9 600万立方米。2020年12月23日，华东油气田代表集团公司签署三方《山西省三交北地区煤层气及天然气资源开采产品分成合同第十二次修改协议》及产品销售协议和销售合作框架协议。

（刘　波）

【改革管理效能得到提升】 2020年，华东油气田着力投资管控，按照“节奏可加快，程序不逾越”原则，累计完成项目前期论证38项，页岩气东胜区块单井投资控制在5 000万元以内，下降20%；常规油强化投资效益管控，原油储量发现成本37元/吨，降低8%。推进财务转型，制订《华东油气田财务转型实施方案》，调整完成两级财务管理模式，推动业财融合落实落地。强化SEC储量评价模型研究，实现油气资产价值的常态化管理和提升。加强财务风险管控，将“民企清欠”、财经纪律、防范资金风险等约束性指标纳入二级单位领导班子考核体系。严格审计问题整改，迎接总部审计4项，完成总部统一安排审计项目4项，有序推进整改措施落地。完成自主经营承包阶段性目标，对照自主经营承包考核指标及考核政策，三年超额完成利润6.46亿元，实现超额经营现金流4.62亿元。

（刘　波）

【科技创新驱动成果显著】 2020年，华东油气田实施科技创新驱动，修订《科技项目管理办法》《科学技术奖励管理办法》，科技管理体系不断完善，管理流程进一步规范。加强国家重大专项、中国石化“十条龙”项目的攻关和管理，完成年度任务指标。二氧化碳开采、捕集、压注、回收处理全产业链技术日趋成熟，华东液碳品牌影响力不断提升。推进科技成果转化，电动压裂泵技术应用降本1.70亿元，科技实现加计扣除节税 956 万元。“渝东南盆缘转换带页岩气富集主控因素研究”成果达国际领先水平，获中国石化科技进步一等奖。获集团公司油气勘探类奖项 9 项、开发类奖项 10 项、科技转化奖励 2 项，连续第 4 年获股份公司优秀勘探管理单位称号。

（刘　波）

【人才强企工程有效推进】 2020 年，华东油气田持续推进人才强企工程。加快年轻干部选拔使用，年内提任副总师 4 人，其中“70 后”人员占比 50%。提任中层正职 3 人、中层副职 13 人，其中 40 周岁以下中层副职 10 人，提任中层领导人员中“80 后”人员占比 76%。中层领导人员平均年龄 47.40 岁，40 岁以下占比 23.30%，较 2019 年底提高 10.60%。公开竞聘油气田级专家职位 10 个，选聘首席专家 1 名、高级专家 2 名、专家 7 名，其中油气勘探开发等主营业务人员占比 70%。选派 5 人至兄弟单位进行实践锻炼，接收兄弟单位实践锻炼 5 人、内部实践交流 8 人，推动优秀年轻干部全方位、多层次、宽领域交流培养；开展 2020 年度中层副职后备干部推荐工作，为精准培养、精准选拔奠定人才基础。重视人才队伍建设，2 人获正高职称，52 人获副高职称，51 人获中级职称，创历史新高。加大技能人才培养，2 名员工分别获全国油气开发专业采气工大赛银牌和铜牌，1 名员工获集输工竞赛金牌，1 名员工获采油测试工铜牌。

（刘　波）

【退休人员社会化管理移交平稳完成】 2020 年，华东油气田按照江苏省以医保账户为依据的社会化管理移交政策，强化组织领导，确保积极稳妥，统筹推进。3 月，成立由主要领导任组长、分管领导任副组长、相关部门负责人为成员的退休人员社会化领导小组。严格按照集团公司时间进度要求，明确前期基础工作、对接地方政府、各类方案制订与上报、签订协议、实施移交、总结报告 6 类 34 项具体工作内容，形成《华东油气田退休人员社会化管理移交工作内容及职责分配表》，挂图作战，动态管控。加强与地方政府、驻苏石化企业、退休老同志的沟通协调，组织华东石油工程公司、物探华东分公司等单位召开工作推进会，共享信息资源，保证同一地区政策一致性，减少不稳定因素。举办 1 期离退休党支部书记培训班，召开退休人员座谈会，政策宣讲会 18 场次，解读政策，开展稳定风险评估，有效化解矛盾。截至 10 月底，完成 3 039 人的档案、党员组织关系、管理服务及 1 项资产的移交工作。

（刘　波）

【党的建设持续提升】 2020 年，华东油气田以习近平新时代中国特色社会主义思想为引领，全面贯彻党的十九届四中、五中全会精神，加强理论武装，坚持“第一议题”常态化。举办庆祝建党 99 周年“我心向党”系列活动，组建油气田形势任务宣讲团，大力传承石油精神、弘扬石化传统。认真落实党风廉洁建设责任制，全面启动党委巡察工作，持续整治形式主义、官僚主义。大力抓实基层减负，提升整治效果。开展“降本减费，攻坚创效”主题劳动竞赛。推进公众开放日活动常态化和精准扶贫工作。做实“走基层、访万家”“退休五个一”“新员工入会四个一”活动，打造“幸福华东”工程。修订《华东石油局 华东油气分公司帮扶救助工作实施细则》，调整帮扶救助工作领导小组。慰问疫情期间坚守岗位职工及家属，关注远离基地、远离本部员工的工作情绪波动，开展一线员工 EAP 服务。调整文联理事会、体协兴趣小组，组织第四届“担当杯”篮球赛、乒乓球赛、象棋赛，丰富员工文体活动。

（刘　波）

员工在南川胜页 2 平台开展压裂施工（周　劲　摄）

表 1　　华东油气田主要经济指标　　亿元

指标名称＼年份	2020	2019	2018	2017	2016	2015
工业总产值	29.68	31.16	26.52	13.30	9.07	10.35
华东石油局	1.33	1.23	1.04	0.82	0.96	2.60
华东油气分公司	28.35	29.93	25.48	12.48	8.11	7.75
企业增加值	18.76	22.01	17.80	4.82	10.27	−1.94
华东石油局	2.35	2.01	2.08	1.91	1.64	1.82
华东油气分公司	16.41	20.00	15.72	2.91	−0.37	−3.76
资产总计	108.01	95.04	87.73	90.28	94.36	96.44
华东石油局	15.79	14.72	13.95	13.56	13.27	16.00
华东油气分公司	92.22	80.32	73.78	76.72	81.09	80.44
流动资产	10.27	6.41	5.95	5.87	10.43	6.96
华东石油局	3.14	3.86	3.87	3.39	2.78	5.08
华东油气分公司	7.13	2.55	2.08	2.48	7.65	1.88
固定资产原值	177.36	143.89	123.04	113.45	93.43	80.23
华东石油局	16.07	6.66	7.01	6.61	6.64	6.63
华东油气分公司	161.29	137.23	116.03	106.84	86.79	73.6
固定资产净值	68.75	48.76	39.54	39.20	38.39	36.72
华东石油局	12.22	3.16	3.40	3.25	3.54	3.83
华东油气分公司	56.53	45.60	36.14	35.95	34.85	32.89
销售收入	34.12	34.57	29.63	15.79	12.48	13.17
华东石油局	4.74	4.70	4.10	3.30	3.22	3.64
华东油气分公司	29.38	29.87	25.53	12.49	9.26	9.53
实现利税	6.92	7.67	2.98	−18.13	−13.70	−0.51
华东石油局	0.43	0.25	0.39	0.15	0.13	0.60
华东油气分公司	6.49	7.42	2.59	−18.28	−13.83	−1.11
税　金	2.86	3.74	1.73	1.02	0.88	1.05
华东石油局	0.27	0.24	0.39	0.31	0.25	0.36
华东油气分公司	2.59	3.50	1.34	0.71	0.63	0.69

表 2　　华东油气田主要生产建设指标

指标名称＼年份	2020	2019	2018	2017	2016	2015
原油产量 / 万吨	46.01	45.34	42.20	36.01	33.01	35.01
页岩气产量 / 亿立方米	10.69	8.10	5.43	—	—	—
煤层气产量 / 亿立方米	3.84	3.58	3.84	3.03	1.79	1.05

续表

年份 指标名称	2020	2019	2018	2017	2016	2015
新增原油生产能力 / 万吨	1.81	4.42	6.10	4.44	0.69	6.39
新增页岩气生产能力 / 万立方米	45 354.00	21 800.00	65 000.00	—	—	—
新增煤层气生产能力 / 万立方米	4 600.00	0	36 300.00	—	—	—
新增探明石油地质储量 / 万吨	236.21	216.47	0	178.68	242.46	517.91
新增探明页岩气地质储量 / 亿立方米	1 446.58②	0①	0	0	0	0
二维地震 / 千米	355.00	0	10.00	132.00	104.00	600.00
三维地震 / 平方千米	245.00	95.00	100.00	0	0	393.00
石油钻井 / 口	93	125	76	94	27	38
探　井	26	30	33	21	17	26
开发井	67	95	43	73	10	12
钻井进尺 / 万米	29.25	31.65	20.55	23.91	8.26	10.56

①数据修改为 0

②该数据统一在 2020 年储量公报中公布，故 2020 年新增探明页岩气地质储量 1 446.58 亿立方米包含 2019 年的数据

勘探分公司

【概况】 中国石油化工股份有限公司勘探分公司（简称勘探分公司）是中国石化唯一的专业化油气勘探企业，肩负着中国石化能源资源战略发展重任，业务归口股份公司油田勘探开发事业部管理。勘探分公司位于成都市高新区吉泰路 688 号中国石化西南科研办公基地。其前身是南方海相油气勘探项目经理部，成立于 1999 年 5 月。2002 年 4 月，中国石化整合南方海相油气勘探项目经理部和滇黔桂油田分公司，成立南方勘探开发分公司。2007 年 3 月，原南方勘探开发分公司和原中南油气分公司勘探研究、勘探管理及部分相关业务人员整合重组成立勘探南方分公司，同年 8 月迁址成都。2014 年 7 月，中国石化批复同意更名为中国石油化工股份有限公司勘探分公司。

截至 2020 年 12 月 31 日，勘探分公司实有合同制员工 467 人、在岗合同制员工 466 人，均为管理和专业技术人员，具有中级及以上专业技术职务任职资格的员工 383 人，在岗员工平均年龄 43.5 岁。

按照中国石化的统一安排，勘探分公司主要负责所管理勘查区块内的风险勘探，同时开展国内重点含油气盆地分析、矿权登记、投入不足区块评价、风险井平行论证等工作。截至 2020 年末，归属勘探分公司管理有效勘查区块 18 个，总面积 4.045 万平方千米，总资源量天然气 16.99 万亿立方米、石油 7 765 万吨。

2020 年，勘探分公司部署探井 18 口，实施钻井 21 口，完成进尺 62 020 米，为年度计划的 104%。完成测试 15 层，获工业油气流 6 井 9 层，探井成功率 55%。完成二维地震 439.48 千米、三维地震 649.83 平方千米，分别为年度计划的 118% 和 101%。新增天然气探明储量 789.9 亿立方米、天然气控制储量 311.36 亿立方米、天然气预测储量 782.76 亿立方米，分别为年度计划的 158%、104% 和 112%。完成投资 17.89 亿元，控制在年度调整计划内。全年实现利润 576 万元，为预算目标的 288%。实现创效 1 910 万元，为下达指标的 182%，其中“百日攻坚创效”实现创效 1 331 万元、“持续攻坚创效”实现创效 579 万元，分别为下达指标的 215% 和 135%。

勘探分公司主要经济指标和主要生产建设指标分别见表1和表2。

（侯玉梅）

【领导班子调整】 2020年10月10日，集团公司党组组织部在勘探分公司召开的领导班子（扩大）会议上宣布干部任免决定，丁东龙任勘探分公司党委副书记、纪委书记、工会主席，韩萍任二级协理员。2020年11月26日上午，集团公司召开勘探分公司干部视频大会，宣布对勘探分公司领导班子进行调整。郭旭升任股份公司副总地质师，冯建辉任勘探分公司代表、党委书记，胡东风任勘探分公司总经理、党委副书记，魏志红任勘探分公司副总经理、总地质师、党委委员。调整后，勘探分公司领导班子由冯建辉、胡东风、李真祥、毛怡、丁东龙、魏志红6人组成。

（侯玉梅）

【工会组织关系隶属四川省总工会】 根据四川省总工会文件《关于明确中国石油化工股份有限公司勘探分公司工会组织关系的批复》（川工字〔2020〕229号），从2020年11月5日起，勘探分公司工会委员会被纳入四川省总工会管理序列，接受四川省总工会领导。

（侯玉梅）

【组织机构设置调整】 2020年3月24日，勘探分公司适应集团公司深化管理体制改革需要，落实“去行政化”要求，发文规范组织机构和中基层领导人员职务名称，进一步明晰工作界面、提升管理效率。勘探分公司中层机构设11个机关管理部门、9个直属机构和2个二级单位。11个机关管理部门名称中不再使用“处”字样，改为“部”；下设科室不再使用“科”字样，改为“室”。机关附属机构（非中层机构）沿用原有名称。9个直属机构沿用原有机构名称，下设科室不再使用“科”字样，改为“室”。2个二级单位沿用原有机构名称；两院机关科室不再使用“科”字样，改为“室”；院属下设各研究室名称不变。

（侯玉梅）

【油气勘探取得新成果】 2020年，勘探分公司油气勘探取得“1个重大突破、2个新突破和5个新进展”新成果。1个重大突破：涪陵地区侏罗系湖相页岩油气勘探取得重大突破。2个新突破：川东北通江须家河组“断缝体”天然气勘探取得新突破，盆外复杂构造区常压页岩气勘探取得新突破。5个新进展：川东南深层页岩气勘探持续推进，涪陵凉高山组致密砂岩油气勘探取得重要进展，超深层页岩气探索取得积极进展，元坝茅口组—吴家坪组浅滩勘探持续推进，川东北二叠系大隆组页岩气勘探取得重要进展。

（侯玉梅）

【贵州真页1HF井试获页岩气流】 2020年2月19日，勘探分公司在贵州遵义部署实施的重点页岩气预探井——真页1HF井，试获日产5.03万立方米页岩气流，取得四川盆地外围复杂构造区常压页岩气勘探新突破。

（侯玉梅）

【马5井试获高产工业气流】 2020年10月24日，勘探分公司部署在川东北通江地区的预探井马5井在须四段（5 099—5 117米）射孔测试获21.17万立方米高产工业气流。继该井2020年8月16日在须三段（5 240—5 262.5米）常规测试获16.5万立方米工业气流后再获高产工业气流，实现了通江地区须家河组“断缝体”气藏勘探新突破。马5井取得新突破，进一步证实了“断缝体”气藏富集高产新模式，验证了“断缝体”预测评价技术的有效性，拓展了勘探领域。

（侯玉梅）

【8项成果获油气勘探重大发现奖】 2020年12月15—16日，中国石化在北京召开2020年油气勘探总结会，会议表彰了2020年度中国石化油气勘探重大发现成果。勘探分公司8项成果获油气勘探重大发现奖：“川东南侏罗系陆相页岩油气新领域勘探重大突破”获油气勘探突破特等奖，“盆缘复杂构造区道真向斜新区带页岩气勘探重要突破”获油气勘探突破二等奖，“通江须家河组断缝体天然气勘探新突破”获油气勘探突破三等奖，“涪陵页岩气田东胜—平桥西区块勘探重大商业发现”获规模储量商业发现特等奖，“元坝西部须三段致

密气勘探商业发现”获规模储量商业发现二等奖，“四川盆地天然气重点领域评价与‘十四五’专项规划”获优秀研究奖，“2019—2020年隆盛—阳春沟三维地震资料采集项目”获优秀工程奖，勘探分公司连续第3年获中国石化优秀勘探管理奖。

（侯玉梅）

【入选国家创新人才推进计划】 2020年4月10日，国家科学技术部公布2019年国家创新人才推进计划入选者名单，勘探分公司海相天然气勘探创新团队入选为国家创新人才推进计划重点领域创新团队。这是中国石化唯一入选团队，也是勘探分公司获得的团队最高荣誉。

（侯玉梅）

【获评国家纳税信用A级】 2020年5月6日，四川省电子税务局公布2019年度国家税务总局纳税信用等级评定结果，国家税务部门对勘探分公司诚信经营、诚实纳税给予充分肯定，勘探分公司获评2019年度纳税信用等级最高评级——A级。

（侯玉梅）

【严格防控经营风险】 2020年，勘探分公司严格防控经营风险，有效防范化解风险，生产经营合规合法，未发生经营风险，企业管理能力迈上新台阶。开展业务流程风险分析，制定针对性的预防控制措施；强化招投标和合同精细管理，市场管理进一步规范；实施内控制度执行力提升行动，规范开展内控测试和专项检查，内控体系建设进一步完善；认真做好经济责任审计、工程招投标风险内控审计等迎审配合工作，扎实开展专项审计，提出管理建议，督促整改落实。

（侯玉梅）

【全面加强成本管控】 2020年，勘探分公司降本减费1 061万元，降幅46%。扎实开展“两全”管理，千方百计挖潜增效，全年实现增值税加计抵减620万元。加强“四统一优化”，严格全过程投资成本管控，对标先进加强项目投资分析，全年优化投资2.54亿元，其中隆盛与中梁山三维地震采用资料共享、无缝拼接的设计思路，最大限度降低勘探成本，节约施工面积368平方千米，优化投资超亿元。

（侯玉梅）

【安全环保得到新提升】 2020年，勘探分公司始终坚持“不安全的进尺一米不打、不安全的工期一天不抢、不安全的效益一分不要”的工作理念，压实责任，严格监管，安全环保持续保持平稳。① QHSSE基础管理不断深化。推进勘探分公司安全生产专项整治三年行动，层层分解安全环保责任，组织QHSSE管理体系运行内审，修订完善HSSE突发事件应急预案，持续开展“百日井控安全无事故竞赛”主题活动，本质安全环保水平全面提升。②风险识别管控和隐患排查治理不断强化。识别排查出9个分公司级安全风险，逐项制订监管方案，确保风险可控。开展自然灾害、高空及受限空间作业、泄露隐患、危险物品存储隐患等专项排查，制定并落实好管控措施。③承包商和直接作业环节安全管理不断强化。坚持安全风险管理关口前移，加强承包商队伍安全资格审查。强化现场作业许可与JSA分析，加强关键井控装备检维修跟踪监管，强化施工现场技术力量。加强现场安全环保督查检查，对20个工程作业现场督查31次，利用视频督查203次，现场回放71项次，发现问题隐患136个；开展环保日常检查和专项检查114井次，共查出64项267个问题；对检查发现的问题严格落实整改措施，及时消除隐患。

（侯玉梅）

【国内首次超深页岩气层压裂】 2020年7月26日，勘探分公司顺利完成普顺1井接近6 000米深的页岩气层的压裂施工，达到预期目的。该次施工是国内首次实施超深层页岩气压裂施工，创造了国内超高压压裂施工持续时间最长纪录。普顺1井是勘探分公司部署在重庆市梁平区的一口预探井，在接近6 000米深的页岩气层钻遇良好显示。

（侯玉梅）

【疫情防控成效显著】 2020年，面对年初突如其来的新冠肺炎疫情，勘探分公司听党指挥、闻令而动，坚决落实集团公司党组和地方各级党委政府的各项防控措施，坚持把员工生命安全和身体健康放在第一位，确保全员新冠肺炎零感染，确保了全年疫情防控和生产经营双战双胜。①第一时间成立疫情防控工作领导小组，第一时间制定疫情防控措施，层层压实疫情防控责任，坚决守护员工群众生命安全和身体健康。②建立“网络化联防联控”体系，各单位防控人员每天认真细致做好人员动态排查，掌握员工思想动态，发布疫情通报 131 期。③物资供应中心克服重重困难全力保障口罩、消毒液等防疫物资，全年采购防疫物资 20 多批次，接收需求计划 2 000 余项，物质保障率 100%。④信息部门全力保障科研生产，全年视频会议及系统运维支持达 498 场次、2 800 余次，次数明显增加。⑤勘探部署建立科学倒班制度、创新网络办公方式，高质量完成探井部署任务，部署井数创 5 年来新高。⑥地震采集施工现场，隆盛三维投入 4 122 人，通过甲乙双方严格管控，实现全员“零感染、零疑似、零感冒、零涉高风险”，获集团公司 2020 年优秀工程奖。

（侯玉梅）

【编撰新版《中国石油地质志》卷十三、卷十四 2 本专著】 2020 年 7 月中旬，勘探分公司牵头，西南油气田分公司、华东油气分公司等单位参加，百余名科研人员参与编写的新版《中国石油地质志》卷十三、卷十四正式提交石油工业出版社编辑出版。卷十三为四川盆地下卷，全书 48 万余字；卷十四为滇黔桂探区卷，全书 50 万余字。

（侯玉梅）

【知识产权保护工作持续强化】 2020 年，勘探分公司提交“储层孔隙压力预测方法、装置、电子设备及介质”等 11 件发明专利申请，并获国家知识产权局的受理，圆满完成专利年度工作任务；积极组织开展发明专利实质审查答辩工作，“海相泥页岩地层的压力系数预测方法及系统”成功获发明专利授权；开展“页岩气勘探知识库建库系统”等 4 项软件著作权登记，截至 2020 年底，勘探分公司共拥有“非线性地震高分辨率处理软件”等 5 项计算机软件著作权。

（侯玉梅）

【实施“三百三千”计划】 2020 年，勘探分公司积极落实集团公司“三百三千”计划，加大年轻干部和科研人员的培养，选送 4 名优秀年轻干部交流锻炼，对兄弟单位的 6 名优秀年轻干部开展针对性培养。5 月 22 日和 28 日，勘探分公司相继召开派出人员和接收人员座谈会。

（侯玉梅）

【召开“不忘初心、牢记使命”主题教育总结会】 2020 年 1 月 18 日，勘探分公司召开“不忘初心、牢记使命”主题教育总结会。会议深入学习贯彻中央和集团公司“不忘初心、牢记使命”主题教育总结会议精神，认真总结勘探分公司第一批、第二批主题教育工作，对巩固和深化主题教育成果、建立主题教育长效机制做出部署。

（侯玉梅）

【党建考核结果获评 B 档】 2020 年 4 月 30 日，集团公司党建工作领导小组办公室公布 2019 年度党建考核工作评定结果，勘探分公司党建工作获评 B 档。集团公司党建考核反馈意见认为，勘探分公司党委认真履行党建工作主体责任，坚决把党的政治建设摆在首位，贯彻落实中央决策部署和党组要求，注重发挥“把方向、管大局、保落实”作用，围绕中心工作开展形势任务教育，实施人才强企和组织力提升工程，持续推动政治优势转化，切实推进全面从严治党向纵深发展。

（侯玉梅）

【全面开展“六共建”党建共建】 2020 年，勘探分公司党委坚持从实际出发，在勘探科研与工程项目中旗帜鲜明推进全面从严治党，打造“上 + 下”“内 + 外”“甲乙地”“地质 + 工程”“党建 + 廉洁”“党建 +‘三基’、安全”6 个党建共建平台，为勘探突破提供“动力源”“防护网”。勘探研究院、物探研究院与勘探、科技等管理部门，与现场项目部、高校研究院所等开展科研攻关党建共建。元坝项目部、涪陵项目部与乙方施工单位、与地方积极开展联合党日、联合党课、联合查找隐患、联合实施“三基”、联合技术攻关等系列活动。2020 年 12 月，集团公司党建考核组赴元坝 15 井现场，对元坝项目部开展党建共建工作进行全方位检查考核，进行访谈座谈，充分肯定勘探分公司党建共建工作，有效发挥了甲乙地三方优势，形成了共促高质量勘探的合力。

（侯玉梅）

【党风廉政建设成效更加凸显】 2020年，勘探分公司结合实际开展甲乙双方廉洁风险防控机制建设，坚持日常监督与专项监督并重、专责监督与职能监督并重、党性教育与警示教育并重，深入推进全面从严治党，经受住中央和集团公司党组巡视“政治体检”，“三不”机制、“大监督”格局不断完善，以高质量监督保障高质量发展。自2018年以来，勘探分公司连续3年未发生一起违规违纪违法案件。

（侯玉梅）

【抓实对外宣传报道提升公司形象】 2020年，勘探分公司党委印发分公司加强“百日攻坚创效”行动新闻宣传工作方案，组织开展持续攻坚创效宣传报道一线行活动，充分利用集团公司媒体和国内主流媒体做好新闻宣传，提升了勘探分公司良好企业形象。2次通过新华社对外发布通稿，宣传勘探分公司的重大科研成果和队伍建设成果。①2月27日，发布真页1井试获工业气流取得盆外页岩气勘探重大突破的通稿，中央电视台《新闻联播》《朝闻天下》、新华网、人民网进行报道，国内150多家各类媒体进行转载报道；②7月6日，发布勘探分公司海相勘探创新团队入选国家人才推进计划，《科技日报》、中新网等40多家国内媒体进行报道。2020年全年在《中国石化报》、石化新闻网、石化手机报、石化电视新闻、奋进石化等石化媒体共刊发勘探分公司宣传报道文章90多篇。其中，《中国石化报》头版3次刊发勘探分公司领导署名文章，10次刊发包括勘探研究院页岩气党支部先进事迹报道在内的文章。《中国石化报》2次刊发勘探分公司攻坚创效成果宣传专版，1次刊发反映勘探队伍艰苦创业的图片报道专版。

（侯玉梅）

【退休人员社会化管理移交顺利完成】 2020年3月开始，按照集团公司统一部署，勘探分公司加强组织领导，与西南石油局密切联系，积极配合协作，认真编制工作方案、统筹外费用处理方案和维稳预案；同时，主动协调解决工作中出现的问题，保障移交工作稳妥顺利完成。截至2020年10月底，勘探分公司顺利完成92名退休人员社会化管理移交工作，党组织关系转入相应的街道和社区，人事档案移交属地实行集中统一管理，社会保障管理服务有效衔接。

（侯玉梅）

【多渠道助力脱贫攻坚】 勘探分公司积极落实集团公司党组要求，聚焦和助力“两不愁、三保障”，发动干部员工积极投入脱贫攻坚战，通过对口支援、对外捐赠和消费扶贫等多种方式，累计投入资金300余万元，帮助西藏、四川和湖北等地的贫困地区发展和贫困户脱贫。

（侯玉梅）

表1 勘探分公司主要经济指标① 单位：亿元

指标名称＼年份	2020	2019	2018	2017	2016
资产总计	12.87	14.83	12.82	14.37	12.99
流动资产	12.16	14.00	11.98	13.42	12.02
固定资产原值	2.36	2.53	2.78	3.29	3.15
固定资产净值	0.50	0.68	0.75	0.82	0.84
销售收入	17.79	18.83	13.68	12.19	13.22
实现利税	0.09	0.05	0.16	0.12	0.14

①经济指标不含开发

表 2　　勘探分公司主要生产建设指标①

指标名称 \ 年份	2020	2019	2018	2017	2016
新增天然气探明地质储量 / 亿立方米	789.90	408.53		2 202.16	
新增天然气控制地质储量 / 亿立方米	311.36	421.28	264.72	174.52	1 443.55
新增天然气预测地质储量 / 亿立方米	782.76	1042.42	1 527.01	1 115.01	2 435.63
二维地震 / 千米	439.48	608.80	699.24	933.19	616.00
三维地震 / 平方千米	649.83	1 130.75	578.99	873.38	540.28
新开钻井 / 口	10	10	10	2	7
完井 / 口	10	7	3	5	7
钻井进尺 / 万米	6.20	6.00	3.50	1.36	3.88
勘探投资 / 亿元	17.89	18.79	13.62	12.16	13.22

①生产指标含风险、非常规勘探

天然气分公司

【概况】 中国石油化工股份有限公司天然气分公司（简称天然气分公司）成立于2005年6月，是中国石化直属负责天然气业务发展的专业化公司，与天然气有限责任公司、长城燃气投资有限公司实行“一套机构，三块牌子”。主要职责为：中国石化天然气管道、LNG接收站、储气库等天然气储运设施建设与运行管理，天然气市场开发和销售经营管理，地方管网、终端销售合资合作管理。其中，天然气分公司侧重于生产经营管理；天然气有限责任公司侧重于合资合作和投资管理；长城燃气公司专注于终端项目开发和管理。

天然气分公司认真贯彻中国石化天然气发展战略，按照“资源、管网、市场、效益”相统一的原则，加快储运设施建设，加大市场开发力度，加强生产经营管理，实现中国石化天然气业务的快速发展。天然气分公司先后建成并投用川气东送管道、榆济管道、鄂安沧管道一期等主干管道，青岛、北海、天津3座LNG接收站，文96储气库、金坛储气库、文23储气库一期，国家大流量标定站武汉分站，以及山东、江苏等13个省级及区域管网；正在加快皖东北管道、山东东南干线及现有3座LNG接收站扩建工程的施工建设。截至2020年底，天然气分公司累计建成投运独（合）资管网里程超过1.3万千米；LNG接收站3座，核准接收能力共计1 800万吨/年；储气库3座，建成工作气量共计35亿米^3/年。

依托自有储运设施，天然气分公司构建了层次清晰、运作高效的市场销售体系，天然气年均经营量保持25%以上的增长，市场份额逐年提升。为积极适应国家管网改革和日益激烈的市场竞争，2020年天然气分公司加快实施天然气销售体制改革，不断做强“公司—省级销售单位”两级销售，做实省级（区域）分销和终端零售网络，进一步增强市场竞争力和掌控力。截至2020年底，天然气销售体制改革第一阶段工作已全面完成，共设有华北、川气东送、华南、山东、河南、河北等10家区域（省级）销售中心和江苏、湖南等4家省级合资公司，基层销售力量和营销能力得到有效增强，新体制优势充分显现。

截至2020年底，天然气分公司共设有15个本部部门（直属机构），管理着32家所属单位（包括合资公司、项目部、筹备组）；资产总额达841.31亿元；拥有正式职工1 297人；年经营天然气规模445.2亿立方米，国内市场份额达13.9%，市场范围覆盖22个省（自治区、直辖市）。

（齐得晟）

【销售业绩显著增长】 2020年，经营天然气445.2亿立方米，完成年度415亿立方米目标任务的107.2%、增长13%，其中销售天然气423亿立方米、增幅16.2%，储气库净注气22.2亿立方米。①丰富资源渠道奠定扩销基础。协调上游气田充分释放产能，实现陆上气全产全销。利用国家管网及第三方LNG接收站加大现货资源采购，补足市场缺口。积极引进中国石油陆上气、山西煤层气等优质资源，扩大资源渠道。②加大拓市力度拓宽经营范围。充分发挥客户经理作用，主动与双气源用户对接，努力提高供气量。加快推进已建、在建管道周边新用户开口，抢占增量市场。科学制定营销策略和价格策略，组织用户提前签订长期合同和三方管输协议，锁定未来市场。③优化营销结构扩大市场份额。采用华北市场“气液并重”、川气东送市场“以气带液”、华南市场“气卖液交”等区域精准营销模式，切实抓住客户、做大总量，提升液体市场份额。发挥中国石化资源设施优势，扩大迎峰度夏、季节调峰市场。加强与系统内炼化企业合作，加大直供规模，提高自有供气比例。④加速终端开发提升资源价值。立足长城燃气平台，主动加强与地方政府及能源企业的合资合作，深挖销售优势半径内的潜在市场、空白市场、高端市场，大力提升天然气终端市场份额。全年共开发终端项目58个、取得正式批复25个，注册项目公司7家。完成滨海投资入股项目股权交割，加快进入成熟燃气市场。⑤提高政治站位落实保供责任。认真贯彻党中央、国务院关于保障冬季天然气供应的批示指示精神，坚定不移讲政治、顾大局、保民生，圆满完成各项保供任务。2020—2021年冬季采暖期累计向国内市场供应资源180.3亿立方米，增加44.6亿立方米，增幅32.8%，获国家有关部委、地方政府和集团公司的肯定。

（齐得晟）

2020—2021年冬季供暖期向河北疫区紧急保供

【经营水平持续提升】 坚持价值思维和效益导向，深入挖掘生产经营各环节、各领域的增收创效潜力，克服疫情和国家阶段性降价政策的影响，消化高价历史长约LNG亏损56.6亿元，全年实现经营利润40.8亿元，增利36.8亿元，增幅高达916%，企业创效能力显著提高。①资源创效能力不断增强。抓住国际LNG现货市场价格较低时机开展现货贸易，摊薄已签长约资源成本。深化与上海、重庆交易中心交流合作，在交易中心挂牌交易106亿立方米，提高资源价值。②市场创效能力不断增强。制定“紧贴市场、一企一策”的价格策略，完善用户激励机制，用做大总量降低成本、增加收益，有效对冲市场降价影响。发挥客户经理积极性，抢占优质用户供气主动权，努力扩大高端、终端销量，增强市场创效能力。③优化接收站生产，合理安排船期，天津、青岛接收站年接卸量分别达757万吨和674万吨，均跻身国内接收站前列，实现淡旺季全周期满负荷运行。科学调整LNG资源种类和接收站产品加工计划，增加LNG气化率，提高LNG返税率。全力抓好系统优化，统筹组织管网运行计划，提高储运效率。强化“资金池”运作，优化资金统筹配置，坚持实施全方位、全流程、全业务对标挖潜、降本增效，不断提升经营效益。

（齐得晟）

2020年7月5日，天津LNG接收站创接卸200船最快纪录

【改革管理不断深化】 加快推进企业重组、体制重构、机制重建，释放改革红利，为企业发展注

入新的强大动力。①国家管网重组改革顺利平稳。按时完成国家石油天然气管网运营机制改革，实现生产安全、队伍稳定、过渡平稳，剥离资产与股权重组投资收益123.8亿元。②销售体制改革成效显著。完成天然气分公司本部部门及直属机构调整，一体化“资源池”“资金池”投入运行；组建注册7家新的省级销售中心和4家新的省级销售合资公司，形成“公司—省级销售单位”扁平化管理体系。绝大部分新成立的销售单位销售计划完成率和增幅明显高于预期，新体制优势初步显现。③内部机制改革稳步开展。进一步修订制度、完善流程，使新的销售体制逐步迈入规范化运行。稳妥开展“三项制度”改革，探索实施薪酬结构调整等激励考核机制，营造了创新创效良好氛围。

（齐得晟）

2020年6月4日，天然气分公司LNG液体产品日销量首次突破千车大关

【工程项目高效推进】 以天然气产供储销体系及储气能力设施建设为重点，统筹制订年度计划，精心组织项目实施，加速实施“五化”建设，重点项目扎实高效推进，“六大控制”整体受控。青岛LNG二期总体形象进度92%，2台新建储罐主体施工完毕。天津LNG二期2台储罐双承台完成85%，码头完成2座补偿平台施工。金坛储气库年内造腔52万立方米，总工作气量达1.4亿立方米。江汉黄场储气库一期一阶段地面工程开工。中科炼化一体化输气管道干线、济南东部城区改线工程建成。茂名石化专线具备投产条件。高邮管道全线贯通。完成74项站场阀室扩能改造和320项应急改扩建甩头工程，为终端开发打下良好基础。青岛LNG三期获核准。天津LNG三期一阶段可研报告完成内审。山东龙口、浙江舟山、广西北海三期等LNG接收站及武汉、岳阳、张家港等沿江LNG中转站加快推进前期工作。山东东干线（北段）、山东南干线、皖东北管道一期获地方政府核准，南干线先导试验段开工。积极进行中原储气库东部气源管道、章丘—青州管道、广西燃气“县县通”等项目布局。

（齐得晟）

青岛LNG二期施工现场

【设施运行安全平稳】 树牢安全发展理念，收紧管理责任链条，强化生产组织调控，抓实风险排查整治，实现储运设施生产有序、运营高效、安全平稳。①安全基础进一步夯实。完善HSSE管理体系、安全生产责任体系和“两书一表”，抓实基础管理和基本功训练，强化执行力建设和监督检查，安全管理责任得到有效落实。②生产效率进一步提升。持续优化管道、LNG接收站、储气库联合运作的集中调控系统，开展设备完整性体系建设，主要接收站、管道设施均达到高负荷或满负荷运行。③风险管控进一步加强。建立管道四级巡护体系，强化承包商、直接作业环节和第三方施工监管，累计消除各类风险隐患2 000余项，安全完成高风险作业1 700余次。④应急能力进一步增强。修订应急预案和应急处置方案，加强应急能力建设和演练，成功应对疫情、南方洪水、国家管网北海LNG断供等事件，有力保障冬季采暖期和“两重两特”市场稳定供应，得到上级领导和地方政府的高度肯定。疫情期间保持向湖北供气549万米^3/日，为全国150余家防疫物资生产企业供气130万米^3/日，免费向武汉雷神山医院供气7.4万立方米，展现了央企担当。

（齐得晟）

山东管道齐河站安全生产现场

【党的建设全面加强】 推进政治建设提升工程，将学习习近平新时代中国特色社会主义思想、习近平总书记最新重要讲话和重要指示批示精神作为“第一议题”，深入学习《习近平谈治国理政》和党的十九届五中全会精神，强化理论武装。完善“清单＋运行表”“例会＋督办”的管理机制，保证党建工作有效开展。通过“三重一大”系统规范决策流程、提高决策效率，将党委把方向、管大局、保落实的要求落到实处。发挥党员先锋工程辐射带动力，搭建劳模创新工作室，激励员工共谋发展。全面加强基层党组织规范化建设，推广应用“石化党建”平台，进一步发挥支部战斗堡垒作用。统筹推进中央巡视和主题教育问题整改，认真开展党组巡视“回头看”回访评价。成立党委巡察工作领导小组，建立巡察机制，试点开展常规巡察，强化政治体检。坚持抓作风建设不松劲，通过开展专项行动、通报典型问题、加强教育提醒等措施，督促党员干部严格落实中央八项规定精神，深入治理基层“微腐败”，严防“四风”反弹回潮。加强国家管网改革、疫情防控等特殊时期队伍稳定工作，筑牢保密防线，实现“四个不发生”“零泄密”目标。用好全媒体平台，打造强势外宣品牌，公司重点新闻 5 次登上中央电视台，在国内主流媒体、石化媒体上刊载报道 800 余篇，展现了企业良好形象。第六届“我为发展显身手”业务竞赛获集团公司业务竞赛优秀组织奖，开展“我为发展献一策”等群团活动，凝聚了攻坚创效、改革发展的前进动力。

（齐得晟）

2020 年 10 月 27 日，天然气分公司第六届“我为发展显身手”业务竞赛开幕

国勘公司

【概况】 中国石化集团国际石油勘探开发有限公司（简称国勘公司，英文缩写 SIPC）成立于 2001 年 1 月，本部设在北京。历经起步探索（2001—2008 年）、快速发展（2009—2016 年）、结构调整（2017 年至今）3 个发展阶段，油气资产初步形成了油气并举、海陆兼顾、常规非常规多样化的特点。

国勘公司设董事会和监事会，实行董事会领导下的总经理负责制。实行两级管理模式，本部为投资、管理和生产经营决策中心，驻在国公司（或项目机构）为执行中心。北京本部设 14 个职能部门及 1 个技术服务中心。截至 2020 年底，国勘公司在 25 个国家有 51 个海外项目。中外员工总数达 5 978 人，其中中方员工 1 041 人、外籍员工约 4 937 人。公司 2P（经济可采）储量 4.87 亿吨油当量，其中石油 3.29 亿吨、天然气 1 934 亿立方米；2020 年权益油气产量 3 672 万吨油当量。

2020 年，受新冠肺炎疫情和低油价叠加影响，国勘公司经营遭遇前所未有的困难局面。面对波谲云诡的外部环境和多年累积的历史问题，国勘公司全体干部员工紧密围绕集团公司党组和国勘公司党委的各项决策部署，共度时艰、砥砺前行，坚持疫情防控和生产经营两手抓、两不误，全面完成下达的各项优化调整指标。

国勘公司主要生产经营指标见表1。

（魏雨萌）

【领导班子调整】 2020年8月，集团公司对国勘公司领导班子进行调整：郭月良任国勘公司党委书记、董事会董事、副董事长，武恒志任国勘公司党委副书记（兼）、董事会董事、总经理，李勇不再兼任国勘公司党委书记、党委委员、董事会副董事长、董事、总经理，谈文芳不再担任国勘公司党委常务副书记（按大Ⅰ型企业正职管理）、党委委员、监事会主席、职工监事。

（魏雨萌）

【狠抓疫情防控和HSSE管理】 2020年，国勘公司狠抓常态化疫情防控，第一时间成立疫情应对领导小组和工作小组，统筹推动防疫物资储备、防疫知识培训、医疗资源保障、员工心理辅导和爱心帮扶等工作，实现了境外队伍和生产"双稳定"的良好局面，3名党员和2个集体受到集团公司抗疫先进表彰。抓实作业者项目安全管理，进一步优化HSSE管理体系，系统性配置管理职员，有效开展对口支持，切实保障作业者项目关键环节受控。扎实推进"两高"精准管控，加强资产完整性基础管理，推动领导承包和挂牌督办，确保高风险设施设备按时销项降级；推进高风险作业活动甲方全程监督和过程视频监控，对海上作业和环境敏感区作业活动实施总部定向巡检，实现高风险作业活动管控到位率100%、零可记录事件的良好业绩。积极防范公共安全风险，巡回检查海外机构"四防"（人防、物防、技防、信息防）措施落实、现金管理、与使领馆及当地政府沟通、应急资源准备等情况，组织完善应急预案并开展演练，不断提升安全防范意识与应急处置能力。

（魏雨萌）

【积极寻求规模储量接替】 2020年，国勘公司优化勘探投资计划，全年新增权益油气储量/资源量733万吨油气当量，完钻探井26口、评价井3口，其中24口探井钻探成功（完成测试并获得商业油气流）、成功率达83%。在安哥拉15/06区块、埃及深层（古生界、侏罗系、白垩系）、俄罗斯UDM项目、厄瓜多尔安第斯项目、巴西Uirapuru区块取得9项勘探新发现；在埃及西沙漠盆地、厄瓜多尔安第斯79和83勘探区块和风险探区、安哥拉18/15勘探区块、喀麦隆RDR盆地Ngosso区块取得5项勘探新进展；并围绕南大西洋两岸，开展新项目评价，取得了多项勘探新认识。

（魏雨萌）

【油田开发生产平稳推进】 2020年，国勘公司坚持以效益为导向，强化低油价、疫情和OPEC限产影响下的生产运行管控，超额完成优化调整后的油气产量任务。持续优化生产运行安排，以"高效区块多产、有效区块稳产、无效区块减产或停产"为原则，动态调整运行计划；关停低效、无效井，关闭高耗能站，取消低效、无效增产措施。有序推进重点产能建设项目，加强安哥拉、巴西、加拿大Daylight等重点产能建设区油井的投产组织工作。深入挖掘老区油藏潜力，深化尼日利亚Addax、加蓬等项目合同期内生产效益挖潜分析，针对性地提出各油田地下潜力目标方向、开发技术对策和具体措施，指导老油田稳产增产，挖潜效果显著。

（魏雨萌）

【进一步优化资产创效能力】 2020年，国勘公司聚焦现金流管理，持续优化投资安排，深化成本管控，深挖效益增长点，圆满完成各项工作任务，获集团公司管理现代化创新成果一等奖，首次获集团公司统计先进单位称号。持续优化投资规模和策略，分两轮优化调整全年投资安排，对海外项目采取优先、保障、稳妥、谨慎、严控等不同投资策略，大力压减低效、无效投资。持续强化现金流管控，加强海外资金收支管理，促进货币资金应回尽回；着重强化非控股项目货币资金挖潜，通过加大回贷、分红、减资等方式增加项目回款。持续推进全方位全要素降本减费，深化供应链垂直管理，通过合同谈判、重新招标等手段，减少采办支出，通过减员、优化用工、调整薪酬福利等方式挖掘人工成本压减空间。持续优化油气销售，深化原油销售垂直管理，优化原油销售策略，及时破解销售难题，增加原油销售收入。

（魏雨萌）

【持续优化资产结构调整策略】 2020年，国勘公司调整新项目开发及资产运营工作思路，积极探寻低油价下改善资产结构的时机和途径。新项目开发方面，成立伊拉克分公司和卡塔尔代表处，发挥项目公司的靠前优势，主动与多家国际油气公司沟通，争取获取有质量、有规模、有潜力的资源信息；同时，依托集团公司海外战略布局，配合开展相关项目的资源评估工作。资产运营方面，重新梳理2017年以来确定的处置项目，深刻分析项目所在国的政治生态和人文环境，调整资产处置思路，发挥项目公司靠前作用，"一项目一团队""一项目一策"分层次推进资产处置。

（魏雨萌）

【积极推动历史风险化解】 2020年，国勘公司进一步强化风险防控意识培养，压实风险管理责任，发布公司十大风险（Top 10）清单。法律风险方面，全年在办案件数量和涉案金额进一步下降，多项困扰公司多年的法律纠纷取得重大胜利。债务风险方面，顺利完成2020年到期的长期贷款和短期贷款续接，债务发散风险得到进一步遏制，债务成本进一步降低。税务风险方面，集中力量推动解决重大税务争议，喀麦隆公司成功化解关税历史风险，密切关注税基侵蚀和利润转移（BEPS）行动计划影响，持续推动实施控股及投融资架构优化方案，从源头严控税务风险。

（魏雨萌）

【国际化经营能力持续向好】 2020年，国勘公司针对管理中存在的问题，持续优化制度流程，细化经营策略，强化股东行权，公司管理效率和质量进一步提升。制度优化取得阶段性进展，围绕3条业务主线、28个业务大类、55项管理制度的优化方案，完成制度草案的初步编写。强化股东行权管理，成立股东行权办公室，开展非作业者项目权利清单对接培训和关键法律文件测试，唤醒强化依法依约行权意识。开创合规管理新局面，全面推进集团公司合规管理体系建设试点工作，设立公司合规管理委员会，编制形成《合规手册》及反腐败、商业伙伴管理等7个关键领域合规管理规范。

（魏雨萌）

【促进党建与生产经营深度融合】 2020年，国勘公司全面贯彻新时代党的建设总要求，强化党建与生产经营深度融合，不断推进全面从严治党向纵深发展。强化思想政治引领，深化巩固"不忘初心、牢记使命"主题教育成果，宣传贯彻党的十九届五中全会精神，认真组织党委中心组学习和员工理论学习。聚焦提升组织力，与物资装备部（国际事业公司）党委开展结对帮扶，组织开展"双示范"创建、支部观摩、结对共建、党员当讲师，因地制宜落实境外党建"守法 + 基本 + 创新"要求，基层党建质量不断提升。重视干部队伍建设，注重在攻坚创效行动、疫情斗争一线考察、识别和评价干部，注重新项目开发、股东行权、合规管理及海外关键岗位的力量充实。利用团队学习法，总结发现制约公司发展的4个根源性问题及227条具体问题，提出8类19项行动方案，实现了队伍的凝心聚力、知行合一。推行网络学习（e-learning），自主建立线上培训项目15个，完成网上课堂学习2 000余人次。狠抓监督执纪问责，对照集团公司党组新标准新要求，深化中央巡视整改和党组巡视整改，前移监督关口，深化监督委员会和海外合规监督小组运行，常态化开展日常提醒，推动团队学习成果、"四个再强化"专题教育取得实效。深入纠治"四风"，整治选择性执行、消极性落实等形式主义官僚主义现象。规范处置信访举报和问题线索，精准运用"四种形态"，严肃执纪问责，持续打造风清气正、干事创业的良好政治生态。2020年信访举报数量由2019年的16个降为10个。

（魏雨萌）

表1　国勘公司主要生产经营指标

指标名称 \ 年份	2020	2019	2018	2017	2016	2015
勘探新增权益石油储量（2P+2C）/百万桶	40.30	87.42	32.58	37.99	36.69	73.12

续表

指标名称＼年份	2020	2019	2018	2017	2016	2015
勘探新增权益天然气储量（2P+2C）/ 亿立方米	21.60	53.15	58.30	85.38	44.74	75.99
权益油气产量 / 万吨	3 672.00	4 252.00	4 249.70	4 371.89	4 295.27	4 436.30

石油工程公司

【概况】 中石化石油工程技术服务股份有限公司（简称石油工程公司，英文缩写 SSC）是集团公司的控股子公司。2012 年 6 月 28 日，集团公司实施石油工程专业化整合重组，成立石油工程公司。2014 年，集团公司实施仪征化纤股份有限公司（*ST 仪化 600871，仪征化纤 1033）重大资产重组，于 2014 年将石油工程资产置入仪征化纤，并将化纤业务置出，实现石油工程公司在上海、香港两地上市。

石油工程公司是中国大型综合油气工程与技术服务专业公司，秉承“服务客户、支撑油气、技术领先、价值创造”发展理念，大力实施“专业化、市场化、国际化、高端化、特色化”发展战略。拥有涵盖油气勘探和生产全产业链的工程技术研发和支撑体系，拥有超过 60 年的经营业绩和丰富的项目执行经验，是一体化全产业链油服领先者，能够为高酸性油气藏、致密油气藏、页岩气、稠油油藏等各类油气田提供一体化服务。涪陵大型海相页岩气田高效勘探开发技术曾获国家科技进步一等奖，川气东送管道项目获国家优质工程金质奖；拥有国内领先的页岩气石油工程配套技术，形成了垂深超过 3 500 米页岩储层的钻井、测录井、压裂试气、装备制造和工程建设五大技术系列，关键核心技术基本实现国产化。截至 2020 年底，在中国的 20 多个省、76 个盆地、561 个区块开展油气工程技术服务；海外业务持续稳健发展，在 30 多个国家和地区提供油田技术服务。

截至 2020 年底，石油工程公司设有国际石油工程公司、地球物理公司及石油工程建设公司 3 家专业公司，胜利石油工程公司、中原石油工程公司、江汉石油工程公司、西南石油工程公司、华北石油工程公司、华东石油工程公司、海洋石油工程公司 7 家地区公司，合同制员工 7.17 万人（在岗合同制员工 5.95 万人）、劳务派遣工 0.04 万人、非全日制及其他用工 0.07 万人。在岗合同制员工平均年龄 44.5 岁，具有大学本科及以上学历 2.41 万人，管理、专业技术、技能操作人员分别为 0.77 万人、2.54 万人、2.65 万人，具有高级及以上技术职称的 1.16 万人、具有高级工及以上职业资格的 1.94 万人。

（汪映春）

【领导班子调整】 2020 年 9 月，石油工程公司副总经理、党委委员张锦宏被聘为集团公司石油工程（高效钻井技术）领域首席专家；张建阔任石油工程公司副总经理、党委委员（2021 年 4 月正式行文任职）。11 月，袁建强不再兼任石油工程建设公司执行董事、党委书记职务。12 月，肖毅不再担任石油工程公司总会计师、党委委员职务。

（汪映春）

【财务资产经营状况】 截至 2020 年底，石油工程公司实现收入 680.7 亿元，净利润 0.79 亿元，资产总额 610.91 亿元，负债总额 543.68 亿元，所有者权益 67.23 亿元，资产负债率为 89%。

（汪映春）

【疫情防控精准有效】 2020 年，石油工程公司按照党中央、国务院决策部署和集团公司党组的总体要求，在第一时间打响疫情防控阻击战，建立“三大运行”机制，突出抓好各项防控措施落实，实现精准监测、精准排查、精准防控，全力守护 10 万名干部员工生命安全和身体健康。尤其是驻鄂企业坚决顶住重压，英勇坚守，保障了员工健康，实现了生产运行安全稳定；在海外克服重重困难，安排近 6 000 人出入境倒休换班，未发生群体感染及重症、死亡病例，保持了员工队伍及家属稳定。全公司共有 9 个集体、21 名个人获集团公司抗疫先进称号。

（汪映春）

【市场攻坚取得新成效】 2020 年，全年累计新签合同额人民币 698 亿元，增加人民币 3 亿元。在集团公司内部市场，聚焦“四提”“五化”，建立与油田勘探开发事业部、各油气田分公司紧密沟通协调机制，一体化优势充分发挥，内部油气勘探开发市场占有率 91.5%，全年新签合同额 414 亿元，占比 59.3%。在国内外部市场，全力稳增中国石油、国家管网等重点市场份额，中标中国石油页岩气 10.5 亿元的钻完井大包合同，以及国家管网、浙江石化的一批管道建设项目，国内外部市场全年新签合同额 128 亿元，占比 18.3%。在海外市场，坚持重点出击，扶优扶强，努力克服疫情蔓延、业主取消招标或延期开标、降价等困难，沙特、科威特等优质市场逆势而上，新取得螺杆服务、非常规压裂、定向井等服务资质。全年新签合同额 156 亿元，占比 22.4%。

（汪映春）

【“四提”“五化”成果显著】 2020 年，以保障国家能源安全、服务集团公司高质量勘探和效益开发为己任，围绕油气田需求和部署，提升“四种能力”，以一流的装备、一流的队伍、一流的技术保障增储上产，“三北一川”重点工区平均钻井周期缩短 20.5%，压裂施工时效提高 49.3%，复杂故障时效降低 34.8%，全面完成“四提”目标；积极打造“五化”样板工程，实现省心、省力、省时、省人、省钱，其中平桥南页岩气简化集气工艺，优化施工流程，缩短工期 22.5%，节约用地 28.3%，降低投资 15.1%；加快推进物探高质量发展，完工采集项目效率提高 23%；全年实现工程降本 10.3 亿元。创出一批新纪录，累计创造各类工程施工纪录 129 项，其中顺北 55X 井、顺北 53-2H 井先后刷新亚洲陆上完钻井深最深纪录，有效保障了顺北 71X 井、普陆 3 井、平桥 1 井等集团公司重点井获重要油气突破，为稳油增气降本提供了支撑。

（汪映春）

【资源优化取得新突破】 2020 年，为进一步统筹市场布局及优化资源配置工作，石油工程公司组织编制完成《统筹市场布局及资源优化配置工作指导意见》和华北工区、东北工区、西北工区、川渝工区、国际业务统筹市场布局及资源优化配置工作实施方案，各地区公司编制完成本单位统筹市场布局及优化资源配置工作实施方案，形成公司“1+5+9”市场资源优化方案，推动队伍、装备、物资、工程技术等资源向高效市场聚集，国内钻机优化移交、海外钻机报废回迁等工作取得阶段性进展，西北工区、华北工区、西南工区后勤基地、项目部整合初见成效；组织编制《西北工区物资装备保障试点方案》和《西南工区物资保障资源优化工作实施方案》，统筹西北工区、西南工区物资装备保障资源，提高保供质量和效率，有效避免重复建设，降低保障成本，服务持续发展，集中采购、物资分区设库积极推进，内部优势产品互供正式启动，首次订货总额近 5 亿元。

（汪映春）

【专业化重组持续深入】 2020 年，持续推进测录定业务专业化重组，成立石油工程测录定业务专业化重组工作实施领导小组和测录定专业公司筹备组，11 月 30 日，召开中国石化石油工程测录定业务专业化重组动员会，标志着筹备成立中石化经纬有限公司及测录定业务专业化重组工作正式全面启动。

（汪映春）

【改革管理不断加强】 2020 年，结构调整取得阶段性成果，队伍总量降至 1 588 支，降幅 11.6%；辅助业务优化整合至 68 家，压减 40.4%；各级机关管理人员压减到 7 536 人，连续 3 年压降 10%。“三项制度”改革纵深推进，制定实施项目经理人职业化发展意见，推广项目经理选聘“三千法”和“去行政化”、项目部分类定级、一体化绩效考核等经验做法，有效激发了项目创效活力。将用于绩效考核的工资总额提升至 60%，与净利润、营业收入和资金管理“三挂钩”考核，实行上不封顶、下不保底，效益考核导向更加鲜明。成本管控成效明显，累计实现降本增效 5 亿元，百元收入营业成本降低 0.29 元。对标提升管理持续深化，制订公司《对标一流管理提升行动方案》，开展“比学赶帮超”对标竞赛，激发公司各层级对标一流找差距、补短板、创先争优的工作热情。共有 168 支基层队和 116 名个人分别获集团公司金牌标杆基层队、金银牌基层队和优秀基层管理称号。

（汪映春）

【科技攻关取得新进展】 2020 年，旋转导向系统的关键核心技术取得突破，现场试验 14 口井，首次在页岩气井水平段钻井试验成功；近钻头地质导向系统完成 27 口井的现场应用，实现关键地层的精确判断与轨迹控制；200℃高温高压测井系统攻关取得突破，在顺北 53-2H 井成功应用；连续油管侧钻技术、可控膨胀堵漏技术、碳同位素录井评价技术等关键技术取得新进展。13 项石化油服企业标准正式发布实施；智能化节点地震仪在国内 10 余个工区获得工业化应用；高密度三维地震采集技术、钻井管柱自动化处理系统、网络成像测井系统等推广应用，创造产值 2.3 亿元。全年新增授权专利 505 件。

（汪映春）

【党的建设持续加强】 2020 年，石油工程公司党委充分发挥“把方向、管大局、促落实”作用，坚持务实创新融合的工作导向，扛起责任担当，抓好党的十九届四中、五中全会精神学习贯彻，严格落实“三重一大”决策机制，细化党建责任清单，抓实党委巡察，圆满完成了对 20 家单位的巡察任务。大力加强各级领导班子和干部人才队伍建设，班子结构不断优化，干部年轻化取得较大进展，40 岁以下中层干部占比提高 4.1 个百分点，三支人才队伍结构得到明显改善。积极做好思想引领，强化意识形态管控，创新开展形势任务宣讲，提振了争先创优和干事创业的精气神，涌现出“两优一先”集团级先进集体和个人 54 个、公司级 278 个。持续改进工作作风，大力精文减会，积极应用云平台、视频会议、线上培训等远程办公模式，全力为基层减负，公司文件、会议分别减少 22% 和 30%。扎实开展困难员工帮扶慰问、基层“五小”建设等工作，持续改善员工工作生活条件。积极化解各类矛盾问题，做好维稳、统战、群团等工作，保持了队伍稳定和大局稳定。

（汪映春）

国际石油工程公司

【概况】 中国石化集团国际石油工程有限公司（简称国际石油工程公司）由集团公司出资于 2003 年 12 月成立，注册地北京。2012 年，集团公司石油工程专业化重组，国际石油工程公司出资人由集团公司变更为石油工程公司。主要负责统一管理协调中国石化石油工程海外业务，重点包括市场开发、项目管理、支撑服务、绩效考核、财税管理、队伍建设等，承揽项目并组织石油工程企业实施。业务范围包括地球物理勘探、钻修井、工程建设、油藏综合服务和物流贸易等。

2020 年，国际石油工程公司在 37 个国家执行项目合同 389 个，合同额 162.4 亿美元，其中集团公司投资项下合同 35 个，合同额 2.4 亿美元，占总额的 1.4%。期末实有境外作业队伍 307 支，其中钻井队 159 支、修井队 53 支、录井队 37 支、固井队 14 支、测井队 7 支、管具队 5 支、泥浆服务队 3 支、下套管队 2 支、酸化压裂队 1 支、污水和岩屑回注队 1 支、油气测试队 1 支、定向井服务队 2 支、连续油管队 6 支、固控队 1 支、海工队伍 4 支、物探队 11 支。执行项目管理及施工的中方人员 3 649 人，雇用外方人员 4 670 人。

国际石油工程公司境外合同额见表 1。

（杨　洋）

【领导班子调整】 12 月 23 日，国际石油工程公司召开干部大会，集团公司党组成员、副总经理、股份公司高级副总裁刘宏斌出席会议并讲话。根据工作需要，经党组研究决定：张永杰不再担任国际石油工程公司总经理，仍任公司执行董事、党委书记、石油工程公司副总经理；张从邦任国际石油工程公司总经理、党委副书记；付元强任国际石油工程公司副总经理、党委委员；杨程任国际石油工程公司副总经理。2020 年，陈为龙、徐爱行、许锋 3 名领导先后因年龄原因退出现职，改任二级协理员。

（杨　洋）

【经营业绩远超预期】 面对肆意蔓延的疫情和国际油价历史性暴跌等重大挑战，在集团公司党组和石油工程公司正确领导下，国际石油工程公司带领海外石油工程队伍坚持党建引领，一手抓境内外疫情防控、一手抓复工复产，全力开展“百日攻坚创效”“持续攻坚创效”行动，坚持抓好海外业务优化布局、市场开发、项目管理、降本减费等各项工作，将疫情和低油价不利影响降到最低限度，取得了远超预期的经营业绩。全系统新签合同额 23.6 亿美元，完成年度计划的 107.4%；完成合同额 16.3 亿美元；实现利润 6.6 亿元，完成计划的 110%。5 个国家市场实现盈利，6 家地区（专业）公司实现盈利。实现收入 7.3 亿元，完成计划的 104%，利润 1 236 万元，完成计划的 103%。

（杨　洋）

【市场开发成果丰硕】 国际石油工程公司井筒业务逆势而上，新签合同额 21.7 亿美元、增长 33.7%，沙特市场在业主要求大幅降价的重压背景下，最终以 1% 的降幅达成 12 部钻机一年的降价协议；科威特市场续签 17 部钻修井机合同，新签合同 1.7 亿美元，成功避免 7 部修井机临时停待和 25 部钻机降价；厄瓜多尔市场通过与斯伦贝谢置换业务，签约多项技术服务合同；沙特市场通过阿美公司螺杆服务和非常规压裂完井服务资格预审，科威特市场通过 KOC 定向井服务资格预审。物探业务巩固传统市场，阿尔及利亚市场中标签约索纳塔克地震采集项目和资料处理项目。地面业务稳扎稳打成熟市场，在沙特、肯尼亚、斯里兰卡等市场取得进展。贸易实现新突破，在沙特和尼日利亚销售长城润滑油收入 181 万美元，江汉钻头正式成为 KOC 注册供应商且 5 个规格钻头通过资格预审。

（杨　洋）

沙特非常规钻井项目启动

【在建项目保持高效运行】 沙特市场克服艰难险阻，6 部非常规气井钻机按期启动，21 部钻修井机日费率 99.5%，SP103 井队创下连续 14 年无 LTI 纪录，5 支井队进入阿美公司安全业绩前 10 名；S84 物探项目 4 次刷新阿美公司日生产纪录；MIP 项目获阿美公司质量评分连续 11 个月优秀，安全指标连续 6 个月名列第一。科威特市场优化项目运行，钻修井平均日费率均达 99.9%，平均搬迁时间减少 8.2 小时和 6.2 小时，18 支钻井队、22 支修井队日费率 100%，获安全奖 495 万美元。阿尔及利亚和墨西哥物探项目运行高效，多次打破当地施工纪录，比合同工期分别提前 64 天、18 天完工，取得较好的经济效益。泰国五号线一期项目和原油储罐项目，成本、进度、质量和安全均达到预定目标，经济效益良好。

（杨　洋）

阿尔及利亚 BEA 三维物探采集项目

【持续优化市场布局和资源配置】 编制完成《国

际业务统筹市场布局和资源优化配置实施方案》，统筹海外市场布局，分类制定市场策略。①统筹优化市场布局，将石油工程海外市场分为 8 个重点市场、14 个一般市场、3 个休眠市场和 12 个退出市场。在重点市场集中优势资源，形成市场合力，将规模优势转化为竞争优势。在一般市场推进统一管理，深入挖潜增效，提高工作效能，降低营运成本。对退出市场制订退出计划，完善退出方案，实现有序退出。②配置优化国家市场，按照“重点国家钻井市场不超过 4 家地区公司，一般国家 5 部钻机配置 1 家地区公司、10 部钻机配置 2 家地区公司”的原则，对厄瓜多尔、玻利维亚等市场配置进行优化调整。③调剂优化钻机资产，对钻修井机停待率较高的厄瓜多尔、阿尔及利亚、哈萨克斯坦、苏丹和南苏丹等市场 23 部钻修机进行优化，通过就地处置、境外调剂、返迁回国等方式进行优化处理。

（杨　洋）

【全力投身疫情防控】 将疫情防控作为第一要务，周密制订防控方案，从严落实防控责任，千方百计推进员工倒班，多管齐下保供防疫物资，创造条件复工复产，坚决守护员工生命安全和身体健康，夺取疫情防控阶段性成果。在系统内率先创立疫情分级防控和常态化防控体系，5 次修订疫情防控方案，召开专题会议 30 余场，8 次开展隐患大排查，8 次组织协和医院专家远程问诊，成功处置新胜利一号平台聚集性疫情，患者得到有效救治。组织 6 313 名中方员工完成倒班休假，组织沙特、科威特包机倒班 849 人，无一人感染，树立了石油工程铁军良好形象，受到集团公司党组领导多次表扬。

（杨　洋）

【经营管理能力进一步增强】 制度体系逐步完善，按计划制（修）定 14 项管理制度，4 家境外机构完成制度体系建设，5 家境外机构完成草案编制，进一步规范管理流程，不断推进制度体系标准化规范化。财务保障成效明显，深化“资金池”建设，回流资金 5.7 亿美元，及时处置墨西哥账户冻结事件，化解阿尔及利亚支票诈骗；强化保函管理，办理授信额度 3.0 亿美元，免交保证金 7 427 万元；开展税务优化，组织稽查抗辩，减免税费 7 254 万元。法律保障精准有效，积极应对肯尼亚世行合规事件和沙特 SWCC 沉没保函事件，推动厄瓜多尔增产油纠纷、新疆七星案件取得积极进展。物流保障高效到位，6 部非常规气井钻机主体设备如期抵达沙特，为项目顺利启动提供可靠保障。外事保障及时有力，动态掌握疫情下签证和出入境政策变化，加急办理包机倒班人员出国（境）手续，为境外项目提供有力外事保障。

（杨　洋）

【境外 HSSE 监管业绩明显】 安全生产继续保持“零”上报纪录。受疫情管控影响，境外员工无法按时倒班，长期高强度连续作业，身心疲惫，安全生产面临前所未有的压力。各级领导干部坚守岗位，靠前指挥，发扬特别能吃苦、特别能战斗的铁军精神，一手抓队伍稳定、一手抓安全生产，确保了项目安全平稳运行。全年未发生上报集团公司生产安全事故和公共安全事件，连续 7 年保持“零”上报的纪录。连续 5 年以上无 LTI 的井队达 21 支，连续 10 年以上无 LTI 的井队达 6 支，泰国五号线一期管道项目获甲方 700 万人工时无 LTI 奖。获壳牌、沙特阿美公司、科威特石油公司等业主表彰 131 项，树立了良好的企业形象。

（杨　洋）

疫情下厄瓜多尔子公司人员返岗

【党建工作持续加强】 国际石油工程公司党委将政治建设摆在首位，认真学习习近平新时代中国特色社会主义思想和党的十九届五中全会精神，将习近平总书记最新重要讲话、指示批示精神作为学习的“第一议题”，党委中心组学习 19

次，参与交流讨论 202 人次。严格执行“三重一大”决策制度，党委召开党委会 34 次，前置审议 17 个重大事项议题，聚焦境外市场开发、疫情防控和生产经营管理重点难点，推动党建与生产经营深度融合。成功召开公司第一次党代会，选举产生新一届党委和纪委。新成立 2 个境外党工委，加强对境外党建工作的统筹、指导和协调。各级党组织和广大党员在疫情防控、攻坚创效中充分彰显战斗堡垒和先锋模范作用，广大党员干部自觉提高政治站位，带头落实防控措施，踊跃赴境外返岗、超期留守境外岗位、主动奔赴疫情一线，涌现出一批“最美逆行者”。

（杨　洋）

【从严治党主体责任向纵深发展】 强化“第一责任心”，党委旗帜鲜明讲政治，坚守责任担当。系紧“第一责任链”，召开 2 次“一岗双责”专题会，推动班子成员主动履职。做好“第一责任事”，坚持党建工作与业务工作同谋划、同部署、同推进。推动“大监督”工作提质增效，按季度召开监督委员会会议，组织开展境外腐败、利益输送、设租寻租和化公为私问题专项整治，抽查疫情补贴发放情况，成立联合检查组抽查 4 家单位批件办理、差旅费、业务招待费支出情况。强化重大节日廉洁提醒，加强日常警示教育，增强员工纪律和规矩意识。持续深化巡视整改，整改完成率 99.3%，科威特分公司巡察反馈问题整改全部完成。全年实现“零违纪、零上访、零泄密”。

（杨　洋）

【队伍建设持续深化】 进一步加大干部培养使用力度，全年提任副总师 3 人，新提任中层干部 12 人，其中“80 后”占 50%。5 名到龄中层干部退出现职，1 名经批准延期 1 年。中层干部年龄结构比例达 1∶3∶2，年轻干部占比达集团公司要求。组织参加上级各类培训项目 62 个，培训 1 029 人次，其中 16 人次参加集团公司高层次培训，43 人次参加国际化经营英语能力培训。落实“三百三千”实践锻炼计划，推荐实践岗位 7 个，交流派出 3 人、接收 4 人，内部交流 4 人。新选聘公司高级专家 3 人、专家 4 人，与 10 名公司专家签署聘期任务书，完成专家聘期考核。组织开展基层级职位选聘和人才引进，晋升主管 15 人，借聘引进 2 人，计划接收毕业生 15 人，获成熟人才引进指标 5 个。

（杨　洋）

表 1　国际石油工程公司 2016—2020 年境外合同额　亿美元

指标名称 \ 年份	2020	2019	2018	2017	2016
新签合同额	23.62	23.75	22.15	19.02	23.85
完成合同额	16.32	18.14	18.81	20.17	21.23①

①数据更新

海洋石油工程公司

【概况】 中石化海洋石油工程有限公司（简称海洋石油工程公司）成立于 2014 年 11 月，位于上海市浦东新区，是集团公司从事海洋石油工程服务的专业队伍，其业务范围涉及海洋钻井、海洋物探、船舶运输、特殊作业、海洋石油工程技术研究等。

海洋石油工程公司的前身为地质矿产部上海海洋地质调查局，组建于 1973 年 4 月，1997 年 1 月整体归入中国新星石油公司，2000 年 3 月随中国新星石油公司整体并入集团公司，2002 年 7 月直属集团公司管理。2014 年，上海海洋石油局有关海洋石油工程业务整合成立海洋石油工程公司，随石油工程公司上市，直属石油工程公司管理。

截至2020年底，海洋石油工程公司下设13个机关综合管理部门、4个直属机构、8个二级单位；拥有从业人员1 311人，在岗合同制员工927人，其中经营管理人员178人、专业技术人员593人，具有高级专业技术职称的152人。

截至2020年底，海洋石油工程公司大型装备主要有钻井平台5座，其中自升式平台3座、半潜式平台2座；地震物探船2艘，其中12缆物探船1艘；海洋工程地质调查船1艘；多用途工作船、平台供应船7艘，其中拥有DP2动力定位系统船舶4艘，测录固井装备14套。

2020年，海洋石油工程公司实现营业收入14.61亿元，利润总额0.02亿元。

海洋石油工程公司主要技术经济指标和主要生产建设指标分别见表1和表2。

（林雪梅）

【勘探六号、勘探七号平台创新纪录】 2020年9月28日，勘探六号平台承钻的渤海“BZ19-6-A5H井”顺利完钻，完钻井深5 798米，创渤海湾最深井纪录，同时刷新了上海海洋石油局最深作业井深纪录，实现纪录“双突破”。11月9日，勘探七号平台施工的东海“BYT-A6井”顺利完钻，完钻井深5 599米、最大井斜98.5°、位移3 545米、套管下入深度5 426米，4项数据均创该平台大位移水平井作业纪录；该平台实施宝云亭项目以来，聚焦“四提”攻坚创效，克服“BYT-A6井”地质条件复杂，断层较多，地层构造变化大，井眼轨迹调整多，钻井液转换频繁等诸多困难，以29.44天的超短钻井周期打破中国海油5 500—6 000米井深最短钻井周期纪录，打造了“提速、提质、提效、提产”的标杆项目。

（林雪梅）

【拓市创效闯出新业绩】 2020年，海洋石油工程公司牢固树立“以客户为中心”“成就甲方才能成就自己”理念，持续提升支撑保障能力和创效盈利水平，在严峻考验前保持良好发展势头，全年新签合同额15.16亿元，完成合同额14.84亿元。全力以赴拓市稳价，严防死守国内传统市场，千方百计开辟市场新阵地，钻井牢牢站稳东海、南海、渤海市场，物探成功获取中国海油三维项目，船舶保持较高在航率，特殊作业以“总包”模式首次突破东海西湖项目固井市场，全年大部分装备保持连续作业。持续提升技术能力，钻井平均机械钻速增加13%，生产时效提高2%，复杂故障时效降低18%，在中国海油同类钻井平台时效评比中排名前列，获甲方奖励1 547万元；发现6号物探船SK三维地震项目提速33%，南海三维地震勘探项目提速22%，获甲方奖励200万元；船舶持续优化运行，平均在航率92%，甲方满意率、服务满意率均保持100%，连续6年保持盈利；特殊作业拓展综合录井作业范围，技术服务链日趋完整。大力拓展新增长空间，积极推进获取海上风场资源，落实1个项目、储备2个项目，获集团公司充分肯定；勘探二号平台成功转型海上风电安装，创收4 000万元；物探业务加快转型升级，发展OBN（海底节点地震采集）新领域，进军海上风电勘察市场；油品销售业务全力拓市增效，全年外销1.99万吨，实现销售收入约1亿元。

（林雪梅）

【“十三五”国家科技重大专项通过绩效评价】 2020年10月24日，海洋石油工程公司承担的“十三五”国家科技重大专项“东海低渗—致密天然气勘探开发技术”中课题二“东海深层大型气田勘探评价技术”，以及任务4“深层立体震源—斜缆—OBS二维联合地震采集处理技术”在北京通过综合绩效评价，成绩优秀。该项目历时5年，针对东海西湖凹陷深部地层地震资料信噪比低、有效频带窄、分辨率不高、成像质量差等问题，通过对立体震源、斜缆、OBN（海底节点地震采集）、三维高密度等技术攻关，形成了东海深层宽频、宽方位、高密度、高信噪比的“两宽两高”采集处理技术，突破了东海深层地震勘探的技术瓶颈。

（林雪梅）

【首个海上风电场址勘察项目高效完成】 2020年11月21日，海洋石油工程公司完成三峡新能源山东牟平一期海上风电场址勘察项目。该项目历时46天，完成工程地质浅钻15口，累计进尺1 203.3米，在22个探孔进行CPT（静力触探）测试，标贯试验378次；完成多波束测深472.5千米、浅地层剖面测量 293.5 千米、高分辨率地震 68.4 千米，以及工程地质孔内测试和海水取样等，资料质量得到甲方肯定。该项目采取轻资产运行方式，租船参与作业，实现项目效益最大化。作业过程中，作业船实时研究气象数据，抢占有利作业时间窗口，缩短工期，同时作业人员优化作业方式，通过自制 50 钻杆自动拧卸装置，配合绳索锤击取芯工艺，在保证样品质量的同时大幅提升作业效率。

（林雪梅）

海上风电场址勘察项目钻探作业

【南海三维地震项目作业效率显著提升】 2020 年 3 月 31 日，发现 6 号物探船顺利完成中韩合作南海 SK 三维地震勘探项目。该项目历时 41 天，比原计划提前 20 天完工，有效作业面积 1 200 平方千米，单日最高产量 61 平方千米，平均日产量 35.33 平方千米，补线率 8.6%、废炮率 0.1%，作业效率较 2019 年同期显著提升。

（林雪梅）

【发现号物探船光荣退役】 2020 年 3 月 18 日，海洋石油工程公司利用网络视频会形式，在上海和三亚两地为功勋船舶“发现号”物探船举行退役仪式。“发现号”于 1980 年在加拿大建造，1989 年由上海海洋地质调查局引进，在 40 年的船舶生涯和 30 年的勘探历程中，创造了南北极勘探传奇、拖带世界纪录等，辗转世界四大海域，参与完成二维、三维等地震调查项目 50 余项，总作业里程 20 余万千米，为国家带来 1.8 亿美元的外汇收入，见证了改革开放以来中国海洋物探蓬勃发展的历程。

（林雪梅）

【勘探 212 轮参与海上救援】 2020 年 10 月 13 日，勘探 212 轮接到海南马村港调度紧急救援指示，立即备船起锚，前往海口中水道 19 号浮标北侧救援遇险船“顺安 66 轮”。经过近 3 小时全速航行抵达出事水域，在 10 多个小时的搜救过程中，该轮协助救起 4 名遇险人员，发现 1 条破损救生艇。

（林雪梅）

勘探 212 轮发现救生艇

【勘探三号平台接受新华社专题采访报道】 2020 年 7 月，一名新华社记者前往勘探三号平台进行采访，拍摄了“勘探三号海上钻井平台举行应急演练”和“探访勘探三号海上钻井平台”2 篇摄影报道，被新华网、光明网等中央媒体及网络媒体等 30 余家媒体转发。报道的部分内容在新华社境外社交媒体脸书和推特上发布。作为中国第一艘自主设计建造的半潜式钻井平台，勘探三号平台主要从事海洋油气资源钻探工作。投产以来，共承钻 160 余口井，先后在东海、南海等海域发现了一批海上油气田。近年来，该平台在南海钻探高温高压井，硕果丰富，创造了国内首次成功完成海上小井眼超高温高压探井钻井作业、电缆测井作业、测试作业以及取芯作业等纪录，被喻为高温高压“针尖上的舞者”。

（林雪梅）

表 1　　海洋石油工程公司主要技术经济指标　　亿元

指标名称 \ 年份	2020	2019	2018	2017	2016
资产总计	48.57	51.91	52.63	53.94	57.81
流动资产	8.48	8.57	7.13	5.56	7.30
固定资产原值	74.95	76.36	76.03	75.59	75.55
固定资产净值	39.47	42.52	45.32	47.23	50.33
销售收入	14.66	15.22	12.78	8.86	9.98
实现利税	0.32	0.44	−0.97	− 3.07	−2.81
税　金	0.30	0.36	0.01	0.08	0.37
综合能耗 / 吨标煤 · 万元 $^{-1}$	0.13	0.17	0.11	0.343	0.345

表 2　　海洋石油工程公司主要生产建设指标

指标名称 \ 年份	2020	2019	2018	2017	2016
钻　井 / 口	28	39	21	9	16
钻井进尺 / 万米	9.21	11.51	6.50	2.61	5.00
测井监督 / 井次	14	13	7	7	24
录　井 / 口	14	10	10	6	17
固　井 / 口	1	2	10	3	7
试油井次 / 口	2	1	0	2	5
试油层数 / 层	3	2	0	6	7

石油工程建设公司

【概况】 中石化石油工程建设有限公司（简称石油工程建设公司）本部设在北京，于 2012 年 12 月 28 日正式挂牌成立，是石油工程公司的全资子公司。下辖 3 家设计企业（石油工程设计公司、中原设计公司、江汉设计公司）、7 家施工企业（胜利油建公司、中原油建公司、河南油建公司、江汉油建公司、江苏油建公司、胜利建工公司、中原建工公司）、1 家监理企业（江苏监理公司）和 1 家管道技术服务企业（管道技术公司）。石油工程建设公司是集团公司地面工程建设单位，专业从事国内外陆地、海洋油气工程建设的技术服务商和工程承包商，提供油气田建设、长输管道、天然气处理、石油化工、节能环保、路桥市政、房屋建筑、压力容器制造等领域的工程建设服务，具有设计、施工、制造、安装、管道和场站运维保、监理、PMC 及 EPC“一揽子”总承包能力，业务范围遍布 15 个国家和地区。

截至 2020 年底，石油工程建设公司共有从业人员 13 755 人，员工平均年龄 46.3 岁，其中设计板块 2 284 人（16.60%）、油建板块 8 512 人（61.89%）、建工板块 2 833 人（20.60%）、监理板块 126 人（0.91%）。共有享受政府特殊津贴人员 2 人、集团公司突出贡献专家 6 人、集团公司三个层次学术技术带头人 20 人、闵恩泽青年科技人才奖 18 人，全国技术能手 8 人、集团公司（省部级）技术能手 53 人。

2020 年，石油工程建设公司共实现收入 159 亿元，完成年度目标的 102%；实现净利润 4 771 万元（利润总额 1.4 亿元），完成年度奋斗目标的 119%。

石油工程建设公司主要经济指标和工作量完成情况分别见表 1 和表 2。

（刘　芳）

【领导班子调整】 2020 年 7 月 13 日，集团公司任命周文武为石油工程建设公司二级协理员，不再担任公司党委委员、副总经理。8 月 28 日，任命席治国、刘涛为石油工程建设公司党委委员、副总经理。11 月 24 日，任命杜广义为石油工程建设公司执行董事、党委书记，袁建强不再担任公司执行董事、党委书记；任命王中红为石油工程建设公司总经理、党委副书记。

（刘　芳）

【党建优势深度融合作用突出】 2020 年，石油工程建设公司从严履行管党治党责任，认真落实"第一议题"制度，健全全面从严治党主体责任体系，制定深化推进党的政治建设 38 项重点措施。坚持对涉及事关改革发展稳定、员工群众切身利益的重大决策事项进行前置审议，听取所属单位党委书记党建工作述职，"明责知责、履责尽责、述责考责"的党建工作机制更加完善。提炼推广江苏油建基层党支部"九八五"议事决策制度，严格整顿基层党组织软弱涣散现象，完成 65 个基层党组织换届整改，党的组织、党的工作和党员班组覆盖率均为 100%。

在加强干部队伍建设方面，石油工程建设公司强化两级班子建设，营造团结、民主、和谐氛围，提振了干事创业精气神。坚持正确选人用人导向，创新提出"个人愿意干、专家认可干、组织决定干"三干法原则，公开选聘 8 名 40 岁以下年轻干部，全年新提拔中层干部 40 岁以下占比 84.6%，达成集团下达的"132"年龄结构目标。启动"百人"培养实践锻炼，推进干部去行政化，132 名中层干部实现聘期制、契约化管理。

同时，不断加强正面宣传和舆论引导。从严落实意识形态责任制，在《新闻联播》《中国石化报》等省级以上媒体刊发报道 356 篇，"大脚丫"微信公众号在石油石化系统公众号排第 24 名，公司知名度美誉度持续提升。召开公司一届一次团代会，打造"凝心聚力、春风行动"品牌。大力开展精神文明创建，江苏油建获评"全国文明单位"。用心用情营造和谐氛围。"走基层、访万家"长效运行，深化精准帮扶，走访项目 386 个、员工 11 999 人次，投入经费 527 万元；开展重大决策稳定风险评估，及时化解矛盾纠纷，上访量下降 18.4%，未发生群体性上访事件，保持了公司大局稳定。

（刘　芳）

【重点项目平稳推进，项目管控持续提升】 2020 年，石油工程建设公司始终服从服务于集团公司能源战略和重点工程建设，紧紧围绕集团公司"百日攻坚创效"和"持续攻坚创效"行动重点考核项目，自我加压、挂图作战、提级管理。公司层面加强内部协调，统筹资源配置，全面指导、定期检查、狠抓落实；各单位"视工期为命令"，一切资源向项目集中，全面抓实生产现场管理和运行优化，确保资源投入满足工期计划需要，项目管理水平持续提升。

坚持优质资源向重点项目倾斜，"一手抓疫情防控、一手抓生产经营"。其中，青岛—南京输气管道工程、潜江—韶关输气管道工程、新气管道韶关站—中国石油西气东输二线始兴站输气联络线、董家口—东营原油管道工程、广东省天然气管网工程、中俄东线安平—泰安段、江苏滨海 LNG 配套输气管道等大型长输管道项目稳步推进；海南炼化、镇海炼化、古雷炼化、中沙石化等炼化工程奋力攻坚；普光气田 1#—4# 线连通线、涪陵页岩气田采出水处理项目、顺北油气田五号联合站项目等集团内产能建设项目保障有力；库车原油商储项目、福建原油商储项目、湛江原油商储项目、南宁屯里油库迁建等项目进展顺利。青宁输气管道工程高邮湖连续定向钻穿越，潜江—韶关输气管道工程 9 条隧道、罗家渡武江跨越、山体直铺顶管穿越等一批难度大、风险高的控制性工程管控有力，圆满完成施工任务；江苏如东 H5# 海上风电场工程海上升压站、三峡新能源阳西沙扒二期（400 兆瓦）海上风电项目升压站等新能源项目建设能力持续提升。"百日攻坚创效"行动期间，集团公司18个重点项目、90个目标节点全部按期完成或提前实现；“持续攻坚创效”行动期间，集团公司8个重点项目、75个目标节点全部按计划推进；除集团公司考核的重点项目外，其他项目克服疫情影响，统筹配置资源，狠抓综合进度，节点可控、运行良好，全部满足了业主对项目生产的新要求。

2020年国外项目虽然受到疫情风险冲击，但项目整体运行平稳，无安全、质量事故。MIP项目部严格做好疫情防控工作同时，强化项目全过程管控，截至2020年底，16、17包总体进度分别是20.34 %和13.30 %，泰国5号长输管线项目，紧盯项目进度、成本；严控管道焊接、下沟等重点工序进度，确保项目按计划平稳运行；通过优化生产组织，降低疫情影响，项目总体进度95.69%。泰国C-COT原油储罐项目强化计划控制，严格运行监督，狠抓项目各关键节点目标的落实，截至年底，项目总体进度99.12%，取得较好的经济效益。玻利维亚路桥项目一标现场完成交工验收，验收时新提出的尾项已整改，并催促业主发放竣工证书；二标完成进度88.72%；三标完成最终验收并收到竣工验收证书。沙特SWCC输水管道项目：对业主重点关注的14项尾项制订明确的完成计划，已完成4项，已经完成部分中介人工费、设备租赁费、分包商、供应商及废旧物资处理的债务重组，取得较好的效果。

（刘　芳）

【市场开发承压奋进成效显著】 面对新冠肺炎疫情肆虐及国际油价持续低迷的双重夹击，石油工程建设公司各级市场开发人员以集团公司“百日攻坚创效”“持续攻坚创效”行动为统领，以市场开发“五不干”为抓手，充分发挥专业化、一体化作战优势，积极向优质市场、中高端市场拓展，持续提升项目中标率和毛利率。集团内市场持续巩固油气板块市场，大力拓展炼化、销售板块业务，先后进入库车、岳阳原油商业储备基地勘察、储库主体工程，实现历史性突破。同时进入水封洞库勘察设计和EPC工程，开辟了一个新的市场方向。集团外市场对非成熟市场项目，实行提档管理，全面分析项目风险，通过两级决策制度从源头上避免投标项目亏损的风险。项目承揽方面也获得新突破，中标的浙江石化鱼山—中金海管施工总承包工程合同额14.2亿元，是公司中标的单体合同额最大的项目，全年集团外市场新签合同额56.12亿元。

海外市场开发坚持以效益为导向，重点深耕中东、东南亚、非洲市场。在乌干达油田地面建设EPC项目等重点项目的投标组织过程中，多次组织召开视频会，组织投标团队集中办公，共同研讨投标方案；在投标后克服疫情导致的航班少和出行受阻等困难，组织投标团队制订标后澄清方案和赴迪拜与合作方共商应对措施并参加业主澄清会，取得较好效果。主要新签约项目有肯尼亚乡村道路升级改造项目RWC 314标段、沙特达曼市国王文化中心项目、乍得ESSO SKID3A安装及采购项目、泰国5号线一期项目补充协议、ADDAX加蓬公司设计服务框架合同等。由于海外受疫情影响严重，2020年海外累计新签金额0.98亿美元，完成年度目标（3亿美元）的32.7%。

（刘　芳）

【科技创新奋力攻关成果丰硕】 通过科技创新及技术研发为公司高质量、高效益的可持续发展提供技术支撑，“水网地区铜衬垫外根焊全自动焊接成套技术研究”“水网地区连续作业施工组织方案研究”等课题在国家管网立项；石油工程公司重大科研项目“油气地面工程建设‘五化’关键技术与装置研究”全面启动。智能化管道及智能化油气田项目厚积薄发，承揽顺北油气田一区奥陶系油气藏产能建设数字化交付工程等项目；12项科技成果转化项目列入石油工程公司科技成果转化计划，其中先进过硬技术11项、创新企业孵化器技术1项。先后完成油气田及长输管道电控一体化小屋、高硫容天然气脱硫药剂、络合铁脱硫吸收氧化循环撬等成果转化，实现产值约6 000万元，自主研发的焊接数据采集系统已量产，即将规模化应用。

2020年开展科研项目83项，其中国家项目6项、集团公司项目20项、国家管网项目4项、其他省部级项目1项、石油工程公司项目16项、石油工程建设公司24项；2020年获国家奖励1项，集团（省部）级奖励5项，其中一等奖2项、二等奖3项。其中，“近浅海新型构筑物设计、施工与安全保障关键技术”获国家科技进步二等奖，“胜利化学驱聚合物溶液保黏关键技术及应用”获中国石化科技进步一等奖；“非常规多项分离系列装置及工业应用”获湖北省科学技术进步二等奖。共申请专利108件、获授权专利66件，“适用于低分压 CO_2 捕集纯化的吸收体系与节能工艺”在美国提出发明申请。

截至2020年底，公司拥有施工工法158项，获授权专利545件，软件著作权96项。

（刘　芳）

【多次获省部级以上奖励】 2020年，石油工程建设公司获省部级以上奖项71项。山东液化天然气项目获国家优质工程奖，甬台温成品油管道等7项工程获评中国石化优质工程，宿州至扬州高速公路江苏段主体工程施工项目SY-YZ1标段获山东省建筑质量“泰山杯”工程，中俄原油管道二线工程获石油工程优质金奖，延安气田延873井区地面集输工程获评全国化工优质工程，鄂安沧输气管道一期等12项工程获全国优秀焊接工程奖。优秀QC成果、优秀勘察设计等省部级以上其他奖项48项。石油工程建设公司被评为2020年度中国石化质量管理先进单位。

（刘　芳）

【财务管理历经艰难日益精进】 2020年，石油工程建设公司资金状况明显改善。坚持“以收定支、量入为出”，实施“分灶吃饭”有偿使用机制，累计自由现金流5.1亿元，较年度目标6 500万元结余4.4亿元，增加20.1亿元，为公司成立以来最好水平。有效推进“两金”清理，通过高层推动、专人盯守、公开招贤、法律维权等措施提高清收效率，公司年末“两金”余额97.5亿元，较年度指标降低0.5亿元，减少6.7亿元，降至公司成立以来最低值。胜利建工压实“两金”清理领导责任，与绩效奖金、选人用人等紧密挂钩，成功收回西城改造等挂账5年以上疑难债权1.7亿元，“两金”余额降低2.4亿元。加纳项目部奋力攻坚，成功收回拖欠长达4年资金1 000万美元。推进全面预算管理信息系统建设，对“两金”占用、现金流、利润率异常项目全过程监督，百元收入营业成本92.1元，较年度预算目标减少0.9元，减少0.8元。

（刘　芳）

【青宁输气管道工程EPC总承包项目顺利投产】 青宁输气管道工程是2019年国家第一批天然气基础设施互联互通重点工程，起点为山东青岛的LNG接收站，终点为江苏仪征的川气东送南京支线南京输气站，线路全长约536千米，管径1 016毫米，设计压力10.0兆帕，设计年输气能力100亿立方米。该项目推行EPC联合体管理模式，共分两个标段。自2019年开工建设以来，公司各参建单位通过精心组织、科学管理，大力挖掘EPC总承包的综合优势，使设计、采办、施工紧密衔接。2020年4月15日移交国家管网，10月23日全线贯通，11月3日中交，12月10日正式进气投产，12月16日纯天然气头到达南京末站，全线天然气置换结束，标志着该项目投产圆满完成。

（刘　芳）

【河坝嘉二气藏产能建设地面工程建成投产】 河坝嘉二气藏产能建设地面工程是中国石化西南油气分公司重点工程，包括新建1座国内规模最大的络合铁脱硫中心站，处理能力120万米^3/日，改扩建2座集气站，新建酸气集输管道、净化气管道、污水管道、35千伏电力线路、10千伏内部电力线路和光缆共45.8千米。该工程由石油工程设计公司与胜利油建公司组成联合体总承包。工程开工以来，联合体总承包项目部充分发挥一体化优势，高标准、高速度、高质量完成各项任务。2020年9月22日，工程一次投产成功，标志着中

河坝嘉二气藏产能建设地面工程一次投产成功

国石化“高硫容络合铁双塔脱硫”专有技术的成功应用，展示了公司在络合铁脱硫净化领域的领先地位，彰显了公司专业化承接EPC项目的综合实力。

（刘　芳）

【涪陵页岩气田产出水收集及处理系统建设EPC项目建成投产】 该项目为国内首座页岩气田产出水处理系统项目，建设内容主要包括15座集气站产出水收集泵站，站外收集及外排管线近50千米，产出水处理站1座，收集及处理规模1 600米^3/日。2020年7月5日顺利中交。经过3个多月的调试，于10月21日成功出盐并将达标水外排至乌江外排口，11月24日项目完成交工验收。该项目的成功投运，不仅节省大量的罐车拉水费用，还可以降低罐车拉运的环保安全风险，彻底解决了产出水可能污染环境的环保风险，实现页岩气田的绿色环保持续发展。

（刘　芳）

【中国石化集团石油商业储备有限公司库车原油商业储备基地工程提前中交】 胜利油建公司承建主要工程量包括4座10万立方米双浮顶原油储罐。历时176天，圆满完成施工任务，提前12天实现中交；2020年12月29日正式启泵向库内输油，进入试生产阶段，实现了当年立项、当年设计、当年施工、当年投产的目标，展现了公司专业化施工优势，为承接石油商业储备基地工程奠定了坚实的基础。

（刘　芳）

【深耕海上风电建设市场，打造海上风电样板工程】 2020年，胜利油建公司完成江苏如东H5#海上风电场工程海上升压站项目，该工程海上升压站由导管架、钢管桩及上部组块三部分组成，总质量为3 900吨，是国内单体最重的风电升压站，也是苏交控集团开发的首个风电项目。胜利油建公司创新施工工艺，传统的导管架预制方案为预制2个主片，侧片进行零散吊装，为缩短施工时间，工程导管架分4片预制，化零为整，最大化提高了吊车的使用效率。6月16日海上升压站的导管架顺利完成海上吊装、打桩任务；9月18日海上升压站上部组块顺利完成吊装；12月11日受电一次成功，优质高效的施工获得各方的一致好评。

三峡新能源阳西沙扒二期（400兆瓦）海上风电项目升压站上部组块海上吊装施工克服了冬季海况不良、涌浪大、周期长等困难，牢牢抓住仅有的两天气象窗口，仅用时9个小时完成吊装工作，于12月27日顺利吊装，打破了南海海域升压站吊装纪录。

两个项目的顺利执行进一步巩固了南海海上风电市场，树立了公司海洋工程的品牌形象，为进一步深耕海上风电市场夯实了基础。

（刘　芳）

三峡新能源阳西沙扒二期海上风电项目升压站海上吊装

【国家管网中俄东线（安平—泰安）线路三标顺利开工】 该工程起点为衡水市安平县的安平联络压气站，终点为衡水市故城县卫运河，线路全长41.7千米。管径规格为1 219毫米 ×18.4/22.0/27.5毫米，材质X80M，设计压力10.0兆帕，设计年输气能力为189亿立方米。该项目由中原油建公司负责施工，全部采用全自动焊施工工艺。2020年10月28日打火开焊，现场实现智能化工地，各项工作进展顺利。

（刘　芳）

【江苏滨海LNG配套输气管线项目线路二标段顺利开工】 该标段全长38.66千米，管径1 219毫米，压力10兆帕，材质L555M，管材壁厚22.2毫米/28毫米。该工程由江苏油建公司负责施工，项目部于2020年9月初进场做施工准备，9月19日全自动焊接机组人员、设备进场，针对22.2毫米壁厚管材开始实操练兵；10 月 29 日打火开焊，截至 12 月底，共焊接 521 道口、6.32 千米。

（刘　芳）

【中科合资（广东）炼化一体化安装及配套工程顺利完工】 石油工程建设公司中科炼化一体化及配套工程共有 4 个在建项目。①中科合资炼化一体安装工程第 EPC3—B9/B10 标段：主要工作量包含污水处理场、工业废物焚烧设施、消防分站、现场机柜间、全厂工艺及热力管网等单元。该项目由中原油建公司负责施工，2020 年 6 月 15 日建成，历时 168 天，焊接 53 万吋径，钢结构安装 1.35 万吨，设备安装 287 台（套），罐区 11.35 万立方米。②中科合资炼化一体输储煤安装工程：设计输送能力为 3 000 吨 / 时，上煤线设计输送能力为 840 吨 /（时・条）。该工程由胜利建工公司负责施工，2020 年 6 月 30 日实现通往煤制氢上煤装置、水处理装置和工艺管道等装置的正常运行，输储煤系统整体完工。③中科合资炼化一体 EPC3-A13 标段工程：主要工作量包括 A440 污水处理场、A450 工业废物焚烧设施和 A75U 现场机柜间 3 个单元，施工内容为 3 个单元内的建筑物、构筑物及场坪竖向等建筑工程，该工程由中原建工公司负责施工，累计混凝土浇筑 58 955.7 立方米，钢筋绑扎 7 129 吨。2020 年 7 月 30 日顺利完工。④中科合资炼化一体化配套输气项目：该项目分为“一干一支”，即输气干线和东兴炼化支线。河南油建公司负责输气干线施工，2020 年 1 月 15 日完成中交，5 月 20 日建成投产。中原油建公司负责支线施工，截至 2020 年底，完成工作量的 96.5%。

（刘　芳）

【云南宜毕高速公路（叙永支线—镇雄段）建成通车】 宜毕高速公路位于云南省东北部昭通市境内，地处滇川黔三省结合部，乌蒙山区腹地，是宜宾—毕节高速公路中的一段，为省际间连接主要城市的快速干线公路，是对国高网的加密和补充。路线双向 4 车道，路基宽 24.5 米，设计时速 80 千米 / 时。由胜利建工公司承建的云南宜毕高速公路土建六标，包含桥、隧、涵、路基土石方、高边坡、抗滑桩等施工项目，施工项目全、工程量大，路段全长 16.385 千米，总造价 14.6 亿元。2020 年 8 月 26 日，历时 2 年多建设的宜宾—毕节、威信—镇雄段（叙永支线）顺利通车。

（刘　芳）

【沙特阿美 MIP 16、17 包管线项目强化全过程管控】 沙特 MIP 项目业主为沙特阿美，PKG16 管线合同额 15 174 万美元，全长 192.5 千米，管径 6 —36 英寸 6 种规格，共分 9 条管线，12 座阀室，9 套收发球筒；沙特 MIP 项目 PKG17 管线合同额 14 305 万美元，全长 424 千米，管径为 12 英寸和 30 英寸 2 种规格，共分 2 条管线。于 2019 年 7 月 17 日签订施工合同，合同工期为 41 个月。

MIP17 包项目部获中国石化抗击新冠肺炎疫情先进集体，自开工以来，MIP 项目质量得分（16/17 包）连续 14 个月高于沙特阿美公司的优秀标准（94 分），在业主对 MIP 项目群 26 家承包商的综合考核中，获“杰出”（Excellent）的评价。MIP 项目部严格做好疫情防控工作同时，强化项目全过程管控。截至 2020 年底，16 包、17 包总体进度分别是 20.34 % 和 13.30 %，取得了较好的经济效益。

（刘　芳）

输储煤安装工程项目鸟瞰图

MIP 项目盐碱地作业带回填

【泰国 C-COT 原油储罐项目效益显著】 该项目业主为泰国石油公司，合同额 6 936 万美元，包括 11 万立方米的浮项罐 5 台、6 万立方米的浮项罐 4 台，于 2019 年 6 月 27 日签订合同，合同工期为 24 个月。泰国 C-COT 原油储罐项目专业要求高、工作范围大、工作界面及焊接工艺复杂，项目部克服疫情影响，强化计划控制，严格运行监督，狠抓项目各关键节点目标的落实。项目先后获业主颁发的 100 万、200 万安全人工时证书，并获泰国石油 2020 年 HSSE 杰出承包商和石工建标准化现场称号。截至 2020 年底，项目总体进度 99.12%，项目效益显著。

（刘　芳）

【泰国 5 号线输气项目进度、成本双受控】 2017 年 8 月 3 日，石油工程建设公司所属胜利油建公司中标泰国 5 号天然气长输管线工程一期 EPC 项目。该项目是泰国国家石油公司的重点工程，是一条从南部工业重镇罗勇府—曼谷西北暖武里府输气大动脉，用来保障沿途发电厂和用户的天然气供给。包括 152 千米 42 寸主线管道，8 座配套阀站；57 千米 36 寸支线管道，6 座配套阀站；新建混合气站 1 座，改造发球站 1 座。胜利油建公司持续项目全过程监督，紧盯项目进度、成本，严控管道焊接、下沟等重点工序进度，确保项目按计划平稳运行。风险管控到位，索赔变更补充协议签署完成，增加变更金额约合 1 445 万美元。通过优化生产组织，降低疫情影响，截至 2020 年底，项目总体进度 95.69%，进度、成本双受控。

（刘　芳）

表 1　石油工程建设公司主要经济指标　亿元

指标名称＼年份	2020	2019	2018	2017	2016
总资产	203.13	213.20	234.17	149.34	184.57
固定资产净值	12.38	11.90	12.30	12.25	13.96
营业收入	159.06	168.53	155.92	121.17	132.63

表 2　石油工程建设公司工作量完成情况　亿元

指标名称＼年份	2020	2019	2018	2017	2016
新签合同额	160.80	183.90	180.69	186.88	112.11
集团内上市	62.50	68.53	95.60	58.76	45.75
集团内非上市	35.40	29.17	23.17	36.80	13.72
国内集团外	56.10	51.80	51.55	65.84	39.52
国　外	6.80	34.50	10.36	25.48	13.12
完成合同额	159.80	170.80	145.01	118.90	130.40
集团内上市	66.70	75.54	60.61	45.77	56.87
集团内非上市	24.00	25.76	27.32	18.68	20.56
国内集团外	54.60	49.15	35.15	33.23	31.52
国　外	14.50	20.40	21.94	21.22	21.45

地球物理公司

【概况】 中石化石油工程地球物理有限公司（简称地球物理公司）由胜利、中原、河南、江汉、江苏油田及华北、华东、西南石油局等8家非上市油田企业的10家物探公司（大队），以及国际石油工程公司物探工程部整合重组成立，于2012年12月21日在北京注册，本部位于北京市朝阳区吉市口路9号。

地球物理公司是石油工程公司的全资子公司，是集团公司从事物探业务的独立法人和利润中心，是集物探资料采集、处理、解释、技术研发于一体的专业技术服务公司，是为中国石化上游业务提供物探专业一体化服务的技术支撑中心，是集团公司参与国内外物探工程技术服务市场竞争的责任主体。主要职能是：负责研究集团公司物探业务发展战略，提出中长期规划和年度部署方案建议，执行石油工程公司战略和年度部署；负责统筹物探采集、处理、解释的一体化经营和QHSE管理，承担资产保值增值责任；负责国内外物探业务市场开发；负责物探技术、装备仪器、软件研发，为上游业务发展和石油工程公司参与国内外市场竞争提供技术支撑。

截至2020年底，地球物理公司下设综合管理部（党委办公室、调查研究室）、党群工作部（党委宣传部、纪检监督部、审计部、工会、团委、维稳办）、人力资源部（党委组织部）、财务计划部、经营管理部（法律事务部）、安全环保部、市场开发运行部、科技信息部8个部门，国际业务发展中心、科技研发中心、装备管理中心、综合管理支持中心4个附属中心，胜利、华北、地理地质信息勘查、华东、南方5家分公司。共有队伍55支，其中地震队伍35支、非地震队9支、新业务队伍11支。从业人员7 996人，其中合同制员工6 776人、规范劳务派遣业务外包工875人、其他用工345人，具有教授职称的25人、副高级职称具有1 370人、中级职称具有1 254人，中高级职称占比33.12%。拥有可控震源174台，数字地震仪主机共计67台（套），接收道数47.41万道，其中408采集链3.88万道、428采集链24.54万道、508XT采集链10万道、I-NODAL节点6.6万道、滩海采集链2.39万道，各类沙漠运载设备509台（套）。各类装备固定资产原值48.01亿元，净值12.73亿元，综合新度系数0.27。

地球物理公司主要生产经营指标见表1。

（柳毓文）

【领导班子调整】 2020年5月28日，集团公司党组对地球物理公司领导班子进行调整：奚修磊任公司党委委员、总会计师；免去程中义公司总会计师职务，另有任用。调整后的地球物理公司领导班子由周松、李秀娟、田新琦、奚修磊组成。

（柳毓文）

【落实《促进中国石化物探专业高质量发展的措施》成效显著】 2020年，地球物理公司以贯穿落实《促进中国石化物探专业高质量发展的措施》为抓手，与油田企业形成地震部署共同研究、技术方案共同优化、项目实施共同推进、质量管理共同把控、成本效益共同提升、科技创新共同攻关、新冠肺炎疫情共同防控、安全管理共同加强"八个共同"的共识，推行联合部署、均衡生产、连续施工等一批创新性措施，提升了系统优化水平，有力支撑了项目高效运行、资料质量提高和整体效益提升，实现共赢多赢。隆盛—阳春沟、桂花以及广利、王家岗、八面河三维等项目联合部署、整体运作，节约勘探成本近3亿元；均衡生产"削峰填谷"的作用初步显现；8个项目推行"连续作业一条龙"，直接降低成本超过2 000万元。

（柳毓文）

【高质量服务上游勘探开发作用突出】 2020年，地球物理公司深入贯彻习近平总书记关于加大国内油气勘探开发力度的重要批示精神，坚决打赢"百日攻坚创效"和"持续攻坚创效"两场硬仗，有效应对疫情冲击、生产节奏中断、极寒天气影响、施工资源投入更大以及工农关系协调更难、地表条件更复杂等一系列新挑战，生产运行效率逆势提升，一批项目创出新纪录，彰显了物探队伍的先锋和尖兵本色。全年共实施二维地震

2 655.35 千米、三维地震 16 456 平方千米；国内三维平均日效达 693 炮、提高 13.6%，二维平均日效 113 炮、提高 6.7%，东部、西部、南方探区项目多次刷新纪录；单炮一级品率达 90.17%，超合同指标 7.4 个百分点，为集团公司上游稳油增气降本提供了有力支撑。

（柳毓文）

【设立中国石化北斗运营服务中心】 2020 年 6 月 11 日，经集团公司授权，中国石化北斗运营服务中心在地球物理公司设立，按照地球物理公司下属分公司管理，由地球物理公司负责承建，业务上接受集团公司信息和数字化管理部指导。中国石化北斗运营服务中心是中国石化北斗业务统一归口管理和运营服务单位，是中国石化统一管理、统一运营、统一品牌的时空位置服务中心。主要职责是面向中国石化勘探开发、炼油化工、油品销售等上中下游全产业链提供导航、定位、精准授时、短报文通信、终端产品检验检测及相关服务，负责中国石化北斗相关标准制定、用户管理、信息接入与解析、计费管理等北斗运营服务平台建设与运营工作。

（柳毓文）

【市场开拓成效显著】 2020 年，地球物理公司市场开发业绩逆势增长，全年新签合同额 50.64 亿元，超目标任务 6 418 万元。其中，集团内部市场地震项目 34 个，新签合同额 39.93 亿元，超目标任务 6.93 亿元，创 5 年来新高，实现了质量、效率的双提升；国际市场全年新签项目 8 个，合同额 10 022.8 万美元；国内外部市场全年新签项目 21 个，新签合同额 1.44 亿元；新业务市场全年新签合同 252 个，新签合同额 19 187 万元。

（柳毓文）

【高精度高效率低成本地球物理技术取得标志性成果】 2020 年，地球物理公司节点地震仪器研制取得突破，集团公司首次拥有自主研发的地震采集仪器。节点采集技术一年内实现从试验到展开、从“混采”到“盲采”的两个跨越，促进了施工效率大幅提升。特别是渤南项目采用“盲采”技术，平均日效达 1 229 炮、最高日产 2 318 炮，再创东部老区生产新纪录。宽频高效可控震源技术在 S84 项目成功应用，最高日效达 2.8 万炮，创下沙特阿美日效新纪录。“海量数据现场质量分析监控”“井中分布式光纤探测技术”经集团公司鉴定达到国际先进水平，高密度地震勘探技术应用从胜利探区走向江苏、江汉探区，山前带采集、大沙漠区可控震源高效采集等一体化攻关取得阶段性进展。积极开展“北斗 +5G”技术应用研究，申请加入中央企业北斗产业协同发展平台成员单位。全年取得授权专利 18 件、软件著作权登记 10 项。

（柳毓文）

【安全环保再创佳绩】 2020 年，地球物理公司扛牢疫情防控政治责任，推进国内和国外“一盘棋”部署，加强作业区和办公区“一体化”防控，严把“六个关口”，加强“六个沟通”，实现 3.5 万名国内外员工零感染，守护了干部员工安全健康。推进安全生产专项整治与提升三年行动，落实双重预防机制，深入开展 HSSE 典型问题销项整改，安全风险总值、违章隐患总量、重大违章数量大幅下降，完成 22 支绿色地震队创建，连续 3 年获评集团公司安全生产先进单位，首次获评集团公司环保先进单位。

（柳毓文）

【新闻宣传和群团工作亮点突出】 2020 年，地球物理公司大力弘扬石油精神、石化传统，组织“汇聚奋进力量，建功攻坚创效”先进典型故事汇，营造了团结奋进、和谐稳定的良好氛围。深入组织开展“一体化实践一线行”采访活动，全年在集团公司级媒体刊发新闻报道 230 余条，“找油找气、兴企报国”的企业形象进一步彰显，干部员工发展自信不断增强。召开公司一次团代会，群团组织不断健全。

（柳毓文）

【党的建设全面从严过硬】 2020 年，地球物理公司组织开展“大学习、大培养、大武装”政治理论提升活动，建立“中心组研讨提升学、会议定期集中学、日常早读跟进学”的理论学习机制，掀起全体党员干部政治理论学习热潮。坚持把“补短板、强弱项”作为加强党建工作的重要要求，以“党委领导力指数、党支部堡垒指数、党员先锋指数”为统揽，细化形成25个关键点、18项标准、14个考评内容，建立起统一规范的“党建基础目标指数管理”考核体系，形成全方位、全过程、全领域考核评价机制，推进党组织建设全面进步、全面过硬。制订实施公司干部队伍年轻化建设“5641”工程方案，通过岗级分离、竞争性选拔、破格提拔、见习基层正副职等措施，中层干部平均年龄由2019年底的48.8岁降至46.9岁。

（柳毓文）

表1　　地球物理公司主要生产经营指标

年份 / 指标名称	2020	2019	2018	2017	2016	2015
国内二维地震 / 千米	2 094.29	4 339.51	5 463.45	3 775.52	4 431.26	6 720.33
国外二维地震 / 千米	561.06	4 638.76	9 266.55	9 803.20	10 127.38	5 658.65
国内三维地震 / 平方千米	5 900.82	6 102.75	5 942.84	4 837.16	4 105.54	5 837.48
国外三维地震 / 平方千米	10 555.71	4 129.13	4 511.16	4 709.65	6 581.16	3 821.75
收入 / 亿元	44.13	43.02	46.55	38.97	35.99	51.06

胜利石油工程公司

【概况】中石化胜利石油工程有限公司（简称胜利石油工程公司）于2012年12月20日注册登记，2013年1月4日挂牌成立，是石油工程公司的全资子公司，位于山东省东营市东营区济南路125号，主要业务有钻井、修井、完井、测井、测试、录井、井下作业、资料处理解释、储层改造，以及井筒工程设计、施工、技术服务，井筒工程技术研究与试验，地质勘查技术服务，机械设备的租赁等，并提供综合一体化解决方案，被认定为国家高新技术企业。

截至2020年底，胜利石油工程公司设有9个职能部门、2个直属机构、16个二级（处级）单位、473个基层单位。用工总量20 510人，平均年龄46.5岁，合同制员工19 959人，非全日制用工551人。其中，管理人员1 590人，专业技术人员6 197人，技能操作人员8 755人。党支部655个，党员总数13 723人。职称结构中，具有正高级职称的114人，副高级职称的3 235人，中级职称的3 129人；技能人才中，有高级技师372人，技师494人。有集团公司高级专家3人，公司首席专家5人，公司高级专家15人；集团公司技能大师2人，公司首席技能大师1人，公司技能大师12人。

截至2020年底，胜利石油工程公司有资质施工队伍485支，其中钻井队162支、井下作业队90支、测井队85支、录井队148支，业务涵盖钻完井、测录井、井下特种作业、石油装备仪器研发制造等，具备提供勘探开发“一揽子”解决方案和工程服务能力。固定资产原值152.2亿元，净值58.93亿元，主要专业设备2 808台（套），设备原值133.3亿元，净值46.05亿元，综合完好率99.44%，新度系数0.31。钻井设备349台（套），其中12 000米钻机1台、8 000米钻机7台、7 000米钻机49台、5 000米钻机28台、4 000米钻机58台、3 000米及以下钻机29台，所有钻机中电机钻机71台，海洋钻井平台9座，配套顶驱73台，网电装置70套，固井及配套设备166台（套），定向井装置95台（套）。井下作业机（车）43台（套），压裂酸化设备176台（套）。测井设备497台（套）。录井设备202台（套）。

胜利石油工程公司不断加大核心技术研究攻关，注重先导试验和推广应用，形成综合设计技术、钻完井技术、油气藏识别与评价技术、特种作业技术、海洋石油工程技术等“五大石油工程技术系列”，打造形成 SinoLOG900 网络成像测井系统、SinoWSL 综合录井仪、SinoMACS 地质导向系统等为代表的石油工程产品和技术品牌。钻井可承担定向井、水平井、分支井、欠平衡井、超深井等各类井型施工，可提供从工程设计、钻前工程、钻井施工、钻井液技术、钻具供应、管具维修、井控、固井到完井的一体化综合性施工服务，具有年钻井进尺 500 万米以上的施工能力；测井年施工能力达 10 000 井次以上；地质录井具有年完成探井 150 口、开发井 1 650 口以上的地质录井服务能力，以及年完成 2 000 口以上的钻井地质设计能力；井下作业具备年试油（气）、油气水井大修侧钻、压裂酸化和防砂、地层测试等综合作业 3 000 井次的生产能力。

胜利石油工程公司牢固树立“市场是根、服务是魂、效益是本、合作共赢”理念，全心全意以客户为中心，优化市场布局，做稳胜利，做优国内，做强海外，市场竞争能力持续提升。截至 2020 年底，国内外部市场征战在新疆、四川、重庆、江苏、海南、陕西、山西、吉林、河北、内蒙等 10 多个省（市）和自治区；国外市场在沙特、乌克兰、科威特、尼日利亚、孟加拉、乌克兰、南美区、土库曼、印尼等国家执行石油工程技术服务项目（合同)38 个，施工作业队伍 58 支，其中钻井队 30 支、修井队 10 支、测井队 1 支、录井队 14 支、定向队 3 支，各海外项目管理及施工中方人员 1 155 人，雇用外方人员 976 人。实现了从油气向非油气延伸，从常规向非常规拓展，从单一服务向综合服务转型，开创了规模化、高端化、效益化发展新格局。

胜利石油工程公司主要技术经济指标及主要生产建设指标分别见表 1 和表 2。

（蒋晓波　侯　哲　陈锡武　孙　申）

【开拓市场成效显著】 ①胜利市场保障有力。紧跟胜利油田勘探开发部署，统筹优化队伍装备配置，强化生产组织运行，3 月初全面复工复产，12 月底平稳接收临盘工区；逐步扩大难动用储量合作开发规模，总结提升合作开发模式，从东部推广到西部，动用储量 5 830 万吨，新建产能 78.8 万吨，产油 30.5 万吨。全年完成钻井进尺 262.79 万米，实现收入 89.23 亿元。②国内外部市场逆势增长。坚持稳固西北、调整西南、优化华北、延伸海上，开拓中国石油西南油气田、四川页岩气、重庆页岩气等优质市场，扩大西南页岩气压裂市场，新进入中国石油大庆油田常规 LWD 服务、宏华川渝钻井液服务、山陕煤层气测井服务等领域，西南集团内钻机移交工作平稳推进。全年新签合同额 32.5 亿元。③海外市场稳中有进。持续巩固扩大规模效益市场，加快退出低效无效市场，沙特市场续签 4 部钻机、新增 2 部钻机，科威特市场续签 6 部钻修井机、录井队增加到 9 支，墨西哥 EBANO 油田专业技术服务、尼日利亚新一号平台项目成功续签，乌克兰项目 5 部钻机安全撤回。全年新签合同额 3.74 亿美元。

（吴政希　刘　青）

胜利石油工程公司西南分公司 70176 队、黄河钻井 70207 队在四川泸 203H64 平台同台施工（张　玉　摄）

【提质提速提效提产工作有力有效】 ①区域一体化运行深入推进。与胜利油田分公司建立地质工程一体化优化、生产组织一体化运行、监督考核一体化评价“三个一体化”机制，双方集中办公、共同优化设计 6 轮 1 210 井次，投资优化达 15.7%，促进了工作量释放，实现了合作共赢。②“区域优快钻井”模式试点运行。在胜利工区产能建设相对集中、井位部署连片的区域，试点设置 3 个“集中服务站”，统筹共享各类生产生活资源，取得提高运行效率、降低单井成本、减少安全风险良好效果。③技术集成应用成效明显。在胜利老区集成应用成熟技术与提速工具，在“两北一川”重点工区强化一体化技术攻关，共享应用成熟提速工艺技术，施工效率不断提高，累计创出 61 项新纪录、高指标。④标准化施工模式加快推广。实施重点区块“项目化”管理，建立常规区块“网格化”管理，落实专家包区、工程师包井“双包”机制，控故障、降复杂、提质量效果显著。通过全力攻坚，与2019年相比，胜利工区钻井周期缩短16.3%、“两北一川”重点工区钻井周期缩短16.7%—63.7%、压裂效率提高57.9%、复杂故障时间减少33.9%。

（王国防）

【改革管理优化深入推进】 ①专业化改革迈出新步伐。整合资源推进迁装业务、动力服务专业化发展，保障内部更加有力，走出去步伐不断加快；全力支持测录定专业化重组，前期工作平稳有序开展；厂办大集体改革全面完成，退休人员社会化管理基本完成。②控成本降外委见到明显成效。实施“五个一律”“五个禁止”管控措施，搭建外委项目公示平台，完善“两金”常态化管控机制，全年累计减少外委费3.87亿元，土库曼西部修井、阿联酋十号平台等重难点项目清收取得新进展，民企清欠实现零逾期。③资源优化工作纵深推进。创新实施“六个一批”措施，累计优化盘活用工2 824人，对外业务承揽创收8 700余万元；稳步推进装备优化升级，完成9部钻机电动化升级改造，更新高压泥浆泵组、网电装置、搬迁车辆等专业设备127台（套）；深入推进资产分类评价创效，处置了低效无效资产，有效盘活闲置土地房屋资源。④依法合规管理水平不断提升。开展“内控管理提升年”活动，建立公司招标中心，加强合同和招投标管理，加大经营绩效、干部履职、外委支出等方面审计力度，重点领域和重点业务风险防范能力持续提升。

（郑伟伟　王　辉）

【科技创新取得进步】 ①科技研发体系持续完善。推进“1+5”研发体系建设，整合资源在青岛设立“测控技术研究院”，为测录定专业化重组奠定了基础。②关键核心技术实现突破。以攻克“卡脖子”技术为牵引，立项攻关旋转导向、高温高压测井等26项关键核心技术，其中自主研发的ATS Ⅰ型旋转导向系统现场试验14口井效果良好，连续油管侧钻井技术填补了中国石化相关领域空白，海底管道三维漏磁检测器整体性能达国际一流水平。③成熟技术加快转化应用。持续完善“两个中心”，加快打造“六条产品线”，推广应用水平井综合地质导向、泵送桥塞射孔等85项成熟技术，累计创收12.9亿元。④信息化建设深入推进。建设井筒业务一体化服务平台，搭建井筒数据中心，构建起公司统一的“生产指挥系统”，实现了生产运行、技术支持、安全监管的信息集成和管理提升。

（宿振国　周金柱）

研发人员正在检查电子线路的稳定性（丁　静　摄）

【疫情防控和安全环保风险总体可控】 ①疫情防控阻击战取得阶段性胜利。层层成立领导小组和工作专班，统筹国内和境外两条战线，以地方政府防控办为主导，以胜利油田防控办为依托，以公司防控办为中心，构筑起联防联控、群防群控严密防线；克服种种困难保证境外员工合理倒休换班，多方协调接种疫苗839人次，加强境外员工心理疏导和员工家庭走访慰问，确保员工身心健康、生命安全和队伍稳定。尼日利亚项目部平台经理李恩朋被评为中央企业抗击新冠肺炎疫情先进个人，公司有1个集体、2名个人获集团公司抗疫先进称号，井下作业公司获东营市抗疫先进集体称号。②安全环保工作基础进一步夯实。健全完善各层级QHSSE管理体系，深入推行安全记分管理，组织开展全员岗位责任制、直接作业环节安全管理等专项检查，各级责任得到较好落实；制订安全生产专项整治三年行动实施方案，治理隐患项目360余项，全面推广100项基层革新改造成果，基层基础工作不断强化；制定实施公司迁装作业安全管理“18条措施”、加强承包商监督管理“10条规定”，推广应用安全视频监控系统，加强西南、顺北等工区井控分级管理，现场施工日益规范；扩大网电钻机使用规模，加大钻井液回收利用力度，胜利石油工程公司被授予中国石化绿色企业称号。

（吴政希　宋　华）

【党建思想文化工作保障有力】 ①党的政治建设持续加强。严格落实“第一议题”制度，认真学习贯彻习近平新时代中国特色社会主义思想和总书记重要指示批示精神，干部员工“四个意识”更加牢固，“四个自信”更加坚定，“两个维护”更加自觉。②基层党建质量持续提升。健全“1+7+5”党建制度体系，建立党建与生产经营“双A制”考评模式，扎实开展“争做攻坚堡垒、争当创效先锋”主题实践，常态化开展基层党建点检巡察，《实施“四定”式点检巡察》被评为全国基层党建创新优秀案例第5名。③干部人才队伍结构持续优化。坚持正确选人用人导向，加强年轻干部培养选拔，统筹用好各年龄段干部，全年新提中层副职40岁以下占比达40%，8名年轻干部纳入集团公司“三百三千”计划。④党风廉政建设持续强化。坚持“严”的主基调，一体推进“三不”机制建设，强化对权力运行的制约和监督，全年开展公开招标、基层生活费管理使用等重点监督检查项目16项，抓实重点业务网上监督，提升了公司治理效能。从严执纪问责，全年受理问题线索下降46.9%，党纪政纪处分人员减少50%，巩固提升了政治生态向好态势。⑤宣传思想和群众工作持续深化。大力开展形势任务教育和观念引导，“成本线就是生命线”“自己的活自己干”“攻坚创效人人都是行动者”等理念更加牢固；坚持让员工群众共享改革发展成果，全员人均年收入提高6%以上；完善落实人文关怀长效机制，走访基层队670队次、慰问2万余人次，发放款物1 500余万元，保持了和谐稳定的良好局面。

（陈　松　徐　华）

【2项安全科研课题成果获国家专利】 胜利钻井院“一种钻机井架起放状态监测和安全保护控制系统”和“一种钻机大钩负荷状态监测及控制保护系统”获国家专利授权。胜利钻井院依托集团公司安全科研课题“钻机井架起放安全保护装置研制”和“钻机钩载超限报警保护装置研制”，研发了一套起放井架安全保护装置和一套钻机钩载超载保护装置。起放井架安全保护装置具有钻机井架起放的闭环控制、过程实时监测和精确控制、超限自动报警并刹车、井架一键起放功能，最大限度减少起放井架过程中的人为干扰因素；钻机钩载超载保护装置能够实现对大钩钩载实时监控、过载自动报警和超载自动制动刹车，功能实用性强，大幅提高钻井安全系数。

（潘恩生）

【中央电视台播出胜利工程首席技能大师王建军故事】 7月31日晚，中央电视台CCTV-7国防军事频道“八一”系列特别节目《我的名字叫“建军”》推出第三集——老兵情怀，胜利石油工程公司首席技能大师王建军作为中国石化优秀退役军人代表讲述了“建军”故事。自2000年11月退役，王建军传承部队“特别能吃苦、特别能战斗、特别能奉献”的精神，从石油钻井工干起，扎根钻井一线，刻苦钻研技术，潜心创新创造，先后实施技术攻关项目98项，获国家发明专利2件、实用新型专利28件，现场推广应用68件，累计产生经济效益3 100余万元。个人先后获全国模范退役军人、中央企业技术能手、中央企业青年岗位能手、山东省突出贡献技师、中国石化石油工程公司优秀党员、胜利油田技能大奖、十佳青年技术工人等称号，深刻地诠释了军人“退役不退志，退伍不褪色”的品质。

（董晓明）

【测控技术研究院在山东青岛揭牌】 9月24日，胜利石油工程公司测控技术研究院在山东青岛揭牌，标志着石油工程测控技术发展迈上了新的台阶。石油工程公司党委副书记刘汝山，胜利石油工程公司总经理、党委副书记孙永壮为胜利测控技术研究院揭牌。胜利石油工程公司副总经理韩来聚主持揭牌仪式，并代表胜利石油工程公司与贝克休斯（中国）油田技术服务有限公司签署合作协议。

（陈锡武）

表 1　　胜利石油工程公司主要技术经济指标　　亿元

指标名称 \ 年份	2020	2019	2018	2017	2016	2015
工业总产值	128.07	129.04	115.48	76.61	76.61	117.23
工业增加值	58.32	60.37	21.27	15.64	15.64	70.53
资产总计	121.40	123.29	115.92	130.20	130.20	158.55
流动资产	44.14	38.21	40.04	44.72	44.72	66.81
固定资产原值	152.20	148.96	146.65	142.49	142.49	140.44
固定资产净值	58.93	61.18	64.04	69.96	69.96	72.11
销售收入	145.06	149.28	126.67	81.11	81.11	123.84
实现利税	1.98	5.34	2.46	−36.59	−36.59	9.90
税　金	2.31	3.76	2.07	1.55	1.55	12.81
综合能耗 / 吨标煤・万元 $^{-1}$	0.216	0.218	0.220	0.229	0.229	0.225

表 2　　胜利石油工程公司主要生产建设指标

指标名称 \ 年份		2020	2019	2018	2017	2016	2015
钻　井	开钻 / 口	1 218	1 296	1 292	1 067	638	1 188
	交井 / 口	1 204	1 323	1 267	1 063	715	1 153
	钻井进尺 / 万米	313.78	328.66	310.76	248.43	166.51	265.64
测录井	测井 / 井次	3 913	5 073	4 760	4 068	2 805	3 583
	射孔作业 / 井次	4 446	5 090	3 990	3 306	2 195	3 314
	录井 / 口	1 472	1 643	1 375	1 157	772	1 105
井　下	维护作业（小修）/ 井次	1 104	452	299	1 329	691	755
	措施作业						
	压裂 / 井次	495	371	283	197	164	307
	大修 / 井次	190	134	188	115	94	195
	侧钻 / 口	17	34	29	23	35	54

中原石油工程公司

【概况】 中石化中原石油工程有限公司（简称中原石油工程公司）于 2012 年 12 月 28 日成立，是石油工程公司的全资子公司，本部位于河南省濮阳市。主要从事油气勘探开发工程施工、技术维护及相关产业服务，业务领域涉及钻井、测井、录井、固井、管具、井下特种作业、油藏综合服务和钻井工程研究等。国内市场主要分布在西南、西北、华北、东北 4 个地区；海外市场主要分布在中东、非洲、中亚、东南亚、南美 11 个国家。非洲有苏丹、南苏丹、刚果（布）、乍得，中东有沙特、科威特、也门、阿联酋，中亚有哈萨克斯坦，东南亚有印尼，南美有厄瓜多尔。是哈里伯顿、贝克休斯、斯伦贝谢等国际大公司的全球主要战略合作伙伴，哈里伯顿、贝克休斯中东北非首选合作伙伴。

截至2020年底，中原石油工程公司资产总额118.02亿元，主要专业设备1 943台（套），新度系数0.28；下设机关部门11个，机关直属单位2个，直属单位14个，境外机构7个；用工总量19 760人，其中合同制员工12 801人、规范劳务派遣业务外包工3 992人、海外雇员2 967人。

2020年，中原石油工程公司面对世纪罕见的多重冲击，认真落实集团公司、石油工程公司决策部署，以党的政治建设为统领，坚持稳中求进总基调，以“百日攻坚创效”“持续攻坚创效”行动为总抓手，全力当好服务集团勘探开发的工程主力军和打造石油工程海外半壁江山的排头兵，各项工作在破浪前行中取得显著成效。全年开钻井853口，进尺226.48万米；测井、录井完成工作量分别增加18.1%和24.3%；实现收入122.14亿元，利润总额2.25亿元、净利润1.31亿元，全面完成各项目标任务。

中原石油工程公司主要技术经济指标及主要生产建设指标分别见表1和表2。

（仲秀红）

【市场布局持续优化】 2020年，中原石油工程公司全年新签合同额136.42亿元，逆势增长25.37%，其中国内外部、海外市场新签合同额连续2年领跑地区公司。①高效保障集团内部。调整11支钻井队支撑集团上游勘探开发，队伍占比增至国内总数的68%。兼顾“地质甜点”与“工程甜点”，在中原本部交出卫212侧等9口高产井，加速推进威荣二期6个平台49口井的一体化大包施工，承钻的顺北71X井、普陆3井、马7井连续获得重要油气突破。全年页岩气井施工队伍占石油工程公司的53.2%，承揽的深井超深井占集团上游的37.6%，夺得石油工程公司“四提”立功竞赛红旗18面，获甲方提速提效奖励1 587万元。②精准攻坚国内外部。36部钻机进入四川页岩气公司市场，中标4个平台21口井。开辟贵州能投、中国石油新疆油田和大庆油田四川盆地流转区块等新市场，开启淮河能源煤层气开发治理合作，中标4个平台8口井。克服系统外市场保护，巩固蜀南气矿、塔里木油田等市场，逆势承揽冀东油田31口井工作量。全年国内外部在进尺减少39.2%的情况下，收入仅减少6.4%，呈现出优化增效的良好态势。③积极拓展海外市场。全年累计新续签合同28项，合同额7.4亿美元，增长8.5%，40支钻修井队日费率100%。其中，沙特市场6支钻井队新签“5+1”年合同，2个钻井队获10年长期合同，通过阿美公司压裂项目资审；科威特市场4支修井队以原合同价格延期，20支钻修井队获得甲方年度安全奖励；非洲市场钻修井、固井、泥浆服务协同发展；哈萨克斯坦市场首次通过国家油气公司资审，中标2口大包井项目。全年获甲方表彰54项次，刷新纪录23队次。④全面发力技服业务。弱信号油气层测井识别技术在东濮和鄂尔多斯成功应用50口井，川东北气田动态监测及高抗硫无枪身射孔市场取得突破。地质导向和录井服务全年中标率100%，赢得大庆油田50口井岩屑图像技术录井工作量。平台井单日压裂3段成为常态，赢得西北油田采油四厂储层改造框架合同。成功进入西北油田重点井及复杂井钻井液技术服务市场；定向服务完工井的7%实现水平段一趟钻，平均周期缩短率15.6%。

（冯文孝）

2020年5月8日，中原石油工程公司19部钻机获准进入中国石油页岩气市场（翟文尚　摄）

【安全形势稳定向好】 2020年，中原石油工程公司统筹抓实抓牢疫情防控和安全生产，压实各级责任，强化过程管控，坚决守住两条底线。①疫情防控持续加强。构建内外联动、上下协同的联防联控机制，动态管理6.91万名员工及家属信息库，承担4家托管单位管控责任。突出“外防输入、内防反弹”，国内全面提级管理，较短时间内全部复工复产；海外强化三级承包防控机制，促成2 043名海外员工倒休班。②现场监管持续加强。多轮次、全覆盖推进基层队HSSE自评估，形成一队一“体检报告”，闭环整改问题3 919个。1 132名领导干部制订实施HSSE行动计划2.1万项次，查改问题1.12万个。深化全员安全诊断活动，40项公司级优秀建议有效消除较大安全隐患。全覆盖应用安全视频监控系统，深入开展“四不两直”督查和专项检查，查出各类问题5 956个，治理重大隐患8个。创建达标70支安全示范基层队、23支装备管理示范基层队、73支绿色基层队。③基础工作持续加强。新增9项HSSE行为负面清单，全年安全记分963人，降级处理59人。推进基层队“343”月度考核，共计奖励7 524万元，82支基层队、4个项目部被取消奖励资格或降低一档评先。投用中原、西南、西北三大安全仿真培训基地，推行“1123”培训计划，组织倒班培训和专项培训561期、4.48万人次。2支队伍被评为集团公司金牌标杆队，49支队伍被评为集团公司金银牌基层队。常态化开展设备风险识别和状态监测，完成井场防爆电路等重点项目安全改造124套，实施设备隐患治理906项，同时应用各类自动化设备58台（套）。④风险管控持续加强。季度识别发布10类30个重大风险点，594项管控措施有效落实，成功处置15井次井控异常。严把承包商准入关、过程关和清退关，加强双积分考核，取消4家承包商投标资格。组织开展岗位适应性评估1.65万人，对不适应岗位和职业禁忌人员及时调整、妥善安置。

（冯文孝）

【技术实力显著增强】 2020年，中原石油工程公司创集团公司纪录5项、区域高指标118项，获授权发明专利18件。①完善“四提”理念。探索形成以优质钻井液与高效固控为基础，以高性能装备为保障，上部井段解放泵压、中部井段解放钻压、水平段解放转速、全井段解放排量的提速理念。升级完善12个区域提速模板和9个区域钻井液操作规范。国内在平均井深增加274.4米、深井超深井数量增加4.66%的情况下，平均机械钻速提高5.07%，其中“三北一川”整体提速19.71%，故障复杂时效下降36.71%。②锻造攻坚利器。研制助剂及单体16种、旋冲螺杆等工具11种，研发水泥浆体系4种，形成高密度水基钻井液流变稳定性控制等技术15项，补充改造高压泵11台（套）。其中，在泸203H6-3井三开1 129—1 946米井段，完成超高压喷射钻井技术试验，平均机械钻速较邻井提高54.9%。顺北41X井强化“两高五大”钻井参数，二开、三开平均机械钻速分别较邻井最快提高63.4%、59.1%，钻井周期较设计缩短35.2%。研发的微裂缝防漏剂、球状凝胶复合防漏剂、速封堵漏剂和固结堵漏材料应用641井次，井漏次数降低85.5%，堵漏一次成功率提至80.35%。水平井减阻降扭工具现场应用50套，平均定向周期缩短2.91天。③创新技术管理。加强6个区域“四提”专家组、3个重点工区专家保障组和王中华防漏堵漏专家团队，落实12名井控专家区域负责制。全年转化成果57项，实现产值7.43亿元。产销钻井液助剂5 168吨、创收6 150万元，纳米复合片PDC钻头289只、创收2 136万元，高性能钻井仪表11套、创收959万元。

（冯文孝）

2020年3月17日，中原石油工程公司塔里木分公司90107钻井队施工的西北油田顺北71X井顺利完钻，完钻井深8542米，刷新亚洲陆上定向井最深纪录（樊剑锋 摄）

【管理机制更加健全】 2020年，中原石油工程公司健全管理机制，企业活力进一步激发。①联动考核科学规范。规范60个区块施工周期和定额成本消耗标准，保持定额水平先进合理；坚持“上不封顶、下保底”，严考核、硬兑现，单井台月兑现最高是最低的24倍，一线员工平均绩效兑现是后勤的1.4倍。②人力资源有效盘活。探索关键岗位职业化、普通岗位社会化、境外项目当地化的灵活用工机制，打破身份界限，497 人得到岗位晋升。从停等队伍和机关后勤向施工队伍正向流动 4 214 人次，输出劳务 302 人、创收 2 035 万元。构建基层关键岗位“543”分类定级体系，对定级为 2 类的 5 个国内项目部负责人经考核提拔；7 个亏损且考核排名靠后的项目经理受到诫勉谈话、降级使用或调离岗位处理；对 16 名三级平台经理、35 名四级平台经理、167 名三级司钻发放施工补贴和激励性年金 360 万元，关键岗位人员流失下降 29 个百分点。③系统挖潜走深走实。百元收入变动成本下降 2.28 元，42 项优秀成果得到推广。两级班子带头开展疑难债权挂牌督办，实现自由现金流 2.21 亿元。公司班子成员分别牵头的 5 个挖潜项目组分解实施 5 类 12 项措施，实现挖潜增效 2.9 亿元。

（冯文孝）

2020 年 8 月 28 日，内蒙古探区银额新区首口水平井拐平 1 井顺利开钻（徐　刚　摄）

【政治优势充分发挥】 2020 年，中原石油工程公司认真落实新时代党的建设总要求，深入实施党建质量提升“365”工程，持续完善机制、增强功能，为公司改革发展提供了坚强保证。①凝聚全员力量。坚持用习近平新时代中国特色社会主义思想武装党员、教育群众，开展形势任务宣讲 400 余场次，大力弘扬石油精神、石化传统和中原铁军精神，统筹推进“安全高效创一流、精益求精树品牌”竞赛和工人先锋号、青年文明号、女职工建功立业示范岗创建等活动，“比学赶帮超”红旗总数排名系统第一。②强化组织保障。完善素质培养、知事识人、选拔任用、从严管理、正向激励“五个体系”，抓好“三百三千”“双百双向”锻造计划，开展领军人才、骨干人才、青年人才“321”进阶式培训，打造过硬干部人才队伍。成立公司党建工作领导小组及党建研究室、境外公司党工委，完善《党建工作手册》，开展“创效红旗党支部”“创效示范团队”“创效先锋标兵”创建，深化党员“亮身份、亮标准、亮承诺”活动，创新境外党建路径办法，党组织的凝聚力和战斗力不断增强。③深化反腐倡廉。坚持“重心下沉、关口前移、风险早控”，用足用准用好监督执纪“四种形态”，构建“网格型立体化”职能监督模式，扎实开展“学制度、讲执行、促提升”专项行动，坚持狠刹“四风”不松劲，持续涵养政治生态。④巩固和谐局面。深化“走基层、访万家”“兜底走访”等活动，做实困难救助帮扶，将心脑血管疾病风险筛查纳入员工健康体检。开展 EAP 心理援助，做好情绪疏导，为 2 097 户困难群体和海外在岗家庭慰问救助 324 万元，中原石油工程公司“油嫂互助”志愿服务项目被评为集团公司优秀志愿服务项目。

（冯文孝）

表 1　　中原石油工程公司主要技术经济指标　　亿元

年份 / 指标名称	2020	2019	2018	2017	2016	2015
工业总产值	122.14	123.81	103.40	76.07	69.12	91.52
工业增加值	46.99	41.30	41.11	13.92	8.39	51.82
资产总计	118.02	115.01	108.63	96.31	121.66	137.81
流动资产	66.52	62.14	60.62	48.09	69.03	80.77
固定资产原值	109.24	106.56	105.02	105.17	105.93	105.05
固定资产净值	37.16	37.61	37.51	39.71	42.74	46.61

续表

指标名称 \ 年份	2020	2019	2018	2017	2016	2015
销售收入	122.14	123.81	103.40	76.07	69.12	91.52
实现利税	3.19	4.69	1.76	−21.84	−31.70	4.43
税　金	2.75	2.81	3.17	4.64	3.24	6.19
工业产值综合能耗 / 吨标煤・万元 $^{-1}$	0.361	0.378	0.384	0.388	0.395	0.392

表 2　中原石油工程公司主要生产建设指标

指标名称 \ 年份		2020	2019	2018	2017	2016	2015
钻　井	开钻 / 口	641	787	726	649	509	598
	交井 / 口	668	774	677	638	518	604
	钻井进尺 / 万米	226.48	251.88	216.23	190.92	165.80	197.11
	海外大修井 / 口						
	开　工	212	256	199	240	220	232
	完　工	217	249	205	237	216	233
测录固井	测井 / 井次	2 392	2 446	2 891	2 454	1 763	1 992
	射孔作业 / 井次	1 962	2 148	1 785	1 214	1 348	2 352
	录井 / 口	319	297	284	297	169	280
	固井 / 井次	2 233	2 103	1 796	1 374	1 062	1 892
井　下	维护作业（小修）井次	254	366	452	674	686	539
	措施作业						
	压裂 / 井次	167	247	205	136	185	177
	酸化 / 井次	48	46	42	41	31	55
	大修 / 井次	50	47	53	49	2	29
	侧钻 / 口	34	37	27	1	1	1

江汉石油工程公司

【概况】 中石化江汉石油工程有限公司（简称江汉石油工程公司）于 2013 年 1 月 19 日挂牌成立，是石油工程公司全资子公司，是集团公司创新型企业、国家高新技术企业。业务涵盖钻完井、测录井、测试、侧钻、大修、试（油）、环保工程、特种运输、海外石油工程及国际贸易等领域，具备石油工程井筒业务设计施工一体化服务能力。施工队伍分布于湖北、重庆、四川、山东、陕西、新疆、海南等 10 多个省（市、自治区），以及南美、非洲、亚洲地区的 6 个国家。

江汉石油工程队伍从 1958 年进入江汉平原开展石油勘探开始，历经 60 余年发展，先后在江汉、河南、中原、胜利、辽河、青海、大港、长庆、华北、东北、塔里木、塔河、川东北普光元坝、鄂西渝东建南、涪陵等油气区开展工程施工服务，创造和刷新多项施工纪录，积累形成了以非常规页岩气、高温高压超深井、盐膏湖相（砂泥岩）岩性油藏等为代表特色技术系列，以及以连续油管、牵引器、多级射孔、环保业务、高温高压测试、定测录导一体化为代表的六大特色技术服务品牌，技术优势保持国内领先。尤其是作为主力队伍服务涪陵国家级页岩气示范区建设，勘探开发保障能力、企业管控能力、创新创效水平得到全面提升，发展成为国内页岩气工程技术系列比较齐全、国产化程度较高的石油工程企业，形成了公司核心竞争力和品牌。先后获全国科学技术进步一等奖、全国企业管理现代化创新成果一等奖、国家优质工程金奖等荣誉。

截至2020年底，江汉石油工程公司设9个职能部门、1个直属机构和7个二级单位，大用工口径总量6 387人，工程施工队伍242支。公司资产总额41亿元，资产负债率69%；拥有各类设备2 669台（套），新度系数0.41；拥有先进的90型电动钻机、70型步进式和轨道式钻机、750型系列修井机、3000型压裂车组、450型连续油管作业机、快速平台数控测井仪、高温高压井下测试工具等技术装备，以及自主研发的桥塞、封隔器、牵引器等特色石油工程工具系列。

江汉石油工程公司主要技术经济指标和生产建设指标分别见表1和表2。

（徐　强）

【发展质量效益实现新跨越】 2020年，面对新冠肺炎疫情和油价暴跌的严峻挑战，江汉石油工程公司聚焦全面可持续发展，大力实施创新驱动、特色发展、降本增效、人才强企“四大战略”，深入推进专业化、特色化、市场化、高端化、国际化发展，统筹抓好疫情防控和生产经营工作，全面超额完成年度指标任务，全年实现收入57.97亿元、利润总额0.91亿元，在1—12月集团公司直属企业财务状况排名中，江汉石油工程公司人均利润、营业收入利润率等指标排名石油工程公司所属企业前列；特色业务收入占比达78%，特色技术服务收入15.2亿元、创历史最好水平；队伍施工效率、工程质量创近年最好水平。在石油工程公司2020年度绩效考核中排名第一，党建考核连续第4年被评为A档。

（徐　强）

【疫情防控、复工复产取得双胜利】 面对年初突然暴发的新冠肺炎疫情，面对处于疫情中心、人员流动性大等难点，江汉石油工程公司贯彻中央“坚定信心、同舟共济、科学防治、精准施策”方针，坚持“从快从细从严从实”工作原则，建立快速反应、服务基层、监督问责“三大防控机制”，全力保障防控措施落地见效。①突出精准排查，一线和后勤生产单位隔离观察240人、滚动筛查近万人次。②突出精准防控，重点精准施策，群策群力保供物资，强力推进承（分）包商“零接触、零容忍、零感染”管控，超前抓实抓细海外疫情防控，确保防疫形势保持稳定，未发生群体感染、疫情传播情况。③突出精准复工，采取“点对点、一站式、零接触”方式，组织外部工区1 300余名员工安全有序返岗，4月中旬实现全面复工复产，未发生群体感染、疫情传播情况。

（徐　强）

【深入开展攻坚创效行动】 面对疫情影响和低油价冲击，江汉石油工程公司提出全年发展思路不变、目标任务不变、安排部署不变的“三不变”目标，坚持攻坚创效与深化改革、特色发展、技术进步和管理进步、队伍建设“四个结合”，抓实复工复产、市场开发、创效能力提升、降本减费、安全和防疫、生产运行“六项攻坚”，全面完成“攻坚创效”目标任务，作为28家单位之一被评为集团公司“百日攻坚创效”行动先进集体。①“四提”成效显著。持续推进工程提速、提质、提效、提产，涪陵工区钻井周期缩短17%；压裂作业效率提升110.5%，连续4次刷新国内单机组单日施工段数最多纪录；故障复杂时效降幅45%；西北工区累计获47%的优质工程和40%的提速奖励，获石油工程公司“四提”立功竞赛突出贡献单位称号。②推进全过程优化、全要素压降、全链条挖潜，项目盈利能力显著提升，严控材料费、修理费、财务费、人工总成本、长摊费、运费、外委费、非生产性支出等8项费用，传递经营压力，仅在集团内部市场实现工程降本1.6亿元。

（徐　强）

2020 年 12 月 13 日，江汉石油工程公司在焦页 18 扩平台完成 9 段压裂施工，第 4 次刷新国内单机组单日施工段数最多纪录（陈　名　摄）

【特色业务实现快速发展】 持续推进特色业务规模化应用、产业化发展、品牌化创建，以技术创新引领特色发展，以特色发展引领公司结构调整、高质量发展。①特色施工形成规模。发挥页岩气和高温高压技术优势，钻井、压裂两大特色施工形成西南、西北两大规模市场，两大市场收入占比达 72%。②特色技术服务快速增长。加快提升一体化服务能力，特色技术服务实现收入 15.2 亿元，收入占比 26%；收入增幅连续两年超过 30%，高于公司收入增幅 26 个百分点。③特色产品形成产业。按照"设计 + 制造 + 服务"模式，加快延伸产业链，以牵引器、井筒工作液、连续油管及测试配套工具等为代表的高附加值特色产品实现收入翻番，8 类特色产品入选集团公司、石油工程公司内部优势产品目录，为产业化发展打开了广阔空间。特色业务持续做大、做强、做优，给公司发展面貌带来深刻变化：业务结构明显优化，非钻井业务快速发展，特色技术服务快速增长，加速由中低端向中高端迈进；收入结构明显改善，非钻井业务收入占比 48%，特色技术服务收入占比显著提升，高端产品体系初步形成，加速由工

8 月 5 日，由江汉石油工程公司承办的"牵引器 +"暨页岩气射孔技术交流会在四川泸州召开（许　鎏　摄）

程承包商向技术服务商转变。测录井公司成功由传统业务为主向特色业务为主转型，特色业务占比由 2014 的 17.6% 增至 57.5%；环保业务的快速成长推动运输公司成功转型，更名为环保技术服务公司，实现了由辅业向主业的跨越。

（徐　强）

【市场开发效果显著】 抢抓国内勘探开发力度加大重要机遇，强化市场意识和竞争意识，创新市场开发模式，主动研究市场、适应市场，以优异的服务和业绩赢得市场，拓市增收进攻战取得显著成果。①市场开发业绩逆势上扬。全年新签合同额 55 亿元，实现超年度计划，在激烈竞争中确保收入持续增加。在中国石油川渝市场收入增幅 59.5%，实现全产业链进入，发展成为江汉石油工程公司最大的集团外市场。②创新市场开发策略。注重技术引领市场开发，持续扩大技术交流和推介，加速将技术优势转化为竞争优势，六大特色技术服务业务不断突破市场壁垒，进入中国石油西南、西北等市场，形成品牌效应和规模效益。③推行新的服务模式，实施设计到施工一体化服务，提供一揽子解决方案，在西北油田、中国地质调查局、贵州能投等市场不断取得进展。④市场结构得到调整优化。在石油工程板块集团内部市场资源优化调整中，主力市场得到增强。在西北工区市场服务主体调整优化中，成为保障服务单位之一，钻机得到调增，市场地位进一步巩固。

（徐　强）

【改革管理持续深化】 坚持市场导向，积极稳妥深化内部改革，出台深化改革三年行动实施方案，持续激活力、增动力、提效率。推进管理优化升级，编制《对标世界一流管理提升行动实施细则》，主动找差距、补短板，形成管理提升的长效机制。创新管理模式，推行领导干部下工区、机关干部下基层、业务骨干下项目、基层干部下班组，增强一线管理力量。开展安全生产领域形式主义、官僚主义专项治理和查思想、查管理、查技术、查纪律的"四查"行动，夯实安全生产基础。加快信息化建设，按照"公司主建、单位主用"原则，制订信息化发展三年滚动规划和 2020 年实施方案，加快生产管理平台、企业管理平台、

数据中心的“两平台一中心”建设，信息化水平进一步提升。4项管理创新成果获集团公司、石油工程公司嘉奖，32支队伍获评集团公司金银牌基层队，队伍占比名列地区公司前茅。

（徐 强）

【人才强企深入推进】 全面加强高层次人才培育，大力推进核心人才库建设，加快实施人才序列横向贯通发展，持续加大优秀年轻干部培养选拔力度，选派4人参加集团公司“三百三千”实践锻炼，公开选聘399名技能人才充实到专业技术序列，加大40岁以下中层领导人员选拔，新引进高校毕业生67人。创新开办专家技术大讲堂、公司机关大讲堂，大力推进岗位技能大练赛，技能人才业务水平不断提升，在省部级竞赛中获3金、3银、6铜，2人获国务院政府特殊津贴。

（徐 强）

【党建工作全面加强】 ①政治引领作用有效发挥。持续抓好创新理论武装，深入学习贯彻习近平新时代中国特色社会主义思想，党的十九届四中、五中全会精神，严格落实民主集中制，完善议事规则和决策程序，切实把党委“把、管、保”作用贯穿于决策、执行、监督全过程。②全面从严治党向纵深发展。实施党委重点工作督查督办，扎实推进集团公司党组巡视和党建考核问题整改。深入推进网格化监督，开展疫情防控、攻坚创效等13个重点专项监督检查，监督效能不断增强。③基层组织力持续提升。连续4年开展“基层党建年”活动，创新推进基层党支部“五有四化”建设，以党支部建设促进“三基”工作水平提升，领导干部带头深化“双示范”创建，深入开展党员“三比三争”，持续深化机关作风建设，党支部战斗堡垒和党员先锋模范作用有效发挥。

（徐 强）

【2020年度绩效考核得分排名第一】 2020年，江汉石油工程公司完成考核净利润8 729万元、营业收入579 680万元；在石油工程公司2020年度绩效考核及绩效工资挂钩考核中得分132.6分，排名第一。

（徐 强）

【承包涪陵页岩气田首个难动用储量产能建设项目】 2020年4月1日，江汉石油工程公司与江汉油田分公司联合发文，成立一体化工作组，共同推进难动用储量动用。9月29日，双方在重庆市武隆区焦页107平台召开白马区块产能建设石油工程总承包项目启动会，共同推进该区块效益开发，这也是涪陵页岩气田的首个工程总承包项目。

（徐 强）

9月29日，白马区块产能建设石油工程总承包项目启动会在涪陵工区召开（于成旺 摄）

【运输公司更名为环保技术服务公司】 2020年2月27日，经石油工程公司批复同意，江汉石油工程公司运输公司更名为环保技术服务公司，加快推进运输业务向环保业务转型，实现环保业务产业化、规模化、效益化发展。当年，环保技术服务公司实现营业收入6.64亿元，其中环保业务实现收入1.82亿元，均创历史最好水平。

（徐 强）

表1 江汉石油工程公司主要技术经济指标 亿元

指标名称 \ 年份	2020	2019	2018	2017	2016
资产总额	41.01	41.90	43.27	52.99	71.38
流动资产	17.90	18.60	21.60	30.28	44.24
固定资产净额	18.64	18.60	19.10	20.47	25.10

续表

年份 指标名称	2020	2019	2018	2017	2016
负债总额	28.38	29.90	32.59	43.35	57.35
营业收入	57.97	55.62	43.86	34.46	39.08
利润总额	0.91	2.36	1.33	0.06	0.01
综合能耗 / 吨标煤 · 万元 $^{-1}$	0.234	0.236	0.242	0.244	0.257

表 2　　江汉石油工程公司主要生产建设指标

年份 指标名称	2020	2019	2018	2017	2016
钻　井					
开钻井 / 口	262	277	258	211	122
完成井 / 口	244	249	262	205	137
钻井进尺 / 万米	86.50	82.60	81.40	60.70	43.30
测录井					
测井 / 井次	1 079	1 049	940	827	638
录井 / 口	252	250	249	217	137
井下作业					
作业井 / 口	1 715	1 834	1 772	1 501	1 373
作业 / 井次	1 718	1 858	1 789	1 532	1 393
试油气 / 口	154	119	131	90	117
试油气层数 / 层	1 848	1 013	742	622	1 154

西南石油工程公司

【概况】 中石化西南石油工程有限公司（简称西南石油工程公司）是石油工程公司的全资子公司，于 2012 年 12 月 21 日由原西南油气田石油工程板块技术服务业务整合重组而成。主要为油气勘探开发提供钻完井、测录固、井下作业、技术研发以及井控、环保、热力供暖、特种汽车运输、管具加工与检测维修等专业的石油工程技术服务。具有油气工程技术服务完整的业务链，享有独立的对外经济贸易和承包工程经营权，是国内国外业务一体化的专业化公司。本部位于四川省成都市，设 10 个部门和 2 个直属机构，下属 9 家单位和 1 家派驻机构。

截至 2020 年底，西南石油工程公司拥有各类用工 7 828 人，其中合同制员工 4 169 人（在岗 4 005 人）、规范劳务派遣业务外包用工 2 773 人、海外用工 886 人。在岗合同制员工中，管理序列 853 人、专业技术序列 1 614 人、技能操作序列 1 538 人；具有正高级专业技术职务的 17 人，副高级专业技术职务的 684 人，中级专业技术职务的 898 人，初级专业技术职称的 606 人。拥有各类施工队伍 221 支。其中，国内市场 203 支、国外市场 18 支；甲级队 79 支、乙级队 105 支；中国石化标杆队1支、金牌队10支、银牌队17支。累计获省部级科技成果奖18项，石油工程公司科技成果奖48项；22项成果通过省部级评价，其中16项国际先进、1项国际领先；共申请专利287件，其中发明专利91件，已获授权192件（发明专利28件）；获“页岩气测井处理解释”等软件著作权8项。西南石油工程公司设备总数10 598台（套），原值56.77亿元，净值20.56亿元，新度系数0.36。其中，陆地石油钻机62台（套），顶驱34台，修井机26台，压裂车48台，固井水泥车（撬）35台，测井仪器35套，综合录井仪63台等。能承担9 000米及以下钻井施工、井下作业、测录固井等相关工程，具备年钻井100万米进尺作业能力。主体队伍早在20世纪50年代就服务于国内油气勘探开发，曾为发现大庆油田、扶余油田做出过突出业绩，多年来为西南油田、胜利油田、西北油田的油气增储上产做出了重大贡献。发展形成酸性气、深层页岩气、致密气3套勘探开发工程一体化服务技术，攻关取得25项关键核心技术，氮气钻井、精细控压钻井等特色技术优势明显。

2020年，新冠肺炎疫情暴发，油价持续低位运行，改革优化任务繁重，西南石油工程公司经历了极不平凡的一年。在集团公司党组、石油工程公司党委的坚强领导下，坚定贯彻执行“两场仗一起打，两个责任一起扛”的要求，坚持把员工生命安全和身体健康放在第一位，积极培育低成本竞争力和发展西南特色技术，强化责任担当，突出效率效益，统筹抓好疫情防控、服务油气、四提一降、攻坚创效、资源调整优化、党的建设等各项工作，维护了安全和谐稳定大局，夺取了疫情防控和生产经营“双战双胜”。全年新签合同额52.1亿元，为年计划的104.2%，创历史新高；完成钻井进尺78.21万米，为年计划的97.8%；实现营业收入57.06亿元，为年计划的105.7%；净利润0.41亿元，为年计划的100.2%。

西南石油工程公司主要技术经济指标及主要生产建设指标分别见表1和表2。

（丁勇兵　张　润）

【领导班子调整】 2020年6月2日，集团公司召开视频会宣布西南石油工程公司领导班子调整：张百灵任西南石油工程公司执行董事、党委书记，免去其西南石油工程公司副总经理职务，仍任西南油气分公司副总经理；田平任西南石油工程公司总经理、党委副书记；张立强任西南石油工程公司总会计师、党委委员。11月26日，集团公司召开视频会宣布西南石油工程公司领导班子调整决定：唐世春任西南石油工程公司执行董事、党委书记，张百灵任中原石油工程公司执行董事、党委书记，不再担任西南石油工程公司执行董事、党委书记职务；江旭任西南石油工程公司党委副书记（按大Ⅰ型企业副职管理）、纪委书记、监事，为工会主席人选，不再担任西南石油工程公司副总经理职务。

（丁勇兵　张　润）

【油气勘探开发保障能力持续提升】 2020年，西南石油工程公司聚力“四提一降”，强化一体化运行，扎实推进“三北一川”提质提速提效提产降本，创各类纪录93项，助力西南油气田日产气突破2 000万立方米，在服务保障西南、西北、临盘工区增储上产上做出积极贡献。统筹运行提效率，钻机动用率82.09%，提升0.86个百分点；钻机停待4 231天，减少392天；生产时效98.43%，提升0.54个百分点；钻完井故障复杂率1.09%，降低0.3个百分点。提速增效降工期，威荣页岩气完钻21口井，平均钻井周期78.94天，缩短2.54%；永川页岩气完钻1口井，钻井周期92.18天，缩短8.73%；彭州区块完钻4口井，平均钻井周期216.88天，缩短7.71%。其中，威页37-6HF井钻井周期52.69天，创中国石化威荣页岩气区块钻井周期最短、平均台月效率最高等5项

2020年5月8日，西南石油工程公司与甲方联合召开“百日攻坚创效”行动暨“四提一降”工作现场推进会

全新纪录；彭州 6-2D 井钻井周期 179.5 天，较设计提前 43.5 天。新疆塔河区块完钻 9 口井，平均钻井周期 53.19 天，较目标 57 天缩短 6.69%；TH10445 井钻井周期 37.63 天，结余 23.37 天，提前率 38.31%，创集团公司在该井深段钻井周期最短纪录。压裂提效再升级，川西中浅层水平井采用无级滑套压裂平均 12.5 段 / 日，提高 19%，最高 16.6 段 / 日；页岩气柴油机组、电动泵压裂效率最高分别为 3 段 / 日、4 段 / 日，平均效率分别提高 11.9%、120.2%。

（丁勇兵　张　润）

【服务增储上产取得新突破】 2020 年，成功实施永页 5-2HF 井 24 段 144 簇大型压裂，获日产气 23.15 万立方米，实现永川南区龙马溪页岩气开发突破；威页 29 平台采用“2 套连油钻磨通井 + 三相分离”工艺排采最高日输气 80 万立方米，威页 39 单平台最高日输气达 103 万立方米；彭州区块 6 口井采用“裸眼分段 + 暂堵酸压”等工艺，在彭州海相气田完成酸压试气，彭州 3-4D 获日无阻流量最高达 335 万立方米；元坝 2-1H 井长穿两个礁体礁盖优质储层，两次成功中靶；靖和 1 井茅口组 2 791—2 940 米测试获日无阻流量 11.58 万立方米，获川南铁山—威远构造带茅口组勘探突破；新 8-2 井、大邑 105 井连续 2 口大斜度深井氮气钻井获重大油气成果，为“零伤害”解放难动用储量探索实践了新路径。针对深层页岩气特点，采用“少段多簇密切割 + 强加砂 + 复合暂堵转向”工艺，实现水平段横向覆盖率由 80% 提升至 95.6%，加砂强度每米提升至 1.9 吨，威荣和永川区块压后无阻流量分别提高 60.4% 和 81.2%。

（丁勇兵　张　润）

页岩气井压裂施工现场

【国内市场开发逆势上扬】 2020 年，西南石油工程公司坚持拓展市场空间与优化市场结构并重，本土市场全力保障，强化西南工区高效服务，滚动增加 5 台钻机承担页岩气施工，新上 2 台钻机，海外回迁 2 台钻机，确保了 37 台钻机、72 台（套）压裂设备的施工规模，完成钻井进尺 28.56 万米；压裂施工增加 60.5%。传统市场稳中有增，新疆工区中标钻井 11 口，10 台钻机全部开动，钻井进尺 9.98 万米，增加 0.13 万米，市场占比 20.05%，高于钻机占比 3.9 个百分点；临盘工区在统筹市场布局中强化安全，抢抓生产，在钻机逐步减少的情况下，完成钻井进尺 26.98 万米，增加 0.36 万米；勘探分公司市场进尺增加 1.25 万米。外部市场有效拓展，中标大庆油田流转合川工区 3 口井钻井和 4 口井试气工程，签订川庆井下川渝地区压裂设备年度服务合同，共获合同额 5.3 亿元，为年计划的 133.2%。

（丁勇兵　张　润）

【海外市场稳步发展】 2020 年，西南石油工程公司坚持“做大沙特、巩固科威特、提效厄瓜多尔，延伸产业链”的工作思路，深化“海外六统一”，强化管理提升，全力克服新冠肺炎疫情影响，完成合同额 7.5 亿元，技术指标稳中有升，搬迁效率从 43.49 时 / 次提高到 31.88 时 / 次；日费损失时间降幅 51.5%；日费率连续 5 年高于 99.6%。在项目人员倒班不畅、生产经营压力增加的情况下，积极寻找新的合同和市场，科威特 13 支钻修井队保持了高日费率，获业主无损失工时奖励共 900 万元。克服疫情造成的设备制造工期滞后、港口货物积压、清关缓慢、人员不足等困难，沙特 2 台钻机按计划运行，保障 SP261 如期开钻。突出

2020 年 9 月 6 日，西南石油工程公司沙特首部非常规气井钻井 SP261 顺利开钻

西南深井超深井酸性气钻井技术特色，大力推介全产业链技术优势，全可溶性桥塞、钢丝作业、酸化压裂液、控压钻井等项目积极拓展。

（丁勇兵　张　润）

【全力抓好常态化疫情防控】 2020年，西南石油工程公司坚持生产经营服从疫情防控大局，全面督导落实“六全”措施，制订并更新6版防控方案，及时制定《项目复工指导意见》，率先在川渝工区全面复工，将停工损失降至最低；海外“与疫同行”方案严密落实，统筹做好疫情防控、人员倒班与项目运行，确保了国内外员工无一确诊。各级领导干部带头做好境外员工结对定向沟通联系和慰问帮扶，及时回撤埃及项目员工，千方百计落实出国倒班人员100%接种新冠疫苗，切实保障了员工生命安全和身体健康。

（丁勇兵　张　润）

海外疫情肆虐期间埃及服务队顺利回国

【安全环保态势平稳】 2020年，西南石油工程公司强化安全引领筑牢安全环保防线，用“归零”心态抓实HSSE管理体系有效运行，全面落实安全生产责任制，实现安全环保事故零上报。改革HSE督查大队管理运行机制，发挥独立监督作用，查改问题6 000余项，及时叫停现场作业17次，问责149人次，累计安全记分232分，督查实效大力提升。推进安全生产专项整治三年行动和现场安全标准化建设，针对性开展安全设施、起重作业、承包商专项治理，累计投入安全生产费8 400万元。抓实井控和防硫化氢管理，两项集团公司级安全风险管控严密，中石化川渝井控应急响应中心建设积极推进。按照“一方案两清单”推进绿企创建，扎实开展33项重点工作，完成79支绿色基层队创建，成为石油工程公司首批中国石化绿色企业单位。

（丁勇兵　张　润）

【改革调整及资源优化稳妥实施】 2020年，西南石油工程公司贯彻落实集团公司、石油工程公司关于深化改革及资源优化相关部署，顾全大局、以人为本，稳妥推进临盘工区划转、西南工区优化市场布局、“测录定”业务专业化重组等工作。加强与胜利工程沟通协调，临盘工区移交钻机12台，西南工区接收钻机5台，人员、资产、账务划转移交工作顺利完成，临盘钻井分公司回迁四川完成新公司工商注册、临时办公场所准备、员工岗位及生活安置等，实现现场生产平稳运行、员工队伍总体稳定。

（丁勇兵　张　润）

【管理创效成效明显】 2020年，西南石油工程公司启动对标世界一流管理提升专项行动，明确8项重点任务，梳理形成工作清单并有序组织落实。调研学习胜利工程内部标准成本体系建设、单项目考核、工程结算、投资计划、难动用储量项目实施等经验做法，为推进业财融合、建设概预算中心、构建内部标准成本体系和单井考核体系提供借鉴。强化成本管控，百元收入变动成本压降2.42元，非生产性支出压降182万元，管理机构费用压降567万元。推进西南工区物资供应资源共享，协调降价成效明显，物资采购节约率达10.05%。强化投资对公司发展的支撑，及时解决顶驱、泥浆泵、网电等急需设备缺口，盘活存量资产，保障生产需要。防范化解经营风险，优化14类业务流程，合同审查率100%，办理法律纠纷案件6起，完成审计12项。

（丁勇兵　张　润）

【科技创新不断进步】 2020年，西南石油工程公司加强酸性气、致密气、超深层页岩气等技术体系联合攻关，扎实推进石油工程酸性气技术中心、西南打捞技术中心建设，酸性气藏石油工程科技攻关支撑力得到加强，形成了系列特色产品和集成技术。承担各级在研项目50个，川西海相超深水平井安全快速钻井技术、威荣区块低成本钻井综合配套技术等一批关键技术取得重要进展，7项成果通过科技鉴定，达到国际先进水平。精细控压钻井技术实钻先进性适应性在新深101D井三开获有效验证，实钻周期缩短37%，创6项高指标。自主研发高温高压酸性气井测试封隔器、耐高温缓蚀剂，相关技术指标处于行业领先水平，技术成果转化超额完成年度创收任务。申报省部级奖励6项，获中国石化科技进步奖1项。申请专利58件，其中发明专利22件，专利申请质量、数量创历年新高。

（丁勇兵　张　润）

【干部人才队伍建设全面加强】 2020年，西南石油工程公司推进干部素质培养锻造计划，实现中层管理人员学习贯彻党的十九届四中、五中全会精神全覆盖，创新组织战略思维提升培训班，学习华为公司管理理念，提升干部管理能力和国际化视野。坚持选人用人正确导向，推行政治表现负面清单测评，将干部在疫情防控、复工复产和持续攻坚创效中的表现纳入考察内容。提拔使用中层领导干部中，13人长期在一线工作，在疫情防控和攻坚创效中表现突出，其中1人获评集团公司抗击新冠肺炎疫情先进个人。年内选拔中层领导人员30人，平级交流调整中层领导人员11人；对1名45岁以下中层正职进行党群与综合管理部门交流锻炼，4名中层领导人员进行行政与党群岗位交流锻炼，7名中层领导人员进行基层单位之间交流锻炼，6名中层领导人员进行机关部门与基层单位之间交流锻炼。落实集团公司年轻干部工作推进会精神，大力培养选拔使用年轻干部，干部年龄结构进一步优化，40岁以下中层领导干部比例提升至15.4%。实施人才强企工程，加强人才成长通道建设，年内聘任高级专家6人、专家14人、中层首席技师2人；实施“三百三千”计划，派出4人，接收2人，内部交流锻炼6人，“抗疫稳岗扩就业”专项招聘高校毕业生29人。高质量建成员工培训中心，编制完成技能操作教材及专业技术题库，深入开展岗位练兵、业务竞赛、“师带徒”，三支人才队伍活力涌现。

（丁勇兵　张　润）

【政治优势充分发挥】 2020年，西南石油工程公司党委坚持党建统领，强化理论武装，学懂弄通做实习近平新时代中国特色社会主义思想，采取“及时跟进学＋系统深入学＋结合实际研讨学”的“三学”模式，组织中心组学习40次、学习研讨12次。制定班子成员“一岗双责”履职清单，建立月度提醒机制，推行二级单位和领导班子党建履职情况汇报和通报机制，领导干部“一岗双责”履职到位。坚持务实创新融合，推动“两手册、两指南”党务实操体系落地见效，开展“党建检查指导”“示范党支部书记行”活动，征集形成党建融入中心工作典型事例一册，推荐上报好做法10个，一线党支部与地方党组织共学共建70余次，有效助力了60余次油地矛盾的协调化解。按照三个“有利于”原则优化党支部设置，各基层党（总）支部完成换届工作，56个党员空白班组实现党的工作力量全覆盖。用好信息化平台，“石化党建”平台注册率、党费线上缴纳率、党员登录率均达100%。分批开展党务政工干部、党支部书记、“交叉任职”党支部副书记集中培训，扎实推进支部分类定级和“双示范”党支部创建。强化宣传引领，召开学习贯彻党的十九届五中全会精神宣讲报告会，配合组织石油工程西南工区形势任务宣讲，开展疫情坚守、致员工的一封信、百日攻坚创效等系列报道，为抗击疫情、攻坚创效凝聚了强大正能量。为基层减负措施深化落地，文风会风持续改进，政治生态持续向好，对2019年中央巡视、党组巡视、党建考核、石油工程巡察等监督检查发现问题全部整改完成，并形成了持续整改提升长效机制。

（丁勇兵　张　润）

表1　西南石油工程公司主要技术经济指标　亿元

指标名称＼年份	2020	2019	2018	2017	2016
工业总产值	57.42	55.45	40.74	36.88	30.92
工业增加值	16.66	17.03	15.12	11.54	6.05

续表

指标名称 \ 年份	2020	2019	2018	2017	2016
资产总计	59.42	55.41	51.15	57.84	65.81
流动资产	27.80	28.15	24.09	28.66	34.77
固定资产原值	60.19	58.10	56.96	56.87	57.24
固定资产净值	23.28	22.52	23.13	25.07	27.32
销售收入	57.06	55.45	40.75	36.88	28.18
实现利税	0.89	2.30	1.55	–2.39	–6.25
税　金	0.37	0.38	0.44	0.49	0.41
综合能耗 / 吨标煤・万元 $^{-1}$	0.234	0.238	0.241	0.243	0.248

表 2　　西南石油工程公司主要生产建设指标

项目 \ 年份		2020	2019	2018	2017	2016
钻　井	开钻 / 口	229	271	273	221	183
	交井 / 口	255	262	235	221	191
	钻井进尺 / 万米	78.21	88.84	75.82	66.18	55.80
	海外大修井 / 口					
	开　工	129	158			
	完　工	129	158	59	225	279
测　井	测井 / 井次	977	904	673	735	528
	射孔作业 / 井次	680	588	45	362	301
	测井标准米 / 万米	3 539.42	2 558.45	1 845.62	1 963.77	1 224.59
录　井	录井 / 口	246	286	198	192	150
	录井进尺 / 万米	86.69	104.01	69.40	59.53	45.85
井　下	维护作业（小修）/ 井次	108	169	156	185	217
	压　裂	154	126	150	89	81
	酸　化	44	31	20	19	12
	大　修	76	73	39	77	31

华东石油工程公司

【概况】 中石化华东石油工程有限公司（简称华东石油工程公司）有江苏钻井分公司、六普钻井分公司、测井分公司、录井分公司、工程技术分公司、科技发展分公司 6 个专业经营单位，有重庆项目部、四川项目部等 3 个公司项目部，设有综合管理部、党群工作部、人力资源部等 10 个机关部门和物资管理中心 1 个机关直属机构，公司本部设在南京。

截至 2020 年底，华东石油工程公司用工总量 5 512 人，其中合同制员工 3 827 人（含内退等不在岗人员 602 人）、业务外包工 1 469 人、海外其他用工 216 人。拥有各类石油工程专业队伍 147 支，其中钻井队 60 支、测井队 26 支、录井队 54 支、井下作业 7 支。有金牌基层队 9 支、银牌基层 11 队支。共有设备 4 428 台（套），原值 36.05 亿元，净值 10.52 亿元，新度系数 0.292。国内市场主要分布在江苏、安徽、新疆、重庆、四川、吉林、海南、陕西等省（区）市；国外市场主要分布在阿尔及利亚、厄瓜多尔、泰国、玻利维亚、科威特、加蓬等国家。

2020 年，华东石油工程公司深入贯彻落实集团公司、石油工程公司工作会精神，聚焦“全面扭亏为盈”中心任务，用责任和担当迎难而上，收入等主要指标大幅增长，全年累计实现收入 35.24 亿元，增加 1.4 亿元，增幅 4.14%。

华东石油工程公司主要经济指标和主要生产建设指标分别见表 1 和表 2。

（陈　超）

【领导班子调整】 2020 年 5 月 28 日，华东石油工程公司召开领导班子扩大会，宣布领导班子调整决定：粟开喜任华东石油工程公司党委书记、执行董事。12 月 8 日，华东石油工程公司召开领导班子扩大会，宣布领导班子调整决定：陈俊彬任华东石油工程公司党委副书记、纪委书记、监事，并为华东石油工程公司工会主席人选；免去叶传华华东石油工程公司党委副书记（按大Ⅰ型企业副职管理）、纪委书记、工会主席、监事职务，另有任用。

（陈　超）

【“四提”措施落地见效】 2020 年，华东石油工程公司牢记保障勘探开发责任，大力推进“四提”，当好保障勘探开发主力军。①聚力攻坚创效，压实“四提”责任。积极推进“百日攻坚创效”和“持续攻坚创效”行动，与油气分公司一体化推进“四提”措施落实，为江苏油田在盐城天然气、徐闻涠洲组新层系、金湖隐蔽油藏勘探获“三个新突破”，为华东油气田取得涪陵页岩气田东胜—平桥西区块勘探重大商业发现，为东北油气田松南气田火山岩、致密砂岩多层系开发新突破提供了有力保障。②推进提速降本，落实目标任务。严格执行集团公司要求，完成华东、江苏、东北和西北 4 个油气田分公司直接降价 1.02 亿元目标。在南川工区成功应用页岩气水平段“一趟钻”技术，先后在胜页 2HF 等井“一趟钻”完成水平段施工任务，创造多项纪录，获华东油气分公司多次表扬奖励；隆页 1-3HF 井连续刷新同类页岩气井机械钻速最快等 3 项中国石化纪录。③紧盯关键环节，攻克瓶颈难题，推进集中攻关和成果转化，最大限度减少非生产时间。全年平均钻井周期缩短 11.5%，复杂故障时效降低 59.7%，单井压裂施工效率、平台井压裂施工效率提高 20%，在隆页 1-2HF 井顺利完成单日单井八段压裂施工，创造了南川工区单日单井单机组压裂施工段数最高纪录。

（陈　超）

4 月 25 日，川渝工区 50769 队承钻的 D1-4-14HF 井以节约完井周期 6 天的优异成绩，喜获甲方 12 万元提速提效奖励（马文祥　摄）

【拓市创效成效良好】 2020 年，面对低油价和疫情防控的严峻形势，不断提升市场开拓成效和质量。全年新签合同额 40.46 亿元，增加 4.67 亿元，增幅 13.05%。①国内市场“稳”中有升。全力以赴稳固国内市场，在油价下跌、甲方降本需求强烈的形势下，实现市场份额和收入的平稳态势，全年国内外部市场新签合同额 7.5 亿元，增加 1.78 亿元，增幅 31.12%。成功进入四川页岩气公司市场，川渝页岩气市场达 24 支队伍的规模，川渝页岩气市场份额得到进一步拓展。②海外市场“难”中有进。坚持防疫和拓市“两战并重”，累计中标项目5个，续签项目4个，新（续）签合同额3 656万美元，其中泰国项目与泰国国家石油公司再次签订“1+1”合同，与泛东方能源公司成功实现首次合作，市场份额进一步扩大。③新业务市场“拓”中有为。充分发挥区位优势，强化科技信息支撑作用，积极拓展油气增产、信息服务等特色新业务，全年新签合同额6 129万元，实现收入4 671万元；大力推进新材料应用科研成果转化，“纳米复合新材料野营房”系列产品获长三角“三省一市”职工优秀创新成果奖，市场前景看好。

（陈　超）

【深化改革稳步推进】 2020年，坚持重点突破与整体推进相结合，以改革激活力、提效益、促发展。①优化管理职责。适应公司治理结构变化，优化调整公司机关职能，修订完善公司内控权限指引，着力规范管理流程、提高管理效率。②持续完善业务链。有序推进压裂业务承接、连油投产创效及试油气测试队伍建设等工作，其中压裂业务全年实现收入4.25亿元，成为公司创收创效的增长点。③全面推进承包经营。持续推进承包单元整合优化，明确承包主体责任，充分授权，激发活力，全年6家辅业承包经营单位全部实现盈利，共计实现利润1 197万元。④做实项目部取得积极进展。制订《做实项目部管理体制机制工作方案》，组建重庆、四川、东北3个综合一体化项目部，管理重心进一步前移下沉。⑤强化科技支撑。以建设技术先导型企业和提升核心竞争力为目标，组建公司技术研究中心，着力推进技术创新、科技创效、成果转化和人才培养。

（陈　超）

【管理提升取得实效】 2020年，华东石油工程公司坚持眼睛向内、苦练内功，练就管理提升的真功夫、硬本领。①推进依法合规治企。建立健全法治工作责任体系，高质量通过集团公司法治央企验收；牢固树立“管业务必须管风险”，强化各类风险识别、评估及应对，压实风险防控责任，有效管控重大风险。②强化“三基”建设。扎实开展集团公司石油工程金银牌基层队创建，取得9金、11银的佳绩，金银牌队获奖率高于地区公司平均水平；大力推进管理创新，获集团公司和石油工程公司管理创新成果6项，其中集团公司二等奖1项、石油工程公司一等奖1项。③狠抓降本减费。加强成本费用管控，保障措施增效成果，全年完成措施增效1.9亿元，其中采购成本降低4 338万元、租赁费用降低3 109万元、社保减免政策增效5 158万元、增值税留抵退税2 009万元。④持续加强人力资源管理。有序开展2020年毕业生专项招聘，大力推进用工当地化，创新方式积极开展各类培训，成功举办公司第二届业务竞赛，首次将井下特种装备操作工、内控、财务纳入竞赛工种，竞赛参赛人数、竞赛工种为公司重组以来最多、覆盖面最广，钻井柴油机工被新增纳入江苏省部属企业十大技能竞赛项目，公司省部级竞赛项目名列中国石化驻苏企业前列。⑤优化绩效考核管理。全面划小核算单元、考核单元，强化考核兑现，拉开差距，激发活力，全年中层正职年度绩效最高与最低相差3.97万元；中层副职年度绩效最高与最低相差2.89万元。⑥提升装备保障能力。优化调整装备结构，积极推进关键装备投产见效，7 000米及以上钻机比例上升5.4%、电动钻机比例上升3.9%，自有顶驱升至36台并节约租赁费用650万元；加大闲置设备资产盘活，完成设备资产调剂盘活6 104万元，统筹调配7 000米及以上钻机10台次，为华东石油工程公司全年攻坚创效提供有力保障。

（陈　超）

【安全生产有序有效】 2020年，华东石油工程公司坚持把疫情防控作为安全生产、复工复产的重中之重，实现疫情防控和安全生产“两手抓、两不误”。①抓实疫情防控。认真贯彻落实习近平总书记关于疫情防控的重要讲话精神和集团公司党组的有关部署要求，严格做好疫情“零报告”、双控值班、区域互助等工作，切实维护员工生命安全和身体健康。3月底之前公司全面复工复产，复工率达100%。针对海外疫情防控实际，不断完善境外项目疫情应急预案，扎实开展境外疫情防控视频巡查，有序落实海外人员倒班休班，实现了境外“两稳”要求。②严抓细管安全生产。以

HSSE体系宣贯运行为抓手，强化HSSE责任落实，制订524名各级干部个人HSSE行动计划，加大视频监控和督查，积极开展“安全生产月”活动，强化“四不两直”安全检查，做好员工健康体检及结果应用，坚决防止发生各类事故。③持续加强现场管理。以安全管理提升、HSSE专项整治三年行动计划、“三基”管理提升年工作为抓手，大力推进现场标准化建设，成立5个工作实施组，明确职责分工、任务目标，强化现场标准化、规范化、全周期管理，着力提升现场本质安全水平，为公司全年HSSE工作总体保持平稳提供了有力支撑。

（陈　超）

【党的建设不断加强】 2020年，华东石油工程公司认真学习贯彻落实党的十九届四中、五中全会精神，坚持全面从严治党，加大政治优势转化，推动党的建设和生产经营深度融合、互促互进。①狠抓问题整改。切实把2018年党组巡视、2019年党组巡视“回头看”和中央巡视党组反馈问题整改结合起来，9月全部完成巡视“回头看”反馈问题整改工作，公司政治生态持续好转，干事创业氛围更加浓厚。②压实党建责任。层层压实管党治党责任，以“认责、定责、履责、督责、问责”为主要内容的党建责任体系持续完善；围绕“七一”开展系列活动，强化党员意识，持续推进“不忘初心、牢记使命”主题教育长效机制建设，党旗在攻坚创效、疫情防控一线高高飘扬。③完善决策机制。结合领导体制调整，修订完善公司“三重一大”实施细则，制定党委前置研究讨论重大经营管理事项清单管理办法，不断规范完善重大事项决策，促进公司规范决策行为、提高决策水平。④建强干部队伍。坚持党管干部，扎实推进“三百三千”实践锻炼，着力用好各年龄段干部，加大年轻干部培养使用力度，强化退出现职领导人员管理，重用、新提拔中层领导人员22人，其中40岁以下7人，中层领导人员平均年龄由48.1岁下降至46.1岁。⑤推进风清气正。紧盯关键时期和重要节点，扎实开展廉洁提醒警示等活动，持续开展集中纠治“四风”专项行动，奋力打造公司廉洁亮丽名片取得实效。

（陈　超）

表1　　华东石油工程公司主要经济指标　　亿元

指标名称＼年份	2020	2019	2018	2017	2016
营业收入	35.24	33.84	23.34	20.84	15.26
利润总额	−1.41	0.33	−2.13	−9.43	−9.88
企业增加值	10.34	11.66	7.11	0.69	0.27
资产总额	42.91	37.19	35.05	27.12	32.14
利税总额	−0.91	0.87	−1.71	−8.92	−9.38
海外市场收入	3.62	6.55	7.13	6.63	4.32

表2　　华东石油工程公司主要生产建设指标　　万米

指标名称＼年份	2020	2019	2018	2017	2016
钻　井	98.91	99.34	71.48	73.95	46.49
测　井	3 718.20	3 884.43	3 120.69	3 048.49	2 172.02
录　井	90.69	89.14	59.04	63.90	51.00

华北石油工程公司

【概况】 中石化华北石油工程有限公司（简称华北石油工程公司）是石油工程公司的全资子公司，是集钻完井、测录井、井下特种作业及相关业务技术研发服务为一体的石油工程专业化公司。公司注册地位于河南省郑州市中原区。

截至2020年底，华北石油工程公司设有中层机构19个，其中机关职能部门10个、机关直属部门1个、所属二级单位8个。机关职能部门分别是：总经理办公室、党群工作部（党委办公室、党委宣传部、工会、团委、维稳办）、财务计划部、经营管理部（法律事务部）、人力资源部（党委组织部）、安全环保部、市场开发运行部、技术发展部、装备管理部、纪检监督部（审计部），直属单位物资采办中心。华北石油工程公司所属二级单位8个，分别是：五普钻井分公司、河南钻井分公司、西部分公司（深井超深井技术中心）、国际公司（外事办公室）、井下作业分公司、测井分公司、录井分公司、技术服务公司（致密油气技术中心）。二级单位职能部门58个，机关附属10个，项目部30个。拥有各类施工队伍227支。队伍主要分布在华北油气分公司和河南油田分公司、西北油气分公司、东北油气分公司等中国石化内部市场184支；国内外部市场21支，分布在陕西、河南、山西、内蒙、新疆等9个省（区）市；国外施工队伍共22支，分布在尼日利亚、沙特、科威特、哈萨克斯坦4个国家。具有集团公司甲级队伍资质84支，乙级队伍资质108支，达标队资质13支，国际队伍资质22支。拥有集团公司金牌标杆队1支，金牌队13支，银牌队22支。在册设备总数11 623台（套），主要专业设备1 666台（套），原值35.97亿元，净值11.47亿元，新度系数0.32。主要专业设备利用率85.65%，完好率99.88%。2020年新增设备1 241台（套），设备原值2.75亿元，设备净值2.62亿元。2020年报废设备288台（套），设备原值0.73亿元。

截至2020年底，华北石油工程公司用工总量7 642人，较2019年末减少375人：合同制员工4 926人（其中在岗4 311人，不在岗615人），较上年末减少123人；规范劳务派遣业务外包用工2 255人，较上年末减少63人；海外当地用工461人。

华北石油工程公司主要技术经济指标和主要生产建设指标分别见表1和表2。

（台献民）

【生产经营】 2020年，华北石油工程公司全年实现收入46.02亿元、净利润4 106.33万元，分别完成上级下达指标的103.42%和102.66%。公司发展质量持续向好，安全生产平稳可控，党的建设全面提质，员工收入持续增长，发展大局和谐稳定，坚定迈向高质量发展新征程。

（台献民）

【疫情防控】 按照集团公司党组部署，迅速建立工作体系，层层压实防控责任，以扎实的防疫措施，确保公司全年未发生疑似和感染病例。①提高政治站位，坚决把集团公司党组决策部署落到实处。自觉对标对表习近平总书记指示精神，全面落实党组部署，通过召开专题视频会、调研督导等方式，全力抓好国内外各工区防疫措施落实和生活生产物资保障。全年累计配备口罩148万只、酒精及消毒液8 375千克、测温计602个、隔离服3 200套，有效保障了国内外各工区生产生活所需。②坚持常态化防控，全力抓好“两防”工作。抓实抓细外防输入、内防反弹。在国内，坚决克服麻痹思想、厌战情绪、侥幸心理、松劲心态，通过强化干部值班带班、防控措施执行、防疫物资保障、返岗人员管理、宣传引导措施“五个到位”，确保了常态化防控不放松。在国外，把外防输入的战线延伸到境外各个项目，把防护网构筑到境外各个战场，最大限度减少与外来人员的接触面和接触频率，从源头阻断疫情输入到井队的风险。③坚持人民至上，切实做好“两稳”工作。始终把人民群众生命安全和身体健康摆在首位，在排查上不漏掉一名员工，在防控上不放松一个环节，在帮扶上不落下一个家庭。累计向境外员工发放补贴1 853万元，帮扶救助境外员工家庭695户，为34名员工解决爱人生育陪护、老人生病照料等难题，为员工家属举办3场EAP讲座和5场疫情防护知识宣讲，组织海外员工子女拍摄“我和爸爸说句话”微视频，发送到海外项目展播，密切关注航班动态，寻求多方政策支持，承揽中国石化沙特项目包机回国事宜，抓住一切机会安排海外员工回国倒休，通过细致有效的帮扶措施，确保境外员工队伍稳定和国内员工家属稳定。④坚持坚守忠诚奉献，大力弘扬石油精神、石化传统。疫情发生以来，公司广大干部员工自强不息、尽职担当，逆行出征、坚守岗位，保障了市场开发与项目运行，涌现出以王磊为代表的一大批战疫先进模范，用实际行动诠释了忠诚与担当，汇聚起公司上下夺取“双胜利”的强大精神力量。

（台献民）

【攻坚创效】 制定以攻坚创效行动方案为主体，以“四提”工作方案为支撑的攻坚体系，全力推进生产经营各项工作。①“百日攻坚创效”行动成果丰硕。以“保三争二奔一”为奋斗目标，分层级、分区域、分项目完善工作方案和保障措施，按井型编制各开次作业指导书，固化施工技术模板，通过关键节点把控和施工环节优化，实现提质增效。行动期间，公司新签合同额、完成合同额、营业收入、利润总额等指标完成率分别为116%、133%、125%、176%，百元收入营业成本87.01元，比公司“百日攻坚创效”目标89.7元下降2.29元。百元收入变动成本较上级公司“百日攻坚创效”目标45.7元下降1.15元。人均利润、总资产利润率两项指标在石油工程系统内排名第一，红旗数量排名第一，综合考核系统第三。②“持续攻坚创效”行动完美收官。发扬前期经验成果，推广应用设计周期、预算周期、实际周期三条学习曲线，分解各开次提速目标，开展对标行动，立足单井突破，带动区域进步；分工区形成华北工程“四个示范”，成为即学即用的指导书，推动“持续攻坚创效”行动不断上台阶。全年实现优化增效3 200万元，降本增效3 164万元，超额完成上级下达指标。在石油工程系统内取得总资产收益率、人均创效、资产负债率、百元收入营业成本、新签合同额增长率等“7项位居前列”的优异成绩，实现经济发展质量、市场竞争力、品牌影响力、干部员工归属感获得感幸福感“4个显著提升”，为决胜“十三五”打下坚实基础。

（台献民）

【服务勘探开发保障】 秉承“一家人、一条心、一盘棋、一块干”理念，坚持集团公司利益最大化，扛牢稳油增气降本责任。①“四提”工作成效显著。全方位推进一体化，与甲方联合成立“四提”工作组，建立对接协调机制，双方专家联动，提升工程设计的科学性、准确性，努力打准地质甜点，实现少井高产、少井稳产。2020年，华北石油工程公司在华北、河南、新疆工区钻井周期分别缩短33.94%、10.73%、36.89%，故障复杂率0.64%、降幅48.44%，平均机械钻速、纯钻利用率分别提升29%、3.32%，均超额完成“四提”目标要求。②主动加压，强化投资优化。贯彻落实《2020年国内上游投资优化结算工作的通知》要求，主动承担甲方降本压力，河南油田市场全年投资优化降本1.61亿元，超目标1.4亿元，整体降幅23%；华北分公司市场投资优化降本9 982万元，超目标5 682万元，整体降幅15%；西北油田分公司市场投资优化降本3 226万元，超目标1 526万元，整体降幅5.5%，华北石油工程公司以实际行动扛牢稳油增气降本责任。③尽锐出战，责任不放。积极探索内部市场放开条件下，保障国家能源安全政治责任的实现途径，在华北工区叫响“活由我干，账由你算”，把关注重点聚焦到提升“四种能力”上，协调石化油服队伍以虎口夺食的拼劲抢市场，确保效益不外流、集团利益最大化。④刀刃向内，培育低成本生存能力。面对河南油田新一轮井投资评价无法通过、全年产建任务无法完成的实际，华北石油工程公司成立由相关业务部门组成的现场帮扶组，逐口井、逐个环节制定优化措施，把零利润作为目标，全系统优化降本，最终在2020年新定额再降25%的基础上，确保了投资评价顺利过关，新井得以部署实施。

（台献民）

【市场开拓】 华北石油工程公司2020年新签合同额66.58亿元，增加22.1亿元、增幅49.6%，完成年度目标的125.6%，新签合同额增长率、完成率均在石油工程系统排名第一，公司收入结构持续优化，抗风险能力不断增强。①国内外部市场快速增长。川渝页岩气市场实现全产业链进入，队伍总数达 15 支，其中 70849HB 钻井队综合业绩在工区 139 支队伍排名中成功跻身前十。国内集团外全年实现收入 6.62 亿元、增幅 63.44%，占比总收入 14.38%，创历史新高，有效填补了集团内市场份额缺口。②国际市场逆势增长。充分发挥国际项目统筹协调、统一管理优势，有序启动非常规气井钻机、连续油管、水井钻井等一批重点项目，成功实现由水井向非常规气井、由工程施工向技术服务的跨越。新签合同额 35.5 亿元、增幅 60.9%，实现收入 16.19 亿元、增幅 12.6%，占比总收入 35.18%，有力拉动公司市场开拓逆势飘红，为实现“双胜利”发挥了顶梁柱作用。③“三新”业务取得实质性进展。按照国内市场“四个转移”战略部署，加速从服务石油石化行业向服务社会转移，成功与国网河南省电动汽车服务有限公司合作，在新能源领域觅得新机遇。第一批电动汽车充电站顺利竣工，标志着公司加快了绿色洁净能源建设步伐，开启了以信息技术融入社会化服务的新征程。

（台献民）

【精益管理】 贯彻落实党组对标世界一流管理提升行动方案，突出精益管理，坚持向管理要质量、要效益。

提升效率效益，资源优化全面开展。①机构运行更加高效。整合鄂尔多斯工区项目机构，实行统一管理，压减机构费用 1 100 余万元；面向工区石化油服队伍成立物资保障中心、管具和防喷器检维修中心、钻具检测线，统一后勤保障，提升市场化条件下资源共享和服务保障能力。②用工配置更加灵活。建立弹性用工机制，探索实施关键岗位职业化、普通岗位社会化、境外项目当地化的灵活用工机制，推行模块化班组、共享班组等人机分离模式。累计压减项目化用工 667 人，从停等队伍和机关后勤向施工队伍正向流动 4 049 人次，压降费用 1 851 万元。③作业模式更加科学。推行“小搬家”“先搬后测”等生产运行模式，全方位优化搬迁车次，提高搬迁时效；探索实施丛式井组整体压裂和工厂化作业模式，通过资源共享，实现成本降、效率效益升。

突出价值导向，项目管理能力持续提升。①成本管控更加精准。树牢过“紧日子”思想，制定“七压减六保障”成本管控措施，百元收入营业成本 90.74 元，降低 0.03 元。②亏损项目治理更加从严。召开亏损项目治理推进会，明确“亏损不能存、责任不能空、追责必从严”的治亏导向；修订项目亏损责任追究办法，变亏损项目“全员担责”为“责任者担责”，责权利匹配更加对等；全面梳理 2019 年施工项目，对 43 个亏损项目进行责任认定，扣罚责任单位绩效工资 931 万元，倒逼各单位从严项目管理。③资金状况持续好转。落实“两金”常态化管控措施，提高清收效率。围绕年度现金流管控目标，充分调动各单位资金统筹的积极性，公司自由现金流 1.38 亿元，超额完成年度指标任务。

聚焦勘探需要，装备管理水平持续强化。①统筹优化装备资源。更新、改造 70 型及以上钻机 5 部，新增压裂车、连续油管、网电等专业设备 19 台；推进报废资产处置，压减钻机 15 部，其中完成报废处置 9 部、钻机改修井机 6 部，装备结构持续优化。②强化装备保障力度。对接勘探开发需要，提升装备和市场匹配度，增配高压大排量钻井泵、高频振动筛、柴油发电机组；新购吉艾 5700 成像测井系统、水泥分区胶结评价测井仪和固井水泥车，全面满足“四提”需求。③加快“四化”建设步伐。按照“四化”“五省”要求，大力推进装备机械化、信息化改造，与宝石机械公司签订战略合作协议。按照石油工程作业现场“六个标准化”建设要求，开展钻井井场和大修作业现场标准化试点工作。

（台献民）

【科技创新】 华北石油工程公司着力破瓶颈，科技创新打造新动能。①品牌建设有序推进。河南省高新技术企业获得认证通过，中石化石油工程致密油气技术中心和华北石油工程公司深井超深井技术中心挂牌运行，获批建设河南省致密油气工程技术中心省级研发平台，品牌建设取得重大进展。②特色技术应用收获新成果。华北工区应用可控膨胀堵漏技术成效显著，全年漏失率、平均单井堵漏时间降幅分别为 19.8% 和 34.3%；西北工区培育形成的深井超深井技术体系，在顺北52A井同时创造4项工区纪录，顺北55X、顺北71X井2次刷新亚洲纪录，实现重要油气勘探突破，双双登上央视新闻，叫响了华北品牌，彰显了担当作为。③新技术研究攻关取得新突破。塔河工区成功应用超深短半径侧钻技术，为甲方降本近千万元，填补了国内采用常规钻具实施侧钻的技术空白；测井专业实现井壁探测到井间探测、电缆测井到随钻测井的技术跨越；录井专业深化油藏地质在钻完井、储层改造等领域应用，推进地质工程一体化进程；井下作业可溶桥塞压裂技术，效率提高2.8倍，压采一体化压裂管柱技术共实施118口井，大幅降低了施工周期和作业费用；技术服务公司超低密度水泥浆体系，在南阳、春光等工区应用效果显著。

（台献民）

【安全管理】 华北石油工程公司强力筑根基，安全发展开启新局面。①树牢安全发展理念。认真贯彻习近平总书记关于安全生产的重要指示批示精神，坚守"发展决不能以牺牲安全为代价"的红线，引导各岗位员工始终站在讲政治的高度抓好安全工作。②贯通安全生产责任制。严格落实《全员安全记分管理办法》，深入工区召开安全监督座谈会，明确安全监督职能定位，从体制机制上做实安全监管工作。持续推进具有华北特色的基层HSE管理系统，压实安全责任到基层、到岗位，确保责任落实不挂空挡。③严实直接作业环节监管。认真落实《直接作业环节安全管理十条措施》、华北工程安全管理48条硬措施，深刻吸取"7·26"起重伤害、"1·1"物体打击事故教训，全面开展吊装、高处作业等隐患排查整治，累计消除风险隐患433项。④发挥安全视频实时监控平台作用。开展全过程监管，建立视频回看制度，对违章行为及时安全诊断，对责任人进行培训教育。共查纠违章916项，对425人记分处理，1 198人接受批评教育。⑤抓实安全活动引领。精心组织"安全生产月""安全生产万里行"活动，贯彻落实全国安全生产专项整治三年行动计划和集团公司部署，启动安全强基固本工程，不断推动安全管理走深走实。

（台献民）

【党建工作】 华北石油工程公司全力抓提质，党建工作呈现新气象。以政治建设为统领，坚持务实创新融合，启动党建提质升档工程，持续提升党建工作质量。①全面加强党的政治建设。始终在政治立场、政治方向、政治原则、政治道路上同以习近平同志为核心的党中央保持高度一致，贯彻落实中国石化推进党的政治建设22条重点措施，不断增强"四个意识"、坚定"四个自信"、做到"两个维护"。②自觉强化理论武装。坚持把习近平新时代中国特色社会主义思想作为党内重要会议、中心组学习"第一议题"，深入学习十九届五中全会精神，围绕安全管理、党的建设、石油精神等开展专题研讨13次，推进理论武装成果转化。③从严履行管党治党责任。细化分解党组年度党建工作安排意见，制定落实全面从严治党主体责任办法、深化推进党的政治建设重点措施等制度，按权限对12个事项进行前置审议，细化领导班子成员党建责任清单，把党的领导融入公司治理各环节，管党治党责任有效履行。④着力强化基层党建。坚持大抓基层、大抓支部，深入工区开展基层党建座谈会，开展庆祝建党99周年系列活动，完成到届党支部换届选举工作，推行"3+N+1"主题党日，制定基层党建提质15项措施，着力打造"五强堡垒、五手先锋"，基层组织力提升工程和"三基本"建设不断强化。⑤持续加强干部人才队伍建设。坚持正确选人用人导向，突出政治标准、基层导向、业绩导向、竞争导向、年轻化导向，推进选拔领导机制建设。优选23名干部参加挂职锻炼，公开竞聘3名高级专家和3名中层干部，占公司新提拔使用人员27.3%。公司40岁以下中层干部占比15.8%、增幅4.8%，干部队伍结构明显改善。新提拔中层干部认同率97.7%，增幅4%，以用人环境的风清气正促进了公司政治生态的山清水秀。⑥深入推进党风廉政建设。召开2020年党建暨党风廉政建设和反腐败工作会议，认真开展反腐倡廉教育月活动、"制度执行监督年"活动，深化"大监督"格局，组织11项审计和8项专项治理，发现并整改问题71项；统筹推进党组专项巡视整改落实和石油工程公司党委巡察整改落实，开展"回头看"，通过扎实整改成效，推动公司政治生态实现根本好转，着力打造廉洁华北名片。

（台献民）

表 1　　华北石油工程公司主要技术经济指标　　亿元

指标名称＼年份	2020	2019	2018	2017	2016
工业总产值	47.51	49.13	40.27	37.68	34.89
工业增加值	17.74	17.09	15.25	11.93	7.73
资产总计	44.07	42.67	40.22	42.89	49.54
流动资产	19.86	19.64	18.87	21.12	22.99
固定资产原值	53.68	51.58	49.96	49.42	50.86
固定资产净值	18.19	18.32	18.48	19.00	23.39
营业收入	46.02	48.00	39.33	37.62	34.04
实现税费	0.44	0.75	0.96	1.26	1.22
税　金	0.14	0.47	0.86	1.23	1.10
综合能耗 / 吨标煤 · 万元 $^{-1}$	0.306	0.309	0.321	0.336	0.352

表 2　　华北石油工程公司主要生产建设指标

指标名称＼年份	2020	2019	2018	2017	2016
钻　井 / 口					
开　钻	368	454	417	457	344
完　钻	376	442	418	449	353
钻井进尺 / 万米	106.36	123.19	106.54	109.70	84.00
测井、射孔 / 井次	3 090	3 086	1 563	1 562	1 468
测井 / 万标准米	4 824.80	4 791.53	3 446.00	2 938.00	3 376.00
录井 / 口	498	523	437	512	341
录井进尺 / 万米	150.71	163.12	134.21	134.04	105.99
井下作业 / 井次	964	1 262	883	726	497
试油、试气 / 口	123	240	203	203	74
压裂 / 口	351	425	275	156	202
压裂 / 层（段）	640	1 779	1 117	480	748

石油勘探开发研究院

【概况】 中国石油化工股份有限公司石油勘探开发研究院（简称石油勘探开发研究院）是中国石化直属上游综合研究机构，本部设在北京，设置内部机构 26 个，其中京外设有无锡石油地质研究所、合肥培训测试中心 2 个机构。石油勘探开发研究院正式成立于 2000 年 7 月，其前身为原国家地质矿产部所属的 7 家油气普查勘探研究单位。2020 年底，办公地址由海淀区学院路 31 号搬迁到昌平区沙河镇百沙路 197 号院中国石化科学技术研究中心。

石油勘探开发研究院被赋予“三部一中心”职责定位，是中国石化上游发展战略及油气勘探开发参谋部、油气勘探开发技术支撑服务部、油气勘探开发技术研发和集成部、上游地质资料信息中心。主要任务是承担国家及中国石化重大项目的科技攻关和牵头组织工作、油气勘探开发基础理论及应用技术研究与集成，承担中国石化国内外油气地质基础研究、油气资源评价、勘探选区评价、中长期发展规划编制、年度部署及相关工作，参与股份公司重大油气勘探开发科研项目和重大生产经营项目的设计审查、技术经济论证等工作。

石油勘探开发研究院拥有页岩油气富集机理与有效开发国家重点实验室、国家能源页岩油研发中心、国家油页岩开采研发中心、国家能源陆相砂岩老油田持续开采研发中心 4 个国家级研发机构，海相油气藏开发、油气成藏、页岩油气勘探开发、弹性波理论与探测技术 4 个中国石化重点实验室，提高采收率、储层保护与改造、构造与沉积储层、地面工程 4 个院级实验室，拥有一批具有国际先进水平的实验仪器设备。创办《石油实验地质》《石油与天然气地质》《Energy Geoscience》期刊。

截至 2020 年底，石油勘探开发研究院用工总量 1 190 人，包括中国科学院院士 1 人，中国工程院院士 1 人，集团公司首席专家 4 人、高级专家 10 人。拥有博士 529 人，硕士 414 人。设立博士后科研工作站 1 个，在站人员 38 人。

2020 年，石油勘探开发研究院共承担各类科研生产任务 619 项。申请国家发明专利 219 件，获授权 145 件，认定专有技术 32 件。获国家科技进步二等奖 1 项，中国石化科技奖励 14 项，其中技术发明一等奖 1 项、科技进步一等奖 5 项。向党组领导提交参谋建议 17 份。牵头论证 2 口风险井被采纳，编写并被采纳开发方案 13 项、井位部署方案 20 余项，3 项产品进入集团公司优势产品推广目录。疫情防控实现全员“零感染”，保持了安全、稳定、健康、和谐发展的良好态势。

石油勘探开发研究院 2020 年主要科研成果获奖情况及 2015—2020 年专利申请与获授权情况分别见表 1 和表 2。

（聂　俊）

【领导班子调整】 2020 年 9 月 28 日，集团公司在石油勘探开发研究院召开干部大会，宣布对石油勘探开发研究院领导班子调整的决定：郑和荣任院长、党委副书记，郭齐军任党委书记、副院长，徐旭辉不再任副院长，调出另有任用。

（聂　俊）

【疫情防控与攻坚创效】 2020 年，石油勘探开发研究院严格按照集团公司疫情防控工作的统一部署，第一时间成立以主要领导任组长的疫情防控领导小组，召开防控联席会议 105 次，建立干部员工疫情日报告制度，认真落实防疫要求，严格执行防疫措施，实现“零感染”。在做好防疫的同时，第一时间组织力量奔赴油田现场，以实际行动落实“百日攻坚创效”和“持续攻坚创效”，获集团公司“百日攻坚创效”先进单位称号。

（聂　俊）

【参谋支撑】 2020 年，石油勘探开发研究院完成各级专业规划 26 份，其中配合完成《国家能源技术创新“十四五”油气专业规划》等 7 个国家层面战略规划，协助完成《油气与新能源业务“十四五”发展规划》等 14 个集团公司层面专项规划。向集团公司提出高质量参谋建议 17 份，其中《应对政策变化，加大矿权投入》等 5 份研究专报获党组领导签批，被集团公司列为重点督办事项推进实施。

（聂　俊）

【选区评价和矿权管理】 2020 年，石油勘探开发研究院建立勘探、开发、经济一体化评价方法及流程，提出 17 个区块竞标建议，被总部采纳 16 个。深化“中中合作”，评价中国海油开发招商区块，提出 6 个潜力区块竞标方案被采纳，最终获 4 个开放区块的合作勘探开发权，参与 1 个战略合作区。提出 69 个探矿权延续方案，保住了投入不足区块 27 个共 2.55 万平方千米。

（聂　俊）

【风险勘探支撑】 2020 年，石油勘探开发研究院协助油田勘探开发事业部完成 65 口风险井的论证审查，牵头设计风险井位 9 口，被采纳 2 口；牵头设计的长探1井在上古生界获工业气流，提交预测储量179.5亿立方米，实现鄂南天然气勘探突破。

（聂 俊）

【生产支撑】 在塔里木盆地，开展顺北5号断裂等主干、次级断裂及穹隆构造精细解析，有效支持顺北52A等5口探井的重大突破，新增三级储量2.07亿吨油当量。在塔河复合岩溶区，开展岩溶系统精细描述、建模数模一体化研究，部署井16口，新增动用储量490万吨，支撑新建产能10万吨。在鄂尔多斯盆地，编制大8、大10等井区综合调整方案，新增经济可动用储量118.3亿立方米，新建产能2.9亿立方米。在东胜气田优选8个有利开发区，建议部署开发评价井8口，已实施2口，其中J51P2井试气18万米³/日。在四川盆地，形成致密气藏断缝体储层甜点预测关键技术，在须家河组部署的新8-2井稳产7万米³/日，挖潜井高庙2井压后措施产量6万米³/日，落实可动用储量342亿立方米。支撑通南巴老井复查工作，提出堵水建议实施2口，措施后产量达10万—25万米³/日。在海外，完成喀麦隆中深层圈闭评价，发现权益地质储量443万吨，深层浊积岩圈闭16个，资源量合计2 713万吨；在安第斯南区发现Paiche油田，新增可采储量286万吨；巴西Iara油田优化部署开发井11口，已投产的1口井平均日产油4 122吨；支撑TaqTaq油田完成年度调整方案，部署井位3口，优化2口，其中TT-34井试油550吨/日。

（聂 俊）

【科技成果转化】 2020年，石油勘探开发研究院具有自主知识产权的页岩气模拟软件Compass在涪陵、威远、永川等区块推广试用32套。推广休斯顿研发中心Thunder高精度成像软件在塔河、顺北等4个区块应用。预分水装置在西北油田中标4套。地质工程一体化压裂优化设计技术在普陆3井、大湾4、杨柳1、林页3等井技术大包服务获成功，取得侏罗系致密气、二叠系茅口组岩溶气藏的新突破，开辟了普光勘探新领域。稠油降黏剂形成系列产品，在胜利、河南等油田现场推广试验12口井，累计增油3 105吨。完成江苏油田4个井组、2条集输干线不加热集输试验，单井节约加热费用4万—6万元/年。

（聂 俊）

【举办学术论坛】 2020年，在石油勘探开发研究院成立20周年之际，举办"大数据、人工智能与高质量勘探开发"学术论坛，汇聚业内专家智慧，共商大数据、人工智能等技术在中国石化勘探开发中的实践与应用，助力上游稳油增气降本，为集团公司构建"一基两翼三新"产业格局、打造世界领先洁净能源化工公司建言献策。中国工程院院士康玉柱、李阳，中国科学院院士金之钧等100余位领导专家参加论坛。

（聂 俊）

"大数据、人工智能与高质量勘探开发"学术论坛

【深化体制机制改革】 2020年，石油勘探开发研究院积极落实集团公司深化国企改革三年行动要求，启动"科改示范行动"，形成"1+2+N"的改革顶层设计，明确了推进项目制、深化放管服、

石油勘探开发研究院华北地区勘探开发研究中心现场工作启动与技术交流会

强化市场化、落实“三项制度”改革、完善现代企业制度等24条具体措施。组建华北地区勘探开发研究中心，重组天然气战略研究力量，筹建中国石化矿权评价研究中心，成立巡察办公室、团委、机关党总支。完善生产专项奖、前线人员补贴办法等激励考核机制，强化业绩导向。全面完成退休人员社会化移交。完善协同创新机制和内部协作机制，16个部门27个项目开展部门间协作。

（聂　俊）

【人才队伍建设】 2020年，石油勘探开发研究院推行集团公司专家“一人一策”管理，完成科研板块岗位竞聘，引进紧缺专业海外高层次专家1人、系统内成熟人才7人，高质量落实“三百三千”计划接收7人、外派8人，干部人才队伍结构进一步优化、素质进一步提升，为创新创效提供了坚强人才保障。

（聂　俊）

【信息化建设】 2020年，石油勘探开发研究院召开信息化工作座谈会，提出要举全院之力加快推进数字化转型，努力打造数字驱动型研究院。按照建设“数字盆地”的整体架构，勘探开发数据资源中心初步实现企业EPBP数据集中汇聚，为总部7套系统提供数据服务；勘探开发云平台（EPCP）为15家上游单位3 500余名科研人员提供软件许可共享服务；大力推广虚拟桌面应用，在疫情期间，有效支撑900多人的在线办公和119个科研项目顺利开展。

（聂　俊）

【学习贯彻习近平新时代中国特色社会主义思想和党的十九大精神】 2020年，石油勘探开发研究院将学习贯彻习近平新时代中国特色社会主义思想、习近平总书记重要讲话和指示批示精神、党的十九大和十九届二中、三中、四中、五中全会精神作为“第一议题”“第一课程”，全年组织21次理论中心组学习，举办中层干部、专家、青年骨干培训班，组织670名党员、296名青年参加线上线下政治轮训，优化学习方式，加大研讨力度，做到学懂弄通做实。

（聂　俊）

【召开党员代表大会】 2020年，中国共产党中国石化石油勘探开发研究院召开第三次代表大会，选举产生中国共产党中国石化石油勘探开发研究院第三届委员会和纪律检查委员会。

（聂　俊）

【党风廉政建设】 2020年，石油勘探开发研究院从讲政治的高度持续推进巡视审计反馈问题整改，督促整改中央巡视反馈认领的37个问题，初步形成长效机制19个。成立党委巡察工作领导小组，设立党委巡察领导小组办公室，成立3个党委巡察组，完成6个部门（单位）的巡察工作。

（聂　俊）

表1　石油勘探开发研究院2020年主要科研成果获奖情况

序号	项目名称	获奖名称	获奖等级
1	大型复杂碳酸盐岩油藏高效开发关键技术应用	国家科技进步奖	二等奖
2	Thunder 地震高端成像软件技术	集团公司技术发明奖	一等奖
3	陆相油藏 CO_2 驱油利用与埋存一体化关键技术研究及应用	集团公司科技进步奖	一等奖
4	中国石化“十三五”油气资源评价	集团公司科技进步奖	一等奖
5	顺北油气田勘探与关键技术	集团公司科技进步奖	一等奖
6	鄂尔多斯盆地北部盆缘过渡带成藏规律与勘探技术	集团公司科技进步奖	一等奖
7	塔河油田缝洞型油藏控制递减关键技术	集团公司科技进步奖	一等奖
8	油气勘探开发项目投资优化评价方法及应用	集团公司科技进步奖	二等奖
9	鄂尔多斯盆地海相膏盐岩—白云岩组合成烃成储机理与评价	集团公司科技进步奖	二等奖

续表

序号	项目名称	获奖名称	获奖等级
10	深层—超深层碳酸盐岩成储机理、地质评价方法及应用	集团公司科技进步奖	二等奖
11	鄂南致密储层精细表征技术	集团公司科技进步奖	二等奖
12	喀麦隆 RDR 盆地深层成藏条件与勘探潜力	集团公司科技进步奖	三等奖
13	复杂气藏型储气库评价方法与建库参数预测技术	集团公司科技进步奖	三等奖
14	中国石化上游“十二五”科技进展	集团公司科技进步奖	三等奖
15	涠西区块构造沉积演化与油气成藏主控因素	集团公司科技进步奖	三等奖

表 2　石油勘探开发研究院 2015—2020 专利申请与获授权情况　件

年份	国内专利		国外专利	
	申请数	获授权数	申请数	获授权数
2020	219	145	2	5
2019	199	108	0	1
2018	199	98	1	1
2017	262	49	0	1
2016	245	45	1	0
2015	210	34	0	1

石油工程技术研究院

【概况】 中国石化石油工程技术研究院（简称石油工程技术研究院）成立于2009年6月，是集团公司直属研究院。定位为集团公司石油工程业务发展的参谋部、石油工程高新技术研发中心和国内外石油工程技术支持中心。业务范围以井筒技术为主，从事石油钻井、完井、测井、录井、测试、储层改造及海洋石油工程等专业的发展规划、科研攻关、产品研发和推广应用。

石油工程技术研究院本部下辖7个职能部门、9个研究部门和4个技术支持中心；京外设有1个直属单位和2个分院，委托管理中石化中东研发中心。建有页岩油气富集机理与有效开发国家重点实验室、国家能源页岩油研发中心、国家油页岩钻完井技术分中心、固井与完井实验室和页岩油气钻完井及压裂实验室2个中国石化重点实验室、9个专业实验室和4个基础实验室。

石油工程技术研究院取得质量、环境、职业健康安全管理体系再认证注册，并保持API等产品认证，创办有中文核心期刊《石油钻探技术》，是全国石油钻采设备和工具标准化技术委员会井下工具标准化工作部挂靠单位，实验室通过了CNAS国家实验室认可，直属单位大陆架公司为国家高新技术企业。

截至2020年底，石油工程技术研究院用工总量586人。其中，北京院本部（股份院）405人，有正高级职称的74人、高级及以上职称的占80%，博士、硕士占85%，在站博士后9人；德州所（集团院）用工总量158人。拥有国家级突出贡献专家2人，享受政府特殊津贴专家11人，“百千万人才工程”人选2人，集团公司首席专家2人、高级专家3人，孙越崎能源科学技术奖能源大奖1人、科技青年奖2人，集团公司突出贡献专家12人，集团公司学术技术带头人8人，闵恩泽青年科技人才奖23人，中国石化优秀创新团队8个。

2020年，石油工程技术研究院共承担各类科研项目265项，申请专利312件（发明专利300件）、获授权148件（发明专利140件），获省部级奖24项。

石油工程技术研究院2020年主要科研成果获奖情况及2015—2020年专利申请与获授权情况分别见表1和表2。

（王　磊）

【领导班子调整】 6月8日，集团公司党组对石油工程技术研究院领导班子进行调整：刘宝增任石油工程技术研究院党委书记、副院长、副总经理；曾义金被聘为集团公司石油工程领域首席专家，不再担任石油工程技术研究院副院长、副总经理职务；根据技术总师负责制工作需要，丁士东兼任石油工程技术研究院总工程师；内部提拔王敏生任石油工程技术研究院副院长、副总经理。

（王　磊）

【获得荣誉】 5月30日，院长、执行董事兼总经理、党委副书记路保平获第二届全国创新争先奖状。2月29日，泡沫固井技术团队获2019年度集团公司优秀创新团队称号，核心专利技术已许可石化机械公司商业化制造，实现规模化应用。

（王　磊）

【攻克“卡脖子”技术】 近钻头随钻伽马成像系统突破信号无线高速传输和高清成像等技术难题，实现实时成像和存储成像，性能指标达到国际先进水平，具备了商业化应用能力。V0级高温高压固井封隔器技术，取得API 11D1和DNV两大国际一流产品认证，已在呼图壁储气库等13口井成功应用，迈入该类技术国际最高水平行列。水下释放胶塞系统可满足半潜式平台深水套管固井作业需求，已在中国海油成功应用，取得DNV国际认证，打破国外垄断。

（王　磊）

【“四提”工作成效显著】 编制完成2020年中国石化“提质、提速、提效、提产”工作方案，作为模板在集团公司油气和新能源板块发布并宣贯，开展13个专业、3个重点地区和7个专项技术的回顾性评价和论证，得到党组领导的充分肯定。推进重点区域技术系列化、标准化与模板化，“三北一川”重点工区平均钻井周期缩短20%，压裂时效提高49%；顺北53-2H井（完钻井深8 874.40米，垂深8 157.98米）刷新亚洲陆上水平井井深、垂深2项纪录；顺北71X井压后初期日产油450立方米、日产气2.5万立方米，被中央电视台《新闻联播》报道。

（王　磊）

【“日费制”管理模式试点效果显著】 积极开展“百日攻坚创效”和“持续攻坚创效”行动，扎实推进日费制管理模式试点工作。建立“1121”钻井工程日费制管理体系，制订“试点、完善、推广”运行计划，成立钻完井工程日费制项目工作组，构建日费制管理平台，制订高质量技术方案，在南川、顺北、华北地区按照“体系实践、能力提升、市场化运行”3个步骤稳步实施，南川完成2口井施工提速提效显著，中国石化第一口“日费制”探井华北彬4井创区块最好成绩，降本幅度12.39%。

（王　磊）

【6种自研钻井液处理剂入围集团公司“优势产品”目录】 经过集团公司严格评选，高温高盐聚合物降滤失剂SMPFL、分散剂SMS、油基乳化剂SMEMUL、油基润湿剂SMWET和环保润滑剂SMLUB等6种自研钻井液处理剂从几百种候选产品中脱颖而出，成功入围“优势产品”目录，占总入围产品数量的50%，该次入围为更大规模推广上述产品拓宽了渠道。作为高温高密度水基钻井液、低油水比油基钻井液和环保钻井液等技术的核心载体，产品解决了高温高密度钻井液流变调控难、定向井/水平井摩阻大等难题，年供应量超1 000吨，产值超2 000万元，扩大了石油工程技术研究院在相关技术领域的影响力。

（王　磊）

【大陆架公司入选“科改示范行动”企业名单】 4月27日，大陆架公司正式入选国务院国资委“科改示范行动”企业名单。大陆架公司快速响应启动，完成公司“三会一层”建设和关键岗位价值评估，实施经理层任期制和契约化管理，公司治理体系和激励约束机制进一步完善。2020年，获山东省瞪羚企业创新创业资质认证，获批建设“一企一技术研发中心”“企业技术中心”等2个市级平台，加入中国石油协会、石油化工设备工业协会，知名度和影响力进一步提升。

（王　磊）

【成立企管法律部和西南技术支持中心】 石油工程技术研究院推进国企改革三年行动和“科改示范行动”，加大对增储上产重点区域的技术支持力度，于10月9日发文成立企管法律部和西南技术支持中心。西南技术支持中心在重庆市涪陵区中石化涪陵页岩气产业基地举行启动仪式。

（王　磊）

石油工程技术研究院西南技术支持中心运行启动

【搬迁至中国石化科学技术研究中心】 12月28日，石油工程技术研究院从北辰时代大厦搬迁至中国石化科学技术研究中心办公。新落成的中国石化科学技术研究中心位于昌平区沙河镇，具备一流的科研、办公设施，全院员工的办公条件得到全面改善。石油工程技术研究院将以新面貌展现新作为，全面开启世界领先研究院建设新征程。

（王　磊）

【审计工作】 4月20日—5月11日，集团公司党组审计办、审计部对路保平担任石油工程技术研究院执行董事、总经理、院长期间履行经济责任情况开展审计，4月20日召开进点视频会，7月3日下达审计报告，对院防控风险、提升治理能力和治理水平提出审计意见和建议。针对审计反馈的8项问题，制订整改方案并推动落实，6项问题完成整改，其余2项取得积极进展。

（王　磊）

【巡视工作】 7月27日—8月29日，集团公司党组第三巡视组对石油工程技术研究院党委开展机动巡视，7月27日在石油工程技术研究院多功能厅召开进驻动员会，10月14日党组第三巡视组组长、副组长向院党政主要领导反馈初步巡视意见。针对巡视反馈问题，石油工程技术研究院党委制定整改措施71条，“立行立改“完成率100%，年内整改措施完成率100%，长效机制初步形成。

（王　磊）

【党建标准化规范化体系初步形成】 完善党建工作体系，制定党委、党支部两个层面的责任清单、主要工作任务清单及流程节点，健全党建考核评价机制，实现党建工作“清单化、流程化、节点化、考核问责一体化”，推动基层党组织工作从党务向党建转变，从规范向质量转变，从做对向做好转变；建立基层党建工作日常提醒机制，强化“石化党建”平台应用，全面实现“三个百分之百”目标；扎实推进党建优势转化，基层党组织围绕急难险重任务成立党员突击队18个，深入推进现场党建共建，实现党建工作与中心工作深度融合，党员在科技创新和服务创效中的先锋模范作用有效发挥。

（王　磊）

【共青团石油工程技术研究院第一次大会胜利召开】 12月14日，在石油工程技术研究院多功能厅组织召开共青团石油工程技术研究院第一次大

共青团石油工程技术研究院第一次大会

会，选举产生共青团第二届委员会，系统谋划部署下一阶段团青工作，总结工作经验，明确工作方向，明确在强化思想政治引领、加强人才队伍建设、促进青年创新创效、加强团组织和团员青年队伍建设等方面的重点工作，全面提升团青工作质量、效能和规范化标准化水平。

（王　磊）

表 1　　石油工程技术研究院 2020 年度主要科研成果获奖情况

序号	项目名称	获奖名称	获奖等级
1	尾管悬挂器及包括其的管柱式固井系统（ZL201410505286.9）	中国石油和化学工业联合会行业专利奖	金　奖
2	一种液动射流冲击器（ZL 201010520169.1）	中国石油和化学工业联合会行业专利奖	金　奖
3	非常规油气水平井精细高效压裂关键技术研究及应用	北京市科技进步奖	二等奖
4	页岩气水平井复杂裂缝扩展机理与控制方法	中国石化前瞻奖	二等奖
5	改善复杂条件下油气藏开发效果智能完井技术及工业化应用	中国石化技术发明奖	二等奖
6	特殊气藏体积压裂改造关键技术研究及工业化应用	中国石化科技进步奖	二等奖
7	钻井地质环境因素描述技术及工业化应用	中国石油和化学工业联合会科技进步奖	一等奖
8	缝洞恶性漏失堵漏技术研究及工业化应用	中国石油和化学工业联合会科技进步奖	二等奖
9	PEAdviser 石油工程智能分析决策系统及工业化应用	中国石油和化学工业联合会科技进步奖	三等奖
10	自适应调流控水完井技术研究及工业化应用	中国石油和化学工业联合会科技进步奖	三等奖
11	油田服务公司竞争力评价研究及应用	中国石油和化学工业联合会科技进步奖	三等奖
12	超深碳酸盐岩储层高导流酸压技术及应用	中国石油和化学工业联合会技术发明奖	二等奖
13	深层超深层复杂油气藏水平井钻完井导控关键技术与装置	中国石油和化工自动化应用协会科学技术奖	特等奖
14	页岩气水力压裂多尺度裂缝表征及优化控制关键技术	中国石油和化工自动化应用协会科学技术奖	一等奖
15	深层碎屑岩水平井均衡控液完井技术研究与应用	中国石油和化工自动化应用协会科学技术奖	二等奖
16	低渗油气藏高效分段压裂工具的研制与产业化应用	中国石油和化工自动化应用协会科学技术奖	二等奖
17	油气田钻完井关键技术适应性评价与决策支持系统	四川省科技进步奖	二等奖
18	深井超深井裂缝性地层钻井液漏失动力学与控制关键技术及应用	四川省科技进步奖	二等奖
19	空心微球新材料工业化技术开发与应用	安徽省科技进步奖	一等奖
20	页岩气井长效密封固井技术及工业化应用	江苏省科技进步奖	三等奖

续表

序号	项目名称	获奖名称	获奖等级
21	复杂结构井井眼清洁技术及规模化应用	黑龙江科技进步奖	三等奖
22	复杂地层压力控制钻井技术与工业化应用	中国能源研究会能源创新奖	一等奖
23	深层超深层复杂油气井固井工具的研制与工业化	中国能源研究会能源创新奖	二等奖
24	复杂深井钻井风险防控技术及应用	中国能源研究会能源创新奖	三等奖

表 2　石油工程技术研究院 2015—2020 年专利申请与获授权情况　件

年份	国内专利		国外专利	
	申请数	获授权数	申请数	获授权数
2020	306	142	6	6
2019	305	186	6	3
2018	303	213	5	2
2017	291	79	3	2
2016	260	128	4	1
2015	227	79	0	3

石油物探技术研究院

【概况】 中国石油化工股份有限公司石油物探技术研究院（简称石油物探技术研究院）是中国石化石油物探技术发展参谋部、物探高新技术和核心技术研发中心、物探专业软件研发及推广中心和重大物探工程技术支持中心，是中国石化唯一从事油气地球物理技术研发的直属专业研究机构，位于江苏省南京市江宁区。其前身是 1977 年创建成立的国家地质总局石油物探研究大队，1983 年更名为地质矿产部石油物探研究所，1997 年建制更名为中国新星石油公司石油物探研究所，2000 年建制更名为中国石化石油勘探开发研究院南京石油物探研究所，2009 年 11 月 28 日组建成立石油物探技术研究院。

截至 2020 年底，石油物探技术研究院设院长办公室、党委办公室、人力资源部、计划财务部、科研生产部、技术推广部、纪检审计部 7 个机关职能部门，地震采集技术研究所、地震成像技术研究所、油藏地球物理研究所、地球物理软件研究所、物探战略规划研究所、地球物理实验中心、地震处理解释中心、地球物理信息中心、西北物探一体化支撑中心 9 个业务单位和基地综合服务部 1 个直属单位。共有员工 471 名，博士硕士研究生占比 69%。其中，享受政府特殊津贴 6 人；中国石化突出贡献专家 6 人、高级专家 2 人，优秀青年科技创新人才 3 人，闵恩泽青年科技人才奖 13 人，孙越崎青年科技奖 2 人；江苏省有突出贡献中青年专家 2 人、“333 高层次人才培养工程”培养对象 5 人、“双创博士”人才 1 人；南京市中青年拔尖人才 1 人；院首席专家 7 人、高级专家 10 人、专家 28 人。有中国石化优秀创新团队 9 个。主办出版国内第 1 份勘探地球物理专业科学学术期刊《石油物探》和国内第 1 份 SCI 检索的地球物理与工程专业英文科技期刊《Journal of Geophysics and Engineering》（JGE）。固定资产原值 7.98 亿元、净值 3.14 亿元。

2020 年，石油物探技术研究院获省部级科技奖 7 项；申请专利 177 件，获授权专利 85 件；登记软件著作权 9 件；安全环保无事故，以优异成绩实现“十三五”圆满收官。

石油物探技术研究院 2020 年主要科研成果获奖情况及 2015—2020 年专利申请与获授权情况分别见表 1 和表 2。

（贾春梅）

【领导班子调整】 2020 年 9 月 9 日，集团公司党组对石油物探技术研究院领导班子进行调整：谢录杰任党委副书记兼纪委书记，为工会主席人选；鉴于年龄原因，解聘赵改善的副院长、总工程师职务，免去胡中平的党委副书记、纪委书记、工会主席职务，任三级协理员。9 月 28 日下午，集团公司党组对石油物探技术研究院领导班子进行调整：徐旭辉任党委书记、副院长。

（贾春梅）

【组织机构调整】 2020 年 10 月 15 日，石油物探技术研究院贯彻落实集团公司有关“在科技创新上下大功夫，把石油物探技术研究院、石油工程技术研究院等力量向西北聚集”的工作要求，成立西北物探一体化支撑中心，按照中层业务单位进行管理，财务独立核算，计划、预算单列，考核指标年初单列下达，年底考核兑现，具有现场物资采购权限。

（贾春梅）

【召开第二次党员代表大会】 2020 年 12 月 8 日，中国共产党中国石油化工股份有限公司石油物探技术研究院第二次代表大会胜利召开。大会听取并审议通过中共中国石化石油物探技术研究院第一届委员会工作报告和纪律检查委员会工作报告。大会按照《中国共产党章程》和《中国共产党基层组织选举工作条例》及集团公司党组有关规定，选举徐旭辉、杨勤勇、王立歆、谢录杰为中国共产党中国石油化工股份有限公司石油物探技术研究院第二届委员会委员，第一次全体会议选举徐旭辉为党委书记，杨勤勇、谢录杰为党委副书记；选举谢录杰、许雪峰、吴坛珍、吴辉然、何静为中国共产党中国石油化工股份有限公司石油物探技术研究院纪律检查委员会委员，第一次全体会议选举谢录杰为纪委书记，许雪峰为纪委副书记。

（贾春梅）

【疫情防控和攻坚创效取得“双胜利”】 2020 年，石油物探技术研究院贯彻落实集团公司防控部署，以对全院职工生命安全和身体健康高度负责的态度，细化工作方案，压实各方责任，落实防控措施，确保“零疑似、零感染”，积极稳妥实现全面复工复产。积极响应集团公司号召，坚持目标不变、任务不减、要求不降，扎实开展“百日攻坚创效”“持续攻坚创效”行动，全力推进核心技术、重大产品、重点领域攻关会战，第一时间奔赴西北、华北现场开展服务支撑，圆满完成攻坚创效奋斗目标。

（贾春梅）

【基础前瞻研究和关键技术实用化取得新进展】 2020 年，石油物探技术研究院完善黏弹性地震波有限元数值模拟技术。深化岩石物理应用基础研究，揭示了特深层丘滩相碳酸盐岩储层温压、孔隙结构对岩石速度的响应机理。关键技术实用化方面，FWI 取得超深层陆地资料应用突破，塔河资料测试显示储层目标体成像更加聚焦，各项异性 FWI 应用于海域资料取得实效。RTM 研究持续深化，算法优化升级后计算效率提升 1 倍；完善了偏移距域成像道集输出能力；Q-RTM 超深层成像效果提升。干涉法去除可控震源“黑三角”噪声取得初步效果。智能化解释技术在缝洞储层表征、页岩储层甜点预测中显示良好应用前景。

（贾春梅）

【新技术推广应用取得新成效】 2020 年，石油物探技术研究院各向异性高斯束速度建模在西北、国勘公司等项目累计应用面积超 2 300 平方千米。FWI 中标广州海洋地质调查局天然气水合物项目。散射波成像技术在塔河、顺北及系统外项目应用中取得明显效果。QgVA 含气识别技术解决了川西中浅层含气性预测难题，致密河道砂岩气藏含气性识别吻合率大于 92%。以贝叶斯物性参数反演为核心的定量地震解释技术在复杂油气储层预测及流体检测中应用，海域古近系复杂断块油气藏优质储层识别吻合率大于 83.7%。微地震技术全年创收超 1 000 万元。

（贾春梅）

【软硬件研发和推广迈出新步伐】 2020 年，石油物探技术研究院初步完成 π 平台交接；π 2.0 版本稳定性提升，完善静校正、去噪等预处理功能，实现时间域和深度域固定面全流程生产应用，富县牛武等 5 个先导推广应用项目 PSTM 处理效果与商业软件整体相当；π 3.0 完成架构设计并实现关键技术验证。iSeisMountain 新增海洋气枪震源状态实时监测和观测系统叠前均匀性分析等模块，在上海海洋石油局和江汉油田工区的实际应用取得较好效果。SeisWave 面向缝洞、山前带、薄储层的建模和正演能力不断提升，实现市场销售。NEWS 完善多类型储层压力预测模块和叠前小角度反演模块，在西北、东北和涪陵地区应用效果良好。FracListener 新开发浅井微地震处理解释模块，具备实际资料处理能力。智能节点仪研发进展超出预期，快速推出了测试样机并启动小批量生产。

（贾春梅）

【全面支撑油田井位部署】 2020 年，石油物探技术研究院贯彻落实“多做物探少打井、打高产井”要求，发挥科研软件生产一体化和前移支撑优势，完成三维资料处理 2.6 万平方千米、解释 1.5 万平方千米。西北地区完成塔河主体区整体连片处理，提高了小缝洞成像精度，完成顺北 15 个工区处理，直接参与井位部署 5 口。华北地区镇泾大连片目的层成像精度大幅度提高，可解释性明显增强。完成大牛地下古生界整体连片处理解释，主产区岩溶高地向南拓展，有利岩性预测吻合率 90%，12 口水平井断缝预测吻合率 83.3%，参与论证的 4 口新钻开发井获高产。四川地区支撑通江致密碎屑岩高产富集带的落实，实现须家河组“断缝体”气藏勘探新突破；支撑涪陆 1 井的部署钻探。通过对邻区大猫坪西指状礁群的精细刻画与高产井证实，为江汉兴隆场地区的井位部署提供新思路。支撑丁山、东溪、威荣页岩气区块 22 个平台 94 口分支井的部署和钻进，多口井获高产。完成 10 口新井的微地震监测和 14 口老井的重新解释任务。

（贾春梅）

【发挥参谋支撑作用】 2020 年，石油物探技术研究院完成 6 个地震项目的采集设计，主要参数采纳率 100%，确立了总部重点项目采集设计主导地位。编制完成总部“十四五”物探技术发展规划，修订中国石化石油物探管理规定。JGE 影响因子达 1.624，创历史新高。

（贾春梅）

【管理水平持续提升】 2020 年，石油物探技术研究院加强顶层设计，编制院“十四五”发展规划。制订对标世界一流管理提升行动方案和工作清单，获集团公司备案批复。持续开展制度建设，制修订 71 项，强化了制度执行。落实党组领导关于研究力量向西北聚焦的指示精神，组建西北物探一体化支撑中心。推进“三百三千”培养计划，双向交流干部 7 人；引进“双百计划”高层次人才 1 名；完成新一轮职位竞聘，68 人获职位晋升；通过南京市人才安居企业认证，让职工享受到购房优惠政策。坚持以收定支，强化预算管理、调控和考核，优化资源配置和费用支出，抓好投资、成本、现金管控，有效防范财务风险。开展外协、大额合同和物资采购内部审计，强化法律风险防控，扎实推进保密管理，依法合规经营水平得到提升。顺利通过 QHSSE 体系再认证，自主完成动环监测系统更新升级。顺利完成“四供一业”分离移交清算、退休人员社会化管理。完成生产网提速改造、计算资源整合和设备升级，计算能力达 1.84 亿亿次 / 秒。

（贾春梅）

【深入学习党的十九届五中全会精神】 2020 年，石油物探技术研究院印发学习宣贯党的十九届五中全会精神工作方案，党委理论学习中心组举办专题读书班，党委委员深入基层开展宣讲。认真落实“第一议题”制度，及时跟进学习中央、国务院国资委、集团公司重要会议精神和决策部署，开展中心组集体学习 15 次。创新学习载体和形式，实时推进学习成果转化，不断推进各项事业稳步前进。

（贾春梅）

【压实从严治党责任】 2020 年，石油物探技术研究院制定年度党委工作要点，详细部署 8 个方面 20 项工作。党委与党委委员签订党建工作责任书，印发全面从严治党实施办法，制定从严治党责任清单，明确班子责任，定期听取领导班子成员履行党建工作责任和“一岗双责”情况述职。认真落实“三重一大”决策制度，党委会讨论研究“三重一大”事项议题 23 项。成立巡视整改工作领导小组，针对中央巡视反馈意见制订专项整改方案 5 个，积极推进整改。

（贾春梅）

【干部人才队伍建设稳步推进】 2020 年，石油物探技术研究院严格开展干部选拔任用工作，中层干部 40 岁以下比例达 30%。大力实施“三百三千”计划，派出 4 人、接收 3 人、内部交流 4 人。开发干部写实信息系统。引进“双百计划”新兴骨干人才 1 人、成熟人才 4 人；开展“抗疫稳岗扩就业”毕业生专项招聘，共招收毕业生入职 35 人。与浙江大学等多所高校签订博士后联合培养协议，全年在站博士后 9 人。

（贾春梅）

【强化宣传思想文化工作】 2020 年，石油物探技术研究院强化宣传工作，组织撰写院科技创新、软件研发、生产支撑等相关稿件，推进企业 EAP 工作，组织意识形态和思想动态分析网络问卷调查，对新入职员工进行企业文化培训，在综合楼和各直属单位设立职工咖啡角，彰显企业人文关怀。

（贾春梅）

【强化纪检监察工作】 2020 年，石油物探技术研究院从严正风肃纪，成立党委巡察工作领导小组、监督委员会，制定发布监督委员会运行管理办法，完善联合监督运行机制，形成“大监督”格局。紧盯重点领域、关键环节、重要节点，深入开展专项整治，组织开展制度建设专项督导，监督执纪“后半篇文章”得到集团公司党组领导充分肯定和表扬。

（贾春梅）

【群团组织作用进一步发挥】 2020 年，石油物探技术研究院坚持党建带工建、团建，工会开展“三创”主题劳动竞赛、“夏季百日安全无事故”竞赛活动，举办数据库技术比武等 5 个专项竞赛，开展“五型”“三标”班组达标竞赛活动，促进复工复产效益提升。团委完成团支部换届改选，召开“五四”表彰会，选树青年先进典型个人与集体。组织开展足球、排球比赛，丰富职工文化生活。把统战工作纳入党委工作要点，针对民盟支部相关问题与江苏省民盟组织处进行沟通与解决。

（贾春梅）

【推进和谐企业建设】 2020 年，石油物探技术研究院修订完善信访管理制度，优化信访程序，明确职责分工，按程序妥善处置信访事件，严格落实信息上报和特殊时期“零报告”，全年未发生群体性上访事件，实现“零进京上访”目标。积极履行社会责任，成立院扶贫工作领导小组，开展“助力湖北”扶贫产品采购活动，在每周菜肴中为职工提供 1—2 道地方特色菜，保证了消费扶贫的常态化开展。

（贾春梅）

【获得荣誉】 2020 年，徐颖获全国劳动模范称号；胡光辉获孙越崎青年科技奖、江苏省文明职工称号；李洪建获集团公司优秀青年科技创新人才称号；李博获 2020 年度南京市中青年拔尖人才称号。

（贾春梅）

表 1　石油物探技术研究院 2020 年主要科研成果获奖情况

序号	项目名称	奖项名称	获奖等级
1	Thunder 地震高端成像软件技术	集团公司技术发明奖	一等奖
2	基于体纹理映射的图像学动态匹配速度反演技术	集团公司技术发明奖	三等奖
3	塔河油田缝洞型油藏控制递减关键技术	集团公司科技进步奖	一等奖
4	压裂地质工程一体化评价技术	集团公司科技进步奖	三等奖

续表

序号	项目名称	奖项名称	获奖等级
5	基于全方位各向异性成像及反演的裂缝油藏综合定量表征技术及应用	中国地球物理学会科学技术奖	二等奖
6	页岩气“甜点”预测技术研发与应用	江苏省科学技术奖	三等奖
7	复杂油气藏波动方程高精度地震成像技术及波动	2020 年度中国石油和化工自动化应用协会科技进步奖	一等奖

表 2　石油物探技术研究院 2015—2020 年专利申请与获授权情况　件

年　份	国内专利		国外专利	
	申请数	获授权数	申请数	获授权数
2020	177	82	0	3
2019	175	86	0	0
2018	160	100	0	0
2017	152	85	0	0
2016	142	37	2	0
2015	131	26	0	1

石化机械公司

【概况】 中石化石油机械股份有限公司（简称石化机械公司）是中国石化油气装备研发、制造与专业技术服务中心和首批创新型企业，2012 年底由中国石化机械制造业务专业化整合重组而成，2015 年 7 月在深交所整体上市（证券简称石化机械，股票代码 000852），2020 年总股本 7.78 亿股，集团公司持股 58.74%。石化机械公司是国内研发实力领先、产品门类齐全、具有一定国际竞争力的油气装备研制重要骨干企业。

石化机械公司下辖四机公司、江钻公司、钢管分公司、四机赛瓦公司（持股 65%）、三机分公司、机械研究院、国际事业公司、世纪派创公司、天然气项目部 9 家单位，主要分布在湖北武汉、荆州、潜江等地。四机公司始建于 1941 年，是国家重大技术装备国产化基地、国家技术创新示范企业、国家压裂装备制造业单项冠军示范企业、固井压裂装备国产化基地、中国石油钻采设备制造专业十强企业。江钻公司始建于 1973 年，是国家牙轮钻头制造业单项冠军示范企业、首批国家知识产权示范企业，中国同时具备牙轮钻头、金刚石钻头、螺杆钻具、提速工具的唯一综合制造服务商。钢管分公司始建于 1975 年，是国内同时具备直缝、螺旋和高频焊管生产能力的三家钢管企业之一，在西气东输、川气东送、鄂安沧等众多重点管线项目中创造了良好业绩。四机赛瓦公司始建于 1992 年，石油装备制造行业最成功的中美合资企业，拥有国内最强的油田井下工具、石油装备自动控制系统研制能力，油气井封层桥塞入选国家制造业单项冠军产品。三机分公司始建于 1950 年，主体技术自美国德莱赛兰公司引进，是中国石化压缩机国产化基地。机械研究院组建于 2010 年，主要从事科技发展规划研究、应用技术分析、前瞻性产品和技术研究，是中国石化石油机械装备重点实验室，承担公司科技、质量、信息化、标准化等管理职能。国际事业公司是公司开拓海外市场的专业化平台，承担公司外事管理职能，负责统一运营和管理国际市场业务。世纪派创公司是中国石化上游板块检验检测项目最全、类别最多的第三方专业服务机构，通过了国家级计量认证和国家实验室认证，取得了特种设备无损检测机构 B 级资质。天然气项目部是武汉最早进入车用 CNG 加气服务的企业，兼营油气田井口气回收等业务。石化机械公司设办公室（董事会办公室）、党群工作部（党委办公室、党委宣传部）、人力资源部（党委组织部）、财务计划部、企业管理部（法律事务部）、市场发展部、安全环保部、纪检监督部（审计部、监事会办公室）、物资供应管理中心 9 个职能部门。

截至 2020 年底，石化机械公司用工总量 7 077 人，资产总额 82 亿元，净资产 19.6 亿元。

2020 年，石化机械公司实现营业收入 62.1 亿元、利润总额 4 872 万元。

石化机械公司主要经济指标和主要产品指标分别见表 1 和表 2。

（田治明）

【大事大局挺身在前】 坚持抓主要矛盾、抓底线防控、抓化危为机，全面推动集团党组各项决策部署落实落地，精准施策控疫情，上下一心稳经营，打赢了疫情防控狙击战，明确“七条措施”，制定“问责八条”，提级管理“四类人员”，建立信息库，落实值班制，内外同步推进，上下协同联动，筑起了疫情防控“钢铁防线”，成为武汉市较早实现全面复工的企业之一。打好生产保供突击战，聚焦“四提”“五化”，服务高效勘探、效益开发，全力以赴保供、保服务。疫情期间，开展全天候天然气保供，保障特殊时期武汉市公共用车用气，体现了石化机械公司的使命担当；派出 152 名服务人员奔赴油田，有序组织近 1 000 名员工提前复工，协调 70 多台外来车辆发运货物，确保国内外重点项目装备按期发运。复工复产后，优化资源，开足马力，加班生产，出口钻机、修井机、连续油管保运得力，重点工程钢管、压缩机、钻完井工具保供给力，泵送服务、检测服务保障有力，全年收到用户感谢信、表扬信 8 封。打赢攻坚创效主动战，以超常规举措开展“百日攻坚创效”“持续攻坚创效”行动，超额完成各路攻坚目标，职工收入稳中有升，“十三五”计划圆满收官。

（田治明）

【市场开发稳中有进】 坚持以用户为中心，一切围绕市场转，以提供增值服务、为用户创造价值应对降价挑战，全力加强产品营销，新增订货 63.4 亿元，保持了市场稳定。产品营销全力稳存量、找增量，先后拿到中国石油压裂车、中国海油海洋修井机、中原沙特项目钻机等重点订单，新增订货增长 18.6%。压缩机以综合排名第一的成绩中标南川、涪陵、顺北、江汉盐穴地库等压缩机项目；高压管汇订货增长 27.2%，在中国石油市场销售额突破 2.9 亿元；ERW 业务出现转机，订货增长 47.7%。服务业务实现新突破、快发展，钻头钻具一体化服务在塔里木油田形成首个亿元级规模市场，全年累计订货增长 27.3%；运维服务新增订单过亿元，增长 33.9%；泵送服务在油田全面推广；世纪派创取得“国家计量认证”资质，发展不断提速。海外市场积极打基础、抓机遇，适应常态化疫情防控需要，创新方式落实现有订单，精心准备重点项目投标，先后取得印尼修井机、沙特输水管线等项目订单，守住了海外业务“基本盘”。

（田治明）

【科技支撑作用明显】 持续强化创新激励，加快推进科技攻关。重大专项顺利收官，依托“十三五”重大专项，成功研制 5000 型成套电动压裂装置等 10 项标志性装备与工具，形成“井工厂”压裂等 8 项工程技术，支撑了大型油气田及煤层气开发。产品研发陆续突破，陆地电动固井车、2500 型超大功率固井车顺利下线，80DB、90DB 钻机相继问世，设备电动化、自动化升级快速推进；52 兆帕高含硫压缩机组完成厂内试验；环保装备油基泥浆无害化处理装置投入工业应用；SOFELink 平台在压缩机远程监控上实现应用拓展。产品性能大幅提升，异形齿 PDC 钻头累计创各项纪录 200 余项；混合钻头平均使用寿命提升 30%，持续保持市场领先；70D 钻机顺利进入中东高端市场；3 台大型天然气压缩机组在雅克拉集气站连续平稳运行 15 年，受到用户好评。钻头钻具一体化服务创 37 项提速提效纪录，压裂设备创 23

项提产降本纪录，成为公司服务转型新名片。“海洋油气压裂作业系统研制”等 2 个国家工信部项目通过验收；“SLG450 连续油管作业装备研制及应用推广”获集团公司科技进步二等奖；4 500 千瓦储气库压缩机被认定为武汉市创新产品。获受理国内专利新增 104 件，其中发明专利 44 件。

（田治明）

电动压裂装备完成涪陵页岩气田焦页 27 东平台 100 段压裂施工

9 000 米钻机助力塔深 5 创亚洲第一深井

【深化改革稳步推进】 推进“双百行动”，关键领域改革落地见效。经理层任期制和契约化管理迈出坚实步伐，公司、二级单位经营班子带头，市场化改革序幕全面拉开；契约式经营试点成效得到巩固，7 家契约式经营单位完成收入、利润分别增长 22.5% 和 68%，市场倒逼经营机制初步成形，契约化管理成果获集团公司管理创新成果二等奖、中国企业改革优秀成果二等奖，被国务院国资委《国资国企改革试点案例》收录；业务专业化管理不断深入，设立直属国际公司、世纪派创公司、天然气项目部，实行独立核算、自主经营、自负盈亏，促进了业务发展和规范管理；绩效考核刚性增强，强化业绩导向，加大考核力度，所属单位绩效最大增幅 8%，最大降幅达 10%，真正实现收入能升能降。公务用车改革效果初现，坚持机关带头，推进公务用车社会化管理，公务用车费用下降 25%。薪酬体系改革全面启动，以岗位价值、员工素质能力为基础的基本薪酬分配体系初步建立。职业雇员方案正式出台运行。国企改革三年行动方案获党组深改领导小组研究通过。

（田治明）

【企业管理持续改善】 开展“对标一流”提升行动，推行精益管理，完成 10 项焦点课题研究，通过日常检查、专项督查，发现问题 1 642 项、整改 1 590 项，员工主动上报改善提案 21 850 条，改善意识不断增强，改善效果逐步显现，设备故障率、万元产值维修费用、百元产值成本持续下降。防范经营风险，针对疫情造成的延期交付问题，申请不可抗力证明，规避了国际业务风险；有效应对美国“337”调查，捍卫了企业形象，维护了企业在美合法商业利益，积累了风险防控经验，树立了应对知识产权诉讼的成功典范。强化“两金”清理，加快产成品结算，加强大额账款清收，应收账款降至近年来最低水平。推进降本减费，落实攻坚创效部署，全流程推进设计、采购、质量降本，压缩非生产性支出，累计降本减费 2.5 亿元；积极争取地方政府各类优惠政策，累计落实政策增效 1.36 亿元。加强信息化建设，着力构建支撑业务发展的信息系统平台，“两化”融合管理体系贯标顺利通过外部评定。保障安全环保，扎实推进安全生产专项整治三年行动，组织开展承包商和直接作业环节安全专项督查，强化风险分级管控、隐患排查治理，液氨储存、码头天车等一批隐患得到根治；推行承包商作业项目备案制管理，违规违章行为降低 50%，安全绩效创历史最好水平。开展噪声、粉尘治理，工作环境持续改善。

（田治明）

【党建优势发挥有力】 坚持下沉重心、凝聚人心，推进党建与生产经营相融互促，以高质量党建促进高质量发展。突出政治引领，持续推动思想解放，深化“三个决裂”大学习、大讨论、大反思活动，“打造大国重器，支撑油气发展”成为干部员工共识。把握正确导向，做好选人用人，营造了干事创业的良好氛围。提升队伍素质，落实“三百三千”部署，实施“百人菁英”计划，开设“空中课堂”35 期，干部交流、培训培养选拔全面提速；以高技能人才创新工作室为平台，推进工艺攻关、技能创新和技艺传承，涌现出一批国家、省部级先进典型，孙野等 3 人分获全国劳动模范、湖北省技能大师等称号，董兴望等 2 人在省级技能大赛中摘桂。抓好作风建设，开展廉洁教育，推进党委巡察，强化“三个监督”，实施审计纪检监督、联合检查近 50 项，全面从严治党、治企向纵深发展。落实依靠方针，累计走访员工 600 余人次，发放救助金、慰问金以及救助物资价值 70 余万元；履行社会责任，在 7 个贫困县累计采购 152 万元物资，为决战脱贫攻坚贡献力量，彰显国企责任担当。

（田治明）

【荣誉称号】 石化机械公司被评为集团公司知识产权先进单位、集团公司 2020 年度质量管理先进单位。公司员工孙野被评为全国劳动模范。

（田治明）

表 1　石化机械公司主要经济指标　亿元

指标名称 \ 年份	2020	2019	2018
总资产	82.00	88.60	78.40
净资产	19.60	19.50	19.20
固定资产	13.30	13.30	12.90①
营业收入	62.10	65.60	49.20
利润总额	0.49	0.63	0.49

①数据更新

表 2　石化机械公司主要产品指标

指标名称 \ 年份	2020	2019	2018
机械产品吨位 / 万吨	18.60	35.80	38.50
设　备	1.50	1.60	1.10
设备配件及工具	2.10	1.60	1.40
钢　管	15.00	32.60	36.00
机械产品产量			
钻修设备 / 台（套）	47	32	56
固压设备 / 台（套）	323	227	145
钻头 / 只	25 081	29 354	32 306
天然气压缩机 / 台（套）	86	111	41

新星公司

【概况】 中国石化集团新星石油有限责任公司（简称新星公司）是中国石化以“地热 +”为主营业务的绿色清洁能源公司，本部位于北京市海淀区。其前身是原地质矿产部石油地质海洋地质局，曾先后在中国陆地和海洋 76 个盆地进行系统的油气普查工作，在其中的 35 个盆地发现工业油气流，取得多次具有战略意义的重大突破，引领中国石油化工以发现大庆油田、突破珠江口盆地和东海陆架盆地、打出新疆塔北沙参 2 井高产工业油气流为标志的 3 次重要战略性转折，为中国石油工业发展做出巨大贡献。2000 年 2 月，新星公司整体并入集团公司，主要业务涉及地热能、太阳能、风能、天然气、余热利用等绿色清洁能源的集成应用、投资开发，业务辐射至北京、天津、河北、河南、陕西、山东、山西、四川、安徽、江苏、湖北、广东、青海、内蒙古、上海、贵州、新疆、海南等 18 个省（区、市）。

新星公司致力于打造区域综合能源服务供应商，努力建设国际知名绿色清洁能源公司。根据新能源产业发展的新形势新任务，与时俱进、动态优化，调整提出以“建设国际知名绿色清洁能源公司”为愿景目标，秉承“做优做强做大”和“高质量有效益可持续”发展理念，构建“以地热产业为基础，以光伏、风电为支撑，以保障洁净供能、保障安全供能、保障经济供能为目标”的“一热两电三保”产业格局，坚持“绿色低碳、改革创新、合作共赢、从严治党”四大方略的“1234”战略规划。公司先后获中国节能减排领军企业、多能源综合利用奖、创新火炬奖、中国石化绿色企业、2018—2020 年度首都文明单位等多项荣誉。

截至 2020 年底，新星公司下设 13 个职能部门，6 个全资子公司（含 1 个新能源研究院），3 个控股公司，2 个参股公司，1 个离退休及后勤服务机构。用工总量为 1 124 人（不含中地海外用工），其中劳动合同制员工 564 人、合资公司合同制员工 480 人、职业雇员 17 人、劳务工 62 人、其他从业人员 1 人。

新星公司主要经济指标见表 1。

（徐　兵）

【进入风电业务】 2020 年 4 月，集团公司委托新星公司开展天津滨海新区、山东威海、海南等 7 个海上风力发电规划，正式进入风电产业。

（徐　兵）

【主营业务】 2020 年，新星公司以地热品牌为支柱，积极延伸产业链，成功构建涵盖地热、光伏、风电、余热、节能环保、天然气综合利用等在内的“一热两电三保”产业格局。①地热方面，新建换热站 104 座，完钻 84 口井。围绕河南、山东、河北等重点开发目标优化部署，探井完井 9 口，成功率 100%。国家重点工程——“京雄高速铁路”雄安动车所供暖工程、雄县 100 万平方米热源政府整治替代项目如期完成，成功中标容东片区 1 200 万平方米供热（冷）项目建设运营管理服务项目。清河 200 万平方米及霸州、博野、东光 285 万平方米供暖产能建设顺利实施。积极拓展北方“2+26”、汾渭平原 11 城市及南方冬冷夏热城市等优质市场，完成合资公司成立，参与容东片区建设管理。全年新增地热供暖能力超 800 万平方米，累计建成供暖能力超 6 044 万平方米。光伏、风电方面，建设太阳能光伏装机容量 6.91 兆瓦，累计达 95.71 兆瓦。河南油田双河东区 2.41 兆瓦光伏项目顺利投产，咸阳法士特 4.5 兆瓦光伏项目并网。全年发电 1.01 亿千瓦・时。完成陕西渭南 20 兆瓦风电项目可研批复，实现集团公司风电业务零突破。开展海南、山东、广东、福建、天津、江苏等地区海上风电场规划选址前期研究工作，初步完成海上风电发展规划报告编制，形成近期 5.95 吉瓦、远期 8.55 吉瓦、总计 14.5 吉瓦装机规模的规划方案。余热、天然气综合利用方面，余热利用能力 69 万吉焦 / 年，余热利用量 52.09 万吉焦。年产混烃 4 537 吨，年产压缩天然气（CNG）709.76 吨，完成液化天然气（LNG）贸易量 44.57 万吨，供输蒸汽 13.95 万吨。全年销售原油 638.7 吨、天然气 12.35 万立方米。

（徐　兵）

【改革管理】 ①大力推行“三项制度”改革。全面推行去行政化，精简二级单位机关，项目一线得到充实。竞聘选拔 35 岁以下基层正副职 64 人、占比 25.7%，人才培养步伐明显加快。实施全员考核，大力推行绩效“二次分配”，绩效考核指挥棒作用增强。试点职业雇员，破解体制差异壁垒，用工形式实现多样化。②全面完成“四供一业”分离移交和退休人员社会化管理工作目标任务。与北京首华建设经营有限公司、广东省佛山市三水区人民政府分别签订北京物业管理、广州物业管理职能移交协议，完成供电和物业移交总户数1 703户。完成广州地区、佛山地区及德州地区共计429名退休人员，北京地区243名退休人员移交工作。③完成法人压减任务，全年压减法人单位8家。

（徐　兵）

【HSSE管理】 2020年，新星公司牢牢守住不发生事故底线，夯实基层管理，深化HSSE管理体系运行。推动分解落实安全生产主体责任，与机关各部门、各单位签订责任书25份，各单位细化分解签订责任书99份。开展各级检查254次，查出问题1 182项、隐患197项，年度整改完成率99.7%。完善基层员工岗位安全责任体系，健全公司9项、二级单位9项和基层单位5项安全分级管理台账，优化HSSE记录模板。出台安全视频系统配置管理规定，应用视频信息化平台对重点场所、施工现场、直接作业进行视频实时监控，搭建10个基层单位监控中心，完成机关2个总控平台建设。出台HSSE管理体系运行管理规定，修订完善各级HSSE制度27项。深入推进绿色环保工作。

（徐　兵）

【科技创新】 国家科技部“砂岩地热储层采灌增效技术及装备”项目取得突破，“地热资源勘查评价理论技术创新与应用”获国家自然资源部国土资源科技一等奖。7项技术分别入选国家、集团公司、新星公司科技成果转化目录。集团公司科研项目通过验收10项、立项11项。申请专利16件、获授权8件。组织召开2023年世界地热大会第一次联席会；国家《可再生能源发展“十四五”规划》地热专项研究按期完成。与国家科技部签署《中冰地热能合作》协议，提供国际合作战略咨询服务，推进中冰科技联合研发。组织完成地热能行业标准评审21项、复审51项、获准立项2项。

（徐　兵）

【基层建设】 出台《关于新星石油公司基层站建设指导意见》，构建以基础管理台账和生产运作数据库为基础，《管理手册》《操作手册》为支撑，全面落实岗位责任制和对标一流为统领的基层站基础管理运营体系（“2+2+2”体系）。将659座自然站设成42个基层站、98个班组，设置基层站党支部8个、党小组27个，建立党员联系点7个，基层站作为最基本管理单元、组织单元、核算单元、考核单元的功能定位基本实现，“管理型”公司组织要求在基层得到有效落实。

（徐　兵）

【攻坚创效】 围绕工程建设提速、市场开发提量、降本减费提效、监督考核提气的“四提”目标，深入开展“百日攻坚创效”“持续攻坚创效”行动。面对实现依靠新能源产业自立生存的任务目标，新星公司主动作为，勇于担当，市场开拓初步实现模板化、模式化、团队化，效率效益显著提升，员工干事创业的精气神得到提振。全年完成签约114项，超额完成年度目标；批复项目110个，项目落地明显加快；新能源板块实现收入11.12亿元、利润1.5亿元。

（徐　兵）

【疫情防控】 2020年，新星公司跟踪研判疫情形势，第一时间行动、统筹部署安排，按照“自觉遵守、配合、服从各级政府、街道和社区的疫情防控工作”的原则，坚持组织领导到位、人员排查到位、隔离管理到位、应急准备到位、生产组织到位、宣传引导到位、监督检查到位的“七个到位”工作要求，有序推进各项工作，其间召开公司疫情防控领导小组会议14次，形成公司级疫情防控应急预案3份、战时工作方案1份、常态化防控工作方案1份，发布具体应对措施通知或要求18份，组织捐款2次，累计80余万元，实现疫情防控零感染、零报告。

（徐　兵）

【党建工作】 制定实施《公司党委深化推进党的政治建设具体措施》，认真落实“第一议题”制度，组织学习贯彻党的十九届四中、五中全会精神教育培训、专题宣讲等工作。修订《党员领导干部履行“一岗双责”实施细则》，制定《全面从严治党主体责任清单》，共同构成从严治党责任体系，优化公司党建工作考核体系。持续推动党建工作与中心工作深度融合，深化“四个融合”“五个联动”机制建设，强化党建“三基本”与企业管理“三基”工作联动。牢固树立“基层导向、业绩导向、未来导向”的选人用人导向，大力加强年轻干部选拔培养。积极构建政治监督、纪检监督、财务监督、审计监督、依法合规监督“五位一体”的“大监督”格局，扎实做好巡察工作。大力推进“中国石化新星地热”品牌建设，获集团公司2020年品牌营销十大优秀案例提名奖。用好职工帮助计划、加大帮扶救助力度，深化青工政治轮训和矛盾纠纷排查化解。

（徐　兵）

【新闻宣传】 紧扣生产经营及改革发展实际，盯住关键节点、重点事件、热点问题进行宣传策划、跟踪报道，积极展示公司在地热、光伏发电、风力发电等方面的成绩成就，全年公司门户网站上稿187篇，奋进新星石油发布264篇，官方微信公众号发布82篇，累计在石化报社媒体群上稿25篇，策划《给力！集团公司总经理马永生做客人民网为“地热能开发”“代言”》等重点报道，增强了地热等新能源产业影响力。伴随城际铁路的开通，《央企助力雄安腾飞·中国石化新星公司》短片，首次亮相京雄高铁，展示新星公司投身雄安建设的火热场景，助力雄安腾飞的责任担当。

（徐　兵）

中国石化新星地热亮相京雄城际铁路

【扶贫工作】 2020年，新星公司持续开展驻村扶贫、消费扶贫，助力打赢脱贫攻坚战。累计捐赠330万元，帮助广东省连州市三水瑶族乡云雾村开展沙糖桔、茶叶种植等产业，集体实现年收入22万元，较2015年增长7倍；人均可支配收入16 091元，较2015年增长2.5倍，云雾村全村45户101人全部实现脱贫，为打赢脱贫攻坚战贡献积极力量。公司所属广州公司驻村扶贫干部李美雄获中国石化扶贫先进个人称号。积极开展消费扶贫，2020年公司及所属单位从甘肃、湖北等地采购扶贫产品累计119.3万元。

（徐　兵）

云雾村旧貌换新颜

表 1　　新星公司主要经济指标　　亿元

指标名称＼年份	2020	2019	2018	2017	2016	2015
工业总产值	10.50	9.13	6.97	5.51	3.59	4.57
企业增加值	20.69	20.73	17.62	20.51	21.92	26.02
资产总计	128.92	135.49	136.24	142.32	132.29	140.13
流动资产	70.38	78.17	81.16	96.58	94.18	106.42
固定资产原值	74.84	72.39	64.79	51.66	43.16	53.29
固定资产净值	47.02	45.84	41.37	30.23	23.76	21.05
销售收入	43.75	50.21	57.92	65.26	70.31	63.89
实现利税	2.10	1.35	1.08	4.44	3.76	7.93
税　金	0.44	0.28	0.36	3.18	2.19	2.89

炼油和销售板块

茂名石化

【概况】 中国石化集团茂名石油化工有限公司（简称茂名石油化工有限公司）、中国石油化工股份有限公司茂名分公司（简称茂名分公司）统称茂名石化，位于广东省茂名市，东毗阳江，西临湛江，北连云浮和广西壮族自治区，南临南海。东北距广州 362 千米，西南距湛江 121 千米。茂名石化占地面积 1 617 万平方米，创建于 1955 年 5 月，是国有特大型综合石化企业，1983 年整体并入中国石油化工总公司。

茂名石化拥有炼油生产装置 68 套、化工主体生产装置 22 套、CFB 锅炉 5 台及 6 台配套汽轮发电机组，同时拥有港口、铁路运输、原油和成品油输送管道以及 30 万吨级单点系泊海上原油接卸等较完善的配套系统。原油加工能力 2 000 万吨 / 年，乙烯生产能力 110 万吨 / 年。主要生产汽油、煤油、柴油、润滑油、溶剂油、石脑油、沥青、乙烯、甲苯、聚丙烯、乙二醇、苯乙烯、丁苯橡胶、SBS 等 30 多类石油化工产品。

截至 2020 年底，茂名石化共设 31 个中层机构单位，其中机关部室 14 个、直属基层 9 个、业务中心 8 个，另有合资合作单位 6 个。在岗正式职工总数 7 228 人，其中具有正高级职称的 14 人、副高级职称的 545 人、中级职称的 1 358 人。拥有固定资产原值 509.85 亿元。

茂名石化主要技术经济指标及主要产品产量分别见表 1 和表 2。

（韩泉梅）

【领导班子调整】 2020 年 10 月 13 日，集团公司召开视频会议宣布茂名石化领导班子调整，尹兆林任茂名石化党委书记、分公司代表、执行董事，不再担任总经理；陆建明任茂名石化总经理、党委副书记，不再担任党委书记。

（韩泉梅）

【经济效益居系统第一】 2020 年，茂名石化实现利润 59.27 亿元，近十年来首次位列中国石化炼化企业之首，分别占集团公司及其他炼化企业利润总额的 8.16% 和 41.35%。总资产报酬率 14.83%，净资产收益率 18.17%，国有资产保值增值率 122.92%。

（韩泉梅）

【生产运营逆势增长】 2020 年，茂名石化在疫情防控的严峻形势下，原料油加工总量首次突破 2 200 万吨，达 2 215.02 万吨，增加 25.46 万吨，其中加工原油 1 940.27 万吨，在集团公司下降 4.95% 的形势下，下降 2.53%；生产乙烯 118.39 万吨，在集团公司下降 3.46% 的情况下，增长 0.16%；上缴税金 222.91 亿元，续站广东省工业企业排头。

（韩泉梅）

【加工 10 种新原油】 2020 年，茂名石化先后完成索鲁鲁、卡夫基、利比亚瓦法、卡塔尔陆上、埃尔沙辛、利萨、墨西哥伊斯莫斯、南绿谷、博尼托酸、科勒 10 种新油种加工，累计加工原油品种 193 种，为拓宽公司原油采购渠道、提高炼油装置原油加工适应能力和原油资源替代提供保证。

（韩泉梅）

【150 万吨 / 年轻油联合加氢装置投产】 2020 年 12 月 16 日，茂名石化新建 150 万吨 / 年轻油联合加氢装置一次开车成功，产出合格产品。该装置采用石油化工科学研究院开发的轻油提质技术，2018 年 10 月开工建设，由反应、分馏、脱硫、PSA 等部分组成，以浆态床渣油加氢装置产出的重石脑油、柴油为主要原料，通过加氢改质等反应实现超深度脱硫脱氮和提高十六烷值，可生产国Ⅵ柴油和优质化工原料，并具备生产 3# 航空煤油能力。

（韩泉梅）

【国内首套 260 万吨 / 年浆态床渣油加氢装置投产】 茂名石化 260 万吨 / 年浆态床渣油加氢装置于 2018 年 10 月动工，2020 年 9 月 30 日中交，12 月 31 日 15 时 56 分打通全流程，产出合格产品一次开车投产成功。装置建成有效解决当前重油加工能力不足、轻油收率偏低难题，对推动中国石化重油清洁加工和转型发展具有示范性意义。装置总投资 32.47 亿元，采用意大利埃尼（ENI）公司悬浮法技术（EST）工艺，是国内引进的第一套、世界第二套且规模最大的同类型装置，也是中国石化“十三五”规划重点工程项目。装置以劣质减压渣油和催化裂化油浆为原料，经加氢热裂化反应，生成液化气、化工原料（轻石脑油）、重石脑油、柴油、减压蜡油，并副产气体和油渣，能将沥青、焦炭等低附加值产品转化为汽油、煤油、柴油等高附加值清洁油品，具有创效能力强、投资收益率高，环保能力强、社会效益高，转化能力强、轻油收率高等特点。装置包括 260 万吨 / 年浆态床渣油加氢、150 万吨 / 年轻油联合加氢、15 万吨 / 年硫黄回收、200 吨 / 时酸性水汽提等装置以及所有系统配套工程，动静设备国产化率达 97%，其中 3 台国产加氢反应器单台之质量达 2 600 吨，创国内加氢反应器重量新纪录。项目投产后，投资回收期 5.53 年，采购原油 API 将从 31.59 降至 28.5，创效显著；每年分别减排二氧化硫 1.7 万吨、VOCs112.3 吨，进一步提升企业绿色洁净水平；总进料转化率高达 94%，每年可增产优质化工原料 66 万吨、清洁油品 88 万吨，减产沥青 93 万吨、焦炭 40 万吨，提升全厂轻油收率 5.86 个百分点，实现石油资源价值最大化利用。

（韩泉梅）

2020 年 12 月 31 日，260 万吨 / 年浆态床渣油加氢装置建成投产（陈敏章　提供）

【15 万吨 / 年硫黄回收联合装置投产】 2020 年 9 月 4 日，茂名石化新建 15 万吨 / 年硫黄回收联合装置产出合格液体硫黄产品，二氧化硫排放浓度

满足国家环保标准要求，一次开车成功。该装置是茂名石化产品结构优化项目配套环保装置，也是公司处理能力最大的硫黄回收装置，批复投资2.31亿元，2019年1月开工建设，系统内首次采用壳牌康索夫二氧化硫回收技术，与传统硫黄回收技术相比减少了加氢还原环节，具有硫回收率高、装置能耗低、操作弹性大、原料适应性范围广等优点。装置投产后，茂名石化在运硫黄回收装置有5套，酸性气处理能力达49万吨/年，可满足国内首套浆态床渣油加氢装置投产、原油劣质化等需要。

（韩泉梅）

【国内最大硫黄成型包装装置投产】 2020年9月2日，茂名石化新建3#硫黄成型包装装置投产。该装置设计处理能力42万吨/年，采用滚筒造粒成型方式，造粒效果好，处理量大。该装置投产后，茂名石化硫黄包装处理能力达60万吨/年，为大批量加工低成本高硫原油创造了条件。

（韩泉梅）

【医用树脂产品生产】 2020年，针对严峻的疫情形势和部分医疗物资严重短缺等情况，茂名石化多措并举支持服务疫情防控工作。①2月8日开始，紧急排产医用注射器高透明抗冲聚丙烯PPB-MT16，一周内向市场供应量达1 500吨。该产品是国内首个无需改性的医用高透明抗冲聚丙烯。②以高密度聚乙烯土工膜专用料TR400N为原料生产的土工膜，被广泛运用到广州、浙江、三亚等多地疾控防疫医院应急防渗项目建设中，以防医疗废品产生的污染渗滤液对临近水体和地下水造成污染。该产品是唯一的国产土工膜专用料。③帮助茂名一家医疗器械生产公司增加2条医用口罩生产线，最大产量20万只/日，2月7日产出合格产品，极大缓解粤西地区医用口罩供应困难。

（韩泉梅）

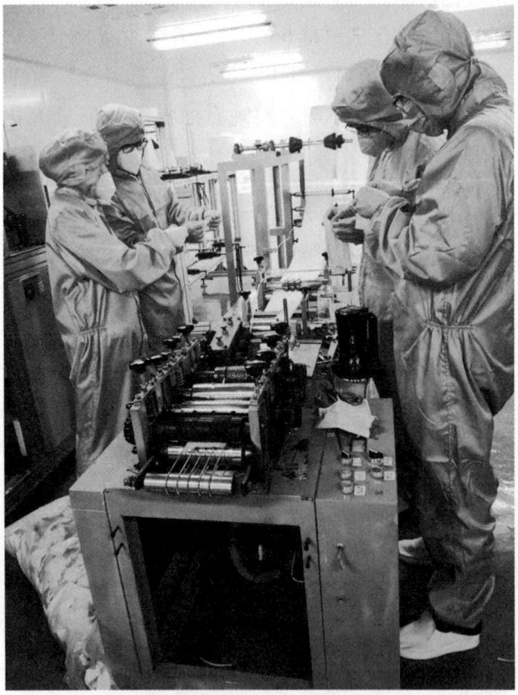

茂名石化帮助厂家购置口罩生产设备并扩大生产，缓解粤西地区医用口罩供应难题（周汝权　摄）

【首次单批次生产聚丙烯医用口罩专用料】 2月29日，茂名石化及时调整产品结构，首次单批次生产高流动性均聚聚丙烯医用口罩专用料S2040超500吨，于3月中旬投放市场。该产品2015年首次成功试产，因生产难度较高，此前每批次产量约100—200吨。

（韩泉梅）

【聚丙烯新产品催化剂国产化】 2020年3月15日，茂名石化试用国产DQ-HR催化剂，替代进口巴塞尔ZN118催化剂，成功生产高光泽抗冲聚丙烯PPB-MG22约350吨。该国产催化剂性能指标可与进口催化剂媲美，产品质量稳定，每吨可降低生产成本158万元，降幅38.6%。3月17日，该催化剂被应用于高流动抗冲聚丙烯新产品PPB-MN50-G的试生产。

（韩泉梅）

【国内首次采用环管工艺生产三元共聚产品】 2020年，茂名石化针对上年开发的新产品高熔高透丙丁共聚聚丙烯PPD-MT60抗冲击性能较差，导致制品存在偏硬发脆等问题，通过实时监控环管反应器及有关物料参数变化，及时调整，做好应急处置准备等措施，6月26日在2#环管工艺聚丙烯装置首次成功试产高熔高透乙丙丁共聚聚丙烯，属国内首创，同时优化了3套聚丙烯装置产品结构。原产品改进为三元共聚产品后，市场前景广阔。

（韩泉梅）

【220 千伏输变电工程项目建成中交】 2020 年 8 月 30 日，茂名石化 220 千伏输变电工程项目建成中交。该项目总投资 4.6 亿元，主要建设内容为在炼油区、化工区各新建 1 座 220 千伏变电站，变电站均设置 4 台 120 兆伏安主变压器，炼油 220 千伏变电站两回 220 千伏电源引自河东站，化工 220 千伏变电站两回 220 千伏电源引自泥乔站，两站之间设双回 220 千伏联络线；配套建设炼油、化工 110 千伏接入系统并对现有供电网络整合优化；同时对炼油厂内供配电系统进行消缺完善。

（韩泉梅）

【3 000 吨 / 年 mPAO 中试装置开工建设】 2020 年 11 月 2 日，茂名石化 3 000 吨 / 年 mPAO 中试装置开工建设，该项目批复投资 8 827 万元，采用中国石化自主开发的茂金属 mPAO 工艺技术，以 1- 辛烯为原料生产高黏度 mPAO 润滑油基础油，产品定位高端，具有生产流程短、无废水排放、无需去除氟等腐蚀性离子等特点，产品性能与同类型进口产品相当。

（韩泉梅）

【合成润滑油基础油项目开工建设】 2020 年 9 月 25 日，茂名石化合成润滑油基础油项目开工建设。该项目是中国石化“十条龙”科技攻关项目“茂名 LAO、PAO 生产技术开发与工业应用”首套工业化装置。项目总投资 6.8 亿元，主要建设内容包括 5 万吨 / 年 LAO 装置、1.2 万吨 / 年 PAO 装置，分别采用中国石化自主开发的乙烯齐聚制 α – 烯烃工艺技术、聚 α – 烯烃合成油工艺技术，所用技术均为系统内首次工业化应用。LAO 装置生产的 C_8—C_{12} 烯产品，作为 PAO 装置的原料生产高黏度指数合成润滑油基础油。该项目投产后，茂名石化将成为国内首个 Ⅰ、Ⅱ、Ⅲ、Ⅳ类基础油全覆盖的生产基地。

（韩泉梅）

【粗裂解气制苯乙烯项目开工建设】 2020 年 3 月 30 日，中国石化“十条龙”科技攻关项目“茂名石化粗裂解气制苯乙烯项目”开工。该项目批复总投资 24.4 亿元，主要工程内容包括建设 12 万吨 / 年粗裂解气装置、40 万吨 / 年苯乙烯装置及相关配套设施，采用中国石化自主研发的低成本乙烷裂解气制苯乙烯成套技术。

（韩泉梅）

【茂名北山岭原油商业储备基地工程（二期）开工建设】 2020 年 9 月 26 日，茂名北山岭原油商业储备基地工程（二期）开工建设。该项目总投资 18 亿元，主要建设内容为新建 16 座 10 万立方米浮顶罐，共 160 万立方米库容。项目占地面积 645 亩（43 万平方米），其中新征土地面积 616.5 亩（41.1 万平方米）。

（韩泉梅）

【化工新产品和专用料占比首次超过 80%】 2020 年，茂名石化共完成 10 个化工新产品首次工业化生产，新产品和专用料产量达 123.63 万吨，位居系统内炼化企业第一，新产品和专用料占合成树脂比例达 80.74%，提高 3.37 个百分点。

（韩泉梅）

【高熔体强度聚丙烯 T1903 开发成功】 2020 年，茂名石化成功开发高熔体强度聚丙烯 T1903，该产品制品属于高端绿色环保材料，具有优良的刚性和抗冲击性，在欧美发达国家逐渐替代传统的聚苯乙烯、聚乙烯材料，被广泛用于高档电子器材包装、汽车配件等行业，此前世界上仅有 Borealis（北欧化工）一家公司能够生产。

（韩泉梅）

【聚丙烯熔喷无纺布专用料 PPH–Y1500 成功试产】 2020 年 3 月 3 日，茂名石化成功产出口罩熔喷布聚丙烯专用料 PPH–Y1500，首批产品产量 1.05 吨。熔喷级聚丙烯是防护口罩中间过滤层的关键原料，其熔融指数达 1 500 克 /10 分，超过石化企业挤压造粒机极限，国内此前产能不足 8 万吨 / 年，远远不能满足爆发式增长需要，是保障口罩供应的主要矛盾之一。茂名石化利用现有人才、技术、资源的优势，一周内打通从研发配方、熔融造粒、烘干掺混、质量管控、包装配送等众多环节，创造了公司新产品开发的最快纪录。5月，该牌号通过 CP65、CHCC、MSDS（EU，USA）、SDS、FDA 和国标食品级等多项检测认证，以及第三方检测认证，达到上市标准。

（韩泉梅）

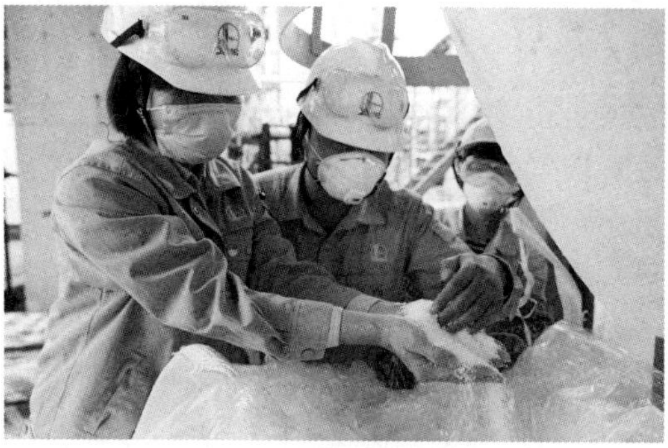

成功生产出聚丙烯熔喷无纺布专用料 PPH-Y1500 产品
（周汝权 摄）

【医用聚丙烯纤维料 PPH-Y40 开发成功】 2020年4月27日，茂名石化成功开发医用聚丙烯纤维料 PPH-Y40，该产品具有熔点低、密度小、耐化学稳定性好等优点，主要被用于制作口罩、手术服、医院床单等医疗用品。

（韩泉梅）

【茂金属聚乙烯重包膜料 mPE F331F 开发成功】 2020年8月7日，茂金属聚乙烯重包膜料 mPE F331F 在全密度聚乙烯装置成功试产，也是茂名石化首次采用茂金属催化剂生产聚乙烯产品，其下游制成品薄膜有良好的挺度、耐撕裂性能佳，可用于生产 FFS 重包膜、聚乙烯防水卷材等。

（韩泉梅）

【开发首个医用预充式注射器用聚丙烯新产品】 2020年11月15日，茂名石化1#聚丙烯装置成功试产预充式注射器用高光高模量抗冲聚丙烯新产品 PPB-MG20 约100吨。该产品由茂名石化与北京化工研究院合作开发，具有良好的刚性、耐热性、韧性、透明性，主要被用于生产预充式注射器。

（韩泉梅）

【获国家级企业管理创新成果奖】 2020年，茂名石化5项管理成果获中国石化管理现代化创新成果奖，其中一等奖2项。《特大型传统国有炼化企业基于穿透式思维的管理提升》获全国企业管理现代化创新成果二等奖，是中国石化炼化企业唯一获奖成果。

（韩泉梅）

【获授权国家发明专利】 2020年，茂名石化“电气上下级快速切换装置联动方法和联动系统”获授权国家发明专利。该专利通过在110千伏快切装置与锅炉用电6千伏快切装置间，增加上下级快切装置联动功能，上级快切装置动作失败时，可以立即发出信号，下级快切装置随即启动。改变以往上级快切装置动作失败时，下级快切装置无动作条件的缺陷，下级快切装置动作时间明显提前，有效提高了供电可靠性。

（韩泉梅）

【四大举措强化员工健康管理】 2020年，茂名石化在全面强化疫情防控的同时，多措并举强化员工健康管理。①优化体检方案，在往年体检套餐基础上，增加150元/人的自选项目，督促体检机构加快完善相关仪器设备，确保体检质量。②建成投用员工健康管理系统，重点抓好员工健康大数据的统计分析结果应用，强化高血压、心肌梗塞和脑血管意外风险的预警评估和信息推送。③完成20个尘毒超标点整治和4个高噪声场所降噪治理，安装投用68台高毒介质密闭采样器，实施化验室通风设施改造和在线分析小屋防窒息中毒隐患整改，进一步改善现场作业环境。④主动开展护耳器适配性检测，对相关人员及时进行纠正培训，并指导更换耳塞型号，提高听力防护效果。

（韩泉梅）

【李坤被授予全国劳动模范称号】 2020年11月24日，茂名石化职工李坤被中国共产党中央委员会、中华人民共和国国务院授予全国劳动模范称号。

（韩泉梅）

表 1 茂名石化主要技术经济指标 亿元

指标名称 \ 年份	2020	2019	2018	2017	2016	2015
原料油加工量 / 万吨						
茂名分公司	2 198.94	2 183.36	2 051.49	1 979.62	1 937.12	1 941.82
工业总产值						
茂名分公司	829.90	1 030.97	1 059.95	863.09	732.19	776.12
茂名石油化工有限公司	17.12	25.09	18.73	16.64	14.07	13.49
工业增加值						
茂名分公司	270.23	276.21	342.95	366.13	335.41	293.20
茂名石油化工有限公司	8.36	8.55	9.02	6.95	6.38	4.84
资产总计						
茂名分公司	382.32	348.73	340.09	311.87	265.87	235.10
茂名石油化工有限公司	39.64	40.35	41.99	47.80	50.03	48.47
流动资产						
茂名分公司	154.10	138.69	130.43	139.95	97.06	63.93
茂名石油化工有限公司	10.65	10.18	9.73	11.02	12.7	14.48
固定资产原值						
茂名分公司	429.12	414.77	408.77	391.08	382.44	368.46
茂名石油化工有限公司	80.73	79.54	77.59	79.54	72.35	71.40
固定资产净值						
茂名分公司	118.16	118.17	128.17	129.36	137.47	140.68
茂名石油化工有限公司	25.88	26.38	31.50	34.79	29.23	24.35
销售收入						
茂名分公司①	826.50	1 045.23	1 065.67	854.46	726.61	768.44
茂名石油化工有限公司	30.04	30.81	32.26	29.93	27.49	26.71
实现利税②						
茂名分公司	276.24	344.06	420.11	413.21	381.02	330.84
茂名石油化工有限公司	6.07	3.93	4.82	4.66	4.33	5.52
税　金②						
茂名分公司	219.61	280.84	320.07	301.96	291.08	269.12
茂名石油化工有限公司	3.30	2.31	2.56	2.10	2.09	3.35
综合能耗 / 吨标煤 · 万元 $^{-1}$						
茂名分公司	0.522	0.533	0.551	0.549	0.547	0.564
茂名石油化工有限公司	1.254	1.279	1.284	1.335	1.34	1.390

①茂名分公司销售收入不含炼化互供

②茂名分公司实现利税和税金的数据为当年税金实际缴纳数，并含进口原油增值税

表 2 茂名石化主要产品产量 万吨

产品名称 \ 年份	2020	2019	2018	2017	2016	2015
乙 烯	118.39	118.20	119.06	117.59	113.03	105.39
丙 烯	55.05	54.24	69.69	66.30	64.92	60.51
混合芳烃	46.20	41.44	45.08	43.23	40.09	40.19
三 苯（化工）	39.61	35.47	37.26	35.91	32.84	33.36
三 苯（炼油）	80.74	81.79①	34.05	4.10	4.31	3.67
聚丙烯	68.45	69.10	69.40	67.98	64.92	59.25
线型聚乙烯	11.34	13.87	14.76	19.72	19.83	19.46
高密度聚乙烯	35.95	37.37	36.87	35.00	36.03	32.53
高压聚乙烯	39.20	35.59	36.38	40.99	39.44	35.50
丁二烯	14.81	14.47	14.67	15.02	14.40	13.45
MTBE	17.57	17.43	23.26	16.00	13.98	13.64
1- 丁烯	1.26	1.62	1.51	1.72	1.65	1.65
乙二醇	6.13	5.68	12.26	5.88	3.93	4.00
环氧乙烷	30.28	27.24	23.45	14.41	10.44	11.86
苯乙烯	12.13	12.78	11.11	13.11	11.37	12.81
SBS 橡胶	8.25	7.12	7.62	7.46	7.24	6.64
顺丁橡胶	9.25	9.53	9.05	9.70	8.46	6.35
液化气	112.59	128.29	160.91	148.03	142.50	126.26
石脑油	243.11	187.68	214.45	186.96	193.75	186.17
汽 油	383.29	433.83	422.82	412.67	421.53	421.61
高标号汽油	160.09	157.08	151.14	143.65	274.19	325.51
煤 油	190.19	354.08	323.64	290.03	284.59	268.62
柴 油	445.33	433.57	413.27	444.41	419.28	455.63
润滑油基础油	31.45	35.91	37.78	36.51	35.82	25.67
石 蜡	2.30	4.73	4.26	5.13	8.21	7.55
商品重油	87.64	10.96	11.69	14.12	15.84	19.73
沥 青	179.39	111.39	125.79	146.12	137.81	135.49
石油焦	79.37	77.54	70.66	77.59	70.46	66.49
硫 黄	22.96	22.01	20.22	20.45	19.52	20.04

①数据更新

航天品质

铸就更懂客户的产品

航征

北京航天长征机械设备制造有限公司隶属于中国航天科技集团、中国运载火箭技术研究院，是航天工程（股票代码：603698）的全资子公司。

公司依托中国航天在运载火箭和液体火箭发动机中特种阀门在高温、低温、抗氧化性、耐磨等方面的技术积累，长期专注于石油化工氧气、氢气、PP、PE及渣黑灰水等苛刻工况的特种阀门研制，尤其是高温高压氧气切断球阀和氧气调节阀打破了进口品牌的垄断地位，目前已有3000多台的使用业绩。同时公司近年研制的轨道球阀、高频球阀相继替代进口品牌，在行业内取得了良好口碑。

主要产品有氧气切断球阀、氧气调节阀、硬密封切断球阀、粉煤三通换向阀、粉煤流量调节阀、轨道球阀、高频球阀、偏心旋转调节阀等特种阀门及阀门配套的气动执行器。

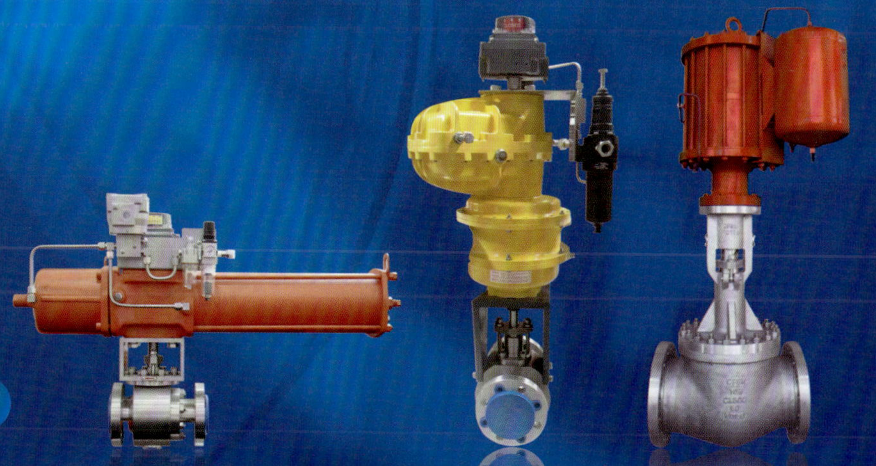

氧气切断球阀　高频球阀　轨道球阀　氧气调节阀

北京航天长征机械设备制造有限公司

北京经济技术开发区路东区经海四路141号

Website：www.chinahzzz.com Tel:+86-10-56325695

ICBC 中国工商银行 北京市分行
薪享事成
八薪服务
代发工资客户智享
八大专属服务
8
薪金卡
薪存款
薪理财
薪贷款
薪礼遇
薪权益
薪体验
薪助手
扫码了解详

薪金卡 专属服务介质

代发工资客户专属银行卡“薪金卡”，将作为识别和服务代发工资个人客户的统一介质，每年免费提供36笔跨行ATM取款、跨行汇款结算套餐优惠，并提供多种费用优惠服务，包括免收代发工资个人客户的薪金卡新发卡工本费，免收代发工资期间的薪金卡年费和小额账户管理费等优惠。

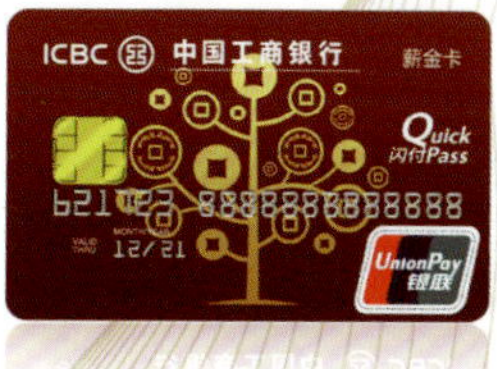

薪礼遇 专属新客礼品

代发客户新人见面礼，工行代发工资新客当月产生代发交易，即可获得精美礼品一份。

薪存款 专属存款产品

薪金溢3号是工行面向稳定代发工资客户推出的专项零存整取账户产品，与我行签订“薪金溢3号”产品协议后为客户在综合账户卡下开立零存整取相关账户，按优于起存日零存整取存款挂牌利率计息。

薪权益 专属增值活动

提供“财富薪赢家”代发工资客户特色沙龙活动，打造工行北京“芯e通”代发客户服务专区。

薪理财 专属理财产品

“步步为赢3号”是工行面向代发工资客户推出的适合中短期投资的专属理财产品，可随时购买，具有安全性好、收益优、购买便捷、投资期限广的特点。

薪体验 专属线上服务

代发线上办：线上申请特色借记卡、薪金卡，电子二类账户作为代发工资入账账户，具有方便快捷、安全可靠的的特点。

电子工资单：员工可以通过手机银行、融e联、网上银行等多渠道查询电子工资单，还可以查询年度工资收入情况，最大限度确保员工的私密性。

薪贷款 专属信用贷款

融e借是提供用于个人合法合规消费用途的无担保无抵押人民币贷款，价格优惠、期限灵活、还款方式丰富，可以满足不同群体多层次、多元化的消费融资需求。

薪助手 专属客群经理服务

工行择优选聘了一支高素质客户经理队伍为贵宾客户提供贴心的资产管理服务，组建了近百人的专属客群经理服务团队，为代发企业提供优质上门服务。

天津钢管制造有限公司
TIANJIN PIPE CORPORATION
2021
输送真情
共铸辉煌

SPM 贵研

贵研资源（易门）有限公司

贵研资源（易门）有限公司是专业从事贵金属二次资源循环利用的高新技术企业，于2010年由中国铂族金属类上市公司贵研铂业股份有限公司（证券代码：600459）发起成立，是贵研铂业的全资子公司，是三大核心板块（资源、产品、贸易）之一资源板块的重要组成部分，注册资本金3.2亿元。

贵研资源传承了昆明贵金属研究所及贵研铂业在贵金属冶金领域五十多年技术开发优势，拥有先进的测试仪器和生产设备，建立了低品位贵金属废料富集基地、高纯金属及贵金属精炼中心，在难溶铂族金属的溶解和分离提纯方面，技术实力和开发水平处于全国前列。公司集技术优势、平台优势、渠道优势于一体，提供贵金属原料—产品加工—资源再生一站式服务，是专业的贵金属危险废弃物管家。

目前已为中国石化、中国石油、中国海油、恒力石化、赢创化学、万华化学等上百家国内外客户提供了专业的贵金属回收管理服务，是目前国内较大的贵金属回收商。

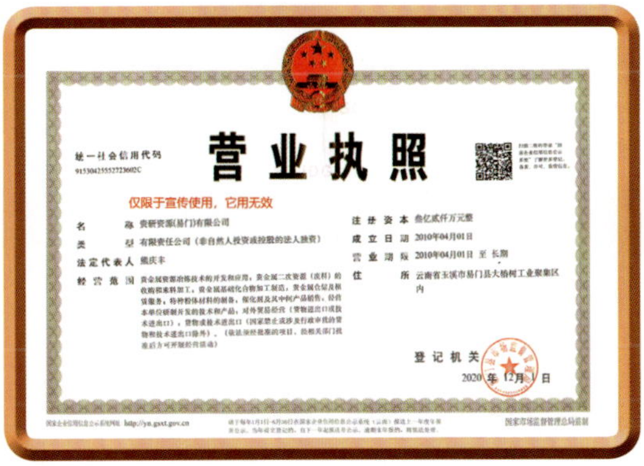

统一社会信用代码 91530425552723602C

营业执照

仅限于宣传使用，它用无效

名称 贵研资源(易门)有限公司

类型 有限责任公司（非自然人投资或控股的法人独资）

法定代表人 熊庆丰

经营范围 贵金属资源冶炼技术的开发和应用，贵金属二次资源（废料）的收购和来料加工，贵金属基础化合物加工制造，贵金属仓储及租赁服务，特种粉体材料的制备，催化剂及其中间产品销售，经营本单位研制开发的技术和产品，对外贸易经营（货物进出口或技术进出口），货物或技术进出口（国家禁止或涉及行政审批的货物和技术进出口除外）。（依法须经批准的项目，经相关部门批准后方可开展经营活动）

注册资本 叁亿贰仟万元整

成立日期 2010年04月01日

营业期限 2010年04月01日 至 长期

住所 云南省玉溪市易门县大椿树工业聚集区内

登记机关

2020年12月1日

国家企业信用信息公示系统网址 http://yn.gsxt.gov.cn

国家市场监督管理总局监制

云南省危险废物

经营许可证

法人名称：贵研资源（易门）有限公司

法定代表人：熊庆丰

住所：玉溪市易门县大椿树工业聚集区

经营设施地址：玉溪市易门县大椿树工业聚集区 N24.69181°、E102.20447°

核准经营方式：收集、贮存、利用

核准年经营规模：4980吨

核准经营危险废物类别：

HW13、HW17、HW19、HW38、HW45、HW49、HW50共7个大类29种危险废物，经营规模4980吨/年，具体类别和代码详见附本。

证书编号：Y 5304250074

发证机关：云南省生态环境厅

发证日期：2020年9月30日

初次发证日期：2013年2月7日

有效期限：2020年9月30日—2021年9月29日

地址： 云南省玉溪市易门县大椿树工业园内

姓名： 郁光源
职务： 副总经理
电话： 15925226771
邮箱： 15925226771@126.com

姓名： 谢剑峰
职务： 市场营销部副部长
电话： 18887732255
邮箱： 18887732255@163.com

DBS
星展银行
Live mo
Bank le
生活，
精彩太多，
时间太少。
所以，
我们以创意与科技，
将理财化繁为简，
让您有更多时间，
专注于所珍惜的人和事，
成就理想，活出精彩人生。
毕竟，
人为生活而理财，
非为理财而生活。
Live more,
Bank less
星展银行
未来理财之道　今日与您同步

We have one simple guiding philosophy: business must benefit society. It's kept us successful since our foundation in 1858. Of course, times change, products change, modes of communication and transportation change, but our core principle holds fast. Today, our global business is driven by innovation, but our loyalty remains with the societies we serve.

SINCE 1858

Marubeni

林德亚太工程有限公司

林德亚太工程有限公司入驻杭州全新办公楼

德国威斯巴登 ESWE 公交车加氢站（350bar）

林德在大连制造的离子压缩机采用五步过程将气态氢压缩至100Mpa

林德

全球领先的工业气体和工程公司之一，2020 年销售总额为 272 亿美元。每一天，我们矢志不渝，践行企业使命——精益丰产，惠泽全球，以高质量的技术、服务和解决方案，帮助客户取得更大的成功，同时保护我们的地球使之可持续发展。目前旗下包含林德气体和林德工程。

林德工程

100 多年来凭借约 1400 项气体工艺工程专利应用，已为全球的第三方客户和林德气体提供了 4600 多套工业气体装置。1913 年向中国提供首套空分装置以来，林德工程已向多个行业的客户提供了 200 多套包括空分设备、制氢和天然气液化装置在内的工业气体装置，并建立了长期友好的合作关系。

林德工程亚太

林德工程总部位于德国慕尼黑，目前主要设有亚太与美洲等区域中心以及 20 多个分支机构；其中亚太区中心位于中国，同时在新加坡、马来西亚、印度、泰国、韩国、澳大利亚等地设立了 10 余个分公司及办事机构。目前，林德工程在中国拥有近 1000 名员工。

1986 年，林德工程在北京开设了第一个代表处，1995 年开设了大连生产工厂，1996 年设立上海工程中心。2002 年，林德工程（杭州）有限公司成立。2020 年 9 月，林德工程亚太区总部正式落户杭州。林德，成为第一家在杭州设立亚太区域性总部的世界 500 强外资企业。

助力“碳中和”，林德工程在行动

林德新的空分装置拥有最先进的技术，在投资成本和运行费用上的优化，使装置在能耗方面具有一定优势，有助于客户在新投资中实现碳中和目标。

同时，林德工程亚太成立了“先进控制与运行服务”（LAOS）团队，为客户提供数字化解决方案；除高级控制功能（APCS）、槽车充装认证系统外，还提供用于空分和制氢装置的高级自动化远程诊断。LAOS 在中国的团队可以为转动设备、电机和板翅式换热器提供基于 AI 的远程预测诊断服务，满足中国客户对技术方案先进性、装置可靠性和服务高效性的需求。

此外，林德的氢能技术，也在为服务碳中和目标做出努力。林德工程在大连成立的加氢站设备合资公司，今年很快将实现首部设备交付。同时，林德还拥有水电解制氢技术、天然气制氢技术、氢液化与储存技术等，这些技术都将为氢能产业的快速发展贡献林德力量。

地址：上海市黄浦区南京东路61号
邮编：310101
电话：021-23281763
传真：021-23281763
网址：www.bdo.com.cn

大华会计师事务所（特殊普通合伙）

——中国会计审计、税务评估、造价咨询大型专业服务机构

大华会计师事务所第十一次合伙人大会

中共大华会计师事务所全体党员大会

大华会计师事务所创立于1985年，是国内首批获准从事H股上审计资质的大型会计师事务所，在2020年度会计师事务所综合价百家排名信息中位列第八名，在2020年度北京地区会计师事所综合评价排名中位列第五名。大华总部设在北京，在上海、圳等32个城市设立了分支机构。现有从业人员近7000名，其中国注册会计师1679人、“行业领军后备人才”16人、中注协资会员50多人。大华经PCAOB认可，具有美国上市公司审计业务业资格。大华服务对象主要为大型中央企业、上市公司、金融险企业、外商投资企业等，常年审计客户万余家，其中上市公客户395余家、大型中央企业40余家、外资企业500余家，挂牌三板客户千余家，涉及航空航天、金融保险等多个行业领域。华秉持“谦逊、认真、诚恳、守信”的大华作风，致力于沿着业化、多元化、国际化发展之路，为把大华建设成为国内一、国际知名、能够积极参与国际竞争的大型专业服务机构而不努力。

学党史迎百年

五四青年节插花活动

健步走

未势能源科技有限公司

公司概况

未势能源科技有限公司致力于推动人类能源低碳可持续发展，主要从事氢燃料电池产品研发、生产及销售。经过3年孵化，公司于2019年4月15日由长城控股集团出资4.5亿元注册成立，定位为专注于氢燃料电池技术市场化运营的高科技企业。公司聚焦氢燃料电池世界前沿关键技术领域，面向乘用车、商用车市场开展平台化关键零部件设计。截至2020年底，公司已累计投入20亿元自有资金进行产品开发。

目前，未势能源已布局中国上海、中国保定、日本、德国、加拿大五大研发中心，组建起文化多元、技术领先的研发团队，并严格遵循V模型开发流程打造车规级燃料电池动力系统及零部件。我司主要产品涵盖燃料电池发动机、电堆、膜电极、35MPa/70MPa车载氢系统、瓶阀及减压阀等。未来，未势能源将围绕已掌握的氢燃料电池核心技术，打造具有国际竞争力的产品，致力于为客户提供提供高性价比的氢燃料电池技术解决方案。

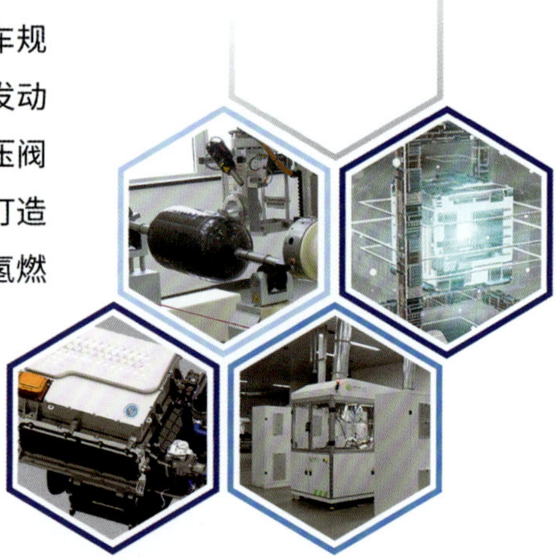

开创氢能新世代 加速实现碳中和

让驱动世界的力量回归自然

公司团队

集合跨行业专家团队

未势能源研发团队规划1000人，已有510余人，其中外籍专家28人，均拥有十年以上燃料电池、膜电极、储氢瓶、阀门、氢储运加等领域工作经验。

510+ 世界级研发团队

28 专家

13 博士

125 硕士

与全球顶尖机构院所紧密合作

Linde	TORAY Innovation by Chemistry	AIR LIQUIDE
TONGJI UNIVERSITY 1907	SHANGHAI JIAO TONG UNIVERSITY 1896	TSINGHUA 1911 UNIVERSITY
elringklinger	BOSCH Technik fürs Leben	GORE Creative Technologies Worldwide

博奥晶典
CapitalBio Technology

北京博奥晶典生物技术有限公司

源自清华 自主创新 立足中国 迈向世界

北京博奥晶典生物技术有限公司（以下简称博奥晶典）是博奥生物集团有限公司暨生物芯片北京国家工程研究中心的产业化平台，是清华大学布局生命健康领域的核心企业。博奥晶典始终坚持自主创新和成果转化，立足新一代生物检测技术，拥有研发、生产、销售以及第三方独立医学检验所服务为一体的完整产业链；并响应国家关于”预防为主”的健康方针，将现代医学与中国传统医学紧密结合，打造出集健康产品、健康管理、医疗康复和大数据于一体的大健康产业板块。依托完善的生物技术平台，博奥晶典向国内外生命科学研究、医学检验、新药研发、健康管理、司法鉴定、农林畜牧和食品安全领域提供仪器设备、配套试剂耗材、科研服务外包、实验整体解决方案等，系列产品和服务已出口北美、欧洲、亚洲等30多个国家和地区，所研发的生物芯片相关产品两次荣获国家技术发明奖二等奖。

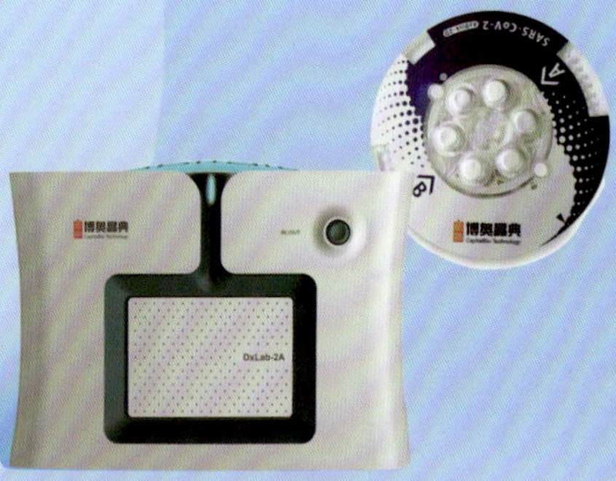

全集成芯片系统

新冠肺炎病毒核酸检测移动实验室

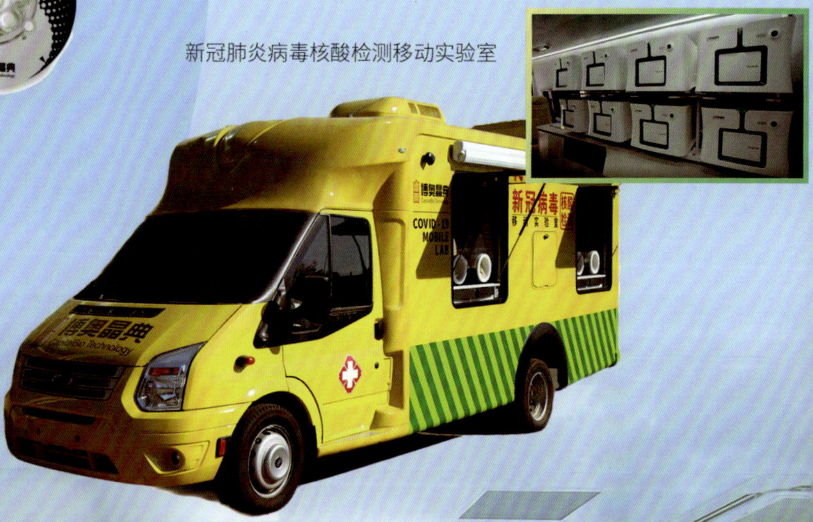

实验室

安捷物联
ANJIE-IOT

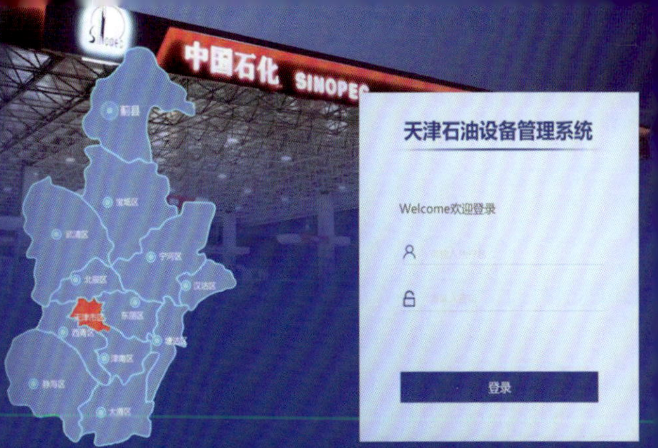

天津安捷物联科技股份有限公司

安捷Coral物联网操作系统

—— 赋能企业全生命周期的数字化管理

设备全生命周期信息管理平台

基于Coral搭建完整的设备信息管理平台，对内部火灾爆炸危险区内的各类石油化工设备设施进行全生命周期监管，将设备管理、运行管理、维保管理、票证管理、统计管理、知识库等系统、业务串联起来，实现工作协同、统一管理。

设备全生命周期信息管理平台

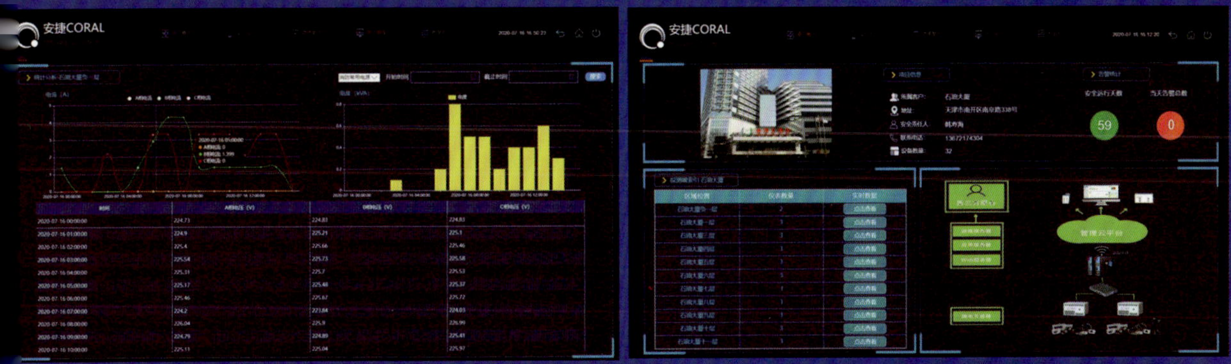

安捷Coral 物联网操作系统

用电安全物联网监测系统

将Coral物联网技术应用于天津分公司办公大楼用电系统，实时监测系统的运行可靠性及能耗情况，对用电安全可做到预警和报警，及时消除隐患杜绝灾害发生。

浙江海正生物材料股份有限公司
ZHEJIANG HONORBIOMATERIALS CO.,LTD

浙江海正生物材料股份有限公司（以下简称“公司”）是一家集聚乳酸研发、生产、销售为一体的高新技术企业。公司由浙江海正集团有限公司、中国科学院长春应用化学科技总公司等于2004年8月共同出资成立，并于2014年成立全资子公司浙江海诺尔生物材料有限公司。

公司建有自主知识产权的万吨级聚乳酸商业化生产线，是国内领先的聚乳酸产业化生产企业，先后承担了863项目、国家重点研发计划等项目，获国家高技术产业化示范工程、浙江省高新技术企业研究开发中心，并连续3年获得高新技术企业称号。公司现有聚乳酸产能4万吨/年，在建产能17万吨/年。随着国内外“禁塑令”“限塑令”的推广落实，以及碳减排工作的稳步推进，以聚乳酸为代表的绿色产业将迎来快速发展的黄金期。

REFIRE 上海重塑能源集团股份有限公司

130kW PRISMA 12+
镜星燃料电池系统

上海重塑能源集团股份有限公司是国内领先的燃料电池技术提供商，设立于2015年9月，总部位于上海，专注于燃料电池技术的研发，燃料电池系统相关产品的研发、生产、销售及燃料电池工程应用开发服务，并已建立起燃料电池系统和相关零部件产品的核心技术竞争力，并获得行业高度认可，部分荣誉包括国家专精特新“小巨人”企业荣誉称号，以及2020年“中国汽车工业科技进步”一等奖。截至2021年7月，重塑集团已开发完成32-56kW CAVEN系列和63-130kW PRISMA 镜星系列两代燃料电池系统，产品在额定功率、质量功率密度、电堆额定功率密度、冷启动温度等关键技术指标层面具备突出优势，并在核心零部件环节取得突破，逐步实现国产化、产业化。

作为燃料电池技术商业化应用的践行者，重塑集团积极协同产业链上下游伙伴，共同推动多场景下的燃料电池技术应用。自2017年在中国率先实现了车用燃料电池技术的商业化以来，截至2021年7月，公司的燃料电池技术已应用于国内7省15市，以及德国、日本、马来西亚等国外市场的商用车上，车型涵盖客车、运输车、冷藏车、保温车、洒水车、半挂牵引汽车、垃圾车、自卸车等，并在此基础上展开工程机械、船舶等更多非车用领域的探索。在上海地区，重塑集团与公司的战略股东中国石化共同构建起以产品、能源、应用场景为闭环的氢能战略合作生态圈，有效推动了上海燃料电池车辆的规模化应用以及加氢站等基础设施的快速发展。

重塑集团子公司重塑科技是国家动力电池创新中心燃料电池分中心的依托单位，担任中国汽车动力电池产业创新联盟燃料电池分会理事长单位，并且是继长城汽车、潍柴动力、国家能源集团、中国石化之后第五家加入国际氢能委员会（Hydrogen Council）的中国企业。

国内领先的燃料电池技术提供商

专注于燃料电池技术的研发，燃料电池系统相关产品的研发、生产、销售及燃料电池工程应用开发服务

重塑集团研发中心总部

板材产线

永通集团
YongTong Motor

湖南永通集团有限公司

YONGTONG

专业于车 专注于人 专诚于心

永通集团荣获2021中国汽车经销商集团百强排行榜29名

永通集团董事长蒋宗平在新购买的第三架直升机前接受湖南卫视采访

永通长沙河西二手车市场规划图

湖南永通集团是一家集汽车销售与汽车后市场全产业链于一体的大型企业，拥有40多家4S店，年收入超过162亿元，是中南地区汽车流通行业领军企业。未来，永通集团将继续以汽车销售、维修及售后服务为核心，重点深耕汽车后市场领域，尤其在二手车市场发力，在长沙河西建设一个占地20万平方米二手车市场，项目1期年底将投入运营。还将建成国内首家飞机4S店，集飞机旅行、飞行员培训、飞机维修、飞机加油等于一体，形成以长沙为核心，面向湖南的通航运营、服务网络 。

LONGi
隆基氢能
致力于成为全球领先的
氢能装备技术公司
H2
H2

上海化学工业区发展有限公司

化工区管理中心

上海化学工业经济技术开发区是国家级经济技术开发区，位于杭州湾北岸，规划面积29.4平方千米，是以石油化工产品为主的专业开发区，建成以乙烯为龙头的循环经济产业链、以化工新材料为主导的特色产业集群，成为全国集聚知名跨国化工企业较多、主导产业能级高端、安全环保管理严格、循环经济水平领先的化工园区，被列为全国重点建设的七大石化产业基地之一，被评为国家新型工业化产业示范基地、国家生态工业示范园区、全国循环经济先进单位、全国低碳工业园区试点单位，连续数年位列中国化工园区20（30）强。2020年，化工区（包括金山、奉贤分区）共完成工业总产值1122.28亿元，销售收入1229.84亿元；引进项目投资57.57亿元，完成固定资产投资48.13亿元；园区企业实现利润158亿元，上缴税金87.79亿元；万元产值能耗0.386吨标准煤。截至2020年底，化工区累计批准项目总投资306.57亿美元，累计完成固定资产投资1510.02亿元。

赢创德固赛多用户基地

高桥石化苯酚丙酮装置

巴斯夫汽车涂料二期项目

华林工业气体

上海漕泾电厂

科思创一体化基地

NIO
蔚来与中国石化
达成战略合作
携手共建充换电站
蔚来车主享终身免费换电*
一首歌的时间满电出发
中国石化 SINOPEC
NIO Power
Blue Sky Coming
*受《蔚来车主权益基本告知书》约束
扫码预约试驾

高桥石化

【概况】 中国石化上海高桥石油化工有限公司（简称高桥石化）成立于1981年11月，2000年和2007年根据总部改革部署，先后成立中国石油化工股份有限公司高桥分公司和中国石化集团资产经营管理有限公司高桥分公司；2016年，根据提升调整工作需要，在上海自贸区注册成立高桥石化有限公司，成为集团公司旗下子公司，经过40年发展，成为中国石化重要的大型燃料—润滑油—化工型骨干企业。占地面积4.12平方千米（其中高桥老区3.82平方千米、漕泾新区0.3平方千米）。

高桥石化炼油区域具备原油综合加工能力1 300万吨/年，包括800万吨/年的汽柴油生产系统和500万吨/年的润滑油生产系统。漕泾化工区域有苯酚丙酮、丁苯橡胶、ABS共3套装置，具备50万吨/年的化工产品生产能力，电厂装机容量17.5万千瓦；共有50多套生产装置，主要产品有汽油、柴油、航空煤油、润滑油（基础油）、石蜡、白油、苯酚、丙酮、丁苯橡胶、ABS等。

截至2020底，高桥石化共有在岗职工4 095人，离退休人员14 299人；中层机构31个，其中职能部门16个、直属单位5个、二级单位10个。先后与德国巴斯夫、美国雪佛龙、日本三井等企业合作，建立15家合资企业。另有改制企业10家，用工总量近3 000人。

2020年，高桥石化累计加工原油1 030.6万吨，炼油产品总量1 004万吨、化工产品总量49万吨；实现营业收入405亿元，实现利润7.84亿元。

高桥石化主要技术经济指标及主要产品产量分别见表1和表2。

（魏之臣）

【领导班子调整】 2020年12月24日，集团公司党组宣布关于高桥石化领导班子调整的决定：王净依任上海高桥石油化工有限公司董事长、党委书记，上海高桥石油化工公司党委书记，上海高桥分公司代表，上海赛科石油化工有限责任公司董事；免去侯勇的上海高桥石油化工有限公司董事长、党委书记、委员，上海高桥石油化工公司总经理、党委书记、委员，上海赛科石油化工有限责任公司董事职务。孙敏杰任上海高桥石油化工有限公司总经理、董事、党委副书记，上海高桥石油化工公司总经理、党委副书记，上海高桥分公司总经理；免去张建平的上海高桥石油化工有限公司总经理、董事、党委副书记、委员，上海高桥分公司总经理，上海高桥石油化工公司副总经理、党委副书记、委员职务。

（魏之臣）

【学习宣传贯彻党的十九届五中全会精神】 2020年，高桥石化党委按照集团公司的部署要求，深入学习宣传贯彻党的十九届五中全会精神，制定6项具体措施，即制订工作方案、抓好学习研讨、深入开展宣讲、强化教育培训、营造浓厚氛围、推动学用结合，把全会决策部署和工作要求落到实处，持续推动公司创新发展，夺取疫情防控和实现全年目标任务双胜利。

（魏之臣）

【从严从实抓好HSSE工作】 2020年，高桥石化坚持问题导向，从严从实抓好HSSE工作，以抓好疫情防控和员工健康管理为重要着力点，全力守护员工生命安全和身体健康；以推进HSSE管理体系有效运行为重要着力点，强化HSSE主体责任落实；以建立领导干部“四不两直”HSE督查与安全观察制度为重要着力点，发挥领导干部示范引领作用；以落实总部“加强直接作业环节安全管理十条措施”及公司现场作业管理“三条底线”要求为重要着力点，严格承包商和直接作业环节安全监管；以抓好风险识别管控和隐患排查治理为重要着力点，促进问题整改；以抓好员工HSE法规与制度教育培训工作为重要着力点，教育引导干部员工遵守法规、严格执行制度；以抓好污染防治和环境保护工作为重要着力点，推进绿色企业创建。

（魏之臣）

【加强风险识别管控和隐患排查治理】 2020年，

高桥石化抓好受限空间与高处作业安全专项治理、泄漏隐患大排查大整治，制订《安全生产专项整治三年行动实施方案》，落实最大风险“一把手”承包责任制，抓好安全风险研判与承诺公告，完善“三级”问题台账、风险和隐患清单，推进隐患治理，累计完成 27 项安全隐患治理项目。

（魏之臣）

【严格承包商和直接作业环节安全管理】 2020 年，高桥石化执行作业现场管理“三条底线”规定，强化现场施工安全管理。加强承包商资质审查和三级安全教育培训，严格承包商安全考核，全年承包商累计安全记分 1 050 分，1 家承包商单位和 6 名承包商人员被列入“黑名单”。

（魏之臣）

【推进绿色企业建设】 2020 年，高桥石化加大环保投入，抓好隐患治理，推进绿色企业创建，累计完成 57 项任务和 12 个创建项目，通过总部绿色企业创建审核。主要污染物化学需氧量、氨氮、挥发性有机物排放量分别较同期下降，部分指标提前完成集团公司 2022 年减排目标。推进“能效提升”计划，统筹抓好管理节能、技术节能和设备节能，促进清洁生产、绿色发展。

（魏之臣）

【提高安稳运行水平】 2020 年，高桥石化执行机电仪管操“五位一体”巡检、生产系统重大事项报告制度，抓好生产异常管理，开展安稳运行攻坚创效劳动竞赛，提高装置运行水平，非计划停车数降低 50%。加强工艺平稳性管理，开展在役装置 HAZOP 分析，抓实工艺参数比对分析、报警、联锁、变更和盲板管理，A 类装置平稳率在总部 25 家参评企业中排名第 3 位。开展设备完整性管理提升行动，推动设备完整性管理体系建设，发布《高桥石化设备完整性管理手册》。加强防腐与泄漏管理，加强设备运行状态监测与分析；推进预防性修理，抓好大型机组及关键设备特护，消除设备缺陷隐患，提高设备运行可靠性。

（魏之臣）

【提高优化工作水平】 2020 年，高桥石化坚持适度劣质化、重质化方向和原油采购量、加工量、成品油配置量动态匹配原则，优化原油采购策略和油种结构，年度原油加工计划完成率比总部平均水平高 3.47 个百分点；用好金融衍生品和商储资源，降低原油采购成本。加强原油接运、输转、调和和加工全过程管理，原油加工总损失同比下降 14.65%。完成 3# 催化等关键装置整修，实施增产低硫船燃、丙烯、沥青等高附加值产品“短平快”项目，消除增效瓶颈制约。优化产品结构，增产润滑油基础油、白油、石蜡等高附加值产品，发挥炼油系统增效潜力。

（魏之臣）

【提高增收节支工作水平】 2020 年，高桥石化坚持“管业务、管合同、管费用”原则，落实财务部门总体管控、业务部门专业管控责任，千方百计降低成本。炼油吨油费用、化工吨产品费用分别下降 5.22 元和 25.25 元，全年节约财务费用 5 343.5 万元。加强股权和投资管理，压实合资企业增效责任，累计取得投资收益 12.96 亿元。争取财税、金融、社保等支持政策，获浦东新区大企业总部补贴 2 661.36 万元。

（魏之臣）

【坚持深化企业改革】 2020 年，高桥石化深化“三项制度”改革，推进新一轮“三定”工作。开展管理体制评估诊断，优化管理体制和运行机制。推进原油管输体制配套改革，完成资产收购、管理职责移交、人员配备等各项工作。完成工程质量监督和设备检验管理体制改革，完成退休人员社会化管理改革任务，撤销驻京办事机构。推进“业财融合”，抓好财务转型。

（魏之臣）

【持续夯实发展基础】 2020 年，高桥石化适应国家、地方政府的新要求、新标准，投资 2.1 亿元，实施供电系统隐患治理、高温高危泵密封升级治理、污水系统和油罐 VOCs 及异味治理等 69 个安全环保治理项目。严格投资项目立项审核，组建项目前期管理团队，抓好后续跟踪评价，确保项目实施效果。

（魏之臣）

【持续推动提升调整】 2020年，高桥石化谋划战略定位、主攻方向和业务结构，初步完成“十四五”发展规划编制工作。完成老区化工96%土地交付，累计收到补偿款118.8亿元。制订改制企业处置方案，实施相关合资企业“一企一策”，推动相关配套工作。

（魏之臣）

【加强队伍建设】 2020年，高桥石化实施职能部门干部队伍建设专项调研和综合评价，抓好领导人员关键事项记录和绩效考核。开展部门（单位）负责人经济责任审计，加强退出现职中基层领导人员管理。推进“三定”工作，优化人力资源配置，提高劳动生产率。完善薪酬分配管理制度，提高收入分配的规范性和合理性。开展中基层领导干部培训、“三大员”轮训和班组长培训、技能操作人员岗位培训，提高员工综合素质。

（魏之臣）

【关心和服务职工】 2020年，高桥石化开展“爱我中华、振兴石化”“为美好生活加油”教育，引导干部职工传承石油精神、弘扬石化优良传统，忠诚企业、爱岗敬业。完成生活后勤设施维修和改造，提高职工群众满意度。坚持“真困难、真帮助”原则，全年累计实施帮扶332人次，发放慰问品、慰问金110.24万元。

（魏之臣）

【坚决打赢疫情防控阻击战】 2020年，面对新冠肺炎疫情，高桥石化贯彻落实习近平总书记重要指示精神和党中央、国务院决策部署，按照上海市和集团公司工作要求，先后制订发布《防控新型冠状病毒肺炎工作方案》《关于加强党的领导在打赢疫情防控阻击战中充分发挥基层党组织和党员作用的通知》《复工复产后疫情防控工作方案》《疫情防控常态化工作方案》《秋冬季新冠肺炎疫情防控工作方案》等重要文件，及时动态调整防控工作策略，完善防控工作措施，抓好疫情防控工作，守护员工生命安全和身体健康。

（魏之臣）

【开展党委巡察工作】 2020年，高桥石化召开党委巡察工作会议暨2020年巡察工作动员部署会，拉开党委巡察工作序幕。党委巡察工作的范围和对象是所属二级单位党总支领导班子及其成员，机关部门（中心）领导班子及其成员。重点巡察“两个维护”情况、学习贯彻习近平新时代中国特色社会主义思想情况、领导班子和基层党组织建设情况、整治“四风”问题情况、党规党纪执行和廉洁从业情况等，着力发现被巡察单位党组织存在的问题，通过巡察整改，推动政治生态持续向好，当好政治生态的“探测器”“校准仪”和“净化剂”。

（魏之臣）

【护航“进博会”】 2020年，高桥石化制订并印发《高桥石化“进博会”安全清洁生产管控方案》和《高桥石化2020年空气质量改善专项攻坚方案》，落实生产运行、施工过程、装卸与运输过程、公共安全、环境保护、应急管理等安全保障措施，从优化生产运行、控制燃料质量、强化内部监测与检查、确保达标排放、推进绿色运输、加强扬尘控制等方面开展攻关，改善空气质量，为“进博会”的成功举办做出贡献。

（魏之臣）

【开展攻坚创效行动】 2020年3月，集团公司召开“百日攻坚创效”行动动员大会后，高桥石化研究制订《高桥石化提质增效暨“百日攻坚创效”行动方案》，成立行动领导小组，下设安稳运行、经营优化等6个工作小组，推动落实9个方面重点工作、55项降本减费和增产增效措施，扭转疫情和油价大幅波动带来的生产经营困局。7月，制订下发《高桥石化持续攻坚创效行动方案》，以整体效益最大化为目标，持续提升装置平稳运行水平，持续推进攻坚创效计划，确保完成年度各项目标任务。

（魏之臣）

【首套自主产权高纯氢气生产试验装置开车成功】 2020年，高桥石化炼油四部2#连续重整苯抽提新建500米^3（标准）/时高纯氢气生产试验装置开车一次成功，为中国石化新能源战略转型、车用氢能源的发展奠定扎实的基础。作为集团公司“十条龙”重点科研攻关项目之一，该试验装置是中国石化首套拥有自主产权装置，采用大连石油化工研究院自有专利技术，依托高桥石化连续重整装置供氢，经变温变压吸附与后精制组合工艺，能生产满足燃料电池车用氢气纯度为99.999% 的高纯氢气。

（魏之臣）

中国石化首套自主产权高纯氢气生产试验装置在高桥石化开车成功

【开展对标世界一流管理提升行动】 2020 年，高桥石化启动对标世界一流管理提升行动，成立对标提升行动领导小组，下设战略管理、组织管理、运营管理等 8 个专业组，围绕总部提出的 8 个领域和 45 项重点任务，对标先进企业，查找突出问题，明确提升目标，深耕提升行动，基本形成系统完备、科学规范、运行高效的现代国有企业管理体系，企业整体管理能力明显增强。

（魏之臣）

【设备完整性管理体系正式运行】 2020 年，高桥石化发布《高桥石化设备完整性管理手册》。作为集团公司设备完整性管理体系建设第 2 批推广企业，高桥石化以《中国石化炼化企业设备完整性管理体系 V1.0》为标准，以设备 KPI 为指引，以风险管控为核心，以预防性维护、定时性事物为抓手，以信息化建设为手段，遵循 PDCA、举一反三工作方法，推进设备完整性管理体系建设，实现设备管理 3 个转变，即事后抢修转变为事前预防、事务性管理转变为专业性管理、专注于解决局部问题转变为系统性整体研究，提高设备管理精细化程度，提升设备本质安全水平和管理水平，夯实安全清洁生产基础。

（魏之臣）

【稳步推进管输体制配套改革工作】 2020 年，高桥石化贯彻落实集团公司管网体制改革的总体部署，稳步推进管输体制配套改革工作，全面承接白沪线、高赛线 2 条长输油气管道的生产运行、安全环保、巡检维护、检测监测、财务资产等管理职能，实现全面对接、应接尽接、无缝衔接的目标。

（魏之臣）

【率先获民航局适航审定证书】 2020 年，高桥石化生产的 3# 喷气燃料在集团公司内率先获中国民用航空局颁发的《技术标准规定项目批准书（CTSOA）》适航审定证书。

（魏之臣）

【国 VI（B）92# 车用汽油供应市场】 2020 年，高桥石化生产的 5 700 吨国 VI（B）92# 车用汽油顺利出厂，标志着高桥石化具备国 VI（B）92# 汽油生产的能力，提前实施国 VI（B）标准，为打通华南市场国 VI（B）92# 车用汽油供应流程，进一步拓展市场奠定坚实基础。

（魏之臣）

【张华、杨友浩技师创新工作室被评为上海市创新工作室】 2020 年，高桥石化张华技师创新工作室被评为上海市工匠创新工作室，杨友浩技师创新工作室被评为上海市技师创新工作室。

（魏之臣）

表 1 高桥石化主要技术经济指标 亿元

指标名称 \ 年份	2020	2019	2018	2017	2016	2015
原油加工量 / 万吨	1 030.60	1 075.43	868.04	1 054.22	1 040.48	1 042.30

续表

年份 / 指标名称	2020	2019	2018	2017	2016	2015
工业总产值	411.01	528.45	471.51	450.98	406.06	447.80
炼　油	375.13	492.06	433.76	404.86	355.36	389.91
化　工	36.57	37.75	38.97	47.64	49.58	56.16
资产总计	342.77	377.44	316.70	254.34	177.93	149.29
流动资产	110.20	132.80	127.45	59.44	81.96	47.71
固定资产原值	185.05	180.75	173.49	172.45	184.17	197.29
固定资产净值	44.72	46.46	44.48	47.07	59.65	69.76
销售收入	402.28	519.43	472.72	450.80	416.27	450.77
实现利税	108.70	126.08	134.73	157.81	136.12	133.53
税　金	100.86	100.68	98.69	126.17	124.77	131.94

表 2　高桥石化主要产品产量　万吨

年份 / 产品名称	2020	2019	2018	2017	2016	2015
汽　油	225.49	260.73	205.52	253.39	248.25	227.56
煤　油	117.42	153.96	111.09	135.39	132.56	131.62
柴　油	292.45	312.49	263.93	320.76	320.57	334.47
石油芳烃	6.44	7.43	5.94	6.97	6.75	6.42
润滑油基础油	27.56	25.93	21.88	28.30	25.04	26.47
商品原料油	33.57	35.47	22.84	26.36	19.57	23.77
石　蜡	13.58	13.31	10.06	12.81	15.13	8.86
石油焦	62.51	69.16	55.51	69.07	66.93	71.48
合成橡胶	7.45	7.03	6.93	5.24	9.53	12.95

金陵石化

【概况】 中国石油化工股份有限公司金陵分公司（简称金陵分公司）和中国石化集团金陵石油化工有限责任公司（简称金陵石化有限公司）统称金陵石化，位于南京市东北郊，占地面积 778.93 万平方米。金陵石化成立于 1982 年 1 月，1983 年 7 月划归中国石油化工总公司。

金陵石化主要从事石油炼制及石化产品的加工生产和销售，拥有炼油、芳烃、热电、烷基苯等大型生产装置 70 余套，原油加工能力 1 800 万吨 / 年，是中国石化第三大原油加工基地和亚洲最大的洗涤剂原料生产基地，在华东及沿江地区石化产业布局中占有重要位置。

金陵石化生产石油产品 30 余种，是华东及沿江地区汽油、航空煤油、柴油、溶剂油、液态烃、石油苯、烷基苯等产品的主要供应商之一，是南京及周边地区乙烯、聚丙烯、合成纤维生产的重要原料基地，是南京市首家销售收入突破千亿元的工业企业。产品除供应华东市场外，还远销全国各地，并出口至美国、加拿大及欧洲、东南亚、大洋洲、非洲等 30 多个国家和地区。

截至 2020 年底，金陵石化下设 14 个职能部室、8 个专业化管理中心、9 个生产运行部、2 家工厂。在职职工总数 5 807 人，共有专业技术人员 894 人，具有高级职称的正高级（教授级）9 人、副高级（高级）407 人，中级职称的 935 人。资产总额 291.82 亿元。

金陵石化主要技术经济指标及主要产品产量分别见表 1 和表 2。

（许鹏伟）

【领导班子调整】 2020 年 9 月 3 日，集团公司宣布金陵石化领导班子调整决定：徐宏任金陵石化有限公司副董事长、党委副书记、金陵分公司总经理，不再担任金陵分公司总工程师职务；夏民任金陵石化有限公司董事、党委常委、金陵分公司副总经理。

（许鹏伟）

【经营业绩再创佳绩】 2020 年，金陵石化加工原油 1 677.39 万吨，生产汽油、煤油、柴油合计 978.44 万吨，实现销售收入 746.90 亿元，实现税金 160 亿元，盈利 12.77 亿元。其中，金陵分公司盈利 6.72 亿元（炼油板块盈利 6.34 亿元、在集团公司排名第四，化工板块 0.38 亿元），金陵石化有限公司盈利 6.05 亿元，在集团公司托管企业中排名第一。

（许鹏伟）

【市场开拓取得突破】 2020 年，金陵石化主动降航煤、产汽柴、增丙烯、拓船燃，增效 1.60 亿元。加强高标号汽油市场开拓，95# 汽油成功打入浙江和广东市场，98# 汽油销量位列集团公司第一。增销轻质燃料油、高附加值液化气等创效产品，增效 1.46 亿元。销售自销产品 43.70 万吨，创效 2.21 亿元。金陵石化烷基苯厂成功开发液体石蜡新产品，内贸销量创历史最高水平。

（许鹏伟）

【绿色发展持续推进】 2020 年，金陵石化认真践行绿色发展理念，持续推进“绿色企业行动计划”，建成投用化工一部污水脱氮提标项目，实施清污分流操作规范化和环保应急物资库、危险废物临时贮存点标准化管理，建立“厂中厂”废水指标，COD、氨氮、二氧化硫和氮氧化物排放量分别下降 11.60%、26.20%、22.30% 和 18.80%。狠抓节能降耗管理，强化直热供料优化改造，整体热供率提升至 80%、直供率提升至 70%；抓实蒸汽系统优化和保温伴热整治，首次停用夏季热电低压蒸汽，炼油综合能耗 53.46 千克标油 / 吨。

（许鹏伟）

【安全基础有力夯实】 2020 年，金陵石化狠抓 HSSE 管理体系运行，编制实施安全生产专项整治三年行动计划，推进安全生产标准化一级企业创建，安全基础有力夯实。开展受限空间、高处作业专项治理，完善直接作业标准化流程，承包商管理更加规范。启动设备完整性管理体系建设，提升平稳运行水平，装置自控率、工艺平稳率分别达 97.80% 和 99.36%。持续推进泄漏隐患排查整治和工艺报警管理，总漏点数和报警数量持续下降，连续 2 年未发生非计划停工。

（许鹏伟）

【转型发展取得进展】 2020 年，金陵石化主动融入集团公司“一基两翼三新”产业格局，认真编制完成“十四五”规划，明确发展战略、发展路径和重点任务。按期建成低硫船燃和高端石墨材料项目，为开辟新的效益增长点提供有力支撑。加快供电供热方式转型，热电 220 千伏总降变扩建项目可研获批复，热电 3# 汽轮机组通流改造项目基础设计获批复。推进金陵亨斯迈 MTBE 转型发展，完成叔丁醇制异丁烯项目可研上报。

（许鹏伟）

【高端石墨材料下游合资项目签约启动】 2020 年 9 月 4 日，江苏金凌创联新材料有限责任公司（简称金凌创联，由中国石化集团资本有限公司与连云港赣榆城市建设发展有限公司合资成立）高端石墨材料煅烧针状焦项目正式签约进入连云港赣榆区海州湾生物科技园区。项目分 2 期建设，首期建设投资达 3.15 亿元，可年产锻后针状焦 5 万吨、负极材料 1.86 万吨。

（许鹏伟）

【建筑物抗暴能力提升技术成功应用】 2020 年 9 月 25 日，石化建筑物抗暴能力提升技术暨金陵石化控制室抗暴改造示范工程效果评价会在金陵石化召开。该技术由金陵石化和安全工程研究院联合开发，经过建筑结构模拟分析及大尺度爆炸实验验证，同时应用自主研发的高抗爆性弹性体材料，成功打造了石化企业控制室抗爆能力提升示范工程。

（许鹏伟）

【微界面反应强化技术产业合作开展】 2020 年 9 月 27 日，金陵石化与南京延长反应技术研究院签署《柴油加氢精制微界面反应强化技术开发合同》，启动建设柴油加氢微界面反应强化技术工业试验项目。该项目是中国石化科技创新项目，总投资 5 000 多万元。

（许鹏伟）

【中国石化首套高端石墨材料装置建成中交】 2020 年 10 月 28 日，中国石化首套 15 万吨 / 年高端石墨材料装置在金陵石化建成中交。项目投资 3.40 亿元，采用中国石化大连石油化工研究院自主开发的变温变压“两炉三塔”工艺技术，对原有 I 延迟焦化装置进行改造，利用催化裂化装置副产物催化油浆生产针状焦，经煅烧后可供下游企业生产超高功率石墨电极和新能源汽车锂电池电极材料。项目助推中国石化开辟新的产品市场，为集团公司高端石墨材料产业发展奠定坚实基础。

（许鹏伟）

【第七届职工运动会举办】 2020 年 11 月 13 日，金陵石化举行第七届职工运动会开幕式，22 个基层单位及改制、合资企业的员工参加 6 类运动项目比赛，参赛人数超过 1 000 人次。

（许鹏伟）

【低硫船燃项目建成中交】 2020 年 11 月 20 日，金陵石化低硫船用燃料油项目顺利中交。项目对原Ⅲ汽油加氢装置进行改造，新增 60 万吨 / 年催化油浆减压蒸馏单元，改造 36 万吨 / 年切割油浆加氢脱硫单元，主要产品加氢油浆可作为低硫船燃调和组分。项目有效提升低硫船燃生产能力，助力金陵石化进一步开拓低硫船燃国内外市场。

（许鹏伟）

【码头被评为江苏省四星级绿色港口】 2020 年 12 月 20 日，金陵石化码头获江苏省危险化学品码头最高星级——江苏省四星级绿色港口称号。至此，金陵石化码头已先后获码头安全生产标准化一级达标证书和江苏省四星级绿色港口称号，有效提升了企业安全绿色发展良好形象。

（许鹏伟）

金陵石化高端石墨材料项目装置（左建华　摄）

表 1　　金陵石化主要技术经济指标　　亿元

指标名称 \ 年份	2020	2019	2018	2017	2016	2015
原油加工量 / 万吨	1 677.39	1 770.12	1 800.61	1 771.56	1 712.67	1 750.49
工业总产值	671.45	889.75	1 020.11	787.67	624.77	729.75
炼　油	597.20	792.56	879.08	691.18	563.74	655.25

续表

年份 指标名称	2020	2019	2018	2017	2016	2015
化　工	70.87	93.70	135.36	90.49	53.88	67.58
其　他	3.38	3.49	5.67	6.00	7.15	6.92
工业增加值	213.59	228.13	291.61	291.08	269.21	262.27
资产总计	291.82	266.29	261.58	250.16	233.91	226.90
流动资产	112.83	85.87	104.16	88.99	78.09	76.29
固定资产原值	306.85	302.60	291.13	283.95	253.92	247.63
固定资产净值	110.96	116.70	117.37	121.15	107.01	112.61
销售收入	746.90	933.14	1 009.37	797.35	638.09	735.18
实现利税	169.88	191.53	261.58	256.69	278.66	272.38
税　金	160.00	165.87	203.20	198.69	228.35	253.58
综合能耗 / 吨标煤 · 万元 $^{-1}$	0.28	0.29	0.28	0.27	0.27	0.29

表 2　　金陵石化主要产品产量　　万吨

年份 产品名称	2020	2019	2018	2017	2016	2015
汽　油	425.15	476.37	475.67	415.88	398.81	419.44
煤　油	185.63	256.48	253.93	237.35	251.51	242.17
柴　油	367.66	404.80	415.96	437.62	429.65	443.74
溶剂油	0.71	0.99	1.03	0.90	0.95	1.31
石脑油	130.80	126.01	137.01	176.31	197.87	155.00
商品燃料油	93.33	17.44	5.40	0.41	1.50	1.80
液化气	55.33	72.21	86.64	88.88	89.99	93.10
石油焦	51.70	52.51	76.80	87.26	100.36	96.73
沥　青	130.43	141.10	100.45	132.21	101.31	127.07
苯类合计	104.16	97.24	116.79	86.84	47.94	58.27
烷基苯	22.25	20.46	20.51	20.12	21.80	20.17
轻　蜡	28.67	29.09	29.48	25.14	28.49	26.33

福建炼化

【概况】 福建炼油化工有限公司（简称福建炼化） 是由股份公司和福建省石油化学工业公司各出资

50%合资设立的具有独立法人单位资格的大型炼油化工一体化企业，位于福建省泉州市泉港区。其前身福建炼油厂始建于1989年1月。福建炼化下设8个职能部门，有6家合资公司。本部职工总数168人，其中本科及以上学历的职工146人。

福建联合石油化工有限公司（简称福建联合石化）是由福建炼化、埃克森美孚中国石油化工公司、沙特阿美亚洲有限公司按50%：25%：25%比例合资建设的大型石油化工一体化企业，总投资319.85亿元，占地478.70万平方米，于2007年6月成立，2009年11月投入商业运行，2013年底完成脱瓶颈改造，拥有1 400万吨/年炼油、110万吨/年乙烯裂解、90万吨/年聚乙烯、55万吨/年聚丙烯、77万吨/年芳烃、部分氧化/汽电联产装置（IGCC）等30套炼油及化工联合装置，主要加工沙特原油，生产汽油、柴油、聚乙烯、聚丙烯、对二甲苯、工业用纯苯、丁二烯等石化产品。

福建古雷石化有限公司（简称福建古雷石化）由福建炼化与代表台方的旭腾投资公司按50%：50%的比例合资建设，于2016年11月完成工商注册并举行揭牌仪式，2017年12月正式开工建设。2017年7月16日，福建古雷石化与福建漳州港口有限公司按49%：51%的比例合资成立福建漳州古雷石化码头有限公司。

福建炼化林德气体有限责任公司（简称福林气体）由福建炼化与林德气体（香港）公司按50%：50%的比例合资建设，于2008年8月正式成立，2010年底正式投入商业运行，主要为福建联合石化和泉港石化园区提供专业气体产品。

福建福华气体有限公司（简称福华气体）由福建炼化与联华实业投资香港有限公司按照50%：50%的比例合资建设，于2018年3月12日正式注册成立。

中石化化工销售福建有限公司（简称化销福建）由福建炼化与化工销售公司按10%：90%的比例合资建设，于2012年4月正式挂牌成立。

福建省福橡化工有限责任公司（简称福橡化工）由福建炼化与福建省石油化学工业公司按49%：51%的比例合资建设，于2011年5月正式成立。

福建炼化主要技术经济指标及主要产品产量分别见表1和表2。

（刘 威）

【经营效益连续第6年完成集团公司调整下达的任务目标】 2020年，福建炼化认真贯彻集团公司和福建省的部署要求，落实好“七个狠抓”“六个深化”工作措施，持续深化市场化生产经营管理机制，接续开展“百日攻坚创效”“持续攻坚创效”行动，连续第6年完成集团公司调整下达的任务目标。全年，福建炼化合并报表实现利润2.68亿元。福建联合石化加工原油（料）1 034.85万吨，生产成品油422.04万吨、乙烯116.37万吨，营收386.91亿元，利润3.46亿元。

（刘 威）

【积极抗击新冠肺炎疫情】 2020年，福建炼化认真贯彻落实上级关于疫情防控的部署要求，第一时间成立疫情防控领导小组，建立健全公司及权属合资公司防疫沟通机制，采取疫情防控措施189项，落实核酸检测2.5万人次，全年实现“零感染”。积极响应国家号召，紧急排产2.17万吨抗疫紧缺的口罩用无纺布原料、10.3万吨保障春耕生产的农用膜原料，获中央电视台《新闻联播》等中央、省市主流媒体刊播。

（刘 威）

【狠抓装置平稳运行】 福建联合石化针对2020年上半年发生多起非计划停工的不利态势，聚焦装置平稳运行，开展“从我做起，提升能力，为减少非计划停工尽职履责”大讨论大反思活动，组织100余场大反思大讨论，制定行动措施249项。通过反思讨论找措施、强化管理防风险、加大奖励激动力，明显提升生产运行平稳率。下半年未发生上报集团公司级非计划停工事件，装置平稳运行达到历史同期最好水平。

（刘 威）

【古雷炼化一体化项目建设积极推进】 截至2020年底，项目66个主项全部开工，变电站、化学水处理等22个项目建成中交，现场施工累计完成84.73%。5月21日，项目地标性建筑——汽电联产装置高240米的烟囱顺利完成封顶。7月29日，项目工业风管道和仪表风管道主线吹扫顺利完成，为项目首次完成的管道吹扫工作。10 月 30 日，项目国内首台整体模块化乙烯裂解炉搬运顺利完成。12 月 26 日，项目 35 万吨 / 年聚丙烯装置竣工及挤压造粒系统投料试车。

（刘　威）

古雷炼化一体化项目建设现场（何潇航　摄）

【福建联合石化重点项目取得进展】 福建联合石化锅炉燃机烟气脱硝改造项目于 2016 年启动，涉及 2 台 225 吨 / 时辅锅、1 台燃机余热锅炉和 1 台 150 吨 / 时高压锅炉烟气脱硝，2020 年 10 月 16 日顺利完成。福建联合石化新建 12 万吨 / 年硫黄回收装置是中国石化首套超级克劳斯工艺硫黄回收装置，于 2018 年 7 月开工建设，2020 年 10 月 21 日装置一次开车成功。2020 年 12 月 28 日，福建联合石化 30 万吨 / 年烷基化装置实现中交，装置正式进入生产准备阶段。

（刘　威）

【福华气体空分空压装置顺利建成投产】 福华气体空分空压装置是古雷炼化一体化项目的配套项目，包含 1 套氧气设计能力 4.2 万米^3（标准）/ 时的空分装置及 1 套设计能力 9 万米^3（标准）/ 时的空压装置。5 月 30 日，福华气体空压站建设项目顺利中交。7 月 22 日，福华气体空分装置顺利中交。7 月 27 日，福华气体正式开始向福建古雷石化供应仪表气。12 月 24 日，福华气体举行空分空压装置投产仪式。

（刘　威）

【推进福建原油商储项目建设】 福建炼化代建的福建原油商储项目拟建设 160 万立方米原油储罐，旨在切实落实国家能源发展战略，更好地利用国际进口原油资源，提高企业的竞争力和抗风险能力。6 月 29 日，福建原油商储项目部正式成立。11 月 20 日，项目基地工程举行开工仪式。12 月 25 日，项目基地桩基工程全面完成，比计划工期提前 20 天。截至 2020 年底，项目建设完成总体建设进度的 55.30%。

（刘　威）

【抓好新产品开发】 2020 年，福建炼化、福建联合石化坚持以市场为导向，以效益为中心，积极抓好新产品开发工作。聚烯烃产品按照边际贡献优化排产策略，成功开发食品级透明料 3248R、薄壁注塑料 TM6000H、抗冲共聚料 2340G。同时，成功开发工业用 C_{10} 粗芳烃产品，最大程度争创效益。通过稳定排产市场认可度较高的新产品，保持市场优势地位，不断提高产品竞争力。

（刘　威）

【继续保持全国文明单位称号】 2020 年 11 月 20 日，福建炼化顺利通过 2020 年中央文明委复查复评，继续保持全国文明单位称号，也是自 2011 年以来，连续四届蝉联全国文明单位称号。

（刘　威）

【深入开展“我和我的公司”主题系列活动】 2020 年，福建炼化深入开展“我和我的公司”主题系列活动。活动期间，举办“坚定跟党走　奋进新时代——我和我的公司”主题演讲比赛，以“后浪对话前浪，我与公司共成长”为主题的传承石油精神、弘扬石化传统职工大讲堂，“我和我的公司”青年英语风采赛。开展“寻找最美一线员工”典型宣传。通过开展系列活动，进一步加强员工政治引领，激发爱企爱岗热情。

（刘　威）

“后浪对话前浪，我与公司共成长”职工大讲堂（董　铭　摄）

【“张肇宏劳模创新工作室”获评全国示范性劳模和工匠人才创新工作室】 2020年12月29日，福建联合石化“张肇宏劳模创新工作室”被评为全国示范性劳模和工匠人才创新工作室。福建省共3家入选，“张肇宏劳模创新工作室”名列福建省第1名。“张肇宏劳模创新工作室”下设仪表、静设备综合维修、电气、动设备4个专业组，获实用新型专利4件、省级创新创效成果奖励25项。工作室为基层职工创新创效、提升技能搭建了广阔平台，促进了公司技术创新和技术进步。

（刘　威）

【获得荣誉】 2020年7月3日，福建联合石化员工冯喆获全国青年岗位能手称号。8月24日，福建联合石化员工吴良江获福建省五一劳动奖状，福建联合石化财务部/审计办获福建省工人先锋号称号。

（刘　威）

【改革攻坚】 2020年，福建炼化按照集团公司要求，坚持聚焦主责主业，积极推进改革攻坚工作，推动公司持续做强做优做大。完成驻外办注销和清理、“三供一业”分离移交收尾工作，退休人员社会化管理移交顺利完成。

（刘　威）

【助力脱贫攻坚】 2020年，福建炼化直接捐赠扶贫资金等近140万元，采购扶贫特色产品共计168.85万元，支持驻村干部组织好特色助农活动，多措并举助力公司2个挂钩扶贫村脱贫摘帽。持续助力脱贫攻坚等报道得到人民网、“学习强国”等主流媒体刊播。

（刘　威）

表1　福建炼化主要技术经济指标①　亿元

指标名称＼年份	2020	2019	2018	2017	2016	2015
原油加工量/万吨	938.12	1 035.03	878.01	911.05	933.31	1 076.80
资产总计	141.49	133.46	122.60	109.17	87.71	56.27
流动资产	15.82	17.88	8.16	9.92	9.26	1.40
固定资产原值	3.22	3.20	3.19	3.72	3.55	3.55
固定资产净值	1.74	1.81	1.91	2.10	2.03	2.14
销售收入	431.57	619.73	572.60	549.34	462.68	538.23
实现利税	2.90	5.15	16.45	28.01	25.43	14.83
税　金	0.22	0.23	0.26	0.29	0.26	0.27
炼油综合能耗/千克标油·吨$^{-1}$	56.71	55.79	61.78	67.81	67.45	58.00

①资产总计、实现利税、税金为福建炼化本部数据，其余指标包含福建联合石化；分置运营后，福建炼化本部没有工业产品生产，无工业总产值，企业集团工业总产值未做统计

表2　福建炼化主要产品产量　万吨

产品名称＼年份	2020	2019	2018	2017	2016	2015
汽　油	148.52	179.97	156.08	152.48	176.42	162.70
柴　油	171.68	246.89	183.25	165.79	166.81	256.94
航空煤油	101.85	127.32	102.50	107.07	99.85	97.38

续表

产品名称 \ 年份	2020	2019	2018	2017	2016	2015
石脑油	254.21	268.10	216.72	273.90	284.55	296.66
液化气	20.70	23.48	25.01	23.68	24.84	22.78
燃料油	7.83	9.62	7.57	6.69	1.01	0.92
石油焦	0.13	0	0	0	6.49	5.65
硫　黄	16.08	16.6	15.40	16.69	16.67	17.91
液　氨	0	0.02	0.02	0.15	0.02	0.02
丙　烯	67.48	68.29	57.07	64.81	62.57	64.38
聚丙烯	62.93	63.73	51.72	61.88	58.47	58.55
乙　烯	116.39	121.67	100.86	120.07	110.01	106.64
聚乙烯	88.21	94.23	79.17	96.52	89.07	90.78
对二甲苯	75.19	82.14	67.44	77.89	72.18	79.04
苯	42.64	42.85	38.81	44.73	40.68	44.77
丁二烯	15.58	15.58	12.75	15.42	14.43	14.82
乙二醇	34.28	42.51	37.09	45.32	43.64	31.73
环氧乙烷	16.35	10.64	4.79	4.07	0.71	—

长岭炼化

【概况】 中国石油化工股份有限公司长岭分公司（简称长岭分公司）和中国石化集团资产经营管理有限公司长岭分公司（简称长岭资产分公司）统称长岭炼化，坐落在湖南岳阳风景秀丽的洞庭湖畔，北临长江，南靠京广铁路，与武广高速铁路、107 国道、京港澳高速公路、三荷机场相邻，水陆空交通便利。长岭炼化前身为长岭炼油厂，始建于 1965 年，1971 年 5 月建成投产。2000 年 4 月，按照集团公司整体重组改制的要求，炼油主业部分重组改制为长岭分公司，存续部分改制为中国石化集团长岭炼油化工有限责任公司。2007 年 5 月，按照体制转换的要求，中国石化集团长岭炼油化工有限责任公司改制为长岭资产分公司。截至 2020 年底，长岭炼化共有员工 3 188 人，其中长岭分公司 2 245 人、长岭资产分公司 943 人。

长岭炼化拥有炼油化工生产装置 30 套，原油加工能力 800 万吨 / 年，拥有 13 万吨 / 年聚丙烯、20 万吨 / 年改性沥青、10 万吨 / 年乳化沥青、10 万吨 / 年环氧丙烷生产能力，是中南地区重要的石油化工产业基地。主要生产汽油、柴油、航煤、石脑油、液化石油气、“三苯”、沥青、环氧丙烷、乙酸酯等 60 余种产品，有 17 种产品获省部级以上优质产品称号，其中出口轻柴油和 6# 抽提溶剂油获国家金质奖，石油甲苯、二甲苯和 120# 溶剂油等产品获国家银质奖。“东海”牌改性沥青铺上了奥运会国家体育场鸟巢的主跑道；高铁专用乳化沥青成功应用于武广高铁建设，实现高铁专用乳化沥青的国产化，打破日本、德国的垄断。10 万吨 / 年双氧水法制环氧丙烷装置，拥有完全自主知识产权，打破国外技术垄断，填补国内空白。

2020 年，长岭炼化共加工原料油 701.35 万吨，生产汽油、航煤、柴油产品总量 535.75 万吨，炼油亏损 3.16 亿元；生产环氧丙烷 7.45 万吨、双氧水 11.37 万吨、乙苯 8.85 万吨，实现化工盈利 0.28 亿元。

长岭分公司主要技术经济指标和主要产品产

量分别见表 1 和表 2。

（殷智斌　王雯倩）

【抗疫防汛彰显责任】 面对突如其来的新冠肺炎疫情，长岭炼化积极履行国有企业政治、社会责任，明确“一手抓疫情防控、一手抓生产经营，两手抓、两战赢”的工作思路，公司领导班子率先垂范，全员参与排查值守，实现“从零出发、向零奋进，守住一方净土”的目标；以效益损失降至最低为目标，维持最低加工负荷，全力保障各类油品不断供、不涨价；积极组织抗疫物资生产，千方百计保障驻鄂企业互供料周转、居民液化气等供应，先后生产防疫所需聚丙烯原料 2.3 万吨，提供“生命之氧”4 714 吨，得到中办、国办督导组的充分肯定。7 月，面对罕见汛情，尽锐出战，克服高温、昼夜值守、清基扫障，以实际行动践行“有我在、请放心”的庄严承诺，确保安全度汛，获国家防总检查组充分肯定。

（殷智斌　王雯倩）

【创效任务超额完成】 长岭炼化先后发起“百日攻坚创效”“持续攻坚创效”行动，以“三个超常”坚决贯彻集团公司党组攻坚创效部署。制定 54 条具体措施，超额完成 6 884 万元的“百日攻坚创效”目标。制定 1.5 亿元创效目标，落实 65 条举措，推动“持续攻坚创效”深入开展。6 月起，炼油、化工、资产 3 个板块全面扭亏为盈，圆满完成年度任务目标，利润总额、吨油利润等关键经济指标均在沿江企业排名第一。

（殷智斌　王雯倩）

【获中国石化绿色企业称号】 着力推进绿色发展，积极打造洁净高效型炼厂。成立 6 个专业组，定期通报、讲评、纠偏；严格执行“一方案两清单”，全员发动、全员参与、挂牌督战，23 个环保治理项目、13 个污染防治攻坚项目按期完成；源头整治，过程管控，山水、污水回用等系列措施见到成效，主要污染物外排总量减少 16.42%，全面达到湖南省特别排放限值要求，获中国石化绿色企业称号。

（殷智斌　王雯倩）

【获评集团公司安全生产先进单位】 坚守安全底线，抓好 HSSE 管理体系运行，5 类 92 项指标实现常态化监测；规范安全行为，实施安全生产专项整治三年行动计划，专项整治“顽瘴痼疾”，推行 HSSE 督查量化记分，强化直接作业环节安全监管，安全风险总值降低 15.2%，各类事故总数下降 46%，获评集团公司安全生产先进单位。

（殷智斌　王雯倩）

【深化改革蹄疾步稳】 持续深化“三定”改革，进一步优化岗位设置、强化竞争意识、显化富余人员、控员减费，用工总量持续下降。深化业务外包改革，推动液化气站等 8 家业务外包单位深化改革，建立“自主经营、自负盈亏；市场化运作、合同化管理”的营运模式；“三供一业”等分离移交圆满完成，退休人员社会化管理各项实质移交全面完成。

（殷智斌　王雯倩）

【管理体系能效提升】 聚焦增活力提效率，推进管理体系建设，坚持“做优机关、做精运行部、做实片区”，管理资源进一步向一线倾斜，基层管理更加夯实。坚持常态化竞争上岗，开展全要素量化审核，推进量化绩效评价，实施增浮减固措施，队伍活力不断激发。加快设备完整性体系建设，获全国设备管理与技术创新成果一等奖 2 项。推进工艺平稳性体系建设，严抓工艺平稳率管理，装置平稳率达标竞赛取得新进步。统筹财务转型，建立专员队伍，业财融合走实走深。实施“三百三千”等人才队伍建设工程，人力资源开发利用达到更高水平。

（殷智斌　王雯倩）

【政治生态面貌日新】 成立巡察工作机构，建立制度体系，对基层党组织开展政治巡察，实现巡视巡察上下联动。围绕重点工作加强督查，严肃改革中的纪律，抓好疫情防控、攻坚创效监督。抓实巡视移交纪检监察类问题核查整改，任务按期完成。抓实日常监督，落实谈心谈话制度，把握关口“五必谈”，建立和运用好廉洁情况“活页夹”。加强专项监督和效能监察，围绕催化柴油加氢转化等重点项目开展效能监察；认真开展党风廉政教育月系列活动，公司领导班子成员带头到分管领域讲授专题廉政党课。抓好节点教育，严格落实重大节日纪律要求，运用“互联网 + 廉洁”阵地，发提醒短信，推廉洁微信，党员干部廉洁从业的思想基础不断夯实，规范用权成为自觉。

（殷智斌　王雯倩）

【转型发展来势喜人】 围绕集团公司“一基两翼三新”产业格局，坚定“灵活炼油、特色化工”发展路径，统筹编制企业“十四五”发展规划，着力构建产业联合、优势互补的区域合作发展格局。提速发展项目，新建 100 万吨 / 年重整项目获总部批复，岳阳原油商业储备项目、长岭—长沙黄花国际机场航煤管道项目、港口码头提质升级改造工程等一批“消瓶颈、调结构、降成本、提质量”重点项目建设顺利推进，企业实力明显增强。

（殷智斌　王雯倩）

【胜利召开第三次党代会】 2020 年 9 月 23—25 日，长岭炼化召开第三次党代会，总结公司第二次党代会以来的主要成绩和基本经验，部署今后 5 年党建和思想政治工作主要任务，明确了建设走在前列的优秀企业的阶段性目标：政治引领走在前列，发展质量走在前列，安全环保走在前列，改革创新走在前列。

（殷智斌　王雯倩）

【创新创效成效显著】 聚焦高质量发展，决胜可持续发展，持续深化科技创新，加快科技成果应用，FITS 加氢、环氧丙烷等技术获总部对多家企业授权许可。推进科研管理改革，推行课题组管理模式，健全科技成果激励机制，进一步激发创新活力。深化“两化”融合，推进智能工厂等一批重点项目建设，长岭炼化创新创效应用进入总部前列。

（殷智斌　王雯倩）

【从严治党强“根”固“魂”】 坚持习近平新时代中国特色社会主义思想，贯彻党的十九大和十九届四中、五中全会精神，建立“不忘初心、牢记使命”常态化机制，以“站排头、争第一”为目标，对标先进企业，推动党建工作“融入中心、进入管理、迸发活力”。党委班子率先垂范，党委中心组全年学习 19 次，班子成员带头讲授专题党课，带头践行“三诚三严”，引领各级党员干部严格落实“一岗双责”。组织领导干部结合工作策划撰写体会文章，推动学习宣贯十九届五中全会精神向实践延伸。办好大讲堂，恢复“四干会”，多方着手强化思想引领。编写党支部工作作业指导书、开展情景模拟，组织 14 个“双示范”党支部共创互进，深化 72 个“一支部一品牌”建设，推动基层党组织全面进步、全面过硬，提升组织力，筑牢党建基础。

（殷智斌　王雯倩）

【人本关爱普惠民生】 坚守“为企业谋发展、为员工谋福利”的承诺，加快老旧小区改造，普及工装清洗，优化线上订餐，开通 63 路公交车、开办职工书屋、开展为退休员工赠送影集等活动，员工幸福指数进一步提升。积极为员工纾困解难，坚持“真困难、真帮扶”，走访困难员工、慰问检修工地、发放抗疫消费券、增加女工双癌普查体检项目，发动志愿者自愿献血、服务社区，真正为一线员工办实事、做好事、解难事。坚决履行央企责任，对口帮扶平江三里村高质量脱贫，积极开展消费扶贫，彰显了企业良好形象。

（殷智斌　王雯倩）

表 1　　长岭分公司主要技术经济指标　　亿元

指标名称 \ 年份	2020	2019	2018	2017	2016	2015
原油加工量 / 万吨	701.35	743.91	752.05	606.11	660.55	696.33
工业总产值	351.31	448.93	475.92	333.57	329.72	357.28
炼　油	338.19	441.27	466.29	327.45	316.29	348.14

续表

年份 指标名称	2020	2019	2018	2017	2016	2015
化　工	13.12	7.65	9.63	6.12	8.79	9.15
工业增加值	123.44	133.02	144.80	117.05	142.75	123.17
资产总计	82.65	81.56	88.99	92.89	87.18	86.12
流动资产	21.35	15.88	17.03	25.56	18.45	16.09
固定资产原值	129.87	123.61	123.27	123.54	120.19	117.40
固定资产净值	49.36	48.38	53.25	58.55	60.05	62.99
销售收入	342.30	445.24	476.00	332.72	329.99	356.02
实现利税	87.68	97.26	117.07	95.32	112.27	94.63
税　金	90.70	92.53	104.44	84.56	99.83	97.52

表2　　长岭分公司主要产品产量　　万吨

年份 产品名称	2020	2019	2018	2017	2016	2015
汽　油	257.22	280.12	278.62	220.76	239.73	228.33
柴　油	210.75	219.22	211.37	193.40	258.99	287.41
航　煤	67.78	98.85	85.44	64.36	63.35	51.69
商品液化气	71.17	67.12	68.89	56.40	60.35	54.03
重　油	0.06	0.13	0.49	1.05	0.78	1.69
石油焦	25.78	31.18	35.42	31.19	33.05	34.56
“三苯”	22.94	19.29	26.14	20.88	20.86	22.35
溶剂油	—	—	—	0.08	1.19	2.73
聚丙烯	12.63	13.22	13.77	7.90	14.31	13.88
工业硫黄	5.71	5.58	5.87	4.73	5.08	4.48
沥　青	9.23	10.69	11.77	9.52	5.62	5.84

广州石化

【概况】 中国石油化工股份有限公司广州分公司（简称广州分公司）与中国石化集团资产经营管理有限公司广州分公司（简称广州资产分公司）统称广州石化，其前身广州石油化工总厂成立于1973年6月18日。厂区占地面积445万平方米，主要生产装置60多套，是华南地区重要进口原油加工基地和国Ⅵ标准清洁燃料生产基地。主要石油产品有汽油、柴油、航空煤油、液化气等60种；化工产品有聚乙烯、聚丙烯、聚苯乙烯3类70种。

截至2020年底，广州石化原油综合加工能力1 275万吨/年，乙烯生产能力22万吨/年，拥有惠州大亚湾15万吨级和30万吨级深水泊位原油码头各1个；拥有29.9万千瓦自备热电站。2020年加工原油1 212.98万吨，生产乙烯22.45万吨，实现利润6.33亿元。累计加工原油2.82亿吨，上缴利税（不含海关增值税）1 673.31亿元，为国家能源安全和地方经济社会发展做出积极的贡献。

截至2020年底，广州石化设有13个管理部门、4个职能中心、3个专业中心、8个作业部及代管1家公司。共有在册职工4 175人，其中具有正高级职称的15人、副高级职称的370人、中级职称的685人，专业技术人员1 108人，技能操作人员2 611人。

广州分公司主要技术经济指标见表1，广州资产分公司主要经济指标见表2，广州分公司主要产品产量见表3。

（邓志伸）

【疫情防控与生产经营“双战双胜”】 2020年是广州石化经历严峻挑战的一年，也是取得优良业绩的一年。面对新冠肺炎疫情暴发，各种风险挑战叠加影响，公司生产经营困难前所未有。公司新一届领导班子坚决贯彻习近平总书记系列重要讲话和指示批示精神，在集团公司党组坚强领导下，坚持一手抓疫情防控，一手抓复工复产，扎实开展“百日攻坚创效”“持续攻坚创效”行动，团结带领广大干部职工凝心聚力，共克时艰，推动生产经营逐步回归正轨，实现疫情防控和生产经营“双战双胜”。疫情防控实现“零确诊、零疑似”目标，保障了职工生命安全与身心健康。炼油、化工经营业绩整体好于预期、优于同行，全年累计加工原油1 212.98万吨，生产乙烯22.45万吨，上缴税费145.01亿元，实现利润6.33亿元，公司生产经营业绩逆市飘红，在12家炼化企业中排名第五，创近5年最好水平。

（邓志伸）

【进入“双示范”发展新阶段】 2020年，集团公司党组领导、广东省和广州市领导密集调研广州石化，指方向、破瓶颈、鼓干劲，关心支持广州石化发展，提出建设“双示范”企业（即洁净能源示范企业和转型升级示范企业）和“三个就地提升”（即就地提升本质安全、就地提升环保质量、就地提升提质增效）的发展定位。5月15日，广州石化安全绿色高质量发展转型升级方案通过广东省政府常务会审议。9月24日，召开广州石化安全绿色高质量发展专题推进会。9月25日，广东省6部门联合印发《广东省发展绿色石化战略性支柱产业集群行动计划》，提出要把广州石化建设成为“园区化、集约化、技术先进、节能环保、安全高效”的石化基地，着力把广州石化等龙头企业培育成世界级企业。在总部和地方政府大力支持下，安全绿色高质量发展技术改造项目加快推进，广州石化进入“双示范”发展新阶段。

（邓志伸）

【召开第八次党员代表大会】 12月9日，广州石化召开第八次党员代表大会，对过去5年的工作进行回顾，对接下来5年的工作进行总体谋划，对全面加强党的领导、推进建设“双示范”广州石化做出部署，选举产生新一届党委、纪委。广州石化党委坚持以习近平新时代中国特色社会主义思想为指导，认真落实党组“站排头、争第一”及党组领导调研广州石化提出的要求，压实党建责任，发挥党委把方向、管大局、促落实的作用。坚持“务实、创新、融合”，围绕安全、环保、质量、效益、发展、稳定等开展持续攻坚创效，党组织政治功能和组织功能、党员先锋模范作用在攻坚创效中得到充分发挥，“美丽厂区、美丽石化”“无异味工厂”创建等党建工作卓有成效。坚持抓好作风建设，大力传承石油精神、弘扬石化传统。坚持抓好思想引领，讲好广州石化安全绿色高质量发展的故事，增强打造“双示范”企业的信心和决心。广州石化以高质量党建推动企业高质量发展，连续4年获评集团公司党建考核A档。

（邓志伸）

【夯实本质安全基础】 2020年，广州石化全面加强企业管理，推进依法治企，深入开展安全生产专项整治三年行动，抓实HSSE管理体系建设。严格落实《加强直接作业环节安全管理十条措施》，持续加强直接作业环节管理和承包商、分包商管理，19 次约谈承包商安全负责人，组织 6 场承包商队伍严重违章现场反思教育会，40 名承包商人员被列入黑名单。加强安全风险分级管控，7 项公司级安全隐患风险总值下降 51.66%。全年实现上报事故为零。吸取“12·17”承包商高处坠落事故教训，深入开展“查思想、转观念、明责任、反违章、保安全”全员大讨论，强化“安全记忆”，提高安全责任意识和安全管理水平。广州石化获集团公司 2020 年度安全生产先进单位称号。

（邓志伸）

【绿色企业创建有成效】 围绕打造世界一流绿色能源化工示范企业课题，全方位对标，持续提升，并落实到技术改造项目可研和设计。开展绿色装置创建工作，累计完成 29 套装置验收。推进污染防治攻坚战，34 个项目按期完成。实施环保预警管控，持续开展“无异味工厂”创建，加强泄漏检测与修复，厂界大气质量持续改善。外排废水、废气全面达标，二氧化硫、氮氧化物、烟尘、COD、氨氮排放量均低于排污许可证控制指标，热电烟气排放达到超洁净排放标准。固废资源综合利用率达 93.13%，提高 8.61%。推进节能减排，实施“能效倍增”“能效提升”项目，炼油单因耗能排名第二。广州石化连续 2 年获评广东省企业环境信用评价绿牌企业、集团公司绿色企业。完成“十三五”地方政府和总部下达的节能降碳工作目标，获广东省工业和信息化厅通报表扬。获评集团公司 2020 年度节能环保先进单位。

（邓志伸）

【提升设备平稳运行水平】 抓好关键装置操作优化，深化“两赛四率”过程管理，提高了装置安稳运行质量，全年主体生产装置运行平稳率 99.32%、上升 0.06 个百分点，炼油达标竞赛、装置平稳率竞赛分别在集团公司排名第三（同比持平）、第四（进步 5 位）。聚丙烯三装置连续运行 433 天，创历史最好水平；重催烟机连续安全运行天数刷新集团公司烟机机组运行长周期纪录。基本建成设备完整性管理体系并实现与一体化管理的融合。持续深入开展 LDAR 检测，全年检测 95.55 万点次，发现漏点 1 796 个，修复率 93.4%。开展设备泄漏隐患大排查、大整治，运用涡流扫查、导波等技术对易腐蚀设备和管线进行泄漏隐患排查，查出隐患 729 个并全部完成整改。将泵群监测管理和关键机组专家巡检有机结合，转动设备故障性维修率、大型机组故障率分别下降 74%、28%。国内首创轴流风机静叶调节机组在线升级改造，彻底消除重催装置隐患。落实预防性维护策略、开展仪表寿命周期管理、实施电力系统专项治理，设备引发的非计划停工数量减少 20%。持续开展加热炉竞赛，加热炉热效率提高 0.13 个百分点。

（邓志伸）

【平稳完成退休人员社会化管理】 2020 年，广州石化落实党组深化改革要求，实施深化改革三年行动。有序完成 4 021 名退休人员（其中退休党员 1 218 人）移交和退休党员社会化组织关系转接工作，退休人员社会化管理平稳落地。

（邓志伸）

【深化体制机制改革】 加强深化改革顶层设计，深化国企改革三年行动迈出坚实步伐。优化管理流程，提升工作效能，持续优化机关及基层设置，进一步明确层级定位和职责界面。累计压减直属单位 6 个、科室 32 个。在专业中心、作业部实施区域化管理，新设 21 个管理区域 89 个班组，班组减少 163 个。驻京办专项清理基本完成。

（邓志伸）

【调整优化用工总量】 建立人力资源市场，共 30 人从基层单位优化调整到人力资源市场，14 名员工通过人力资源市场转岗到新的业务岗位（分析采样队、施工监护队、安全环保监督队）。持续推进业务外包，护卫大队等 3 项业务外包落地实施，减少劳务用工 187 人。全年用工总量（含劳务工）4 348 人、降低 7.3%，劳务用工占比 3.7%、降低 46.2%，实现“十三五”末用工总量目标。

（邓志伸）

【“三支队伍”建设齐头并进】 坚持正确选人用人导向，始终把政治标准放在第一位，突出实干导向、实效导向、实绩导向，“75 后”“80 后”领导人员比例达 34.4%，“80 后”基层领导人员（含作业部副职）比例达 16.2%。注重专业素养和专业能力，全专业选拔配置 46 名副主任师及以上专业技术职位。评聘 8 名主管技师及以上技能职位，104 人通过技师评审。加强优秀年轻人才队伍建设，全面推进青年“双百”工程，推进操作区域化、管理专业化。293 人次跨岗、跨装置学习，其中 208 人实现顶岗操作。参加 2020 年全国乙烯行业职业技能竞赛，获优秀组织奖和 1 枚铜牌，实现乙烯装置操作工竞赛奖牌零突破。

（邓志伸）

【动态优化产品结构】 控制成品油收率，根据成品油市场消费需求和成品油价格机制调整，大幅压减航煤产量，增产沥青、低硫船燃、液化气等适销对路产品，增产沥青 1.8 万吨、创效 216 万元，开发生产低硫船燃 20 万吨、创效 3 980 万元，减产低价超量汽柴油 25.5 万吨、减亏 2 241 万元。加强全流程全过程优化，实施 66 项优化方案，增效 2.95 亿元。增产增销创效产品，95# 以上高标号汽油占汽油总产量比例提高 1.18 个百分点、丙烯产量增加 4.40%。

（邓志伸）

【优化原油采购】 适时采购劣质化、重质化原油，全年重、劣质原油占比 14.17%，降低原油采购成本 7.36 亿元。在集团公司原油专业考核综合排名中位列第二，进步 15 名。采购均价比集团平均低 1.21 美元 / 桶。油轮滞期 769 小时，比总部下达指标少 1 018 小时。

（邓志伸）

【业财融合成效明显】 强化全面预算管理推进降本增效，推动财务管理融入生产经营全流程，提升运营效率和盈利质量。银承电票背书转让 2.86 亿元承兑汇票，获总部奖励利息 847 万元；加强“两金”压降力度，提升“两金”运转效率，存货月均占用 35.90 亿元，下降 7.21 亿元。从严压减非生产性费用支出，12 项专项费用比年度预算下降 32.79%。全年资金管理创效 3 亿元，创历史最好成绩。民企清欠实现“零逾期、零增长”目标。

（邓志伸）

【物资采购管理水平提升】 实施科学理性采购，持续优化框架协议调价机制，强化过程控制，开展储物于商，推进采购实施过程标准化，深化绿色采购降成本，全年物资采购金额约 37.9 亿元，集团化采购率 97.41%、增长 0.73 个百分点，节约采购资金约 1.9 亿元，采购资金节约率 9.07%（不含直采和内部互供）、增长 2.95 个百分点。12 月底，积压物资规模 583.44 万元，下降 8.1%。

（邓志伸）

【持续打造有温度企业】 坚持“以人民为中心”的发展理念，落实职代会精神，持续抓好有温度企业建设。优质高效办好 8 件实事，通过主动加强与地方政府协调，石化北路立交主线桥实现通车；炼油区西门停车场还建完成验收；厂前路和敬业路照明、路况持续改善；44 间淋浴间整改完成投入使用；人才公寓调整已落实到位；炼油区食堂还建、东坡楼功能改造 2021 年 1 月完成。持续开展“解决小诉求 凝聚大力量”“走基层 访万家”及“夏送清凉、冬送温暖”等活动，全年收到职工小诉求 873 条，办结率 97.4%，妥善解决部分合同工社会保险投保时间政策性滞后等问题。全年帮扶重病、住院职工 1 092 人次，发放 337.28 万元，职工获得感、幸福感、安全感不断得到提升。“解决小诉求 凝聚大力量”工作被列入广东省总工会 2020 年工作要点，被集团工会列入重点工作调研项目，品牌影响力进一步扩大。

（邓志伸）

【科技开发成果丰硕】 2020 年，2 个国家课题取得重大进展，“FCC 烟气深度除尘除雾消白烟工业示范”完成在轻催装置工业实施，装置一次开车成功，烟气白烟已消除；“S Zorb 再生烟气回收法工业示范”完成侧线试验和工艺包编制，通过总部技术鉴定。中国石化“十条龙”科技攻关项目“燃料电池车用氢气纯化成套技术开发”取得新突破，年产高纯氢 1 500 吨燃料电池供氢中心一期工程建成投产，为广州石化拓展绿色低碳新业务奠定基础。开发 7 个牌号新产品，5 个顶替进口料项目均实现量产。加强合成树脂质量攻关，提升了“三高”聚丙烯等产品市场认可度。2 项科技成果获中国石化科技进步二等奖，2 件专利获授权，申请专利16件并获中国知识产权局受理，正在办理专利申请3件。

（邓志伸）

【攻坚创效成绩优异】 积极响应集团公司部署要求，坚持面向市场、立足现场，以优化装置结构为核心，带动原料结构优化、装置运行优化、产品结构优化和公用工程系统优化，“百日攻坚创效”“持续攻坚创效”行动取得优异业绩。聚焦市场抓优化增效，6月炼油自营效益超7亿元，创单月历史盈利新高；炼油吨油完全费用175.03元，创10年最优水平；裂解装置优化运行，累计吨乙烯原料成本在化工企业中排名第三；产品出厂多次刷新纪录，汽油、柴油及沥青均创造单月出厂历史纪录，沥青刷新年度出厂量纪录。累计评选攻坚创效标兵200名、金点子183个、优秀劳模工匠工作室10个次、单项节约先进装置130个次。

（邓志伸）

【研发生产抗疫医卫原料】 围绕落实“六稳”“六保”要求，切实履行好国企的责任和担当。有力、有序、有效开展疫情防控工作，全力保障复工复产，成为地方复工复产的样板企业，受到广东省卫健委的肯定。积极研发、快速建成防疫物资熔喷料生产线，为防疫抗疫做出贡献，被指定为广东省、广州市工业卫生健康应急物资定点企业。认真落实“抗疫稳岗扩就业”精神，完成应届毕业生扩招，不减薪不辞退一名劳务人员。

（邓志伸）

2020年3月3日，广州石化研发的熔喷无纺布专用料试产成功（张春梅 摄）

【打好扶贫攻坚战】 决战决胜扶贫攻坚战，积极做好梅州市兴宁市水口镇彭洞村定点扶贫工作，全村贫困户83户223人，全部实现脱贫退出，脱贫率100%，贫困村符合退出标准，获当地政府好评。定期发布广州石化社会责任报告，以实际行动履行广州石化的政治责任、经济责任和社会责任，彰显了国企的政治担当、历史担当、责任担当。

（邓志伸）

【推进数字化转型升级】 2020年，在国家倡导科技创新、集团公司建设智能工厂的大环境下，信息化融入企业安全绿色高质量发展、技术改造发展战略，智能制造、数字化转型稳步推进，完成“十四五”信息化规划、智能工厂项目、国务院国资委央企工业互联网合作试点项目可研，承担广东省“新一代通信与网络”重大专项5G+智慧石化研发项目。11月26日，在2020世界5G大会上发布“5G+智慧石化”行业解决方案，展现了广州石化创新高质量发展新时代企业形象。“炼化行业工控安全商用密码应用系统”被国家工信部授予2020年网络安全技术应用试点示范项目。深化应用创新创效工作室累计发布成果14项，创效2.29亿元。广州石化获评集团公司信息化应用水平A级企业、深化应用创新创效A类企业和示范企业。

（邓志伸）

2020世界5G大会于11月26—28日在广州举行。广州石化作为发布主体，在“5G与粤港澳大湾区发展论坛”上正式发布“5G+智慧石化”行业解决方案，展示了石化创新高质量发展的新时代企业形象（罗晓菁 摄）

表 1　　广州分公司主要技术经济指标　　亿元

指标名称＼年份	2020	2019	2018	2017	2016	2015
原油加工量 / 万吨	1 212.98	1 186.01	1 261.37	1 173.81	1 223.64	1 210.00
工业总产值	476.96	586.05	636.02	486.50	425.54	470.12
工业增加值	179.91	180.68	211.82	207.15	197.86	191.42
资产总计	237.76	218.14	188.81	246.15	223.24	152.19
流动资产	133.42	108.69	118.85	171.13	145.01	69.58
固定资产原值	232.62	224.28	221.83	218.50	216.36	207.03
固定资产净值	52.28	51.62	56.95	61.69	69.35	66.61
主营业务收入	463.01	579.65	628.99	478.23	428.80	460.89
实现利税	153.12	143.62	180.70	177.05	178.52	162.90
税　金	142.45	123.98	140.51	135.29	142.90	140.57
综合能耗①/ 吨标煤·万元 $^{-1}$	0.41	0.39	0.39	0.41	0.39	0.42

①综合能耗是指不变价的能耗

表 2　　广州资产分公司主要经济指标　　亿元

指标名称＼年份	2020	2019	2018	2017	2016	2015
资产总计	5.94	5.95	5.91	6.15	6.22	5.84
流动资产	1.33	1.22	1.00	1.09	1.10	0.85
固定资产原值	6.69	6.69	6.69	6.80	6.56	6.50
固定资产净值	4.27	4.38	4.55	4.76	4.65	4.54
主营业务收入	3.34	4.31	5.29	4.65	4.23	4.73
实现利税	0.52	0.53	0.23	0.07	−0.0024	0.07
税　金	0.21	0.26	0.15	0.31	0.29	0.33

表 3　　广州分公司主要产品产量　　万吨

产品名称＼年份	2020	2019	2018	2017	2016	2015
汽　油	307.38	313.46	303.56	252.24	260.22	249.02
煤　油	146.43	205.23	197.32	176.81	179.85	177.65
柴　油	371.01	346.00	363.60	352.76	378.50	372.77
液化气	47.66	46.91	55.53	49.47	49.88	53.00
沥　青	72.57	70.85	64.06	54.95	62.61	61.92
石油焦	80.42	65.79	86.53	86.05	92.20	89.85
乙　烯	22.45	20.77	22.52	22.61	22.13	20.16
聚乙烯	19.61	17.30	19.52	19.69	20.95	19.44
聚丙烯	39.69	36.52	37.76	33.37	21.44	20.05
聚苯乙烯	6.80	6.25	6.61	6.46	5.66	6.06

洛阳石化

【概况】 中国石油化工股份有限公司洛阳分公司（简称洛阳分公司）和中国石化集团资产经营管理有限公司洛阳石化分公司（简称洛阳资产分公司）统称洛阳石化，是集团公司直属的油、化、纤一体化石油化工企业。

洛阳分公司前身是国家第5个“五年计划”期间批准建设的单系列500万吨/年洛阳炼油厂，于1978年动工建设，1993年建成500万吨/年炼油工程，2000年建成20万吨/年化纤工程，2010年形成800万吨/年炼油能力，2020年完成1 000万吨/年炼油结构调整项目主体工程建设。截至2020年底，洛阳石化原油加工能力1 000万吨/年，拥有炼油、化工、化纤装置34套，主要产品有汽油、柴油、航空煤油、对二甲苯（PX）、精对苯二甲酸（PTA）、涤纶短纤维、聚丙烯树脂等30多个品种50多个牌号。

截至2020年底，洛阳分公司共设13个处室、6个中心、9个运行部；洛阳资产分公司下辖集体企业惠康物业管理公司；洛阳石化合同制员工2 936人，其中具有正高级职称的10人、副高级职称的288人、中级职称的518人；公司党委下设直属党组织18个、二级党支部43个，有党员1 402人。

洛阳石化主要技术经济指标及洛阳分公司主要产品产量分别见表1和表2。

（徐子晴）

【领导体制调整】 2020年10月12日，集团公司党组对洛阳石化领导体制进行调整，实施董事长（执行董事、分公司代表）、党委书记“一肩挑”，同时总经理兼任党委副书记的领导体制。决定江寿林任洛阳分公司代表、党委书记，不再担任总经理职务；杜平安任洛阳分公司总经理、党委副书记，不再担任党委书记职务。

（徐子晴）

【集团公司党组机动巡视】 2020年11月3—30日，集团公司党组第一巡视组对洛阳石化开展机动巡视。巡视期间，组织召开公司中层及以上领导干部及部分职工代表参加的动员会，巡视组开展个别谈话，听取公司党委综合工作情况和组织人事、纪检监督工作专题汇报，列席领导班子会和党委理论中心组学习；实地走访基层单位，分别召开公司基层党支部书记、高层次人才座谈会；查阅相关文件资料。截至2020年底，洛阳石化完成“改制单位党组织关系移交地方管理”等5项立行立改问题的整改工作。

（徐子晴）

【新冠肺炎疫情防控】 2020年初，新冠肺炎疫情发生后，洛阳石化围绕“战疫情、保生产、促建设”3条主线展开工作。成立疫情防控工作领导小组，实行疫情防范“日报告、零报告”制度，强化网格化管理；与地方政府联防联控，严格落实“外防输入、内防反弹”的常态化防控策略，各项防控措施有效落实，企业职工、家属无人员感染、无疑似病例。紧急调整产品结构生产口罩用料，开通绿色通道驰援疫区，保障防疫物资原料需求，受到国务院物资保障组的来信表扬和集团公司的充分肯定。针对炼油结构调整项目建设及生产调整工作，制定细化措施，迅速复工稳产。广大职工积极响应党中央号召，自愿捐款支持疫情防控工作，共捐款捐物30余万元。

（徐子晴）

【攻坚创效】 2020年，按照集团公司“百日攻坚创效”“持续攻坚创效”行动安排，实施资源优化、装置运行、市场开拓、节能降耗、费用管控、政策运用等重点项目，动态更新攻坚创效项目清单，开展“效益卫士”劳动竞赛活动和“节能降本增效合理化建议”活动，完成总部下达攻坚创效各项指标。全年创效6.19亿元，超目标1.82亿元。

（徐子晴）

【安全生产】 强化HSSE管理体系有效运行，压实安全生产责任，制订领导干部安全行动计划，强化领导承包活动和安全观察管理，安全引领力得到发挥；有序推进安全生产专项整治三年行动计划，开展泄漏隐患大排查大整治、受限空间和高处作业安全专项治理，加强承包商 HSSE 管理体系运行，强化项目建设、装置开工过程安全管控，全年实现安全平稳生产，获集团公司 2020 年度安全生产先进单位称号。

（徐子晴）

【绿色企业创建】 按照集团公司“绿色企业行动计划”安排，洛阳石化落实“一方案、两清单”（即“绿色企业行动计划”实施方案、绿色企业创建工作任务清单、绿色企业行动项目实施清单），推进“六大计划”（即绿色发展计划、绿色能源计划、绿色生产计划、绿色服务计划、绿色科技计划、绿色文化计划），完成各项目标任务，通过现场审核，获中国石化绿色企业称号。

（徐子晴）

【炼油结构调整项目主体工程建成投用】 洛阳石化 1 000 万吨 / 年炼油结构调整项目总投资 45.25 亿元，主要包括新建工艺装置、改造装置及相关配套改造工程，其中新建装置包括 260 万吨 / 年渣油加氢装置、120 万吨 / 年连续重整联合装置〔含 8 万米 ^{3}（标准）/ 时氢提浓〕、45 万吨 / 年芳烃抽提装置、12 万吨 / 年乙苯装置、10 万吨 / 年硫黄回收装置；改造装置包括常减压蒸馏装置由 800 万吨 / 年扩改至 1 000 万吨 / 年，1# 催化装置由 140 万吨 / 年扩改至 180 万吨 / 年（含新建制氧站），2# 催化装置由 140 万吨 / 年扩改至 160 万吨 / 年，220 万吨 / 年蜡油加氢改造为 150 万吨 / 年中压加氢裂化装置，航煤加氢装置由 80 万吨 / 年扩改至 120 万吨 / 年；厂内配套改造工程主要内容有储运系统改造、供热供风供氮系统改造、新建 1 套含盐污水处理场、1 座中心控制室等。

2020 年 5 月 15 日，新建 10 万吨 / 年硫黄回收装置中交。5 月 30 日，新建 260 万吨 / 年渣油加氢装置、120 万吨 / 年连续重整联合装置〔含 8 万米 ^{3}（标准）/ 时氢提浓〕、45 万吨 / 年芳烃抽提装置中交。9 月 15 日，新建含盐污水处理场中交，全厂工艺及热力管网改造等配套项目均同步建成投用。截至 9 月 30 日，新建装置全部开工正常。

炼油结构调整项目中新建 12 万吨 / 年乙苯装置于 2019 年 10 月 17 日开工建设，与单独审批的新建 12 万吨 / 年苯乙烯装置组成联合装置。截至 2020 年底，项目建设进度完成 51%。

（徐子晴）

【12 万吨 / 年苯乙烯装置开工建设】 该项目于 2018 年 5 月获批复，项目基础设计于 2019 年 9 月获批复。2020 年 7 月 16 日，装置开工建设。该项目投资约 4.8 亿元，采用中国石化自有的负压绝热脱氢苯乙烯技术，建设内容包括新建 12 万吨 / 年苯乙烯装置、装置变配电室，以及配套新建苯乙烯罐区、汽车装卸站、铁路装卸站，系统管廊改造，火炬系统改造等，产品为苯乙烯，副产苯 / 甲苯、苯乙烯焦油、脱氢尾气。截至 2020 年底，项目建设进度完成 41%。

（徐子晴）

【洛阳原油商业储备基地建设】 2020 年 6 月 16 日，洛阳原油商业储备基地（一期）建成中交。该原油商储库位于洛阳市吉利区，为中国石化日照—濮阳—洛阳原油长输管道末站，总投资 8.91 亿元，总库容 8 × 10 万立方米，是洛阳石化 1 000 万吨 / 年炼油结构调整项目的重要配套项目。按照集团公司安排，原油商业储备基地投产后委托洛阳石化代管，2020 年 11 月 14 日完成 58.7 万吨的年度储油任务。

2020 年初，中国石化根据国家加快原油储备设施建设的要求布局建设 7 个原油商业储备基地，在洛阳原油商业储备基地（一期）的基础上建设洛阳原油商业储备基地（二期），项目总投资 8.6 亿元，总库容 8 × 10 万立方米。项目基础设计于 2020 年 6 月 28 日获批复，7 月 28 日开工建设。截至 2020 年底，项目建设进度完成 66%。

（徐子晴）

【科技创新】 研发生产的长玻纤改性专用聚丙烯树脂 PPH-MN220 获日本三井化学订单；抗菌非织造布聚丙烯专用料 PPH-YJ40X，首创国内大装置“一次性连续生产”；与北京化工研究院等单位合作，申报的“绿色抗菌防病毒专用合成树脂产业技术开发”项目入选国家科技部“科技助力经济2020”重点专项；与中国纺织科学研究院合作，申报的“高品质原液着色聚酯原位法连续聚合工业化成套技术”项目入选国家科技部“重点基础材料技术提升与产业化”重点专项；全年提交专利申请18件，获授权8件。

（徐子晴）

【党建考核获评集团公司A档】 2020年，洛阳石化党委全面贯彻落实新时代党的建设总要求，落实党组深化推进党的政治建设22项重点措施；健全完善全面从严治党制度体系，结合公司领导体制调整完善“三重一大”决策制度体系；成立党建工作领导小组并制定工作规则，健全完善深度融合互促机制，巩固拓展党建共建成效，推动党建工作高质量开展，在集团公司2020年度党建考核中继续获评A档。常态化集中纠治“四风”，巩固拓展加强作风建设、纠治“四风”专项行动成效，完善“马上就办”机制，持续为基层减负。开展“强化管理、拼搏奋进”主题实践活动，深化形势任务教育，传承石油精神、弘扬石化传统，干事创业劲头更加强劲有力。

（徐子晴）

【启动党委巡察工作】 2020年，按照集团公司党组关于直属单位党委开展巡察工作的安排，洛阳石化启动党委巡察工作。根据上级要求，制订《洛阳分公司党委巡察工作方案》，成立巡察工作领导小组，加强对巡察工作的领导和指导，巡察工作领导小组下设办公室，负责组织实施。建立4个党委巡察组，实行“一次一授权”，建立涵盖纪检、审计、组织、财务、企管、法律等专业的巡察干部人才库。2020年内完成2家直属党组织巡察任务。

（徐子晴）

【人才强企工程】 干部人才队伍结构持续优化，推荐5人参加集团公司“三百三千”实践锻炼、6人多层次挂职交流锻炼；新提拔40岁以下中层3人、35岁以下基层5人，均达到“两个1/3”要求，干部总数压减9.5%，年轻干部比例持续上升。干部队伍政治能力持续提升，举办2期中层干部政治能力提升班、1期中青年干部培训班。实施新一轮高层次人才选聘，高层次人才队伍人数达110人，实现各专业和各层级职位全覆盖。

（徐子晴）

【改制单位党组织关系移交】 2020年12月30日，洛阳石化党委完成改制单位党组织关系移交地方管理工作。移交工作涉及9家改制企业党组织，共设有6个党委、2个党总支、1个党支部，涉及党员1 133人，其中在职党员913人、非在职党员220人。工会、团委关系按相应工作程序一并移交。9家改制企业分别为洛阳炼化宏达实业有限责任公司、洛阳金达石化有限责任公司、洛阳三隆安装检修有限公司、洛阳隆惠石化工程有限公司、洛阳炼化工程有限责任公司、洛阳石化工程建设集团有限责任公司、洛阳石化通达运输工程有限责任公司、洛阳石化医院、洛阳石化工程设计有限公司。

（徐子晴）

【退休人员社会化管理改革】 2020年，按照集团公司改革工作要求，洛阳石化组织实施退休人员社会化管理工作。5月20日完成管理服务职能移交，与接收方洛阳市吉利区人民政府签订《国有企业退休人员社会化管理服务移交协议》；8月13日完成党员组织关系转移；9月27日完成人事档案移交；11月28日完成资产移交账务处理。截至年底，完成退休人员社会化管理工作的主体任务。

（徐子晴）

【获得荣誉】 2020年11月24日，全国劳动模范和先进工作者表彰大会在北京人民大会堂隆重举行，洛阳石化炼油三部职工、中国石化延迟焦化装置操作工技能大师杨涛获全国劳动模范称号。洛阳石化化工工艺首席专家曹豫新入选人力资源社会保障部公布的2020年享受国务院政府特殊津贴人员名单。至此，洛阳石化累计已有8人享受国务院政府特殊津贴。

（徐子晴）

表 1　　洛阳石化主要技术经济指标　　亿元

指标名称＼年份	2020	2019	2018	2017	2016	2015
原料油加工量 / 万吨	711.88	549.47	694.68	670.69	626.77	510.80
工业总产值	272.82	300.53	357.90	296.86	232.91	210.37
炼　油	248.16	276.57	323.99	267.11	209.56	191.43
化　工	24.66	23.97	33.91	29.75	23.35	18.94
工业增加值	92.82	80.96	106.55	105.29	88.68	60.23
资产总计	123.24	106.18	77.30	71.70	67.64	76.23
流动资产	28.14	23.49	32.09	29.40	22.68	25.35
固定资产原值	192.03	161.34	156.93	161.82	161.40	160.54
固定资产净值	60.29	32.92	32.94	37.29	40.63	45.30
销售收入①	274.36	300.13	325.19	301.4	236.52	289.53
实现利税	78.87	74.12	90.62	95.78	75.69	45.26
税　金	86.92	73.36	85.77	87.17	62.48	63.55
综合能耗 / 吨标煤・万元 $^{-1}$	0.50	0.47	0.49	0.48	0.53	0.55

①包括洛阳资产分公司

表 2　　洛阳分公司主要产品产量　　万吨

产品名称＼年份	2020	2019	2018	2017	2016	2015
92# 汽油	122.48	115.62	125.73	108.32	29.44	—
93# 汽油	—	—	—	—	64.85	65.34
95# 汽油	71.16	58.96	61.38	58.82	23.23	—
97# 汽油	—	—	—	—	46.98	50.99
98# 汽油	—	1.63	5.78	12.79	9.70	11.59
3# 喷气燃料	56.19	62.71	66.66	62.80	62.78	49.48
0# 柴油	187.00	156.01	170.77	174.48	139.96	137.25
-10# 柴油	1.48	2.54	1.89	1.95	3.84	1.18
2# 燃料油	—	—	5.75	0.49	—	—
炉用燃料油	1.31	3.80	2.11	—	—	—
船用轻质燃料油	2.13	—	—	—	—	—
4# 燃料油	—	—	—	1.60	—	—
化工石脑油	12.29	11.28	14.24	12.96	13.54	10.78
工业白油	—	—	—	—	4.58	5.02
粗白油	—	—	—	5.08	2.71	—
工业己烷	—	—	—	—	1.09	0.97

续表

年份 产品名称	2020	2019	2018	2017	2016	2015
石油醚	2.37	2.09	6.65	7.21	8.45	5.50
商品重油	—	—	0.11	0.58	0.11	1.04
沥　青	19.70	15.84	13.99	16.33	14.39	20.80
液化气	56.83	45.06	51.22	46.44	43.86	27.88
丙　烯	18.63	13.36	17.20	15.53	13.99	9.20
硫　黄	4.91	4.66	5.35	5.00	3.97	2.41
液　氨	0.42	0.33	0.35	0.32	0.26	0.24
聚丙烯	17.69	13.29	14.92	15.70	15.24	10.21
纯　苯	7.25	5.98	8.47	8.53	7.34	6.89
I# 石油甲苯	2.79	0.96	—	—	—	—
石油混合二甲苯	0.09	—	—	—	—	—
对二甲苯	11.53	10.71	14.21	15.07	13.58	11.59
邻二甲苯	0.80	0.98	2.80	2.28	—	—
精对苯二甲酸	17.35	15.91	19.91	16.02	20.08	17.98
聚　酯	10.26	9.32	10.86	10.74	10.50	9.31
涤纶短纤维	10.18	9.19	10.79	10.58	10.36	9.13

青岛炼化

【概况】 中国石化青岛炼油化工有限责任公司（简称青岛炼化）成立于2004年，是中国石化、山东省、青岛市共同出资设立的特大型石油化工联合企业（出资比例为85%：10%：5%）。青岛炼化位于青岛经济技术开发区重化工园区，总占地2.9平方千米，毗邻青岛港，位置优越、配套完备、交通便捷。青岛炼化是中国石化系统内单套装置规模最大、体制机制最新、用工定员最少的炼化企业之一，1 000万吨/年大炼油项目是中国批准建设的第1个单系列千万吨级炼油项目，总投资125亿元，于2008年6月正式投产。青岛炼化采用较为先进的管理体制机制，组织机构扁平，采用两级管理组织架构，设8个职能部门、5个直属机构、7个二级单位；职工数量700余人。

青岛炼化工艺路线采用“焦化+CFB锅炉+催化”方案，主要加工进口高硫原油，截至2020年底，原油综合配套加工能力达1 200万吨/年，拥有22套生产装置和相应的公用工程及辅助设施，每年可生产汽油、煤油、柴油等成品油800多万吨，生产聚丙烯、苯乙烯、混苯、硫黄等各类石化产品200多万吨。车用汽、柴油质量可全部达国Ⅵ标准。

青岛炼化主要技术经济指标及主要产品产量分别见表1和表2。

（王鑫磊　刘　煜）

【领导班子调整】 2020年9月4日，青岛炼化召开干部大会（视频会议），宣布集团公司对青岛炼化领导班子调整的决定：杜博华任青岛炼化董事会董事，总经理人选；常培廷为青岛炼化副总经理人选。决定杜博华任青岛炼化党委副书记（兼）；常培廷任青岛炼化党委委员。12月1日，集团公司对青岛炼化领导班子进行调整：戴锭任北京化工研究院党委书记、副院长，不再担任青岛炼化党委委员、副总经理。12月9日，青岛炼化召开领导班子扩大会，宣布集团公司对青岛炼化领导班子调整的决定：汪建林任青岛炼化党委副书记、纪委书记，工会主席人选；雷平不再担任青岛炼化党委副书记、纪委书记，另有任用。

（王鑫磊　刘　煜）

【生产经营】 2020年，青岛炼化全年加工原料油1 089万吨（其中原油1 073万吨），销售产品966.75万吨。实现营业收入359.12亿元、利润-3.48亿元、税金91.69亿元。持续增产聚丙烯、液化气、沥青等创效产品，接连开发5#白油、低硫船燃、碳十重芳烃、90#沥青、4B石油焦等小产品，丙烯收率达6.66%、提高1个百分点，沥青月产能由2万吨提高至5万吨，产销量创历史新高。

（王鑫磊　刘　煜）

青岛炼化“东海牌”沥青通过汽运出厂（刘　强　摄）

【攻坚创效】 2020年，青岛炼化深入开展“百日攻坚创效”和“持续攻坚创效”行动，全年落实8类61项措施，累计增效创效16.8亿元，实现单位完全费用189.19元。紧贴市场需求开展优化测算，全年完成100种案例、480个方案测算；落实专项费用减免和防疫惠企政策，合计增效超1亿元；持续精打细算，严控费用支出，6项重点费用压减61%。自6月起持续盈利超过24亿元，6月实现利润6.85亿元，创历史新高。

（王鑫磊　刘　煜）

【疫情防控】 2020年，面对突发的新冠肺炎疫情，青岛炼化坚决守护员工群众生命安全和身体健康，采取“专业+单位”的网格化管理模式，加强与市、区沟通对接，形成联防联控工作格局，累计排查5 000余人、隔离观察800余人，实现“零输入、零感染”目标任务。服从服务大局保供应，累计转产增产医卫原料11万吨。

（王鑫磊　刘　煜）

【安全生产】 2020年，青岛炼化在安全管理方面修订完成56项制度、201项岗位职责。应用仿真培训，深化实操训练，编制安全口袋书、制作安全教育微视频，促进全员安全意识与安全技能双提升。执行特种作业标准检查表单，推行直接作业无违章竞赛，实现施工作业远程视频监控全覆盖。通过一年两次的消气防运动会，以赛促练，大力推进全员消防安全知识培训，200人取得救护员证书，“全民消防员”的理念渐入人心。多次协助力排企外险情，受到青岛西海岸新区政府书面表扬。

（王鑫磊　刘　煜）

【风险管控】 2020年，青岛炼化深入推进“双体系”建设，全年安全风险总值降低19%。如期完成装车场“降风险、提服务”工作，集团公司1号重大安全风险——青岛炼化公路危化品装车区域火灾爆炸风险的风险值由64降至15，成功降为一般风险。

（王鑫磊　刘　煜）

【环保节能】 2020年，青岛炼化深入推进臭氧污染防治专项行动，全面开展VOCs排查治理；外排废水、废气达标率100%；12套装置完成绿色基层创建，顺利通过集团公司绿色企业复核验收。强化装置间直供料管理，炼油综合能耗（56.04千克标油/吨）保持领先水平，连续8年蝉联能效领跑者标杆企业榜首，连续7年被国务院国资委评为能效最优企业，获评国家重点用能行业能效领跑者。

（王鑫磊　刘　煜）

【工艺技术】 2020年，青岛炼化有序推进工艺平稳性体系建设，完成调度手册和操作手册修订，首创 LIMS 异常数据提醒，加强日常工艺管理与关键指标监控，工艺联锁投用率 100%，关键工艺参数指标合格率 99.7%，工艺参数报警率低于 0.9%；产品出厂质量合格率 100%，在线质量分析仪表取代率 94%。基于 DCS 系统实现了应急处置流程可视化，提升了应急处置过程的可操作性。

（王鑫磊　刘　煜）

【设备管理】 2020 年，青岛炼化稳妥推进设备完整性管理体系建设，“深化专业 + 区域化”的设备管理模式，构建覆盖设备管理全流程、全业务的信息化系统。设备腐蚀监测计划完成率提高至 96.78%，紧急抢修工时率降至 2.28%，实际自控率达 93%，各项 KPI 指标稳步优化。催化烟机节能改造后高效运行超 15 个月；CFB 锅炉平稳运行超 500 天，平均负荷率达 98.5%。充分发挥维保单位合力，创新建立维保联合值班机制，有效整合夜间值班力量。

（王鑫磊　刘　煜）

【投资项目】 2020 年，青岛炼化科学论证、审慎投资，围绕生产经营中心开展项目立项。严格落实五大控制，顺利完成低硫船燃配套、沥青出厂设施完善等重点项目；全年实施技改等项目 80 个（总投资 1.6 亿元）。完善监理单位“黑名单”、质量控制点等制度，A/B 质量控制点一次报验合格率达 99.32%，焊接一次合格率达 98.85%。

（王鑫磊　刘　煜）

【人才强企】 2020 年，青岛炼化大力推进“人才强企”工程，推动人才跨企业、跨单位、跨专业、跨序列流动培养，参与集团公司“三百三千”实践锻炼计划；引入仿真培训系统，选派专业技术人员到维保单位跟班学习，完成全公司区域内的技术大比武；创新专业技术岗位到基层单位挂职锻炼机制、增加班组运行工程师岗位；持续优化量化考核指标，机关招聘和基层选聘程序更加科学、规范；初步建成 150 余人涵盖全部专业、工种和层次的人才储备库。

（王鑫磊　刘　煜）

【企业发展】 2020 年，青岛炼化紧密围绕集团公司“一基两翼三新”产业格局，组织成立专业小组，开展海水淡化、海水冷却、污水回用、氢能利用和化工转型等技术专题攻关，从系统优化、技术优化、区域优化来做好未来发展的技术储备。顺酐、氢能基地项目取得突破，转型发展进入新阶段。高质量编制“十四五”发展规划，青岛炼化转型发展被列入中国石化和青岛市的总体发展规划中。

（王鑫磊　刘　煜）

【企业管理】 2020 年，青岛炼化牢固树立大抓基层的鲜明导向，完成 314 项制度、288 条岗位说明书修订，岗位责任制逐渐落实。落实深化改革三年行动、对标世界一流管理提升行动要求，积极开展“文化引领、管理提升”活动。统筹推进劳动、人事、分配制度改革，圆满完成退休人员社会化移交任务，平稳实施择优招录社会化用工工作。

（王鑫磊　刘　煜）

【科技创新】 2020 年，青岛炼化医卫防疫物资原料实现升级换代，行业内首次自主开发的“绿色安全的燃料油铁运卸车管输一体化新技术开发”通过集团公司鉴定，参与攻关的“渣油原料生产高辛烷值桶汽油的裂化催化剂开发与应用”项目获中国化工学会科技进步一等奖。全年共申报专利 15 件，获授权实用新型专利 5 件。举办第一届青年科技创新大赛，创新氛围更加浓厚。

（王鑫磊　刘　煜）

【“两化”融合】 2020 年，青岛炼化加快智能工厂建设步伐，顺利完成网络安全攻防演习，深化应用创新创效综合排名保持系统前列，信息化应用水平、网络安全水平获评集团公司 A 级，《基于大数据分析的石化设备全生命周期管理解决方案》入围工业互联网大赛全国百强。

（王鑫磊　刘　煜）

【党的建设】 2020 年，青岛炼化深化“融合、创新、共建、共享”的特色党建模式，实施组织力提升工程和“三基本”建设，推动基层党建“平台化”“信息化”，启动“一支部一品牌”创建，

“党建+”融合机制不断完善；打造党建共建“青炼样板”，“相互尊重、相互包容”的文化氛围逐步形成。全面启动党委巡察；深化“大监督”作用发挥，实现党员干部“建夹画像”全覆盖。积极践行“马上就办”，进一步精文减会，会议降低20%，普发性文件减少35%。用心打造“职工之家”“青工之家”，员工获得感和归属感不断提升。大力倡导全员消费扶贫，累计消费超80万元，人均超千元。

（王鑫磊　刘　煜）

表1　青岛炼化主要技术经济指标　亿元

指标名称＼年份	2020	2019	2018	2017	2016	2015
原油加工量/万吨	1 073.38	931.15	1 160.97	1 172.16	1 131.91	948.69
工业总产值	361.13	399.89	536.35	423.95	324.35	327.81
工业增加值	103.96	85.33	139.83	174.05	166.89	135.47
资产总计	175.65	189.51	201.74	185.22	122.66	120.87
流动资产	121.76	125.15	132.73	105.74	34.15	22.59
固定资产原值	162.96	159.23	157.34	155.91	154.53	150.79
固定资产净值	43.85	50.67	59.06	68.24	77.78	84.45
销售收入	359.12	398.90	538.26	427.92	330.79	331.18
实现利税	89.13	80.43	152.85	183.24	171.21	123.93
税　金	91.69	69.74	105.30	133.14	131.21	108.92
综合能耗/千克标油·吨$^{-1}$	56.04	55.34	55.30	55.66	56.19	57.10

表2　青岛炼化主要产品产量　万吨

产品名称＼年份	2020	2019	2018	2017	2016	2015
汽　油	297.93	273.38	343.03	336.98	332.14	276.59
柴　油	271.97	211.09	251.76	280.28	274.93	249.27
煤　油	123.17	144.00	188.59	186.44	170.07	126.48
液化气	80.66	68.33	84.22	81.59	81.30	69.91
石脑油	22.86	12.60	14.02	14.99	11.36	10.35
5# 白油原料	1.89	—	—	—	—	—
商品石油焦	39.31	45.60	64.35	67.09	64.00	52.25
发泡剂	7.17	4.46	8.62	11.07	10.94	10.33
纯　苯	—	0.05	0.67	0.22	—	—
混合二甲苯	30.20	21.82	29.37	31.29	29.55	26.95
硫　黄	18.21	17.18	20.99	20.95	21.05	17.01
聚丙烯	21.55	15.86	20.02	20.59	19.54	17.80

石家庄炼化

【概况】 中国石油化工股份有限公司石家庄炼化分公司（简称石家庄炼化分公司）和中国石化集团资产经营管理有限公司石家庄分公司（简称石家庄资产分公司）统称石家庄炼化，位于河北省省会石家庄市东南 25 千米处，其前身为石家庄炼油厂，始建于 1978 年，1983 年建成投产，同年 7 月 1 日划归中国石油化工总公司。1997 年采用局部改制方式募集发起设立石家庄炼油化工股份有限公司，上市筹集资金投入到当年河北省人民政府与中国石油化工总公司合资设立的石家庄化纤有限责任公司（简称石家庄化纤公司），共同建设石家庄 5 万吨 / 年己内酰胺工程。石家庄化纤公司股权几经变更，2009 年 3 月转换成为股份公司的分公司。根据集团公司改革重组的统一部署，2006 年注销石家庄炼油厂，注册成立石家庄资产分公司，2007 年注册成立石家庄炼化分公司。2009 年 5 月，根据“一企一制”的整体要求，石家庄化纤公司整体、石家庄资产分公司部分资产和人员被整合并入石家庄炼化分公司。

截至 2020 年底，石家庄炼化共设发展计划部、生产技术部、安全环保部、设备工程部、销运管理部等职能部门 12 个，行政事务中心、物资采购中心、检验计量中心等直属机构 6 个，炼油运行一部、化工运行部等二级单位 9 个。上市部分职工 2 315 人（含劳务工 186 人），其中具有高级职称的 216 人、中级职称的 377 人。存续部分职工 41 人，其中具有高级职称的 1 人、中级职称的 5 人。

石家庄炼化原油加工能力 800 万吨 / 年，己内酰胺生产能力 20 万吨 / 年，拥有常减压、催化裂化、蜡油加氢、渣油加氢、连续重整、柴油加氢等 28 套炼油生产装置，以及双氧水、氨肟化等 11 套己内酰胺生产线装置。主要产品有汽油、柴油、航空煤油、聚丙烯、液化气、己内酰胺、聚酰胺切片等 30 多个品种和牌号。

控股 1 家合资公司——河北康石新材料有限公司，由中国石化与武汉有机实业有限公司以 49%：51% 的股比共同出资设立，成立于 2019 年 1 月 14 日，利用石家庄炼化甲苯法己内酰胺生产线的部分闲置装置，研究开发苯甲酸及下游衍生物等精细化工产品。项目已进入建设阶段。

石家庄炼化分公司主要技术经济指标和主要产品产量分别见表 1 和表 2。

（黄俊慧）

【领导班子调整】 2020 年 8 月 17 日，集团公司党组对石家庄炼化领导班子做出调整决定：经征得石家庄市国资委党委同意，免去齐洪祥党委副书记、委员、纪委书记职务，不再担任工会主席职务，任二级协理员。2020 年 9 月 23 日，集团公司党组对石家庄炼化领导班子做出调整决定：经征得石家庄市国资委党委同意，朱维任石家庄炼化党委副书记兼纪委书记，为工会主席人选；12 月 1 日，石家庄市总工会同意朱维为石家庄炼化第七届工会委员会主席。2020 年 11 月 24 日，集团公司党组对石家庄炼化领导班子做出调整决定：经征得石家庄市国资委党委同意，胡正海任石家庄炼化分公司代表、党委书记职务；郝振岐任石家庄炼化分公司总经理、党委副书记（兼）、石家庄资产分公司总经理职务。

（黄俊慧）

【积极应对疫情和市场冲击】 疫情发生后，石家庄炼化第一时间启动公共卫生事件专项应急预案，成立疫情防控领导小组，落实防疫工作部署；根据疫情变化，动态调整工作措施，加强疫情防控常态化管理，保障了特殊时期生产组织秩序和职工队伍稳定。服从集团大局、降低加工负荷，2 月停运 1# 常减压、1# 催化装置，压减成品油产量；以聚丙烯为增盈创效突破口，4 月恢复 1# 催化生产、停运烷基化装置，当月压减航煤 30%、汽油 10%，增产丙烯 35%，保证聚丙烯满负荷生产。4 月己内酰胺生产线停运 26 天，应对市场低谷。

（黄俊慧）

【积极推进新产品开发】 根据疫情防控需要，2020 年 3 月 4 日，石家庄炼化成功开发 Y450 高熔指熔喷布基料，3—5 月累计生产 5 363 吨。2020 年 7 月 23 日，石家庄炼化在原产 AH-70 号重交通道路石油沥青产品基础上，成功试产70B号道路沥青产品，产品各项质量指标均达质量标准。2020年11月20日，石家庄炼化首批98#国Ⅵ标准汽油顺利出厂，打破了河北省长期以来无自产98#汽油的局面。

（黄俊慧）

【攻坚创效成果显著】 石家庄炼化深入开展攻坚创效工作，压减成品油产量，汽油收率降低1.06个百分点，柴汽比降至0.842；打通98#国Ⅵ标准汽油生产销售流程；增产高附加值产品，芳烃收率提高0.97个百分点；轻石脑油、轻质燃料油等低附加值产品收率分别降低0.04和0.92个百分点；聚丙烯产品差异化率达78.59%，提高11.84个百分点；优化装置操作，APC应用连续14个月在系统内排名第一；成功投用低温余热综合利用改造项目，实现炼油新区低温余热资源全部回收利用，降低成本400余万元；优化污水处理流程，吨油取水率下降43%，油泥、浮渣量大幅下降至200吨/月以下。

（黄俊慧）

【降本减费效果明显】 石家庄炼化优化原油和物资采购、动态调整用能结构等措施，实现原油降本4.27亿元、燃料源头降本700万元、采购资金节约率达8.5%；同时大幅削减差旅费、会议费等非生产性费用，收回中水处理等外包业务，严格控制各类生产消耗，压减费用支出2.03亿元；首次实现硫酸铵散料装车出厂，全年可降本百万余元；加强与政府沟通协调，落实各项财税政策、争取财政补贴创效1.5亿元。

（黄俊慧）

【实现绿色企业创建】 石家庄炼化持续推进清洁生产，丙丁共聚聚丙烯树脂产品通过绿色产品认证；投用双氧水装置氧化尾气治理项目，各项指标均达标准；实施3#催化烟气脱硫装置环保改造，二氧化硫、颗粒物和NO_x等污染物排放浓度远低于标准值，副产硫酸铵全部资源化、销售出厂；全年二氧化硫、COD排放分别降低23%和20%，颗粒物、挥发性有机物、外排水分别降低14%、26%和13%。在河北省企业生态环境信用评级中，初评为绿标企业；成功通过集团公司绿色企业审核验收，被授予中国石化绿色企业称号。

（黄俊慧）

【企业改革稳步推进】 石家庄炼化推进去行政化管理，对11个职能部门、152名中基层领导干部职务进行了规范；优化调整计划、销售、运输管理职能；启动三年改革行动计划；与浙江扬帆新材料公司初步达成合资合作意向，利用闲置的苯甲酸加氢装置共同开发环己烷羧酸及其下游衍生物，进军精细化工市场；物业、供水、供暖改造、退休人员管理社会化移交顺利完成。

（黄俊慧）

【管理基础持续夯实】 石家庄炼化成立8个行动专业组，推进"对标世界一流"工作；编制公司业务树406项，制定公司业务树和职责划分手册，业务管控更加有力；建立HSSE培训矩阵，业务培训针对性进一步加强；测量管理体系通过标准评审，管理更加规范；树立渐进追赶理念，完善绩效考核体系，建立止损机制，推行分类考核评价，发现问题做到"四不放过"，重复问题进行"事不过三"追责；炼油运行二部加氢装置班长武云峰发明的"一种内置式空气呼吸器眼镜"获国家知识产权局授予的专利权。

（黄俊慧）

【纳入地方产业链集群化发展三年行动计划】 河北省发改委2020年7月14日印发《河北省炼化一体化及新材料产业链集群化发展三年行动计划（2020—2022年）》，提出力争通过3年时间，推动现有炼厂由"燃料型"向"原料型"转型，基本建成炼化一体化及新材料产业链集群化发展体系。行动计划中将"稳妥推进石家庄循环化工园区炼化一体化发展"作为6项重点任务之一，其中明确指出：将以石家庄炼化转型发展为引领，强化芳烃深加工、轻烃综合利用，拓展高端精细化学品，延伸碳四及苯乙烯、丙烯深加工产业链，发展新材料；推进环己酮、己内酰胺扩能，延伸尼龙产业链条；依托石家庄炼化碳四和副产丙烯资源，发展丙烯深加工及异丁烯、正丁烷产业链条，重点开展丙烯腈产业链及MTBE产品研发，为新戊二醇、聚丙烯酰胺、碳纤维等产业链条提供基础原料，进而延伸发展多种新兴合成材料。

（黄俊慧）

【基层党建工作不断改进提升】 石家庄炼化开展“创模范机关、建一流支部”活动，明确机关为基层解难题、办实事86项措施；举办“党员讲安全环保案例”大赛，基层党组织与本部机关、改制单位开展党建共建，在疫情防控、持续攻坚创效行动中成立27支党员突击队，明确28个党员攻关项目，推动党建优势转化；编印《党支部标准化建设实操手册》，召开党建经验交流会，加强“三基本”建设，创建标准化党支部，基层党建更加扎实有效。传承石油精神、弘扬石化传统，坚持典型引领，评选十大“亮点”，开展“大干红五月”等系列劳动竞赛；进行“提效精进、志创一流”大讨论，凝聚干事创业力量，深化了“忠诚、尽职、精进、担当”的石炼精神。

（黄俊慧）

表1　　石家庄炼化分公司主要技术经济指标　　亿元

年份 指标名称	2020	2019	2018	2017	2016	2015
原油加工量/万吨	546.71	618.66	614.16	476.31	600.10	578.28
工业总产值	233.65	340.78	361.05	236.13	247.64	255.61
工业增加值	89.05	105.83	119.07	96.35	111.69	83.05
资产总计	114.12	124.11	128.88	156.07	129.12	127.52
流动资产	35.52	38.70	38.96	60.94	33.94	25.57
固定资产原值	168.06	164.62	166.04	165.82	161.42	153.76
固定资产净值	65.95	69.68	77.21	78.97	81.52	88.70
销售收入	232.61	336.61	351.63	235.06	246.29	256.77
实现利税	71.55	89.89①	104.00	82.85	95.16	66.72
税　金	76.43	87.09①	90.92	74.60	91.46	85.46
综合能耗/吨标煤·万元$^{-1}$	0.33	0.31	0.32	0.33	0.33	0.38

①数据更新

表2　　石家庄炼化分公司主要产品产量　　万吨

年份 产品名称	2020	2019	2018	2017	2016	2015
汽　油	170.39	199.36	199.09	149.97	188.67	173.40
煤　油	49.77	64.53	58.29	42.64	57.90	44.15
柴　油	143.52	162.65	164.62	135.28	174.59	194.16
燃料油	18.61	21.10	13.69	9.69	6.56	1.93
液化气	45.88	45.08	54.29	43.58	47.96	42.79
硫　黄	6.07	7.86	8.02	5.90	7.86	6.41
精丙烯	16.61	18.12	18.08	12.97	15.27	15.87
聚丙烯	17.55①	19.08	18.83	13.49	16.17	15.19
石油焦	0.19	13.84	21.88	17.50	25.94	22.66
沥　青	20.14	8.68	0	0.38	5.04	0.49

续表

年份 产品名称	2020	2019	2018	2017	2016	2015
己内酰胺	9.72	10.02	11.08	7.25	7.10	3.67
硫　铵	14.48	14.78	16.69	11.11	11.23	6.11
切　片	2.17	2.18	2.19	1.53	1.43	0.85
苯	5.72	5.70	5.54	4.49	4.58	4.63
甲　苯	11.48	11.34	10.54	5.73	3.98	4.18
二甲苯	18.15	17.91	18.25	8.94	4.22	8.05

① 2020 年聚丙烯产量未含带料加工量

荆门石化

【概况】 中国石油化工股份有限公司荆门分公司（简称荆门分公司）和中国石化集团资产经营管理有限公司荆门分公司（简称荆门资产分公司）统称荆门石化。荆门石化是国家“三线”建设时期的战备炼油厂，于 1970 年正式动工建设，1983 年由石油工业部划归中国石油化工总公司，1993 年成为国家特大型企业。生产区占地面积 4.61 平方千米，位于荆门市掇刀区东北部。建厂 51 年来，荆门石化已发展成为中国石化系统内加工生产燃料油、润滑油、化工产品手段最为齐全、生产灵活性较大的企业之一，是中部地区最大的润滑油基础油、特种产品生产基地。

截至 2020 年底，荆门石化设有职能处室 13 个、业务中心 6 个、运行部 7 个；在岗员工 3 750 人，其中经营管理人员 316 人、专业技术人员 734 人、技能操作人员 2 700 人。有生产装置 51 套（其中燃料油系统 24 套、润滑油系统 17 套、综合利用 8 套、化工装置 2 套），主要加工仪长管输原油、南阳原油、江汉原油，生产燃料油、润滑油基础油、石油蜡、石油焦、石油沥青、液化石油气、聚丙烯等 20 多个品种 100 多个牌号的产品，成品油主要供应湖北、湖南、河南、四川、重庆、贵州等地区。

荆门石化主要技术经济指标及主要产品产量分别见表 1 和表 2。

（江　国　杜东海）

【领导班子调整】 4 月 29 日，集团公司党组决定：杨勇刚任中共荆门石油化工总厂委员会书记，朱亚东任中共荆门石油化工总厂委员会副书记，郭绍强任中共荆门石油化工总厂委员会委员；朱亚东任荆门石油化工总厂厂长，免去杨勇刚的荆门石油化工总厂厂长职务。股份公司委派杨勇刚为荆门分公司代表，解聘其荆门分公司总经理职务；聘任朱亚东为荆门分公司总经理，解聘其荆门分公司总工程师职务；聘任郭绍强为荆门分公司副总经理、总工程师。免去张培毅中共荆门石油化工总厂委员会书记、委员职务。11 月 24 日，集团公司党组决定：叶志兵任中共荆门石油化工总厂委员会副书记兼纪律检查委员会书记，为荆门石油化工总厂工会主席人选；免去刘子龙的中共荆门石油化工总厂委员会副书记、委员、纪律检查委员会书记职务，不再担任荆门石油化工总厂工会主席职务。

（江　国　杜东海　曹春芳）

【生产经营与新冠肺炎疫情防控】 2020 年，荆门石化坚持疫情防控和生产经营“两条线”作战。聚焦“六稳”“六保”，积极主动对接医用防疫和民生保障物资需求，不计代价、攻关转产口罩无纺布用聚丙烯产品 Y26，紧急增产民用液化气，加大硫酸生产保障复合肥厂家复工复产需要，充分发挥了国有企业“稳定器”和“压舱石”作用；

严格落实“四早”防控措施，按照“战区制、主官上”“大石化社区联防联控”的要求，先后开展4次拉网式大排查，建立动态管控台账跟踪管理高风险地区返荆人员，实行在职员工“一人一卡”，开展全员疫情防控核酸（血清抗体）检测4 452人次，加强思想教育引导、政策解读、措施解析，及时反应、处置异常情况，实现员工“零感染”。把敢于担当、敢于牺牲的战疫精神转化为抓好生产经营的持续动力，始终做到生产不间断、油气不断供、保障不打烊，奋力攻坚创效，完成生产经营任务。全年加工原（料）油532.19万吨，实现销售收入249.41亿元，税金74.53亿元，荆门分公司利润–5.3亿元、荆门资产分公司利润1 100万元，保持了纳税贡献地位，交出了合格答卷，成绩好于预期。

（江　国　杜东海　曹春芳　刘　军）

【规划“十四五”发展格局】 经过“十三五”期间的大力发展，荆门石化特种油品产能提升50%、部分产品质量达到国内外领先水平、产品门类齐全，成为国内具有较大影响力的特种油生产供应商。根据自身特点，荆门石化群策群力、精心谋划，确定走转型发展、特色发展之路：“十四五”期间，围绕将企业打造成为中部特色品基地和区域优化企业目标，形成“特色品＋化工高端”2个基点支撑，打造3个百万吨基地（百万吨级特种油生产基地、百万吨级化工产品生产基地、百万吨级新疆高等级沥青生产基地），完成4个大幅改变（降低资源成本100元/吨、产品结构调整提高盈利100元/吨、精细管理降低完全成本100元/吨、化工转型增加盈利100元/吨），实现5个石化愿景（实力石化、安全石化、绿色石化、开放石化、幸福石化）。

（江　国）

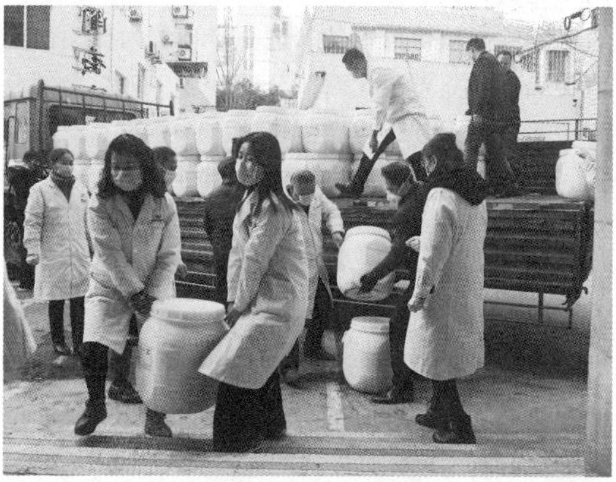

1月28日，荆门石化为地方紧急捐赠抗疫物资（田　林　摄）

【重点工程建设】 2020年，荆门石化完成油品质量升级及适应性改造项目“七建三改一配套”的核心装置建设，原油一次加工核定能力达650万吨/年，二次加工能力超过800万吨/年。20万吨/年润滑油加氢异构脱蜡装置于1月10日改造完成并投产，润滑油基础油质量升级项目全面完成。火车洗槽站搬迁于3月28日中交投产。280万吨/年重油催化裂化装置及配套系统改造项目于6月6日投产一次成功。50万吨/年春风馏分油加氢脱酸装置改造项目于10月10日中交验收，11月底打通加工全流程。大通量等离子VOCs治理项目于12月10日开工试运成功。新污水处理场生化单元项目于12月15日开工正常，污水外排指标稳定达到国家和长江流域特别排放限值要求。

（杜东海）

【HSSE管理】 2020年，荆门石化强化红线意识和底线思维，强化领导引领力，落实全员HSSE责任，扎实推进HSSE管理体系有效运行。安全方面，持续开展安全生产专项整治三年行动；全方位排查风险、治理隐患；开展直接作业环节专项整治，突出从抓施工人员管理向抓承包商关键管理人员管理拓展。环保方面，认真落实长江经济带“共抓大保护，不搞大开发”的部署，实施“绿色企业行动计划”，督促“一方案两清单”的实施；完成13项污染防治攻坚项目；环保排放始

6月6日，荆门石化新建280万吨/年重油催化裂化装置联动试车及投运仪式（田　林　摄）

终高于国家、地方和行业要求，COD、氨氮、二氧化硫、氮氧化物等主要污染物排放总量分别下降 4.9%、2%、27% 和 31%，被评为中国石化绿色企业。职业健康方面，积极开展“健康企业”创建工作，职业病危害因素监测合格率 100%，职业健康体检率 100%，未新增职业病患者。公共安全方面，全年消防出警 26 次，处置成功率 100%；贴近实战进行应急救援演练、公共安全演练达 200 多次，参加中国石化应急救援演练获第 4 名的好成绩，参加荆门市“6·12”化工园区火灾应急救援联合演练，得到市领导的高度赞扬。

（江　国）

【攻坚创效成效显著】 围绕“安全环保、增效创效、生产经营、成本费用、重点工程”五大攻坚目标，部署实施“百日攻坚创效”“持续攻坚创效”行动。通过研判市场、结合库存调节能力，优化原（料）油采购的种类、数量、价格、节奏、采购方式、运输方式等，降低采购成本创效 9 300 万元。实施产品出厂多元化运输，提高效率降低运杂费。抓早抓小保装置“安稳长优”运行，及时处理设备故障，有效管控非计划停工及生产异常，全年装置平稳率 98.81%，没有发生 3 级及以上非计划停工。围绕 3# 催化装置和润滑油高压加氢装置，抓好蜡重油及公用工程系统物料平衡，优化重油加工流程，减少焦炭增效；优化特油加工流程，实现品种差异化；优化石脑油加工流程，拓展重整料，提高汽油辛烷值；优化燃料油、聚丙烯等产品加工流程，增产高价值产品。持续开展节能降损工作，组织循环水系统分级控制；推进投用并优化热直供料、主要装置热联合流程；加强瓦斯、氢气系统的管控，全年火炬排放减少 50%，并消灭了气分火炬长明灯；加强加热炉运行维护管理、进行节能改造，增加余热回收系统，全年加热炉平均排烟温度 123℃，平均炉效 92.15%；更新高耗低效电动机、变压器 800 余台；严把进出厂计量关，加强计量数据核查，实施智能提货信息系统，建设衡器无人值守系统；全年炼油能耗 79.33 千克标油 / 吨，降低 2.61 个单位。开展设备和工艺技术攻关，全力推进在线测量设备的运行水平，提高检验计量的效率和准确率，汽油在线调和投用并优化运行，提高汽油一次调和合格率，降低辛烷值损失，高标号汽油的市场份额逐步扩大；加强工艺平稳性管理，同类装置竞赛完成保标任务，2# 催化、糠醛轻套和酮苯轻套装置进入中国石化同类装置奖励序列；细化分解具体操作参数，为装置调整加工负荷和疫情期间低负荷工况下平稳运行提供依据，保障了新建装置均一次开车成功；抓好小型技术改造项目，解决装置运行瓶颈。开展产品质量攻关，3# 喷气燃料获中国民航局适航认证，石蜡嗅味达到全炼蜡标准，石油焦优于最新标准要求，68#、100# 高档白油替代进口产品、市场占有率稳居国内第 1 位，环保型橡胶增塑剂达到国内先进水平。开发 7 个新特产品，其中 N4006、N4010 橡胶增塑剂环烷基矿物油填补中国石化环烷基油的市场空白；特色产品已成为荆门石化最大的盈利增长点，并实现持续盈利。荆门石化被评为中国石化“百日攻坚创效”先进单位。

（江　国　曹春芳　刘　军）

【深化改革释放创新管理效能】 研究制订荆门石化深化国企改革三年行动方案，持续纵深推进改革。推进项目制、业务团队新的管理模式，总师—副总师—技术负责人的技术管理体系全面落地；推进存续业务承包经营，机电仪业务和车辆业务改革初具条件；全面实施仓储“甲供料”管理；全面推进“内部利润中心”和“成本中心”考核模式，加大对关键少数及时激励；强化产销研用一体化深度融合，推动特油部内部市场化机制落实。进一步优化组织管理模式，合并成立党群工作部，调整组建消防保卫中心；进一步优化岗位定员，岗位数量压减 23%、定员压减 14%；组织实施岗位价值评估，进一步理顺内部岗位价值关系；建立差异化薪酬分配制度，理顺内部分配关系；优化劳动用工，向系统内单位输送 31 人，业务承揽和人力资源输出 192 人次，实施人员梯次转岗 38 人。“四供一业”分离移交全面收官，退休人员社会化管理工作基本完成。坚持清单化管理，对 32 项“处僵治困”增效措施实行定期例会督办，荆门资产分公司实现持续盈利。与深化改革同步，开展精细管理年活动，90 项精细管理提升措施全部完成，推进基层“三标”建设，推进对标世界一流管理提升行动，促进了生产经营管理任务的完成。

（刘　军）

【科技和管理创新成果丰硕】 切实加大“十条龙”科技攻关力度，2个项目顺利“出龙”，技术总体达到国际领先水平。“高掺渣低排放重油催化裂化技术集成与开发”项目攻关实现重油转化效果好、焦炭选择性改善、汽油收率提高的目标，在国际上首次实现催化裂化装置副产10兆帕等级蒸汽，烟气中氮氧化物、二氧化硫、TSP浓度分别降至50毫克/米^3、35毫克/米^3、5毫克/米^{3}以下。“大通量等离子体处理VOCs成套技术研发与示范”项目装置投用且运行稳定，污染物排放明显优于国家和地方标准要求，为石化企业低浓度复杂组分VOCs治理提供了解决方案。“高端特种油集成技术开发与工业应用”项目成功“入龙”，“加热炉冷凝式空气预热器技术开发”获中国石化科技进步三等奖。持续推进企业现代化管理创新工作，2020年共培育管理创新成果16项，并选送部分成果参加中国石化和湖北省评选活动，获湖北省奖项6个（一等奖1个、二等奖2个、三等奖3个），其中《以石化特色产品为支撑的业务战略转型》获2020年省级企业现代化管理成果一等奖，《荆门石化以特种油产品为核心的转型发展实践》获2020年国企管理创新成果二等奖。

（江　国　杜东海）

8月10日，荆门石化3#催化装置投用半干法超洁净催化烟气脱硫脱硝吸尘炉（田　林　摄）

【强化党建引领】 荆门石化发挥新领导体制优势，以党建统筹推进深化改革、谋划发展、疫情防控、攻坚创效、项目建设等各项工作。严格落实“第一议题”制度，形成研究型学习、学习型决策机制。优化调整基层党组织设置，实现基层班组党员力量全覆盖，充分发挥基层党组织保落实重要作用。以建厂50周年为契机，出版发行《荆门石化志》(2009~2018)，召开座谈会，建厂史展览馆；组织开展“党课开讲啦”活动；大力弘扬石油石化优良传统。坚持“两个优先”，大力选拔年轻干部，全年新提拔中层干部中40岁以下占比达3/4。加强党风廉政建设，打造“大监督”格局，建立党委巡察机制，全年运用监督执纪“四种形态”处理13人，企业政治生态管理持续向好。

（江　国　曹春芳）

表1　荆门石化主要技术经济指标　亿元

指标名称＼年份	2020	2019	2018	2017	2016	2015
原（料）油加工量/万吨	532.19	532.96	500.65	533.90	485.04	494.93
工业总产值	223.65	274.12	270.28	253.27	195.43	216.26
资产总计	92.33	92.73	80.49	86.51	65.84	56.13
流动资产	15.44	16.09	20.09	35.99	17.51	12.99
固定资产原值	126.22	110.78	96.16	96.42	81.81	79.24
固定资产净值	56.57	47.39	36.71	40.91	30.57	30.27
销售收入	249.41	298.51	295.15	271.05	216.14	235.97
实现利税	74.53	76.01	78.22	88.59	79.06	75.69

表 2　　荆门石化主要产品产量　　万吨

产品名称＼年份	2020	2019	2018	2017	2016	2015
汽　油	174.67	184.05	169.30	171.85	150.63	152.42
柴　油	129.68	131.47	134.11	148.72	146.01	157.10
煤　油	36.57	44.49	32.54	31.70	29.30	28.04
石　蜡	7.21	8.27	8.83	9.31	6.40	8.01
润滑油基础油	12.05	8.23	10.99	11.43	7.79	7.15
石油焦	20.62	25.22	24.98	30.72	29.31	28.58
聚丙烯	12.43	13.55	11.56	11.57	11.69	11.57

九江石化

【概况】 中国石油化工股份有限公司九江分公司（简称九江分公司）和中国石化集团资产经营管理有限公司九江分公司（简称九江资产分公司）统称九江石化，地处江西省九江市东郊，占地面积4.08平方千米。其前身为九江炼油厂，1975年经国家批准筹建，1980年10月建成投产，1991年10月更名为中国石化九江石油化工总厂，1998年更名为中国石化集团九江石油化工总厂。2000年，根据中国石化整体重组改制部署，九江石油化工总厂主要经营性业务划入上市部分，组建九江分公司。2007年，非上市部分设立九江资产分公司。

截至2020年底，九江石化共有机关处室13个、专业中心7个、运行部13个，用工总量2 437人。九江分公司主营业务有炼油、化工生产经营，有原油一次加工能力1 000万吨/年、综合加工能力800万吨/年，主要生产装置有常减压、催化裂化、连续重整、延迟焦化、汽柴油加氢、吸附脱硫、渣油加氢、加氢裂化、煤制氢、聚丙烯、苯乙烯、烷基化等；主要产品有汽油、柴油、航煤、燃料油、沥青、液化气、“三苯”、石油焦、硫黄、聚丙烯、苯乙烯、烷基化油等。九江资产分公司主要业务有供水、排水。

九江分公司主要技术经济指标及主要产品产量分别见表1和表2。

（张　茜）

【韩正在江西考察期间调研九江石化】 2020年11月12—13日，中共中央政治局常委、国务院副总理韩正在江西南昌、九江调研。其间，到九江石化考察，查看污水处理设施。

（张　茜）

【领导班子调整】 2020年4月，谢道雄任九江石化总厂党委书记、九江分公司代表；蔡智任九江石化总厂厂长、分公司总经理、党委副书记；王彪不再担任九江石化总厂党委书记、副厂长、九江分公司副总经理。

（张　茜）

【筑牢疫情防控防线】 2020年，新冠肺炎疫情突如其来，九江石化提高政治站位，听党指挥、闻令而动，迅速构建协调联动、运行高效的指挥体系，全力抓好疫情防控，加强人员动态管控，有序推进复工复产，保障成品油市场稳定供应，实现员工及家属、承包商等“零感染”目标，确保员工安康、队伍稳定、社区和谐。

（张　茜）

【开展攻坚创效行动】 2020年，面对国际油价暴跌带来的效益亏损压力，九江石化持续开展攻坚创效行动，抓主要矛盾、抓系统优化、抓结构调整，努力增产增效、优化增效、降本增效，稳住了生产经营基本盘。九江分公司全年完成原油加工量 701.88 万吨、实现销售收入 306.98 亿元、实现利税 91.15 亿元；上缴税费连续第 5 年位居江西省首位，在大战大考中展现了央企责任担当。

（张　茜）

【以市场为导向优化产品结构】 2020 年，九江石化抓住机遇，转变思路，以市场需求为导向，加快产品结构优化调整，推进产销研用一体化，提升新产品创效能力，首次组织生产低硫重质船燃、有机热载体、5# 工业白油等高价值新产品并实现稳定量产。通过压减增量汽、柴油等低附加值产品，增产高价值产品，液化气、二甲苯、军用柴油产量均创历史新高。

（张　茜）

【优化 HSSE 管理体系运行】 2020 年，九江石化强化 HSSE 管理体系有效运行，严格安全监管，开展“安全慧眼”专项行动助力末期坚守，奖励发现隐患缺陷 519 项，授予三等功 20 人次、安全卫士称号 19 人、安全能手称号 25 人。实施安全生产专项整治三年行动，开展受限空间、高处作业安全专项治理，强化直接作业环节安全风险管控，违章数量下降 22.89%。狠抓安全隐患治理，风险总值下降 42.2%。加强职业卫生管理，职业健康体检率 100%。

（张　茜）

【融入长江经济带推进绿色发展】 2020 年，九江石化贯彻落实长江经济带“共抓大保护”部署，打好污染防治攻坚战，深入实施“绿色企业行动计划”，抓实绿色基层建设，打造长江最美岸线“石化名片”。开展“油不落地、气不上天”专项行动，加快实施 VOCs 治理改造项目，推进清洁生产，外排水 COD 29.93 毫克 / 升、氨氮 0.38 毫克 / 升，分别下降 10%、27.76%。工作场所粉尘、毒物浓度达标率 100%。公司保持国家工信部、石化行业和中国石化绿色企业（工厂）荣誉。

（张　茜）

【加快芳烃项目建设】 2020 年，九江石化按照建设“安全、绿色、创新、效益、阳光、示范”工程要求，加强芳烃项目统筹管理，建立例会协调机制，强化网络计划执行，扎实推进项目建设；抓好设计和图纸催交，历时 51 天完成基础设计审查并获集团公司批复；科学编制物资采购策略，严控采购进度、质量、费用；构建“五位一体”质量体系，推行样板引路，抓好工程质量过程管控，完成土建交安，项目建设总体受控。

（张　茜）

九江石化 89 万吨 / 年芳烃项目建设现场（龚　颖　摄）

【设立省级九江石化产业园】 2020 年 10 月 13 日，江西省政府办公厅发文，同意设立省级九江石化产业园，定名为九江石化产业园。九江石化产业园是江西省首个省级石化产业园，实行现行省级开发区政策，规划面积为 537.6397 公顷，依托九江石化芳烃项目，向区域化、一体化、特色化方向转型升级，打通全产业链。

（张　茜）

【谋划“十四五”发展】 2020 年，九江石化立足当前，着眼长远，确立了“打造世界领先绿色智能炼化企业”的愿景目标，以打造世界领先为矢志追求，以绿色智能为核心驱动，以炼化一体化为发展方向，通过实施价值引领、创新驱动、差异化发展战略，以芳烃项目为基础，推动炼油 + 芳烃 +PTA+PET+ 终端产品的芳烃全产业链发展。

（张　茜）

【推动管理提升】 2020 年，九江石化聚焦重点专业管理领域和重点工作任务，深入查找管理薄弱环节，制定实施细则和工作清单，全面部署对标世界一流管理提升行动。强化人力资源管理，编制“十四五”用工总量规划及岗位图谱，推进“三定”显化富余人员225人。完善劳动管理工作机制，加大劳动纪律在“比学赶帮超”评比中的考核力度。加强制度体系建设，制（修）订制度140项，改版《体系管理手册》，深入推进一体化管理体系建设。

（张　茜）

【推进深化改革】 2020年，九江石化贯彻落实深化国企改革工作部署，10月退休人员社会化管理移交工作全部完成。推进“去行政化”工作，规范机构、职务名称。以“两强两能”建设为主线，聚焦价值创造，深化业财融合，全面启动财务转型工作。完成驻京办清理工作、浔庐宾馆关停注销“两非”剥离改革硬任务。

（张　茜）

【持续激发创新活力】 2020年，九江石化坚持创新驱动发展，推动产学研用深度融合，加快调整结构提质增效，产品开发、科技开发取得新突破，申请发明专利5件，获授权发明专利2件，1项计算机软件取得著作权登记。推进新技术开发及成果转化应用，国家“十三五”重点研发计划高稳定国Ⅵ柴油加氢脱硫催化剂完成工业应用试验。

（张　茜）

【全面加强党的建设】 2020年，九江石化突出“务实、创新、融合”，以党建实效强化引领保障作用，出台“1+5”系列文件，改进抓党建方式方法，推进党建与中心工作深度融合。实施组织力提升工程，开展直属党组织负责人抓党建工作述职评议，推行党员积分制管理，抓实党支部标准化、规范化、信息化建设。加强宣传思想文化工作和意识形态阵地管理，扎实开展“千百十”形势任务教育，主流思想舆论巩固壮大。建立党委巡察制度，完善“大监督”工作格局，构建特色监督体系。专项整治形式主义、官僚主义，开展纠治“四风”等专项行动，公司级会议压减39%。

（张　茜）

【抓好人才强企工程】 突出政治标准和卓越导向，从严选好用好干部，全年调整交流153名干部；落实“三百三千”实践锻炼计划，加强优秀年轻干部选拔培养，35岁以下年轻干部比例提至19.5%，破格提拔3名年轻中层干部，40岁以下中层干部占比明显提升。开展人力资源分析与规划，推进人才成长通道建设，竞聘选拔不同层级职位人才71人。完善“双推优”工作机制，青年活力得到激发。

（张　茜）

【简朴务实开展投产40周年庆祝活动】 2020年6—10月，九江石化本着节俭、简朴、务实的原则，以“四十年砥砺前行，向世界领先迈进”为主题，通过组织厂情厂史知识竞赛、座谈会、主题文艺晚会、群众性系列文体活动、征文赛等形式，庆祝投产40周年。公司干部员工在讴歌企业40年来建设成就中，进一步增强了自豪感、归属感和凝聚力。

（张　茜）

九江石化投产40周年座谈会（聂　琮　摄）

【连续3届保持全国文明单位称号】 2020年，九江石化持续深入推进精神文明创建工作，建立健全文明创建工作机制，注重思想引领，加强道德建设，开办“道德讲堂”，大力传承石油精神、弘扬石化传统。推进民生工程，真心服务员工，做好精准帮扶、互助保障工作。开展企地文明共建、“文明生态村”帮建等活动，树立良好外部形象。经中央精神文明建设指导委员会复查确认，九江石化继2015年2月获评第四届全国文明单位、2017年通过全国文明单位复查，2020年再次通过全国文明单位复查。

（张　茜）

【履行社会责任彰显央企担当】 2020年，九江石化把社会责任管理与改革发展的中心工作紧密结合起来，从讲政治的高度抓好疫情防控，建立企地联防联控机制，向所结对社区、村组捐赠15桶消毒液、1 500只口罩、3 000块消毒肥皂等防疫物资。汛情面前，作为驻赣在浔央企，闻“汛”而动，积极响应，全力配合地方政府落实防汛救灾措施，并受集团公司委托，紧急筹措737.5万元防汛救灾物资支援九江市防汛救灾工作。助力脱贫攻坚，九江石化定点帮扶贫困村脱贫摘帽并获评第六届全国文明村镇。

（张　茜）

表1　　九江分公司主要技术经济指标　　亿元

指标名称＼年份	2020	2019	2018	2017	2016	2015
原油加工量/万吨	701.88	786.60	766.59	698.72	725.01	555.50
工业总产值	309.73	444.84	456.60	351.60	311.47	264.31
炼　油	291.33	418.94	429.84	333.46	295.78	250.70
化　工	18.40	25.90	26.76	18.14	15.69	13.61
工业增加值	113.47	160.01	157.39	137.88	139.26	99.30
资产总计	121.21	117.43	122.98	169.79	146.81	126.24
流动资产	22.29	17.85	23.95	66.33	41.77	19.32
固定资产原值	164.09	162.84	158.12	158.82	145.66	133.74
固定资产净值	77.80	88.79	92.94	98.99	93.50	88.18
销售收入	306.98	443.41	457.38	354.37	326.06	266.03
实现利税	91.15	124.90	142.98	131.06	137.38	88.46
税　金	99.79	116.10	122.74	114.86	118.23	86.80
综合能耗/吨标煤·万元$^{-1}$	0.38	0.37	0.36	0.36	0.35	0.34

表2　　九江分公司主要产品产量　　万吨

产品名称＼年份	2020	2019	2018	2017	2016	2015
98#汽油	0.65	0.05	—	0.95	2.32	0.22
97#汽油	—	—	—	—	57.55	66.76
95#汽油	67.63	62.40	61.41	50.81	18.40	—
93#汽油	—	—	—	—	104.84	125.78
92#汽油	143.34	181.90	176.65	152.14	34.88	—
柴　油	236.69	293.81	289.44	288.26	307.32	211.92
煤　油	54.24	70.73	67.15	57.47	54.95	34.17
燃料油	17.65	8.09	1.41	0.24	—	0.20
液化气	43.89	42.70	42.81	40.61	42.02	32.18
沥　青	7.07	8.44	8.34	6.65	4.49	8.35
聚丙烯	10.42	11.34	11.21	10.22	11.18	10.53

续表

产品名称 \ 年份	2020	2019	2018	2017	2016	2015
苯　类	25.10	24.79	19.88	14.30	20.51	13.65
硫　黄	5.75	6.21	6.35	5.69	5.75	3.21
石油焦	32.38	32.11	34.69	31.23	32.26	32.24
石脑油	26.74	35.34	39.99	24.16	25.41	2.23
戊烷发泡剂	12.57	12.21	12.28	13.58	13.66	7.13

济南炼化

【概述】 中国石油化工股份有限公司济南分公司（简称济南分公司）和中国石化集团资产经营管理有限公司济南分公司（简称济南资产分公司）统称济南炼化，始建于 1971 年，1975 年投产，1983 年划归中国石油化工总公司，1998 年留转至集团公司，2000 年根据重组改制方案，企业进行主辅分离，主业即进入股份公司，成为济南分公司；辅业部分于 2006 年 11 月经过体制转换，成为济南资产分公司。

济南炼化位于山东省济南市历下区，占地面积 2.4 平方千米，距市中心 11 千米，地处胜利、中原两大油田之间，自备铁路与胶济线相连，厂区南北有济王路、309 国道和济青高速公路，距济南遥墙国际机场 15 千米，地理位置优越，交通运输四通八达。

截至 2020 年底，济南炼化固定资产原值 88.94 亿元、净值 33.83 亿元，具备 750 万吨 / 年原油一次加工能力，拥有常减压、催化裂化、柴油加氢、蜡油加氢、润滑油加氢、S Zorb、逆流连续重整、润滑油系列、聚丙烯等 30 余套主要生产装置，可生产汽油、柴油、液化气、航空煤油、石油焦、聚丙烯、硫黄、润滑油基础油等 50 余种产品，产品出厂合格率始终保持 100%。济南分公司在岗职工人数为 1 526 人，其中各类专业技术人员 268 人（具有高级职称的 92 人、中级职称的 126 人）；济南资产分公司在岗职工人数为 74 人，其中各类专业技术人员 12 人（具有高级职称的 3 人、中级职称的 4 人）。

济南炼化主要技术经济指标及主要产品产量分别见表 1 和表 2。

（孙丽颜）

【领导班子调整】 2020 年 9 月 29 日，集团公司党组以视频会议形式宣布对济南炼化领导班子调整的决定：鉴于年龄原因，张庆河不再担任济南炼化党委书记、副总经理，按规定办理退休手续；根据工作需要，夏季祥暂主持济南炼化党政全面工作。12 月 8 日，集团公司党组以视频会议形式宣布对济南炼化领导班子调整的决定：夏季祥任济南分公司代表、党委书记，不再担任总经理职务；温传忠任济南分公司总经理、党委副书记；徐文广任济南分公司副总经理、党委委员；新班子调整到位以后，夏季祥在班子决策中负第一位责任，温传忠主要负责决策执行。济南炼化新一届领导班子由夏季祥、温传忠、贾谋、丁智刚、刘宏志、徐文广组成。

（孙丽颜）

【疫情防控和生产经营“双战双胜”】 2020 年，面对新冠肺炎疫情、国际油价暴跌等异常严峻形势，济南炼化在集团公司党组的坚强领导下，聚焦疫情防控和生产经营“双战双胜”，坚持抓主要矛盾、抓系统优化、抓底线防控、抓化危为机，统筹保安环、创效益、谋发展、精管理、强党建各项工作，取得好于预期的经营业绩，更高水平“精优强美”绿色企业建设再谱新篇。闻令而动奋力投身疫情防控阻击战，满负荷转产增供医卫原料，抓实精准防控各项措施，得到地方政府和社会各界高度评价和充分肯定，获评济南市实体经济领先企业。接续开展“百日攻坚创效”和“持续攻坚创效”行动，累计创效增效4.29亿元，超额完成总部下达利润目标，全年各项技术经济指标达标。装置平稳率98%以上，设备故障率0.07‰，未发生非计划停工；汽、煤、柴油收率大幅压减，聚丙烯、液化气、白油类产品量效齐升，产品平均净价较股份公司保持优势；吨油完全费用较年度预算大幅降低，各项能耗指标达标。

济南炼化获2020年度中国石化炼化企业经济效益优胜单位、炼化企业创效进步优胜单位、炼化企业人均劳效优胜单位、炼油“比学赶帮超”优胜单位称号。

（孙丽颜）

【“十三五”规划圆满收官】 “十三五”期间，济南炼化始终以习近平新时代中国特色社会主义思想为指引，坚持稳中求进工作总基调，贯彻落实新发展理念，以建设更高水平“精优强美”绿色企业为目标，以提质增效、升级发展为主线，推动各项工作取得新突破。累计加工原油突破2 300万吨，实现营业收入突破1 100亿元，实现盈利近39亿元，累计上缴税金突破380亿元，为经济社会发展做出应有贡献。5年间，济南炼化内涵发展再上台阶，炼油结构调整提质升级改造项目全面建成投产，临济原油复线、航煤管线贯通输油，80万吨/年柴油加氢改质装置改造、40万吨/年航煤加氢装置改造、16万吨/年异构化装置等投产，装置布局结构更加优化，原料进厂、产品出厂基础更加牢固。创效能力显著增强，国Ⅴ、国Ⅵ汽柴油质量升级提前完成，高附加值产品比例大幅提高，航煤稳占济南机场市场份额，润滑油差异化特色化优势显现，结构调整项目投产后，以占集团公司1.94%的加工量实现5.28%的利润，获评济南市实体经济领先企业。绿色底色更加鲜明，先后启动“碧水蓝天”专项行动、能效提升和“绿色企业行动计划”，完成催化烟气及动力炉脱硝、污水场污水深度处理改造等提标治理项目，获批山东省化工重点监控点（相当于化工园区），获评国家工信部“绿色工厂”示范企业、中国石化绿色企业。治理效能持续提升，严细实管理一体推进，体制机制改革不断深化，信息化工业化融合发展，办社会职能分离移交收尾，历史遗留问题逐步解决，企业创效活力进一步激发、管理效率和效益明显提高。党的建设质量提升，开展“两学一做”“不忘初心、牢记使命”等党内集中教育，建立深化“双保双创”党建工作模式，压实全面从严治党责任，党建工作更加规范化、制度化、科学化，企业政治生态和管理生态更加清明；干部员工队伍结构素质不断优化，1#、4#、5#职工公寓建成投用，群团组织桥梁纽带作用有效发挥，呈现出“风正、心齐、气顺、劲足”的良好局面。

（孙丽颜）

【创建全国文明单位实现“六连冠”】 2020年11月，济南炼化顺利通过三年一次的全国文明单位复核，成为中国石化系统内仅有的3家6次连获全国文明单位称号的企业之一。

（孙丽颜）

【“大气污染防治绩效评级A级企业”创建成功】 2020年，济南炼化高标准推进绿色企业行动，高水平开展济南市重点企业形象提升，强化“无异味”硬标准硬约束，开展挥发性有机物治理攻坚，抓实全过程清洁生产，全面落实新《固废法》要求，污染防治攻坚战项目完成，12套装置获评绿色装置，3项一级环境风险降级，10月生态环境部大气污染防治绩效评级A企业创建成功，成为中国石化仅有的3家A级企业之一，实现在

2020年10月，济南炼化成功创建生态环境部“大气污染防治绩效评级A级企业”（罗　龙　摄）

重污染天气应急响应期间可自主减排不降量目标；12月，中国石化绿色企业复核验收顺利通过，公司打造“安全绿色亮丽名片”、打造“城市炼厂标杆”取得实效。

（孙丽颜）

【中国石化首套燃气热脱附污泥干化设施投产见效】 10月，济南炼化新建污泥减量化装置投产，该装置是中国石化首套采用间接加热及热脱附橇技术处理含油污泥的环保装置，装置投用后，油泥含水率由70%左右降至5%以下、含油率由10%左右降至2%以下，稳定运行下整体危废减量化可达80%、年降低危废产量2 000余吨、降本增效600余万元。

（孙丽颜）

2020年10月17日，中国石化首套燃气热脱附污泥干化设施建成投用（罗　龙　摄）

【济南市化工产业实训基地揭牌启用】 济南炼化实训基地始建于2010年，2020年4月在山东省济南市两级化专办的大力支持下，在原有基础上

2020年7月30日，济南市化工产业实训基地在济南炼化揭牌启用（罗　龙　摄）

进行整合提升与扩建改造，并列入济南市化工产业安全生产转型升级专项行动（2020）共建项目。该实训基地着眼实用实效，针对化工产业共性需求，合理设置实体装置、安全、仪表、电气、维修、安装与管件、仿真6个模块，着力提升员工安全管控和专业操作能力。

（孙丽颜）

【首批低硫重质船燃出口销售】 11月3日，济南炼化取得对外贸易经营者备案登记资质证书、获准开展进出口及保税业务。12月22日，与联合石化北京公司、燃料油公司、青岛（联化）国际物流有限责任公司、中油华铁公司（铁路运输）相关工作流程全部打通。12月30日，济南炼化首批2 000吨低硫重质船燃顺利出口新加坡，为进一步拓展优化企业重质资源利用开辟了新渠道。

（孙丽颜）

【提质增效转型发展扎实推进】 集团公司与山东省政府签署战略合作协议，济南炼化就地升级改造、实现高质量发展、打造城市炼厂标杆定位更加明确。30万吨/年国产硫酸法烷基化项目环评批复、可研上报，润滑油特色发展研究论证取得重要进展，高端卫材产业链论证规划加快推进，气分装置改造方案等优化调整，“十四五”发展规划编制完成。检修准备“九个落实”全面推进，3批检修计划及技术改造项目ERP工单下达100%，项目设计完成100 %，专业合同签订100%，重点物资采购100%，施工方案审核基本完成，承包商人员机具组织到位。连续重整原料直供等流程打通，聚丙烯装置挖潜改造部分完成，预处理原料轻质化改造、一气分适应性改造等待大检修期间实施，气柜异味治理、部分储罐增设视频监控及火灾报警等安全隐患治理项目投用；新增动力2#锅炉、新建3#区域变等效果良好。

（孙丽颜）

【深化改革和对标提升行动全面展开】 济南炼化成立深化改革三年行动领导小组，研究制订公司实施方案，细化识别80项工作台账；深化“三项制度”改革，持续推进干部能上能下、员工能进能出、收入能增能减；攻坚“四供一业”分离移交收尾，提前完成补助资金清算鉴证，维修改造施工加快完成；保障企业退休人员合法权益和合理待遇，退休人员社会化管理平稳过渡。印发实施对标世界一流管理提升行动实施细则和工作清单，明确8项重点工作和35项具体措施，对标管理提升行动全面展开；深化内控制度执行有效性提升行动，抓实重点领域问题和风险排查管控，持续践行“马上就办”，内控风控合规一体化管理扎实有效；设备完整性管理、全员目标成本管理等系统上线运行，“两化”融合稳步推进；加快S Zorb装置在线实时优化等技术开发，开发4#轻质燃料油、白油等新产品，创新驱动持续加强。

（孙丽颜）

【“双保双创”党建优势有效发挥】 济南炼化始终坚持把党的政治建设摆在首位，加强基层党组织建设，巩固深化主题教育成果，召开第二次党员代表大会，大力开展党员责任区（示范岗）和党员积分管理，引领和保障了高质量发展。全面党风廉政建设压实“两个责任”，推进党委巡察工作，深化“大监督”格局，全面从严治党纵深推进。全力建强员工队伍，完成重点领域重要敏感岗位人员轮岗交流，实施“三百三千”实践锻炼计划，大力培养选拔优秀年轻干部，新提40岁及以下中层领导人员占比46%，新提35岁及以下基层领导人员占比43%，其中5名“80后”提任基层正职，干部结构素养进一步优化；19人取得全流程星级操作员资格，16名专业技术人员入选集团公司骨干人才库，抓实新员工岗前培训和“师带徒”培养，员工能力素质进一步提升。用心用情做好群众工作，开展攻坚创效劳动竞赛和“创效金点子”征集，对立功先进集体和个人表彰授奖，拓展青年突击队等“青”字号活动，开展全员心理健康检测，2#职工公寓主体施工完成，唐冶通勤线路开通，员工通勤停车场投用，厂区周边环境治理初见成效，集体主义“家”文化氛围进一步浓厚。

（孙丽颜）

表1　济南炼化主要技术经济指标　亿元

指标名称＼年份	2020	2019	2018	2017	2016	2015
原油加工量/万吨	488.28	528.17	441.40	364.63	501.49	504.32
工业总产值	208.59	272.87	244.61	172.30	208.73	226.98
工业增加值	91.11	94.91	84.34	70.53	109.19	103.06
资产总计	69.16	65.67	59.13	51.91	45.39	44.44
流动资产	26.35	20.53	17.25	11.17	11.47	9.24
固定资产原值	88.94	91.16	86.36	75.33	73.91	72.54
固定资产净值	33.83	38.08	38.80	30.72	31.32	33.08
销售收入	209.87	280.08	242.43	172.63	208.70	225.30
实现利税	80.31	89.13	76.90	64.28	102.04	93.73
税　金	75.41	82.79	69.61	59.93	86.16	86.23

表2　济南炼化主要产品产量　万吨

产品名称＼年份	2020	2019	2018	2017	2016	2015
汽　油	169.39	186.28	142.22	108.36	162.60	163.74
柴　油	128.62	138.97	136.71	129.54	174.39	190.61
沥青料	14.68	18.61	15.38	9.46	14.04	11.98

续表

产品名称 \ 年份	2020	2019	2018	2017	2016	2015
液化石油气	32.81	33.15	22.42	18.06	31.32	31.68
润滑油基础油	9.83	10.01	10.81	6.80	8.99	5.47
聚丙烯	11.58	11.51	9.53	7.54	12.11	12.01
化工轻油	4.37	7.52	7.40	5.37	7.09	7.10

沧州炼化

【概况】 中国石油化工股份有限公司沧州分公司（简称沧州分公司）暨中国石化集团资产经营管理有限公司沧州分公司（简称沧州资产分公司）统称沧州炼化，位于河北省沧州市，占地 3 062 亩（204.13 万平方米），地处胜利、中原、大港、华北四大油田之间，东临黄骅港、曹妃甸港、天津港，紧依京沪高铁和京九、京沪、朔黄、邯黄等 5 条铁路及大广、京福、津汕等 7 条高速公路，地理位置优越，交通便利。

沧州炼化始建于 1971 年，1975 年 10 月建成投产，建厂初期生产规模 50 万吨 / 年。1984 年 1 月 1 日，沧州炼化正式划归中国石油化工总公司。2000 年 1 月，按照集团公司统一部署，企业资产重组为上市部分中国石油化工股份有限公司沧州分公司和存续部分中国石化集团沧州炼油厂。2007 年 8 月，存续部分沧州炼油厂体制转换为沧州资产分公司。2009 年 7 月，中国石化集团资产经营管理有限公司与日本东丽精细化工株式会社合资组建沧州东丽精细化工有限公司（简称 TFCC），委托沧州资产分公司代为管理。

截至 2020 年末，沧州炼化有在职职工 1 435 人，离退休职工 881 人；有职能部室 11 个，业务中心 4 个，基层单位 7 个；党支部 24 个，在职党员 602 人，离休内退党支部党员 44 人。

截至 2020 年末，沧州炼化资产总额 44.91 亿元，原油一次加工能力 350 万吨 / 年。主体装置有 350 万吨 / 年常减压装置、120 万吨 / 年催化裂化装置、120 万吨 / 年延迟焦化装置、160 万吨 / 年和 60 万吨 / 年 2 套汽柴油加氢装置、40 万吨 / 年连续重整装置、30 万吨 / 年气体分馏装置、5 万吨 / 年 MTBE 装置、2 万吨 / 年硫黄装置、2 万米 ^{3}（标准）/ 时制氢装置、8 万吨 / 年苯抽提装置、90 万吨 / 年 S Zorb 装置、12 万吨 / 年干气脱硫、6 万吨 / 年焦化液化气脱硫、30 万吨 / 年液化气脱硫、200 吨 / 时溶剂再生、60 吨 / 时污水汽提、7 万吨 / 年小本体聚丙烯。TFCC 主要装置年产 1 万吨二甲基亚砜。

沧州炼化主要产品有汽油、柴油、石脑油、燃料油、石油苯、液化石油气、聚丙烯、石油焦、食品级硫黄及液硫等。TFCC 主要产品是电子级和医药级二甲基亚砜。

沧州炼化主要技术经济指标及主要产品产量分别见表 1 和表 2。

（赀洋洋）

【领导班子调整】 2020 年，集团公司党组 2 次调整沧州炼化领导班子：5 月 18 日，免去李少青中共沧州炼油厂委员会副书记、委员，纪律检查委员会书记职务，不再担任沧州炼油厂工会主席职务，另有任用。12 月 10 日，任命周庆水任中共沧州炼油厂委员会书记；张波任中共沧州炼油厂纪律检查委员会书记，为沧州炼油厂工会主席人选，仍任党委常务副书记，免去其沧州炼油厂副厂长职务。

（赀洋洋）

【生产经营】 2020 年，沧州炼化加工原（料）油 264.58 万吨，营业收入 116.94 亿元，利润合

计 -1.07 亿元（其中上市部分亏损 1.34 亿元、存续部分盈利 2 712 万元），上缴税费 43.22 亿元，超额完成集团公司下达的目标任务，实现疫情防控和生产经营“双战双胜”。利润总额在炼化企业中排第 13 名、进步 15 名，吨油利润在炼化企业中排第 17 名、进步 11 名，排名均创历史最好水平。在“比学赶帮超”竞赛中累计获红旗 52 面。

（责洋洋）

【攻坚创效】 2020 年，沧州炼化积极应对疫情和低油价冲击，坚持生产不间断，接续推进“百日攻坚创效”和“持续攻坚创效”行动，围绕三大目标，组织制定 210 项措施，加强原油动态价值管理，积极调整产品结构，用好税费缓交等政策，强化成本管控，累计创效 4.14 亿元。吨油完全费用 308 元，比总部指标低 35.80 元。

（责洋洋）

【疫情防控】 2020 年，沧州炼化第一时间学习贯彻习近平总书记重要指示精神，第一时间建立联防联控机制，奋力投身疫情防控阻击战，全面筑牢抗疫防线，紧急支援地方防疫物资，扎实落实常态化疫情防控和应对秋冬季疫情防控工作方案，全力守护员工群众生命安全和身体健康，未发生确诊和疑似病例。

（责洋洋）

【安全生产】 2020 年，沧州炼化深入推进 HSSE 管理体系运行，实施领导干部个人安全环保行动计划，推行安全记分考核，压实安全环保责任。全面开展风险识别和隐患治理，建立两级安全生产风险和隐患清单，分级实施领导干部承包，实现 2 项重大风险降级、2 项重大隐患销项。强化承包商和直接作业环节安全监管“硬”措施，查处各类违章 233 项。加强应急实战能力建设，成立应急救援中心，完善现场处置方案和应急处置卡，常态化开展应急演练，综合应急能力得到提升。健全公共安全管理体系，开展公共安全风险识别和隐患排查治理，投用防侵入报警系统，推进治安防范设施达标建设，圆满完成重大国事活动保障任务。完成安全生产许可证换证工作，获河北省安全文化示范企业、沧州市安全生产工作先进单位称号。

（责洋洋）

【环境保护】 2020 年，沧州炼化实施“绿色企业行动计划”，强化环境风险管控，推进环保隐患治理项目，规范危险废物处置，各项排放指标全部达到特别排放限值要求。全年二氧化硫和氮氧化物排放量分别减少 47% 和 38%，危险废物减少 47.90%，9 套装置完成绿色基层创建，公司获评中国石化绿色企业称号。

（责洋洋）

【企业管理】 2020 年，沧州炼化实施对标世界一流管理提升行动，梳理确定 58 项重点内容、16 项生产关键指标。深化从严管理、精益管理，健全完善管理制度，依托精益管理平台，优化上线业务流程，建立 1 : 3 问题分析和倒追考核机制。实施设备完整性管理，建设设备完整性管理信息平台，建成具有沧炼特色的设备完整性管理体系。全面推进新班组建设，建立全面风险管理体系和合规管理体系，获评集团公司法治央企建设 A 类企业，建立矩阵式星级评价体系。

（责洋洋）

【深化改革】 2020 年，沧州炼化稳步推进减员增效，统筹开展竞聘上岗，全员劳动率提高 4.70%。加快推进企业办社会化移交，“四供一业”分离移交工作全面收官，退休人员社会化移交提前完成。扎实做好资产重组工作，完成阶段性目标。全面推进财务转型，成立“7+1”工作小组，主动融入经营活动管理全过程，协同做好效益预测、评价及考核工作。

（责洋洋）

【“两化”融合】 2020年，沧州炼化积极推动“两化”深度融合，加强网络信息安全管理，搭建数据共享应用，完成19个信息化项目，网络安全和深化应用评级均提升到B级。

（责洋洋）

【项目建设】 2020年，沧州炼化下达固定资产投资1.71亿元，实施建设项目62项，含油污水分级控制、电脱盐污水预处理、储罐罐顶气VOCs治理等22个项目建成中交，集中控制室完成主体工程，新建2万吨/年硫黄项目、外排污水达标升级改造等多个重点项目获批复。加大科技开发项目投入，投入546万元，实施15个科技开发项目。

（责洋洋）

【队伍建设】 2020年，沧州炼化树立鲜明的选人用人导向，注重发现培养选拔优秀年轻干部，全年提拔任用27人，其中“80后”干部15人。深化人才成长通道建设，打通大专学历专业技术岗位职称和职位晋升通道，建立高层级人员作用发挥机制和激励评价机制。实施全员素质提升工程，制订“三支队伍”能力提升方案，强化全员培训，开展技能竞赛和技能鉴定，人才队伍素质和活力持续增强。

（责洋洋）

【和谐企业】 2020年，沧州炼化积极履行社会责任，发布首份社会责任报告，保供首都京标Ⅵ汽油5.04万吨，消费扶贫67.07万元，民企应付账款全部清零。持续健全走访和帮扶救助机制，走访3 221人次，帮扶救助困难员工105人次、22.50万元，员工幸福感、获得感持续增强。

（责洋洋）

【党建工作】 2020年，沧州炼化牢牢把握新时代党的建设总要求和新时代党的组织路线，坚持把党的政治建设摆在首位，严格落实“第一议题”制度，深化落实党的政治建设22项重点措施，强化思想理论武装，组织十九届四中全会精神学习轮训、十九届五中全会精神宣讲，“不忘初心、牢记使命”主题教育成果得到巩固。严格落实民主集中制，制定党委前置研究讨论重大事项实施细则及清单。坚持大抓基层、大抓支部，成立党建工作领导小组，建立党群部门例会、党建工作例会机制，试行基层党建调研帮扶，管党治党责任更加严实。落实党支部“五项任务”，强化“三基本”建设，组织党支部分类定级考评，推进“石化党建”平台应用，落实“三个百分之百”要求。深入开展“亮身份、比贡献”“主题党日”活动，扩大党建共建成果，推动党建工作与生产经营融合互促。着力净化企业政治生态，开展加强作风建设集中纠治“四风”专项行动，建立“马上就办”长效工作机制，用好监督执纪“四种形态”，完成第一轮党委巡察，坚决查处违规违纪问题，并做好“后半篇文章”。着力强化宣传思想工作，制定意识形态工作清单，常态化开展形势任务教育，深化“传承石油精神、弘扬石化传统”教育，举办刘群英先进事迹报告会，组织首届“感动沧炼”人物评选，“心福快车”驶进沧炼，队伍士气更加振奋。坚持抓好群众工作，开展主题劳动竞赛、创新创效等活动，抓实职工代表提案办理。强化团员青年思想引领，举办政治轮训班，实施“青年大学习”行动，开展系列“青”字号活动，搭建青年成长成才平台。

（责洋洋）

表1 沧州炼化主要技术经济指标 亿元

指标名称 \ 年份	2020	2019	2018	2017	2016	2015
原油加工量 / 万吨	256.22	266.12	270.98	239.12	263.64	221.13
工业总产值	117.32	146.66	150.29	112.41	109.82	89.92
沧州资产分公司	5.19	5.49	5.57	3.24	3.21	2.61
沧州分公司	112.13	141.17	144.72	109.17	106.61	87.31
工业增加值	48.12	47.80	46.58	39.36	51.38	28.52
沧州资产分公司	1.20	0.94	0.62	0.66	0.77	0.57
沧州分公司	46.92	46.86	45.96	38.70	50.61	27.95
资产总计	44.91	43.37	42.49	37.85	37.10	33.92
沧州资产分公司	3.52	3.58	3.82	3.65	3.16	3.20
沧州分公司	41.39	39.79	38.67	34.20	33.94	30.72
流动资产	19.08	17.15	16.29	16.68	18.77	14.87
沧州资产分公司	0.35	0.43	0.63	0.59	0.65	0.56
沧州分公司	18.73	16.72	15.66	16.09	18.12	14.31
固定资产原值	21.64	49.80	45.66	42.58	43.69	43.38
沧州资产分公司	6.07	5.76	5.58	5.62	5.58	5.56
沧州分公司	15.57	44.04	40.08	36.97	38.11	37.82
固定资产净值	18.27	21.37	19.21	16.94	15.53	16.71
沧州资产分公司	2.70	2.63	2.54	2.35	2.40	2.35
沧州分公司	15.57	18.74	16.67	14.59	13.13	14.36
销售收入	116.90	145.91	151.20	114.06	110.14	92.38
沧州资产分公司	5.80	5.95	6.12	3.53	3.52	2.93
沧州分公司	111.10	139.96	145.08	110.53	106.62	89.45
实现利税	42.01	40.76	44.25	40.08	47.30	24.73
沧州资产分公司	0.45	0.24	−0.08	−0.03	0.09	−0.13
沧州分公司	41.56	40.53	44.33	40.12	47.21	24.86
税　金	43.08	40.63	41.41	37.47	43.13	34.85
沧州资产分公司	0.18	0.12	0.12	0.12	0.33	0.32
沧州分公司	42.90	40.51	41.29	37.36	42.80	34.53

表2 沧州炼化主要产品产量 万吨

产品名称 \ 年份	2020	2019	2018	2017	2016	2015
沧州资产分公司						
聚丙烯	5.88	5.61	5.50	2.95	3.17	2.38

续表

产品名称 \ 年份	2020	2019	2018	2017	2016	2015
氮　气	2.23	2.41	2.12	1.83	1.93	1.95
净化风 / 万立方米	13 800.36	15 191.57	12 086.50	10 608.00	7 311.00	3 945.00
非净化风 / 万立方米	—	—	—	—	2 571.00	5 419.00
沧州分公司						
汽　油	87.19	89.42	75.79	67.65	74.47	48.08
柴　油	87.54	91.44	86.68	79.79	100.61	90.74
石脑油	1.99	5.00	23.20	18.60	22.12	18.38
液化气	19.39	18.77	18.01	14.52	18.21	12.93
铝箔油料	—	—	—	—	1.80	6.57
石油焦	22.39	23.83	24.85	21.91	23.53	16.67
硫　黄	1.50	1.55	1.69	1.14	1.27	0.83
粗白油	—	—	—	7.74	4.66	4.66
燃料油	12.30	13.29	12.86	—	—	—
4# 燃料油	—	—	—	11.66	1.74	—
正己烷	—	—	—	0.14	0.04	—

润滑油公司

【概况】 中国石化润滑油有限公司（简称润滑油公司）是股份公司下属全资子公司，是集研发、生产、销售和服务为一体的专业化润滑油公司。2002 年 5 月，中国石油化工股份有限公司按照“统一计划安排、统一资源配置、统一市场开拓、统一品牌形象、统一产品开发”的原则，对润滑油业务实施专业化重组，成立中国石油化工股份有限公司润滑油分公司（简称润滑油分公司）。2014 年 3 月 4 日，在润滑油分公司基础上改制成立润滑油公司，总部位于北京市海淀区安宁庄西路 6 号。

2020 年，润滑油公司调和能力 187 万吨 / 年，包装油脂生产能力 154 万吨 / 年，生产和销售包括内燃机油、工业油、船用油、金属加工液、润滑脂和合成润滑油脂等 21 类、2 000 多个品种的“长城”润滑油脂产品。

截至 2020 年底，润滑油公司下设 12 个管理部门、5 个运营管理中心、7 家区域分公司、3 家合资公司和 1 家海外（新加坡）全资子公司，拥有 11 家生产工厂、4 家研发机构。拥有在岗正式员工 2 988 人，其中专业技术人员 1 913 人，博士 29 人、硕士 453、本科 1 143 人，具有高级专业技术资格的 392 人（其中正高 24 人）。

润滑油公司主要技术经济指标见表 1。

（王笑博）

【领导班子调整】 2020 年 4 月 8 日，根据中国石化下发的《关于解聘寇建朝职务的通知》，鉴于年龄原因，解聘寇建朝润滑油公司副总经理职务，任二级协理员。《关于免去寇建朝同志职务的通知》，免去寇建朝润滑油公司党委委员职务。5 月 28 日，根据《关于唐勇职务聘任的通知》，唐勇任润滑油公司总会计师。《关于唐勇同志任职的通知》，唐勇任润滑油公司党委委员职务。9 月 23

日，根据《关于滕屹同志任职的通知》，滕屹任润滑油公司党委副书记，为润滑油公司工会主席人选（仍任纪委书记）。9 月 28 日，根据《关于聘任集团公司首席专家的通知》，聘任赵江为集团公司石油炼制（基础油、润滑油生产技术）领域首席专家。

（王笑博）

【治理结构调整】 2020 年，润滑油公司健全公司法人治理结构，修订公司章程，构建党委会、董事会、监事会、经理层治理体系，12 月 18 日召开首届董事会第一次会议，成立第一届董事会及监事会。第一届董事会由夏世祥任董事长，张宝生、苟连杰、李玉辉、聂红、宁宇任董事，彭星星任职工董事；第一届监事会由滕屹担任监事会主席，谷永军、陈悦任职工监事。董事会审议通过《董事会议事规则》《总经理工作规则》《董事长办公会制度》《总经理办公会制度》《董事会秘书工作制度》等配套制度。

（王笑博）

润滑油公司召开首届董事会第一会议（艾立雯　摄）

【“六化”改革落地见效】 润滑油公司按照“系统化运作、区域化经营、专业化服务、平台化支撑、属地化管理、市场化保障”的“六化”模式，在内部管理体制、市场化经营机制和激励约束机制上下功夫，搭建完成华北、华中、华东、西南、西北和东北 7 个区域经营架构，实施大客户业务中心、新零售发展中心、传统渠道业务综合运作的营销管理体制，实现生产和销售的属地化管理；深化“技术 + 市场 + 服务”竞争优势，实施技术服务体系改革，探索试行含氟油脂事业部制运营，释放一体化、专业化活力；实施以绩效考核为主体，专项激励、“比学赶帮超”和内部对标评价为辅助的“一主三辅”考核激励机制，完成中基层干部薪酬制度改革，优化岗位联量联效计酬，强化正向激励导向；完成机关定员优化工作，推进机关“放管服”改革，促进管理经营相互赋能，实施公司经理层成员任期制契约化管理，实现“三能”机制基本落地。12 月，根据国务院国资委“双百行动”试点企业改革整体安排和国企改革三年行动方案要求，启动润滑油公司“双百行动”三年提升深化改革，开展对标世界一流管理提升专项行动，持续深入推动改革。

（王笑博）

【抗疫情稳经营】 关注新冠肺炎疫情暴发态势，统筹疫情防控，完善疫情信息报告制度，严控到岗人数，严格落实居家办公、远程会议、错峰就餐等防疫措施，严控出国出境，组织疫苗接种，实现员工零感染。同时，按照打赢疫情阻击战和生产经营“双胜利”的战略目标要求，提前谋划复工复产复市准备，带动产业链复工复产，优先满足涉疫重点区域客户用油需求。1 月 30—31 日，将 1 000 桶润滑油送至武汉雷神山医院项目建设基地，为现场施工的工程机械提供免费润滑油加注服务。发挥中国石化系统优势，深化与系统内企业合作，实现地市级分销网络全覆盖，初步形成线上线下一体化车用润滑油销售新模式，全年量效规模双创历史新高，以实际行动完成党组提出的“先于同行、跑赢大市”目标要求，圆满完成润滑油公司“十三五”发展规划目标。

（王笑博）

为武汉雷神山医院项目施工建设免费提供润滑油和换油服务

（艾立雯　摄）

【攻坚创效降本节费完成阶段性目标】 润滑油公司细化市场开拓、降本创效、经营优化、安全环保4类13项具体目标，制订攻坚行动激励方案，设立拓市创销、运营优化、降本节费、宣传工作和考核监督5个工作小组，分别于2020年3月、7月启动“百日攻坚创效”和“持续攻坚创效”行动。同时制定精细化管理，细化81类、290条措施、4.8亿元降本节费清单，上下协同、网格化管理，层层落实降本责任，综合运用“区域统筹降本、原料采购降本、环保包装降本、配方优化降本、过程控制降本、费用支出优化、税收政策筹划、资产盘活利用”等措施，系统开展降本节费，推动全员树立“一切资源皆可创效”理念，按时完成“百日攻坚创效”“持续攻坚创效”行动目标，获评2020年集团公司“持续攻坚创效”行动先进单位。

（王笑博）

【海外市场实现逆市增长】 润滑油公司克服国际油价和汇率剧烈波动、全球疫情蔓延引发的封国封城封港和跨国物流受限等不利影响，聚焦国际企业拓展高端合作，为全球汽车领先企业PSA集团提供欧洲区EB发动机用油，60多款油品写入全球三大冶金设备制造商之一的达涅利公司产品说明书，与全球农机排名前五的久保田合作持续扩展，销量增长330%；跟进海外中资项目复工复产，进入埃塞俄比亚等空白市场；新增波兰、西班牙、意大利船用油欧洲供油网络。截至2020年底，累计发展并建立长期合作海外经销商200余家，经销网络覆盖东南亚、非洲、中东、欧洲等地区，全年中资项目销量增长9.1%，海外市场总销量增长8%。

（王笑博）

【绿色企业行动取得新成效】 自2019年启动绿色企业行动试点工作，按照“一企一策”原则细化“一方案两清单”工作内容，健全适应润滑油公司特色的HSSE管理机制。修订完善相关环境保护和设备管理制度文件，明确作业岗位环保设施管理、工艺参数管控责任到人；持续开展个性化绿色装置达标工作、清洁生产审核工作，6家直属单位获评地方清洁生产企业称号，7家直属单位取得排污许可证，所辖17个工业地块均符合地方环保部门管控要求。完成36项污染防治攻坚项目，工艺废气达标排放，全面实现沿江、沿海、临河单位水污染防控；实施绿色供应链管理，优选绿色供应商，推进绿色包装循环利用，从源头实现危险废物减量；探索风电智能、生物能、太阳能等新能源应用，推广可生物降解、食品级、长寿命及服务国家环保产业政策的润滑油脂产品，取得绿色技术（绿色产品）发明专利授权3件，获1项省部级奖励，获2020年中国石化绿色企业称号。

（王笑博）

【科技创新取得新突破】 润滑油公司加强技术创新与产品创新，完成公司级科技攻关项目78项、总部级项目10项，“十条龙”项目进展顺利。2020年先后发布高端新产品50余个，获国家知识产权局授权专利35件；持续加大高端新兴行业定向攻关，在风电、轨道交通、民用航空、热能管理等领域实现较大进展，获OEM认证及写入说明书178项。汽油机油获国内首个美国石油学会（API）最高规格SP/GF-6认证，涡轮机油获国内最大百万千瓦级白鹤滩水电站技术准入，风电齿轮油、机器人用油脂实现千台（套）规模化配套；持续推进润滑油标准建设工作，牵头建立机器人行业专用油脂标准，填补中国行业标准空白，联合国内盾构企业起草的《盾构密封脂系列产品及试验方法》石化团体标准于7月7日发布实施。

（王笑博）

7月29日，在爱卡汽车、抖音、天猫、京东等直播间直播带货，公布最长换油周期为2万千米的金吉星车用润滑油

（艾立雯　摄）

【品牌建设与传播】 启动“春节回家顺风车”“礼赞最美逆行者”活动，为全国31支援鄂医疗队和医护工作者免费赠送长城金吉星车用润滑油，获中国品牌节年会授予中国品牌500强和2020抗疫致敬品牌企业称号。借助“天问一号”“嫦娥五号”发射热点，开展品牌航天特质传播，增加品牌曝光量，网络媒体和移动端媒体曝光、互动量超过13亿次，组织第10届中国石化长城润滑油·中国航天助威团到酒泉发射中心、文昌发射现场观摩火箭发射盛况，了解中国航天发展史，宣传中国石化在国家发展建设中的责任和使命。长城官方微博关注人数上涨3.8万+，保持润滑油行业第一。启动中国石化长城润滑油公众开放日暨“寻找中国好车主”活动，云连线展示航天、智慧工厂、绿色环保、国际化形象，并评选出10名“中国好车主”和10名最佳视频拍摄者，激发更多人传递出行正能量。

（王笑博）

【举办第五届“最美石化长城人”表彰活动】 2020年1月20日，润滑油公司在北京举办“不忘初心勇改革 砥砺前行谋发展——润滑油公司第五届‘最美石化长城人’颁奖典礼”，向获评2019年文明单位、先进集体、先进党组织的单位，以及先进个人、道德人物、营销标兵、科研标兵、优秀共产党员代表颁奖。通过初心、担当和奋斗3个故事，展示“长城人”传承“服务国家发展 打造世界一流”的初心与使命，“弘扬石油石化优良传统 做改革发展的排头兵”的担当，“持续改革创新、拼搏进取”的光辉历史，鼓励全体干部员工敬业爱岗、奋勇争先，为平稳顺利完成改革和发展的任务目标，为打造世界一流润滑油公司做出更大贡献。

（王笑博）

【党建工作】 根据公司管理体制改革变化，完善党组织设置，全面实行公司和区域分公司代表、党委书记一人担任的领导体制，召开公司第二届党代会，完成两级党组织共计20个直属单位党委、139个党支部的组建、换届工作；确立党委“把方向、管大局、促落实”机制、从严治党“五责”联动落实机制、党建赋能体系和党建业务工作“四同”机制，建立月度党建工作例会制度，总结、部署两级党委、基层党支部月度工作和考核事项。围绕公司改革发展，开展《目标战》观思践悟活动，围绕新体制新机制新业绩“怎么看 怎么办 怎么干”，开展全员大讨论，促进党员观念变革。构建两级监督委员会和“五位一体”“大监督”格局，深化“三不”机制建设，运用审计监督、党委巡察等手段，及时发现和预警问题；确定3年党委巡察全覆盖计划，完成2家直属单位党委巡察和反馈工作。坚持党管人才，加强“三支队伍”建设，推行领导人员能上能下办法，明确“下”的标准、渠道、方式、程序；细化人才成长通道建设管理办法，明确管理、专业技术和技能操作各序列人才的选拔、使用、考核和激励措施。2020年进入集团公司年度党建考核A档。

（王笑博）

表1 润滑油有限公司主要技术经济指标 亿元

指标名称＼年份	2020	2019	2018	2017	2016	2015
工业总产值	141.43	136.78	136.06	134.71	126.23	129.99
工业增加值	28.62	23.78	22.97	23.32	24.22	25.79
资产总计	90.11	92.19	92.47	85.52	84.04	78.10
流动资产	44.25	47.57	57.94	53.00	49.25	43.85
固定资产原值	48.58	48.10	44.24	40.97	46.65	40.36
固定资产净值	23.69	25.30	23.37	21.81	26.21	21.82
销售收入	155.89	196.18	181.9	164.81	155.21	160.52

续表

年份 指标名称	2020	2019	2018	2017	2016	2015
实现利税	14.99	12.88	11.79	14.10	15.93	16.61
税　金	6.97	6.71	6.67	8.08	8.42	9.07
综合能耗 / 吨标煤 · 万元 $^{-1}$	0.014	0.015	0.015	0.015	0.02	0.02

青岛石化

【概况】 中国石化青岛石油化工有限责任公司（简称青岛石化）位于青岛市李沧区，占地0.94平方千米，厂区临近黄岛油港，与黄岛油港、青岛港码头分别有输油管线相连，自备铁路专用线与胶济铁路相连，厂外公路与济青、青银高速公路相接。青岛石化前身为创建于1962年的青岛市手工业管理局炼油厂，1966年4月改名为青岛石油化工厂。2000年12月，青岛石化整体划转集团公司，企业名称先后为中国石化集团青岛石油化工厂、中国石化集团青岛石油化工有限责任公司。2010年3月，青岛石化正式成为股份公司全资子公司，并更名为现名。

截至2020年底，青岛石化下设11个职能部门、4个直属机构和6个二级单位，受托管理黄岛国储基地。资产总额为31.38亿元。在册员工总数为869人，其中在岗员工820人。原油加工能力为500万吨 / 年。生产装置主要包括500万吨 / 年常减压蒸馏、160万吨 / 年延迟焦化、140万吨 / 年重油催化裂化、100万吨 / 年汽柴油加氢精制、60万吨 / 年柴油加氢精制、60万吨 / 年催化汽油选择性加氢脱硫、25万吨 / 年催化重整、20万吨 / 年及15万吨 / 年气体分馏、7万吨 / 年聚丙烯等16套。产品主要有汽油、柴油、低硫船用燃料油、石脑油、石油焦、石油液化气、车用液化气、丙烷、丙烯、聚丙烯、工业硫黄、纯苯、MTBE等近20个品种。

青岛石化主要技术经济指标及主要产品产量分别见表1和表2。

（徐彩滨）

【疫情防控工作扎实】 2020年，面对突如其来的新冠肺炎疫情，青岛石化认真贯彻习近平总书记关于疫情防控工作指示批示精神和党中央、集团公司党组各项决策部署，细化完善各项常态化、动态化疫情防控措施并持之以恒抓好落实。成立“党员突击队”“青年突击队”，组建20多个党员服务小组，强化“两个作用”发挥，加强疫情期间干部作风、担当作为监督，多措并举实现疫情防控、安全生产两手抓、两手硬，保证了中央和党组各项部署迅速有效落实。多次召开专题会，突出抓好检修期间施工承包商防控措施落实，确保了疫情防控成效。公司未出现确诊和疑似病例。

（徐彩滨）

【完成全年目标任务】 2020年，青岛石化加工原料油309万吨（其中原油267万吨），生产低硫船用燃料油93万吨，实现销售收入111.06亿元，上缴税费29.19亿元，实现利润 -1.6亿元，完成总部下达指标。在实施装置大检修的情况下，原料油加工量在“十三五”期间首次突破300万吨，实现低硫船燃生产规模化，趟出了一条在困难条件下决胜可持续发展的路子。

（徐彩滨）

【攻坚创效成绩显著】 2020年，面对新冠肺炎疫情和严峻复杂环境，青岛石化坚决贯彻党组部署，全力开展“百日攻坚创效”“持续攻坚创效”行动。在“百日攻坚创效”行动中，围绕安全环保、增效创效、生产经营、成本费用4项目标，确定7项重点措施，细化分解36项主要措施、437项具体措施狠抓落实，实现创效 11 146 万元。“持续攻坚创效”期间，固化创效措施 85 项，新增创效措施 30 项，重点抓原油采购降本增效，抓增产轻重两端、降成品油增效，抓安稳运行增效，实现创效 29 615 万元。全年实现炼油单位完全费用 309.18 元 / 吨，较年度预算指标降低 63.52 元 / 吨。

（徐彩滨）

【安全环保工作受控】 2020 年，青岛石化持之以恒抓好安全环保生产，未发生非计划停工和上报集团公司级事故。坚决落实“最严肃的态度、最严格的标准、最严厉的措施，抓实安全生产”要求，深入推进安全生产专项整治三年行动，强化安全生产责任制落实。抓好泄漏隐患排查整治和受限空间、高处作业专项治理，组织 6 次公司级应急演练。坚持把承包商管理作为“一把手”工程，严格承包商考核及双积分管理，全年检查作业问题 902 项，考核 52 万元，安全记分 232 分。全力落实污染防治攻坚战和臭氧污染防治行动部署，按期完成污水处理场氧化沟密闭治理、10 台储罐浮盘改造等 19 个污染攻坚战项目。加强环保设施运行管控，全年废水达标率 100%、废气达标率 99.89%，污染物排放量满足指标要求。强化停开工检修环保措施落实，实现绿色停开工、绿色检修。积极推进绿色企业创建，组织 8 期“云开放”直播和 4 期现场参观，展现了清洁环保新形象。

（徐彩滨）

【优化运行形成常态】 2020 年，青岛石化突出效益导向，利用桌面炼油软件指导优化运行，降低能耗和生产成本，提高高附加值产品收率。紧盯市场需求，增加丙烯类和船燃产量，增产高融指聚丙烯产品满足防疫需求，全年压减汽油 23%，压减柴油 27%，增产低硫船燃 93 万吨，产品结构更加优化。加大炼油专业和装置竞赛力度，重整和汽油加氢装置保持同类装置第 1 名的好成绩，催化、气分、常减压等装置排名明显进步。强化能源体系运行，加强节能管理，组织开展“节能降耗金点子”活动，全年节约电费 1 385 万元。

（徐彩滨）

【装置检修技改任务圆满完成】 2020 年，青岛石化围绕装置检修技改任务，提早谋划、周密准备，全面推进装置检修技改方案、物资、人员、机具等七要素落实。制定 7 个一级、11 个二级统筹网络，明确各层级、各专业责任人，严格工作节点、统筹进度管控，充分发挥各支部和党员干部作用，利用指挥部例会、作业区例会和检修专题会协调解决各类问题，实现网格化、精细化、专业化管理。历时 55 天，高标准地完成包括 23 套装置、2 334 项检修、25 项技改技措、40 项设备更新在内的全部任务，夯实了高质量发展的基础。装置检修期间，多产丙烯和低硫燃料油组分的催化裂化与加氢脱硫技术（MFP）“十条龙”科技攻关项目完成改造内容，打通了工艺流程。

（徐彩滨）

【管理提升取得实效】 2020 年，青岛石化持续强化工艺管理，对所有装置操作规程和工艺卡片进行合规性评价，开展全公司炼油工艺技术检查。装置报警数量持续下降，单装置日均报警量由上年度的 649 次下降到 323 次，降幅 50.2%，装置运行更加稳定。加强设备管理，应用短信、微信小程序加强设备状态检测，实现远程报警，动设备预知维修达 80% 以上。完成设备完整性管理体系建设初始状况评审，各专业模块、制度梳理、定时工作流程建设等专项工作稳步推进。抓制度融合，规范全公司业务管理。强化制度宣贯，全年累计 5 770 人次参加制度考试，做到了全覆盖。加强制度执行检查，抽查制度 120 多项，发现问题 428 项，全部完成闭环整改落实。

（徐彩滨）

【深化改革稳步推进】 2020 年，青岛石化认真落实深化改革三年行动方案，加快“三项制度”改革步伐。推进内部市场化用人制度改革，开展 5 次内部招聘，对 1/3 的班组进行班组长公开竞聘，通过竞争上岗，激发了队伍活力。实施“以编定奖”等考核措施，推动部室、中心人员向一线单位流动 38 人，强化基层组织建设。有序推进管网改革业务承接，成立油库运行管理部，全面接管日照油库、董家口商储库，受托管理黄岛国储基地。积极推进“大班组、大岗位”整合和“三定”

标准落地，生产班组数量减少 20%，专业技术岗位减少 30%，技能操作岗位减少 50%。收入分配持续向一线倾斜。

（徐彩滨）

【干部人才队伍建设持续加强】 2020 年，青岛石化积极实施人才强企工程，统筹推进三支人才队伍建设，完善人才激励政策，鼓励人才扎根一线。突出政治标准，充分发挥党组织领导和把关作用，把正确的选人用人导向有效落实到选拔使用干部的具体实践中。突出重实绩、重实干、重担当，在装置检修技改先进集体中提拔干部 7 名。落实集团公司年轻干部工作推进会精神，坚持“两个优先”配备领导班子，基层领导人员中 35 岁以下年轻干部占比达 46%。落实总部“三百三千”计划，选送 2 名干部外出锻炼，接收 2 名干部实践培养；选派机关年轻干部到基层挂职锻炼。落实“凡提四必”，进一步完善干部综合考核评价制度。建立专业技术人才常态化选聘机制，加大优秀青年人才储备力度。健全专家考核评价办法，压实专家责任，加强履职考评。强化全员素质提升，以“师带徒”等方式带动技能人才培育、储备，发挥好“劳模创新工作室”“技师工作室”等平台作用，引导技能人才立足岗位创新创效。

（徐彩滨）

【落实“第一议题”形成长效机制】 2020 年，青岛石化把《习近平谈治国理政》和习近平总书记最新重要讲话、重要指示批示精神作为党委中心组学习、支部“三会一课”的“第一议题”，及时跟进、全面系统学习党中央、集团公司党组重要会议精神和决策部署。发挥党委中心组示范引领作用，聚焦解决实际问题，把中心组学习扩大会办到一线，提升了工作实效，全年组织中心组学习研讨 18 次。成立青岛石化党校，常态化开展理论教育。党委书记 2 次为公司党员干部讲专题党课，与党员干部、员工群众面对面交流学习心得，引导干部员工真学真用。组织“宣讲小分队”进基层、进班组，面对面向员工宣讲高层声音、企业形势任务，宣讲 87 场次，覆盖 1 500 多人，广大员工做到了理论上清醒、政治上坚定、行动上紧跟。

（徐彩滨）

【党建工作扎实有效】 2020 年，青岛石化认真贯彻新时代党的建设总要求，在责任、质量、实效上下更大气力，党的建设不断取得新成绩。①党建责任持续压实。认真履行全面从严治党主体职责，用系统化、体系化的思维推进管党治党和党的建设责任落实。成立公司党建工作领导小组，落实领导小组议事制度，定期分析研究、统筹推进党建工作重点事项。召开全年党建工作务虚会，做好党建工作总体谋划。围绕全年中心任务，研究提出 26 项公司和 30 项党委重点工作安排，明确责任领导、责任部门，做好全过程跟踪督导。聚焦中央部署和上级党委要求，15 次专题研究部署党建、党风廉政建设、意识形态和群团工作。制定下发《青岛石化公司党委落实全面从严治党主体责任清单》，细化明确党委班子及成员、相关部门落实全面从严治党责任，推动“一岗双责”扎实落地。②党建质量不断提升。成立基层党建典型剖析工作小组，深入聚焦、全面剖析支部“三基本”建设现状，边剖析、边反馈，边整改、边推广，推动基层组织力不断提升。进一步完善考核评估、调研督导、示范推动、经验交流等运行机制，系统化开展党建岗检，做到“周抽查、季覆盖、重实效”。每月召开公司党群工作例会，重点点评支部“两个作用”发挥情况，针对工作短板进行讲评指正，固化推广典型剖析成果和基层党建好做法。注重党建创新，组织观摩先进支部主题党日、主题实践活动，开展经验交流，推动基层党建质量全面提升。对支部书记进行全覆盖培训；公司基层班组党员力量覆盖率达 100%。③党建与中心工作持续相融互促。紧密围绕中心工作，研究确定“抓思想引领、促严细争优、保创效发展”的年度党建和思想政治工作主旋律。面对突出其来的新冠肺炎疫情和复杂多变的外部市场环境，面对繁重的检修技改任务和巨大的经济效益压力，公司党委始终坚持抓思想引领、抓严细实作风、抓可持续发展，立足党建和生产经营优化两大平台，使“两个作用”发挥紧紧着力于公司中心工作和攻坚创效目标任务，积极推动实现可持续发展。把安全环保工作纳入党委重要议事日程，围绕年度工作部署、HSSE 体系运行、承包商管理、“四不两直”督查问题整改，听取专题汇报、研究措施落实，督导党支部、党员作用发挥，加大“三查”力度，使安全环保红线底线意识深入人心。围绕疫情防控、攻坚创效、装置检修技改等重点工作，研究实施“两个作用”发挥的有效措施，成立疫情防控“党员突击队”“青年突击队”，建立20多个党员服务小组，100余个党员攻关项目、18项优秀工作法助力攻坚创效，部署开展“弘扬大庆精神铁人精神，夺取大检修全面胜利”活动，上下一心、攻坚克难，圆满完成前所未有的检修技改繁重工作任务，实现开车一次成功。

（徐彩滨）

表1　青岛石化主要技术经济指标　亿元

指标名称＼年份	2020	2019	2018	2017	2016	2015
原油加工量 / 万吨	266.67	268.61	260.27	223.77	265.64	212.73
工业总产值	112.88	144.27	141.22	99.21	109.36	89.91
工业增加值	34.98	49.36	53.87	44.54	55.69	34.54
资产总值	31.38	42.26	36.40	39.18	39.87	44.64
流动资产	15.01	25.29	17.82	18.60	17.45	19.90
固定资产原值	48.41	48.02	47.11	46.77	45.82	45.03
固定资产净值	12.33	13.45	14.71	16.51	18.23	20.06
销售收入	111.06	144.50	142.65	98.53	110.10	90.34
实现利税	23.89	48.76	38.11	36.28	47.67	31.34
税　金	29.19	48.31	34.70	34.49	43.01	37.57
综合能耗 / 吨标煤·万元 $^{-1}$	0.269	0.313	0.278	0.270	0.277	0.306

表2　青岛石化主要产品产量　万吨

产品名称＼年份	2020	2019	2018	2017	2016	2015
汽　油	72.85	95.43	95.28	77.06	90.79	59.91
柴　油	59.83	86.41	72.72	59.60	96.65	78.65
低硫船用燃料油	92.94	0.22	—	—	—	—
石脑油	11.35	6.79	4.43	1.45	2.28	4.20
出口柴油	—	—	8.43	13.93	—	—
苯	0.85	1.07	1.28	0.68	0.89	0.56
燃料油	9.18	9.54	3.95	4.71	3.15	7.13
石油焦	17.49	25.71	27.86	23.74	25.67	21.94
硫　黄	0.76	1.60	1.54	0.96	1.17	0.94
液化气	15.47	18.90	17.74	14.68	16.34	12.01
车用液化气	2.88	5.15	5.00	4.11	4.59	3.39
丙　烯	1.87	2.71	0.91	1.09	1.10	1.70
聚丙烯	4.97	6.11	6.28	4.97	6.53	4.05

北海炼化

【概述】 中国石化北海炼化有限责任公司（简称北海炼化）地处广西北海市铁山港区临海工业区，距北海市区约 40 千米，南邻铁山港码头。北海炼化始建于 1989 年，原名北海石油化工厂，原油加工能力为 60 万吨 / 年。1998 年 5 月划归集团公司。2002 年 7 月，北海石油化工厂划入股份公司，成立中国石油化工股份有限公司北海分公司（简称北海分公司）。按照中国石化的战略部署，中国石化于 2009 年 7 月组建北海炼油异地改造项目筹备组，实施北海炼油异地改造石油化工（20 万吨 / 年聚丙烯）项目，项目于 2010 年 3 月土建开工，2011 年 9 月底建成中交，2012 年 1 月 1 日全面投产。2011 年 12 月 31 日，中国石化对北海炼油异地改造项目筹备组与北海分公司进行整合后，与北海市人民政府共同出资组建中国石化北海炼化有限责任公司。2016 年 1 月，北海炼化完成首次装置大检修及产品质量升级改造，原油加工能力由 500 万吨 / 年提升到 640 万吨 / 年，产品质量由国Ⅳ提升到国Ⅴ标准。2018 年 9 月成品油产品质量由国Ⅴ提升到国Ⅵ标准，汽油质量达国Ⅵ b 标准。2020 年 6 月，北海炼化完成第 2 次装置大修改造，具备 800 万吨 / 年原油加工能力。

截至 2020 年底，北海炼化共有合同制员工 772 人，其中硕士研究生以上 25 人、本科 299 人、专科 212 人、中专及以下 236 人。具有正高级职称的 4 人、副高级职称的 63 人、中级职称的 142 人、初级职称的 180 人。职工平均年龄 42.2 岁。设有 8 个职能部门、5 个运行部和 4 个业务中心。有常减压、催化裂化、延迟焦化、连续重整、柴油加氢、聚丙烯等 16 套生产装置和污水处理、余热回收等 44 套辅助系统。配套项目有 320 万立方米原油商业储备基地、设计年吞吐能力为 150 万吨的铁山港石化码头、北海—昆明成品油管道及湛江—北海原油管道。主要产品有成品油、石油焦、硫黄、聚丙烯、苯、液化石油气、石脑油、沥青等。

北海炼化主要技术经济指标及主要产品产量分别见表 1 和表 2。

（覃辉平）

【全面提升党的建设质量】 2020 年，北海炼化认真贯彻《中国共产党国有企业基层组织工作条例（试行）》，深入落实党组《深化推进党的政治建设重要措施》，以党建工作在中央企业站排头、争第一为目标追求，突出务实创新融合，全面推进从严管党治党，强化提升党的建设质量，以高质量的党建引领企业高质量发展。①突出抓班子带队伍。坚持以政治建设为统领，细化全面从严治党主体责任，严格落实“第一议题”制度，全年理论中心组学习 13 次。强化党内政治生活，严格落实新形势下党内政治生活若干准则，认真落实“三会一课”制度。全面贯彻“两个一以贯之”，严格执行民主集中制，集体决策“三重一大”事项，班子凝聚力、领导力、战斗力进一步增强。组织十九届四中全会精神轮训、十九届五中全会精神宣讲，党员干部队伍的政治意识、政治能力、政治担当持续提升。树立正确选人用人导向，严标准选准用对干部人才。全年选拔管理干部 13 人，平均年龄 45.4 岁，40 岁以下年轻干部占比 23%。落实党组“三百三千”实践锻炼计划，内外交流培养干部 11 名。畅通“三支队伍”成才通道，实现人力资源优化配置。②突出抓基层打基础。坚持把基层组织建设摆在党建工作重要位置，以提升组织力为重点，突出政治功能，推动基层党组织全面进步全面过硬。抓实党建政治责任，细化党委和基层党支部班子两级成员党建工作责任清单。抓严基层组织活动，认真落实《中国石化基层党支部工作细则（试行）》，持续推进“双示范”党支部建设，细化党支部标准化清单，对标检查整改问题 48 项。认真落实主题党日、民主评议等制度。积极探索“党建 +”工作模式，推进承包商党建共建，基层党支部组织力提升明显。抓强党员干部队伍建设，抓实队伍专业化能力提升，全年线下集中培训 5 000 多人次，岗位练兵及专项考试 2 000 人次，网络学院线上培训 15.5 万人次。组织党支部书记集中培训 1 期 30 人、党员干部十九届四中全会精神轮训 3 期 190 人，有效提升党员干部综合能力素质。③突出严纪律转作风。坚决扛起管党治党根本政治责任，切实强化标本兼治，持续用力正风肃纪，确保政治生态风清气正。坚持严明纪律守规矩，通过编发学习材料，组织廉洁共建座谈会，开展年度廉政谈话，每逢节假日发送廉洁提醒短信，利用门户网站和企业文化报、微信群等平台抓好廉洁教育，增强干部员工的廉洁从业意识。开展集中纠治“四风”等专项整治，查摆整改问题84条。坚持问题导向，紧盯重点人、重点事和重点问题开展党委巡察工作，持续深化完善“大监督”格局，全面从严治党主体责任进一步落实。精准聚焦生产经营管理中的重点、难点、热点，完成中央巡视反馈问题整改20项、党建检查考核反馈问题整改23项。持续抓好为基层减负取得良好效果。红头文件减少6%，会议数量减少37.4%，会议费压减20%。

（覃辉平）

【打造安全绿色亮丽名片】 2020年，北海炼化认真践行安全发展理念和生态文明思想，坚持把安全发展贯穿各领域全过程，全力打造安全绿色亮丽名片，筑牢企业高质量发展的安全保障。①全面打赢疫情防控阻击战和大修改造攻坚战。坚决服从总部安排，提前1个月全厂停工检修。坚持疫情防控、大修改造“两手抓”，全面统筹推进疫情防控、大修改造和“百日攻坚创效”行动。克服检修条件准备不足、检修施工人员进场困难、检修物资到位率低等挑战，停工、检修和开工过程做到“一控四保”总要求（即控疫情、保安全、保绿色、保质量、保工期），实现“四零”总目标（即零感染、零污染、零事故、零伤害），安全、胜利地完成第2个“四年一修”和相关改造项目。②从严从细抓实安全管理。始终保持安全“归零心态”，压实安全生产责任。深刻吸取行业和系统内事故教训，强化安全生产专项整治三年行动计划落实。狠抓HSSE体系建设，深化全员责任制落实。坚持目标和问题导向，以“识别大风险、消除大隐患、杜绝大事故”为主线，以从严管理为手段，持续开展风险识别管控和隐患排查治理，强化承包商和直接作业环节安全管理，加强“脏、松、漏、缺”现场整治，确保了全年生产安全平稳运行。③扎实推进绿色发展。牢树“绿水青山就是金山银山”的理念，坚决扛牢生态环境保护政治责任，以绿色发展推进高质量发展。全方位、全过程推进绿色企业创建，高标准推动“一方案两清单”落实。全面推行绿色生活方式，探索开展生活垃圾分类处理。深入落实臭氧污染防治专项行动方案，全面推进污染防治攻坚战。积极推进节能和环保项目建设，加强节能减排，严格排放源头及过程管控，全面投运VOCs治理项目，实现光伏发电零的突破。获国家、广西壮族自治区和石化行业“绿色工厂”及中国石化“绿色企业”认定。

（覃辉平）

7月11日，北海炼化“公众开放日”迎来了北海市第二中学（北京八中北海分校）的老师们

【持续提升经营质效】 2020年，北海炼化围绕“平稳、优化、做大、创效”原则，以攻坚创效为主线，贴近市场优化生产经营，提升经营质量效益。①加强生产经营优化。突出价值导向，每旬专题分析生产与经营、市场与效益问题，确定下一步经营和生产优化的重点。每月根据产品价格和成本的动态变化计算出产品赢利空间，促进以赢利为导向的生产优化。突出源头和过程优化，创新方法平稳原油、催化原料等装置进料的特征质量指标，为生产平稳优化和产品结构优化提供支持。扎实开展攻坚创效，紧盯大修改造、安全环保、生产经营、增产创效和降本压费等具体目标任务，拓市扩销、降本减费，全年优化创效1.20亿元，压减费用增效0.42亿元。密切跟踪国际原油市场行情，紧盯价格走势，优化降低原油采购成本。全年原油环节降本3.44亿元。优化调整产品结构，高标号汽油产量比例增加6.45%，聚丙烯产量由19吨/时增加至22吨/时；通过增产适销对路的沥青产品，实现不增产成品油而做大原油加工量的目标。下半年沥青产量月均超过

3 万吨，累计完成 19.36 万吨，刷新沥青产销量纪录，为做大加工量创造有利条件。②加快推进转型发展步伐。结构调整项目加快推进，各专业详细设计已完成，设备材料已完成订货，设备到货超 85%，材料到货超 30%；基础施工已完成，设备安装完成 70% 以上。乙苯—苯乙烯、硫黄回收项目稳步推进。探索实施新能源项目，光伏发电设施正式投入运行。全年完成投资 6.47 亿元，完成率 100%。③科研开发与技术攻关取得良好成效。PPH-MN60 高熔指产品工业化顺利生产，焦化装置环保治理攻关项目顺利建成投用，降低粉焦技术研究取得新进展，粉焦率大幅下降近 9 个百分点。“提高柴油加氢装置的处理量”“基于 TRIZ 理论在严苛工况下的石化 SIS 系统误动作难题的解决”2 个项目分获 2020 年中国创新方法大赛广西分赛区决赛二等奖、三等奖。申请国家专利 21 件。智能工厂建设稳步推进，信息系统深化应用效果明显。

（覃辉平）

【持续锻造核心竞争力】 2020 年，北海炼化认真贯彻党组对标世界一流管理提升暨深化改革三年行动计划相关部署要求，以聚焦价值创造、提高发展质量为引领，持续强化经营管控。①持续推进精细管理。加强源头风险防控，坚持依法合规治企，积极推进合规管理体系建设，持续优化一体化体系建设，完善内部控制体系建设，获集团公司法治央企建设 A 类企业称号。深入开展卓越绩效管理，获广西壮族自治区第五届自治区主席质量奖。加强“三重一大”决策制度落实情况监督，抓实大修改造项目“三同时”，强化各专业风险管控，全年未发生重大风险事件。从严从细推动生产运行、设备管理等专业管理提升，保证了生产安全平稳运行。规范项目投资、业务外包、劳务用工及合同管理。持续推进绿色采购，物资采购绩效考核排名提升明显。深化财务转型，推动财务工作由“会计核算型”转向“价值管理型”。加强预算管理，强化费用管控，大力降本减费，树牢“过紧日子”的思想。积极跟进惠企政策落地，全年税收优惠创效 2.68 亿元。加强效能监察和审计监督，全年审核项目结算书 4 329 份，审减 3 331.25 万元。②深化机制体制改革。修订完善《北海炼化绩效考核管理办法》，突出绩效考核，考核导向更加明确、结构更加清晰、操作更加规范。优化改进干部考核评价机制，将所有管理干部纳入季度考核，强化考核结果运用，干部管理监督更加科学规范。优化薪酬结构，坚持向生产一线倾斜的分配政策，调动了员工积极性。深化管理体制改革，完成纪检监察机构职能整合，规范组织机构和中层领导人员的职务名称。进一步规范明晰北海商储分公司及北海商储基地管理责任。圆满完成退休人员社会化管理移交工作。

（覃辉平）

【致力改善民生福祉】 2020 年，北海炼化认真践行以人民为中心的发展思想，聚焦民生工程，补齐民生短板，提升职工群众的获得感、幸福感和安全感。①办好惠民利民好事实事。坚持“外防输入、内防反弹”，建立常态化疫情防控机制，压紧压实各方面责任，落实落细各项防控措施，确保公司员工和服务单位员工生命健康。坚持开展“送温暖”活动，真心实意做好事办实事，帮助解决职工实际困难。继续施行免费健康体检、发放生日蛋糕和礼物等好事，深化开展金秋助学、慰问困难员工、员工帮助计划（EAP）等活动。加强与教育部门沟通协调员工子女入学入园问题，解决了员工后顾之忧。实施基层单位淋浴间、倒班公寓乒乓球室、羽毛球馆及 2 号楼等改造，改善了员工工作生活环境。②全力推进和谐稳定。组织开展新春联欢晚会、“三八”女职工厨艺大赛、职工健步走、羽毛球比赛等各种文体活动，丰富职工业余文化生活。加强民主管理，规范厂务公开，获全国厂务公开先进单位称号。深入开展“我为安全环保做诊断”合理化建议征集活动，有效调动了广大员工工作积极性。加强团组织建设，常态化开展“走基层、访青年、寻最美”工作。加强宣传思想工作和意识形态阵地管理，抓实保密管理、统战工作、信访维稳、离退休管理、治安保卫等工作，增强了企业凝聚力。坚持开展“希望工程，圆梦行动”“企校共建”“消费扶贫”等活动，全年消费扶贫及对外捐赠 114.73 万元，树立了良好的企业形象。

（覃辉平）

【落实“六到位”抓好大修改造期间疫情防控】 2020年，北海炼化认真落实疫情防控“六到位”，为确保大修改造有序开展提供强有力保障。①防控机制到位。制订停工大修期间新冠肺炎疫情防控工作方案。认真实施网格化管理，实行网格长负责制，由党员承担，建立完善全过程、全方位的监管服务机制，落实务实管用的信息沟通、宣传发动和重点人员管控措施，高效推进联防联控工作，确保网格化管理中责任落实到人、联系到户，对企业、运行部、班组进行全覆盖管控，确保各项防控措施得到落实、不留死角、不留一人。②防护物资配备和消杀防疫到位。成立党员防疫工作组，及时为检修职工配备口罩、手套、测温仪等防护物品和洗手液、消毒水、酒精等消杀用品，做好检修区域、住宿区及食堂等人员密集区的疫情防控，做好场地通风、消毒和卫生管理工作。党团员带头对厂区内检修、办公区域、检修设施设备进行全面卫生清理和彻底消杀。③排查到位。党员跟踪排查所有外来人员的生活轨迹，确认是否到过湖北等重点疫区。是否与该地区人员有接触，是否与被确诊感染新型冠状病毒人员或被隔离人员接触，是否有被隔离等，并隔离观察7—14天后根据防疫管控组指示，是否安排进厂作业。④防疫到位。成立7个检查组，加强疫情防控知识宣传检查，确保每日监测上报员工的身体状况，督促所有进入检修场地员工必须戴口罩，安排测量体温，发现发烧、咳嗽等症状人员禁止进场、作业并及时按规定处置。作业人员采取分散用餐、错时供餐、打包配餐等方式就餐。检修期间，规范岗位工作秩序，合理安排轮岗排班，采取“小班制”模式，控制单班在岗人数，暂停不必要的会议、聚会等活动，做到人员少流动、不聚集、不串岗。⑤实名管理到位。实施实名管理，做好员工登记考勤，严格实名制考勤，真实采集和录入全部员工名、身份证号、籍贯、联系方式及身体状况等真实信息并动态管理。⑥宣传到位。加强防控宣传工作，编辑疫情简报，设置党支部风采专栏，安排专人负责宣传工作，积极宣传“六个一律”、防控中心提供的规章制度和民众应知的防控知识，确保不漏一人。

（覃辉平）

【全面开展“百日攻坚创效”行动】 北海炼化认真贯彻落实集团公司“百日攻坚创效”行动要求，结合大修改造实际，坚持抓主要矛盾、抓系统优化、抓底线防控、抓化危为机，采取针对性措施，力争提前优质高效完成大修改造任务，确保“百日攻坚创效”取得实质成效。全面动员部署。3月23日召开动员会进行全面动员部署，统一全公司及大修改造施工单位员工的思想认识，增强提前完成大修改造任务的责任感、使命感和紧迫感。严格落实“两特两重”领导带班值班制度，强化领导安全引领作用，杜绝发生疫情事件和安全环保事故。持续抓好疫情防疫，严防输入风险。围绕“一控四保”目标，持续抓好外来施工人员核酸检测，强化施工人员安置区疫情防控；成立7个督导组分区分片加强检查督导，每天通报整改，及时纠正和制止不符合要求的行为。严格落实总部直接作业环节安全管理“十条措施”及补充意见，做实做细现场安全管理，从严筑牢安全生产防护网。严格环保风险管控，落实落细检修现场“气不上天、油不落地和噪声不扰民”措施，确保实现绿色检修。科学统筹、精心组织大修改造工作，优化检修网络，要求茂化建、第四建设公司等相关施工单位增加现场施工力量，在确保安全环保质量的提前下，全力推进大修改造进度。通过运用激励和考核手段，组织大修及改造项目劳动竞赛，每周评选“检修之星”，激发全体参战人员的积极性和主动性。在“百日攻坚创效”行动中全面开展“党支部共建”活动，充分发挥公司和施工单位各基层党组织和广大党员在疫情防控和大修改造中的战斗堡垒作用和先锋模范作用，让党旗在攻坚创效的第一线高高飘扬，以实际行动和工作成效践行“两个维护”、诠释初心使命。科学统筹装置开工准备和全年生产经营工作。密切关注国际油价走势，加强原油市场研判，采取合理措施规避市场价格风险，实现商储原油“高借低还”，降低原油采购，实现降本增效。突出增值理念，从经营优化、生产优化、降本减费3个方面细化挖潜增效措施，深入开展班组经济核算和全员成本目标管理，提升生产运行和经营质量，全面实现全年生产经营目标任务。

（覃辉平）

【密闭除焦改造项目投产成功】 北海炼化120万吨/年延迟焦化装置原采用敞开式水力除焦，除焦口及敞开的焦池不能满足日益严峻的环保要求，挥发性气体、焦炭粉末对空气及周边环境造成污染。2020年3月10日，北海炼化利用全厂装置检修改造机会开始实施密闭除焦项目。项目采用除焦安全智能操作、石油焦脱水、除焦水处理、除焦过程中的尾气收集处理等新技术，使石油焦生产全过程封闭输送、存储并封闭定量装车。6月6日，北海炼化密闭除焦改造项目建成投产。改造后的焦化装置，有毒有害气体及挥发性有机物被充分回收利用，焦炭扬尘减少，满足《石油炼制工业污染物排放标准》(GB 31570—2015)，实现清洁生产；自动化程度高，除焦、取焦、输送整个过程的远程、智能化操作，降低了操作人员的劳动强度。

（覃辉平）

【举办中心组（扩大）理论学习保密专题会】 2020年7月23日，北海炼化党委在“保密法治宣传教育月”活动开展之际，为进一步提高领导干部保密意识，举办中心组（扩大）理论学习保密专题会，邀请北海市委保密局专家授课。公司党委委员、副总师和机关各部门负责人参加学习会。

（覃辉平）

【打造石化廉洁名片】 2020年9月16日，北海炼化召开以“共建合规，廉洁共赢”为主题的廉洁共建座谈会，进一步筑牢公司与承包商、运维服务商“亲、清”合作关系。参会的承包商、服务商代表结合自身实际，就业务管理、廉洁从业等方面进行发言交流，表示将进一步加强内部廉洁建设，在业务往来中严格履行合同约定，严格遵守各项廉洁纪律和规定，并进一步提高服务质量，努力为北海炼化提供优质高效的项目建设和运维服务保障。

（覃辉平）

9月16日，北海炼化召开廉洁共建座谈会

【高标号汽油生产持续创新高】 2020年9—10月，北海炼化共生产高标号汽油17.1万吨、比上年同期增加5.10万吨，占比44.41%、增加13.62%，外购高辛烷值组分用量减少0.65万吨、增加效益约1 700万元。在“持续攻坚创效”行动过程中，始终坚持多产高标号汽油的原则，紧盯市场，优化调整，平衡辛烷值资源，精打细算，想方设法增产高标号汽油。优化装置生产，提高自产汽油辛烷值。连续重整装置保持高负荷，提高反应温度生产，提高碳七组分汽油产量和辛烷值；催化裂化装置添加丙烯助剂，增加MTBE产量；S Zorb装置优化原料结构和调整操作，降低S Zorb汽油辛烷值损失。通过各装置优化调整，自产汽油组分平均辛烷值比上年同期提高0.58个单位，辛烷值总量增加20.07万个单位，为增产高标号汽油提供有力保障。优化汽油调和，平衡辛烷值资源。通过制定汽油调和测算表和汽油辛烷值动态平衡表，加强测算，平衡辛烷值资源，实时在线监控汽油调和情况，动态调整配方，优化调和，严格控制成品汽油辛烷值比内控指标高0—0.3，将节省的辛烷值多调高标号汽油，减少外购高辛烷值组分用量。加强与华南公司沟通，多管输高标号汽油。积极与华南公司沟通，要求增加95#车用汽油管输量，根据管输计划制定汽油排产计划表，合理安排95#车用汽油生产，紧密对接各个环节，确保每一罐成品油都能及时出厂，全力满足管输需求。

（覃辉平）

【光伏发电设施顺利并网】 2020年10月22日，北海炼化光伏发电设施顺利并入电网。光伏发电项目是北海炼化响应中国石化建设“世界领先洁净能源化工公司”和创建绿色企业的具体措施。项目建成后每年可发电6.9万千瓦·时（设计值），节约电费4万元/年。

（覃辉平）

表 1 北海炼化主要技术经济指标 亿元

年份 / 指标名称	2020	2019	2018	2017	2016	2015
原油加工量 / 万吨	469.33	636.02	640.17	650.03	583.88	476.57
工业总产值	214.86	358.40	375.00	322.83	251.81	216.41
工业增加值	88.55	119.93	152.14	184.21	135.90	117.84
资产总计	153.35	180.92	171.37	168.11	134.96	91.19
流动资产	108.92	140.28	130.09	124.02	88.27	42.97
固定资产原值	66.16	63.31	61.88	58.71	56.22	51.58
固定资产账面价值	33.33	34.51	37.44	38.32	39.78	38.84
销售收入	214.20	358.12	376.06	325.79	250.44	218.03
实现利税	100.69	170.68	181.34	144.86	122.38	94.38
税　金	93.24	154.32	152.44	113.60	96.95	84.70
综合能耗 / 吨标煤・万元 $^{-1}$	0.212	0.177	0.198	0.20	0.196	0.20

表 2 北海炼化主要产品产量 万吨

年份 / 产品名称	2020	2019	2018	2017	2016	2015
汽　油	161.90	224.64	225.96	223.72	190.41	143.27
$98^{\#}$ 汽油	1.91	3.60	3.46	6.83	4.57	2.95
$97^{\#}$ 汽油					17.24	19.12
$95^{\#}$ 汽油	52.41	65.68	63.22	53.13	4.68	
$93^{\#}$ 汽油					120.13	121.19
$92^{\#}$ 汽油	107.58	155.36	154.68	163.76	43.77	
$0^{\#}$ 柴油	183.62	267.34	258.88	265.25	252.25	212.49
$3^{\#}$ 喷气燃料	7.85	13.33	15.20			
化工轻油	3.50	3.34	4.16	6.37	6.91	3.20
船用燃料油		2.70	1.50			0.10
液化石油气	30.33	40.64	42.09	40.25	36.63	25.98
商品干气	1.77	2.59	1.49	1.40	1.33	1.42
聚丙烯	12.14	15.63	16.46	15.54	13.23	10.11
石油苯	2.14	3.16	3.30	3.12	2.66	3.00
石油焦	35.03	52.36	51.12	56.84	49.65	41.79
工业硫黄	4.82	6.94	6.73	6.99	6.33	3.14
沥　青	21.70	3.95	11.61	6.76	3.00	10.44

塔河炼化

【概况】 中国石化塔河炼化有限责任公司（简称塔河炼化）地处新疆库车市，是中国石化在西北五省（自治区）唯一的炼化企业。其前身是筹建于1993年的地方股份制企业——新疆塔里木油气化工有限公司，1998年11月被西北石油局全资收购，2003年12月整体划转股份公司，2004年4月30日设立中国石油化工股份有限公司塔河分公司（简称塔河分公司）。2012年6月25日，股份公司对塔河分公司进行改制，与新疆阿克苏地区共同出资组建塔河炼化。

截至2020年底，塔河炼化拥有炼油生产装置18套，原油加工能力500万吨/年，焦化处理能力340万吨/年，汽、柴油混合加氢精制能力270万吨/年，催化重整能力60万吨/年，二甲苯生产能力52万吨/年，A级沥青生产能力40万吨/年，汽油异构化能力30万吨/年，航煤生产能力30万吨/年，硫黄生产能力8万吨/年。塔河炼化以加工塔河油田重质原油为主，可生产汽油、柴油、3#喷气燃料、化工轻油、沥青、石油液化气、石油焦、硫黄、二甲苯等10余种产品，产品通过企业铁路专用线销往全国各地。

截至2020年底，塔河炼化有领导班子成员7人，总法律顾问兼副总会计师1人，副总工程师2人，安全总监1人；下设5个职能部门、3个业务中心、4个生产作业部。共有在册员工1 111人，其中教授级高级工程师2人，具有高级职称的37人、中级职称的184人、初级职称的329人；高级技师7人、技师51人，高级工386人、中级工360人、初级工61人。

塔河炼化主要技术经济指标及主要产品产量分别见表1和表2。

（刘希军　方淑琴）

【生产经营任务全面完成】 2020年，塔河炼化紧盯年度生产经营目标任务，持续抓好疫情常态化防控，创造条件复工复产，接续推进“百日攻坚创效”“持续攻坚创效”行动，勇夺疫情防控、生产经营双胜利。全年加工原油420.04万吨，生产产品410.89万吨；实现营业收入133.16亿元、利润11.12亿元，应缴税费56.32亿元。利润总额在股份公司炼油板块排名第4位，实现连续3年正增长，是炼油板块正增长幅度最大的企业。关键技术经济指标全部达到股份公司考核目标，综合商品率95.41%（指标95.40%），轻质油收率65.58%（指标63.00%），综合损失率0.39%（指标0.49%），综合能耗55.01千克标油/吨（指标55.40千克标油/吨），单因耗能8.11千克标油/吨（指标8.65千克标油/吨）。炼油专业竞赛排名、加工损失率、储运损失率和单因耗能创塔河炼化历史最好水平。股份公司授予塔河炼化2020年度炼化企业经济效益优胜单位、创效进步优胜单位、人均劳效优胜单位、“比学赶帮超”优胜单位4项称号。

（刘希军）

【安全管理扎实有效】 2020年，塔河炼化以“识别大风险、消除大隐患、杜绝大事故”为工作主线，持续强化风险管控和隐患治理，从严落实承包商管控措施，保持安全生产形势稳定。聚焦风险隐患，压实管控责任，分级分专业管控风险隐患，风险总值由144降至103，降低28.47%，完成集团公司要求塔河炼化重大风险总值削减10%的目标。全年投入资金1 130余万元，按期完成2项集团公司级安全隐患和4项公司级安全隐患治理任务。持续深入开展隐患排查整治，全年排查发现并及时治理泄漏隐患25项，奖励安全卫士28人，发放奖励资金7.16万元。修订完善工程及检维修项目安全责任体系，重点落实直接作业和承包商安全管理“十项措施”和“二十三条”要求，深入开展承包商管理、施工安全专项整治，严抓作业计划管理、风险防范措施落实和安全“双记分”管理，减少直接作业环节违章行为。强化治安防恐能力建设，对标公安部发布的《石油化工系统治安防恐防范要求》，按期完成治安防恐一级重点目标达标验收，提前完成二级目标达标任务，进一步提升治安防恐风险防范能力。开展21次应急实战演练，提升综合应急救援能力，在新疆自治区举办的首届专业化应急救援队伍竞赛中，塔河炼化应急救援队伍获团体三等奖和“初战快速出水控火操”三等奖，创塔河炼化参加新疆自治区各类消防竞赛最好成绩。按照新疆自治区新冠肺炎疫情防控工作领导小组部署，认真落实疫情防控各项措施，助力打赢疫情防控人民战争、总体战、阻击战。

（刘希军）

【绿色发展稳步推进】 2020年，塔河炼化深入践行绿色低碳发展理念，成立绿色企业行动领导小组，强化组织引领，层层压实责任，持续推进“绿色企业行动计划”。按照“抓重点、补短板、强弱项”的工作思路，对照中国石化“绿色企业行动计划”和绿色企业评价指南，修订完善塔河炼化绿色企业行动“一方案两清单”；定期召开绿色企业达标创建专题会，研究解决重点难点问题，全力推进绿色企业达标创建，年底通过集团公司绿色企业行动现场审核，获中国石化绿色企业称号。持续开展污染防治攻坚工作，相继完成危险废物暂存库、焦化冷焦水及重污油罐及储运作业部1#和3#中间罐区恶臭治理等污染防治项目；有序推进铁路专用线VOCs治理、2#中间罐区恶臭治理、汽车装车油气回收装置改造、污水生化池废气治理等项目。与新疆敦华气体工程技术有限公司合作实施二氧化碳捕集项目，回收制氢装置驰放气中的二氧化碳，每年减少碳排放约5万吨。利用环境在线监控系统，实时监控污染物排放浓度。强化危险废物外委处置风险管控，稳步推进土壤和地下水污染详细调查，采用红外检测技术完成装置动静密封检测及修复工作。

（刘希军）

【挖潜增效成效显著】 2020年，塔河炼化强化生产全过程、全要素管控，多措并举增强挖潜创效能力。按照提高原油加工量、增产二甲苯、多产低凝柴油、压产沥青的原则优化生产，全年测算生产优化案例60余例，增效7 982万元。“百日攻坚创效”“持续攻坚创效”行动超额完成集团公司下达指标，累计创效增效2.74亿元（下达指标4 592万元）。统筹预算引领，实行费用全周期管理，全年压减费用5 380万元。深化班组经济核算分析，优化焦化、制氢装置和气柜运行，吨油变动费用39.38元，创近5年新低。优化整合成本管控项目，将柴油出厂偏差率、装置平稳运行等纳入管控范围，吨油辅材、吨油动力、财务费用创近3年最好水平。落实各项财税政策增效1.65亿元。采取严控资金收支节奏、增加盈余资金上存下拨频次、争取消费税缓缴优惠政策等措施，财务费用减少2 750万元，创塔河炼化历史最好水平。加强库存物资源头管理，提高计划准确率，加大物资代储、修旧利废力度，年末“两金”占用4亿元，创近4年最好水平。积极推动直供电交易，较目录电价节约电费3 500万元。优化平衡氢气、干气系统，停开1#制氢装置，实现天然气“零补瓦”，大幅降低生产成本。

（刘希军）

【企业管控效能持续增强】 2020年，塔河炼化加强装置安稳运行管理，预判运行状态，消除潜在隐患风险，装置异常波动次数显著降低，未发生公司级及以上非计划停工事件。在中国石化30家炼油企业中，塔河炼化炼油专业竞赛累计排名第7位，前进3名；在11家中型炼油企业中，累计排名第1位，前进1名，双双均创历史最佳名次。在炼油板块“比学赶帮超”指标竞赛中，全年获红旗95面，增加5面，再次刷新历史纪录。持续推进财务转型，实现共享移交并完成38项财务制度梳理及岗位设置，成立由财务和专业部门组成的联合优化小组，推进“业务+财务专员”联合工作机制，提升财务服务和决策支撑能力。成立组织机构，制定实施细则，编撰工作清单，明确职责分工，全面启动对标世界一流管理提升行动，推动专业管理取得实质性突破和明显提升。推进基层“三标”建设，分享经验做法，打造“三标”建设示范点，提升基层“三基”建设水平。开展“一体化”管理体系认证、监督审核，通过质量、环境、职业健康安全管理体系再认证和能源管理体系、测量管理体系监督审核。开展设备完整性体系建设，完成程序文件编写及制度修订。完善内控体系，强化日常监督，抓紧抓实8个方面33项重大风险管理，全年未发生重大风险事件。建立“1+3+3”审计制度体系，开展审计项目20项，提出审计建议61条，推动建立健全管理制度4项，促进增收节支1 438万元，推动追回税金

1 186 万元。规范合同管理，修改 38 个合同标准文本，满足业务部门对合同标准文本的需求。持续通报考核“马上就办”情况，促进提升工作效率。完成 52 名退休人员的社会化管理移交工作，移交率 100%。

（刘希军）

【科技成果显著】 2020 年，塔河炼化开展科研课题 14 项，其中 B2/C 类课题（中国石化组织的省部级课题）7 项、塔河炼化自筹课题 7 项。强化科技成果转化，“安全环保型延迟焦化密闭除焦、输送及存储成套技术”和“大数据分析在加氢高换系统腐蚀预警预测的应用”课题，分别获中国石化科学技术进步一等奖和三等奖。

（刘希军）

【完成 1# 系列装置检修改造任务】 2020 年 3 月 10 日，塔河炼化 1# 系列装置开始停工检修改造，涉及 4 个作业部 5 套生产装置及动力、储运系统。有 3 家施工总承包商共投入劳动力 1 200 余人、大型吊装机械 5 台实施检修改造。完成常规检修项目 934 项、改造项目 18 项，设备更新 48 项，检验压力容器 363 台、检测管道 69 千米。主要实施 1# 焦化装置富气压缩机检修、球罐检测等 8 项重点检修项目，以及循环水及 1# 火炬区域公用工程改造、1# 系列装置控制系统改造、1# 加氢装置重沸炉空气预热器更换等 18 项改造项目。4 月 21 日，安全绿色高效地完成检修改造任务，消除了装置安全隐患和生产运行瓶颈，装置可靠性和运行效能进一步提升。

（刘希军）

装置检修改造现场（雷从营　摄）

【库车原油商业储备基地工程建成投用】 2020 年 3 月 16 日，集团公司印发《关于开展天津等原油商业储备项目前期工作的函》，规划在天津、库车等 7 个地区布局建设原油商业储备基地。库车原油商业储备基地工程总投资 10.23 亿元，建设规模 8 台 10 万立方米原油储罐，由塔河炼化代建。工程于 4 月 6 日破土动工，5 月 7 日 8 台储罐基础开挖，6 月 29 日 8 台储罐基础交安，8 月 20 日首台罐主体完工，9 月 10 日首台罐上水试验，12 月 18 日工程安全优质高标准中交，12 月 29 日 8 台储罐全部具备进油条件，正式引油试生产，标志着工程实现“当年规划、当年设计、当年建成、当年投产”的目标。

（刘希军）

【召开公司第三次党代会】 2020 年 9 月 27 日，中国共产党塔河炼化有限责任公司第三次代表大会胜利召开，100 名正式代表、3 名列席代表和 4 名特邀代表参加会议。党委书记付德明做题为《强化思想政治引领、推动企业转型升级，为建设独具特色竞争力强的炼化一体化企业而奋斗》的党委工作报告，纪委书记纪英顺做题为《深入推进全面从严治党、持续强化监督执纪问责，为建设独具特色竞争力强的炼化一体化企业提供纪律保障》的纪委工作报告。大会选举付德明、丛煜、纪英顺、盖金祥、冯兵、高宏义、张怀玺 7 名委员组成公司第三届党委，纪英顺、于桃科、乔文清、周润华、熊卫平 5 名委员组成公司第三届纪委。

（刘希军　方淑琴）

【加强队伍建设】 2020 年，塔河炼化贯彻落实“忠诚干净担当”新时代干部标准，坚持在疫情防控前沿、装置检修现场、持续攻坚创效、脱贫攻坚等重点难点工作中发现、培养和使用优秀干部。注重干部基层历练和年轻干部培养，优先提拔使用具有生产一线工作经历的年轻干部，年度通过组织选拔和公开竞聘选任中层领导 18 人、基层领导 25 人。合理使用竞争和破格工作机制，加大人才培养选拔力度，破格提拔 2 名中层领导人员、6 名基层领导人员。建设优秀青年人才库，194 名优秀青年员工入库，盘点甄别核心员工 20 人、潜力员工40人，有针对性地开展人才重点培养工作。大力做好专业骨干人才的推荐培养，全年向集团公司推荐入库骨干人才7人，1人被评为库车市托峰英才。选派7名优秀年轻干部参加中国石化青年干部培训班，选派1名干部参加集团公司中青年干部培训班，选派3名优秀年轻干部在中国石化系统内单位挂职锻炼。选送32名专业技术人员参加集团公司专业培训，7名集团公司机关储备岗人才深入塔河炼化基层实践锻炼，促进提升公司专业技术和管理水平。成功举办第4届“塔河杯”技术比武，33名员工获相应工种金、银、铜奖。开展职业技能等级认定，33名员工取得高级工职业技能等级，58名员工取得中级工职业技能等级，15名员工取得初级工职业技能等级。

（刘希军　方淑琴）

【党建质量持续提升】 2020年，塔河炼化党委按照新时代党的建设总要求，以政治建设为统领，以实施“中央企业党建巩固深化年”专项行动为抓手，巩固拓展“不忘初心、牢记使命”主题教育成果，抓好党组巡视反馈问题整改，全面压实管党治党责任，深化组织力提升工程，推进党建工作标准化，为公司全面可持续发展提供坚强政治保障。①强化政治建设，思想引领力不断提升。公司党委坚持把学习习近平新时代中国特色社会主义思想、习近平总书记重要讲话和指示批示精神等作为学习的“第一议题”，班子成员带头领学促学，全年党委中心组学习17次，研究解决安全发展问题5次、脱贫攻坚4次、疫情防控4次，切实做到学而懂、学而用、学而信。严格落实重大事项党委前置审议程序，全年召开党委会24次，审议重要事项111项；强化组织建设，完成五年一次的“两委”换届选举；党委成员认真落实分管领域党建工作职责，深入所在支部和基层联系点讲党课、指导民主生活会、参加主题党日和各类学习活动61次。修订党建工作制度20余项，制定公司级党建标准化手册和“三基本”与“三基”融合方案，组织开展党建现场观摩会、先进经验交流会等，分享经验，助推党建质量全面提升。②强化战斗堡垒，基层组织力不断提升。将党小组建设与“三标”建设有机融合，推行党小组设在班组、支委进班组、设立“五大员”、建立党员联系班组责任牌等模式，推动党的组织体系向基层班组延伸；排查基层党员使用“石化党建”平台与党员班组覆盖情况，党员登录率、信息完整率、党费线上缴纳率、党员班组覆盖率均达100%。坚持开展“传承石油精神、弘扬石化传统”教育，组织老党员座谈交流光荣经历感悟，安排160名党员分批前往西北油田企业文化教育基地，领悟老一辈石油石化人艰苦创业的精神，引导全员立足岗位甘于奉献、勇于创新。注重典型引领，推树新疆自治区劳模2人、集团公司“百日攻坚创效”和疫情防控先进2人、公司级先进工作者17人，掀起了学先进、赶先进的热潮。组织32名党务政工人员、91名党员、44名入党积极分子参与理论实操培训，提升综合素质和业务能力。③强化融合力度，公司生产力不断提升。坚持党政同种一块“责任田”，将党的建设与公司生产经营、改革发展同步谋划，通过职代会、党建工作会、党代会，各有侧重地安排部署；分解落实党建、生产总体目标到基层单位、党组织，建立自上而下党政目标体系，确保广大党员干部思想同心、目标同向。发挥党组织政治优势，围绕疫情防控、1#系列装置检修改造、攻坚创效、绿色企业创建等重大急难险重任务，组建“党员突击队”“党员攻关组”冲锋在前，破解技术难题，努力挖潜创效。优化党建考核、绩效考核双约束性指标，促进党建与中心工作“焦点”相统一，实现党建考核结果与党组织工作绩效、分类定级、评先选优挂钩，确保党政深度融合。

（刘希军　方淑琴）

2020年6月，塔河炼化160名党员分批前往西北油田企业文化教育基地领悟老一辈石油石化人艰苦创业的精神（雷从营　摄）

【党风廉政建设有力有效】 2020年，塔河炼化深入贯彻落实集团公司党组、纪检监察组决策部署，以打造廉洁石化亮丽名片为突破口和主抓手，落实管党治党责任，完善监督体系，推动党风廉政建设和反腐败工作取得新成效。①全面从严治党持续深入。公司党委深化落实主体责任，年初召开党风廉政建设和反腐败工作会议，全面部署党风廉政建设工作；党委听取纪委工作汇报2次，及时研究重大事项、解决突出问题；公司班子成员带头讲廉政党课、开展廉洁谈话，及时督促提醒、防范风险。纪委严格落实监督责任，制订年度工作计划，分解任务，明确责任，推动党委部署得到有效贯彻落实。②巡视整改取得明显成效。围绕8个方面深化集团公司巡视反馈问题整改，整改措施完成率100%。通过集中整改，修订完善制度21项，形成方案11个，有效推动解决公司存在的突出问题。党员干部思想政治素质、党性观念和纪律规矩意识明显增强，党的建设、作风建设和干部队伍建设得到进一步巩固，工作的制度化、规范化、程序化水平进一步提升。③监督制约机制有力有效。深化完善“大监督”格局，持续开展“大监督”工作，紧盯重点事项，强化疫情防控措施和责任落实情况监督检查，提出意见建议13条；围绕攻坚创效行动、原油商业储备基地工程建设、装置检修、倒班宿舍改造等强化监督，下达纪检监督建议书4份，推动相应目标任务如期完成。④正风肃纪持续加压发力。持之以恒落实中央八项规定精神，开展招待费、差旅费及公车使用情况检查2次，督促修订《公务车辆管理细则》，进一步促进规范管理。持续深化整治形式主义、官僚主义问题，开展专项查摆和整改情况“回头看”2轮网上问卷调查，共有1 200余人次参与，对于职工反映强烈、集中的问题，实行销号管理、重点督办，坚决杜绝文山会海等问题反弹回潮。坚持每季度开展机关作风网上测评，督促问题立行立改，持续改进机关工作作风。⑤廉洁警示教育扎实有效。大力宣贯《公职人员政务处分法》，严明纪律规矩，干部职工遵规守纪意识明显增强。加强干部职工的日常教育管理与监督，全年开展日常谈话165人次；向240名领导干部和关键岗位人员家属发送《一封信》，倡议干部职工家属培育清廉家风；坚持向客商寄发廉洁倡议信，要求客商以书诺廉的同时对塔河炼化的不廉行为进行监督，共收到廉洁承诺360份，着力营造干部自廉、家庭助廉、商企共廉的良好生态。

（刘希军　方淑琴）

【宣传思想文化工作】 2020年，塔河炼化利用公司局域网、《中国石化报》、“奋进石化”平台等载体，教育引导职工认清形势、明确任务、履职担当。先后开展“攻坚创效，我该怎么干”大讨论7次。印发疫情防控知识口袋书1 500册，引导员工提高自我防护意识。深入做好“一人一事”的思想政治工作，定期分析研判员工思想动态，全年开展思想动态研究4次。有序推进EAP专员坐班制度，10名EAP专员分片包干开展心理疏导，保障员工心理健康。加大对外宣传力度，制作宣传视频12部，石化抖音投稿全年上稿344篇，提高135%。首次发布塔河炼化《企业文化手册》，企业文化建设取得新突破。基层党组织提炼形成“金钉子”“一根绳”“石榴”等独具特色的基层文化，引领干部员工永葆干事创业、真抓实干的热情。举办“绿色公众开放日”“绿色云开放”、绿色征文比赛等活动，奋力打造中国石化西部炼化企业绿色发展亮丽名片。

（刘希军　方淑琴）

2020年5月3日，塔河炼化举办公众开放日活动，邀请库车市融媒体记者走进装置区，体验企业绿色发展成果，见证国企复工复产责任担当（雷从营　摄）

【和谐企业建设】 2020年，塔河炼化落实提案征集与答复工作制度，职代会征集提案31件，答复率100%。持续开展“走基层、访万家”活动，重大节日期间慰问困难职工、劳动模范、一线在岗员工近2 300人次，疫情防控期间慰问在岗职工

1 800余人次。开展“金秋助学”活动，解决困难职工子女入学难问题，全年补助员工子女9名、共计2.2万元。关注青年员工婚恋，组织4次联谊活动，成功牵手6对，发放“红娘奖”10人。针对员工需求开展心脑血管疾病、糖尿病、部分恶性肿瘤等疾病的早期风险筛查，排查出10名健康高危人员，委托医疗合作单位制订健康干预方案并定期跟踪监测。开展“夏送清凉”活动，购买西瓜、菊花茶等消暑品共计6万元。举办元旦长跑、春节联欢晚会、中秋晚会、激情夏日等品牌活动和国庆趣味运动会，组织“书香溢塔化，青年读书社”读书会，丰富员工的业余文化生活。实施倒班宿舍维修改造、新建公寓周边绿化工程，更换厂前办公区小广场地砖，进一步改善员工居住生活环境。开展“传承石油精神、弘扬石化传统”学习教育，邀请全国劳动模范毛谦明做事迹宣讲，营造全员比学赶超氛围。选树先进典型，塔河炼化获2018—2019年度全国“安康杯”竞赛优胜集体，塔河炼化工会委员会被新疆维吾尔自治区授予模范职工之家红旗单位称号；卢秋旭、杨果获评新疆维吾尔自治区劳动模范，麦麦提艾力·祖农获评新疆阿克苏地区劳动模范。

（刘希军　方淑琴）

【履行社会责任】 2020年，塔河炼化自觉履行中央驻疆企业的社会责任，坚持开展脱贫攻坚工作。响应新疆维吾尔自治区党委号召，连续第7年开展“访民情、惠民生、聚民心”（简称“访惠聚”）驻村工作，抽派24名骨干组建“访惠聚”驻村工作组，分别在新疆南疆地区的9个贫困村长期驻村帮扶。2018—2020年，塔河炼化累计投入扶贫资金476万元，实施扶贫项目16个，解决帮扶村“两不愁、三保障”问题，完成帮扶村1 009户、3 522人的脱贫任务，实现贫困村整村脱贫。塔河炼化驻喀什地区莎车县工作组被中国石化授予2020年度脱贫攻坚先进集体称号。响应集团公司号召，开展消费扶贫6次，累计购买85.70万元的扶贫产品助力脱贫攻坚。积极开展“全员凝心聚力、全力阻击疫情”捐款活动，1 200多名职工和家属捐爱心款15.18万元，驰援公司驻地库车市抗击新冠肺炎疫情。

（刘希军　方淑琴）

表1　　塔河炼化主要技术经济指标　　亿元

指标名称 ＼ 年份	2020	2019	2018	2017	2016	2015
原油加工量/万吨	420.04	470.15	418.12	420.88	429.59	411.02
工业总产值	135.37	189.05	173.28	145.36	124.33	134.14
工业增加值	74.89	78.27	69.63	71.83	76.56	81.70
资产总计	84.80	83.90	84.62	72.71	66.32	54.69
流动资产	48.03	45.14	43.72	30.30	21.13	7.91
固定资产原值	71.86	71.16	69.56	69.25	68.34	64.64
固定资产净值	31.60	36.93	35.63	38.20	41.39	42.01
销售收入	133.16	189.77	174.03	144.82	126.34	134.19
实现利税	67.44	71.08	61.03	65.02	70.22	77.72
税　金	56.32	62.38	55.43	56.49	59.94	58.93
综合能耗/千克标油·吨$^{-1}$	55.01	53.74	57.11	55.99	55.56	55.61

表 2 塔河炼化主要产品产量 万吨

年份 产品名称	2020	2019	2018	2017	2016	2015
汽　油	54.54	58.12	45.46	47.80	49.75	42.00
3# 喷气燃料	16.80	18.28	12.74	10.18	8.66	7.39
柴　油	200.73	226.57	197.02	197.33	209.81	202.13
石脑油	—	0.07	0.57	—	—	0.42
重整生成油	—	7.33	16.36	12.25	7.20	—
沥　青	14.35	18.54	19.01	28.01	23.04	21.29
重交沥青	1.03	1.78	—	—	—	—
石油焦	98.03	107.78	97.59	96.10	100.37	97.44
硫　黄	4.03	4.45	4.08	4.09	4.25	4.00
商品液化气	11.69	13.01	12.08	12.10	12.47	12.57
二甲苯	10.39	6.70	—	—	—	—

炼油销售公司

【概况】 中国石化炼油销售有限公司（简称炼油销售公司）是中国石化下属专业化全资子公司，于 2012 年 6 月 28 日挂牌成立，注册地在上海市。炼油销售公司在全国设有 4 个区域性子公司，本部设有 17 个职能部门、29 个代表处，拥有合同制员工 399 人。炼油销售公司集产品研发、运输、采购、销售、服务为一体，主要负责中国石化系统内液化气、石油焦、沥青、硫黄、异辛烷、石蜡等石油炼制产品的统一采购和供应。

炼油销售公司专注炼油产品销售领域，以“服务企业、服务客户”为宗旨，依托中国石化 30 余家企业建立代表处，并依此服务全国市场，营销网络健全。炼油销售公司拥有一支素质过硬，技术精湛的营销和科研团队，为企业和客户提供完整的产品开发、生产、应用、售后等整套营销解决方案；拥有国家级实验室和产品研发中心，产品多次获国家和地区科技进步奖；集成先进的信息资源，凭借优势物流网络，为企业和客户提供铁路、公路、船运等全方位运输和仓储支持；公司与中国铝业、中国交通集团等世界 500 强公司建立了战略合作关系，并积极参与国际市场的竞争与合作，先后与多个国家和地区开展技术合作与交流，产品远销海内外。炼油销售公司率先通过 ISO 9001 质量管理体系认证，并实施了 QHSE 管理，是销售企业中率先通过并实施认证的企业之一。

2020 年，炼油销售公司产品销售总量 3 865.92 万吨，营业收入 676.54 亿元，完成利税 7.13 亿元；主要产品的市场占有率均居国内前列。

炼油销售公司主要生产经营指标见表 1。

（黄春峰）

【领导班子调整】 2020 年 6 月 8 日上午，炼油销售公司召开领导班子（扩大）会议，集团公司党组组织部到会宣读集团公司党组调整公司领导班子决定：张莺任炼油销售公司党委副书记兼纪委书记、工会主席人选，任公司监事；免去丁一平相关职务，退出现职。12 月 7 日下午，炼油销售公司召开领导班子（扩大）会议，集团公司党组组织部到会宣读集团公司党组调整公司领导班子决定：黄友生担任炼油销售公司副总经理、党委委员；解聘杨勇相关职务，调出另有任用。12 月

24 日，集团公司召开视频会议，集团公司党组组织部宣读集团公司党组调整公司领导班子决定：王彪任炼油销售公司执行董事、党委书记（主持党政全面工作）；王净依不再担任炼油销售公司执行董事、党委书记、委员职务，另有任用。

（黄春峰）

【生产经营】 2020 年，实现产品经营总量 3 865.92 万吨，其中销售液化气 1 032.53 万吨、石油焦 1 082.01 万吨、沥青 1 042.40 万吨、硫黄 588.36 万吨、异辛烷 100.73 万吨、石蜡 19.90 万吨；营业收入达 676.54 亿元，完成利润 5.50 亿元。

（黄春峰）

【沥青产品销售首次破千万吨】 2020 年，多家生产企业沥青出厂量创年度新高，全年经营量达 1 042.40 万吨，首次破千万吨大关。

（黄春峰）

【第一次党员大会】 2020 年 5 月 11—12 日，中共中国石化炼油销售有限公司第一次代表大会召开。大会选举产生中共中国石化炼油销售有限公司第一届委员会、第一届纪律检查委员会，选举王净依为中共中国石化炼油销售有限公司第一届委员会书记、丁一平为中共中国石化炼油销售有限公司第一届纪律检查委员会书记。

（黄春峰）

【“东海牌”沥青品牌价值 12.39 亿元】 2020 年 5 月 10 日，中国品牌建设促进会联合中国资产评估协会等单位在新华网演播厅举行“2020 中国品牌价值评价信息发布”线上活动。“东海牌”沥青首次申报评价，并以品牌强度 845 分、品牌价值 12.39 亿元入榜。

（黄春峰）

【“东海牌”沥青成功应用于 2020 年越南 F1 赛道】 2020 年 2 月，越南国家石油公司发来确认函，中国石化“东海牌”沥青成功应用于 2020 年越南 F1 赛道。该赛道边是中国石化“东海牌”沥青继 2003 年中国上海 F1 赛道后供货的第 2 条 F1 赛道。

（黄春峰）

【开展 3 个重点项目攻坚】 2020 年，炼油销售公司开展体制机制改革、经营管理分析系统提升和物流管理提升 3 个重点项目年度攻坚。体制机制改革项目完成管理体制、运行机制、销售模式、业务流程等核心业务的全面诊断和优化设计，为下步工作奠定基础。经营管理分析系统提升项目完成业务分析、财务分析共 81 张报表的开发上线，增强了对企业生产、市场波动、客户动态等情况的收集、整理能力，为准确研判市场提供数据支持。物流管理提升项目完成了针对性优化方案，华东、华北等地区液硫配送工作相继启动，助力营销模式由“交易”向“交付”转变。

（黄春峰）

【开展“百日攻坚创效”行动】 2020 年，炼油销售公司深入开展“百日攻坚创效”行动，制订“百日攻坚创效”行动计划和四大目标，成立 4 个专项工作组，通过强化产销衔接，聚焦精准研判，加强客户开发，着力做大自营业务，注重物流优化，全力盘活闲置资源等措施，4—6 月，炼油销售公司经营总量超集团公司年度考核指标当季时间进度 75.25 万吨。

（黄春峰）

【全力完成新冠肺炎疫情期间保畅保供工作】 2020 年，炼油销售公司坚持履行好政治责任、经济责任和社会责任，在新冠肺炎疫情期间切实做好保畅保供工作，液化气统筹谋划，确保企业产品出厂和湖北地区民用气资源供应；硫黄灵活优化固液硫比例和资源流向，克服下游开工延迟影响，确保华东企业生产后路畅通；物流管理加大铁路出厂力度，开辟“无接触”“水上浮仓”等创新模式；各代表处坚持“服务企业、服务客户”，主动与企业、客户沟通，确保产品及时顺利出厂。

（黄春峰）

【科技创新不断深入】 2020 年，炼油销售公司着力技术创新，抓好研发应用，“硬质沥青开发和工程应用”技术成果获集团公司科学技术进步三等奖，相变蜡、炸药蜡、农药蜡等特种石蜡产品相继进入应用性能验证阶段。

（黄春峰）

【实施人才强企工程】 2020 年，炼油销售公司完善人才通道建设，开展岗位公开竞聘，选聘高级主管 28 人、主管 40 人；通过综合考评选聘主办 192 人。

（黄春峰）

【成立中石化炼油销售（上海）有限公司】 2020 年 4 月 29 日，中石化炼油销售（上海）有限公司成立，注册资本 5 000 万元。炼油销售公司总会计师周峰任董事长。

（黄春峰）

【加强企业文化顶层设计】 谋划形成三年一轮的“书香炼销”悦心读书节、“多彩炼销”风采展示节、“活力炼销”运动健康节，2020 年 9 月 29 日，举办首届“书香炼销”悦心读书节。

（黄春峰）

【党的建设更加有力】 2020 年，炼油销售公司党委层层压实党建责任，健全完善党建工作责任体系，健全完善党建工作推进体系，健全完善党建工作整改体系，管党治党责任有效压实；加强“三基本”建设，推进组织力提升工程，发挥党支部的政治功能，基层组织建设不断夯实；健全完善“大监督”工作体系，严肃执纪问责，党风廉政建设不断深化；深入推动党建融入中心，聚焦经营管理，搭建党建共建、党员责任区等载体平台，夺取疫情防控和经营管理“双胜利”，持续推动党的政治优化转化为公司发展优势。

（黄春峰）

表 1　炼油销售公司主要生产经营指标　万吨

产品品种 \ 年份	2020	2019	2018	2017	2016	2015
经营总量	3 865.92	4 129.42	4 014.61	3 683.04	3 395.58	3 226.55
液化气	1 032.53	1 109.44	1 121.59	1 015.67	942.93	873.42
石油焦	1 082.01	1 309.29	1 329.73	1 288.33	1 253.94	1 167.46
沥　青	1 042.40	937.02	812.60	807.34	742.04	749.37
硫　黄	588.36	602.53	576.42	506.41	432.92	412.43
异辛烷	100.73	151.10	153.57	44.05		
石　蜡	19.90	20.04	20.71	21.24	23.75	23.87
营业收入 / 亿元	676.54	899.00	951.92	724.85	481.41	602.14

中科炼化

【概况】 中科（广东）炼化有限公司（简称中科炼化）地处广东省湛江市东海岛，是中国石化、广东省的重点建设工程，一期项目为 1 000 万吨 / 年炼油和 80 万吨 / 年乙烯，以及储运、热电、污水处理、码头、铁路等公用工程及配套设施。占地 435 公顷，总投资 385.5 亿元，预计年产值可达 600 亿元，可实现利税 260 亿元。

2016 年 12 月，中科炼化项目正式开工建设。2019 年 12 月底，中科炼化项目建成中交。2020 年 9 月，中科炼化生产全流程打通。项目包括 1 000 万吨 / 年常减压等 18 套炼油装置、80 万吨 / 年蒸汽裂解等 10 套化工装置，18 万米^3（标准）/ 时煤制氢装置及配套工程纳入项目管理。配套公用工程及辅助设施包括 4 台 450 吨 / 时 CFB 锅炉和 3 套 100 兆瓦汽轮发电机、10 个码头泊位。另外配套 1 条运量为 79.9 万吨 / 年、远期 159.8 万吨 / 年中科炼化湛江东海岛铁路专用线。

截至 2020 年底，中科炼化在册员工 1 646 人，其中具有高级职称的133人、中级职称的288人。

中科炼化主要技术经济指标及主要产品产量分别见表1和表2。

（刘夏甜）

【领导班子调整】 2020年4月，集团公司对中科炼化领导班子进行调整：聘任吴惜伟为中科炼化党委书记（仍任执行董事），聘任曾松为中科炼化党委副书记、总经理，聘任罗志荣为中科炼化党委委员、副总经理，免去陈晓文中科炼化党委书记、委员职务。调整后中科炼化领导班子由吴惜伟、曾松、郭新、朱华周、方云、张悦、罗志荣、邓瀚深组成。

（刘夏甜）

【项目建设及开工“双胜利”】 2020年，中科炼化克服工期紧、疫情防控压力大的困难，高效推进项目尾项施工。按照疫情防控和复工复产“两手抓、两不误、两促进”要求，协调地方政府提供帮助与支持，组织为外来施工人员做核酸检测，实现零感染目标，中央电视台《新闻联播》报道了中科炼化疫情防控及复工复产典型事迹。中科炼化坚持“稳字当头、稳中求进”的总原则，有条不紊地推进装置投料开车工作，攻克技术难关，确保重大科技项目成功投用。截至2020年底，中科项目累计完成资本性支出344.74亿元，占批复概算的99.4%，与投资完成进度相符；自2018年4月EPC单位进场到2020年9月30日装置打通全流程，仅用时29个月，炼油与化工同步建设、同时开工，在中国石化历史上尚属首次。由中科炼化代建代管、投资15.15亿元、储油能力150万吨的原油商储基地年底全面建成中交，建设工期仅7个月，较好地完成集团公司党组交予的战略任务。

（刘夏甜）

中科炼化装置（聂冬生　摄）

【生产全流程全面打通】 2020年6月16日，中科炼化项目在北京、广州和湛江三地以视频连线方式举行“云投产”启动活动，1 000万吨/年常减压装置投产。8月24日，420万吨/年重油催化裂化装置喷油成功，打通炼油全流程关键节点。9月30日，80万吨/年蒸汽裂解装置产出合格乙烯、丙烯等产品，标志着中科炼化生产全流程全面打通。

（刘夏甜）

【超额完成全年效益目标任务】 2020年，中科炼化传承石油精神、弘扬石化传统，通过近2个月的攻关调试，实现装置安全稳定运行。全力争取省市各级部门的支持，取得码头经营许可，顺利采购52万吨低价位开工原油，降本约5亿元。坚持价值引领，狠抓开工费降低、把准原油采购节奏及优化节能降效等工作，节约开工费1.68亿元，持续攻坚创效达7.39亿元，超额完成集团公司下达的攻坚创效目标任务。全年累计加工原油286.67万吨，生产乙烯14.14万吨，实现营收109.56亿元。11月起整体实现盈利。

（刘夏甜）

中科炼化港口全景（聂冬生　摄）

【全面夯实安全管理基础】 2020年，中科炼化紧紧围绕安全生产专项整治三年行动计划，组织开展“我的工作我负责，确保安全无事故”活动，强化全员安全意识和安全技能提升；扎实开展“安全生产集中整治行动”，从严整顿现场作业施工违章问题，加强对直接作业环节安全管控，真正做到“安全工作先于一切、高于一切、重于一切”；深入开展全员“我为安全做诊断”活动，排查装置投料试产安全风险，有效防范安全风险和安全事故发生；抓好投产期现场安全标准化管理，通过悬挂安全标语、完善安全标识、营造了良好的安全生产氛围；积极组织开展安全教育，抓好外来人员入场安全培训、员工安全技能培训，依法组织公司危险化工工艺特种作业人员取证及危险化学品安全管理人员取证；举办多样化安全活动，开展安全大讨论、强化安全学习，加强应急演练，提升了全员应急处置能力。通过强有力的措施，消除了现场安全管理薄弱环节，为公司生产经营、项目建设及新装置开车期间各项任务安全顺利的完成奠定基础。

（刘夏甜）

【企业管理水平大幅提升】 2020年，中科炼化克服新企业管理从零起步的困难，以全面提升执行力为重点大力提升企业管理水平。累计组织完成4批次制度建设，建立制度309项，生产运营期制度架构搭建基本完成。以全面提升执行力为重点，加强制度落实情况的检查和考核，突出抓好与生产运营相关制度的执行落地，制度“红线意识”得到强化。以“三标”管理、“五星班组”建设为抓手，大抓基层建设，狠抓机柜间、中控室、装置现场环境整治和定置化管理，构建“五星”标准推动班组建设规范化，夯实基层标准化管理水平。强化业务外包管理，将其纳入公司管理体系，促进管理水平全面提升。以“马上就办”、首办负责制、督办督查、标准化管理、机关作风监督为抓手，全面强化作风建设，全面提升企业管理效率。抓实对标提升行动，制定涵盖8个方面27项问题的对标提升清单，找差距补短板，明目标定措施，加快赶超先进步伐，企业管理实现从项目建设向生产运营的平稳度过。

（刘夏甜）

【建成高水平智能工厂】 2020年，中科炼化全面落实数字化转型策略，建成系统内首家基于工业互联网平台开发、消除信息孤岛的智能工厂，建成与智能工厂集中集成、互联互通的电信系统，成为系统内首家实施全厂数字化交付的样板工程，为公司未来生产经营提供强有力的数字化支撑。

（刘夏甜）

【全面推进依法依规治企】 2020年，中科炼化建立完善合规管理体系、合规行为规范和合规风险清单，推进合规体系建设，健全“三重一大”决策程序及制度，加强“两高一重”、重点环节的合规管理，切实将合规要求覆盖公司各业务领域，贯穿决策、执行、监督全过程。公司在集团公司法治央企建设中被评为A级。

（刘夏甜）

【稳步推进公司改革发展】 2020年，中科炼化根据集团公司党组指示精神，积极推进专项审计、资产评估、股权结构调整、债权债务梳理、工商和资质变更、合同变更、业务和信息系统整合等系列工作，7月1日圆满完成中科炼化与湛江东兴公司的一体化资产重组目标。一体化重组后，2家企业真正实现资金优化运作，整体资金使用效率得到提高，资产负债率由重组前的68.4%降至58.36%；税收优化管理加强，有效降低了2家企业的税负，少缴增值税6.32亿元；资源共享优化到位，整体效益最大化得到发挥。

（刘夏甜）

【全面建设高素质员工队伍】 2020年，中科炼化发挥领导干部这个“关键少数”的引领示范作用，一级做给一级看、一级带着一级干，在把好“政治关”、重视政治素质考察前提下，坚持“出业绩才出干部”的原则，优先使用敢于负责、勇于担当、善于作为、实绩突出的干部，建立组织选拔与公开竞聘相结合的竞争择优选人用人机制，拓宽选人用人渠道。建立中层后备干部库和青年骨干人才库，建立人才培养机制，把准培训方向，优化培训内容，创新培训手段，增强培训工作的针对性和实效性，切实提升队伍的凝聚力、向心力和战斗力。全年共选拔任用干部8批次，调整选拔任用干部22人次，其中调整中层干部15人次、新提拔基层干部6人；开展专业技术选聘2批次，共选聘专业技术职位10人，其中转聘高级专家1人、主任师4人，公开竞聘副主任师5人。组织开展专业技术职务任职资格评审工作，全年3人取得高级工程师任职资格、21人取得工程师任职资格。

（刘夏甜）

【宣传引领作用凸显】 2020年，中科炼化围绕“百日攻坚创效”和投料开车等中心工作，组织10场开工经验分享会，选树先进典型120多人，持续推动石油精神、石化传统教育不断深化，形成人人争当先进的良好氛围，公司在系统内200余家微信公众号传播力统计中连续多月排在A级，复工复产、装置投产情况2次在中央电视台《新闻联播》得到报道，提升了企业影响力。

（刘夏甜）

【党建工作水平全面提升】 2020年，中科炼化党委始终把政治建设摆在首位，认真落实“务实、创新、融合”工作要求，以“站排头、争第一”为目标，推进党建优势转化为发展优势。把学习贯彻习近平总书记重要指示批示精神列为党内重要会议、中心组学习的“第一议题”，作为党内政治生活的“第一标尺”，年内共组织集中学习44次。结合总部推进党的政治建设和巩固深化“不忘初心、牢记使命”主题教育成果重点措施文件要求，分别制定67项和68项细化措施，明确责任单位和部门，确保党中央、集团公司党组决策部署落地生根。顺利完成13个党支部到期换届工作，基层班组党员力量覆盖率100%；共建立69个党员责任区、129支党员突击队、36台公司级党员先锋机，党员先锋模范作用充分发挥，“党旗高高飘扬在现场”成为广大党员的光荣和自豪。建立多维度、立体化的党建共建体系，与共建单位组织联建、党员联管、队伍共带、管理同抓、资源共享，实现中心工作瓶颈在哪里，“红色引擎”就驱动到哪里，为装置投料开车成功提供了保障。公司党建共建成果获中国石化管理现代化创新成果一等奖。

（刘夏甜）

【群团工作各具特色】 2020年，中科炼化坚持党建带工建、带团建，持续开展“两士两星两优”“大干120天”等主题劳动竞赛和“技术分析进班组”等活动，开展夜间现场慰问活动60余次，有效保障了项目开车。组织开展团员青年战疫突击、班组反事演练竞赛、“青年奉献在装置现场”主题活动、“我的青春放光芒”青年论坛、“我是守护者”青年安全监督和青年志愿服务等，带领75支青年突击队攻克多项急难险重任务，充分发挥了团组织生力军和突击队作用。

（刘夏甜）

【构建“大监督”格局】 2020年，中科炼化监督委员会拓展内外部监督力量，90%以上基层党支部设有监督小组，选聘20名特邀廉洁监督员，织密监督网络；聚焦提升治理效能，开展13个专题监督和11项年度重点监督事项，实现“关键人、关键处、关键事、关键时”近距离常态化监督；探索开展党委巡察工作，强化整改日常监督，推动形成监督闭环，一体推进“三不”体制机制建设，发挥监督保障执行作用。项目建设以来没有发生职务违法案件，政治生态持续巩固向好。

（刘夏甜）

表1　　中科炼化主要技术经济指标　　亿元

指标名称 \ 年份	2020	2019	2018	2017	2016	2015
原油加工量/万吨	795.59	—	—	—	—	—
工业总产值	351.84	—	—	—	—	—
工业增加值	142.40	—	—	—	—	—
资产总值	463.99	—	—	—	—	—
流动资产	86.63	—	—	—	—	—
固定资产原值	382.14	—	—	—	—	—
固定资产净值	318.30	—	—	—	—	—
销售收入	377.50	—	—	—	—	—
实现利税	162.66	—	—	—	—	—
税　金	127.34	—	—	—	—	—
综合能耗/吨标煤·万元$^{-1}$	0.836	—	—	—	—	—

表 2　中科炼化主要产品产量　万吨

产品名称 \ 年份	2020	2019	2018	2017	2016	2015
汽　油	266.48	—	—	—	—	—
柴　油	282.68	—	—	—	—	—
燃料油	56.88	—	—	—	—	—
液化气	40.45	—	—	—	—	—
化工轻油	51.56	—	—	—	—	—
混合二甲苯	6.99	—	—	—	—	—
乙　烯	14.14	—	—	—	—	—
丙　烯	27.35	—	—	—	—	—
石油苯	6.15	—	—	—	—	—
乙二醇	6.34	—	—	—	—	—
高密度聚乙烯	6.33	—	—	—	—	—
聚丙烯	25.79	—	—	—	—	—

湛江东兴公司

【概况】 中国石化湛江东兴石油化工有限公司（简称湛江东兴公司）位于广东省湛江市，地处广东省西南部、雷州半岛北部，是中国石化在粤炼化企业之一，主营业务为石油提炼加工和石化产品销售。其前身为私营炼油企业，2002 年 3 月经国务院和原国家计委批准同意，被集团公司收购。2007 年 11 月 22 日，集团公司将其拥有的湛江东兴公司 75% 的合同权益转让给股份公司。2008 年，湛江东兴公司经国务院国资委同意实施权益变更，完成工商变更登记。湛江东兴公司合作双方变更为股份公司和中国石化盛骏国际投资有限公司，合作权益比例变更为 75% 和 25%，同时公司名称由"湛江东兴石油企业有限公司"变更为现名。2020 年 7 月 1 日，湛江东兴公司和中科（广东）炼化有限公司（简称中科炼化）实施资产重组合并，由中科炼化吸收合并湛江东兴公司，重组合并后，股份公司和中国石化香港盛骏国际投资有限公司权益比例分别为 90.3% 和 9.7%，湛江东兴公司与中科炼化人员及组织机构仍按照原来管理模式管理，后续人员及组织机构重组等相关事宜由集团公司统一安排推进。2020 年 9 月 30 日，湛江东兴公司正式代管中国石化集团石油商业储备有限公司湛江分公司、中国石化石油销售有限责任公司湛江分公司的商储油库和中转油库。

截至 2020 年底，湛江东兴公司原油一次加工能力为 500 万吨 / 年，拥有 500 万吨 / 年常减压蒸馏、150 万吨 / 年重油催化裂化、50 万吨 / 年连续重整、200 万吨 / 年柴油加氢、14 万吨 / 年聚丙烯、6 万吨 / 年乙苯—苯乙烯等 24 套生产装置，主要生产汽油、柴油、聚丙烯、石脑油、液化气、苯乙烯、硫黄等 9 类 50 多种产品，资产总计 122.7 亿元，下设 10 个职能部门和 12 个基层车间，在职员工总数为 799 人。

2020 年，湛江东兴公司累计加工原油 508.92 万吨，实现现价工业总产值 237.11 亿元，实现销售收入 234.04 亿元。

湛江东兴公司主要技术经济指标及主要产品产量分别见表 1 和表 2。

（林益涵）

【领导班子调整】 2020年9月23日，根据工作需要，集团公司党组决定：蒋喜文不再担任湛江东兴公司总会计师、党委委员职务，另有任用。10月30日，集团公司人事部视频会宣读集团公司党组决定：鉴于年龄原因，免去吕建成湛江东兴公司董事、副总经理、党委委员职务，改任二级协理员。调整后的湛江东兴公司领导班子由吴惜伟、吴潮汉、易荣培、申涛组成。

（林益涵）

【经营业绩喜人】 2020年，湛江东兴公司着力抓疫情防控、安全环保、生产优化、降本减费和党的建设等工作，顺利完成与中科炼化的重组融合和资产合并、退休人员社会化管理移交和湛江商储管网改革移交代管等硬任务，连续19年实现安全平稳生产，全年原油加工量、销售收入、利润总额、上缴税费均实现逆势增长，各项技术经济指标持续提升，吨油利润继续领跑中国石化炼油板块，湛江东兴公司获2020年中国石化绿色企业、集团公司"人均劳效""比学赶帮超""百日攻坚创效""持续攻坚创效"优胜单位等称号和全国设备管理与技术创新成果一等奖。

（林益涵）

【安稳生产良好态势持续稳固】 2020年，湛江东兴公司坚持安全生产首要地位，以HSSE管理体系有效运行为抓手，修订完善18项安全管理制度并抓好宣贯，全面提升安全管控水平；适时开展重点部位、关键设备等风险识别，重点抓高温油泵、轻烃泵、轻油罐及防硫化氢中毒、防雷电等专项检查，全年排查公司级"十大风险"4项，降级1项、续转3项；巩固隐患发现及时奖励好做法，全年及时发现并处置二催化提升管膨胀节穿孔泄漏等安全隐患24项，奖励员工1.58万元。

（林益涵）

【绿色低碳发展水平大幅跃升】 2020年，湛江东兴公司从严抓"环保装置的管理要比生产装置管理标准更高""环保监测数据的管理比产品质量的管理更严"执行，全年废水废气稳定达标排放，外排污水总氮、氨氮、总磷均值17.87毫克/升、0.34毫克/升、0.10毫克/升，分别下降5.6%、10.5%和9.1%。全面推进"绿色企业行动计划"，扎实抓企业"一方案两清单"32项任务和26项重点项目落实，全厂罐区油气VOC治理、工业和生活垃圾分类等项目安全实施、如期投运，全厂常减压、聚丙烯、苯乙烯、液柴加氢等10套装置通过公司级绿色基层装置评审，全厂绿色基层装置覆盖率达40%。

（林益涵）

【创新增效取得新突破】 2020年，湛江东兴公司以解决生产难题为科研攻关切入点，大抓技术改造及创新应用，推动装置提质升级增效，成功研发渣油原料生产高辛烷值桶汽油的裂化催化剂，工业应用成效明显，汽油+液化气收率提高1.8%，项目获中国化工学会科技进步一等奖；强力推进中国石化异构化配套"十条龙"攻关项目建设，项目安全如期建成并实现一次开车成功，各项指标达到"十条龙"科技攻关设计要求，生产汽油辛烷值达89.5，项目顺利"出龙"，为企业增效添新动力；加强与科研单位合作，实施污水提标处理FCBR高效生化成套技术攻关，项目获集团公司科技进步二等奖。

（林益涵）

【疫情防控扎实有效】 2020年，湛江东兴公司通过疫情研判、联防联控、压实属地责任、员工教育引导、深入排查、分类管理、日常防控等常态化措施落实，及时编制24份疫情防控应急预案，制订疫情防控常态化、秋冬季疫情防控工作方案，突出抓重点人员、重点场所、重点时期的疫情防控，适时开展摸底排查，管住重点人群风险，全年完成9 100人次的排查、1 030人次行程与健康监测和772人次核酸检测的核实，确保员工生命安全和身心健康。急难关头挺身而出，各党支部迅速成立16个党员突击队，198名突击队员采取党员干部带头分班组包干、党员对点联系等方式，号召广大干部、党员投身疫情防控第一线，疫情防控责任真正压实在基层最前沿。

（林益涵）

【党的建设更加坚强有力】 2020年，湛江东兴公司着力抓党委的领导作用、党支部的战斗堡垒作用和党员的先锋模范作用的发挥，认真落实“第一议题”制度，重点抓好十九届四中、五中全会精神的学习，全年中心组集中学习 13 次，党委成员讲党课 12 场次、调研 60 余次，为基层解决问题 80 余项，党委参与公司经营重要事项前置审议或决策 100 余项，党委“把方向、管大局、促落实”的作用充分发挥。各党支部聚焦主责主业、急难险重等工作，通过党员承诺践诺、先锋机（岗）等载体，成立 16 支党团先锋队，实施 39 项党支部专项特色活动，征集攻坚创效等“金点子”400 余条，推动党建融入安全生产、攻坚创效、绿企创建等中心工作，党建工作与生产经营工作同频共振、互促提升。

（林益涵）

【人才队伍建设】 2020 年，湛江东兴公司坚持“人才就是核心竞争力”的理念，健全选育管用人才队伍培养体系，全年干部调整 5 批次，提拔 1 人、平级调整 3 人、退出现职 2 人、改聘专业技术 1 人。组织领导干部政治能力培训，制订优秀年轻干部“一人一策”培养方案、选派参加青干班、组织“三百三千”实践锻炼计划等，干部队伍结构更加优化，其中中层干部中“80 后”占 26%，“70+80”后占 74%，基层干部全部为“70 后”，“80 后”占 63%。大力抓“三支队伍”能力提升建设，以开展职称评审、技能鉴定及技能竞赛为契机，调动广大员工脚踏实地、刻苦钻研、苦练基本功的积极性，全面提升本领，全年 5 人通过高级职称评审、28 人通过中级职称评审，获技师资格 19 人，创出历年来最高水平。

（林益涵）

【党风廉政建设巩固深化】 2020 年，湛江东兴公司坚持驰而不息纠正“四风”，以“零容忍”态度惩治腐败。严格执行重大事项请示报告制度，动态更新 20 名中层干部廉洁情况“活页夹”。扎实开展“反腐倡廉教育月”活动，组织季度廉政教育课，强化警示教育，紧抓关键节点，向党员干部发信号、划红线，广大干部员工红线意识不断增强。深化运用“四种形态”监督执纪，全年查核 4 封信访件，对规避招标等行为进行问责，考核 13 人，并及时完善对外委托业务管理制度，堵塞漏洞。

（林益涵）

【精准扶贫任务出色完成】 2020 年，湛江东兴公司以实施乡村振兴战略为抓手，派驻 2 个扶贫工作组共 5 人，借助“产业 + 配套”帮扶，总计投入 149 万元，实施扩大大棚辣椒种植 50 亩（3.33 万平方米）、机耕路改造、涵洞桥改造、垃圾池改造、农用电线路改造、农田灌溉深水打井配套等项目，继续做好对口帮扶雷州市北和镇贤洋村的扶贫工作，并配合佛山顺德工作组帮扶北和镇南边黄村，出色完成精准扶贫任务，“十三五”精准扶贫的贤洋村、南边黄村总脱贫 86 户 362 人，脱贫率均达 100%。

（林益涵）

【企业民主建设和谐稳定】 2020 年，湛江东兴公司全力推进“职工之家”建设，海滨宿舍“职工之家”投入使用；全心全意为困难群众办实事、解难事，启动海滨宿舍小区电梯加装，全年帮扶困难员工 68 人次、发放帮扶救助金 10.49 万元。强化党对意识形态工作的领导，杜绝负面舆情和错误思想传播，组织观看《石油魂》，“传承石油精神、弘扬石化传统”教育深入人心，员工实干韧劲更强。用好新媒体做好宣传工作，全年“奋进湛江东兴”发稿 1 461 篇，平台活跃度在总部排名 A 类第 6 名。创新举办 5 期“公众云开放”直播，响应效果良好。从严抓职代会提案（建议）落实，全年征集的 1 项提案和 54 项建议有效落实。

（林益涵）

表 1　湛江东兴公司主要技术经济指标　亿元

指标名称 \ 年份	2020	2019	2018	2017	2016	2015
原油加工量 / 万吨	508.92	397.62	478.96	484.47	484.69	381.10

续表

年份 指标名称	2020	2019	2018	2017	2016	2015
工业总产值①	237.11	233.70	290.39	256.89	224.06	190.02
工业增加值	104.00	90.49	124.46	127.58	117.31	82.80
资产总值	122.70	114.98	112.37	79.74	72.66	57.77
流动资产	94.82	71.06	78.81	51.61	44.07	23.83
固定资产原值	65.71	63.94	63.79	62.83	62.68	61.77
固定资产净值	18.15	19.20	21.21	23.23	24.96	26.87
销售收入②	234.04	232.78	290.77	256.31	223.81	191.34
实现利税	94.30	86.00	119.82	122.86	112.59	77.98
税　金	82.22	74.40	98.38	97.34	95.39	74.30
综合能耗 / 千克标油 · 吨 $^{-1}$	61.07	63.59	62.63	63.30	62.74	66.04

①工业总产值按现价计算
②销售收入均不含海外销售部分

表 2　　湛江东兴公司主要产品产量　　万吨

年份 产品名称	2020	2019	2018	2017	2016	2015
汽　油	179.73	149.84	180.03	181.67	169.98	133.60
柴　油	191.42	174.40	205.13	209.68	219.47	171.54
化工轻油	16.74	4.39	2.63	7.30	3.48	4.51
苯乙烯	4.56	4.10	6.03	6.15	6.14	4.49
芳　烃	0.39	4.14	1.99	0	0	0
聚丙烯	13.65	9.80	12.55	13.39	14.02	11.07
液化石油气	32.77	25.47	29.85	30.26	29.22	23.58
燃料油	47.76	7.99	6.60	3.99	6.67	9.12

联合石化公司

【概况】 中国国际石油化工联合有限责任公司（简称联合石化公司，英文缩写 UNIPEC）成立于 1993 年，是中国石油化工股份有限公司的全资子公司，是具有较强国际竞争力的石油贸易公司之一，已与全球 100 多个国家和地区的 1 500 多家交易对手建立长期合作关系，拥有来自不同国家和地区的员工 500 多人。联合石化公司的主要职责包括：为系统内企业代理进口原油、LNG 与石脑油等化工原料，为系统内企业代理出口成品油、回提销售海外份额油（含国勘公司份额原油与延布炼厂成品油），开展原油、LNG 及成品油第三方贸易，与上述业务相关的物流运输和仓储物流设施投资运营管理。

截至 2020 年底，联合石化公司设有 11 个职能部门、5 个直属机构、6 个境外机构、2 个口岸公司、1 个国内全资子公司 [中国石化（上海）能源贸易有限责任公司]、1个国内合资公司（中海油中石化联合国际贸易有限责任公司，占股40%）。其中，11个职能部门包括办公室（外事办公室）、党群工作部（党委宣传部、企业文化部、党委办公室、工会、团委）、人力资源部（党委组织部）、财务部、审计部、纪检监督部、风险管理部、法律合规部、市场战略部、企业管理部和信息部。5个直属机构包括原油资源配置中心、石油产品贸易中心、天然气贸易中心、期纸货贸易管理中心和物流优化管理中心。6个境外分支机构分别为亚洲有限公司（香港）、英国有限公司（伦敦）、新加坡有限公司、美洲有限公司（休斯顿）、在香港上市的中石化冠德控股有限公司和印度办事处（孟买）。2个口岸公司分别位于浙江宁波和山东青岛。

联合石化公司积极落实国家能源战略，倡导诚信合作、规范经营、竭力服务客户的理念，把人才视为企业最重要的资源，坚持尊重和发挥个体的创造性，注重团队意识的培养，着力搭建素质卓越、善于合作、具有全球视野的国际贸易团队，持续提升一手资源获取能力和终端市场占有能力，不断完善管理体制机制，增加综合竞争力和抵御风险、应对危机的能力，致力于打造世界领先的能源大宗商品国际贸易公司。

2020年，面对新冠肺炎疫情冲击下愈发错综复杂的国际局势和前所未有的风险考验，联合石化公司以高度的政治责任感，严肃纪律意识、强化责任担当、全力化危为机，推动经营效益逆势增长和公司治理再提升；同时，深入落实党要管党、从严治党责任，认真践行“一岗双责”和“两个责任”，党建工作再上新台阶，以较好成绩完成“十三五”收官。全年，共完成油气国际贸易总量3.86亿吨，其中原油经营量3.21亿吨、成品油经营量4 601万吨、LNG经营量1 853万吨；实现账面利润79.22亿元，创历史最好水平。

（杨国丰）

北京石油分公司

【概况】 中国石化销售股份有限公司北京石油分公司（简称北京石油分公司）主营汽油、柴油、航煤、润滑油、燃料油、天然气、非油品及充换电业务，是首都成品油市场供应主渠道。

北京石油分公司的前身是北京市属石油集团有限公司，成立于1950年4月。1998年9月，成建制划转集团公司。2000年2月，成立中国石油化工股份有限公司北京石油分公司。2006年12月，非上市部分成立中国石化集团资产经营管理有限公司北京石油分公司，2009年7月实行上市与非上市一体化管理。2014年12月，公司名称变更为中国石化销售有限公司北京石油分公司。2019年1月，公司名称变更为中国石化销售股份有限公司北京石油分公司。

截至2020年底，北京石油分公司资产总额162亿元，员工5 567人，拥有在营油库6座、库容34万立方米，加油站572座（其6座包含充换电站），加气站29座，便利店510个；汽柴油长输管道151千米，航煤管线98千米。北京石油分公司2004年以来实现安全生产“十七连冠”。

2020年，北京石油分公司一手抓疫情防控、一手抓经营管理，克服重重困难、化解风险挑战，确保了经营工作的平稳运行。2020年，完成油品经营总量364.1万吨，下降29%；机出零售量250.7万吨，下降23.1%；非油品基础品类营业额12.86亿元，增长16.9%；报表利润亏损3.5亿元，减少8.5亿元。

北京石油分公司主要经营指标见表1。

（毛　琳）

【领导班子调整】 2020年11月，集团公司党组对北京石油公司领导班子做出调整：史东斌任北京石油公司董事长、党委书记、分公司代表；王顺江任北京石油公司总经理、党委副书记；孙勤凤任北京石油公司副总经理、党委委员；杜宝伟任北京石油公司总会计师、党委委员；贾文利任北京石油公司副总经理、党委委员。

（毛　琳）

【科学精准抓疫情防控】 2020年，北京石油分公司加强组织领导，建立健全管理、应急、值班体系，严格落实疫情吃紧和常态化防控不同阶段防控要求，坚持把员工生命安全和身体健康放在第一位，全面做好摸底排查，及时掌握重点人员信息，对重点地区返京人员落实隔离观察措施。切实抓好防疫物资保障，明确日常防护规范，最大限度满足员工防护需求。建立“三级包保”责任制，加强对一线库站防控工作的帮助指导，实现干部员工零感染。

（毛　琳）

【积极抓好零售业务】 2020年，北京石油分公司持续跟踪系统外在营站价格、营销情况，强化竞争协同。选择有代表性的加油站，积极开展点对点竞争，实现以打促谈。依托“一键加油”，对运营客户实行优惠政策，利用流失客户认定模型制定召回策略。全年，共触达客户556万人次，回流客户72万人，累计实现销量8万吨。针对用油量较大的单位客户开展攻坚行动，加大走访力度，“一户一策”制定价格政策，通过专业化用油管理、多元化营销资源、多样化增值服务强化竞争优势。

（毛　琳）

【推动非油品新模式】 2020年，北京石油分公司创新营销模式，坚持线上线下相结合，积极开发新业态新模式，大力推广“一键到车”“一键到家”业务，在疫情期间培养“不下车、不开窗，一键送到后备箱”无接触服务，放大线上线下可用库存范围，自动匹配订单信息，优化配送路线，实现3千米范围内1小时送达，开通网点361座。“易捷加油”APP和“一键加油”注册用户549万人。引导会员积分兑换由油品券改为非油品券，由现金券改为满减券，降低积分兑换成本。

（毛　琳）

【维护网络总体稳定】 2020年，北京石油分公司坚持分类施策，发展加油站39座，在传统发展模式基础上，积极推动协议转让、股权交易竞拍等新模式，弥补网络空白点。积极推动拆迁还建，利用区属集体土地完成京南站拆迁还建投营，昊良加油站免于拆迁。规范土地租期成效明显，15座加油站以延长租期但不调整或小幅调整租金的低成本确保稳定经营。为六环路及高速路沿线17座加油站办理营业执照，为43座加油站补办成品油证。积极跟踪氢能产业发展，完成延庆兴康、919、王泉营和昌平王府4座加氢站方案设计。

（毛　琳）

【强化安全环保管理】 2020年，北京石油分公司坚持“识别大风险、消除大隐患、杜绝大事故”原则，积极推进专项整治三年行动计划，发布2个专题实施方案、4个专项整治方案；坚持“上报一批、整改一批、不留尾项”，对隐患治理项目逐条销项，10项销售公司级隐患、423项公司级隐患全部完成整改。抓好反恐工作，强化全国“两会”、党的十九届五中全会等特殊时期安全保障，成功处置2起顾客偷打散装油事件。深入开展绿色企业行动计划，积极推进排污许可证办理、环保设施升级改造、绿色基层创建等工作，评定绿色加油站158座、绿色油库2座，长辛店油库和23座加油站实现废水处置回用。

（毛　琳）

【提升数质量管理水平】 2020年，北京石油分公司秉承“每一滴油都是承诺”的质量方针，修订完善成品油和天然气质量管理办法、质量事故责任追究管理制度等文件，顺利通过质量管理体系监督审核。从油品采购源头和加油站销售终端，严格控制各项质量指标，关键指标检验率和合格率均达100%。提高成品油检验标准，防范醇类、硅类等质量风险发生，政府相关部门及集团公司抽检100%合格。完善二次物流技术防范手段，积极推进电子铅封升级改造。

（毛　琳）

【强化价值管理】 2020年，北京石油分公司紧紧围绕价值管理，细化指标体系，强化业财融合，深入开展攻坚创效专题分析，制定7类39项可量化具体工作措施。法人压减工作取得实质性进展，完成42户小法人注销工作。强化资产管理责任，研究制订长期闲置土地房产盘活方案。深化资金监管平台应用，常态化开展财务稽核工作，疫情期间对信用政策提级管理，严防资金风险。

（毛　琳）

【稳妥严细抓改革管理】 2020年，北京石油分公司积极做好非油品经营管理综合改革试点准备工作，制订改革方案并获易捷公司批复，完成易捷北京分公司工商注册。退休人员社会化管理工作基本完成，1 600名退休人员人事档案移交属地管理。积极推进“三供一业”分离移交，2020年9月与首华建设公司签订移交协议，完成国拨资金上报。

（毛　琳）

【大力推进党建工作】 2020年，北京石油分公司扎实推进习近平新时代中国特色社会主义思想大学习、大普及、大落实活动，助理级以上干部带头撰写学习体会102篇、调研报告100篇，到基层讲党课96次，为建立“不忘初心、牢记使命”主题教育长效机制、巩固深化主题教育成果积累了经验。成功召开公司党代会。层层宣贯党的十九届五中全会精神，积极谋划“十四五”发展。强化党组巡视反馈问题整改，明确任务，细化措施，压实责任，整改率和整改质量得到进一步提升。

（毛　琳）

【深化“大监督”格局】 2020年，北京石油分公司深化完善“大监督”格局，健全“各负其责、信息共享、重点协调、联动推进、措施互补、综合监督”的运行机制，不断提升监督合力。强化干部员工管理监督，细化完善廉洁风险防控措施，及时化解苗头性、倾向性问题，一体推进不敢腐、不能腐、不想腐，持续整治“微腐败”。

（毛　琳）

【积极履行政治责任社会责任】 2020年，北京石油分公司在疫情期间践行“油品不断供、商品不涨价、服务不打烊”的服务承诺，供油支援小汤山医院建设，组织志愿者支持口罩生产，承担部分回国人员隔离任务，为59家中小企业和个体工商户减免租金75万元。

（毛　琳）

表1　北京石油分公司公司主要经营指标

指标名称＼年份	2020	2019	2018	2017	2016	2015
成品油销售总量/万吨	364.10	512.67	536.00	513.23	506.70	604.85
零售量	250.70	353.60	324.00	322.77	360.10	306.01
销售收入/亿元	363.26	229.42	387.00	324.00	311.00	359.00
利润/亿元	–3.50	5.00	7.22	10.10	10.90	6.70
吨油费用/元	680.00	440.00	387.00	436.00	383.00	279.00
资产总额/亿元	162.00	156.00	151.00	156.00	143.00	138.79
加油站总数/座	572	568	567	562	563	564
在营油库数量/座	6	6	7	7	8	9

天津石油分公司

【概况】 中国石化销售股份有限公司天津石油分公司（简称天津石油分公司）是股份公司所属销售企业，主要经营成品油、润滑油、燃料油、氢气、天然气的零售、直销、批发业务及其他非油品业务，是天津地区最大的成品油经营企业。截至2020年末，天津石油分公司拥有在营加油站

467 座、在营油库 2 座，设 12 个职能处室、3 个专业中心，在岗员工 4 500 人，资产总额 91.36 亿元。

2020 年，天津石油分公司以“牢记初心使命强化责任担当，凝聚干事创业的强大力量实现企业高质量发展”为工作主线，面对前所未有的生产经营困难局面，新一届领导班子迎难而上，团结带领公司全体干部职工，在集团公司、销售公司的领导下，深入贯彻习近平总书记重要指示批示精神和党中央决策部署，全面贯彻落实集团党组提出的世界领先发展战略部署，持续推进攻坚创效，全力化解疫情和油价暴跌带来的双重压力，付出了艰苦努力，取得了可圈可点的成绩。成品油市场占有率达 52.5%，比 2019 年底提高 0.3 个百分点。天然气 LNG 销量增幅 67.4%，实现大幅增长；非油品毛利率增幅 7.5%，经营管理水平得到提升；零售市场占有率 62.1%，保持区域市场主导地位。2020 年，天津石油分公司共获销售公司“比学赶帮超”活动 5 面先进红旗，连续第 6 年获评全国文明单位、连续 3 年获榜样天津最具社会责任企业称号，被评为中国石化绿色企业。

天津石油分公司主要经营指标见表 1。

（赵　莹）

【领导班子调整】 6 月 2 日，集团公司党组以视频会议形式宣布对天津石油公司领导班子调整的决定：张纳军任天津石油有限责任公司董事长，高望任天津石油分公司总经理，原党委书记王文联退休。10 月 16 日，根据工作需要，集团公司决定张纳军不再担任天津石油有限责任公司董事长。11 月 30 日，集团公司党组宣布对天津石油公司领导班子调整的决定：佟德健任天津石油有限责任公司董事长；建议李春波为天津石油有限责任公司副总经理人选；高军不再担任天津石油有限责任公司总会计师职务，另有任用；荆孝民不再担任天津石油有限责任公司副总经理职务，另有任用。2021 年 1 月 4 日，集团公司党组宣布对天津石油公司领导班子调整的决定：闫晓青任天津石油有限责任公司总会计师。调整后，天津石油分公司领导班子由佟德健、高望、许渝峰、闫晓青、徐成德、李春波组成。

（赵　莹）

【打好疫情防控阻击战】 面对疫情紧急响应，党员干部冲锋在前，及时成立疫情防控领导小组，编制《防疫工作指南》配发至全部在营站，投入 620 万元购置防疫用品，充分保障一线防疫物资配备，仅用一个多月，实现口罩生产和销售。全年口罩销售额 1 947 万元，熔喷布销售额 384 万元。用 24 小时不停歇的服务践行“油品不断供、商品不涨价、服务不打烊”的承诺。实现了员工零感染、经营损失降到最低、安全环保平稳、员工队伍整体稳定，加油站、库及便利店全部正常运行的目标。

（安　宁）

【天然气终端业务不断优化】 天津石油分公司以国省道为重点，重点开拓 LNG 网点，高速 LNG 站通过提高综合管理水平、完善网络布局、加强营销、开拓市场，全年实现销量 4.88 万吨，增长 140%，实现利润 1 009 万元，创历史新高。

（安　宁）

【易捷便民进社区】 以“南开区新时代文明实践”为契机，联手南开区长虹街建华里社区开展“易捷便民进社区”活动，打造首个易捷便民企地合作项目，“摆摊”设点促销非油品商品，自疫情期间合作以来，“易捷便民服务店”丰富的民生商品、超值的惠民价格、灵活的会员营销以及对老年人、行动不便居民提供的专属送货上门服务，为社区居民“送便捷、送实惠、送安心”，更是让老百姓纷纷点赞。《天津日报》对该项活动进行专题报道。

（安　宁）

【积极助力脱贫攻坚】 天津石油分公司采取资金扶贫、消费扶贫、项目扶贫、就业扶贫多种形式精准扶贫。全年累计采购贫困地区农产品 804.91 万元，帮助销售贫困地区农产品 782.28 万元。与天津市慈善协会共同发起“1+1”献爱心助力扶贫攻坚活动，为西部扶贫项目捐赠资金 50 万元。助力蓟州南王庄村脱贫建设，投入 68 万元配合镇政府完成村内道路硬化、坑塘治理。9 名党员联系服务 9 户困难群体，帮助解决实际困难 12 个。

（安　宁）

【配合政府开展“打非治违”专项行动】 2020 年累计打击非法加油 394 起，罚没油品共计 541 余吨，震慑了不法分子，净化了成品油市场环境。市公安局组织 16 个部门负责人到天津石油分公司召开现场会，研究部署“迅雷 2 号”专项行动，对维护天津市生产安全和油品市场秩序、保护依法合规经营企业起到了重要作用。同时，进一步深化警企关系，将全市中国石化加油站网点作为公安干警的服务驿站，为警企联合办案夯实基础，为警企资源有效共享搭建平台，履行央企服务社会、贡献社会的责任，为建设美丽天津、安全天津做出应有贡献。

（安　宁）

【取得天津市首座加氢站项目】 天津石化分公司与天津港保税区管理委员会共同签署“中石化综合能源项目”投资合作协议，依托天津港保税区氢能示范产业园扶持政策，通过与中石化长城燃气投资有限公司、天津鸿瑞达能源科技有限公司在天津港保税区成立合资企业，共同投资建设油气氢电综合能源站，开展油气氢电综合能源业务。

（安　宁）

【顺利通过绿色企业创建验收】 2020 年，天津石油分公司制定下发绿色企业行动“一方案两清单”，围绕六大行动计划，逐步分解落实各项工作要求，落实责任部门、责任人，定期跟踪完成进度，安全督查大队对绿色企业行动工作重点督查，纳入公司 HSSE 管理专项考核，保障绿企各项工作顺利推进。组织开展 2 次绿色企业专题培训，组织完成部门精准对标、基层现场帮扶和绿企自评工作。推动绿色企业行动向基层延伸，完成绿色加油站创建 174 座、绿色油库创建 2 座，超计划完成 2020 年度绿色基层创建 30% 的目标。全部完成“一方案两清单”中的 70 项任务和项目目标，绿色企业创建工作通过集团公司现场审核，在 19 家销售企业现场审核中排名第一，获中国石化绿色企业称号。

（赵　莹）

【挖潜增效成绩突出】 用足用好天津市有关惠企政策，节约费用 2 396 万元。争取总部土地租金减免政策，节约费用 1 791 万元。聚合支付系统节约费用 1 076 万元。完成上门收款模式改革，改银行敛款为自行送款，节约费用 1 200 万元。通过优化加油站改造采购方案，采取利旧原则，间接节约资金约 400 万元。

（赵　莹）

【体制改革进一步深化】 为贯彻落实集团公司深化管理体制改革“去行政化”要求，规范中层机构、中层领导人员职务名称，“处”调整为“部”，“处长”调整为“经理”。进一步健全直属单位纪委和纪检监督机构，在分公司成立纪检监督部，设专职纪检监督岗和兼职纪委书记。对存在职责交叉、边界模糊、权责不明的 59 项部门职责重新界定划分，进一步提高工作效率。

（赵　莹）

【干部管理进一步优化】 全面提升领导人员履职能力，安排 27 名中层干部交流任职、参加专项工作、承担急难险重任务。理顺“三支队伍”序列，畅通专业技术序列人才成长通道，在安全环保、数质量、法律事务、人力资源等专业序列选拔 4 名专业技术专家和 1 名高级专家。积极使用“80 后”、大胆启用“85 后”、大力培养“90 后”优秀人才，确保 9 个分公司均配备“80 后”年轻干部。组织完成公司系统 18 家单位 1 582 名退休人员社会化管理工作。

（赵　莹）

【基层减负取得实效】 提升 OA 系统功能，整合 42 个线下审批流程，简化为零售事项需求、零售价格及营销需求、信用额度审批、外出休假申请等 8 个线上审批模块，减轻员工工作压力，降低办公成本，提升办公效率。

（赵　莹）

【协助政府处置好隐患油库库存油品】 8 月 15 日，积极配合政府，第一时间调集油库安全、数质量专家，协商制订库存油品运输存储方案，妥善处理滨海新区汇洋石油储运有限公司的 3.8 万吨库存油品。天津市委常委、滨海新区区委书记连茂君对天津石油分公司提出高度赞扬，指出天津石油分公司作为驻津央企，关键时刻站得出、冲得上，充分履行了央企的政治责任、社会责任和经济责任，为进一步推进企地深化合作发挥了应有的作用。

（赵　莹）

【全体干部员工参与全民义务植树捐款活动】 为贯彻落实中国石化能源管理与环境保护部关于《绿色企业评价指南（2020）版》的相关要求，天津石油分公司积极参与由全国绿化委员会、国家林业和草原局（国家公园管理局）、中国绿化基金会联合开展的“全民义务植树”在线捐款活动，累计捐款159 660元，折合树木7 983棵。

（赵　莹）

【武清油库试运营】 11月16日，武清油库实现试运行，为后续资源运作提供了仓储保证。武清油库的试运营保障了天津市西北部市场的油品供应，也为天津石油分公司攻坚创效贡献力量。

（赵　莹）

【持续开展机关服务基层】 组织开展机关党员干部下基层驻站帮扶活动，共有4 000余人次赴加油站、油库开展帮扶，共解决问题950余个，增强了机关服务基层的意识，促进了机关与基层的交流沟通和相互支持配合。党委书记直接与基层ME、站长代表面对面交流2次，职能部室、专业中心负责人现场答疑、会后落实反馈，形成了机关服务基层、全员服务客户的良好氛围。

（赵　莹）

【提升基层党员覆盖率】 在全面推动有党员站（组）占比同步提高的基础上，推进5 000吨以上站点党员覆盖率实现100%，完成销售公司党委下达的目标任务。

（赵　莹）

【第一次党代会召开】 12月25日，中国共产党中国石化销售股份有限公司天津石油分公司第一次代表大会召开，提出今后一段时期党委工作思路、措施，进一步促进了党建工作和中心工作深度融合，选举产生了中国共产党中国石化销售股份有限公司天津石油分公司第一届委员会和第一届纪律检查委员会。

（赵　莹）

【共青团第十次代表大会召开】 11月30日，共青团中国石化销售股份有限公司天津石油分公司第十次代表大会胜利召开。大会听取公司团委《不忘跟党初心，牢记青春使命，奋发务实进取，为天津石油高质量发展贡献青春力量》的工作报告，选举产生第十届团委委员会。

（赵　莹）

表1　　天津石油分公司主要经营指标

年份 / 指标名称	2020	2019	2018	2017	2016	2015
成品油销售总量 / 万吨	206.20	237.46	253.80	263.40	286.54	344.00
零售量	175.70	195.71	196.50	194.20	190.20	186.40
销售收入 / 亿元	131.92	178.00	195.00	163.60	161.00	195.00
吨油费用①/ 元	618.00	553.00	506.00	472.00	362.00	333.00
在营加油站数 / 座	467	474	476	475	474	488

①考核口径吨油费用

河北石油分公司

【概况】 中国石化销售股份有限公司河北石油分公司（简称河北石油分公司）本部位于河北省石

家庄市，其机构前身成立于1949年。1998年6月27日正式划归集团公司管理。2000年5月23日，按照集团公司企业重组改制精神，主营业务重组成立河北石油分公司，存续部分称中国石化集团河北石油有限责任公司。后者于2006年更名为中国石化集团资产经营管理有限公司河北石油分公司。2014年按照中国石化混合所有制改革部署，变更为中国石化销售有限公司河北石油分公司；2019年按照股改要求，再变更为中国石化销售股份有限公司河北石油分公司。

河北石油分公司是河北省成品油市场供应主渠道，主要经营汽油、柴油、润滑油、天然气和非油品业务，兼营汽服、餐饮等多种业务。

截至2020年底，河北石油分公司下设16个职能部门、12个地市分公司。拥有资产总额141.50亿元，资产负债率75.13%；用工总量11 810人。在用自有油库13座，库容55.34万立方米；建有13条铁路专用线共21 889米；在营加油站1 707个，销售网络覆盖全省城乡各地。

河北石油分公司主要经营指标见表1。

（韩　博）

【领导班子调整】 2020年4月29日，河北石油分公司召开领导干部大会，集团公司党组对公司主要领导进行调整：张文胜任分公司代表、党委书记；原分公司代表、党委书记张伟成调出另有任用。5月28日，集团公司党组任命曹洪华为河北石油分公司党委副书记、纪委书记，推荐其为工会主席人选；公司原党委副书记、纪委书记、工会主席王彦兴调出另有任用。12月8日，集团公司党组任命王津培为河北石油分公司副总经理、总会计师；公司原副总经理、总会计师李志英调任调研员。调整后河北石油分公司领导班子由张文胜、陈伟、杨炳华、王津培、洪威、曹洪华组成。

（韩　博）

【经济效益实现新提升】 2020年，面对新冠肺炎疫情冲击、低需求低油价市场新常态、激烈无序竞争环境诸多困难叠加影响，河北石油分公司新班子坚决贯彻落实集团公司党组决策部署，紧紧围绕扭亏这一核心，以攻坚创效行动为契机，统筹推进疫情防控和经营创效，较好完成了各项任务指标。销售成品油466万吨，其中自营机出零售336万吨、直分销130万吨。天然气销售0.52万吨。非油品营业额13.28亿元。实现销售收入287.70亿元，差价收入22.39亿元，报表利润−8.80亿元，减亏5.70亿元。其中自4月攻坚创效行动以来，报表利润−2.70亿元，减亏11.98亿元。

（韩　博）

【大力推动新零售新形象加油站、司机之家建设】 针对加油站形象陈旧、客户体验差的问题，河北石油分公司对加油站外观形象及便利店内装进行商业化设计，编制《河北石油公司新形象新零售核心示范门店形象手册》，打造以白、红、灰为主色调，简洁、明快、亮丽、辨识度高的河北石油分公司加油站新形象标准。通过强化灯光应用、优化商品陈列布局，增设自助、会员服务等功能，营造浓厚的加油站商业氛围，塑造一流消费场景。全年建设完成新形象新零售加油站86座。变网络占有为客户占有，加速建设“司机之家”，帮助客户解决停车、吃饭、洗澡、洗衣、休息等痛点难点，打造国省道“服务区”。全年建设完成司机之家44座。

（韩　博）

2020年12月16日，河北石油分公司“司机之家·卡车冀家”现场发布会在衡水召开。销售公司、河北省总工会、省交通运输厅等有关单位和部门领导出席

【全面推进加油站激励机制改革】 实施加油站即时绩效，改计时工资为计件工资，加油量、非油品营业额全部联量至个人，员工可以通过手机端实时查询销量及薪酬，实现劳动成果可量化、标

准化、可视化，彻底打破大锅饭。设置服务薪酬，鼓励员工通过求点赞的方式提升服务质量；针对站务工作，明确站务薪酬标准，实现各项工作内容“明码标价”。通过实行即时绩效，激发了员工内生动力，实现了员工从不愿干到抢着干的转变，员工反映“考核公开透明，大家心里都亮堂了，只要多干，就能多得”。

（韩　博）

【深入实施油滴战略】 面对民营站超低价竞争，河北石油分公司一改原来大水漫灌、降价竞争做法，大力推动数字化转型，打造以油惠通 APP、微信公众号、企业微信为载体的数字化营销平台，构建油滴生态圈，促进营销精准性和客户黏性“双提升”，初步建成竞争对手难以效仿的差异化核心竞争优势。扩大会员规模，盯住“全年发展 600 万油滴会员”目标，统筹线上、线下两个渠道，先后推出油滴返利、油滴大使、机构会员开发、零元购等多种客户开发和引流营销措施，地毯式、整建制发展有效会员 456 万个。丰富油滴功能，分类分级开发优惠套餐，满足客户多元需求；丰富会员权益种类，打造“金油滴会员”品牌；深度挖掘油滴大数据潜力，精准推送油滴优惠，促进了 134 万个 92# 流失客户回流，带来增量 3 万吨。

（韩　博）

【改革发展实现新突破】 明确省市公司事权及职责，推动省市机关职能转变。精简市公司部门，由原来的 11 个调整为 7 个。推动机关工作实现专业化、标准化，将工作标准、工作要求、工作方法直接传递到一线，为基层充分赋能。贯彻落实集团公司深化管理体制改革以及“去行政化”要求，调整规范机构及职务名称；撤并省公司客户管理部，新组建数字化运营中心等 5 个部门，成立新业务开发部，专门负责开发新能源、新经济、新领域业务，为转型发展夯基垒台。

（韩　博）

【积极推动“三项制度”改革】 加大年轻干部选拔力度，12 名“75 后”“80 后”通过公开竞聘走上中层领导及其他重要岗位，历史性社会招聘 3 人；强化省市人员交流，全年交流干部 26 人。实施组织变革，破除部门壁垒、打破层级限制，给想干事、会干事、干成事的人舞台，组建跨部门、跨层级、外联合作的 38 个项目团队，以项目制推动重点工作落地。实行专家治企，选聘各门类、各线条专家 29 名，提高企业专业管理水平。

（韩　博）

【加速构建“一基两翼三新”产业格局】 加快新能源布局，协助雄安新区编制《氢能基础设施规划建设实施方案》，以重点区域“破冰”打开河北区域氢能发展突破口；大力推动张家口崇礼加氢站项目，以“能源至净”助力北京冬奥；公开招聘专业人才、组建专家队伍，推进“千站太阳能”“建筑光伏一体化”建设。加速新经济增长，与石家庄循环化工园区战略合作，参与洁净能源供应、“绿岛站”建设；与知名车企联合，利用闲置土地建设 4S 店，开展汽车销售与售后保养服务；创新“油滴 +”商业模式，实施“油滴 + 汽车销售”“油滴 + 保险”“油滴 +X”，将“油滴”作为企业跨界合作的媒介。加强新领域发展，与银行开展 ETC 合作，与互联网头部企业开展支付营销合作，与移动、联通、电信等运营商开展平台合作，扩大朋友圈、寻求创效新途径；筹建环保科技公司，开展危废处理业务，挖掘技术创效潜能；探索综合能源站、分布式能源建设，打造“油气氢电非”综合能源服务商。

（韩　博）

【推动风险防控大监督机制建设】 成立风控领导小组，定期召开风险防控领导小组会议，强化企业运营全环节防控的“常态化、网络化、全覆盖”。组建风控专家组，聚焦资金、加油卡、油滴、信息数据等重大经营风险，营销活动事前组织专家评估、事中穿行测试、事后活动复盘，识别风险 10 类 115 项，全部采取针对性整改措施，有效规避了企业风险。聚焦油库安全，组织专家驻库诊断、油库主任交流、核心岗位培训；加强承包商监管，明确设施设备、操作规程等标准，开展风险点专项治理。通过狠抓风险防控，为创效提供了有力保障。

（韩　博）

【成功创建绿色企业】 积极争创绿色企业，在“一方案两清单”中明确各部门的工作职责、目标、任务和考核要求，对各单位绿色企业创建工作开展情况进行监督，列入 HSSE 月度考核，定期组织召开任务对接会，逐项对接落实。经过积极推动，2020 年顺利完成绿色企业自评申报、内部验收及现场审核验收工作，“一方案两清单”按照计划有序推动，执行率达 100%，获集团公司绿色企业称号。

（韩 博）

【务实创新融合抓党建】 严格落实“第一议题”政治要求，公司党委集中学习 19 次，举办十九届四中全会精神专题讲座 7 期，组织 3.1 万余人次参与十九届五中全会精神答题，组织 600 余名中层、基层干部政治轮训 8 期，结合实际工作开展专题研讨 7 次，把理论学习和研究工作充分结合起来，转化为实实在在的工作成效。开展“走基层、访客户、察实情、解难题”活动，50 名省市公司党委成员、169 名党支部书记，分级包片走遍所有县片区、加油站、油库、物流园区，全覆盖慰问感谢基层员工、拜访关键客户，着力破解困扰基层的瓶颈问题 318 个。加强组织建设，为 12 家地市公司配齐专兼职纪委书记，单设纪检监督部；加油站党员覆盖率超额完成年度目标任务，高阳片区党支部被评为中央企业先进集体，正定片区党支部和 4 名党员受到集团公司“两优一先”表彰。

（韩 博）

【切实抓好巡视反馈问题整改】 认真做好中央巡视反馈问题整改自查自纠，高标准制定整改措施，全程跟进检查整改落实效果，3 个问题已全部整改完成。党组巡视反馈问题制定的 136 条整改措施全部整改完成，移交的 9 条线索全部处置完毕。召开深化巡视整改工作专题党委会，推动建立巡视整改长效机制，修改完善相关制度 51 项，建立长效机制措施 81 条。全力配合 2020 年党组巡视“回头看”，公司党委将反馈的 13 个立行立改问题分解细化为 26 项措施，年内全部整改完成。

（韩 博）

【胜利召开第一次党代会、第五次团代会】 2020 年 3 月 24 日，河北石油分公司召开第一次党员代表大会，选举产生新一届中共中国石化河北石油分公司委员会、纪律检查委员会委员及委员会书记、副书记和纪委书记，明确了今后一段时期企业党的建设和经营发展的奋斗目标及工作任务。9 月 15 日，省公司召开第五次团员代表大会，共有 43 名代表参加，选出 11 人组成的新一届团委，会议谋划形成今后 5 年团委工作思路，引领推动团组织的规范化建设。

（韩 博）

【统筹编制“十四五”发展规划】 河北石油分公司“十四五”发展规划紧密结合《中共中央关于制定国民经济和社会发展第十四个五年规划和二〇三五年远景目标的建议》、集团公司和销售公司发展战略，结合国内国外发展大势，省内周边市场环境，深入分析了未来 5 年的发展背景，明确了整体发展战略和具体目标，制定了切实可行的发展措施，确保“十四五”规划的合理性和可执行性，将有力推动企业高质量发展。

（韩 博）

【众志成城战疫情】 疫情就是命令，防控就是责任。省、市公司自上而下逐级建立疫情防控组织机构，组织员工、家属及承运商排查，共计排查 18 203 人，重点跟踪关注 164 人次。全力保障防疫物资供给，累计采买口罩 213 万只、体温计 3 261 支、测温枪 1 750 支、消毒用品 45.5 吨、一次性手套和橡胶手套 114.4 万副等，确保员工防护到位。因时因势调整工作着力点，先后制订下发河北石油分公司《新型冠状病毒防控应急方案》《疫情防控常态化措施指南》《新冠疫情战时防控方案》《应对秋冬季新冠肺炎疫情防控工作方案》，积极推行自助加油、无接触服务，坚决保证客户和员工健康，实现了“零感染”目标。统筹推进疫情防控与生产经营，坚持“油品不断档、商品不涨价、服务不打烊”，1 707 座在营站、1 510 个便利店全部正常营业，保民生、稳生产、促服务，有力维护市场稳定。主动扛起央企责任，积极支持湖北石油、张家口帮扶村等抗疫工作；在疫情防控阻击战中发挥“两个作用”，组建党员先锋队、成立退伍军人突击队、开展学雷锋志愿服务等，10名员工获评石家庄市抗疫情保供应最美奉献者。

（韩　博）

【脱贫攻坚取得重大成效】积极履行国企三大责任，以“脱贫攻坚党旗红”主题活动为引领，扎实推动扶贫攻坚，加大对口帮扶力度，重点推进以消费带动产业、以产业拉动就业的可持续发展模式，全年销售邯郸魏县鸭梨、保定阜平木耳等扶贫商品2 131万元，受到国务院国资委书面致谢。脱贫攻坚以来，累计向帮扶地区捐赠599.30万元，投资实施大棚种植、光伏发电、路灯安装、山坡加固等127个项目，26个帮扶村全部脱贫摘帽。

（韩　博）

表1　　河北石油分公司主要经营指标

指标名称＼年份	2020	2019	2018	2017	2016	2015
成品油销售总量/万吨	466.00	597.36	586.70	608.68	608.10	649.10
零售量	336.00	450.85	456.03	482.17	503.00	506.80
销售收入/亿元	287.70	414.72	405.26	382.25	334.90	379.22
利润/亿元	−8.80	−14.54	−14.98	−4.91	0.68	0.03
成品油吨油费用/元	612.00	506.00	463.00	427.00	367.00	368.00
加油站总数/座	1 707	1 796	1 796	1 796	1 796	1 796

山西石油分公司

【概况】中国石化销售股份有限公司山西石油分公司（简称山西石油分公司）本部位于山西省太原市万柏林区大王路8号，其前身为成立于1951年的中国石油公司太原支公司，1991年改为山西省石油总公司，1998年整体划归集团公司，2000年10月重组改制为中国石油化工股份有限公司山西石油分公司，按照中国石化油品销售系统改革重组安排，2014年更名为中国石化销售有限公司山西石油分公司，2019年更名为中国石化销售股份有限公司山西石油分公司。

山西石油分公司为中国石化在山西唯一的、也是山西省最大的成品油销售企业，承担着成品油资源配置、供应的主要任务，主营汽油、柴油、煤油、润滑油、天然气及非油品业务。

山西石油分公司下辖11个市分公司、91个县（区）公司，截至2020年底，用工总量7 918人，共有在用油库12座、在营加油站1 250座、非油品便利店1 159座，资产总额94亿元。

山西石油分公司主要经营指标见表1。

（王喜梅）

【领导班子调整】2020年4月29日，股份公司决定委派吴劲松为山西石油分公司代表，解聘其山西石油分公司副总经理职务，聘任张毅为山西石油分公司总经理，解聘董光明的山西石油分公司总经理职务。同日，集团公司党组决定张毅任中共山西石油总公司委员会副书记（兼），免去董光明的中共山西石油总公司委员会副书记、委员职务。7月24日，集团公司党组决定马建祥任中共山西石油总公司委员会副书记。10月30日，鉴于年龄原因，股份公司决定解聘徐福斌的山西石油分公司副总经理职务，集团公司党组决定免去徐福斌的中共山西石油总公司委员会委员职务。山西石油分公司领导班子由吴劲松、张毅、马建祥、郝润明、韩祥峰、邓红平 6 人组成，分公司代表、党委书记吴劲松负责公司全面工作。

（王喜梅）

【抗击疫情】 2020 年，新冠肺炎疫情突如其来，全球肆虐。面对疫情，山西石油分公司快速反应、周密部署，有效落实疫情防控各项措施，公司油库、加油站和非油品便利店保持正常运营，全体员工无一例感染疫情。疫情期间，山西石油分公司践行“油品不断供、商品不涨价、服务不打烊”服务承诺，组织熔喷布、口罩等各类防疫物资平价投放市场，满足驻地居民生活防疫需求；开辟绿色加油通道，为疫情防控应急用油提供“三免三优”服务；指导落实疫情期间中小企业租金减免措施；推行“一键加油”无接触服务，开通“抗疫菜篮子”引入蔬菜销售，推广线上下单、送货上门。山西晋中平遥公司支部书记、经理任鹏程身处山西疫情最严重地区，坚守抗疫最前沿，被集团公司授予中国石化抗击新冠肺炎疫情先进个人称号。

（王喜梅）

在疫情和 −18℃严寒的双重考验下，山西石油分公司 1 200 余座加油站员工坚守工作岗位，认真服务每一位加油顾客，以实际行动践行“服务不打烊、油品不断供、商品不涨价”的郑重承诺

【市场攻坚取得新成效】 2020 年，面对新冠肺炎疫情突发、消费需求锐减及油价低位震荡的严峻形势，山西石油分公司以“百日攻坚创效”“持续攻坚创效”行动为抓手，推进资源与市场合理匹配，市场攻坚取得新成效。零售实施“稳面打点”策略，以小范围、大烈度竞争，确保大范围市场稳定，机出汽油下滑态势得到遏止；直分销借助“石化油你”平台，创新开展“汽油节”“早市小单”营销，打造“开工星期一”直分销会员日，直批销售完成年计划的 116%；天然气销售把准进货节奏，零批并举，增幅 60%；非油品业务坚持强大店、抓小店，门店零售额增幅 21%，非油品利润增幅 65%。拓展“加油山西”APP 功能，引入“云直播”、抖音小视频，举办“晋享晋味道”“七夕美妆节”，发力互联网营销。围绕全业务链效益最大化，实行市分公司差价总收入考核，全年油品经营增效 3.64 亿元，非油品业务增效 1 784 万元。

（王喜梅）

疫情期间，网络直播售货的方式成为山西石油分公司非油品销售的新途径

【企地融合打开新局面】 2020 年，山西石油分公司积极融入地方转型发展，主动与驻地企业开展合作共享，企地融合打开崭新局面。年内公司主要负责人带队专程拜访大同、朔州、忻州、阳泉等市委主要领导，表达服务地方经济良好意愿，寻求获取政府合作支持；主动推动政府净化市场行动，配合地方开展“打非治违”，查处各类非法经营点 177 个；争取政府派发 4 000 余万元消费券纳入“山西石油”APP 营销，带动地方消费和经济恢复，实现油品增量 1.6 万吨；与山西交控集团、移动、省汽运等企业开展战略合作，与工商银行、建设银行、平安保险实现 APP 互链、客户资源共享，引入第三方营销资源 3 300 余万元；牵头中国石化驻晋企业参加山西省第十届“节能环保 低碳发展”博览会，举办“探秘智慧能源”公众开放日，参与环卫工人“爱心驿站”、无偿献血等社会公益活动；全年消费扶贫 768 万元，帮扶的 92 个贫困村顺利脱贫。

（王喜梅）

疫情期间，岚县土豆滞销，山西石油分公司积极组织货源，利用全省加油站网络开展销售，共销售土豆 15 余万千克，为贫困地区解决了销售难题，彰显了企业大爱

【网络发展实现新突破】 2020 年，山西石油分公司紧紧抓住制约网络发展的瓶颈问题，巩固优化布局、推进提质转型，网络发展实现新突破。与山西交控集团成立的合资公司正式运营，高速公路零售网络稳定性得以巩固；逐条梳理整改投资问题，除大同公司办公楼外投资历史遗留问题全部解决；通过推进新发展站投营、歇业站复营、临期站续租、落实“拆一还一”、避免拆除，加油站在营率由年初的 92.3% 提升至 97.4%；推进网络提质优化，实施加油站提量改造 148 站次，选取 4 座站试点综合服务改造；持续优化储运网络与系统，关停灵丘油库，完成晋中油库铁路栈桥改造，有序推进晋城油库迁建改造，深化油库液位仪系统应用，上线非油品智能化仓管系统，正式启用全产品统配分仓，加油站远程计量盘点及枪罐核对系统被集团公司信息和数字化管理部评为 2020 年度深化应用创新创效成果典型案例；强化网络安全管理、筑牢网络安全防线，推广上线“石化钱包”、丰富“山西石油”APP 功能，数字化转型向纵深推进。

（王喜梅）

【挖潜降本取得新成果】 2020 年，山西石油分公司继续优化物流运行、精细数质量管理、多渠道优化资金管理、积极应对法律纠纷，强化工程造价审计，挖潜降本取得新成果。持续优化物流运行，合理配送比例排名销售企业前列，吨油一次运费较年初预算降低 32 元；狠抓密度分类管理和损耗管理，从严管控公务性支出，同比节费 513 万元；用好用活票据结算减少贷款、票据贴现置换贷款等措施，节约资金成本 1 855 万元；大力推广聚合支付，全面取消上门收款业务，节费 1 186 万元；协调落实社保、税收等防疫优惠政策，减免税费 3 846 万元；工程项目委托造价审减 9 050 万元、审减率 14.7%，委托招标控制价审核审减 281 万元、审减率 8%；加快在办“两案”办结销号，避免和挽回经济损失 186 万元。

（王喜梅）

【风险防控得到新加强】 2020 年，山西石油分公司深刻汲取资金及加油站管理案件教训，全面开展资金、数质量管理自查整改，上线财务清账机器人，推进数质量一体化平台建设，筑牢风险“防火墙”。对 11 项重大风险、69 项重要风险、36 项一般风险形成责任清单，细化措施，加强管控；严格执行安全生产三年专项整治行动计划，从严承包商、直接作业环节管控，开展“低老坏”问题整治，组建零售非油专业督查盘点队伍，加强现场监管，实现安全运营无事故；扎实推进绿色企业创建，在营加油站防渗改造全面完成，库站土壤、地下水监测工作基本完成，环评手续、排污许可证持有率达 95% 以上；依法治企取得新成效，在集团公司法治央企建设评比中被评为 A 级企业。

（王喜梅）

【深化改革迈出新步伐】 2020 年，山西石油分公司深入落实集团公司深化改革三年行动部署要求，明确重点任务，稳步推进实施，深化改革迈出新步伐。“四供一业”、退休人员社会化移交工作按期完成。围绕管理效能提升，精简优化省市公司机构设置，推进内控、风控合规管理一体化。引入专业咨询公司开展组织及业务流程诊断，实施“流程再造”工程。建立重点工作项目制，推进数字化转型、资产盘活创效等专项工作。持续深化“三项制度”改革，用人上强化竞争选拔力度，开展重要敏感岗位人员轮岗交流；用工上试行职业雇员制，采取优化排班、统筹调配等措施，解决核心大站人员不足的突出问题；考核分配上构建富有激励性的薪酬固浮比，加大市分公司差价总额贡献考核力度。实施加强年轻干部选拔培养“五个一批计划”，全省“80 后”中层干部占比由年初的 10% 提升至 17%，干部队伍结构进一步优化。

（王喜梅）

【党建质量得到新提升】 2020 年，山西石油分公司落实政治统领、强化思想先导，夯实组织根基、持续正风肃纪，党建质量得到新提升。落实“两个一以贯之”，把加强党的领导和完善公司治理统一起来，充分发挥党委领导作用。严格执行中央企业党委落实党的领导融入公司治理的制度文件，从领导体制、组织架构、决策程序、监督机制等方面入手，进一步明确党委在决策、执行、监督各环节的权责和工作方式，健全完善“三重一大”决策制度，使党的领导融入公司治理各环节实现制度化、规范化、程序化。落实政治统领方面，强化理论武装，提升政治素养，强化党的领导，把牢前进方向，强化问题整改，提高治理效能，通过突出四个“强化”，国企政治担当得到有力彰显；强化思想先导方面，狠抓形势任务教育，狠抓企业文化建设，狠抓宣传报道工作，通过突出三个“狠抓”，宣传思想文化工作活力迸发；夯实组织根基方面，建强支部堡垒、提升基层组织力，发挥工团作用、提升群众发动力，加强队伍建设、提升核心竞争力，年内指导 5 个市分公司党委、11 个基层党支部全部顺利完成换届，存在软弱涣散现象的 23 个基层党支部全部完成整改，基层站点党员覆盖率按期实现 100%，通过突出三个“提升”，攻坚带头力量得到不断增强、党的工作实现在基层一线全覆盖；持续正风肃纪方面，从严压实责任、从严监督执纪、从严改进作风，通过突出三个“从严”，良好政治生态进一步形成。

（王喜梅）

【网络维权取得明显成效】 2020 年，山西石油分公司将网络作为“生命工程”，在政府拆迁过程中，主动作为，千方百计维护企业权益。①坚决落实“拆一补一、先建后拆”。落实“拆一还一”1 座，避免拆除 2 座。②最大限度协调落实补偿收益。对年内因城市建设涉及拆除的歇业站、租赁站、闲置油库和办公楼等 14 项资产，在调查取证基础上，积极与政府职能部门协商、据理力争，最大限度确认被拆除网点资产评估值，当年收回补偿款 800 多万元。③对以前年度政府拆除未落实补偿的历史遗留项目，明确责任人，加大工作力度，收回忻州偏关罗汉坪加油站拆迁补偿款 114 万元。④开展侵权社会站商业诉讼维权，对 134 座侵权社会站开展商业诉讼维权，收回赔偿金 118 万元。

（王喜梅）

【与山西交控集团合作成立合资公司】 2018 年底由于省内高速公路管理体制的调整重组，山西石油分公司高速服务区 8 对 16 座加油站因双方纠纷于 2019 年被迫停业，此后，与山西交控集团展开多轮谈判。2020 年 6 月 5 日双方正式签署战略合作协议，12 月 27 日山西高速石化有限责任公司正式运营。该合资公司由山西石油分公司与山西交控集团合作成立，经营期限 20 年，合作协议明确山西石油分公司为合资公司主要油品供应商，在非油商品、天然气、沥青等方面与合资方或其下属公司开展深度业务合作，山西石油分公司实现与驻地高速公路合作共赢、可持续发展。

（王喜梅）

【山西石油分公司北京办事处关停】 山西石油分公司北京办事处成立于 1991 年，为山西石油分公司驻京办事机构，1991—1995 年租用办公场所，1996 年购买丰台区方庄芳城园商品房作为固定办公场所，1998 年取得办事处房产证。成立以来，北京办事处发挥服务联络作用，担负赴京上访人员维稳工作。2019 年根据国务院国资委和集团公司关于开展企业驻京办事机构专项清理行动安排，山西石油分公司着手推进北京办事处关停事宜。2019 年 7 月成立驻京办调整工作领导小组，8 月对北京办事处先行关停，随后机构撤销、人员安置和资产处置等工作分步推进。2020 年 4 月 1 日北京办房产挂牌出售，运营 29 年的山西石油分公司北京办事处全面关停。

（王喜梅）

【联手恢复山西市场长城润滑油销售份额】 2020年5月22日，长城润滑油公司与山西石油分公司在太原举行联手拓市合作共赢座谈会，长城润滑油公司党委书记夏世祥、副总经理张春辉，山西石油分公司党委书记吴劲松、总经理张毅出席座谈会。会上双方就加快新零售网络建设和第三方销售渠道开发，加大轻润组合、油非互促营销力度，共同推进大客户开发，实现平台合作共享、拓展高档车用润滑油销售业务等达成共识。长城润滑油公司向山西石油分公司提供政策及价格支持，配送、培训和技术服务；山西石油分公司依托自有门店和油品大客户经理队伍，拓展长城润滑油零售新渠道和大客户市场，双方携手共建晋中长城润滑油中转仓，以互嵌APP为平台，推进长城高档车用润滑油销售业务。2020年山西石油分公司长城润滑油销售实现同比大幅攀升、单品汽机油爆发式增长，APP活动间接带动非油超千万元销售，扭转了2012年长城润滑油业务划转以来山西市场份额长期低位徘徊的局面，双方迈向合作共赢、共谋发展道路。

（王喜梅）

【省公司机关办公楼改造完工】 山西石油分公司省公司机关办公楼始建于1986年，最初为原中国石化销售公司太原职工中等专业学校教学用楼，2000年成为省公司机关办公用楼，使用33年以来未进行过重大改造维修。近年来，办公楼内部装饰损坏严重、配套设施老旧，存在严重安全隐患、无法满足正常办公需求。2019年10月经销售公司批准，省公司机关办公楼隐患整改项目开始实施。山西石油分公司利旧相关设施、严格施工管理，克服新冠疫情影响，2020年6月30日工程完工，改造后的办公楼正式投入使用。

（王喜梅）

【提出“三步走”战略目标】 2020年7月24日，山西石油分公司2020年中工作会议在太原召开。分公司代表吴劲松做题为《以新发展理念为指引奋力开创山西石油可持续发展新局面》的工作报告，报告从历史、当前、未来3个层面剖析了山西石油分公司的过往经历、问题现状、发展趋势，提出了扭亏脱困实现全面可持续发展的奋斗目标和“三步走”工作思路：第一步，减亏企稳，争取在2020年实现大幅减亏，并找到企业健康运行的市场化道路；第二步，持续盈利，争取在2021年实现盈利，并保持持续盈利能力，市场占有率逐步提升，找到低无负效资产清理盘活创效的路径，并不断提高资产创效能力；第三步，真正脱困，争取到2023年稳步提质增效，实现脱困，全面跟上集团公司“一基两翼三新”发展步伐。这次会议为山西石油分公司2020年和未来一段时期的发展指明了前进方向和道路。

（王喜梅）

【大同灵丘油库关停】 大同灵丘油库位于山西省大同灵丘县武灵镇李家庄村东，始建于1971年，总占地面积4.21万平方米，油库库容量1万立方米，包括4座2 000立方米立式油罐、2座1 000立方米立式油罐，属三级油库。由于油库库容小、设施老化、周转率低、环保费用高，无法适应物流、安全及环保发展要求，2020年初，山西石油分公司制订了灵丘油库关停工作计划，5月大同分公司向地方政府相关部门报批油库关停，6月末油库停止作业，11月完成清罐，至此运行49年的灵丘油库全面关停。

（王喜梅）

【晋城油库搬迁项目正式开工】 山西石油分公司所属晋城油库始建于20世纪60年代，2013年3月晋城市政府下达油库搬迁通知，2015年晋城油库搬迁项目被列为“2015年山西省政府重点工程”项目。2019年12月18日，晋城油库搬迁项目开工奠基仪式在项目新址晋城市泽州县大东沟镇贾泉村举行，2020年8月18日，项目举行开工仪式。

（王喜梅）

【退休人员社会化移交工作如期完成】 山西石油分公司贯彻落实党中央、集团公司有关企业退休人员社会化管理工作的决策部署，于2020年4月8日成立退休人员社会化移交专项工作领导组，着手推进山西石油分公司退休人员社会化移交工作。截至年底共移交退休人员档案 3 809 册、退休党员 1 140 人，管理服务职能移交涉及退休人数 3 856 人，完成率均实现 100%，移交期间未发生集体上访事件，退休人员合法权益和合理待遇得到有效保障，退休人员社会化移交工作如期完成，为企业公平参与市场竞争创造了条件。

（王喜梅）

【太原分公司首座 LNG 加气站投营】 2020 年 11 月下旬太原分公司利用其娄烦一站加油站 1 790 平方米闲置土地完成娄烦第一加气站建设，12 月 4 日，加气站正式投入运营。该站位于娄烦县城郊主干道，设置 60 立方米储罐 1 座，拥有 2 台双枪加气设备，其建成投营盘活了闲置资产、实现资产提质增效，填补了山西石油分公司在太原 LNG 市场的业务空白。

（王喜梅）

表 1　　山西石油分公司主要经营指标

年份 指标名称	2020	2019	2018	2017	2016	2015
成品油销售总量 / 万吨	326.00	364.00	395.00	381.77	409.92	479.87
零售量	207.00	238.00	273.60	275.63	282.06	300.03
销售收入 / 亿元	195.75	246.53	277.45	230.74	224.11	269.33
利润 / 亿元	−6.49	−9.80	−13.50	−6.90	−2.78	−3.53
吨油费用 / 元	531.00	445.00	430.00	491.10	417.00	331.00
在营加油站总数 / 座	1 250	1 317	1 385	1 211	1 373	1 380

上海石油分公司

【概况】 中国石化销售股份有限公司上海石油分公司（简称上海石油分公司）位于上海市黄浦区中山东一路 24 号甲。其前身系创建于 1953 年 10 月的中国石油公司上海分公司。1983 年，其煤炭经营业务划归上海市燃料油公司后更名为上海市石油公司。1995 年 11 月，上海市原区县石油公司行政业务统一集中管理后成立为上海市石油（集团）有限公司。1998 年 9 月，上海石油（集团）有限公司成建制划归集团公司，更名为中国石化上海石油（集团）公司。1999 年 8 月，原中国石化华东销售公司高桥石油站等经营性资产划入中国石化上海石油（集团）公司。2000 年 2 月，中国石化上海石油（集团）公司主辅分离，改制上市，主营业务部分组建为中国石油化工股份有限公司上海石油分公司，辅助业务部分组建为中国石化集团上海石油有限责任公司（后更名为中国石化集团上海石油资产分公司）。2014 年 5 月，中国石油化工股份有限公司上海石油分公司更名为中国石化销售有限公司上海石油分公司。2019 年 2 月，中国石化销售有限公司上海石油分公司更名为中国石化销售股份有限公司上海石油分公司。

上海石油分公司是上海市成品油市场供应主渠道，主要从事汽油、柴油、天然气和液化气的零售、批发、直销配送、仓储业务及非油品销售业务。

截至 2020 年底，上海石油分公司共设有 14 个管理处室、2 个专业中心、1 个管理中心和 4 个分公司。拥有员工 3 234 人，其中合同制员工 2 894 人、其他用工 340 人。拥有在营油库 4 座、总库容 64.41 万立方米，在营加油站 598 座，在营易捷便利店 468 家。

2020 年，上海石油分公司完成经营总量 524.27 万吨，其中成品油 522.85 万吨、下降 3.6%；成品油零售 426.13 万吨、下降 3.3%，直分销 96.71 万吨、下降 5.2%；非油品全口径营业额 16.2 亿元，增长 1%。实现报表利润 7.33 亿元，费用总额 20.02 亿元，吨油费用 355 元。

上海石油分公司主要经营指标见表 1。

（郑珉磊）

【领导班子调整】 2020 年 6 月 5 日，集团公司通过视频会议形式，宣布对上海石油领导班子进行调整：由左兴凯暂主持上海石油党政全面工作；邵荣任中共上海石油有限责任公司委员会副书记兼纪律检查委员会书记；解聘潘桂妹的上海石油分公司总经理职务，办理退休手续；免去张莺的中共上海石油有限责任公司委员会副书记、委员、纪律检查委员会书记职务。9 月 4 日，宣布沈辉任上海石油分公司总经理、中共上海石油有限责任公司委员会副书记（兼）。

（郑珉磊）

【构筑疫情防控坚实堡垒】 2020 年，上海石油分公司积极应对新冠肺炎疫情影响，第一时间实施统一领导、统一指挥、统一行动，全面依托市、区两级政府建立联防联控机制，迅速启动防疫物资采购和成品油、民生消费品保供工作。关口前移落实精准防控措施，人性化调整经营举措，全力引导科学防控。国内疫情趋稳后，坚持“思想不松懈、管控不放松、管理常态化”要求，重点加强秋冬季疫情防控。全年，公司员工及员工亲属中未发现确诊或疑似病例。

（殷　颖）

领导班子成员疫情期间走访调研闵行油库

【坚守系统性风险防范底线】 2020 年，上海石油分公司严格内部控制，健全完善全员、全过程、全体系的风险防控长效机制，持续提升内控执行有效性。严控库存风险，合理把控所有权库存和销售节奏，疫情高发期避免跌价损失约 1.4 亿元。严控资金风险，建立财务日常风险防控常态化机制，日均清账率达 99% 以上，“两金”占用进一步降低。严控数质量风险，落实在营库站油品质量内部监督抽检全覆盖和外采油、承运商及船供油质量管控，全年汽柴油经营损耗率 –0.02%，上报数质量等级事故为零，油品质量抽检合格率 100%，91 座加油站获上海市加油站行业诚信计量示范单位称号。

（殷　颖）

【打造绿色生态环保企业】 2020 年，上海石油分公司全面排摸库站环保家底，主动争取参与编制地方标准范本，积极推进排污许可证申领工作，提前 100% 取得环保“身份证”。持续推进“绿色企业行动计划”，建立健全绿色基层创建方案和无废企业工作方案，加大环保设备安装改造和督查考核力度。强化固体废物过程管控，在清罐、油污水处置环节实现危废减量 40%，全面完成加油站、码头污水纳管或合规处置。

（殷　颖）

【坚持依法治企合规经营】 2020 年，上海石油分公司大力开展制度提升年活动，以制度刚性约束保障工作有规可循、有据可查。实施合资企业规范管理提升行动，落实联营站价格管理长效机制，定期监控投资收益回收，超额提前完成 7 项压减法人项目。加大法治宣传教育，全面加强高风险、高案值、高案龄纠纷案件处置力度，保障企业利益最大化，在集团公司法治央企建设总结验收中获评 A 类企业。健全证照管理体系，规范招标管理。协助海警、公安等部门处理罚没、走私油品 2 385.61 吨，联合有关部门打击取缔非法“自流黑”140 处，疏堵结合积极应对撬装站合法化。

（殷　颖）

【经营运作持续优化】 2020 年，上海石油分公司加强市场分析和预判，平衡调控资源运作，充分发挥外采灵活性优势，动态调整库存，利用市场涨跌保障公司效益最大化。加强油品进销存调的全过程、全环节管理，协调炼厂和大区公司落实高标号配置资源结算让价补贴 4 520 万元、管输补贴 6 600 万元。推进外采油进陈山油库、送兄弟公司，获物流节费补贴 550 余万元。实现崇明岛 98# 汽油供应，并利用 98# 汽油大区进货价低和资源补贴高的优势，将部分 98# 降级为 95# 销售，实现每吨降本 273 元。下调物流运价，发挥金山平台全品种发货通道作用，持续推进跨省互供配送业务，全年节约运杂费 430 余万元。

（殷　颖）

【着力推进攻坚创效】 2020 年，上海石油分公司建立直分销价格协调机制，实施客户分类分级管理制度和差异化销售策略，全年实现直分销 96.71 万吨。以零售机出增量为目标，统筹落实“一站一策”等零售 10 项重点工作，结合疫情针对性推出医护专用加油卡优惠政策。优化品类规划与供应链管理，及时推出防疫类产品组合营销和生鲜销售业务，统筹开展“易享节，易起拼”系列品牌营销活动，活动期间实现零售额 3 007 万元、增长 36.5%，毛利率 12%、增长 22 个百分点。通过线上线下相结合的方式助力扶贫商品销售，实现销售额 2 439.05 万元。“百日攻坚创效”行动期间，上海石油分公司实现枪出零售量 103.3 万吨，增长 11.3%；自有商品销售 7 975 万元，增幅 118%。“持续攻坚创效”行动期间，实现枪出零售量 228.08 万吨，增长 4.7%；自有商品销售 1.61 亿元，增幅 40%。

（殷　颖）

【降本增效工作成效显著】 2020 年，上海石油分公司落实国家各项防疫惠企税收优惠 3 659 万元。2019 年度企业所得税汇算清缴，落实应收股利、加速折旧等减免所得税近 7 010 万元。构建分层级专题预算分析体系，逐级落实降费措施，吨油费用 355 元，较总部指标减少 13 元。按照“谁受益谁承担”原则，落实 67% 的独立核算站自行承担营销费用，费用占比 65%。落实联营站投资收益应收尽收，累计收回股利 1.54 亿元，占比近 100%；建立子企业扭亏跟踪机制，年末完成总部限亏任务 6 户。深化资产分类，通过往来款项清欠、实施委托管理、盘活闲置场地、加快资产报废核销等措施，实现低效无效负效资产提质增效 4 511 万元。

（殷　颖）

【持续增强改革定力】 2020 年，上海石油分公司优化两级机关机构设置和职能定位，推进零售板块竞争性重组，将原有 6 个分公司优化整合为 4 个，优化人岗配置、优化管理幅度、优化权责利匹配，实现了“6-2>6”的改革目标。属地化调整直分销管理体制。有序推进剥离国有企业办社会职能暨退休人员社会化管理改革，全年移交退休人员人事档案 3 624 份，转移党员组织关系 104 名。推行受托公司负责人、股东“进出机制”，年末家庭委托站 163 座，26 家公司受托管理 188 座加油站。南门油库先行先试实施委托管理取得实效，用工总数精简 10%。杨浦油库委托管理完成竞争性选聘。

（殷　颖）

【新兴技术赋能新应用】 2020 年，上海石油分公司 6 座加油站实现悬挂式加油机技术升级应用，市中心第十加油站小型三维立体滚动式智能停车充电设施已进入试运营阶段。抓住疫情契机，推出“无接触”加油、洗车、直分销、购物等一系列智能化服务新模式，深化自助充值智能终端应用，开通“一键加油”功能网点 550 座，实现电子钱包支付销量 18.43 万吨；全自动洗车机布点 85 座，其中 82 座已实现收费洗车，实现微信纯收入 202.4 万元；开发成品油直分销抢单微信小程序，实现销量 7.15 万吨。

（殷　颖）

第十加油站小型三维立体滚动式智能停车充电设施

【深化新能源战略布局】 2020年，上海石油分公司积极参与氢能产业布局，加快推进加氢设施建设，2座作为试点科研项目增设加氢功能的加油站已于6月起正式投营。未来3年内将在全市打造18座加氢站点建设目标，第一批先行实施青浦区青卫等3座加油站增设加氢设施改建项目。在现有闵行油库B5生物柴油调和基地的基础上，通过在线罐调的方式，先后在杨浦油库、高桥油库实现生物柴油供应。B5供应站点已达243座，实现销售41.44万吨、增长17.7%。

（殷　颖）

安智油氢合建站

【构建多元融合型新业态】 2020年，上海石油分公司结合"后疫情时期"餐饮消费率先复苏的有利时机，引入专业合作伙伴和新品牌，精心打造饮料简餐、面包烘焙等站外店、店中店运营模式。把握"一江一河"贯通工程的有利契机，以传承"中国第一座国营加油站"历史、厚植文化底蕴为目标，将第一加油站打造为文化主题站，设置观景平台、引入"轻餐饮"并增设展厅功能，将人、车、生活相结合，开拓加油站经营新业态。推进汽服业务开发，在营品牌汽服网点已达43座，实现汽服营业额3 915.3万元。

（殷　颖）

【推动管道项目规划落地开工】 2020年，上海石油分公司加紧推进上海石化—闵行油库成品油管道项目工程建设。项目被列入《2020年上海市重大建设项目清单》，并取得市政府及相关委办局批复，正式进场施工；建成后将以更加充足的运输流量、更加先进的管输技术、更加智能的管理模式，有力保障上海市西南地区成品油供应。

（殷　颖）

【优化政治生态全力汇聚新动能】 2020年，上海石油分公司持续推进机关作风建设，深化"五型"机关建设，增强机关干部员工"接地气"的服务意识与能力，以靠前一步、示范引领、专业指导、重点突破，推动公司整体效能提升。强化日常审计纪检监督效能，坚守经济监督的本质与功能定位，强化政治监督，落实党风廉政建设责任清单和任务清单，全年落实巡视移交立行立改问题10项、整改率100%，针对巡察反馈的16个问题制定整改措施52项、完成率94.2%。

（殷　颖）

表1　　上海石油分公司主要经营指标

年份 指标名称	2020	2019	2018	2017	2016	2015
成品油销售总量 / 万吨	522.85	543.64	545.40	531.32	503.20	486.21
零售量	426.13	440.59	437.90	435.68	418.06	385.54
销售收入 / 亿元	324.13	390.69	411.59	345.07	302.40	300.65
利润 / 亿元	7.33	9.60	10.00	10.71	12.50	10.59
吨油费用 / 元	355.00	334.00	313.00	314.00	312.00	277.00
资产总额 / 亿元	172.25	171.46	136.86	143.29	135.73	124.61
在营加油站总数 / 座	598	590	590	584	587	583
在营油库数量 / 座	4	4	4	4	4	4

江苏石油分公司

【概述】 中国石化销售股份有限公司江苏石油分公司（简称江苏石油分公司），位于江苏省南京市鼓楼区中山北路 395 号，主营油品销售。1953 年中国石油公司江苏分公司成立，1997 年加入中国东联集团有限公司，1998 年整体划转中国石油化工集团公司。

江苏石油分公司下设南京、无锡、徐州、常州、苏州、南通、连云港、淮安、宿迁、盐城、扬州、泰州、镇江、江阴 14 个区域分公司。2004 年，与壳牌合资组建了中国第一家经国务院批准的从事成品油零售业务的中外合资公司——中石化壳牌（江苏）石油销售有限公司。

截至 2020 年末，江苏石油分公司总资产 420.66 亿元。2020 年，实现销售收入 953.44 亿元；在营加油站 2 675 座，在营油库 18 座，成品油管线 1 100 千米；各类用工总数 17 078 人，其中在岗正式工 2 659 人；设立 16 个二级党委（含机关党委），党员总数 2 890 人。

江苏石油分公司主要经营指标见表 1。

（张　白）

【量效规模保持稳定】 2020 年，江苏石油分公司全年实现成品油销量 1 541.8 万吨，其中零售量 1 246.7 万吨、直分销量 295.1 万吨。非油品基础品类销售 44.9 亿元，增长 3.1%。天然气销售 4.4 亿立方米，增长 9%。吨油费用 299 元。实现利润 38.6 亿元，ROE 为 22.2%。

（张　白）

【防疫抗疫彰显担当】 围绕“保健康、保供应、保安全、保稳定”，供应防疫物资，落实防疫措施，为客户提供安全消费场所，践行了“油品不断供、商品不涨价、服务不打烊”的承诺。率先启动暖市计划，采取电话、微信等方式，拜访、慰问客户，向重点客户、扶贫点群众赠送口罩、消毒液等紧缺物资，树立品牌形象。彰显责任担当，省地两级公司中层以上人员周末单休，坚守工作岗位、挺在基层一线。95 个党员突击队深入油库、油站、便利店开展疫情防控，使党旗高高飘扬在抗击疫情第一线。

（张　白）

【安全环保平稳运行】 蝉联集团公司环保先进单位和绿色企业称号。获评江苏省安全先进企业。推进 HSSE 管理体系运行，分步实施“1+2+5”安全环保专项整治三年行动计划。推进“三违”“低老坏”专项整治，问题消减率 86.4%。推行分级承包管控，完成 35 项隐患项目治理，风险总值下降 35%。推进绿色企业建设，建设 150 座示范绿色基层。全面完成污染防治攻坚任务。

（张　白）

【攻坚创效成效显著】 高标准贯彻党组“百日攻坚创效、持续攻坚创效”部署，将“艰难时刻的最大减量”转化为“攻坚创效的最大增量”，确保了“降末提、加配置、增利润”3 个 100% 完成。以自营机出为核心，高效运用竞合策略，在主导市场中稳大局，在把控市场中应变局，在净化市场中治乱局。贯彻“八个要量”举措，发扬拼的精神，24 小时站比例稳定在 70%—80%，夜间汽油销量增长超 20%。提升现场服务管理水平，顺应消费特点，年末“一键加油”占自营机出汽油比例 24.7%。配合政府处罚、取缔非法网点 3 203 个。落实客户分级维护责任，开发中小客户 2 322 个，找回流失客户 834 个。

（张　白）

【新兴业务健康发展】 非油品贯彻“四个做实”要求，推动业务发展从“重规模向重效益、粗放经营向集约经营”转变，考核利润增长 32.3%。实施“攀登计划”，打造千万元门店 37 个，样板店 560 个。探索厂配、仓配、店配“三位一体”配送体系落地。投营 2 座散装尾气液中转站。燃油宝、尾气液、卓玛泉销售额均列板块第一。“谷康乐派”粮油等自有品牌上市。天然气按照“抓零售，扩批发，降损耗，增效益”思路，扩大终端销售，LNG 零售量增长 13.7%。充电网络布局加快，新建 100 座、投营 61 座充电站。航煤业务顺利投营，开辟了新的业务单元。

（张　白）

【网络发展统筹推进】 新增投营加油站 52 座。新增储备项目 37 个，其中土地储备 19 宗。成功消解各类督办项目 31 个。投营综合体 40 座，其中乡镇型 31 座。完成 500 座“司机之家”建设。上冈、滨江油库主体工程竣工。常宜管线有序推进。

（张　白）

【改革动能持续增强】 深化油站管理体制改革，改革站驻站率 93%。持续推进优化用工，人均劳效保持板块前列。实施两级公司大部制改革，配套发布减事放权清单、部门岗位手册。“以块为主，条块结合”的县公司改革进一步深化，明确了扩权事项、匹责内容、予费项目、赋能措施。推进非油品综合改革，率先成立易捷分公司，模拟独立核算，门店阿米巴模式覆盖率达 60%。推广综合客户经理改革，提升了综合销售能力。

（张　白）

【精细管理水平提升】 加强全员、全要素、全过程成本管控，全年挖潜增效 2.5 亿元。坚持“长期过紧日子”思想，落实疫情政策减免 2.5 亿元。争取双层罐补贴 661 万元。推进地罐交接专项整治，油库自动计量和油站液位仪综合应用排名板块前列。成品油综合损耗率下降 0.049%。建立 146 项风险清单，强化法律、资金、招投标、数质量等领域风险管控。

（张　白）

【党的建设全面加强】 加强政治建设，坚持党委中心组学习制度，全面落实“第一议题”要求，切实把政治优势转化为公司改革发展的引领力、竞争力。锻造干部队伍，坚持正确选人用人导向，大力选拔优秀年轻干部，推动干部队伍有序更替，中层领导人员平均年龄下降 0.54 岁。实施人才强企，选聘了一批专家、主任师，调动了专业技术人员积极性。持续开展中青年骨干培养，实施优才计划。夯实基层党建，强化“三基本”建设，开展党员责任区、主题党日、示范岗建设，油站党员覆盖率 100%，油站党员发展数增长 142%。推广“石化党建”APP 应用，实现党费线上缴纳、党员注册、“三会一课”应用“三个百分之百”。全面从严治党，按照“建设一流政治生态、打造廉洁石化亮丽名片”要求，强化政治监督和日常监督，完善纪委功能和“大监督”运行体系，地市公司设立纪检监督部，县公司设立纪检监督岗，实现监督力量下沉一线。严格执行基层组织选举工作条例。凝聚群团力量，召开第一次工会委员会代表大会。“司机之家”项目获 2020 年全省职工基层工会优质项目二等奖。成立 112 支青年突击队，为“双战双胜”贡献青春力量。

（张　白）

表 1　　江苏石油分公司主要经营指标

指标名称 \ 年份	2020	2019	2018	2017	2016	2015	2014
成品油销售总量 / 万吨	1 541.80	1 639.30	1 579.05	1 539.60	1 459.90	1 350.80	1 317.10
零售量	1 246.70	1 299.60	1 283.50	1 249.90	1 197.10	1 137.10	1 109.60
销售收入 / 亿元	953.44	1 173.90	1 191.50	1 008.80	861.00	837.00	1 014.00
利润 / 亿元	38.60	34.90	38.02	41.50	38.00	24.00	19.20
吨油费用 / 元	299.00	283.00	271.60	260.50	267.00	264.00	265.00
加油站总数 / 座	2 675	2 695	2 564	2 450	2 363	2 227	2 209

浙江石油分公司

【概况】 中国石化销售股份有限公司浙江石油分公司（简称浙江石油分公司）前身为建于1950年的中国石油公司杭州支公司。1985年成立中国石油化工销售公司浙江省石油公司。1990年更名为浙江省石油总公司。1998年8月与省内各地（市）、县石油公司成建制划转集团公司。2000年4月更名为中国石油化工股份有限公司浙江石油分公司。2014年5月更名为中国石化销售有限公司浙江石油分公司。2019年1月更名为中国石化销售股份有限公司浙江石油分公司。

浙江石油分公司主要经营成品油、天然气及其他化工产品，兼营加油站便利店非油品、洗车和餐饮等，是浙江省内最大的成品油销售企业。本部位于浙江省杭州市河坊街58号，截至2020年底，设立15个职能处室、4个专业中心和4个直属单位，下辖12家分公司和2家合资公司，从业人员17 878人，其中委托经营公司员工11 413人。有定位油库21座，配送库17座，油罐容量161万立方米；铁路专用线4条，油库码头11座；各类加油（气）站等终端网点2 094座，其中纯加气站63座。浙江石油分公司充分利用已建成的7条成品油管道（6条已划转国家管网），保留镇海炼化经宁波至杭州（康桥油库）成品油管道1条，长度200千米，年累计输送成品油达1 199万吨，管输比例达76%。

2020年，浙江石油分公司累计营业收入953亿元。连续5年获销售企业党建工作年度先进红旗，连续5年在集团公司党建考核中获评A档企业。

浙江石油分公司主要经营指标见表1。

（舒志国）

【经营目标】 2020年，面对新冠肺炎疫情暴发、攻坚创效压力陡增、系统外油站成规模投营、市场份额受到强劲挑战等不利因素，浙江石油分公司围绕“夺取疫情防控和生产经营双胜利”的目标，精准施策，真抓实干，艰苦奋斗，圆满完成各项经营任务，经济效益创历史最佳。全年共销售成品油1 617万吨，实现报表利润40.08亿元，居销售系统首位。

（舒志国）

【疫情防控】 2020年，浙江石油分公司面对突如其来的新冠肺炎疫情，未雨绸缪，先后采购口罩609万只，确保一线防疫物资供应充足。通过完善网格化应对机制、“一人一策”跟踪、有序复工返岗、常态化开展出省人员排查和属地化防疫等措施，确保全省1.8万名员工实现“零感染”。

（舒志国）

加油站员工定期对加油机、营业厅场所等进行消毒

（龚良奇　摄）

【攻坚创效】 2020年，浙江石油分公司锚定年内创效目标，坚持“日排名、周通报、旬总结、月兑现”，开发手机端“攻坚创效对标平台”，采取系统培训、经验分享、蹲点帮扶等方式，赋能基层攻坚创效。同时加大考核力度，基层实行全联量考核，两级机关完善量、利、薪联动机制，加大地市公司工效挂钩力度，激发各级干部员工“大干、苦干、快干”的热情，实现效益创历史新高。

（舒志国）

【零售经营】 2020年，浙江石油分公司不断丰富零售营销手段，在落实好柴油“一路一策”、汽油“一域一策”营销、不同地区阶梯式营销外，还打造了网约车自有平台，累计注册3.8万人，日均销量230吨以上；同时在1 013座加油站开通车牌付功能，助推零售市场回暖。持续开展“新一站一策”、样板片区、服务标杆站建设，出台“心服务、新标准”服务体系，全力提升油站服务水平。同时优化调整842座加油站营业时间，新增24小时营业站68座，新增24小时服务站397座，助力每周提量约600吨，全年实现零售量1 169万吨。

（舒志国）

【非油业务】 2020年，浙江石油分公司突出主题活动营销，易享节3天销售额达3.32亿元，居销售系统首位。积极开展社群运营，带动非油品营业额3 000余万元。布局洗车网点672座，网点覆盖率达42%，最高单月自动洗车超130万辆。完善散装尾气液加注网络和配送体系，实现尾气液销售11.5万吨，增长42%。

（舒志国）

【大然气业务】 2020年，浙江石油分公司积极拓展天然气新业务，全年新增直分销客户66个，贡献销量5.70万吨，业务已覆盖全省71个县市，占全省县市的93.4%。发展排他性供气单位3家，全年LNG直分销规模达10.34万吨，增长34.2%。

（舒志国）

【终端网络】 2020年，浙江石油分公司在供地政策不利的形势下，全年发展投营加油（气）站项目48座，提前签约租赁和“他有我营”项目7座，续租项目48座；取得综合供能站项目47座，其中29座站实现低成本发展。打造集停车、住宿、洗澡、就餐等功能于一身的柴油综合服务站177座。

（舒志国）

【物流优化】 2020年，浙江石油分公司不断优化全口径物流，开展跨区域资源串换，加大管道扩距辐射范围，优化运输结构，开辟跨省配送新通道，加强沟通谈判，执行新运费标准，全年物流优化创效2.13亿元。

（舒志国）

【精益管理】 2020年，浙江石油分公司聚焦费用压降、现金流创效、政策红利争取、联营单位管理4个方面，全年降本增效3.14亿元，吨油费用300元、比销售公司调整后计划节约12元。其中，争取疫情、常规政策红利共计2.25亿元。

（舒志国）

【打非治违】 2020年，浙江石油分公司积极推动“打非治违”工作，配合政府部门查扣车辆832辆、非法窝点251个、油罐415只、走私油船66艘、违规加油站7座，查处罚没油品约11 244吨，有效净化柴油市场环境。

（舒志国）

【安全环保】 2020年，浙江石油分公司警钟长鸣，深刻吸取温岭槽罐车爆炸事故教训，开展“举一反三”大排查，发现各类问题506项，整改率达100%。突出责任落实，简化制度体系，全方位开展隐患排查，深化安全文化建设，全力攻坚污染防治，年初制定的绿色基层创建目标全部完成。

（舒志国）

【油品数质量】 2020年，浙江石油分公司强化油品损溢管理，加强风险防控，向内挖潜增效，把好进销存数质量关，连续9年实现“零损耗”，全年降耗2 531吨，试点油库油气回收率提升至1.2‰，居销售系统领先。

（舒志国）

【“三项制度”改革】 2020年，浙江石油分公司共优化调整6家地市公司的12名班子成员，新提拔中层干部中45岁以下占比87%。动态完善600余人的三级后备人才库。按照市场导向、精简高效原则，科学合理设置各级管理部门、附属机构和岗位、编制数量。动态调整1 753座在营加油站年度用工目标定员，逐月跟踪20座定位库用工配置情况，将加油站用工总数控制在1.23万人以内。修订完善《加油站员工薪酬总额兑现办法》，构建覆盖加油站经营指标、“联量考核+专项考核”的薪酬总额决定机制，调动员工扩销拓市积极性。稳妥推进340人的管道划转和3 259名退休人员社会化管理相关工作，实现了平稳过渡。

（舒志国）

【党建工作】 2020年，浙江石油分公司通过多途径实现党建与中心工作的融合。调整党建考核办法，把经营工作以 25% 的比重纳入党建考核；深化党支部“双示范”工作，通过“一带二”“二带四”，发挥裂变带动效应；创新融合载体，实施“支委 +”“党员 +”项目，组建 152 支党员突击队，充分发挥党员在疫情防控和攻坚创效中的先锋模范作用。

（舒志国）

【宣传舆论】 2020 年，浙江石油分公司按照内增动力、外塑形象的要求，加强新闻宣传工作。全年全省系统在《中国石化报》、朝阳 E 站、奋进石化等媒体平台上稿量均居销售系统第一。举办公众开放日 11 期，开展云直播 6 期，累计 50 万人次观看，与新华社、学习强国等媒体合作举办 2 期主题开放日；及时妥善处置 10 余起舆情。获集团公司宣传思想工作先进单位和销售公司攻坚创效宣传工作先进单位称号。

（舒志国）

【爱心助农】 2020 年，浙江石油分公司针对因疫情影响导致农产品销售不畅问题，充分发挥自身平台渠道优势，开展“我有便利店，谁有滞销品”爱心助农公益活动，不到 1 个月时间，线上线下帮扶企业 17 家，销售椪柑 4 万多箱、香薯 6 000 箱、文旦 3 000 箱、鲜花 3 万支、绿植 8 000 盆。全年利用易捷商城及便利店帮助销售扶贫商品 5 000 多万元。

（舒志国）

在全省 133 座加油站同步开展售卖滞销鸡蛋活动

（周淑莲　摄）

表 1　浙江石油分公司主要经营指标

指标名称 \ 年份	2020	2019	2018	2017	2016	2015
成品油销售总量 / 万吨	1 617.00	1 635.00	1 564.80	1 554.90	1 509.50	1 491.60
零售量	1 169.00	1 180.00	1 141.20	1 152.90	1 151.80	1 172.00
报表利润 / 亿元	40.08	34.50	33.32	34.06	34.02	30.06
吨油费用① / 元	322.00	274.00	276.00	274.00	265.00	256.00
加油（气）站总数 / 座	2 094	2 070	2 085	2 080	2 078	2 076

① 2019 年吨油费用根据销售公司计算口径，销量含航煤，2020 年计算时不含；按同口径计算，2019 年的吨油费用应为 303 元

安徽石油分公司

【概况】 中国石化销售股份有限公司安徽石油分公司（简称安徽石油分公司）前身是中国石油公司安徽支公司，成立于 1952 年，1998 年 6 月成建制划转集团公司，2000 年改制重组为中国石化股份有限公司安徽石油分公司，2009 年升格为大 I 型企业，2014 年重组为中国石化销售有限公司安徽石油分公司，2019 年 1 月更名为中国石化销售股份有限公司安徽石油分公司，本部位于安徽省合肥市。主营汽柴油、航空煤油、天然气和非油品业务，销售网络遍布全省城乡各地，是安徽省内最大的成品油销售企业。

截至 2020 年底，安徽石油分公司本部设 12

个管理部门、5 个专业中心，下辖 16 个市级分公司及高速石化等合资公司；用工总量 8 412 人，其中合同制员工 5 475 人；总资产 175.7 亿元，资产负债率 55%；在营油库 15 座，库容总量 60.96 万立方米；铁路专用线 6 条，接卸油码头 2 座；在营加油站 1 578 座、便利店 1 229 座。

2020 年，安徽石油分公司实现成品油经营量 636.24 万吨，其中零售量 486.68 万吨、直销批发量 149.56 万吨。销售天然气 1.01 亿立方米。实现非油品交易额 27.74 亿元。实现报表利润 14.08 亿元，在销售系统利润完成率排名第四、利润总额排名第五、利润增加额排名第二。连续 5 年获集团公司安全生产先进单位，保持集团公司绿色企业称号，连续 6 年获集团公司党建考核 A 类企业，连续 5 年获销售公司“比学赶帮超”优秀组织奖，连续 4 年获安徽省十大服务行业居民最满意供油公司称号并蝉联全省唯一金口碑奖，被授予首次评选的安徽省十佳履行社会责任最满意企业称号。

安徽石油分公司主要经营指标见表 1。

（邢大金）

【领导班子调整】 2020 年 9 月 4 日，集团公司以视频形式召开安徽石油分公司干部大会，宣布安徽石油分公司领导班子调整：韩雪岭任安徽石油分公司代表、党委书记，查显双任总经理、党委副书记，石先阳任副总经理、党委委员，芮继强因年龄原因不再担任分公司代表、党委书记。

（邢大金）

【疫情汛情有力应对】 面对突如其来的疫情，安徽石油分公司在党中央和集团公司党组的坚强领导下，积极投身疫情防控阻击战，千方百计筹措防疫物资，全面排查疫情风险，保护员工生命健康，助力复工复产，保持全天候供油，开展生鲜、果蔬销售，向市场投放酒精、消毒液、口罩等急需防疫物品，兑现了中国石化“油品不断供、商品不涨价、服务不打烊”的承诺。向疫情“震中”的湖北石油分公司伸出援手，捐赠防护服、护目镜等物资，积极购买复工产品，携手抗疫、共度时艰，湖北省商务厅特发感谢信。面对历史罕见的汛情，广大干部员工挺身而出、严防死守，确保了库站和责任区段江坝安全；克服困难，主动承担防汛抗洪车辆保供任务，向重点灾区免费配送油品、捐赠物资。在防疫抗汛工作中，组成党员突击队 118 支、设立党员示范岗 319 个、党员责任区 428 个，越是艰险越向前，发挥了党组织战斗堡垒和党员先锋模范作用。

（邢大金）

【攻坚创效任务超额完成】 2020 年，安徽石油分公司抓住“百日攻坚创效”“持续攻坚创效”主线，坚定信心、奋力攻坚，紧扣市场形势、资源统筹、销售品种、量价互动，聚焦效益、预算引领、业务驱动，取得了跑赢大市、好于预期的业绩，“百日攻坚创效”“持续攻坚创效”期间分别取得利润 5.7 亿元、7 亿元的好成绩，大幅超额完成下达指标，在关键时期用关键指标为集团公司、销售公司做出贡献，“百日攻坚创效”行动中获集团公司先进单位和销售公司突出贡献单位称号，“持续攻坚创效”行动中获销售公司效益突出贡献单位称号。

（邢大金）

【成品油和天然气经营】 2020 年，安徽石油分公司坚持业务统筹，合理安排进销存结构，发挥产销一体化优势，用足外采计划，把握外采节奏，合理摆布库存规模，优化资源流向，加大资源串换，提升了资源创效水平。推动地市成立成品油行业协会，建立长效工作机制，开展“打非治违”，维护市场秩序，为稳价创效创造了良好条件。发挥网络和品牌优势，保持汽油零售定力，高速免费通行期间全力支持高速抢量，国省道继续打造柴油增量领头站，因势利导做好车辆和客户分流，提高加油效率，稳定了零售规模，做优了零售经营，其中汽油零售逆势增长 2%。坚持效益优先、主导市场的定价策略，兼顾当期价格和市场预期，围绕客户价值和需求特点，量身打造客户促销方案，深化大宗客户合作，推广“他有我管”，稳定了直分销市场份额和差价水平。贴近市场营销，开展价格直降、气非互促活动，天然气继续保持 1 亿立方米以上的销售规模。

（邢大金）

【营销模式转型】 2020 年，安徽石油分公司积极推广石化电子钱包和“一键加油”，加强与银行、电信等单位合作，引入外部营销资源，“一键加油”省内开户数达 168 万户。尝试销售新模式，推广“防疫手包”“三夏组合礼包”等各类组合礼包，开展快闪销售超 40 场次，无人售货机进驻省军区，筹办易捷“点亮直播间”主场站，举办“扶贫助农百日攻坚，中国石化安徽石油在行动”“皖美之约在易捷”等主题直播，围观达 21 万人次，带货额突破 400 万元。打造易享节样板站 370 座，举办各级品鉴会 150 场次，销售额 8 317 万元。加快布局洗车服务，截至年底拥有洗车服务加油站 270 座，占全省在营汽油站比重 19.5%。建设广告站点和流媒体设施，开展汽车销售、快餐旅游、保险药品、租车代理等业务，易捷品牌影响和“人·车·生活”综合服务平台生态链不断丰富。

（邢大金）

易捷点亮合肥

【网络建设与发展】 2020 年，安徽石油分公司高度重视投资效益，高质量发展加油站，狠抓项目建设投营，网络优势持续巩固。新发展加油站 51 座、加气站 1 座；盘活存量储备地 20 宗，低成本续租加油站 7 座，完善经营资质 62 座，新增“他有我管”6 座。推进储运设施建设，完成芜湖油库储罐桩基、综合楼、发油室施工，顺利实施池州油库外管线隐患改造。统一安排专项资金，实施提量改造及形象改造加油站 40 座，整改不合格在营加油站水封井 642 座、隔油池 627 座，完成加气站隐患整改 58 座，安装油气在线监测系统 56 座，完成加油站双层罐改造 810 座。完成铜陵南路油气合建站智慧改造，实现站内设备互联互通和 ETC 自助加油。推进“司机之家”建设，池州麻桥、铜陵桥南站通过省交通厅验收。

（邢大金）

改造投营的合肥铜陵南路智慧加油站

【推进改革创新】 2020 年，安徽石油分公司落实集团公司“去行政化”要求，出台公司经营管理体制改革方案，整合优化部门职能，初步构建大业务、大管理、大监督“三大运行体系”。推行加油站委托家庭驻站式管理，累计实现委托管理站 1 054 座，其中家庭驻站式委托站 631 座。完成退休人员社会化档案移交工作，档案移交率 100%。参加“第三届中央企业熠星创新创意”大赛，公司“北斗大数据无感加油”项目进入复赛。推动自动计量系统、油罐车电子锁、ETC 加油、加油“码”开票及快扫码开票等科技成果应用。推进“两化”融合，通过工信部贯标平台的审核认定。“深化应用、创新创效”工作被评为集团公司 A 类企业。

（邢大金）

【HSSE 管理】 2020 年，安徽石油分公司落实集团公司 HSSE 工作部署，强化 HSSE 管理体系运行，落实承包商安全监管“十条措施”，开展施工现场“四不两直”督查 40 余次，构建“HSSE 事故全员担责”机制，落实安全记分制度，建立“安全红包”激励机制，发放安全红包 4.54 万元，年度隐患治理项目全部完成，全年未发生安全等级事故。完成加油站、油库排污许可证取证工作，绿色基层创建现场验收全部合格，安庆、马鞍山、阜阳、池州油库实现环保风险降值降级目标，绿企创建成果进一步巩固。

（邢大金）

【风控管理】 2020 年，安徽石油分公司严格外采油质量管理，加强数质量风险管控，国家、总部、地方政府各类油品质量抽检全部合格，油品损耗管理水平在销售企业排名靠前，加油站液位仪系统自动计量率和验收准确率大幅提升。开展“管理提升年”活动，全面诊断管理问题，制定问题整改清单，整改率达92%。持续提升内控制度执行有效性，物资采购系统和工程招投标系统线上应用率大幅提升。加强审计监督与服务，促进审计成果转化，连续6年获全国内部审计先进集体称号。积极应对法律诉讼，处理28起仲裁及诉讼案件，挽回经济损失约300万元。建立“微腐败”风险清单，开展液位仪、加油卡远程检查和资金、发票、非油品现场检查，保持对违规违纪行为的高压严打态势。

（邢大金）

【财务管理】 2020年，安徽石油分公司坚持价值引领，推进业财融合，强化预算管理，将预算作为经营目标实现的前提条件、业务实施的控制标准和绩效评价的基础依据，围绕“量效兼顾、量价双收”做实月度预算，完善日跟踪、周通报、月分析，细化预算单元管理，将预算指标压实到县公司、加油站，激发了全员责任感和创效积极性。突出管理创效，政策减免和补贴创效4 840万元，税收优惠创效3 806万元，资金运营创效1 979万元，资产经营创效1 947万元，收回政府拆迁补偿款1.3亿元。

（邢大金）

【队伍建设】 2020年，安徽石油分公司树立正确的选人用人导向，提拔、调整中层领导人员11人，优化了干部队伍结构，干部选拔工作满意度创历史新高，评价为“好”的占比达97.6%。推进人才强企工程，落实集团公司“三百三千”计划，制定领导人员选拔任用办法、后备干部工作办法、人才池管理办法、员工职业生涯发展规划实施方案、中层领导人员考核评价管理办法、地市公司领导班子配备及管理办法、新入职毕业生实习培养实施细则、重要敏感岗位人员轮岗交流及管理实施细则等8项制度，形成具有特色的人才选拔培养体系。

（邢大金）

【管党治党】 2020年，安徽石油分公司坚持把党的政治建设放在首位，学习宣贯十九届五中全会精神和习近平总书记系列重要讲话、指示批示精神，深入学习《习近平谈治国理政》（第三卷），教育党员干部增强“四个意识”、坚定“四个自信”、做到“两个维护”。建立党建责任清单，签订党建责任书，聚焦攻坚创效、深化改革、安全环保等重点难点热点，明确党建课题，丰富党建内容。抓好基层党建，优化基层党支部设置，实现基层党组织按期换届，做到了加油站党员覆盖面100%。抓好党风廉政建设和反腐败工作，完善监督体系，统筹监督力量，明确监督重点，“大监督”职能做深做实。严格执纪审查工作，规范信访线索处置，科学运用监督执纪“四种形态”。

（邢大金）

【和谐企业建设】 2020年，安徽石油分公司抓好和谐企业建设，围绕攻坚创效和中心工作，开展劳动竞赛，组织劳模先进评比，征集合理化建议，营造争先进位的良好氛围。推进企业文化建设，加强意识形态管控，出台思想文化宣传“3+1”管理制度，宣传工作位居销售企业前列。集中攻关陈案积案，退出了集团公司维稳工作重点企业行列。大力落实脱贫攻坚举措，综合运用产业扶贫、消费扶贫、直播带货等形式，助力12个贫困村出列，全面完成脱贫攻坚决胜年各项任务。

（邢大金）

表1 安徽石油分公司主要经营指标

指标名称＼年份	2020	2019	2018	2017	2016	2015
成品油销售总量/万吨	636.24	662.70	635.10	610.40	592.59	587.54
零售量	486.68	505.70	496.38	484.40	472.72	459.66
销售收入/亿元	392.88	468.59	463.78	397.86	337.94	350.00

续表

指标名称 \ 年份	2020	2019	2018	2017	2016	2015
报表利润 / 亿元	14.08	9.30	6.82	9.58	9.39	6.66
吨油费用 / 元	349.00	325.00	328.00	311.00	326.00	294.00
加油站总数 / 座	1 811	1 776	1 657	1 598	1 566	1 512

福建石油分公司

【概况】 中国石化销售股份有限公司福建石油分公司（简称福建石油分公司）的前身为福建省石油总公司，成立于 1952 年 10 月 13 日。1998 年 7 月成建制划归集团公司。2000 年 3 月，重组为中国石油化工股份有限公司福建石油分公司。2007 年 7 月 24 日，成品油业务划入由中国石化和埃克森美孚、沙特阿美合资成立的中石化森美（福建）石油有限公司（简称中石化森美公司）。福建石油分公司和中石化森美公司两家公司合称福建石油。2014 年 6 月，中国石化销售业务重组，中国石油化工股份有限公司福建石油分公司更名为中国石化销售有限公司福建石油分公司。2019 年 1 月，中国石化销售有限公司股改，中国石化销售有限公司福建石油分公司相应变更为中国石化销售股份有限公司福建石油分公司。

2020 年，福建石油本部设 19 个职能部门，其中 15 个职能部门实行合署办公；下辖 9 个地市分公司和 1 个高速联营公司。截至 2020 年底，福建石油用工总量 1 965 人，离退休 2 623 人，代理制加油站用工 4 791 人。在营加油站 1 119 座，油库 11 座、库容 33 万立方米。资产总额 181.25 亿元。

2020 年，福建石油成品油销售总量 529.99 万吨，完成计划 93.6%，下降 6.4%。报表利润 20.69 亿元，完成年初下达计划 120.8%，利润总额在销售企业省市公司中排名第四。深入贯彻党中央精神、全面落实集团公司、销售公司各项部署，在公司党委坚强领导下，夺取了疫情防控和攻坚创效“双战双胜”。福州、厦门、宁德分公司进入销售企业地市“两力”榜单前 20 名。连续 19 年获集团公司安全生产先进单位称号。

福建石油分公司主要经营指标见表 1。

（张若虞）

【领导体制改革】 根据领导体制改革需要，2020 年 10 月，福建石油分公司党政主要负责人进行职务调整，福建石油分公司原总经理丁春生职务调整为福建石油分公司代表、党委书记；福建石油分公司原党委书记刘春波职务调整为福建石油分公司总经理、党委副书记。

（张若虞）

【打赢疫情防控阻击战】 面对新冠肺炎疫情，福建石油牢记“生命重于泰山、疫情就是命令、防控就是责任”，坚决落实党中央决策部署，在集团公司的统一指挥下，火速成立省市两级疫情防控小组，建立完善网格化应对机制，落实联防联控，备足防控物资，并根据实际优化排班、调整考核分配，保证一线员工收入不降。各级领导干部带头下沉一线、靠前指挥，第一时间响应、第一时间行动、第一时间落实，许多员工主动请战，基层一线无惧风险、坚守岗位，守住了“零感染”的底线，得到了集团公司和各级政府的肯定。1 名员工被集团公司评为抗疫楷模、1 个基层党支部被集团公司评为抗疫先进集体。

（张若虞）

【积极履行社会责任】 做好“六稳”工作，落实“六保”任务，坚决扛起国有企业在重大突发事件中的“压舱石”“顶梁柱”责任。在疫情最艰难的时期，坚持“油品不断供、商品不涨价、服务不打烊”，推行无接触服务模式，使顾客安心加油。主动做好消费帮扶，将易捷渠道优势与扶贫地区特色商品资源优势相结合，助力老区顺利脱贫摘帽，开展“助力湖北、驰援武汉”等系列主题营销活动，为地方滞销产品打开销路；积极履行国企责任，减免符合政策条件的328家租户租金600余万元，支持地方经济发展和社会稳定，赢得了各级政府和社会的一致“点赞”。

（张若虞）

福建石油泉州本部片区党支部赶赴泉州欣佳酒店坍塌现场协助救援

【奋力投入攻坚创效】 较好地完成“百日攻坚创效”和“持续攻坚创效”任务指标，连续4年利润总额排名销售企业省市公司前四。被集团公司评为“百日攻坚创效”行动先进单位，获销售公司“比学赶帮超”工作优秀组织奖、攻坚创效宣传工作先进单位、风险防控管理优秀组织单位等称号，共取得“比学赶帮超”红旗36面，其中年度红旗10面，夺取了“好于预期、优于同行、跑赢大市”的好成效。

（张若虞）

【转型升级拓市扩销】 积极把握消费新风向，直播带货、地摊销售、社区团购等多渠道经营模式实现多点开花。非油品经营保持高增速的良好态势，基础品类销售额增幅在销售企业区内排名第一；天然气销售全面突破、成效斐然，通过摸排全省工业点供客户，大力开发潜在客户，加快LNG站点的项目推进，努力拓宽资源渠道，9个地市全部实现销售，全年天然气销量增长54%。

（张若虞）

【持续发展夯实根基】 充分发挥股份与合资公司各自优势，实现“双轮驱动”，全面创新网络发展思路，通过加大与地方政府合资、合作力度，有序推进福州合资项目落地见效。落实各级项目责任制，充分调动人员积极性，加速项目落地投营出效益。2020年通过竞拍取得项目1宗，新增投营站点27座，维系续租站点29座，投资发展绩效位列销售公司第二。

（张若虞）

【精心精细抓管理】 坚持过“紧日子”节流增效，充分用好用足各类惠企政策，降本减费。锚定价值创造，加强业财融合、异业联合、发挥乘数效应，吸引第三方资源投放。做好管理创新，获集团公司管理现代化创新成果二等奖和三等奖各1项，销售公司管理创新优秀案例奖5项、改善经营管理建议奖4项，在销售公司“百日攻坚创效”组织工作考核中获满分。

（张若虞）

【成品油管道平稳划转】 积极配合国家管网公司组建，全力确保划转过程依法合规、过渡期间安全运行、员工队伍和谐稳定，原福建石油326千米成品油管道，以及物流中心机关及附属调控中心、抢维修中心，泉港油库成建制划转，兴闽油库、石湖山油库、东孚油库划转输油站部分，同时划转员工100人。于2020年9月底顺利完成。

（张若虞）

【蹄疾步稳深化改革】 加大“两司融合”一体化改革的广度和深度，进一步精简归并管理部门，使职能更加清晰，运作更为高效。稳步启动国企改革三年行动，抓实“三项制度”改革，推进“三能”政策落地。不断优化工作机制，有效厘清部门权责，压实各部门、各单位经营责任和管理责任，激发创效主观能动性。持续开展制度、流程优化工作，全年累计优化制度111项、流程58个。

（张若虞）

【加强党建强根固魂】 认真贯彻落实党中央关于加强党的政治建设的总要求、集团公司深化推进党的政治建设的重点措施，践行“务实、创新、融合”，坚持把学习习近平总书记重要讲话精神作为党委会“第一议题”。不断提升党建工作质量，规范党委前置研究重大事项，制定公司党委及党委职能部门落实全面从严治党工作责任清单，修订党建工作考核办法、党组织书记抓党建工作述职评议考核办法，推动管党治党责任层层落实。抓好抓实党建工作，充分发挥党委“把方向、管大局、促落实”的作用，为中心工作保驾护航，使中央和集团公司党组、董事会各项决策部署有力推进、扎实落地，把政治优势、组织优势转化为发展胜势。

（张若虞）

【基层组织力持续提升】 持续推进基层党组织组织力提升工程，深入推进“双示范”创建，推进扩大党组织工作覆盖面，认真抓好基层班组党员全覆盖工作，充分发挥党支部战斗堡垒作用和党员先锋模范作用，形成党的组织全覆盖、工作全覆盖、作用全覆盖，在疫情防控和攻坚创效期间，组织了160多支党员和团员青年突击队，下沉一线冲在前，使党旗在疫情防控和攻坚创效战场上高高飘扬。

（张若虞）

【人才强企打造第一资源】 进一步完善人才发展机制，出台专家管理办法、人才成长通道横向贯通办法等制度，持续推进领导人员高素质专业化锻造、专业技术人才高端引领、技能操作人才提质强基等计划，有17名优秀专业人才进入集团公司骨干人才库，3人被聘为销售公司咨询专家，1人被聘为集团公司第一批兼职境外审计专家。培养“80后”“90后”优秀储备干部90人。组织1 612人参加技能等级认定，23人取得中级职称，24人取得高级职称，较往年翻倍增长，队伍素质明显提高、活力明显增强。

（张若虞）

【从严治党营造风清气正氛围】 切实抓好党风廉政建设和反腐败工作，持续深化纠治“四风”，督促解决困扰基层的形式主义、官僚主义，促进党员干部真抓实干、担当作为，全力打造“廉洁石化亮丽名片”。狠抓关口前移，将新入职大学生、基层库站新员工的岗前廉洁教育纳入员工培训大纲，实现廉洁教育全覆盖。不断凝聚“大监督”的整体合力，创新开展非油品业务、工程招投标等专项监督，提升大监督整体效能。深入推进重点领域“微腐败”专项治理，总结出泉州晋江党支部“4个全覆盖+N”的“加油站零违规承诺活动”经验做法，员工违规行为较2019年下降60%以上。以“零容忍”态度强监督、严问责，严管与厚爱结合、激励与约束并重，一体推进不敢腐、不能腐、不想腐，充分发挥监督保障执行、促进完善发展作用，为创效和发展提供坚实保障，推进福建石油的政治生态和管理生态实现根本好转。

（张若虞）

表1 福建石油主要经营指标[①]

指标名称 \ 年份	2020	2019	2018	2017	2016	2015
成品油销售总量 / 万吨	529.99	565.00	549.95	537.42	512.36	598.05
零售量	341.38	398.12	383.87	389.71	394.10	461.61
销售收入 / 亿元	326.06	402.37	407.08	347.30	302.37	366.62
利润 / 亿元	20.69	17.63	19.40	21.57	16.55	10.28
费用总额 / 亿元	20.59	21.78	19.71	19.01	18.16	18.53
吨油费用 / 元	386.00	384.00	357.00	353.00	353.00	299.00
加油站总数 / 座	1 119	1 123	1 100	1 090	1 059	1 056

①合并后的数据去除中石化森美公司和福建石油分公司重复计算部分

江西石油分公司

【概况】 中国石化销售股份有限公司江西石油分公司（简称江西石油分公司）前身为江西省石油总公司，成立于1950年10月，是江西省专营成品油的国有大型企业，1998年10月成建制划转集团公司。非上市部分于2007年4月转制为中国石化集团资产经营管理有限公司江西石油分公司，由股份公司托管。2014年5月，按照改革重组步骤安排，中国石油化工股份有限公司江西石油分公司更名为中国石化销售有限公司江西石油分公司。2019年3月，根据销售公司股改事项安排，中国石化销售有限公司江西石油分公司更名为中国石化销售股份有限公司江西石油分公司。

江西石油分公司主营成品油销售、储运及便利店等非油品业务，是江西省成品油供应主渠道。截至2020年底，下辖11个市级分公司、1个石油技校（销售公司培训基地）、1个全资子公司，98个县（区）分公司，实行省、市二级分公司管理。在营加油加气站1 422座，在营油库14座/总库容量62.51万立方米。资产总额160.65亿元。在岗员工人数6 387人。

江西石油分公司主要经营指标见表1。

（郑浩然）

【领导班子调整】 10月12日，毛陆军任江西石油分公司代表、党委书记，熊墨宥任江西石油总经理、党委副书记。5月28日，檀飞任江西石油分公司副总经理；邹恩庭不再任江西石油分公司副总经理，任二级协理员。11月24日，赖万寿不再任江西石油分公司党委副书记、纪委书记、工会主席，任二级协理员。

（郑浩然）

【攻坚创效硕果累累】 江西石油分公司面对复杂严峻的内外部环境和低油价挑战，不断加强党的建设，统筹做好防疫抗汛、经营管理、改革发展、油气保供、助力脱贫攻坚等各项工作，扎实推进“百日攻坚创效”“持续攻坚创效”等系列专项行动。全年各项经营指标呈现出“逐月回升、由负转正、前低后高”的特点，取得了历史最好效益业绩。获集团公司“百日攻坚创效”“持续攻坚创效”先进单位称号；全年获销售公司25面月季度红旗、8面年度红旗。获评江西省抗疫贡献企业、集团公司法治央企建设A类企业，继续保留全国文明单位称号。

（郑浩然）

【战疫抗汛彰显央企担当】 面对百年不遇“大疫情”，江西石油分公司党委第一时间号召“各级党组织和全体党员干部靠前指挥、冲锋战疫”，省市县三级单位防疫指挥部迅速组建137支党员突击队，投放500余万元防疫物资，派出多支心理咨询小分队深入抗疫一线；筹措5万只口罩支援湖北石油分公司，干部员工自发义务献血近4万毫升援助武汉；80%以上油站开设“绿色通道”，为医疗机构和各级防疫抗汛组织的车辆加油；共计派出500余名党员干部参与地方政府组织的防疫排查和防汛值守工作；积极落实小微企业和个体工商户不动产租金减免政策，累计减免租金90余万元。在地方遭受百年不遇洪灾之时，无条件支持政府救灾，仅用2天时间筹措325万元防汛物资，连夜发运驰援。

（郑浩然）

【成品油经营创效能力提升】 江西石油分公司坚决落实党组“量效兼顾、量价双收”的核心要求，培育省市县“三位一体”的算账文化，完成经营体系重塑再造；动态调整考核激励政策，加强零直互动；深化运用“让价折量”考核激励，培育骨干销售网络。面对市场“汽强柴弱”的消费结构变化，经营发展方向由“数量追赶”转为“质量追赶”，实现良性健康的转型升级。全年实现经营总量588.8万吨，零售量488.6万吨，其中汽油机出零售量增长1.3%，位列区内销售企业第2名。直分销完成100.2万吨，天然气经营量1 424万立方米；报表利润10.7亿元，增长89.6%，利用第三方营销合作有效资源近亿元。

（郑浩然）

【非油品业务结构不断优化】 江西石油分公司通过做实门店，提升经营质量，搭建多业态融合平台，统筹营销资源，实现非油品做大做强。创新性开启“油菜花 +N”服务新模式，全年实现非油品交易额 26.83 亿元，实现基础品类营业额 17.57 亿元。

（郑浩然）

【“打非治违”取得实效】 江西石油分公司加强企地联动，通过省市县三级单位紧密配合，协助政府部门进行“打非治违”工作，肃清市场环境。全年配合执法部门查处非法流动车 617 辆、窝点自备罐 278 个、非法加油站 36 座、缴获油品 3 422 吨、罚款金额 541 万元、刑拘 10 人。

（郑浩然）

【互联网营销助力经营】 江西石油分公司打造“加油江西”APP 平台，以客户为中心，以积分为纽带，通过“推广线上，引导线下”的方式为经营破局贡献力量，提升互联网营销能力。“加油江西”APP 累计注册会员 276 万人，绑卡用户 73 万人，日均油站支付达 2 400 万元。

（郑浩然）

【体制机制改革持续深化】 江西石油分公司坚定改革决心，持续深化“三项制度”改革，省公司机关率先落实“三定”工作，完成机关岗位竞聘和职位晋升工作。强化制度顶层设计，优化用工，全口径用工总量下降 6%；员工人均收入首次超过江西省城镇非私营单位就业人员年平均收入；零售口径人均零售量 733 吨。加强干部队伍建设，全年提任中层领导人员 18 人，职务调整 23 人，退出现职 2 人；新提任中层领导人员 40 岁及以下占比 55.6%。完善三级后备人才库，派出“三百三千”计划人员 5 人、接收 3 人；企业内部锻炼计划 6 人；新引进高校毕业生 35 人，完成退休人员社会化管理工作。省市两级班子以强烈的历史担当，顺利完成九江、瑞昌公司的改革重组。开展员工分级管理考核评定工作，开创销售企业员工分级管理先河，全省 136 名站长和 682 名员工被授予星级评定。

（郑浩然）

【终端网络优势巩固】 面对高投入的网络竞争，江西石油分公司发展方式从“外延粗放”转向“内涵集约”，始终坚持低成本内涵式多元发展，多措并举、内部挖潜。同时，深化企地战略合作，全力维护高速公路市场份额，重点关注投资回报率。全年新增投营加油站 30 座，竞拍取得土地 8 宗；新增合资公司 2 家，拓展了外延发展渠道。扎实推进“拆一补一”，完成还建加油站 7 座，取得还建土地 4 宗；新增盘活土地 4 宗。积极探索新能源站建设，完成投营加气站 4 座；充电站完成投营 3 座，完成前期报建 2 座。

（郑浩然）

【安全绿色发展迈出坚实步伐】 江西石油分公司牢牢把握“严管严查严问责”总要求，不断强化主体责任落实、持续加大安全环保投入、强化库站损溢管理，安全发展从“碎片管理”转向“体系思维”。深化运用“2+1”工作日、“互帮互促”“以查代训”等模式，创新实施“线上稽查 + 线下整改”督查方式。全年各项违章行为及“低老坏”得到改观，管理类问题下降 73%；公司通过年度 ISO 9000 质量管理体系监督评审，零售环节实现降耗 4 100 吨，汽油首次实现“止损增溢”。

（郑浩然）

【控本增效成果明显】 江西石油分公司严格落实精准精细经营策略，综合让利较上年度减少 5.9 亿元。积极探索智慧物流建设，持续开展一、二、三级物流优化。全年通过物流优化实现全口径物流费用下降 3 025 万元，综合优化节费 3 910 万元；实现业务招待费、办公费、差旅费、会议费等 13 项费用较同年预算数综合降幅达 20.4%。

（郑浩然）

【全面推进从严治党】 江西石油分公司巩固深化“不忘初心、牢记使命”主题教育成果，持续推进党建“十百千”工程落实落地，推进党建与中心工作深度融合，全面实现班组党员覆盖质量 2 个 100% 目标。在井冈山干部学院组织 2 期中层干部十九届四中全会精神轮训，年内完成十九届五中全会精神宣讲。集中整治形式主义、官僚主义，认真落实“基层减负年”要求，切实抓好员工反映强烈的报表过滥、文件过冗等 6 项关键问题整改，累计减少账表册 9 种，缩减比例 20%；文件数量减少 27.5%，会议数量减少 12%；全年累计督办事项 110 项，实现重点工作督办率 100%，督办事项考评率 100%。审计监督有序开展，实施审计项目 16 个。强化党风廉洁建设，紧盯关键环节和重点领域，深入开展廉洁教育，全年共计处罚 3 654 人，其中经济处罚 3 583 人、组织处理 2 人、行政处分 17 人、解除劳动合同 52 人。

（郑浩然）

表 1　江西石油分公司主要经营指标

指标名称＼年份	2020	2019	2018	2017	2016
成品油销售总量 / 万吨	588.80	618.80	605.80	591.70	580.80
零售量	488.60	492.00	482.40	474.00	477.50
销售收入 / 亿元	366.94	443.43	448.62	372.00	333.00
利润 / 亿元	10.70	5.65	1.00	5.05	6.05
吨油费用 / 元	385.00	357.87	351.02	346.00	343.00
加油站总数 / 座	1 422	1 535	1 484	1 438	1 406

山东石油分公司

【概况】 中国石化销售股份有限公司山东石油分公司（简称山东石油分公司）始建于 1953 年，位于山东省济南市，1992 年 11 月，被山东省政府确定为正厅级单位，国有大型 I 类企业。作为成品油销售主渠道，山东石油承担着山东省成品油供应保障任务，是省内最大的成品油销售企业，经过半个多世纪的发展，业已形成布局合理、功能完备、流向通畅、保障有力的成品油营销网络。截至 2020 年底，山东石油分公司下辖 17 个市公司、141 个县公司（市片区）。共有在营加油站 2 653 座、加气站 47 座，油库 19 座（库容量 121 万立方米）、加气母站 2 座。控股及参股合资公司 48 家。企业资产总额 242 亿元。

山东石油分公司经营范围包括汽油、柴油、煤油的批发零售；天然气经营及非油品产品经营等。

2020 年，面对疫情暴发、油价暴跌等一系列错综复杂的矛盾和挑战，山东石油分公司顶压奋进、坚毅前行，完成了扭亏翻身的奋斗目标，企业扭亏脱困工作取得阶段成效，发生了转折性、趋势性变化，蹚出了一条扭转被动局面的路子，站在了新的起点上，为迈入全面创效的发展阶段奠定了基础。全年销售成品油 786 万吨、天然气 2.9 亿立方米，非油品交易额 27 亿元，实现利润 0.6 亿元。

山东石油分公司主要经营指标见表 1。

（禚虹阳）

【领导班子调整】 2020 年 5 月，王彦兴任山东石油分公司党委副书记、纪委书记、工会主席，闫庆德不再担任党委副书记、纪委书记、工会主席。11 月，高军任山东石油分公司党委委员、总会计师，杜宝伟不再担任党委委员、总会计师。

（禚虹阳）

【全力攻坚实现扭亏为盈】 2020 年，面对低消费低价格、高库存高成本的艰难局面，山东石油分公司一手抓疫情防控、一手抓攻坚创效，聚焦“双战双胜”，按照集团公司和销售公司“百日攻坚创效”行动要求，充分发挥一体化经营优势，努力提高经营创效水平。正向把握市场变化，坚持经营联动，有效处置量价费利关系，通过“一盘棋”运作，收获了综合效应。在消化跌价损失 4.6 亿元、疫情造成机出量减少 38 万吨的情况下，全年实现扭亏为盈目标。

（禚虹阳）

【零售环节创效水平不断提升】 2020年，山东石油分公司发挥零售业务对企业创效的核心作用，多措并举维护市场稳定，提高自身零售量。统筹量、价、效综合施策，动态评估营销效果。加大高标号汽油销售力度，增强油品客户消费黏性和品牌忠诚度，高标号汽油销售量增幅3%。开展“服务窗口管理服务提升”活动和“提升服务，为美好生活加油”服务竞赛，培育客户至上意识，大力提升现场服务水平，向服务要销量。加强数字化赋能，开展“智慧加油站”成果展示，推进站级一体化等平台建设，加油站实现电子钱包全覆盖，注册客户397万名、充值21亿元。

（禚虹阳）

【直分销经营有效支撑创效水平】 2020年，山东石油分公司直分销经营突出价值引领，强化统筹联动。科学研判市场走势，抢抓市场热点，踏准销售节奏，不断提升波段采销精准性，实现油库销售208.08万吨。持续强化转型销售思维，提升综合型销售队伍培育水平。开展客户走访，深挖客户购油潜力，做大直分销规模，提高企业消纳配置资源的能力，保障和放大了资源运作成效。完善定价体系，确保量利兼顾，提高销售创效水平，获销售公司“百日攻坚创效”行动直分销线条优秀组织单位奖。

（禚虹阳）

【资源运作创效贡献率持续提升】 2020年，山东石油分公司运用“进销存动态模型”，提升了把控外采节奏的水准。注重资源结构和库存摆布，灵活调整经营淡旺季、价格高低位的所有权库存结构，使库存数量运作更加合理。注重分析市场变化趋势，通过自采油行情波段操作，增强库存成本抗风险能力，提高了资源运作贡献率。全年外采均价与零售均价差价与上年相比，92#汽油扩大184元/吨、0#柴油扩大17元/吨。组建“市场研究室”，旨在构建经营管理运行的支持体系，提升全系统经营管理水平。

（禚虹阳）

【天然气经营规模持续扩大】 2020年，山东石油分公司天然气经营围绕“零售环节调结构、直分销环节增效益、外采环节降成本、运输环节再优化”总方针，在增强天然气资源创效能力的基础上，精准实施差异化经营，持续优化资源结构。加强市公司运输管理和运费支出监控，通过规模化运作及设备优化共享，降低运输成本。提升城区CNG网点经营量，探寻直分销增效突破点，积极推进全省LNG直分销业务均衡发展。全年经营量2.9亿立方米，增幅33%。

（禚虹阳）

【非油品经营质量持续向好】 2020年，山东石油分公司非油品业务创新营销模式，深化油非互促，打造线上营销平台，采取直播带货销售方式，拓宽销售渠道，提高营销效果。做实销售量。持续规范商品采购体系，提高采购效能。加强非油品门店运营管理，建立完善便利店分级库存盘点管理检查体系，加强风险点防控，夯实基础管理。基础品类毛利率提高1.7个百分点，经营质量持续提升。

（禚虹阳）

【网络发展取得新进步】 2020年，山东石油分公司网络发展完善考核办法，鼓励市公司采用多元化模式发展网络，大力引导开展合资合作项目，稳定高速公路经营网点。全年发展加油站101座、投营88座、续租45座，获批合资公司12个。重点推进已建成未投营、已拿地未开工项目清理工作，逐站确定对策和措施，全年11座已建成项目投营，10座已拿地项目开工。

（禚虹阳）

【管理生态持续向好】 2020年，山东石油分公司坚持“跳出经营抓经营”，打造高效联动机制，深化管理先行的理念，汇聚起强身健体的合力。持续开展“油品数质量清理整顿”，发现问题379项，制定完善62项业务流程。开展“资金清理整顿”，发现问题154项，资金风险得以有效管控。开展“投资项目清理整顿”，取得积极成效。进一步理顺和规范业务流程，增强制度执行监督的严肃性、协同性、有效性。强化支出预算刚性管理，实现支出行为、支出标准“双控制”，促进了制度管理能力的提升。

（禚虹阳）

【县公司“基石”作用持续强化】 2020年，山东石油分公司紧扣县公司建设方案，压实“经营管理、对外协调和网点发展”三大职能，统筹推进管理模式改革。搭建起与现有市场形势相适应的“三位一体”的组织架构和上下贯通、联动协同、同向发力的高效运行机制，将县公司打造成为干部成长的摇篮，引导新生代管理人员履职县公司，收获基层工作经验，夯实职业生涯的基础。

（禚虹阳）

【年轻干部比例大幅提升】 2020年，山东石油分公司坚持正确的选人用人导向，将其作为生态向好的风向标。不断完善依岗选人机制，把敢担当、善作为的干部及时选出来、用起来，形成强烈的正向激励效应。按照党组要求，大力推进干部队伍知识化、年轻化，为9个市公司配备“80后”班子成员，“80后”中层干部比例提高11个百分点。

（禚虹阳）

【疫情防控有力有效】 2020年，山东石油分公司面对突如其来的新冠肺炎疫情，充分发挥各级党组织引领推动保障作用，坚决投身疫情防控阻击战，坚决守护员工群众生命安全和身体健康，坚决扛起油品和生活、防疫物资保供的政治责任、社会责任。全力打造客户满意的安全优质服务窗口，营业场所关键位置定时消毒，推广加油卡、微信、支付宝等安全无接触的加油支付方式。建立绿色加油通道，优先保障疫情防控、医疗救护、驰援武汉物资运输、公安、消防等车辆到站迅速加油。实时监控库存，满足社会车辆及时供应，助力复工复产、经济发展。持续抓好常态化疫情防控，全省系统实现“零感染、零疑似”。

（禚虹阳）

【安全形势平稳有序】 2020年，山东石油分公司严抓基础管理，开展HSSE体系审核，实现HSSE管理持续改进。坚持关口前移，全面推行风险分级管控和隐患治理工作，完成排查隐患治理工作。启用省公司调度指挥中心，加强视频监控和实时调度。严格执行公安部门散装汽油销售有关规定，确保公共安全落实到位。强化对作业现场和施工现场作业的安全管理力度，将承包商安全管理列入企业重大风险由“一把手”承包。安排专人通过视频监控系统实时巡查所有施工项目、作业现场。加大“四不两直”检查力度，落实问题管理追责，确保了安全无事故、无环境事件、无公共安全事件。

（禚虹阳）

【成功创建绿色企业】 2020年，山东石油分公司积极开展绿色企业创建，首次被评为中国石化绿色企业。在营库站全部完成突发环境应急预案备案，开展全面环境风险排查，制定环境风险清单。全面攻坚污染防治，排查建筑垃圾和生活垃圾管理现状，固废规范化管理能力持续提升。开展VOCs专项整治，推进在线检测设备安装与联网，年销量超5 000吨的加油站全部与当地生态环境部门联网。完善巡检制度，对加油站油气回收装置的密封性及运行情况开展专项检查，确保废气稳定达标排放。委托第三方完成油气回收检测，检测合格率为100%。

（禚虹阳）

【科学谋划“十四五”目标】 2020年，山东石油分公司以集团公司党组确定的“打造世界领先洁净能源化工公司”愿景目标和“一基两翼三新”产业格局为纲领，发挥“一体化”优势，高起点谋划“十四五”发展目标，在新的发展阶段承接新使命、追求新突破，致力于将山东石油建设成为“以多种车能源商品贸易为主、以‘人·车·生活’商品贸易为辅”的大型综合贸易企业，确保适应行业发展、契合时代进步。

（禚虹阳）

【政治保障坚强有力】 2020年，山东石油分公司充分发挥党组织政治优势，强化政治担当，扛起政治责任。深入学习宣传贯彻党的十九届五中全会精神，引导全员以奋发有为的状态、持续攻坚的精神，把各项工作抓得更加扎实有效。以务实、创新、融合为导向，努力实现“经营工作开展到哪里，党的工作就延伸到哪里”。以“标准 + 红色 + 服务”为思路，积极培育特色党支部。持续在省、市公司机关开展“群奋进、重行动、求实效”活动，打造领导盯、部门推、基层干的优良作风。开展“再战一百天、奋进四季度”活动，助力目标任务完成。

（禚虹阳）

【扎实开展廉洁文化建设】 2020 年，山东石油分公司发挥铸魂化人作用，确立了以“合规、敬畏、干净、担当、奋进”为核心的廉洁文化理念。在经营管理活动中，倡导员工在思想上、行动上切实做到“合规是前提，敬畏是关键，干净是根本，担当是保障，奋进是目的”。开展“75 后”和新任职中层干部廉洁从业集训，强化纪律规矩意识。瞄准领导人员政治能力、履职能力和协同能力，全面提升素质能力水平。通过加强廉洁文化建设，政治生态持续向好。

（禚虹阳）

【品牌形象持续提升】 2020 年，山东石油分公司加大精准扶贫投入力度，打造 280 座扶贫主题样板店，购销贫困地区农产品 3 487.7 万元，派驻“第一书记”及驻村队员 18 人，帮扶贫困村 16 个、受益人 1 856 名，帮扶脱贫 22 人，切实做到服务大事大局、履行央企担当。积极参与社会公益，完善志愿服务体系建设和志愿服务项目设计，建设爱心环卫驿站 155 座，打造“司机之家”441 座。以“云开放”形式创新开展“公众开放日”活动 17 次，吸引公众 1 497 万人次收看直播，展示了中国石化“能源至净 · 生活至美”“每一滴油都是承诺”“易捷万店无假货”的诚信经营品牌形象。

（禚虹阳）

表 1　　山东石油分公司主要经营指标

指标名称 \ 年份	2020	2019	2018	2017	2016	2015
成品油销售总量 / 万吨	785.69	950.63	964.20	1 086.40	1 084.29	1 066.40
零售量	547.08	684.71	718.90	802.80	826.57	822.00
销售收入 / 亿元	479.73	657.97	698.98	648.12	597.59	630.00
利润 / 亿元	0.61	−4.00	−26.96	−8.93	8.67	6.12
吨油费用 / 元	456.00	381.71	369.36	313.50	295.00	303.00
加油站总数 / 座	2 653	2 708	2 621	2 549	2 572	2 550
自营加油站数	2 484	2 554	2 489	2 417	2 440	2 431

河南石油分公司

【概况】 中国石化销售股份有限公司河南石油分公司（简称河南石油分公司）位于河南省郑州市，是销售公司在河南省的唯一成品油销售分支机构。其前身为 1950 年 7 月成立的中国石油贸易分公司郑州分公司，1998 年划归集团公司，2000 年 5 月，集团公司以独家发起方式设立中国石油化工股份有限公司后，注册成立中国石油化工股份有限公司河南石油分公司，2014 年随中国石化销售股份公司混合所有制改革变更为中国石化销售有限公司河南石油分公司，2019 年更为现名。截至 2020 年底，河南石油分公司共设 17 个日常管理部门，下辖 19 个市分公司和 108 个县分公司，共有合同制员工 8 457 人，拥有在营加油站（点）1 969 座、加气站 60 座（加气母站 1 座）、“易捷”便利店 1 692 座，在用油库 22 座、库容 93.16 万立方米；资产总额 197 亿元。

河南石油分公司经营管理范围为汽油、煤油、柴油、天然气的批发、零售；燃气经营；零售预包装食品；卷烟、雪茄烟的零售；国内版图书报刊、电子出版物、音像制品的零售。润滑油、燃料油、沥青的销售；石油化工品的销售、日用百货便利店经营，纺织、服装、日用品、五金、家用电器及电子产品、充值卡的零售，彩票代理销售、委托代理收取水电费、票务代理服务，广告服务；汽车清洗服务，技术及信息的研究、开发、应用。第一、第二类医疗器械销售；一次性使用医疗用品销售；卫生用品销售；非织造布销售；消防器材销售；清净剂销售；新鲜水果、新鲜蔬菜批发与零售；增值电信业务、互联网营销。

河南石油分公司主要经营指标见表1。

（韩　笑）

【领导班子调整】 8月26日，集团公司下发文件，鉴于年龄原因，免去陈亚军副总经理职务；9月23日，集团公司下发文件，赵稳勇任中共河南石油总公司委员会委员、副总经理。

（韩　笑）

【经营整体保持稳定】 2020年，河南石油分公司实现油气经营总量701.5万吨，成品油经营量689.9万吨，减少9.8%。天然气经营量15 676万立方米，增长20.9%。非油品营业收入25.46亿元，降幅11.7%。实现报表利润1.1亿元，吨油费用429元。

（韩　笑）

【攻坚创效取得较好成效】 2020年，河南石油分公司坚决贯彻集团公司“攻坚创效”系列行动部署，锚定“两增一减”目标任务，以超常决心、超常力度、超常举措接续组织开展好“百日攻坚创效”“持续攻坚创效”行动，圆满完成总部下达的各项目标任务，获7项集团公司级先进单位称号；获评销售公司“百日攻坚创效”优秀组织单位；夺得销售企业“比学赶帮超”红旗35面，系统内排名第六，其中年度红旗8面。驻马店、安阳等6个市公司进入“两力”评价先进行列，马海通等13人获集团公司级先进个人称号。

（马　原）

【巩固零售终端占有】 2020年，河南石油分公司零售攻坚创效期间毛利增加贡献率区内第4名、华北区第1名，全年零售机出经营量514.4万吨。市场整顿持续推进，全年累计打击“自流黑”2 740座，其中黑站点372座、黑窝点895座、自建罐227个、流动车1 246辆，罚没油品5 805吨；继许昌涉税平台上线运行后，安阳、商丘、濮阳等地涉税平台逐步发挥作用，有效改善竞争环境，助力量价双收走向更高水平，濮阳、安阳实现扭亏为盈。经营质量把控有效提升。全省汽油价差收窄0.14元/升，柴油价差收窄0.35元/升，全年减少价损13.7亿元，剔除因疫情减量减效后，机出多创效2.4亿元。坚持“点狠面稳”整体策略，综合运用“低价竞争、政府监管、协会自律”三大法宝，发挥非价格因素效能，打谈结合，9个县公司市场竞争回归理性，社会加油站汽油低价倾销热度受到抑制，收编后在价格到位情况下汽油日均增量26吨。获销售公司“比学赶帮超”红旗5面。

（何鸿耀）

【做大非油品规模增效益】 2020年，河南石油分公司非油品基础品类销售额19.6亿元、增长16%，区内排第4名；实现利润8 062万元、增长143%，区内排第2名。结合“人、车、生活”的消费场景，累计开发定制产品56款，全年实现定制商品销售5 326万元，多创效益1 138万元。挖掘地特商品290余款，打造457个店中店（项目涵盖快餐、药店、烘焙等），累计实现营业额近3 000万元。通过门店买赠组合、线上发放抵用券、品鉴会等多种营销形式，实现赖茅酒销售1.43亿元、增长15.5%，规模全国第2名，实现连续3年高基数下高速增长。

（黄　静）

【推进用工结构优化】 坚持以刀刃向内的自我革命精神推进用工结构优化，建立实施“清理冗员、淘汰劣员、违规裁员、优化岗员、规范补员”的“五大员”用工优化管理体系，探索完善加油站委托管理和加油站岗位优化、油库大班组试点运行，队伍结构持续优化，人均劳效大幅提升。“十三五”期间，累计优化用工5 052人，引进优秀人才 147 人，人均零售量提高到 605 吨。

（马　原）

【安全生产形势持续稳定】 2020 年，河南石油分公司以 HSSE 管理体系实施运行为重要抓手，积极推进绿色企业创建和安全生产专项整治三年行动，不断强化目标导向、问题导向、结果导向，保持了安全生产形势持续稳定。获集团公司安全生产先进单位和绿色企业称号，销售企业 HSSE 管理能力评价位列第 6 名、集团公司年度设备大检查位列受检销售企业第 1 名；全国“安全生产月”竞赛答题总积分位列集团公司第 1 名，全国应急普法知识竞赛总积分位列集团公司第 2 名，第十二届“安全河南杯”安全知识竞赛获安全生产示范单位称号。

（王玉伟）

【创新数质量管理模式】 2020 年，河南石油分公司强化“四个意识”、健全“三大体系”、促进“三项提升”，持续夯实风险防控、管理提升、攻坚创效根基，数质量科技工作保持平稳运行态势。获集团公司 2020 年度质量管理先进单位称号。在销售企业质量体系审核评价中位列第 2 名，取得计量一体化管控平台达标应用考核第 2 名、省级质检中心测试比对第 3 名、加油站液位仪应用考核第 3 名。在政府职能部门“四不两直”计质量检查、集团公司计质量抽查中，均做到了销售油品 100% 质检合格、加油机检定 100% 准确合格。

（柴晓华）

【推动财务快速转型】 2020 年，河南石油分公司聚焦业财融合，积极发挥财务算账、分析、评价功能，优化考核机制，推进涉税平台上线助力市场整顿；聚焦费用管控，推进加油站自行送款，优化资金回笼渠道，用好政策红利推动节税降费；聚焦风险防控，出台《资金管理禁令》，完善资金监管机制，规范开展民企清欠；聚焦资产创效，完善激励机制，深化资产分类评价，推动闲置站投营，强化资产全生命周期管理，提升资产创效能力；聚焦素质提升，加强岗位练兵，多方位培训强技能，拓宽财务人员视野、提升财务队伍综合业务素质与能力。

（丁艳琼）

【高效推进销售网络发展】 2020 年，河南石油分公司坚持以市场为导向，以强化投资效益为核心，以“大投资”管理为手段，着力强化成品油销售网络外延发展，不断优化网络和资产结构，持续提升整体网络质量和投资回报。全年共投营加油（气）站 113 座，其中新建加油站 44 座、加气站 7 座、关停站重启 39 座、租赁站 12 座、“他有我营”站 11 座，盘活沉淀资产 10.4 亿元。新发展加油（气）站 40 座，新取得加油（气）站建设用地 17 宗，建成全省首座油氢电综合能源站，10 个光伏项目、30 个充电桩完成建设；强力推进“拆一补一”攻坚战，全年落实拆迁还建项目 26 座；组建郑州石化新能源等 16 个合资公司，油品经营合资企业达 44 个。签订驻马店油库搬迁重建协议，焦作 7004 油库建成投用并完成工程结算审计，商丘油库柴改汽项目建成投用，完成洛阳、濮阳油库工程结算审计、财务决算审计和竣工验收等工作。

（梁　博）

【强化“两化”深度融合】 2020 年，在全省 1 850 座加油站完成“石化钱包”项目上线，手机一键下单，现场授权码自助加油方便快捷；实施加油卡联量计酬系统，员工薪酬联量考核数据实时查询；自建加油站涉税数据传输平台、双重预防信息管理系统和加油机在线智能监控系统；开发线上“无接触”购物，上线微商城微店，销售企业首家自建互联网直播平台，实现线上线下互动、企客社交互动，开创互联网新业态；在郑州、南阳、洛阳 3 个分公司完成 200 座加油站“无感加油”试点实施，联合银行、保险、电商等行业跨界合作，吸引第三方投入营销资源约 3 000 万元，信息化支撑效力和手段进一步展现。2020 年获集团公司网络安全及深化应用 A 类企业、“十三五”信息和数字化工作先进单位称号。

（陈祝春）

【人才队伍保障支撑作用显著增强】 2020 年，重点围绕“带育用管”，打造高素质干部队伍，为公司高质量发展提供组织保障。树立“重业绩、重能力、重考核、重民意、重持续、重融合”的“六重”选人用人导向；分经营、管理、发展、党建4类，建立人才储备库218人；拟定后备干部管理办法，持续优化干部队伍结构。加大年轻干部培养使用力度，全年新选拔干部中45岁及以下年轻干部占比43%，较上年提升11%；试行职级分离，全年通过职级分离选拔干部8名。2020年新提拔中层干部23人，其中“75后”中层正职4人（“80后”2人）、中层副职7人（“80后”3人），新提拔14位中层副职有4人为交流干部。通过绩效考核、专项监察、畅通问题反映渠道等方式持续加强对干部的培养与监督管理。

（王　慧）

【加强员工教育培训】 2020年，河南石油分公司在继续做好集中培训的基础上，积极探索培训方式方法与互联网融合，充分利用中国石化网络学院、视频会议系统、钉钉、微信等平台开展各类网络培训。全年共组织集中培训983期、培训员工69 566人次，组织网络培训734期、培训员工158 267人次。积极与总部相关部门和各大培训中心（基地）进行沟通协调，对企业急需的培训项目争取培训名额，选派省、市公司业务骨干259人次参加总部举办的各类集中培训50期，受疫情影响，选派4 963人次参加总部组织的各类网络专题培训。

（刘晓丽）

【坚持目标导向 发挥绩效考核“指挥棒”作用】 2020年，河南石油分公司坚持问题导向，实施差异化考核。适度减少地市公司类别档次，由原来六档调整为五档；围绕人均劳效核心指标，建立以人均劳效对应的薪酬标准核定吨油薪酬的机制，丰富薪酬指标分配内涵；对非油品月度考核调整为分存量（统一兑现标准）和增量（突出增量贡献）两部分考核，突出“增量大、贡献大、受益大”的考核导向；优化管输、铁路、汽运接卸系数，对油库分两类进行考核，合理控制收入差距。调整市分公司划类测算指标，由经营总量、利润总额孰高单一划分指标调整为量效综合贡献率划分指标，切实体现论贡献、凭绩效兑现薪酬的改革导向；强化机关部门效益效率考核，所有经营部门均设置效益指标，经营部门薪酬80%与业绩挂钩，管理部门薪酬40%与业绩挂钩，以部门贡献大小为导向，月度兑现系数从89%到137%，打破机关分配大锅饭现象。

（车子明）

【加强证照管理 强化商标维权】 2020年，河南石油分公司加强缺失证照督办管理，在营站营业执照、危化证零缺失，成品油零售证缺失19个，较2019年末减少23个，相继完成省、市公司营业执照非油品增项工作。通过诉讼等方式清理侵权站点119座；积极阻止社会单位“新中石化”商标注册，经过上下努力，国家商标局最终驳回了“新中石化”商标注册，有效维护了中国石化商标权益。

（车子明）

【打造“三型五好”示范工程】 对接“三基本”赋予“三型五好”支部创建新内涵，将零售、非油、人均劳效等纳入示范支部考评KPI指标；指导申报支部强化目标引领过程管控，组织开展“示范党支部书记行”活动，帮助创建支部整改提高；召开基层党建现场会，推广洛宁支部典型经验，引领县区公司做优做强；累计培育“三型五好”示范支部39个，以业绩检验示范支部创建成效成为共识，河南石油分公司在销售企业2020年“比学赶帮超”考核中获党建工作年度进步红旗。

（代　东）

【实施党员工程（项目）】 2020年，面对突如其来的疫情影响和华北区不公平竞争冲击，河南石油分公司找准党政融合、党员发挥作用发力点，创新工作载体实施共产党员工程（项目）活动，建立立项审核、过程监督、评审考核的运行机制，引领各级党组织和党员聚焦急难险重任务，263个基层党组织立项公示270个攻坚克难项目，209个项目成效显著或取得突破，为公司全面完成攻坚创效任务凝聚了强大力量。

（代　东）

【成立70周年系列活动】 以河南石油分公司成立70周年为契机，以征集老物件、老照片、老史料为引导，以历史回顾展为主线，先后开展“我与祖国同成长”征文、“学大庆、强作风、创佳绩”教育、河南石油分公司 70 周年历史回顾展、“百日攻坚党旗飘扬”“旗帜、堡垒、先锋”典型宣传等系列活动，传承石油石化精神，激发员工深思与企业成长故事，深化员工对“我靠企业成长、企业靠我发展”的价值认同。

（代　东）

【公开发布 2015—2019 年社会责任报告】 9 月 28 日，河南石油分公司在郑州发布 2015—2020 年社会责任报告，全景展现近 5 年来改革发展历程以及为河南省经济社会发展所做贡献。报告以线上、线下相结合的形式发布，大河网、抖音两大平台同步直播，吸引了 40 余万名公众参与。

（马　原）

【全力抗疫情保供应】 2020 年，河南石油分公司坚决贯彻党中央和河南省委省政府有关决策部署，积极履行国企三大责任，坚持抗疫、保供两不误，全力打好疫情防控阻击战。保防疫物资配备到位，累计为员工配发口罩 45 万只、防护手套 12 万双。保基层站库洗消到位，全省配发酒精 1.3 万千克、洗消制剂 1 千克，并持续加大洗消频次，严格落实防疫措施，有效隔离病毒传播。保现场监督服务到位，印发特殊时期加油站服务十大要点，在库站显著位置张贴疫情防控宣传标语，现场配备体温测量器具，密切关注进出人员体温状况，有效保证了客户和员工健康。保班组优化运行到位，最大限度减少当班人数和交接班次数，并在工资分配、食宿等方面给予倾斜，确保基层站库运营平稳，员工工作生活无忧。坚持阻击疫情不中断供应，全省 1 800 座加油（气）站、1 600 个易捷便利店全天候正常运营，始终做到“油品不断供、商品不涨价、服务不打烊”，为救护车辆、运输防疫物资车辆开辟加油“绿色通道”，全力保障郑州、洛阳“小汤山”版新型冠状病毒隔离医院建设用油，为保民生、战疫情提供了坚强保障。

河南石油分公司全力保供支援抗疫，把油品送到抗疫医院工地现场

（马　原）

【全力扶贫攻坚】 2020 年，河南石油分公司发挥企业优势，强化服务意识，着力在精准扶贫上下功夫，勇于担当，突出重点，聚焦问题，补齐短板，持续巩固提升脱贫攻坚成果，主动承担企业社会责任，展现了中国石化作为负责任企业的良好社会形象。派驻村工作组 34 个，选派扶贫工作人员 229 人，其中专职人员 109 人、兼职人员 120 人，驻村第一书记 27 人，驻村工作队队长 12 人。全省系统参与结对共建党支部 17 个，参与结对共建贫困村 21 个。68 个定点扶贫村建档立卡贫困人口脱贫 8 992 人，脱贫率 100%，贫困地区受益人数达 33 662 人。销售扶贫商品 4 376 万元，居系统内第 2 名。7 个基层党组织和驻村工作队被地方政府评为先进集体，15 名扶贫干部被地方政府评为先进个人。焦作公司驻村第一书记马海通被评为集团公司脱贫攻坚先进个人。

（胡　鹏）

【与新乡市政府签订加氢站合作发展协议】 5 月 12 日，河南石油分公司与新乡市政府在新乡签署加氢站合作发展协议。加氢站合作是河南石油分公司与地方政府先行先试的第一个新能源项目，标志着双方合作进入崭新的发展阶段。发展氢能产业既符合河南省委、省政府打造绿色环保石化生产基地的战略规划，也践行了中国石化融入地方、合作共赢的总体要求，为实现服务新乡经济社会发展的共同目标描绘了广阔发展前景。

（马　原）

【首座油氢电混合站建成竣工】 河南石油分公司坚决贯彻集团公司加快向综合能源服务商转型升级战略部署，于 2020 年 10 月在新乡市建成首座集油、氢、电能源供给及连锁便利服务于一体的新一级充电加油加氢站，可为50辆燃料电池大巴车、轿车提供加氢服务。该项目投营后将为河南石油分公司完善能源供应布局、抢占新兴市场高地、助力地方碧水蓝天提供强有力支撑。

（马　原）

新建成的新乡分公司加氢站

【谋划“十四五”发展规划】 深入贯彻集团公司世界领先发展方略，积极融入“一基两翼三新”产业格局，坚持稳中求进的工作总基调，坚持“四以五着力”工作思路，谋划“十四五”期间改革发展总体工作思路：①以党的建设为引领，统筹企业发展方向；②以转型发展为重点，打造企业新型业务；③以创新营销为核心，保持企业竞争优势；④以深化改革为驱动，增强企业创新动力；⑤以精细管理为抓手，提升企业创效能力；⑥以社会责任为天职，实现企业和谐发展。

（马　原）

表1　河南石油分公司主要经营指标

指标名称 \ 年份	2020	2019	2018	2017	2016	2015
成品油销售总量／万吨	689.90	765.20	762.50	757.00	741.20	738.60
零售量	514.40	602.80	618.00	622.50	617.20	603.20
销售收入／亿元	421.00	530.00	548.90	485.48	418.70	437.10
利润／亿元	1.10	2.10	–5.85	1.29	1.50	3.60
吨油费用／元	429.00	399.00	390.00	392.00	392.00	362.00
在营加油站（点）总数／座	1 969	1 874	1 851	1 843	2 582	2 835
在营加气站总数／座	60	56	51	48	45	42

湖北石油分公司

【概况】 中国石化销售股份有限公司湖北石油分公司（简称湖北石油分公司）位于湖北省武汉市，其前身是成立于1953年的湖北省石油总公司。1998年7月整体划归集团公司管理，2000年4月按照中国石化整体重组上市要求，改制为中国石油化工股份有限公司湖北石油分公司；2008年原武汉石油集团股份有限公司（深交所上市公司）退市后并入湖北石油分公司。2015年1月按中国石化推进销售企业混合所有制改革要求，变更为中国石化销售有限公司湖北石油分公司，2019年3月变更为中国石化销售股份有限公司湖北石油分公司。

湖北石油分公司是湖北省成品油销售的主渠道企业，主要经营成品油和天然气的销售、储运及便利店等非油品业务，经营服务网络覆盖湖北省所有地区，下辖武汉、宜昌、荆州等17家市州分公司，74个县级公司和25个零售管理片区，承担着湖北省成品油资源配置和市场供应的主渠道责任。截至2020年底，湖北石油分公司资产总额166.89亿元，资产负债率61.35%，全口径用工总量 11 770 人。在营油库 13 座，库容 39 万立方米，在营加油站 1 912 座（其中加气站 59 座）。2020 年成品油经营总量 578.40 万吨，天然气销量 0.85 亿立方米，非油品收入 34 亿元，报表利润 –7.57 亿元。

湖北石油分公司主要经营指标见表 1。

（董婷婷）

【领导班子调整】 2020 年 5 月 28 日，邵荣不再任湖北石油分公司党委副书记、工会主席，调出另有任用；孔小强任湖北石油分公司党委副书记，为工会主席人选（仍任纪委书记）。

（董婷婷）

【4 场大战大考获得全面胜利】 湖北石油分公司在党组的坚强领导下，取得疫情防控、攻坚创效、防汛救灾、防渗改造 4 场大战大考的全面胜利。①打赢疫情防控阻击战。贯彻党组“两保一维护”要求，采取“最周密、最严格、最有效”措施，保护公司 1.2 万名员工在岗、在途、在家不受感染；全省 1 800 余座加油站和 1 600 余座便利店“油品不断供、商品不涨价、服务不打烊”，保障了湖北成品油市场的平稳供应；全力支援湖北熔喷布供应，支持地方做好联防联控，维护了中国石化的良好形象。②打赢攻坚创效持久战。4 月疫情稍解，兵不卸甲、马不解鞍投入“百日攻坚创效”和“持续攻坚创效”新战场，全年实现成品油销量 575 万吨、天然气销量 8 523 万立方米，非油品营业额 33.95 亿元，成品油销量从至暗时刻的仅同期一成，快速恢复到年底的九成以上。③打赢防汛救灾突击战。围绕“保员工生命安全，保应急油品供应，保库站平稳运行，把受灾损失降到最低”的总要求，确保了平安度汛。④打赢防渗改造遭遇战。抓紧全年不足 3/4 的时间，持续科学优化工序，全省平均改造工期压减至 25 天，全面高效完成 479 座加油站防渗改造任务。

（董婷婷）

【油气经营创效能力持续增强】 整合零售、直分销销售渠道，从资源运作和客户细分上做文章，市场份额保持在 61% 以上。全面推广汽油“九抓”工作法，全年完成汽油销量 314.5 万吨，高标号油品占比提高到 29%。算好量效平衡、采销联动、物流优化三本账，实现资源优化创效 1.2 亿元，节省物流成本 1 762 万元。利用信息化手段统筹运用加油卡、“加油湖北”APP、“石化钱包”三大平台做好会员客户营销，“石化钱包”1 年发展新客户 300 万名。

（董婷婷）

【非油品经营质效显著提升】 在保持销售规模不变的前提下，坚持调结构、提质效，进一步做实门店销售、做大核心商品、拓展新兴业务。清理滞销、不动销商品 1 510 余种，降低烟草占比 1 个百分点、润滑油占比 6 个百分点，单店营业额提高到 2 774 元 / 日，基础品类营业额增加到 23.5 亿元。落实 7 月 22 日总部云订货启动会要求，借助 8 月 11 日集团公司与湖北省政府签订战略合作协议，助力“荆楚优品”实现销售 2.1 亿元。

（董婷婷）

【网络发展质量不断优化】 完成投资近 20 亿元，创历年新高。利用合资合作等方式低成本多渠道发展优质网点，全年累计竣工投营 40 座、开工建设 5 座、取得土地 6 宗、锁定规划 15 座、续租 25 座。统筹改造加油站 201 座，更新加油机 368 台，网络质量和加油站服务功能大幅改善。编制 3 年 LNG 加气站发展规划，2 座高速 LNG 加气站建成投营，加氢站建设有序推进，充电桩业务即将投营。余家湖油库顺利投营并获评集团公司优质工程，白浪、枝江和荆州油库建设有序推进。

（董婷婷）

【数质量管理上新台阶】 紧盯零售环节损耗短板提升，明确损耗管理职责、增加考核权重、深化信息系统应用，推广“分类分档、奖前赔后”降耗经验，全年综合损耗率 –0.12‰，下降 1.3‰，减少损耗 860 万升，实现降本增效 4 120 万元。严把油源关、检测关，加强进销存全过程质量管理。外部油品质量抽检和加油机“双随机”检查的合格率均达 100%，全年未发生任何上报等级事故，顺利通过 ISO 9001 质量管理体系认证评审。

（董婷婷）

【成品油市场整治不断深入】 主动协调各级政府，以安全监管、环保督查、税务稽查、保障消费者权益等为切入点，以推进“税控平台”为重点，集政府、公司、媒体、社会等多方之力，推动地方政府不断加大“打非治违”力度。全年推动全省各级政府出台相关文件 58 份；配合地方各级政府开展联合执法行动 429 次，查获流动加油车 128 辆，取缔非法自建油罐 179 个，查封非法加油站 82 座，罚没非法油品 936 吨；推动 137 座社会加油站税务稽查工作，追缴税款 769 万元；在主流媒体宣传报道 37 篇。

（董婷婷）

【县市公司体制改革试点成效初显】 在持续推进加油站委托管理改革、薪酬分配改革基础上，优选 18 家县市公司试点开展体制机制改革，优聘职业经理人，改革单位机出总量、机出柴油、非油品基础品类营业额、毛利额增幅分别高于全省平均水平 2 个、4 个、16 个和 10 个百分点。

（董婷婷）

【基础管理水平不断提升】 湖北石油分公司获评集团公司安全生产先进单位，通过绿色企业创建验收，保持销售企业 HSSE 管理能力测评 B 级水平。持续开展“强基础、防风险、促发展”风险排查活动，未出现重大经济效益流失案例。妥善应对千万元以上重大法律纠纷 8 起，挽回经济损失 1.2 亿元；合同管理排名在销售公司由 2018 年倒数第二，跃升至 2020 年稳居前三；法治建设水平由 B 档提升至 A 档。全省环评手续全部完成，证照规范率达 96%。

（董婷婷）

【人才队伍建设取得进展】 持续完善“3+N”人才队伍体系建设和培养机制，建立“511”三级人才储备库，开展上挂下派 47 人次、轮岗交流 669 人次。持续提升干部队伍建设，中层领导人员平均年龄下降至 46.9 岁，基层管理人员平均年龄下降到 45 岁，“老、中、青”相结合的干部队伍结构初步构建。提拔“80 后”中层领导人员 16 人、基层管理人员 127 人，“80 后”中层领导人员和基层管理人员占比分别达 14.6% 和 25%，年轻干部培养进程得到加快。年度选人用人“一报告两评议”满意度保持 100%，选人用人满意度进一步提升。

（董婷婷）

【党建引领作用不断凸显】 坚持全面从严治党，进一步发挥党建对中心工作的引领作用。实现全省在营站党员作用全覆盖，党的“三基本”建设得到巩固。深入推进“双示范”创建和“两个双工程”，聚焦市场攻坚、“打非治违”、油库迁建、新能源发展、安全环保等重点工作推进党员项目攻关，广大党员干部在中心工作、重点任务中的表率作用得到体现。积极履行脱贫攻坚政治责任，帮助对口 100 余个贫困村 1.7 万名贫困人口全面完成脱贫，年度党建考核保持集团公司 A 级。

（董婷婷）

表 1　　湖北石油分公司主要经营指标

指标名称 \ 年份	2020	2019	2018	2017	2016	2015
成品油销售总量 / 万吨	578.40	713.80	724.72	721.70	698.43	699.24
零售量	465.14	578.90	589.35	589.00	590.60	591.64
利润 / 亿元	−7.57	1.37	0.08	3.10	5.02	6.53
销售收入 / 亿元	373.93	519.00	539.65	468.38	404.32	430.26
吨油费用 / 元	438.00	353.00	341.00	340.00	337.00	324.00
加油站总数 / 座	1 912	1 990	2 257	2 197	2 144	2 113

湖南石油分公司

【概况】 中国石化销售股份有限公司湖南石油分公司（简称湖南石油分公司）位于湖南省长沙市湘春路113号。其前身为成立于1950年7月的中国石油公司长沙分公司，1998年7月整体划归集团公司，2000年2月随同集团公司重组改制和主辅分离，分设为中国石油化工股份有限公司湖南石油分公司（上市公司）和中国石化集团湖南石油总公司（存续公司）。后者于2007年改组转制为中国石化集团资产经营管理有限公司湖南石油分公司（简称资产公司湖南石油分公司），2009年7月，资产公司湖南石油分公司交由湖南石油分公司托管。2014年5月14日，按照集团公司对销售公司实施改革重组的要求，公司名称由中国石油化工股份有限公司湖南石油分公司更名为中国石化销售有限公司湖南石油分公司。2019年4月，更名为中国石化销售股份有限公司湖南石油分公司。

截至2020年底，湖南石油分公司下设15个地市级分公司、103个县级公司；省公司机关设立17个部门（中心）；用工总量11 015人；资产总额227.47亿元；在营加油站1 818座、油库21座、易捷便利店1 583座。拥有湖南省最为完善的成品油销售网络，是湖南省成品油经营主渠道企业。主要从事成品油的销售，法律法规允许的石油制品、润滑油、化工产品销售、储存，车用燃气经营，非油品（烟酒、饮料、百货、食品、汽车用品、润滑油、其他服务）销售业务。

2020年，湖南石油分公司销售成品油764万吨、增长0.1%；实现利润10.02亿元，上缴税费6.54亿元；非油品营业额38.3亿元，增长6%。

湖南石油分公司主要经营指标见表1。

（夏良春）

【领导体制调整】 2020年10月9日，根据集团公司党组研究决定，对湖南石油领导体制进行调整，实行董事长（执行董事、分公司代表）、党委书记一肩挑的领导体制，调整后，黄河担任湖南石油分公司代表、党委书记，张毓勤为党委副书记、总经理。领导体制调整进一步强化了党的组织在同级组织中的领导地位。

（夏良春）

【服务大事大局彰显央企担当】 面对突如其来的新冠肺炎疫情，湖南石油分公司坚决投身疫情防控的人民战争、总体战、阻击战。省市两级机关干部自大年初四起紧急下沉一线，24小时驻站蹲点包干，近万名员工连续坚守、敬业奉献，确保油品不断供、商品不涨价、服务不打烊、员工零感染。聚焦主业主责，加油复工复产、助力农业生产，全力保障市场供应和民生需求，在全国率先实现主要销售指标“由负转正”，并在“百日攻坚创效”行动中获评集团公司先进单位和板块突出贡献单位，连续第2年获评销售系统标杆企业。全面完成146个对口扶贫村脱贫摘帽，扎实开展消费扶贫，承办全集团扶贫商品展销会，省政府领导出席，活动得到社会各界广泛好评。

（夏良春）

【黄河获全国劳动模范称号】 2020年11月24日，2020年全国劳动模范和先进工作者表彰大会在人民大会堂举行。湖南石油分公司代表、党委书记黄河作为全国劳动模范，在大会上正式接受党和国家的表彰。

（夏良春）

【开展攻坚创效行动经营业绩跑赢大势】 贯彻集团公司“百日攻坚创效”“持续攻坚创效”行动要求，以超常规举措、超常规努力，在逆境中实现当期效益历史性突破10亿元。全年超额119万吨完成配置计划，进一步为集团产业链整体利益做出积极贡献。主动引导配合各级政府常态化开展“打非治违”行动，全力营造公正有序的创效环境。创新实施“十百千万”竞赛，推广“三度三端三侧”网格化经营模式，落实“红亮热洁”提升举措，全年零售规模跃居销售系统第4名。实施量价管控决策机制和客户分级管理，优化销售节奏和波段操作，直分销有效价差增长156%。压实费用归口管理责任，吨油变动费用较预算节约

21元。

（夏良春）

【转型升级步伐进一步加快】 新建昭山LNG站、永州火车站L—CNG站，天然气销售量增长53%。通过技术引进、资本合作，新建临港路油氢合建站。稳妥布局电能发展，全省在营光伏发电站发展至5座，年设计发电总量达25.4万千瓦·时。加快推广无感支付、电子发票等智慧服务功能，推出线上线下新零售商业模式。狠抓商品品类全流程管控，全力做大自有品牌商品规模，全年油非互促营销带动率增长22%。大力拓展洗车、广告、餐饮等新业态，易捷综合服务功能日益完善。

（夏良春）

【轻资产网络发展实现新突破】 加快实施轻资产发展战略，新竣工投营站点22座，单站发展成本下降11%，平均吨油投资下降12%。截至2020年底，实现与全省14个市州战略合作“全覆盖”，地市级合资公司达24家，县域合资公司68家。开展资产分类评价创效，推动项目精准落地，保障投资回报水平，全年可研实现率提高10.6%，三年无动态在建工程减少62%。依法有序处理应对高速公路服务区加油站移交事宜，置换项目建设获集团公司批复。

（夏良春）

【压实责任提升精细精益管理水平】 扎实开展“四联四保”和“五进五帮”主题工作，整理解决各层级督办问题1 563条，其中现场督办问题70条，持续打通梗阻、凝聚合力。深入开展“全面自查自纠、从严执纪问责”专项行动，自查问题1 062个并100%完成整改，促进完善制度21项，优化流程44项。

（夏良春）

【全方位提升风险管控能力】 全面落实安全生产专项整治三年行动，夯实提升绿色企业创建质量，湖南石油分公司始终保持“零污染、零伤害、零事故”，并2次协助市州级政府处置环境事件，连续第2年获评集团公司安全生产先进单位。推进质量管理体系有效性建设，加强对外采、“他有我营”、联营单位等重点领域的油品质量监管，全年未发生数质量事故（事件）和负面事件。系统梳理资金和发票制度流程，提高依法合规治企能力，强化提升内部控制有效性，风险管理常态化、制度化、精准化水平持续提升。

（夏良春）

【持续纵深推进企业改革】 积极推进机关大部制改革，地市公司部门由平均9个压减至平均6个，基层管理人员精简55人、用工精简144人，分别压缩23%和16%。试点跨行政区划的县公司团队共享，有效提升县域市场管理效率。深化市场化用工机制改革，全年优化用工691人，人均机出量由673吨提高至740吨、管理及专业技术人员人均经营量由3 597吨提高至3 885吨，分别增长10%和8%。

（夏良春）

【全面从严治党促进政治优势转化】 始终不渝把党的政治建设摆在首位，加快适应新领导体制机制，旗帜鲜明加强党的领导，严格落实“第一议题”制度。注重在大战大考中发现检验和选拔使用干部，干部队伍素质水平和年轻化程度持续提升。持续完善“大监督”格局，正风肃纪和反腐败高压态势不断加强。着力提升基层党支部标准化、规范化、信息化水平，加油站等基层班组党员覆盖率达100%。深化传承石油精神、弘扬石化传统教育，推动文化建设、作风建设持续改进。

（夏良春）

表1　　湖南石油分公司主要经营指标

指标名称＼年份	2020	2019	2018	2017	2016	2015
成品油销售总量/万吨	763.76	762.80	750.00	743.20	733.00	710.40
零售量	600.40	594.88	587.60	593.60	603.50	595.20

续表

年份 指标名称	2020	2019	2018	2017	2016	2015
销售收入 / 亿元	461.55	553.45	558.00	493.00	427.00	432.70
报表利润 / 亿元	10.02	6.11	0.09	5.00	7.51	7.50
吨油费用 / 元	385.00	384.00	371.00	350.00	351.00	346.00
在营加油站总数 / 座	1 818	1 736	1 649	1 627	1 577	1 567

广东石油分公司

【概况】 中国石化销售股份有限公司广东石油分公司（简称广东石油分公司）前身是成立于 1950 年 6 月的中国石油贸易公司广州分公司。1961 年 11 月更名为广东省石油公司，1992 年 8 月改组为广东省石油企业集团公司，1998 年 7 月，广东省石油企业集团公司及其属下的 116 家市、县公司整体划归集团公司。2000 年 3 月，重组为中国石油化工股份公司广东石油分公司和广东省石油企业集团公司。2014 年 5 月，更名为中国石化销售有限公司广东石油分公司。2019 年 8 月，更名为中国石化销售股份有限公司广东石油分公司。

截至 2020 年底，广东石油分公司下设 12 个综合管理部门和 2 个专业中心，21 家地市分公司和 1 家仓储分公司。用工总量 19 476 人（含委托站）。有油库 29 座，油罐容量 203.6 万立方米；铁路专用线 5 条，油库码头 11 座；加油（气）站等终端网点 2 356 座；易捷便利店 2 222 座。资产总额 439.73 亿元。

2020 年，广东石油分公司累计营业收入 1 011.8 亿元。连续 5 年获销售公司党建工作年度先进红旗，连续 5 年在集团公司党建考核中获评 A 档企业。

广东石油分公司主要经营指标见表 1。

（刘琼芝）

【领导班子调整】 2020 年 4 月 29 日，集团公司党组宣布关于广东石油分公司领导班子调整的决定：何敏君书记到龄退休，陈成敏担任广东石油分公司代表、党委书记，董光明担任广东石油分公司总经理、党委副书记，张文胜交流提拔至大 I 型企业任职，田琳担任广东石油分公司副总经理、党委委员。10 月 13 日，集团公司党组宣布关于广东石油领导班子调整的决定：陈成敏调出另有任用，岑利祥任广东石油分公司代表、党委书记。广东石油分公司新一届领导班子由岑利祥、董光明、姜英会、刘俊峰、王征苑、邹伟海、田琳 7 人组成。

（刘琼芝）

【全力打好防疫阻击战】 2020 年，广东石油分公司打好疫情防控阻击战，实现在岗员工“零感染”目标。深入践行“油品不断供、商品不涨价、服务不打烊”承诺，对应急救援、物资运输、医护抢救等车辆提供“三免三优”服务。落实熔喷布配置 46 吨，回购口罩 1 155 万只并低价供应市场。

防疫初期广东石油分公司开辟 208 座重点保供服务站绿色通道

推广加油闪付、简付等便捷支付方式，实现无接触服务。积极响应总部号召，累计采购 3 500 万元湖北农产品，助推湖北经济复苏。

（刘琼芝）

【攻坚克难维护市场份额】 2020 年，面对疫情快速蔓延和国际油价暴跌的双重压力，广东石油分公司坚持疫情防控和复工复产两手抓，以“攻坚创效”行动为抓手，聚焦打好市场攻坚战，坚决维护市场份额。全年实现油气总销 1 701.3 万吨。成品油总销 1 674.9 万吨，其中零售 1 201.2 万吨、直分销 473.6 万吨。天然气经营量 3.8 亿立方米，增长 29.3%。非油品交易额 161.9 亿元，报表利润 21.65 亿元。全年未发生安全环保及数质量上报事故。

（刘琼芝）

【深化油非融合】 2020 年，广东石油分公司继续深化油非融合，打造“新零售”营销体系，完善“人·车·生活”生态圈，推动企业向现代化综合服务商转型。全年实现非油品交易额 161.9 亿元，营业规模保持中国石化油品销售系统首位。“加油广东”APP 会员突破 2 000 万人，继续保持全国最大的车主会员平台地位。打造“广东加油节”，撬动非油品业务整体增量。以品牌建设为导向，打造包含“易家香”大米等“易捷臻选”商品体系，千万级商品总数达 36 个，实现销售额 12.7 亿元。以“加油广东”APP 为核心，拓展天猫等营销渠道，强化与银行等跨界合作，实现线上平台交易额 6.3 亿元，增长 57.5%。

（刘琼芝）

【打造营销品牌】 2020 年，广东石油分公司精心打造“卡车之家”“易捷洗车”营销品牌，拉动效益提升。累计完成 824 座“卡车之家”，其中佛山勒流北、清远龙山、东莞西大坦 3 座加油站被授予全国 5A 级“司机之家”，广州火村东被评为全国 4A 级“司机之家”，并受邀在全国“司机之家”建设运营经验交流会上进行经验分享。“卡车之家”常态化开展 180 座柴油豆营销及“累计加满兑千万家电”等品牌化活动，实现机出柴油正增长。围绕会员分级尊享洗车权益、优惠洗车等营销项目，实现客户引流，全年累计投营自助洗车机 520 台，单机日均洗车量 56 台。

（刘琼芝）

【大数据赋能管理】 2020 年，广东石油分公司运用大数据技术打造高效数字化现场。推广加油结算自助转化，降低现金比例，实现自助支付机、闪付的全网点覆盖，加油简付、车牌付累计发展网点 600 座，线上支付率达 88%，自助开票率达 86%，现金交易率低于 10%。稳步推广自助加油，全省 502 座加油站取得自助批复许可，自助加油客户群体初具规模。优化客户服务体系，建立“服务之星”“加油之星”和“好客之星”常态化评选机制；建立“多媒体、多渠道、全业务”高效、智能的云客服，服务触达率提高 54%。

（刘琼芝）

【提升网络发展质量】 2020 年，广东石油分公司面对严峻的网络发展形势，主动作为，外拓内优，全力推进企地合作，提升发展质量。全年新发展油（气、氢）项目 62 座，新增投营站点 62 座，实际销量贡献 14 万吨 / 年。全力以赴稳定网络，推进停业复营。全年续租加油站 38 座，稳定销量 24.4 万吨；复营加油站 9 座，贡献销量 1.5 万吨 / 年。稳妥推进新能源发展，全年完成 3 座油氢合建站的建设投营，建成 43 个充电桩及 4 座光伏发电站。

（刘琼芝）

2020 年 12 月 25 日，中国石化首座新建油氢合建站——广东佛山河滘油氢合建站加氢业务启动试运营

【落实精细管理】 2020 年，广东石油分公司在费用管控、资产创效、税费减免、维权创效等方面

落实精细管理，助力经营创效。上门收款费减少 2 306 万元、减幅 46.5%，实际吨油变动费用 49 元，比总部攻坚创效目标下降 12.5%。落实降费减税政策，实现税费减免 1.3 亿元。狠抓资产盘活，实现 42 项资产入账创效 11.5 亿元。坚持依法依规治企，落实“一案一策”制度，通过法律手段避免经济损失约 1.2 亿元。围绕“百日攻坚创效”行动，梳理公司存在的积欠债权，通过明确责任人、现场督办、谈判等多种方式，最终 6 项债权获得进展，取回金额共计 6 737.23 万元。制定全面风险管理制度，搭建以主动识别风险为基础、“管理资源共享 + 防控责任分级”的风险管理体系，梳理 9 个重点业务领域，提出 105 条风险防控措施，有效压实管理责任。

（刘琼芝）

【推进绿企建设】 2020 年，广东石油分公司持续推进绿色企业和谐发展，全年上报等级安全环保事故为零。解决排污许可证难题，实现全省库站排污证办理全覆盖，节约费用超 550 万元。成功研发并配备油气回收快速检测仪，实现油气回收 3 项指标快速检测。全面排查管控数质量风险，推广数质量一体化监控平台，完成 29 座油库自动计量系统升级，实现油库智能化提升。加油站接卸油准确率提升到 98% 以上，集团公司及各级政府质量抽检合格率达 100%，油品总损耗率为 -0.14 %，均保持在销售系统先进水平。被集团公司评为节能环保先进单位、中国石化绿色企业、质量管理先进单位。

（刘琼芝）

【持续落实 HSSE 管理】 2020 年，作为销售企业 HSSE 管理体系唯一的试点单位，广东石油分公司抓实 HSSE 体系运用，顺利通过集团公司 HSSE 体系审核，有效提升本质安全水平。通过健全 HSSE 管理体系，严格落实全员安全记分，持续加强“四不两直”和视频监控抽查，全年完成 305 座加油站防渗改造，实现“防渗改造”平稳清零，未出现安全事故。连续 5 年被集团公司评为安全生产先进单位，连续 5 年获销售企业 HSSE 综合管理能力评价 A 级企业称号。

（刘琼芝）

【推进“三项制度”改革】 2020 年，广东石油分公司在全省范围推广“即时绩效”系统应用，激发员工扩销创效积极性。成立全系统首个人力资源共享平台，实现全省超 2.1 万人薪酬在线统一发放。深化用工分配改革，创新建立内部“用工交易市场”模式，提升全省人均劳效，全年人均劳效达 805 吨（销售公司口径），增长 5%。强化高层次专业队伍建设，首次选聘首席专家和分公司专家，专家队伍新增 5 人。进一步优化省市公司两级机关绩效考核体系。在集团公司“三项制度”改革试评估中位居销售企业第一。

（刘琼芝）

【加强品牌建设】 2020 年，广东石油分公司做好正面宣传，提升企业品牌形象。连续第 9 年开展中国石化“情暖驿站”公益活动，在 178 座油站现场为留守本地及坚守岗位过年人员提供“1+10+X+1”服务，突出新增防疫安全服务。实施精准扶贫，投入 4 188 万元帮扶 25 个对口扶贫村脱贫致富，5 800 多人脱贫，被授予广东省扶贫济困“红棉杯”银杯。全年开展“公众开放日”“智慧加油站”“碧水蓝天”等 15 个主题宣传，充分展示企业形象，获得社会广泛好评。深入开展青年文明号创建活动，共有 99 家单位被评为广东省青年文明号。打造企业历史文化展馆，展现广东石油辉煌历史，提升企业品牌形象和员工荣誉感。

（刘琼芝）

广东石油分公司历史文化展馆建成，干部员工参馆了解企业历史

【加强党的政治建设】 2020 年，广东石油分公司以建企 70 周年为契机，创新开展形势任务教育，集中学习党的十九届四中、五中全会精神，持续

巩固“不忘初心、牢记使命”主题教育成效。强化组织引领，打造攻坚创效坚强堡垒。开展党支部分类定级，打造“支部书记 + 项目”“支委 + 团队”“党小组 + 站点”“党员 + 攻坚”4 个平台，建立党员责任区 696 个，实现加油站党员 100% 全覆盖，成立 200 多支党员突击队，鼓励党员在攻坚创效中当先锋、做表率。聚焦“两个责任”落实，健全大监督“清单式”运行机制，开展“微腐败”专项整治行动，营造风清气正的政治环境。

（刘琼芝）

表 1　　广东石油分公司主要经营指标

指标名称＼年份	2020	2019	2018	2017	2016	2015
成品油销售总量 / 万吨	1 674.90	1 733.32	1 686.01	1 639.04	1 576.64	1 525.50
零售量	1 201.20	1 285.49	1 331.46	1 300.81	1 268.72	1 241.90
销售收入 / 亿元	1 011.84	1 259.00	1 286.45	1 075.33	941.58	963.34
报表利润 / 亿元	21.65	33.70	34.44	35.02	33.17	28.76
报表吨油费用 / 元	412.59	391.77	379.36	380.17	384.06	374.72
在营加油站总数 / 座	2 356	2 347	2 272	2 247	2 226	2 236
自营加油站数	2 166	2 198	2 198	2 175	2 162	2 174
联营加油站数	190	149	74	72	64	62

广西石油分公司

【概况】 中国石化销售股份有限公司广西石油分公司（简称广西石油分公司）位于广西壮族自治区首府南宁市，前身是成立于 1952 年的广西壮族自治区石油总公司，1998 年划归集团公司，1999 年按照集团公司重组改制、主辅分离的原则，组建广西石油分公司。2009 年整合上市、非上市部门职能，推进一体化管理改革。2014 年根据集团公司油品销售业务重组工作部署，变更为中国石化销售有限公司广西石油分公司。2019 年根据销售公司股改要求，更名为中国石化销售股份有限公司广西石油分公司。

截至 2020 年底，广西石油分公司设 14 个职能部室和 3 个专业中心，下辖 14 个地级分公司和 97 个片区，组建联营公司 31 个。主要经营汽油、柴油、天然气、润滑油和燃料油的批发零售以及加油站便利店非油品业务等。共有在岗员工 3 466 人，拥有在营加油站 1 349 座、便利店 1 219 座，在用轻油油库 13 座、总库容 51.44 万立方米；资产总额 148.45 亿元，全年完成固定资产投资 9.57 亿元。

2020 年，广西石油分公司销售成品油 682.26 万吨，其中零售 533.56 万吨、直分销 148.70 万吨；销售天然气 1.52 亿立方米，非油品业务营业额 31.67 亿元；全年实现销售收入 421.47 亿元，报表利润 13.21 亿元。

广西石油分公司主要经营指标见表 1。

（唐倩倩）

【领导班子调整】 2020 年 12 月，集团公司决定何瑞任广西石油分公司总会计师。广西石油分公司新一届领导班子由李玉杏、苏云河、林东、卢品宝、李新强、邓德选、何瑞 7 人组成。

（唐倩倩）

【成品油业务】 2020 年，广西石油分公司坚持精心经营、精准营销、精细管理、精益创效，树牢经营“一盘棋”理念，强化资源和直分销、零售市场经营统筹运作能力，仅资源运作就创效 12 亿元。开展“百日攻坚创效”“持续攻坚创效”行动，以客户为中心，全面开展服务竞赛，大力推广微信加油卡，微信加油卡客户数量突破 790 万个，锁定油品销量 130 万吨；加大现有网点功能提升和司机驿站建设，加快洗车业务拓展，全年新增 259 座，有力支持了零售汽油的增长，洗车网点占在营站的比例位居销售系统第一，率先实现机出汽油销量正增长并保持增幅第一，实现客户满意度和市场占有率“双提升”。成品油市场份额保持在 65% 以上。

（唐倩倩）

【非油品业务】 2020 年，广西石油分公司全口径非油品交易额突破 30 亿元、增长 8.4%，增幅列区内销售企业第七。加大“造节”营销力度，开展春节、端午节、“中国—东盟博览会”“广西人游广西”等主题营销，实现销售额 3.96 亿元。推动门店综合治理、仓储改革、品类优化等措施落地见效，门店运营能力不断提升，门店吨油基础品类营业额增长 27%。创立“易姐姐百货公司”线上业务品牌，打造生鲜水果、螺蛳粉等广西自有品牌产品，特别是自有品牌粮油销售跃上“亿元级”，有力促进自有品牌销售增长 38%。

（唐倩倩）

【天然气业务】 2020 年，广西石油分公司天然气销售 1.52 亿立方米、列区内销售企业第六。根据运输通道，科学规划加气网络，成立专项组强力推进广西 LNG 加气长廊建设，新投营加气站 7 座，在营站达 22 座。加大客户走访力度，新投营点供项目 2 座，在营项目 9 座，销售天然气 4 476 万立方米、增长 67.5%。面对局部天然气资源紧张的情况，积极协调组织资源保障供应，赢得良好口碑，有力促进销量和效益双增长。

（唐倩倩）

【新能源业务】 2020 年，广西石油分公司积极布局新能源产业，加快建设“油气电氢非”综合服务站。配合广西自治区新能源汽车推广，利用加油站现有场地增加充电设施，建成投营“油电非”站 3 座。广西首座加氢站——柳州博园加氢站建成投营，日加氢能力可达 500 千克。在南宁市区 3 座加油站试运营光伏发电，平均每站年发电量 4.4 万千瓦·时，实现了“自发自用、余电上网”，全年可减少碳排放量约 120 吨。

（唐倩倩）

广西石油分公司首座“油电非”加油站——南宁竹溪加油站

【销售网络建设发展】 2020 年，广西石油分公司发展加油加气站 75 座，新投营 56 座，是广西石油分公司“十三五”期间发展投营站点最多、储备土地最多、合作范围最广的一年。抓住“央企入桂”和“五网”建设契机，积极推进与区、地、县三级政府和地方国资企业的合资合作，锁定一批合作发展项目。通过征地建设、闲置土地置换、拆迁回建、租地建设等方式，加快重点区域网络发展。紧盯市场空白点，因地制宜推进租赁、“他有我营”等轻资产发展模式，有力提升区域市场控制力。南宁屯里油库迁建、玉林油库改扩建等重点项目顺利推进。

（唐倩倩）

【创效能力】 2020 年，广西石油分公司坚持在拓市扩销上应收尽收、应得尽得和降本减费上应减尽减、应省尽省，实现报表利润 13.21 亿元，被评为销售系统标杆企业。积极争取政策支持，落实各类税费减免 7 400 万元。营造良好市场环境、优化营销策略，挂牌直降、充值返利等各类营销让利减少 3.93 亿元。全面梳理低效负效土地，27 宗土地盘活利用取得积极进展，特别是盘活加油站建设用地 2 宗，节约投资成本 1 100 万元。持续优化一、二、三次物流运作，减少运杂费 5 447 万元，创效成果列区内销售企业第一。

（唐倩倩）

【“打非治违”工作】 2020 年，广西石油分公司成立主要领导挂帅的“打非治违”专班，设立巡查督导总队，地市公司成立工作队，形成“专班、专人、专责”工作格局，完善费用保障、线索摸排、举报奖励、打击油品处理“四位一体”工作机制。积极争取自治区党委、政府支持，在销售系统率先促成地方政府出台“打非治违”专项工作方案，召开自治区近年来规模最大的专题工作会议，有力推动全区 14 个地市、88% 的县区出台打非方案，7 个地市、33 个县区成立综合执法部门，形成“区—市—县”三级打非工作体系，在税务稽查、源头治理、打击走私油等关键环节取得良好效果。全年配合地方政府开展行动 1 446 次，稽核 108 座社会站和 8 家仓储企业，补税 3 800 万元。打掉黑窝点 656 个，查获油罐 1 198 个、流动车 1 264 辆，抓获嫌疑人 936 人，查获油品 7 340 吨。有力促进 1 500 名客户回流，成品油销量回流 20 万吨。

（唐倩倩）

【安全环保】 2020 年，广西石油分公司实现安全生产事故、环境污染事件“两个为零”，并获集团公司绿色企业称号。严格执行重大作业“三审核、双确认”，成立施工专项督导组，实现全区在建施工工地每月检查全覆盖，有力确保施工现场安全。打造完成 336 座绿色库站；库站油气回收改造、在营加油站防渗改造全面完成；13 座油库重要功能区均具备基本清污分流功能，污水达标排放合格率 100%。构建预警联防机制，推行“一书两卡”，区公司级较大风险全部完成降级，总风险值降幅 85% 以上，超额完成年度风险降值目标。

（唐倩倩）

【数质量管理】 2020 年，广西石油分公司强化油品质量管理，严控采购和销售关键环节的质量风险，认真落实销售公司的红黄牌质量管理制度，实现政府和总部的质量抽检 100% 合格。推动计量一体化平台应用，提升计量管理水平，超耗加油站数量减少 317 座，下降 55%。

（唐倩倩）

【体制机制改革】 2020 年，广西石油分公司全面深化改革，激发体制机制活力。落实销售公司试点要求，成立中国石化销售股份有限公司广西石油易捷分公司，实行职业经理人制度，探索建立市场化用人、用工、薪酬激励等机制，稳步推进广西易捷公司专业化、市场化改革发展。升格成立地级防城港分公司，实现了地级市机构全覆盖。顺应能源改革大势，成立新能源业务部，大力推进新能源业务快速发展。

（唐倩倩）

【首次参展中国—东盟博览会】 2020 年 11 月，广西石油分公司在集团公司指导下，首次参展中国—东盟博览会（第十七届），设置中国石化和中国石化易捷 2 个展厅，主要展出一批由中国石化生产的产品，以及扶贫产品和易捷自有品牌等，展现了中国石化为国家经济建设和人民生活做出的突出贡献，以及中国石化 6 家驻桂企业服务广西、奉献广西的具体实践。同时通过线上直播方式，丰富观展渠道，展会 3 天直播观看量突破 3 000 万人次，石化熔喷布、亚美森咖啡等自有和合资商品深受客户欢迎，线上线下成交订单超过 600 万元。

（唐倩倩）

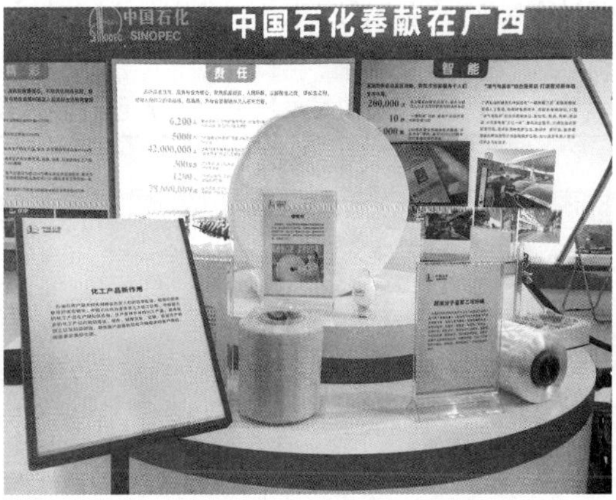

中国—东盟博览会（第十七届）中国石化展厅

【抗击疫情】 2020 年，广西石油分公司在抗击新冠肺炎疫情中勇于担当，在全力保障员工生命安全和健康，实现“零感染”的基础上，全方位助力广西疫情防控和复工复产。向广西地方政府部门、上千家企事业单位、客户赠送防疫物资，得到自治区党委、政府的充分肯定。主动协调总部，实现熔喷布属地化配置和口罩销售落地，让客户在易捷门店更方便地买到口罩，销售口罩超10万只。全区加油站践行“油品不断供、商品不涨价、洗车不收费、消毒不用愁、服务不打烊”五大承诺，并为顾客提供“一键到后备箱”无接触式购物服务，有力保障了广西油气资源和商品的稳定供应，用实际行动彰显“国企为国、在桂兴桂”的责任担当。

（唐倩倩）

【扶贫攻坚】 2020年，广西石油分公司全力支持精准脱贫攻坚，采取产业扶贫、消费扶贫等“扶贫+”模式，把160多种广西特色农产品引入中国石化易捷，在线上微店和线下便利店设立扶贫农副产品专柜、广西特产专区，推出“桂七芒果节”“寻味世遗 易探环江”等20余场扶贫直播带货活动，实现扶贫产品年销售额超1.21亿元。加强项目扶贫力度，以“扶贫资金或集体土地”入股建设扶贫加油站，在南宁、崇左等地建成投营4座，解决当地16名贫困户就业，带动10多个贫困家庭脱贫。投入230多万元，支持建设生态黑猪和肉鸽养殖等6个扶贫项目，惠及群众3 458人，实现脱贫422人。派出28名驻村干部，累计帮助全区50个贫困村3 258户贫困户13 919人实现了脱贫摘帽，得到自治区党委、政府的充分肯定。

（唐倩倩）

【党建工作】 2020年，广西石油分公司坚持“站排头、争第一”推进党建工作，在总部党建考核中获得A档。区公司党委带头严格落实“第一议题”制度，通过党委会、中心组等方式学习习近平总书记重要讲话精神25次。开展区公司机关党支部书记述职评议，大力实施基层组织力提升工程，加油站党员覆盖率从年初的57%提升到100%。整合全区系统宣传力量和“两微一端”宣传平台，加强宣传思想工作组织领导，讲好广西石油故事，加大正向激励兑现力度，广西石油订阅号排名销售系统第一，在新华社、人民网、《广西日报》等主流媒体上的宣传报道数量创历史新高，并获评集团公司宣传思想工作先进单位。持续完善大监督格局，健全地市公司纪委书记述职评议制度，配强14个地市纪检审计专员，多种形式加强日常监督，廉洁教育实现常态化，营造了风清气正的政治生态，全年受理信访举报下降36%。

（唐倩倩）

表1　　广西石油分公司主要经营指标

指标名称 \ 年份	2020	2019	2018	2017	2016	2015
成品油经营量/万吨	682.26	699.04	675.74	648.59	638.61	590.24
零售量	533.56	537.83	507.90	502.35	491.35	486.50
销售收入/亿元	421.47	502.35	511.22	415.71	367.21	359.46
利润/亿元	13.21	9.04	6.83	9.20	10.11	10.00
吨油费用/元	346.08	339.32	305.81	311.54	314.74	320.58
加油站总数/座	1 349	1 306	1 278	1 251	1 233	1 213

海南石油分公司

【概况】 中国石化销售股份有限公司海南石油分公司（简称海南石油分公司）位于海口市滨海大道177号。其前身中国石油公司广东省海南公司创建于1953年，1988年海南建省后，挂牌成立海南省石油总公司。1998年9月成建制划转集团公司。1999年7月，集团公司将海南省石油总公司和海南经济开发有限公司的部分资产重组。2000年实行主、辅分离，主业成立中国石油化工股份有限公司海南石油分公司，辅业为中国石化集团海南石油总公司（简称海南石油总公司）。2006年，海南石油总公司整体转制为中国石化集团资产经营管理有限公司海南石油分公司（简称海南石油资产分公司）。2014年6月，中国石油化工股份有限公司海南石油分公司更名为中国石化销售有限公司海南石油分公司。2019年2月，按照销售公司改制上市要求，中国石化销售有限公司海南石油分公司更为现名。

海南石油分公司主营汽油、柴油、天然气、燃料油、润滑油及其他化工化纤产品的零售；经营日用百货便利店，汽车清洗服务，销售预包装食品、散装食品、乳制品；零售保健食品、卷烟、雪茄烟等。是海南省最大的成品油批发零售企业，销售网络覆盖海南省陆、海两域。

截至2020年底，海南石油分公司资产总额34.17亿元，拥有油库4座、在营加油（气）站294座、液化气站23座，用工总量2 950人。公司机构设置为15个职能部室（专业中心）、4个区域公司、5个合资公司和1个直属单位。

海南石油分公司主要经营指标见表1。

（陈元平）

【领导班子调整】 2020年9月，蔡文东任海南石油分公司副总经理。11月，丁建华调任海南石油分公司代表、党委书记，李炜调任海南石油分公司总经理，原总经理史东斌调出另有任用。海南石油分公司新一届领导班子由丁建华、李炜、于永生（自2020年10月援疆）、黄流雄、李峰玲、崔勇、蔡文东7人组成。

（陈元平）

【经营创效】 2020年，受新冠肺炎疫情影响，经济发展备受冲击，给海南石油分公司经营管理带来前所未有的困难和挑战。海南石油分公司认真贯彻落实集团公司党组、销售公司的决策部署，克服疫情、新能源、经营主体多元化等多重影响，统筹抓好疫情防控和攻坚创效，坚决守住“零感染”底线，实现了确诊病例为零的目标。疫情趋向稳定后，海南石油分公司抓住复产复工机遇，接续开展“百日攻坚创效”“持续攻坚创效”，坚决打赢市场攻坚战和效益保卫战，协同推进各项工作，稳定了经营预期，保持了公司持续有效健康发展。全年成品油经营量146.3万吨，实现报表利润3.22亿元，完成年度计划108.6%。

（陈元平）

【疫情防控】 2020年，海南石油分公司坚决贯彻集团公司疫情防控要求，全面落实疫情防控和复产复工。成立疫情防控工作领导小组，研究制定疫情防控和市场保供措施；领导班子以上率下，深入站、库经营一线，指导基层全力做好疫情防控和市场保供措施落细落实；全面发动党员、带动员工群众，齐心协力投入到防控第一线，坚决守住了“零感染”底线。在疫情最严峻时期，海南石油分公司所有加油站（便利店）正常营业，开辟绿色通道优先保障防疫、救护等特殊车辆快速加油通过；便利店提出“服务不打烊、门店不断货、商品不涨价”承诺，开展直播带货、社群营销、“消费一码通”跨平台合作，促进线上线下融合营销。全年开展直播带货12场，带动商城销售134万元；全省建立278个社群，开展地摊经济实现销售1 200万元；“消费一码通”平台实现消费190万元。

（陈元平）

【绿色企业创建】 2020年，海南石油分公司积极贯彻海南生态立省和清洁能源发展规划，践行绿色低碳发展战略，大力推进绿色企业创建。全面淘汰高耗能设备，完成库站土地土壤地下水检测，消除环境污染风险；完成16座站（船）光伏发电设施投用，累计发电量52万千瓦·时，减少二氧化碳排放量120吨；全面完成所有加油站防渗改造，加快环保治理；根据市场需求，推进充电桩建设。2020年被集团公司授予绿色企业称号。

（陈元平）

【扶贫攻坚】 自2016年以来，海南石油分公司累计投入扶贫资金418.6万元定点扶贫乐东县卡法村，安排专人驻点帮扶，推进危房改造、道路硬化、教育助学以及扶持种植、养殖产业，2018年实现整村摘帽出列；2019年实现全村脱贫，人均纯收入 6 410 元；2020 年实现人均纯收入 9 715 元。海南石油分公司被评为 2018 年度乐东黎族自治县打赢脱贫攻坚战先进集体，有力履行了央企的社会责任和政治责任。

（陈元平）

【网络发展】 2020 年，海南石油分公司进一步压实各级责任，增设充实区域公司网络发展职能，选调骨干人员下沉负责发展工作。通过以合资合作、竞拍、租赁、自有闲置土地等方式多措并举发展优质网点，加快投营效率，全年投营 6 座、在建 10 座、续租 4 座，储备项目 9 个。合资合作取得新进展，海南交控公司完成股改后，以租入方式锁定 10 座高速公路加油站；儋州合资公司实现在建 2 座优质站点。积极推进转型发展项目，马村油库—美兰机场第二条管线项目已协调列入海南省重点项目。大力推进车用天然气站建设，获政府审批通过有 18 座。适当发展充电业务，累计完成 13 座站 19 个充电桩 96 个车位投营。

（陈元平）

【安全环保】 2020 年，海南石油分公司扎实开展风险识别管控，紧盯隐患治理和问题整改。持续开展安全检查，加强现场监管，强化承包商管理考核，开展岗位 HSSE 技术比武，不断增强全员安全意识，提高应急处置能力和操作技能，全年实现安全平稳，在销售企业 HSSE 综合管理能力测评中保持 B 级；在海南省 2019 年度安全生产责任目标考核中评定优秀。

（陈元平）

【改革管理】 2020 年，海南石油分公司启动公司“十四五”发展规划、深化改革三年行动工作方案、对标世界一流管理提升行动方案调研和编制，为下一步改革管理奠定基础。同时严格定员定编，持续优化用工，全面完成退休人员社会化管理任务。坚持依法依规治企，加强合同、证照管理，开展重点投资项目、合资合作项目法律尽职调查，妥善处理各类法律纠纷，积极应对各种诉讼。在集团公司法治央企建设总结验收中被评为 A 类企业。

（陈元平）

【人才梯队建设】 2020 年，海南石油分公司制订年轻干部选拔培养方案，加大优秀年轻干部选拔使用力度。全年新提拔到中层领导岗位的 40 岁以下人员达 50%，45 岁以下中层正职占正职比例达 60%，干部年龄结构不断优化。深化三支人才队伍成长通道建设，落实各类人员岗位资质达标，竞争性选聘 12 名专家、副主任师、主管师，充分激发干部员工干事创业潜能。

（陈元平）

【党建质量有效提升】 2020 年，海南石油分公司聚焦“第一议题”，强化理论武装，制定贯彻落实全面从严治党责任办法，以“三基本”为抓手，加强党务干部培训，压实支部书记责任，督导基层落实基本制度；实施“双培养”工程，狠抓党员覆盖率，实现库站党员覆盖率 100%。各级党组织和党员在疫情防控、攻坚创效行动中充分发挥了战斗堡垒、先锋模范作用，基层组织力得到新的提升。

（陈元平）

【4 家肯德基餐厅同时投营】 2020 年 9 月 28 日，海南石油分公司 4 家高速路服务区肯德基加盟餐厅正式投营，“加油 + 吃鸡”的一站式服务，给顾客带来全新消费体验。通过为顾客提供更加温馨舒适的消费环境和可口美味的食物，引领海南高速公路加油站休闲餐饮潮流，让中国石化加油站成为出行游客沿途休憩、用餐的首要选择。在开业后的首个国庆黄金周期间，4 家店总销售额达 78 万元，最高日均营业额突破 10 万元。

（陈元平）

表 1　海南石油分公司主要经营指标

指标名称＼年份	2020	2019	2018	2017	2016	2015
成品油经营总量 / 万吨	146.30	154.40	161.40	168.87	158.76	144.89

续表

指标名称 \ 年份	2020	2019	2018	2017	2016	2015
零售量	110.30	119.10	123.08	123.72	119.56	115.72
销售收入 / 亿元	102.74	123.18	133.67	122.47	104.91	99.64
利润 / 亿元	3.22	3.10	3.40	5.07	4.55	3.54
吨油费用 / 元	366.00	363.00	344.00	331.00	325.00	338.00
加油（气）站总数 / 座	294	289	306	303	307	300

贵州石油分公司

【概况】 中国石化销售股份有限公司贵州石油分公司（简称贵州石油分公司）位于贵阳市南明区解放路 21 号，主营成品油、天然气、非油品销售，是贵州省最大的成品油经营企业。其前身为贵州省石油总公司，1998 年划归集团公司，为中央在黔企业。2000 年，贵州省石油总公司以石油主业和优良资产为核心，组建中国石油化工股份有限公司贵州石油分公司。2019 年，更名为中国石化销售股份有限公司贵州石油分公司。

截至 2020 年底，贵州石油分公司共设有 14 个职能部门和 4 个专业中心，下属 9 个市（州）分公司，共有员工 10 939 人（含委托站、离退休人员）；在营加油站 1 039 座，在营成品油油库 10 座（其中管道下载油库 6 座），总库容 40.5 万立方米；在营易捷便利店 1 024 个，非油品物流配送中央仓 1 座。资产总额 139.4 亿元。

2020 年，贵州石油分公司实现成品油销售总量 571.4 万吨，下降 0.4%。其中，零售 434.1 万吨，增长 2.5%；直分销 150.6 万吨，下降 8.8%；非油品营业额（全口径）17.8 亿元，下降 0.4%；天然气销量 9 116 万立方米，下降 3.5%。吨油费用 427 元。实现利润 13 亿元，增长 1.6%。2020 年，获集团公司法治央企建设总结验收 A 类企业评定，获集团公司第 29 届管理现代化创新奖 1 项；获销售企业“百日攻坚创效”优秀组织单位称号，优秀成果案例 2 项；获石油石化好技术推荐项目 1 个；名列 2020 贵州 100 强企业前 10 强。

贵州石油分公司主要经营指标见表 1。

（施延吉）

【领导班子调整】 2020 年 6 月，集团公司党组对贵州石油分公司领导班子进行调整：罗洪战任贵州石油分公司总经理、党委副书记，赵军任贵州石油分公司副总经理、党委委员，冯云不再担任贵州石油分公司副总经理、党委委员。12 月，张景任贵州石油分公司副总经理、党委委员，周麟不再担任贵州石油分公司副总经理、党委委员。调整后，贵州石油分公司领导班子由张家顺、罗洪战、张宏良、李力波、赵军、张景 6 人组成。

（施延吉）

【疫情防控】 2020 年，新冠肺炎疫情暴发，贵州石油分公司第一时间部署疫情防控，领导班子成员及 9 个地市分公司、86 个县区公司、10 座在营油库等主要负责人均在岗值守，带头抗击疫情。疫情期间，全省库站正常运营，加油站开通专用绿色通道，对救护车、警车、应急、救援车辆及运输疫情防控物资车辆做到随到随加。积极统筹物流配送，在易捷门店重点供应民生刚需的米、面、油等生活物资，做到“服务不打烊、门店不断货、商品不涨价”。开展“一键加油”、果蔬生鲜“一键进车”等服务，为广大消费者营造放心、安心、舒心的消费环境。向湖北及贵州各界捐赠“抗疫”资金 130 余万元，为贵州省口罩企业积极协调熔喷布 12.6 吨。公司无一例职工及职工家属感染新冠肺炎。

（施延吉）

【攻坚创效】 2020 年，贵州石油分公司扎实开展“百日攻坚创效”“持续攻坚创效”专项工作。坚决贯彻“面上稳，点上狠”的经营策略，构建“四个维度”提量模型，推动经营质效稳步提升。开发上线“加油贵州”小程序，加大电子钱包推广力度，加快站级一体化的推广应用，在零售网点拓展 APP、电子钱包、微信、银联、ETC 闪付等快捷支付方式，拓展会员群体，会员支付占比达 59.6%，提升 22 个百分点。深入开展“加油（气）站管理与服务提升年”活动，开展县区巡站专项整治、严格“三到位”服务考评，打造省级标准示范站 28 个，市级标准示范站 50 个。大力发展直分销终端客户，按照“抓大不放小”原则，加强市场调研走访力度，新开发社会终端客户 753 个。做实天然气终端销售，全年开发天然气终端用户 28 户，实现销量 3 000 万立方米，增幅 76%。以“商品 + 平台 + 服务”为着力点，运用“三化”营销策略（主题营销模板化、核心商品竞赛化、第三方营销资源联动化），加大自有品牌推广，促进油非深度融合，全年自有品牌商品销售增幅 7%，利润增幅 52%。成立营销资源专班，积极与地方政府、金融、通信等行业开展合作，全年累计引入营销资源 6 722 万元，成为贵州省政府“多彩贵州促消费百日专项行动——购车赠油”活动独家合作单位。用好用足国家防疫支持政策，全年减费 3 281 万元。优化上门收款方式，压降收款费用 2 082 万元，降幅 52.6%。

（施延吉）

【销售网络建设】 2020 年，贵州石油分公司按照集团公司战略部署，以“质量和效益并重”为原则，全力发展网络，坚持守土尽责，持续筑牢网络基石。按照项目类别、进展程度落实加油站投营推进措施，协力攻克关键节点，全年竣工投营加油（气）站 91 座，完成销售公司目标任务的 108%。紧盯迁建置换项目进度，全年落实还建加油站用地 19 宗，建成投营 10 座，修文、惠水、独山、江口 4 个县区实现 10 年网建盲区摘帽。加强统筹改造监管，在确保 228 座改造任务完成的同时，抢抓停业施工工期，有效缩短改造工期。

（施延吉）

【维护市场环境】 2020 年，贵州石油分公司主动协调政府职能部门开展“打非治违”行动，净化成品油市场环境。主动与政府部门沟通，推动在贵州省黔西南自治州社会加油站安装税控信息采集系统，协调商务部门对铜仁市 179 家民营加油站的 644 台加油机安装数据信息实时采集系统，强化进销数据比对，防范加油站偷逃税行为。省、市、县、站四级联动，全面对区域内非法经营窝点进行梳理，及时向政府部门提供有效信息，协助政府职能部门开展非法经营打击行动 214 次，查抄非法经营窝点 113 个，查封违规经营加油站 7 座，查扣非法流动罐车 183 台，拆除非法自建罐 179 个，罚没油料 2 377 吨。

（施延吉）

【绿色企业创建】 2020 年，贵州石油分公司深入实施“绿色企业行动计划”，聚焦“绿色发展、绿色能源、绿色生产、绿色科技、绿色服务、绿色文化”，制定绿色企业“一方案两清单”，细化、量化 49 类 103 个项目内容，推进绿色企业创建。通过经验交流、专项督办、重点帮扶和盯控等方式加快环保手续办理。开展库站外排废水、土壤地下水和油气回收设备检测，确保达标排放。创新技改油库监测系统，“一种罐区综合监测系统”“一种罐区内大气温度采集装置”均获授权国家新型实用专利。做实危废处理，按照“危废必收集、定期必处置”的方式，在营 10 座油库建设危险废物暂存间，加油站全部设置危废暂存箱，实现危废“不漏一源、不漏一物”。加强绿色文化宣贯，通过“云开放”方式举办 10 场公众开放日，积极宣传中国石化安全环保理念。10 月 18 日，参与承建的第四届中国绿化博览会中国石化展园正式开园，展园以“石化绿印”为核心，以“国之器、民之生、绿之基、诸之行”4 个主旨景观为依托，表达中国石化“为美好生活加油”的承诺，并取得优秀展园银奖。顺利通过绿色企业创建验收，获中国石化绿色企业称号。

（施延吉）

第四届中国绿化博览会中国石化展园

【HSSE 管理】 2020 年，贵州石油分公司强化 HSSE 体系，以“强体系、落责任、控风险、创绿企”为主线，狠抓安全生产三年专项整治和 HSSE 体系落实，实现 HSSE 管理工作运行总体平稳。狠抓承包商、直接作业环节和接卸油作业环节管理，明确处罚“负面清单”和标准，严格承包商记分考核，全年点名通报承包商 12 家，限制投标 2 家，列入黑名单 1 家，确保生产经营安全。强化汛期安全管理，重点梳理“三临一靠”库站，排查出水体污染风险、地质灾害风险加油站 224 座，对排查出的风险落实防控措施，疏浚库站沟渠，配齐应急物资，强化防汛应急演练。强化公共安全管理，在营 10 座油库安装电子门禁、防冲撞装置、破胎器、防攀爬等设施，全部加油站安装一键报警系统和与公安联网的身份识别系统，确保散装油品管控到位。全年共督查库站 3 145 座次，实施“回头看”复查跟进整改，形成闭环管理，确保整改销项。严格按照油品入库“国标 + 内控”质量双控制检验，落实报告比对分析，全年共检测外采油 1 915 批次，检测结果均符合国标要求。自主开发 RPA 机器人，数质量各项指标迅速提升，实现油品指标复核率 100%、错误识别率 100%。深化应用加油站远程抽盘功能，解决现场盘点“时间紧、行程远、费用高”等难题。

（施延吉）

【风险防控】 2020 年，贵州石油分公司强化基础管理水平，加强风险防控，做实“大监督”工作，各项管理工作取得突破。发挥监督委及监督小组的作用，紧盯经营管理薄弱环节及风险防控关键节点，提升监督效率。对在用制度进行清理审查，共计梳理制度 480 件，废止制度 155 件。修订完善审计整改、合同、招投标、资金资产、发票管理、证照、信息系统等 10 类重点业务领域的责任追究细则，使责任追究无死角。开展销售资金风险、加油站液位仪应用等重点业务专项审计 9 个。全年完成工程结算审计项目 489 个，审减金额 5 022 万元，审减率 10.6%。加强合资公司风险管控，组织开展合资公司全面风险排查，评估既有及潜在风险 51 个，逐一落实整改措施。秉承依法纳税、诚信经营的服务理念，做好各项税收工作，获贵州省 A 级纳税信用企业称号。

（施延吉）

【信息化建设】 2020 年，贵州石油分公司深化“大数据”应用，聚焦降本增效、风险防控、为员工减负等目标，持续推进信息化建设。推广电子钱包及“ETC+ 验证码”自助加油模式，实现人、车、站、账无缝连接，2 分钟即加即走，加油时效显著提升，丰富客户加油体验。拓展云平台功能，开发云平台油站计量员资格电子证书、审计工程项目送审功能，实现加油员上岗证书电子化和送审流程转线上、自动计费和资料电子存档，累计节费 30 万元。通过集成云平台、安全管理系统和双控系统实现统一录入，员工单次填报风险排查及隐患治理内容的时间由 45 分钟缩短至 15 分钟。以安顺油库为试点，建立省级油库综合管理平台，统一油库信息化架构，集成整合 13 个专业系统，规范、优化了 11 条作业流程和 150 余张作业票和台账，提升了安防联动功能，实现数据集中采集、存储和分析、预警，提高发油效率、降低发油超差。为提升信息系统深化应用，积极培育创新创效成果，成立“贵州石油创新创效工作室”，培育信息深化应用创新创效成果 5 项（RPA 技术应用、一键班日结、云平台风险防控、微信小程序盘点、优化物流系统实现合资公司运费自动结算），获评 2020 年总部信息化应用 A 类企业。

（施延吉）

【人才队伍建设】 2020 年，贵州石油分公司不断强化人才培养，加速推进人才强企工程。加强年轻干部选拔培养，新提拔人员中 45 岁以下中层正职占比达 58%，40 岁以下中层副职占比达 33%，实施年轻干部“百人”培养培训项目，跟踪培养年轻干部 94 人。完善重点人才培训体系，构建从新入职毕业生到中层领导人员的递进式、系统化培训体系，全年培训重点人才 7 700 人次。注重人员素质提升，全年新增高级职称 5 人、中级职称 34 人、高级技师 5 人、高级工 497 人，管理、专业技术人才职称持证率由 47% 增长到 52%，技能操作人才技能认定持证率由 75% 增长到 87%。实施油库用工分配制度改革，推进油库大班组建设，充分调动油库员工积极性。

（施延吉）

【作风建设】 2020 年，贵州石油分公司践行“马上就办”要求，提高办事、办文效率。运行“马上就办”系统，在 ERP 审批平台、合同管理和费用报销系统开发待办事项临期和超期短信提示功能，建立公文处理超时通报处罚机制，“马上就办”文件办理时效排名销售系统前列。切实为基层减负，制订制度“活页夹”建设工作方案，制作并发布库站制度“活页”52 项，做好基层制度“瘦身”。精减上报表单 195 项，通过合并类似会议、倡导视频会议等方式精简会议 14%。率先使用“一键班结”，实现加油站从管控系统到零管系统的一键自动班结和多种支付方式体现，避免员工重复登录不同系统进行班结，班结时间从 45 分钟缩减至 10 分钟，提升基层工作效率。

（施延吉）

【党建工作】 2020 年，贵州石油分公司党委深入学习贯彻习近平新时代中国特色社会主义思想和党的十九届四中、五中全会精神，紧扣把方向、管大局、保落实的责任，强化党建引领企业发展，不断推进党建标准化、具体化、贯通化。始终把习近平总书记最新重要讲话和重要指示批示精神作为党委会、中心组学习的“第一议题”，作为推动工作、解决问题的“金钥匙”。把“1+1+X”党建项目作为党建与经营管理融合的主要抓手，打造“一支部一品牌、一党委一特色”，全年通过攻关项目解决 177 个经营管理难点问题。坚持从一线骨干中发展党员，全年共发展党员 235 名。强化党风廉政建设，完善干部廉洁情况“活页夹”和“画像”等，组织开展警示教育 496 场次，进一步抓实廉洁教育。注重企业文化建设，丰富职工文化生活，开展“实干奋进、持续攻坚”迎国庆职工综合运动会，机关组建舞蹈、健身、太极、篮球等多个兴趣小组。建立困难帮扶机制，做好困难员工帮扶救助，全年共帮扶困难人员 476 人次，发放帮扶救助金 120 万元。2020 年，获集团公司党建考评 A 类企业评定。

（施延吉）

【企地合作】 2020 年，贵州石油分公司贯彻落实集团公司与地方政府签署合作协议精神，推进企地合作，新成立合资公司 12 个，合资公司新建加油站 47 座，在营加油站销量达 30 万吨。为加快与地方国企合作，11 月 19 日，与贵阳市交通投资发展集团有限公司签订战略合作协议，双方共同出资成立贵阳交投石化能源有限公司，推进建设、经营和发展加油（气）站；11 月 26 日，与贵州磷化（集团）有限责任公司签订战略合作协议，双方在油气资源供销、新能源领域、农资和农特产品销售等方面深化合作。

（施延吉）

【履行社会责任】 2020 年，贵州石油分公司积极履行央企责任，不断提升企业品牌形象。大力开展社会扶贫工作，全年累计捐赠扶贫资金 600 余万元。建成并投营 10 余座扶贫加油站，解决贫困子女就业问题，助力脱贫攻坚。1 月初，开展中国石化“情暖驿站”大型公益活动，为春运期间返乡人员提供便捷服务。4 月，向贵州省雷山县采购价值 100 万元的优质扶贫产品——雷山茶叶捐赠给武汉抗疫一线的医护人员。12 月，贵州石油分公司联合中国石化经济技术研究院向贵州省移民寄宿公办小学——凯里市第二十五小学捐赠 100 台电脑、2 500 册图书和价值 1 万元购书卡。在贵州省大力推动赤水竹产业发展背景下，与贵州遵义赤水市政府推荐本土纸厂合作引进纸品，确定品牌黔易优选，实现销售上百万元。全年引进 300 多种地方农特产品进入易捷便利店和线上 APP 平台，实现销售额 2.1 亿元，为推进“黔货出山”、助力产业扶贫做出应有贡献。

（施延吉）

表 1　　贵州石油分公司主要经营指标

指标名称 \ 年份	2020	2019	2018	2017	2016	2015
成品油销售总量 / 万吨	571.40	573.90	559.90	551.50	519.30	483.60
零售量	434.10	423.30	418.10	412.10	385.60	367.90
销售收入 / 亿元	358.99	422.95	431.52	370.00	304.54	296.60
吨油费用 / 元	427.00	385.00	372.00	361.00	321.00	306.00
在营加油站总数 / 座	1 039	967	902	895	871	850

云南石油分公司

【概况】 中国石化销售股份有限公司云南石油分公司（简称云南石油分公司）位于云南省昆明市国贸路 865 号。其前身云南省石油总公司成立于 1952 年 7 月，是云南省第一个国营石油专营机构，1998 年 6 月整体划归集团公司，2000 年 2 月按照主辅分离、改制上市的要求，主营业务部分组成中国石油化工股份有限公司云南石油分公司。2014 年 5 月按照销售公司改制上市有关要求，更名为中国石化销售有限公司云南石油分公司，2019 年 4 月更为现名。

云南石油分公司是中国石化设在云南的直属销售企业，主要从事汽油、柴油、润滑油、部分石化产品及“易捷”便利店的零售、直销和批发业务，是云南省内最具实力的成品油主渠道销售企业。公司下辖 16 个州市分公司和 90 个县区分公司。主营业务全口径用工人数 1 万人，在营加油站 1 328 座，在营油库 12 座、总库容 61.13 万立方米，资产总额 171.62 亿元。

2020 年，云南石油分公司销售成品油 705.5 万吨。其中，零售 519.8 万吨；直分销 185.7 万吨，增幅 17.5%，排名区内销售企业第 1 位。非油品全口径营业额 30.5 亿元，销售收入 422.4 亿元，报表利润 10.1 亿元。通过绿色企业创建复审工作；云南文山石油分公司驻村扶贫队员李林裕被评为云南省 2020 年度脱贫攻坚优秀扶贫工作者；临沧石油分公司镇康南伞第二加油站站长普国兰被集团公司评为抗疫先进个人；云南石油分公司被评为集团公司先进单位；党建考核为集团公司 A 档；法治央企建设验收评为 A 类企业；云南石油文山分公司获国务院颁发的民族团结示范集体称号。

云南石油分公司主要经营指标见表 1。

（代泽万）

【领导班子调整】 2020 年 11 月 25 日，集团公司对云南石油分公司领导班子做出调整：丁建华不再担任云南石油分公司总经理、党委副书记，另有任用；12 月 25 日，集团公司宣布周麟任云南石油分公司总经理、党委副书记。调整后的云南石油分公司领导班子由杨惠明、周麟、何忠祥、刘踊林、伏韬、杜嘉良、戴树华 7 人组成。

（代泽万）

【新冠肺炎疫情防控】 2020 年，新冠肺炎疫情发生后，云南石油分公司每周召开一次疫情防控领导小组会专题研究，传达学习习近平总书记最新讲话、学习集团公司党组和云南省委省政府有关会议精神，迅速落实上级部署要求，听取安全环保部关于疫情防控物资准备、防控措施落实等情况的汇报，公司领导班子成员分别对疫情防控工作提出要求和安排。坚持全省“一盘棋”管理，按照办公区、家属区、加油站、油库细化网格化防控措施；统筹有序上岗和居家办公；严格会议计划和参会范围管理；健全防疫组织，统筹防疫物资；细化防控措施，向社会公开承诺“油品不断供、商品不涨价、服务不打烊”。在疫情防控和拓市扩销大战大考中，实现了“双战双胜”。

（代泽万）

【百日攻坚创效和持续攻坚创效】 2020年，云南石油分公司坚决贯彻落实党组攻坚创效的安排部署，以“开局就是决战、起步就是冲刺”的精气神，坚持“三个搞清楚”（市场、竞争对手、客户）的思路，建立日调度、周平衡、月分析的工作机制，聚焦增量创效、挖潜增效、网络提效。昆明石油组织党团员成立助力营销、安全保障、志愿服务等三支突击队助力攻坚创效。曲靖石油市县两级机关党员利用周六时间到党员联系点开展现场帮扶，不断提升服务质量。2020年，云南石油分公司纯销成品油705.50万吨，增幅排销售系统第4名；直分销创造历史新纪录勇夺冠军；非油品全口径营业额30.5亿元，增幅2%；报表利润10.10亿元，创近4年来最好水平。

（代泽万）

【退休人员社会化管理】 2020年，云南石油分公司坚决贯彻落实国务院国资委、集团公司党组关于退休人员社会化管理工作的安排部署，克服新冠肺炎疫情带来的影响，按照“时间不变、任务不减”的要求，抓实退休人员社会化管理工作“准（方向把握准）、紧（沟通汇报紧）、实（数据核查实）、通（引导心结通）、顺（工作渠道顺）、稳（企业和谐稳）、足（人情关爱足）”七步曲，高效细致平稳推进移交工作，受到集团公司表扬。

（代泽万）

【党的建设】 2020年，云南石油分公司党的建设被集团公司党建考核评为A档。党建与经营深度融合，质量持续提升，各级党委“把方向、管大局、促落实”核心作用和党支部战斗堡垒作用、党员的先锋模范作用进一步发挥。企业保持总体稳定，信访总量下降60%，统战群团聚力效能持续发挥，档案、保密和国家安全人民防线工作融入中心，超额完成创效目标。通过挂点帮扶、动态调整、发展党员等途径，实现1 351个基层班组党员100%全覆盖。压实责任，专题听取各党组织书记推进情况汇报；跟踪过程，每天通过工作群通报各单位党员覆盖率指标完成情况；优化培养，通过发展党员实现全覆盖。在提高班组党员覆盖率的同时，强化党员作用的发挥。迪庆巴斯巴加油站站长赵甸生2019年当选为集团公司“感动石化人物”，2020年当选云南省第23届劳动模范。

（代泽万）

【党委政治巡察】 2020年，云南石油分公司首次启动党委巡察并制订3年巡察计划。针对公司管理基础薄弱的实际情况，进一步推进全面从严治党走向深入，云南石油分公司党委2020年7月首次启动党委巡察工作，并对近3年巡察工作做出部署安排。已完成玉溪、大理、保山3个州市分公司的政治巡察，扎实做好巡察整改“后半篇”文章，建立巡察整改销项制度，从严把关问题整改，确保巡察整改工作落到实处。

（代泽万）

【干部队伍建设】 2020年，云南石油分公司加强中心组扩大学习，年初制订学习计划，每周例会集中学习《习近平谈治国理政》（第三卷），由机关部门负责人领学，并结合工作谈学习体会，书面体会统一收集存档。州市分公司党政主要领导定期报告工作，汇总编辑成《工作周报》，及时督办重点工作。全面开展公开竞聘上岗，首次公开选聘12名中层副职，对省公司机关中层副职以下所有员工实行“全体起立公开竞聘”。

（代泽万）

【脱贫攻坚】 2020年，云南石油分公司承担了20个贫困村脱贫攻坚任务，通过“易捷帮销+内部消费”相结合的方式，深入开展消费扶贫，强化渠道优势，抓实消费扶贫，累计帮助贫困地区销售（简称帮销）特色商品4 598万元，销售“云品”200余种，打造50多个扶贫产品专柜，开展7次“直播带货”。同时，挖掘公司内部工会、食堂、干部员工消费潜力，购买扶贫产品130余万元。云南石油分公司承担的 20 个贫困村脱贫攻坚任务已全面完成。

（代泽万）

【销售网络发展】 2020 年，云南石油分公司坚持“注重质量、效益优先”的发展原则，压实网建责任，紧盯“网络份额不下降”目标，完成投资 6.8 亿元，投营加油（气）站 60 座，贡献零售销量 4.7 万吨。其中，传统方式发展加油站 41 座、加气站 3 座，“他有我营”模式发展 16 座。定向挂牌取得土地 8 宗、保留政府拟拆迁站点 14 座、成功续租 14 座、阻止竞争对手建站 3 座，中标保山东南绕城双向、曲靖杨宣高速来宾双向服务区经营权；长坡、北闸油库扩建工程加速推进，完成 11 座油库柴油下装改造。

（代泽万）

【绿色企业创建】 2020 年，云南石油分公司践行绿色发展，加大环保投入，投资 3 460 万元完成“三同时”手续补办，投资 3 亿元进行油气回收改造，投资 10.6 亿元进行双层罐改造，投入 700 余万元更换 400 余台高耗能设备。排污许可证办理完成率 100%。建成光伏发电 17 座，设置 144 台柴油尾气处理液加注机。

（代泽万）

【安全数质量管理】 2020 年，云南石油分公司深入落实安全生产专项整治三年行动计划，抓实 86 项任务梳理、分解；修订岗位 HSSE 责任制；吸取事故教训，深入开展“9·11”安全警示日系列活动；从严承包商和直接作业环节管理，强化“一把手”承包工作考核，引入 19 家战略承包商，推进 80 名项目经理负责制落实到位；从严整改检查反馈各类问题，全年未发生上报等级事件事故。加油站液位仪系统“三率”全部达标，损溢管理工作居销售企业前列。

（代泽万）

【作风建设】 2020 年，云南石油分公司大力整治工作作风，制定规范和精简会议管理办法，会议数量及费用减少 30% 以上。创新文件管理，新开发 22 项工作事项审批，发文审核时间从 9 天缩短到 6 天。构建党委全面监督、纪委专责监督、业务部门职能监督大融合机制，大监督委员会研究重点工作 19 项。

（代泽万）

【持续深化改革】 2020 年，云南石油分公司持续深化改革三年行动，梳理改革任务 38 项，明确 3 年改革目标和具体措施；开展对标一流管理提升行动，建立 35 项指标对标体系。持续深化“三项制度”改革，推进领导人员“能上能下”管理和两级机关岗位公开竞聘。制定重要敏感岗位人员轮岗交流及管理实施细则，重要敏感岗位轮岗完成率 94%。深化县区公司体制机制改革，原 116 个县区公司优化调整为 90 个，探索 17 个县区互助式管理，试点 2 个县公司经理兼站长的运作模式。对省公司机关岗位职责重新梳理，定员从 2019 年末的 202 个精减至 153 个，压减 25%。

（代泽万）

表 1　　云南石油分公司主要经营指标

指标名称 \ 年份	2020	2019	2018	2017	2016	2015
成品油销售总量 / 万吨	705.50	716.41	643.07	654.52	657.43	591.57
零售量	519.80	558.32	510.95	510.23	518.16	498.23
销售收入 / 亿元	422.40	511.58	488.67	433.78	391.20	379.82
报表利润 / 亿元	10.10	7.60	7.08	9.05	10.54	9.51
吨油费用 / 元	379.00	376.00	393.00	390.00	380.00	376.00
加油站总数 / 座	1 328	1 352	1 351	1 314	1 268	1 231

燃料油公司

【概况】 中国石化燃料油销售有限公司（简称燃料油公司）是集团公司于2010年5月27日注册成立的燃料油经营专业化公司，负责股份公司燃料油的集中销售。2014年4月1日，根据中国石化油品销售业务重组的总体部署，成为中国石化销售有限公司的全资子公司。本部位于北京。

截至2020年底，燃料油公司设9个管理部门、3个业务中心，下辖辽宁、天津、山东、江苏、上海、浙江、福建、广东8个分公司和海南、浙江舟山、新加坡、斯里兰卡4个全资子公司，2015年与BP成立BP-SINOPEC合资公司。用工总量822人；在营油库38座、库容总量220万立方米，在中国沿海80多个港口、海外40多个重点港口具备供油服务能力；总资产107.25亿元。经营量2 837万吨、增幅21%，营业收入767亿元。

燃料油公司主要经营指标见表1。

（李俊春）

【保税船供油业务实现新跨越】 2020年，燃料油公司保税油经营量808万吨、增幅49%，终端配送710万吨、增幅48%，中国市场占有率达43%、增长7个百分点，累计配送超过1万船次、增长22%，单船供应量增加22%，月度配送量突破65万吨大关。低硫船燃实现规模化产销，取得历史性突破，做到“产得出、拉得走、存得下、销得快”，全年累计生产低硫船燃451万吨，占国内生产比重超过60%，改变了保税船燃长期依赖进口局面，带动中国保税船供油量全年增长36%，推动船供油市场从贸易商向资源商主导转变，中国成为新的全球低硫船燃区域供应中心。积极推行“两仓合一”，争取资源“就近存储、就近销售”，深化“一船多供”“跨关直供”“挂港加油”“浮仓供油”“锚地供油”等业务模式，实现吨油一次物流成本由最初的11美元降低到8.4美元。实现全球“三大矿商”“四大粮商”“十大集装箱”等规模客户中国采购量60%以上。行业内率先实施《无接触船燃供应操作指引》，发布英文版《无接触供油作业告知函》，打造中国石化“海上逆行者”靓丽名片。

（李俊春）

【内贸经营质量取得新提升】 2020年，燃料油公司内贸经营量546万吨、增幅64%。与交通运输部海事局正式签订战略合作协议，成为其船用燃油、润滑油的主要战略供应商。常态化开展“访企业，送服务，拓业务，创效益”，全年石化资源经营量194万吨、增长75%，原料供应经营量100万吨、增长245%。完成广东石油分公司24座水上站划转工作，月均经营量达6 900吨，实现正常经营。“我要加油”平台成交量增长15%。

（李俊春）

【天然气业务实现新突破】 2020年，燃料油公司天然气经营量实现7.41亿立方米、增幅128%，在销售企业排名第一，进入全国LNG经销商前10名。在天然气分公司天津南港、青岛董家口接收站一手资源的基础上，实现舟山新奥、启东广汇、广西北海、深圳迭福、广东粤东等接收站及达州汇鑫LNG加工厂一手资源获取，石化资源采购比例达76%。全年新开发客户21家，其中终端直供客户8家。参与集团公司“气化长江”发展战略，布局9座长江沿线LNG加注站网点。

（李俊春）

【海外业务取得新进展】 2020年，燃料油公司海外业务经营量1 356万吨。新加坡公司克服疫情影响，积极开拓新加坡船加油业务，稳健开展大货贸易，实现13船国外LNG进口、总量83.2万吨，强化对国内炼厂原料供应。BP合资公司利用VLCC浮仓调和，供应东北亚和新加坡周边市场；开拓新加坡高硫燃料油配送业务，打通富查伊拉船加油批发和配送市场。斯里兰卡公司利用云办公的方式，完成2.5万吨首船进油，取得该国迄今为止唯一一张颁发给外国企业的船供油牌照，打通BOI销售及进货程序。

（李俊春）

【船舶综合服务取得新成效】 2020年，燃料油公司船舶综合服务实现营业收入2.35亿元、增长293%。在舟山锚地为巴拿马籍“发展之路”补给低硫船燃、食品饮料、船舶备件等100多种商品。跨境电商业务在保税区之外实现“海关监管、免税购物、现场提货”政策突破，多渠道发展线下体验店15家，在第三届进博会期间，与菲律宾永胜集团签订2亿美元水果进口长约，与斯里兰卡英伯伦公司签订1 000万美元进出口双向合作协议。拓展润滑油业务，加强“燃润合作”，新增青岛保税润滑油代供网点。全年润滑油实现经营量1.68万吨、增长32%。

（李俊春）

【风险管理工作迈上新台阶】 2020年，燃料油公司牢固树立底线意识，防风险、强管理，做好资金、金融衍生品、国际化经营等重点领域风险排查预警，建立境外合规风险应对机制，全年未发生重大风险事件。完善金融衍生品业务管控体系，严格执行预警和止损机制，有效对冲了实货价格风险。强化业财融合，关注汇率、利率市场变化，稳健开展资金操作。推进“两化”融合运用，顺利通过国家工信部体系认证，获集团公司深化应用示范单位称号，获评信息系统深化应用A级单位。

（李俊春）

【QHSSE管理水平实现新提高】 2020年，燃料油公司高质量高标准开展绿色企业创建工作，深入推进安全生产专项整治三年行动，持续推动高风险作业专项治理，建立风险分级管控和隐患排查治理双重预防机制，落实重点场所、重点岗位、重点人群和重点环节疫情防控措施，推进安全环保和防疫工作常态化、制度化。规范LIMS系统应用，强化全流程监管，确保销售油品质优量足。公司获中国石化安全生产先进单位、绿色企业称号。

（李俊春）

【人才强企工程取得新进步】 2020年，燃料油公司积极构建形成“大人才”格局。推进“三项制度”改革和人才强企工程，实施“燃油英才”成长计划，选派30多人到兄弟单位及关键岗位、海外公司锻炼，师徒结对89对，线上开展各类培训班39期、培训3 700多人次。实施“去行政化”改革和岗级分离，选聘4名职业经理人、4名专家，提拔任用中层干部7人，新提任副职中40岁以下4人、占比80%，新引进高校毕业生35人，持续激发人才队伍活力。

（李俊春）

【党建工作持续开创新局面】 2020年，燃料油公司坚持“规范引领、深度融合、注重实效”原则，积极构建形成“大党建”格局。认真落实“第一议题”制度，深入学习贯彻十九届五中全会精神，抓好中心组、“三会一课”学习。深入实施组织力提升工程，落实党建月度例会机制，新成立海南公司、斯里兰卡公司党支部，党组织和党员班组力量覆盖率达100%，党务共享平台应用实现3个100%。

（李俊春）

【贯彻“两个责任”落实实现新作为】 2020年，燃料油公司构建形成“大监督”格局，牢牢扛起党风廉政建设主体责任，强化政治监督，持续推进“两个责任”落实，年初制定29项重点任务并分解到相关责任部门，全年研究党风廉政建设和反腐败工作5次。完善监督委员会工作机制，每季召开监督委员会议。精准开展日常监督，定期开展反腐倡廉教育，更新廉洁情况“活页夹”75份，建立重大项目跟踪监督机制，驰而不息纠“四风”、树新风。

（李俊春）

【思想引领和舆论引导开创新气象】 2020年，燃料油公司紧扣低硫资源战略、业务亮点、工作突破等中心任务抓宣传，召开思想政治工作会议，健全完善人人都是宣传员机制，中央电视台、《人民日报》、“学习强国”学习平台等国字号媒体和国际知名媒体，以及《中国石化报》、奋进石化、手机报等转发信息283篇，获集团公司宣传思想工作先进单位称号。

（李俊春）

表 1　　燃料油公司主要经营指标

指标名称＼年份	2020	2019	2018	2017	2016	2015
经营总量 / 万吨	2 837.00	2 304.00	2 191.00	2 199.00	1 909.00	1 881.00
保税油经营量 / 万吨	808.00	542.00	525.00	403.00	293.00	318.00
营业收入 / 亿元	767.00	802.00	761.00	557.00	384.00	458.00
报表利润 / 亿元	4.01	3.50	3.07	1.01	0.06	−3.00
资产总额 / 亿元	107.00	113.80	89.50	106.00	126.00	138.00

辽宁石油分公司

【概况】 中国石化销售股份有限公司辽宁石油分公司（简称辽宁石油分公司）成立于 2009 年 12 月 18 日，是国有大Ⅰ型石油流通企业，其前身为成立于 2002 年的中国石化销售东北分公司，本部位于辽宁省沈阳市。省公司设 14 个职能部门，对外注册有 14 家地市分公司，其中 7 个地市实行一托二管理模式，经营范围覆盖辽宁省 14 个地市；设有 7 家合资公司和 1 家全资子公司，主要负责辽宁地区成品油零售、直销、批发及车用天然气、润滑油、燃料油、非油品销售等业务。授权管理辽宁经济开发公司、销售实业东北分公司 2 家存续企业。

截至 2020 年底，辽宁石油分公司共有员工 1 893 人，公司党委下设 8 个党总支、29 个党支部，党员总数 469 人，基层党组织覆盖率达 100%；资产总额 54.32 亿元；自有在营成品油油库 5 座，总库容 20.21 万立方米；加油（气）站总数达 442 座，在营站达 429 座。

辽宁石油分公司主要经营指标见表 1。

（杨明翰）

【政治生态实现根本好转】 辽宁石油分公司新一届领导班子自 2017 年初调整以来，按照中央和集团公司党组“不忘初心、牢记使命”主题教育总要求，深刻汲取“7·27”纪波案件的教训，在积极配合辽宁省监委和集团公司纪检组查处案件基础上，努力做好“后半篇文章”，提出政治生态四个阶段的判断，明确政治生态根本好转的“八个维度”，确保干部队伍人心不散、作风建设持续好转、企业全局保持稳定、经营业绩实现突破，真正实现了以案促改、以案促管。辽宁石油分公司的政治生态已由新一届领导班子调整以来的开始好转，“7·27”案件查处后的加快好转，主题教育开展后的明显好转，到 2020 年实现了政治生态根本好转。

（杨明翰）

【主要经营指标完成情况】 2020 年，辽宁石油分公司经营总量 231.61 万吨，增长 1%。零售 132.5 万吨，下降 10%；直分销 95.53 万吨，增长 21%。天然气经营量 4 574 万立方米，增长 38%。实现全口径非油品交易额 4.74 亿元，增长 15%，其中基础品类 3.46 亿元、增长 18%。吨油考核费用 303 元。实现报表利润 1.23 亿元，增长 104%。全年新投营加油（气）站 21 座，加油（气）站总数达 442 座，在营站达 429 座。存续企业保持盈利，各合资公司均取得较好的经营业绩。

（杨明翰）

【聚焦攻坚创效，实现“双战双胜”】 2020 年，辽宁石油分公司紧紧围绕集团和销售公司攻坚创效行动方案，坚持疫情防控和生产经营“两手抓、两手硬”，圆满完成各项任务目标，实现“双战双胜”。资源方面，全环节提升创效空间。抓住地炼预售时机，外采创效 1 600 余万元，获集采考核补贴 1 500 万元，炼厂地付及互供资源直接入站增长

6%，节费创效 3 385 万元。择机加大互供乙醇汽油要货数量，累计创效 3 000 余万元。面对严峻市场竞争形势，领导班子开展“下沉式”零售专项调研，覆盖 14 个地市，调研加油（气）站 42 座，紧抓价差收入核心指标，部署处理好经营与管理、机关与基层、效益与数量、油品和非油品、管控和放权、合作和竞争、业绩和薪酬等关系。经营质量稳步提升，零售吨油优惠收窄 271 元，完成机出毛利 4.6 亿元，增长 29%。直分销质量显著提高，成功唤醒“沉睡”客户 141 个，开发新客户 292 个，新增销量近 25 万吨。天然气分市分站制定销售策略，做好直分销市场开拓和点供客户维护，取得高速公路 6 座加气站独家供气权。

（杨明翰）

【聚焦营销网络，筑牢发展根基】 2020 年，辽宁石油分公司按照集团公司要求，建立健全资产分类评价管理体系，以短租、“他有我营”等“轻资产”方式不断完善成品油零售终端网络。全年重点在沈阳城区、物流基地、县域中心等地区发展加油站 15 座，新投营加油（气）站 21 座。沈阳分公司成功收回跨度 10 余年的文大路加油站项目委托费 350 万元。鞍山分公司圆满解决台大路加油站长达 5 年的历史遗留问题，收回欠款 510 万元和利息 200 万元。相继在大连、锦州发展 3 座 LNG 加气站，打破了当地无中国石化加气站的现状，为打造辽西和辽南 LNG 走廊奠定网络基础。

（杨明翰）

【强化安全环保体系建设，数质量科技再创佳绩】 2020 年，辽宁石油分公司高标准运行 HSSE 管理体系，抓实风险隐患双重预防，获集团公司 2020 年度安全生产先进单位称号。精准实施“六大节能工程”，顺利完成“三年污染防治攻坚战”任务，在集团公司绿企复审中排名销售系统第 1 名。沈阳长青南街加油站、鞍山前石加油（气）站、葫芦岛连山油库三班获销售企业 2020 年度优秀安全班组称号；数量质量检测中心、大连北良油库、营口长江加油站获销售企业 2020 年度绿色基层示范单位称号。常态化开展“公众开放日”，通过“云直播”等方式，累计超过 2.2 万人次参与，打造特色“绿色文化”品牌。建立“十大”风险清单并落实防范措施，成为区外首家通过 ISO 9000 质量管理体系三方审核认证的企业，LIMS 系统应用得分稳步提升，获销售企业数质量管理年度先进红旗。践行科技创新，全年获得实用新型专利 4 件，联合申报国家级科技项目 1 项，申报集团级科技项目 1 项，参与制定省级地方标准 1 项，实现科技项目“零突破”。

（杨明翰）

【推进“两化”融合，做强企业创新转型】 2020 年，辽宁石油分公司以“两化”融合推进企业数字经济转型，做强发展动能。应用数据挖掘技术实现客户召回，通过分析客户加油数量、价格、频率等交易数据，对汽油流失客户进行精准画像，累计召回流失客户 4.1 万个。搭建统一会员体系优化业务流程，建成与全国会员数据打通，赠券体系集成的油非营销平台，实现优惠实时触达的快速营销服务模式。促进线上线下融合发展，打造“辽小易”特色商品，建立“直播互动 + 自有网红 + 电商”销售生态，走进盘粮种植基地直播带货，半小时销售大米 120 吨，受到国务院国资委和集团公司的关注和表扬。顺利中标司法监狱超市项目，标段包含沈阳、抚顺、铁岭地区 13 所司法监狱，年标的金额 9 600 万元，为销售系统首例。加深与优质国有企业合资合作，相继与辽勤集团、辽宁邮政、辽宁银联等企业达成战略合作，深入开展零售及新业务合作。抓住辽港集团混合所有制改革契机，成功以 4 400 万元的低成本收购营燃公司 51% 股权，实现经营业务转身向海。

（杨明翰）

【全面推动深化改革，激发组织活力】 2020 年，辽宁石油分公司全面推动企业体制改革，经营范围扩增充电服务、餐饮服务、医疗器械、果蔬销售等新兴领域，涵盖了短期、中期发展战略经营事项。积极探索用工优化措施，全年新增家庭委托站 13 座，总数达 141 座，油库大班制运作精简用工 16 人，用工总量减员率为 2%。加快实施人才强企工程，落实“抗疫稳岗扩就业”专项行动，招聘毕业生 19 人集中培养锻炼。职称申报推荐 7 人获得高级职称、19 人获得中级职称。加大干部员工交流力度，按照“三百三千”计划安排，选派10名员工参与交流锻炼，接受兄弟单位4名骨干来辽交流互促。储备优秀年轻干部40名，提任中、基层管理人员7名，进一步落实“四个一批”工作部署。

（杨明翰）

【完善全面风险防控体系，落实依法依规治企】 2020年，辽宁石油分公司做好法律风险事前防范。实现“三重一大”决策事项、重要规章制度修订、企业对外签署文件和各类专项会议合法性审查应审尽审。强化内控审计成效价值应用，统筹内控制度体系“留、废、改、立”，新增制度18个，修订56个，梳理五大类705项风险清单。巩固“制度+技术+执行”的监督手段，完成工程项目结算审计278项，审减金额1 333万元，审减率14%，实现合资公司审计3年全覆盖。落实法治建设责任，案件管理体系完善预警监测、快速报告、高效处理、管理提升4个环节，取得了与大连某公司加气委托项目法律纠纷胜利，挽回损失1 000余万元。

（杨明翰）

【以人为本，加强企业文化建设】 2020年，辽宁石油分公司策划开展庆祝建党99周年知识竞赛、“奋战一百天”劳动竞赛等活动。邀请十九届中央候补委员、中华全国总工会副主席、全国道德模范、“当代雷锋”郭明义宣讲十九届五中全会精神，辽宁省应急管理厅党员干部代表一同参加学习。在中国人民志愿军抗美援朝出国作战70周年之际，机关党总支组织全体党员开展“铭记英雄光辉历史 传承红色文化记忆”主题党日活动。工会精心组织义务植树、健步走等活动，丰富了员工的业余文化生活。

（杨明翰）

【聚焦党建引领，加强党风廉政建设】 2020年，辽宁石油分公司始终把党的政治建设摆在首位，落实全面从严治党要求，党建考核重回B档。旗帜鲜明讲政治，坚决做到“两个维护”，把《习近平谈治国理政》（第三卷）、习近平总书记最新重要讲话和重要指示批示精神作为党委中心组学习“第一议题”。持续推动主题教育、中央巡视建议、党组巡视、党建考核反馈问题整改，确保应改尽改。有序推进党团组织建设，坚持“党的一切工作到支部、到库站”思路，库站党员力量覆盖率实现100%。加强政治监督，狠抓党风廉政建设，对肃清纪波余毒再分析、再评估、再认识，为党委管理的44名中层干部建立“活页夹”，选人用人“三人小组”会议酝酿动议模式进一步常态化。加强日常监督，突出对“三重一大”决策、招投标等重点环节监督和业务工作中薄弱环节监督。加强体系建设，设立兼职纪检委员和纪检监督岗，形成省市基层党组织三级监督组织体系。加强廉洁教育，坚持远程培训“拒腐防变每月一课”，驰而不息反“四风”。

（杨明翰）

【积极履行央企社会责任，持续强化正面宣传】 2020年，辽宁石油分公司积极响应国家“扶贫惠农”号召，发动党团员开展果蔬生鲜、特产副食销售，实现销售额超百万元。按照中央脱贫攻坚有关要求，助推80户建档立卡贫困户244人全部实现脱贫目标。大力强化宣传工作，攻坚创效宣传综合排名销售系统第11名，区外第1名，获销售企业攻坚创效宣传工作先进单位称号。持续开展岗位学雷锋活动，选送的葫芦岛石油红马甲“呵护成长”志愿服务项目获第五届中国青年志愿服务项目全国总决赛铜奖。鞍山石油郭明义爱心加油站获评辽宁省青年文明号。

（杨明翰）

【牢牢抓住防疫作为央企责任，做好员工防疫和服务抗疫】 2020年，疫情发生后，辽宁石油分公司迅速成立防控领导小组，在加强人员摸排、市场保供、个人防护等方面做出明确部署，累计投入资金120万元，购买口罩20余万只、消毒剂6 000余千克，确保了在岗员工“零感染”。发挥网络供应链和仓储优势，确保油气资源、生活用品和消杀用品正常供应，践行“油品不断供、商品不涨价、服务不打烊”的郑重承诺。线上线下实现医用口罩销售，成为全国首批熔喷布属地化配置单位，打通口罩产业链“最后一公里”。做好联防联控和群防群治，支持社会复工复产。为公安机关、新闻媒体、公共交通、扶贫等单位捐赠口罩等防疫物资，减免驻石化大厦租户租金 30 万元，争取减免办公楼租金 60 万元。帮助甘肃、新疆等地开展消费扶贫，助力湖北疫后重振发展，坚定履行了央企政治责任和社会责任。

（杨明翰）

表 1　辽宁石油分公司主要经营指标

指标名称＼年份	2020	2019	2018	2017	2016	2015
经营总量 / 万吨	231.61	229.00	207.02	192.35	182.53②	172.19
零售量	132.50	148.00	135.90	128.81	126.38	125.16
直销总量	95.53	79.00	68.66	61.69①	54.46	45.57③
吨油费用 / 元	303.00	301.00	308.00	315.00	389.00	410.00
报表利润 / 万元	12 318.00	6 051.00	3 067.00	1 216.00	14 152.00	15 522.00
加油（气）站总数 / 座	442	435	414	389	366	366

①②③数据更新

四川石油分公司

【概况】 中国石化销售股份有限公司四川石油分公司（简称四川石油分公司）于 2010 年 1 月 17 日揭牌成立，本部设在四川省成都市。其前身是 2002 年由原中国石化销售三川公司、新星公司重组成立的中国石化销售川渝分公司；2011 年，四川石油分公司升格为大 I 型企业。

四川石油分公司主要负责中国石化在四川省境内的成品油、车用天然气、润滑油、非油品（便利店、汽服、服务区）销售等经营业务及仓储、销售网点建设工作。截至 2020 年底，公司设 11 个部室、5 个直属机构，下辖 21 家地市级公司。拥有加油（气）站 552 座，油库 10 座、库容 28.4 万立方米，资产总额 99.43 亿元，用工总量 2 516 人。

2020 年，四川石油分公司实现油气经营总量 317.21 万吨，其中成品油销售 291.5 万吨、天然气销售 3.5 亿立方米，非油品全口径交易额 8.68 亿元。实现销售收入 177.13 亿元，报表利润 1.48 亿元。

四川石油分公司主要经营指标见表 1。

（赵孟闪）

【领导班子调整】 2020 年 5 月 28 日，集团公司党组对四川石油分公司领导班子进行调整：赵大毅任公司副总经理，李国营任公司党委副书记、纪委书记。调整后的公司领导班子由柴志明、姜晖、赵大毅、李国营、张展、冯臣 6 人组成。

（赵孟闪）

【主要经营指标实现增长】 2020 年，四川石油分公司全力拓市增量、攻坚创效，全年完成油气经营总量 317.21 万吨、增长 4%，其中成品油销售 291.5 万吨、增长 1%，天然气销售 3.5 亿立方米、增长 48%。非油品全口径交易额 8.68 亿元、增长 6%。实现报表利润 1.48 亿元、增长 18%。

（赵孟闪）

【应对成品油零售市场竞争】 2020 年，四川石油分公司有效推进竞合策略，建立三级常态化协调机制，设立“攻坚创效”线上 PK 台，组织“石化钱包会员日”“网约车一键暖心”等汽油营销活动；开展“专机专价专卡”业务，重点稳定柴油“主战场”高速板块价格，打造柴油核心增量站，剔除疫情及统计口径影响，自营机出量保持正增长。

（赵孟闪）

【成品油直分销规模稳步扩大】 2020年，四川石油分公司坚持“以我为主、采销分离”策略，紧盯市场行情变化趋势，通过开发终端大客户、实施限时促销、推广“石化油你”移动应用等措施，培育万吨级客户经理35名，客户在线转化率78%，成品油直分销量增长7.2%、差价收入增长1%。

（赵孟闪）

【天然气零售规模进一步提升】 2020年，四川石油分公司把握车用LNG市场快速增长大势，通过实施LNG增项、合资租赁等发展方式，新增投营LNG站14座，网点的稳定增长支撑天然气零售快速增长，全年天然气零售量2.9亿立方米，零售规模居销售企业第一。

（赵孟闪）

【非油品业务不断做大做优】 2020年，四川石油分公司深耕门店经营，扎实做好第三届“易享节”营销，成功培育1个千万级“菜籽油”品牌；开发化肥订制专销品牌，布局农资销售业务。抓好“非促油”赋能，改造新形象便利店35座，建成成都华夏等5座集餐饮、汽服、广告为一体的综合服务站，日均销售汽油4吨以上站点基本实现洗车全覆盖。持续创新非油品销售模式，搭建网上商城，推出直播带货，与本土知名企业开展供应链深度合作，依托跨境电商打通订制鸥露纸向欧洲市场销售渠道，全年基础品类营业额增长16%。

（赵孟闪）

【持续开展“打非治违”】 2020年，四川石油分公司省、市两级公司紧密配合，与省内主流经营单位建立常态化沟通机制和信息互通机制，积极收集违法经营线索和证据资料，共同推动政府部门加大“打非治违”力度。全年累计协助政府部门查处黑窝点12个、自建罐28个、流动加油车20辆，取缔非法加油站1座。

（赵孟闪）

【销售网络发展取得新进展】 2020年，四川石油分公司新增投营加油（气）站26座，新增储备项目24个，其中通过土地竞拍、竞标等方式成功获得天府机场高速服务区加油站等8座油（气）站项目，以租赁合作形式取得四川省首座油氢合建站经营权。遂宁蓬溪油库实现试运行，内江双才油库完成“三查四定”。

（赵孟闪）

【优化提升存量网络质量】 2020年，四川石油分公司以防渗改造为契机，统筹实施功能提升、隐患治理和形象改造，优化58座站“枪机罐”布局，更新43座站外观形象，有效促进零售增量。积极挖掘土地价值，拓展经营项目，12座站取得新增LNG立项。完成86座加油站防渗改造，平均工期节约3天，除4座站需整体重建外，已全部完成防渗改造。

（赵孟闪）

【历史遗留问题化解成效显著】 2020年，四川石油分公司通过省、市两级公司合力攻坚，巴中穆家坝站、遂宁定水站等6座站实现投营，收回巴中通也站土地，取得成都柳永北站迁建土地批复。强化涉诉案件应对，维护公司合法权益，减损挽损达6.8亿元。全年累计解决遗留问题12个，圆满解决历经4届领导班子的成安渝高速合同纠纷案件，减轻了企业包袱。

（赵孟闪）

【新冠肺炎疫情防控取得胜利】 2020年，四川石油分公司严格落实集团公司和地方党委政府各项疫情防控要求，每周研判疫情形势，加强防疫安全教育，落实各项防控措施，实现在岗员工“零感染”目标。疫情形势严峻期间，公司积极践行央企使命，切实履行“油品不断供、商品不涨价、服务不打烊”的郑重承诺，广大干部员工坚守岗位，组织21支党员先锋队支援基层，开辟疫情保供绿色通道，提供车辆消毒服务，加大粮油等民生必需品储备，推出“一键加油”、线上卖菜等无接触服务，定向配置59.4吨熔喷布，面向医护人员和公安干警开展“致敬最美奉献者”加油优惠活动，获得政府和社会各界广泛赞誉。

（赵孟闪）

【严格安全环保数质量管理】 2020年，四川石油分公司实施安全生产专项整治三年行动计划，组织全员学习《保命法则20条》和《HSSE应知应会手册》，完成重大安全隐患治理，严格承包商、承运商及直接作业环节安全管理，全年保持安全零事故。补齐环保短板，投入1 300余万元开展库站清污分流整改和土壤地下水监测，完成全部库站排污许可证办理；加大能效管控力度，更换节能环保设备，储运能耗降低2.3%，控制在能耗总指标以内，继续保持中国石化绿色企业称号。把牢质量关、计量关，加强油品、非油品全流程质量管理，引入第三方计量监督单位，集团公司、地方政府等各层级抽检合格率100%，未发生数质量有效投诉。

（赵孟闪）

【防范化解重大经营风险】 2020年，四川石油分公司扎实开展内控制度执行有效性提升活动，加强对资金、发票等领域的风险防控。强化“他有我营”站管理，派驻35名品牌维护人员，解除9座违约站；全面推广电子提油会员卡，实时提醒客户库存变动，开展直分销业务风险问题专项治理，加强业务风险防范。组织非油品采购、加油站液位仪应用等专项审计，完成合资企业三年轮审计划，助力提升经营管理的规范性和有效性。

（赵孟闪）

【管理质效有效提升】 2020年，四川石油分公司强化挖潜增效，加强资金统筹，用足政府各项惠企政策，享受税费、社保减免等3 800余万元，月均“两金”占用降低48%，存款余额保持正增长。强化资产管理，盘活闲置资产7 600余万元，高效资产占比提升8个百分点。严把工程结算审计关，审减资金2 200余万元。通过优化资金缴存模式、严控库库中转流向等工作，共计节费3 500余万元。优化现金缴存模式经验被集团公司《成本管控案例汇编》采用推广。加强信息化建设，推出石化电子钱包，注册客户近70万户，日均活跃用户2万户；系统内首家完成站级一体化系统推广实施，加油站平均班结时间缩短至3分钟。对照标准全面开展“两化”融合管理体系贯标，获国家工信部颁发《“两化”融合管理体系评定证书》。

（赵孟闪）

【持续深化改革】 2020年，四川石油分公司落实“去行政化”要求，规范机关部门及领导职务名称；持续推进“三项制度”改革，严控用工入口关，落实好小站委托家庭管理、优化加油站排班、油库大班组运行等改革措施，人均油气经营量提升至796吨。切实做好退休人员社会化管理，平稳完成移交工作。统筹推进财务转型，完成岗位说明书编制。有序推进法人压减和亏损子企业治理，按时保质完成专项工作。

（赵孟闪）

【抓好干部人才队伍建设】 2020年，四川石油分公司加大年轻干部培养选拔力度，新提拔到中层干部岗位人员均为40岁以下，地市公司领导班子配备“80后”干部的达8家。抓实专业人才培养，开展主任师（高级主管）、副主任师（主管）选聘，3人入选销售公司咨询专家。组织开展职业技能鉴定，279人通过各级别技能鉴定，帮助722人申领到技能提升补贴。

（赵孟闪）

【品牌建设成绩突出】 2020年，四川石油分公司在大事大局面前挺身在前，积极展示尽责担当、践行使命的企业外部形象。坚决打好疫情防控阻击战，保供应、保民生、保就业，减免小微企业租金，助力地方政府脱贫攻坚，全年被外部主流媒体宣传报道60次，湖北省商务厅发来“中国石化助力湖北经济复苏荆楚优品暨湖北助农扶贫特色产品云订货”感谢信。组织开展“加油（气）站管理服务提升”活动，完善服务评价体系，推行“2233”交接班模式，打造29座样板站，加油（气）站服务和商业氛围有效提升。

（赵孟闪）

【脱贫攻坚帮扶任务如期完成】 2020年，四川石油分公司完成凉山彝族自治州布拖县作史村幼儿园、入户路、民俗广场项目建设，帮助成立养殖专业合作社，组织人员参加扶贫产品购销会，推进扶贫加油站和扶贫基地建设，帮扶任务如期完成，扶贫成效得到四川省委省政府肯定。

（赵孟闪）

【全面加强党的建设】 2020年，四川石油分公司严格落实“第一议题”学习制度，扎实推进基层党组织“三基本”和“组织力提升工程”建设，推进石化党建平台深化应用，抓实意识形态工作和形势任务教育，组织石油精神、石化传统专题学习研讨，开展庆祝四川石油成立10周年系列活动，选树一批以四川省劳模、最美奋斗者为代表的先进典型，做好保密、统战、群团、维稳、退休和关心下一代等工作，企业大局保持和谐稳定。强化党风廉政建设，建立覆盖全面、运行有效的“大监督”体制，压实业务部门第一责任。区分机关人员、基层员工的职业特点和风险重点，推行2套教育体系，提高廉洁教育效能。组织形式主义、官僚主义突出问题查摆，坚决抓好监督执纪问责，风清气正的良好政治生态得到进一步巩固。

（赵孟闪）

表1　四川石油分公司主要经营指标

指标名称 \ 年份	2020	2019	2018	2017	2016	2015
成品油销售总量/万吨	291.50	288.00	268.00	263.00	257.00	244.00
零售量	162.80	168.00	156.00	157.00	152.00	139.00
销售收入/亿元	177.13	203.85	204.81	164.27	142.30	144.10
利润/亿元	1.48	1.25	0.10	2.30	2.50	2.12
吨油费用/元	420.00	412.00	422.00	409.00	408.00	411.00
加油（气）站总数/座	552	521	514	499	487	452

重庆石油分公司

【概况】 中国石化销售股份有限公司重庆石油分公司（简称重庆石油分公司）位于直辖市重庆，属中国石化下游销售企业之一，主要负责重庆及周边成品油、车用天然气、非油品销售，液化天然气生产、销售等业务。

重庆石油分公司前身为三川实业公司重庆分公司，成立于1998年10月，是负责重庆地区成品油经营的地方集体制企业。1999年5月三川实业公司被股份公司收购后，更名为中国石化销售有限公司重庆三川分公司。2002年10月成建制划归中国石化销售有限公司川渝分公司，更名为中国石化销售有限公司川渝重庆分公司。2009年11月被调整为股份公司直属企业，更名为中国石油化工股份有限公司重庆石油分公司，按大Ⅱ型企业管理。2012年10月管理规格调整为大Ⅰ型。2014年5月，根据销售公司混改要求，更名为中国石化销售有限公司重庆石油分公司。2019年1月，根据销售公司股改安排，更名为中国石化销售股份有限公司重庆石油分公司。

截至2020年底，重庆石油分公司本部下设综合管理部室12个、专业中心3个，下设分公司7家、县（区）公司15家、全资子公司13家、控股子公司19家（其中独立运行6家）、参股子公司3家。资产总额90.43亿元，在岗员工2 940余人（其中党员573人）。在营加油（气）站328座（其中气站50座，占比15.24%），在营油库8座，库容22.44万立方米。油气网络覆盖重庆市38个行政区县。在营CNG母站1座，日生产能力40万立方米；在营LNG工厂1座，日生产能力100万立方米。

重庆石油分公司主要生产经营指标见表1。

（朱丽娟）

【领导班子调整】 2020年6月5日，集团公司召开视频会议，宣布调整重庆石油分公司领导班子任免决定：王毕华任重庆石油分公司副总经理、党委委员；刘华斌任重庆石油分公司副总经理、党委委员；周玉伟任重庆石油分公司党委副书记、纪委书记、工会主席；免去陶振兴重庆石油分公司党委书记、委员、副总经理职务，办理退休手续；免去李国营重庆石油分公司副总经理、党委委员职务，另有任用；王红兵主持重庆石油分公司党政全面工作。

（朱丽娟）

【分支机构增设】 2020年11月16日，重庆石油分公司成立主城区网络发展规划建设指挥部，负责重庆主城区网络发展规划建设的组织实施。11月29日，重庆石油分公司成立长寿、垫江、丰都、梁平、忠县、云阳、璧山、荣昌、秀山、酉阳、綦江、南川、北碚、铜梁、潼南15家县（区）公司，分别负责所属县（区）网络发展工作。

（朱丽娟）

【全力攻坚创效，改善油气非经营质量】 2020年，重庆石油分公司不断拓展资源创效空间，持续做大直分销规模，全年直分销完成116.08万吨，增长5%。积极释放新库创效潜力，销货运杂费下降1 184万元，库到站运费下降1 373万元。持续提升零售经营质量，在机出降量情况下毛利增长9.76%。巩固扩大天然气市场份额，天然气直批业务增量18%。稳步推动非油体制机制改革，非油品全口径销售额增长14%、毛利额增长59%。打造“重庆加油·易房购”“石化优+”线上平台，开设西南首家润滑油线下服务网点，为易捷品牌“走出去”做出尝试。

（朱丽娟）

【坚持目标导向，提升安全环保管理水平】 2020年，重庆石油分公司紧盯目标，扎实开展安全生产专项整治三年行动，保障HSSE管理体系顺利运行，在销售企业HSSE能力评价中由B^-提升至B^+。坚持目标导向，全面更新环保设备设施，全面淘汰高能耗设备工艺，全面推进危险废物专项整治，获中国石化绿色企业称号。推动数质量线条体制改革，加强质检能力建设，实现酉阳油库、双石油库质检室升级。

（朱丽娟）

【全面从严管理，增强企业风险防控能力】 2020年，重庆石油分公司按照“效益提升年、强化管理年”定位，聚焦薄弱环节，组织风险查找、问题诊断和整改落实，累计查找各类管理风险234项。持续深化企业制度体系建设，新修订制度55项。积极应对法律诉讼，全年办结案件8件，避免加油站合同纠纷损失780余万元，收回债权第一批清偿资金1 200万元。持续增强成本管控意识，落实社保及税收减免2 580万元。优化上门收款、加强企银合作，降低财务费用1 562万元。控制投资成本、防范经营风险，审计监督服务作用充分发挥，节约建设资金4 200万元。

（朱丽娟）

【坚持守土有责，实现“二次创业”良好开局】 2020年，重庆石油分公司按照张玉卓董事长、马永生总经理调研驻渝企业时的指示要求，提出“全力推动二次创业、重点精耕县域市场、积极构建新型发展格局”的工作思路，成立15家县（区）公司和主城区网络发展指挥部，领导带头攻坚克难，与永川、铜梁、秀山、綦江、垫江、奉节、巴南、渝北、江北等11个区县主要领导会面，为县（区）公司发展营造良好外部发展环境。全年新建投营加油站9座、加气站5座，新增租赁站2座，“他有我营”站8座，取得新建土地12宗，投营油库2座，新增库容8万立方米。形成4座“油气电氢”综合能源站、10座在营站增加LNG功能和2座增加加氢功能的建设方案。完成巴南油库选址、驸马油库拆迁补偿清算以及新油库选址。

（朱丽娟）

【持续深化改革，增强企业内生动力】 2020年，重庆石油分公司扎实推进财务管理转型、退休人员社会化等专项工作改革，根据需要调整充实了商客、零售等经营线条队伍。推行挂职党支部副书记制度，在市公司机关增配支部副书记6名。新调整配备党支部委员42人，配齐支部委员136名。在江南、三峡、涪陵、永川4家单位配备专职纪委书记。深化“三项制度”改革和人才强企，加大专业技术和技能操作人才资格证书奖励和考核力度，专业技术资格新增取证35人，选聘主管技师 4 名、技师 17 名。

（朱丽娟）

【抓实党建工作，改善企业政治生态】 2020 年，重庆石油分公司切实抓好党建规划和制度建设，组织召开党建座谈会、七一表彰会，制订党建"十四五"规划，完成 4 家合资企业"党建入章"。规范支部阵地建设，党支部规范化活动室增至 23 个。坚持好干部标准和"重基层、重实绩、重本事"的用人导向，组织考察中层领导人员 3 次，调整中层领导人员 20 人次，选拔任用基层领导人员 32 人。抓好"家文化""五小"建设，筹办专题晚会、职工运动会，机关增设"周五免费理发"等便民服务。做好统战、维稳工作，帮扶困难员工 69 人次。积极履行社会责任，向地方政府捐款 50 万元助力抗疫和复工复产，通过易捷渠道采销扶贫商品 5 900 万元。

（朱丽娟）

【疫情防控实现"零感染"目标】 2020 年，重庆石油分公司按照总部部署要求，召开专题视频会议 3 次、下发专题文件 24 份研究部署防疫工作。多渠道筹措防疫物资，总部疫情防控紧急部署会后 24 小时内首批自采 1.5 万只口罩配发到位，全年累计发放一次性口罩 49.95 万只、消毒液近 9 675 千克、医用手套 1.02 万双。建立常态化防控机制，全力保障资源供应，在营站点 24 小时营业，在 256 座站点开辟绿色通道，优先为防疫特殊车辆提供加油服务。

（朱丽娟）

【防洪防汛】 2020 年，重庆迎来自 1905 年以来的最大洪峰过境，针对长江、嘉陵江特大洪峰预警情况，重庆石油分公司提前组织召开防汛专题会，落实防汛预案、充实应急物资、做好应急值守、加强企地联动，有 43 座受灾库站及时复产复营，未造成人员伤亡和重大财产损失。

（朱丽娟）

【酉阳麻旺油库投营】 2020 年 6 月 21 日，重庆石油分公司酉阳麻旺油库正式投营。该油库位于重庆直辖市的东南大门酉阳县，是重庆石油分公司在渝东南地区的主力配送油库，辐射范围包括重庆酉阳、黔江、彭水县以及湖南省龙山县，湖北省咸丰县、来凤县，贵州省沿河县等地区。油库一期建设库容 3.2 万立方米，二期（预留）建设库容 3.3 万立方米，规划总库容 6.5 万立方米，为二级油库。

（朱丽娟）

酉阳麻旺油库

【永川双石油库投营】 2020 年 6 月 24 日，重庆石油分公司永川双石油库正式投营。该油库位于重庆市永川区双石镇响滩子村，总占地面积 130 亩（约 8.7 万平方米），油库总规划库容量 8 万立方米，一期建设库容量 5 万立方米，预留二期建设库容量 3 万立方米。该库是川渝成品油管道的配套下载库，配送范围辐射渝西 12 个区县和四川、贵州等地。

（朱丽娟）

永川双石油库

【获评首个青年文明号】 2020 年 5 月 26 日，重庆石油分公司惠通油料渝湘高速大观服务区加油站被评选为重庆市青年文明号集体，是重庆石油分公司获评的首个青年文明号。

（朱丽娟）

【首对高速路加油加气站开业】 2020年10月10日，重庆石油分公司古路加油加气站开业。古路站是重庆首对高速公路服务区LNG（液化天然气）加油加气站，该站位于G65包茂高速（渝邻段），在古路服务区南、北两侧各设1座，可在15分钟内完成1辆货车所需LNG加注。

（朱丽娟）

【首家汽车养护中心开业】 2020年11月28日，重庆石油分公司和长城润滑油公司联合打造的中国石化西南首家汽车养护中心——渝高公园店开业。该店位于重庆九龙坡区渝州路，是首座融合中国石化新零售综合服务的“站外店”“体验店”。

（朱丽娟）

表1 重庆石油分公司主要生产经营指标

指标名称 \ 年份	2020	2019	2018	2017	2016	2015
成品油销量/万吨	246.20	262.97	242.78	221.70	198.06	185.00
零售量	130.13	151.92	145.18	135.97	127.83	125.16
天然气生产加工量/亿立方米	2.75	2.12	3.08	0.34	0.34	0.35
天然气销量/亿立方米	4.30	3.88	2.69	2.01	1.42	1.74
零售量	1.56	1.62	1.43	2.00	1.17	1.27
非油品营业额/亿元	7.35	6.45	4.88	3.63	2.32	1.93
销售收入/亿元	151.12	187.13	179.42	139.75	111.51	110.84
报表利润/亿元	4.51	4.12	3.11	3.86	3.31	2.40
报表吨油费用/元	341.00	324.00	331.00	334.00	356.00	337.00
在营加油（气）站总数/座	328	323①	318	297	290	301
油库总数/座	8	6	6	6	6	6

①数据更新

陕西石油分公司

【概况】 中国石化销售股份有限公司陕西石油分公司（简称陕西石油分公司）本部位于陕西省西安市，是2009年底由原销售西北分公司机关为班底和原销售西北陕西分公司重组而成，2010年1月15日正式揭牌成立，时称中国石油化工股份有限公司陕西石油分公司。2012年10月，中国石化党组研究并征得中共陕西省委员会同意，决定将陕西石油分公司管理规格调整为大I型。按照中国石化混合所有制改革部署，2014年5月更名为中国石化销售有限公司陕西石油分公司，2019年1月更名为中国石化销售股份有限公司陕西石油分公司。

陕西石油分公司集仓储、物流、销售、服务为一体，全权负责中国石化在陕西省境内的成品油、天然气、非油品销售等经营业务和销售网络建设工作。截至2020年底，员工总数2 858人（含业务外包690人）；公司本部设有13个职能部门，下辖9个地市公司及38个县公司（片区）；在营加油（气）站总数424座，非油品易捷便利店415座，自有油库3座、总库容达13.8万立方米。

陕西石油分公司主要经营指标见表1。

（李文娟）

【领导班子调整】 4月29日，集团公司下发文件，鉴于年龄原因，免去曹西平陕西石油分公司委员会副书记、委员、纪律检查委员会书记职务；5月

28 日，集团公司下发文件，李少青任陕西石油分公司委员会副书记兼纪律检查委员会书记。

（李文娟）

【经营完成情况】 2020 年，陕西石油分公司面对新冠肺炎疫情冲击、国际油价暴跌、国内成品油消费需求断崖式下滑的严峻形势，坚持疫情防控和生产经营“两手抓、两手硬”，扎实开展攻坚创效行动，全年成品油经营量 160.71 万吨，其中零售机出 100.32 万吨、直分销 55.75 万吨；天然气经营量 14.98 万吨，增长 45%，超年度计划 30%，其中天然气零售 10.62 万吨、增长 40%、超年度计划 30%，非油品业务收入 5.49 亿元、增长 17%、超年度计划 8%。

（李文娟）

【履行央企使命】 2020 年，陕西石油分公司做好防疫物资采购和配发工作，严格防控措施和日报告制度，保持全员“零感染”；通过直播等方式推销“荆楚优品”，助力湖北企业复工复产、推动湖北经济复苏；先后向红十字会、扶贫村、派出所等政府抗疫一线单位捐款捐物 17 万元，为抗疫医务工作者优惠办理加油卡 2 000 余张；推进陕西合力团扶贫、定点和消费扶贫，先后为延安等 6 个市的 8 个扶贫点捐赠 153.87 万元，成立 3 个驻村工作队，帮扶 47 户 146 人实现脱贫；依托易捷便利店、职工食堂等平台，累计采销贫困地区农产品 1 915.32 万元；面对油价暴跌、成品油销售不畅，以最大能力承接配置资源 5.85 万吨，疏通炼厂后路，发挥一体化优势，为保障集团产业链顺畅运行做出贡献。

（李文娟）

疫情期间，陕西石油分公司全力保障春耕生产用油

（马保迁 摄）

【资源优化统筹】 2020 年，陕西石油分公司强化市场分析，抢抓采购机遇，通过外采、集采、自采转大区市场化结算、外采串换等措施，实现采购降本 5 321 万元；通过减少公路转运，运用资源串换和外采直配等方式，节约物流运费 1 020 万元，减少仓储费用 721 万元，吨油运费降低 10%；会同主营单位配合省市执法部门累计打击非法流动加油车 102 辆、非法自建罐 38 个、非法加油站 13 座，查处涉案油品 894 吨。

（李文娟）

【成品油零售】 2020 年，陕西石油分公司深入推进攻坚创效，对 124 座汽油站进行“一站一策”打造，分客户消费类型和品号开展错峰营销、会员营销，汽油机出增长 2%；全年累计开展加油卡“五进”1 603 次，发卡 2.85 万张，充值 0.6 亿元；电子钱包累计开户 21.16 万户，充值 1.53 亿元，新增沉淀资金 469 万元；全年建成 25 座“司机之家”，其中西安灞桥南服务区站的旗舰“司机之家”顺利通过省交通部门的验收；3 座加油站获销售公司服务提升先进集体称号，88 人获先进个人称号。

（李文娟）

【成品油直分销】 2020 年，陕西石油分公司深入开展复工达产市场调研，加大对厂矿、基建、社会加油站及重点潜在客户的维护，跟踪走访重点企业 1 289 户，锁定客户需求、实施精准营销，攻坚创效后销售成品油 41 万吨，其中汽油增长 0.9%；全年完成新客户开发 509 户，实现增量 3.3 万吨，“石化油您”客户注册率突破 85%。

（李文娟）

【非油品营销】 2020 年，陕西石油分公司拓宽营销渠道，积极推进在线销售、直播带货和积分兑换业务，累计实现基础品类销售 3.22 亿元，增长 21%；引进新品 476 个，开发柞水黑木耳等 7 个陕西名特优商品，淘汰商品 355 个；降低采购成本 400 余万元；持续优化节日营销，实现销售 4 000 万元，毛利额增长 112%；持续深化主题营销，累计实现销售 9 586 万元；全力拓展汽车销售，全年销售油罐车 18 台，实现收入 849 万元；

助力消费扶贫，全省便利店增设扶贫专柜，累计销售扶贫商品650万元；累计完成34座门店改造，新增综合服务站15座，新增餐饮项目25座，建成站外店2座；新增汽服项目21座，全省在营汽服站点达105座；微信关注人数达124万人，实现广告收入256万元。

（李文娟）

陕西石油分公司在加油站销售扶贫产品（袁亚琴　摄）

【天然气经营】 2020年，陕西石油分公司坚持资源保障与创效两手抓，新引进供应商协议明确资源保供条款，保障冬季CNG供应；备用L-CNG资源渠道，保障汉中、延安CNG销售逆势增长；争取长城燃气优惠结算政策，扩大价格优势，累计实现增效122万元；牢固树立“价值创造”理念，精准营销，及时叫停低效、无效营销政策12项，减少营销费用支出58万元；对物流、快递、煤炭等行业潜在客户进行专项调查，逐户走访摸排，掌握客户信息，建立站级客户及潜在客户档案，分级指定专人跟进开发、维护，从量从价给予优惠政策，累计开发机构客户75家，实现增量1 644万立方米；加强对物流、公交、矿山、工业企业客户的开发，新增2座点供项目，实现销售16万立方米。

（李文娟）

【销售网络发展】 2020年，陕西石油分公司紧盯重点发展区域和路段，快速发展汽油型站和LNG加气站，全年新增投营油气站11座，其中加油站4座、加气站7座，完成销售公司投营目标任务的108%；完成到期和提前续租站8座，稳定销量近9万吨；与陕西交通投资产业发展有限公司合资成立陕西交通产业石化有限公司，新投营“他有我营”站9座；完成长期关停歇业站复营6座，年度贡献油品销量1 400余吨、天然气600余万立方米；完成防渗改造站点12座。

（李文娟）

【深化改革】 2020年，陕西石油分公司持续完善组织人事制度，健全干部工作“五大体系”建设，优化干部队伍结构，中层干部中40岁以下占比16%，45岁以下中层正职占比20%，聘任高级专家和专家各2名，18人和45人分别取得高级和中级职称任职资格；深入推进“小站委托”、油库大班组改革和优化排班等工作，全年优化用工117人；探索区域间人力资源共享模式，10名员工实现跨地市交流学习；组织各类培训294期，参训人员15 832人次，完成1 078名技能操作人员职业技能等级认定数据入网工作；与6个行政区和8个街道办事处完成《管理服务交接整体协议》和《人事档案交接协议》签订工作，保障退休人员社会化管理工作顺利推进。

（李文娟）

【从严治企】 2020年，陕西石油分公司强化HSSE责任落实，持续加强设备设施全过程管理、承包商安全管控、公共安全风险防控和环保管理工作力度，加油站地罐交接完成率达99%，准确率保持在96%以上，历次的国家级、集团级、省市级抽检油品质量合格率均为100%；优化全员成本目标管理措施，挖掘控本降费空间，全年各类成本费用较控制目标节余2 365万元；深化业信融合，426座加油站开通“一键加油”功能，324座加油站实现电子钱包“闪付”消费；“油你掌控”和“经营管理数据中心”应用更加广泛；积极稳妥推进西安石化关停后续处置清算工作，顺利完成“四供一业”移交地方、人员分流安置工作，与西咸新区沣东新城管委会签订合作协议并基本完成装置设备拆除工作。

（李文娟）

【党的建设】 2020年，陕西石油分公司认真落实“两个一以贯之”，完善党委议事规则，明确“三重一大”决策主体，规范前置审议程序和事项，全年召开党委会 45 次、审议议题 102 项；建立党建工作领导小组议事制度，制定年度安排，完善党委集体责任和班子成员“一岗双责”清单，逐级签订党建责任书，分级开展党建考核、党组织书记抓党建述职评议，先后建立完善 42 项党建制度；完成 11 家所属党委、48 个党支部换届选举，优化调整 21 个党支部，实现基层站点党员力量全覆盖；规范“三会一课”、双重组织生活等运行机制，深化党支部跨区共建、企地共建、联合共建，开启主题党日“3+X”模式，把延安精神等红色文化融入党员教育；全面应用“石化党建”平台，高质量实现“三个百分之百”目标；坚持党建带群团统战，完善职代会、统战工作制度，拓展民主党派、无党派人士等建言献策平台，常态化开展维护员工权益、关爱员工成长、提升员工素质活动，举办乒羽比赛、职工摄影书画大赛；党建考核晋级 B 档。

（李文娟）

陕西石油分公司组织党员在南泥湾红色教育基地重温入党誓词（呼延月心　摄）

【宣传工作】 2020 年，陕西石油分公司牢牢把握“举旗帜、聚民心、育新人、兴文化、展形象”使命任务，严格落实意识形态工作责任制，严格教育培训、新闻宣传、文化艺术等阵地管理，全年未发生意识形态领域问题和负面舆情事件。深入开展形势任务教育，认真践行伟大抗疫精神，大力传承石油精神、弘扬石化传统，因地制宜建立 8 家 EAP 工作室，重点选树 21 名疫情防控、攻坚创效、脱贫攻坚先进典型。围绕重大任务开展系列主题宣传，讲好陕西石油分公司的政治、责任和发展故事，重点稿件刊载量增长 56%，获销售公司宣传工作先进单位称号。

（李文娟）

表 1　　陕西石油分公司主要经营指标

指标名称＼年份	2020	2019	2018	2017	2016	2015
成品油销售总量 / 万吨	160.71	195.10	178.90	169.42	180.80	217.71
零售量	104.97	133.81	127.59	121.29	124.03	130.28
销售收入 / 亿元	93.38	126.38	121.49	98.28	93.09	116.70
利润 / 亿元	−3.35	0.60	0.12	0.21	1.64	2.70
成品油吨油费用 / 元	566.00	470.00	487.00	488.00	475.00	375.00
加油（气）站总数 / 座	424	435	442	464	434	414

内蒙古石油分公司

【概况】 中国石化销售股份有限公司内蒙古石油分公司（简称内蒙古石油分公司）本部位于内蒙古自治区呼和浩特市如意开发区如意和大街 28 号万铭总部基地综合楼 5 号楼。内蒙古石油分公司 2001 年 2 月成立，2002 年 10 月更名为中国石化销售有限公司西北内蒙古分公司。2009 年 12 月，经过集团公司体制调整，内蒙古石油分公司调整为股份公司直属企业，更名为中国石油化工股份有限公司内蒙古石油分公司。2014 年 6 月，应中国石化销售公司混合所有制改革的要求，更名为中国石化销售有限公司内蒙古石油分公司。2019年6月，应销售公司股改要求，更名为中国石化销售股份有限公司内蒙古石油分公司。公司主要在内蒙古地区从事成品油零售、直销和批发及润滑油、燃料油及非油品的销售等业务。

截至2020年底，内蒙古石油分公司本部设9个职能部室，下设9个盟市分公司，拥有在营油库9座、加油站388座，其中加油加气站16座，资产总额55亿元，职工总数2 044人（不包括委托站的572人），控股中石化集团内蒙古石油销售有限责任公司（简称内蒙古有限公司）。内蒙古有限公司本部设综合管理部、财务资产部、成品油物流（商客）部、安全数质量基建部4个部门，下设有赤峰分公司，参股包头有限公司，在营油库2座（自有1座、租赁1座），在营加油站5座（已出租），待重建加油站2座，在册员工50人，资产总额7 617.84万元。

内蒙古石油分公司主要经营指标见表1。

（刘　杰）

【加油站改造高速完成】 采用新技术新工艺进行综合改造。赤峰分公司采用装配式建筑工艺，改造松山经营部和赤甲加油站，分别在20天和18天内完成改造，再现了“雷神山速度”。

（刘　杰）

【新闻宣传历史突破】 内蒙古石油分公司在《人民日报》、“学习强国”“奋进石化”“朝阳E站”等新闻媒体发表刊登宣传报道1 800余篇次，增长246%。在“学习强国”刊登《守护祖国北疆、助力复工复产》，在《人民日报》（中国城市网）刊登《蒙古族青年在平凡岗位上绽放的“出彩青春”》，在中央媒体宣传上实现“零”的突破。

（刘　杰）

【疫情防控扎实有效】 内蒙古石油分公司广大干部员工听从指挥、闻令而动，筑起疫情防控阻击战坚强防线。各级党组织发挥战斗堡垒作用，组建10支以党员和骨干为主的应急处置突击队，在关键时刻投入库站一线工作，坚决扛起油气保供政治责任。区公司召开视频会议30余次，跟踪指导各盟市分公司疫情防控，严格落实各项管控措施，确保油库、加油站安全运营，实现了确诊为零、感染为零、疑似为零。呼和浩特分公司晓红等4名党员主动请缨，确保绕城8#加油站正常运营。很多站长、员工疫情期间一个多月不回家，用爱岗敬业的奉献精神践行了“油品不断供、商品不涨价、服务不打烊”的郑重承诺。开展“感恩医护，为爱加油”活动，面向自治区医护人员推出“一键加油”特惠政策，惠及医护人员1万余人，得到各级政府和客户的广泛赞誉。通辽分公司首创“抗疫加油八步法”，在销售公司“百日攻坚创效”评选中获优秀成果案例奖。

（刘　杰）

【采销联动成效明显】 主动衔接东北、宁夏等地炼企业，加大一手资源采购比例，扩大外采资源价差创效，自采购进中一手资源占比90%，提升33个百分点。根据各地区资源特性，综合资源及物流成本，做好资源平衡与调运，推行直采入站，综合节费70余万元，二次物流吨油节费4.5元。两级班子上下联动，包干划片，精心设计制订“一对一”服务方案，攻坚开发自治区重点项目和终端大客户，成功与北方联合电力、神华能源公司等央企达成合作协议，全年新增客户270家。实施“病毒无情人有情，石化为您送温情”客户关爱行动，为用油客户配发医用口罩等防疫物资，跟踪访问700余家重点客户，直分销量增加14.4万吨，增幅40%。获销售公司“百日攻坚创效”行动直分销优秀组织奖。

（刘　杰）

【零售营销创新有招】 在销售系统率先启动“电子钱包”推广工作，实现所有站点全覆盖，大力发展“一键加油”用户，电子钱包累计开户76.52万个，交易订单466.37万笔，汽油消费占比27.9%。创新“互联网＋加油站＋便利店＋第三方”新零售商业模式，与餐饮、娱乐、电影等12类商家开展跨界合作，打造融合式、一站式线上会员服务平台，极大地增强了客户黏性。呼和浩特分公司试点运行以来，已发展会员10万余人，汽油零售增长5.5%。推行“六进”工作法，开发集团客户268个。构建“人·车·生活”生态服务圈，在70座加油站配备洗车设备，培养客户加油、购物、洗车一条龙消费习惯。抢占农用油市场，根据消费习惯、喜好以及竞争对手的营销动态，采取多种优惠政策，累计销售农用油 1.79 万吨。利用网络新媒体平台，在销售系统首家开通“内蒙易捷”抖音官方账号、“抖音小店”，开展 17 场直播带货活动，实现营业额近百万元。全面助力消费扶贫，推广内蒙古名特优产品，实现销售额 2 807 万元，创效 200 余万元。

（刘　杰）

【销售网络发展多措并举】 积极推进“柴油转天然气”。细化可研论证、手续完善、设备采购安装、改造建设进度、验收投营等六大模块，落实时间节点和责任人，逐站倒排投营时间，新增天然气销售站点 6 座，累计销售 LNG7 137 万立方米，增长 48%。成立工作专班，公司领导牵头推进，与鄂尔多斯市政府、赤峰市政府洽谈企地合资合作项目。鄂尔多斯分公司紧盯任务、全程跟踪，合资项目已取得销售公司批复。全力维护网络稳定，全年租赁到期项目 22 座，续租 20 座，租赁转收购 1 座。

（刘　杰）

【安全环保稳步提升】 严格落实“一把手”重大风险承包，构建风险分级管控和隐患排查治理双重预防机制。年度安全风险总值由 190 下降至 125，9 个环境风险源实现降值或降级，按时完成 7 项隐患治理项目，其中运营监控（应急指挥）中心的建立，有效整合经营调度、信息共享、客服管理、应急指挥等功能，实现了线上实时监督、监测、预警、应急以及经营分析保障。从严过程管控，强化体系运行。制定《HSSE 管理体系量化审核标准》，将体系中的 KPI 指标纳入日常 HSSE 管理考核，严格过程管控。全年现场督查库站 393 座次，视频督查库站 264 座次，累计发现并解决各类问题 3 000 余项，通报处理相关责任人 37 人次，对 272 人累计安全记分 664 分。

（刘　杰）

【党建基础持续夯实】 把党的政治建设摆在首位。严格落实“第一议题”制度，将习近平新时代中国特色社会主义思想、《习近平谈治国理政》（第三卷）、总书记最新重要讲话和指示批示精神，以及集团公司党组的重要会议和文件精神，确定为政治理论学习的必学内容，引领各级党员领导干部增强“四个意识”，坚定“四个自信”，做到“两个维护”。在各盟市分公司设置专兼职纪委书记，规范工作流程，提升了纪检监督工作的质量和执行力。以片区、油库等实体单位为主优化支部设置，建强支部班子，合理优化党员结构，基层库站班组党员覆盖率达 100%。抓好“石化党建”平台应用，党员使用率、党费线上缴纳率、平台功能使用率均达 100%。举办践行“蒙古马精神”高级研修班，聘请华为公司精英团队，对 45 名中层干部和部分业务骨干进行为期一周的封闭培训，提升干部队伍的经营管理能力和拼搏奋斗精神。

（刘　杰）

表 1　　内蒙古石油分公司主要经营指标①

年份 指标名称	2020	2019	2018	2017	2016	2015
成品油销售总量 / 万吨	159.61	181.87	196.40	192.22	166.25	184.48
零售量	100.11	137.48	147.17	128.80	108.91	97.56
销售收入 / 亿元	90.00	119.00	131.43	106.31	81.85	96.89
利润 / 亿元	−2.23	0.96	0.96	1.50	0.51	0.03
吨油费用 / 元	384.00	357.00	363.00	348.00	378.00	346.00
加油站总数 / 座	388	383	383	368	360	372
油库数量 / 座	9	9	9	9	10	10
铁路专用线数 / 条	8	8	8	8	10	10

①以上指标均不含参股公司

新疆石油分公司

【概况】 中国石化销售股份有限公司新疆石油分公司（简称新疆石油分公司）本部位于新疆乌鲁木齐市长春南路466号，主要负责中国石化在新疆地区成品油销售与营销网络建设，主营汽油、柴油、润滑油、非油品和其他石化产品大零售、直销配送、批发、仓储等业务。2009年12月，集团公司为配合国家西部大开发和中国石化在新疆上中下产业平衡发展的战略部署，确保开发的石油资源就地加工、就地销售，支持与服务于新的经济建设和社会发展，对原西北新疆分公司进行管理体制调整，新组建中国石油化工股份有限公司新疆石油分公司，隶属集团公司直接领导，并于2010年1月1日正式运行。2012年10月升格为大Ⅰ型企业（正局级）。

截至2020年底，新疆石油分公司设12个管理处室、3个专业中心和1个运行保障机构，下辖9个地市分公司和12个控股公司、3个全资子公司和1个参股公司；在营加油（气）站393座，其中油气合建站37座、加气站5座；在营油库13座，库容32.94万立方米。有员工2 697人，少数民族占26%，党员757名、占28%。资产总额59.79亿元，其中流动资产10.19亿元、固定资产24.38亿元，所有者权益34.23亿元，资产负债率42.74%，总资产报酬率3.84%。

新疆石油分公司主要经营指标见表1。

（朱伦干）

【主要经济指标保持整体平稳】 2020年，新疆石油分公司始终以“上中下游一体化、价值最大化”为己任，在新疆受到4次疫情影响下，统筹推进疫情防控、复工复产、拓市扩销创效、改革发展、管理提升、党的建设等各项工作，实现了干部员工“零感染”目标，在“百日攻坚创效”和“持续攻坚创效”行动中，取得区外排名第一和销售企业排名第二的优异成绩。全年实现经营总量312.55万吨，其中成品油总量304.46万吨，机出零售126.95万吨，直分销171.09万吨，库出69.18万吨，价差收入增长36%；天然气1.02亿立方米，增长5%；非油品交易额3.55亿元，增长17%；新建加油（气）站17座，投营32座，报表利润2.19亿元、增长232%；经营质量、资产效率大幅度增长。

（朱伦干）

【“十三五”圆满收官】 “十三五”期间，新疆石油分公司经营总量由226万吨增至304万吨，增长34.5%；接收配置资源占塔化产量比重从81%提升到最高94%，基本实现塔化资源全产全销。机出零售由89万吨增至127万吨、增长42.7%，机出零售市场份额从18.7%上升至23.3%。终端销售比重由27%增至40%，提高了13个百分点。天然气销售量由0.54亿立方米增至1亿立方米，增长85.6%。非油品全口径营业额由1.45亿元增至3.5亿元，创立新疆石油自有品牌阳光·巴扎，实现销售2 500万元。发展加油（气）站105座，新投加油站51座，累计贡献销量45.6万吨，新投加气站12座，贡献销量1725.5万立方米。加油站单站年销量从2 778吨增至3 332吨，增长20%。报表利润由0.42亿元增至2.19亿元，累计实现销售收入740.11亿元，上缴税费8.98亿元，经营质量逐年向好，员工收入实现翻倍。

（朱伦干）

【经营创效能力持续提升】 2020年，新疆石油分公司打好疫情防控和生产经营两场硬仗，大力拓市扩销创效。坚持“日监测、周调整、月分析”机制，统筹把握进销调存节奏，坚持“精细、精准、灵活”制定经营策略，保障上中游满负荷运行，全年消化配置资源236万吨，占塔河炼化生产总量92.6%。协调竞合关系，推动打非治违，加大资源串换，全年实现对等、跨区串换100万吨，节约运费2 400万元。细化汽油“一站一策”和柴油“一路一策”工作措施，增设便民和增值服务项目，拓展油站商圈，锁定农业用油和复工复产用油。成品油资源投放高效市场，大力开发社会加油站和终端用户，引导客户消费，提升直分销创效能力。加大天然气资源开发力度，提升加气站在营率、单站销量和供应稳定性。推进油非深度融合，做大自有品牌和重点商品销售，基础品类营业额增长19%，自有品牌阳光·巴扎推陈出新，实现销售1 553万元。强化价值引领，突出业财融合，实施全面预算管理和全员成本目标管理，开展资产分类评价，盘活增效资产2 127.5万元。落实疫情防控政策优惠和物流优化、资金筹划降费，全年节费7 783万元，其中疫情政策降费1 739万元，大力推进民企清欠。

（朱伦干）

【销售网络发展持续优化】 新疆石油分公司发挥合资平台优势，加大地方协调和高效市场攻坚，全年取得土地43宗，占全疆加油站挂牌用地的27%，其中底价成交29宗、占67%，最大限度控制投资成本。持续推进LNG大通道和CNG小集群建设，LNG大通道建设初见成效。推进喀什、若羌、哈密油库建设，发布投资及建设管理办法体系文件，明确项目建设主体责任和管理监督责任。加大选商平台和承包商诚信体系建设，“五大控制”、承包商管理水平有较大提升。制订“十四五”发展规划，确定了未来的发展思路、发展战略和重点任务。

（朱伦干）

【风险防控能力持续提升】 2020年，新疆石油分公司聚焦“六大突破性问题”，推动“六大管理体系”优化，做好生产经营风险排查与防控。严格QHSSE体系运行，落实安全环保责任制，实施安全生产专项整治三年行动计划，推行安全计分制度，开展绿色企业创建，强化操作现场施工安全监管，全年保持了良好的HSSE表现。加强数质量全过程监控，各级油品质量抽检合格率100%。坚持依法合规治企，开展管理提升专项行动。研究油品销售、资金资产、工程建设、非油品采购重大风险点27个，明确重点风险防控措施48条。强化制度执行和内控制度有效性提升，全年制度废止63项，新增、修订79项。用好督查检查、内控审计、纪检监察等“大监督”机制，确保经营规范有序，不发生较大隐患。推进站级一体化和电子钱包上线，开展信息系统创新创效，持续提高信息系统应用水平。积极推进“三项制度”改革，完善委托管理制度，进一步优化联量联效联管理的收入分配机制，推进“三能”机制刚性执行，为企业高质量发展添动力、增活力。

（朱伦干）

【全面从严治党引向深入】 2020年，新疆石油分公司党委以党的政治建设为统领，推动全面从严治党向纵深发展。坚持把学习习近平新时代中国特色社会主义思想及习近平总书记重要讲话精神作为党委中心组学习“第一议题”，组织十九届五中全会、中央第三次新疆工作座谈会精神专题学习，旗帜鲜明讲政治进一步根植于思想中、落实在行动上。深入开展党组巡视问题整改，对巡视问题整改“回头看”，整改完成率100%。启动“一个好生态、一个好班子、一个好支部”的“三个好”建设，深入推进基层党组织“三基本”建设和组织力提升，扩大党员力量覆盖范围，基层党组织战斗力凝聚力得到增强。树立鲜明的选人用人导向，加油站、油库班子党员覆盖率达100%，加强各级领导班子建设和干部管理与监督，持续开展百名青年人才培养。对地市公司班子和班子成员年度考核评价以书面形式进行反馈，要求纳入民主生活会进行专题剖析。进一步完善“大监督”格局，配强配齐地市公司纪委书记、纪检专干，开展纠治“四风”专项行动，严查基层“微腐败”，一体推进“不敢腐、不能腐、不想腐”机制，切实提升腐败治理效能。抓好意识形态管控，加强宣传思想教育，做好维稳、保密、统战工作，加强对群团工作的领导，群团组织作用得到有效发挥，凝心聚力的氛围更加浓厚，干事创业的活力得到激发，风清气正的生态持续好转。

（朱伦干）

【认真履行央企政治担当和社会责任】 2020年，新疆石油分公司按照自治区党委安排部署，持续履行防恐维稳、“访惠聚”、扶贫、“民族团结一家亲”等政治任务，全面履行央企“三大责任”，聚焦产业扶贫、消费扶贫、转移就业，推广定点扶贫农产品，捐赠486.8万元扶贫资金，认真落实民生项目建设。截至2020年10月底，16个派驻工作队和第一书记贫困村全部实现脱贫摘帽。组织全体员工发声亮剑，坚决与宗教极端、民族分裂、暴力恐怖“三股势力”做斗争，树立和维护了中国石化良好的品牌形象和社会声誉。

（朱伦干）

表 1　　新疆石油分公司主要经营指标

指标名称＼年份	2020	2019	2018	2017	2016	2015
成品油销售总量 / 万吨	312.55	330.57	273.20	283.66	257.61	226.40
零售量	126.95	150.95	139.38②	143.10	133.72	120.82
销售收入 / 亿元	165.22	205.45	183.02	160.35	128.88	121.77
利润 / 亿元	2.19	0.66	0.46	0.43	0.66	0.42
吨油费用 / 元	314.00	304.00	341.00	281.00	266.00	290.00
在营加油（气）站总数 / 座	393①	417	407	392	392	395

① 2020 年站点较 2019 年减少，原因是部分“他有我营”站点未产生效益，加之合同到期后未继续合作
②数据更新

吉林石油分公司

【概况】 中国石化销售股份有限公司吉林石油分公司（简称吉林石油分公司），位于吉林省长春市，是吉林省主要的成品油供应商、车用天然气供应商，主营汽柴油和天然气批发零售、加油站便利店经营、充换电、加氢站，致力于打造“油气氢电服”综合能源服务商。

吉林石油分公司的前身是中国石化销售股份有限公司东北吉林省分公司。2009 年 11 月，根据中国石化总部调整区外油品销售企业管理体制的重大决策，重组成立中国石油化工股份有限公司吉林石油分公司。2014 年 5 月因集团公司对油品销售板块业务重组要求，公司更名为中国石化销售有限公司吉林石油分公司，2019 年 1 月公司再次更名为中国石化销售股份有限公司吉林石油分公司。截至 2020 年底，吉林石油分公司共有 8 个分公司，经营范围覆盖吉林省内长春、吉林、松原、四平、延边、通化、白城 7 个地市；拥有自有油库 2 座、天然气 CNG 母站 2 座。

2020 年，吉林石油分公司下设 9 个职能部门、3 个专业中心，共有员工 827 人，其中合同制员工 790 人、劳务工 37 人；具有高级职称的 11 人、中级职称的 44 人；有高级技师 4 人、技师 9 人，高级工 113 人、中级工 111 人。

吉林石油分公司主要经营指标见表 1。

（叶振凤）

【领导体制调整】 2020 年 10 月 13 日，集团公司党组对吉林石油分公司领导体制进行调整：仲伟任吉林石油分公司公司代表、党委书记；蒋必森任总经理、党委副书记。

（叶振凤）

【主要经营指标】 2020 年，吉林石油分公司油气经营总量 107 万吨，其中成品油经营量 96.63 万吨、天然气经营量 1.23 亿立方米，非油品营业收入 2.59 亿元，营业利润 0.89 亿元，吨油费用 409 元；长春、吉林、松原 3 个分公司分别位列销售企业区外地市级公司综合竞争能力第 3 名、第 15 名、第 20 名，松原、通化、四平、吉林、延边 5 个分公司分别位列销售企业区外地市级公司发展进步能力第 1 名、第 2 名、第 9 名、第 11 名、第 15 名；持续攻坚创效期间综合排名区外第 3 名，非油品区外第 2 名，天然气总量区外第 4 名；全年获销售企业“比学赶帮超”红旗 12 面，年度综合绩效考核排名销售企业区外第 3 名，非油品营业额增幅排名销售公司第 1 名。

（叶振凤）

【疫情防控彰显使命担当】 2020 年，新冠肺炎疫情暴发，吉林石油分公司迅速成立疫情防控领导小组，领导班子深入一线靠前指挥，组织会

议 15 次，坚决打好疫情防控和生产经营两场硬仗。①统一调度筹措防疫物资，建立常态化疫情防控措施，保障员工健康和生产安全，实现干部员工“零”感染。②保障成品油、天然气和便利店商品供应，向社会做出“油品不断供、商品不涨价、服务不打烊”的庄严承诺，所有油站 24 小时营业，增加果蔬生鲜和米面粮油等居民群众生活必需品供应，推行“一键加油”等无接触支付，提供安全消费环境，赢得社会美誉。③践行社会责任，向吉林疫区捐赠 30 万只医用口罩，协助政府抗击疫情。依托中国石化熔喷布生产医用口罩投放市场，销售口罩 52 万只。④为地方复工复产提供支持，接收政府消费券，刺激地方经济复苏 4 000 万元。⑤助力脱贫攻坚，积极响应中央号召和集团公司部署，消费扶贫 138 万元。

（叶振凤）

向吉林疫区捐赠 30 万只医用口罩

【经营联动助推攻坚创效】 2020 年，面对严峻的市场挑战，吉林石油分公司贯彻中央精神和党组部署，在做好疫情防控的同时，全力复工复产，开展“百日攻坚创效”“持续攻坚创效”行动，牢固树立全员创效意识，提升价值创造能力。①密切资源衔接，灵活控制采购节奏，优化资源结构，保障资源稳定供应，提高资源价差水平。②立足网格化差异营销，加大爱跑 98$^{\#}$ 汽油推广力度，高标号汽油销量增幅 7%，综合运用会员日、积分优惠、充值赠券等方式营销，汽油机出零售计划完成率 101%。提供简餐、热水、洗漱等便捷贴心服务，打造“司机之家”。紧盯春耕秋收销售旺季，农用柴油销量增幅 510%。③抢抓客户开发维护，成品油直分销量增幅 15%。④与东北油气公司产销协同，发挥“资源 + 网络”一体化优势，主攻长春、四平、松原等终端市场，有效捍卫市场主导者地位，天然气销量突破 1.23 亿立方米，成为吉林省内第一大车用天然气能源供应商。

（叶振凤）

【非油品经营取得优异成绩】 2020 年，吉林石油分公司践行平台战略和跨界融合，依托“加油吉林”APP 平台，开展节日营销、线上直播营销等主题活动。与中国移动开展跨平台营销，移动和包支付加油实现 5 308 万元，引流加油吉林会员 191 万个，“一键加油”用户新增 23 万个。与“美团”“饿了么”等平台合作开展外卖业务，打通非油品业务“最后一公里”；以“自助洗车 + 第三方合作”的形式，与 31 家汽车连锁企业合作，兴顺路等 10 座自助洗车网点投入使用；设置 60 个长城润滑油品牌专柜，开展加满定额汽油赠送免费洗车券及免费换油服务，长城润滑油销售 1 991 万元，增幅突破 896%，增幅排名销售公司第 1 名。与森工集团合作，积极开拓市场，长白山天泉水成为易捷饮用水系列主打产品。2020 年，非油品全口径交易额 2.59 亿元，增幅 42%，区外排名第一，获 6 面销售公司“比学赶帮超”红旗。

（叶振凤）

【销售网络发展实现优势倍增】 2020 年，吉林石油分公司多措并举、内涵外延，紧盯主要城区、重点国省干道等区域，以“租赁 + 轻资产”方式，全年发展加油（气）站 50 座。其中，新增加气功能 3 座、租赁 19 座、“他有我营”23 座、点供 5 座，4 类项目均为公司历史最好，贡献成品油 10.4 万吨，天然气 2 100 万立方米。持续开展提量改造、形象改造，长春市哈拉哈、通化市永源、松原市长岭等地 15 座加油站进行改造升级，日均销量增加 33 吨。直面历史遗留问题，协调多方积极解决，松江北等 3 座长期歇业站点实现复营，日均新增销量 13 吨。与吉高合作历史遗留问题得到解决，返还款项及利息 2 142 万元。

（叶振凤）

【深化改革激发企业活力】 2020 年，吉林石油分公司持续深化“三项制度”改革，开展对标一流管理提升行动，制定 60 项对标清单内容，完善提升行动实施方案和工作清单，绘制对标提升“明白纸”。建立工效联动的用工增补核定机制，完善加油站用工和薪酬分配，细化薪酬分块考核兑现办法，完善升油计提、非油计件，推行油库员工薪酬联吞吐量管理，全年加油站人均劳效提升至780吨，员工收入较2016年增长68%。完善干部人才管理体系，建立中层干部述职评议和岗位匹配淘汰制度，将干部“能上能下”制度真正落实落地，开展省市两级中层职位选聘，竞聘选拔中层干部6人，调整33人次，中层干部中“80后”占比达54%，地市公司领导班子“80后”配备率100%，“80后”年轻干部配备率位列销售企业第2名、区外第1名。建立站长站运行机制，组织“五项技能”考试，加大后备人才培养力度，树立优胜劣汰良性竞争导向，企业人才队伍建设更显活力。2020年公司选人用人满意度测评达100%。

（叶振凤）

【安全环保数质量稳步提升】 2020年，吉林石油分公司推进安全生产专项整治三年行动，实施“一把手”重大风险承包和直接作业安全10条措施，加强“四不两直”检查力度，开展施工作业安全等领域专项整治检查，构建风险管控和隐患排查治理双重机制，6项重大安全风险降级，未发生上报集团公司安全等级事故。深化开展“绿色企业行动计划”，编制“一方案两清单”，淘汰61台高耗能落后设备。组织线上云开放日、质量日等活动，累计观看人次突破200万人。强化ISO 9000管理体系运行，累计接受各级政府、集团公司质量抽检79座次，合格率100%。狠抓油品入库、监管、损耗管理，入库环节降低0.02%，保管环节降低0.03%，零售环节降低0.14%。2020年销售公司HSSE能力测评B⁻级，比2019年进步9名，被评为销售企业年度进步明显和风险管控水平持续提升企业。

（叶振凤）

举办“世界环境日”“安全生产月”公众开放日活动

【业财融合赋能成效显著】 2020年，吉林石油分公司深化业财“五个对接、五个融合”，落实逐日算账，对预算执行即时预警纠偏，及时跟进市场变化，优化调整考核导向；组织推进资产创效，建立低效、无效、负效资产管理台账，推动资产全生命周期管理创效；持续深化挖潜增效，建立联合创效工作机制，逐月通报，推动采购降本、物流优化、用工优化、商品降耗、财务降费等13项重点控本措施落地。变动费用比预算节约288万元，上门收款费用降低117万元。紧盯政府惠企政策，减免社保人工等费用1 320万元，因地制宜盘活低效、无效、负效资产，处置闲置报废资产1 251项，高效资产占比提升14%。

（叶振凤）

【政治保障坚强有力】 2020年，吉林石油分公司围绕集团公司党组打造“世界领先洁净能源化工公司”愿景目标，坚持以高质量党建引领高质量发展，制定贯彻落实习近平总书记重要指示批示工作细则、深化推进党的政治建设重点措施和巩固深化主题教育成果清单，组织十九届四中全会精神轮训、十九届五中全会精神宣讲、中层干部政治能力提升班，增强“四个意识”，坚定“四个自信”，做到“两个维护”。①攻坚创效彰显红色优势。发挥党员“三支队伍”作用，开展“百名党员驻百站”“机关全员营销”“攻坚创效之星”等劳动竞赛，累计办卡3 763张，销售额1 007万元。实现5 000吨以上油站党员100%全覆盖，5 000吨以下油站通过党员挂点帮扶100%覆盖。②做好宣传思想工作。在《中国石化报》、朝阳E站、新华网、凤凰网、《吉林日报》等主流内外媒体刊发稿件870篇，“线上＋线下”组织8次公众开放日，累计受众超200万人次。③从严治党加强作风建设。成立监督分委会，完善大监督体系建立，开展八项规定精神、“三重一大”执行和“微腐败”治理等专项督查，累计发现问题121项，整改完成率100%。④党建与经营融合。与一汽集团和润滑油分公司开展党建共建工作，把党的政治优势、组织优势、群众优势转变为企业的创新优势、发展优势、竞争优势，进一步发挥一体化统筹优势。2020 年党建考核被评为 B 级。

（叶振凤）

表 1　吉林石油分公司主要经营指标

年份 指标名称	2020	2019	2018	2017	2016	2015
成品油销售总量 / 万吨	96.63	95.70	81.30	65.76	54.30	47.42
零售量	62.46	66.07	56.37	48.70	41.78	38.11
天然气销售量 / 亿立方米	1.23	1.26	1.28	1.16	0.65	0.78
非油品销售 / 亿元	2.59	1.87	1.28	1.03	0.62	0.49
销售收入 / 亿元	53.72	65.01	57.76	40.99	30.42	29.28
利润 / 万元	8 935.00	4 197.00	5 481.00	6 508.00	3 864.00	283.00
吨油费用 / 元	409.00	430.00	447.00	592.00	648.00	675.00
加油站总数 / 座	201	189	178	165	162	152

黑龙江石油分公司

【概况】 中国石化销售股份有限公司黑龙江石油分公司（简称黑龙江石油分公司）位于黑龙江省哈尔滨市道里区通达街 307 号。其前身是中国石化销售有限公司东北黑龙江分公司，2010 年 1 月 1 日根据中国石化发展战略需要，调整为股份公司直属企业，更名为中国石油化工股份有限公司黑龙江石油分公司；2014 年 5 月，总部进行资产重组，更名为中国石化销售股份有限公司黑龙江石油分公司，为国家大Ⅱ型企业，是中国石化唯一驻黑龙江企业，主要从事汽油、柴油、煤油、润滑油等成品油批发零售、天然气业务和非油品业务。

黑龙江石油分公司集仓储、物流、销售、服务于一体，全权负责中国石化在黑龙江省境内的成品油、天然气、非油品销售等经营业务和销售网络建设工作。截至 2020 年底，员工总数为 1 148 人；本部设有 9 个职能部门，下辖 6 个地市公司及 1 个控股子公司和 1 个参股公司；在营加油（气）站总数 147 座，非油品易捷便利店 147 座，油库（含租赁、控股）由 4 座、总库容达 10.5 万立方米。2020 年实现油气经营总量 122.04 万吨，其中机出 61.62 万吨；非油品销售额 2.81 亿元。

（王华峰）

【领导班子调整】 2020 年 12 月 8 日，黑龙江石油分公司召开干部大会，宣布集团公司党组关于陈志清等 5 人职务任免的通知：任命陈志清为黑龙江石油分公司总经理兼党委副书记，孙丽君为副总经理、总会计师、党委委员，郜海燕为副总经理、党委委员；同时，解聘孙勤凤总经理兼党委副书记职务，解聘王津培副总经理、总会计师（按大Ⅰ型企业副职管理）、党委委员职务。

（王华峰）

【多项指标实现突破】 2020 年，黑龙江石油分公司实现经营总量 122.04 万吨、减幅 8%，其中机出 61.62 万吨，减幅 20%；非机出 59.58 万吨，增幅 9%；天然气完成 1 036 万立方米，增幅 12%。非油品销售 2.81 亿元、增幅 2%，基础品类销售 2.01 亿元、增幅 28%；报表利润 1.36 亿元，完成预算的 153%，增幅位列销售企业第一。加油站年人均劳效突破 900 吨。达到绿色企业创建目标，全年未发生安全、环保、数质量等级责任事故，企业保持平稳运行。

黑龙江石油分公司主要经营指标见表 1。

（王华峰）

【突出抓好疫情防控，确保“零疫情”“零感染”】 黑龙江石油分公司面对疫情防控的严峻形势，把疫情看成检验队伍的一场大考，第一时间贯彻集团公司党组各项部署，严格落实各项防疫要求，实现“零疫情”“零感染”。①坚决守护员工生命安全和身心健康。第一时间将口罩、消毒液、测温仪等防疫急需物资送到员工手中。大力推进实施员工帮助计划（EAP），在疫情防控特殊时期有效开展员工心理疏导和人文关怀。②全力以赴保障市场供应。建立绿色加油通道，全力保障物资运输车辆及公安、医疗、消防特种车辆及时、快速加油，积极推广“一键加油”“免下车服务”，做到加油不接触、消费更放心；加大易捷便利店备货，增设酒精、口罩、放心果蔬等销售业务，确保防疫、民生等重点商品供应。③“两个作用”有效发挥。295名党员成立“党员突击队”，带领广大员工积极投身战疫情、保供应、创效益、促发展的实践中，在疫情防控、攻坚创效的关键时刻，各级党组织和广大党员站得出、顶得住、过得硬，经受住了严峻考验，用实际行动交上了一份满意的答卷。

（王华峰）

【突出抓好攻坚创效，企业效益实现新突破】 黑龙江石油分公司坚决落实集团公司、销售公司“百日攻坚创效”“持续攻坚创效”行动部署要求，精心制订行动方案，细化落实具体措施，千方百计降本增效、挖潜增效、拓市创效，全力打好攻坚创效战。①资源运作能力持续提升。坚持以市场为导向，运用资源顺推模型，优化集采、串换和自采3种资源结构，强化部门联动，建立日碰头、周调度、月分析例会制度，坚持采销分离、汽柴综合、进销存总体平衡测算，实现“所有权”库存保效益，“实物”库存保供应，汽油精准预判上涨行情低点位采购，储备0#柴油“越冬”防范经营风险，累计实现资源创效4 350万元。有效抓住反弹波段机遇及疫情明显好转客户补货预期，强化分类营销组织，全年非机出总量增幅9%。②市场营销能力持续提升。零售贯彻“精细、精准、灵活”原则，实施分区域、分品种、梯度定价等竞争战略，全年营销让利支出降低3.46亿元。多维度解决制约量效提升的“瓶颈”问题，深挖“三方”联合营销资源，多领域深度融合，全面实现客户、资源、平台共享，有效稳定了市场，恢复了销量。建立农用油中心站，制作“攻坚作战图”，深挖600千米外空白市场，全年销售农用柴油4.02万吨，增幅16%。③做实非油品。贯彻“做大、做强、做品牌、做服务”原则，围绕线上、线下，深化“一店一策”，实施大店培育及单品冠军计划，有效强化重点商品、基础品类销售。通过开通易捷海购平台直播带货、开展地摊经济拉动门店销售等方式，实现线上线下客户引流，全力构建消费服务新业态。

（王华峰）

【突出抓好降本增效，推进精细精益管理】 黑龙江石油分公司树立“一切成本皆可控”理念，严控物流运输、人工成本、财务支出等关键环节和重点领域的成本费用。①优化物流调运。利用中国石油、大庆中蓝仓储覆盖面广等地域优势，沟通协调开通省内多个提油点，全面开展公路运输直接进站业务，化解地市公司仓储设施瓶颈，实现由“保障性物流”向“经营性物流”转变，大幅降低公路运输运杂费成本，实现物流节费343万元。②深化成本管控。建立“项目+额度”双管控模式，通过梳理近3年各项成本费用构成，重新制定单站、单库等单位标准，逐项费用有针对性制定降费措施。通过重新优化路线、排班及收款方式等措施，上门收款费用减少147万元；通过对办公用品日常消耗实行定额定量管理等措施，公务性支出减少166万元；通过与黑龙江省建行合作“聚合支付”项目，POS机手续费减少72万元。积极争取“抗疫稳岗”税费、社保减免等优惠政策，全年减免税费1 292万元。采取协调政策降费、规范费用标准、加强费用申报审核等方式，全年实现修理费等6项费用节支238万元。

（王华峰）

【突出抓好深化改革，激发企业发展活力】 黑龙江石油分公司坚持深化“三项制度”改革，不断提升发展活力、创新活力、经营活力。①推进员工严进宽出。落实加油站委托家庭管理、加油站优化排班、油库大班组运行、机关精简“瘦身”

等改革措施，全年优化用工 68 人，全口径用工总量较上年年末减幅 6%；落实疫情期间“稳岗扩就业”工作部署，完成 14 名高校毕业生引进工作。②推进干部能上能下。树立正确的选人用人导向，提拔 6 名中层领导人员正职，选拔 5 名“80 后”优秀人员担任中层领导人员副职，选派 5 名省公司机关优秀员工到地市公司挂职锻炼，人员素质、结构进一步优化。加大干部“下”的力度，1 名中层领导人员、2 名基层领导人员提前退出现职。③推进薪酬能高能低。根据攻坚创效行动考核激励实施办法，综合经营指标、效益效率指标、管理指标完成情况，按照多劳多得的原则，合理拉开各层、各级、各岗间分配差距，年终考核中层正职薪酬差距为 1.7 倍，加油员工薪酬差距 6.3 倍。

（王华峰）

【突出抓好风险防控，推动依法合规治企】 黑龙江石油分公司坚持严把安全源头、严控财务风险、前移审计关口、强化依法治企，确保企业安全平稳高效运行。①坚持安全环保数质量风险管控。完成 47 座绿色库站打造，顺利通过绿色企业创建资料审核及现场查验，获集团公司绿色企业称号。建立“库站自查自纠、地市公司初验、省公司复核”三级验收机制。重点完成 38 座加油站 7S 标准化打造。加快推进风险降级、隐患治理，省公司级风险清单风险总值降低 27%。油品数质量严把采购源头关、入库质量关、日常监管关、损耗管理关，油品质量合格率 100%。②坚持资金资产风险管控。开展采购、销售、工程、财务、资金、存货等重点领域风险排查，完成 14 条问题整改，有效堵塞管理漏洞。开展应收应付专项检查，发现整改资金管理、发票管理及非油品管理等方面问题 174 条。③坚持信息安全保障。落实“护网行动”，清理异常访问请求 240 余万次，有效保障企业网络运行安全，获评集团公司网络安全 B 级企业。落实风险防控要求，累计调整权限 856 条，停用、删除 502 个离职账号，完成 4 091 个应用账户与统一身份账户绑定。④坚持依法合规治企。落实制度主办部门负责制，建立制度制定、宣贯、培训、考核机制，强化制度运行的检查、考核，做到按制度管人、管权、管事、管风险。重点加强纠纷和诉讼案件处理，落实“一案一策”责任制，全年取得 7 起案件胜诉，避免企业损失 264 万元。

（王华峰）

【突出抓好党建引领，推进和谐企业建设】 黑龙江石油分公司坚持发挥党建工作政治保证和思想引领作用，持续推进党建优势转化为经营胜势。①党建工作开创新局面。持续巩固“不忘初心、牢记使命”主题教育成果运用，推动主题教育常态化制度化。加强“石化党建”平台与换届工作的融合互促，完成 5 个基层党总支和 17 个直属党支部换届选举工作。按照组织程序，完成工会、团委换届。全面落实“全体党员都上线”要求，实现党建平台“三个百分之百”目标。通过深化党员责任区 345、示范岗等载体创建，严格落实“两个责任”，实现“两个覆盖”。②纪检监督形成新常态。突出政治监督，持续巩固巡视反馈问题整改工作成效。通过组织开展“回头看”，中央巡视反馈问题和党建考核问题整改率均实现 100%。加强日常监督，组织开展政治生态评估，对市分公司领导班子精准“画像”。加强对新提拔干部审核把关，对 11 名拟提拔干部考察工作全程跟踪，及时开展任前廉洁谈话。强化专项监督，组织实施专项审计项目 8 项，下发审计整改通知书 11 份。开展“微腐败”专项治理，集中处理违规违纪人员 12 人。加强廉洁教育，开展“反腐倡廉教育月”活动，组织观看“微腐败”警示教育片 17 次，开通“龙江廉风”微信公众号，引导党员干部知敬畏、存戒惧、守底线。③攻坚创效展现新担当。两级班子带头落实基层调研“六个一”措施和党支部“双示范”制度，围绕网络发展、市场开拓、施工安全等重点工作，省公司班子成员直奔一线开展专题性、针对性调研 24 次。全体党员包干到站，亮身份、当先锋，在扩销增量、拓市创效、安全环保、客户服务等方面走在前列，较好地发挥了先锋模范作用。124 名青年员工走出机关、走进市场，进行油品营销政策解读、非油品重点推介活动，发挥了生力军作用。④劳动竞赛展现新作为。开展“机关全员营销竞赛”，共办理“五进卡”9.38 万张，实现销量 7.77 万吨。开展“查风险、找漏洞”征集活动，“农村经纪人”

工作法获集团公司管理现代化创新成果三等奖。⑤宣传工作展现新亮点。立足“内聚人心、外树形象”，积极向朝阳E站、《中国石化报》、石化新闻网、奋进石化等内部媒体和凤凰新闻网、新华网等外部媒体投稿，累计发稿298篇。成功举办中国石化公众云开放日活动6场，邀请新闻媒体和消费者代表参观油库、加油站，较好地展现了中国石化绿色、创新、开放的企业形象。积极承办集团公司“传承石油精神、弘扬石化传统”加强党建思想政治工作现场推进会，并进行典型发言，会议组织得到总部领导和相关部门的充分肯定。大力选树防控疫情和持续攻坚行动中的先进典型，通过微信公众号全方位反映一线员工感人故事，多层次介绍先进单位经验做法，激励广大员工以先进模范为榜样，创先争优，立足岗位建功立业。⑥关心关爱员工体现新温度。积极释放改革红利，提升员工薪酬，员工幸福感自豪感持续增强；持续完善“五小”建设，改善员工工作环境；积极开展困难员工帮扶救助等工作，帮扶困难员工5人，慰问员工46人；积极开展疫情防控宣传和心理疏导，帮助员工正确看待疫情；开展“传承好家风、好家训”六一儿童节主题活动、“第二届篮球、乒乓球竞赛”等活动，不断丰富员工业余文化生活。

（王华峰）

表1　　黑龙江石油分公司主要经营指标

指标名称＼年份	2020	2019	2018	2017	2016	2015
成品油销售总量 / 万吨	122.04	132.98	111.81	99.74	74.03	72.72
零售量	61.62	88.22	72.89	60.85	52.45	53.16
销售收入 / 亿元	64.61	83.64	75.97	58.75	40.41	42.67
利润 / 亿元	1.36	0.87	0.50	1.20	1.10	0.25
成品油吨油费用 / 元	310.00	319.00	347.00	379.00	466.00	443.00
加油（气）站总数 / 座	162	166	161	160	162	160
油库数量 / 座	4	5	5	5	6	6

青海石油分公司

【概况】 中国石化销售股份有限公司青海石油分公司（简称青海石油分公司），前身为中国石化销售有限公司西北青海分公司，成立于2002年12月。2009年12月21日体制调整，青海石油分公司班子由集团公司党组进行管理，公司名称变更为中国石油化工股份有限公司青海石油分公司。2012年公司管理规格升级为大Ⅱ型企业。青海石油分公司主营汽油、柴油批发零售，汽油、柴油仓储服务及非油品销售等业务，是中国石化在青海地区唯一驻地企业。公司地址位于青海省西宁市城东区民和路58号。

截至2020年底，青海石油分公司本部设11个职能管理部门，下辖西宁、海东、格尔木、海西、青南5家地市级分公司，拥有加油站188座，在营加油站170座，易捷便利店170座，油库4座，分别为西宁大通油库（停用）、格尔木油库、海西柯柯油库、湟源中心油库，总库容达13.5万立方米。公司资产总额29.6亿元。在岗员工人数1 236人。设二级党委6个、基层党支部26个，党员425名，已实现基层经营单位党组织全覆盖。网点遍布青海省西宁市、格尔木市、海东市、海西州、海南州、海北州、黄南州，109、214、227、315国道沿线，京藏、张汶高速公路沿线和省道沿线。

青海石油分公司主要经营指标见表 1。

（刘得菊）

【领导班子调整】 2020 年 5 月 28 日，青海石油分公司召开干部大会，集团公司党组宣布关于阚筇、王毕华职务任免的通知，委派阚筇为青海石油分公司代表、党委书记。

（刘得菊）

【主要经营指标】 2020 年，成品油经营总量 70.04 万吨、降幅 9%，其中零售总量 59.73 万吨、降幅 7%，直批 10.31 万吨、降幅 20%；天然气经营总量 593 万立方米，降幅 14%；非油品收入 1.24 亿元、降幅 33%；实现利润总额 193 万元，增幅 1 035%，青海石油分公司由一季度巨额亏损，到年底成功实现扭亏为盈。

（刘得菊）

【组织机构调整】 2020 年 10 月，根据青海石油分公司“三项制度”改革方案，调整青海石油分公司机关部门名称和职能，机关共设置综合管理部（党委办公室）、人力资源部（党委组织部）、党群工作部（党委宣传部、工会、团委）、经营管理部（商客管理部、物流管理部）、非油品业务部、零售管理部、财务资产部、发展规划部、安全环保数质量部、企管法律信息部、审计监督部（纪委办公室）11 个部门；设置客户服务中心、综合督查中心、A 级质检室（青石化质检公司）3 个机关附属机构。

（刘得菊）

【换届选举】 2020 年 12 月 21 日，召开共青团中国石化销售股份有限公司青海石油分公司第三次代表大会，大会正式代表共 59 名，实际到会代表 56 名，发出选票 56 张，收回有效选票 55 张，大会以无记名投票的方式选举产生委员会委员 7 名、候选人预备人选 9 名，大会采用候选人数多于应选人数的差额选举办法进行选举。

（刘得菊）

【疫情防控】 2020 年，上线“一键加油”“蔬菜销售”“线上销售线下配送”等服务措施；开展“送油下乡”服务活动，为 23 个乡镇、65 个工地送去急需油品；主动向医护人员、公安干警推出“天使卡”“卫士卡”，累计办卡 1 024 张，积极助力复工复产。在高速及国省道 18 座加油站开展“爱心送餐”活动，为“生命线”上奔波的司乘人员送餐 4 万余份。向湖北石油分公司、青海省公安厅、青海省国资委、集团公司扶贫点泽库县及青海石油分公司驻点扶贫村捐赠价值 68 万元防疫物资。

（刘得菊）

【脱贫攻坚】 截至 2020 年底，青海石油分公司驻村扶贫点庄口脑村发展生猪养殖产业，引进产业帮扶资金累计 3 680 万元，年销售额达 650 万元。疫情期间，青海石油分公司机关食堂采购驻村扶贫点庄科脑村生猪肉 760 千克，解决其短期滞销问题。4 月 24 日，在驻村扶贫点庄科脑村种植松树 260 棵，同时购买贫困户家中农产品 2 000 余元。11 月，青海石油分公司向青海省西宁市湟中县共和镇新庄村维新中学捐赠 1.8 万元助学金。

（刘得菊）

【优化发展】 2020 年，实现青海石油分公司振西、共玉高速河卡北、刚察城西等 3 座加油站迁建、整体改造项目投营。加快主营业务转型，取得 LNG 项目规划 11 座，实现 3 座投营，LNG 走廊建设稳步推进。统筹实施存量挖潜，实现 7 座综合改造、长期歇业站复营。加快轻资产发展，新投营 1 座，续签 2 座。信息化建设完成站级一体化平台搭建，开通微信、支付宝、翼支付等多元支付方式，打通电子券多平台发放渠道，全面上线石化钱包（一键加油），累计注册用户 4 万个，消费 3 000 余万元。

（刘得菊）

【深化改革】 2020 年，青海石油分公司制订“1+6”系列改革方案，9—12 月先后召开 9 次专题会、10 次集中讨论、1 次动员会、23 次党委会，开展 7 轮竞聘，共计 635 人次报名参加 391 个岗位竞聘，通过“民主测评＋笔试＋面试”综合评价，提拔任用副处级干部 5 人（“80 后”4 人）、经理助理 3 人（“80 后”1 人、“90 后”1 人）、科级干部 23 人、副科级干部 28 人、主办 58 人，降级使用38人，岗位交流44人，内部退养6人。改革后，省公司机关在岗员工减少20人，下降18%，竞聘进入分公司和区域公司工作共16人。

（刘得菊）

【攻坚创效】 经营方面，资源运作创效理念贯穿全年，全力疏通塔化资源3.56万吨；持续强化物流管理，物流优化获总部奖励1 057万元。竞合方面，与其他主营单位统一思想，避免恶性竞争，全年减少无效营销投入2.3亿元；加强与青海省政府以及中央驻青媒体沟通，促进主流媒体正面报道，推动“打非治违”回头看。零售方面，开发运用“量效平衡”“算赢就干”决策模型，通过“挂牌价＋加油卡＋石化钱包＋油非互促＋跨界合作”组合拳，全年开发认领零售客户6.3万个，引入外部营销资源394万元，实现零售毛利4亿元。非油方面，开拓省内外市场和团购业务，全年实现省外销售1 850万元、增幅87%，团购790万元、增幅111%，“易享节”实现销售390万元、增幅91%。首次尝试“网络直播带货”，销售商品4.6万元。

（刘得菊）

【费用管控】 费用控制与绩效挂钩，成本节约与奖励挂钩，全年减少费用支出1 126万元，尤其是日常类操作费用下降12%，节约费用957万元。落实政府各项减免政策，全年获得费用减免1 174万元。审计监督工程结算审减505万元，审减率达11%；专项审计监督11项，促进增收节支80万元，审计暴露问题54项，整改完成率89%，审计服务经营、防范风险、增加价值的能力开始彰显。

（刘得菊）

【安全绿色发展】 开展“青海石油分公司安全专项整顿月”活动，有针对性地部署12项整改措施，进行全员警示教育，实现省级风险降级9项，完成重大安全环保隐患治理17项。施工现场管理落实安全记分考核，对15名管理人员进行记分问责。完成3项污染防治攻坚任务，获绿色企业称号，实现当年申报、当年授评。全年油品经营未发生质量事故。推进计量效率变革，自动计量率提升至98%，油品数量管理全年仓储保管环节溢余创效354万元。

（刘得菊）

【党建落实】 2020年，出台全面从严治党“3+8”责任清单和“一岗双责”融合落实机制，以“问题清单制”推进基层党组织“三基本”建设，开展“七个一”系列活动，落实党员代表制，强化先进典型选树，助力“攻坚创效”。完成地市分公司专职纪委书记配备，给予2人党纪处分、8人政纪处分，向司法机关移送涉嫌违法犯罪“微腐败”案件3起。开展集中纠治“四风”专项行动，修订相关制度4项，严格落实中央八项规定精神，开展针对性明查暗访20余次。坚持党管媒体不动摇，全年发表内外宣传报道1 680篇，上升12%。

（刘得菊）

表1　青海石油分公司主要经营指标

指标名称＼年份	2020	2019	2018	2017	2016	2015
成品油销售总量／万吨	69.17	77.22	75.39	71.96	71.05	80.70
零售量	59.73	64.12	63.75	58.70	58.17	52.01
销售收入／亿元	39.12	50.84	51.98	44.62	39.66	42.34
利润／亿元	0.02	0.0017①	0.51	0.14	1.01	0.15
吨油费用／元	560.00	508.00	460.00	442.00	439.00	399.00
加油站总数／座	188	188	180	169	156	151

①数据更新

甘肃石油分公司

【概况】 中国石化销售股份有限公司甘肃石油分公司（简称甘肃石油分公司）本部位于甘肃省兰州市，主营汽油、柴油、天然气及非油品销售等业务。其前身中国石化销售西北甘肃分公司成立于2003年，2010年整体划转集团公司，2016年11月，甘肃石油分公司管理规格调整为大Ⅱ型。

甘肃石油分公司下设总经理办公室、政工部、经营管理部、商业客户中心、零售管理中心、非油品中心、财务资产部、发展基建部、人力资源部、企管法律部、安全数质量部、审计监督部12个职能部门，下辖酒泉、张掖、武威、白银、兰州、定西、天水、平凉、庆阳9家地市级分公司及7家合资公司。

截至2020年底，甘肃石油分公司资产总额27.02亿元。拥有在营加油（气）站138座（其中加气站10座），自有油库2座，自有铁路专用线2条；各类用工总数1 033人，其中合同制员工850人、委托站员工171人，党组管理干部4人，中层干部31人；设立2个二级党委、7个党总支、28个党支部，党员总数302人。

甘肃石油分公司主要经营指标见表1。

（高　娜）

【经营质量有效提升】 强化资源运作，精准把握采销节奏，引入承运商竞争机制，形成区域管理、保障有力、运管有序的承运管理体系。强化经营调度，合理安排配送计划，降低非合理配送比例，2020年在没有租赁库的情况下，全环节物流运杂费5 837万元，吨油运费130.58元，较预算节约5.5元，下降8.6元/吨；强化全品号资源的串换合作，全年购进串换资源25.8万吨，占总资源购进的55%。推进计价密度调整，提高零售创效能力，为了使计价密度契合实际，推动甘肃省发改委对省内92#汽油、95#汽油及0#柴油的计价密度进行调整，全年增加零售环节收益约540万元。

（高　娜）

【聚焦零售经营创效】 积极开展对城区、国道、乡村站点进行逐站分析研究，针对性制定措施提升现场管理水平和营销政策。坚持与主营单位和周边市场“价格协同”策略，收紧无效、低效优惠，全年营销让利收窄4 918万元。一季度受疫情影响，全系统亏损达9 414万元；二季度紧盯疫情消退、消费逐步回升的机遇，扎实开展“百日攻坚创效”行动，完成奋斗目标的100.09%，实现毛利1.06亿元，当期利润扭亏为盈；三季度面对库存高位、需求回暖不及预期的多重压力，省公司本部开展了“化危为机，奋斗50天”行动，全力冲刺年度经营目标任务；四季度按照持续攻坚要求，在处置无效资产1 800余万元的情况下，全年实现利润2 300万元。

（高　娜）

【直分销经营量效双升】 以“每日油市”“月度指标排名”为抓手，组织地市公司当期销量完成情况进行横向、纵向对标，寻找补量突破口。印发《客户经理绩效考核指导意见》，从“量、价、利、费”4个维度综合评价客户经理创效水平，将“三大一降”的经营理念贯穿全环节，走访客户600余户，新增客户206户，增量2.44万吨。全年客户保有率整体有所提高，其中直销客户提高5%，批发客户不降，加油站客户汽油采购量提升20%。

（高　娜）

【天然气销售大幅增长】 采取“主动出击、优势吸引、锁住留住”的销售策略，积极走访天然气用户，全年新增LNG直批客户4个，实现天然气零售3 597万立方米、直批988万立方米，销售总量增长37%。

（高　娜）

【非油品业务创新创效】 释放进货、价格、营销权限的同时，完善激励机制，修订非油品业务奖励办法，开展门店分类定级，成立省、市两级非油品门店运营工作小组。推出APP、小程序线上销售、直播带货、同城配送等新销售模式，启动18家地铁便利店销售、“1+87+N”项目，开辟团购新模式，完成线上团购70余万元。打造陇谷传说自有品牌，全年销售藜麦 181.48 吨，在陇谷传说藜麦米基础上，以甘肃特色扶贫商品为主线，打造文县花椒、康县木耳等自有扶贫商品。合作研发藜麦米深加工产品，开发藜麦酸奶、藜麦煎饼、藜麦白酒等产品。拓展洗车、快餐等新业态，全年共建成并投营 17 座汽服网点，汽服营业额 134.10 万元，引入牛肉面销售，全年实现非油品营业额 1.24 亿元。

（高 娜）

“复工复产助农扶贫”网络直播带货现场

【夯实油（气）站网络基础】 全年建成并投营加油（气）站 10 座，2020 年 6 月 30 日，甘肃石油首座智慧加油站——天水峡口加油站开业。利用现有资产增设加气功能及气改油项目。与甘肃省公航旅集团组建合资公司，并成功取得在建的国家级高速公路（广西百色—宁夏银川）甘肃段服务区 6 座加油站、2 座 LNG 站的建设经营授权，已完成主体工程建设。制订《工程建设项目承包商挂靠经营、非法转包、违法分包专项治理方案》，从招投标、合同签订、过程考核、竣工后评价、督导检查等方面加强工程建设项目承包商管理工作。

（高 娜）

【持续优化人才队伍建设】 加大经营效益指标的考核比重，建立正向激励体系，根据部门、个人重点工作、个人能力素质测评综合计算兑现年终绩效薪酬。明确两级机关未调整岗位员工编制、薪酬待遇及晋升相关工作，对 41 名符合条件的员工进行批复调整，调动了员工积极性。组织开展高级主管、主管的竞聘选拔，通过笔试、业绩测评、竞聘演讲等环节，选拔发现、培养、使用、储备年轻干部，进一步加强干部队伍建设，优化干部资源配置。加强省市公司干部互相交流，印发《省公司机关和地市分公司人员双向交流挂职培养管理办法（暂行）》。全年举办 8 期业务知识培训班，提升全系统员工业务管理水平和党建管理质量。

（高 娜）

【完善驻站式委托家庭管理】 组建委托站课题组，完成 46 座站点的现场调研，形成《关于委托站打造活力站的指导意见》，有效激发委托站活力。全年加油（气）站人均劳效达 598 吨，增幅 7.55%。

（高 娜）

【信息化建设提升】 通过 ERP 实现全业务、多维度实时对账、精准算账，启动站级一体化系统实施，实现微信、支付宝联动支付；完成电子钱包在营站的测试推广工作，实现 125 座在营站的授权码模式加油，石化钱包用户 7.15 万人，累计充值金额突破 6 100 万元，沉淀资金 243.48 万元。

（高 娜）

【安全生产总体平稳】 开展专项检查与信息平台巡查等手段，对基层库站现场作业进行全方位监管，组织全员学习《保护生命基本法则》，并开展全员考试工作，考试人员达 921 人。风险防控责任制实施，全年共排查各类风险 88 条、隐患 101 项。对隐患及泄漏点落实“五定”，全面监控，完成 2 座油库罐区隐患攻坚战的隐患整改。

（高 娜）

【数质量管理持续加强】 全年抽验油品 3 260 批次，集团公司抽检 20 批次，质检部门抽验 71 批次，均化验合格。制订密度创效和损溢管理创效方案，实现商品物流损溢累计溢余 748.8 万元。

（高 娜）

【全力打好污染防治攻坚战】 完成油库危废间建设改造、土壤及地下水检测、清污分流改造等项目；完成全部库站厂界噪声监测；2 座绿色油库、53 座绿色加油站的打造实施，实现废气、废水达标排放率 100%，危废合规处置 100%，环保手续合规 100%，高耗能设备淘汰 100%。被集团公司评为绿色企业。

（高　娜）

【切实履行政治责任】 依托“极臻甘肃”APP 推动特色农产品线上销售，全年帮助销售东乡藜麦、牛奶、洋芋、粉条等产品 2 233 万元。针对定点帮扶村，全年累计投入帮扶资金 138.7 万元，其中产业帮扶投入 91.5 万元、党建帮扶投入 36.5 万元。8 月初，文县遭遇特大暴洪泥石流灾害，甘肃石油分公司紧急筹备米、面、油等共计 20 万元抗洪救灾物资，组建党员突击队历经 17 个小时抵达文县，全力支援文县抗洪救灾，共克时艰。疫情期间对全系统 1 238 人做到全覆盖、地毯式日滚动摸排监测，保障一线员工个人防护的同时，做到“油品不断供、商品不涨价、服务不打烊”，并增加蔬菜线上配送业务。在疫情最紧张的时候，为东乡、定西、文县捐赠医用口罩 7 000 余只，并捐赠乙醇消毒液、柴油等抗疫物资。

甘肃省国资委消费扶贫产品展销推介会现场

（高　娜）

【党建工作深入推进】 实现“大党建”考核，按 20% 权重纳入二级单位领导班子绩效考核，在深化融合中实现“班子合、团队合、队伍合、岗位合、任务合、考核合”。开展基层党的“三基本”建设和“组织力提升工程”自查，软弱涣散党组织“回头看”。加强基层站点党员力量覆盖，全年发展一线党员 28 名，疫情防控期间火线入党 1 名。强化党建联系点，发挥机关党员在油气站的联系挂职作用，实现空白班组党员覆盖率达 100%。不断强化党风廉政建设和反腐败工作，开展“三重一大”决策制度、微腐败专项治理、防疫物资、非油品、扶贫领域等专项监督检查。

（高　娜）

表 1　　甘肃石油分公司主要经营指标

年份 指标名称	2020	2019	2018	2017	2016	2015
成品油销售总量 / 万吨	50.18	46.87	50.12	50.45	55.57	54.69
零售量	35.98	36.07	39.10	41.32	41.36	41.19
销售收入 / 亿元	27.98	32.58	35.93	34.46	28.90	29.80
利润 / 亿元	0.23	−1.49	…	0.70	1.24	0.20
吨油费用 / 元	604.00	580.18	591.23	469.00	497.00	545.00
加油（气）站总数 / 座	138 （含气站 10 座）	134 （含气站 8 座）	130 （含气站 7 座）	128 （含气站 6 座）	120 （含气站 6 座）	118 （含气站 6 座）

宁夏石油分公司

【概况】 中国石化销售股份有限公司宁夏石油分公司（简称宁夏石油分公司）位于宁夏回族自治

区银川市兴庆区，主营汽油、柴油、润滑油和其他石化产品的零售、直销配送、批发和仓储业务以及加油站便利店非油品业务。

截至2020年底，宁夏石油分公司本部设办公室、财务资产部、人力资源部、党群工作部、审计监督部、发展规划部、安全数质量部、经营管理部、零售中心共9个职能处室；下设银川、石嘴山、吴忠、固原、中卫5个分公司；控股中石化宁夏易捷石化有限公司、中石化石嘴山市常道石化有限公司2家合资公司。公司党委下设11个党支部，党员223人。在营加油加气站总数138座，在营油库2座；资产总额20.76亿元，期末用工总量1 011人。

宁夏石油分公司主要经营指标见表1。

（张继强）

【主要经营指标】 2020年，面对新冠肺炎疫情和国际油价断崖式下跌带来的严重冲击，宁夏石油分公司认真贯彻落实党中央和集团公司、销售公司决策部署，全体干部员工听党指挥、冲锋在前、扎实工作，推动疫情防控、脱贫攻坚、攻坚创效、网络发展、党的建设等各项工作取得良好成效。全年成品油经营总量49.91万吨、增幅 –18.93%，其中零售量39.14万吨、增幅 –16 %，直分销量10.77万吨、增幅 –28.03%。实现天然气经营总量4 269万立方米、增幅 –32%，其中零售量3916万立方米、增幅 –31%。非油品全口径交易额1.69亿元，增幅10.3%，其中基础品类营业额1.48亿元、增幅4.9%。为解决历史遗留问题，造成报表利润亏损21 769万元，实际当期利润1 508.7万元，较上年增加2 908.7万元；吨油费用570元；人均零售量647吨。

（张继强）

【推进疫情防控确保生命安全和身体健康】 新冠肺炎疫情发生后，宁夏石油分公司迅速行动、周密部署，成立疫情应对领导小组，制订应急预案和防控指南，发布倡议书、应急管理办法，督促员工加强防护，多次开展“四不两直”检查，确保防疫措施落实到位。加强防疫物资调配，全年累计发放口罩近20万只、储备5万只，发放手套1.11万双、储备3 670双，发放测温枪164把。实行每日零报告制度，未发生公司员工及家属感染、疑似新冠肺炎等疫情。加强重点区域防控，通过实行弹性工作时间、分餐制等措施，减少加油站、办公楼等重点区域人员聚集，通过“资料中转桌”取送单据，加油站率先开展“不下车不开窗，一键加满到油箱，购物送至后备箱”服务，践行了“油品不断档、商品不涨价、服务不打烊”的国企承诺。

（张继强）

【做实攻坚创效改善经营质量和创效能力】 树牢“市场就是战场”理念，深度参与竞争，把握大势统筹采销节奏，积极抢抓优质资源，实现考核创效4 975万元。坚持低库存运作，有效避免了跌价风险。加强与哈纳斯集团谈判，争得100万元的信用销售额度及价格减让，实现创效55万元。深刻分析资源结构和物流运行现状，挖掘降费创效潜力，累计降费达1 005万元，4—10月物流优化创效排名全销售系统第一。发挥财务管理核心作用，全面加强对经营工作的指导，小步慢跑、稳步推价，汽油、柴油零售平均不到位价差分别收窄241元 / 吨、325元 / 吨，6—12月实现当期利润1 668万元，其中7月当期利润822万元，创历史新高。积极开发“一键加油”客户7万余户，增加沉淀资金350余万元、销量1万余吨。全力做大非油品业务，实现全口径交易额1.69亿元，增幅10.3%，基础品类营业额1.48亿元，增幅4.9%。枸杞重新回到易捷公司主要品牌序列，开发新品4种；全面推进非油品库存降低1 241万元，库销比降至0.9，排名全销售系统第一。非油品地采商品成本降低1.5%。全面加强对外合作，先后与建设银行、宁夏移动、宁夏大学等单位签订战略协议，“无感支付”、润滑油定点提货和免费换油等合作顺利开展。落实全员成本目标管理及费用专业化管理要求，累计降费创效2 615万元。加大小站改革力度，委托站增加16座，用工总数减少64人。深化亏损站治理，亏损站减少18座。

（张继强）

【加强销售网络建设和信息系统提升】 坚定目标、增强定力，加大攻坚力度，高速公路服务区项目取得历史性突破，已成功低价中标2个标段、6对（12座）服务区加油站，打破了宁夏全区高速公路服务区一家垄断的局面。加大发展力度，中卫兴仁东加油加气站、吴忠红墩子加油加气站、石嘴山隆湖加油站、固原高平路加气站4个新建项目和租赁固原硝河加油站全部投营。积极争取当地指标，石嘴山正谊关加油站“司机之家”建设顺利完成并通过验收。大力推进遗留项目处理，6个项目取得实质性进展，剩余11个项目正在推进。其中，中卫分公司所有遗留项目全部解决；办公大楼、职工住宅“两楼”建设取得积极进展。

规范推进前期施工改造投资、维修费等入账，通过计提减值减轻资产包袱1.2亿元，消化前期库存潜亏2 000万元，问题存量大幅减少。与西北公司共建质检室硬件设施全面完工。加快推进信息化建设，疫情期间率先上线电子钱包，移动OA上线运行，深化消除信息孤岛，积极推广大数据云分析系统、“油你掌控”“经营管理数据中心”，完成109座加油站升级及135座加油站的站级一体化升级。加强信息安全管理和运行保障，确保平稳运行。

（张继强）

【深化固本强基提升精细管理和工作效率】 坚持全面依法依规治企强化管理，落实集团公司深化管理体制改革部署，规范决策程序，优化事项审批流程36项，推进油库管理属地化改革、物流管理下放市分公司；修订省公司部门职责，指导完善各分公司部门职责和岗位职责，运行更加科学、顺畅。持续加强制度建设，指导分公司完善制度219项，狠抓制度学习和落实，制度执行力进一步提升。推进风控、内控一体化，风险管理持续规范。加强纠纷管理，挽回经济损失1 260万元，其中枸杞代加工合作合同纠纷获集团公司重大法律纠纷案件维权总经理奖励二等奖。加强审计管理，其中工程审计审减率22.22%，有效遏制了效益流失。深入推进HSSE管理体系、ISO 9000质量管理体系有效运行，落实安全生产三年行动计划，不断强化环境保护、风险识别、隐患治理、监督检查、损溢管理等，未发生HSSE数质量事故事件，HSSE管理能力评价保持B^-，绿色企业创建顺利通过集团公司验收。

（张继强）

【提升党建质量增强政治优势和深化融合】 全面贯彻落实新时代党的建设总要求，聚焦“务实、创新、融合”抓党建，党建质量持续提升。顺利完成公司“两委”换届，新一届两委委员高票当选。全面加强政治建设，完善党建工作责任制、目标责任和任务清单，强力推动落实。狠抓问题整改，实现党组巡视反馈问题整改率97%，党建考核反馈问题整改率100%。落实脱贫攻坚责任，带动李营村退出贫困序列，通过国家验收，同时，全年采购宁夏扶贫商品1 193万元。加强基层党建，调整优化基层党支部设置，组织“在优良传统上我们丢掉了什么，对比先进典型我们缺少什么”大讨论和“学大庆、强作风、创佳绩”专题教育，开展“三比三亮三评五带头”“5+N”主题党日等活动；选树32个先进集体、52名荣誉员工、110名先进个人；大力推广“石化党建”应用，实现“三个百分之百”，居全集团公司领先地位。大力发展一线党员，开展机关党员挂职兼职加油站等，加油站党员覆盖率达100%，全销售系统领先。加强干部人才队伍建设，交流中层干部21人，分公司班子成员全部配备到位，“80后”年轻干部占比领先销售系统。落实集团公司“三百三千”计划；率先实施2批次8人为期1年的内部交流实践。加大培训教育力度，累计培训2 520人次。深化落实“两个责任”，加强党风廉政建设和反腐败工作，聚焦中心工作加强监督，严肃执纪问责，提醒谈话9人次、诫勉谈话3人次、党纪处分1人、政纪处分3人，推进政治生态持续好转，职工对选人用人工作测评总体评价“好＋一般”、对领导班子成员评价“优秀＋良好”率占比之和均超过95%。牢固树立“宣传也是创效”的理念，手机报刊发信息270期、714篇，外部媒体发稿190篇。加强群团建设，完成各级团组织换届，深化劳动竞赛、“走基层、访万家”等工作，凝聚人心共识，确保和谐稳定。

（张继强）

表 1　　宁夏石油分公司主要经营指标

指标名称 \ 年份	2020	2019	2018	2017	2016	2015
成品油（天然气）销售总量 / 万吨	53.25	66.36	62.57	62.19	62.69	66.00
零售量 / 万吨	42.24	50.95	43.58	40.27	35.98	29.89
销售收入 / 亿元	28.39	40.48	40.19	34.07	30.03	38.85
利润 / 万元	1 508.70	1 201.45	2 881.57	2 906.27	7 025.44	2 021.00
吨油费用 / 元	570.00	434.00	454.00	436.00	440.00	403.00
加油站总数 / 座	151	149	141	137	132	129

销售华北分公司

【概况】 中国石化销售股份有限公司华北分公司（简称销售华北分公司）是销售大区公司之一，始建于 1950 年 3 月，1985 年 1 月划归中国石油化工总公司。主要履行“资源组织、物流优化、储运管理、统一结算、市场监管”的职责。辖区内省市包括华北地区 6 个省市（北京、天津、河北、河南、山西、山东）和东北地区 3 个省（黑龙江、吉林、辽宁），并对辖区内重要储运设施实行统一管理。资源辐射范围除辖区内省市外还包括江苏、安徽、湖南、湖北、广东、内蒙古、陕西等地区。本部位于天津新技术产业园区榕苑路 11 号。

截至 2020 年底，销售华北分公司设有 10 个职能部门，下设天津储备库、营口油库管理处、沈阳管理处等二级单位，在燕山石化、石家庄炼化、天津石化、洛阳石化、沧州炼化、齐鲁石化、济南炼化、青岛石化、青岛炼化、胜利炼油厂等 10 个炼化企业设立办事处。销售公司的计量管理站、质量管理站也委托销售华北分公司管理，主要负责销售系统的数质量管理工作。另有 2 家非上市企业，分别为天津悦泰石化科技有限公司（简称悦泰公司）和天津金皇房地产有限公司（简称金皇公司）。天津悦泰石化科技有限公司集产品研发、生产、销售于一体，主营“海龙”牌车用汽、柴油清净剂及系列汽车养护用品；天津金皇房地产有限公司下辖金皇和金泽 2 家酒店。

截至 2020 年底，销售华北分公司资产总额 126.58 亿元，用工总量 981 人，党员 189 人。2020 年，成品油经营量 3 617 万吨，实现销售收入 1 861.51 亿元、利润总额 16.05 亿元，上缴税费 9.52 亿元（其中直接地税 2.32 亿元）。销售华北分公司连年位列“天津企业百强”前茅。

销售华北分公司主要经营指标见表 1。

（郭伟玮）

【领导班子调整】 2020 年 11 月，集团公司党组对销售华北分公司领导班子进行调整：于金广任销售华北分公司党委书记、总经理，荆孝民任党委副书记、纪委书记、工会主席人选，戴兵任党委委员、副总经理；王英杰任党委委员、副总经理。

（郭伟玮）

【平稳完成管网改革任务】 2020 年，销售华北分公司坚决贯彻落实国家关于油气管网体制改革的总体部署，按照集团公司、销售公司具体安排，稳步推进管网分离划转工作，如期完成划转任务。9 月 30 日，3 111 千米管道、33 座站场、2 座油库及附属的设备设施等资产完成一次交割，873 名员工划转至国家管网。划转过程中，干部员工顾大局、讲原则、守纪律，实现平稳交接，保证了队伍稳定，维护了集团公司利益，得到集团公司、销售公司的高度肯定。

（郭伟玮）

【经营指标】 2020 年，销售华北分公司经营管理

经历了前所未有的困难，面对成品油市场持续扩大的供需矛盾、艰巨繁重的改革任务、新冠肺炎疫情的严重冲击，全体干部员工坚持以习近平新时代中国特色社会主义思想为指导，坚决贯彻落实集团公司、销售公司决策部署，坚持逆水行舟、攻坚克难，各项任务指标取得好于预期、优于同行的良好成绩，实现年度目标和“十三五”圆满收官。全年销售成品油 3 616.50 万吨；石化资源收购计划完成 3 241.58 万吨，兑现率达 99.88%；营业收入 1 859.34 亿元，实现利润 15.35 亿元；运杂费支出 16.12 亿元，吨油费用 57.62 元；铁路罐车装载率为 94.55%，达到优秀水平。存续企业实现利润 6 942 万元。

（郭伟玮）

【疫情防控和安全生产“双战双胜”】 2020 年，面对新冠肺炎疫情的严峻挑战，销售华北分公司迅速成立疫情防控领导小组，统筹落实防控措施，抓牢常态化管控，上下齐心协力，以高度负责的工作态度，筑起一道坚不可摧的防疫堤坝，顶住疫情的蔓延和反复，实现“零感染”，保护了全体干部员工的生命安全。面对特殊环境下 HSSE 管理的复杂局面，全面树牢底线意识，坚守“发展决不能以牺牲安全为代价”的红线，坚持严抓严管，实现“零污染、零事故、零伤害”的目标。HSSE 管理制度不断完善，管理体系运行更加有效，安全生产专项整治首战告捷，承包商安全管理重大风险实现降级，11 项安全隐患如期销项，“双重预防机制”管控成效显著。“一综合三专业”检查考核不断深入，全员记分和承包商“双记分”管理持续加强，累计进行安全记分 28 人次、38 分，扣除承包商从业人员 22 分、单位 6.97 分，安全管理水平和管理能力实现较大提升。公共安全管控措施不断升级，所属油库配备无人机主动防御系统，应急管理、高风险作业管理、承运商管理及防灾减灾管理常抓不懈，保障了全国“两会”“党的十九届五中全会”、汛期、管网划转等特殊时期生产经营安全平稳。绿色企业创建全面展开，危险废物管理成效显著，污染防治攻坚战任务圆满完成，新河油库环评手续取得较大进展，绿色环保发展能力进一步提升。销售华北分公司本质安全水平显著增强，在销售企业 HSSE 能力测评中，取得销售系统第三、大区公司第一的好成绩。

（郭伟玮）

【“百日攻坚创效”活动取得大区第一的好成绩】 2020 年，按照集团公司统一部署，销售华北分公司快速响应，以效益最大化为原则，制订“百日攻坚创效”行动方案，成立党政一把手任组长的行动领导小组，设立运行优化、效益成本、工程建设、考核监督、宣传工作 5 个工作组，以旬为周期量化细化任务目标，建立例会通报、督办考核等运行机制，全面推进落实生产经营、成本控制、增效创效三大目标任务和 5 项攻坚措施。①全力抓好物流运行优化，确保二季度配置计划完成率 100%、华北管网输量环比增加 100 万吨、吨油费用不高于 45 元。②全力抓好成本管控，积极推进财务转型，实施成本费用提级管理，努力完成集团公司下达的降费指标。③全力抓好重点工程投资项目管理，确保石太管道改线等重点工程项目按期完工。④全力抓好政策落实落地，用好财税惠企政策，最大程度降低劳务费用支出。⑤全力抓好存续企业增收创效，截至二季度末累计利润不低于 1 050 万元。经过百日奋战，二季度公司多项经营指标创造历史最佳成绩，运杂费环比一季度减少 0.55 亿元，吨油费用环比减少 18.20 元；成本费用共计节费 442 万元，超额完成降费目标；金皇公司累计实现收入 5 516 万元，节约成本费用 549 万元；悦泰公司实现利润 2 217 万元。销售华北分公司在销售企业“百日攻坚创效”考评中取得大区公司第一的好成绩，获“百日攻坚创效”销售系统优秀组织单位、物流运行优秀组织单位等称号。

（郭伟玮）

【物流优化创效节费 5 000 余万元】 2020 年，销售华北分公司针对新的资源运输格局，统筹优化 4 种运输方式，协调降低铁路保价费，加强水运运力组织，节费创效和灵活应变能力进一步增强。持续加大资源串换和物流优化力度，开通龙禹—辽宁、龙禹—内蒙、山西—河北等 7 条资源串换新通道，打通河北沧州北库管道扩距廊坊、齐鲁资源地付山东潍坊等 2 条地付扩距新通道，全年累计串换资源 18.80 万吨、完成炼厂地付扩距 59 万吨，资源创效和物流优化取得显著成效，累计节费创效 5 024 万元。

（郭伟玮）

【克服疫情影响保障炼厂资源平稳出厂】 2020 年，受疫情影响，国内外市场持续萎缩，国内资源严重过剩，特别是华北区成品油经营量大幅下降，产销企业库存高涨，资源运行困难重重。销售华北分公司充分发挥区域资源主导优势，强化各类资源统筹，坚持“一厂一策”、精准施策，坚持“顾大局、保重点”，协同产销共保安全生产经营大局。①科学研判预警。每日统筹分析产运存动态，结合复产复工政策科学研判市场走势，制订《成品油市场疫情防控方案》《进销存平衡及资源调整方案》等应急预案，做到“一厂一策”“一库一策”。及时向总部报告产销矛盾，在总部政策支持下，区内各炼厂均逐步降产。②强化库容统筹运作。大区储备库全力接卸炼厂资源，协调炼厂和省市石油公司调整库容，深挖社会可用空容，产运销库容统一运作，及时吸储炼厂资源，保障生产企业安全生产。③精准调运确保资源及时接卸。采取管网联动、缩短汽油运距、大区库吸储管存柴油等措施，解决管道启输瓶颈问题，开通齐鲁与胜利至潍坊汽运、新河铁路入库、邯郸与邢台管输库转铁路入库等通道，解决了内陆炼厂汽油资源出厂难题。同时，分炼厂把控资源出厂进度，每日制订炼厂铁路请车计划，强化承运船舶防疫措施管控，实现资源安全及时运转，较好地保障了区内炼厂生产后路畅通。

（郭伟玮）

【保障“两会”期间北京市场资源稳定供应】 2020 年全国“两会”前夕，针对燕山石化生产装置突发状况，销售华北分公司迅速启动应急预案，统筹各方资源，全力确保北京市场资源稳定供应。①立即调整相关资源流向，协调 2 家外埠石化炼厂生产 2 万吨京标汽油发运北京。②积极协调燕山石化调整生产和装置运行方案，最大限度保证汽油产量，深挖库存 3.8 万吨。③积极与北京路局沟通信息，优先安排外埠石化炼厂调北京汽油资源以及外采资源的发运、卸车，及时完成 1.8 万吨外采资源发运入库。“两会”期间，共组织 7.6 万吨汽油资源发往北京，有效保障了北京市场资源稳定供应。

（郭伟玮）

【成本费用提级管理取得显著成效】 2020 年，销售华北分公司牢固树立“过紧日子”的思想，实施成本费用提级管理，收紧内控审批权限，加强财务审核分析，合理降低各环节费用支出，全年累计节费 4 461 万元。持续深化业财融合，通过联动指标测算、统筹结算时点、共享销售台账、倒算降库幅度等措施，强化“两金”指标管控。积极衔接炼化板块和航油客户，打通电子承兑汇票结算通道，累计流转航油客户、中铁客户承兑汇票 534 张、金额 4.31 亿元，极大地缓解了疫情影响货款回笼的问题。外部应收账款和存货“两金”指标完成 5.82 亿元，优于考核指标 1.76 亿元。

（郭伟玮）

【“四个规范”全面加强资金安全管理】 2020 年，销售华北分公司通过“四个规范”，系统开展资金风险排查，强化薄弱环节整改，提升资金风险防范能力。规范银企对账管理，完善共享中心和公司本部双重对账审核机制；规范账户管理，推进项目部低效账户清理，将党费、工会账户纳入资金系统集中管理；规范 UKEY 管理，网银工资发放普遍实行二级授权，工会账户统一取消网银操作权限；规范基层单位货币资金业务，取消现金收支，银行账户仅限办理薪酬发放及税金缴纳业务。销售华北分公司持续推进资金风险排查常态化，切实筑牢企业规范运营安全屏障。

（郭伟玮）

【华北管网月输量突破 120 万吨】 2020 年，销售华北分公司从资源统筹和管输工艺优化上积极推动华北管网增输创效任务，取得较大突破。①坚持市场导向，与省市石油公司逐一对接管输运行优化方案，按经营需求，优化管输资源配比和管输节奏。②持续加大 23 条优化通道扩距力度，开通沧州管输扩距河北廊坊、齐鲁公路扩距山东潍坊 2 条地付扩距新通道，开通河南信阳—安徽六安管输油库、山西运城—河南三门峡 2 条跨省提油新通道，不断提高管道运行负荷。③优化管输运行模式，增加齐鲁—济南、郑州—许昌、石家庄—高庄 3 个关键管段输油时间及运行流量。5 月，华北管网单月输量达 122.89 万吨，增加 22.27 万吨，创历史新高。

（郭伟玮）

【全面强化危险物品储存安全隐患排查整治】 2020 年，销售华北分公司认真吸取黎巴嫩贝鲁特“8·4”爆炸事故和天津汇洋石油储运公司重大安全隐患教训，精心、精细、精准做好危化品安全隐患排查整治。①成立专项整治小组，公司领导带队，采取各单位自查、HSSE 分委会专项督查、“一综合三专业”督查队“四不两直”检查等组合方式，重点围绕危化品的储存、运输等环节细化五大类排查内容，全面开展隐患排查。②与天津市政府签订《危险化学品企业安全生产承诺书》，及时传达学习有关天津市针对企业存在重大隐患的处罚情况，强化警示教育，消除侥幸心理。针对天津市危险化学品安全隐患大起底、大排查、大整治行动在各企业检查发现的问题，举一反三做好自查整改。③全力强化双重预防机制建设，持续加大承包商安全教育力度，加强直接作业环节管理，全力消除安全隐患。

（郭伟玮）

【全面消除重大环境风险】 2020 年，销售华北分公司从资金支持、施工协调、检查验收等各方面加强水保项目管理，高质量按期完成 152 处水保修复加固。委托专业单位对地质灾害风险相对较高的 100 千米管道进行评价，对风险较高的管段加密巡护，并编制专项治理方案，全力降低风险。建立汛情信息快速报告机制和雨后排查机制，及时通报管道沿线地方气象、水利、国土资源等部门发布的气象、地质灾害预警信息，强降雨后及时对水保设施、阀室、河流穿越等高后果区进行排查，掌握详实信息，及时处置 40 处管道附近水土流隐患。

（郭伟玮）

【正式发布设备完整性管理体系】 2020 年初，销售华北分公司正式启动设备完整性管理体系编制工作。组织专业人才库成员参与设备完整性管理体系的修订审核，历时 170 天完成，该体系包含 1 项体系管理手册、28 项管理制度、34 项程序文件、39 项报表台账、5 项操作手册和 1 项检维修操作规程，规定了各级管理者和全体员工在设备管理和使用过程中必须遵循的原则和要求，促进设备管理工作的体系化、标准化的提升，同时作为检查考核的依据，循环检查各单位执行效果，积极推进设备管理标准化落地，明确岗位权限、职责，确保层层负责。7 月 1 日，销售华北分公司设备完整性管理体系正式发布并上线运行，标志着公司设备管理工作向着标准化、信息化和科学化体系管理模式迈进。

（郭伟玮）

【天津储备库助力扩大汽油出口规模】 2020 年，为落实集团公司“炼销一体化”的总体战略要求，销售华北分公司全力以赴支持天津石化完成汽油出口任务。天津储备库南疆二号库负责协助天津石化出口汽油储存、输转业务，8 月对 302#、303#、305#、306# 4 座空油罐进行现场验罐，对油罐、管线进行清理及维修整改，并安排质检员对汽油管线内油品进行取样化验，有效保证管线内油品质量安全；8 月 28 日，开始接收天津石化出口汽油并对收油油罐进行实时跟进；8 月 29—30 日，对相关油罐进行低液位取样；9 月 2 日，进行收油后的取样，同时对收油前的管线进行取样；10 月 2 日，油泵开启，汽油顺利流向“阿德摩尔”号轮船；10 月 4 日，首次顺利装船出口汽油 3 万吨。

（郭伟玮）

【多举措确保安全度汛】 2020 年 7 月以来，销售华北分公司组织各单位持续开展汛期“四防”隐

患排查治理，对重点防汛区域进行重点管控；针对可能发生的灾害有针对性地开展应急实战演练，确保在发生突发事件的第一时间进行有效妥善处置；建立自然灾害预警机制和汛情周报机制，实时监控各单位汛期生产运行情况；批复专项防汛资金8万余元，支持各单位增配防汛物资。通过一级抓实一级，层层传递，让全体员工深刻认识做好汛期防灾减灾工作的极端重要性，切实做好应对汛期灾害的思想准备和工作准备，筑牢思想堤防，确保公司安全度汛。

（郭伟玮）

【依法合规管理持续稳固】 2020年，销售华北分公司持续推进制度体系建设，全年修订完善各类管理制度45项，绩效考核、“比学赶帮超”红旗评比等考核评价体系更加完善。在工程项目管理上，按照“事前严谨编制，事中严格控制，事后总结反思”的原则，严格项目投资管理，强化项目现场管理和考核督查，投资完成率达100%；建立开评标室，组建评标专家库，完成工程项目公开招标19项，公开招标率达100%；强化物资采购提级管理，实施统一询比价和招标委托采购，物资采购平台应用率达100%。在计量管理上，着力推进计量自动化、信息化建设，夯实精细化、专业化管理，管道、铁路、水运入库运输损耗率分别为0.05%、0.11%和0.13%，均低于销售公司考核指标，切实做到油品损溢全程受控。在质量管理上，严格执行“质量永远领先一步”的方针，完善“十大质量风险”管控措施，强化储运各环节的质量监管，重点加强管输入库油品和集采油品的质量管理，及时发现问题、解决争议，确保经营油品100%合格。在资金管理上，通过强化低效银行账户管理、强化财务印章管理、强化基层单位银行账户支出内容管理、强化员工借款管控、强化划转单位银行账户管控等“五个强化”，全面排查风险，确保资金安全。在全面风险管理上，定期开展重大风险分析研判和监测预警，严格落实“三重一大”决策机制，加强合同依法合规性审查，强化内控管理、内部审计、纪检监督以及各类专项督查，实现对重大风险的全面管控。同时，持续加大“马上就办”文件和重点工作事项的督办考核，全年对35项重点工作进行督办，跟踪考评率达100%，有力促进了重大经营决策的执行，为企业依法合规管理、安全稳定发展提供了充分保障。

（郭伟玮）

【存续企业创效能力显著增强】 面对疫情冲击，灵活调整经营策略，狠抓外部拓市和内部挖潜。悦泰公司推出新产品“优劲”燃油宝，清洗率提升20%，各项指标均达到国际先进水平；推动建成5座散装尾气处理液中转站，供应优势进一步扩大；积极开拓海外市场，清净剂和柴油降凝剂成功在新加坡市场销售；开展全国性销售竞赛、互联网线上销售，积极拓展客户、增收创效。全年销售燃油宝2 297万瓶、尾气处理液82.70万吨，实现收入11 949万元、利润7 167万元，超额完成利润指标。金皇公司持续强化收益管理，拓宽酒店销售渠道，累计接待知名企业团队132个；在写字楼经营上，积极稳定存量、拓展增量，成功引进26家新客户，出租率达95%，创历史新高；积极享用政策红利，通过社保费、能源费、房产税减免等节约支出703万元；深化绩效考核、业务外包和科技化手段，促进减员、控本、提效，全年实现收入8 115万元、利润15万元，较好地完成增收创效目标和经营管理目标。

（郭伟玮）

【“三项制度”改革成效更加凸显】 严格选人用人程序，充分落实“能上能下”的用人机制，严格开展中层干部考核评价，强化部门绩效与个人业绩统筹联动，单位间绩效考核差距达25%。持续深化绩效考核结果在薪酬分配中的应用，机关部门员工绩效考核差距达 15%。坚持向一线岗位和基层岗位倾斜的原则，优化薪酬结构，完成薪酬晋档，形成激励约束并举、效率公平并重的薪酬分配机制。持续完善企业年金长效激励机制，加大对考核优、业绩好、贡献大的干部员工的奖励力度，鼓舞干部员工争先创优、岗位建功。积极引进专业化人才，招聘基层技能操作人员 17 人；招聘应届毕业生 23 人，重点院校和硕士研究生占比达 61%。认真落实“三百三千”实践锻炼计划，7 名年轻干部实现系统内和公司内部交流。持续加强高素质、专业化人才队伍建设，组建公司工程管理专家库，加强技术职称评审和技能培训，高级工及以上人员占比达 24%，技能鉴定取证率达 95%，继续名列销售系统前茅。

（郭伟玮）

【全面从严治党更加深入】 持续强化理论学习，严格落实“第一议题”制度，坚持把学习习近平新时代中国特色社会主义思想、习近平总书记系列讲话精神和党的十九届四中、五中全会精神作为一项重大政治责任抓严抓实。销售华北分公司通过中心组学习、下基层宣讲、开展网上培训班和主题党日等方式，营造了领导班子带头学、中层干部集中学、全体党员系统学的良好氛围，促进全体党员进一步树牢“四个意识”、坚定“四个自信”、做到“两个维护”，自觉在政治上、思想上、行动上同以习近平同志为核心的党中央保持高度一致。持续强化领导班子建设，严格党内组织生活，开展“三重一大”执行情况专项检查，进一步提高了班子决策的规范化和科学化水平。持续推进组织力提升工程，推进党组织和党的工作“全覆盖”，按期完成基层党组织换届。深入开展党员承诺践诺、党员突击队、党员技术攻关队等活动，引导全体员工立足岗位攻坚创效，党员先锋模范作用更加突出。持续健全职工帮扶慰问机制，帮扶救助 72 名困难职工及家属、5 个市级困难职工家庭，员工的安全感、获得感、幸福感不断增强。持续推进党风廉政建设和反腐败工作，完善制度体系，加大“微腐败”整治力度，开展“反腐倡廉教育月”活动、纠治“四风”专项行动和廉洁文化“六进”工程，从严落实为基层减负各项措施，风清气正的局面不断巩固。

（郭伟玮）

表 1　　销售华北分公司主要经营指标

指标名称＼年份	2020	2019	2018	2017	2016	2015
成品油销售总量 / 万吨	3 616.50	4 370.28	4 168.93	3 885.00	3 818.00	3 863.00
销售收入 / 亿元	1 859.34	2 691.81	2 719.67	2 160.00	1 881.00	2 046.00
利润 / 亿元	15.35	14.81	18.51	25.14	3.55	32.00

销售华东分公司

【概况】 中国石化销售股份有限公司华东分公司（简称销售华东分公司），系国有大 I 型企业。办公地址为上海市长宁区愚园路 819 号，内部资本金 52.27 亿元。公司始建于 1949 年 8 月，为中国石油运销公司。1950 年 10 月，改称中国石油公司华东区公司。1953 年 4 月，改组为中国石油公司上海石油采购供应站，为商业部直属企业。1985 年 1 月，划归中国石油化工总公司。1988 年 2 月，更名为中国石化销售公司华东公司。2002 年 10 月，更名为中国石化销售有限公司华东分公司。2000—2004 年期间，销售华东分公司的主要职责是：对浙江、江苏、山东、安徽、福建、江西、上海六省一市石油公司和炼厂实施“资源配置、区间调拨、协调运输、统一结算、信息沟通和价格监督”；2005—2007年，销售华东分公司资源管理辖区相继进行调整，调整后销售华东分公司资源管理辖区为江苏、浙江、福建和上海三省一市，主要履行资源组织、物流优化、储运管理、统一结算和市场监管等职能。2020年9月30日，公司管道相关资产划转至国家管网。

截至2020年底，销售华东分公司本部设总经理办公室（企管法律部）、政工部（党委办公室）、财务资产部、经营管理部、管道油库部、安全数质量部、发展规划部、信息管理部、人力资源部、审计监察部10个职能部门和1个成品油调控中心、1个抢维修中心。公司在华东区7家炼化企业设有办事处。

截至2020年底，公司有在职职工197人，其中具有高级职称的15人、中级职称的49人。在营油库3座，总库容69.5万立方米。其中，陈山油库库容43.5万立方米，拥有外海岛式码头1座，最大可靠泊8万吨级船舶；南京栖霞首站库库容10万立方米；南京玉带首站库库容16万立方米。

销售华东分公司主要经营指标见表1。

（刘　娜）

【圆满完成目标任务】 2020年，销售华东分公司紧紧围绕疫情防控和生产经营双战双胜的目标，贯彻落实集团公司党组的决策部署和销售公司的工作要求，充分履行大区职能，发挥产销一体优势，科学研判疫情各个时期的生产经营形势，有效缓解产销矛盾，协同产销企业精准、创新、高效实施资源统筹运作和物流运行，为区内产销企业共同应对疫情影响，确保生产平稳有序和经营创效提供强有力的支撑，取得超预期的成绩。全年石化资源收购3 582.03万吨，降低120.24万吨。石化资源供应3 039.45万吨，降低37.46万吨。向民航、军队等销售531.63万吨，降低94.12万吨。区内长输管线管输2 052.01万吨，降低108.96万吨。物流运杂费用11.80亿元，增加1.23亿元，区内运杂费发生1.71亿元，降低0.21亿元。

（刘　娜）

【攻坚创效行动超额完成任务】 2020年，成品油市场短缺和资源过剩局面快速变化，原有资源格局被彻底打破，加之汛期洪涝灾害进一步影响市场经营。销售华东分公司面对异常严峻的挑战，公司干部职工迎难而上、主动作为，切实履行大区职能，全力以赴提升产业链价值，有效保障产销经营创效，“百日攻坚创效”和“持续攻坚创效”行动实现增效创效1.77亿元，完成计划目标的173.44%。

（刘　娜）

【国内外资源统筹能力再提升】 2020年，销售华东分公司在区内疫情严重影响市场需求时，努力做大出口，缓解国内供应压力，2—3月协调出口238万吨，增加39万吨，创历史最高。国内市场恢复后，又迅速协调减少资源出口，确保国内市场供应，4—6月协调出口133万吨，环比减少70万吨。7月后，产销企业整体库存高涨，为确保生产企业后路畅通，协调生产企业提前出口，实现国内、国外市场的统筹优化。

（刘　娜）

4月22日，陈山油库柴油出口业务顺利运行2周年，当日来自马塔尔的外轮满载着出口柴油缓缓驶离销售华东陈山油库B2泊位

【区域间调拨量创新高】 2020年，销售华东分公司加强计划与调运的统筹协作，每月结合市场、区内产量进行预测，精细测算资源格局走势，科学优化资源区间调拨运量，3—4月完成调华南地区配置量达月均25万吨以上，环比增加10万吨；5—6月调华中地区配置量均超50万吨，环比增加26万吨，创历史新高。

（刘　娜）

【管输增量取得新成效】 2020年，销售华东分公司优化组织运行，提高陈山油库外采上岸中转注入管道输送能力，协调扩大甬台温管线投用运行，加快桐庐油库投产以缓解浙赣管线罐容不足的瓶颈，提升整体运行能力。算山首站全年完成汽油中转上岸 119 万吨，创历史新高，为甬台温汽、柴油混输做好资源补充并积极做大管输量，下半年增输 4 万吨。

（刘　娜）

【疫情防控得力】 2020 年，销售华东分公司在疫情初期，第一时间成立由主要领导任组长的疫情防控领导小组，全年印发防疫通知 20 份，及时研究部署落实上级防疫工作要求，精准施策认真落实党员干部疫防分区包干、全体员工个人跟踪、疫情零报告、物资采购和统筹调配、干部值班带班、办公生产区域消毒、员工体温检测等工作措施，实现全员覆盖，员工、家属以及相关业务外包单位人员共建立 624 份个人健康信息卡并动态更新，确保“零疑似”“零感染”目标的实现。

（刘　娜）

【HSSE 管理能力进步明显】 2020 年，销售华东分公司持续夯实安全基础，推进 HSSE 体系有效运行，实施重点和关键环节整治与管控，坚持关口前移做好风险识别管控和隐患排查治理，及时消除镇江大运河管道浅埋重大隐患、陈山油库消防配电隐患，公司级安全风险总值由 376 降为 319，在 2020 年度销售企业 HSSE 管理能力评价通报中，销售华东分公司被评为进步明显企业。

（刘　娜）

【继续保持绿色企业称号】 2020 年，销售华东分公司深化绿色企业建设，深入推进绿色企业行动，制定落实 75 项重点措施，组织公司内部绿色基层创建活动，授予 9 个站场绿色基层称号，并顺利通过集团公司 2020 年绿色企业复评，继续保持绿色企业称号。

（刘　娜）

【管道和设备管理更加扎实】 2020 年，销售华东分公司严格巡线管理，排查管道巡线路由 1 130 千米，增设巡线签到考核点 1 425 处；实行第三方施工 24 小时不间断管控，全部 63 起第三方施工均得到有效管控；以“双网融合”为抓手，清理违章占压 18 处。抓实设备维修管理，提高设备故障处置的及时性和有效性，设备故障总数下降 50%。

（刘　娜）

【强化管理成果丰硕】 2020 年，销售华东分公司加强履职督办，成为集团公司“马上就办”工作全年未发生超时的 5 家企业之一；围绕创效凝炼众智，1 项案例、3 项建议获评销售企业“百日攻坚创效”优秀案例及建议，2 项成果获评集团公司 2020 年度深化应用创新创效成果案例，总量位居大区公司第一。严格合同管理，合同管理系统全年综合得分 98.34，位居销售企业第四、大区公司第一。

（刘　娜）

【降本减费成效显著】 2020 年，销售华东分公司坚持刀刃向内，力压成本，全口径变动成本费用发生 1.08 亿元，完成预算的 84.45%；成品油管道变动费用发生 4207.59 万元，完成预算的 70.99%。努力降低损耗，加强全环节数质量管理，严控一次物流损耗，优化管输工况，深挖节能降耗潜力，积极开展“五小”创效，鼓励全员动手节费，积极落实国家惠企政策，共实现降费 2 309.49 万元。

（刘　娜）

【深化应用成绩突出】 2020 年，销售华东分公司深入推动“两化”融合，全年设定的深化应用创新创效行动 19 项目标和 40 项重点任务全部完成，连续 3 年获评深化应用 A 类企业。

（刘　娜）

【管道体制改革工作顺利完成】 2020 年，销售华东分公司按照国家和集团公司统一部署，在时间紧、任务重的情况下，对管道体制改革相关工作进行表单化管理，以管道资产交割日为限，倒排进度、责任到人、逐项考核，确保各项工作上下贯通到位。以 2020 年 9 月 30 日管道资产划转交接仪式为标志，管道体制改革工作顺利完成，实现管输业务平稳过渡，相关工作获得销售公司肯定。共完成涉及 7 500 余项的管道资产划转处置，账面净值达 45.65 亿元，占公司总资产的 39%

（如计入铺底油和拟二次交易出售的资产预计占公司总资产的 53%）。同时，制定二次回购清单，拟回购资产 382 项，净值 693.58 万元。完成相关机构和人员的划转。按照工作需要和个人意愿相统筹原则，掌握员工思想动态，召开职工代表大会，审议通过机构和人员划转方案。共划转 364 人，划转比例达 65%。其中，中层管理人员划转 16 人，划转比例达 57%。完成相关协议签订工作。组织涉及管道资产划转的人员签署《资产、责任、风险移交承诺函》，按期完成《资产交接确认函》等一系列文件及合同的签署，划转过程中相关内外部纠纷及案件数为各大区公司中最少。实现平稳过渡，主动转变生产经营思路，加强与国家管网华东分公司沟通合作，实现管输量再增长，10—12 月管输完成 567.77 万吨，增加 23.02 万吨，浙苏管线等管输量屡创新高。

（刘　娜）

9 月 30 日，销售华东分公司和国家管网华东分公司管道资产交接仪式

【国企政治优势显成效】 2020 年，销售华东分公司强化政治建设，以思想政治为引领，深入学习党章党规、习近平总书记系列重要讲话精神和党的十九届五中全会精神，引导广大干部职工不断增强“四个意识”、坚定“四个自信”、做到“两个维护”，促进各项工作落实落地。围绕中心强化宣传，通过公司微信公众号发布报道 1 000 余篇。深化文明单位创建，通过全国文明单位复评。夯实党建基础，配齐配强基层党建力量，实现公司 36 个基层班组党员全覆盖。积极开展“双示范”创建，持续深化“三基本”建设，努力推动基层党组织全面进步全面过硬。加强队伍建设，持续加大年轻干部的选拔任用力度，优化干部队伍结构，2020 年新提拔年轻中层领导人员 2 人。深化党风廉政建设，压实“两个责任”，聚焦“抓早、抓小”，印发公司日常监督重点工作清单，确立 5 个监督范围、14 项监督内容，细化落实 51 项监督措施。巩固为基层减负成果，发文及会议数量分别下降 57% 和 15%。

（刘　娜）

公司组织开展 2020 新春游艺会活动

表 1　　销售华东分公司主要经营指标

指标名称 \ 年份	2020	2019	2018	2017	2016	2015
成品油资源收购量 / 万吨	3 582.03	3 702.27	3 644.93	3 719.09	3 624.50	3 897.55
省市供应量 / 万吨	3 039.45	3 062.20	3 035.30	3 163.74	3 007.70	3 282.72
管输量 / 万吨（全口径）	2 152.01	2 517.73	2 337.05	2 291.93	2 221.15	2 151.79
销售收入 / 亿元	1 852.71	2 355.25	2 408.77	2 109.06	1 857.52	2 109.89
利润 / 亿元	30.13	28.63	23.51	43.34	53.42	37.04
油库 / 座	3	3	3	3	3	3
管道 / 条	0	3	3	3	3	3

销售华中分公司

【概况】 中国石化销售股份有限公司华中分公司（简称销售华中分公司）成立于1949年，时称华中石油公司，坐落于湖北省武汉市。1985年1月1日划归中国石油化工总公司，改名为中国石化销售公司中南公司；1988年，更名为中国石化销售中南公司；1999年4月，与湖北省石油公司实行资产重组；2006年10月，进行区域调整，更名为中国石化销售有限公司华中分公司。2019年3月29日更名中国石化销售股份有限公司华中分公司。

销售华中分公司是销售公司的派出机构和区域物流中心，主要担负产销衔接、资源平衡、运输协调、物流优化、沟通协调的职能，同时负责辖区内荆门、武汉、安庆、九江和长岭分公司的成品油收购，负责湖北、湖南、安徽、江西、四川、重庆的成品油供应，负责对华中、华东、华南、华北等地区的成品油跨区调拨，担负对部队、铁路、民航等专项用户的成品油供应工作。2020年10月，国家油气管网体制改革，公司大部分管道业务及人员划转至国家管网。截至2020年底，销售华中分公司在营3条管道、5座油库，库容91.7万立方米。下设8个职能处室、2个输油管理处、1个岳阳分公司、5个驻厂办事处，共有员工388名。下设党总支2个、党支部14个，党员共计154人。

销售华中分公司主要经营指标见表1。

（何　超）

【领导班子调整】 2020年11月，集团公司党组对销售华中分公司领导班子做出调整：张洪奎任销售华中分公司党委书记、总经理，李新明、陈井军任销售华中分公司党委委员、副总经理。划转至国家管网的有关领导人员职务自然解聘。调整后的销售华中分公司领导班子由张洪奎、李新明、陈井军组成。

（何　超）

【经营指标完成良好】 2020年，销售华中分公司克服新冠肺炎疫情带来的影响，实现成品油销售2 266万吨，销售收入1 180亿元，利润总额12.04亿元、增加2.81亿元、增幅30.44%；实现各类税费5.59亿元，增加0.57亿元，增幅11.35%。

（何　超）

【获集团公司“十三五”法治建设工作考评A级】 销售华中分公司推进企业法治建设持续深化，建成依法治企管理体系，法治建设与信息化融合，实现法律事务办理流程化、规范化、信息化；优化合同管理流程，践行合同审查“不过夜”，合同审批效率提高45.5%；法律风险管理完成“四进”工作，风险识别和风险提示实现常态化。2020年，公司法治建设工作通过集团公司法治央企建设总结验收，并获A级考评。

（何　超）

【绿色企业建设成果得到夯实】 2020年，销售华中分公司全面开展世界环境日、公众开放日等主题活动，强化环保意识，引导全员共抓生态环境保护；推进排污许可证办理，所辖5座油库均按期取得排污许可证；夯实绿色基层建设，32座库站全面通过绿色基层复审，2020年公司绿色企业复核成绩在16家销售企业中排名第三。

（何　超）

【油品数质量管理再上新台阶】 2020年，销售华中分公司强化油品质量抽检风险防控，5座油库全年共检测样品数量3 824个，检测项目21 498个，质检合格率100%；推进数质量管控一体化平台建设，整合液位仪系统、ERP、LIMS等信息系统；完成自动计量系统验收，5座油库全部实现自动计量；提高全环节损耗监管，对损耗出现异常的油库开展定点帮扶，全年管输进货损耗率0.44‰，保管损耗率–0.20‰。

（何　超）

【打好疫情防控阻击战】 2020年1月22日，成立新冠肺炎疫情应急处置工作领导小组和5个专项小组，制订并启动疫情应急处置预案。部署上，实行中层干部划片承包和网格化管理，将防控压力传递到岗、责任分解到人；防控上，坚持公共场所集中消杀，全面排查“四类”人员，坚决落实“四早”措施，坚持每日“一简报、六通报”，强化物资管控，对防疫物资进行统一管理；经营上，加强与炼厂、省市石油公司沟通，优化物流方案。从1月23日武汉封城，到4月8日武汉解封，销售华中分公司累计向省市石油公司供应成品油338.8万吨，保障沿江5家炼厂成品油出厂364.6万吨，公司员工平安健康，3名确诊员工全部治愈。

（何　超）

【风险防范能力持续增强】 2020年，销售华中分公司强化重大风险管控，按照“打赢企业管理和风险管控攻坚战”的要求，组织梳理48项重大风险事项清单，逐一跟踪管控；强化合同风险管控，开展疫情期间合同排查和油气管网改革合同转让工作，规范合同履行手续；加强证照风险管控，完成长岭、安庆油库危险化学品经营许可证及全部油库排污许可证的办理工作；开展专项工程结算审计，全年完成工程项目竣工结算审计161项，送审金额46 397.7万元，审定金额44 356.7万元，审减金额2 041万元，审计综合审减率4.4%。

（何　超）

【设备检维修新机制】 2020年，管网划转后，销售华中分公司与就近炼化企业开展设备检修业务合作，打造设备检维修新机制。建立监督、管理、服务一体化的设备管理机构，强调以服务基层为宗旨，将原设备“分级维修”变为“一站式检修”；坚持技术自主，制定重大检修标准化管理手册，设置KPI指标，推行现场管理“一张表”；推进现场设备“网格化”管理，建立“累减式”动态奖惩机制，做到目标分解定量化、关键指标定量化、考核兑现定量化。新机制建立后，设备缺陷、故障处理效率大幅提升，设备完好率提升至99.5%，节省抢维修成本600多万元，获评2020年销售企业安全设备管理先进红旗。

（何　超）

【管理创效】 2020年，销售华中分公司抓资产管理提质增效，完成武汉航煤管道管输费结算协议签订工作，收回管输费用260余万元，年均可增收1 200万元，首次实现资产处置产权交易所进场交易，落实资产处置收益最大化；抓炼销资金管理协同创效，全年累计帮助省市公司背书转让票据1.93亿元，再创历史新高；抓现代化管理成果提炼，6项成果参与集团公司现代化管理创新成果评选，其中《“四位、两翼、一中枢”管道保护创新管理体系建设与实践》《一二次物流优化模型应用》分别获管理现代化创新成果二等奖和三等奖。

（何　超）

【发展新定位】 2020年9月30日，销售华中分公司完成管网改革，成品油管道业务与资产划转至国家管网，销售华中分公司业务、组织架构、人员发生重大变化。12月29日，销售公司下文明确销售大区公司管理职能定位：销售大区公司作为销售公司派出机构，主要承担“资源统筹中心、区域物流中心、运行调度中心、成本控制中心”四大职能。至此销售华中分公司进入新发展阶段。

（何　超）

【项目投资建设】 2020年，销售华中分公司完成投资1.75亿元，完成率99.79%。其中，在建项目共计38项，单位工程合格率100%；樟树—萍乡成品油管道项目获核准批复；株洲—醴陵成品油管道项目的选址意见和用地获预审批复；完成工程及服务项目采购123项，累计成交金额1.2亿元，合规率100%。

（何　超）

【管网完整性管理持续深化】 2020年管道划转后，再次开展穿江、武汉航煤及安合3条管道高后果区识别及风险评价，评价出高后果区61处、一般风险管段28处、低风险管段53处。推进管道完整性评价，完成合六管道开挖验证与九赣管道樟树—吉安段，上樟管道浙江省界—上饶段，安阜管道安庆—合肥、淮南—蚌埠、淮南—阜阳段5段管道的合于使用评价。开展“管道缺陷修复歼灭战”，组织专家评审，对剩余的管道缺陷点逐一评估后制订修理方案，全年完成50项修复任务。

（何　超）

【干部队伍建设】 2020年，销售华中分公司结合大区公司职能定位及机构设置，开展干部选拔，优化各级干部配备，全年选拔中层干部12人次；开展人力资源优化，选派2名优秀干部参与集团公司“三百三千”挂职锻炼，选派优秀年轻干部到基层工作和参与工程项目管理，强化年轻人多岗位锻炼；深化全员教育培训，加强在线学习平台应用，推进HSSE管理、生产运行管理、财务资产管理等专业线条的教育培训体系建设，形成各专业线条教育培训管理的闭环。

（何　超）

【群团工作】 2020年，执行公司统战制度，发挥统战人士作用，全年吸纳17名统战人士入党。建立员工帮扶救助机制，进一步完善员工兜底措施，以协会形式开展丰富的员工业余活动，组建爱心母婴室，发挥工会聚心、暖心作用。开展矛盾问题排查化解，在管网划转、离退休人员社会化等敏感工作中，落实维稳预案，维护员工队伍稳定。

（何　超）

【党风廉政建设】 深化“大监督”工作，发挥纪检监督、审计、财务、内控、法律等监督的主体作用，2020年在工程项目管理、费用管理、合同管理等方面共提出议题8项，跟踪解决问题或完善制度17项，推动问题整改闭环管理。强化日常监督，全年对中央八项规定精神执行情况、“百日攻坚创效”开展情况等进行专项监督检查8次，共发现问题13项，提出整改建议10条，下发监督建议书7份。

（何　超）

表1　销售华中分公司主要经营指标

指标名称＼年份	2020	2019	2018	2017	2016	2015
资产总额／亿元	89.66	128.79	129.00	118.98	110.65	100.62
成品油销售量／万吨	2 266.00	2 545.00	2 530.15	2 416.74	2 279.40	2 331.40
销售收入／亿元	1 180.00	1 606.00	1 695.62	1 376.00	1 141.00	1 245.01
利润／亿元	12.04	9.00	32.60	19.25	14.08	14.65
税金／亿元	5.59	10.81	14.34	9.21	11.21	7.28
吨油费用／元	72.28	56.23	59.24	69.09	73.65	86.00

销售华南分公司

【概况】 中国石化销售股份有限公司华南分公司（简称销售华南分公司）本部位于广东省广州市天河区体育西路191号，其前身是成立于2000年的中国石化销售西南分公司，2005年与中国石化西南成品油管道项目部和珠三角成品油管道项目部合并重组。2006年11月24日，经集团公司党组批准，在广州注册成立销售华南分公司，自2007年1月1日起正式运作，系国有大Ⅰ型企业。

2020年10月1日起，为配合国家石油天然气管网体制机制改革，销售华南分公司6 073千米成品油管道和9个输油管理部共1 435人整体划转至国家管网华南分公司，销售华南分公司由管道生产与经营管理并重转变为以经营管理为主的企业。结合公司职能的重新定位（资源统筹中心、区域物流中心、运行调度中心和成本控制中心），设置7个职能部门（综合管理部、经营管理部、财务资产部等），拥有3座油库（分别位于北海、茂名和湛江，总库容93万立方米）和6个驻炼化企业办事处。现有在册员工184人，平均年龄37.3岁，大专以上学历占比94%。

销售华南分公司主要负责中国石化华南区域广州分公司、茂名分公司、湛江东兴公司、海南炼化、北海炼化和中科炼化6家炼化生产企业的成品油出厂，以及广东、广西、贵州、云南、海南5个省区成品油资源统筹计划（占经营量的70%）和川渝地区成品油资源补充任务（占经营量的15%）。

销售华南分公司主要经营指标见表1。

（高　斌）

【经营指标完成良好】 2020年，销售华南分公司销售成品油3 083万吨、增加65万吨、增幅达2.1%，实现销售收入1 600.38亿元，利税35.29亿元，有力保障炼厂出厂顺利和市场稳定，获销售公司物流运行年度进步红旗。

（高　斌）

【企业管理现代化创新取得新突破】 2020年，销售华南分公司先后获评全国企业管理现代化创新成果二等奖1项，集团公司管理现代化创新成果二等奖1项（特大型管输企业以国产化智能化为主导转型发展）、三等奖1项（智能优化驱动的成品油物流精细管理探索与实践）。

（高　斌）

【顺利完成公司体制机制改革，实现平稳过渡】 销售华南分公司上下提高站位、服从大局、团结一心、主动作为，强化责任落实，充分考虑管网划转后员工大幅减少、多岗位人员调整、协调界面激增等诸多不利因素，细化责任分工，优化设置各职能部门，并指定临时负责人，确保公司各项工作有序衔接。充分发挥组织优势，严格落实上级党组织的各项决策部署，建立周例会制度，群策群力研讨解决管网划转期间出现的问题。管网划转以来，公司干部员工队伍思想稳定，生产运行安全平稳，产销衔接顺畅。

（高　斌）

【勇夺疫情防控与生产经营双战双胜】 2020年，面临新冠肺炎疫情暴发、国家油气管网体制改革等诸多挑战，在集团公司党组和销售公司的坚强领导下，销售华南分公司统筹疫情防控和改革发展两大任务、守护员工健康和服务产销两大责任，坚守初心使命，奋力担当作为，聚焦“六稳”“六保”，持续抓安全生产和攻坚创效，实现了疫情防控与生产经营双战双胜。坚持每周由公司主要领导主持召开HSSE例会，共召开51次，以问题为导向务实高效解决HSSE管理过程中的突出矛盾；坚持“眼睛向下”，领导干部扎实开展“下沉一级”带班活动，全年开展带班活动1 126人次。稳步实施安全生产专项整治三年行动计划。结合管网改革后的公司生产实际，重新修订安全生产专项整治三年行动方案，扎实推进2个专题、3个专项整治工作，累计查改问题68项。全力推进现场标准化及设备完整性管理。结合管网划转后的实际情况，优化制订76项油库现场管理提升计划，完善标准化设备台账5类45项，基础管理得到进一步规范。大力提升生产异常管理和应急处置水平。修订完善事故事件及生产异常管理制度，强化异常情况汇报、原因分析和举一反三整改，38起异常情况做到100%闭环管理；妥善处置遵义“7·14”山体滑坡造成油品泄漏事件，得到集团公司领导充分肯定。绿色企业建设成果进一步巩固，编制发布公司2020年绿色企业“一方案两清单”，强化跟踪指导，确保各项指标顺利完成，实现绿色基层单位全覆盖。

（高　斌）

湛江油库光伏发电

【攻坚创效硕果累累】 2020年，销售华南分公司高质量开展“百日攻坚创效”和“持续攻坚创效”行动，结合公司实际制订行动方案并加强考核抓落实，确保各项创效措施的有效实施。全年运杂费用共节约5 390万元，较年度预算降低6.7%；管道变动费用节约1 840万元，在年度预算基础上压减 12.64%，超额完成总部要求节约 5% 的目标，获评销售公司“百日攻坚创效”行动物流运行优秀组织单位。

（高　斌）

【人才队伍建设持续优化】 公司始终按照国有企业领导人员“20 字”标准，加强“五大体系”建设，从严管理监督干部，大力实施“人才强企工程”，加快打造高素质专业化干部人才队伍，在集团公司人事部组织的选人用人满意度测评中连续 6 年 100% 满意。强力推进干部队伍年轻化建设，认真贯彻集团公司人才强企工程方略，对标总部干部队伍结构优化标准，加大干部优化调整力度，完善行政干部与党务干部双向交流、轮岗锻炼的常态化机制；有针对性地选送年轻干部到关键岗位、吃劲岗位培养锻炼，持续推进机关和基层优秀干部双向交流，加快青年骨干成长，累计双向挂职 31 人。持续推进人才强企工作，建立人才考核评价体系和人才培养体系，为公司战略发展提供人才支撑，2020 年参加职称评审 273 人，新增取得职称 197 人，增加 33%（2019 年度新增职称人数 148 人）。引进高校毕业生 49 人，计划完成率达 98%，居于板块前列；建立常态化选聘机制，深化人才成长通道建设，在公司全面开展基层级职位选聘，2020 年组织选聘基层级专业技术职位 27 人、技师 14 人。

（高　斌）

【奋力打赢脱贫攻坚战捷报频传】 2020 年，销售华南分公司提高政治站位，强化党建引领，按照广东省委、省政府工作部署，坚决落实集团公司脱贫攻坚工作安排，成立由党政主要领导为组长的扶贫工作领导小组，派出驻村第一书记，把石化精神带到定点扶贫村中洞村，脱贫攻坚捷报频传，村党支部由“软弱涣散党组织”蜕变为“先进党组织”，建档立卡贫困户 47 户 161 人全部实现稳定脱贫，村集体收入从 1.3 万元提升至 30.4 万元，实现 23 倍增长，群山环抱下的客家山村迸发着崭新的活力。中央电视台、学习强国、《工人日报》《南方日报》《羊城晚报》《中国石化报》等省级以上媒体 8 次宣传公司扶贫工作。

（高　斌）

【对外宣传工作取得新突破】 销售华南分公司制定《深化党建宣传工作通知》，明确责任分工、细化任务目标，重点围绕疫情防控、精准扶贫和攻坚创效等工作开展对外宣传，累计在人民网、新华社等外部主流媒体发稿 297 篇，四季度通过“奋进石化”“朝阳 e 站”等新媒体增加对外稿件刊发，其中《城里的生活美得很，但销售华南有几个人就是要往山里去》一文在新媒体平台独稿刊登。

（高　斌）

【党建工作取得新提升】 2020 年，销售华南分公司党委坚持每周一次党委中心组学习，全年召开中心组学习 39 次，坚持“三重一大”等重要事项党委会决定或前置研究机制，全年召开党委会 34 次，研究决策和参与决策“三重一大”事项 106 项（前置审议 13 项）。创新制定党建工作任务清单，按年度、半年、季度、月度 4 个维度，纵向明确党委、党总支、党支部、党小组及党群部门的党建职责，横向明确各级党组织书记、副书记、委员、党小组长的党建责任，形成横向到边、纵向到底的党建责任体系。在 2020 年度集团公司党建检查中，检查组对公司的党建工作给予充分肯定。

（高　斌）

表 1　　销售华南分公司主要经营指标

指标名称 \ 年份	2020	2019	2018	2017	2016	2015
成品油销售总量 / 万吨	3 083.00	3 018.00	3 089.00	2 952.00	2 941.00	2 913.00
销售收入 / 亿元	1 600.00	1 931.00	2 070.00	1 692.70	1 510.00	1 584.00
实现利税 / 亿元	35.29	32.54	42.30	41.10	35.42	28.71
利润 / 亿元	30.36	27.57	32.23	33.77	28.29	22.24

销售西北分公司

【概况】 中国石化销售股份有限公司西北分公司（简称销售西北分公司）系中国石化销售股份有限公司在陕西省西安市设立的直属机构，是销售大区公司之一，办公地址位于陕西省西安市国际港务区港务大道99号中西部陆港金融小镇A座15层。成立于2002年10月，按照中国石化大区公司职能定位，主要履行中国石化在西北区域市场的经营管理和协调职责，承担产销衔接、资源平衡、运输协调、物流优化等职能，具体负责陕西、新疆、内蒙、青海、宁夏、甘肃、西藏7个省（区）成品油的资源配置、区间调拨、协调运输、资源串换和统一结算等业务；负责辖区内中国石化自有炼厂的成品油资源收购、调运及结算业务；负责陕西延长集团成品油资源的集中采购、调运及结算业务；负责宁夏地区成品油资源的区域化集中采购及销售业务。在业务经营上立足西北，面向西南、华北、华中等地区，服务范围覆盖20多个省市。

截至2020年底，销售西北分公司设综合管理部、经营管理部、财务资产部、安全数质量（信息）部共4个职能处室，及塔化调运中心、延长集采中心、宁夏集采中心共3个专业中心。有在册员工41人，其中党员28人，具有高级职称的5人、中级职称的7人。

销售西北分公司主要经营指标见表1。

（丁　见）

【圆满完成各项经营指标】 2020年，销售西北分公司完成成品油经营量651万吨（其中自营量584万吨），利润0.97亿元、人均利润0.24亿元；配置资源出厂272万吨，计划兑现率102%；创造性执行总部延长集采计划，精准把握流向与节奏，全年发运延长资源221万吨。通过优化物流实现人均节费300万元，通过库存运作、资金运作实现人均增效30万元。辖区内新疆、西藏、青海、宁夏等公司盈利水平大幅提升，甘肃公司实现扭亏为盈。2020年再获销售公司资源组织进步红旗。

（丁　见）

【强化协调积极服务产销】 2020年，销售西北分公司有效灵活应对区内炼厂检修和油品消费需求矛盾，协调运力、抢发抢运，不计成本开启陕、宁等长运距流向，组织资源出疆5.7万吨，保障了生产企业后路畅通和省市公司资源供应。统筹资源、大抓集采，在塔河炼化减产35%、延安炼油厂减产33%、辖区企业成品油销量增长5%的情况下，打赢高效保供“主动仗”。

（丁　见）

【区域化集采创效“新引擎”作用凸显】 按照销售公司部署，高起点开展区域集采试点工作，2020年，销售西北分公司集采规模快速做大，集采量91万吨，完成年计划的104%。其中，从宁夏生产型企业直采22.2万吨，占比23.5%；从山东、东北集采30.8万吨，占比32.6%；收购延长在各省落地资源38.4万吨，占比40.6%。92#、95#汽油吨采零差分别为2 754元和2 959元，0#柴油吨采批差706元，与上年同期省市自采相比，分别吨增加532元、459元和537元，协同增效超2.8亿元。

（丁　见）

【降本节费实现大突破】 2020年运费总额比年计划节约0.88亿元、减幅21%，吨油运费比年计划节约23元、降低13元。全年完成疆内串采量3.4万吨，节费1 037万元；地付直配8.62万吨，节费811万元；大区之间资源串换10.32万吨，节费1 328万元（其中西北379万元、华中283万元、华南666万元）；跨省提油3.4万吨，节费401万元，额济纳旗、平凉、庆阳、榆林、那曲等相关地市公司一次物流成本大幅降低。装载率提高0.12个百分点，继续保持销售公司94%的优秀指标。2020年再获销售公司物流优化进步红旗。

（丁　见）

【库存运作实现“开门红”】 2020年，销售西北分公司经销售公司审批，租赁宁夏东来能源有限公司油库，涉及8个油罐，单罐容量3 300立方米，共 2.64 万立方米，用于提高资产利用效率，统筹西北地区资源平衡，发挥资源储备和库存运作职能，提高西北区域资源整体效益。通过库存运作理论创效近 1 500 万元。

（丁　见）

销售西北分公司第一批区域化集采资源入库

【与宁夏石油分公司合作共建 A 级质检中心】 销售西北分公司为把好外采成品油源头质量关，投资近 2 000 万元与宁夏石油分公司共建区域质检中心，通过购置马达法辛烷值机、十六烷值机及部分短缺油品质检仪器，解决公司长期不能开展汽、柴油全分析等问题，为保质保量做大集采提供了硬支撑。

（丁　见）

【风险管控能力水平提升】 销售西北分公司突出重点风险管控，明确公司"十大风险"，实行领导干部承包，建立健全"风险责任到人、防控措施细化"的风险预防化解机制；明确内控风控管理职责，落实内控制度执行有效性提升行动，全面体检资金管理，组织信用评估，开展内控排查、网络安全和 ERP 权限评估，细化落实整改，有效防范风险。

（丁　见）

【质量管理有效加强】 销售西北分公司重点加强质量管理，制定集采资源管理实施细则、质量监督管理实施细则，重点完成 ISO 9000 质量管理体系，全流程、全环节明确责任，细化流程，初步建成公司质量管理体系，全年完成油品质量前置化验 130 批次，建立质检报告档案，约谈限采和溯源跟踪流程化运作，质量源头管理有效落实。

（丁　见）

【企业内部管理高效推进】 2020 年，销售西北分公司新定、修订制度 23 项，清理废止 33 项，同时组织制度宣贯，开展执行检查，切实提升制度执行力。修订公司内控实施细则，组织培训，从严实施。扎实开展公安机关网络安全监督检查自查和集团公司网络安全水平评价工作，全面检查公司信息基础设施与信息系统的安全情况，深入分析存在的隐患和问题，立查立改，全面规避网络风险，网络安全评价水平晋级至 B 级。

（丁　见）

【干部人才队伍建设切实加强】 销售西北分公司大力培养优秀年轻干部，2020 年聘任毕维良为销售西北分公司党支部书记，刘华为直属单位级法律专业高级专家，2 名班子成员提级。聘任岳高波为销售西北分公司总经理助理，陈晓力为公司副总经济师，干部人才梯队进一步完善。新引进高校毕业生 4 名。建立重要敏感岗位轮岗交流机制，对已达任职交流年限和条件的人员进行轮岗交流。持续改进绩效考核，深化考核结果应用，选人用人、评先选树，坚持看德、看能、看绩、看勤。

（丁　见）

【党建引领作用更加突出】 2020 年，销售西北分公司坚持以党的政治建设为统领，严格落实全面从严治党主体责任，扎实推进"组织力提升工程"建设，落实党务系统应用，强化"一岗双责"机制，突出务实创新融合，切实把党建政治优势转化为干事创业优势。充分利用中心组学习、三会一课、主题党日等载体，认真落实"第一议题"制度，组织十九届五中全会精神宣讲，巩固深化主题教育成果，干部队伍的政治意识、政治能力、政治担当持续提升。严格落实党风廉政建设"两个责任"，强化警示教育，精准"画像"考廉，营造了风清气正的良好生态。开辟企业文化墙，抓实宣传思想工作和意识形态阵地管理，大力传承石油精神、弘扬石化传统，持续推进作风建设，抓实维稳、保密、统战、群团和离退休工作，积极开展趣味运动会、健步走、亲子教育、心理疏导等活动，不断改善工作条件和生活质量，关心关爱员工身心健康，在全公司形成同心同德谋发展的强大凝聚力。

（丁　见）

表 1 销售西北分公司主要经营指标

指标名称 \ 年份	2020	2019	2018	2017	2016	2015
资产总额 / 亿元	17.06	18.51	23.18	21.33	21.16	20.27
成品油总销量 / 万吨	651.00	670.00	600.00	1 141.00	1 222.00	1 349.00
成品油外采量 / 万吨	312.00	308.00	220.00	260.00	342.00	484.00
销售收入 / 亿元	306.00	383.00	363.00	623.00	584.00	694.00
利润总额 / 万元	9 672.00	15 745.00	7 888.00	4 426.00	12 572.00	282.00
纳税总额 / 万元	5 012.00	8 498.00	5 741.00	6 877.00	6 855.00	7 567.00

易捷公司

【概况】 中石化易捷销售有限公司（简称易捷公司）位于北京市朝阳区朝阳门吉市口路 9 号，主要经营食品、饮料、烟酒、百货及润滑油等商品批发零售，洗车、换油等汽车服务，场地租赁，电子商务等，是中国石化销售股份有限公司的全资子公司，受委托行使对销售企业非油品业务的经营管理职能。2008 年 4 月，集团公司决定统筹开展非油品业务。2014 年 3 月，中石化易捷销售有限公司揭牌成立，标志着非油品业务向市场化、专业化发展。易捷公司作为国务院国资委“双百”改革试点，2019 年，集团公司通过非油品综合改革方案，启动易捷公司及 4 家省市公司非油品改革。

截至 2020 年底，易捷公司本部共设立 9 个部门，公司党委下设 5 个党支部。下属 9 家合资公司，分别为贵州赖茅酒业有限公司、西藏高原天然水有限公司、四川石化雅诗纸业有限公司、吉林省林海雪原饮品有限公司、长白天泉（北京）营销有限公司、中石化易捷宝利德投资发展有限公司、天水长城果汁集团有限公司、西藏宝元圣贸易有限公司、易捷咖啡（北京）有限公司。

2020 年，易捷公司非油品财务口径营业收入 338.4 亿元，增长 6%。

易捷公司主要经营指标见表 1。

（吕志亭）

【领导班子调整】 2020 年 1 月 3 日，易捷公司召开第二届董事会第一次会议，通过关于总裁、副总裁、财务总监等新一届领导班子的任命。新一届领导班子由叶慧青、李炜、陈诚、袁海东、叶子惠、李宏、刘妍组成。

（吕志亭）

【非油品业务实现量效齐增】 在疫情不利影响下，易捷公司坚持“品牌＋资本＋商品＋服务”的“四位一体”发展思路，大力发展便利店网络，培育开发自有商品，积极拓展多元业态，着力打造易捷品牌，持续推进油非融合发展，推进公司高质量发展，2020 年非油品营业收入累计实现 338.4 亿元、增长 6%。

（吕志亭）

【品牌培育提质升级】 2020 年，易捷公司紧盯社会经济复苏、消费需求增长的机遇，积极引入第三方营销资源，推进燃油宝、尾气处理液、赖茅酒等自有品牌销售，引领做大做强便利店业务，迅速扭转经营困境。以定制专销、贴牌联标等方式，开发自有品牌商品，累计实现重点商品销售增长 13%、毛利增长 18%。其中，尾气处理液、赖茅酒、长城中小包装润滑油销售额增加量占总增量的 51%。

（吕志亭）

【“跨界卖菜＋无接触服务”全力防疫保供】 2020年，为解决疫情期间市民买菜难、农民卖菜难的问题，易捷公司发挥网点和供应链优势，在北京、浙江、江苏、河南等26家销售企业的7 000座加油站临时增加蔬菜销售业务，并加大大米、面条等食品及消毒液等防疫物资的门店供应力度，受到客户好评。针对疫情防控常态化，在各销售企业推行无接触服务。北京石油分公司、江苏石油分公司、湖北石油分公司分别推出“一键到车”“石化到家”“线上订购＋线下送货”等无接触服务，采取线上线下结合的营销模式，将蔬菜水果直送小区门口，让客户放心购物。

（吕志亭）

【线上线下联动推出自有品牌口罩】 2020年，易捷公司坚决贯彻落实“打赢疫情防控阻击战”号令，完成786吨中国石化熔喷布定向配置。3月3日起，易捷公司在北京石油分公司旗下50座加油站的易捷便利店销售推出“EASY JOY”一次性防护口罩。同时，为避免人群聚集，口罩销售采取线上（“易捷加油”APP）购物、到店自提的无接触销售方式。“易捷海购”APP也准备了境外合规口罩货源。

（吕志亭）

【易捷直播卖货成热门营销方式】 4月10日，易捷公司发起“看‘鄂’了，就帮湖北拼一单”公益直播活动，推荐网友购买脐橙、恩施硒茶、小龙虾等湖北滞销农产品，1.5小时的直播吸引24.3万人观看、274.6万人点赞，评论6.1万条。中国石化迅速上线“云”逛易捷、易捷“遥”买等系列“技能包”，线上直播下单、线下客户自取成为热门营销方式，物美价廉质优的易捷商品受到越来越多的消费者认可。

（吕志亭）

【“加油中石化”正式上线】 2020年，全国统一线上平台“加油中石化”（易捷商城）正式上线，38家单位（含合资公司）入驻开店，拓展线上业务。“加油中石化”小程序累计访问次数近5 000万次。全年全国线上交易额增幅131%；微信用户持续增长，关注人数达1.39亿人，注册会员8 082万人，绑卡会员4 133万人。

（吕志亭）

【易捷品牌价值排名中国零售品牌榜单第一】 5月10日，“2020中国品牌价值评价信息发布”活动在北京举行。品牌价值超161亿元的易捷位列零售品牌榜单第一，与上年品牌评价数值相比提升45.66亿元。易捷公司将品牌发展战略与公司战略紧密融合，相互促进、共同发展，构建以品牌规划、品牌传播、品牌延伸等为主的系统品牌管理体系，获2020我喜爱的中国品牌、2020年度人民匠心品牌奖等奖项。

（吕志亭）

【汽服体系初具规模】 易捷公司大举布局汽服业务，携手合作伙伴共建多方共赢的汽服平台。除自有汽服品牌——易捷澳托猫门店数量突破700家外，易捷还积极与第三方汽服门店合作，为顾客提供快速洗车、美容保养、轮胎更换等服务。截至2020年底，全国易捷汽服门店已超7 000家。6月30日，易捷公司发布招商公告，40多家企业积极报名响应。经过优中选优，9月，易捷公司与长安汽车、长城汽车、奇瑞汽车等6家企业签订战略合作协议，在销售、广告、维修等汽车关联业务方面开展业务合作。

（吕志亭）

【推进市场化改革激发活力】 易捷公司持续深化改革，积极探索职业经理人和职业雇员制度，取消行政级别、打破身份界限，经营班子推行职业经理人制度，部门经理及以下用工推行职业雇员制度，形成管理人员能上能下、员工能进能出、收入能增能减的“三能”机制。积极推进北京、山东等4家单位非油品综合改革试点，营造了良好的干事创业氛围。易捷公司市场化改革被国务院国资委列入国企改革“双百行动”改革样本。

（吕志亭）

【“易享节”成为国内规模最大线下购物节】 9月10日，“中国石化扶贫商品展销会暨易捷第三届易享节”在湖南长沙启动，百城万店送出10亿元优惠补贴，奏响消费扶贫最强音，与全国消费促进月同频共振，助力消费复苏和经济内循环。精心策划“点亮行动”，从9月1日至10月10日，相继点亮12座城市地标，同时点亮的还有战胜困难的信心、对美好生活的梦想。运用多种传播媒介，采取线上线下结合、内部外部联动的方式，多维度进行宣传推广，成功打造国内规模最大的线下购物节。10月9—11日，实现销售额10亿元。

（吕志亭）

【易捷扶贫“输血”更“造血”】 11月21日，中国石化最后一个定点扶贫县甘肃东乡正式脱贫。在对口扶贫的过程中，易捷公司“输血”更“造血”，为东乡藜麦打开了销路。2020年，东乡藜麦产量为1 000吨，带动2 149户村民增收致富。利用网络、品牌等优势，易捷公司始终把消费扶贫作为一项重要工作，积极联系贫困地区农产品进易捷，为扶贫产品打开销路。在易捷商城、各省市石油公司APP等平台设立贫困地区特色产品馆和扶贫频道栏目，积极推广直播带货活动，扩大扶贫产品销售覆盖面。

（吕志亭）

【成立合资公司规模化销售咖啡】 12月22日，易捷公司宣布与互联网咖啡品牌“连咖啡”成立合资公司，推动“易捷咖啡”规模化进军加油站，打造中国的加油站咖啡。“易捷咖啡”北京首家店落户龙禹公司玉泉加油站，并于12月22日正式对外营业。易捷公司持续拓展新兴业务，推进与肯德基等知名品牌快餐合作，丰富实体平台功能，构建加油站高价值商业生态圈，餐饮项目超1 100个。

（吕志亭）

【积极探索党建新模式】 2020年，易捷公司积极探索“市场化”条件下的党建新模式，制定党委前置研究讨论重大经营管理事项清单，把党的领导全面融入公司治理体系。树立“易家人、一起拼”的文化导向，增强了团队凝聚力和战斗力。

（吕志亭）

【执行力建设逐步提升】 2020年，易捷公司推广科学工作法，加强目标任务管理，细化全年268项工作量化量表，明确责任部门、责任人和时间节点要求，以全员日报告、周小结，部门周汇报、月分析的工作方式推动量化量表各项工作办理。

（吕志亭）

表1　　易捷公司主要经营指标

指标名称 \ 年份	2020	2019	2018	2017	2016	2015
营业收入/亿元	338.40	320.50	312.50	274.50	213.80	167.60
易捷便利店总数/座	27 672	27 606	27 259	25 775	25 591	25 177

石油化工科学研究院

【概况】 中国石油化工股份有限公司石油化工科学研究院（简称石油化工科学研究院）位于北京市海淀区，创建于1956年7月，1983年整体划归进入原中国石油化工总公司，是中国石化直属综合性科学技术研究开发机构，学科完整，技术优势突出，研发领域涵盖炼油工业技术全流程，并有重点地向石油化工和新能源领域延伸。

石油化工科学研究院设有 18 个研究部门、10 个管理服务部门、6 个支撑服务部门，代管兴普公司。职工总数为 1 166 人，各类技术人员 1 040 人。其中，中国科学院、中国工程院院士 4 人，集团公司首席专家 3 人、高级专家 8 人，享受政府特殊津贴人员 23 人，正高级工程师 119 人，高级技术人员 572 人；博士 392 人，硕士 350 人。

石油化工科学研究院拥有炼油工艺与催化剂国家工程研究中心、石油化工催化材料与反应工程国家重点实验室、国家能源石油炼制技术研发中心、工业产品质量控制和技术评价实验室，6 个中国石化重点实验室（中心），是全国石油产品标准化归口单位，国家石油产品质量监督检验中心、全国石油产品和润滑剂标准化技术委员会秘书处和中国石油学会石油炼制分会的挂靠单位。编辑出版《石油学报（石油加工）》《石油炼制与化工》和《China Petroleum Processing and Petrochemical Technology》3 个科技期刊。下设研究生部和博士后流动站，拥有化学工艺、应用化学专业博士学位，化学工艺、应用化学、工业催化和化学工程专业硕士学位的授予权。

截至 2020 年底，石油化工科学研究院共获部级以上奖励的科技成果 987 项、国家级奖励 134 项。其中，国家最高科学技术奖 1 项、国家技术发明一等奖 2 项、国家科技进步特等奖 2 项、国家科技进步一等奖 8 项。累计申请国内专利 9 814 件，获授权 6 701 件；申请国外专利 1 436 件，获授权 889 件；获中国国家知识产权局和世界知识产权组织联合颁发的中国专利金奖 8 项、银奖 1 项、优秀奖 19 项。

2020 年，石油化工科学研究院获中国石化科学技术奖励 8 项，中国石油与化学工业联合会科学技术奖励 5 项，中国化工学会科学技术奖励 2 项，中国颗粒学会自然科学一等奖 1 项，中国工业大奖 1 项。通过技术鉴定 13 项、评议 5 项。制（修）订国家和行业标准 19 项，发布实施 28 项；审查备案企业标准 300 余项。申请中国专利 702 件，获授权 600 件；申请国外专利 121 件，获授权 80 件。

石油化工科学研究院 2020 年度主要科研成果获奖情况及 2015—2020 年专利申请与获授权情况分别见表 1 和表 2。

（杜诗画）

【领导班子调整】 2020 年，集团公司党组对石油化工科学研究院领导班子进行调整：李明丰任石油化工科学研究院院长、党委副书记，刘振华任石油化工科学研究院党委书记、副院长，田树新任石油化工科学研究院党委副书记兼纪委书记、工会主席人选；解聘达志坚石油化工科学研究院院长、党委副书记、党委委员职务，办理退休手续，解聘侯栓弟石油化工科学研究院副院长、党委委员职务，另有任用。

（杜诗画）

【重油高效催化裂解（RTC）技术通过鉴定】 该技术有效破解利用劣质重油生产丙烯、乙烯的难题，不仅可提高液化气产率和丙烯、乙烯浓度，还能明显降低焦炭产率，改善汽油产品性质，展现了良好的“粗粮细吃”加工能力。该技术拓宽了中国石油化工行业生产烯烃的原料来源，具有更好的产品选择性，实现了对于重质原油的高值化利用。

（杜诗画）

【30 万吨 / 年双氧水法制环氧丙烷（HPPO）工艺包项目通过鉴定】 石油化工科学研究院通过工艺优化和工程放大研究，成功开发 30 万吨 / 年 HPPO 技术工艺包。该技术申请中国发明专利 18 件、获授权 9 件，完成自由运作权分析，具有创新性和完全自主知识产权，达到国际先进水平，市场应用前景广阔。

（杜诗画）

【世界首套芳烃型移动床轻烃芳构化装置投产】 2020 年 7 月 12 日，由石油化工科学研究院与炼化工程集团洛阳（广州）工程公司联合研发并承担工程设计的中海石油宁波大榭石化 50 万吨 / 年芳烃型移动床轻烃芳构化装置顺利投产，标志着具有中国完全自主知识产权的世界首套芳烃型移动床轻烃芳构化装置实现一次开车成功。

（杜诗画）

【质子交换膜燃料电池汽车用燃料氢气质量检测项目获国家认监委资质认定】 2020年7月，“质子交换膜燃料电池汽车用燃料氢气质量检测项目”获国家认监委资质认定（CMA），标志着石油化工科学研究院可检测燃料电池车用氢气质量，并向社会出具具有法律效力的分析报告。

（杜诗画）

【己内酰胺绿色生产成套新技术获中国工业大奖】 该技术较传统技术生产流程大幅简化，碳原子和氮原子利用率接近100%，生产成本下降50%、投资下降80%，污染物接近“零”排放，达到国际领先水平。该项目成功打破70年来国外对己内酰胺生产技术的垄断，开发出具有自主知识产权的绿色成套新技术，推动中国己内酰胺自给率升至94%，成为世界第一己内酰胺生产大国。2020年12月，己内酰胺绿色生产成套新技术获中国工业大奖。

（杜诗画）

【低成本低硫重质船燃成套技术研发团队获集团公司优秀创新团队称号】 该团队基于对船燃产品的性能和市场分析，以生产及运行技术、打造自主品牌为主要研发方向，开发出具有原创性的催化裂化油浆柔性脱固、快速分析油浆含量的X射线光谱法及调和模型、软件等系列技术，为企业带来显著经济效益，被授予中国石化2020年度优秀创新团队称号。

（杜诗画）

【特种润滑脂助力长征五号B火箭升空】 2020年5月5日，中国新型号火箭长征五号B成功首发，石油化工科学研究院研发的高温润滑脂以稳定的性能再次发挥可靠保障作用。石油化工科学研究院特种润滑油脂在神舟系列、嫦娥系列、天宫系列等航天器以及国产大飞机上应用，多次为阅兵装备提供润滑保障，为推动中国航空航天事业发展和保障国防建设做出重要贡献。

（杜诗画）

【攻坚创效成效显著】 2020年，石油化工科学研究院积极响应集团公司党组号召，以解决企业实际生产经营困难为目标，成立十大攻关组，发挥技术优势，派出科研人员前往一线，支撑重大炼化项目顺利开工、平稳运行，支持炼化企业应对市场剧变、渡过难关，优质服务广受客户赞誉。石油化工科学研究院被评为集团公司“百日攻坚创效”行动先进单位，2人当选集团公司“百日攻坚创效”行动先进个人。

（杜诗画）

【海外市场经营取得突破性进展】 2020年，石油化工科学研究院克服疫情影响、销售渠道不畅、跨国技术服务受阻等不利因素，积极探索远程技术服务模式，取得突破性进展。柴油加氢催化剂、C_5/C_6异构化催化剂进入老挝市场，石脑油预加氢、半再生重整催化剂中标巴基斯坦炼厂，含磷硫润滑油清净剂出口印度，渣油加氢、MIP及S Zorb技术实现首次海外许可，与泰国IRPC公司成功续签整体技术服务第三期协议。

（杜诗画）

【持续深化体制机制改革】 2020年，石油化工科学研究院持续深化体制机制改革，对标一流，推进机关部门“三定”；突出重点，修订目标责任考核办法；激励先进，调整薪酬制度，促进全员工作积极性提升。深化内部课题竞争，试行科研项目门径管理，加大对外开放合作力度，促进产学研用协同创新。优化审批流程，简化考核方式，减轻基层负担，营造了良好的科技创新环境。

（杜诗画）

【本部工作区设施完善改造项目正式开工建设】 2020年8月18日，石油化工科学研究院本部工作区设施完善改造工程项目正式开工建设。

石油化工科学研究院本部工作区设施完善改造工程项目启动仪式

该项目是支撑石油化工科学研究院创新发展的重大基础工程，建设内容包括新建综合科研楼 1 栋、实验楼 3 栋，改造监测楼及各种建筑物配套系统设施等。新建建筑面积 62 572 平方米，改造面积 6 291 平方米。

（杜诗画）

【积极开展院企党建共建】 2020 年，石油化工科学研究院与燕山石化签订《党建共建协议》，双方以“党建搭台、业务唱戏”为抓手，围绕科技创新、转型发展、节能环保等，发挥“产学研用”一体化优势，资源共享、优势互补、共同发展，促进院企党建独特优势转化。部分基层党支部与业务相关企业基层党组织开展形式多样的党建共建活动，有效推动中心工作高质量完成。

（杜诗画）

【开展创新文化建设】 2020 年，石油化工科学研究院开展“创新文化引领发展”文化价值观建设系列活动。通过举行专题培训、召开文化共创会、组织全员大讨论等形式，解读创新文化内涵，弘扬科学家精神，分享典型案例，凝练创新文化词条。通过创新文化建设，深入挖掘优秀企业文化，塑造良好价值导向，推动干部职工形成干事创业的行动自觉。

（杜诗画）

【2 人获聘集团公司首席专家】 经过公开竞聘，集团公司党组研究决定，聘任聂红为集团公司石油炼制（炼油工艺 <馏分油加工工艺>）领域首席专家、宗保宁为集团公司石油化工（化工生产优化运行）领域首席专家。至此，石油化工科学研究院拥有集团公司首席专家增加至 3 人。

（杜诗画）

表 1　　石油化工科学研究院 2020 年度主要科研成果获奖情况

序号	项目名称	奖项名称	获奖等级
1	SR-1000 重整催化剂的开发及工业应用	集团公司科技进步奖	一等奖
2	浆态床蒽醌法制过氧化氢成套技术	集团公司科技进步奖	一等奖
3	SKI-210 脱乙基型 C_8 芳烃异构化催化剂研发与工业应用	集团公司科技进步奖	二等奖
4	适应国家第Ⅴ阶段排放要求的汽柴油组成研究	集团公司科技进步奖	二等奖
5	载体流态化生物膜高效生化技术	集团公司科技进步奖	二等奖
6	汽油辛烷值桶催化裂化助剂的开发与应用	集团公司科技进步奖	三等奖
7	硬质沥青开发和工程应用	集团公司科技进步奖	三等奖
8	高效节能减排的环己酮氨肟化成套工艺技术开发与工业应用	集团公司科技进步奖	三等奖
9	浆态床微球蒽醌加氢催化剂及过程强化	中国化工学会技术发明奖	一等奖
10	渣油原料生产高辛烷值桶汽油的裂化催化剂开发与应用	中国化工学会科技进步奖	一等奖
11	气固反应介尺度模型及其在变径流化床反应器应用中的基础研究	中国颗粒学会自然科学奖	一等奖
12	气相超稳分子筛连续化工艺及其催化剂的开发与应用	中国石油和化学工业联合会技术发明奖	二等奖
13	满足汽油质量升级的吸附脱硫成套技术开发及广泛应用	中国石油和化学工业联合会科技进步奖	一等奖
14	百万吨级煤直接液化油加氢提质 RCHU 技术的开发与应用	中国石油和化学工业联合会科技进步奖	二等奖
15	中间馏分中饱和烃、芳烃和脂肪酸甲酯分离测定的 ASTM 标准制定	中国石油和化学工业联合会科技进步奖	二等奖

续表

序号	项目名称	奖项名称	获奖等级
16	《车用乙醇汽油（E10）》GB 18351—2017 和《车用乙醇汽油调合组分油》GB 22030—2017 国家标准的修订	中国石油和化学工业联合会科技进步奖	三等奖
17	己内酰胺绿色生产成套新技术	中国工业大奖	

表 2　石油化工科学研究院 2015—2020 年专利申请与获授权情况　件

年　份	国内专利		国外专利	
	申请数	获授权数	申请数	获授权数
2020	702	600	121	80
2019	706	532.5	96	56
2018	701	589	90	82
2017	682	564	30	75
2016	685	660	47	69
2015	666	652	88	47

大连（抚顺）石油化工研究院

【概况】 大连（抚顺）石油化工研究院是中国石油化工股份有限公司大连石油化工研究院和中国石油化工股份有限公司抚顺石油化工研究院的统称，创建于 1953 年 4 月，是新中国最早建立的石油研究机构，1983 年 7 月划归新组建的中国石油化工总公司。建院初期位于辽宁省抚顺市望花区。2017 年 9 月，主要研发部分搬迁至辽宁省大连市旅顺口区，设立大连石油化工研究院；加氢中试装置留在抚顺，保留抚顺石油化工研究院。

经过 67 年的发展，大连（抚顺）石油化工研究院已形成清洁炼油、新兴能源资源和炼化公用技术三大创新研发平台，下设 15 个研究室和 1 个环保研究所。设有国家石油产品检验实验室、国家石蜡质量监督检验中心及博士后工作站和硕士研究生工作站，是国家石油蜡类产品标准化归口单位，同时也是石油化工环境污染防治技术国家地方联合工程研究中心、中国石化环境监测总站及省部级工程研究中心（重点试验室）的依托单位。

截至 2020 年底，大连（抚顺）石油化工研究院正式职工总数为 697 人，其中具有高级技术职称的各类专业技术人员 313 人，中国工程院院士 1 人，“百千万人才工程”国家级人选 1 人，享受国务院政府特殊津贴专家 14 人，集团公司高级技术专家 8 人、突出贡献专家 19 人。获国家科技进步奖和技术发明奖 23 项，获省部级科技成果奖励 400 余项，获中国发明专利金奖 2 项、优秀奖 15 项，累计申请中国专利 7 000 余件、境外专利 300 余件，获国内外专利授权 5 000 余件。

大连（抚顺）石油化工研究院 2020 年度科研成果获奖情况和 2015—2020 年专利申请与获授权情况分别见表 1 和表 2。

（刘建锟）

【领导班子调整】 2020 年 9 月 4 日，集团公司召开会议，宣布大连（抚顺）石油化工研究院领导班子调整的决定。调整后的大连（抚顺）石油化工研究院领导班子组成为：院长侯栓弟、党委书记兼副院长乔凯、副院长周勇、党委副书记吴炳乾、副院长兼总工程师王刚、副院长杜艳泽。

（刘建锟）

【“烃类转化过程渐次反应理论建立及实践”获集团公司前瞻性基础性研究科学一等奖】 项目从烃类转化反应出发，通过深入研究多相催化反应过程，发现影响烃类分子吸附和反应的关键因素，提出渐次反应理论；以理论指导催化材料的开发，“引导”烃类转化反应渐次进行，得到明确的“构效”关系，显示出优异的催化性能，该结果与渐次反应理论一致。该项目实现从基础研究创新、到成果规模化生产和产业化应用的全链条研发，获2020年度集团公司前瞻性基础性研究科学一等奖。

（刘建锟）

【“FL2G催化柴油高效转化成套技术开发及工业应用”获集团公司科技进步一等奖】 项目首创FD2G未转化油作为单独催化裂化装置或单独提升管进料技术路线，两个单元分担转化任务，提高各自反应效率，同时配套开发高选择性FC-70A/B级配催化剂体系，实现催化柴油高选择性、深度转化的目标。此外，FD2G专用装置设计，有效利用FD2G反应过程反应热，实现节能降耗。工业应用表明，按FD2G装置未转化油全部进FCC装置测算，催化柴油总转化率可接近80%，汽油产品选择性85.0%，显著优于现有同类技术水平。该技术获2020年度集团公司科技进步一等奖。

（刘建锟）

【燃料电池车用氢气纯化技术在高桥石化一次开车成功】 该技术以低成本的重整装置副产氢为原料，自主开发高选择性定向除杂专用吸附剂，配套快速提纯工艺（S-PSA）和精准时序控制策略，形成整套氢燃料电池车用高品质氢气生产技术，500米^3（标准）/时侧线装置在高桥石化一次开车成功，产品氢气纯度99.998%以上，远高于燃料电池车用氢气国家标准，标志着中国石化氢能产业链发展取得又一重要突破，为生产具有广泛用途的高纯氢提供坚实技术基础，也是中国炼厂首次生产出“五九”高纯氢气，被列为中国石化“十三五”期间2项新前沿领域技术突破之一。

（刘建锟）

【“十条龙”项目“中安联合煤化高盐废水零排放技术研究”通过技术鉴定】 针对煤化工行业高盐废水特点，大连（抚顺）石油化工研究院等单位承担的“十条龙”攻关项目“中安联合煤化高盐废水零排放技术研究”，形成高盐废水零排放成套技术，实现高盐废水中钙、镁、硅、氟的协同去除，解决了淮河水丰、枯水季盐硝倒挂对高盐废水处理的影响，并且充分利用低品位蒸汽，实现分盐和能源的优化利用，成功应用于中安联合煤化工污水零排放工程。360吨/时高盐废水零排放装置于2019年12月投用，装置运行稳定，实现高盐废水的零排放和氯化钠、硫酸钠的分质结晶资源化利用，氯化钠、硫酸钠总质量收率78%，产品质量指标分别达到国家工业盐二级标准、工业无水硫酸钠Ⅲ类标准，整体技术达到国际领先水平，经济和社会效益显著。该技术于2020年11月通过中国石化科技部组织的技术鉴定。

（刘建锟）

【临氢降凝催化剂FDW-3首次出口国外市场】 2020年10月31日，哈萨克斯坦PKOP炼厂200万吨/年柴油加氢降凝装置采用大连（抚顺）石油化工研究院FHDW技术及配套FDW-3降凝催化剂、FH-40A精制催化剂体系一次开车成功。装置一直平稳运行，催化剂的活性、选择性、目的产品质量完全满足技术协议指标要求。装置新周期降凝反应器入口和出口温差仅为-3.8℃。在满足哈萨克斯坦冬季-20#低凝柴油产品质量要求的情况下，目的产品低凝柴油收率为90.78%，较上周期国外专利商提高3.60个百分点，FDW-3降凝催化剂表现出较高的目的产品选择性。

（刘建锟）

【“辽宁省石化行业多相流化床专业技术创新中心”正式挂牌】 2020年8月，大连（抚顺）石油化工研究院申报的“辽宁省石化行业多相流化床专业技术创新中心”获辽宁省科学技术厅批复，正式挂牌。该中心以多相流化床为技术平台，通过研发突破多相流化床反应器技术、催化反应工程技术、催化新材料技术、多相流传质反应基础理论和多相流化床反应器检测表征技术等多种前瞻、颠覆性技术，重点解决石油高效加工利用、环保污水处理和高效催化反应工艺工程技术等多领域的基础科学问题和工程应用难题，从而提高石化产业生产效率、助力中国石油化工领域产业升级和技术转型。

（刘建锟）

【固定床渣油加氢技术研发团队获评大连最美科技工作者团队】 2020年12月，大连（抚顺）石油化工研究院固定床渣油加氢技术研发团队获评大连最美科技工作者团队。固定床渣油加氢技术研发团队开发的S-RHT®渣油加氢催化剂及工艺全套技术，实现渣油加氢处理技术国产化，打破国外技术垄断，为中国石油石化行业的发展做出巨大贡献。开发的渣油加氢技术在成本降低25%的同时，催化剂性能提高20%，工业装置运行寿命延长50%。在国内外工业装置上成功应用60余套次，技术成果分别获国家科技进步奖一、二等奖，中国专利金奖，中国石化科学技术进步一、二、三等奖多项，申请专利200余件。2020年，团队研发催化剂工业应用达1.3万吨，技术在国内市场的占有率拔得头筹；韩国与台湾地区市场首次应用，进一步提高了中国渣油加氢技术在国内国际市场上的竞争力。

（刘建锟）

表1　大连（抚顺）石油化工研究院2020年度主要科研成果获奖情况

序号	成果名称	奖项名称	获奖等级
1	烃类转化过程渐次反应理论建立及实践	集团公司前瞻性基础性研究科学奖	一等奖
2	FL2G催化柴油高效转化成套技术开发及工业应用	集团公司科技进步奖	一等奖
3	酵母菌全糖代谢系统构建与木质纤维素高效乙醇转化的构效关系	集团公司前瞻性基础性研究科学奖	二等奖
4	燃气动力炉烟气深度脱硝及新型催化剂开发与应用	集团公司科技进步奖	二等奖
5	芳烃二甲苯装置能效提升技术开发及工业应用	集团公司科技进步奖	二等奖
6	埋地管道杂散电流监测系统研发及预警技术	集团公司科技进步奖	二等奖
7	煤层气田微电网系统稳定控制技术开发	集团公司科技进步奖	二等奖
8	石油化工环境保护设计规范	集团公司科技进步奖	三等奖
9	MAPS抗高温改性淀粉创制技术及在钻井工程中的应用	辽宁省技术发明奖	二等奖
10	适应大型连续化生产过程的低成本、清洁化加氢催化剂制备技术	辽宁省科技进步奖	二等奖
11	页岩油提质增效生产清洁燃料技术开发及应用	辽宁省科技进步奖	二等奖
12	50万吨/年中低温煤焦油全馏分加氢成套技术开发及工业应用	新疆维吾尔自治区科技进步奖	一等奖
13	长输管道智能腐蚀检监测与控制技术开发及工程应用	广东省科技进步奖	二等奖
14	低成本高效能清洁油品生产技术平台构建	中国石油和化学工业联合会科技进步奖	二等奖
15	适应劣质渣油加氢装置长周期运转的催化材料创制及应用	中国石油和化学工业联合会科技进步奖	三等奖
16	基于油田电网负荷特性的电压无功协调优化关键技术开发及应用	中国石油和化学工业联合会科技进步奖	三等奖

续表

序号	成果名称	奖项名称	获奖等级
17	低硫船用燃料油优化调和技术开发及应用	中国化工学会科技进步奖	三等奖
18	一种油气回收方法	中国专利奖	优秀奖
19	一种加氢裂化催化剂及其制备方法	辽宁省专利奖	三等奖
20	一种重质船用燃料油优化调合方法	中国石油和化学工业联合会专利奖	优秀奖

表 2　大连（抚顺）石油国内专利化工研究院 2015—2020 年专利申请与获授权情况　件

年　份	国内专利		国外专利	
	申请数	获授权数	申请数	获授权数
2020	676	445	31	38
2019	670	626	23	41
2018	692	546	48	42
2017	680	564	24	24
2016	655	609	28	11
2015	597	637	32	11

安全工程研究院

【概况】 中国石油化工股份有限公司青岛安全工程研究院（简称安全工程研究院）位于山东省青岛市，是中国石化直属的安全、环保和职业健康科研机构。安全工程研究院成立于 1979 年，1999 年 7 月整体进入集团公司。2004 年 4 月，原国家安全生产监督管理总局依托安全工程研究院成立国家安全生产监督管理总局化学品登记中心，为中国危险化学品安全监管提供综合性技术支持，2018 年 12 月 4 日，更名为应急管理部化学品登记中心（简称登记中心）。2007 年 7 月，国家科技部依托安全工程研究院设立化学品安全控制国家重点实验室，是首批企业国家重点实验室之一，2011 年 1 月 18 日通过国家科技部验收。

截至 2020 年底，安全工程研究院下设 8 个职能管理部门，14 个研究所（室）、中心。用工总数 620 人（安全工程研究院 471 人、登记中心 48 人、诺诚公司 101 人），其中具有正高级职称的 50 人、副高级职称的 179 人；博士 81 人，硕士 309 人，博士后工作站在站博士后 5 人；特聘院士 2 人，科技部部际联席会议特邀专家 2 人，国务院安委会专家咨询委员会和专业委员会委员 2 人，享受政府特殊津贴专家 5 人，国家科技安全生产等部级以上专家 29 人，中国化工学会会士 1 人，中国石化突出贡献专家 7 人、学术技术带头人 6 人；各类国家级 HSE 领域专家 50 余人，具有注册安全工程师、安全评价师、职业危害评价师、环境影响评价师、注册计量师等执业资格的人员 300 余人；建有山东省院士工作站和青岛市院士工作站、博士后工作站、研究生工作站。

安全工程研究院 2020 年度主要科研成果获奖情况及 2015—2020 年专利申请与获授权情况分别见表 1 和表 2。

（王新军）

【领导班子调整】 2020年9月4日，集团公司党组调整安全工程研究院领导班子：杨哲任安全工程研究院院长、党委副书记；白永忠任安全工程研究院党委书记、副院长；张卫华任安全工程研究院副院长、党委委员。因年龄原因，孙万付不再担任安全工程研究院院长、党委副书记职务。

（王新军）

【召开第八次党员大会】 2020年5月27—28日，中共青岛安全工程研究院第八次党员大会胜利召开。杨哲代表第七届委员会做题为《坚持把方向、管大局、保落实，引领一流研究院建设实现新跨越》的工作报告；提请大会书面审议《坚守初心使命 忠诚履职尽责，为续写新时代安工院发展新篇章提供坚强保障》的纪委工作报告。大会审议通过“两委”工作报告，选举产生中共青岛安全工程研究院第八届委员会和纪律检查委员会。

（王新军）

【启动“科改示范行动”试点改革】 安全工程研究院作为中国石化“科改示范行动”改革首批试点单位，聚焦科技创新能力提升，深入开展科改专项调研，坚持目标导向、问题导向、结果导向，在深入调研基础上拟定“一个创新中心，三个转化平台”的科技创新体系，以市场化为导向、“三项制度”改革为抓手，策划5个方面18项重点改革措施。安全工程研究院“科改示范行动”试点改革总体方案于2020年12月15日获集团公司正式批复。

（王新军）

【开展“百日攻坚创效”和“持续攻坚创效”活动】 2020年新冠肺炎疫情发生后，安全工程研究院认真贯彻落实习近平总书记重要指示精神和党中央决策部署，采取一系列有效措施，主动作为，全力投入到抗“疫”阻击战中。大力实施降本减费措施，全年非生产性支出压降2 000万元，完成目标的232%；做好税收筹划工作，研发费用加计扣除1.77亿元，节税3 329万元，核增资本金1 665万元，降低企业资金占用487万元。

（王新军）

【推进全国危险化学品安全风险监测预警系统建设】 完成危险化学品安全风险监测预警系统的升级改造，攻关研发预警模型，全面提升系统架构、数据处理、系统功能和模型算法等能力。2020年，监测预警系统实现全国31个省（区、市）和新疆生产建设兵团6 948家、2万多个危险化学品重大危险源数据接入和在线监测联网，实现全国6万多个储存罐区、6 823套高危工艺装置、37万个关键安全参数的数据接入。

（王新军）

【成立2个创新团队】 2020年7月31日，安全工程研究院召开新型高分子HSE功能材料和等离子体有机废气治理2个创新团队成立大会。

（王新军）

【干部队伍建设取得新成效】 修订安全工程研究院《中层领导人员选拔任用办法》，把政治标准作为第一标准，进一步规范动议、民主推荐、考察、讨论决定、任职等各个环节。坚持对中层班子和中层领导人员现状进行分析研判，全年对10个中层班子进行调整，调整中层干部12人，其中新提拔中层正职5人、副职4人，退出现职3人。截至2020年底，中层干部33人，平均年龄44.7岁，基本完成中层干部队伍的新老交替。

（王新军）

【“微通道尺度效应作用下传递反应机制研究及本质安全化调控”项目获中国化工学会基础研究成果一等奖】 该成果面向化工行业安全、高效、绿色发展的迫切需求，针对现有工艺实现形式无法有效抑制气相燃爆与反应失控风险的难题，深入研究微通道尺度下传递—反应过程的行为规律，率先阐明微反应器实现本质安全化提升的内在机制，进而实现多种危险工艺的微反应流程再造，为化工行业的本质安全化提升提供可行的新思路。

（王新军）

【完成退休人员社会化管理工作】 根据国家部委、总部工作部署，2020年初，安全工程研究院全面启动退休人员社会化管理工作，成立由院长和党委书记共同担任组长的工作领导小组，签订《推进退休人员社会化管理工作目标责任书》，开展政策宣贯及问题反馈，编制上报退休人员社会化管理工作方案、统筹外费用处理实施方案、资产处置和账务处理方案、稳定风险评估报告和维稳工作预案，加强与青岛市相关区市政府部门联系对接。截至 2020 年底，顺利完成 173 名退休人员人事档案、管理服务移交及 4 名由院党委组织部管理退休党员的党组织关系转移工作。

（王新军）

【获多项荣誉】 2020 年，安全工程研究院获评集团公司安全生产先进单位；获首届青岛市五一劳动奖状；HSE 风险评估所党支部获中国石化先进基层党组织称号；HSE 风险评估所工会分会获中国石化工人先锋号称号，HSE 风险评估所获青岛市工人先锋号称号，装备所油库加油气站安全研究团队获青岛市青年文明号称号，财务部获青岛市女职工建功立业标兵岗称号；孙万付获评中国化工学会会士；党文义、徐伟获中国石化突出贡献专家称号；张卫华获侯德榜创新奖，张树才获侯德榜青年奖；吴瑞青获中国石化优秀工会工作者称号；曹永友获青岛市新时代十佳职工信赖的娘家人称号；姜学艳获青岛市“五好”女职工称号。

（王新军）

表 1　安全工程研究院 2020 年度主要科研成果获奖情况

序号	项目名称	奖项名称	获奖等级
1	大型原油罐区安全及 VOCs 减排技术开发与应用	集团公司科技进步奖	一等奖
2	海陆钻井设施综合防雷技术	集团公司科技进步奖	二等奖
3	安全可靠、清洁环保型炼油与化工企业构建	集团公司科技进步奖	二等奖
4	石化生产过程逸散粉尘高效捕集成套技术及应用	集团公司科技进步奖	三等奖
5	危险工艺灾变表征关键技术与安全判据	集团公司技术发明奖	二等奖
6	安全无焰地面火炬技术与装备	集团公司技术发明奖	三等奖
7	微通道尺度效应作用下传递反应机制研究及本质安全化调控	中国化工学会基础研究成果奖	一等奖
8	典型危险化工过程本质安全关键技术体系创建及应用	中国石油和化学工业联合会科技进步奖	一等奖
9	大型石油罐区雷电危害防控技术研究及应用	中国石油和化工自动化应用协会科技进步奖	二等奖
10	危险化工工艺异常预警与事故防控关键技术	山东省科技进步	二等奖
11	加油站全流程渗泄漏防控关键技术开发及应用	山东省科技进步	二等奖
12	石化企业系统化风险评估与管控系统（PHAMS）开发	青岛市科技进步奖	二等奖
13	复杂环境多相态危化品泄漏物应急处置技术及装备	青岛市技术发明奖	二等奖

表 2　安全工程研究院 2015—2020 年专利申请与获授权情况　件

年份	国内专利		国外专利	
	申请数	获授权数	申请数	获授权数
2020	321	84	8	0
2019	316	98	3	0
2018	314	200	1	0
2017	286	129	1	0
2016	228	150	0	0
2015	218	98	0	0

化工和材料板块

燕山石化

【概况】 中国石油化工股份有限公司北京燕山分公司（简称燕山分公司）、中国石化集团北京燕山石油化工有限公司（简称燕化有限公司）统称燕山石化，位于北京市房山区，是集团公司旗下特大型石油化工联合企业，前身为1970年成立的北京石油化工总厂，曾更名为北京燕山石油化学总公司、中国石油化工总公司北京燕山石油化工公司、北京燕山石油化工集团有限公司。北京东方石油化工有限公司（简称东方石化公司）为燕化有限公司全资子公司，中石化保定石油化工有限公司（简称保定石化公司）由集团公司划归燕化有限公司进行管理。

燕山石化拥有生产装置62套、辅助装置68套，可生产94个品种、431个牌号的石油化工产品，原油加工能力1 000万吨/年，乙烯生产能力80万吨/年，是中国石化12个千万吨炼厂和8个大型乙烯装置之一；成品油生产能力超过650万吨/年，其中汽油生产能力可达300万吨/年；聚乙烯生产能力60万吨/年，聚丙烯生产能力50万吨/年，合成橡胶生产能力42万吨/年，有机产品生产能力52万吨/年，是中国重要的合成橡胶、合成树脂和高品质成品油生产基地。

截至2020年底，燕山石化下设32个中层机构，其中16个机关部室、10个直属单位、6个业务中心，另有股权投资的11家合资企业，共有在岗员工8 677人（含东方石化公司、保定石化公司）。公司直属党委18个，在职党支部181个，在岗党员4 504人。

燕山石化主要技术经济指标和主要产品产量分别见表1和表2。

（王善高）

【领导班子调整】 2020年12月3日，集团公司党组组织部领导人员管理室副主任赵婷婷到燕山石化宣布班子调整决定：孔健任燕山石化党委常委、分公司副总经理、有限公司董事会董事，焦阳不再担任燕山石化党政领导职务，另有任用。

（王善高）

【以“火神山”的建设速度跨界生产熔喷布】 2020年2月下旬，在全国新冠肺炎疫情防控最吃劲的关键时刻，针对口罩核心材料熔喷布供不应求、熔喷布价格指数上涨、市场上“一罩难求”的严峻形势，燕山石化积极响应党中央、国务院号召，在集团公司党组的坚强领导下，以“火神山”的建设速度跨界生产口罩核心材料熔喷布，利用12天的时间成功建成投产第一条生产线，完成常规作业下半年才能完成的任务量，创造了行业奇迹；仅用3天时间迅速攻克传统氧化法熔喷布专用料配方技术难题，实现批量生产，并且乘胜追击，研制出性能更优、绿色环保的氢调法熔喷布专用料技术方案，成功填补国内空白，使熔喷料产能成倍放大，从源头上解决了熔喷布专用料的供应问题。熔喷布项目两期工程共4条生产线在不到2个月的时间内全部完成，以实际行动践行“两个维护”、服务抗疫大局。

（王善高）

燕山石化4条熔喷无纺布生产线全部建成投产（李　雪　摄）

【全面启动国际安全评级系统评估工作】 2020年1月6日，燕山石化与挪威船级社举行战略合作协议签约仪式，燕山石化董事长、总经理李刚与挪威船级社中日韩区域总经理司徒亚瑟代表双方公司签署战略合作协议。燕山石化全面启动国际安全评级系统（ISRS）评估工作，旨在以国际安全评级系统作为技术支撑，按照国际一流能源化工企业安全管理体系标准要求，结合中国石化HSSE管理体系以及ISO 14001、ISO 45001等国际标准要求，对燕山石化现有HSSE管理体系开展审核与对标工作，验证公司HSSE管理现状，发现管理短板，落实改进措施，全面提升HSSE业绩。

（王善高）

【国务委员、国务院党组成员王勇带队到燕山石化调研】 2020年3月9日，国务委员、国务院党组成员王勇带队到燕山石化熔喷布生产现场看望慰问干部员工，实地调研指导熔喷布生产工作。国务院国资委党委委员、副主任任洪斌，集团公司党组书记、董事长张玉卓，集团公司总经理、党组副书记马永生等陪同调研。王勇向中国石化的全体干部员工表示感谢并指出，疫情发生以后，中国石化在保证正常生产和物资供应的基础上，急国家之所急，想百姓之所想，克服困难，全力以赴转产、扩产防疫物资原料、产品，得到党中央、国务院的充分肯定。特别是燕山石化和仪征化纤的干部员工，夜以继日、加班加点建设熔喷无纺布生产线，为国家的防疫物资保供工作做出了贡献，体现了中央企业的责任与担当。希望燕山石化和仪征化纤在确保安全、质量的前提下，如期完成施工试产，做好防疫工作，关注参建员工身心健康，保质保量完成党中央、国务院交给中国石化的光荣任务。

（王善高）

【新建100万吨/年连续重整装置投料开车】 2020年3月12日，燕山石化新建100万吨/年连续重整装置顺利投料开车，打通全部加工流程。3月16日，装置完成质量调整，产出合格产品。

（王善高）

【北京冬奥会氢气新能源保供项目产出合格高品质氢气并实现产品出厂】 中国石化与2022年北京冬奥会官方战略合作项目——燕山石化北京冬奥会氢气新能源保供项目，于2020年1月建成中交，3月25日首次投料试车，经过48小时连续运转，产出合格氢气产品。经中国石化石油化工科学研究院检测，各项指标均满足国家氢燃料电池客车用氢标准（GB/T 37244—2018）。12月16日，燕山石化所产电池氢气首车出厂，发往法国液化空气天津滨海有限公司，标志着燕山石化氢气新能源装置实现从生产平稳运行到产品出厂的全流程贯通。

（王善高）

2 000米^3/时氢气提纯装置（马文晓　摄）

【打通首都机场2号油库航煤供应流程】 燕山石化首次打通首都机场2号油库航煤供应流程，航空煤油可直接管输至2号油库（T3航站楼）。在原有长期保供首都机场1号库区（T1、T2航站楼）的基础上，结束了仅可管输航煤至1号库的历史，最大限度地提高了航煤出厂量，航煤保供更加稳定、高效，实现航煤全面供应首都机场的新局面。

（王善高）

【北京市经信局向燕山石化赠授锦旗】 4月24日，在燕山石化熔喷布生产装置现场，北京市经信局副局长崔旭龙代表北京新冠肺炎疫情防控工作领导小组物资保障组，将一面印有“铸就首都生命防线，彰显央企战疫担当”的锦旗授予燕山石化，表彰燕山石化为北京疫情防控工作做出的突出贡献。

（王善高）

【获评抗击新冠肺炎疫情多项先进荣誉】 2020年9月8日，全国抗击新冠肺炎疫情表彰大会在人民大会堂隆重召开，大会对全国抗击新冠肺炎疫情先进个人、先进集体进行表彰，燕山石化合成树脂厂获评全国抗击新冠肺炎疫情先进集体。9月29日，在北京市抗击新冠肺炎疫情表彰大会上，北京燕山石化高科技术有限责任公司获评北京市抗击新冠肺炎疫情先进集体，北京燕山石化高科技术有限责任公司党委获评北京市先进基层党组织，北京燕山石化公司高科技术有限责任公司研究中心主任工程师王素玉获评抗击新冠肺炎疫情全国三八红旗手。

（王善高）

全国抗击新冠肺炎疫情先进集体——合成树脂厂（李　雪　摄）

【完成退休人员社会化移交主体工作】 2020年9月，燕山石化24 883名退休人员完成面签、档案电子化协议签订、社保关系移交、党组织关系移交等工作，提前1个月完成集团公司下达的目标任务。

（王善高）

【启动安全班组建设】 2020年9月8日，燕山石化召开安全班组建设工作启动会，颁布《燕山石化公司推进安全班组建设工作实施方案》及相关文件，旨在提升安全意识，提高安全技能，强化安全工作执行，畅通安全管理“最后一公里”。

（王善高）

【举行“辉煌五十年、奋进新时代”报告会暨先进表彰会】 2020年9月16日，燕山石化隆重举行“辉煌五十年、奋进新时代”报告会暨先进表彰会，总结回顾燕山石化改革发展50年的辉煌成就和成功经验，表彰长期以来扎根生产和科研一线，为企业生产建设和改革发展做出突出贡献的劳动模范，号召全体干部员工从50年发展历程中汲取信心、动能和经验，努力打造安全环保的典范、竞争力的标杆、可持续发展的先锋、国企党的建设高地，为中国石化打造世界领先洁净能源化工公司贡献力量。

（王善高）

【天津津普利环保科技股份有限公司正式签约成立】 2020年9月28日，由中国石化集团资产管理有限公司、中石化保定石油化工有限责任公司和天津712通信广播股份有限公司三方共同投资合作的天津津普利环保科技股份有限公司在天津正式签约成立。天津津普利环保科技股份有限公司是中国石化为拓展环保领域市场，以挥发性有机物（VOCs）及环境大气监测治理产业项目为主导，充分利用保定石化公司临近首都和雄安新区的区域优势，以及712通信广播股份有限公司现有环境监测产业技术、设备、人员优势，共同成立的绿色智能制造企业。

（王善高）

【承办国家重点环保科技项目示范演练】 2020年10月18日，由北京市生态环境局、北京工业大学、中国科学院合肥物质科学研究院、北京大学主办，燕山石化承办的国家重点研发计划——突发大气污染事故应急预警评估技术与示范研究项目研究成果示范性应急演练，在燕山石化牛口峪罐区举行，以检验该项国家重点科研项目成果的现场应用效能。

（王善高）

【李刚在国家治理高峰论坛上宣讲熔喷布项目奋战精神】 2020年11月20日，燕山石化董事长、总经理李刚应邀出席“第七届国家治理高峰论坛年会暨2020应急管理峰会”，并发表题为《弘扬伟大抗疫精神勇创一流企业》的主旨演讲，介绍燕山石化人面对突如其来的新冠肺炎疫情挺身而出，在确保安全稳定生产的同时，众志成城、尽锐出战，12天建成一条熔喷布生产线的壮举，彰显了国有企业在危难面前的政治担当，诠释了燕山石化人奋斗中蕴含的伟大抗疫精神。

（王善高）

【获 2020 年度石油和化工行业绿色工厂称号】 2020 年 12 月 7 日，2020 年石油和化工行业绿色发展大会在海口召开，大会发布 2020 年度石油和化工行业绿色制造示范名单，燕山石化获 2020 年度石油和化工行业绿色工厂称号。

（王善高）

【启动炼油清洁化改造项目】 2020 年 12 月 11 日，燕山石化召开炼油清洁化改造项目建设启动会暨总体设计协调会，标志着决定燕山石化安全绿色高质量发展前景的重要工程正式启动。炼油清洁化改造项目被列为集团公司 2021 年重点项目，该项目建设也将推动燕山石化打造安全可靠绿色环保的城市型炼化企业，满足安全绿色高质量发展新要求。

（王善高）

【启动 5S 管理工作】 2020 年 12 月 17 日，燕山石化召开 5S 管理工作启动会，号召干部员工主动担当作为，积极参与对标先进，以问题为导向，立足优良传统和先进管理标准的有效融合，全力推进 5S 管理工作高效开展，为公司安全绿色高质量发展奠定坚实基础。

（王善高）

【获 2020 年重点用水企业水效领跑者称号】 国家工信部会同水利部、国家发改委、国家市场监管总局联合发布 2020 年重点用水企业水效领跑者名单，燕山石化被评为乙烯行业水效领跑者，为北京市唯一一家入选的重点用水企业。

（王善高）

【开展党委巡察工作】 2020 年，燕山石化党委坚持以习近平新时代中国特色社会主义思想为指导，深入贯彻落实集团公司党组巡视巡察工作要求，始终把“两个维护”作为根本任务，牢牢把握巡察政治监督定位，坚决扛牢政治责任，成立巡察机构、配备巡察人员、建立巡察制度，对 2 家二级单位和 2 个机关部室进行巡察，推动全面从严治党向基层延伸，为公司安全绿色高质量发展提供坚强保障。

（王善高）

【员工主力军作用有效发挥】 燕山石化合成橡胶厂刘胜利被党中央、国务院授予全国劳动模范，热电厂蒋敏、检验计量中心赵国旗、高科公司杜建强、储运厂张建松获评北京市劳动模范。燕山石化烯烃厂获评北京市模范集体，检验计量中心赵国旗职工创新工作室被评选为 2019 年度市级职工创新工作室。储运厂装卸车间师傅申广和徒弟刘玉臣、孙建明，炼油厂第一作业区师傅刘劲松和徒弟刘红磊、阿玉艳，以及中燕建设公司师傅徐景新和徒弟陈思龙、王晓峰，被授予市级名师带徒荣誉称号。

（王善高）

【多项竞赛斩获佳绩】 在 2020 年全国行业职业技能竞赛——第十二届全国石油和化工行业职业技能竞赛中，燕山石化 2 支仪器仪表维修工参赛队分别获团体一等奖（总分第 1 名）和团体二等奖，化学检验员参赛队获团体三等奖；选手李浩和王聪分别取得仪器仪表维修工个人竞赛第 2 名和第 3 名的好成绩，均被授予全国技术能手称号，选手范鑫和李政被授予全国石油和化工行业技术能手称号。在全国乙烯装置操作工竞赛中，燕山石化参赛队获团体第 10 名，参赛选手谭启龙和卢国福分别获个人铜奖。在北京市第五届职业技能竞赛安全应急领域竞赛中，燕山石化消防中心代表队脱颖而出，获危险化学品应急救援团体第 1 名，矿山（隧道）救援、陆地搜索与救援团体获第 2 名；在危险化学品应急救援、矿山（隧道）救援、陆地搜索与救援个人决赛 3 个项目中，力压其他代表队，包揽前 6 名。

（王善高）

【高性能聚丁二烯橡 / 塑复合新材料开发项目一次开车成功】 燕山石化重点科研项目高性能聚丁二烯橡 / 塑复合新材料开发项目，投料开车一次成功，生产出 2 个目标产品，开发的新型聚丁二烯橡胶填补了国内空白。该项目采用双活性中心原位催化丁二烯单体聚合技术，生产的聚丁二烯橡/塑复合材料具有一定的弹性模量、刚性和优异的耐屈挠性，主要应用于制造高档漏气保用安全轮胎，能有效提升车辆行驶时的安全性能，减少或杜绝由于轮胎刺穿和爆破引发的交通事故。

（王善高）

【完成锅炉系统退焦任务】 为适应北京市更加严格的动力锅炉排放标准和集团公司绿色企业创建要求，燕山石化对锅炉系统实施新一轮清洁化改造，在热电厂东区新建1套220吨/时燃气锅炉，对西区310吨/时2[#]CFB锅炉进行燃气改造，同时作为配套项目，对天然气管线进行升压改造。2020年12月22日，西区310吨/时2[#]CFB锅炉顺利并汽，12月23日顺利完成负荷试验，试验达设计预期；12月24日东区新建220吨/时燃气锅炉一次点火成功，12月25日成功并汽投入生产运行，为燕山石化2020年底落实锅炉退焦承诺并强化冬季安全生产奠定坚实基础。

（王善高）

表1　燕山石化主要技术经济指标　亿元

指标名称＼年份	2020	2019	2018	2017	2016	2015
原油加工量/万吨	779.64	936.51	911.33	892.07	820.05	989.95
工业总产值	586.09	694.23	629.03	519.21	433.56	532.31
燕山分公司	557.42	664.43	601.34	490.56	402.41	493.16
燕化有限公司	28.67	29.80	27.69	28.65	31.15	39.15
资产总计	340.35	329.56	284.27	324.08	288.18	305.53
燕山分公司	210.77	205.22	177.98	188.98	180.37	204.96
燕化有限公司	129.58	124.34	106.29	135.10	107.81	100.57
营业收入	446.52	606.41	616.14	553.13	466.61	565.39
燕山分公司	395.52	551.37	562.32	499.92	414.18	509.62
燕化有限公司	51.00	55.04	53.81	53.21	52.43	55.77
实现利税	61.17	94.13	128.10	107.05	94.75	151.75
燕山分公司	63.66	101.93	134.99	131.66	101.83	154.50
燕化有限公司	−2.11	−7.80	−6.89	−5.58	−7.08	−2.75
实现利润	−12.13	2.28	18.72	29.53	1.16	16.39
燕山分公司	−8.99	11.24	26.91	36.52	10.07	21.27
燕化有限公司	−3.14	−8.96	−8.19	−6.99	−8.90	−4.88

表2　燕山石化主要产品产量　万吨

产品名称＼年份	2020	2019	2018	2017	2016	2015
燕山分公司						
汽　油	207.83	285.45	276.21	271.04	260.47	296.32
航　煤	103.06	191.03	187.57	190.77	149.79	160.00
柴　油	160.41	173.10	159.77	156.61	152.54	180.35
商品燃料油	4.79	0.58	4.16	3.62	0	1.37

续表

产品名称 \ 年份	2020	2019	2018	2017	2016	2015
裂解料	239.88	232.72	228.88	244.00	217.49	248.8
商品液化气	11.85	11.62	8.32	11.08	11.80	27.88
纯　苯	20.54	18.51	16.13	16.64	0	17.44
乙　烯	81.70	81.46	79.40	79.33	69.58	78.60
丙　烯	37.95	37.48	37.18	37.34	31.22	52.26
丁二烯	9.69	10.57	10.62	10.55	9.36	10.62
间二甲苯	6.72	7.31	6.11	6.15	6.26	5.62
苯乙烯	7.39	7.13	6.77	6.98	6.54	3.79
乙二醇	3.77	2.03	4.62	4.79	4.31	5.71
苯　酚	17.59	17.01	15.77	12.85	12.93	14.91
丙　酮	10.66	10.25	9.52	7.76	7.79	8.99
低密度聚乙烯	36.14	41.50	39.13	38.02	32.65	34.7
高密度聚乙烯	18.19	17.59	17.64	17.51	15.26	17.42
顺丁橡胶	11.72	12.80	12.02	10.44	11.60	13.37
SBS	4.18	4.06	3.32	2.07	2.57	2.35
丁基橡胶	1.20	0.98	1.17	0.53	1.18	1.36
间苯二甲酸	4.75	4.74	4.84	4.34	4.23	5.00
1- 己烯	3.93	4.23	2.49	2.22	1.79	2.17
燕化有限公司						
发电量 / 万千瓦・时	29 900.00	33 400.00	35 423.00	25 628.00	44 831.00	59 278.00

齐鲁石化

【概况】 中国石油化工股份有限公司齐鲁分公司（简称齐鲁分公司）、中国石化集团资产经营管理有限公司齐鲁石化分公司（简称齐鲁石化分公司）统称齐鲁石化，是集团公司直属的集石油加工、石油化工、煤化工、天然气化工、盐化工为一体，配套齐全的大型炼油、化工、化纤联合企业，位于山东省淄博市临淄区中南部，占地面积 16.55 平方千米。其前身胜利炼油厂始建于 1966 年 4 月，1972 年 6 月更名为山东胜利石油化工总厂。1980 年 3 月，山东胜利石油化工总厂更名为齐鲁石油化工总公司。1983 年 7 月划归中国石油化工总公司。1984 年 1 月，齐鲁石油化工总公司更名为中国石油化工总公司齐鲁石油化工公司。1998 年 12 月，齐鲁石油化工公司更名为中国石化集团齐鲁石油化工公司。2000 年 2 月，成立中国石油化工股份有限公司齐鲁分公司、中国石化集团齐鲁石油化工公司。2007 年 10 月，注销中国石化集团齐鲁石油化工公司，成立中国石化集团资产经营管理有限公司齐鲁石化分公司。

截至 2020 年底，齐鲁石化拥有石油化工生产装置 139 套，炼油综合加工能力 1 300 万吨 / 年，乙烯产能 80 万吨 / 年，化工产品年生产能力为合成树脂 110 万吨、烧碱 20 万吨、橡胶 30 万吨、苯类 45 万吨、醇类 43.5 万吨、丙烯腈 13 万吨、腈纶 6.5 万吨，热电装机容量 66 万千瓦。主要生产汽油、航煤、柴油、沥青、聚乙烯、聚丙烯、聚氯乙烯、合成橡胶、合成纤维、丙烯腈、丁辛醇、烧碱、苯类等各种牌号 120 多种石油化工产品。2020 年加工原油 1 057 万吨，生产乙烯 85.02 万吨，完成销售收入 532.20 亿元，上缴税费 124.03 亿元。截至 2020 年底，累计加工原油 3.83 亿吨，生产乙烯 1 933 万吨，完成工业总产值 13 182 亿元，实现利税 2 004 亿元。

截至 2020 年底，齐鲁石化设有直属单位 20 个、职能部门 15 个、专业机构 14 个。用工总量 16 822 人，其中在岗合同制员工 14 564 人、派遣制员工 77 人；在岗合同制员工中，管理人员 1 135 人、专业技术人员 3 458 人、技能操作人员 9 971 人；具有正高级职称的 54 人、副高级职称的 1 798 人、中级职称的 1 725 人、初级职称的 789 人。

齐鲁石化主要技术经济指标和主要产品产量分别见表 1 和表 2。

（徐江山）

【领导班子调整】 2020 年 12 月 1 日，中国石化召开齐鲁石化领导班子调整视频会，宣布对齐鲁石化领导班子调整决定：张绍光任齐鲁分公司代表、齐鲁石化党委书记，王玉亮任齐鲁石化总经理、党委副书记，免去孔健齐鲁石化党委常委、副书记、纪委书记职务，赴燕山石化履新，燕山石化刘丰合任齐鲁石化党委常委、副总经理。

（徐江山）

【疫情防控】 2020 年，新冠肺炎疫情暴发后，齐鲁石化第一时间成立疫情防控领导小组，制订应急预案、联防联控工作方案及常态化工作方案，针对防疫不同阶段印发 54 个文件，针对不同防控重点适时部署相应防疫措施。每日在早生产经营调度会上通报疫情动态及防控工作开展情况，安排疫情防控工作；召开专题协调会议，研究部署疫情防护物资采购事宜，明确采购防护物资的种类、数量及用途，全力做好防控物资储备。建立疫情防控“日报告”“零报告”工作机制，配发体温检测仪，对体温异常人员及时有效处置。适时调整员工就餐模式，避免人员聚集。开展公共场所、公共区域消毒，每日消毒 26 万余平方米。配合地方政府对淄博市外返回人员进行摸排，实施居家隔离和陪同境外回国家属居家隔离机制，做到返回员工不失控漏管，全年共排查境外回国人员 144 人，市外返回人员 5 467 人，未出现确诊病例、疑似病例和无症状感染者。

（徐江山）

【保持疫情生产经营正常秩序】 2020 年，在疫情暴发时，齐鲁石化立即启动保持生产经营秩序应对机制。生产环节，保持生产一线岗位员工全员上岗，及时足量为岗位配发防护口罩、洗消物资，加大员工上岗体温检测、室内消毒检查力度，注意员工正面宣传引导和负面情绪疏导，保持生产正常进行；生产经营会议采取视频形式召开，加大指令执行考核监督，提高执行力。供应环节，拓展原辅材料资源渠道，寻找疫情重灾区物资替代产品，打通疫情初期道路交通管制障碍，保证生产经营所需物资正常供应。销售环节，协调增加鲁皖管输资源量，争取铁运、汽运流向，协调山东省公安厅办理进出厂物资车辆通行证 337 个，保证生产后路的畅通。疫情期间采取特事特办方式，协调打通低硫重质船用燃料油的出厂流程，2 月 23 日顺利出厂。

（徐江山）

【攻坚创效见实效】 2020 年，齐鲁石化全力组织“百日攻坚创效”“持续攻坚创效”行动，成立领导小组，确定创效目标，制定创效措施，每月召开专题会，跟踪创效进度，研究解决问题，督导行动落实。①全流程优化增效。克服部分炼油装置检修等影响，加工原油 1 057 万吨，生产乙烯 85 万吨；生产和出厂低硫重质船用燃料油 28.3 万吨；顺丁橡胶装置首次实现 3 条包装线同时生产，橡胶产量 36.8 万吨，创 6 年来新高；聚氯乙烯产量 33.1 万吨，创 7 年来新高；热电站和乙烯动力站供电标煤耗创历史最好水平。②全要素降本增效。优化进口原油采购策略，降低采购成本 9 300 万元；强化“采用联合”，原煤、原盐等大宗原辅材料降低采购成本3.15亿元；吨乙烯原料成本比中国石化平均水平低97.8元；抓好归口费用源头管控，压减办公费、会议费等非生产性费用及其他可控费用1.75亿元；盘活驻外机构、公有住房等闲置资产，实现收益1.08亿元。③全方位落实政策增效。落实疫情防控优惠政策增效1.76亿元；最大限度争取财税优惠政策增效4 457万元。“百日攻坚创效”“持续攻坚创效”行动累计创效14.3亿元，全年实现利润7.41亿元，完成中国石化效益调整指标。

（徐江山）

【夯实安全管理基础】 2020年，齐鲁石化吸取“6·9”石脑油罐闪燃事故教训，针对安全生产责任落实、风险识别和直接作业等环节暴露出的问题，编发《优化特殊作业许可管理指导意见》，提高作业许可审批效率；编发《齐鲁石化罐区作业指导方案（试行）》，明确高温季节罐区作业管理要求，管控作业数量；施行《齐鲁石化现场作业停工整改通知单》，严重违章行为停工整改。狠抓直接作业环节和承包商安全管理，严格甲乙方双监护，严格施工作业全过程管理；编发《关于强化直接作业环节全过程视频监控的通知》，明确JHA分析、作业前安全交底、作业环境化验分析等施工作业全过程纳入视频监控，扩大安全督查视角。编发《关于进一步完善直接作业环节安全管理提醒约谈机制的通知》，规范约谈流程推进安全提醒谈话、安全记分、专业考核等激励考核机制落地落实，全年承包商记分6家、78分，对17名承包商和基层单位负责人实施提醒谈话。推进承包商集中上机考试，杜绝承包商安全教育培训形式主义现象，提高承包商安全知识和技能水平。加强高风险作业管控，编发《安全环保督查通报》265期、通报问题767项；组织开展受限空间、高处作业专项治理，组织联合检查，持续管控作业风险，全年查出问题872项，全部整改封闭。

（徐江山）

【全力推进环保治理】 2020年，修订环保绩效考核细则，加强现场监管，坚持周通报、月考核讲评，全年编发环保专项督查通报30期、问题178项。重点环保隐患治理进展显著，打破常规，完成三焦化装置密闭除焦、烯烃管廊地面防渗及热电煤场封闭等重点环保项目；仅用4个月建成投用低温甲醇洗尾气治理项目，一氧化碳排放浓度达到政府监管要求。加大污染防治攻坚战、淄博市生态环境保护及专项检查问题整改力度，100项污染防治攻坚项目问题基本解决，18项环境问题整改完成13项，环保专项检查124项问题整改完成109项。开展扬尘污染整治专项行动，完成热电煤场封闭和三焦化密闭除焦改造；加强一氧化碳排放监管，建成投用气体联合装置低温甲醇洗尾气环保治理设施，完成三、四硫黄装置尾气一氧化碳治理。加强现场VOCs无组织达标排放管控，利用FID、PID检测仪做好涉VOCs物料储罐、加热炉燃料气系统、污水集输过程等抽查检测，严控异味源。138套装置通过淄博市生态环境局5年一次的强制性清洁生产审核验收。外排工业废水综合达标率99.9%，外排有控废气综合达标率99.9%，危险废物妥善处理处置率100%，排污许可要求的其他项目执行率100%。

（徐江山）

【科技创新】 2020年，应用新技术、新工艺，提升装置运行水平，助力装置降本增效。完成第四常减压电脱盐升级改造、应用超声波破乳技术改造；碳八资源优化技术改造，混合二甲苯的设计处理能力提高至48.1吨/时；苯乙烯蒸汽过热炉应用相变换热器节能改造，热效率提高至94%；热电5#炉吸风机应用液力耦合，节电率大于20%。开发新产品，提高进口产品替代率。开发聚丙烯纤维料Y40和Y30粉料、高光泽料QCG10N、茂金属瓶盖料Q504等12个新产品，生产树脂新产品15.89万吨，完成年计划的122.22%，承担10项顶替进口产品任务，生产16.07万吨，完成年计划的125.97%。加大拳头产品开发、攻关。在线型聚乙烯装置积极开展茂金属产品冷凝态生产技术攻关，组织3次茂金属产品冷凝态生产，解决静电高、易结块等长期制约稳定运行的顽症，实现稳定运行，全年生产8 283吨。加强知识产权管理，获国内专利授权88件、国外专利授权2件、科技成果奖励12项，其中“高附加值合成树脂关键技术开发及应用”和“炼化油品和化学品装载作业VOCs回收和超低排放成套技术”获中国石化科技进步一等奖。强化创新成果运用，签订“LS-DeGAS 降低硫黄装置烟气二氧化硫排放成套技术”等技术许可合同 4 份，签订“柴油裂解性能评价”等技术服务合同 4 份，收回技术许可费、技术服务费 1 380 万元。

（徐江山）

【智能工厂建设应用】 2020 年，齐鲁石化加快智能工厂建设进度，中国石化推广项目全面完成，自建项目取得积极进展。炼化一体化优化、炼化生产集成管控、设备资产全生命周期管理 3 个平台完成搭建，生产计划优化、日效益日优化等项目上线，15 台衡器过衡业务实现集中管控；全面预算系统（二期）完善系统流程化审批等功能，促进预算编制标准化；LIMS 系统升级促进质量管理和检验工作流程化；加氢裂化装置大数据操作分析系统辅助工艺人员快速定位和分析异常情况，降低工艺参数和质量指标异常操作波动。炼油、化工（一期）、存续板块视频监控隐患治理项目陆续投用，5 306 路视频监控完成数字化、智能化升级改造；无线 4G 网络成功搭建，实现无线技术的智能巡检、数据采集、融合通信等智能场景应用；光纤资源实现智能管理，760 条光纤线路纳入地理信息光纤资源管理系统。强化 ERP、MES 等核心系统规范运行，推进信息部门、业务部门、生产厂三级监控运维体系执行。信息化综合应用 8 次名列中国石化化工板块第 1 名，先进控制系统应用连续保持领先。中国石化组织的“深化应用创新创效”行动，历经 5 年实施圆满收官，22 个既定目标和 105 项重点工作按期完成，发布创新成果 60 余个。消除信息“孤岛”取得阶段性进展，3 年累计精简优化信息系统 80 套，精简率达 33%。

（徐江山）

【设备完整性管理系统上线运行】 2020 年，齐鲁石化加快推进设备完整性体系建设上线试运行，实现设备专业向管理标准化、标准流程化、流程表单化、表单信息化的转变。其中，194 项专业管理流程上线运行并动态监控，设备完整性管理体系纳入一体化管理；28 万台设备评估分级、动态调整全面完成，29 项设备专业 KPI 指标实现自动取数、自动计算；明确 17 项系统功能应用标准，实现设备缺陷的精准分类；27 套装置完成以可靠性为中心的维修评估，为预防性维修提供有效依据。

（徐江山）

【煤场封闭环保隐患治理改造项目建成投用】 热电厂煤场封闭环保隐患治理项目可行性研究报告于 2019 年 1 月 21 日获批，基础设计于 11 月 25 日获批，项目获批概算 19 687.21 万元。主要建设内容：采用钢网架屋盖和混凝土挡煤墙封闭露天煤场，建筑面积 4.6 万平方米，加装粉尘在线监测仪、颗粒物检测系统和可燃有毒气体检测系统；推煤机库还建，机柜间扩建，新建煤场车辆冲洗设施等，220 千伏烯岭线 1#—10# 段移位。项目由山东齐鲁石化建设有限公司总承包，山东大齐石油化工设计有限公司设计分包，负责煤棚、机柜间、推煤机库及配套设施设计。山东淄博巨能电力工程有限公司负责 220 千伏烯岭线移位设计。山东齐鲁石化工程有限公司负责监理，石油化工工程质量监督总站青岛分站实施质量监督。2019 年 9 月 1 日开工，2020 年 9 月 29 日中交。项目建成投用后，彻底改善煤场作业环境，加装固体激光数字化、料场防自燃监控、粉尘在线测仪等信息化系统，提升供煤系统的智能化管控和安全可靠性水平，消除齐鲁石化最大的扬尘隐患，助力地方政府生态城市建设。

（徐江山）

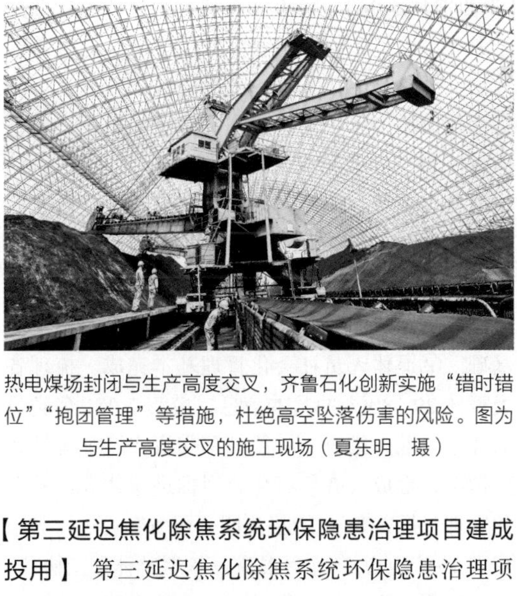

热电煤场封闭与生产高度交叉，齐鲁石化创新实施“错时错位”“抱团管理”等措施，杜绝高空坠落伤害的风险。图为与生产高度交叉的施工现场（夏东明　摄）

【第三延迟焦化除焦系统环保隐患治理项目建成投用】 第三延迟焦化除焦系统环保隐患治理项目可行性研究报告于 2019 年 9 月 27 日获批，基础设计于 2020 年 5 月 29 日获批，项目获批概算 9 741.90 万元。采用中石化广州工程有限公司专有技术，消除石油焦生产、运输、装车过程中产生的粉尘和废气污染。主要建设内容：增加石油焦密闭除焦系统、尾气处理系统、石油焦密闭输送、存储及装车系统、远程智能水力除焦系统各 1 套。9 月 14 日开工，11 月 12 日中交，历时 60 天，是中国石化 16 套同类型密闭除焦项目中唯一完成封顶和尾气处理系统全部设计工程量的工程。由中石化广州工程有限公司和山东齐鲁石化建设有限公司联合总承包，山东昊华工程管理有限公司负责监理，石油化工工程质量监督总站青岛分站实施质量监督。

（徐江山）

第三焦化装置密闭除焦系统改造项目施工现场（王　斐　摄）

【推进深化改革】 2020 年，成立重点改革任务推进领导小组、工作小组和专业工作组，制订总体计划、细化月度任务，稳步推进改革任务。①制订深化改革三年行动方案。围绕中国石化“一基两翼三新”产业格局构建，以激活力、提效率、增效益为主线，统筹制订《齐鲁石化深化改革三年行动实施方案（2020—2022 年）》，涵盖 6 个方面、22 项重点内容、76 项任务清单，明确任务书、时间表、路线图，为公司未来 3 年深化改革奠定基础。②退休人员社会化管理基本完成。梳理各类群体 29 380 人的基本信息，摸清 7 051 名党员的详细情况，排查 206 项拟移交资产及统筹外费用情况，形成《齐鲁石化公司推进退休人员社会化管理工作方案》，上报集团公司备案通过。与山东省 16 个地市 84 个区县逐一签署整体移交协议，分头与 348 个乡镇（街道）沟通管理服务、党组织关系、人事档案移交等重点内容，通过签订移交专项协议、达成接收确认、完成实质交接等形式，完成退休人员社会化管理工作。③驻京（外）办机构专项清理收尾。落实集团公司决策部署，历时 1 年 3 个月完成驻京（外）办机构专项清理任务，实现职能取消、机构撤销、资产处置、人员安置，其中原北京办事处综合楼在北京交易所挂牌成交，12 套住宅和 3 台京牌车辆划转百川公司；原济南办事处资产整体划转百川公司，涉及人员稳妥安置。

（徐江山）

【精简机构岗位】 2020 年，齐鲁石化持续精简机构，全面推进两级机关“大科室”制，按照二级单位职能科室不超过 4 个和公司职能部门科室不超过 6 个编制原则进行机构合并，全年压减中层机构 1 个、基层机构 46 个，截至年底，实现公司中层机构 37 个，基层机构 326 个。加大岗位整合力度，优化岗位配置，加强员工全流程技能培训，推行“大工种、大岗位”管理模式，全年压减岗位 88 个，强化员工“一岗多能”，逐步推进“内操系统化、外操区域化”。印发《关于加强岗位管理有关要求的通知》，规范岗位管理，明确岗位设置要求、上岗条件和配置程序，督促各单位严格管理，确保人岗相符、人岗相适，提高工作效能。

（徐江山）

【推进合资合作】 2020 年，齐鲁石化加大与地方合资合作力度，合资合作项目进展顺利。①科鲁尔 13 万吨 / 年丙烯腈装置扩能技术改造二期项目。1 月 3 日，上报科鲁尔 13 万吨 / 年丙烯腈装置扩能技术改造二期项目基础设计的请示，科鲁尔公司加快推进项目各项行政许可手续办理；5 月 15 日，项目基础设计获中国石化批复，项目开工建设，截至年底，完成项目总投资的 35%。②热电厂 1#—4# 机组背压替代改造合资项目。3 月，该项目可行性研究报告获中国石化批复后，立即开展项目合资合同、章程的编制、审查；3 月 16 日，上报项目合资合同和公司章程的请示；5 月 13 日，按照中国石化意见修改后报中国石化发展计划部审核；8 月 25 日，中国石化正式批复齐鲁石化与中豪能源成立合资公司；9 月 17 日，合资公司——

山东齐民能源公司注册成立。③25万吨/年聚丙烯合资项目。4月22日，中国石化发展计划部组织项目视频汇报会，装置规模确定为25万吨/年；9月，协调中国石化经济技术研究院完成项目综合论证意见报中国石化发展计划部；11月12日，项目可行性研究报告、合资合同和公司章程获中国石化批复。

（徐江山）

中国石化与中国万达集团合资的丙烯腈扩能技术改造二期项目施工现场（路小刚　摄）

【助力地方经济发展】 2020年，齐鲁石化在淄博市物资采购金额达23.09亿元，占总采购额的26.48%。“十三五”期间销往淄博市各类产品21 574.8万吨，占总销售量的35.8%；销售额934多亿元，占总销售额的32.3%。促进地方相关产业的健康快速发展，增添地方经济活力。发挥央企的资源优势，为周边539家企业、24个村镇的生产和生活提供能源，供出新鲜水290.8万吨、循环水1.73亿吨、化学水13.02万吨，低压蒸汽92.9万吨、中压蒸汽235.4万吨，电6.2亿千瓦·时，氮气2 970.6万立方米、风1 210.5万立方米，总价值11.72亿元，为地方发展和居民生活提供保障。2020年，上交税费124.03亿元（其中国家119.47亿元、北京0.17亿元、山东省2.39亿元、淄博市10.57亿元、临淄区1.24亿元、东营市0.19亿元）。

（徐江山）

【履行社会责任】 2020年，齐鲁石化严格履行社会责任，全力投入疫情防控。配合地方居委会封闭小区道路57条，设立劝返点21个，悬挂宣传标语及劝阻标识315个；组织网格员上岗，协助居委会做好重点人员的监控，为地方取得疫情控制阶段性成功担当应有责任；优先安排生产医用级聚氯乙烯，保障医用物资所需原料供应。鲁中应急救援中心为地方企业提供灭火救援、演练指导等服务，参加东营港坤德危化品停车场槽罐车爆炸着火事故救援；协助淄博市开展防汛防台风抢险应急演练，制订演练方案和脚本，并现场指导演练，获淄博市政府高度评价；全年共受理外援报警21起，出动人员154人次、各类消气防车辆35台次，事故处置成功率100%。针对疫情特殊时期，创新对外展示平台，2次举办公众开放日“云开放”活动，宣传绿色企业行动、标准化建设成果等亮点，展示齐鲁石化在绿色环保助力生态文明建设、带动地方绿色发展等方面的成果，观看量达118万人次。

（徐江山）

【从严治党见实效】 2020年，齐鲁石化党委制定全面从严治党主体责任清单，完善“一岗双责”融合落实机制，“五位一体”党建责任落地见效。巩固深化“不忘初心、牢记使命”主题教育成果，1 891项问题全部完成整改。开展软弱涣散基层党组织整治，强化考核分类排队，推动基层党支部全面进步、全面过硬。与8家地方部门进行党支部共建，外部环境得以优化；公司职能部门与21家基层党支部共建，提高服务效率；实施同一生产区域党支部共建，实现有效联动。实施基层党务工作标准程序作业法，实现责任表单化、业务流程化、运行规范化。坚持党对意识形态工作的领导权，制定各级党组织意识形态工作清单。强化舆情管控，妥善处置济维泽氯气泄漏等负面舆情。坚持违纪必究、失责必问，全年党纪政纪处分59人，涉及中层干部10人、基层干部18人、其他人员31人，诫勉谈话60人、问题约谈98人。

（徐江山）

【助力地方脱贫攻关】 按照中共山东省委的统一部署，齐鲁石化先后派出12位“第一书记”进村开展帮扶工作，抓党建促脱贫，发挥中央企业优势，促进农村经济社会发展。2012—2020年，齐鲁石化共投入扶贫资金1 600余万元，帮助山东省临沂市郯城县泉源镇、庙山镇改善基础设施，美化绿化环境，培育致富项目，关心困难群众，实施慈善捐助，捐资支持教育，树立社会新风。8年间，11个贫困村实现脱贫致富，受到上级党委政府和村民群众的高度赞扬。齐鲁石化被山东省政府评为表现突出的省直派出单位。郯城县庙山镇乐泉村获评首批山东省乡村振兴示范村。

（徐江山）

表1　齐鲁石化主要技术经济指标　亿元

指标名称＼年份	2020	2019	2018	2017	2016	2015
原油加工量 / 万吨	1 057.02	1 203.27	1 202.68	1 155.29	1 188.37	1 121.89
工业总产值	521.28	697.83	755.63	644.61	569.14	585.12
工业增加值	166.99	206.36	243.04	236.71	244.18	220.61
资产总计	269.35	267.31	232.31	239.40	223.91	217.03
流动资产	75.02	83.56	69.91	73.39	61.20	46.07
固定资产原值	468.45	460.28	459.61	457.12	444.23	434.01
固定资产净值	150.10	141.80	142.36	146.89	147.07	153.79
销售收入	532.20	714.82	768.63	650.51	593.00	591.77
实现利税	121.02	148.84	189.75	178.03	194.17	162.67
税　金	113.61	136.18	148.49	146.91	150.91	139.94

表2　齐鲁石化主要产品产量　万吨

产品名称＼年份	2020	2019	2018	2017	2016	2015
汽　油	195.50	247.82	`245.74	238.02	229.88	200.49
柴　油	255.46	294.18	301.96	314.30	319.29	322.82
煤　油	43.74	95.98	90.55	85.47	87.80	74.30
沥　青	97.00	102.02	90.03	90.99	105.22	80.67
硫　黄	12.19	14.36	14.06	13.87	13.94	13.73
乙　烯	85.02	85.65	86.85	71.59	87.09	86.19
丙　烯	35.53	35.57	37.88	29.26	38.39	40.96
聚乙烯	62.20	64.05	64.94	53.13	67.14	67.34
聚氯乙烯	33.10	23.90	23.22	20.34	23.12	22.60
聚丙烯	9.43	9.60	9.41	7.93	9.58	9.60
苯乙烯	19.40	21.65	21.90	18.15	20.67	20.63
合成橡胶	36.76	35.12	24.42	27.50	35.64	32.55
烧　碱	20.73	20.52	20.61	18.33	20.04	18.14
腈纶纤维	3.22	3.89	3.59	3.59	5.11	4.58
丙烯腈	12.62	15.74	14.92	15.68	24.84	22.37
丁辛醇	29.80	29.88	33.50	27.73	33.68	31.18

续表

产品名称 \ 年份	2020	2019	2018	2017	2016	2015
纯　苯	19.49	19.67	21.25	17.41	20.85	22.27
对二甲苯	7.18	8.54	9.59	5.50	4.90	7.21
发电 / 亿千瓦·时	34.42	33.94	38.69	36.01	39.78	38.65

镇海炼化

【概况】 中国石油化工股份有限公司镇海炼化分公司（简称镇海炼化）是中国石化旗下的特大型炼油化工骨干企业，位于浙江省宁波市镇海区。其前身是始建于1975年的浙江炼油厂，1983年划归原中国石油化工总公司。

截至2020年底，镇海炼化拥有2 300万吨/年原油加工能力、100万吨/年乙烯生产能力，负责管理码头吞吐能力逾8 000万吨/年、罐储能力逾1 200万立方米，构成了“大炼油、大乙烯、大码头、大仓储”的产业格局，正在向着建设“世界级、高科技、一体化”绿色石化基地的目标扎实迈进。主要生产各种规格的汽油、柴油、航空煤油、液化气、道路沥青、苯类、乙烯、丙烯、丁二烯、环氧乙烷、乙二醇、环氧丙烷、苯乙烯、聚丙烯树脂、聚乙烯树脂等50多种优质石油化工产品。炼油竞争力居亚太地区炼厂第一组群；乙烯装置绩效位列全球乙烯装置（石脑油）第一组群。实行公司—运行部扁平化管理，设立14个管理处室（含党群部门）、11个业务中心（含消防支队）、12个生产运行（专业）部及中国石化镇海基地项目管理部（炼油老区结构调整提质升级项目管理部）。在岗职工6 030人，其中具有高级职称的424人、中级职称的1 063人。

镇海炼化扩建1 500万吨/年炼油、120万吨/年乙烯项目的建设及运营主体——中石化宁波镇海炼化有限公司，由中国石化与宁波市于2018年6月18日合资成立，股比85%：15%。按照“管理上一体化统筹、法律上独立法人运作”的基本定位，实行镇海炼化与中石化宁波镇海炼化有限公司一体化管理。2020年，中石化宁波镇海炼化有限公司管理职能全部依托镇海炼化，一套人马、两块牌子，合署办公、高效运行。120万吨/年乙烯项目年初全面破土动工。

2020年，国务院国资委在镇海炼化召开“对标世界一流管理提升现场推进会”，将镇海炼化树为国资央企新标杆。也是镇海炼化继1997年成为全国“实行两个根本性转变”先进典型之后，时隔23年再次向全国输出管理经验。张玉卓董事长等集团公司党组领导先后到镇海炼化调研，赋予镇海炼化“为中国石化未来发展探路引航”新使命。

镇海炼化主要技术经济指标及主要产品产量分别见表1和表2。

（方　洁）

【领导班子调整】 2020年12月25日，集团公司党组和股份公司分别发文，决定免去孙敏杰镇海炼化委员会委员职务，解聘孙敏杰的镇海炼化副总经理职务，另有任用。

（方　洁）

【中央巡视组到镇海炼化下沉巡视】 2020年11月3日，中央第四巡视组组长赵凤桐一行到镇海炼化就安全环保情况开展下沉巡视。巡视组一行查看了镇海炼化污水外排口在线监测仪表，并于1#乙烯污水处理场外排口取样分析。

（方　洁）

【国务院国资委在镇海炼化召开“对标世界一流管理提升现场推进会”】 2020年11月23日，国务院国资委在镇海炼化召开“对标世界一流管理提升现场推进会”。国务院国资委党委委员、副主任翁杰明出席会议并发表讲话。

（方　洁）

【中石化宁波新材料研究院揭牌】 2020 年 9 月 23 日，中石化宁波新材料研究院揭牌，集团公司党组成员、副总经理喻宝才出席揭牌仪式并致辞。该研究院由中国石化和宁波市人民政府共建，于 2019 年 2 月 2 日在宁波市镇海区注册成立，是中国石化内部首家具备独立法人资质的研究院。

（方　洁）

中石化宁波新材料研究院揭牌仪式现场（万　里　摄）

【生产经营创佳绩】 2020 年，镇海炼化累计加工原油 2 003.26 万吨，生产汽煤柴三大类成品油 1 093.28 万吨，生产乙烯 111.30 万吨；实现营业收入 847.50 亿元，利税 237.86 亿元，利润总额 51.73 亿元；完成固定资产投资 113.44 亿元，创 2010 年乙烯工程投产以来最高纪录。

（方　洁）

【乙烯项目破土动工】 2020 年 4 月 17 日，镇海炼化 120 万吨 / 年乙烯项目破土动工，进入土建施工阶段。该项目总占地 146.5 万平方米，于 2018 年 6 月 29 日取得核准、2018 年 10 月 28 日可研批复、2019 年 6 月 21 日总体设计批复，2019 年 6 月 29 日桩基开工。

（方　洁）

【完成检修改造任务】 2020 年 3 月 16 日，镇海炼化启动 2020 年装置大修工作。装置检修改造总投资近 10 亿元，分 2 批次共对 39 套装置（单元）实施 5 234 项检修、58 项改造任务。其中，Ⅰ系列 24 套装置于 5 月 6 日完成检修改造，Ⅱ系列 15 套装置于 7 月 6 日完成检修改造。

（方　洁）

【成功研发航空汽油配方】 2020 年 4 月 26 日，镇海炼化与华东理工大学、中国石化石油化工科学研究院合作研发的航空汽油研发项目获得成功，调配出的 UL91 和 100LL 牌号航空汽油分析合格。

（方　洁）

【聚烯烃研发生产成效显著】 2020 年，镇海炼化坚持聚烯烃新产品及专用料差异化战略，开发聚烯烃新产品牌号 9 个。全年生产聚烯烃新产品及专用料 57.3 万吨，差异化增效约 2 亿元。

（方　洁）

【合资合作创效显著】 2020 年 6 月 13 日，宁波镇海炼化利安德化学有限公司（简称镇利化学）投产 10 周年。10 年间，镇利化学累计生产环氧丙烷 291.95 万吨、苯乙烯 637.84 万吨，实现营业收入 820.74 亿元，利润 80.43 亿元，平均年投资回报率达 24.22%。

（方　洁）

【低硫重质船用燃料出厂】 2020 年 2 月 28 日，镇海炼化首批约 600 吨低硫重质船用燃料油出厂发往舟山保税区，由中石化浙江舟山石油有限公司用于国际航行船舶的燃油供应。2019 年底，镇海炼化先后成功完成调和设施改造中交和产品的生产，2020 年 2 月打通燃料油出口流程。

（方　洁）

【码头吞吐量突破 6 亿吨】 截至 2020 年 1 月 19 日，镇海炼化算山码头吞吐量自 1977 年投用以来，突破 6 亿吨大关，其中原油 4.5 亿吨、成品油和化工品 1.5 亿吨。

（方　洁）

【管输杭州萧山国际机场航煤突破 1 000 万吨】 截至 2020 年 9 月 21 日，镇海炼化向杭州萧山国际机场管道输送航煤累计达 1 000.65 万吨。

（方　洁）

【生物航煤装置建成中交】 2020年7月30日，镇海炼化新建10万吨/年生物航煤装置建成中交。该装置于2018年5月开工建设，采用中国石化自主研发的生物航煤生产技术（SRJET技术），既可以以餐饮废油、菜籽油、棉籽油、棕榈油、酸化废油等作为原料生产航空煤油，又可以生产军用柴油。

（方 洁）

7月30日，10万吨/年生物航煤装置建成中交（孙丽燕 摄）

【国家危险化学品应急救援宁波基地建成中交】 2020年4月28日，国家危险化学品应急救援宁波基地项目建成中交。该项目是由国家应急管理部主导，镇海炼化建设并运营，总投资1.5亿元，具备10万立方米储罐火灾扑救能力。

（方 洁）

4月28日，国家危险化学品应急救援宁波基地建成中交

（潘婷婷 摄）

【第七次党员代表大会胜利召开】 2020年11月28日，镇海炼化召开第七次党员代表大会。大会审议了第六届党委和纪委工作报告，明确公司发展战略目标和今后五年党委工作重点，并以无记名投票方式选举产生第七届党委委员和纪委委员。

（方 洁）

【获苯乙烯期货交割厂库资质】 2020年10月16日，镇利化学被大连商品交易所授予苯乙烯期货交割厂库资质，成为中国石化内部首家具备期货交割厂库资质公司。

（方 洁）

【科技创新成果】 2020年4月17日，镇海炼化"SCR脱硝系统"获国家知识产权局授权实用新型专利，专利号ZL 2019 2 0425262.0。

（方 洁）

【乙烯装置绩效保持世界领先水平】 根据所罗门公司评价认定结果，2019年，镇海炼化乙烯装置单位高附现金操作费用、单位高附净能耗和维修效率指数3项指标处于第一群组，重置资产投资回报率（ROI）、单位高附净现金收益2项指标处于第二群组。按中国石化对世界领先水平的评价标准，镇海炼化为2019年度中国石化参评9家单位中唯一一家乙烯装置绩效达世界领先水平的企业，也是自2011年参评以来第5次达世界领先水平。

（方 洁）

【获挪威船级社（DNV）国际安全评级评估6级证书】 2020年6月15日，镇海炼化获挪威船级社（DNV）授国际安全评级评估6级证书，为国内首家获国际安全评级评估6级证书的炼化企业。

（方 洁）

【能效、水效管理获多项荣誉】 2020年，镇海炼化在国家工信部等部委组织的年度评审中，先后获2019年度重点用能行业能效"领跑者"（乙烯行业）、2020年石油炼制行业、乙烯行业重点用水企业水效"领跑者"称号。在中国石油和化学工业联合会年度评审中，第8次获2019年度能效领跑者标杆企业（乙烯）称号。在第11届国际清洁能源部长级会议（CEM）全球能源管理领导奖评选活动上，获2020年全球能源管理领导奖—能源管理洞察力奖。

（方 洁）

【入选国务院国资委国企改革“双百企业”】 2020年12月26日，根据国务院国资委改革领导小组发布的《关于调整部分“双百企业”有关事项的通知》，镇海炼化入选国务院国资委国企改革“双百企业”。

（方　洁）

【试点实行超额利润分享】 2020年11月19日，镇海炼化第16届职代会第31次民主管理联席（扩大）会议经过协商，表决通过《镇海炼化超额利润分享方案》。该方案是以中国石化每年下达给镇海炼化的净利润奋斗目标之和作为基准值，年度净利润实际完成值高于目标值部分作为超额利润进行分享。方案将自2021年起实施。

（方　洁）

【生产一线实行“四班二倒”工作制】 2020年7月21日，镇海炼化第16届职代会第30次民主管理联席（扩大）会议经过协商，表决通过《生产一线实行四班二倒工作制方案》。方案将生产一线“4+1”工作制调整为“四班二倒”工作制，并于8月10日开始实行。

（方　洁）

【连续11年位居宁波市“纳税50强”榜首】 2020年7月1日，宁波市人民政府公布2019年度宁波创业创新风云榜，镇海炼化连续第11年登上宁波市纳税50强企业和市制造业纳税50强企业榜首。

（方　洁）

【职工获多项荣誉称号】 2020年，镇海炼化关工委李力被中国关心下一代工作委员会授予全国关心下一代工作先进个人称号。炼油二部胡建凯获中国能源化学地质工会授予大国工匠称号。质管中心刘顺获中国石油和化学工业联合会授予全国石油和化工行业技术能手称号。

（方　洁）

【退休人员社会化管理工作主体任务完成】 2020年8月7日，镇海炼化与宁波9个区（县市）签订退休人员社会化管理移交协议，涉及退休人员3 903人、退休党员1 129名。10月29日，镇海炼化完成退休人员社会化管理工作主体任务。

（方　洁）

【企地合作共赢】 截至2020年6月9日，镇海炼化自2015年以来累计向宁波石化经济技术开发区及周边地方企业互供物料达1 000.9万吨，突破千万吨大关。

（方　洁）

【援助帮扶地方建设】 2020年，镇海炼化向贵州普安县田坝村黄牛养殖建设项目捐赠帮扶款98亿元、向浙江缙云县周扎村樱桃园试种示范项目捐赠帮扶款65亿元、向西藏比如县现代化双语幼儿园建设项目捐赠帮扶款98万元，总计261亿元。截至12月底，累计向贵州、西藏、浙江三地的贫困村和经济薄弱村捐赠帮扶款超过1 000万元，涉及农产、基建、教育等10多个项目。其中，贵州普安县于2020年3月成功脱贫“摘帽”。

（方　洁）

【常态化举办“公众开放日”活动】 2020年，疫情期间坚持开放办企业，通过“线上＋线下”常态化举办“公众开放日”活动，全年举办13期，累计共举办239期、接待参观人员达1 0331人次。

（方　洁）

表1　镇海炼化主要技术经济指标　亿元

指标名称＼年份	2020	2019	2018	2017	2016	2015
原油加工量／万吨	2 003.26	2 200.37	2 057.50	2 190.18	2 012.41	2 180.32
工业总产值	789.38	1 056.62	1 064.56	949.62	751.49	884.05
工业增加值	267.06	292.01	338.00	406.75	372.20	358.35

续表

指标名称 \ 年份	2020	2019	2018	2017	2016	2015
资产总计	614.07	511.34	468.18	456.63	398.08	320.34
流动资产	270.26	244.92	216.14	244.69	191.53	108.57
固定资产原值	458.37	447.32	396.97	401.27	394.26	386.04
固定资产净值	154.27	164.53	132.07	144.16	156.83	166.46
销售收入	847.50	1 134.77	1 137.87	1 031.77	816.69	944.80
实现利税	237.86	269.41	325.42	389.51	353.28	342.88
税　金	192.26	205.65	223.37	236.48	219.64	236.37
综合能耗 / 吨标煤・万元 $^{-1}$	0.55	0.52	0.52	0.52	0.54	0.52

表 2　　镇海炼化主要产品产量　　万吨

产品名称 \ 年份	2020	2019	2018	2017	2016	2015
汽　油	347.19	351.70	331.54	336.86	307.69	333.27
航空煤油	184.35	290.33	273.34	246.55	213.31	226.26
柴　油	561.73	600.34	574.00	613.82	567.62	628.86
石脑油	288.83	290.62	257.99	300.40	289.39	293.33
燃料油	39.82	20.65	36.68	29.18	24.41	33. 54
液化气	89.79	110.82	111.73	115.36	99.99	105.52
溶剂油	0	0	0	0	0.24	1.21
沥　青	163.65	160.75	125.80	135.72	134.53	143.27
丙　烯	85.71	87.38	76.13	85.73	82.94	86.39
聚丙烯	57.38	59.40	50.57	56.55	53.05	54.62
苯	35.51	36.09	34.45	39.90	37.66	38.43
甲　苯	0	0	0	0	0.05	1.89
混合二甲苯	0	0	0	1.00	1.10	0.81
邻二甲苯	16.37	16.31	14.18	16.74	14.37	16.93
对二甲苯	51.61	56.71	54.54	61.59	55.25	63.01
硫　黄	25.24	24.65	21.90	24.41	21.49	22.53
石油焦	70.58	109.97	107.91	117.91	109.37	123.59
乙　烯	111.30	115.28	99.14	113.18	112.58	113.14
丁二烯	15.66	16.35	13.41	15.76	15.90	15.79
聚乙烯	49.86	51.57	42.67	49.50	49.87	48.44
环氧乙烷	17.46	17.12	13.75	16.72	16.81	15.58
乙二醇	45.41	48.86	43.20	43.79	46.17	51.89

天津石化

【概况】 中国石油化工股份有限公司天津分公司（简称天津分公司）和中国石化集团资产经营管理有限公司天津石化分公司（简称天津资产分公司）统称天津石化，位于天津市滨海新区（大港），与天津市区和塘沽新港有铁路、公路相通，与天津港南疆石化码头有输油管线相连。其前身为中国石化天津石油化工公司（由天津市石油化学工业公司和天津市石油化纤总厂组成），成立于1983年12月28日，2000年分设为中国石化集团公司天津石油化工公司和中国石油化工股份有限公司天津分公司；2005年，2个公司进行一体化重组整合，实现机构的统一管理；2007年5月22日，注册成立天津资产分公司，10月正式注销中国石化集团天津石油化工公司；2010年6月，2个公司实行一体化管理。

天津石化拥有炼油、化工生产装置55套，原油综合配套加工能力1 250万吨/年，乙烯生产能力150万吨/年（含合资公司），化工产品年生产能力为对二甲苯38万吨、聚酯20万吨、聚醚10万吨，热电装机容量40万千瓦，日供水能力10万吨，原油储存能力27万立方米。主要生产汽油、煤油、柴油、液化气、燃料油、道路沥青、工业白油、苯类、乙烯、丙烯、环氧乙烷、乙二醇、聚乙烯树脂、聚丙烯树脂等石油化工产品，其中成品油全部达到国Ⅵ质量标准；涤纶短纤维、3[#]喷气燃料为国优产品；“天仙”牌涤纶短纤维，“津港”牌轻柴油、车用汽油、3[#]喷气燃料，“大港”牌工业用纯苯被评为天津市名牌产品。

截至2020年底，天津石化共设16个机关部室、6个生产作业部、12个直属专业服务单位，另有2家合资公司；正式职工总数为6 487人，共有专业技术人员1 577人，其中具有高级职称的377人、中级职称的597人。资产总额3 34.61亿元。

天津石化主要技术经济指标及主要产品产量分别见表1和表2。

（罗　威　朱婷婷）

【领导班子调整】 2020年7月2日，集团公司召开视频会议，宣布调整天津石化领导班子，李永林任集团公司总经理助理兼人力资源部总经理、党组组织部部长，不再担任天津石化党委书记、分公司代表，中沙石化副董事长职务；王百森主持天津石化党政全面工作。9月4日，集团公司召开视频会议，宣布调整天津石化领导班子，王百森任天津石化党委书记、分公司代表，兼任中沙石化副董事长；陈伟军任天津石化总经理、党委副书记，仍任炼油事业部副总经理。根据工作需要，集团公司研究决定，姜明任天津石化党委副书记兼纪委书记，为天津石化工会主席人选；彭乾冰任天津石化副总经理、委员会常委，免去徐振发、魏冬的天津石化副总经理、委员会常委、委员职务；免去聂军的天津石化委员会副书记、常委、委员、纪委书记职务，不再担任天津石化工会主席职务，任二级协理员；禹小伟退休。

（罗　威　朱婷婷）

【疫情防控抓紧抓实】 2020年，天津石化全面抓好实战化、精准化、常态化防控，沉着应对大战大考，联防联控筑牢防线，实现了“零感染、零疫情”。成立疫情防控领导小组，制订下发“1+N”疫情防控工作方案，组建67支疫情防控党员突击队，建立责任区230个，构建了覆盖公司、作业部、车间、班组的四级网格体系。火速转产紧缺医卫原料，跨界出击打通口罩生产链，定点为火神山、雷神山医院防渗工程提供土工布原料；天华宾馆成为滨海新区医学观察隔离点；组织改制单位联合天津应急医疗力量驰援武汉，其临时党支部获全国抗击新冠肺炎疫情先进集体、全国先进基层党组织2项荣誉。

（罗　威　朱婷婷）

【检修改造圆满完成】 2020年，天津石化投资31.5亿元，历时61天，高质量完成历史上最大规模停工检修改造。检修改造涵盖存量全部装置，检修项目5 938项，改造项目96项，检修设备6.16万台（套），新增管线近100千米。参战总人次超1.6万人、进场作业高峰超1.3万人，安全人工时583万；政府环保执法监测全部达标。大范围应用定力矩紧固技术，实现“大锤不进装置、气密一次通过、热紧环节减少、VOCs $< 200\times10^{-6}$”目标，开车期间没打一个卡子、没包一个盒子，全面实现“停得稳、修得好、开得优、零事故”一次开车成功的预期目标。

（罗 威 朱婷婷）

【攻坚创效纵深开展】 2020年，天津石化克服疫情暴发、油价暴跌、全线检修影响，完成营业收入366.4亿元，实现利润-29.97亿元。其中，上市部分-32.32亿元（炼油板块-32.77亿元、化工板块0.45亿元）；存续部分2.35亿元。完成原油加工量914万吨，生产成品油430.6万吨、乙烯19.32万吨、对二甲苯24万吨。聚焦增效创效、生产经营、成本控制三个靶心，接连开展“百日攻坚创效”“持续攻坚创效”行动，细化分解6类、681项任务措施，累计攻坚创效16.8亿元。单月柴汽比历史性降至0.79，工业白油、重交沥青首次量产量销。规范用好金融衍生品工具，果断抢抓低油价窗口，挽回跌价损失超6亿元。持续强化资金统筹，财务费用正收益1.45亿元，创历史最好水平；深化“零基”预算，从严非生产性费用支出；大力实施外包转自营、应用智能化技术取代用工，全面开展公用工程、生产过程以及工艺技术优化，降本1.9亿元；惠企政策全面落实，降本3.2亿元。

（罗 威 朱婷婷）

【安全根基持续筑牢】 2020年，天津石化突出本质安全管理，狠抓责任落实，安全风险管控率、重大隐患治理率、职业健康体检率、职业病危害因素检测率均为100%。常态开展制度符合性检查，完善“7+1”高风险作业管理。查找处置隐患近7 500项，奖励120余万元。风险总值降低率43.9%；9项重大隐患全部销号，29项一般隐患及时治理。“十条措施”“严重违章”“安全记分”“三个一律”等严管措施落实落地，网格化管理全面实行，承包商考核覆盖率100%，现场视频监控全天候全覆盖，取得1 820万安全人工时优异业绩。泵群状态监测、电机过负荷报警、初期火灾智能识别+关键机组远程诊断中心“3+1”技防体系初步建成。大机组机械故障率为零。整治职业病危害因素超标场所，配置心脏除颤器（AED）。天津石化连续20年获评全国“安康杯”竞赛优胜企业。

（罗 威 朱婷婷）

【世界一流绿色企业建设成效突出】 2020年，天津石化主要污染物排放消减近30%，浓度指标大幅优于国家标准。密闭除焦项目建成投用，VOCs移动监测、LDAR技术常态化应用，“无异味工厂”基本建成；雨污分流治理关口前移，六米河水质稳定达标，外排污水COD指标达行业先进；土壤地下水监测有序开展，聚醚老区土壤修复全力推进。坚持“增规模不增取水”，工业取水比例降至10%，“近零”新鲜水目标全面实现。行动计划“第一个三年”10项总体目标、17项具体指标圆满达成，年度“一方案两清单”压茬推进，44项重点工作全部完成，集团公司绿企复审顺利通过。连续2年获评全国炼化行业重污染天气应急绩效评级A级企业。

（罗 威 朱婷婷）

【世界一流管理体系建设扎实推进】 2020年，天津石化深入开展制度符合性检查，覆盖检查400余个制度、5 700余项条款，有效构建公司月检、作业部周检、车间日检三级运行机制。“我为制度做诊断”持续开展，征集建议500余条，被采纳的占比超过60%。130人取得内审员资格证。管理信息化持续提升，170余项技术性文件上线，线下表单流转实现清零。完善“一厂一表”“一人一表”绩效考核体系。“公司对单位”“单位对车间”“车间对岗位”的奖励兑现“绿色通道”全面打通。

（罗 威 朱婷婷）

【深化改革取得成效】 2020年，天津石化公用工程业务完成整合，化工部内设机构实现优化，精对苯二甲酸、1#芳烃装置关停退出；“四供一业”移交高质量达点，退休人员社会化管理完成主体工作，厂办大集体改革按时完成，部分业务混改进入实质阶段；原油储运部组建成立，大联合车间模式创新推行，新单位、新装置人员配备全部内部挖潜。

（罗　威　朱婷婷）

【创新引领不断深化】 2020年，天津石化“高附加值合成树脂关键技术开发及应用”获集团公司科技进步一等奖。集团公司重大项目“聚烯烃功能膜专用料的开发及应用推广”完成攻关任务，ALL-PE乙烯聚合新工艺研究、CHP法制环氧丙烷全流程中试研究取得进展。汽油苯含量降至合理范围，高成本异辛烷调入持续减少，汽油调和成本有效降低；丙烯脱水攻关。原油蒸汽裂解、渣油钠法脱硫等重大课题立项攻关。8件专利获授权，获集团公司科技进步奖5项。云会议、人脸识别有效支撑疫情防控，新建装置ERP、MES、视频监控等信息系统同步建成投用。11座5G基站升级扩容，“机器代人”实现突破。

（罗　威　朱婷婷）

【重点项目建设全面推进】 2020年，天津石化新建120万吨/年乙烯及下游高端新材料产业集群项目可研获批，北京化工研究院天津科学试验基地顺利落户，15万吨/年CHP法制环氧丙烷项目开工建设，天津南港原油商储基地刷新国内商储建设新速度，在三大石油公司2020年所有基地布点中率先中交、率先进油。中沙石化26万吨/年聚碳酸酯、130万吨/年乙烯扩能项目集中建成。

（罗　威　朱婷婷）

【炼油产品结构调整及油品质量升级改造项目一次开车成功】 2020年11月7日，天津石化炼油产品结构调整及油品质量升级改造项目新建7套装置工艺流程全部打通并产出合格产品，标志着项目实现一次开车成功，并正式进入生产运行阶段。该项目作为天津市及中国石化重点工程建设项目，2018年7月16日打桩施工，2020年6月30日中交。项目采用“固定床渣油加氢+重油催化裂化”工艺路线，投产后，天津石化炼油产品结构有效改善，重油实现高效转化，轻油收率提高1.6个百分点，裂解原料进一步丰富，石油焦有效压减。

（罗　威　朱婷婷）

【干部人才队伍建设切实加强】 2020年，天津石化大力培养选拔优秀年轻干部，优化干部队伍结构。公开招聘“80后”中层领导人员，年轻干部比例升至1/6，老中青比例达2∶3∶1。选拔骨干人才171人，组建30个创新攻关团队。认定高级技师41名、技师46名，建成技师工作室10个，1人被评为全国劳动模范，14人获省部级以上称号。

（罗　威　朱婷婷）

【党风廉政建设纵深推进】 2020年，天津石化牢牢把握全面从严治党总体要求，深化落实两个责任，坚持把政治监督摆在首位，持续完善“大监督”工作格局，一体推进“三不”机制建设，锲而不舍纠治“四风”，为全面完成各项目标任务发挥了保障和促进作用。全年聚焦疫情防控、装置检修、项目建设等重点领域梳理排查廉洁风险点136个，开展监督检查47次。对4家直属单位开展党委巡察，查摆各类问题87项。对106名关键岗位人员和157名“三支序列”提职人员开展警示约谈和教育提醒，发放廉洁提醒卡500份、廉洁书签4 000张。集中整治形式主义、官僚主义突出问题，持之以恒落实中央八项规定精神，加大开展“精文减会”工作成效“回头看”，公司会议压减30.2%，发文压减42%。

（罗　威　朱婷婷）

【和谐企业建设成效显著】 2020年，天津石化深化厂务公开和民主管理，全力维护员工合法权益。“五道帮扶保障线”巩固深化，精准帮扶、普惠服务率100%，获全国模范职工之家称号。坚持党建带团建、团建促党建，千余名青年投身创先争优，百余支青年突击队活跃在生产一线。大力传承石油精神、弘扬石化传统，“责任、创新、合规”文化特质深入人心，连续12年保持全国文明单位荣誉。“只访一次”试点推进，“1343”模式巩固提升，维稳工作目标全部实现。

（罗　威　朱婷婷）

【助力打赢脱贫攻坚战】 2020年，天津石化坚决履行央企社会责任，定点帮扶天津市蓟州区下仓镇李四后村，派驻驻村干部，发展杞柳产业，村集体收入持续增长，在全镇67个村中脱颖而出，由排名倒数迈入先进行列，产业扶贫经验在当地被广泛推广。从青海、甘肃、西藏等贫困地区及蓟州区采购 1 500 余万元农产品。获中国石化脱贫攻坚先进集体称号。

（罗　威　朱婷婷）

【党的建设全面加强】 2020 年，天津石化坚持以党的政治建设为统领，认真落实新时代党的建设总要求，统筹抓好责任、质量、实效，党建工作持续保持集团公司 A 类行列。健全保障“两个维护”机制，严格落实“第一议题”制度，深入宣贯十九届五中全会精神，保持政治定力，强化对党忠诚，党员干部队伍政治判断力、政治领悟力、政治执行力持续提升。始终坚持党对国有企业领导这一重大政治原则，党委前置程序严格执行，议事范围、决策流程更加细化，“把方向、管大局、促落实”领导作用贯穿企业决策、监督、执行各环节，引领企业改革发展正确方向。全面从严治党责任体系有效完善，新领导体制下的党委集体责任落实落细，“两单三书”运行机制全系统推广，党建三级考评体系运行有效，“一岗双责”抓党建合力显著增强。公司领导班子成员带头落实“双示范”，党支部达标创优上等级机制不断深化，支部委员述职评议制度有效落实，党员量化积分管理在主要车间全面推行，党员区岗创建等实践活动深入开展，党建中心“熔炉”示范效应有效发挥。

（罗　威　朱婷婷）

表 1　天津石化主要技术经济指标①　亿元

指标名称＼年份	2020	2019	2018	2017	2016	2015
原油加工量 / 万吨	913.97	1 217.65	1 214.11	1 202.23	943.16	1 157.61
工业总产值	340.02	535.39	571.98	471.08	322.11	442.90
工业增加值	37.65	81.57	111.04	152.49	128.86	128.55
资产总计	334.61	334.67	308.79	282.02	215.83	206.77
流动资产	76.74	104.06	125.86	108.20	54.38	53.81
固定资产原值	368.58	319.63	317.43	306.13	300.27	294.12
固定资产净值	127.76	86.52	94.91	116.91	99.03	101.53
销售收入	356.73	559.81	595.01	466.19	316.46	463.44
实现利税	6.96	57.87	100.10	131.12	99.98	108.99
税　金	38.90	47.23	58.97	78.28	70.96	90.93

①均为天津分公司数据，不含存续部分数据

表 2　天津石化主要产品产量　万吨

产品名称＼年份	2020	2019	2018	2017	2016	2015
汽　油	131.09	137.68	133.81	130.37	102.07	121.62
煤　油	98.82	209.52	190.85	172.09	125.62	157.42
柴　油	200.69	266.73	263.07	281.41	226.41	294.53
化工轻油①	349.21	393.75	392.64	371.77	295.81	345.42
商品液化气	27.48	32.41	44.9	50.91	37.84	46.53
石油苯	33.58	40.74	41.41	41.84	35.12	39.55
对二甲苯	24.03	33.01	32.5	32.26	26.04	31.03

续表

产品名称 \ 年份	2020	2019	2018	2017	2016	2015
精对苯二甲酸	8.36	29.54	28.44	26.52	24.42	26.05
聚　酯	18.79	23.95	23.53	21.74	18.89	16.27
聚酯切片	11.32	14.57	14.42	12.60	10.10	6.02
涤纶短丝	7.34	9.22	8.87	8.99	8.66	10.20
聚醚多元醇	5.66	5.25	6.19	6.07	5.36	7.38
丙　烯	15.88	17.08	16.96	17.32	13.32	16.64
乙　烯	19.32	22.54	22.64	23.09	17.83	21.08
聚乙烯	10.43	11.85	11.89	12.98	10.64	12.25
聚丙烯	6.02	7.28	6.94	6.99	6.10	7.19
乙二醇	1.86	3.06	3.30	3.85	3.42	3.96
环氧乙烷	4.36	5.33	4.32	4.73	4.18	4.74

①化工轻油数据中含尾油产量

中沙石化

【概况】 中沙（天津）石化有限公司（简称中沙石化）是中国石化和沙特基础工业公司以50%：50%的股比共同出资设立的大型石油化工企业，坐落于天津市滨海新区，成立于2009年10月20日，2010年5月11日正式投入商业运行，截至2020年底，资产总额276.13亿元。

中沙石化拥有主生产装置9套，包括100万吨/年乙烯装置、65万吨/年裂解汽油加氢装置、30万吨/年高密度聚乙烯装置、30万吨/年线型低密度聚乙烯装置、11/28.5万吨/年环氧乙烷/乙二醇装置、45万吨/年聚丙烯装置、35万吨/年苯酚丙酮装置、20/12万吨/年丁二烯抽提/MTBE联合装置、3.5万吨/年苯乙烯抽提装置，以及配套公用工程及辅助设施。中沙石化生产的产品包括气体产品4种、液体产品17种、固体产品3类79个牌号。

截至2020年12月31日，中沙石化共有员工1 433名。专科及以上学历占员工总数的84.4%，各类专业技术人员205人，中高级职称员工占员工总数的26.3%，技师及高级技师占员工总数的7.5%。

中沙石化主要经济指标及主要产品产量分别见表1和表2。

（张作洋　王　晶）

【领导班子调整】 中沙石化第005/2020号董事会书面决议通过：批准阿卜杜阿齐兹·阿尔法哈瑞先作为中沙石化首席财务官的任期于2020年6月30日终止，聘任阿卜杜拉·阿尔谢赫里先生担任中沙石化首席财务官，任期自2020年7月1日起，至董事会批准其任期届满之日止。中沙石化第008/2020号董事会书面决议通过：批准穆伊德·阿尔博加弥作为中沙石化副总裁的任期于2020年9月30日终止，聘任马吉德·阿尔卡米担任中沙石化副总裁，任期自2020年10月1日起，至董事会批准其任期届满之日止。

（王　晶）

【生产经营情况】 2020年，中沙石化按照集团公司党组关于“一手抓疫情防控、一手抓生产经营”总体部署，稳生产、促销售，接连推进“百日攻坚创效”和“持续攻坚创效”行动，取得了优异的生产经营业绩。全年装置平均在线率 99.85%，生产主产品 390 万吨，其中乙烯产量 92.5 万吨，超计划值 2%；实现营业收入 148.8 亿元，实现税前利润 9.54 亿元，工业总产值 147.1 亿元，上缴税金 2.44 亿元。

（张作洋）

【全力抗击新冠肺炎疫情】 2020 年，面对突如其来的新冠肺炎疫情，按照集团公司党组和天津市政府的统一要求，中沙石化第一时间部署疫情防控工作，并进行常态化、网格化管理，以超常措施有序复工复产，在检修期间对近 4 000 名承包商人员进行防疫管理，对聚碳酸酯项目涉及的进口设备全面消杀，确保疫情防控“零感染、零疫情”，保证了生产经营和项目建设的顺利进行。

（工　晶）

中沙石化核酸检测点为承包商员工进行核酸检测（任卫国　摄）

【胜利完成公司成立以来最大规模的检修任务】 自 2020 年 5 月 9 日—7 月 1 日，历经 62 天，设备大修及 130 万吨 / 年乙烯扩能改造圆满完成，并实现一次开车成功。检修改造在疫情和采购周期紧张的双重影响下，共完成检修项目 10 902 项，检修改造设备 8 962 台，检修期间未发生损工伤害事故和环保事故，创造了国内石油化工行业大修最佳安全纪录。

2020 年大修扩能改造动员会（赵　鹏　摄）

（王　晶）

【获多项荣誉】 2020 年，中沙石化聚乙烯装置催化剂国产化应用获集团公司科技进步一等奖。中沙石化获天津市百强企业、天津市优秀外商投资企业、天津市设备管理先进单位公司等多项荣誉称号，连续 2 届被中国设备管理协会评为设备管理优秀单位。总裁戴立起获天津市优秀外商投资企业家称号。

（王　晶）

【26 万吨 / 年聚碳酸酯项目取得重大进展】 2020 年，中沙石化围绕项目建设总体目标，梳理关键路径，克服疫情和洪涝灾害等影响，严格执行进度追赶计划，项目建设取得关键性进展。全年项目总体进度完成 95.27%，累计完成投资 88 亿元。实现 EHSS 事故率为零的目标，设计、采购和现场施工基本完成，生产准备工作有序对接。

（王　晶）

26 万吨 / 年聚碳酸酯项目建设现场

【130 万吨 / 年乙烯扩能项目裂解炉实现中交】 12 月 25 日，中沙石化 130 万吨 / 年乙烯改造项目新增 20 万吨 / 年裂解炉实现中交。该裂解炉是中国单台产量最大裂解炉。

（王　晶）

【产品研发取得可喜成绩】 2020 年，按照集团公司合成树脂产品结构调整、在高端应用领域对进口产品实现替代的工作要求，中沙石化新成立的新品研发中心承担了集团公司顶替进口任务 10 个牌号，SABIC 主导开发产品 6 个，全年共开发了 17 个新牌号产品，获股份公司合成树脂产品结构调整相关专项奖励 20 万元。

（王　晶）

【积极履行社会责任】 2020 年，中沙石化为天津市滨海慈善协会捐款 3 万元，参与东西部扶贫协作和支援合作工作项目；为安徽省岳西县扶贫开发办公室捐款 50 万元，用于百步村汛灾水毁道路恢复项目。

（王　晶）

表 1　　中沙石化主要经济指标　　亿元

指标名称＼年份	2020	2019	2018	2017	2016	2015
工业总产值	147.07	203.71	233.08	221.33	161.51	186.23
工业增加值	24.52	40.08	63.18	77.29	53.97	47.99
销售收入	148.81	205.41	235.01	222.86	163.37	188.68
税前利润	9.54	21.78	39.16	51.14	31.87	27.19

表 2　　中沙石化主要产品产量　　万吨

产品名称＼年份	2020	2019	2018	2017	2016	2015
乙　烯	92.50	112.86	110.05	111.62	96.60	108.81
丙　烯	46.84	57.12	56.20	56.82	48.90	56.27
丁二烯	17.06	20.25	20.81	21.41	17.16	20.21
甲基叔丁基醚	13.16	15.67	15.56	15.52	13.04	15.54
1- 丁烯	4.96	6.41	6.94	7.21	4.65	6.01
线型低密度聚乙烯	27.32	30.58	29.96	32.88	28.58	34.53
高密度聚乙烯	26.33	31.47	30.22	30.20	27.20	32.44
聚丙烯	40.59	50.80	50.12	50.77	43.23	49.32
环氧乙烷	9.26	11.96	10.13	8.43	7.29	6.19
乙二醇	30.99	37.65	34.68	37.64	27.76	35.37
苯　酚	19.17	23.15	21.59	22.03	19.06	21.79
丙　酮	11.93	14.44	13.45	13.73	11.83	13.47
混合苯	47.22	47.00	42.20	42.22	41.01	46.36
苯乙烯	2.69	2.78	2.72	2.68	0.69	—

上海石化

【概况】 中国石化上海石油化工股份有限公司（简称上海石化）位于上海市金山区，占地面积 9.40 平方千米，是一家集炼油、化工、塑料、化纤生产经营于一体的石油化工企业，也是中国首家股票在上海、香港、纽约三地同时挂牌上市的国际上市公司。上海石化前身为创建于1972年的上海石油化工总厂，1993年6月改制为上海石油化工股份有限公司。2000年10月更名为现名。

上海石化下设炼油部、烯烃部、芳烃部、化工部、腈纶部、碳纤维事业部、涤纶部、塑料部、热电部、公用事业部（海堤管理所）、先进材料创新研究院（科技部）、储运部、环保水务部以及物资采购中心、销售中心、IT服务中心、质量管理中心、统计中心、行政事务中心、培训与交流安置中心等单位，并由资本运营部管理对外投资企业。截至2020年底，上海石化总资产447.70亿元，在册员工总数8 466人，具有原油综合加工能力1 600万吨/年和乙烯70万吨/年、合成树脂100万吨/年、合纤原料109万吨/年、合纤聚合物59万吨/年、合成纤维26万吨/年的生产能力。每年向社会提供石油制品、中间化工原料、合成树脂及塑料制品、合纤原料及合成纤维4类产品。

上海石化主要技术经济指标及主要产品产量分别见表1和表2。

（吴文华）

【落实疫情防控措施】 2020年，上海石化践行中央企业责任与担当，抓好疫情防控和生产经营。强化组织领导，成立疫情防控领导小组，启动重大突发公共卫生事件一级响应。压实属地责任，统筹安排人员管控、防疫物资保供、企地联防联控，对国内中高风险区域返沪员工实行“1人1档”跟踪管理，累计集中隔离观察返沪员工146人，采购防疫物资220.6万余件。履行社会责任，支持地方防疫，120名志愿者参与道口执勤，600余人参加献血，3 187名党员捐款近63万元。12天攻克高熔融指数聚丙烯生产难题，转产熔喷布专用料，缓解医用口罩原料紧缺局面，全年累计生产熔喷布基料2.24万吨。常态化防控疫情，建立疫情网格单元，排摸人员动向，落实日常防控措施，实现“零输入、零扩散、零盲区、零死角、零感染”目标。

（吴文华）

【开展攻坚创效行动】 按照集团公司总体部署和要求，3月23日—6月30日，上海石化开展“百日攻坚创效”行动，旨在夺取疫情防控和生产经营“双胜利”。公司党政领导挂帅，成立领导小组和5个工作小组，制订工作方案，确定7项重点工作和25个一级行动项的工作目标、时间节点、任务责任分工；各二级单位围绕优化增效、降本增效、落实政策增效细化制订218个二级行动项。“百日攻坚创效”行动期间，累计增效创效5亿元。下半年，为进一步巩固“百日攻坚创效”行动成效，上海石化开展“持续攻坚创效”行动，以整体效益最大化为目标，围绕效益，紧盯优化，强化党建引领，持续攻坚创效，聚焦“五个发力”（在优化上发力、在降本减费上发力、在生产稳定运行上发力、在“优良日”创建上发力、在安全环保上发力），实现增效创效17亿元，为全面完成年度各项生产经营目标任务打下坚实的基础。

（吴文华）

【成立先进材料创新研究院】 8月24日，为贯彻落实中国石化“能源+材料”“基础+高端”的创新驱动发展战略，上海石化印发《关于成立上海石化先进材料创新研究院的通知》。组建成立上海石化先进材料创新研究院（简称创新研究院），整合科技管理资源，将发展与科技部（工程部）的科技管理职能和相关人员划转到创新研究院。创新研究院与科技部合署办公，发展与科技部（工程部）更名为发展计划部（工程部）。创新研究院（科技部）承担公司科技开发管理、碳纤维核心技术研发、新材料应用研发、产业合作创新等职能，内设综合管理部、科研管理部、战略合作部、运营保障部、研究开发部5个职能部门，其中研究开发部下设4个研究室，包括研究一室、二室、三室和分析表征室。

（吴文华）

【与上海流程智造科技创新研究院签署战略合作协议】 12月13日，上海石化受邀参加“上海流程智造科技创新研究院”揭牌仪式，并与上海流程智造科技创新研究院签署战略合作协议。双方以优势互补、互利共赢、安全高效、协同发展为原则，以共同需求为导向，建立自上而下的工作推进机制和常态化交流机制。发挥各自优势，共同开展联合攻关、委托研发、成果转化、人才培养等多种形式的科技合作，借助“产、学、研、用”合作优势，助力上海石化流程制造智能化转型发展。上海石化副总经理出席揭牌和签约仪式。

（吴文华）

【40万吨/年清洁汽油组分装置一次开车成功】 上海石化新建40万吨/年清洁汽油组分装置项目于2019年6月底开工建设，2020年6月30日中间交接，8月28日投料开车，8月30日产出合格产品。项目内容包括：新建40万吨/年硫酸法烷基化装置、3.5万吨/年待生酸再生装置以及与装置配套的界区外系统。项目建成后，将提供高辛烷值、清洁化的汽油调和组分，进一步降低汽油中烯烃和芳烃含量，确保生产的汽油符合成品汽油第6阶段质量要求，满足上海市及周边区域清洁汽油供应，为改善区域环境质量提供支持。

（吴文华）

新建成的40万吨/年清洁汽油组分装置（吴　伟　摄）

【2.4万吨/年原丝、1.2万吨/年48K大丝束碳纤维项目桩基开工】 2020年，上海石化2.4万吨/年原丝、1.2万吨/年48K大丝束碳纤维项目被列入中国石化重点工程，于11月27日桩基开工，批准投资34.90亿元。项目依托腈纶部南装置进行改造，采用上海石化自主开发的聚丙烯腈（PAN）基大丝束原丝、碳纤维技术，工艺路线为硫氰酸钠（NaSCN）连续溶液聚合湿法纺丝原丝、氧化、低温炭化、高温炭化及后处理。拟分2个阶段建设，2024年底建成投产。

（吴文华）

【烯烃部中控室隐患整改项目开工】 6月19日，上海石化烯烃部中控室隐患整改项目开工建设，批准投资9 994万元。项目新建2层抗爆结构中心控制室，1层用于生产操控，2层用于生产管理，原控制室作为现场机柜间。新建1座变压器室，为中心控制室配套配电。

（吴文华）

【首批国Ⅵ B标准车用汽油供应市场】 3月8日，上海石化首批7 000吨92#国Ⅵ B标准车用汽油出厂，通过西南管线供应广西、云南等地，是上海石化首次成功调和生产92#国Ⅵ B标准车用汽油。国Ⅵ排放标准采取分阶段、分地区推进实施，分为A、B两个阶段。A阶段实施时间为2019年7月1日—2021年7月1日，B阶段为2021年7月1日—2023年7月1日。国Ⅵ B标准汽油比国Ⅵ A标准汽油的质量指标要求更高，更加清洁环保。截至2020年底，92#国Ⅵ B标准车用汽油海运出厂4.46万吨。

（吴文华）

【合成树脂顶替进口获毛利1.21亿元】 2020年，上海石化结合合成树脂生产和市场情况，通过定期开展产销对接活动，了解用户需求，加强与用户合作，定制化生产等方式，继续推进国产合成树脂顶替进口工作，涉及10类牌号产品。全年，计划顶替进口10.88万吨，实际完成14.95万吨，比计划增长37.42%，毛利总额1.21亿元。

（吴文华）

【新型高韧性聚酯类工程塑料获工博会CIIF新材料奖】 9月，上海石化与上海吉虞实业有限公司联合开发的新型高韧性聚酯类工程塑料及应用获第22届中国国际工业博览会CIIF新材料奖。新型高韧性聚酯类工程塑料采用一步法聚酯液相增黏技术，形成工业化连续生产技术，填补国内空白，为国内首家产业化生产。其核心技术申请中国发明专利3件，整体技术达国际先进水平，可应用于家电、箱包、广告、机动车等领域。采用该产品制备的板材具有绿色可回收、高韧性抗冲击等特点，其回收利用率达90%以上。截至2020年底，上海石化共生产新型高韧性聚酯类工程塑料 3 147 吨。

（吴文华）

【海堤管理所纳入上海石化一体化运行管理】 5 月 20 日，上海石化印发《关于海堤管理所纳入上海石化一体化运行的通知》，将海堤管理所与上海石化公用事业部实施合署办公，成立公用事业部（海堤管理所），旨在贯彻落实中国石化提出的“机制扭亏、本质脱困”工作要求。公用事业部（海堤管理所）增设海堤管理科和公用工程科 2 个职能科室，原海堤管理所内设机构自然撤销，海堤管理所 30 名员工的管理关系划转到公用事业部（海堤管理所），划转人员按规定统一变更劳动关系，与上海石化重新签订劳动合同。

（吴文华）

【试生产核电工业用抗熔垂聚乙烯管材料】 9 月，上海石化根据核电工业用抗熔垂聚乙烯管材料的性能要求，调整优化聚合工艺条件及助剂配方，工业化试生产核电工业用抗熔垂聚乙烯管材料取得成功，生产 3 个牌号的产品共 1 563 吨（YGH041LS 1 366 吨，YGH041TLS 47 吨，YGH041TLSH 150 吨）。产品各项性能达到指标要求，并在下游管材企业试生产 32 英寸 DR11 管道，管材壁厚、表面光滑度、色泽均匀度等指标均达到核用管材的要求。

（吴文华）

【工业化试生产耐高温透明流延聚丙烯膜专用料（F700RT）】 1 月，上海石化完成耐高温透明流延膜专用料 F700RT 的工业化试生产。相比流延聚丙烯膜专用料，F700RT 产品具有透明性更好、柔韧性更适宜的特点，在食品包装领域具有广泛的适用范围。截至 2020 年底，共生产 1 553 吨。自此，上海石化流延聚丙烯膜（CPP）专用料生产形成均聚、二元共聚、三元共聚、耐高温蒸煮等系列化产品，处于国内领先地位。

（吴文华）

【金菲公司 C513UV 产品通过犹太和清真认证审核】 上海金菲石油化工有限公司（简称金菲公司，属上海石化全资子公司）大中空容器专用料 C513UV，是美国雪佛龙菲利普斯化工有限公司环管淤浆法聚乙烯生产工艺的专利产品，为制造吨桶、共享托板的专用料，其下游制品广泛应用于化学制品国际物流领域。C513UV 产品于 2019 年 8 月启动认证，自 2020 年 1 月起全面停用含动物脂肪提取物的生产加工助剂，4 月通过深圳雅各之星信息咨询有限公司国际宗教食品认证中心的犹太认证（Kosher）与清真认证（Halal）审核。通过认证后，有助于金菲公司提升 C513UV 产品规模化量产进程，推进下游制品拓展欧美、东南亚、中东等地区。

（吴文华）

【市政设施集中签约移交】 7 月 6 日，上海石化与金山区相关市政设施和管理职能移交集中签约仪式在上海市金山区会议中心举行，标志着上海石化与金山区企地市政设施及管理职能移交工作进入实质性实施阶段。签约仪式上，双方完成了雨污水管网、照明、泵站、绿化、房产、围堤等 7 项协议的签署，剥离原由上海石化承担的社会管理职能，并推进解决企地双方部分设施所有者和实际使用者交叉导致的责权利不一致问题。截至 2020 年底，除 1 个项目待设施改造完成后移交外，其余项目均已完成资产的账物移交。

（吴文华）

【开展退休人员社会化管理】 3 月 30 日，上海石化贯彻落实党中央、国务院“关于做好退休人员社会化管理工作”的决策部署，根据中国石化和上海市政府的要求，成立退休人员社会化管理领导小组和工作小组，制订工作方案和实施方案。集中人力物力，对原有人事档案资料进行查遗补缺，开展档案全文数字化、档案袋和档案封面更换、信息完善等工作，研究制订退休人员长效沟通联系工作方案。5 月 13 日，上海石化牵头中国石化 16 家在沪企业召开退休人员社会化管理工作会，传达总部工作要求。9 月底，向金山区人社局移交上海石化退休人员档案 24 817 卷；11 月，牵头中国石化 14 家在沪企业完成死亡 5 年以上退休人员档案 3 861 卷，并通过上海市档案局预验收。

（吴文华）

【智能仓储项目投用】 上海石化智能仓储项目于2019年11月13日启动，2020年7月10日上线运行，项目主要内容：建设机器人仓库，投入使用智能仓储机器人和配套管理系统，有效推进仓储作业标准化，由传统的“人找货”仓储管理模式，改变为“货找人”的仓储模式，提高工作效率，实现仓储管理智能化。该仓库为中国石化首个使用自动导引运输车（AGV）技术的智能物资仓库。截至2020年底，智能仓库储存管理电气、仪表、密封件、紧固件、备件、轴承等16个大类，共4 000个品种的物资，仓储利用率提升40%，作业效率提升60%，出入库准确率达100%。

（吴文华）

7月10日，上海石化智能仓储项目上线运行，图为智能仓储机器人正在搬运物资（李英豪　摄）

【全面推行过程安全管理体系（PSM）】 2020年，上海石化以落实HSSE管理体系为契机，全面推行过程安全管理（PSM）。举办过程安全专项培训班；开展风险识别评估，排查治理安全隐患；利用上海石化工艺过程信息集成平台，重点开展限值与报警管理，提高操作平稳性；建立生产装置开车前安全审查制度，提高装置运行平稳性；开展变更回顾，规范变更管理；严格承包商资质审查，严抓作业现场安全监管，落实“驻点指导服务”与“巡查监督监管”双模式安全监管。至2020年底，6项公司级安全风险分值由187降为146，下降22%，完成安全隐患治理项目16项，总投资8 249万元。

（朱嬿萍）

【召开第四次党员代表大会】 11月24—25日，上海石化召开第四次党员代表大会，188名代表、19名列席人员出席会议。大会审议通过《公司党委工作报告》《公司纪委工作报告》《中共上海石化第四次代表大会决议》等文件。选举产生公司新一届党的委员会和纪律检查委员会。新一届党的委员会由吴海君、管泽民、金强、杜军、金文敏、马延辉、黄翔宇、黄飞8名委员组成，吴海君任书记，管泽民、马延辉任副书记。新一届党的纪律检查委员会由马延辉、顾道根、杨雅婷、金峰、陈宏军5名委员组成，马延辉任书记，顾道根任副书记。

（吴文华）

【开展业务竞赛30项】 2020年，上海石化继续开展业务竞赛活动，组织参加3项国家级、27项公司级和二级单位级业务竞赛，承办全国乙烯装置操作工竞赛。国家级竞赛项目中，取得个人1金、1银、2铜，全国行业技术能手2名，团体1金、2银的好成绩，刷新上海石化近10年参加国家级赛事获奖纪录。选拔公司级技术状元、技术明星和优秀选手各27名，评选优秀教练8名；获上海市经信委青年职业技能竞赛名次奖3人，选拔公司“青年装置通”竞赛优胜团队3个和优秀选手12名。

（吴文华）

【开展扶贫工作】 2020年，上海石化从消费扶贫、产业扶贫等方面开展扶贫工作，共购买扶贫地区农产品约531.84万元，捐赠210万元，牵头筹集善款7.76万余元，在职工食堂开设扶贫产品售卖窗口，借助博海餐饮公司“博海生鲜”网络商城，线上销售扶贫产品。

（吴文华）

【首次开展“云宣讲”“云开放”活动】 2020年，上海石化考虑疫情防控要求及当下信息传播特点，创新开展形势任务教育和公众开放日活动。上海石化以媒体“云宣讲”为主要方式，围绕中国石化和上海石化重点工作，策划“百日攻坚创效”行动、“优良日”活动、“严控‘三小’杜绝‘三非’”等9个专题视频访谈，邀请相关部室和单位的负责人、专业人员，以“专业人讲专业事”的原则向员工阐述工作重点、要点、难点和员工关心的热点。4月3日—7月6日，上海石化在线微信公众号以“圆桌派”栏目陆续推送视频，企业微信《石化视界》同步推送，《新金山报》文字实录访谈内容，上海石化在线网站开设固定栏目，满足不同阅读习惯员工群体的需求，提升形势任务教育媒体宣讲的覆盖面。9月，“形势任务教育‘云宣讲’”系列视频参评由上海市报纸行业协会组织开展的2020年度“媒体深度融合”评创活动，获“媒体深度融合”创新项目一等奖。4月21日，通过“云开放”的形式举办1期线上“公众开放日”活动，向社会公众普及污水处理的基本知识，介绍上海石化污水处理流程，展示生态监测园里的景观。直播视频在“一直播”石化实说直播间的观看人数达6.8万人次，取得较好宣传效果。

（吴文华）

【开展“老照片背后的故事”主题采写活动】 4月起，上海石化组织开展“老照片背后的故事”主题采写活动。通过前期查找档案资料、微信征集线索和老领导集中采访，挖掘和讲述上海石化展示馆历史照片背后的故事，形成系列文章34篇。“老照片背后的故事”专栏文章于6月18日公司成立48周年纪念日当天，在《新金山报》副刊和上海石化在线微信号以专栏形式推出。截至10月底，34篇“老照片背后的故事”全部刊登，在公众微信号的点击阅读量超过2.53万人次。以此为契机，上海石化宣传部将“老照片背后的故事”系列文章、照片、作者手记、读者留言陆续整理，汇编成册。

（李　娟）

【上海石化第6次获全国文明单位称号】 2020年，11月，中央精神文明建设指导委员会再次授予上海石化全国文明单位称号并颁发证书，2005年以来上海石化已连续6次获此荣誉。上海石化进一步优化文明单位创建管理，打造“满天星”志愿服务品牌，规范推进全国文明单位创建；以“四史”学习教育、“老照片背后的故事”主题采写、征集评选第七届企业文化故事等活动为抓手，持续强化员工思想道德建设；通过开展“一岗多能”培训、业务竞赛，创新推行“优良日”“严控‘三小’、杜绝‘三非’”等工作，持续提升岗位业务技能；做细做实形势任务宣讲、做强做优职工帮扶互助、关注员工心理健康，围绕“大文化”“大健康”主题，开展职工喜闻乐见的群众性文体活动，不断提升干部员工文明素质和企业文明程度。

（荀道娟）

表1　上海石化主要技术经济指标　亿元

指标名称 \ 年份	2020	2019	2018	2017	2016	2015
原油加工量/万吨	1 467.15	1 519.94	1 437.90	1 435.28	1 430.28	1 479.53
工业总产值	648.37	799.47	817.36	684.54	576.95	677.33
工业增加值	200.55	208.95	243.82	278.84	271.30	255.17
资产总计	447.40	456.36	445.40	396.10	341.24	280.22
流动资产	174.61	223.09	253.19	198.85	148.76	81.44
固定资产原值	485.92	470.76	468.18	480.08	472.04	467.61
固定资产净值	126.44	121.49	125.45	123.93	135.02	144.25
销售收入	747.05	1 003.46	1 077.65	920.14	778.94	808.03
利润总额	5.74	26.54	67.49	78.51	77.65	42.09
所得税	−0.66	4.29	14.72	16.99	17.97	9.27

表 2　上海石化主要产品产量　万吨

产品名称 \ 年份	2020	2019	2018	2017	2016	2015
汽　油	327.30	346.84	322.92	316.61	287.87	309.76
航空煤油	112.45	187.86	146.82	157.41	159.83	161.30
柴　油	398.21	384.50	373.08	386.38	388.22	426.53
乙　烯	82.52	84.13	77.78	76.69	82.56	83.65
丙　烯	53.34	54.04	50.99	48.82	49.97	53.30
纯　苯	37.21	37.33	34.86	34.06	37.27	35.95
对二甲苯	66.24	66.68	67.30	63.29	67.06	65.97
乙二醇	23.67	28.67	41.52	41.11	36.14	42.15
聚乙烯	58.12	53.73	41.79	47.13	53.10	53.56
聚丙烯	49.29	46.96	49.36	48.18	49.23	48.89
PTA	31.67	32.34	27.00	32.90	31.02	29.54
合纤聚合物	34.52	37.03	41.60	42.45	43.51	41.66
聚乙烯醇	0.53	1.13	0.95	1.20	1.95	2.19
聚　酯	33.99	35.90	40.65	41.26	41.56	39.47
合成纤维	14.95	17.67	16.12	17.78	20.53	22.38
涤　纶	3.37	3.94	4.77	4.58	6.47	6.40
腈　纶	11.55	13.69	11.32	13.19	14.05	15.97

上海赛科公司

【概况】 上海赛科石油化工有限责任公司（简称上海赛科公司）成立于 2001 年 10 月 29 日，位于上海化学工业区内，占地面积约 204 万平方米，由中国石油化工股份有限公司、中国石化上海石油化工股份有限公司和英国石油公司（BP）华东投资有限公司分别按 30%、20%、50% 的比例出资组建。2017 年 10 月 26 日，由中国石化上海高桥石油化工有限公司完成对 BP 公司股权的收购。公司变更为由中国石油化工股份有限公司、中国石化上海石油化工股份有限公司和中国石化上海高桥石油化工有限公司分别按 30%、20%、50% 的比例出资组建的股份公司。

截至 2020 年底，上海赛科公司设有生产部、商务部、财务部、人力资源部、HSSE&Q（健康 / 安全 / 保安 / 环境和质量部）、综合管理部和党群工作部等职能部门，员工总数 1 300 人。拥有设计能力 109 万吨 / 年乙烯裂解、60 万吨 / 年芳烃抽提、65 万吨 / 年苯乙烯、30 万吨 / 年聚苯乙烯、60 万吨 / 年聚乙烯、25 万吨 / 年聚丙烯、52 万吨 / 年丙烯腈、58.4 万吨 / 年硫酸回收等 18 套装置，以及配套的动力中心等公用工程辅助设施。以石脑油和液氨为原料，生产乙烯、丙烯、丁二烯、芳烃、苯乙烯、丙烯腈、聚乙烯、聚丙烯、聚苯乙烯等产品。

2020 年，上海赛科公司苯乙烯装置、聚苯乙烯装置和丙烯腈装置大检修，整体装置总利用率为 91.76%，其中乙烯装置利用率为 96.08%。销售产品 373.54 万吨，下降 5.97%；销售收入 214.75 亿元，下降 23.75%；平均占用资本回报率 16.65%，年末资产负债率 17.03%。获中国石油和化学工业联合会颁发的石油和化工行业绿色产品证书（高抗冲聚苯乙烯树脂 HIPS532；通用聚苯乙烯树脂 GPPS351）；获上海市科技创业中心颁发的上海市高新技术成果转化项目资助创新十强奖。

上海赛科公司主要经济指标及主要产品产量分别见表 1 和表 2。

（曹培利）

【组织机构调整】 2020 年 10 月，按照中国石化《关于进一步加强和改进纪检监察组织建设的实施意见》等文件的精神及要求，上海赛科公司成立纪检监督部。12 月，整合生产部工程服务团队下属的仪控组、各工厂中的仪表工程师和公用工程团队电气团队，成立生产部电仪团队，全面负责公司电气、仪表的计划、专业技术和维护运行工作。

（刘婉丽　肖　娜）

【生产装置运行指标创新高】 2020 年 5 月，裂解丙烯产量 59 174 吨，异丁烯产量 12 180 吨，均创月度产量历史新高。10 月，GTU 装置创造连续运行 447 天的长周期运行纪录。全年装置可靠性 97.55%。聚丙烯装置累计单位产品能耗达 95.51 千克标油 / 吨，创历史最好纪录。7 月，聚丙烯装置当月单位产品能耗达 91.66 千克标油 / 吨，创单月历史最好纪录。

（颜小敏　卢　艺）

【攻坚创效】 2020 年 3 月，上海赛科公司制定 9 项“百日攻坚创效”措施、6 项保障措施、78 个具体的行动项，累计实现税前利润 8.41 亿元，累计完成提质增效 1.41 亿元，均超出目标要求。同时，总结出包括利用“三严”管理确保生产安全、优化动力中心燃料油混合比例及加强全厂循环水系统管理等 12 个工作亮点。被中国石化评为“百日攻坚创效”行动先进单位。7 月，根据中国石化“持续攻坚创效”行动方案部署和要求，制订行动方案，形成 29 个具体的行动项。截至 12 月底，累计实现利润 21.44 亿元，累计完成提质增效 1.53 亿元，均超出目标要求。

（顾浩森）

【调整燃料结构降成本】 2020 年 1 月中旬，在全球原油价格暴跌前，上海赛科公司抓住碳九裂解烷烃市场价格处于高位的有利时机，用低价值的碳十一裂解烷烃代替碳九裂解烷烃作为燃料，增加碳九裂解烷烃产品销售 3 120 吨，增效约 453 万元。3 月下旬，随着原油价格暴跌，碳九裂解烷烃、碳十裂解烷烃及自产丙烷的价格大幅下降，均低于外购燃料价格。上海赛科公司立即将碳十裂解烷烃、碳九裂解烷烃、自产丙烷改作燃料，减少用量 9 676 吨，增效约 721 万元。5 月中旬，各类化工原料、产品和燃料价格再次恢复稳定，上海赛科公司快速做出反应，再度实施燃料结构调整，根据最优燃料消耗成本模拟结果，恢复乙烯装置自产丙烷原有流程，将其作为裂解原料改回至裂解炉。通过实施燃料结构优化，全年累计增效超 6 100 万元。

（奚　喆）

【实施丁烷裂解项目降本创效】 该项目于 2019 年开始策划和推进。2020 年 8 月 21 日，巴斯夫化工有限公司（BACH）经孚宝码头跨接管线向上海赛科公司输送丁烷。9 月 3 日，乙烯装置 11# 裂解炉顺利引入丁烷裂解原料，历时 4 天完成首批约 6 000 吨的丁烷裂解任务。10 月完成第 2 批次 1.5 万吨的丁烷裂解。累计创效约 554 万元。其间，乙烯装置总高附收率从 57.9% 提高至 58.4%，其中乙烯收率从 29.7% 提高至 31.4%。裂解汽油收率从 23.8% 降至 21.6%，也缓解了裂解汽油工艺处理单元运行瓶颈问题，提高了装置运行可靠性。丁烷裂解项目的顺利实施，提升了原料灵活性，增长了公司经济效益，增强了行业竞争能力，同时也增强了化工区区域交流合作，开创资源共享新局面。

（奚　喆）

【HIPS632E 获高转项目创新十强】 12 月 29 日，上海赛科公司“HIPS632E 耐环境应力开裂（ESCR）聚苯乙烯材料”高转项目获 2019 年度上海市高新技术成果转化项目百佳称号，荣膺 2019 年度上海市高新技术成果转化项目自主创新十强，成为上海赛科公司自商业化运行以来获得的第 1 个上海市级自主创新十强项目。

（仲　华）

【聚乙烯装置 LP-C 氮气回收项目一次开车成功】 该项目于 2020 年 6 月开工建设，12 月 27 日一次开车成功，顺利完成工程建设。该项目不仅可以实现纯度为 99.94% 产品氮气 2 363 米^3（标准）/ 时重复利用，而且原尾气中的烃类通过氮气纯化系统得到提浓，热值得到提高，可直接排入 LP-C 低压火炬系统，大大降低燃料气的补充，进而取得良好的经济效益和绿色节能环保效果。

（曹 宏）

【原料多元化项目球罐投用】 新增 4 台球罐项目于 2017 年 4 月 10 日开工，2018 年 1 月 18 日项目补桩，2020 年 8 月底完工投用。工程建设总概算 9 801.76 万元，由上海工程公司设计、南京工程公司施工。项目主要是优化和盘活原有储运设施，新增液化烃储存能力，提高企业抗风险能力，为挖潜增效提供有力保证。

（徐伟华）

【获中国石化绿色企业称号】 2021 年 1 月 6 日，中国石化“中国石化能〔2021〕4 号”文决定，授予上海赛科石油化工有限责任公司 2020 年中国石化绿色企业称号。

（卢 艺）

【液体灌装站合规性改造完成】 该项目于 2018 年 1 月立项，2020 年 3 月完工、4 月 15 日投入使用，工程建设总概算（含增值税）2 144.60 万元，由上海工程公司设计，采用恩德斯豪斯（中国）自动化有限公司汽车定量装车撬块，由上海华谊建设有限公司施工。项目主要是解决《SDEP-SPT-ST 2009—2008 成品油汽车装车设施设计规定》中不同物料共用车位，运输车型变大导致转弯半径过小，鹤管间安全间距、车位宽度、高度均不满足规范要求，鹤管 10 米外未按规范设置可远程操作的紧急切断阀、配备的安全、消防、环保设施标准较低的合规性问题，提高了运输安全和运输效率。

（徐伟华）

【污水预处理场污泥干化】 该项目于 2019 年初立项，5 月完成工艺包招投标，10 月开始由北京燕华公司进行施工；于 2020 年 2 月完成施工，3 月 17 日开始调试、试运行、投入使用。投资 1 067.98 万元（含增值税），由上海工程公司设计，富陶环境保护设备有限公司提供工艺包，采用真空圆盘干化技术，对气浮池产生的湿污泥进行干化，污泥含水率从 85%—90% 干化至 35%，减少了污泥的质量，改善了作业环境，消除了现场异味。

（鲍志良）

【污水预处理场废气治理】 该项目于 2018 年初立项，由上海工程公司设计，投资 772.94 万元（含增值税）。2019 年 7 月，由上海金艺工业建设有限公司施工，12 月 31 日投入运行。该项目的主要任务是将由风机抽吸协调池、混凝池、气浮池、外排水池、污泥池、污泥脱水及干化的尾气，输送至动力中心锅炉风机的吸入口，通过锅炉高温协同处理尾气，减少现场 VOCs 的排放，改善现场作业环境。

（鲍志良）

【精细管理推进节能降耗】 2020 年 1 月，上海赛科公司对全厂循环水系统换热器进行流速测试、设计对标，通过调整透平泵、大功率电泵和小功率电泵，合理分配运行负荷，严格控制循环水系统压力，在确保各装置系统稳定运行的前提下，基本实现所有循环水场均停运 1 台大泵，每日可创效约 10 万元。同时，加快推进循环水泵节能改造，对叶轮进行切削，于 2020 年 11 月上旬完成 2# 循环水场 P-906A 透平泵节能改造并顺利投运，成功停运 P-906B 和 P-902B 两台电泵，每日创效近 5 万元。对空压机、锅炉给水泵进行设计对标和优化调整，成功停运 1 台锅炉给水泵和 1 台空压机。全年，各机泵电力总消耗量下降 4 188 万千瓦·时，蒸汽用量下降 8.2 万吨，累计创效 3 042.5 万元。

（奚 喆）

【乙烯装置 10#、11# 裂解炉增加空气预热器项目投用】 该项目于 2020 年 8 月 7 日开工，11 月 24 日 10# 裂解炉率先完工并投入试运行。项目投资费用 875.5 万元，由安徽实华工程技术股份有限公司设计、北京航化节能环保技术有限公司供货、镇海石化建安工程有限公司安装。项目内容主要包括2台裂解炉新增共计144台空气预热器及相关配管安装。项目实施后，通过加热裂解炉助燃空气，有效回收了乙烯装置稀释蒸汽高温排污水的余热，减少裂解炉燃料气用量约200千克/时，年创效约500万元。

（顾　亮）

【HP-2火炬气回收利用减排创效】 该项目于2020年1月2日立项，5月23日开工，9月3日完工投用。工程总概算（含增值税）234.84万元，由上海工程公司设计、上海金艺工业建设有限公司施工。项目改造主要回收HP-2火炬气，减少排放污染，共同降低厂界VOCs浓度。截至2020年底，实现回收HP-2火炬气505万立方米，根据燃料气组分折合燃料气约153万立方米，实现减排和挖潜增效294万元。厂界VOCs-36浓度从2019年的58微克/米^{3}持续下降至2020年的56微克/米^3，苯系物均值从2019年的11.2微克/米^{3}持续下降至2020年的10.9微克/米^3。

（徐伟华）

【循环水泵节电改造项目完成】 上海赛科公司从2014年开始对3套循环水场开始节电改造，采用能源管理合同方式进行改造，在不影响正常生产的情况下分批实施，到2020年11月30日，完成项目的改造。通过优化，2020年1$^{\#}$—4$^{\#}$循环水场的用电费用比2019年减少2 139万元。

（陶林余）

【循环水场旁滤器升级改造】 该项目于2019年6月立项，2020年10月完工、6月15日开始使用，总投资1 200万元，由上海工程公司设计，采用浅层沙滤代替原设计的机械金属网过滤器，由燕化公司施工。项目主要解决循环水水质问题，降低因循环水生物黏泥的上升，造成装置换热器换热管污泥沉积腐蚀造成泄漏，影响生产装置的长周期运行困境。项目投用后，在控制循环水水质、降低循环水排污、降低循环水药剂消耗方面提供了手段。

（陶林余）

【生产信息管理持续优化升级】 生产信息移动应用和数据资产结构化项目于2019年7月启动，2020年7月投用。通过PI移动应用实施，在不需要安装任何应用的情况下实现在移动端便捷浏览PI的生产工艺画面，在移动端画面之间可以通过链接自动跳转，并且可以方便地查找某一画面或位号，查看参数的变化趋势。iEM系统模型优化于2020年8月启动，当月完成，对iEM系统中涉及27套设备的模型内设备测点位号进行筛选和优化，去除与设备运行健康预测不相关的测点、确定相关测点的合理操作范围，在范围内建立设备运行的最优化模型，保证模型的设备健康度指数及其相关预测参数更为合理，避免原来在不合理数据下建立的模型对设备健康运行的过多错误预测。Sigmafine系统升级于2020年5月启动、7月完成，保证物料平衡系统Sigmafine与实时数据库系统PI的版本同步，增加了SQL Access功能，使物料平衡后的数据能够更方便地发布。

（黄雪峰）

【建立具有特色的过程管理模式】 上海赛科公司建立了以生产工艺专业安全委员会为引领，以劳动竞赛为成果，以报警管理、OE管理、联锁管理、生产异常情况管理、现场移动巡检管理、工艺隐患管理等为两翼的特色过程管理模式。在提高工艺平稳性方面，规范工艺报警管理，通过引入长期报警、报警TOP100、报警消除率、报警响应率的管理模式，实现报警数量的减少，2020年内操平均报警率达标，仅6.7次/时；规范OE管理，通过每周OE屏蔽回顾分析、重点监控常压储罐压力OE管理，提升OE占比30%，减少OE触发数量；规范联锁管理，通过开发线上电子审批流程、建立风险评估模板、考核联锁审批合规性，实现联锁解除执行率100%、联锁风险评估合格率100%。在加强生产异常管理方面，调整生产异常情况的审核标准及覆盖范围，增加了生产异常属性分类10类、结果分类6类、异常情况重复分类3类，产生行动项252个，持续跟踪长期行动项，未有逾期。在加强工艺纪律管理方面，发布《赛科手持移动终端使用维护管理程序》，对现场258个巡检点信号强度开展测试摸排，手持移动终端损坏率大幅降低至3.3%，巡检执行率上升至 98.8%，巡检管理系统按时推送巡检统计日报、周报和月报，确保对现场巡检状况的管理。

（付丹阳）

【RPA 项目开启数字化转型】 2020 年，上海赛科公司开展了 RPA 项目。项目实现公司 5 个系统之间的数据交互，减少信息“孤岛”现象，实现发票和付款申请单全流程系统跟踪，给业务和结算带来了便利，极大地提升了日常工作效率。RPA 项目的实施，还实现自动预制部分凭证、税务平台发票勾选的自动化，发票与会计账匹配的信息化。通过 RPA 替代员工进行简单且大量的重复性工作，释放员工潜力，实现精益化管理，提高运营效率。通过项目实施，把财务监督职能前置，为后续进行财务风险管理、财务分析等提供了坚实的业务数据支撑，开启业财融合新起点。

（隋 勃）

【实施“后备值班长”人才培养项目】 2020 年度，上海赛科公司正式启动“上海赛科第一期后备班组长培训”项目，共计有 60 人报名申请参加培训，经层层选拔及能力测评最终有 40 人被录取为第一期培训班学员。后备值班长培养项目第一阶段的工作任务，包括能力建模、人才测评、专业带教、线上培训、集中培训、课题研讨及结业考核 7 个部分。共计组织开展 3 门线上课程、6 门内部课程及 4 门外部课程的培训及考核，总培训学时达 63 小时，2020 年度参训人员中已有 6 人通过考核晋升到值班长岗位。

（石 猛）

【召开一届一次党代会】 2020 年 5 月 14 日，中国共产党上海赛科石油化工有限责任公司一届一次代表大会在公司漕泾多功能厅召开，83 名正式代表和 13 名列席代表参加会议。党委书记高金平做题为《融入中心强党建 凝心聚力提质效 为实现公司高质量发展提供坚强保证》的党委工作报告。会议以书面形式下发题为《齐心奋楫 行稳致远 为公司实现高质量发展提供坚强保障》的纪委工作报告，大会还通报了 2019 年度公司领导干部理论学习情况。

（黄树婷）

【召开一届一次职代会】 2020 年 5 月，上海赛科公司召开一届一次职工代表大会，建立完善以职代会为基本形式的厂务公开民主管理制度，成立民主评议（提案审理）工作委员会和综合（劳动保护薪酬福利财务监督）工作委员会，组织签订公司《集体合同》《职业病防治专项合同》《女职工权益保护专项集体合同》。

（刘 彦）

【召开第四次工代会】 2020 年 5 月，上海赛科公司召开工会第四次代表大会，选举产生公司工会委员会、经费审查委员会、女职工委员会及公司集体协商工会方代表，保障员工的知情权、参与权、表达权和监督权，构建和谐劳动关系。

（刘 彦）

【推进企地结对共建】 2020 年，上海赛科公司党委印发《上海赛科党支部结对共建实施办法》，从制度层面明确以共建促党建、以党建促业务、以业务强党建的目标。直属第一党支部等 6 个党支部分别走访金山区漕泾镇 14 个村居党组织，全面启动基层党支部与周边社区党组织党建结对共建工作。共建围绕组织共建、队伍共抓、实事共办、发展共谋 4 个方面开展：组织共建以学习交流、教育培训、专题讲座和扶贫帮困等活动为主；队伍共抓以主题党日、联组学习、专题讲座、主题报告等活动为主；实事共办以组织党员参加社区公益志愿服务活动、力所能及给予民生实事支持为主；发展共谋以定期组织公众开放日活动、加强企地合作解决实际问题为主。全年，公司员工 120 人次、地方公众 224 人次参与相关活动。

（刘婉丽）

【聚焦疫情防控】 2020 年，上海赛科公司制定疫情防控重点工作措施 24 条，发动各级党组织和广大党员干部全力投入抗疫斗争，向员工发放防护口罩、消毒液等防疫物资 135.5 万元，编发疫情防控工作日报 46 期，全年未发生一起疫情病例。

（刘 彦）

表 1　　上海赛科公司主要经济指标　　亿元

指标名称 \ 年份	2020	2019	2018	2017	2016	2015
工业总产值	199.57	266.33	236.54	272.47	226.79	229.13
工业增加值	31.12	48.05	35.59	76.56	65.61	46.68
销售收入	214.75	281.62	261.57	289.96	237.84	236.82
利润总额	32.08	45.07	43.03	69.21	50.30	29.19

表 2　　上海赛科公司主要产品产量　　万吨

产品名称 \ 年份	2020	2019	2018	2017	2016	2015
乙　烯	123.57	126.99	95.10	124.51	126.76	127.11
丙　烯	67.34	79.28	51.84	67.57	73.25	73.59
丙烯腈	52.44	57.35	45.29	53.10	52.28	45.62
苯乙烯	54.92	72.19	59.06	76.09	65.53	73.17
聚苯乙烯	31.32	34.86	26.64	33.40	30.28	32.10
聚乙烯	75.61	76.50	59.22	70.34	75.35	76.28
聚丙烯	29.27	29.83	22.46	27.15	28.03	27.89

扬子石化

【概况】 中国石化扬子石油化工有限公司（简称扬子石化有限公司）和中国石化集团资产经营管理有限公司扬子石化分公司（简称扬子资产分公司）统称扬子石化，占地面积 12.43 平方千米，位于江苏省南京市北郊，南临长江，北接京沪铁路，与国家级的南京化学工业园融为一体。其前身是成立于 1983 年 9 月的扬子石油化工公司。1998 年，扬子石油化工公司实施资产重组，创立以从事石油炼制及乙烯、芳烃等烃类及衍生物生产加工为主的扬子石油化工股份有限公司和以公用工程为主业的扬子石油化工有限责任公司。2007 年，扬子石化有限公司吸收合并扬子石油化工股份有限公司，扬子石油化工有限责任公司改制为扬子资产分公司。2007 年底，扬子石化有限公司收购淮安清江石油化工有限责任公司（简称清江石化）和泰州石油化工有限责任公司（简称泰州石化）。2012 年，成立南京扬子石油化工有限责任公司（以原塑料厂资产在南京化工园注册设立）。2016 年 8 月，全额收购江苏金浦集团持有的扬子金浦橡胶有限公司（简称扬子橡胶公司）股份。

截至 2020 年底，扬子石化员工总数为 8 832 人，其中在岗经营管理 / 专业技术人员 2 653 人，具有高级及以上职称的 625 人、中级职称的 1 329 人；下设 15 个职能部门、7 个业务中心、8 个生产单位；运营 4 个全资子公司、6 个合资公司；总资产 400.08 亿元。扬子石化有限公司本部拥有 1 250 万吨 / 年炼油、80 万吨 / 年乙烯、140 万吨 / 年芳烃等 58 套大型石油化工装置，可生产合成树脂、合成纤维原料、基本有机化工原料、成品油、合成橡胶等 5 类 50 多种产品，是国内主要的纯苯、对二甲苯（PX）、邻二甲苯、精对苯二甲酸（PTA）、乙二醇、丁二烯和环氧乙烷生产商；扬子资产分公司拥有与石油化工生产相配套的 30 万千瓦发电能力、66 万吨 / 日供水及 3 400 米 ^{3}/ 时二级污水生化处理能力；清江石化拥有 100 万吨 / 年特油预处理、50 万吨 / 年催化裂化等 13 套石油化工装置；泰州石化拥有 60 万吨 / 年常减压、14 万吨 / 年酮苯等 6 套石油化工装置；扬子橡胶公司拥有 10 万吨 / 年丁苯橡胶和 10 万吨 / 年顺丁橡胶生产能力。2020 年，扬子石化被集团公司授予炼油企业“比学赶帮超”优胜单位称号。

扬子石化主要技术经济指标及主要产品产量分别见表 1 和表 2。

（朱军涛）

【领导班子调整】 2020 年 9 月 29 日，扬子石化召开领导班子（扩大）会，经集团公司党组研究并征得中国共产党江苏省委员会同意决定：蒋喜文任公司党委委员、董事、总会计师；陈曦任公司党委副书记、纪委书记、工会主席、监事会主席；王闽不再担任公司党委副书记、纪委书记、工会主席、监事会主席、监事，杜军不再担任公司党委委员、董事、总会计师职务。党组研究决定，王闽交流至江苏石油分公司、杜军交流至上海石化任职。

（朱军涛）

【集团公司对扬子石化开展巡视】 2020 年 11 月 3 日—12 月 5 日，集团公司党组第一巡视组对扬子石化开展巡视。巡视坚持围绕中心、服务大局，全面贯彻“发现问题、形成震慑，推动改革、促进发展”巡视工作方针，落实政治巡视相关要求。巡视期间，扬子石化领导班子及其成员，进一步提高政治站位，发挥示范带动作用，督促各级党组织和广大党员领导干部，全力支持配合党组巡视组做好工作，做到同题共答、同频共振、同向发力。

（位　佳）

【安全环保基础得到新提升】 2020 年，扬子石化以战时状态，投入疫情防控阻击战，压实各级党组织和全体党员干部冲锋在前的抗疫责任，常态化落实测温通风消毒等措施，守护员工的生命安全和身心健康。落实党组部署，仅用 10 天时间完成熔喷布专用料的开发和生产，助力抗疫捐款 54 万元、购买荆楚优品 115 万元。规范办理安全生产、排污等许可证照延期，完成公共安全、消气防首轮合规评价。建立 HSSE 体系要素监测指标和月度评价机制，推动 HSSE 工作齐抓共管。整治消除 12 个公司级以上安全隐患，风险总值下降 15.8%。开展作业许可和登高、受限等专项治理，推进承包商安全审计和全员记分考核，累计查处违章问题 3 222 项，落实停工整顿 13 次，清退承包商人员 46 名。抓实环保设施稳定运行、固废堆场规范整治、污水减量及提标改造等工作，完成一批 VOCs 和颗粒物无组织排放治理及绿色基层单位创建，通过绿色企业复审和清洁生产审核，成为南京市大气污染防治 B 级企业。保持现场职业危害因素监测合格率 100%，工伤事件数减少 6 起。建成治安反恐重点目标达标（一期）项目，加大厂区车辆超速行为通报考核力度，超速违章下降 81%。

（朱军涛）

扬子石化深化绿色企业创建（李树鹏　摄）

【运行管理水平再上新台阶】 2020 年，扬子石化积极应对疫情初期高库存高成本、低消费低价格的“两高两低”经营困局，优先保障关键盈利装置稳定运行，优先满足高附加值产品产出，全力弥补疫情影响损失。着力抓好计划刚性落地，密切供产销衔接，优化二常、5300# 石脑油流向，落实加裂尾油分储分送，尝试渣加换剂期间维持催化装置运行新模式，打通 6 股中间料、产成品直送流程。抓实工艺装置、环保设施投用及停开车方案审查，大力开展现场热点难点技术攻关，24 项技术经济指标创历史最好水平，年节能 5.17 万吨标煤。压实全过程质量管控责任，识别消除 4 个重大质量风险点；强化质量成本控制，精简分析计划近10万项次。严格原油进厂、沥青等产品出厂计量监督把关，改进重质原料油等5类商品计量交接方式，切实维护公司权益。启动设备完整性体系建设，抓实5S管理“全面达标年”行动，开展泄漏隐患大排查大整治，高质量完成5300#、LTAG等装置检修任务。强化防疫物资、大修物资、项目物资保障供应，在集团公司物资采购专业定量指标考核中全部满分。

（朱军涛）

【生产经营优化实现新突破】 2020年，扬子石化锚定“跑赢大市、好于预期、坚决扭亏”目标，奋力开展“百日攻坚创效”“持续攻坚创效”和“大干四季度，全力争效益”行动，5月起扭亏为盈，连续8个月持续盈利，5—12月合计创效27.4亿元，超额完成集团公司下达的效益调整指标，实现全年整体盈利。根据市场变化，提高重油加工比例，加大类阿曼原油替代力度，实现进口原油采购均价比集团公司平均水平低1美元/桶。全力压减航煤产量，及时调整成品油出口安排，大力增产沥青、白油等适销对路产品。全年加工原油1 209.6万吨，生产成品油596.6万吨；沥青单月产量突破11万吨，白油销量完成年度计划的183%，合计增效1.49亿元。保持盈利产品稳产高产，全年生产乙烯82万吨，超额完成年度指标计划；环氧保持730吨/日最大产出量，塑料新产品和专用料比例提高至67%，烯烃链产品结构调整增效8 920万元；灵活应对芳烃市场变化，及时增产邻苯，压减苯产量，PX连续3年突破百万吨。降本减费增效，聚焦成品油、吨乙烯原料、储运物流、燃动辅材等领域和非生产性费用支出，压实归口管理责任，降本减费1.83亿元。

（朱军涛）

【提质增效发展迈出新步伐】 2020年，扬子石化用好项目全过程管控平台和例会机制，一批重点项目取得新进展。炼油结构调整项目环评获批，EVA项目进入试车阶段，洗舱站项目提前投运，石脑油储罐项目具备投用条件，绿色供汽中心项目进入施工收尾及开车准备阶段。清江石化万吨级二元酸项目完成工艺包编制。泰州石化、实业公司转型发展稳步推进。扬子橡胶公司丁苯产品升级、扬巴公司2.8期等项目完成可研上报。落实创新驱动发展战略，一批创新成果取得新突破。YDA项目启动连续工艺试验及工艺包编制，合成气制低碳烯烃项目主体设施建成，茂金属拉伸缠绕膜产品成功开发，锂电池隔膜料、PE-RT管材料等“拳头”产品放量生产，PDEB、无灰分散剂、烯酐等精细化工产品全部完成销量指标。PI实时数据库完成改造，6套关联系统实现数据集成共享；业务流程梳理及信息化工作全面展开，eBPM平台、新门户、新OA上线运行；与江苏联通达成“5G+工业互联网”战略合作，工业安全智能监测预警创新应用在2#焦化装置成功试点。

（朱军涛）

【深化改革管理获新成果】 2020年，扬子石化扎实推进“内控执行有效性提升”行动，完善合同标准文本和合规条款，开展金融衍生品等重点领域风险排查，妥善化解一批法律纠纷。扎实推进体制机制改革，按期完成油气管网资产承接、退休人员社会化、物业供暖市场化等任务，有序实施招投标、预决算等专业化重组，精简整合10个内设机构。推进“践行严细实、持续强管理”主题行动，新修订59项制度，完成21个部门制度题库编制，全面推广基层标准化管理手册、操作手册，组织绩效考核和薪酬分配体系持续完善。落实“为基层减负”，规范各类评比检查，文件、会议分别减少23.8%、37%。扎实推进用工管理改进，引进高校毕业生372人，跨单位（系统）调动交流92人次，用工结构明显改善；保持“双严”力度不减，提高劳动纪律检查针对性，实施问题整改“回头看”，违规违纪现象大幅减少。

（朱军涛）

【党建优势发挥见到新成效】 2020年，扬子石化坚持务实创新融合，推动党建政治优势转化为打赢疫情防控和攻坚创效硬仗的政治保障。压实全面从严治党主体责任，严格落实“第一议题”制度，探索建立“不忘初心、牢记使命”长效机制，细化落实加强党的政治建设40项措施，党员干部政治意识和能力不断增强。大力推广应用“石化党建”平台，实现“双示范”创建全覆盖，基层支部组织力明显提升。注重在大战大考中考察选拔干部，推进“三百三千”实践锻炼，全年提拔40岁以下中层干部、35岁以下基层干部分别占总数的40%和45.5%。推进人才“全链条”管理，多名青年员工在行业大赛中摘金夺银。主动接受党组巡视，举一反三抓好立行立改，良好政治生态持续巩固。大力传承石油精神、弘扬石化传统，有效发挥群团、统战作用，扎实做好维稳、保密、离退休、关工委等工作，推动形成万众一心共谋发展的生动局面。

（朱军涛）

【清江石化全力推动企业转型发展】 2020年，清江石化全力推进转型发展项目进程，企业转型发展项目被列为集团公司综合管理部督办项目。总部化工事业部组织召开长链二元酸与下游项目讨论会，明确清江石化建设5.5万吨/年长链二元酸粗品（含1万吨/年精品）装置；总部炼油事业部组织召开清江石化转型发展方案研讨会，对特油加氢装置规模与技术路线提出改进要求。清江石化配合编制《江苏石化产业规划布局方案（2020—2035）》，方案附专题明确清江石化转型发展方向。淮安市政府针对清江石化延期搬迁向江苏省政府进行专项请示，2020年10月13日，江苏省化治办受省政府委托批复同意清江石化推进发展式搬迁，搬迁时限延期至2025年。淮安工业园区危化品码头建设规划获江苏省政府批复，可研报告通过专家组评审，园区已具备承接企业转型发展项目所需条件。

（朱军涛）

【10万吨/年EVA装置建成中交】 该项目是集团公司首套重点工程，由上海工程公司设计，上海工程公司、南京工程公司共同建设，总投资为15.43亿元，于2017年开工，采用利安德巴塞尔公司釜式法聚合工艺技术，通过乙烯和醋酸乙烯高压聚合生产高附加值牌号的EVA共聚物产品，装置设计规模为10万吨/年，年操作时数8 000小时。装置主要包括压缩、聚合、高低压分离、造粒、脱气、醋酸乙烯回收和包装等主装置单元；配套建设火炬、过氧化物仓库、醋酸乙烯中间储罐、变电所等辅助设施。EVA在分子链中引入醋酸乙烯单体，降低结晶度，增强柔韧性、抗冲击性、填料相溶性和热密封性，产品广泛应用于发泡鞋料、功能性棚膜、包装膜、电缆及玩具等领域，具有广阔的市场前景。2020年5月28日，扬子石化塑料厂10万吨/年EVA（乙烯—醋酸乙烯共聚物）装置建成中交。

（朱军涛）

2020年5月28日，扬子石化塑料厂10万吨/年EVA装置建成中交（达 军 摄）

【实现5S管理全面达标】 扬子石化自2018年启动5S管理行动，历经“启动示范”“推广提升”“全面达标”3个阶段，2020年圆满完成三年规划。随着5S管理深入推进，生产现场和工作场所的面貌焕然一新，干部员工提高对“精品工程”理念的认识，公司建成一套责任明细、分工明确的5S管理体系，持续推进5S管理常态化、标准化、制度化，聚焦问题，围绕标准纠偏、标准固化、体系维护、习惯塑造与养成，通过延伸和扩展专业管理，推动公司5S管理提质升级，为实现“建设绿色和谐卓越奋进新扬子”愿景目标助力加油，5S管理由点成线、由线连面、全面推广，实现5S管理全面达标。被集团公司炼油事业部和化工事业部确定为炼化企业5S管理样板企业。

（朱军涛）

【加快推进绿色供汽中心项目】 该项目总投资16.69亿元，于1998年12月开工，由江苏省电力设计院设计，中国能建集团江苏省电力设计院有限公司、中国能建集团江苏省电建一公司实施工程总承包。包含新建3台540吨/时超高压煤粉锅炉和2台50兆瓦超高压、单缸、抽背式汽轮发电机组，燃料煤采用长江水路运输至扬子石化自备码头卸船后通过带式输送机运送进厂。截至 2020 年 12 月，完成总体进度计划的 99.74%。

（朱军涛）

【石脑油储罐项目建成中交】 该项目由南京扬子石油化工公司设计工程有限公司设计，南京南化建设有限公司、南京扬子石油化工工程有限责任公司共同建设，项目总投资为 2.42 亿元，于 2019 年开工。新建罐区主体为 4 台 5 万立方米内浮顶石油储罐，配套建设泵房、污水提升设施、装卸船设施、变配电所、泡沫站及其他公用工程及辅助设施。2020 年 12 月 21 日，石脑油储罐建成中交。该项目是集团公司重点工程项目，是股份公司生产销售集储备、中转、调剂为一体的石脑油仓储基地，对推动江苏省“沿江大开发”战略的实施，促进江苏地方经济带的发展，具有一定的社会效益。

（朱军涛）

表 1　　扬子石化主要技术经济指标[①]　　亿元

指标名称 \ 年份	2020	2019	2018	2017	2016	2015
原油加工量 / 万吨[②]	1 320.09	1 357.70	1 337.54	1 143.70	1 334.97	1 037.90
工业总产值	661.33	844.80	845.63	618.29	612.05	645.60
扬子石化有限公司	638.78	825.25	823.33	597.68	591.24	624.20
扬子资产分公司	22.55	19.55	22.30	20.61	20.81	21.40
工业增加值	161.27	163.79	203.46	138.54	198.16	138.84
扬子石化有限公司	153.16	158.46	199.16	134.89	191.69	131.42
扬子资产分公司	8.11	5.33	4.30	3.65	6.47	7.42
资产总计	400.08	377.65	370.70	349.61	327.35	320.87
扬子石化有限公司	329.65	307.63	304.53	287.86	262.48	258.52
扬子资产分公司	70.43	70.02	66.17	61.75	64.87	62.35
流动资产	143.84	119.44	142.77	128.30	102.32	76.72
扬子石化有限公司	135.30	106.09	127.06	117.35	87.84	61.40
扬子资产分公司	8.54	13.35	15.71	10.95	14.48	15.32
固定资产原值	484.83	458.54	442.15	462.27	453.09	450.24
扬子石化有限公司	427.04	402.69	389.29	404.37	400.30	397.00
扬子资产分公司	57.79	55.85	52.86	57.90	52.79	53.24
固定资产净值	157.05	143.59	139.31	151.87	159.89	173.51
扬子石化有限公司	131.91	119.21	117.54	126.91	138.75	150.08
扬子资产分公司	25.14	24.38	21.77	24.96	21.14	23.43
营业收入	601.98	777.42	802.51	572.40	546.67	542.88
扬子石化有限公司	571.10	747.31	772.91	547.19	521.04	516.63
扬子资产分公司	30.88	30.11	29.60	25.21	25.63	26.25
利　税	106.09	114.24	153.46	130.45	189.36	123.94
扬子石化有限公司	101.89	110.96	149.31	126.70	184.16	119.35
扬子资产分公司	4.20	3.28	4.15	3.75	5.20	4.59

续表

指标名称 \ 年份	2020	2019	2018	2017	2016	2015
税　金	102.81	91.51	102.03	98.50	133.98	116.31
扬子石化有限公司	102.23	90.86	101.25	97.74	132.28	114.30
扬子资产分公司	0.58	0.65	0.78	0.70	1.70	2.01
综合能耗 / 吨标煤・万元 $^{-1}$						
扬子石化有限公司	0.82	0.82	0.82	0.86	0.86	0.91
扬子资产分公司	2.73	2.62	2.77	2.79	2.80	2.90

①财务数据为合并报表数据
②原油加工量统计包含清江石化和泰州石化

表 2　　扬子石化主要产品产量①　　万吨

产品名称 \ 年份	2020	2019	2018	2017	2016	2015
乙　烯	82.07	84.53	84.07	65.17	81.62	82.31
丙　烯	50.14	50.53	40.24	36.88	48.18	38.17
丁二烯	10.12	10.53	11.02	8.68	10.83	10.47
聚乙烯	51.09	51.77	48.75	40.64	55.78	54.59
聚丙烯	48.71	49.03	48.15	36.30	48.10	45.88
精对苯二甲酸	81.50	101.17	44.03	55.06	71.38	59.12
乙二醇	16.02	16.64	30.02	22.17	18.67	22.16
纯　苯	43.67	44.18	43.64	35.22	41.59	39.21
对二甲苯	103.01	105.64	99.84	83.54	90.87	73.98
邻二甲苯	20.50	21.53	19.23	14.87	15.85	16.42
环氧乙烷	25.15	16.81	15.08	12.64	14.69	15.07
柴　油	256.90	219.64	223.93	221.23	258.23	193.27
汽　油	274.65	313.71	298.74	239.98	276.88	188.82
丁苯橡胶	10.14	9.55	8.59	9.89	2.66	5.58
顺丁橡胶②	9.58	8.59	7.54	5.05	0	0

①产品产量包含清江石化和泰州石化
② 2013 年 6 月开始，顺丁橡胶产品投放市场，2014 年停产，2017 年恢复生产

扬巴公司

【概况】 扬子石化—巴斯夫有限责任公司（简称扬巴公司）位于南京市江北新区新材料科技园，由中国石化和德国巴斯夫以 50%：50% 的股比共同投资建设，成立于 2000 年 12 月，2005 年 6 月

正式开始商业运营，累计总投资约55亿美元，占地242公顷。

截至2020年底，扬巴公司运营33套化工装置，包括74万吨/年蒸汽裂解装置、38万吨/年环氧乙烷/乙二醇装置、40万吨/年低密度聚乙烯/醋酸乙烯共聚物装置、30.5万吨/年羟基醇—碳四装置、19万吨/年丙烯酸和21.5万吨/年丙烯酸酯装置、6.9万吨/年丙酸装置、5万吨/年甲酸装置、3.6万吨/年甲胺装置、4万吨/年二甲基甲酰胺装置、6万吨/年非离子表面活性剂装置、13万吨/年丁二烯抽提装置、8万吨/年2-丙基庚醇装置、20万吨/年聚苯乙烯装置和8万吨/年新戊二醇装置等。所有装置均采用巴斯夫的"一体化"理念，以高效环保的方式生产和利用产品、副产品及能源，降低排放和物流成本，充分发挥协同效应。扬巴公司还拥有1家以天然气为主要原料的燃气—蒸汽轮机联合循环发电厂和数个国际码头，保证能源供应和物流运输。

扬巴公司的主要产品有低密度聚乙烯、醋酸乙烯共聚物、乙二醇、丁醇、丙烯酸、丙烯酸甲酯及丁酯、甲酸、丙酸、甲胺、二甲基甲酰胺、苯、甲苯、混合二甲苯、聚苯乙烯、丁二烯、非离子表面活性剂、2-丙基庚醇、超吸水性树脂等，广泛应用于农业、食品、卫生、医药、电子、电器、纺织、洗涤、建筑、汽车、皮革处理、光伏产业等各种领域。

2020年，共销售250万吨化学品和聚合物，实现销售收入157亿元人民币。截至2020年底，扬巴公司共有员工1 968名。

（李时艳）

【新戊二醇扩建项目投产】 扬巴公司新戊二醇扩建项目于2019年3月开始打桩，2020年7月实现机械竣工，8月如期开车。项目建设期间实现零损失工时的安全目标，扩建后的新戊二醇年产能达8万吨，能够更好地满足国内和地区客户的需求。

（李时艳）

【全场大修完成】 2020年4月30日—6月20日，扬巴公司组织第3次全场停车大检修，完成56套重型动设备的检修，以及资本支出重点项目、MOC项目及所有法定强检，进一步提升了装置的可靠性。大检修包含6 000项工作，是扬巴公司也是巴斯夫历史上最大规模的一次大检修，在预算水平上如期优质地完成，并取得优异的环保业绩。

（李时艳）

【物流码头被评为四星级江苏绿色港口】 根据江苏省交通运输厅2020年2月印发的《江苏省绿色港口评价指标体系》的要求，扬巴公司成立专项领导小组，按照评价指标体系的要求进行整改完善，经过4名专家基于评价指标体系考评细则从16个方面进行的严格考评，最终获评四星级江苏绿色港口，也是对石油化工码头的最高评价。授牌仪式于12月20日在江苏省交通运输厅举行。

（李时艳）

【物流码头通过交通运输企业安全生产标准化一级考评】 按照江苏省交通运输厅的要求，涉及甲A、甲B类危险货物作业的港口经营企业必须在2020年实现安全生产标准化一级达标。扬巴公司以高分通过交通运输企业安全生产标准化一级考评并于9月1日获证书。

（李时艳）

【环保业绩获认可】 自2010年以来，扬巴公司在环保方面的投资累计达10亿元人民币，进行一系列的提标改造项目，包括工艺加热炉的低氮改造、新建氧化炉、中央液体焚烧炉改造等。采用国际先进的投资设计标准，引入低氮燃烧、热氧化、蓄热氧化、膜处理等先进的环保技术与装备，尽可能减少污染物排放，清洁生产达到国际先进水平，取得出色的环保业绩和安全记录。2020年，扬巴公司再次以化工企业身份获评"绿色等级"，获正向保护激励，如降低随机抽查频次、合理简化审批程序、优先安排补助资金、执行管控豁免等。扬巴公司被列入南京市第1批环保示范性企业。

（李时艳）

【"安全时刻"持续提高安全意识】 2020年，扬巴公司继续开展每季度一次的"安全时刻"活动。在一特定的时间段内，全体公司员工和承包商分别在各自的工作区域聚集，以一个常见的安全主题作为“话题引发剂”，就生产和生活中的各类安全问题开展学习、讨论和经验分享。通过反复强化公司员工及承包商人员的安全意识，让大家从小事做起，随时随地关注自己以及他人的安全，直至将安全行为变成一种日常习惯，持续提升公司的安全文化和安全业绩。

（李时艳）

【捐资助力江北新区进行疫情防控】 在年初新冠肺炎疫情发生后，扬巴公司迅速落实办公区域和生产现场的防范措施，保障了所有员工、承包商和访客的安全，并向南京市慈善总会捐款100万元人民币，定向用于江北新区新冠肺炎疫情防控工作。

（李时艳）

【荣膺海信家电集团战略互信奖】 在12月18日召开的海信家电集团全球核心供应商峰会上，扬巴公司荣膺战略互信奖，这是海信集团给予供应商的最高奖项。在扬巴公司与海信集团16年的合作过程中，扬巴公司紧跟家电行业发展需要，为包括海信集团在内的各合作企业提供了定制化产品解决方案，满足了中国家电行业对聚苯乙烯产品性能提升的要求。2020年，面对疫情和大修的双重考验，聚苯乙烯产品团队坚持“以客户为中心”，通过灵活调整产品结构、不断优化客户结构，取得装置投产23年来最好的经营业绩。

（李时艳）

【获高质量建设江北新主城荣誉集体称号】 在南京江北新区成立5周年之际，中共南京市江北新区工作委员会、南京市江北新区管理委员会授予扬巴公司高质量建设江北新主城荣誉集体称号，以表彰扬巴公司为高质量建设江北新主城所做的突出贡献。

（李时艳）

【在江北新区重点行业企业职工应急处置技能大赛中获奖】 12月9日，扬巴公司与其他41家企业共同参与由南京江北新区举办的“第四届重点行业企业岗位职工应急处置技能大赛”，近300名选手参与角逐。扬巴公司5名队员唐青春、徐晨曦、王帅、李伟康和王晶代表公司出战，最终获团体一等奖和2个个人二等奖的好成绩。

（李时艳）

【贺俞睿被授予江苏省五一劳动奖章】 4月26日，江苏省总工会表彰劳动模范和先进工作者，扬巴公司安全、健康、环保、工程和维修部总经理贺俞睿获江苏省五一劳动奖章。

（李时艳）

【谭亚达被授予金陵友谊奖】 扬巴公司醇类、中间体和丙烯酸类产品部总经理谭亚达获南京市政府2020年度金陵友谊奖，颁奖仪式于6月22日在2020南京创新周紫金山创新大会上举行。“金陵友谊奖”是南京市给予在南京工作的外国专家的最高荣誉，每2年组织一次评选，以表彰他们在南京市经济建设和社会发展各领域做出的突出贡献。

（李时艳）

中韩石化

【概况】 中韩（武汉）石油化工有限公司（简称中韩石化）由中国石化和韩国SK综合化学株式会社以65%：35%的股比合资成立，注册资本71.93亿元，成立于2013年10月，2014年1月1日正式运营；2019年通过一体化合资项目完成对武汉石化炼油资产并购，7月1日开始并表运营，成为中部地区最大的炼油化工一体化企业。

中韩石化有2个厂区。其中，炼油厂区投产于1977年，位于湖北省武汉市青山区，占地188.07公顷。炼油综合配套能力850万吨/年，共有350万吨/年1#常减压、500万吨/年2#常减压、110万吨/年1#催化裂化、100万吨/年2#催化裂化、180万吨/年催化原料加氢处理、180万吨/年加氢裂化、150万吨/年S Zorb汽油吸附脱硫等26套主要生产装置，可生产汽油、柴油、航煤、石脑油、聚丙烯、“三苯”、液化气、硫黄、石油焦等产品。化工厂区位于化学工业区，投产于2013年8月，占地294.8公顷，与炼油厂直线距离9.8千米，拥有80万吨/年乙烯、55万吨/年裂解汽油加氢、15万吨/年碳五分离、13万吨/年丁二烯抽提、35万吨/年芳烃抽提、8/3万吨/年MTBE/1-丁烯、30万吨/年高密度聚乙烯、30万吨/年线型低密度聚乙烯、15/28万吨/年EO/EG、20万吨/年JPP聚丙烯、20万吨/年ST聚丙烯、2.7万吨/年苯乙烯抽提共12套主体生产装置及相应的系统配套装置，生产聚乙烯、聚丙烯、环氧乙烷、乙二醇、丁二烯、苯乙烯、“三苯”等产品。

中韩石化实行两级扁平化管理，共设14个职能部门、6个业务中心和12个生产运行部。截至2020年底，共有员工2 841人，其中包含股份公司委派6人、SKGC委派17人。

中韩石化主要技术经济指标及主要产品产量分别见表1和表2。

（任丽娜）

【领导班子调整】 2020年9月29日，股份公司下达委派书，委派刘家海、官调生、杨文德、张宝生、李炎生为中韩石化第三届董事会董事，其中刘家海为董事长；陈小青不再担任中韩石化监事职务。11月24日，委派刘子龙为中韩石化监事。

（任丽娜）

【全力以赴打赢疫情防控阻击战】 2020年新冠肺炎疫情暴发后，中韩石化承压而上、迅速行动、全力应对，1月21日成立公司疫情防控工作领导小组，高效构建三级疫情防控运转机制，统一指挥、统一调度、统一筹划，紧急制订疫情防控方案，实施全面的排查摸底、严格的防控措施。公司领导靠前指挥、稳定军心，始终坚守疫情防控的第一线，每天召开视频会议对疫情防控工作做出具体安排，根据疫情变化，制订并调整疫情防控方案。主动下沉基层与员工面对面交流，及时跟进化解员工恐慌情绪，检查疫情防控落实情况。利用“奋进石化”平台及时推送公司防疫工作进展情况，连续发布“众志成城、抗击疫情”系列报道。通过上下联动，多措并举，织密疫情防控网，坚决防止疫情在企业内部蔓延，牢牢守住公司疫情防控阵地，没有发生岗位上“人传人”的感染病例。

（任丽娜）

【同舟共济支援地方抗击疫情工作】 2020年，中韩石化在疫情期间坚守疫情防控物资保障线，确保生产不停运，产品不断供。及时优化调整生产方案，迅速转产无纺布和医用口罩基础材料SZ30S专用料3.27万吨、医用注射器专用料M150N 1 900吨，稳住了武汉周边市场。积极协调集团公司驻鄂企业，主动联系湖北省武汉市红十字会，为抗击疫情捐赠物资，1月24日除夕，连夜将200吨漂粉精消毒剂从江汉油田运抵武汉市，极大缓解了疫情爆发初期武汉市医院和社区消毒剂紧缺状况。先后向地方政府和医院捐助防寒棉大衣及防护服、隔离衣、口罩等紧缺医疗物资，为地方移动式危险化学品处理提供航空煤油等。一批抗疫先进典型受到国务院国资委、湖北省、武汉市和集团公司表彰，树立了央企高度负责任的良好形象。

（任丽娜）

1月24日除夕，中韩石化连夜将200吨漂粉精消毒剂从江汉油田运抵武汉市

【持续攻坚创效创佳绩】 2020年，中韩石化全力开展“百日攻坚创效”和“持续攻坚创效”行动，以超常规努力创出最大效益，全力弥补疫情带来的损失。通过制定落实优化装置运行、优化产品结构、节能降耗等8类121项增效措施，主要生

产经营指标持续好转，二季度实现当季扭亏为盈，累计攻坚创效行动增加效益 8.37 亿元（炼油完成 5.05 亿元、化工完成 3.32 亿元），超总部下达指标 3.45 亿元。全年完成集团公司下达的调整后的年度效益目标。

（任丽娜）

【从严从实强化安全生产】 2020 年，中韩石化面对疫情期间负荷调整和装置运行末期双重叠加的安全风险，牢固树立安全生产红线意识，积极推动 HSSE 管理体系运行。发布公司年度重大风险清单，落实隐患排查整改，加大发现隐患避免事故奖励力度，累计奖励 29 万元。认真开展“安全生产月”暨“安全生产万里行”活动，强化直接作业环节监管和安全环保隐患排查，全年无上报集团公司安全环保事故。截至年底，炼油部分实现连续安全生产 3 489 天，化工部分连续安全生产 2 926 天。

（任丽娜）

中韩石化员工疫情期间坚守岗位确保连续生产

【大力推进工艺平稳性管理】 2020 年，中韩石化积极推进总部工艺平稳性管理体系试点建设，基本形成以 1 个平台（工艺平稳性管理平台）、10 项制度和 3 个信息化应用工具（报警管理、控制回路评估、PID 整定）为核心的体系架构。成立工艺平稳性分委会，每月定期攻关，建立评比通报机制，做到 1 个平台、1 个体系、1 套管理。通过加强工艺制度的规范执行，提高日常工作效率和风险管控，15 套装置自控率从 76.9% 提升到 98.7%，平稳率从 79.8% 提升到 98.6%。

（任丽娜）

【扎实抓好设备完整性管理】 2020 年，中韩石化炼化一体化设备完整性体系通过总部体系审核。以预防性检维修和风险管控管理为抓手，不断提升设备可靠性。加强设备缺陷管理，完成缺陷提报和作业管理系统，与设备完整性管理平台有机融合，做到设备缺陷和现场作业的严格管控。认真执行设备“三检、特护”制度，开展关键设备可靠性攻关，设备管理各项 KPI 指标持续向好，炼油装置率先实现“四年半一大修”。

（任丽娜）

【高标准践行绿色发展理念】 2020 年，中韩石化持续对厂区环境进行整治，常态化开展公众开放日活动，展现绿色企业形象。扎实开展绿色基层创建工作，重点从节能节水、污染物减排和绿色技术开发应用等方面入手，加强各装置污水排口监控，进一步收紧分级控制指标，32 套装置实现绿色基层创建工作目标。全面推进 VOCs 综合整治，建成并投用 7 座厂界大气监测站；加大环境风险管控和隐患治理力度，确保污染防治攻坚战项目有序推进。获中国石油和化学工业联合会绿色工厂称号，通过集团公司绿色企业复审，被评为集团公司节能环保先进单位。

（任丽娜）

【高度重视员工职业健康】 2020 年，中韩石化加强职业卫生环境监测，完成炼油聚丙烯装置局部噪声超标整治，持续对厂界环境空气质量进行监测并公示。针对识别出的炼油片区 18 种、化工片区 24 种职业病危害因素，共监测布点 1 000 余个，全年检测样品数超 1.2 万个，检测率与合格率均为 100%。疫情期间，编制公司疫情防控工作方案和防疫知识手册，发布防控措施落实及返岗人员审核情况通报 118 期；针对治安保卫、员工食堂、车队等服务岗位群体提前部署开展核酸检测，组织 2 740 名员工进行血清抗体检测，实现精准防控。

（任丽娜）

【圆满完成全厂停工大修改造】 2020 年 10 月 15 日，中韩石化全厂停工大修改造全面实施。该次大修改造是公司首次“四年半一大修”，是历史上检修深度最大、技措项目最多、投资最高、规模最大、历时最长的一次大修改造，覆盖全系列33套装置及配套公用工程系统。经过全体干部员工80天的艰苦奋战，完成7 616个项目共计22亿元的工程量，确保检修改造“安全、环保、优质、文明、节约、正点”完成，为下一周期生产步入快车道奠定坚实基础。

（任丽娜）

中韩石化化工厂区大修改造夜景

【有序推进重点工程项目建设】 2020年，中韩石化持续推进炼油结构调整和乙烯脱瓶颈改造两大项目建设。炼油结构调整项目基础设计整体获批复，280万吨/年催化装置完成烟气脱硫技术方案论证，完成长周期设备定货，装置现场基本完成拆除排障工作，全面交付桩基施工。11万伏变电站改造投用，化学水全面交付安装。乙烯脱瓶颈改造项目实现里程碑目标，11月30日新建丁二烯装置、热电4#炉建成中交；12月23日110万吨/年乙烯装置改造项目一次投产成功。2021年1月18日，新建30万吨/年PP装置、10#裂解炉、10#码头建成中交。

（任丽娜）

【技术创新成果丰硕】 2020年，中韩石化加大技术创新力度取得显著成效。大力开发新产品，化工新产品、专用料产量完成总部下达计划的109%，占总产量比例达66.7%，较年初制定的奋斗目标超出5.7%，增效5 253万元。科技开发项目取得新成效，其中2项获集团公司科技进步一等奖、1项获中国石油和化学工业联合会科技进步二等奖。

（任丽娜）

【信息化建设提速提效】 2020年，中韩石化完成信息化建设创新创效第2阶段行动计划，成功开展护网行动并达到预期目标。加强炼油化工信息化融合，对信息门户、实时应用平台、流程管理平台、设备完整性平台等11套信息应用系统进行优化整合。完成EO/EG装置、苯乙烯装置数字化建设，建成投用裂解炉、STPP装置APC项目，启动乙烯装置APC项目建设。完成化工厂区无人地磅项目试点和智慧物流的投用，启动炼油部分智慧物流的建设，实现从网上预约到车辆出厂的全流程业务闭环管控。

（任丽娜）

【加强干部队伍和人才建设】 2020年，中韩石化坚持完善选贤任能机制，加快年轻干部培养使用，按照集团公司“三百三千”总体部署，选派5名年轻干部到天津石化等5家单位进行锻炼学习，接收兄弟单位4名年轻干部到公司交流。推进人才强企工程，加强专家管理，初步建立任职资格标准，规范专家选聘程序。创新培训模式，完成7期线上线下相结合的领导干部周末课堂。开展新一轮专业技术人员岗位能力培训，推进副主任师常态化选聘工作和全流程星级操作员培训考评。注重高层次人才培养，推进实施专业“优才”和博士研究生培养计划。

（任丽娜）

【平稳推进“四供一业”分离移交收官】 2020年，中韩石化通过统筹协调、强力推进、强化监督，供水、供电、物业项目施工全部完成，按总部要求完成竣工决算资料的提报。年度物业供暖补贴发放到位，总体平稳有序。

（任丽娜）

【圆满完成退休人员社会化管理】 2020年，中韩石化克服地方政策出台晚、退休人员数量大、分布地域广等困难，超前谋划部署、超前制订方案、超前推动落实，以“1+11”模式牵头负责12家驻汉企业退休人员社会化管理工作，全面完成总部下达的目标任务。

（任丽娜）

【党建工作优势不断彰显】 2020年，中韩石化党委坚持把党的政治建设摆在首位，把学习习近平新时代中国特色社会主义思想和习近平总书记重要讲话、指示批示精神作为公司党委会、党委中心组学习的“第一议题”，每月至少安排1次集中学习研讨。制定下发《武汉石化深化推进党的政治建设重点措施》，抓好工作分解落实。结合疫情防控实际，采取“线上 + 线下”方式每月开展1次党员活动日。深化“三基本”建设，抓实基层党支部工作标准化运行，基层班组党员力量覆盖率达100%。按10%绩效考核权重纵深推进党支部分类定级，进一步促进党支部抓党建、强党建、谋发展。围绕疫情防控、攻坚创效、检修改造3场硬仗，以作风建设为重点，以履职尽责为抓手，开展专项督查检查150余次。聚焦工程建设、大宗物料采购、业务外包等重点业务关键环节，抓实基层监督、立项监督、在线监督，及时管控各类风险，持续发挥“大监督”效能。科学运用“四种形态”精准处置各类问题线索，坚持在元旦、春节、中秋、国庆等重要节点开展监督检查，持续纠治“四风”。在集团公司党建考核中，中韩石化连续3年位列A档。

（任丽娜）

表1　　中韩石化主要技术经济指标①　　亿元

年份 / 指标名称	2020	2019	2018	2017	2016	2015
原油加工量 / 万吨	577.99	411.95	—	—	—	—
工业总产值	291.75	311.43	170.97	161.24	117.18	139.70
资产总值	258.26	269.03	153.63	152.34	161.75	170.72
资产负债率 /%	57.64	55.92	15.19	26.09	46.50	57.47
销售收入	287.02	310.16	171.33	161.39	117.03	140.77
利　润	−12.22	8.91	25.05	36.43	20.72	22.56
上缴税金	80.92	26.94	16.59	20.11	11.39	14.58
综合能耗 / 吨标煤 · 万元 $^{-1}$	1.176	0.785	1.69	1.69	1.74	1.72

① 2019年7月1日，中韩石化一体化合资公司开始并表运营后，原武汉分公司、武汉资产分公司炼油生产经营相关业务并入中韩石化

表2　　中韩石化主要产品产量①　　万吨

年份 / 产品名称	2020	2019	2018	2017	2016	2015
汽　油	141.01	94.19	—	—	—	—
柴　油	187.03	125.44	—	—	—	—
航　煤	46.66	53.15	—	—	—	—
化工轻油	149.91	86.99	—	—	—	—
燃料油	7.55	2.46	—	—	—	—
液化气	20.69	16.75	—	—	—	—
硫　黄	4.29	2.99	—	—	—	—
焦　炭	42.79	29.23	—	—	—	—
丙　烷	0.24	0.28	—	—	—	—
环氧乙烷	12.34	17.05	16.55	15.32	12.14	13.68

续表

产品名称＼年份	2020	2019	2018	2017	2016	2015
乙　烯	69.78	88.95	88.40	86.70	72.89	85.34
丙　烯	44.74	50.55	46.20	45.65	37.78	43.05
1- 丁烯	2.34	3.08	2.93	3.61	2.63	2.53
丁二烯	9.93	12.77	12.12	12.91	10.57	10.84
异戊二烯	1.12	1.37	1.48	1.56	1.31	1.45
间戊二烯	0.89	1.17	1.48	1.41	1.37	1.59
双环戊二烯	0.55	0.76	1.12	1.10	1.00	1.09
苯	14.50	17.77	16.67	16.49	14.08	18.07
甲　苯	6.64	8.17	8.14	8.43	6.49	8.18
二甲苯	3.89	4.31	5.80	6.28	5.61	6.10
甲基叔丁基醚	8.21	9.76	7.49	8.38	7.30	6.96
高密度聚乙烯	2.61	29.82	29.59	28.83	24.30	27.74
线型低密度聚乙烯	2.60	30.04	30.98	30.17	26.56	30.53
聚丙烯	42.74	47.47	39.79	41.47	34.41	40.84
乙二醇	10.75	19.61	20.45	21.87	18.70	22.66

① 2019 年 7 月 1 日，中韩石化一体化合资公司开始并表运营后，原武汉分公司、武汉资产分公司炼油生产经营相关业务并入中韩石化

巴陵石化

【概况】 中石化巴陵石油化工有限公司（简称巴陵石化）位于湖南省岳阳市云溪区和岳阳楼区，紧邻京广铁路、京广高铁、107 国道、京珠高速和随岳高速，西靠洞庭，北倚长江，厂区总面积 9.45 平方千米，是一家大型石油化工、煤化工联合企业，是国内最大的锂系橡胶、己内酰胺生产企业和重要的环氧树脂生产基地。

巴陵石化下辖炼油部、橡胶部、树脂部、己内酰胺部、煤化工部等 10 个直属单位，以及合资企业浙江巴陵恒逸己内酰胺公司。固定资产原值 183.34 亿元、净值 80.86 亿元；在册员工 9 104 人（在岗 6 855 人）、离退休 10 495 人；有主要生产装置 49 套，配套建有 2 个区域热电中心、3 个污水处理中心等公用工程。分为 5 条产品链：炼油产品链，包括年综合加工能力 200 万吨炼油（常压部分具备 350 万吨一次加工能力），年产 12 万吨苯乙烯、6 万吨聚丙烯、6 万吨 MTBE 等；合成橡胶产品链，年总生产能力 38 万吨，包括年产 20 万吨 SBS、9 万吨 SEBS、4 万吨 SIS、2 万吨 SEPS、3 万吨 SSBR 等；环氧树脂产品链，包括年产 10 万吨环氧树脂、9 万吨烧碱、3.2 万吨氯丙烯、2.8 万吨氯丙烷等；己内酰胺产品链，主要包括年产 50 万吨己内酰胺（含合资企业 20 万吨）、45 万吨环己酮、80 万吨硫铵等；煤化工产品链，主要包括日投煤 2 000 吨煤气化（年产氢气 10 万吨），年产 42 万吨合成氨、26 万吨双氧水等。主要产品有汽油组分油、柴油组分油、溶剂油、苯乙烯、MTBE、SBS、SIS、SEBS、SEPS、SSBR、聚丙烯、环氧树脂、液氯、盐酸、己内酰胺、聚酰胺、环己酮、硫酸铵、液氨、双氧水、氢气等 50 多种 170 多个牌号。

截至 2020 年底，巴陵石化获国家技术发明一

等奖、国家科技进步一等奖各 1 项，国家科技进步二等奖 6 项，累计获国家、省部级科技进步奖 141 项，拥有授权专利 427 件。被评为中国石化创新型企业。建设有院士工作站、中国石化重点实验室、博士后科研工作站等平台。一批新特产品填补国内空白，SIS、SEBS 被评为国家重点新产品。锂系橡胶生产技术及其催化剂综合技术居世界先进水平，品种牌号国内最全，质量最好；己内酰胺生产技术世界领先，掌握环己酮氨肟化、酯化加氢制环己酮、浆态床双氧水等新一代工艺技术；环氧树脂综合技术居国内前列，率先研发行业领先的环保型环氧氯丙烷新工艺。

2020 年，巴陵石化生产产品总量 481 万吨，实现营业收入 168 亿元，上缴税费 22.42 亿元。

巴陵石化主要技术经济指标及主要产品产量分别见表 1 和表 2。

（李　建　吴　慧）

【完成上市、非上市板块一体化重组】 2020 年 2 月 28 日，中石化巴陵石油化工有限公司注册成立。11 月，中石化巴陵石油化工有限公司顺利完成资产交割、国有产权登记、工商登记变更等各项手续办理，正式负责中国石油化工股份有限公司巴陵分公司（简称巴陵分公司）和中国石化集团资产经营管理有限公司巴陵石化分公司（简称巴陵资产分公司）的经营管理业务，标志着巴陵石化实现一体化管理，解决了困扰企业几十年的体制问题。一体化重组后，巴陵石化炼油、橡胶、树脂等主营业务全部纳入股份公司管理范畴，企业管理关系进一步理顺，实现统筹优化，降低运营成本，提升了企业竞争实力和可持续发展能力。

（吴　慧）

【己内酰胺搬迁升级项目可研、总体设计获批】 2020 年 3 月 16 日，巴陵石化己内酰胺产业链搬迁与升级转型发展项目可行性研究报告获中国石化批复，项目总投资 139.5 亿元（不含增值税额 14.7 亿元）。9 月 15 日，项目总体设计获批复，建设实施方案由原方案分 2 期建设改为同期建设。该项目是巴陵石化单笔投资最大的建设项目，被列入中国石化重点项目、湖南省重点项目。

（吴　慧）

【召开第一次党代会】 2020 年 11 月 5 日，中国共产党中石化巴陵石油化工有限公司第一次代表大会在企业影剧院开幕，历时一天半，顺利完成各项议程胜利闭幕。大会选举产生中国共产党中石化巴陵石油化工有限公司第一届委员会和中国共产党中石化巴陵石油化工有限公司第一届纪律检查委员会；通过关于中国共产党中国石油化工股份有限公司巴陵分公司第三届委员会报告的决议、关于中国共产党中国石油化工股份有限公司巴陵分公司第三届纪律检查委员会工作报告的决议。会议聚焦“建设世界领先化工材料企业”发展愿景，进一步明确了“打造新巴陵、争当排头兵”目标任务。

（吴　慧）

【完成中国石化下达的效益指标】 2020 年，巴陵石化生产炼化产品 481 万吨，实现营业收入 168 亿元，上缴税费 22.42 亿元，剔除一次性提取退休人员费用等因素后，实现经营性盈利 7 700 万元，完成中国石化下达的效益指标。

（吴　慧）

【生产运行刷新多项纪录】 2020 年，巴陵石化努力克服新冠肺炎疫情影响，主要装置负荷自 2 月中旬迅速恢复正常水平，合成橡胶、己内酰胺、环氧树脂年产量分别达 32 万吨、29.6 万吨和 10.1 万吨，均逆势创历史新高，煤气化装置长周期运行 262 天刷新历史纪录。

（吴　慧）

【攻坚创效成效明显】 2020 年，巴陵石化扎实推进“百日攻坚创效”“持续攻坚创效”行动，坚持厉行节约、共克时艰、过紧日子，全年实现攻坚创效 6.82 亿元。

（李　建）

【科技创新成果亮眼】 2020 年，巴陵石化己内酰胺绿色生产成套新技术获评第六届中国工业大奖，36 项科技成果通过验收，推进国家生物医用材料生产示范平台和重点实验室建设，探索科研体制机制改革，加强知识产权保护，获授权专利 25 件，开发新产品新牌号 30 个。

（李　建）

【转型发展取得重要进展】 2020年，巴陵石化完成“十四五”改革发展规划和23个专项规划的编制，年产60万吨己内酰胺搬迁升级项目扎实推进，年产5万吨SEBS新装置开车进展顺利，海南洋浦弹性体项目完成专项论证，上海金山弹性体、5万吨环保型环氧氯丙烷新工艺项目可研报告上报总部，岳阳地区炼化一体化发展方案进一步优化。

（李　建）

【内部改革不断深化】 2020年，巴陵石化全力推进企业办社会职能分离移交，“四供一业”及其他办社会职能分离移交扫尾工作全面完成，退休人员实现社会化管理，29家改制企业党组织关系稳妥有序移交地方。出台推进“三能”机制建设17条措施，推动“三项制度”改革向深水区迈进。完成桦科公司、同泰公司法人压减，注销厂办大集体丰华公司，体制机制不断优化。

（吴　慧）

【积极履行社会责任】 2020年，巴陵石化增产SIS、医用SEBS等产品，为保障疫情防控物资供应贡献力量。疫情暴发初期，星夜驰援泸溪县4吨防疫消毒物资。开展抗击新冠肺炎疫情捐款活动，累计捐款104万元。消费扶贫254万元助力凤凰县、泸溪县等巩固脱贫成效，投入40万元帮助平江县天景山村提高脱贫质量。

（吴　慧）

【通过国家工信部“两化”融合管理体系认证】 自2018年入选国家工信部贯标试点企业，巴陵石化以“本质贯标”为目标，完成项目启动、调研分析、顶层设计、体系建设、体系试运行、内部评审等阶段的相关工作。根据“油、煤、化产业链一体化”等五大可持续竞争优势需求，明确“统筹推进融合发展集成共享协同智能”“两化”融合方针，成功实施“石化产品生产工艺数字化管控能力”建设，建立了符合要求的“两化”融合管理体系。2020年4月26日，巴陵石化顺利通过国家工信部“两化”融合管理体系认证，取得评定证书。

（吴　慧）

【融入岳阳氢能产业发展规划】 2020年4月28日，巴陵石化与资本公司、湖南核电签订发展氢能产业战略合作框架协议书。按照框架协议，三方将在液氢生产、产业高端设备制造、储运、加注等领域开展合作。

（李　建）

【获多项荣誉】 2020年，巴陵石化通过全国文明单位复查，继续保留该荣誉称号。获评湖南省2020年度内部审计先进集体、中国石化绿色企业、中国石化2019—2020年度维护稳定工作先进单位。橡胶部橡塑中心SBES课题组获评2018—2019年度全国“安康杯”优胜班组；分析检验中心被评为2020年度湖南省巾帼建功先进单位；炼油部炼油装置分会被评为2020年度湖南省模范职工小家；李望明劳模创新工作室被评为湖南省示范性劳模和工匠人才创新工作室。煤化工部姜辉被授予全国劳动模范称号，总经理李德刚、己内酰胺部施迎春被授予湖南省劳动模范称号。

（李　建）

表1　巴陵石化主要技术经济指标　亿元

指标名称 \ 年份	2020	2019	2018	2017	2016	2015
原油加工量/万吨						
巴陵资产分公司	—	189.18	195.60	162.18	178.99	180.37
巴陵石化	168.50	—	—	—	—	—
工业总产值						
巴陵分公司	—	39.25	49.12	38.94	29.98	31.11
巴陵资产分公司	—	166.42	180.34	142.98	125.07	129.00

续表

年份 指标名称	2020	2019	2018	2017	2016	2015
巴陵石化	168.20	—	—	—	—	—
炼　油						
巴陵资产分公司	—	96.29	97.51	75.49	71.31	70.10
巴陵石化	70.96	—	—	—	—	—
化　工						
巴陵分公司	—	30.33	43.47	31.21	23.25	26.46
巴陵资产分公司	—	70.13	82.83	67.49	53.76	58.90
巴陵石化	88.13	—	—	—	—	—
化　肥						
巴陵分公司	—	8.92	5.65	7.73	6.73	4.65
巴陵石化	9.11	—	—	—	—	—
工业增加值						
巴陵分公司	—	4.12	3.94	−0.24	−1.08	−1.95
巴陵资产分公司	—	39.98	44.86	39.28	45.56	51.71
巴陵石化	52.31	—	—	—	—	—
资产总计						
巴陵分公司	0	42.50	37.85	31.72	30.16	41.17
巴陵资产分公司	2.23	61.62	56.90	63.69	54.22	48.53
巴陵石化	113.68	—	—	—	—	—
流动资产						
巴陵分公司	0	3.91	4.95	3.25	4.13	3.34
巴陵资产分公司	1.39	20.99	16.21	24.28	14.82	9.38
巴陵石化	31.31	—	—	—	—	—
固定资产原值						
巴陵分公司	0	76.73	75.02	70.58	70.51	70.00
巴陵资产分公司	2.23	107.84	104.26	100.89	99.50	98.25
巴陵石化	181.11	—	—	—	—	—
固定资产净值						
巴陵分公司	0	37.02	35.79	31.72	31.67	33.18
巴陵资产分公司	1.12	47.96	47.22	46.77	47.10	49.15
巴陵石化	79.74	—	—	—	—	—
销售收入						
巴陵分公司	28.82	96.74	109.16	94.43	73.10	33.84
巴陵资产分公司	110.16	169.53	185.40	147.07	130.60	134.04

续表

指标名称 \ 年份	2020	2019	2018	2017	2016	2015
巴陵石化	29.05	—	—	—	—	—
实现利税						
巴陵分公司	−9.25	0.88	1.83	−1.22	−20.72	−7.53
巴陵资产分公司	17.52	23.65	29.33	24.39	31.68	37.35
巴陵石化	8.16	—	—	—	—	—
税　金						
巴陵分公司	0.55	0.87	1.53	0.56	0.57	0.16
巴陵资产分公司	16.73	22.94	28.31	22.93	28.11	34.24
巴陵石化	5.14	—	—	—	—	—
能耗 / 吨标煤・万元 $^{-1}$						
巴陵分公司	2.287	2.37	2.32	2.46	2.61	2.62
巴陵资产分公司	0.781	0.77	0.77	0.82	0.81	0.80

表 2　　巴陵石化主要产品产量　　万吨

产品名称 \ 年份	2020	2019	2018	2017	2016	2015
汽油组分油	40.47	45.83	46.66	37.57	43.38	42.71
柴油组分油	47.78	49.94	48.98	43.11	48.29	45.03
燃料油	3.23	3.19	2.87	2.56	3.01	12.66
石脑油	22.05	22.67	27.68	20.32	17.77	15.39
液化气	15.15	16.23	18.64	14.01	18.36	19.60
干　气	4.45	4.32	4.88	4.23	3.70	2.69
丙　烯	9.15	9.25	10.21	8.01	9.23	9.26
溶剂油	—	—	—	0.51	1.60	3.33
合成橡胶	32.06	31.54	28.28	25.27	26.16	25.34
SEBS 热塑弹性体	6.94	7.26	6.58	5.17	4.49	17.96
环氧树脂	10.14	9.55	9.33	9.21	7.94	6.50
环己酮	23.95	22.77	22.30	18.54	19.55	18.29
烧　碱	9.32	9.43	8.58	7.45	7.73	7.46
盐　酸	1.13	1.01	0.68	0.41	0.74	1.05
液　氯	7.80	7.99	7.43	6.45	6.48	6.19
聚丙烯	5.58	5.52	6.73	5.40	6.06	6.60
氯丙烯	2.79	3.11	3.62	3.55	3.62	3.03
环氧氯丙烷	2.34	2.70	2.62	2.22	1.81	2.31

续表

年份 / 产品名称	2020	2019	2018	2017	2016	2015
合成氨	36.60	29.47	28.37	28.70	35.02	35.99
己内酰胺	29.66	26.49	28.22	23.49	24.76	22.87
尼龙 6 切片	5.42	11.04	10.53	4.93	4.60	3.98
硫酸铵	41.64	36.12	39.95	32.98	33.95	32.08
双氧水	30.32	23.51	28.35	24.24	25.75	18.23

仪征化纤

【概况】 中国石化仪征化纤有限责任公司（简称仪化有限公司）和中国石化集团资产经营管理有限公司仪征分公司（简称仪征资产分公司）统称仪征化纤，位于江苏省仪征市，占地 10 平方千米。其前身为仪征化纤工业联合公司，于 1978 年筹建，1981 年设立，1993 年进行股份制改组，分为上市部分（仪征化纤股份有限公司）和非上市部分（仪化集团公司）。1997 年加入东联集团，1998 年整体加入集团公司。2000 年，仪征化纤股份有限公司更名为中国石化仪征化纤股份有限公司，成为股份公司的控股子公司。2006 年，仪化集团公司进行体制转换，更名为中国石化集团资产经营管理有限公司仪征分公司。2014 年，中国石化仪征化纤股份有限公司进行重大资产重组，成为股份公司的全资子公司。2015 年 4 月，更名为中国石化仪征化纤有限责任公司。

仪化有限公司是中国石化中高端聚酯生产基地和特种纤维生产基地。拥有 PTA 产能 142 万吨 / 年（含合资权益产能 42 万吨 / 年）、聚酯产能（含聚酯切片、短纤、中空、瓶片）240 万吨 / 年、聚丙烯熔喷布产能 6 000 吨 / 年、高性能聚乙烯纤维产能 3 300 吨 / 年、对位芳纶产能 1 000 吨 / 年，以及 MAH 产能 10 万吨 / 年。聚酯产品差别化率达 99% 以上，质量处于国内领先地位，其中涤纶短纤产销量全球第一。高性能聚乙烯纤维和对位芳纶为完全自主知识产权，高性能聚乙烯纤维采用国内唯一干法工艺技术。

仪征资产分公司下属 PBT 部、仪化东丽公司、仪化博纳公司 3 个生产单位和离退休管理中心。PBT 部主要产品为工程塑料（PBT），产能 16 万吨 / 年；仪化东丽公司是资产公司和日本东丽各以 50% 股权合资设立，主要产品为聚酯薄膜，产能 4.5 万吨 / 年；仪化博纳公司是资产公司与德国科德宝公司以 40% ∶60% 股权设立，主产品为聚丙烯织物和人造草坪纱，产能 1 亿米 ^{2}/ 年。

仪征化纤实行一体化管理，下设 17 个二级单位（含 2 个合资企业）、3 个直属机构和 13 个职能处室。截至 2020 年 12 月底，用工总量 7 118 人，其中在岗职工 5 996 人。

仪征化纤主要技术经济指标及主要产品产量分别见表 1 和表 2。

（黄　斌）

【生产经营】 2020 年，仪征化纤坚决贯彻国家产业经济政策和中国石化党组的决策部署，稳中求进、顶压前行，齐心协力打赢疫情防控、攻坚创效两场硬仗，在大战大考中交出合格答卷。全年，仪化有限公司实现营业收入 131.85 亿元，盈利 522 万元；仪征资产分公司实现营业收入 10.34 亿元，盈利 9 391 万元，2 个公司合计上缴税收 3.5 亿元，均完成集团公司下达的效益指标，连续 4 年实现企业盈利，连续 4 年被集团公司授予炼化企业创效进步优胜单位称号。

（黄　斌）

【疫情防控】 2020 年，面对突如其来的新冠肺炎疫情，仪征化纤上下一心、听党指挥、闻令而动，将疫情防控作为首要政治任务，迅速建立防控组织机构和运行机制，压实各级防控责任，突出企地联防联控，强化舆论宣传和思想引导，全面动员、全面部署、全面加强工作，常态化落实落细疫情防控措施，坚决守护职工生命安全和身体健康，未发生确诊及疑似病例，疫情防控实现“零感染”目标。

（黄　斌）

【复工复产】 2020年，仪征化纤全力服务国家疫情防控大局，优化调整装置负荷和排产计划，在疫情防控最紧要的关头，火速增产紧缺医卫原料，向湖北、浙江、天津、山东、安徽等地多家企业，发货水刺无纺布涤纶短纤维等近万吨，全力驰援抗疫，满足了疫情期间医用物资原料供应。针对产品库存快速上涨的严峻形势，深入研判市场形势变化，密切产销衔接，贴近市场优化生产负荷及产品结构，创造条件复工复产，保持了疫情期间公司正常生产经营和安全稳定生产，促进了产业链供应链稳定。

（黄　斌）

【熔喷布项目建设】 2020年，仪征化纤在党和人民最需要的时刻，坚决贯彻集团公司决策部署，紧急跨界抢建熔喷布生产线，不讲条件、不惜代价，从零起步，打破常规、日夜兼程，特事特办、急事急办，边设计、边采购、边施工、边培训，35天建成首条生产线，76天建成全球最大熔喷布生产基地，充分发挥国有企业“顶梁柱”“压舱石”作用，彰显了央企的责任担当。集团公司党组给予“善打大仗、敢打硬仗、能打胜仗”的高度评价。短纤部熔喷装置被授予中央企业抗击新冠肺炎疫情先进集体称号。短纤部熔喷装置党支部被授予中央企业先进基层党组织称号。

（黄　斌）

【攻坚创效】 2020年，仪征化纤面对保效益的硬任务，准确把握疫情变化和市场机遇，接续开展“百日攻坚创效”“持续攻坚创效”行动，千方百计稳生产、抓优化、拼市场、降成本、创效益，克服疫情影响，全年生产PTA 99.32万吨、聚酯产品214.36万吨，分别增加0.27%和1.9%，累计创效3.5亿元，超额完成奋斗目标。先后被集团公司评为“百日攻坚创效”先进单位、2020年度化工攻坚创效先进单位。

（黄　斌）

【安全生产】 2020年，仪征化纤持续强化全员安全意识，扎实开展安全生产专项整治三年行动计划，组织泄漏隐患排查整治和受限空间、高处作业专项治理，强化承包商和直接作业环节安全监管，保持安全稳定生产的良好态势，全年无一般及以上事故发生，实现全员（含承包商）死亡事故为零、重伤事故为零、急性职业中毒和放射事故为零的目标。公司BDO部BDO装置乙班和热电部高配装置第二责任区获评全国安全管理标准化示范班组。

（黄　斌）

【节能环保】 2020年，仪征化纤深化绿色企业创建，强化源头减排、末端治理，开展环保问题排查整治，持续推进节能减碳。COD、氨氮等主要污染物全部达标排放，指标优于国家、行业标准。积极推进危险废弃物资源化和减量化。PTA内袋造粒、生化装置污泥干化项目合计减少危废1 387.5吨，危险废弃物100%合规处置。2项“能效倍增”计划年节约标煤6 614吨。深入开展污染防治攻坚战，PTA部醋酸储罐VOCs治理等6项污染防治攻坚战项目按时完成。青山堆场污泥无害化处置项目比原计划提前半年完成，顺利销号。公司获中国石化年度环保先进单位、扬州市环保信任企业和环保示范企业称号，连续第6年保持江苏省绿色企业信用，连续3年获秋冬季大气管控“豁免”。

（黄　斌）

【科研创新】 2020年，仪征化纤发挥产销研用机制作用，紧贴市场需求，推进产品提质升级，开发低熔点聚酯切片、超细旦赛羽绒等16个新产品，累计生产8 964吨，创效704万元。全年高附加值产品比例达39.4%，提高0.3个百分点。进一步强化知识产权管理，全年完成专利申请38件，获授权8件。

（黄　斌）

【20万吨/年熔体直纺环保型短纤项目成功投产】 2020年8月，仪征化纤年产20万吨熔体直纺环保型短纤项目全部建成投产。涤纶短纤维生产线达48条，年产能突破100万吨，相当于2 200多万亩（1.47万平方千米）优质棉田产量，产品定线定品种生产更有弹性，进一步巩固了水刺无纺布涤纶短纤维、原生涤纶中空纤维等高端、特色产品的市场领先地位。

（黄　斌）

【生物可降解共聚酯新材料PBST、PBAT实现工业化生产】 2020年5月19日、21日，仪征化纤历时10年攻关的生物可降解共聚酯新材料PBST、PBAT先后在PBT部万吨级装置上实现工业化生产，工艺路线国际领先，率先在工程塑料行业实现通用材料绿色化取得新突破，进一步推动了国内外生物可降解材料工业化进展。

（黄　斌）

【质量改进】 2020年，仪征化纤不断完善质量管理体系，研制了GSB 10-3773-2020 PBT标准样品、GSB 10-1074-2020瓶片标准样品，起草了FZ/T 54219—2020《有色超高分子量聚乙烯长丝》行业标准、参与起草GB/T 3676—2020《工业用顺丁烯二酸酐》等3项国家标准和2项行业标准，促进了相关行业产品标准和质量水平的提升。完成65项质量改进项目，攻克有光缝纫线强度衰减等一批质量难题，产品质量持续满足客户需求。全年出厂产品合格率100%。聚酯切片、涤纶短纤维、瓶级切片、PBT树脂等产品的综合优等品率99.44%。全年，国家、省市及集团公司对7类15批次产品开展质量监督抽查，抽检合格率达100%。聚酯切片（含瓶片）、涤纶短纤维（含中空）继续保持“江苏省名牌产品”。

（黄　斌）

【“两化”融合】 2020年，仪征化纤扎实推进“两化”融合，完成信息“孤岛”治理和主要信息系统界面集成工作，疫情防控下远程会议、居家办公等信息服务畅通有序。持续开展深化应用、创新创效活动，及时扩充运行新增生产线信息系统，部分智能仓储系统建成投用。公司5G内网全面建成，人员在岗、值班管理、投资管理、人力资源等一批信息化系统先后投用。互联网应用安全专项治理和网络安全管理进一步强化，全年重大信息安全实现零事故。

（黄　斌）

【有效发展】 2020年，仪征化纤贯彻新发展理念，编制“十四五”发展规划初稿，明确发展定位、发展目标和实施路径。通过扬州市化工重点监测点认定，为加快发展奠定基础条件。统筹推进产业布局和结构调整，加强投资优化管控，全年完成投资9.66亿元，推动一批重大项目建设。300万吨/年PTA项目项目被纳入中国石化重点工程。坚持做大优势业务，20万吨/年环保短纤中空项目一次投产成功，实现全产全销，成为公司新的效益增长点。推进绿色发展，实施PTA装置和聚酯十三单元余热发电项目，每日发电13万千瓦·时。开展一区循环水整体优化提升，节电率达20%。

（黄　斌）

【深化改革】 2020年，仪征化纤贯彻落实集团公司深化国企改革三年行动统一部署，推动重要领域和关键环节取得进展。优化机构改革，成立合纤一部，实现上下游一体化管理，提升人均劳效。严格用工总量管理，实施定员激励考核，推进内部岗位合并和离岗分流，稳妥推进业务外包，人力资源进一步优化。在分检、储运、水务等相关区域实行计件（量）工资制，激发内生动力。突出效益效率导向，落实不同类型岗位差异化考核，发挥“指挥棒”作用。坚持“三个不一样”，聚焦重点专项任务，加大总经理奖励力度，核拨4 100多万元经理（主任）奖励基金，树立重实干、重业绩的鲜明导向。积极稳妥推进退休人员社会化管理及物业、供暖改革，完成集团公司下达的目标任务。

（黄　斌）

【精细管理】 2020年，仪征化纤扎实开展对标世界一流管理提升行动，全面查摆短板弱项，明确可量化可评估的目标指标，制定时间表、路线图，确保管理提升行动方向正确、措施有效。全面梳理优化制度体系，完成制度修订120项、合并29项、废止219项。强化精益管理，全面完成总部监控的13项经济技术指标，4项指标创历史最好水平。开展内控制度执行有效性提升行动，全面排查“两高一重”，细化完善风险清单，落实法律、审计等监督管控措施，有效防控系统性风险，确保依法合规经营。

（黄　斌）

【党建工作】 2020年，仪征化纤坚持把党的政治建设摆在首位，严格落实“第一议题”制度，深入学习宣传贯彻习近平新时代中国特色社会主义思想和党的十九届五中全会精神，党员干部队伍的政治意识、政治能力持续增强。层层压实全面从严治党责任，狠抓党建质量和实效，公司党建工作持续保持在集团公司先进行列。修订“三重一大”集体决策制度，制定党委前置研究事项清单，党委领导作用有效发挥。坚持正确选人用人导向，一批在疫情防控、重大项目中做出突出贡献的人员得到提拔使用，选人用人满意度持续提高。加强年轻干部培养，一批“90后”“80后”分别走上基层和中层领导岗位，干部队伍结构持续优化。坚持大抓基层，深化创建“双示范”党支部，开展“示范党支部书记行”，推广应用“石化党建”，注重在大战大考中发挥党组织和党员作用，基层党支部建设水平进一步提升。突出打造廉洁仪化亮丽名片，持续抓实党组专项巡视整改，进一步深化党委巡察，开展纠治“四风”专项行动，从严监督执纪问责，政治生态持续向好。强化意识形态管控和形势任务教育，组织学习宣传全国劳动模范曹飞先进事迹，传承石油精神、弘扬石化传统，凝聚了正能量。坚持正面宣传，持续开展“公众开放日”，积极参加扶贫公益事业，展现了负责任的企业形象。加强对群团工作的领导，群众性技术创新活动和“青”字号活动成效斐然，群团组织作用有效发挥。真心关爱职工，累计帮扶慰问1 514人，发放帮扶资金278.9万元。积极化解各类矛盾纠纷，保持大局稳定。全面加强统战、人武、保密、档案、离退休、关工委等工作，营造了和谐稳定的发展环境。

（黄　斌）

【关爱员工】 2020年，仪征化纤坚持以人为本，扎实开展江苏省新时期产业工人队伍建设改革试点工作。聚焦重点工作、重大工程和关键领域，设置500万元专款，开展“建功高质量发展”主题劳动竞赛。发挥劳模（技师）工作室示范引领作用，全年17个工作室开展创新攻关373项，完成324项。制订实施24项公司级技能培训计划，全年完成41个项目、3 000人次技能培训。推行“名师带徒”和“双导师制”，完善培训、练兵、竞赛、晋级“四位一体”技能提升发展机制，全年组织开展精对苯二甲酸操作等8项技能竞赛，8人被评为公司技术能手，14人晋升高级工。参加江苏省消防安全技能竞赛，获团体一等奖，2名员工被授予江苏省五一创新能手称号。维护保障员工合法权益，组织9批共450名接触有毒有害介质的岗位职工疗休养。开展员工健康状况排查、岗位适应性评估和调整，15名职业禁忌人员得到妥善处理。下拨90万元专项资金，助力基层做好疫情防控和防暑降温。组织600多名倒班职工参加体育锻炼达标赛，组队参加扬州市“名城百企”职工运动会，取得优异成绩。公司获2018—2020

年度江苏省厂务公开民主管理示范单位称号，被扬州市人力资源和社会保障局认定为 2019 年度扬州市劳动保障诚信示范单位。

（黄　斌）

【文明创建】 2020 年，仪征化纤常态化开展“岗位学雷锋”“3·5”学雷锋、志愿者日及孝老爱亲、见义勇为、扶贫济困等志愿服务活动。全年组织员工志愿者 1 136 人次，冒着严寒、顶着酷暑走上街头，开展文明交通劝导志愿活动，助力仪征市全国文明城市创建。被仪征市委、市政府授予 2020 年度文明城市创建先进集体称号，刘晓波、缪宝林、陈萍娟 3 名职工获评仪征市文明城市创建工作先进个人。

（黄　斌）

【履行社会责任】 2020 年，仪征化纤认真履行社会责任，助力西北地区发展经济，为中国石化扶贫点甘肃省东乡族自治县方大丽明有限公司提供优质短纤产品和技术服务，保证该公司第一条生产线的一次投产成功，受到集团公司领导的充分肯定。助力湖北经济复苏，疫情期间全力保供湖北抗疫所需的医卫用物资原料。继续选派干部对口帮扶淮安市淮安区顺河镇顺东村，全年投入帮扶资金 100 万元，用于现代化生猪养殖项目建设，年均增加 7% 的村集体收益。被江苏省扶贫工作领导小组表彰为 2018—2019 年度全省帮扶工作先进单位。

（黄　斌）

【树立良好形象】 2020 年，仪征化纤以“线上 + 线下”相结合的方式，持续开展“公众开放日”活动。疫情防控期间，先后组织 2 场线上开放日活动，吸引社会公众“云参观”生产现场，1.5 万余人次参与网上互动。全年共组织线下开放 11 场，接待大中小学师生、客户、媒体工作者、医务工作者和政府机关人员共计 550 人次。围绕转产增产医卫防护原料、紧急跨界建设 12 条熔喷布生产线、加快年产 20 万吨环保短纤项目建设、可降解产品实现工业化生产等重点工作，积极做好对外新闻宣传。3 月 29 日，与扬州广电合作的首条熔喷布生产线投产 12 个小时全媒体直播，央视新闻客户端、央视频、今日头条、快手、中国石化直播、我苏网、新浪等多家主流新媒体平台同步转接直播，云直播平台在线观看人数累计超过 2 100 万人。“仪征化纤首条熔喷布生产线全媒体传播实践”案例获 2020 年中国石化品牌营销案例品牌活动主题提名奖。

（黄　斌）

【评选首届仪化工匠】 2020 年 1 月，仪征化纤评选出首届仪化工匠。曹飞、张剑、顾连岗、刘权、封益民 5 名职工获仪化工匠称号。

（黄　斌）

【多名优秀员工受表彰】 2020 年，仪征化纤多名优秀员工受到中国石化、行业及江苏省、扬州市表彰。公司领导万涛获扬州市 2019 年度杰出企业家称号。曹飞获全国劳动模范称号。袁立新、于乐平、张春荣、李世元获中国石化优秀共产党员称号，张贵宝获中国石化优秀党务工作者称号。陈建军先后获石油和化工行业新冠肺炎疫情防控工作先进个人、中国石化抗击新冠肺炎疫情楷模称号。华香军先后获石油和化工行业新冠肺炎疫情防控工作先进个人、中国石化抗击新冠肺炎疫情先进个人称号。李仁海获中国石化抗击新冠肺炎疫情先进个人称号。顾连岗获全国纺织行业抗击新冠肺炎疫情先进个人称号。李杰获扬州市劳动模范称号。李顶松、王清《精对苯二甲酸 ASTM 标准和国家标准制定》获中国石化科技进步奖一等奖。

（黄　斌）

表 1　　仪征化纤主要技术经济指标　　亿元

指标名称 \ 年份	2020	2019	2018	2017	2016	2015
工业总产值						
仪化有限公司	122.18	157.89	175.46	152.77	125.61	122.26

续表

年份 指标名称	2020	2019	2018	2017	2016	2015
仪征资产分公司	9.94	10.40	9.50	8.88	7.72	6.86
工业增加值						
仪化有限公司	19.68	17.74	22.13	19.30	14.98	11.00
仪征资产分公司	1.22	1.16	1.70	1.02	0.44	0.17
资产总计						
仪化有限公司	84.83	83.72	80.41	83.03	82.73	79.50
仪征资产分公司	10.48	11.18	11.99	13.14	11.82	12.19
流动资产						
仪化有限公司	16.70	21.83	22.05	26.76	27.84	23.48
仪征资产分公司	0.87	1.46	2.44	3.28	1.91	2.26
固定资产原值						
仪化有限公司	175.25	160.96	154.99	151.68	151.05	153.99
仪征资产分公司	11.39	11.75	10.15	12.82	16.81	16.73
固定资产净值						
仪化有限公司	47.42	35.80	47.03	33.17	35.47	36.78
仪征资产分公司	4.57	4.96	6.21	8.23	9.98	9.97
销售收入						
仪化有限公司	131.85	164.84	180.12	157.57	130.17	123.17
仪征资产分公司	10.34	10.60	9.77	9.13	6.83	7.06
实现利税						
仪化有限公司	2.67	2.52	4.67	4.03	−2.31	−4.37
仪征资产分公司	1.24	0.11	1.41	−0.87	−0.87	−1.22
税　金						
仪化有限公司	2.62	2.48	3.66	3.97	3.55	2.83
仪征资产分公司	0.24	0.11	0.34	0.27	0.24	0.21
综合能耗 / 吨标煤·万元 $^{-1}$						
仪化有限公司	0.889	0.890	0.886	0.92	0.98	0.94
仪征资产分公司	0.095	0.099	0.103	0.11	0.11	0.11

表 2　　仪征化纤主要产品产量　　万吨

年份 产品名称	2020	2019	2018	2017	2016	2015
涤　纶	254.52	250.70	238.08	235.43	236.61	229.46
聚酯切片	128.29	130.35	126.18	125.80	126.78	118.47
瓶级切片	35.09	35.97	34.36	33.17	34.94	35.94

续表

产品名称 \ 年份	2020	2019	2018	2017	2016	2015
涤纶短纤维	78.70	75.42	70.09	68.93	74.89	75.05
中空纤维	12.44	8.96	7.45	7.52	7.14	6.78
聚丙烯熔喷布	0.20	—	—	—	—	—
对位芳纶	0.05	—	—	—	—	—
高　纤	0.27	0.31	0.23	0.23	0.172	0.113
顺酐（MAH）	11.46	12.58	12.52	10.09	6.05	—
PTA	99.32	99.05	86.91	94.31	102.48	94.00
PBT 树脂	12.89	12.64	9.41	9.14	8.60	8.39
四氢呋喃	0.93	0.81	0.60	0.59	0.64	0.65

南化公司

【概况】 中国石化集团南京化学工业有限公司（简称南化公司）坐落于江苏省南京市六合区，占地面积 3.79 平方千米，由原南化公司与南京化工厂于 2005 年 5 月重组成立。原南化公司的前身是近代著名爱国实业家范旭东先生于 1934 年创办的永利化学工业公司铔厂。南京化工厂的前身是始建于 1947 年的国民政府资源委员会中央化工厂筹备处京厂。原南化公司、南京化工厂分别于 1998 年、1999 年进入集团公司。2005 年，2 个企业合并后，南京化工厂整体搬迁到江北南化公司厂区内，原厂于 2007 年停产拆除。

南化公司是国内无机化工、有机化工、精细化工的生产基地。主要产品有三大系列：以煤、盐、硫黄为原料的无机化工产品，年产量分别为合成氨 30 万吨、氢气 9 万吨、硫酸 50 万吨、稀硝酸 37.5 万吨、浓硝酸 20 万吨、烧碱 10 万吨；以苯为原料的有机化工产品，年产量分别为苯胺 20.5 万吨、硝基苯 27.5 万吨、环已酮 16 万吨、氯化苯 12 万吨、硝基氯苯 15 万吨、环已胺 5 000 吨、已内酰胺 40 万吨（合资）；以橡胶助剂为主体的精细化工产品，年产量分别为 RT 培司 2 万吨、防老剂 TMQ 3 万吨、防老剂 6PPD/4010NA 3 万吨。

南化公司还是国内石油化工、精细化工科研与设备制造基地。有以气体净化、铜系催化剂研发为主的化工研究院；有以石油化工压力容器制造为主，被集团公司定位为中国石化大型非标设备制造基地的化工机械厂。

南化公司下设 15 个职能部门。化工主业实行公司—运行部二级管理，下设煤化工、苯化工、橡胶化学品、环已酮、油田化学品 5 个生产运行部和检验、检维修、动力 3 个辅助生产运行部、储运 1 个业务运行部，销售、物资装备 2 个业务中心。非化工主业实行分、子公司管理，下设化工机械厂 1 个分公司和研究院公司、化机公司 2 个子公司。合资合作企业有南京福邦特东方化工有限公司，托管集体企业有江苏南化永大实业公司。

截至 2020 年末，南化公司资产总额 51.35 亿元；有在职员工 5 904 人，离退休员工 17 541 人，协解员工 11 607 人；二级党委（直属党总支）13 个，基层党支部 94 个（在职 84 个，含 5 个直属党支部；离退休 10 个；另有 1 个临时党支部）；党员总数 2 167 人，其中在职党员 1 662 人、离退休党员 505 人。

南化公司主要技术经济指标及主要产品产量分别见表 1 和表 2。

（耿汉学）

【较好完成年度创效目标】 自 3 月 21 日起，南化公司开展“百日攻坚创效”“持续攻坚创效”行动，全方位、全流程、全员降本增效，持续跟踪推进。承揽石油焦、硫黄转储业务，为集团公司整体效益做出贡献；检维修部对内承揽、对外开拓业务，创效514.9万元；实现向南钢供氧，拓展创效新路径，累计创效5.11亿元。

（耿汉学）

【总产值、销售量创新高】 氯碱系统稳定运行491天（截至2020年12月31日），刷新历史纪录，环己酮、6PPD、TMQ等产品全年产量创历史新高。全年销售总量创5年新高，产品毛利额创10年内新高，提高产品市场占有率2.74个百分点。永大复合肥销售突破20万吨。

（耿汉学）

【合成氨大修后顺利投运】 10—12月，合成氨系统进行大修。45天完成394项检修作业，实现安全、环保、优质、高效、节约、一次开工成功的目标。12月2日顺利产出合格液氨产品。

（耿汉学）

【创建集团公司绿色企业】 落实“一方案两清单”，推行绿色生产、绿色科技、绿色生活、绿色办公、绿色服务、绿色文化，12个装置/研究所（室）获2020年南化公司绿色基层称号。公司先后获评环境保护杂志社2020年度环境社会责任企业、“十三五”节能减排先进单位，获中国石化绿色企业称号。

（耿汉学）

【实现疫情防控“零感染”】 坚持生命至上、人民至上，认真贯彻上级要求，大力宣传防疫知识，党员干部带头，团员青年作为，千方百计筹措防疫物资，严密防控每个环节，积极参与社会防控，主动帮助客户复工复产，落实常态化管控措施，实现疫情防控“零感染”。化机公司特材车间团支部被评为江苏省疫情防控表现突出青年集体，安全环保部张万旭被评为中国石化抗击新冠肺炎先进个人。

（耿汉学）

【万元产值能耗、耗热、耗电指标创历史纪录】 完成六循余压发电改造，为中国石化首家投入运行循环水余压发电机组。完成机泵节能改造398台，创效940万元；离子膜氢气压缩机余隙节能改造、厂区451组照明节能改造，创效30万元；厂区长冒汽整治、60台新型高效疏水器应用，创效564万元。万元产值综合能耗全年共有4次创标，实现万元产值能耗1.981吨标煤，创历史最好水平。

（耿汉学）

【新班组建设成果】 分6个阶段推进班组管理实践，主推10项工作进程和内容。12个单位184个班组制定制度数量906项（次），班组案例数量17 674个，小课数量20 795个。制定并不断完善“五型班组”考核细则。

（耿汉学）

【退休人员社会化移交工作】 制订工作方案，成立工作小组，建立周例会和周汇报制度，完成退休职工信息梳理、核对完善工作，在集团公司华东地区率先完成2 937名退休党员移交，完成18 638名退休职工管理、档案及资产移交，10月底完成总体工作，提前完成2020年底前完成退休人员社会化移交目标，受到集团公司企管和法律部表扬。

（耿汉学）

【招聘新员工助力转型升级】 2020年，南化公司共招聘30名新员工，其中博士1名、硕士11名、本科生18名，是自2014年以后，时隔6年注入的又一批新鲜血液。

（耿汉学）

【研究开发取得新突破新成果】 技术服务创效4 023万元。专利申请172件，获授权57件；完成鉴定评议26项，其中2项达国际先进水平；获第21届中国专利优秀奖1项，获南京市优秀发明专利奖1项；获批全国中小企业公共服务平台和南京市环保新材料知识产权运营中心；获评集团公司深化应用创新创效行动计划A级企业；获中国石化科技进步二等奖1项；获江苏省管理现代化创新成果一等奖1项、中国石化管理现代化创新成果三等奖1项；获江苏省、湖北省、四川省及中国化工协会科技进步一等奖各1项；化机公司制造专有技术产品占比50%以上，首次制造科尔庭黄铜换热器，填补化机制造史上空白。

（耿汉学）

【转型发展项目取得实质性进展】 设立南化资产分公司。12月1日，高端洁净聚酰胺新材料产业链项目可研报告通过"一站式"专项论证，12月26日完成签报，转型发展进入新阶段。

（耿汉学）

【召开第十次党代会和第九次工代会】 坚持以习近平新时代中国特色社会主义思想为指导，全面贯彻集团公司党组的各项要求，以政治建设为统领，争先进位，确定今后转型发展的总任务和党建工作围绕中心抓落实的方针原则、指导思想和主要举措。9月18—19日，召开第十次党代会，选举产生新一届党委和纪委委员；10月9—10日，召开第九次职工、工会会员代表大会，选举产生新一届工会委员。

（耿汉学）

【红色职业化精神扎根孕育】 传承石油精神、弘扬石化传统，举行传颂"四大信条"宣誓仪式，举行范旭东、侯德榜先生塑像落成仪式，践行新时代红色职业化精神，重点选树各类典型90个，评选"季度之星"35人。南化公司厂史陈列馆被命名为全国关心下一代党史国史教育基地。获评2018—2020年度江苏省厂务公开民主管理工作示范单位、全国厂务公开民主管理工作先进单位。

（耿汉学）

【执行员工帮助计划（EAP）】 南化公司EAP工作立足职工精神需求，全方位为职工提供精神营养，深受职工欢迎。健全心理健康工作网络；加强职工心理建设，危机干预、心理辅导52次，化解矛盾，引导职工正向思考，推动职工正向发展。

（耿汉学）

表1　南化公司主要技术经济指标　亿元

指标名称 \ 年份	2020	2019	2018	2017	2016	2015
工业总产值	50.71	51.16	56.78	56.15	41.57	70.17
工业增加值	12.56	14.07	14.45	8.73	6.19	6.74
资产总计	51.35	52.72	55.55	59.43	61.81	61.15
流动资产	14.75	12.76	13.94	14.91	12.71	13.45
固定资产原值	115.59	114.66	112.99	114.81	113.94	111.18
固定资产净值	53.60	55.99	57.49	61.55	64.47	65.01
销售收入	53.97	57.13	61.20	58.34	48.13	52.33
实现利税	0.35	−1.43	−1.12	−7.05	−5.67	−2.34

续表

年份 指标名称	2020	2019	2018	2017	2016	2015
税　金	2.09	1.76	2.44	1.84	1.80	2.51
综合能耗 / 吨标煤 · 万元 $^{-1}$	1.981	2.066	2.117	2.10	2.17	2.01

表 2　　南化公司主要产品产量　　万吨

年份 产品名称	2020	2019	2018	2017	2016	2015
硫酸（100%）	35.48	31.85	33.85	40.65	40.60	43.89
浓硝酸（100%）	20.33	20.71	18.29	20.04	15.99	15.52
稀硝酸（50%）	65.90	62.85	59.59	58.84	57.72	60.01
盐酸（31%）	11.74	8.16	7.42	10.17	10.91	11.96
烧碱（100%）	8.47	6.00	5.35	7.41	8.13	8.12
纯　碱						109.05
氢　气	6.91	7.24	6.86	7.57	8.38	7.16
合成氨	26.03	29.67	22.58	24.68	29.88	25.38
硝酸铵						3.16
氯化苯	10.63	7.22	6.49	9.10	10.18	10.08
环己酮	15.37	14.94	14.99	14.20	15.13	14.02
苯　胺	21.71	20.81	19.77	20.81	13.29	13.94
环己胺	0.67	0.62	0.61	0.59	0.49	0.48
硝基苯	30.87	30.27	30.18	31.14	20.26	21.07
对硝基氯化苯	6.43	3.30	4.20	6.54	7.06	6.84
邻硝基氯化苯	34.88	1.81	2.28	3.51	3.88	3.66
RT 培司	1.37	1.29	1.12	1.08	0.63	0.76
橡胶防老剂总量	5.23	4.95	4.64	4.53	3.89	4.07
防老剂 TMQ（RD）	3.11	3.11	3.05	3.01	3.00	3.00
防老剂 6PPD	1.81	1.72	1.49	1.47	0.84	0.91
防老剂 4010NA	0.31	0.12	0.10	0.06	0.05	0.16
表面活性剂				…	0.07	0.25
化工设备制造	1.19	1.31	1.37	1.15	0.92	1.74

安庆石化

【概况】 中国石油化工股份有限公司安庆分公司　（简称安庆分公司）和中国石化集团资产经营管理

有限公司安庆分公司（简称安庆资产分公司）统称安庆石化，始建于1974年7月，是安徽省最大的中央直属生产企业、最大的石化产品生产基地。

截至2020年底，安庆石化拥有年综合加工能力800万吨的炼油装置，日处理煤2 000吨的壳牌粉煤气化装置，以及年产33万吨合成氨、21万吨丙烯腈、7万吨腈纶、10万吨乙苯—苯乙烯等主要生产装置70余套。同时拥有自备发电机组、吞吐能力382万吨/年的油品化学品码头、80万吨/年的卸煤码头和日产24万吨的供水系统，以及全长13千米的厂内铁路专用线。在册员工总数4 305人，固定资产原值231.27亿元、净值108.65亿元，累计上缴国家和地方税金超过1 029亿元，为国家和地方经济的发展做出积极贡献。

安庆石化主要技术经济指标及主要产品产量分别见表1和表2。

（关广磊）

【领导体制调整】 2020年10月15日，集团公司召开视频会议，宣布安庆石化领导体制调整：刘晓华转任安庆分公司代表、党委书记，免去其安庆石化总厂厂长、安庆分公司总经理职务；成雷转任安庆石化总厂厂长、党委副书记、安庆分公司总经理，免去其党委书记职务。

（关广磊）

【生产经营逆势而上】 2020年，安庆石化面对前所未有的困难局面，积极争取配置计划，精心组织生产经营，大力开展攻坚创效。全年完成原料油加工量747.01万吨，增气减油成效显著，产品适销对路水平明显增强，高标号汽油、航煤、轻燃销量均刷新纪录，其中高标号汽油比例达29.8%，提升6.0个百分点。通过攻坚创效，实现增效创效6.42亿元。全年累计完成营业收入340.89亿元，税费106.48亿元。受疫情等因素影响，炼油亏损3.66亿元、化工盈利509万元、资产盈利12 257万元，超额完成集团公司下达的生产经营目标任务。相继获全员成本目标管理进步奖、炼油“比学赶帮超”优胜单位、化工攻坚创效先进单位等荣誉称号。

（关广磊）

【HSSE工作再上台阶】 2020年，安庆石化以直接作业环节风险管控为重点，扎实开展风险排查，大力推进隐患治理，风险总值降低29%。严格实施安全业绩评估排名和安全绩效红黑榜考核，加大承包商安全管理，开展受限空间、高处作业、用火作业等专项整治，用火总量下降33%。深入开展绿色企业创建，落实污水分级管控，规范危固废管理，加大环保监管力度，有控废气达标率、外排废水达标率、固废妥善处置率均达100%。不断强化公共安全管理，疫情防控工作得到集团公司和地方政府的充分认可。获中国石化绿色企业、集团公司安全生产先进单位称号。

（关广磊）

【企业管理有效提升】 2020年，安庆石化以“管理提升年”为抓手，印发实施管理提升行动方案，组织全员管理大讨论，开展对标一流管理提升行动。健全完善制度体系，创新指标确定方法，推进方针目标和重点工作融合。持续完善绩效考核办法，突出业绩导向，加大考核力度，实施方针目标完成情况和部门考核挂钩机制。狠抓设备完整性管理体系建设，不断提升设备现场管理水平，设备专业管理进步明显。坚持面向一线，建立职工参与企业管理的长效机制，突出强化“三标”建设，基层一线工作环境不断改善。

（关广磊）

【转型发展步伐加快】 2020年，安庆石化统筹企业发展，全年落实投资10.03亿元。编制上报“十四五”规划，加快推进结构调整及转型升级，炼油转化工结构调整项目已完成基础设计审查及长周期设备订货，热电配套工程完成机炉核准和可研报告批复。煤气化装置储配煤系统改造、Ⅲ硫黄扩能改造等项目稳步推进，3#机延寿改造及行政许可、化工一部氨合成塔改造圆满完成。成功产出阻燃纤维，填补国内硫氰酸钠法生产阻燃腈纶的空白。加快科技创新步伐，全年立项及结转技术开发项目30项，申报发明专利6件。

（关广磊）

【队伍建设持续加强】 2020年，安庆石化深入推进人才强企工程，建立后备干部人才库，加大年轻干部选拔力度，新提任“80后”中层干部4人、35岁以下基层干部29人。完善干部管理监督机制，组织全体中层管理人员签订工作目标责任书，建立“下”的预警机制。发挥高层次人才作用，择优选聘19名专家，创新职称评审模式，制订各类人员培训计划，创新互学、互练、互赛形式，全面推进系统操作培训与考核。多形式开展校园招聘宣讲，全年完成91名高校毕业生引进工作。

（关广磊）

【党的建设与时俱进】 2020年，安庆石化始终把讲政治摆在首位，认真落实“第一议题”制度，抓好政治理论学习。大力实施组织力提升工程，推进检视问题抓整改常态化，深入开展党建共建、“一支部一品牌”建设，组织党委巡察，基层党建实效显著提升。不断加强思想引领，抓实抓细群团工作，持续深化廉政建设，全力营造风清气正政治生态。围绕疫情防控、防汛救灾、攻坚创效、绿色企业创建、转型升级等重点工作，充分发挥基层党组织战斗堡垒和党员先锋模范作用，全体党员干部与广大职工共担风雨、共克时艰。建立实施补充医疗保险制度，提高医疗保障水平，企业凝聚力、向心力进一步提升。

（关广磊）

【防汛抗洪彰显责任担当】 2020年汛期，长江中下游区域突发性、反常性强降雨等极端天气频发，安庆各地遭受连日暴雨袭击，长江水位居高不下。安庆石化防汛办按照市防指安排，有序开展防汛抗洪工作，共组织2 800余人次参与防汛。各参战单位克服暴雨、高温等极端天气，连续24小时值守33天，成功处置7#闸口内涝等险情，圆满完成市防指交付的防汛任务。安庆石化的防汛工作受到省委组织部、省暗访组、市区督导组、防指的高度肯定，得到安庆广大市民的一致好评，充分展示了企业的良好形象，彰显了央企的责任担当。

（关广磊）

【众志成城抗击疫情】 2020年，面对突如其来的新冠肺炎疫情，安庆石化党委迅速反应、直面出击，认真贯彻落实中央指示批示精神，严格落实集团公司党组的工作部署要求，始终坚持把员工生命安全和身体健康放在首位，扎实开展疫情防控工作。疫情期间，安庆石化15个直属党组织、79个党支部、1 835名党员自觉冲在疫情防控最前沿，主动承担下“第一道防线”的重任，成为团结和带动群众战胜疫情的中坚力量。安庆石化的各项疫情防控工作均能做到闻讯而动、及时高效、严格落实、良好运行，得到安庆市政府及集团公司的认可与表扬。

（关广磊）

【自主创新成功产出阻燃腈纶丝束】 2020年，安庆石化面对严峻的市场形势，加快新产品开发、加大产品结构调整工作，全力推进阻燃腈纶产品研发生产，积极克服疫情造成的影响，联合科研单位、销售单位联合攻关走访，盯紧重点难点、竭力攻克难关。历时整整365天，在攻克共混+共聚等一大批技术难关后，成功产出极限氧指数达28.2%的阻燃腈纶合格产品，填补国内硫氢酸钠法生产阻燃腈纶空白。

（关广磊）

【扎实推进扶贫工作】 2020年，安庆石化认真贯彻落实集团公司、地方政府关于脱贫攻坚的决策部署，着力“单位帮扶、干部驻村、整村包保”工作，精准施策、合力攻坚，捐赠扶贫资金160万元，组织实施扶贫项目8个，协调争取、帮助引进扶贫资金60万元，组织开展消费扶贫376.65万元，贫困村受益人数8 277人，帮助贫困村脱贫人数28户94人。安徽省望江县顺利实现“摘帽”，所帮扶贫困村的贫困人口实现动态清零。10月，获安庆市脱贫攻坚奖创新奖称号，公司扶贫办获集团公司扶贫攻坚先进集体称号。

（关广磊）

【铁路专用线连续安全运行9 000天】 安庆石化铁路运输专线于1996年3月19日投用，至2020年底已连续安全运行逾9 000天，累计接卸43.9万车次2 495万吨煤炭及成品油。

（关广磊）

【企业保持和谐稳定】 2020年，安庆石化扎实开展员工道德建设，大力开展“传承石油精神、弘扬石化传统”专项教育，坚持把社会主义核心价值体系融入员工道德建设全过程。开辟企业微信“同事吧”专栏，搭建“员工建议”通道，及时回应员工关切。创新开展“庆五一、访劳模”大走访慰问，进一步弘扬劳模精神。坚持“真困难、真帮助”，持续深入开展“走基层、访万家”活动，全年累计发放困难职工帮扶金 29.8 万元、互助金 258.75 万元。精心组织各类宣教文体活动，认真做好各类慰问、职工疗休养、夏送清凉、金秋助学等工作，持续深入实施员工帮助计划，积极营造“家”文化氛围。

（关广磊）

表 1　安庆石化主要技术经济指标　亿元

指标名称 \ 年份	2020	2019	2018	2017	2016	2015
原油加工量 / 万吨	710.40	658.13	727.46	750.58	538.41	689.31
工业总产值	403.46	394.68	451.14	400.9	254.90	345.12
炼　油	362.32	345.62	391.31	346.17	218.96	301.72
化　工	28.40	35.74	45.13	40.88	24.13	31.06
其　他	12.74	13.32	14.70	13.85	11.81	12.34
工业增加值	118.76	130.57	156.33	150.27	109.59	126.91
资产总计	153.79	141.44	132.62	142.49	134.98	132.96
流动资产	32.07	17.56	22.82	32.61	29.14	25.01
固定资产原值	231.27	224.32	220.84	210.16	206.41	200.64
固定资产净值	108.65	111.25	114.20	110.53	111.21	112.72
营业收入	340.89	401.63	464.23	411.76	261.71	355.70
实现利税	104.39	111.75	140.35	142.99	95.78	111.60
税　金	106.48	104.81	117.90	124.48	90.27	115.86
炼油综合能耗 / 千克标油 · 吨 $^{-1}$	76.70	76.98	76.93	73.31	77.20	77.54

表 2　安庆石化主要产品产量　万吨

产品名称 \ 年份	2020	2019	2018	2017	2016	2015
汽　油	256.16	249.15	269.61	243.43	176.38	216.55
柴　油	183.93	181.56	183.22	251.65	197.19	280.02
航　煤	46.83	39.57	40.37	34.83	12.98	0.44
燃料油	13.64	5.66	3.37	0.34	0.97	1.74
原料油	23.78	19.09	28.23	36.34	20.48	18.82
液化气	70.34	64.58	75.07	67.64	48.23	58.34
石油焦	26.80	23.35	27.56	28.98	22.30	32.84
合成氨	26.80	25.73	26.30	28.85	25.19	20.82
丙烯腈	21.03	20.17	21.80	23.64	18.07	22.51
腈　纶	3.67	4.02	4.40	3.98	4.13	6.41
苯乙烯	10.20	9.17	10.08	10.52	7.28	9.63

海南炼化

【概况】 中国石化海南炼油化工有限公司（简称海南炼化）位于海南省西北部洋浦半岛的洋浦经济开发区，毗邻北部湾，位于新加坡—香港—上海—大阪国际海运主航线上，拥有天然的深水良港和避风港，地理和海运条件优越，同时享受保税港区、经济特区、开发区及自贸港的全部或部分优惠政策。海南炼化一期占地 3 750 亩（2.5 平方千米），投资 116 亿元，成立于 2003 年 10 月 31 日，原名海南实华炼油化工有限公司。2004 年 4 月 26 日，海南炼油项目奠基开工。2006 年 2 月 28 日，公司名称注册变更为中国石化海南炼油化工有限公司。2006 年 9 月 28 日，全部装置和系统一次投料试车成功，打通全流程，投入商业运行。2008 年 7 月 1 日，海南炼化通过总部组织的项目竣工验收，正式投入商业运营。为发挥炼化一体化优势，2011 年 12 月 22 日开工建设中国第 1 套自主知识产权的芳烃联合装置，2013 年 12 月 27 日建成投用，标志着中国石化成为全球第 3 家拥有自主知识产权芳烃成套生产技术的企业。2016 年 9 月，第 2 套芳烃项目获批复，2019 年 9 月 27 日建成投产。2018 年 12 月 26 日，100 万吨 / 年乙烯及炼油改扩建工程获总部批复，批复投资 281 亿元，占地 4 116 亩（2.74 平方千米），正处于建设当中。

海南炼化采用全加氢型加工流程工艺，主要加工中东和非洲的进口原油，生产和销售各种规格的汽油、柴油、煤油、石脑油、苯、液化气、燃料油、聚丙烯、对二甲苯、邻二甲苯、苯乙烯等石油化工产品。截至 2020 年底，海南炼化原油综合加工能力 920 万吨 / 年、芳烃加工能力 160 万吨 / 年，拥有 30 套炼油化工生产装置及相应的油品储运设施、公用工程系统，自备的深水码头位于洋浦神头港区，共拥有包括 30 万吨级原油泊位、10 万吨级成品油泊位在内的泊位 8 座，年吞吐能力 3 030 万吨。还拥有总罐容 110 万立方米的原油和超过 100 万立方米成品、半成品储存能力及相应的输转设施。

海南炼化主要技术经济指标及主要产品产量分别见表 1 和表 2。

（郑立婕）

【领导班子调整】 2020 年 5 月 6 日，集团公司宣布海南炼化领导班子成员调整：卞凤鸣转任董事长、党委书记，汪剑波转任总经理、党委副书记、董事会董事；蔡智调出另有任用；同意赵聚德辞去副总经理职务，不再担任海南炼化党委委员。9 月 29 日，海南炼化领导班子再次调整：陈秀娟任海南炼化党委委员，建议其为总会计师人选；刘凯调出另有任用。12 月 24 日，集团公司宣布海南炼化领导班子成员调整：卞凤鸣调出另有任用，汪剑波转任董事长、党委书记，徐振发任总经理、董事、党委副书记，谢维新任副总经理、党委委员。

（郑立婕）

【多项指标创历史最优水平】 2020 年，海南炼化持续推进精细精益管理，克服疫情和油价震荡影响，攻坚创效取得优异成绩，全年原油加工量创历史新高，实现利润 15.08 亿元，在总部炼化企业排第 4 名；综合商品率、加工损失率、炼油综合能耗、投资计划完成率等创历史最优水平；获集团公司炼化企业经济效益优胜单位、创效进步优胜单位、人均劳效优胜单位、“比学赶帮超”优胜单位称号和综合成本奖。

（郑立婕）

【乙烯项目进展迅速】 2020 年，海南炼化克服疫情影响，以非常规举措推进 100 万吨 / 年乙烯及炼油改扩建项目。项目基础设计于 9 月获批复，详细设计全面展开，EPC 总承包全部定标；贯彻绿色乙烯理念，提出“三化”理念引领打造智慧工地，建设首个石化 5G 专网及系列智能应用。截至年底，累计完成投资 64.5 亿元，现场强夯、详勘全部完成，码头引堤施工整体完成 76.9%，防波堤施工整体完成 31.2%，一级地管及道路施工接近尾声，220 千伏总变电站主体基本完成，全场桩基施工完成 18.5%。项目疫情期间复工情况受到中央电视台等国内各大主流媒体的竞相报道。

（郑立婕）

【党建工作取得新成效】 2020 年，海南炼化党委坚决扛起政治责任，坚持党建统领，以高质量党建推进高质量发展，以实际行动彰显使命担当。持续巩固“不忘初心、牢记使命”主题教育成果，抓好整改和深化成效；抓实多种举措，持续推进习近平新时代中国特色社会主义思想大学习、大普及、大落实；制定“两占（站）”策略，努力推进“七个走在前列”；积极履行央企责任，投入 52.49 万元持续开展好对定点扶贫村抱罗村的送温暖、消费扶贫、金秋助学、道路修缮等活动；启动党委巡察工作，完成 1 家单位的巡察及整改工作。

（郑立婕）

【疫情防控取得全面胜利】 2020 年，面对新冠肺炎疫情，海南炼化党委坚决把“疫情就是命令，防控就是责任”落实到位，带领全体干部员工有效落实疫情防控措施，引领党员干部冲锋在疫情防控、复工复产和攻坚创效一线，全年保持“零感染”纪录，紧急转产医疗物资原料聚丙烯 PPH-Y40 2.07 万吨，增效创效成果明显，乙烯项目于 2 月 10 日正式复工，引领央企复工热潮，抢回滞后工期，1 人获中国石化抗疫先进个人称号。

（郑立婕）

【工会工作取得新进展】 2020 年 1 月 3 日，海南炼化“劳模（高技能人才）创新工作室”揭牌成立，有效带动广大职工立足岗位创新创效；9 月，组织“健康动起来 · 生活更精彩”系列活动；12 月 10—11 日，承办海南省首届海南省行业职业技能竞赛——石油化工行业职业技能竞赛，并取得优异成绩；12 月 31 日，“劳模和工匠人才创新工作室”揭牌成立。

（郑立婕）

【喜获多个集体或个人荣誉】 2020 年，海南炼化先后获国家绿色工厂、全国绿化模范单位、集团公司安全生产先进单位、集团公司统计先进单位、中国石化绿色企业、海南省百强企业等称号，蝉联石油和化工行业能效“领跑者”（对二甲苯行业）称号；副总经理杨文获全国劳动模范称号。

（郑立婕）

【打通原油期货保税实物交割业务流程】 8 月 25 日，作为海南省唯一一家原油期货指定交割库的商储海南分公司，完成首票 9.58 万吨阿曼原油的原油期货保税实物交割业务。该次作业是商储海南分公司投产后的首次装船作业，也是海南炼化原油码头首次开展对外经营业务和上海原油期货相关业务。

（郑立婕）

【院士专家组调研】 10 月 24 日，“海南洋浦经济开发区石化产业中下游延伸及新材料发展战略研究”院士专家组到海南炼化调研，王基铭、袁晴棠、李大东、舒兴田、胡永康、杨启业 6 位中国工程院院士，集团公司、SEI、海南大学等单位专家参加调研。院士专家组介绍了《海南洋浦开发区石化产业中下游延伸及新材料发展战略研究报告》。海南炼化与院士专家组就进一步完善研究报告、推动洋浦石化行业发展等问题进行深入探讨。

（郑立婕）

【召开第三次党代会】 2020 年 12 月 1 日，海南炼化第三次党代会隆重召开，会议回顾总结过去 5 年公司工作，全面分析面临的形势，确定今后 5 年的奋斗目标和重点工作，选举产生新一届党委和纪委。

（郑立婕）

【投用石化行业首个 5G 专网】 2020 年 12 月 17 日，海南炼化举办石化 5G 专网投用暨第 2 阶段建设启动仪式，标志着中国石化行业首个 5G 专网项目正式投用。该项目是海南省第 1 个落地交付的 5G + 工业互联网领域的标杆项目，实现海南炼化乙烯项目 6 项 5G 智能应用在工业领域的首次应用。

（郑立婕）

表 1　　海南炼化主要技术经济指标　　亿元

指标名称＼年份	2020	2019	2018	2017	2016	2015
原油加工量 / 万吨	932.40	927.63	865.74	791.70	900.38	901.43
工业总产值	374.30	494.76	502.89	386.10	382.42	427.19
炼　油	379.08	486.04	497.84	328.68	376.82	424.32
化　工	55.21	84.95	79.33	58.42	380.14	65.64
工业增加值	110.00	114.00	122.50	96.20	101.03	89.48
资产总计	306.51	304.26	212.39	121.76	114.28	122.67
流动资产	197.58	209.23	120.72	41.92	34.45	30.86
固定资产原值	185.52	183.65	154.27	148.40	148.11	145.83
固定资产净值	68.33	76.67	57.63	61.65	71.47	79.21
销售收入	368.85	497.13	485.74	319.66	277.31	314.78
实现利税	107.44	101.43	120.04	107.69	110.22	95.46
税　金	95.37	82.45	84.84	85.27	86.22	90.51

表 2　　海南炼化主要产品产量　　万吨

产品名称＼年份	2020	2019	2018	2017	2016	2015
汽　油	245.25	270.05	254.24	224.41	232.94	235.79
柴　油	278.78	266.47	249.50	222.46	260.78	260.82
煤　油	113.39	157.07	142.25	133.09	151.19	150.21
液化气	54.53	62.04	59.26	54.69	57.96	68.07
燃料油	68.45	18.00	15.02	14.75	17.06	17.52
石脑油	26.35	19.53	20.28	9.90	5.40	17.81
硫　黄	7.22	5.91	6.51	5.43	6.80	6.56
对二甲苯	87.48	92.35	68.05	59.94	66.48	67.54
邻二甲苯	6.53	11.02	6.57	7.37	7.77	6.20
苯	7.99	13.23	14.23	14.65	14.63	15.53
聚丙烯	24.07	23.29	21.84	19.72	20.90	22.09
有机热载体	15.06	18.53	8.98	18.41	17.33	14.53
发泡剂	2.25	2.59	2.97	6.49	4.22	7.79

川维化工公司

【概况】 中国石化集团重庆川维化工有限公司（简称川维化工公司）位于重庆长寿经济技术开发区（国家级），占地面积380万平方米。其前身为中国石化集团四川维尼纶厂，是20世纪70年代初引进的四大化纤项目之一，主要装置从英、法、德、日等国引进，1974年破土动工，1979年建成投产，1983年竣工验收，同年整体进入中国石化，2017年11月完成公司制改革。

截至2020年底，川维化工公司共设25个二级单位，包括12个职能部门、6个专业中心、7个生产运行部。在岗合同制员工2 604人，其中具有正高级职称的7人、副高级职称的186人、中级职称的538人。企业资产总额62.78亿元，资产负债率为55.91%。

川维化工公司是中国石化唯一的天然气化工企业，也是国内最大、最具代表性的天然气化工企业，天然气加工能力为15.5亿米^3/年（含合资企业），主要产品产能为甲醇（MeOH）87万吨/年、乙酸乙烯酯（VAc）50万吨/年、聚乙烯醇（PVA）16万吨/年、乙酸乙烯酯—乙烯共聚乳液（VAE）6万吨/年、乙酸甲酯（MeOAc）24万吨/年、液氨20万吨/年、维纶纤维1.8万吨/年。有5家在营合资企业，分别是扬子江乙酰化工有限公司、重庆川维林德气体有限责任公司、重庆华利维盛油田化学科技有限公司、重庆信维环保有限公司、重庆川维港物流发展有限公司。

川维化工公司主要技术经济指标及主要产品产量分别见表1和表2。

（杨 红 毛万铃）

【领导班子调整】 2020年6月1日，集团公司党组对川维化工公司领导班子进行调整：严红任川维化工公司执行董事、党委书记，免去其川维化工公司总经理职务；杨宇桐任川维化工公司总经理、党委副书记（兼）。

（杨 红 毛万铃）

【装置运行技术经济指标明显提升】 2020年，醋酸乙烯装置催化剂运行周期延长至577天，提升30%以上；PVA第二粉碎机运行周期延长至150天，皮带破损减少50%，装置产能提高5%以上。PVA微粉年产量突破1万吨，VAE乳液年产量突破6.58万吨，工业取水量降低4.79%，蒸汽管网差损降低13.78%，万元产值综合能耗降低0.925%。

（杨 红 毛万铃）

【15万吨/年精醋酸甲酯装置建成投产】 2020年6月，川维化工公司年产15万吨精醋酸甲酯装置建成投产，产品纯度达99.97%，至此川维化工公司精醋酸甲酯产能从6万吨/年提升至21万吨/年，成为国内最大的精醋酸甲酯生产企业。

（杨 红 毛万铃）

【49兆瓦发电机组建成投运一次并网发电】 2020年10月29日，川维化工公司热电联产配套项目B#4机组一次性成功并网发电。该项目的建成投运，明显提升川维化工公司热电系统保供能力，年可增加自发电量8 000万千瓦·时。同时有效改善供电标煤耗高的局面，年可节约标煤1.2万吨，减少碳排放2.95万吨。

（杨 红 毛万铃）

【维纶部分落后产能资产成功转让】 2020年3月31日，川维化工公司与摘牌方正式签订资产交易合同，将维纶部分落后产能资产以挂牌价（无税）转让，标志着川维化工维纶部分落后产能彻底退出，在供给侧结构性改革上迈出重要一步。

（杨 红 毛万铃）

【企业办社会职能移交全面完成】 2020年8月，川维化工公司全面完成“四供一业”及市政分离移交工作，移交工作涉及川维、黄磏2个社区，供水、供电、供气及市政物业等8个移交项目，涉及供水用户9 390户、供电用户10 546户、供气用户7 536户、物业用户7 994户。移交固定资产610项，资产净值8 767.28万元；移交土地47宗，面积767 002平方米。10月31日，川维化工公司全面完成退休人员社会化管理移交工作，涉及退休人员 4 628 人，其中退休党员 1 344 人，移交人事档案 4 638 份。

（杨　红　毛万铃）

【重庆陕煤川维港物流发展有限公司正式揭牌运营】 该公司是川维化工公司与陕西煤业化工集团澄合矿业有限公司等额出资组建，于 2020 年 6 月注册成立，以铁水联运及煤炭贸易为主营业务，一期建设 300 万吨 / 年煤炭储运设施，项目建成后，将具备静态储煤 10.64 万吨、年吞吐量 300 万吨的储运销能力。2020 年 8 月 12 日，重庆陕煤川维港物流发展有限公司举行揭牌仪式。

（杨　红　毛万铃）

【厂内产品集装箱出口突破万箱】 川维化工公司自 2017 年 8 月开展厂内集装箱出口业务，截至 2020 年 9 月，集装箱发运量突破 1 万箱，并创造超过 7 000 箱装载零差错的纪录，装箱质量满足了海外客户要求，产品国际竞争力和市场美誉度明显提升。

（杨　红　毛万铃）

【PVA 产品在美国反倾销年度复审中再度获胜】 2020 年 2 月 21 日，川维化工公司收到美国商务部正式通知，正式撤销日本积水公司对川维化工公司销往美国的聚乙烯醇（PVA）产品反倾销年度复审案。至此，在中美贸易关系日益复杂化的大环境下，川维化工公司应对美国反倾销案再度获胜，仍独立享有对美 PVA 产品出口零的反倾销单独优惠税率。

（杨　红　毛万铃）

【乙炔技术实现第 4 次对外许可】 2020 年 8 月 25 日，中国石油化工科技开发有限公司与万华化学（四川）有限公司在山东烟台正式签署《5 万吨 / 年天然气制乙炔装置技术许可合同》，标志着川维化工公司天然气部分氧化制乙炔技术又一次实现对外许可，也是该技术第 4 次对外许可。

（杨　红　毛万铃）

表 1　　川维化工公司主要技术经济指标①　　亿元

指标名称 \ 年份	2020	2019	2018	2017	2016	2015
天然气加工量 / 亿立方米	11.01	11.07	10.42	12.13	10.37	10.13
工业总产值②	48.73	54.15	56.71	56.45	41.52	43.02
工业增加值	8.36	13.95	12.89	13.45	5.64	2.71
资产总计	62.78	59.22	59.37	64.39	69.11	71.31
流动资产	8.74	6.46	6.24	4.70	8.95	5.52
固定资产原值	109.64	108.45	107.19	110.03	107.83	106.31
固定资产净值	50.33	51.87	54.20	57.54	59.27	62.16
营业收入	53.14	59.15	60.09	60.17	45.63	49.22
实现利税	−1.45	3.19	4.62	3.77	−5.65	−7.15
税金及附加	1.35	2.07	3.57	3.10	1.85	2.04
综合能耗 / 吨标煤・万元$^{-1}$	2.825	2.846	3.02	2.84	3.05	3.03

①数据不含合资企业
②工业总产值数据以现价计算

表 2　　川维化工公司主要产品产量　　万吨

产品名称 \ 年份	2020	2019	2018	2017	2016	2015
甲　醇	80.49	80.62	74.07	87.39	68.84	69.10
醋酸乙烯	50.97	50.43	47.13	52.88	47.74	46.90
聚乙烯醇	14.58	14.72	15.74	15.75	14.13	12.37
醋酸甲酯	13.78	7.60	8.52	17.83	15.36	11.57
醋酸乙烯—乙烯共聚乳液	6.53	6.17	6.24	6.35	5.60	5.93
维纶纤维	0.89	1.18	1.98	2.05	1.83	1.34
液　氨	13.02	10.64	7.66	13.86	11.58	6.67

湖北化肥

【概况】 中国石油化工股份有限公司湖北化肥分公司（简称湖北化肥分公司）暨中国石化集团资产经营管理有限公司宜昌分公司（简称宜昌资产分公司）统称湖北化肥，位于湖北省枝江市，紧邻沪渝高速和 318 国道，南距长江约 1.5 千米，铁路专用线由枝江车站接轨至厂卸煤线站台，交通优势十分明显。湖北化肥前身为湖北省化肥厂，于 1974 年 10 月动工建设，1979 年 8 月投产，1983 年 7 月 1 日整体并入中国石油化工总公司。2000 年和 2006 年分别实施燃料、原料路线“煤代油”改造。2014 年 3 月，20 万吨 / 年合成气制乙二醇示范装置投产后，退出化肥业务，实现由化肥向化工转型。2017 年 11 月，合成气制乙二醇项目“出龙”，企业产品结构调整获重大突破。2020 年 7 月，5 万吨 / 年聚乙醇酸新材料项目落户湖北化肥，开启转型升级新征程。

截至 2020 年底，湖北化肥拥有 30 万吨 / 年合成氨装置、52 万吨 / 年尿素生产装置、日处理 2 000 吨煤的煤气化装置、20 万吨 / 年乙二醇装置、2 台 240 吨 / 时生产能力高压煤粉锅炉和 1 台 220 吨 / 时生产能力高压煤粉锅炉、2 台 2.5 万（千瓦·时）/ 时的汽轮发电机组的公用工程装置，配套有产氧能力为 4.8 万米 ^{3}（标准）/ 时和 6 000 米 ^{3}（标准）/ 时的 2 套空分装置、1 条 23 千米的自有专用铁路线和工业编组站、5 座码头、1 个罐区。主要产品为乙二醇、合成氨，副产品二乙二醇、草酸二甲酯、粗乙醇、硝酸钠、氮气、氧气、氩气、硫黄等产品。

截至 2020 年底，湖北化肥设 10 个职能部室、1 个临时机构、4 个业务中心、5 个运行部共 20 个直属单位。有合同制员工 831 人，其中具有高级职称的 61 人、中级职称的 181 人，高级技师 35 人、技师 112 人。

湖北化肥主要技术经济指标及主要产品产量分别见表 1 和表 2。

（刘　瑾）

【领导班子调整】 集团公司党组分别于 2020 年 9 月、11 月 2 次对湖北化肥领导班子进行调整：总经理李德武兼任党委书记，许怀中任公司党委副书记、纪委书记、工会主席，褚荣林任副总经理。

（刘　瑾）

【疫情防控展示硬担当】 面对突发疫情，湖北化肥听党指挥、闻令而动，认真履行国有企业“三大抓责任”，一手抓疫情防控，构建“领导、责任”2 个体系，建立“研判、督导和考核”3 个机制，做好“物资、环境和生活”3 个保障，动员干部员工万余人次，投入资金 700 多万元，严防死守，实现在岗员工“零确诊、零疑似、零感染”，不计代价生产防疫物资原料，支援防疫阻击战；一手抓助力经济社会发展，抓好装置安全平稳生产，增产合成氨，支援农业复工复产。

（刘　瑾）

【第七次党代会召开】 2020 年 12 月 30—31 日，湖北化肥召开第七次党代会，选举新一届党委、纪委领导班子，总结第六次党代会以来的工作，部署今后 5 年的重点任务。

（刘　瑾）

【生产运行创造新纪录】 2020 年，湖北化肥投运 40 多年的合成氨老装置开出新水平，合成氨最高日产达 1 190 吨，月平均日产最高 1 168 吨，创历史新高。

（刘　瑾）

【HSSE 工作保持好态势】 2020 年，湖北化肥坚守红线底线，加强 HSSE 管理，夯实 HSSE 基础，完善安全环保责任制，落实双重预防机制，开展安全生产集中整治三年行动，安全环保工作实现零伤害、零污染、零事故，连续 3 年没有发生上报安全环保事故事件。

（刘　瑾）

【中国石化可降解新材料 PGA 首个项目落户】 2020 年，中国石化可降解新材料 PGA 第 1 个项目落户湖北化肥，为湖北化肥转型升级注入了新的动力。

（刘　瑾）

【科研取得新成果】 2020 年，湖北化肥开展新型低温加氢催化剂工业应用等 13 项技术开发，“生物流化床处理煤制乙二醇污水工业应用”“蒸汽产—输—用整体建模与优化技术开发及应用”分别获中国石化科学技术进步二等奖和三等奖。申报专利 17 件，获授权 7 件。

（刘　瑾）

【“精益管理完善年”活动深入开展】 2020 年，湖北化肥以“抓思想、抓能力、抓治理、抓帮扶”为重点开展“精益管理完善年”活动，落实 13 项重点工作，促进公司精益管理水平持续提升。

（刘　瑾）

【攻坚创效成效显著】 2020 年，湖北化肥将企业多年来行之有效的挖潜增效工作和党组部署的攻坚创效行动有机结合，统筹推进。落实 8 个方面 26 条措施，累计实现创效 9 638 万元，超总部指标 92%，确保了全年效益目标的实现。

（刘　瑾）

【依法治企不断深化】 2020 年，湖北化肥严格执行“三重一大”决策制度，落实重大决策法律审核。印发常用法律法规清单，编制合规管理手册，开展普法宣传教育，组织 PGA 项目合法合规性审查，完成 28 项项目设计及压力管道 GC1 设计资质换证，及时续展安全生产许可证，变更排污许可证，做到依法合规生产。在“七五”普法央企验收工作中被评为 A 档。

（刘　瑾）

【“三项制度”改革深入推进】 2020 年，湖北化肥拓宽“能上能下”领域，对触发末位淘汰条件的 2 名基层干部进行“下”的调整。在人才选聘上，严格标准，26 名专业技术人员、16 名技能操作人员得到晋升，5 名专业技术人员降聘、10 名技师落聘；结合单产合成氨模式，编制年度劳动定员标准，持续优化劳动定员。妥善分流安置乙二醇部人员，顶替部分外包业务，提高人力资源使用效率；完成岗位价值测评工作，形成公司岗位价值等级矩阵。遵循激励约束并举、效率公平并重的原则，优化薪酬结构，将固定的骨干专项奖改为一年一评的特人特薪奖，增加收入“活”的部分，薪酬增、减人数均在 20% 左右。

（刘　瑾）

【社会形象得到提升】 2020 年，湖北化肥积极参与地方“创文”“创卫”、人口普查等工作，全力参与社区抗疫，对口帮扶指导地方化工园区危化品生产企业加强安全管理，支援地方消防应急救援。投资 19 万元开展项目扶贫，采买 85 万元物资推动消费扶贫，助力地方脱贫攻坚战，彰显了央企高度负责任形象。

（刘　瑾）

表 1 湖北化肥主要技术经济指标 亿元

指标名称 \ 年份	2020	2019	2018	2017	2016	2015
工业总产值						
湖北化肥分公司	10.19	14.80	17.70	13.84	8.06	5.52
宜昌资产分公司	4.36	5.72	5.99	4.78	3.39	2.50
工业增加值						
湖北化肥分公司	0.19	−0.71	0.95	−0.60	−1.58	−1.86
宜昌资产分公司	0.44	0.96	0.87	0.97	0.30	0.18
资产总计						
湖北化肥分公司	13.33	21.66	20.47	21.97	25.20	25.78
宜昌资产分公司	4.95	5.24	5.50	6.05	5.70	5.58
流动资产						
湖北化肥分公司	3.00	4.36	2.68	3.78	2.89	3.06
宜昌资产分公司	0.86	0.73	0.80	0.68	0.53	0.06
固定资产原值						
湖北化肥分公司	56.18	55.82	53.73	53.00	52.39	51.35
宜昌资产分公司	11.17	11.16	10.08	10.18	10.14	10.18
固定资产净值						
湖北化肥分公司	5.78	13.77	12.91	13.02	18.99	19.52
宜昌资产分公司	4.08	4.56	3.89	4.23	4.70	5.30
销售收入						
湖北化肥分公司	12.26	18.39	21.38	17.23	10.49	6.98
宜昌资产分公司	4.84	7.67	8.19	6.81	4.64	3.64
实现利税						
湖北化肥分公司	−10.40	−4.26	−2.10	−8.92	−5.22	−5.25
宜昌资产分公司	−0.18	0.16	0.05	0.11	−0.70	−0.72
税　金						
湖北化肥分公司	0.06	0.08	0.10	0.06	0.04	0.05
宜昌资产分公司	0.04	0.06	0.08	0.10	0.09	0.04
综合能耗 / 吨标煤 · 万元 $^{-1}$						
湖北化肥分公司	5.035	5.048	5.595	5.808	6.103	6.33
宜昌资产分公司	1.609	1.609	1.558	1.734	1.809	1.865

表 2　　湖北化肥主要产品产量　　万吨

产品名称 \ 年份	2020	2019	2018	2017	2016	2015
湖北化肥分公司						
乙二醇	2.56	14.79	13.96	12.20	8.34	5.16
合成氨	31.97	22.91	17.70	14.03	13.28	7.98
宜昌资产分公司						
蒸　汽	333.63	454.49	462.43	392.86	339.64	256.00
电 / 亿千瓦·时	2.20	2.07	1.91	1.53	1.65	1.16

中原石化

【概况】 中国石化中原石油化工有限责任公司（简称中原石化）是股份公司控股的企业，位于河南省濮阳市，占地面积 173 万平方米，于 1987 年国家批准立项建设，1996 年建成投产，1998 年 4 月划归集团公司，2005 年 1 月进入股份公司。

截至 2020 年底，中原石化有新、老 2 套生产系统。老系统为石油化工生产路线，主体装置于 1996 年建成投产，先后进行 2 次技术改造，有 11 套化工生产装置，乙烯装置设计规模为 18 万吨 / 年，经过技术改造和技术攻关，实际产能超过 21 万吨 / 年，聚乙烯设计能力为 26 万吨 / 年，聚丙烯装置设计能力为 6 万吨 / 年，另有汽油加氢、苯抽提、制氢、1- 丁烯、催化裂解制烯烃（OCC）5 套副产品深加工装置；新系统为煤化工生产路线，包括 1 套 60 万吨 / 年甲醇制烯烃（S-MTO）装置和配套的 10 万吨 / 年聚丙烯装置，分别于 2011 年 10 月 10 日和 9 月 20 日投产。主要有聚乙烯、聚丙烯、苯、MTBE、氢气等产品。中原石化设 11 个职能部室、6 个运行部和 5 个中心，用工总量 1 239 人。

中原石化主要经济指标及主要产品产量分别见表 1 和表 2。

（李继增）

【领导班子调整】 2020 年 11 月，集团公司党组对中原石化领导班子进行调整：李贵生任公司副总经理、党委委员。12 月，集团公司党组对中原石化领导班子进行调整：鉴于健康原因，根据个人申请，经研究决定，尹光耀不再担任公司副总经理、党委委员，任三级协理员。调整后的中原石化领导班子由胡明生、王家纯、刘焕荣、孙磊、李贵生组成。

（李继增）

【取得跑赢大势、好于预期的经营业绩】 2020 年，中原石化坚持稳中求进总基调，统筹疫情防控和生产经营、改革发展稳定，紧紧围绕“三战役、一提升”（效益保卫战、大修攻坚战、安全环保隐患歼灭战、管理能力提升），持续强化安全环保工作，及时排查消除泄漏隐患，防范化解装置重大风险，乙烯装置创造 4.75 年最长周期运行纪录。开展“百日攻坚创效”“持续攻坚创效”行动，紧贴市场优化生产经营。在顺利完成装置“五年一修”的同时，全年生产乙烯 24.86 万吨、丙烯 15.81 万吨、聚乙烯 21.16 万吨、聚丙烯 16.40 万吨，实现营业收入 31.5 亿元，控亏 1.19 亿元，较总部指标硬减亏 1 亿元，较好完成总部下达考核指标。

（李继增）

【获濮阳市新冠肺炎疫情防控阻击战和复工复产先进集体称号】 2020 年，中原石化深入贯彻习近平总书记关于统筹推进疫情防控和经济社会发展的重要指示精神，贯彻落实集团公司党组工作部署，成立疫情防控领导小组，强化网格化管理，强化疫情防控措施落实，做到全覆盖、无死角，实现“零报告、零确诊、零感染”。及时开发生产医用无纺布聚丙烯专用料 PPH-Y35（Y40），既保障市场供给，又实现创效目标。中原石化进入国家工信部“疫情防控重点物资保障企业名单”，被濮阳市授予新冠肺炎疫情防控阻击战和复工复产先进集体称号。

（李继增）

【连续 21 年无上报安全事故】 2020 年，中原石化牢固树立“发展决不能以牺牲安全为代价”的红线意识，以完善 HSSE 管理体系为抓手，以“识别大风险、消除大隐患、杜绝大事故”为主线，深化双重预防机制建设，压实安全生产责任，建立“风险识别日”机制，风险动态管理显著增强，风险总值较年初下降 41.4%，超额完成年度指标。抓实承包商风险“一把手”承包工作，加强直接作业环节管理，开展泄漏大排查大整治和高处作业、进入受限空间作业专项治理行动，集团公司级重大隐患治理完成率 100%，公共安全得到有效保障，实现治安、刑事案件零发生。

（李继增）

【污染防治水平持续提升】 2020 年，中原石化认真贯彻党中央关于黄河流域“共同抓好大保护，协同推进大治理”等工作部署，严格落实集团公司总经理 1 号令，大力实施绿色洁净战略，强化污染物减排、节能节水降碳等工作，积极推进“绿色企业行动计划”和 A 级企业创建，全面提高污染防治水平，实现废水、废气达标排放，固体废物、危险废物合法处置，无行政处罚和环境违法情况发生。

（李继增）

【五年一次大修顺利完成】 2020 年 10 月 20 日，中原石化 MTO 装置打通全流程，产出合格乙烯、丙烯，实现一次开车成功，标志着 2020 年大修改造“安全、环保、优质、高效、准时”完成各项大修改造任务。该次大修改造是中原石化建厂以来时间跨度最长、改造项目最多、资金投入最大、参战人员最多、统筹协调最难的一次大修，公司牢固树立“一切为了大修，一切服务大修，一切服从大修”的理念，强化组织协调，严格落实“五大控制”，确保乙烯装置 46 天、MTO 装置 88 天的大修改造顺利完成。

（李继增）

2020 年中原石化大检修现场

【新产品开发及技术成果应用】 2020 年，中原石化深入实施创新驱动战略，立足技术创新，新产品开发及技术成果应用取得显著成效，新开发出聚丙烯 PPR-M75N 等 5 个新产品；“高附加值合成树脂关键技术开发及应用”获中国石化科技进步一等奖；4 件实用新型专利获批；“中原石化奶茶杯专用料 MT75 引领市场潮流”入选“2020 中国石化十大优秀品牌营销案例”，品牌形象赢得市场认可。

（李继增）

【聚丙烯产品获美国 UL 环保认证】 2020 年，中原石化不断加大聚烯烃树脂产品研发力度，优化生产工艺及助剂配方，生产更加绿色安全环保的产品，以满足下游客户的需求。3 月 4 日，聚丙烯 PPR-MT45、PPR-MT75 获美国 UL 环保声明认证标志，进一步推动产品的市场品牌效应。

（李继增）

【精益管理增效益】 2020 年，中原石化坚持全面依法依规治企，强化风险管理，在集团公司法治央企建设和“七五”普法总结验收中被评为A类企业。制订对标世界一流管理提升行动实施方案，对标15家企业，制定9个领域42项管理提升重点任务。开展制度、体系和流程优化，推进“三基”工作与安全生产、基层党建深度融合，一体化体系运行质量得到提升。加强资金管理，深化全员成本目标管理，落实33项挖潜增效措施，实现挖潜增效5 846万元。

（李继增）

【改革工作深入推进】 2020年，中原石化制订深化国企改革三年行动实施方案，积极推进7个方面71项重点改革任务。深化“三项制度”改革，优化用工配置，规范压减外包业务，盘活了人力资源存量。“四供一业”分离移交、退休人员社会化管理移交进入收尾阶段。

（李继增）

【党的建设落实落地】 2020年，中原石化贯彻落实新时代党的建设总要求及集团公司党组部署，持续推进“党建入章”，把加强党的领导融入公司治理各环节。召开二次党代会，明确党建工作“1462”总体要求，以及高质量党建推动高质量发展的工作部署。严格执行“第一议题”制度，落实党的政治建设22项重点措施，巩固深化“不忘初心、牢记使命”主题教育成果，细化全面从严治党主体责任清单，实施“组织力提升工程”，开展主题党日活动，实施机关人员“1/2工作法”，有力确保疫情防控、攻坚创效、大修改造等重点难点任务顺利完成。召开基层党支部建设示范点经验交流会，加强和改进基层党支部建设，促进了企业党建工作“务实、创新、融合”。狠抓党建信息化平台运用，实现党费在线缴纳等应用指标“三个百分之百”。

（李继增）

10月24日，综合办公室党支部、人力资源部党支部及储运部党支部联合开展主题党日活动，在储运部主产品库房前粉刷锈蚀的交通隔离护栏

【班子整体功能充分发挥】 2020年，中原石化领导班子坚持民主集中制，落实“两个一以贯之”要求，严格执行“三重一大”决策制度，完善党委决策事项清单，落实决议部署，充分发挥党委把方向、管大局、促落实作用，群众对班子凝聚力、战斗力高度认可，班子综合评价“好+较好”为100%，选人用人满意度“好+一般”为100%。

（李继增）

【干部人才队伍建设得到强化】 2020年，中原石化持续开展中干夜校、“三千”实践锻炼、“春蕾行动”、青工政治轮训，加强年轻干部培养选用，年轻干部占比16.98%。强化中层干部绩效考核，季度奖同职级同系数A档和C档相差20%—25%，并对排名后10%的中层干部提醒谈话，督促改进提升。坚持党管人才，“十四五”人才建设规划初步编制，人才强企工程滚动计划积极推进，“三支队伍”通道建设持续完善，新取得专业技术职务任职资格63人、职业技能鉴定资格74人。

（李继增）

【打造廉洁石化亮丽名片】 2020年，中原石化持续深化“两个责任”，完善“五位一体”监督格局，落实28项“大监督”任务。强化“微腐败”防范治理，落实风险点和措施清单，实现重点岗位、重点人员廉洁谈话全覆盖。聚焦大修促廉，抓实签证与工程结算专项治理，持续加强物资采购、设备检维修等监督。抓实党委巡察，推动全面从严治党向基层延伸。

（李继增）

【持续查纠“四风”】 2020年，中原石化认真贯彻落实中央八项规定精神及党组实施细则，加强重要节日、时段等提醒，严抓“四风”专项行动自查自纠、季度开展领导人员履职待遇检查、扶贫资金使用等监督检查，未发现违规现象。落实“马上就办”，推进基层减负，会议、发文分别降低30%和3.1%，检查评比项目不超上年。

（李继增）

【持续保持和谐稳定】 2020 年，中原石化牢固树立“稳定是硬任务”“稳定是第一责任”的理念，紧紧围绕“抓预防、重管控，防风险”工作主线，在深入推进“三项制度”改革、“四供一业”分离移交办社会职能、“三能”机制建设、冗余人员分流安置、退休人员社会化管理等改革调整工作中，强化组织领导，加强政策研究，广泛征求意见，落实维护稳定方案，层层压实维稳责任，实现“大事不出，小事也不出”维稳目标。

（李继增）

【完成精准扶贫任务】 2020 年，中原石化通过开展派驻“第一书记”及驻村工作队，围绕“六个精准”“五个一批”要求，积极探索多渠道、多元化的精准扶贫路径，把精准扶贫工作落到实处并取得实效。通过持续开展产业、教育、消费等扶贫工作，濮阳市台前县丁李村 59 户 256 人全部脱贫摘帽。

（李继增）

2020 年 10 月 21 日，中原石化以“关爱留守儿童 探秘智慧能源”为主题，开展公众开放日活动走进丁李村，向小学师生科普石化知识，介绍绿色企业行动等

【“五小”成果受表彰】 2020 年，中原石化在濮阳市第三届工业企业职工“五小”成果评选展示活动受表彰，报送的“解决 DA202 瓶颈问题保障乙烯装置实现高负荷安全稳定运行”获一等奖，“OCC 反应器置换手动改自动”“阀门在线调节专用工具”等 13 个项目分获二、三等奖。

（李继增）

表 1　中原石化主要经济指标　亿元

指标名称 \ 年份	2020	2019	2018	2017	2016	2015
工业总产值	31.39	41.37	41.69	45.26	37.10	34.62
工业增加值	3.37	4.70	4.70	7.25	8.86	6.63
资产总计	19.35	20.46	16.91	19.46	20.51	20.64
流动资产	3.51	3.08	3.06	4.07	3.65	3.64
固定资产原值	65.44	67.02	67.03	70.06	69.54	69.48
固定资产净值	20.20	21.23	22.43	24.57	25.54	26.98
销售收入	31.35	41.32	41.95	45.38	36.80	34.69
实现利税	-0.44	1.10	1.37	4.38	5.80	2.34
税　金	0.75	1.05	1.32	1.71	2.13	1.71

表 2　中原石化主要产品产量　万吨

产品名称 \ 年份	2020	2019	2018	2017	2016	2015
聚乙烯	21.16	22.01	17.23	23.86	27.06	24.08
聚丙烯	16.40	18.85	14.45	19.11	18.22	16.93
乙　烯	24.86	28.41	25.18	29.73	27.11	23.46

续表

产品名称 \ 年份	2020	2019	2018	2017	2016	2015
丙　烯	15.81	17.68	13.80	18.84	17.52	16.73
1#苯	7.17	8.04	8.78	9.24	7.42	6.68
2#苯	5.27	5.70	6.39	6.78	5.55	4.64
3#苯	1.68	1.69	2.00	2.27	1.78	1.45
碳　四	3.51	3.83	4.12	4.15	3.65	3.16
碳　五	1.46	1.81	1.75	1.79	1.52	1.66
碳　六	0.91	1.03	1.05	1.22	1.08	1.00
碳　九	0.59	0.70	0.65	0.68	0.57	0.51
裂解焦油	1.36	1.39	1.74	1.73	1.15	0.85
1–丁烯	0.89	0.57	0.42	1.11	1.57	1.28
2–丁烯	3.57	4.14	2.37	4.52	4.62	4.58
MTBE	1.28	1.49	1.25	0.88	1.24	1.14
纯　苯	2.67	2.88	3.31	3.29	2.63	2.07

长城能化

【概况】 中国石化长城能源化工有限公司（简称长城能化）是2012年8月27日注册成立的煤化工专业公司，是股份公司的全资子公司，业务归口化工事业部管理与指导，是中国石化煤化工业务平台，负责中国石化煤化工业务的投资和经营，组织协调煤化工项目建设，对煤化工企业进行专业化管理。

长城能化本部位于北京市朝阳区吉市口路9号，注册地为北京亦庄经济技术开发区，设有综合管理部（外事办公室）、规划计划部、财务部、人力资源部（党群工作部、党委组织部、党委宣传部）、企管法律部、纪检监督部（审计部）、安全环保部、设备工程部、煤炭部、化工部和煤矿安全管理部11个部门；下设中石化长城能源化工（内蒙古）有限公司（简称内蒙古能化）1个全资子公司，中国石化新疆能源化工有限公司（简称新疆能化）、中国石化长城能源化工（宁夏）有限公司（简称宁夏能化）和中国石化长城能源化工（贵州）有限公司（简称贵州能化）3个控股公司，中天合创能源有限责任公司（简称中天合创）、中安联合煤化有限责任公司（简称中安联合）和毕节中城能源有限责任公司（简称中城能源）3个参股公司。截至2020年底，长城能化已在宁夏、内蒙古、安徽、贵州和新疆等地规划布局了6个煤化工项目。其中，宁夏能化、中天合创和中安联合3个项目已建成投产并转入商业运营，贵州能化、新疆能化和内蒙古能化项目处于前期工作阶段。长城能化本部机关、各全资及控股子公司和依托长城能化管理的中天合创及中安联合化工分公司用工总量为5 608人。

2020年，面对新冠肺炎疫情冲击、国际油价暴跌、煤炭供给紧张、化工市场萎缩等前所未有的困难和挑战，长城能化全体干部员工坚持以习近平新时代中国特色社会主义思想为指引，全面贯彻落实集团公司党组决策部署，担当作为，攻坚克难，统筹推进疫情防控、攻坚创效、运营优化、企业管理、谋划发展、党的建设等各项工作，取得较好成效。全年生产原煤2 221万吨，销售商品煤 1 866 万吨，分别完成年度计划的 104% 和 102%，增长 4.7% 和 3.9%，创历史新高；主要化工产品产量 362 万吨，经营总量 298 万吨，均完成年度计划的 101%，分别增长 12% 和 11%，各主要产品产量均超额完成计划任务；公司合并口径实现销售收入 37.79 亿元。

（毛新萍）

【疫情防控有力有效】 2020 年，长城能化贯彻落实党中央指示要求和集团公司党组部署，全力投入抗疫斗争，统筹公司本部和煤化工企业两个层面，建立健全联防联控和常态化防控工作机制，逐级落实防控责任，细化落实各项防控措施，煤化工板块在岗及承包商员工 1 万余人无确诊和疑似病例发生；积极协调解决疫情爆发初期面临的交通运输受限、原辅料供应紧张、产品销售出库不畅、人员返岗受阻等困难，有序推进复工复产，保证了各煤矿及亦庄基地项目的及时复工和化工装置的连续稳定运行。

（毛新萍）

【攻坚创效扎实推进】 2020 年，长城能化贯彻总部部署安排，接续推进“百日攻坚创效”和“持续攻坚创效”行动，成立行动领导小组和各专业工作组，精心编制行动方案，组织实施 7 类 117 项挖潜增效具体措施，动员板块全体干部员工积极内挖潜力、外拓市场，合力攻坚、协同创效，推动煤化工生产经营迅速企稳回升、持续向好，累计实现增效创效 5.37 亿元，完成计划目标的 145%，保证了年度效益指标的完成。

（毛新萍）

【中天合创化工装置首次大修圆满完成】 2020 年 6 月 3 日—7 月 20 日，中天合创化工装置首次大修改造工作顺利实施。该次大修改造是中天合创项目自 2016 年建成投产以来的首次全厂性装置停工大修改造，被列入集团公司 2020 年大修改造重点项目，共涉及生产装置 44 套、检修改造总项目 3 092 项。长城能化牵头组建并向中天合创派驻现场服务组，全程为大修改造工作做好协调服务，有力推动了中天合创大修改造任务圆满完成，实现了“零事故、零污染、一次开车成功”的总体目标，集中解决了一批影响装置长周期运行的隐患和瓶颈，提高了装置运行水平，大修后各主要装置产品产量不断刷新历史纪录，技术经济指标大幅提升。

（毛新萍）

中天合创大修改造现场

【中安联合煤化工项目转入商业运营】 2020 年 7 月 1 日，中安联合煤化工项目正式转入商业运营。转入商业运营后，中安联合狠抓装置安稳运行，精心组织生产，优化系统运行，保持了装置超设计负荷稳定运行，商运首年即实现化工分公司月度持续盈利。

（毛新萍）

【统筹发展规划落实落地】 2020 年，长城能化科学谋划煤化工“十四五”高质量发展路径，对照中国石化打造世界领先洁净能源化工公司愿景目标和“一基两翼三新”产业格局，组织开展中国石化煤化工绿色清洁高效发展战略课题研究，认真编制“十四五”煤化工发展规划，向党组领导做了专题汇报，并按照指示要求进行修改完善。按照规划项目实现升级引领的要求，积极推进“十四五”期间拟布局实施的煤化工项目，将贵州能化 60 万吨 / 年煤制烯烃项目调整优化为 50 万吨 / 年煤制 PGA 项目（一期先行建设 20 万吨 / 年）；组织在煤炭资源丰富、品质优良、煤化工发展条件较好的榆林地区调研和规划建设煤制烯烃项目，开展合作商谈；推进中天合创三期项目可研编制。

（毛新萍）

【企业管理从严从细】 2020 年，长城能化落实“严、细、实”要求，着力加强基础管理、完善合资公司治理、加大风险防控，推进规范、从严管理。启动实施财务转型，加强预算管理，深化对标管理分析，严格成本费用管控，各项成本费用指标控制较好。加强队伍建设，加大年轻干部培养选拔，落实“三百三千”计划，干部员工队伍活力进一步激发。加强合资公司管理，组织监事会检查，推动“三会”决议落地，完成中城能源股东变更等工作。防范经营风险，依法合规推进宁夏能化两座煤矿实现复产和试生产，协调推进中天合创煤矿资源价款补缴问题得到较好解决，调研和规范业务外包和承包商管理。抓实安全环保管理，推进安全生产专项整治和绿色企业创建，实现企业重大安全风险总值降低10%以上，全面完成节能节水和降碳考核指标。

（毛新萍）

【组织开展煤化工板块高级任职资格评审工作】 2020年，经报集团公司人力资源部批准，长城能化组建工程、政工系列高级专业技术职务任职资格评审委员会，并于2020年12月17日组织召开高级任职资格评审委员会一届一次会议，评审表决煤化工板块申报工程和政工系列高级任职资格人员任职资格。经评审委员会无记名投票表决，共有40人取得高级职称任职资格。

（毛新萍）

【中安联合煤化工高盐废水零排放处理技术研究“出龙”】 2020年12月，由长城能化、中安联合、工程建设公司、北京化工研究院和大连石油化工研究院共同承担的中国石化“十条龙”科技攻关项目“中安联合煤化工高盐废水零排放处理技术研究”顺利通过鉴定并获准“出龙”。该项目于2018年“入龙”，经过科技攻关，针对中安联合煤化工高盐废水特点，开发形成了“预处理—反渗透浓缩—纳滤预处理—纳滤分盐浓缩—热法分质结晶”成套技术，2019年12月利用该项技术在中安联合成功建成投用了360吨/时高盐废水零排放装置，装置投用后运行稳定，2020年9月通过性能标定，运行主要技术控制指标优于设计参数，氯化钠、硫酸钠总质量收率达78%，产品质量指标分别达到国家工业盐二级标准、工业硫酸钠Ⅲ类标准，产水全部回用于各生产过程，标志着中国石化煤化工废水处理首次实现分盐结晶和零排放，社会效益、经济效益显著，整体技术达国际领先水平。

（毛新萍）

【合资公司党建共建成效显著】 2020年，长城能化党委结合各煤化工企业均为合资企业的特点，以“共学、共建、共帮、共进、共享”为目标，在整个煤化工板块广泛开展不同形式的党建共建工作，助力企业建设发展。公司本部9个党支部常年与煤化工企业基层党支部开展“结对子”活动。中安联合党委深化党建共建，先后举办三届党建共建工作会议，并将党建工作要求写入业务承揽合同，推行党支部与协作单位党组织结成“1+1”“1+N”共建对子，形成的党建共建“六联”工作法得到集团公司党组领导的充分肯定和兄弟单位的高度赞赏。中天合创党委和宁夏能化党委通过抓好党支部与协作单位党建共建，推动业务承揽工作提升水平。贵州能化党委与贵州石油党委通过党建共建，分享典型经验，共同开展活动，实现资源共享。

（毛新萍）

【部署启动公司党委巡察工作】 2020年，长城能化贯彻落实集团公司党组关于直属单位党委开展巡察工作的部署要求，成立公司党委巡察工作领导小组和党委巡察办，制订印发巡察工作方案，明确巡察目标任务和工作安排，召开动员视频会，部署启动煤化工板块巡察工作。在第四季度先后组织2个巡察组，完成对宁夏能化4家基层党组织的巡察及意见反馈工作，推进全面从严治党向纵深发展。

（毛新萍）

【煤化工“十三五”工作圆满收官】 “十三五”期间，长城能化在集团公司党组的正确领导下，坚持煤化一体化原则，统筹推进资源获取、项目布局、产能建设和运营优化等工作，先后建成投产宁夏能化、中天合创和中安联合3个煤化工项目，形成煤炭产能2 340万吨/年（权益产能1 125万吨/年）、煤制烯烃产能204万吨/年和其他化学品产能100万吨/年，权益资产总额已达675亿元。其中，烯烃产能约占全国煤制烯烃（不含甲醇制烯烃）产能的 19.2%，约占中国石化烯烃产能的 9.3%，煤化工已成为中国石化原料多元化发展的重要组成部分，发展战略布局初步形成，项目建设及运营管理水平逐步提升，干部员工综合素质明显提高，总体规模实力不断增强，为实现“十四五”高质量发展打下了坚实基础。

（毛新萍）

中天合创

【概况】 中天合创能源有限责任公司（简称中天合创）成立于 2007 年 10 月，是集煤炭、化工和电力生产为一体的大型煤炭深加工企业，由中国中煤能源股份有限公司、中国石化长城能源化工有限公司、申能股份有限公司、内蒙古满世煤炭集团股份有限公司 4 家股东单位投资建设，股权比例为：中煤能源 38.75%、长城能化 38.75%、申能股份 12.5%、满世煤炭 10%。下设化工分公司和煤炭分公司，分别负责项目煤炭部分和煤化工部分的建设、运营与管理。

中天合创鄂尔多斯煤炭深加工示范项目位于鄂尔多斯市乌审旗境内，总占地面积约 525 公顷，配置煤炭资源 49.98 亿吨、黄河水资源 2 677 万米^3/ 年。项目总投资概算批复 590 亿元。煤炭设计有 2 座煤矿及配套的洗煤厂，总生产能力 2 500 万吨 / 年（葫芦素煤矿 1 300 万吨 / 年、门克庆煤矿 1 200 万吨 / 年）。化工设计有 2×180 万吨 / 年煤制甲醇装置，2×180 万吨 / 年 S-MTO 装置，5 套聚烯烃装置，总生产能力为 360 万吨 / 年甲醇（中间产品）和 137 万吨 / 年聚乙烯、聚丙烯塑料产品。项目工程建设于 2016 年基本完成，葫芦素煤矿第 1 个生产面于 2016 年 1 月投入试成产，门克庆煤矿第 1 个生产面于 2016 年 10 月投入试生产，化工装置第 1 个生产系列于 2016 年 10 月打通全流程，并产出合格的聚烯烃产品。项目总体于 2017 年 7 月转入全面商业运营。

2020 年，中天合创化工分公司生产聚烯烃产品 125.74 万吨、MTO 级甲醇 408.79 万吨；实现营业收入 96.91 亿元、利润 4 亿元。

中天合创主要技术经济指标和主要产品产量分别见表 1 和表 2。

（杨丽君）

【领导班子调整】 11 月 26 日，集团公司召开中天合创领导班子调整视频会，宣布对中天合创领导班子调整决定：褚小华任中天合创总经理、董事、党委副书记，化工分公司党委书记；胡传清任中天合创副总经理、党委委员，化工分公司总经理、党委副书记；李少平不再担任中天合创总经理、董事、党委副书记，化工分公司党委书记，另有任用。

（杨丽君）

【获认定安全生产标准化三级达标企业】 2020 年，鄂尔多斯市应急管理局正式下发《鄂尔多斯市应急管理局关于同意内蒙古汇能煤化工有限公司等 23 家企业为安全生产标准化三级企业的通告》，正式认定中天合创化工分公司为安全生产标准化三级达标企业。

（杨丽君）

【召开“不忘初心、牢记使命”主题教育总结大会】 1 月 20 日，中天合创召开“不忘初心、牢记使命”主题教育总结大会。会议对化工分公司主题教育进行全面总结，对巩固和深化主题教育成果做出部署。

（杨丽君）

【“零伤害、零污染、一次开车成功”圆满完成大检修】 6 月 3 日—7 月 20 日，中天合创化工分公司实施投产以来的首次停工大修改造，集中力量完成“全厂特种设备检验和 MTO 装置反再系统检修”2 条关键路线及 44 套生产装置、3 001 项检修改造，完成 2 235 台压力容器、19 629 条压力管道、3 680 台安全阀的校验工作。大修高峰期现场检修人数高达 7 000 余人，累计实现 219 万安全人工时。

（杨丽君）

【完成攻坚创效 2.7 亿元】 2020 年，中天合创响应集团公司号召，聚焦“两个力争”，组织开展挖潜增效及攻坚创效活动，全年创效 2.7 亿元。其中，聚烯烃增产 2.73 万吨，增效 5 900 万元；外售 MTO 级甲醇 13 万吨，增效 323 万元；降低聚烯烃物耗指标，增效 1 800 万元；降低气化灰渣处置费用，增效 2 800 万元；使用承兑汇票，节约财务费用 1 300 万元；降低采购价格，节约成本 2 900 万元；压减物料消耗、低值易耗品费用，节约 1 400 万元；落实防疫惠企政策，员工社保费用、所得税优惠减免近 3 200 万元。

（杨丽君）

【坚持走创新引领发展的道路】 2020 年，中天合创拥有实用新型专利 30 件。全年完成 Y35、K7726H 等 8 个系列牌号新产品开发及试生产；LD252K 产品完成认证与工业化初试，适时排产医用无纺布、口罩、防护服原料 PPH-Y35、S2040H 等专用料产品及环保耐用的 EGF-34GL 农用耐候膜专用料新产品。

（杨丽君）

【瞄准西北市场开发新产品】 2020 年，中天合创瞄准西北市场，新开发出适应高海拔、防强紫外线、牌号为 EGF-34GL 的耐候膜，并于 3 月正式排产 1 000 吨，以满足新疆地区春耕需要。该牌号产品由 1 月的试生产转为正式生产，标志着中天合创在膜料产品开发方面的新突破，对于提高中天合创聚烯烃树脂市场占有率起着重要作用。

（杨丽君）

【高压聚乙烯装置创连续运行新高】 截至 2020 年 2 月 22 日，中天合创 25 万吨 / 年管式高压聚乙烯装置连续运行 180 天，创装置投产以来最高纪录，达到同行业同类装置运行先进指标。

（杨丽君）

【聚丙烯新牌号试生产获成功】 3 月 17 日，中天合创聚丙烯新牌号 K-7726H 高熔指注塑料成品下线包装，标志着中天合创聚丙烯 K-7726H 高熔指注塑料一次性试生产成功，试生产产量 1 000 吨。该牌号的成功开发，弥补了拳头产品 K8003 因市场售价不断遭受冲击而造成利润下滑的损失，提升了品牌价值和创效能力。

（杨丽君）

【化工分公司召开一届四次职代会暨 2020 年工作会议】 5 月 19—27 日，中天合创化工分公司一届四次职代会暨 2020 年工作会议胜利召开。会议审议通过《2019 年度行政工作报告》等 7 个报告。

（杨丽君）

【获鄂尔多斯市节水型企业称号】 2020 年，中天合创化工分公司获 2019 年度鄂尔多斯市节水型企业称号。该项评选旨在贯彻落实最严格水资源管理制度，以点带面全面推进鄂尔多斯市节水型社会建设。

（杨丽君）

【蝉联煤制烯烃能效“领跑者”标杆企业】 9 月 4 日，中国石油和化学工业联合会发布 2019 年能效“领跑者”标杆企业名单，中天合创化工分公司蝉联煤制烯烃能效“领跑者”标杆企业。

（杨丽君）

【耐候膜项目获应用创新奖】 12 月 4 日，中国石化化工销售华北分公司在山东济南组织召开 2020 年产销研用总结大会。中天合创耐候膜项目获 MPRC 微处理器研究开发项目应用创新奖。

（杨丽君）

表 1　中天合创主要技术经济指标　亿元

指标名称 \ 年份	2020	2019	2018
原煤加工量 / 万吨	832.43	679.75	645.70

续表

指标名称 \ 年份	2020	2019	2018
工业总产值	96.47	143.33	111.32
工业增加值	49.73	61.54	65.22
资产总计	314.00	337.00	354.50
流动资产	15.00	17.00	10.66
固定资产原值	351.00	349.00	350.60
固定资产净值	271.00	295.00	319.87
销售收入	97.00	104.00	113.76
综合能耗 / 吨标煤 · 万元 $^{-1}$	4.69	4.71	4.75

表 2　中天合创主要产品产量　万吨

产品名称 \ 年份	2020	2019	2018
MTO 级甲醇	408.79	423.40	398.06
聚合级乙烯	60.97	67.41	63.24
聚合级丙烯	66.33	71.53	65.49
聚烯烃	125.74	137.53	127.07
其　他	49.97	50.54	37.96

中安联合

【概况】 中安联合煤化有限责任公司（简称中安联合），成立于 2010 年 12 月，为中国石化长城能源化工有限公司与安徽省皖北煤电集团公司，根据中国石化与安徽省政府签订战略合作协议，按照各占 50% 均股合资成立，位于安徽省淮南市现代煤化工产业园区，是中国石化重点建设项目，安徽省重点工程、淮南市“一号工程”。

中安联合项目资本金 80.18 亿元，一期工程可研批复总投资 267 亿元。其中，煤化工主要产品为 35 万吨 / 年线型低密度聚乙烯、35 万吨 / 年聚丙烯，以及乙烷、丙烷、碳四液化气、碳五汽油、硫黄等；配套煤矿项目朱集西煤矿，煤炭资源 8.56 亿吨，可采储量 4.06 亿吨，生产能力 400 万吨 / 年。

2020 年，面对新冠肺炎疫情暴发、国际油价下跌触底、淮河洪涝禁航等大考大战，中安联合坚决落实地方政府和股东双方决策部署，疫情防控零感染，“化工稳产、煤矿达能”全面实现，攻坚创效成果显著，化工商业运营持续盈利。

中安联合主要技术经济指标及主要产品产量分别见表 1 和表 2。

（张克雷　张　峰）

【党建引领作用更加凸显】 2020 年，中安联合加强党的政治建设，发挥党委把方向、管大局、保落实重要作用，不断完善合资企业领导体制，健全党委会前置机制，明确党委议事规则。压紧、压实基层管党治党责任，签订党建责任书，健全考评责任体系，提升党建考评权重；开展党支部分类定级，对排名靠后的党支部书记进行提醒谈话，调整3名党支部书记职务，形成“不抓党建、不会抓党建、抓不好党建就不是称职领导干部”的鲜明导向；将业务协作单位纳入党建一体化管理，做到中心组共同学习研讨、干部共同培训考核、党内组织生活共同开展，公司2020年度党建工作被中国石化党组定为A档。

（张克雷　张　峰）

【守住清正廉洁的底线】 构建具有中安联合特色的“党委全面监督、纪委专责监督、专业部门职能监督、基层党组织日常监督、干部职工民主监督、协作单位对口监督”的“六位一体”监督体制。强力开展督查，紧盯物资供销、业务承揽、资金结算、检维修管理等重点领域和关键环节，实施47项重点监督、8个专项督查和专项审计；在系统内首家完成煤炭管理全流程专项督查，查出10类32个方面问题，严肃执纪问责。

（张克雷　张　峰）

【抓细抓实HSSE工作】 深化HSSE管理体系建设，修订重制度、技术规程，高质量完成化工分公司HSSE管理手册编制。深刻汲取有关安全事故教训，设立安全警示牌，建立安全警示基地，警示教育成为安全学习必修课、入职培训第一课。严格执行中国石化“十条措施”和安全记分办法，开展高处作业、受限空间作业专项治理，加强直接作业环节和高风险作业过程管控，督查整改率100%。落实高风险管控领导承包制、风险值由年初的199下降到125。配强基层安全总监、专兼职HSSE管理人员，选聘103名“党员安全监督员”，查出隐患1 959项，整改率100%。推进绿色企业创建，按计划完成化工分公司3个绿色基层创建验收。通过煤化工项目环保验收，“高盐水零排放”

中安联合高盐废水零排放技术通过鉴定（赵天奇　摄）

项目顺利“出龙”，中安联合成为首家真正实现污水“零排放”的煤化工企业。一般固体废物堆场项目设计采用国内最高环保标准，进一步夯实绿色环保工厂创建基础。抓好煤矿重大致灾危险因素排查治理，顺利实现第4个安全生产年，通过安徽省一级标准化矿井预验收。

（张克雷　张　峰）

【做好疫情防控】 中安联合认真做好防疫工作，制定《中安联合在“抗疫情、保生产”中关爱职工的八项措施》，带领广大职工坚决打赢疫情防控阻击战。开展“七个一”走访活动，为中安联合及协作单位80余名医学观察人员发放一张联系卡、一本宣传册、一份方便食品、一支体温计、一瓶消毒水、一袋口罩，并为职工购买洗手液、消毒纸巾。疫情期间，持续开展“走基层、访万家”活动，加强对职工的心理疏导和帮扶慰问，走访率为100%。开展助力湖北等地的抗疫活动，体现了国有企业的责任与担当。

（张克雷　张　峰）

【实现稳产高产】 科学调度生产，统筹产供销，抓好原辅料、产品进出厂及内部物料平衡；紧盯煤炭合理库存，优化三元煤炭配比，提高运行的稳定性、经济性。气化炉创出1系列B级连续运行233天的佳绩；锅炉提升出力并达设计最大值，实现“三开一备”经济性运行。加强技术攻关，围绕装置稳定运行、节能降耗、环保达标排放等，梳理23项攻关项目，开展“青工难题揭榜攻关”活动，一系列制约生产运行的瓶颈问题得到解决。“高灰熔点劣质煤高效气化关键技术开发及应用”项目解决淮南煤长期难以高效气化的难题，实现煤炭由燃料向化工原煤的跨越，总体技术达到国际领先水平。

（张克雷　张　峰）

【煤矿如期完成接替、达能】 按照“尽快接替、尽早达能”的生产要求，督导煤矿托管项目部提高掘进效率、加快掘进进度。成建制引入快速掘进队伍，优化工序流程，建立快速作业线，形成2采10掘4修15钻的生产格局。成立高产高效课题攻关小组，推进“四化”矿井建设，提高掘进工效和安全系数。4 月初，11401 工作面联合试运转一次试车成功；11 月中旬，13501 主力煤层正式开采，煤矿正式迈入“一井两面、达能见效”的生产新格局。

（张克雷　张　峰）

【攻坚创效成果显著】 全年累计实现攻坚创效 1.76 亿元，超计划目标 23.8%。加强顶层设计，明确目标任务和重点措施，每月召开经济活动分析会、产品价格例会、攻坚创效监督考核会等，推动各项措施落地见效。优化生产运行，开展烟气轮机节能攻关，创效 550 余万元；增产 MTO 级甲醇 10 万吨，增效 3 000 万元；优化氧化镁配置，创效 1 900 余万元。积极研发新品，推进产销研紧密衔接，加强与科研院所交流合作，6 种牌号聚烯烃产品推向市场，提升了产品附加值。

（张克雷　张　峰）

【大力拓市增收】 优化产品流向，两聚产品安徽市场由 28% 提升至 90.33%；实施“一品一策”销售策略，全年外销各类产品 101.6 万吨，实现全产全销。强力严控成本，建立 73 个生产运行成本中心、8 个 QC 成本管理小组，大力压减非生产性经营费用，吨烯烃加工费比预算低 500 元以上，“五项费用”较预算节约 40%。发挥审计效能，累计审减额 1 734.27 万元。

（张克雷　张　峰）

【煤炭保供赢得重大胜利】 面对淮河汛期禁航的重大挑战，超前预警、及早谋划，启动煤炭应急保供预案，打通“铁路 + 公路”运输模式，4 种煤炭 7 条线路同时有序接卸，创下公路煤炭日接卸 16 768 吨，水路煤炭日接卸 2 万吨、月接卸 44 万吨的新纪录。全年供煤超过 428 万吨，滞港费用为零。

（张克雷　张　峰）

【管理制度体系更加完善】 启动第 3 轮制度优化，按照“基本制度、重要制度、紧急制度”3 个维度，对 561 项原有制度实施“废改立”，废止 89 项，“改、立”135 项，保障公司健康运营的“四梁八柱”制度体系持续优化，按制度管人、按流程管事的管理体系更趋完善。

（赵杭之）

【干部选用更加规范】 拓展选用方式，通过岗级相称、组织选拔、公开竞聘、序列贯通等渠道，全年共组织干部调整 211 人次，干部“选育用管”全链条管理机制逐步健全。变“相马”为“赛马”，公开竞聘 8 个基层管理岗位，为优秀人才脱颖而出搭建平台。加大干部交流力度，打破部门、专业界限，全年组织交流干部 26 人次。大力选用年轻干部，在 3 个部门配置 4 名“80 后”中层副职，17 名助理、15 名“中安之星”得到提拔。全年提拔到中层管理岗位 9 人（40 岁以下 5 人，占 56%）；提拔到基层管理岗位 28 人（35 岁以下 20 人，占 70%），干部年龄结构有效改善。

（张克雷　张　峰）

【基础管理更加扎实】 职能管理更加精准，物资供应指标提升到 99.2 分，化工产品计划完成率提升到 99.3%，在系统内处于领先水平。设备运行管理更加到位，28 个岗位、47 台（套）机组（设备）、8 个作业区被评为完好岗位（设备），现场“跑、冒、滴、漏”现象不断消除；开展“星级装置”创建，气化装置等 14 个基层单位获一星级装置（作业区）称号。管理成果更多涌现，1 项成果获中国石化管理创新成果三等奖，2 项成果分获全国设备与技术创新成果一等奖和优秀奖。中安联合当选安徽省企业经营与管理研究会副会长单位。

（赵杭之）

【响亮发出“中安好声音”】 聚焦疫情防控、攻坚创效等重点工作，强化宣传引导、正面引领。编发抗击疫情 1 信 9 评，发布岗位大练兵中安时评 21 篇，推出攻坚创效报道 7 个系列。在人民网、新华网、《中国石化报》等主流媒体发表稿件 180 篇，公司新闻首次登上中央电视台和《人民日报》，提升了公司影响力和知名度。化工转入商业运营后，在广泛征求意见的基础上，公司党委深化文化内涵，确定了新的企业精神，即创新、奋斗、和谐、共享，更加响亮发出中安的时代之声、高远之志、奋斗之音。

（张克雷　张　峰）

【大力提升员工素质】 全公司范围内开展“练硬功、提技能”岗位大练兵，开辟练兵阵地，搭设学习平台。将协作单位纳入练兵计划，建立“一体化”学习机制，练兵考核一次合格率达94.4%。举办青干能力提升班、华为专项培训班，提升干部政治意识、履职能力和管理水平。扎实推进“技能大师工作室”创建，为7名技师授牌。加强优秀人才培养，职工胡小平获安徽省五一劳动奖章，冯吉飞、李小亮获淮南市五一劳动奖章，叶德文、薛生利、刘志军获评淮南市技能名匠。

（张克雷　张　峰）

【坚决维护员工权益】 推进厂务公开，回应员工关切，召开首次厂务公开专题职代会，提升职工群众参与企业管理意识。提高员工待遇，调高倒班员工夜班津贴标准，增设现场特殊津贴。开展慰问帮扶，全年共发放员工节日慰问、生日慰问、帮扶慰问300余万元。丰富员工文体活动，建成投用文体活动中心，成立篮球、羽毛球、乒乓球、跑步及演讲、书画等文体协会和兴趣小组，全年6 000余人次（含协作单位员工）参加活动比赛。关爱员工生活，开设“倒班员工优先窗口”，推行“半份餐半价菜”，落实员工购房补贴政策，协调解决新员工住宿、子女入学等问题，切实把企业温暖落到实处。

（张克雷　张　峰）

表1　中安联合主要技术经济指标　亿元

指标名称＼年份	2020
原煤加工量 / 万吨	173.60
工业总产值	50.87
资产总计	258.70
流动资产	10.80
固定资产原值	216.40
固定资产净值	204.60
销售收入	28.40
综合能耗 / 吨标煤・万元$^{-1}$	6.48

表2　中安联合主要产品产量　万吨

产品名称＼年份	2020
MTO级甲醇	209.26
聚合级乙烯	33.98
聚合级丙烯	37.12
聚烯烃	72.54
其　他	36.49

宁夏能化

【概况】 中国石化长城能源化工（宁夏）有限公司（简称宁夏能化）位于宁东能源化工基地C区，

前身为 2010 年 6 月成立的国电宁夏英力特宁东煤基化学有限公司，2012 年 12 月，长城能化入股，成立合资企业；2014 年 1 月，股东双方进一步签署股权转让协议，长城能化持股比例上升到 95%，承担控股股东管理责任，公司更名为中国石化长城能源化工（宁夏）有限公司。

宁夏能化一期项目于 2009 年 6 月 25 日正式启动建设，2014 年 9 月 26 日全面打通工艺流程，是中国石化煤化工产业板块第 1 个进入生产运营的企业，主要经营化工、电力、热力、水泥及水泥制品的生产与销售、煤炭销售、化工技术开发、设备检修、房屋租赁等业务。

截至 2020 年底，宁夏能化拥有产能 65 万吨 / 年甲醇、23 万吨 / 年乙炔、45 万吨 / 年醋酸乙烯、30 万吨 / 年醋酸、20 万吨 / 年 1，4- 丁二醇 5 个化工项目，2 × 330 兆瓦自备热电项目，100 万吨 / 年水泥项目、公用工程项目及 2 个总产能 300 万吨 / 年煤矿项目。设有职能部室 11 个、专业中心 3 个、基层单位 10 个，共有在册职工 2 016 人。

宁夏能化主要经济指标及主要产品产量分别见表 1 和表 2。

（陈卫平）

【领导班子调整】 2020 年 11 月 26 日，集团公司对宁夏能化领导班子做出调整：李少平任宁夏能化董事长、党委书记，林国任宁夏能化总经理、董事、党委副书记。陆伟群不再担任宁夏能化公司董事长、党委书记，另有任用；胡传清不再担任宁夏能化总经理、董事、党委副书记，另有任用。

（陈卫平）

【疫情从严防控】 2020 年，宁夏能化建立各环节全覆盖立体化疫情防控格局，实行疫情“零报告”制度，强化“三类人员”管控和异常报备，设立承包商人员集中隔离点，为 117 人实施隔离；认真做好公共场所消毒消杀，实施上下通勤及在岗测温双管控，落实“分段供餐制”和“一人一桌”会议制，员工及承包商人员未发生感染及疑似感染事件。

（陈卫平）

【积极生产防疫物资】 2020 年，宁夏能化接到生产任务后快速响应，优先生产，仅用 7 天时间生产 30 吨聚乙烯醇产品，运往 2 000 多千米外的广东深圳厂家，用作生产水溶性防感染处置袋的防疫物资。

（陈卫平）

【装置运行水平稳步提升】 2020 年，宁夏能化从严非计划停工和降负荷管理，重心下移严格工艺靠标运行、压实基层调度责任，重拳整治装置巡检、工艺操作与报警管理，强化产销衔接，细化能耗物耗管控，扎实推进设备完整性体系建设。大力实施“设备网格化”管理，统筹装置运行与临停消缺，规范设备缺陷、泄漏管控与治理，关键机组故障停机率 0.195%，主要设备完好率 99.52%，关键及重要设备故障下降 29.24%，未发生三级及以上非停，四级非停下降 57%。

（陈卫平）

宁夏能化厂区（王　鑫　摄）

【质量管理不断增强】 2020 年，宁夏能化坚持关口前移抓实大宗原材料入厂质量管理，紧盯过程异常，强化入炉、入窑原料质量管控。做实质量对标，推进适销对路的 PTMEG、水泥、熟料等产品质量攻关，PTMEG 产品达到巴斯夫水平，熟料强度合格率提升 31.49%，全年未发生公司级及以上质量事故，产品出厂合格率保持 100%。

（陈卫平）

【攻坚创效成效明显】 2020 年，宁夏能化认真贯彻集团公司党组 2 个攻坚创效行动部署，精细做好创效项目推进，紧贴市场优化生产资源配置，向管理各环节要效益。全年累计创效 19 101 万元，完成攻坚创效目标的 115.62%，其中“百日攻坚创效”行动创效 9 414.39 万元、“持续攻坚创效”

行动创效 9 686.61 万元。

（陈卫平）

【拓市促销再创佳绩】 2020 年，宁夏能化推进营销体制改革，亮剑国际市场开发，统筹自委两个市场，平衡内、外贸易价差。醋酸、甲醇、电石、熟料等销量实现逆市增长，PTMEG 首次打开国际市场、销量连续 3 年蝉联国内第一。醋酸销售在西北市场话语权提升，长约、终端销量实现双增，完成全年销售计划。PVA 国际市场牌号增加至 11 个。

（陈卫平）

【对标提升收效较好】 2020 年，宁夏能化坚持公开招标采购，优化物资采购策略，不断扩大储物于商比例，多层次推进采购资金节约，未雨绸缪打好疫情期间动力煤发运中断、防疫物资欠缺两场保供战，年采购资金节约率为 10.55%，招标采购达标率为 83.71%，框架协议采购达标率为 84.98%。

（陈卫平）

【财务管控逐步规范】 2020 年，宁夏能化突出“事前算赢”指导，做实“零基预算”，推进业财融合，集中精力做好“六轮滚动测算”，预算准确率达 95% 以上。狠抓“两金”压降，加强筹融资管理，合理管控客户授信，加大承兑支付力度，确保了经营性净现金流为正。扎实推动资产流转盘活，高效资产增加 4%、负效资产减少 5%。

（陈卫平）

【煤电一体化优势逐步显现】 2020 年，宁夏能化推进煤矿依法合规运转手续办理，银星二号煤矿取得合法生产各项手续并于 2020 年 5 月正式投入商业运营，宋新庄煤矿取得采矿许可证、联合试运转备案并于 2020 年 9 月进入试运转，两矿合法合规运营为公司稳定煤炭供应、降低生产成本、发挥一体化优势奠定基础。

（陈卫平）

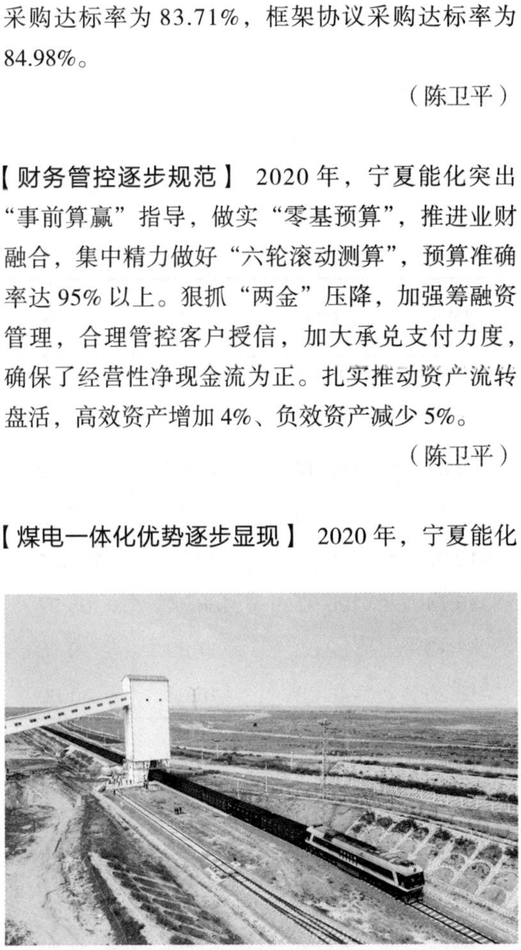

宁夏能化宋新庄煤矿铁路专用线正式开通试运行（王　鑫　摄）

【工程项目建设稳步推进】 2020 年，宁夏能化严抓项目总体统筹，紧盯项目节点推进，银星二号煤矿、宋新庄煤矿完成全年工程建设任务，乙炔运行部电石炉净化除尘灰治理、聚乙烯醇运行部空压站改造、BDO 运行部甲醛循环风机更新等项目均按照节点完成中交。

（陈卫平）

【绿色发展有序推进】 2020 年，宁夏能化推动绿色发展，推进甲醇空分等 6 套“绿色装置”创建。合规做好废气、废水、固体废物处置，全年固废综合利用率 78.12%。推进环保隐患排查治理与专项检查、日常督查，做好碳排放量和 VOCs 核算，规范开展环境监测，环保指标总体受控、环境绩效持续提升。

（陈卫平）

【基础管理日趋规范】 2020 年，宁夏能化深化“三基”建设，优化整合班组，班组数量从 107 个减至 103 个，自主管理不断提升。深化“低老坏”整治，合并设立“缺陷问题整改系统”，全年报送各类“低老坏”问题 8 623 项，整改率达 98.71%。推进岗位责任制检查与制度检查深度融合，提报专业检查问题 5 901 项，整改率达 97.66%。举办公司讲堂 3 期、专业讲堂 24 期。首次自主技能等级认定评定 16 个工种 211 人，11 名员工在各级职业技能竞赛中获自治区级技术能手、青年岗位能手等称号。

（陈卫平）

【党建融合创效渐趋务实】 2020 年，宁夏能化坚持将学习习近平新时代中国特色社会主义思想、习近平总书记最新重要讲话和重要指示批示精神作为重要政治任务，开展十九届四中、五中全会精神宣贯，成立公司党建工作领导小组，制定《党委落实全面从严治党主体责任细则》，做实“支委＋团队”，推动“三基本”建设，推进支部“达标创优”考核，启动“一支部一品牌”创建工作，深化党员先锋工程建设，基层党建基础逐步夯实。

（陈卫平）

【干部人才队伍活力迸发】 2020 年，宁夏能化健全干部“选育管用”工作机制，落实人才“生聚理用”工作要求，组织实施集团“三百三千”交流锻炼 4 人，选拔任用 10 人到中基层管理岗位，开展不同序列、不同专业干部轮岗交流 7 人次，选聘技术类专家 2 名，推荐集团和自治区骨干人才库 86 人，完成 1 400 余名管理、专业技术和高技能人才摸底盘点。

（陈卫平）

【党风廉政建设不断走深】 2020 年，宁夏能化坚持以党内监督为主，推动各类监督贯通融合，探索形成“1+5+5”“大监督”运行模式并积极推进，聚焦疫情防控、攻坚创效，深入开展“4+1”专项治理，深化“四风”纠治。突出抓好问题整改，2018 年党组巡视反馈问题整改措施完成率 98.46%。突出精准执纪，健全“信访网电”“四位一体”受理体系，落实“基层减负”部署，深度推进“精文简会”，公司级发文减少 36.93%、会议减少 26.98%。

（陈卫平）

【思想政治工作持续强化】 2020 年，宁夏能化开展“传承石油精神、弘扬石化传统”教育，举办“强责任勇担当、共建美好家园”故事会，编印企业文化丛书《传承》并组织学习。抓实疫情期间舆情引导，紧贴生产经营做实宣传鼓劲工作，大力宣传劳模先进在“攻坚创效”行动中发挥作用的事例。开展春节慰问、困难慰问、疫情慰问 6 批次，“金秋助学”6 名困难职工子女，开展 7 场 EAP 专题讲座。

（陈卫平）

【党组巡视】 2020 年 11 月 3 日，集团公司党组第二巡视组对宁夏能化党委开展巡视“回头看”工作。

（陈卫平）

表 1　　宁夏能化主要经济指标　　亿元

指标名称 \ 年份	2020	2019	2018	2017	2016	2015
工业总产值	37.80	42.50	41.31	33.61	22.58	23.62
工业增加值	6.19	4.50	2.81	−28.04	−1.75	5.06
资产总计	147.75	174.84	183.87	187.47	218.52	219.39
流动资产	5.50	7.02	8.11	7.19	5.40	7.78
固定资产原值	217.68	216.00	212.97	188.61	188.73	172.71
固定资产净值	100.82	128.29	136.74	126.92	168.74	165.97
销售收入	37.79	44.24	41.13	32.63	17.89	9.76
利　润	−34.65	−12.04	−16.20	−46.03	−18.95	−1.60

表 2　　宁夏能化主要产品产量　　万吨

产品名称 \ 年份	2020	2019	2018	2017	2016	2015
甲　醇	61.68	63.66	52.20	54.25	50.61	52.03
电　石	56.54	55.95	48.51	54.08	35.70	24.54

续表

年份 / 产品名称	2020	2019	2018	2017	2016	2015
乙　炔	14.09	17.21	15.88	15.26	9.17	6.21
醋　酸	35.39	34.24	23.64	27.34	14.75	3.60
醋酸乙烯	24.79	34.86	31.91	31.66	19.81	10.57
聚乙烯醇	7.46	7.25	5.48	5.93	1.98	2.04
1,4- 丁二醇	17.48	16.86	15.30	12.68	6.69	6.64
四氢呋喃	7.59	6.70	6.72	4.73	1.77	1.45
聚四氢呋喃	6.62	5.42	4.94	3.59	0.99	0.48
水　泥	69.44	79.04	58.19	51.72	29.66	20.75
煤　炭	140.10	116.04	121.53	—	—	—

化工销售公司

【概况】 中国石化化工销售有限公司（简称化工销售公司）是中国石化下属全资子公司。2005 年 5 月，中国石化党组实施化工产品销售体制重大改革，按照“六统一”（营销策略、市场开拓、物流优化、资源配置、销售业务、品牌战略）原则，组建化工销售分公司，承担中国石化化工产品营销工作的管理职能。2009 年 1 月，设立化工销售有限公司（与化工销售分公司一套班子、两块牌子）。2012 年 5 月，化工销售分公司和化工销售有限公司整合为化工销售有限公司。化工销售公司本部位于北京，设有 14 个职能管理部门和业务部门。在北京、上海、广州、武汉、南京设有华北、华东、华南、华中、江苏 5 家区域分公司，在全国各主要消费集中地和物流集散地设立有多个营销网点、驻企业办事处及自贸区公司。在境外设有全资子公司香港公司，依托香港公司在越南、新加坡、中东、北美、韩国、俄罗斯、台湾设立 7 个办事处，密切与全球同行合作，服务全球市场客户。化工销售公司主要负责中国石化统销化工产品的经营销售（包括进出口业务、系统内互供保供），以及仓储、物流管理业务，主要经营有五大类产品：合成树脂、合成橡胶、合纤原料、合成纤维及聚合物、有机化工及中副产品，同时，围绕主责主业开展国内、国际化工贸易，致力于打造世界领先化工贸易综合服务商。

（武　晶）

【疫情防控】 认真落实中央“六保”“六稳”任务，全力稳定产业链、畅通供应链，保障了中国石化系统内化工生产企业装置高负荷运行、产品后路畅通，满足了客户原料供应需求。防疫关头，积极响应中国石化“国家需要什么就生产什么，人民期待什么就奉献什么”的号召，引导生产企业转产增产销售医卫原料，全力以赴开通物流运输“绿色通道”，及时保障下游医卫行业客户原料供应，确保客户高负荷生产口罩等医卫用品，积极履行了中央企业社会责任。

（武　晶）

【产销研用】 与生产企业制订“一企一制”方案，共同满足客户和市场需求，确保生产企业后路畅通。密切关注企业检修、新装置投产进度，提前做好销售预案。认真制订产品营销企划方案，多维度做好对标分析评价，动态调整营销策略。以市场为导向，充分利用市场调研系统，开展全面“扫市场”，利用客户大数据分析及个性化画像，加强客户全生命周期服务和管理。坚持“基础 + 高端”，产销研契约化、市场化运作，加快推进产品高端化和新材料研发。将发展可降解材料作为重中之重，提升工作协调层级，建立完善专项工作机制，深入调研、系统研究、提早布局、争取突破。

（武　晶）

【挖潜降本】 牢固树立整体一盘棋的思维，深入开展系统优化，进一步强化跨境、跨区域、跨产品线协同，开展全流程全要素大优化。深入开展对标提升行动，以低成本、高质量为目标，不断提升比较优势。树牢全面预算管理理念，强化资金统筹力度，进一步提升“两金”周转效率。坚持勤俭节约办企业，培育精细算账文化，提升算经济账、效益账的能力。紧紧围绕落实提质增效和加快推进财务转型两条主线，深化财务基础工作，抓好资金统筹，提升价值引领，强化风险防控。

（武　晶）

【信息化建设】 持续打造“互联网 +”新业态，借助人工智能、大数据等新技术，进一步提高智能营销、智慧物流应用管理水平。按照“数据 + 平台 + 应用”的新模式，构建支撑数字化转型的信息基础设施，完善网络安全技术防护体系，不断提升信息化技术对核心业务的服务能力、引领能力、保障能力。

（武　晶）

【物流优化】 整合利用中国石化存量物流资源，推动仓储物流要素优化重组，创新运营管理方式，提高物流运行效率与价值创造能力。强化资源统筹职能，优化跨区资源配置，增强区域之间、产品部之间、产品部与物流部之间的协同作用。推动网络化运输，提高铁路、水路运输比例，多种运输方式转运协同。优化物流组织方式，加大运输工具返程利用比例。加强仓储管理人员配备，强化高风险业务现场巡查与监管力度。

（武　晶）

【制度建设】 以提高制度的覆盖性、适用性和执行力为核心，全面提高规范化管理水平。进一步强化“管理制度化、制度流程化、流程信息化”理念，对现有制度体系进行梳理，建立健全系统完备、科学规范、运行有效的制度体系。加快推进制度信息化，更好适应体制机制改革和业务管理需要。健全执行机制，加强刚性执行，把制度执行纳入监督和考核范畴，培养敬畏制度、遵守制度、执行制度、完善制度的管理文化。

（武　晶）

【党的建设】 强化理论武装，采取中心组学习、讲党课、上网课、组织培训等方式，学懂弄通做实习近平新时代中国特色社会主义思想，增强“四个意识”、坚定“四个自信”、做到“两个维护”。加强组织建设，积极推进党建工作创新，扎实开展党建自查互学、支部书记述职评议、党建工作考核。树立正确选人用人导向，加大力度推进年轻干部培养选拔和人才统筹使用，拓宽人才成长通道，优化干部队伍结构。以“送学上门”、讲反腐倡廉专题党课、廉洁谈心谈话等形式，强化干部廉洁教育和日常监督。结合物流货权、自营贸易、熔喷布原料销售等开展大监督，深化基层网点巡察。加强形势任务教育，组织“不忘初心再出发、牢记使命创一流”员工大讨论，召开庆祝建党 99 周年大会，开展摘旗夺星、金点子征集、营销案例评选、“青春战疫”、捐款抗疫，利用《中国石化报》、“学习强国”等内外平台，加强疫情防控、攻坚创效、社会责任、品牌服务宣传，提升员工队伍凝聚力战斗力。

（武　晶）

催化剂公司

【概况】 中国石化催化剂有限公司（简称催化剂公司）是中国石化催化剂生产、销售和管理的责任主体。2004 年底，中国石化对系统内催化剂业务实施企业层面的专业化重组，组建中国石化催化剂分公司，并在 2013 年改制为中国石化的全资子公司。

催化剂公司是国际第三、亚洲最大、中国第一的炼油化工催化剂生产商、供应商、服务商，主营业务为催化剂的生产与销售。产品涵盖炼油、聚烯烃、基本有机原料、煤化工、环保、吸附剂及助剂等6类近300个品种，年生产能力达26万吨。

截至2020年底，催化剂公司机关设置职能业务部门13个，下辖10家生产经营性单位和2家直属单位。生产基地主要分布在北京、上海、湖南、山东、辽宁和江苏6个省市。催化剂公司用工总量3 436人，拥有各类经营管理及专业技术人员1 536人，其中具有教授级高级职称的33人、高级职称的464人；拥有博士29人、硕士374人，并建有2个博士后工作站。

催化剂公司主要生产经营指标见表1。

（李宇敏）

【领导班子调整】 2020年11月30日，集团公司党组对催化剂公司领导班子进行调整：陈遵江任催化剂公司董事会董事长；焦阳任催化剂公司董事会董事，总经理建议人选、党委副书记（兼）；裴建武任催化剂公司监事会主席。

（李宇敏）

【召开第二届董事会、监事会第一次会议】 2020年12月18日，催化剂公司召开第二届董事会第一次会议，审议通过经理班子及高管人员人事议案，同意聘任焦阳为总经理，聘任王涛为常务副总经理，聘任刘志坚为副总经理、总工程师，聘任连嘉为总会计师，聘任张凯为副总经理、总法律顾问（兼）、董事会秘书（兼），对《董事会议事规则》等规章制度进行审议表决，通过战略、提名、薪酬与考核、审计与风险4个专门委员会的人选组成方案。同日，催化剂公司监事会召开第一次会议，审议通过《监事会议事规则》。会前，集团公司党组组织部发文，聘任王丽娟、李玉辉、李华、关明华为外部董事；经过职代会联席会议等有关程序，推选姜书斌为职工董事。董事会、监事会会议的召开，标志着催化剂公司内部治理结构进入新阶段，对促进规范运作、依法经营、提升管理具有里程碑式的重要意义。

（李宇敏）

【召开第二次党员代表大会和第二次团员代表大会】 中国共产党中国石化催化剂有限公司第二次代表大会于2020年5月23—24日召开，大会选举产生催化剂公司第二届党的委员会委员和第二届纪律检查委员会，陈遵江当选第二届党的委员会书记，裴建武当选第二届纪律检查委员会书记。2020年5月24—25日，共青团中国石化催化剂有限公司第二次代表大会在京召开，大会审议通过催化剂公司团委工作报告，选举产生催化剂公司第二届团的委员会。

（李宇敏）

【召开2020年度院士院长专家座谈会】 2020年11月4—5日，催化剂公司在上海召开2020年度院士、院长、专家座谈会，为进一步优化“十四五”规划和决胜全面可持续发展、迈向高质量发展找准破题开局新路径向与会的老领导、专家学者征询意见和建议。中国工程院院士王基铭、曹湘洪、袁晴棠、舒兴田、胡永康、孙丽丽，中国科学院院士何鸣元出席会议，对如何实现世界领先催化剂公司目标提出建设性意见与建议。

（李宇敏）

【大力推动“科改示范行动”改革落地见效】 2020年4月27日，催化剂公司入选国务院“科改示范行动”企业名单，“科改示范行动”是继国企改革“双百行动”、国资国企“综改试验”后又一国企改革专项工程。催化剂公司紧紧抓住改革契机，在完善企业治理结构、市场化选人用人机制、科研创新体系建设等领域迈出重要步伐，成功召开第二届董事会、监事会首次会议，顺利推行公司本级经理层成员任期制和契约化管理，全面实施生产装置管理模式改革，稳步推进“三项制度”改革、市场营销体制机制改革、物资供应体制机制改革等专项改革工作，以改革发展稳定的优良业绩交出一份合格的年度答卷，国务院国资委改革办和集团公司予以高度评价。

（李宇敏）

【积极推进经理层成员任期制和契约化管理】 2020年12月18日，催化剂公司举行经理层成员任期制和契约化管理签约仪式，董事长陈遵江与总经理焦阳签订《岗位聘任协议》《年度经营业绩考核责任书》《任期经营业绩考核责任书》，与其他经理班子成员签订《岗位聘任协议》，总经理焦阳与各位经理班子成员签订“两书”。签约涵盖催化剂公司本级经理层所有岗位，目的是通过“以上率下”，发挥“关键少数”的示范引领作用。作为“科改示范企业”和集团公司首批任期制和契约化管理试点企业，催化剂公司上述工作走在央企前列，展现了“站排头、争第一”的高标准。

（李宇敏）

【疫情防控和攻坚创效“双战双胜”】 2020年，面对新冠肺炎疫情带来的严重冲击，催化剂公司主动化危为机，坚持两线作战，一手抓疫情防控，实现了员工零感染；一手抓攻坚创效，生产经营保持了稳健的增长势头，“百日攻坚创效”和“持续攻坚创效”期间合计增效创效2.25亿元，做到了“两手抓、两不误”，取得优于同行、好于预期、跑赢大市的经营业绩。

（李宇敏）

【狠抓拓销扩市】 2020年，在炼化企业开工率严重不足、全球炼油化工催化剂消耗量下降近20%的不利条件下，催化剂公司全力克服现场服务受阻、客户交流受限、物流渠道不畅等困难，大力拓销扩市，销售总量总体持平。全力优质高效保证系统内炼化装置高质量运行，充分发挥中国石化一体化优势，统筹开拓国内炼化一体化市场。对韩国、日本、新加坡等境外客户驰援防疫物资，加大重点目标市场开拓力度，海外市场占有率进一步提高。

（李宇敏）

【促进企业绿色发展】 扎实开展污染防治攻坚战，近3年累计投入资金3.38亿元，完成24项污染防治攻坚战项目，强化固体废物管理和减量化、资源化、无害化工作，污染物排放总量持续下降。精心组织绿色企业创建，强化全员参与和对标整改，8家下属单位和13个基层单位被授予催化剂公司绿色企业、催化剂公司绿色装置称号，公司整体以优异成绩顺利跨入中国石化绿色企业行列。

（李宇敏）

【推进技术创新能力提升】 配合总部“十条龙”项目攻关，完成中科炼化YS-9010K催化剂的工业生产，高效环保5A分子筛吸附剂的研制及应用项目获集团公司技术发明三等奖。加大新产品放大和新技术推广力度，VSL-PA催化裂化催化剂、FHUDS-10柴油加氢精制催化剂等25个新产品成功转化，完成新型SMTO甲醇制烯烃催化剂工业应用，开发了SAPO-34分子筛绿色合成工艺、聚烯烃催化剂生产过程塔釜液萃取处理新工艺、FCC催化剂短流程工艺技术等一批新工艺新技术，有效降低了生产成本。加强知识产权保护，申请专利84件，获授权32件。

（李宇敏）

【谋定“十四五”发展蓝图】 主动融入集团公司“一基两翼三新”产业格局，提出催化剂公司“13334”世界领先发展方略，立足“结构再优化、资源一体化、管理精细化”发展思路，完成催化剂公司“十四五”发展规划编制，为推动效率变革、质量变革注入强劲动力。“十四五”期间，谋划投资40多亿元，投资建设项目30余个，旨在全面提升催化剂工程制备技术能力，进一步增强产品竞争优势。

（李宇敏）

【持续推进从严治党】 专题召开党风廉政建设教育警示大会和“5·29”环境事件教育警示大会，着力解决管党治党存在的“宽、松、软”问题，坚持以疫情防控和生产经营为主战场，探索实践党的建设与中心工作深度融合运行机制，在把方向、抓基本、促融合上下功夫，不断创新载体、搭建平台、完善机制，大力弘扬石油精神和石化传统，充分发挥党员群众的积极性、主动性、创造性，形成了知重负重、迎难而上、创先争优的生动局面，有力促进了公司目标任务的完成和发展质量的提升。

（李宇敏）

【FCC催化剂大型化喷雾干燥技术和调混装备技术开发项目通过技术鉴定】 项目于2016年立项，由催化剂公司与天华化工机械及自动化研究设计院共同承担，2020年1月3日通过集团公司鉴定。

该项目通过设计优化喷雾干燥塔，优化喷雾塔运行工艺参数，避免催化剂破损和粘塔等现象，确保装置稳定运行及催化剂产品质量；开发尾气热量回收利用技术，降低了热量损失，减少了尾气排放。工业应用结果表明：喷雾塔实现了长周期稳定运行，所得产品粒径分布满足控制要求；与老基地比，吨产品能耗明显降低。

（李宇敏）

【加氢催化剂载体水蒸气改性新技术开发项目通过技术鉴定】 项目于2016年立项，由催化剂公司与天华化工机械及自动化研究设计院共同承担，2020年1月3日通过集团公司鉴定。该项目针对水蒸气改性立式焙烧炉存在的载体易破碎、自动化程度低、能耗高等问题，开发了加氢催化剂载体水蒸气改性连续化回转式焙烧技术，基于此完成了对现有回转式焙烧炉的改造，实现了改性工序连续化和自动化操作，并优化确定了水蒸气改性工艺条件。工业应用结果表明：与立式焙烧技术相比，成本显著降低，操作环境极大改善。

（李宇敏）

【焙烧炉热效率评价方法与节能研究项目通过技术鉴定】 项目于2018年立项，由催化剂公司与天华化工机械及自动化研究设计院共同承担，2020年8月28日通过集团公司鉴定。该项目建立了电焙烧炉和燃气焙烧炉热效率计算模型及评价方法，分析了影响焙烧炉热效率的主要因素，改进了焙烧炉的密封结构和出料结构，稳定了系统操作压力；通过喷涂节能材料，减少了散热损失，有效提高了焙烧炉热效率。工业应用结果表明：所建立的焙烧炉热效率评价模型计算结果与实测结果偏差在 ±3% 范围内，可以作为炉效评价依据。

（李宇敏）

【炼油催化剂废水热泵精馏脱氨技术开发项目通过技术鉴定】 项目于2014年立项，由催化剂公司与天华化工机械及自动化研究设计院共同承担，2020年8月28日通过集团公司鉴定。该项目开发了蒸汽热泵密闭循环技术，将汽提后含氨蒸汽循环利用，实现了脱氨前后废水之间的热量交换，大幅降低了蒸汽消耗量；改进了氨气回收工艺，使装置可兼顾生产硫酸铵和氨水，消除了单一产品可能导致的不平衡。工业应用结果表明：装置运行稳定，处理后废水中氨氮含量远低于国家排放限值。

（李宇敏）

【干粉催化剂加料系统的开发项目通过技术鉴定】 项目于2020年立项，由催化剂公司、上海化工研究院有限公司和浙江大学共同承担，2020年10月16日通过集团公司技术鉴定。该项目分析了干粉催化剂的流动特性，提出了计量装置的技术要求，开发了新型干粉催化剂准确计量及高分散加料装置。该技术已申请中国发明专利1件，获授权实用新型专利1件，达到国际先进水平。工业试验结果显示：与进口同类设备比，自主开发的加料系统运行平稳，故障率大幅降低，易于检修维护，提高了催化剂的使用性能和效果。

（李宇敏）

【获多项集团公司表彰】 2020年，催化剂公司多家基层单位和个人先后获中国石化抗击新冠肺炎疫情先进个人、“百日攻坚创效”先进个人、安全生产先进个人、中国石化知识产权先进个人、法治工作和“七五”普法先进个人、财务管理先进个人、物资供应管理先进个人、宣传思想工作先进个人、先进基层党组织等多项荣誉称号，催化剂制备工程技术研究创新团队获2020年中国石油化工集团有限公司优秀创新团队称号。

（李宇敏）

表1 催化剂公司主要生产经营指标

指标名称＼年份	2020	2019	2018	2017	2016	2015
生产各类产品/万吨	18.30	20.40	18.20	19.80	17.90	17.50
销售各类产品/万吨	19.10	20.30	21.60	18.50	16.10	17.80

续表

年份 指标名称	2020	2019	2018	2017	2016	2015
销售收入 / 亿元	87.40	87.50	79.50	64.20	59.40	56.50
资产总额 / 亿元	114.40	107.20	99.90	89.70	78.80	79.70

北京化工研究院

【概况】 中国石油化工股份有限公司北京化工研究院（简称北京化工研究院）成立于 1958 年 6 月，是中国最早从事石油化工综合性研究的科研机构，曾隶属化学工业部。1998 年 9 月转制进入中国石油化工集团公司。2010 年，按照集团公司整体部署，燕山石化研究院成为北京化工研究院燕山分院，燕山树脂所、齐鲁石化研究院、扬子石化研究院成为北京化工研究院挂牌分院。2019 年，宁波新材料研究院作为北京化工研究院宁波分院挂牌成立。

截至 2020 年底，北京化工研究院已形成一院多地的发展格局。本部位于朝阳区北三环内，占地面积 9.7 万平方米，建筑面积 6.0 万平方米，设有 12 个研究所、1 个二级单位（燕山分院）、4 个专业中心、11 个职能部门。燕山分院位于房山区向阳街道，占地面积 30 万平方米，建筑面积 6.1 万平方米，设有 7 个专业研究室。通州科学试验基地位于通州区次渠镇光机电一体化产业基地，占地面积 23 万平方米，建筑面积 5.0 万平方米。天津科学试验基地位于天津滨海新区大港石化产业园区内，占地面积 37 万平方米。在职员工 1 022 人，其中中国工程院院士 1 人，集团公司科技创新功勋奖 3 人，享受政府特殊津贴 10 人，“百千万人才工程”国家级人选 2 人，集团公司首席专家 3 人、高级专家 3 人、突出贡献专家 19 人，博士 296 人、硕士 350 人。

北京化工研究院共设有聚烯烃国家工程研究中心、橡塑新型材料合成国家工程研究中心、国家基本有机原料质量监督检验中心、国家化学建材测试中心、国家先进高分子材料测试评价中心等 10 个国家级和行业性技术中心，生物源纤维制造技术国家重点实验室、高浓度难降解有机废水处理技术国家工程实验室 2 个国家重点实验室，国际标准化委员会（ISO）塑料—力学性能分会等 5 个国内外行业协会秘书处职能；同时承担 6 个中国石化技术中心、2 个中国石化联合研发（创新）中心和 3 个中国石化重点实验室的工作，拥有 7 项设计制造资质；建设配备聚烯烃中试技术中心（PPC）、塑料技术中心（PTC）、橡胶技术中心（RTC）、高通量研发技术中心（HTC）等专业技术平台；编辑出版《石油化工》《化工环保》和《国内外石油化工快讯》3 个学术期刊和行业性杂志；拥有化学工程与技术、材料科学与工程 2 个一级学科硕士学位授权点，具有联合培养博士研究生资格，设有博士后科研工作站。

截至 2020 年底，北京化工研究院共获省部级以上科技奖励 465 项，包括国家技术发明奖 10 项，国家科技进步特等奖 1 项、一等奖 2 项、二等奖 9 项，中国专利金奖 2 项、银奖 3 项。其中，2020 年度获国家级科技进步奖 1 项，集团公司前瞻性基础性研究科学奖 2 项、技术发明奖 2 项、科技进步奖 8 项，石化联合会科学技术奖励 4 项、中国化工学会科学技术奖励 2 项、石油和化工行业专利金奖 1 项。累计申请国内发明专利 7 394 件、获授权 4 068 件，申请国外专利 1 256 件、获授权 784 件，拥有专有技术 67 项。

北京化工研究院 2020 年度主要科研成果获奖情况和 2015—2020 年专利申请与获授权情况分别见表 1 和表 2。

（孟凡宁）

【领导班子调整】 2020 年，集团公司党组对北京化工研究院领导班子进行2次调整：8月28日，免去刘振华的北京化工研究院党委书记、副院长职务，调出另有任用；12月1日，戴锭任北京化工研究院党委书记、副院长，张韬毅、马鸣、郭子芳任北京化工研究院副院长、党委委员，免去梁爱民、王国清北京化工研究院副院长、党委委员职务。

（孟凡宁）

【疫情防控取得阶段性成果】 面对新冠肺炎疫情，2020年1月22日，北京化工研究院成立应急管理（疫情防控工作）领导小组，坚决落实党中央、国务院、北京市和集团公司各项疫情防控部署，积极配合地方政府联防联控，形成“十二条”严防措施，建立高效工作机制，及时排查员工及家属健康状况，保障院区环境安全可控，取得零感染、零疑似、零确诊的抗疫成果。

（刘　旸）

【落实“四个一批”指示要求】 2020年4月7日，集团公司党组领导调研时提出“四个一批”指示要求，北京化工研究院聚焦化工产业链和产品链，梳理出一批近期可以产业化的技术；瞄准新能源、新材料等领域，梳理出一批具有突破性的重大的产业基础研究方向；在汽车轻量化非金属材料、低碳烯烃工程研究、高分子材料绿色资源化、石油化工环保等方面力争构建一批重人国家科技创新平台；研究推出一批重大改革举措，为北京化工研究院打造世界领先研究院及中长期发展奠定基础。

（刘　旸）

【中石化北化院（天津）科技发展有限公司正式成立】 2020年5月15日，中国石化北京化工研究院（天津）科学试验基地项目投资协议签约仪式在天津市滨海新区举行，北京化工研究院代表中国石化在协议上签字。7月6日，完成中石化北化院（天津）科技发展有限公司工商注册并取得营业执照，随着公司的高质量运营将持续巩固中国石化聚烯烃催化剂技术的世界引领地位，促进功能化、高端化合成材料的研究开发。

（孟凡宁）

天津科学试验基地投资协议签约仪式

【“科改示范行动”正式启动】 2020年7月13日，集团公司开展直属研究院“科改示范行动”，北京化工研究院作为试点单位率先启动。11月30日，《北京化工研究院“科改示范行动”改革实施方案》通过集团公司深化改革领导小组会议审议，方案围绕科技发展布局、自主创新能力、选人用人机制、激励约束制度、加强党的建设5个方面，研究制定21条改革措施，与对标世界一流管理提升行动、深化改革三年行动、“十四五”发展规划整体推进研究院未来发展。

（孟凡宁）

【功能性高分子膜材料关键技术重大项目通过鉴定】 2020年6月24日，中国石化重大项目“功能性高分子膜材料关键技术攻关”通过集团公司鉴定。北京化工研究院作为项目长单位，牵头完成17类新产品的开发与生产，其中2类达到国际领先水平、9类达到国际先进水平、6类产品达到国内领先水平。项目期间，功能性膜材料新产品在企业生产48.2万吨，累计创效4.0亿元，申请国内外发明专利151件，获授权36件，形成专有技术2项，发表论文75篇，形成调研报告5篇。

（孟凡宁）

【特种橡胶关键技术列入重大项目】 2020年8月14日，中国石化重大科技项目“特种橡胶关键技术”立项实施，北京化工研究院作为项目长单位，牵头承担耐高温耐油密封材料、梯度阻尼橡胶材料等技术攻关任务。

（孟凡宁）

【面向人民生命健康开展医用卫生材料攻

关】 2020年3月26日，面对国家疫情防控需求，北京化工研究院牵头承担中国石化重大科技项目“医用防护高分子材料关键技术攻关”项目，开展低气味聚丙烯树脂、抗菌纤维无纺布专用树脂、聚四氟乙烯微孔膜及口罩技术攻关。并在“百日攻坚创效”和“持续攻坚创效”行动期间，仅用1周时间开发出高品质熔喷布专用料，3个月取得VD-21研究突破，成立表征突击队支持石化企业转产增产熔喷料，为国家战“疫”提供有力科技支撑。

（孟凡宁）

【高光泽抗冲聚丙烯开发“十条龙”项目通过鉴定】 2020年11月17日，由北京化工研究院作为项目长单位承担的中国石化“十条龙”攻关项目“高光泽抗冲聚丙烯开发”通过集团公司的鉴定。应用该技术生产的产品具有高光泽、低收缩、耐应力发白等特点，已在海尔等企业用于家电、家居制品，为下游产品升级提供了高性能材料支撑。

（孟凡宁）

【中安联合煤化高盐废水零排放处理技术研究“十条龙”项目通过鉴定】 2020年11月20日，由北京化工研究院参与承担的中国石化“十条龙”攻关项目“中安联合煤化高盐废水零排放处理技术研究”通过集团公司的鉴定。该技术具有回收率高、集成化、模块化的特点，整体技术达到国际领先水平。中国石化成为国内第1家真正实现高盐废水零排放和盐类资源化的企业。

（孟凡宁）

【AEB处理煤基乙二醇废水工业示范项目通过鉴定】 2020年5月15日，由北京化工研究院承担的“AEB处理煤基乙二醇废水工业示范”项目通过集团公司的鉴定。该技术装置运行稳定、占地面积小、处理负荷高、投资省、效率高，可有效解决高浓度硝氮废水的处理问题，整体技术达到国际先进水平。

（孟凡宁）

【生物可降解材料PBST工艺包及可研报告通过论证】 2020年6月16日，由北京化工研究院牵头编制的“2万吨/年PBST生产装置工艺包”通过集团公司审查。11月25日，集团公司召开论证会审议通过“海南炼化6万吨/年PBST项目”可行性研究报告。该技术是由北京化工研究院研发的具有自主知识产权的生物可降解材料生产技术，为国家推进“限塑令”政策的实施及解决“白色污染”提供了解决方案。

（孟凡宁）

【国产银催化剂在引进装置首装投用开车成功】 2020年9月12日，由北京化工研究院自主研发的高选择性YS-9010K银催化剂在中科炼化（湛江）引进的环氧乙烷/乙二醇（EO/EG）装置上一次开车成功，打破了国内引进EO/EG装置首次投产必须使用进口催化剂的惯例。

（孟凡宁）

【聚乙烯BCE-H100催化剂在俄罗斯工业试验成功】 2020年3月18日，BCH-100催化剂在俄罗斯公司完成高熔指注塑料的工业应用试验和20余天的长周期试验，成为首次在欧洲国家赫斯特工艺上获成功工业应用的国产催化剂。

（孟凡宁）

【成立综合管理部（党委办公室、战略发展部）】 2020年4月，北京化工研究院将院长办公室更名为综合管理部，并成立战略发展部，与党委办公室一并与综合管理部合署办公，统筹北京化工研究院党的建设、改革发展、战略规划、组织协调、督查促办、服务保障等工作。

（孟凡宁）

【完成院长任中经济责任审计迎审工作】 2020年2—6月，集团公司审计部对吴长江担任北京化工研究院院长期间履行经济责任情况进行审计。针对审计发现问题，北京化工研究院立行立改、应改尽改，实现危险化学品精细管理、库存价值最大化，有效提升管理水平。

（孟凡宁）

【首个孵化项目进入中石瑞柏新材料科技公司】 2020年3月25日，北京中石瑞柏新材料科技有限公司召开首个孵化项目启动会，标志着该公司正式以孵化转化功能开始运行。“土壤和地下水调查与修复”作为首个项目进入孵化，创效显著，技术性收入较往年提高 30%，技术团队实施单列奖励政策。

（孟凡宁）

【开展“忆峥嵘、铭使命”传统教育日活动】 2020 年 6 月 1 日，北京化工研究院开展以“忆峥嵘、铭使命”为主题的传统教育日活动，通过制作微视频，展示各研究所发展历程、科技成果、重大事件、典型人物等，进一步传承石油精神、弘扬石化传统。

（孟凡宁）

【新增 2 名集团公司首席专家】 2020 年 9 月，经公开竞聘，梁爱民被聘为集团公司石油化工（合成材料）领域首席专家，王国清被聘为集团公司石油化工（烯烃工艺）领域首席专家。

（孟凡宁）

【重要荣誉】 2020 年，北京化工研究院获全国文明单位称号；夏先知获全国劳动模范称号；张师军获中国石化“百日攻坚创效”先进个人称号；高分子物理及表征重点实验室表征突击队获中国石化抗击新冠肺炎疫情突出贡献单位称号；丛林获中国石化抗击新冠肺炎疫情先进个人称号；膜技术开发创新团队获集团公司优秀创新团队称号；夏清华获集团公司优秀青年科技创新人才称号。

（孟凡宁）

表 1　　北京化工研究院 2020 年度主要科研成果获奖情况

序号	项目名称	获奖名称	获奖等级
1	复杂原料百万吨级乙烯成套技术	国家科技进步奖	一等奖
2	共单体对烯烃共聚物微结构影响及相关聚合机理探究	集团公司前瞻性基础性研究科学奖	二等奖
3	化学结构、结晶特性与聚酰胺光刺激响应关系研究	集团公司前瞻性基础性研究科学奖	三等奖
4	高品质树脂增韧用低顺橡胶关键技术开发及应用	集团公司技术发明奖	一等奖
5	高性能有机气体分离膜制备及膜法 VOCs 回收处理成套技术开发	集团公司技术发明奖	二等奖
6	功能性高分子膜材料关键技术攻关	集团公司科技进步奖	特等奖
7	环保型高刚高韧聚丙烯树脂开发	集团公司科技进步奖	二等奖
8	AEB 反硝化处理合成气制乙二醇高硝氮废水	集团公司科技进步奖	二等奖
9	高活性自适应氢调性催化剂开发及在系列高刚性聚丙烯开发中的应用	集团公司科技进步奖	二等奖
10	丙酮加氢制异丙醇催化剂的研发及工业应用	集团公司科技进步奖	三等奖
11	新型绿色健康小中空树脂技术的开发	集团公司科技进步奖	三等奖
12	聚烯烃弹性体专利战略研究	集团公司科技进步奖	三等奖
13	河南油田高温油藏化学驱提高采收率技术	集团公司科技进步奖	二等奖
14	安全节能型绿色轮胎胎面胶用溶聚丁苯橡胶结构功能化设计及产业化	中国石油和化学工业联合会技术发明奖	一等奖
15	绿色节能釜压发泡聚丙烯材料制备关键技术及应用	中国石油和化学工业联合会技术发明奖	二等奖
16	多功能聚烯烃树脂成核剂的分子设计、产品开发及工业应用	中国石油和化学工业联合会科技进步奖	二等奖

续表

序号	项目名称	获奖名称	获奖等级
17	抗黏蒸煮型流延膜专用聚丙烯关键技术开发及工业化	中国石油和化学工业联合会科技进步奖	三等奖
18	低析出物超透聚丙烯开发及工业化	中国石油和化学工业联合会科技进步奖	三等奖
19	一种丙烯 / 丁烯无规共聚物的制备方法及其应用	石油和化学工业专利奖	金奖
20	制备长支链聚乙烯用催化剂技术	中国化工学会科技进步奖	二等奖
21	制备长支链聚乙烯用催化剂技术	中国化工学会基础研究成果奖	二等奖
22	新能源汽车关键材料及部件测试表征解决方案及应用推广	中国分析测试协会科学技术奖CAIA 奖	二等奖

表 2　北京化工研究院 2015—2020 年专利申请与获授权情况　件

年　份	国内专利		国际专利	
	申请数	获授权数	申请数	获授权数
2020	647	476	122	101
2019	640	430	73	96
2018	635	461	63	68
2017	630	406	55	67
2016	623	566	146	78
2015	602	450	71	92

上海石油化工研究院

【概况】 中国石油化工股份有限公司上海石油化工研究院（简称上海石油化工研究院）位于上海市浦东新区，创建于 1960 年（时称上海市石油化学研究所），是股份公司直属综合性研究开发机构；1984 年转隶原中国石油化工总公司，1998 年更为现名，2004 年 12 月与上海石化科技开发公司整合，2010 年 4 月在相关企业增设上海石油化工研究院南化分院、仪征分院、天津分院、巴陵分院和川维分院；研究领域涵盖基本有机化工、新型煤化工、油田化学品、精细化工和合成纤维材料等，设有中层机构 32 个，其中职能部门 11 个、直属机构 1 个、二级单位 20 个；是基本有机原料催化剂国家工程研究中心、绿色化工与工业催化国家重点实验室、全国石油化学标准化委员会的依托单位；设有中国石化甲醇转化技术、三采用表面活性剂、芳烃技术（联合）、碳纤维及其复合材料（联合）、高端精细化学品等重点实验室；是中国石化有机原料情报中心站，上海市石油化工产品质量监督检验站，上海市催化剂行业测试中心等机构和企业博士后科研工作站；与联合化学反应工程研究所合办《化学反应工程与工艺》（双月刊），另有内刊《石油化工快报（有机原料）》（半月刊）。

截至 2020 年底，员工总数 776 人，其中高级技术人员 362 人，博士 223 人、硕士 238 人，中国工程院院士 1 人，国家级突出贡献专家 4 人，享受政府特殊津贴 34 人，入选国家百千万人才工程 4 人，国家“万人计划”科技创新领军人才 3 人。累计获国家级奖励 50 项，其中国家科技进步特等奖 1 项、一等奖 2 项，国家技术发明二等奖 5 项，中国专利金奖 5 项；累计获省部级及以上奖励 319 项，其中中国石化科技进步特等奖 3 项，科技进步、技术发明及前瞻性基础性研究科学等一等奖 39 项。累计申请中国专利 7 608 件、获授权 4 393 件，在 20 多个国家和地区申请专利 644 件、获授权专利 352 件，其中 2020 年度申请中国专利 582 件、获授权 514 件，申请涉外专利 93 件、获授权 57 件。

上海石油化工研究院 2020 年度主要科研成果获奖情况和 2015—2020 年专利申请与获授权情况分别见表 1 和表 2。

（潘　波）

【“α－甲基苯乙烯加氢催化剂创制及工业应用”获中国石化科技进步二等奖】 针对进口催化剂空速和选择性偏低、耐杂质性能不足，运行稳定性不足和加氢产品质量受影响等问题，通过构建不含微孔、落位丰富且酸性质可控的中孔—大孔复合结构新型氧化铝材料，创新 Pd 层厚度及晶粒尺度精细调控技术，开发了可适应不同工况的高性能催化剂，具有低温活性高、选择性和稳定性好，抗杂质能力强的特点。2016 年 7 月起应用于燕山分公司 16 万吨 / 年苯酚丙酮装置，2017 年 5 月起应用于中沙石化 35 万吨 / 年苯酚丙酮装置，均稳定运行，综合性能优于同类催化剂；打破了进口催化剂的技术垄断，提高装置运行水平，促进了企业降本增效。该项目获 2020 年度中国石化科技进步二等奖；获授权美国发明专利 1 件、中国发明专利 4 件。

（潘　波）

【“乙烯与碳四烯烃歧化增产丙烯催化剂工业试验”通过技术鉴定】 7 月 7 日，“乙烯与碳四烯烃歧化增产丙烯催化剂工业试验”项目通过中国石化组织的技术鉴定。项目基于烯烃歧化催化剂构效关系的基础研究，创新烯烃歧化催化剂载体调控方法，研制烯烃歧化 SM–2 催化剂；创新碱土氧化物表面缺陷改性方法，研制杂质耐受性强的双键异构 SI–2 催化剂；通过 SM–2/SI–2 催化剂双功能协同，提高催化剂的活性、选择性和稳定性。通过 SM–2/SI–2 催化剂放大制备研究，解决催化剂成型、生产污染等工程技术问题，提高催化剂强度，实现生产过程“三废”近零排放。SM–2/SI–2 催化剂在上海赛科公司 16 万吨 / 年烯烃转化装置进行工业应用试验。试验结果表明：丁烯单程转化率 73%（初期）—60%（末期），丙烯选择性大于 99.5%。

（潘　波）

【“异形乙苯脱氢制苯乙烯催化剂工业试验”通过技术鉴定】 7 月 7 日，“异形乙苯脱氢制苯乙烯催化剂工业试验”项目通过中国石化组织的技术鉴定。GS–DS 异形乙苯脱氢催化剂在青岛炼化 8.5 万吨 / 年苯乙烯装置工业试验，运行后标定结果：GS–DS 催化剂机械强度高，抗粉化性能好，床层阻力较小且性能稳定；运行期内，反应温度 603—632℃，汽 / 烃质量比 1.20—1.45，运行负荷 100%—107% 的操作条件下，乙苯平均转化率为 64.5%，苯乙烯选择性≥ 97.5%，可以实现长期高负荷稳定使用（≥ 4 年）；综合性能指标达到国内外同类催化剂先进水平。获授权中国发明专利 5 件。

（潘　波）

【第 2 代烯烃催化裂解（OCC）技术工业化】 10 月 15 日，第 2 代高收率烯烃催化裂解（OCC）成套技术在山东联泓 9 万吨 / 年 OCC 装置开车成功，装置运行平稳，反应器进料负荷达 108%，双烯收率超过合同值；具有产物收率高，反应空速高，环保性能突出等特点。12 月，完成 72 小时满负荷标定，结果显示：OCC 催化剂对于原料的适应性强；OCC 装置运行平稳，乙烯、丙烯收率高于合同保证值。

（潘　波）

【CHP 法制环氧丙烷完成全流程中试】 8 月 28 日，上海石油化工研究院 CHP 法制环氧丙烷技术在天津石化中试装置打通全流程，PO 精制单元开车成功，产品质量优于国标优质品，关键技术取得突破。丙烯环氧化单元、氢解单元已分别一次开车成功，产物分离单元流程也打通并全流程循环稳定运行。标志着 CHP 法制环氧丙烷技术路线可行，为 15 万吨 / 年工业试验打下基础。

（潘 波）

PO 全流程中试环氧化单元在天津石化开车成功

【助力企业攻坚创效】 2020 年，面对突如其来的新冠肺炎疫情冲击，上海石油化工研究院统筹做好疫情防控和复工复产，落实集团公司攻坚创效行动，科研开发、表征分析、催化剂评价、装备建设等部门协同攻关，全力以赴增强科技供给能力；技术市场部门主动对接，靠前服务，加强对企业技术服务支撑和降本增效工作；如期完成中科炼化乙烯装置裂解汽油加氢催化剂保供，确保顺利开车；率先复工碳纤维、环氧丙烷等重点科技攻关项目；及时提供中韩石化加氢催化剂优化运行解决方案，延长半年使用周期，保障疫情期间生产装置稳定运行。上半年，180 套评价装置复工运转，在线为 30 余家企业开展技术服务 45 次，支持企业复工复产。

（潘 波）

【入围《烃加工》最佳催化剂技术奖提名】 10 月 2 日，上海石油化工研究院研发的 SEB 系列高性能苯与稀乙烯烷基化制乙苯催化剂技术入围第四届美国《烃加工》杂志最佳催化剂技术奖提名。该技术针对炼厂干气中乙烯含量低、有害杂质多的难点，通过高通量筛选试验，研制形貌择向、扩散性能优异的分子筛材料，并基于该分子筛开发出 SEB 系列乙苯催化剂，具有更高活性、选择性和反应稳定性，对杂质耐受能力强，已在国内 16 套乙苯生产装置工业应用。

（潘 波）

【举办科技创新发展论坛】 11 月 15 日，上海石油化工研究院在建院 60 周年之际，举办科技创新发展论坛，来自中国科学院、中国工程院、中国石化及高校、科研机构的院士、专家与会。6 位院士专家做学术报告，对化工材料行业的现状和未来趋势做多角度、多层次的分析和展望，并共同探讨前沿科学问题，谋划“十四五”规划及中长期创新发展方向。

（潘 波）

【中国石化上海光源项目启动】 12 月 30 日，依托中国第 3 代先进同步辐射光源，中国石化上海光源能源化工科学实验室建设在中国科学院上海高等研究院上海光源科学中心启动。该项目投资近 4 亿元，由上海石油化工研究院负责筹建，建设周期 45 个月，是首个企业建设的应用于前瞻基础研究的大型科学装置，将面向工业需求强化基础研究，助力中国石化在油气勘探、工业催化及合成材料等领域变革性技术突破。

中国石化上海光源能源化工科学实验室项目由“3 条光束线站”和“辅助实验室”构成。其中，3 条光束线站分别是 Sinopec E 线站系统（以 X 射线吸收 –X 射线衍射联用为主要技术）、Sinopec M 线站系统（以小角 / 广角 X 射线散射为主要技术）、Sinopec C 线站系统（以纳米 CT 为主要技术）。每条光束线站包括插入件、前端区、光束线、实验站。辅助实验室为实验站用户终端提供个性化研究设备和方法，提供公用工程配套设施。

（潘 波）

【中石化新材料科技（上海）有限公司成立】 为加快新材料领域技术的孵化转化，深化科技体制机制改革，8 月 30 日，经中国石化科技部批复，成立中石化新材料科技（上海）有限公司，12 月 22 日完成企业工商登记注册，实施“平台公司 + 项目公司”的孵化转化模式。

（潘 波）

表 1　　上海石油化工研究院 2020 年度主要科研成果获奖情况

序号	项目名称	获奖名称	获奖等级
1	功能性高分子膜材料关键技术攻关	集团公司科技进步奖	特等奖
2	α－甲基苯乙烯加氢催化剂创制及工业应用	集团公司科技进步奖	二等奖
3	河南油田高温油藏化学驱提高采收率技术	集团公司科技进步奖	二等奖
4	注聚及后续水驱解聚及防聚吸附剂研发与工业应用	集团公司科技进步奖	二等奖
5	负载金属活性位点及小孔分子筛酸性表征技术	集团公司前瞻性基础性研究科学奖	三等奖
6	超薄层状分子筛材料创制及低苯烯比乙苯催化剂工业应用	中国化工学会技术发明奖	一等奖

表 2　　上海石油化工研究院 2015—2020 年专利申请与获授权情况　　件

年 份	中国专利		国外专利	
	申请数	获授权数	申请数	获授权数
2020	581	514	93	57
2019	603	382	46	41
2018	567	403	45	41
2017	588	378	42	26
2016	600	379	44	26
2015	588	438	41	30

炼化工程集团

【概况】 按照集团公司专业化重组的总体部署，中石化炼化工程（集团）股份有限公司（简称炼化工程集团，英文缩写 SEG）于 2012 年 8 月 28 日在北京注册成立，9 月 3 日举行揭牌仪式。2013 年 5 月 23 日在香港联合交易所挂牌上市，公司在港交所股票简称：中石化炼化工程，股票代码为 2386。

作为中国石化炼化工程领域的唯一运营主体，炼化工程集团具备包括工程设计综合甲级资质、全国石油化工工程施工总承包特级等最高等级的业务资质。具备同时执行 20 个以上大型 EPC 总承包项目、年完成设计投资额 1 000 亿元的生产能力和经营规模，并拥有一批具有自主知识产权的炼油全系列技术和乙烯裂解炉、聚乙烯、聚丙烯、丁二烯等化工成套核心技术，以及较为完善的施工技术和工法体系，可自行设计、建设单系列的千万吨级炼油厂和百万吨乙烯工程，具有领先的市场地位、一流的业务资质和强大的技术及人才实力。业务领域覆盖技术研发、技术咨询、工程设计、设备制造、工程施工、项目管理、EPC 总承包、施工总承包、投料试车等；业务覆盖炼油、石油化工、煤化工和储运等多个领域。

炼化工程集团境内共有 10 家全资子公司以及 2 家分公司，分别为中国石化工程建设有限公司、中石化洛阳工程有限公司、中石化上海工程有限公司、中石化宁波工程有限公司、中石化南京工程有限公司、中石化第四建设有限公司、中石化第五建设有限公司、中石化第十建设有限公司、中石化重型起重运输工程有限责任公司、中石化节能技术服务有限公司、SEG 工程技术研发中心、信息科技分公司。

截至 2020 年 12 月 31 日，炼化工程集团用工总量 20 330 名，其中包括 1 名中国科学院院士和 3 名中国工程院院士、9 名国家级设计大师、46 名享受政府特殊津贴的专家、2 名集团公司首席专家、17 名集团公司高级专家和 4 000 余名各专业注册类工程师。

2020 年，美国《工程新闻记录》（ENR）全球 250 强工程承包商排名中，炼化工程集团名列第 51 位，整体实力和品牌影响力持续提升。

（刘红叶）

【生产经营任务全面完成】 2020 年是极不平凡的一年，更是越是艰险越向前的一年，在集团公司党组的坚强领导下，炼化工程集团坚定创建世界领先技术先导型工程公司愿景目标，凝心聚力、担当作为、攻坚克难、狠抓落实，统筹疫情防控和生产经营两大任务、守护员工健康和服务抗疫大局两大责任、统筹境内和境外两大市场，锚定“双战双胜”总目标，全年完成营业收入 523.53 亿元，净利润 23.82 亿元，百元收入营业成本 89 元。

（刘红叶）

【全力保障集团公司重点工程项目顺利实施】 2020 年，炼化工程集团参建的集团公司重点工程项目均顺利推进，坚持安全生产常抓不懈，全面强化质量管理，全年累计完成安全人工时 2.95 亿，安全生产总体平稳。未发生上报质量事故，较好地完成全年目标。

面对疫情影响，各单位主动担当、积极作为，工程公司在坚决抓好疫情防控的同时，狠抓项目不放松，执行工作依托远程协同工作体系，保障各项工作持续推进，取得良好效果；施工企业逆行而上，积极组织人力资源，严控现场疫情风险，全力保障重点项目有序实施。境内各项目现场 2 月下旬陆续复工，3 月中旬除湖北地区项目外，其他项目全面复工，4 月 8 日炼化工程集团所有在建项目全部复工。2020 年，中科炼化，天津、洛阳炼油结构调整，大连恒力，中化泉州等项目实现全面开车；天津、库车、湛江原油商储，茂名渣油加氢以及扬子 EVA 等项目建成中交；中沙聚碳、镇海基地、古雷炼化等项目持续推进，海南乙烯、安庆结构调整、巴陵己内酰胺等项目前期进展顺利。

（刘红叶）

【全面强化安全质量管理】 全面推进 QHSSE 管理体系建设，编制 QHSSE 管理体系有效性评价表和评分细则，以宁波工程公司、洛阳（广州）工程公司为试点，不断完善；全力保障重大安全风险受控，2 项集团公司级重大安全风险作业平稳有序执行；持续推进安全生产专项整治三年行动计划，开展受限空间、高处作业专项治理，查改问题 1.6 万余项，安全记分 423 人次；开展多种形式质量安全督查检查，抽检焊口 176 道，拍片 1 200 余张，清退 1 家分包商；提升网络在线培训能力，录制 24 个网络培训视频，编制 202 道在线考试题，组织 5 000 余人网络在线培训；积极推动绿色企业创建，编制《危废临时储存和预制场建设指南》《绿色工程公司评价指南》，多次组织以古雷为试点的绿色工地创建、验收、培训、推进及督查；资源共享发挥一体化优势，编制《石化工程项目质量检查实用丛书》，涵盖 226 个突出质量问题案例，建立 PQR 共享数据库，收集整理境外项目 446 项焊接工艺评定。

（刘红叶）

【境内市场开拓持续加力】 努力克服疫情影响，紧盯重点项目合同。全年新签合同 630.14 亿元，创近年来新高，其中境内新签合同量为人民币 528.52 亿元，增长 15.9%。顺利签订镇海基地、海南乙烯、商储库项目群、裕龙、盛虹、浙江石化二期等一批重点项目合同。

（刘红叶）

【国际市场开拓卓有成效】 境外签订合同 37 个，合同额为人民币 101.61 亿元，增长 50.9%，成功扭转近两年连续下滑的被动局面。发挥长期经营沙特市场形成的渠道和资源优势，全年签订合同额约 9 亿美元，签订俄罗斯 AGCC 聚烯烃项目 EPC 合同，持续巩固了俄罗斯市场。

（刘红叶）

【“十条龙”攻关全面完成任务】 以22项“十条龙”攻关为代表的重点技术创新项目进展顺利，第二代高效环保芳烃技术开发、固体超强酸C_5/C_6异构化工业试验等8个项目高水平完成攻关“出龙”。原油直接裂解制乙烯成套技术开发及工业应用等8个项目“入龙”。

（刘红叶）

【一批重点项目研发稳步推进】 多产丙烯和低硫燃料油组分的催化裂化与加氢脱硫等项目按期建成中交，低成本乙烷裂解气制40万吨/年苯乙烯成套技术、燃料电池车用氢气纯化及供应技术研发和应用、油氢合建站规范及供应链构建与应用进入正常实施阶段。

（刘红叶）

【技术创新成果显著】 全年完成新专利申请614件（发明专利占65.3%），获授权专利333件（发明专利占39.3%）。各单位积极进行自有技术的推广，全年累计新签技术许可合同112项，合同额3.14亿元。全年81项（次）成果获得省部级以上科技进步奖励。“新型大型化两程分支变径炉管乙烯裂解炉”“绿色高效乙醇酸（酯）制备技术”分别获集团公司技术发明三等奖和前瞻性基础性研究二等奖。“硫酸烷基化工艺技术及其工业应用”“加氢裂化—加氢异构脱蜡生产高档基础油成套技术开发”“安全环保型延迟焦化密闭除焦、输送及存储成套技术”3项成果获集团公司科技进步一等奖。

（刘红叶）

【持续深化改革】 管理体系更加完善，“三项制度”改革不断深化，“四供一业”分离移交、退休人员社会化管理工作全面收官。

（刘红叶）

【党建工作扎实推进】 始终把政治建设放在首位，严格落实“第一议题”，认真组织十九届四中全会精神轮训，各级党组织书记带头宣讲五中全会精神。牢固树立选人用人正确导向，大力培养优秀年轻干部，新引进高校毕业生726人。围绕党委“把管保”作用发挥，坚持融入中心抓党建，抓好党建促发展，有力保障集团公司重点工程建设。深入推进基层组织力提升，推进项目党建、海外党建，实现基层班组党员力量全覆盖，筑牢了抗疫“红色堡垒”。建立党委前置研究讨论重大经营管理事项清单。全面完成党组机动巡视问题整改、落实具体措施，整改率达100%。着力推进“大监督”格局贯通协同，对5家单位的7个二级单位进行“政治体检”。加强宣传思想工作和意识形态阵地管理，抓实维稳、保密、群团和离退休工作。炼化工程集团政治生态持续改进，营造了风清气正的干事创业氛围。

（刘红叶）

工程建设公司

【概况】 中国石化工程建设有限公司（简称工程建设公司）成立于1953年，1983年并入中国石油化工总公司，1999年实施改革重组，2012年完成改制，启用现行名称。工程建设公司位于北京市朝阳区，是新中国首家石油炼制与化工设计单位。经过数十年发展，公司已成为一家以工程设计为主体，主要提供从工程研发、技术许可、工程咨询、工程设计、智能工厂建设、项目管理到工程总承包等一站式服务的工程公司，拥有工程设计综合甲级、工程咨询甲级、工程监理甲级等国家顶级资质证书，业务覆盖石油炼制、石油化工、煤制油与煤化工、天然气净化液化与储运、生物能源等领域。截至2020年底，工程建设公司内设机构37个，其中职能管理部门11个、生产经营管理及支持部门15个、专业室11个、境内外分（子）公司8家。有在职员工2 037人，其中中国工程院院士3人，全国工程勘察设计大师6人，石油和化工行业工程勘察设计大师9人，集团公司首席专家1人、高级专家5人，享受政府特殊津贴人员11人，具有正高级职称的128人、高级职称的1 200余人。68年来，工程建设公司先后完成上百家企业3 000余套装置的工程咨询、工程设计和工程总承包，高质量推进先进能源化工技术的工程转化，助力打造了一大批技术先进、结构合理、运行稳定、竞争力强的现代炼化企业和煤化工企业。2020年，工程建设公司实现营业收入134.31亿元，实现利税16.32亿元，全年共完成设计项目408项，总承包项目中交16项，各类装置共53套实现开车。全年共获省部级以上科技奖励28项（次），其中中国石油和化工自动化行业科技进步特等奖1项，省部级一等奖6项、二等奖14项。全年获专利授权65件，其中发明专利39件，累计拥有有效专利743件、专有技术252项。

工程建设公司主要生产经营指标、2020年开车项目及获奖情况分别见表1、表2和表3。

（门宽亮）

【领导班子调整】 2020年8月，集团公司党组决定：吴德飞任工程建设公司常务副总经理、党委委员；范传宏任工程建设公司副总经理、党委委员；12月，集团公司党组决定：吴德飞任工程建设公司总经理、党委副书记。

（门宽亮）

【组织抗疫复产】 2020年初，面对突如其来的新冠肺炎疫情，工程建设公司迅速建立全员化、信息化的应急管理和疫情防控体系，第一时间组织采购医用口罩、消毒液等防护用品，在公司本部大楼和各项目现场严格落实涉疫信息排查、隔离观察、环境消毒等防控措施。深化工程云平台应用，建立远程协同工作体系，自2月3日起全面实施到岗和线上相结合的工作新模式，保障了疫情防控和生产经营“双线作战”。

（门宽亮）

【开展攻坚创效行动】 2020年，工程建设公司先后开展“百日攻坚创效”和“持续攻坚创效”专项行动，重点围绕工程项目执行、市场开发、技术攻关、增效创效4个方面开展工作。其间共设定重点工程项目里程碑目标节点533个，准点完成率达93.43%，实现优化增效和降本增效3.23亿元，先后获评集团公司“百日攻坚创效”和“持续攻坚创效”行动先进单位。

（门宽亮）

【燕山石化连续重整装置开车成功】 2020年3月12日，由工程建设公司承担工程总承包的燕山石化100万吨/年连续重整装置一次投料开车成功。该装置采用工程建设公司自主研发的逆流移动床连续重整技术，分馏部分首次使用间壁塔分馏技术，使能耗进一步降低。

（门宽亮）

【中科炼化乙烯装置一次开车成功】 2020年9月30日，由工程建设公司总承包的中科炼化一体化项目乙烯装置产出合格乙烯和丙烯产品，标志着乙烯装置打通全流程，实现一次开车成功。至此工程建设公司总承包的化工区各装置实现全流程贯通。

（门宽亮）

【首次参与设计的浮式轻烃回收装置投产成功】 2020年12月14日，工程建设公司首次参与技术开发和工程设计的浮式液化石油气轻烃回收（FLPG）装置，在中国海油流花16-2油田一次投产成功，顺利产出合格LPG产品，实现国产化装置海上应用。

（崔丹玫）

【茂名石化轻油联合加氢装置开车成功】 2020年12月16日，由工程建设公司承担工程设计的茂名石化150万吨/年轻油联合加氢装置成功产出合格产品，标志着装置一次开车成功。该装置采用工程建设公司主开发的工艺包和石油化工科学研究院开发的轻油提质催化剂，可生产出符合国VI标准的柴油、符合3#喷气燃料标准的航煤产品、作为重整优质原料的石脑油等。

（崔丹玫）

【天津原油商储工程实现中交进油】 2020年12月18日，由工程建设公司实施工程总承包的中国石化石油商业储备有限公司天津分公司南港原油商业储备基地工程实现中交，12月26日顺利进油投产。该项目包括20座容量为10万立方米的储罐及10余套辅助设施，自2020年5月开工建设，实际工期仅8个月。

（门宽亮）

中国石化天津原油商储库

【茂名石化浆态床渣油加氢装置开车成功】 2020年12月31日，由工程建设公司设计的茂名石化260万吨/年浆态床渣油加氢装置一次开车成功。该装置以劣质渣油为原料生产液化气、石脑油、柴油和蜡油产品，设计转化率达94%以上，系浆态床渣油加氢技术在中国首次实现工业化、大型化应用。

（门宽亮）

【裕龙岛炼化一体化项目合同签署】 2020年4月20日，工程建设公司与山东裕龙石化有限公司签署2 000万吨/年裕龙岛炼化一体化项目（一期）合同，工程建设公司将为其提供包括可行性研究、总体设计、工程设计直至开车服务的项目全生命周期工程服务。该项目包括2 000万吨/年炼油装置、200万吨/年芳烃联合装置、2套150万吨/年乙烯装置在内的50余套装置及配套公用工程，系山东省地炼行业转型升级的标志性项目。

（门宽亮）

【中标俄罗斯西布尔AGCC聚烯烃项目】 2020年5月5日，工程建设公司与俄罗斯西布尔公司“云”签署AGCC项目聚烯烃PE包的EPSS合同，负责其中50万吨/年HDPE装置设计、采购及现场服务工作。该项目以阿穆尔气体加工厂提供的乙烷和LPG作为原料，采用轻烃裂解技术和先进的聚烯烃技术，生产聚乙烯和聚丙烯等产品。

（崔丹玫）

【超大型三千吨级加氢反应器装船发运】 2020年6月1日，工程建设公司为浙江石化4 000万吨/年炼化一体化二期项目设计的、全球最重的浆态床加氢反应器制造完工、装船发运。该反应器采用锻焊结构，筒体外径为6.156米，壁厚为0.32米，高度近72米，质量为3 025吨，为全球单台质量最大的加氢反应器。

（崔丹玫）

【获“两化”融合管理体系评定证书】 2020年4月，通过国家工信部授权评定机构的评估审核，工程建设公司正式获“两化”融合管理体系评定证书。评定结果表明，工程建设公司的“两化”融合管理体系运行符合《信息化和工业化融合管理体系要求》（GB/T 23001—2017），体系运行充分、适宜、有效，“基于集成化设计的工程数字化交付能力建设”是工程建设公司打造新型能力的集中体现。

（门宽亮）

【获中国勘察设计协会系列奖项】 2020年4月，在中国勘察设计协会“2019年度工程勘察、建筑设计行业和市政公用工程优秀勘察设计奖评选”活动中，工程建设公司有4项成果获奖，包括优秀工程勘察设计计算机软件奖一等奖、二等奖、三等奖各1项，优秀建筑工程标准设计奖三等奖1项。其中，“集成化设计和数字化工厂建设”获优秀工程勘察设计计算机软件奖一等奖。

（崔丹玫）

【推动数字化相关机构改革】 2020年4月，为加快数字化转型，打造以数字工程为支撑的全流程价值链，工程建设公司决定成立数字工程部，重组信息化和档案管理部，明确了新组建机构的职能定位、主要职责、岗位设置及运行机制。

（门宽亮）

【召开第三次党代会】 2020年10月17日，中国共产党中国石化工程建设有限公司第三次代表大会隆重召开，158名代表出席会议，审议并通过了第二届党委、纪委工作报告，选举产生新一届党的委员会和纪律检查委员会。

（门宽亮）

表 1　　工程建设公司主要生产经营指标　　亿元

指标名称 \ 年份	2020	2019	2018	2017	2016	2015
资产总值	193.62	164.09	179.78	133.56	138.04	101.51
设计投资额	328.49	322.05	340.15	296.94	291.94	324.82
主营业务收入	134.31	125.45	120.03	101.72	111.65	94.76
利税总额	16.32	16.61	21.10	13.17	16.43	16.93
承接合同数量 / 项	192	217	186	188	294	181
获授权专利数量 / 件	65	69	56	64	63	154

表 2　　工程建设公司 2020 年开车项目情况

序号	项目名称	开车日期	备注
1	恒力石化（大连）化工有限公司 20 万吨 / 年聚丙烯装置 2 线	1 月 18 日	
2	中国石化武汉分公司 30 万吨 / 年烷基化装置	1 月 20 日	EP
3	中国石化荆门分公司润滑油基础油质量升级措施项目 20 万吨 / 年异构脱蜡装置	1 月 24 日	
4	恒力石化（大连）化工有限公司 150 万吨 / 年乙烯工程 150 万吨 / 年乙烯装置	1 月 29 日	
5	恒力石化（大连）化工有限公司 14 万吨 / 年丁二烯抽提装置	2 月 8 日	
6	恒力石化（大连）化工有限公司 150 万吨 / 年乙烯工程 35 万吨 / 年裂解汽油加氢装置	2 月 9 日	
7	恒力石化（大连）化工有限公司 150 万吨 / 年乙烯工程 40 万吨 / 年高密度聚乙烯装置	2 月 10 日	
8	恒力石化（大连）化工有限公司 150 万吨 / 年乙烯工程 72 万吨 / 年苯乙烯（SM）装置	2 月 17 日	
9	恒力石化（大连）化工有限公司 150 万吨 / 年乙烯工程 C_4 加氢装置	2 月 19 日	
10	中国石化燕山分公司 100 万吨 / 年逆流连续重整联合装置	3 月 12 日	EPC
11	中科合资广东炼化一体化项目公用工程及配套项目	6—9 月	EPC
12	中国石化湛江东兴公司新建 18 万吨 / 年 C_5/C_6 异构化配套处理项目	6 月 1 日	
13	陕西延长石油（集团）有限责任公司延安炼油厂 200 万吨 / 年催化装置改造	6 月 2 日	
14	中国石化荆门分公司新建 280 万吨 / 年重油催化裂化项目	6 月 8 日	EPC
15	中沙石化 130 万吨 / 年乙烯改造项目	7 月 12 日	
16	泰国石油精制石油化学企业（IRPC）催化裂解装置（DCC）外取热器更换项目	7 月 22 日	EPC
17	中国石化天津分公司炼油产品调整及油品质量升级改造公用工程	8—10 月	EPC
18	辽宁宝来化工股份有限公司轻烃综合利用项目 35 万吨 / 年 HDPE 装置	8 月 5 日	
19	中科合资广东炼化一体化项目 35 万吨 / 年聚丙烯装置	8 月 6 日	EPC
20	辽宁宝来化工股份有限公司轻烃综合利用项目 100 万吨 / 年乙烯装置	8 月 6 日	
21	辽宁宝来化工股份有限公司轻烃综合利用项目 40 万吨 / 年裂解汽油加氢装置	8 月 8 日	
22	辽宁宝来化工股份有限公司轻烃综合利用项目 25 万吨 / 年芳烃抽提装置	8 月 10 日	

续表

序号	项目名称	开车日期	备注
23	辽宁宝来化工股份有限公司轻烃综合利用项目 45 万吨 / 年 LLDPE 装置	8 月 18 日	
24	辽宁宝来化工股份有限公司轻烃综合利用项目（40+20）万吨 / 年聚丙烯装置	8 月 18 日	
25	辽宁宝来化工股份有限公司轻烃综合利用项目 12 万吨 / 年丁二烯抽提装置	8 月 18 日	
26	中科合资广东炼化一体化项目炼油区 240 万吨 / 年催化汽油吸附脱硫（S Zorb）装置	8 月 26 日	EPC
27	中化泉州 100 万吨 / 年乙烯及炼油改扩建项目中心化验室 / 环境监测站	9 月	BEPC
28	中化泉州 100 万吨 / 年乙烯及炼油改扩建项目全厂一级地管	9 月	BEPC
29	中化泉州 100 万吨 / 年乙烯及炼油改扩建项目中控室	9 月	BEPC
30	中科合资广东炼化一体化项目 20 万吨 / 年聚丙烯装置	9 月 11 日	EPC
31	中化泉州 100 万吨 / 年乙烯及炼油改扩建项目 20/50 万吨 / 年 EO/EG 装置	9 月 19 日	
32	中化泉州 100 万吨 / 年乙烯及炼油改扩建项目乙烯装置	9 月 20 日	BEPC
33	中科合资广东炼化一体化项目 80 万吨 / 年乙烯装置	9 月 30 日	EPC
34	中科合资广东炼化一体化项目 40 万吨 / 年裂解汽油加氢装置	10 月 1 日	EPC
35	中科合资广东炼化一体化项目 35 万吨 / 年 HDPE 装置	10 月 1 日	EPC
36	连云港石化有限公司 320 万吨 / 年轻烃综合加工利用项目低温罐、厂际工程及码头管线	10 月 20 日	
37	中国石化天津分公司炼油产品调整及油品质量升级改造 70 万吨 / 年气分装置	11 月 11 日	EPC
38	黑龙江龙油石化公司 100 万吨 / 年轻烃回收装置	11 月 13 日	
39	黑龙江龙油石化公司 300 万吨 / 年原料预处理装置	11 月 13 日	
40	中国石化镇海炼化丁二烯尾气选择性加氢制丁二烯	11 月 21 日	
41	中化泉州 100 万吨 / 年乙烯及炼油改扩建项目 80 万吨 / 年对二甲苯装置	11 月 24 日	EPCM
42	中国石化天津分公司炼油产品调整及油品质量升级改造 260 万吨 / 年渣油加氢装置	11 月 3 日	EPC
43	中国石化天津分公司炼油产品调整及油品质量升级改造脱硫脱硫醇装置	11 月 6 日	EPC
44	中国石化天津分公司炼油产品调整及油品质量升级改造 120 万吨 / 年催化汽油吸附脱硫（S Zorb）装置	11 月 6 日	EPC
45	中国石化天津分公司炼油产品调整及油品质量升级改造 280 万吨 / 年催化裂化装置	11 月 6 日	EPC
46	中海油工程特种设备有限公司浮式生产储卸原油设施凝液回收系统（LPG 装置）	12 月 14 日	
47	中国石化茂名分公司产品结构优化项目 150 万吨 / 年轻油联合加氢装置	12 月 16 日	
48	中化泉州炼化一体化装置 EPC 项目 260 万吨 / 年逆流连续重整装置	12 月 22 日	EPC
49	中韩石化 110 万吨 / 年乙烯脱瓶颈改造项目乙烯装置改造	12 月 23 日	
50	中化泉州炼化一体化装置 EPC 项目 220 万吨 / 年柴油加氢裂化装置	12 月 24 日	EPC
51	古雷炼化一体化项目百万吨级乙烯及下游深加工装置 35 万吨 / 年聚丙烯装置	12 月 26 日	BEPC
52	中国石化天津南港原油商业储备基地工程	12 月 26 日	BEPC
53	中国石化茂名分公司产品结构优化项目 260 万吨 / 年浆态床渣油加氢装置	12 月 31 日	

表 3　　工程建设公司 2020 年获奖情况

序号	项目名称	获奖名称	获奖等级
1	国产自动化系统在自主专利技术大型煤化工项目上的开发与应用	中国石油和化工自动化行业科技进步奖	省部特等
2	安全高效环保大型液化天然气接收站成套技术开发与工业应用	中国石油和化学工业联合会科技进步奖	省部一等
3	满足汽油质量升级的吸附脱硫成套技术开发及广泛应用	中国石油和化学工业联合会科技进步奖	省部一等
4	安全高效环保大型液化天然气接收站成套技术开发与工业应用	集团公司科技进步奖	省部一等
5	《石油化工工程数字化交付标准》（GB/T 51296—2018）	中国工程建设标准化协会标准科技创新奖	省部一等
6	《汽油吸附脱硫工艺与工程》	中国石油和化学工业优秀出版物奖・图书奖	省部一等
7	《压力容器工程师设计指南（第二版）》	中国石油和化学工业优秀出版物奖・图书奖	省部一等
8	石油化工装置建筑物抗爆设计研究	中国安全生产协会安全科技进步奖	省部二等
9	大型氧化脱氢制丁二烯装置生产气压缩机组研制	中国机械工业科技进步奖	省部二等
10	面向严苛环境不锈钢表面超高性能耐蚀抗焦关键技术及产业化	中国石油和化学工业联合会科技进步奖	省部二等
11	百万吨级煤直接液化油加氢提质 RCHU 技术的开发与应用	中国石油和化学工业联合会科技进步奖	省部二等
12	大型乙烯关键系统改造技术开发	集团公司科技进步奖	省部二等
13	绿色高效乙醇酸绿色高效乙醇酸（酯）制备技术（酯）制备技术	集团公司前瞻性基础性研究科学奖	省部二等
14	半干法双循环烟气净化技术开发和工业应用	集团公司科技进步奖	省部二等
15	强腐蚀环境下镍基合金高压换热设备关键技术集成及产业化应用	集团公司科技进步奖	省部二等
16	废硫酸裂解再生成套技术及装备的开发与工业应用	集团公司科技进步奖	省部二等
17	AEB 反硝化处理合成气制乙二醇高硝氮废水	集团公司科技进步奖	省部二等
18	安全可靠、清洁环保型炼油与化工企业构建	集团公司科技进步奖	省部二等
19	石油化工工程数字化交付标准	集团公司科技进步奖	省部二等
20	岗位管理及岗位分析、设置等工具开发	集团公司科技进步奖	省部二等
21	《超高压容器》（GB/T 34019—2017）	中国标准创新贡献奖	省部二等
22	高参数管壳式换热器轻量化关键技术研究及应用	中国机械工业科技进步奖	省部三等
23	新型大型化两程分支变径炉管乙烯裂解炉	中国石化技术发明奖	省部三等
24	90 吨 / 时湿法硫黄成型装备技术优化	集团公司科技进步奖	省部三等
25	高酸性天然气净化装置腐蚀控制技术研究与应用	集团公司科技进步奖	省部三等
26	石油化工环境保护设计规范	集团公司科技进步奖	省部三等
27	安全高效环保大型液化天然气接收站成套技术	2020 石油石化好技术	
28	催化裂化工艺与工程技术创新团队	集团公司优秀创新团队	

洛阳（广州）工程公司

【概况】 中石化洛阳工程有限公司[简称洛阳（广州）工程公司]是炼化工程集团全资子公司，前身是石油工业部抚顺设计院，成立于1956年10月，是国内能源化工领域集技术专利商与工程承包商为一体的高新技术企业，是国家级企业技术中心，拥有国家工程设计综合甲级资质，工程总承包、工程设计、工程监理、工程咨询和环境影响评价等甲级资格证书。2012年，根据集团公司华南战略布局需要和炼化工程板块重组改制要求，成立广州工程公司，与洛阳工程公司按照“一套人马、两个公司”方式运作。公司主营业务自2016年迁往广州，实行广州、洛阳两地一体化管理。

洛阳（广州）工程公司建立了精干高效、运转协调的组织机构体系，截至2020年底，设有运营管理部门、项目执行部门和设计专业室共31个部门，各部门管理层次清晰、管理幅度适中，为公司的运营发展提供了有效的组织保障。有在册职工1 737人，有中国炼油催化裂化工程技术的奠基人、中国科学院院士陈俊武和4名国家设计大师、8名石油化工行业设计大师，享受政府特殊津贴专家24人，有突出贡献的科技和管理专家25人；正高级（教授级）专业技术人员70人、高级专业技术人员1 020人、各类注册工程师530余人。

洛阳（广州）工程公司在石油炼制、石油化工、油气储运、煤化工、煤制油、新能源、液化天然气（LNG）等多个领域形成了独具特色的工程技术优势和工程承包能力，创造了多项“共和国第一”和“世界第一”，1985年成为国内首批实施以工程设计为主体的工程项目总承包试点单位。累计执行106项总承包项目，总承包合同额1 030亿元人民币，高峰期同时执行28项总承包项目（26项境内项目、2项境外项目），现场施工人力投入达2.33万人。公司大力实施全球化战略，坚定不移“走出去”，持续开拓海外市场，已独立或与国内外工程公司合作完成海外前期咨询、工程设计以及工程总承包项目50余项，境外合同额累计达46亿美元，海外营业收入占比达30%以上。

洛阳（广州）工程公司先后承担并完成渣油加氢处理、低压组合床重整、灵活高效催化裂化（FDFCC）、甲醇制低碳烯烃（DMTO）、柴油液相加氢、新型硫酸法烷基化、安全环保型延迟焦化密闭除焦输送及存储成套技术等一批国家和集团公司科技攻关课题。累计获国家级优秀设计奖25项，省部级优秀设计奖125项，获国家级优质工程奖14项、省级优质工程奖48项，获全国优秀总承包金、银钥匙奖9项；获国家级科技进步奖和发明奖55项，省部级科技进步奖和发明奖367项，拥有国内外有效授权专利928件；先后获全国五一劳动奖状、全国模范劳动关系和谐企业、全国模范职工之家、广东省五一劳动奖状、河南省五好基层党组织等荣誉，陈俊武院士被授予新中国成立70周年“最美奋斗者”和国家“时代楷模”等荣誉称号，公司品牌美誉度持续提升。

洛阳（广州）工程公司主要生产经营指标和2020年主要投产工程项目分别见表1和表2。

（郭　晓）

【领导班子调整】 2020年6月1日，集团公司党组召开视频会议，宣布调整洛阳（广州）工程公司领导班子：周成平不再担任总经理，仍任公司执行董事、党委副书记，主持党委工作；韩卫国任公司总经理、党委副书记，王晓伟任公司副总经理、党委委员；王国良因年龄原因不再担任公司党委书记、副总经理。2020年9月29日、2021年1月4日，洛阳（广州）工程公司分别召开干部大会，宣布集团公司党组关于公司领导班子调整的决定：杨洪斌任公司党委副书记、纪委书记、监事，为工会主席人选；刘辉任公司副总经理、党委委员，杨旭东任公司副总经理、总工程师、党委委员。洛阳（广州）工程公司工会第十一届委员会一次全体会议选举杨洪斌为公司工会主席。调整后洛阳（广州）工程公司领导班子成员由周成平、韩卫国、杨洪斌、郑曙阳、师敬伟、王晓伟、刘辉、杨旭东组成。

（郭　晓）

【优化调整组织机构】 2020年12月30日，洛阳（广州）工程公司撤销行政事务部、离退休管理部，成立综合保障部，原行政事务部、离退休管理部及信息化管理部出版业务及人员划入综合保障部，撤销洛阳基地管理委员会。优化调整后，洛阳（广州）工程公司部门数量由原来的 32 个减至 31 个。

（郭　晓）

【攻坚创效成果显著】 2020 年，洛阳（广州）工程公司群策群力，接续践行“百日攻坚创效”“持续攻坚创效”行动，细化目标、科学督导、狠抓落实，各项生产经营指标好于预期，全年共实现营业收入 109.5 亿元，利润总额 8.37 亿元，增效创效 7.8 亿元，均超额完成炼化工程集团下达的预算指标，公司获集团公司“百日攻坚创效”行动先进单位称号，经营业绩稳居炼化工程板块前列。

（郭　晓）

【“十三五”圆满收官】 2015—2020 年，洛阳（广州）工程公司实现营业收入 481.7 亿元，是规划目标的 137%；累计实现利润 40.3 亿元，是规划目标的 134%；获国家科技进步奖 3 项，省部级技术发明奖和科技进步奖 29 项，获国家授权专利 398 件；累计上缴税收 21.7 亿元，平均国有资本保值增值率 106%；认真履行央企责任，对口扶贫村成功摘帽，为地方经济发展做出积极贡献。

（郭　晓）

【原油商储项目高效推进】 2020 年，在国家能源安全保卫战中，洛阳（广州）工程公司提高站位，迅速成立原油商储基地工作领导小组，创新实施项目群运作管理模式，承担的湛江、库车、岳阳、洛阳 4 个商储基地项目高效推进，库车项目创造“当年立项、当年设计、当年开工、当年建成、当年投产”的奇迹，完成重要政治任务。

（郭　晓）

【高端业务开拓初见成效】 2020 年，围绕集团公司“一基两翼三新”产业格局，洛阳（广州）工程公司组建工程咨询部，成立“三新业务开发室、三新技术创新室、数字工程室”等“三新”业务组织机构，煤化工、精细化工、化工新材料、环保节能、新能源等领域新技术开发和工业应用步伐显著加快，争取到首套乙烯、乙丙烷裂解、苯乙烯、丙烷脱氢等装置项目合同，高端市场开拓初见成效。

（郭　晓）

【积极投身粤港澳大湾区建设】 2020 年，洛阳（广州）工程公司主动作为，成立湛江项目中心，积极服务集团公司茂湛一体化发展战略；先后承担广东省石化下游产业链规划、石化产业总体规划等多项规划项目；聚焦高端精细化工、新能源等新技术研发，与化学与精细化工广东省实验室、佛山市南海区政府等分别签订产学研协同创新合作协议和签订氢能项目战略合作框架协议，为粤港澳大湾区能化产业高质量发展做贡献。

（郭　晓）

【退休人员社会化管理工作顺利移交】 2020 年 10 月 20 日，洛阳（广州）工程公司与洛阳市涧西区举办中国石化退休人员社会化管理工作交接会，1 119 名退休人员及 443 名党员的社会化管理工作由洛阳市涧西区正式接收，全面完成退休人员社会化管理移交工作，完成情况位于集团公司、洛阳市前列。

（郭　晓）

【世界首套芳烃型移动床轻石脑油芳构化装置一次开汽成功】 2020 年 7 月 8 日，洛阳（广州）工程有限公司与石油化工科学研究院联合研发并承担工程设计的中国海油宁波大榭石化 50 万吨 / 年移动床轻石脑油芳构化装置反应单元开始进料，10 日生产出合格产品，12 日催化剂连续再生系统顺利投用。标志着具有完全自主知识产权的世界首

世界首套芳烃型移动床轻烃芳构化装置

套芳烃型移动床轻石脑油芳构化装置实现开汽一次成功。

（郭　晓）

【国产化规模最大的单系列天然气制氢装置投产】 2020年11月1日，洛阳（广州）工程公司总承包的天津石化10万米³（标准）/时天然气制氢装置引入天然气进料，产出合格氢气，采样分析纯度为99.9%，一次开车成功。该装置采用“硫化态加氢＋还原态预转化＋高压酸性水汽提”工艺流程，优化完善“水碳比＋空燃比＋氢油比”控制技术，涉及多项洛阳（广州）工程公司制氢转化炉技术专利，是国产化规模最大的单系列天然气制氢装置。

（郭　晓）

天津石化天然气制氢项目

【山东液化天然气（LNG）项目一期工程获国家优质工程奖】 2020年12月1日，洛阳（广州）工程公司总承包建设的山东液化天然气（LNG）项目一期工程获国家优质工程奖。该工程于2010年7月获国家发改委核准、9月开工奠基，一期工程LNG接转能力为300万吨/年；2014年11月14日首船接气，投产运行，2015年11月，轻烃回收装置投料生产，产出合格C_2、LPG产品。

（郭　晓）

山东LNG项目一期工程

【第十五次团代会胜利召开】 2020年11月20日，共青团中石化洛阳工程有限公司第十五次代表大会胜利召开。大会全面总结了公司第十四次团代会以来的工作，对今后五年公司共青团工作进行了部署，选举产生了公司共青团第十五届委员会。公司共青团第十五届委员会第一次全体会议选举沙源为公司团委第十五届委员会书记、刘倩为副书记。

（郭　晓）

【陈俊武先进事迹报告会在人民大会堂举行】 2020年1月13日，由中央宣传部、国务院国资委、河南省委联合举办的“时代楷模”陈俊武先进事迹报告会在北京人民大会堂小礼堂隆重举行。洛阳（广州）工程公司报告团成员先后讲述了陈俊武院士心有大我、至诚报国，敢为人先、勇于登攀，淡泊名利、甘为人梯的感人故事和先进事迹。各主办单位有关负责人、部分中央和国家机关党员干部代表、在京国有企业职工和首都各界群众代表共700余人参加报告会。

（郭　晓）

陈俊武先进事迹报告会

表 1　洛阳（广州）工程公司主要生产经营指标　亿元

指标名称＼年份	2020	2019	2018	2017	2016	2015
资产总值	103.20	110.80	123.30	99.21	94.44	105.54
工程设计投资	477.90	472.30	489.70	418.80	315.90	350.10
EPC 工程建设投资	103.50	126.90	113.90	65.40	60.30	106.03
主营业务收入	109.50	123.10	107.10	76.74	65.22	95.24
实现利税	8.10	12.40	13.02	7.85	3.30	15.99
获授权专利数量 / 件	58	39	68	92	153	85

表 2　洛阳（广州）工程公司 2020 年主要投产工程项目

序号	项目名称	投产日期
一	EPC 项目	
1	董家口原油商业储备基地工程项目	2 月 26 日
2	中科炼化一体化项目	10 月 6 日
3	洛阳分公司炼油结构调整项目	9 月 1 日
4	天津石化天然气制氢项目	11 月 1 日
5	北海炼化装置改造项目	6 月 6 日
6	天津石化密闭除焦项目	7 月 14 日
7	齐鲁石化第三延迟焦化装置密闭除焦项目	11 月 19 日
8	东营联合石化项目	9 月 14 日
9	陕西延长中煤榆能化公司一期启动项目填平补齐工程 DMTO 烯烃分离联合装置工程项目	12 月 10 日
10	库车原油商业储备基地工程项目	12 月 29 日
11	中韩石化 2# 焦化装置密闭除焦项目	12 月 31 日
二	设计项目	
1	安庆分公司焦化装置密闭除焦改造项目	4 月
2	湛江东兴公司 18 万吨 / 年 C_5/C_6 异构化配套处理	6 月
3	胜利油田分公司石油化工总厂 350 万吨 / 年原料预处理减黏装置	11 月 12 日
4	金陵分公司高端石墨材料项目	12 月

上海工程公司

【概况】 中石化上海工程有限公司（简称上海工程公司）是炼化工程集团全资子公司，坐落于上海市浦东新区张杨路 769 号，位于中国（上海）自由贸易试验区内。上海工程公司前身是上海医药工业设计院，成立于 1953 年，是国内最早从事石油化工、医药、化工工程设计和工程总承包的大型综合性工程公司之一。曾先后归属轻工业部、化工部、国家医药管理总局领导，2000 年 12 月整体划归集团公司。2002 年 6 月，按照集团公司结构调整、专业化重组的部署，以上海医药工业设计院为核心，联合中石化上海金山工程公司和上海高桥石化设计院进行重组，并于 2003 年 4 月更名为中国石化集团上海工程有限公司。2012 年，按照集团公司炼化工程板块重组上市部署，更名为中石化上海工程有限公司。

截至 2020 年底，上海工程公司有在册员工 1 211 人，从事工程设计和服务的工程技术人员占 88%；拥有国家级设计大师 3 名、石油和化工行业工程勘察设计大师 9 名，具有高、中级职称的 780 人，各类职业资格的 300 多人。

2020 年，上海工程公司以习近平新时代中国特色社会主义思想为指导，认真学习贯彻党的十九届四中、五中全会精神，巩固深化“不忘初心、牢记使命”主题教育成果，紧紧围绕集团公司打造世界领先洁净能源化工公司愿景目标和构建“一基两翼三新”产业格局，凝心聚力，攻坚创效，深化改革，持续发展，取得疫情防控和生产经营“双胜利”，基本完成“十三五”规划目标任务，为创建世界领先技术先导型工程公司提供坚强保障。

上海工程公司主要生产经营指标及 2020 年完成的主要项目分别见表 1 和表 2。

（陈　儒）

【领导班子调整】 2020 年，集团公司党组对上海工程公司领导班子进行调整：8 月 20 日，吴德荣因年龄原因，不再担任上海工程公司董事长、总经理、党委副书记，办理退休手续。9 月 28 日，张新明任上海工程公司董事长、党委书记，叶文邦不再担任董事、党委书记、副总经理，沙裕任董事、总经理、党委副书记。

（陈　儒）

【攻坚创效和疫情防控取得“双战双胜”】 2020 年，面对新冠肺炎疫情影响，上海工程公司全体干部职工迎难而上，坚持以习近平新时代中国特色社会主义思想为指导，认真贯彻落实中央、上海市、集团公司防疫部署，一手抓疫情防控、一手抓生产经营，推动各项工作取得新成绩。深入推进“百日攻坚创效”和“持续攻坚创效”行动，圆满完成全年生产经营目标任务，全年新签 EPC 合同额、营业收入等关键指标创“十三五”新高，疫情防控和生产经营取得“双战双胜”。

（陈　儒）

【全年完成各类项目 208 项】 2020 年，上海工程公司共完成各类项目 208 项。扬子石化 10 万吨 / 年 EVA 装置、古雷炼化一体化项目第二循环水场建成中交；中科炼化一体化 25/40 万吨 / 年 EO/EG、5 万吨 / 年 EOA、废碱处理装置，中化泉州 40 万吨 / 年 HDPE 装置，上海石化油污泥干化减量项目污泥干化装置一次开车成功，中科一体化原油罐区进油投用；古雷 EO/EG、苯乙烯，镇海炼化 EO/EG，中科一体化 EVA，海南炼化 EO/EG 和冷罐及 PP，洛阳石化苯乙烯，中沙石化聚碳酸酯 BPA，天津石化 CHPPO，南化公司和巴陵石化己内酰胺，浦东科研信息办公综合基地，沙特空分装置等项目紧锣密鼓推进。工程项目质量和安全平稳受控。

（陈　儒）

【获省部级重要奖项】 2020 年，上海工程公司获 9 项省部级奖项。其中，“帝斯曼维生素（上海）有限公司维生素竹子项目”获中国医药工程设计优秀项目一等奖，“精 EO 安全控制及工程技术开发及工业应用”获中国安全生产协会安全科技进步二等奖，“大型苯乙烯反应器和立式组合换热器开发及应用”“生物流化床处理煤制乙二醇污水工业应用”获集团公司科技进步二等奖。《石油化工工程数字化交付标准》获中国工程建设标准化协会标准科技创新奖一等奖。1 项成果获中国石化第 29 届管理现代化创新成果二等奖。

（陈　儒）

【技术攻关持续推进】 2020 年，上海工程公司承担的 20 万吨 / 年氧化酯化环己酮成套技术成功“入龙”，承担的“15 万吨 / 年 CHPPO 成套技术工业应用”“中科炼化 25/40 万吨 / 年 EO/EG 装置银催化剂国产化攻关”等“十条龙”科技攻关项目按计划执行。“12 万吨 / 年浆态床蒽醌法制双氧水工艺包”“万吨级 EVOH 工艺包”等 13 项技术开发项目通过集团公司审查或鉴定。“30 万吨 / 年合成气制乙二醇工艺包”等 90 项科技开发项目处于滚动开发中。

（陈　儒）

【总承包的中科炼化一体化项目 4 套装置开车成功】 2020 年，上海工程公司总承包的中科炼化一体化项目 80 万立方米原油储罐于 5 月 8 日进油投用；25/40 万吨 / 年 EO/EG 装置于 9 月 13 日一次开车成功，该装置采用中国石化自主研发生产的银催化剂，实现国产催化剂在壳牌工艺包的首装应用；废碱处理装置、5 万吨 / 年 EOA 装置分别于 9 月 16 日、11 月 30 日开车。

（陈　儒）

【总承包的中化泉州 40 万吨 / 年 HDPE 装置开车成功】 2020 年 9 月 16 日，上海工程公司 BEPC 总承包的中化泉州 40 万吨 / 年 HDPE 装置顺利打通全流程，产出合格产品，成为中化泉州 100 万吨 / 年乙烯及炼油改扩建项目中第一套成功开车的化工生产装置。装置采用雪佛龙菲利普斯化学公司淤浆双环管 HDPE（MarTECHTMADL）工艺，为国内采用此工艺的最大规模装置。

（陈　儒）

【总承包的扬子石化 10 万吨 / 年 EVA 装置建成中交】 2020 年 5 月 28 日，上海工程公司总承包的扬子石化 10 万吨 / 年 EVA 装置中交。项目采用利安德巴塞尔公司釜式法聚合工艺技术，通过乙烯和醋酸高压聚合生产高附加值牌号的 EVA 共聚物产品。装置设计规模为 10 万吨 / 年，年操作时间 8 000 小时。

（陈　儒）

【古雷 EO/EG 装置全球最大洗涤塔成功吊装】 2020 年 4 月 8 日，上海工程公司总承包的古雷炼化一体化项目 EO/EG 装置全球最大洗涤塔（C–115 塔）下段吊装就位。4 月 24 日，完成洗涤塔上、下两段塔体对中。该塔是古雷一体化项目 EO/EG 装置核心设备之一，直径约 9 米、高度约 102 米、总重约 2 000 吨，尺寸、质量在同类洗涤塔中堪称“世界之最”。

（陈　儒）

古雷 EO/EG 装置全球最大洗涤塔吊装就位

【镇海炼化 80 万吨 / 年乙二醇装置开工】 2020 年 1 月 17 日，上海工程公司总承包的镇海炼化 80 万吨 / 年乙二醇装置开工。该装置是中国石化镇海基地（一期）1 500 万吨 / 年炼油 120 万吨 / 年乙烯项目（乙烯部分）化工装置之一，采用荷兰壳牌（SHELL）公司提供的 MASTER EO/EG 技术。项目新建一套 EO/EG 装置，包括生产装置和辅助设施，主要由 EO/EG 装置街区和 EO 储运系统街区组成。

（陈　儒）

【《化工设备与管道》《化工与医药工程》入选全国石油和化工期刊百强榜】 2020 年 10 月 20 日，全国石油和化工期刊百强榜遴选结果公布，上海工程公司主办的《化工设备与管道》入选行业期刊 100 强排行榜，《化工设备与管道》《化工与医药工程》入选技术期刊 50 强排行榜。《化工设备与管道》《化工与医药工程》分别创刊于 1964 年和 1980 年，是经国家科技部、国家新闻出版广电总局正式批准，公开发行的专业技术期刊，为国家认定的学术期刊（A 类）。

（陈　儒）

【3 人获中国人民志愿军抗美援朝出国作战 70 周年纪念章】 2020 年是中国人民志愿军抗美援朝出国作战 70 周年，中共中央、国务院、中央军委向参加抗美援朝出国作战的、健在的志愿军老战士老同志等颁发中国人民志愿军抗美援朝出国作战 70 周年纪念章。上海工程公司 3 名退休老同志获颁发纪念章。

（陈　儒）

【党建与中心工作深度融合】 2020年，按照中央和集团公司党组部署，上海工程公司深入学习贯彻党的十九届四中、五中全会精神，认真开展“四史”学习教育，弘扬大庆精神铁人精神，把党旗插在抗疫斗争、攻坚创效最前线，引导党员站排头、争第一，充分发挥党组织战斗堡垒作用和党员先锋模范作用。积极与合作单位开展党建共建，全面加强基层党支部“三基本”建设和“双示范”创建，推进党建与中心工作深度融合，形成上下同心同德、共谋发展的强大凝聚力。

（陈　儒）

【连续8年获评全国“安康杯”竞赛优胜单位】 2020年10月26日，根据《关于继续保持全国“安康杯”竞赛优胜单位荣誉称号的通报》（沪工安〔2020〕3号），上海工程公司连续8年保持全国“安康杯”竞赛优胜单位称号。上海工程公司以“安康杯”竞赛活动为载体，结合“安全生产月”及“全员安全诊断”工作、主题劳动竞赛、安全文化建设和员工帮助计划（EAP）等各项活动，切实增强全员安全生产意识和自我防护能力，持续提升企业安全生产整体素质和安全生产底蕴。

（陈　儒）

表1　上海工程公司主要生产经营指标　亿元

指标名称 \ 年份	2020	2019	2018	2017	2016	2015
主营业务收入	43.00	40.04	31.67	19.51	17.18	32.11
完成工程投资额	134.74	125.90	121.00	116.00	136.00	140.29
完成工程项目/项	253	286	394	327	250	165
获授权专利数量/件	337	327	301	279	231	168

表2　上海工程公司2020年完成的主要项目

委托单位	项目名称	完成日期	行业
常州四药制药有限公司	常州四药制药有限公司综合制剂车间（二）改造项目	2月	医药
中国石化扬子石油化工有限公司	扬子石化PTA三装置氧化过滤机更新改造项目	2月	石化
镇海炼化	镇海炼化扩建1 500万吨/年炼油120万吨/年乙烯项目（乙烯部分）基础工程设计四标段	2月	炼油
中国石油化工股份有限公司茂名分公司	中国石化茂名分公司40万吨/年粗裂解气制苯乙烯项目苯乙烯装置基础设计	2月	石化
中国石化扬子石油化工有限公司	扬子石化化工厂PTA三装置常压吸收塔环保治理改造	3月	石化
中国石化扬子石油化工有限公司	扬子石化PIA改造（采用最新PTA技术）方案研究	3月	石化
深圳赛诺菲巴斯德生物制品有限公司	深圳赛诺菲巴斯德生物制品有限公司冷库扩建项目	3月	医药
中国石化集团资产经营管理有限公司巴陵石化分公司	2万吨/年浆态床蒽醌加氢制高浓度双氧水工业示范装置工程设计项目	4月	石化
中国石油化工股份有限公司北京燕山分公司	北京燕山分公司环氧丁烷新技术转化研发项目	4月	石化

续表

委托单位	项目名称	完成日期	行业
中国石化上海石油化工股份有限公司	上海石化投发公司浙江分公司储罐新增 SIS 系统改造项目	4月	石化
中国石化上海高桥石油化工有限公司	高桥石化化工部苯酚丙酮装置罐区可燃气体报警仪安全隐患整改	4月	石化
中化泉州石化有限公司	中化泉州 100 万吨 / 年乙烯及炼油改扩建项目 40 万吨 / 年 HDPE 装置 BEPC 总承包工程	5月	炼油
中国石化扬子石油化工有限公司	扬子石化 10 万吨 / 年 EVA 装置 EPC 总承包项目	5月	石化
中国石化（香港）海南石油有限公司	紧急切断阀改造项目	5月	石化
中国石化扬子石油化工有限公司	扬子石化化工厂 PTA 三装置常压吸收塔环保治理改造	5月	石化
中国石化扬子石油化工有限公司	扬子石化 10 万吨 / 年 EVA 项目	6月	石化
中国石化集团资产经营管理有限公司扬子石化分公司	扬子石化塑料厂 1PP 装置 B 线造粒机组增设熔体齿轮泵改造	6月	石化
中国石化扬子石油化工有限公司	扬子石化 PIA 改造（采用最新 PTA 技术）方案研究	6月	石化
湛江新中美化工有限公司	20 万吨 / 年聚苯乙烯装置可行性研究报告项目	6月	石化
中国石油化工股份有限公司茂名分公司	茂名石化环氧乙烷装置循环气系统增加膜回收项目	6月	石化
中国石油化工股份有限公司茂名分公司	茂名石化环氧乙烷装置精制系统改造项目	6月	石化
瑞必科净化设备（上海）有限公司	瑞必科净化设备（上海）有限公司吸附塔 X5090058 单体设备设计	6月	石化
中国石油化工股份有限公司茂名分公司	中国石油化工股份有限公司茂名分公司化工新环氧装置低温余热利用项目基础设计	6月	石化
上海赛科石油化工有限责任公司	OSBL 装置 1#2#3#循旁滤器系统改造	7月	石化
广西华谊新材料有限公司	广西华谊 75 万吨 / 年丙烯及下游深加工一体化项目丁醇装置基础设计	9月	石化
广西华谊新材料有限公司	广西华谊 75 万吨 / 年丙烯及下游深加工一体化项目公辅设施系统工程基础设计	9月	石化
中国石化上海石油化工股份有限公司	上海石化大丝束项目基础设计	9月	石化
中国石油化工股份有限公司茂名分公司	茂名分公司 3 000 吨 / 年 mPAO 中试项目基础设计	9月	石化
中国石油化工股份有限公司安庆分公司	中国石化安庆分公司炼油转化工结构调整项目 40 万吨 / 年乙苯—苯乙烯装置总体工程设计	9月	石化
中国石化上海石油化工股份有限公司	上海石化环保水务部油污泥干化减量项目 EPC 总承包	10月	石化
南京金斯瑞生物科技有限公司	南京金斯瑞生物科技有限公司“同方厂房内装”项目建筑工程设计	10月	医药
中国石油化工股份有限公司巴陵分公司	巴陵石化己内酰胺产业链搬迁与升级转型发展项目总体院服务和公辅设施总体设计	10月	石化

续表

委托单位	项目名称	完成日期	行业
四川远大蜀阳药业股份有限公司	四川远大蜀阳药业股份有限公司生物医药产业基地血液制品建设工程项目	10月	医药
上海赛科石油化工有限责任公司	地面火炬系统助燃管线引压点调整	10月	石化
中国石化上海石油化工股份有限公司	上海石化烯烃部自控仪表隐患整改项目	11月	石化
联泓新材料有限公司	联泓新材料科技股份有限公司10万吨/年副产碳四碳五综合利用（OCC）项目	12月	石化
神华榆林能源化工有限公司	MTO装置烯烃分离单元脱丁烷塔改造项目	12月	石化
中国石化销售股份有限公司上海石油分公司	中国石化销售股份有限公司上海石油分公司高桥油库B5生物柴油改造设计项目	12月	石化
中国石化上海石油化工股份有限公司	上海石化新材料研发及加工应用中心	12月	石化

宁波工程公司

【概况】 中石化宁波工程有限公司（简称宁波工程公司）是炼化工程集团全资子公司，2003年经中国石化批准，由原中国石化集团兰州设计院和中国石化集团第三建设公司重组设立的国有独资公司，注册地为浙江省宁波市高新区。宁波工程公司是以技术为先导，价值创造为引领，工程项目管理为主体，以人为本，创新驱动，聚焦能化，绿色发展，为全球客户提供高品质的一站式整体解决方案的国际工程公司。

截至2020年底，宁波工程公司设有9个机关管理部门、12个直属机构、6个专业设计室、6个分公司、1个专业公司、4个子公司及19个EPC项目部（在建）。在册职工2 300余人，其中行业设计大师5人、享受国家政府津贴7人，具有高级以上职称的615人、中级职称的512人，各类注册工程师510人，其他管理和技术人员500余人。拥有510余件专利和专有技术，具备独有的核心技术优势和施工安装能力。在天然气化工、石油化工、煤化工以及合成气化工等领域的设计处于全国领先地位，是中国石化大型非标设备制造基地。

宁波工程公司主要生产经营指标及2020年完成的主要工程项目分别见表1和表2。

（贺　颖）

【领导班子调整】 2020年，集团公司党组调整宁波工程公司领导班子：左强任宁波工程公司党委委员、副总经理；免去王红光的宁波工程公司党委委员、副总经理职务，另有任用。

（贺　颖）

【全面完成生产经营任务】 2020年是“十三五”的收官之年，宁波工程公司紧贴市场、抢抓机遇、团结拼搏、务实重干，全力强化生产组织保障、经营管理和党的建设，有序做好疫情防控，加快复工复产、释放发展活力，推动企业运营向稳向好，完成年度生产经营任务。全年实现利润2.8亿元，营业收入67.67亿元，工程质量验收合格率100%，EPC总承包项目一次投料试车成功率100%，企业保持总体稳定。

（贺　颖）

【疫情防控、复工复产取得实效】 2020年，宁波工程公司全力以赴打好疫情防控、复工复产两场硬仗，并取得实效，集团公司发文向全系统推广宁波工程公司疫情防控和攻坚创效“双战双胜”的成功做法和经验。

（贺　颖）

【召开第三次党代会】 2020年10月23—24日，宁波工程公司召开中国共产党中石化宁波工程有限公司第三次代表大会。

（贺　颖）

【科技创新及应用取得明显进展】 2020年，宁波工程公司承担的国家重点研发计划专项“大型煤气化工艺装置安全防控技术研究及示范”进展有序；中国石化“十条龙”项目“2 000吨级SE煤气化技术大型化工业示范与应用”随着中科炼化一体化项目煤制氢装置顺利交付并投产，已完成“出龙”工作。

（贺　颖）

【境内市场开发再创佳绩】 2020年，宁波工程公司承接海南炼化、中化泉州、安庆石化、镇海炼化、宁波金发、新浦化学、上海石化等项目，新签合同额累计完成75.37亿元，超额完成上级下达的目标。

（贺　颖）

【多项装置顺利实现中交】 2020年，宁波工程公司承担的宁波华泰低温罐项目、榆林热动力站项目及空分装置、神华榆林酸性气体脱除装置、中化泉州动力中心及盐水站项目、中化泉州废液焚烧设施项目、石家庄炼化污水提质改造项目、天津280万吨/年催化裂化烟气脱硫项目等相继实现中交。

（贺　颖）

中化泉州动力中心及盐水站项目

【中科炼化一体化项目煤制氢装置产出合格氢气】 2020年9月，宁波工程公司承接的中科炼化一体化项目煤制氢（POX）装置全流程打通，产出99.9%高纯氢，标志着宁波工程公司自主开发的2 000吨级SE—东方炉粉煤洁净气化技术在中科炼化的首次工业化应用圆满成功。

（贺　颖）

中科炼化一体化项目煤制氢装置

【全国单体最大低温乙烷罐顺利中交】 2020年9月，宁波工程公司承接的宁波华泰16万立方米低温乙烷罐EPC项目顺利中交，该低温乙烷罐主体总高度47米，内直径长82米，是全国单体最大低温乙烷罐。

（贺　颖）

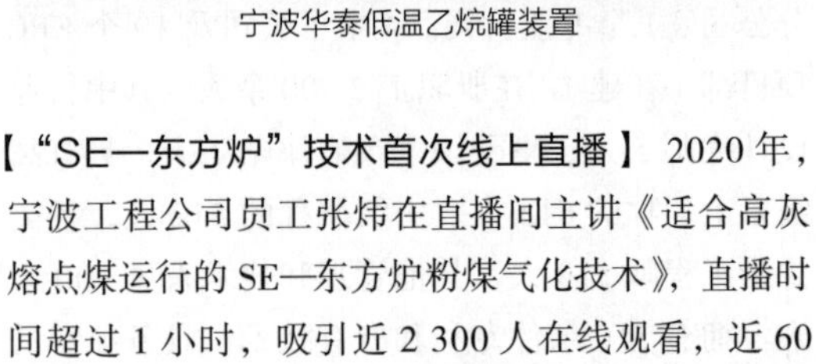

宁波华泰低温乙烷罐装置

【“SE—东方炉”技术首次线上直播】 2020年，宁波工程公司员工张炜在直播间主讲《适合高灰熔点煤运行的SE—东方炉粉煤气化技术》，直播时间超过1小时，吸引近2 300人在线观看，近60人参与互动，首次线上直播取得圆满成功。

（贺　颖）

【亢万忠获评浙江省工程勘察设计大师】 2020年9月，中国石化首席专家、宁波工程公司正高级工程师亢万忠获评浙江省工程勘察设计大师。

（贺　颖）

【通过国家高新技术企业认定】 2020年12月，宁波工程公司通过国家高新技术企业认定。

（贺　颖）

【稳妥推进退休人员社会化管理】 2020年，宁波工程公司稳妥推进退休人员社会化管理工作，顺利完成退休人员人事档案移交、党组织关系转接、统筹外费用处理、专用资产移交等主体任务目标，涉及1 897名正式退休人员和2 150名关联退休人员，全面完成中国石化下达的考核硬任务、硬目标。

（贺　颖）

【改革管理有效推进】 2020年，宁波工程公司谋划"十四五"发展，编制了"十四五"发展规划；持续实施一体化的项目平台运行、大经营和大财务体系构建；深入开展对标世界一流管理提升行动；有序推进"三项制度"改革；按计划完成"四供一业"分离移交收尾工作；加强"马上就办"效能建设，优化业务流程控制，精简管理制度，持续开展内控制度执行有效性提升，不断加强合规管理体系建设和全面风险管理，强化重点工作督查督办，促进管理效能的有效提升。

（贺　颖）

【多项工程技术获奖】 2020年，宁波工程公司承担的"短程硝化反硝化污水处理技术在高盐高氨氮废水处理中的应用"获中国化工学会科学技术奖二等奖，"石油化工工程数字化交付标准"获中国工程建设标准化协会标准科技创新奖一等奖，"东莞巨正源丙莞脱氢项目"获全国优秀咨询二等奖，"深圳液化天然气项目（佚福站址）储罐工程"获浙江省优秀勘察设计成果工程总承包类三等奖，"新浦化学40万立方米轻烃仓储项目安装工程"获浙江省优秀安装质量奖，"20万标准立方米煤制氢特殊换热器研制"等5项成果获集团公司科技进步奖。

（贺　颖）

【管理工作获多项荣誉】 2020年，宁波工程公司获评全国"安康杯"竞赛优胜集体、中央在浙企业安全生产目标管理责任制考核优秀单位、浙江省成长性最快百强企业、宁波市综合百强企业和竞争力百强企业，获评中国石化财务管理先进单位、法治工作先进单位、统计工作先进单位；宁波天翼制造公司象山工厂综合工段获评全国青年安全生产示范岗；沙特合成氨改造项目部获中国石化抗击新冠肺炎疫情先进集体称号；合成气制备技术创新团队获中国石化优秀创新团队称号。

（贺　颖）

表1　　宁波工程公司主要生产经营指标　　亿元

指标名称 \ 年份	2020	2019	2018	2017	2016	2015
资产总值	80.14	79.15	76.34	61.52	59.97	76.59
设计投资额	120.42	103.11	93.14	111.81	70.17	93.84
主营业务收入	67.29	61.96	52.91	35.10	31.51	65.97
利　税	1.06	3.88	5.64	5.09	1.66	5.24
承接工程数量 / 项	342	312	385	397	341	265
工程总承包	23	25	25	18	14	14
工程设计	132	111	135	103	75	70
工程咨询	76	70	91	113	111	75
工程建设及制造	111	106	134	163	141	106
获授权专利数量 / 件	37	36	42	22	34	61

表 2　宁波工程公司 2020 年完成的主要工程项目

序号	项目名称	中交或完工日期
一	EPC 总承包项目	
1	石家庄炼化化工污水提质改造项目	7 月
2	陕西延长榆林一期填平补齐工程热动力站项目	8 月
3	天津石化 280 万吨 / 年催化裂化烟气脱硫项目	8 月
4	宁波华泰低温罐 EPC 项目	9 月
5	中化泉州动力中心及盐水站项目	9 月
6	中化泉州废液焚烧设施项目	9 月
7	神华榆林酸性气体脱除装置	11 月
8	中韩石化乙烯脱瓶颈改造项目	11 月
二	设计项目	
1	中韩石化乙烯脱瓶颈改造项目化学水处理改造和冷凝水回收改造	2 月
2	青岛炼化动力中心降低供电标煤耗改造	4 月
3	镇海炼化新增生化污泥至Ⅳ电站 CFB 锅炉掺烧处理项目	9 月
4	吴忠太阳山开发区一般固体废弃物填埋场项目	10 月
5	扬子江乙酰四期技术升级改造项目	10 月
6	国能宁煤煤制油项目管廊工程设计（精细化工园区综合管廊）	11 月
7	恒河材料科技 18 万吨 / 年石油树脂项目	12 月
三	施工及制造项目	
1	大连恒力 2# 溶剂脱沥青项目安装工程	3 月
2	镇炼稀油密封气柜改造项目	3 月
3	镇海炼化 2020 年炼油三部检修改造项目	4 月
4	湛江国家石油储备地下水封洞库工程地上库内总承包工程	5 月
5	南京处仪征站 15#15 万立方米、13#10 万立方米罐修理工程	6 月
6	洛阳原油商业储备基地工程罐主体安装施工总承包	6 月
7	中化泉州 100 万吨 / 年乙烯及炼油改扩建项目 HDPE 装置土建安装工程	6 月
8	上海石化油品清洁化项目 40 万吨 / 年清洁汽油组分装置项目	6 月
9	日照—濮阳—洛阳原油管道工程站场工程	7 月
10	齐鲁达州化肥分公司拆除项目	8 月
11	上海赛科公司保运项目	10 月
12	东阳—磐安天然气管道工程线路安装工程	11 月
13	镇海石塘下输油管廊迁改安全隐患整改工程项目（管道迁改工程）	12 月

南京工程公司

【概况】 中石化南京工程有限公司（简称南京工程公司）是炼化工程集团全资子公司，2009年6月由中国石化集团第二建设公司和中国石化集团南京设计院重组成立，位于江苏省南京市江宁区，注册资本5.56亿元。

南京工程公司是以设计为先导，专利、专有技术、工艺包开发为核心，工程总承包和项目管理、专业施工为主体，面向国内外市场提供技术和管理服务的综合性、一体化的国际工程公司。在煤化工、天然气化工、环境工程、清洁能源、硫酸磷肥等无机化工、苯系化工、公用工程和工业民用建筑等设计业务方面优势明显；具有设计、采购、施工一体化独特优势和雄厚的国内外项目综合管理能力；具有以大型机组安装、大型储罐安装、大型DCS/ESD安装调试、特殊材质焊接等为核心的施工以及施工管理能力。

2020年，南京工程公司下设职能部门16个、专业设计室7个、国内分（子）公司8个、海外分公司1个。在册职工2 290人，其中经营管理、专业技术和工程项目管理人员1 854人，各类技能操作人员436人，具有本科及以上学历1 563人，拥有中、高级专业技术职称的1 322人。

南京工程公司主要生产经营指标及2020年完成的主要工程项目分别见表1和表2。

（毕　华）

【领导班子调整】 2020年12月，集团公司党组对南京工程公司领导班子做出调整：周赢冠任南京工程公司执行董事、党委书记，炼化工程集团监事。吴吉波任总经理、党委副书记。宁波工程公司原副经理、党委委员王红光任南京工程公司副总经理、党委委员。郑国洋兼任监事。彭付成任副总经理、党委委员。截至2020年底，公司领导班子成员包括：周赢冠、吴吉波、陈德兴、王红光、刘胜、郑国洋、彭付成。

（毕　华）

【安全生产平稳可控】 2020年，南京工程公司以“HSSE管理体系建设年”为主题，以安全长效机制建设为主线，以完善体系（制度）运行为重点，推进HSSE标准化。以班组安全建设、全面作业许可、全员安全诊断和安全记分考核为抓手，推动岗位安全职责落实。围绕直接作业环节、受限空间、高处作业等开展安全专项整治行动，促进安全管理有效提升。持续抓好HSSE培训，在各层级开展安全警示教育、安全经验分享活动，全面提升安全意识和能力。实施项目网格化管理，加强风险分级管控，开展分承包商“一把手”工程，加大安全监管力度，强化现场直接作业环节和高风险作业管控，消除事故隐患，不断提升本质安全水平。

（毕　华）

【生产经营总体平稳】 2020年，南京工程公司坚持抓主要矛盾、抓系统优化、抓底线防控、抓化危为机，奋力攻坚创效。面对“疫情防控”和“复工复产”两大战役，扎实开展“百日攻坚创效”“持续攻坚创效”行动，确定5个攻坚目标、7项重点任务，层层分解指标、抓好落实，做到高标准起步、高效率推进、高质量收官，实现“双战双胜”，南京工程公司“十三五”规划圆满收官。

（毕　华）

【技术创新工作持续推进】 2020年，南京工程公司根据创新驱动工程实施方案，制订技术工作计划并认真落实，全年技术开发项目运行62项，计划结题50项，实际结题41项；整理成熟工艺包2项；完成专利申请79件，获授权专利54件；形成企业级工法13项；主编行业标准7项、参编行业标准26项、主编中国石化标准5项、炼化工程集团标准10项，发布公司标准40项。顺利取得电子与智能化、消防2项施工专项资质；轻纺甲级、管道工程乙级2项设计专项资质；成功延续高新技术企业资质。

（毕　华）

【市场开拓成效显著】 2020年，南京工程公司坚持市场导向，迎难而上，筑牢公司持续发展基础。构建大市场、大营销格局，市场开发逆市上扬，全年新签合同额创公司历史新高。承揽的沙特阿美原油输送泵站升级改造项目为公司历史上独自承揽的海外单体合同额最大的 EPC 项目；海南炼化炼油乙烯工程 2 份 EPC 合同中的裂解汽联合装置设计采购施工（EPC）（三标段）为首次承揽的集团公司主业乙烯工程的 EPC 总承包，实现历史性突破。

（毕　华）

【项目执行优质高效】 2020 年，南京工程公司以创建精品为目标，建设项目管理平台，优化项目管理体系，精心策划，缜密组织，集中优势力量，全力保障项目优质高效建成。完成巴陵石化己内酰胺搬迁配套硫酸、宁波新材料研究院等项目基础设计；古雷炼化空分净化水等 20 个主项高标准中交，福建炼化酸性气、广州石化硫回收、云南低温热回收改造等项目一次开车成功；中科炼化、洛阳石化连续重整、荆门石化重油催化裂化、中化泉州 PX 等项目顺利中交投产。

（毕　华）

【全力做好疫情防控工作】 2020 年，南京工程公司主动扛起疫情防控和复工复产责任，坚决守护职工生命安全和身体健康。成立疫情防控工作组，制定“控疫情、复生产”的相关措施，逐级落实责任，强化联防联控，确保疫情防控到位，安全保障有力，生产组织有序，员工身心健康。针对境外不断升级的疫情防控形势，南京工程公司成立境外疫情防控领导小组，建立分级组织管理体系，升级完善境外疫情防控管理制度，严格风险排查管控，强化全员防疫教育培训，注重人文关怀和心理疏导，确保防疫工作境内外全覆盖。国内实现“零感染”，海外疫情总体受控。“石化情”青年志愿者积极参与社区公共区域的环境卫生和消毒工作，为社区防疫工作构筑青春防线。党员带头，捐款助力“抗疫”，其中 1 名 93 岁老党员自愿捐款 10 万元。

（毕　华）

【体制机制改革初显成效】 2020 年，南京工程公司积极推动体制机制改革，做好业务流程梳理工作，按照“宜授尽授、授控结合”的原则，梳理修订 57 个施工业务流程，适当下放管理审批权限，制定施工业务管理权限指引，修订经济合同签署权限指引，组织开展分公司施工业务流程、合同权限宣贯培训，进一步做好交底、指导、承接工作，确保施工业务顺利承接，有序运行。持续完善设计、EPC 业务和综合业务流程再造工作；进一步推进落实班组管理，夯实企业发展基础，制订标准化施工班组达标创建工作方案，编制完成班组长现场培训教材、班组长手册（标准、宣传册）、5 项管理制度，开展班组长巡回培训、提升培训，修订分包合同关于班组建设的条款。

（毕　华）

【召开第二次党员代表大会】 2020 年 9 月 24 日，中国共产党中石化南京工程有限公司第二次代表大会在南京召开。会议宣读并通过党委工作报告的决议、纪委工作报告的决议、大会选举办法、总监票人、监票人名单，并通报计票人名单，宣

中科炼化一体化项目全景

读新一届党委委员和纪委委员候选人名单。选举产生公司新一届的党委和纪委委员。

（毕　华）

中国共产党中石化南京工程有限公司第二次代表大会召开

【消费扶贫助力脱贫攻坚】 2020年，南京工程公司大力推动消费扶贫，积极响应中央号召，充分发挥中国石化渠道优势、内部消费优势和企业专业化运作优势，将消费扶贫工作落到实处。南京工程公司集中采购131.7万元贫困地区产品作为节日员工福利，履行国有企业的政治责任和社会责任，助力打赢脱贫攻坚战。

（毕　华）

【65天建成投产12条熔喷布生产线】 2020年2月25日，南京工程公司接到承建仪征化纤12条熔喷布生产线任务后，克服疫情不利影响，第一时间组织人力、落实资源，创造条件推进项目建设。高峰期时，施工现场人员达400余人，调配机械设备、车辆上百台。现场作业实行两班轮班制，设备材料随到随安装。自2月29日现场公用工程开工到5月3日最后一条生产线交付，仅用65天时间实现所有生产线高标准中交，助力生产线顺利投产，完美演绎了“南工速度”。

（毕　华）

【发布《企业文化手册》】 2020年5月，南京工程公司正式发布《企业文化手册》也是南京工程公司成立后首次推出《企业文化手册》，内容包括企业简介、企业文化核心价值理念、专项文化、企业文化建设、品牌标识5个篇章，全面展示了南京工程公司的企业使命、企业愿景、企业价值观、企业作风等企业文化建设的重要内容，是公司企业文化建设理念和文化行为的集成。对于进一步深化企业文化建设，促进公司可持续高质量发展具有重要意义。

（毕　华）

【沙特业务第3个五年成绩显著】 2020年是南京工程公司沙特业务发展的第3个五年。其间，南京工程公司以“强基础、补短板、稳增长”为发展目标，强化能力建设，完善体制机制，依法合规经营，夯实发展基础，国际化经营能力显著提升，成果丰硕。新签合同额较第2个五年增长99.4%，财务收入增长134%，较好实现公司盈利目标。沙特业务为南京工程公司全面完成“十三五”各项经济指标做出巨大贡献。

（毕　华）

【古雷空分装置产出合格产品】 2020年12月21日，南京工程公司总承包的古雷空分装置成功产出合格氮气和氧气，投料试车一次成功。该装置选择国内专利商，增强了设计主动性；结构设计因地制宜，降低了成本；优化选择设备启动方式，确保了安全可靠；提前预防安全事故，降低了风险。在整个装置执行过程中，项目部不断优化现场设计方案、加强物资催交催运力度，发挥公司设计、采购、施工一体化优势，确保装置高标准、高质量投产运行。

（毕　华）

古雷空分装置

【多个工程项目获奖】 2020年，南京工程公司承建的宁夏合成气脱瓶颈项目和内蒙古鄂尔多斯高纯度低能耗多晶硅材料技术改造项目获中国施工企业管理协会评审的工程建设绿色建造设计水平成果二等奖（国家级技术奖项）。中安联合化工有限责任公司煤制氢170万吨/年甲醇及转化烯烃项目罐区工程、中石化新疆煤制天然气外输管道有限责任公司潜江—韶关输气管道工程线路四标段和广东炼化一体化项目原油罐区工程3个项目申报中国工程建设焊接协会组织的焊接优质工程奖。中安和广东炼化项目为焊接一等奖，新疆项目为焊接优秀奖。荆门新建15万吨/年硫酸装置获省级优秀工程设计一等奖，九江煤制氢装置获省级优秀工程设计二等奖。

（毕　华）

表1　南京工程公司主要生产经营指标　亿元

指标名称＼年份	2020	2019	2018	2017	2016	2015
资产总值	53.36	55.29	55.87	56.81	53.87	47.59
设计投资	60.36	64.17	90.20	93.89	90.00	90.00
主营业务收入	58.81	67.02	55.98	46.77	70.06	59.53
承接工程数量/项	257	239	196	170	162	182
获授权专利数量/件	54	37	48	56	42	51

表2　南京工程公司2020年完成的主要工程项目

序号	项目名称	中交或完工日期
一	EPC总承包项目	
1	福建漳州古雷炼化一体化项目净化水厂、给水加压泵站消防水泵站工程	4月
2	云南云天化股份有限公司云峰分公司30万吨/年硫酸B系列低温位热回收技术改造项目	5月
3	云南三环中化2×80万吨/年硫黄制酸余热回收（HRS）综合利用项目（Ⅱ）期EPC总承包工程	6月
4	福建漳州古雷炼化一体化项目空分设施、空压站工程	7月
5	中国石油化工股份有限公司广州分公司硫黄回收系统环保治理项目	10月
二	施工项目	
1	浙江石化4 000万吨/年炼化一体化项目（一期）2标段安装工程柴油加氢装置	1月
2	沙特阿美FADHILI天然气处理项目	4月
3	仪征化纤年产4 000吨丙纶熔喷非织造布项目	5月
4	中化泉州石化100万吨/年乙烯及炼油改扩建项目80万吨/年PX装置施工总承包	5月
5	扬子石化10万吨/年EVA装土建、安装工程	5月
6	洛阳分公司炼油结构调整项目一标段120万吨/年连续重整	5月
7	中国石化北仑段石油化工管线安全隐患整改局部迁改工程项目	6月
8	新气管道有限公司潜江—韶关输气管道工程线路工程施工总承包四标段	6月
9	日照—濮阳—洛阳原油管道工程站场工程二标段	7月
10	天津液化天然气（LNG）项目输气干线工程四标段施工	8月
11	金陵分公司高端石墨材料项目主装置及系统配套工程施工	10月
12	中国石化集团石油商业储备有限公司天津南港原油商业储备基地工程施工总承包项目	12月
13	福建联合石化2018年停工大修及小型改造	12月

续表

序号	项目名称	中交或完工日期
三	设计项目	
1	中国石化海南炼油化工有限公司 8 万吨 / 年硫黄回收装置	5 月
2	福建古雷石化有限公司炼化一体化项目中心实验室、厂前区变电所、厂前区污水提升泵站	5 月
3	中国石油化工股份有限公司江汉油田分公司卤水提锂制备电池级碳酸锂中试装置	6 月
4	中安联合煤化有限责任公司甲醇项目	7 月
5	中安联合煤化有限责任公司码头增加管带机及配套设施	10 月
6	中国石油化工股份有限公司镇海炼化分公司扩建 1 500 万吨 / 年炼油 120 万吨 / 年乙烯项目（乙烯部分）公用仓库	12 月
7	南通江山农药有限公司工业酸资源综合利用技改项目 20 万吨 / 年普钙及 10 万吨 / 年复合肥装置	12 月
8	乌兹别克斯坦硫磷综合一体化项目	12 月

第四建设公司

【概况】 中石化第四建设有限公司（简称第四建设公司）位于天津市滨海新区大港世纪大道 180 号，成立于 1963 年 1 月，1968 年迁至湖南长岭参加“三线建设”，1974 年参加天津炼油厂建设，落户天津大港，2012 年 4 月 6 日改制为公司制企业，更名为中石化第四建设有限公司，成为炼化工程集团的全资子公司。

截至 2020 年底，第四建设公司设有 12 个职能部门、9 个二级单位，其中 3 个综合型工程公司、3 个专业工程公司、1 个国际工程公司、1 个以 PMC 业务为主的工程项目管理公司和 1 个培训中心。在建项目 67 个，其中国内 66 个、国外 1 个，传统施工项目 56 个、PMC 项目 11 个。有在职员工 3 761 人，其中合同制员工 2 287 人、业务（服务）外包人员 1 474 人；管理和技术人员 2 290 人，占比 60.8%，269 人取得国家一级建造师和二级建造师执业资格。2020 年，第四建设公司使用社会资源 15 316 人，其中外籍员工 1 366 人。

截至 2020 年底，第四建设公司账面资产总额 41.66 亿元，负债 38.91 亿元，所有者权益 2.75 亿元，资产负债率为 93.41%。2020 年，第四建设公司以“提质创效年”为主题，完成主营业务收入 52.69 亿元，实现净利润 1.16 亿元。完成 286 个主合同结算任务，合同额 32.01 亿元，完成年度计划的 59.86%。回收资金 58.75 亿元，其中完成老账清收 9.86 亿元。

2020 年，第四建设公司承建的山东液化天然气（LNG）项目一期工程项目获国家优质工程奖；中安联合甲醇及转化烯烃项目、长岭分公司催化剂联合生产装置、巴陵石化 SEPS 工业化装置等 5 项工程获集团公司优质工程奖；董家口原油商业储备基地焊接工程、中科炼化加氢裂化装置高压管道焊接工程、海南炼化对二甲苯装置 F701/F801 炉管焊接工程、东莞巨正源丙烷储罐焊接工程获全国优秀焊接工程奖。首次获评全国文明单位，获评天津市百强企业，连续 14 年获评全国“安康杯”竞赛优胜单位。

第四建设公司主要生产经营指标及 2020 年度完成的主要工程项目分别见表 1 和表 2。

（邓高科）

【领导班子调整】 2020 年，集团公司党组 2 次调整第四建设公司领导班子：12 月 1 日，周赢冠任第四建设公司执行董事、党委书记，不再担任总经理职务；董克学任第四建设公司总经理、党委副书记；彭卫权不再担任第四建设公司副总经理、党委委员，交流到第十建设公司任职；左强不再担任第四建设公司副总经理、党委委员，交流到宁波工程公司任职；12 月 24 日，向文武任炼化工程集团副董事长兼第四建设公司执行董事、党委书记；周赢冠不再担任第四建设公司执行董事、党委书记，交流到南京工程公司任执行董事、党委书记。

（邓高科）

【改革成效持续增强】 第四建设公司始终坚持问题导向，刀刃向内自我革新，着力破解发展难题。深化薪酬分配制度改革，完成全部在岗员工职位对应的基本薪酬等级档次套靠工作，实现“基本薪酬与职位层级、累积贡献相匹配，绩效薪酬与岗位层级、绩效考核相挂钩”的分配管理模式，调动了员工干事创业积极性；完善绩效考核制度，按季度组织对 38 个考核主体开展组织绩效考核工作，从工作绩效、工作能力、工作作风 3 个方面开展员工绩效考核工作，持续完善考核激励机制，考核指挥棒作用得到有效发挥。各项目标任务圆满完成，多项指标创历史最好水平。全年实现营业收入 52.69 亿元，增长 31.66%；净利润 1.16 亿元；新签合同额首次突破 70 亿元大关，达 78.59 亿元，增长 82%。

（邓高科）

【市场开发实现突破】 2020 年，面对石化行业投资高峰，第四建设公司抢抓市场机遇，立足现场拓展市场，坚持“12345”市场开发策略，聚焦“八大市场”，紧跟“四大战略”，实现市场开发“大丰收”。全年新签合同额 78.59 亿元，增长 35.41 亿元，完成年度指标 60 亿元的 130.98%，加上已中标未签合同，承揽任务过百亿元，创历史新高。其中，海外市场开发创造单个项目合同金额最大、海外市场开发金额最多的 2 个历史之最；与系统内外 10 家设计单位开展联合 EPC 业务，中标金额达 25 亿元，联合 EPC 业务开展取得新成果；签订储运业务合同 32.5 亿元，展现了第四建设公司在储运专业特别是 LNG 专业上的优势；3 家二级单位市场承揽合同额突破或接近 10 亿元大关，市场开发成效显著。

（邓高科）

【项目执行再上台阶】 2020 年，第四建设公司在集团公司“百日攻坚创效”和“持续攻坚创效”动员令的强大号召下，紧盯年度目标任务不动摇，一手抓疫情防控，一手抓重点工程建设，统筹国内国外两大战场，优化生产组织运行，强化资源保障，抢上工程施工，全力攻坚创效。全年实现镇海炼化、天津南港商储、天津 LNG 二期等 65 项工程高标准起步，确保天津炼油升级改造、辽宁宝来项目、山东东营项目等 41 项工程高标准中交，完成北海炼化、天津石化、中沙乙烯大修改造等 6 项急难险重的检修改造任务，实现沙特、马来西亚两大海外项目的稳步实施。年内实施的 79 个项目施工任务，没有发生一起上报安全、环保、质量、公共安全事故，实现 5 891 万安全人工时，展示了较强的大型项目施工组织能力。

（邓高科）

【技术创新成果丰硕】 2020 年，第四建设公司坚持以创新为驱动，以技术为引领，加快发展动能转换。同系统内工程建设公司合作开发的管道施工管理系统投入应用，实现项目群和各相关方的协同管理；开发完善电气仪表专业管理模块，为构建“一站式”多专业工程施工管理平台打下基础；建立大数据中央数据库，打造统一的数据管理平台，提升数据安全和应用水平，为信息传递“最后一公里”铺平了道路。全年，形成企业级工法 15 项，完成焊接工艺评定 120 项，取得科技进步成果 19 项，实现实用技术开发 21 项；申请专利 46 件，获授权 28 件；获国家及天津市级优秀 QC 成果 5 项，5 项技术开发项目通过炼化工程集团组织验收，技术创新支撑引领作用不断加强。

（邓高科）

【企业管理不断加强】 2020 年，第四建设公司强管理、重实效、促发展，从严管理的氛围逐步形成，精细管理的基础初见端倪。坚持依法合规，进一步厘清制度构架，强化制度、规范向基层的穿透力，新编制度 15 个，修订制度 32 个。强化 HSSE 和 QHSE 体系的运行，有效开展安全质量督查，大力实施安全记分考核，整改安全质量问题 1 900 余项。增强法律风险防范和维权，持续完善风险事件库，处理各类纠纷 28 件，结案 16 件，避免损失 2 648 万元。持续打造全员成本目标管理体系，开展“我为降低百元收入营业成本做什么”全员大讨论活动，大力压降非生产性费用，实现挖潜增效、降本减费 5 973 万元，百元收入营业成本由 2 月最高的 100.31 元逐渐下降到 12 月底的 91.3 元。

（邓高科）

举办金点子大赛

【员工获得感不断提升】 第四建设公司始终秉承“人企和谐共生、宁可公司过点‘紧日子’，也要让职工过上‘好日子’”的人本理念，尽力回报员工，提升员工幸福指数。完善人才成长通道建设，改进选人用人机制，创新人才培养方式，深入推进“人才强企”工程；推先评优、内训外培、轮岗交流、帮扶关爱等组合措施的实施，不断激发员工爱岗敬业的热情；在百元收入营业成本持续下降的情况下，职工收入实现连续 4 年双位数增长，跑赢了劳动生产率的增速；后勤标准化工作的快步实施，改善了外埠员工生活条件，进一步满足和丰富了职工生活；实施“常态化、制度化”的走访帮扶活动，倾听员工心声，加强员工思想动态调研，收集员工合理化建议，解决员工实际困难，员工的满意度不断提升。

（邓高科）

员工搬进新宿舍时的喜悦溢于言表

【党建工作持续深化】 围绕深入学习贯彻党的十九届四中、五中全会精神，第四建设公司坚持把党的政治建设摆在首位，严格落实“第一议题、第一课程、第一标尺”要求，强化对意识形态领域的管控和引领作用；党建和生产经营深度融合，各级领导班子率先垂范，坚决落实抓党建工作的主体责任，实现党政同频共振；坚持正确的选人用人导向，新提拔中层领导人员 9 名，其中 40 岁以下的占 45.5%，跨专业交流干部 21 人次，干部年轻化和交流力度得到党组肯定；维护稳定、保密、人武、统战、群团及离退休工作扎实推进，营造了和谐稳定的发展环境。

（邓高科）

表 1 第四建设公司主要生产经营指标 亿元

指标名称 \ 年份	2020	2019	2018	2017	2016	2015
资产总值	41.66	38.62	44.62	42.86	48.33	43.98
主营业务收入	52.69	39.64	38.51	33.63	37.51	42.42
利　税	2.01	−2.26	1.20	−2.99	0.94	1.38

续表

年份 指标名称	2020	2019	2018	2017	2016	2015
承接工程数量 / 项	287	173	192	168	95	117
获授权专利数量 / 件	28	21	22	66	52	41

表 2　　第四建设公司 2020 年度完成的主要工程项目

序号	工程名称	交工
一	新建装置	
1	液空天津 SSTPC 项目土建及安装施工工程	1 月 2 日
2	山东液化天然气（LNG）项目接收站工程建筑安装工程	3 月 6 日
3	渤中 19-6 项目机管电仪、结构、内装、通风、保温预制安装（散件场外预制）+ 组块房间内装、通风、保温预制安装（部分包工包料）及海上安装工作	3 月 30 日
4	中原石化静设备、管线保运二标段	3 月 31 日
5	秦皇岛 33-1 南油田一期开发项目 WHPA 组块多专业建造	4 月 7 日
6	亨斯迈聚氨酯系统料天津项目机电仪安装工程	4 月 10 日
7	亨斯迈聚氨酯系统料天津项目机电仪安装工程 14 台储罐制作	4 月 10 日
8	沧州资产分公司 2019 年二类、三类投资项目施工总承包（框架协议）	4 月 10 日
9	京台高速公路德州（鲁冀界）—齐河段改扩建工程鲁皖管道原位保护项目	4 月 30 日
10	天津 LNG 接收站气化外输扩能工程基础设计、详细设计、施工（BEPC）总承包合同	5 月 8 日
11	济南东部天然气管道改线工程定向钻穿越工程施工	5 月 21 日
12	茂名分公司产品结构优化项目及配套 15 万吨 / 年硫黄回收联合装置项目	5 月 30 日
13	北海炼化 VOCs 收集输送与治理配套氮气缓冲设施储罐项目	5 月 30 日
14	轻烃综合利用项目图幅四、图幅七管线安装、防腐、保温施工工程	5 月 30 日
15	天津分公司 10 万米 ^{3}（标准）/ 时天然气制氢项目建筑安装工程	5 月 30 日
16	北海炼油异地改造石油化工（20 万吨 / 年聚丙烯）项目部分装置节能改造项目联合总承包	5 月 31 日
17	仪征化纤年产 20 万吨熔体直纺环保型短纤项目（一标段）	6 月 14 日
18	洛阳原油商业储备基地工程库外工程	6 月 15 日
19	辽宁宝来轻烃综合利用项目低温罐区建筑安装工程	6 月 18 日
20	仪征化纤 2019 年度三类项目框架协议（第一标段）	6 月 23 日
21	仪征化纤 2019 年度三类项目框架协议（第二标段）	6 月 23 日
22	海南炼化 100 万吨 / 年乙烯及炼油改扩建工程项目场地平整工程和围墙工程（三标段）施工承包合同	6 月 25 日
23	化工部 2$^\#$ 芳烃四合一加热炉增加余热回收设施项目	6 月 25 日
24	炼油部催化裂化装置沉降器封头等设备更新	6 月 25 日
25	炼油部 1$^\#$ 加氢裂化电缆及槽盒更新改造项目	6 月 28 日
26	中科炼化一体化配套湛江—廉江成品油管道工程站库施工总承包合同（一、二标段）	6 月 30 日
27	天津分公司炼油产品结构调整及油品质量升级改造项目六标段土建、安装工程	6 月 30 日

续表

序号	工程名称	交工
28	天津分公司炼油产品结构调整及油品升级改造项目催化裂化装置烟气脱硫单元二标段	6月30日
29	新建天然气制氢装置引入天分天然气流程完善项目	6月30日
30	炼油部 2# 常减压装置安全隐患治理项目	7月11日
31	天津分公司 2# 延迟焦化装置密闭除焦改造项目	7月15日
32	仪征化纤 PTA 生产中心节能改造项目	7月20日
33	日照港—京博输油管道工程顶管施工（六标段）	7月25日
34	炼油部老装置区南半部分含油污水管线地上化改造项目	7月30日
35	日照港—京博输油管道工程定向钻施工（三标段）	7月31日
36	销售华北分公司增设含油废物暂存间项目	8月5日
37	轻烃综合利用项目 100 万吨 / 年蒸汽裂解装置建筑安装工程	8月7日
38	大沽化工临港分厂换热器 TT-1229 更换	8月14日
39	东营联合石化有限责任公司 260 万吨 / 年重油加氢裂化及配套工程项目三标段	8月15日
40	东营联合石化有限责任公司 260 万吨 / 年重油加氢裂化及配套工程项目四标段（公用工程及储运设施）	8月15日
41	东营威联化学有限公司 200 万吨 / 年对二甲苯项目四标段（公用工程及储运设施）	8月15日
42	大连恒力石化 15 万立方米原油储罐（四标段）安装工程	9月1日
43	辽宁海航实业有限公司仓储项目原油罐组	9月15日
44	茂名分公司化工全厂中心控制室项目工程	9月20日
45	仓储项目 6# 管廊及原油罐组安装施工总承包项目	9月21日
46	天津渤化化工发展有限公司“两化”搬迁改造项目——180 万吨 / 年甲醇制烯烃装置项目工程	9月26日
47	中捷石化储运原油管道首末站改造项目	9月29日
48	中沙石化 26 万吨 / 年聚碳酸酯项目全厂给排水管网工程合同	9月30日
49	鲁皖二期成品油管道中化弘润西厂区段改线工程线路	10月15日
50	高桥石化储运部罐区 VOCs 及异味治理项目	10月22日
51	炼油部重交道路沥青改造项目	10月25日
52	中原石化 2018 年一般措施及安全环保项目	10月30日
53	新建济南—莱芜高速铁路 JLZQTJ-1 标鲁皖管道与济莱高铁交汇处保护工程	11月5日
54	巴斯夫美克化工制造（新疆）有限责任公司 BMXC 新维修大楼建造项目	11月9日
55	烯烃部聚丙烯装置工艺物料及公用工程管道配套项目	11月19日
56	天津分公司循环水系统提效改造项目	11月30日
57	巴陵石化 5 万吨 / 年 SEBS 建设装置（一标段）	11月30日
58	长寿晏家—北碚水土天然气管道项目一标段	11月30日
59	中沙石化 130 万吨 / 年乙烯改造项目乙烯球形储罐制作安装工程采购施工（PC）总承包合同	12月1日
60	中沙石化 130 万吨 / 年乙烯改造项目安装工程施工总承包一标段	12月15日

续表

序号	工程名称	交工
61	中国石化集团石油商业储备有限公司天津南港原油商业储备基地工程设计采购施工（BEPC）总承包合同	12 月 18 日
62	金澳科技（湖北）化工有限公司 8 万吨 / 年聚丙烯装置	12 月 20 日
63	山东京博石油化工有限公司 11 万立方米高端智能化沥青储运罐区及配套项目工程施工承包合同	12 月 22 日
64	高桥石化储运部 1# 联合罐区重污油罐 VOCs 及异味治理	12 月 23 日
65	高桥石化储运部 4# 联合罐区海滨油库泡沫灭火系统改造	12 月 25 日
66	中科炼化一体化增加汽油出口设施、码头工程油气回收系统项目施工总承包合同	12 月 28 日
67	青岛武船 MEG 项目设备 / 管线安装工程	12 月 30 日
二	检修改造项目	
1	北海炼化 2020 年装置大检修（三）	4 月 30 日
2	北海炼化 2020 年大修同步改造项目	4 月 30 日
3	化工部 2# 芳烃装置吸附塔换剂配套改造项目施工合同	6 月 25 日
4	天津石化大修改造工程—检修	6 月 28 日
5	中天合创能源有限责任公司化工分公司 2020 年烯烃部反再系统大修	7 月 2 日
6	中沙石化 130 万吨 / 年乙烯改造项目安装工程施工总承包一标段	7 月 12 日
7	乙烯、成品等装置静设备、管线检修修理合同	9 月 15 日

第五建设公司

【概况】 中石化第五建设有限公司（简称第五建设公司）是炼化工程集团全资子公司。第五建设公司成立于 1953 年，2010 年 12 月 18 日根据集团公司的战略部署，从甘肃省兰州市西固区迁址到广东省广州市荔湾区中山七路 81 号。2012 年 4 月，根据炼化工程板块实施重组上市要求，由中国石化集团第五建设公司更名为中石化第五建设有限公司。

第五建设公司是中国最早从事石油化工建设的大型施工企业，也是集团公司直属大型综合性施工企业。具有石油化工工程施工总承包一级企业资质，钢结构工程专业承包壹级，环保工程专业承包壹级，建筑工程施工总承包、机电工程施工总承包、电力工程施工总承包贰级，消防设施工程专业承包贰级，市政公用工程施工总承包叁级，国外工程承包资质、对外经济合作经营资格资质和建筑行业（建筑工程）乙级、石油化工医药行业（化工工程、石油及化工产品储运）专业乙级设计资质等。具备 60 亿元 / 年以上的施工生产能力。能独立承担炼油、化工、化肥、化纤、橡胶、电力、医药、冶金、军工等大中小型装置及配套工程建设任务。在大型传动设备（机组）安装、大型储罐安装运输、大型 DCS 自动化集散控制系统安装与调试和特种材料焊接，以及大型锅炉、大型空分、炼油、聚烯烃、甲醇、煤化工、土壤修复、安全技术、机械清罐等方面，形成独具特色的技术优势。在做好传统业务的同时，在安全技术研发、土壤修复处理、油罐机械清洗、无轨导爬行焊接“机器人”等方面创新求变发展转型业务，培养了一大批高级工程技术人员和各专业高级技师。在国家许多重大项目建设中，充分体现了在工程管理、机具装备、专业人才、新技术开发应用等方面的实力和优势。

截至2020年底，第五建设公司本部共设15个职能处室；下辖区域分公司、专业分公司等14个二级单位。有46个项目部（其中国内44个、国外2个），分布在全国各地炼化企业和海外。用工总量为1 916人，其中在岗合同制员工1 767人、短期阶段性合同工3人、不在岗146人（含离岗调研、内退、工伤）。有国家一级建造师109人、二级建造师18人。

第五建设公司主要生产经营指标及2020年完成的主要工程项目分别见表1和表2。

（林尚一）

【深化改革稳步推进】 第五建设公司公司治理体系日益规范，运营系统持续优化，财务转型扎实推进，推进“三项制度”改革，“全体起立”选聘人才，构建“2+2”考核体系，采用“比较系数法”严考核硬兑现，实现了职位“能上能下”，收入“能增能减”。持续优化所属单位领导班子配备，加大交流轮岗和年轻干部选拔培养力度，2020年新提拔40岁以下优秀基层年轻干部比例达86.7%。调整优化机构设置，重新梳理明确机关各部门职责权限。进一步优化财务管控模式，“四供一业”分离移交达到集团公司目标，离退休人员社会化移交提前完成，改革活力持续释放。

（林尚一）

【HSSE管理受控】 第五建设公司完善HSSE检查评价机制，采取“检查＋培训＋提升”的方式，加大对重点项目、检维修和拆除项目监管力度。强化风险防范预警机制，对重大HSSE风险实行动态监管，2020年累计识别出较大以上风险37项，一般风险130项。深入开展HSSE隐患排查治理，全年共排查9 487项，查出隐患102项，全部得到有效整改。加大职业健康监管力度，关注全员身体健康，严把职业健康风险识别，关注健康过程管控，持续改进健康管理。

（林尚一）

【市场开发取得突破】 2020年，第五建设公司坚持“公司统领、部门统筹、区域协同”的市场开发工作机制，市场拓展实现新的突破。①国内业务继续稳固，共计中标56.37亿元人民币，累计新签合同额43.99亿元人民币。②海外业务进一步拓展，2020年境外共计中标4.33亿美元，累计新签合同额7 655万美元。③新业务取得新突破，相继中标安庆石化工业废渣填埋场整治项目、西安石化拆除项目、北海炼化老厂场地调查项目，中标天津石化商储项目、湛江商储项目、海南炼化乙烯项目等16个第三方安全监管服务，新业务在广度和深度上实现突破。

（林尚一）

【管理水平日益提升】 第五建设公司严控工程质量，焊接一次合格率不断提高。2020年焊缝射线检测11.64万道，合格11.27万道，一次合格率96.8%，提高0.4%。力推质量样板，首件样板覆盖率不断提升。13个重点项目建设了实体“质量样板间”，43个项目开展了首件样板工程，首件样板覆盖率达100%，89个首件工作被业主评为质量首件样板工程。财务管理方面资产分类创效管理扎实有效，盘活出租上海、安庆场地11处，获年租金873万元；组织科威特项目税务筹划，降低当期应缴税费308万美元；申请上报重点企业扶持发展奖励资金224万元；实现所得税退税773万元；精准策划美元回国方案，获交易性收益225万元。动态预测汇兑损益，合理控制外币资产和外币负债规模，全年累计实现汇兑收益849万元。物资设备管理通过优化采购方式，提高采购效率，控制采购成本，保障现场物资供应，2020年招标采购概算3.23亿元，中标金额总计3.09亿元，节约资金1 314万余元，招标资金节约率4%。经营管理方面严格管控分包结算过程，提高分包结算审核效率，审核分包结算940份，审核结算24.42亿元，审减结算金额2 343万元。

（林尚一）

【创新发展获得成果】 ①安全技术与服务方面，申请发明专利7件、实用专利6件，获授权发明专利2件、实用专利7件、外观设计专利3件、软件著作权2项，“工程现场智能封闭化技术”实现商业销售。②水土资源治理与修复方面，申报专利14件、发明专利1件，获授权专利7件，完成国家重点专项“化企业污染防控与修复工程技术体系构建与示范”配套课题立项，“提高大型复杂污染场地异位化学氧化处理一次合格率”获中国建筑业协会 QC Ⅱ类成果奖，“天津石化聚醚场地土壤及地下水修复工程示范”完成中试工作，初步建立石化场地修复标准化体系。③专业 EPC 方面，VOCs 油气回收和中小型储罐一体化清洗设备发布，第五建设公司设计院自主研发的“中小型储罐一体化绿色清洗技术”被评为 2020 石油石化好技术，装配完成第四代集清洗与危废处理一体化的清洗设备，同时被中国化工及科协企业联合会在海南海口成功发布。

（林尚一）

【转型业务稳步推进】 2020 年 5 月 28 日，第五建设公司参加广东省重点领域研发计划“智能机器人与装备制造”重大科技专项“智能无轨导全位置爬行高效焊接机器人系统研发及应用”项目的启动会，该项目是公司首个参与研发的省级科研项目。7 月 8 日，第五建设公司天津聚醚项目第一批共计 1 500 立方米土壤通过第三方检验，该项目的第一批土壤修复成功，土壤修复治理工作取得实质性成果。10 月 23 日，第五建设公司参加 2020 年中国合肥国际环保产业展览会，作为中国石化土壤修复开创者、领跑者，以“奉献绿色能源工业，呵护碧水蓝天净土”为宗旨，亮相展会，诚邀合作，拓展交流；第五建设公司全资子公司广州中石科技有限公司入选广东省应急管理厅公示的广东省危险化学品安全生产实习实训基地名单，成为第一批可开展危险化学品安全生产实习实训的三家基地之一。

（林尚一）

【中科炼化装置成功投产】 2020 年 6 月 16 日，中科炼化“云投产”启动仪式分别在广州、北京、湛江三地举行。8 月 7 日，第五建设公司承建的中科炼化 35 万吨 / 年装置生产出合格产品，首台国产 35 万吨 / 年聚丙烯装置成功投产开工。8 月 26 日，第五建设公司承建的中科炼化一体化项目 240 万吨 / 年 S Zorb 催化汽油吸附脱硫装置一次开车成功，生产出合格产品。

（林尚一）

中科炼化一体化项目 240 万吨 / 年 S Zorb 催化汽油吸附脱硫装置（吴海特　摄）

【党建工作扎实推进】 加强政治建设，细化全面从严治党主体责任，认真落实“第一议题”制度，及时学习宣贯党的十九届四中、五中全会精神。坚持大抓基层、大抓支部，创新“一体化推进、标准化落实、特色化彰显”党建工作管理体系，大力推动“双示范”创建工作，党建工作质量、实效得到双提升。完善监督体系，紧盯重点强化日常监督，发挥“大监督”作用，企业政治生态持续好转。加强宣传思想和企业文化工作，真心关爱温暖员工，抓实群团、维稳、保密、统战和离退休工作，形成了共谋发展、共创事业的浓厚氛围。

（林尚一）

【履行国企责任】 第五建设公司认真履行央企责任担当，组织党员干部自愿捐款支持新冠肺炎疫情防控，组织员工开展无偿献血活动；第五建设公司利用科威特项目营地进行升级改造，帮助科威特国家政府建成科威特首个方舱医院并移交政府使用，建成的方舱医院可以收治或观察人员 1 700 名，助力科威特疫情防控；第五建设公司在西班牙口罩等防疫物资短缺的情况下，向合作伙伴西班牙 TR 公司捐赠防疫物资（口罩），帮助合作商渡过难关；第五建设公司持续做好甘肃省东乡县扶贫工作。

（林尚一）

【获得荣誉】 2020 年，第五建设公司再次获国家高新技术企业资质。承建的“科威特新炼厂（NRP）项目”和“中科合资广东炼化一体化工程项目440万吨/年渣油加氢脱硫装置”被评为2020年度优秀焊接工程一等奖，“中科合资广东炼化一体化项目240万吨/年S Zorb催化汽油吸附脱硫装置”和“中科合资广东炼化一体化项目液化石油气原料罐区”被评为2020年度优秀焊接工程奖。承建的多套装置被评为集团公司优质工程。通过QHSSE管理体系监督审核，继续保持认证资格，其中职业健康管理体系证书换发GB/T 45001—2020证书。连续29年获广东省守合同重信用企业称号。安全技术中心科技创新团队获2020年荔湾区创新创业优秀管理团队称号。

（林尚一）

表1　第五建设公司主要生产经营指标　亿元

指标名称＼年份	2020	2019	2018	2017	2016	2015
资产总值	38.66	36.60	44.54	40.30	42.47	37.10
主营业务收入	47.22	48.99	41.27	33.97	38.20	41.10
利　税	2.06	1.56	1.86	−5.42	−3.92	1.72
承接工程数量/项	91	100	105	90	103	96

表2　第五建设公司2020年完成的主要工程项目

序号	项目名称	竣工时间
1	粤东LNG项目配套管线工程施工A标段项目	3月
2	中科合资广东炼化一体化项目顺岸码头上部安装工程施工项目	5月
3	中科合资广东炼化一体化项目全厂给排水管网（新增）施工总承包工程施工（一标段）	5月
4	洛阳分公司炼油结构调整工程项目安装工程第二标段260万吨/年渣油加氢项目	5月
5	新疆轮南工程项目集输管道建设工程	5月
6	扬子热电厂铁路煤堆场粉尘治理项目	5月
7	茂名分公司产品结构优化及配套15万吨/年硫黄回收联合装置项目——200吨/时酸性水汽提装置等施工项目	6月
8	中化泉州100万吨/年乙烯及炼油改扩建项目35万吨/年PP装置工程	6月
9	中化泉州100万吨/年乙烯及炼油改扩建项目300万吨/年凝析油加工装置、2#轻烃回收装置、2#产品精制装置施工总承包工程	6月
10	中国石化塔河炼化有限责任公司新增原油罐项目施工总承包项目	6月
11	中国石油化工股份有限公司广州分公司140万吨/年延迟焦化装置除焦系统环保治理项目	6月
12	茂名分公司150万吨/年连续重整装置项目“三苯”类储罐增设油气回收治理设施项目建筑安装工程	6月
13	福建联合石油化工有限公司锅炉、燃机烟气脱硝改造	6月
14	上海石化40万吨/年清洁汽油组分装置项目安装工程（二标段）	6月
15	茂名分公司150万吨/年连续重整项目系统配套填平补齐项目	7月
16	茂名分公司SBS橡胶装置后处理二线提升产品质量技术改造项目	7月
17	10万吨/年生物航煤（60万吨/年军柴）加氢装置改造土建及安装工程	7月
18	福建美得石化有限公司66万吨/年PDH装置（一）项目安装工程	8月

续表

序号	项目名称	竣工时间
19	扬子塑料厂 1PP 包装移至 6# 库配套改造项目	8 月
20	扬子分公司石油焦堆场防尘改造项目	8 月
21	中科合资广东炼化一体化项目动力站项目	9 月
22	福建漳州古雷炼化一体化项目 35 万吨 / 年聚丙烯装置	9 月
23	陕西延长中煤榆林能源化工有限公司一期启动项目填平补齐工程 DMTO 烯烃分离联合装置	9 月
24	陕西国家成品油储备能力建设 456 处工程	9 月
25	重庆川维化工有限公司自备热电联产装置配套项目	9 月
26	安庆石化工业废渣填埋场整治项目（一期）危废清挖及减量化工程	9 月
27	中国石油化工股份有限公司广州分公司硫黄回收系统环保治理项目安装工程	10 月
28	广东国家成品油储备能力建设 733 处工程	10 月
29	荆门—荆州成品油管道（荆州锣场—观音寺段）改线工程定向钻穿越施工工程四标段	10 月
30	中韩石化乙烯脱瓶颈改造项目 EPC 工程总承包二标段（热电项目）	11 月
31	中韩石化乙烯脱瓶颈改造项目 EPC 工程总承包三标段（丁二烯项目）	11 月
32	巴陵石化分公司 5 万吨 / 年 SEBS 装置建设项目二标段施工总承包工程	11 月
33	万华化学集团股份有限公司 EO 区块安装工程	11 月
34	茂名石化供气专线工程项目工程	11 月
35	金陵分公司低硫船用燃料油项目	11 月
36	中国石化集团石油商业储备有限公司库车原油商业储备基地工程	12 月
37	中韩石化乙烯脱瓶颈改造项目施工总承包四标段（三循项目）	12 月
38	广东石油分公司南瑶油库扩容改造项目工程	12 月
39	中国石化集团石油商业储备有限公司湛江东海岛原油商业储备基地工程	12 月

第十建设公司

【概况】 中石化第十建设有限公司（简称第十建设公司）是炼化工程集团全资子公司，成立于 1953 年 1 月，前身为重工业部化学工程管理局太原工程公司，1970 年 10 月分建山东淄博，后成立山东省化学石油建设公司，1978 年更名为化学工业部第十化工建设公司，1983 年由化工部划入中国石油化工总公司，更名为中国石化第十建设公司，1998 年更名为中国石化集团第十建设公司，2012 年完成公司制改制并变更为现名，2014 年 8 月本部迁址山东青岛。

第十建设公司在能源、化工等诸多领域为境内外客户提供优质服务，主要承建炼油、石油化工、煤化工、精细化工、油气储运、医药、市政、环保、锅炉、电站及送变电等新建、改扩建、检维修工程，同时开展设备制造、大型设备吊装与运输、特种机械修造及工程项目管理与监理业务，是国内承建炼油、乙烯、煤化工、化纤、大型 LNG 与原油储罐、大型设备吊装等工程最具竞争力的工程企业。

第十建设公司拥有石油化工工程施工总承包一级等资质，在大型储罐安装、大型设备吊装、大型压缩机组安装调试、大型电气仪表控制系统安装与调试、大型起运机械修造、特种材料焊接等方面，形成了国内领先的核心技术优势，被认定为国家高新技术企业。

截至 2020 年底，第十建设公司下设 15 个机关部室以及安装、仪电、储运、重机、建筑工程、齐安工程（管道结构工程）、金海湾项目管理公司等 15 个专业分公司，北京金海湾工程建设监理有限公司等 4 个全资子公司。在册员工 2 634 人，其中在岗经营管理与专业技术人员 1 913 人、技能操作人员 603 人；拥有具备高级职称及以上人员 392 人、中级职称人员 678 人，技师及高级技师 114 人。

第十建设公司主要生产经营指标及 2020 年完成的主要工程项目分别见表 1 和表 2。

（翟巍巍）

【领导班子调整】 2020 年，集团公司对第十建设公司领导班子进行 3 次调整。4 月，王存庭不再担任第十建设公司执行董事、总经理、党委副书记职务。8 月，吴忠宪任第十建设公司执行董事、党委书记，不再担任副总经理职务；王毅任总经理、党委副书记；宋相华任副总经理。11 月，雷平任第十建设公司监事、党委副书记、纪委书记、工会主席；彭卫权任副总经理；汪建林不再担任监事、党委副书记、纪委书记、工会主席职务；董克学不再担任副总经理职务。第十建设公司新一届领导班子由吴忠宪、王毅、彭卫权、雷平、卢彰欣、赵喜平、宋相华 7 人组成。

（翟巍巍）

【攻坚创效成效显著】 2020 年，第十建设公司坚决贯彻集团公司“百日攻坚创效”“持续攻坚创效”行动部署，以重点项目为主要抓手，引领“攻坚创效”行动开展，聚力中科炼化、中化泉州、烟台万华等项目攻坚，古雷炼化、镇海炼化、茂名石化等在建项目有序推进，顺利完成北海炼化、中原石化、武汉炼化、青岛石化项目的检修任务。通过攻坚创效行动，全年境内新签合同额 57.39 亿元、境外承揽合同额 4.75 亿美元，完成产值 71.3 亿元，超额完成全年各项指标任务。

（翟巍巍）

【疫情防控扎实有效】 面对突发的新冠肺炎疫情，第十建设公司全力筹措防疫物资，层层压实责任和举措，疫情防控工作总体受控，常态化疫情防控取得实效。自 2020 年 2 月中旬起，境内 48 个项目部克服现场用工多、复工人员流动量大、现场施工深度交叉和作业人员密集等多重压力，陆续组织 2.8 万余人复工复产，实现全员“零感染”。境外项目妥善安排外籍员工，将分包商纳入一体化管理，做好员工身心“双防疫”，开展“大走访大慰问”589 户，稳定了员工及家属情绪。4 月 8 日，科威特项目在境外疫情防控的关键时期，主动担当社会责任，腾出 378 间宿舍改造成隔离点（可容纳 1 200 张床位），无偿提供给当地政府；12 月 12 日，第十建设公司收到科威特政府劳工部的感谢信赞誉“兄弟情谊”。

（翟巍巍）

【市场开发稳中有进】 2020 年，第十建设公司以服务中国石化为根本，先后承接镇海炼化乙烯、上海石化碳纤维、茂名石化合成润滑油基础油等项目。围绕基地化市场谋篇布局，争取系统外优质客户、优质市场，中标江苏斯尔邦二期 PDH，合同额 2.32 亿元；广东巨正源丙烷脱氢二期，合同额 3 亿元。境外市场开发聚焦“中东、俄罗斯和中亚、东南亚”细分国际工程目标阵地，年内成功开拓泰国、俄罗斯市场，其中俄罗斯 AGCC 项目乙烯装置 OSBL 标段合同额 3.92 亿美元，实现境外单个项目合同额新突破。

（翟巍巍）

【模块化施工取得新突破】 第十建设公司坚持创新驱动发展，创新优化施工组织，推行“一个现场、两个工地”新模式，加大深度模块化预制和安装力度。2020 年 10 月 30 日，由第十建设公司承建的古雷炼化 80 万吨 / 年乙烯装置 3# 裂解炉在第二工地完成整体模块化安装后，顺利平移 800 米返回装置现场，成为国内首台整体模块化施工的乙烯裂解炉；11 月 9 日，蓬莱巨涛项目 2 个质量分别为 7 900 吨、7 630 吨的裂解炉模块交付离港；11 月 12 日，浙江石化 300 万吨 / 年浆态床渣油加氢装置反应器框架 I 系列二模吊装就位，实现模块吊装。作为“以空间换时间，向管理要进度”新建设理念的成果转化，模块化施工成为第十建设公司施工主业转型升级的新突破口。

（翟巍巍）

古雷炼化 80 万吨 / 年乙烯装置 3# 裂解炉平移

【茂名石化 260 万吨 / 年浆态床渣油加氢装置一次开车成功】 2020 年 12 月 31 日，第十建设公司承建的世界最大、全国首套浆态床渣油加氢装置——茂名石化 260 万吨 / 年浆态床渣油加氢装置一次开车成功，标志着世界先进的浆态床渣油加氢技术在中国成功实现工业化应用。茂名石化项目以管道自动焊技术提高焊接效率和焊接质量；推行“六化”（安装模块化、预制工厂化、焊接自动化、施工管理信息化、管道施工有序化、项目管理组织合理化）技术应用组成装置整体框架；使用创优技术完成浆液阀、螺旋板换热器、新氢压缩机等新型设备的难点安装，突出技术进步在施工中的作用，有力促进了工效提升。

（翟巍巍）

茂名石化 260 万吨 / 年浆态床渣油加氢装置

【中化泉州 100 万吨 / 年乙烯项目顺利投产】 2020 年 9 月 20 日，第十建设公司承建的中化泉州 100 万吨 / 年乙烯装置一次开车成功，并产出合格产品。该装置是国内首套采用 KBR 工艺路线的大型乙烯装置。在 26 个月的施工中，项目部以推广落实“六化”为切入点，以先进工装设备为措施，抓过程管理保安全，抓工序管理保质量，抓施工计划保进度，最终按期完成工程建设，实现连续施工生产 471.37 万安全人工时。

（翟巍巍）

【湛江东海岛原油商业储备基地工程高标准中交】 2020 年 12 月 28 日，第十建设公司承建的湛江东海岛原油商业储备基地工程实现高标准中交。该工程属于国家新建的七大原油商业储备基地之一，是集团公司落实国家应对新冠肺炎疫情特殊项目建设要求的一项重要工程。自 2020 年 6 月 23 日土建开工，第十建设公司统筹优势资源，组织 8 台储罐及配套工程同步施工，采用“双链轨式耕耘机进行阴极保护施工”“摊铺机代替人工铺设进行沥青砂敷设”“储罐及管道自动焊”等创新手段，历时 189 天顺利完成 8 台 12.5 万立方米储罐及其配套工程的建设任务。项目部被集团公司评选为 2020 年度优秀施工管理团队。

（翟巍巍）

【承建工程获多项荣誉】 2020 年，第十建设公司承建的山东液化天然气（LNG）项目一期工程获国家优质工程奖，这是第十建设公司所获的第 26 项国家优质工程奖。承建的浙江独山能源有限公司年产 220 万吨 PTA 项目（一期）等 3 项工程、监理的万华化学聚氨酯产业链一体化乙烯项目 45 万吨 / 年线型低密度聚乙烯装置等 2 项工程均获评化学工业优质工程。

（翟巍巍）

【入选“国家级技能大师工作室”项目建设单位】 第十建设公司注重技术技能人才的发展，不断锤炼主体工种的技能水平，积极推进技能大师工作室建设，助推公司技术创新、工艺革新。2020 年 3 月 30 日，山东省人力资源和社会保障厅认定第十建设公司为“国家级技能大师工作室”项目建设单位，焊接首席技师唐元生为领衔人。唐元生技能大师工作室立足项目施工，瞄准“大型 LNG 低温储罐内罐 9Ni 钢立缝焊接”“石油化工管道固定口自动焊接”“钛材管道热丝 TIG 焊接技术”等先进技术开展攻关，为企业提质增效、实现高质量发展提供了有力技术支撑。

（翟巍巍）

【庆祝分建山东 50 周年】 2020 年 10 月 8 日，第十建设公司迎来分建山东 50 周年，第十建设公司以推进企业文化建设为动力，开展了公司志的编撰、职工演讲比赛、电视专题片、奋进历程专题展览等系列活动，于 10 月 8 日在公司黄岛生产基地举行了简朴热烈的庆典仪式，一系列活动充分展现了公司的底蕴和传承，激发了员工的责任感和自豪感。50 年来，第十建设公司坚持守正与创新相统一，持续优化企业管理，精心培育新业务增长，技术创新能力凸显，项目管理能力显著提升。

（翟巍巍）

【党建质量持续提升】 2020 年，第十建设公司党委持续构建“大党建”格局，坚持“五合一”模式，即专题学习习近平新时代中国特色社会主义思想、推广基层党建工作经验、剖析党建工作与生产经营深度融合成功案例、党组织书记代表述职、观摩项目建设，基层党建工作不断深入。以“主题党日 + 技术攻关、安全督查、攻坚创效”等形式，充分发挥党员先锋模范作用。古雷炼化项目通过“主题党日 + 技术攻关”，首创国内裂解炉整体模块化施工，工期较通常提前 4 个月；惠州项目设立“红旗创新工作室”，开展“头脑风暴”，实现 7 个创新成果的转化；华南分公司坚持分层分类开展谈心谈话，“一把钥匙开一把锁”，发挥思想政治工作优势，推动施工生产、经营管理优质高效。

（翟巍巍）

【退休人员社会化管理全面完成】 2020 年，第十建设公司坚持“整体移交、应交尽交、能交尽交，依法合规，协同推进，以人为本”原则，全面推动退休人员社会化管理工作。2020 年 3 月 16 日，第十建设公司退休人员社会化管理工作在淄博基地启动，围绕“职能移交、档案移交、党组织关系移交、人员移交和资产移交”5 项内容推动移交。8 月，4 248 份退休人员档案全部移交给山东省淄博市临淄区金山镇政府；9 月 30 日，24 个非在职党支部、925 名党员的党组织关系转接工作完成。此外，移交资产 119 项，无偿划转土地 4 宗。截至 2020 年 10 月底，第十建设公司退休人员社会化管理工作全面完成。

（翟巍巍）

表 1　　第十建设公司主要生产经营指标　　亿元

指标名称＼年份	2020	2019	2018	2017	2016	2015
资产总值	39.09	41.93	42.01	40.79	41.82	44.64
主营业务收入	69.01	67.38	53.60	36.67	51.11	55.65
利　税	2.55	2.00	1.65	2.03	2.26	2.80
承建工程数量 / 项	60	60	70	62	48	52
获授权专利数量 / 件	95	84	80	70	60	50

表 2　　第十建设公司 2020 年完成的主要工程项目

序号	项目名称	竣工日期
1	齐鲁石化烯烃厂第三裂解汽油加氢装置 BA-701 加热炉环保隐患治理及节能改造项目	4 月
2	北海炼化 2020 年装置大检修	4 月
3	齐鲁石化第二化肥厂气体联合装置低温甲醇洗尾气环保治理项目	5 月

续表

序号	项目名称	竣工日期
4	茂名分公司 150 万吨 / 年连续重整装置项目增加氢气提纯单元项目	5 月
5	浙江石化马目油库（一、二标段）安装工程	5 月
6	南京扬巴 2020 年检修工程	6 月
7	辽宁宝来石化 100 万吨 / 年乙烯裂解炉装置	6 月
8	海南炼化 100 万吨 / 年乙烯及炼油改扩建工程项目场地平整和围墙工程	6 月
9	上海石化 40 万吨 / 年清洁汽油组分装置	6 月
10	东营威联化学 200 万吨 / 年对二甲苯项目	6 月
11	东营威联化学 260 万吨 / 年重油加氢裂化及配套工程项目四标段（公用工程及储运设施）	6 月
12	茂名石化 260 万吨 / 年浆态床渣油加氢裂化装置及轻油联合加氢装置	6 月
13	济南炼化 120 万吨 / 年焦化环保综合治理项目	7 月
14	中化泉州 100 万吨 / 年乙烯及炼油改扩建项目 EVA 装置	7 月
15	中化泉州 100 万吨 / 年乙烯及炼油改扩建项目 220 万吨 / 年柴油加氢裂化装置	7 月
16	浙江独山能源 PTA（220 万吨 / 年）二期主装置	7 月
17	烟台万华合成香料装置	7 月
18	万华化学苯胺 / 甲醛一体化项目气化装置	7 月
19	齐鲁炼油厂第二油品车间 3# 火炬隐患治理	8 月
20	神华宁煤 400 万吨 / 年煤炭间接液化项目 C_{12}/C_{14}/ 轻白油产品优化改造项目	8 月
21	日照—濮阳—洛阳原油管道线路工程项目线路五标段	8 月
22	广西液化天然气 LNG 二期工程气化外输扩容部分设计采购施工	8 月
23	烟台化学聚氨酯产业链一体化乙烯装置	9 月
24	烟台化学聚氨酯产业链一体化乙烯公用工程	9 月
25	中原石化甲醇制烯烃（MTO）装置	9 月
26	惠州中海壳牌 SPMO 装置	10 月
27	齐鲁分公司炼油厂南区气柜安全环保隐患治理项目	10 月
28	东营威联化学有限公司 5 万吨 / 年偏三甲苯分离项目	11 月
29	陕煤神木富油能源科技有限公司 50 万吨 / 年煤焦油全馏分加氢制环烷基油项目	11 月
30	川气东送增压工程（二期）湖北段	11 月
31	青岛石化 2020 年焦化装置检修项目	11 月
32	中韩（武汉）石油化工有限公司（化工）大检修	12 月
33	福建联合石化新建 30 万吨 / 年烷基化装置	12 月
34	湛江东海岛原油商业储备基地工程	12 月
35	中韩石化乙烯脱瓶颈改造项目施工总承包工程	12 月
36	虹港 PTA 扩建项目主装置土建、安装工程	12 月

中国石化 SINOPEC

江苏油田

江苏油田组建于1975年4月23日，地处水网纵横、村镇密布的江淮流域，被誉为“水乡油田”；地下构造复杂，具有“小、碎、贫、散”的地质特征。主力油区分布在江苏、安徽2个省的6个地市15个县（市、区）58个乡镇内，在广东徐闻、广西百色有部分探矿区块。油田机关及主要科研单位设在扬州市经济开发区。

经过45年的创新发展，截至2020年底，江苏油田累计探明石油地质储量3.02亿吨、天然气地质储量93.80亿立方米（含溶解气），累计生产原油4876.72万吨、生产天然气16.35亿立方米，为地方经济社会发展做出了重要贡献。江苏油田连续30年保持江苏省文明单位称号，连续三届保持全国文明单位称号，两次获得全国五一劳动奖状，是石油石化行业首家获得绿色工厂称号的油田企业。

召开“百日攻坚创效”行动启动会

到江苏油田第一口发现井——真六井开展纪念活动

天然气分公司

天津 LNG 接收站

天然气站场

天然气站场

天然气分公司坚决落实中国石化党组“实施世界领先发展方略”和“实现天然气跨越式发展”战略部署，按照“资源、设施、市场、效益”相统一的原则，坚持系统化布局、集约化运营、协同化发展，加快储运设施建设，加大市场开发力度，加强生产经营管理，全力打造多元化资源、全国化市场、均衡化设施、现代化企业、高端化人才“五大业务格局”。2020 年，经营天然气 445 亿立方米、同比增长 13%，高于全国平均增幅 8 个百分点，市场销售范围扩大至 22 个省份。

青岛 LNG 接收站

工程院圆满完成丁山页岩气田压裂技术支持

中国石化
石油工程技术研究院

以创新驱动油气勘探开发高质量发展

近年来，石油工程技术研究院以习近平新时代中国特色社会主义思想为指导，全面贯彻落实集团公司党组决策部署，围绕“一基两翼三新”产业格局，切实履行“一部两中心”职责，突破关键核心技术，保障高效勘探和效益开发，创新技术支持模式，全面支撑上游稳油增气，打造高端特色品牌，大力开拓石油工程市场，围绕能源战略布局，发挥参谋支持作用，精细管理创新创效，以改革赋能高质量发展，为推动油气高效勘探开发、保障国家能源安全做出了重要贡献！

石油工程技术研究院科技工作者在实验室进行实验

中国石油化工集团有限公司董事、总经理、党组副书记马永生
出席石油工程技术高层论坛

中国石化
SINOPEC

新星公司

中国石化集团新星石油有限责任公司（以下简称新星公司）是中国石化以“地热＋”为主营业务的新能源专业公司，总部设在北京市海淀区。

新星公司湖北地热供暖项目

近年来，新星公司积极贯彻党和国家能源安全战略部署，主动融入“碳达峰、碳中和”战略，按照中国石化“一基两翼三新”产业格局，积极构建“以地热为引领，以氢能为方向，以风电光伏为支撑”的“热氢风光”新能源产业体系，着力打造中国石化绿色能源示范企业。

目前，公司新能源业务辐射至北京、陕西、河北、山东、山西、河南、四川、江苏、湖北、广东、广西、海南、新疆等省（直辖市、自治区），地热领跑地位持续巩固，“绿氢”制造、传统能源企业“绿电”替代业务积极拓展，已成为国内较人的中深层地热能开发利用公司，积极打造国内较大的“绿氢”生产企业。

全国首个地热供暖“无烟城”雄县

公司承担着国家地热能源开发利用研究及应用技术推广中心、能源行业地热能专业标准化技术委员会、中冰地热技术研发合作中心、中国石化地热资源开发利用重点实验室等“四个平台”建设及支撑工作，先后荣获“中国节能减排领军企业”“多能源综合利用奖”“首都文明单位”“中国石化绿色企业”等荣誉。

新星公司白水集中式光伏项目

中国石化 SINOPEC

中国石化集团茂名石油化工有限公司
中国石油化工股份有限公司茂名分公司

全球规模最大、国内首套 260 万吨 / 年浆态床渣油加氢装置建成投产

开展职工喜闻乐见的普惠性徒步活动

150 万吨 / 年轻油联合加氢装置建设

面对突如其来的新冠肺炎疫情，茂名石化积极承担国有企业的社会责任，帮助地方厂家购置口罩生产设备并扩大生产，缓解粤西地区医用口罩供应难题

中国石化集团茂名石油化工有限公司、中国石油化工股份有限公司茂名分公司统称茂名石化。茂名石化位于广东省茂名市，东毗阳江，西临湛江，北连云浮和广西壮族自治区，南临南海。创建于 1955 年 5 月，是国有特大型炼油化工企业。

经过 66 年的建设发展，茂名石化拥有炼油生产装置 68 套、化工主体生产装置 22 套、CFB 锅炉 5 台及 6 台配套汽轮发电机组，同时拥有港口、铁路运输、原油和成品油输送管道以及 30 万吨级单点系泊海上原油接卸等较完善的配套系统。原油加工能力 2000 万吨 / 年，乙烯生产能力 110 万吨 / 年。主要生产汽油、煤油、柴油、润滑油、溶剂油、石脑油、沥青、乙烯、甲苯、聚丙烯、乙二醇、苯乙烯、丁苯橡胶、SBS 等 30 多类石油化工产品。

2020 年，茂名石化被评为集团公司安全生产先进单位、节能环保先进单位，保持中国石化绿色企业称号，持续获得广东省环保诚信企业绿牌；实现利润位列中国石化炼化企业之首；上缴税金位居广东省工业企业前列；转型升级实现重大突破，全球最大、国内首套浆态床渣油加氢装置成功投产；科研成果、申请中国专利、国际专利数量，创历史最好水平；化工新产品和专用料产量、占合成树脂比例，创历史新高；承担中国石化“十条龙”科研攻关项目、开发化工新产品数量，列中国石化炼化企业第一。

茂名北山岭原油商业储备基地二期项目工程开工建设

公司地址：广东省茂名市双山四路 9 号大院　　邮编：52500　　网址：www.mpcc.com.cn
电话：0668-2243941　　传真：0668-2269317

金陵石化

金陵石化全景

金陵石化公司组建于 1982 年，主要从事石油炼制及石化产品的加工生产和销售，是中国石化第三大原油加工基地，也是亚洲最大的洗涤剂原料生产基地。

公司现有原油综合加工能力 1800 万吨 / 年。“十三五”以来实施 300 多项节能改造、安全整治和环保提升项目，节能减排和清洁生产指标全面达到国内领先水平，部分指标跻身世界先进行列，被评为中国石化首批绿色企业，多次获得江苏省和南京市节能减排先进单位、江苏省节水型企业、南京市园林式企业等称号。

成立以来，累计生产成品油 2.1 亿多吨，实现销售收入超过 1.4 万亿元，上缴利税 2600 多亿元，被授予全国文明单位、全国群众体育先进单位，中国石化、江苏省和南京市文明单位、先进集体、扶贫先进单位等称号。

大绿坡

花园工厂引人入胜

满眼春色的金陵石化化工装置

金陵石化污水处理场生态景观

金陵石化：快乐工作，健康生活

中国石化 SINOPEC

石油化工科学研究院

石科院院景

石科院培养的研究生

中国石化石油化工科学研究院（简称石科院）是中国石化直属的石油炼制与石油化工综合性科学技术研究开发机构，创建于 1956 年。石科院以石油炼制技术的开发和应用为主，注重油化结合，兼顾相关石油化工技术的研发，近年加强了在新型替代燃料和新能源领域的创新，正在向全方位的以炼油为主、油化结合的能源型研发机构转变。

石科院拥有具有自主知识产权的石油炼制全流程技术平台，具备支撑、引领现代化炼油厂建设、生产和发展的综合能力，是国内炼油企业主要的技术提供者，整体达到世界先进水平，多套技术领跑世界。催化裂化、重整、加氢等技术用于国内外 500 多套炼油装置，炼油工艺推向海外，催化剂稳定供应北美、日本、南非、东南亚以及台湾地区。石科院有研究生部和博士后流动站，拥有化学工艺、应用化学专业博士学位以及化学工艺、应用化学、工业催化、化学工程专业硕士学位的授予权。

截至 2020 年底，共获得部级以上奖励的科技成果 979 项，国家级奖励 134 项。其中，国家最高科学技术奖 1 项、国家技术发明一等奖 2 项、国家科技进步特等奖 2 项、国家科技进步一等奖 8 项。累计申请国内专利 9814 件，获授权 6701 件；申请国外专利 1436 件，获授权 889 件。获中国国家知识产权局和世界知识产权组织联合颁发的中国专利金奖 8 项、银奖 1 项、优秀奖 19 项。

规划建设中的实验楼建筑群

中型试验厂房

科研人员进行实验

地址： 北京市海淀区学院路 18 号

邮编： 100083

电话： 010-62310806

传真： 010-62311290

邮箱： 914.ripp@sinopec.com

网址： http://ripp.sinopec.com

微信公众号： 中国石化石科院

中国石化镇海炼化分公司

中国石化 SINOPEC

镇海基地一期项目全面建成

星光璀璨中的镇海炼化

绿荫环抱下的镇海炼化

蓝天白天下的镇海炼化

中国石油化工股份有限公司镇海炼化分公司（简称“镇海炼化”）位于浙江省宁波市，前身为始建于 1975 年的浙江炼油厂，1983 年划归原中国石油化工总公司，1994 年经整体改制后在香港上市；2006 年根据中国石化战略部署撤回上市地位，登记为中国石油化工股份有限公司镇海炼化分公司。

公司目前拥有 2300 万吨 / 年原油综合加工能力、100 万吨 / 年乙烯生产能力，负责管理的码头吞吐能力超 8000 万吨 / 年、罐储能力超 1200 万立方米。2021 年底中国石化镇海基地一期项目投产后，将进一步形成 2700 万吨 / 年炼油、220 万吨 / 年乙烯产能。由中国石化与宁波市于 2018 年 6 月 18 日合资成立（股比 85%∶15%）的中石化宁波镇海炼化有限公司，按照“管理上一体化统筹、法律上独立法人运作”的定位，管理职能全部依托镇海炼化。

公司炼油绩效自 20 世纪 90 年代以来一直位居亚太地区炼厂第一群组；100 万吨 / 年乙烯装置 2010 年建成投产后，国内唯一连续 5 次在所罗门全球乙烯绩效评价中位列世界第一群组。创业 46 年来，镇海炼化累计实现利税超 3800 亿元、利润超 1200 亿元、税收留存地方超 565 亿元，连续 13 年位居宁波市“纳税 50 强”榜首。其中，“十三五”期间镇海炼化累计实现利税 1575.48 亿元、税收留存地方 231.11 亿元，平均每年营业收入约 1000 亿元、亩产税收逾 220 万元。

进入“十四五”，镇海炼化进一步牢记习近平总书记殷切嘱托，主动融入长三角一体化发展国家战略，按照中国石化“一基两翼三新”产业格局、打造技术先导型公司战略部署以及浙江省、宁波市经济社会发展规划，谋划制定了推动高质量发展的“12345”工作主线，奋力建设“世界级、高科技、一体化”绿色石化基地。

镇海炼化算山码头

中国石化扬子石油化工有限公司
中国石化集团资产经营管理有限公司扬子石化分公司

中国石化扬子石油化工有限公司（以下简称扬子石化有限公司）和中国石化集团资产经营管理有限公司扬子石化分公司（以下简称资产公司扬子分公司）统称扬子石化，占地面积 12.43 平方千米，位于江苏省南京市北郊，南临长江，北接京沪铁路，与国家级的南京化学工业园融为一体。其前身是成立于 1983 年 9 月的扬子石油化工公司。1998 年，扬子石油化工公司实施资产重组，创立以从事石油炼制及乙烯、芳烃等烃类及衍生物生产加工为主的扬子石油化工股份有限公司和以公用工程为主业的扬子石油化工有限责任公司。2007 年，扬子石化有限公司吸收合并扬子石油化工股份有限公司，扬子石油化工有限责任公司改制为资产公司扬子分公司。2007 年底，扬子石化有限公司收购淮安清江石油化工有限责任公司（以下简称清江石化）和泰州石油化工有限责任公司（以下简称泰州石化），2012 年，成立南京扬子石油化工有限责任公司（以原塑料厂资产在南京化工园注册设立），2016 年 8 月，全额收购江苏金浦集团持有的扬子金浦橡胶有限公司股份。

截至 2020 年底，扬子石化员工总数为 8832 人，其中在岗经营管理 / 专业技术人员 2653 人，具有高级及以上职称的 625 人，中级职称的 1329 人；下设 15 个职能部门、7 个业务中心、8 个生产单位；运营 4 个全资子公司、6 个合资公司；总资产 400.08 亿元。扬子石化有限公司本部拥有 1250 万吨 / 年炼油、80 万吨 / 年乙烯、140 万吨 / 年芳烃等 58 套大型石油化工装置，可生产合成树脂、合成纤维原料、基本有机化工原料、成品油、合成橡胶等 5 大类 50 多种产品，是国内主要的纯苯、对二甲苯、邻二甲苯、精对苯二甲酸（PTA）、乙二醇、丁二烯和环氧乙烷生产商；扬子资产分公司拥有与石油化工生产相配套的 30 万千瓦发电能力、66 万吨 / 日供水及 3400 立方米 / 时二级污水生化处理能力；清江石化拥有 100 万吨 / 年特油预处理、50 万吨 / 年催化裂化等 13 套石油化工装置；泰州石化拥有 60 万吨 / 年常减压、14 万吨 / 年酮苯等 6 套石油化工装置；扬子橡胶公司拥有 10 万吨 / 年丁苯橡胶和 10 万吨 / 年顺丁橡胶生产能力。2020 年扬子石化被集团公司授予“炼油企业比学赶帮超优胜单位”荣誉称号。

◁回用清净下水助力碧水蓝天

△公司攻坚创效重点工程项目——10 万吨 / 年 EVA 装置举行中交仪式

△扬子石化打造设备样板机台（5S 管理）

△三支队伍业务竞赛创佳绩

◁熔喷布专用料成功开发

中国石化
SINOPEC

中国石化上海石油化工股份有限公司

SINOPEC SHANGHAI PETROCHENICAL COMPANY LIMITED

中国石化上海石油化工股份有限公司（以下简称上海石化）是中国石油化工股份有限公司的控股子公司，位于上海市金山区，是中国较大的炼油化工一体化企业之一，也是国内重要的成品油、中间石化产品、合成树脂和合成纤维生产基地。上海石化的前身是创建于 1972 年的上海石油化工总厂。1993 年，经过国有企业股份制规范化改制，上海石化成为中国第一家股票同时在上海、香港和纽约三地上市的股份有限公司。

上海石化的发展经历了六个阶段的大规模集中建设。至 2020 年底，上海石化具有综合加工原油能力 1600 万吨 / 年和乙烯 70 万吨 / 年、有机化工原料 428 万吨 / 年、合成树脂 100 万吨 / 年、合纤原料 109 万吨 / 年、合纤聚合物 59 万吨 / 年、合成纤维 26 万吨 / 年的生产能力，并拥有独立的公用工程、环境保护系统，及海运、内河航运、铁路运输、公路运输配套设施。上海石化的主要产品分为石油制品、中间化工原料、合成树脂及塑料制品、合纤原料及合成纤维 4 大类产品。

上海石化持续加强设备管理，提升本质安全管理水平，图为聚丙烯联合装置员工开展设备设施专项检查

2020 年 8 月 28 日，上海石化油品清洁化项目年产 40 万吨清洁汽油组分装置投料开车一次成功，并于 8 月 30 日产出合格产品

2020 年 11 月 18—20 日，全国行业职业技能竞赛乙烯装置操作工竞赛在上海石化开幕

2020年，上海石化满天星志愿者于疫情期间在G15高速道口值勤

2020年2月23日，上海石化投资公司金昌公司成功研发口罩熔喷布专用料，图为金昌公司员工正在熔喷布专用料生产现场

2020年，上海石化深入学习贯彻习近平新时代中国特色社会主义思想和党的十九大和十九届二中、三中、四中、五中全会精神，贯彻落实上海市和中国石化各项部署，统筹推进疫情防控和复工复产，坚持抓主要矛盾、抓系统优化、抓疫情防控、抓化危为机，取得了好于预期的经营业绩。

2020年7月10日上海石化智能仓储项目上线运行，图为14台智能仓储机器人24小时待命

2021年，上海石化将全面贯彻新发展理念，主动融入中国石化世界领先发展方略和“一基两翼三新”产业格局，聚焦绿色洁净、提质增效、深化改革、创新驱动、务实创新，筑牢安全环保根基、推进生产经营优化、提升公司治理效能、实现公司高质量发展、促进党政工作深度融合，为“十四五”开好局、起好步。

2020年六五世界环境日，上海石化举办“绿色出行　低碳生活”定向越野活动

上海石化一向重视树立良好的公司形象，积极履行社会责任，为振兴中国石化工业而不懈努力；一贯坚持规范化运作，致力于以良好的经营业绩回报股东；一直以为顾客提供优质的石化产品和良好服务为己任，多次获得社会各界的嘉奖。近年来，先后获得全国文明单位、全国绿化先进单位、全国思想政治工作优秀企业、全国“重合同、守信用”单位、全国用户满意企业、全国厂务公开先进单位、中华环境友好企业、全国模范劳动关系和谐企业、智能制造试点示范企业以及中国石化绿色企业等一系列荣誉称号。

中国石化 SINOPEC

中韩石化化工厂区

疫情期间员工坚守岗位

除夕夜，运输并第一时间捐赠消毒物资

110万吨/年乙烯装置夜景

中韩（武汉）石油化工有限公司

中韩（武汉）石油化工有限公司（简称中韩石化）是中国石化和韩国SK公司以65%:35%的股比合资成立的大型炼油化工一体化企业，是我国华中地区最大的炼油化工生产基地。

公司有炼油和化工两个厂区，总资产约260亿元。化工厂区位于武汉化工区，2013年8月建成投产，是我国第一套自主知识产权的百万吨级大型乙烯项目，现有乙烯生产能力110万吨/年。炼油厂区位于青山区，投产于1977年，炼油综合配套能力850万吨/年。

2020年，面对突发的新冠肺炎疫情，中韩石化全面贯彻中央、省市和集团公司党组各项决策部署，快速行动，精准防控，干部员工迎难而上，坚守岗位，全力支援武汉市疫情防控，保障油品生产不断供，及时转产医用口罩、防护服和医用注射器专用料，组织捐赠消毒剂等防疫物资，未发生一起岗位“人传人”感染病例。武汉解封后，中韩石化全力采取8大类121项攻坚创效措施，全面完成年度经营和效益目标。10月，中韩石化炼油与化工整体实施了首次“四年半一大修”，110万吨/年乙烯脱瓶颈改造项目主体收尾工程同步完成，乙烯年产能从80万吨提升至110万吨，为企业高质量发展奠定了坚实基础。

历经2020年大考洗礼，中韩石化正昂首阔步走在绿色发展、高质量发展，打造中国洁净能源和高端化工新材料生产标杆企业的新征程上。

中韩石化炼油厂区

中国石化中原石化

中原石化公司厂景

中国石化中原石油化工有限责任公司（简称中原石化）位于河南省濮阳市。中原乙烯工程是国家“八五”重点建设项目，1987年立项，1991年开工建设，1996年投产。公司注册资本金24亿元。目前，公司是国内唯一拥有甲醇制烯烃和石脑油裂解制乙烯“双路线”生产的企业，现有11套生产装置，年产乙烯30万吨、聚乙烯26万吨、聚丙烯18万吨、氢气0.6万吨。

公司领导班子成员（前排）在中原石化第二次党代会会场

中原石化贯彻“创新、协调、绿色、开放、共享”发展理念，坚持“两个一以贯之”，做到依法合规经营；坚持务实创新融合，全面强化党的基层组织建设，传承石油精神，弘扬石化传统，育化出“敢为人先、自强不息”的企业精神和“讲责任、重协作、勇担当”的企业品格，把党建优势转化为竞争优势，确保了国有资产保值增值。截至目前，连续7年超额完成中国石化下达的效益指标，连续21年无上报安全环保事故。“十三五”期间，累计实现销售收入197亿元，盈利5.26亿元，上缴税金7.7亿元。

中原石化致力于打造技术先导型公司，不断完善科技创新体制机制，立足“中端+高端”，加大新产品开发力度，取得显著成效：累计开发丙烯管材料等新产品25个，高纯度电容器膜料替代了同类进口，与骆驼电池、星巴克、可口可乐等高端客户建立了合作关系；S-MTO技术获国家科学技术进步奖一等奖、中国石化科技进步奖特等奖；其他技术获国家技术发明二等奖，中国石化科技进步奖一等奖、技术发明奖等10项。

能源至净、生活至美。展望未来，中原石化将以习近平新时代中国特色社会主义思想为指导，坚守为美好生活加油不懈追求，把握新发展阶段、贯彻新发展理念、融入新发展格局，积极抢抓黄河流域生态保护和高质量发展机遇，努力在集团公司“一基两翼三新”产业格局中找准结合点、把握创新点、聚力突破点，积极推进“三个基地”建设，为中国石化打造世界领先洁净能源化工公司做出应有贡献。

中原石化公司公众开放日

S-MTO技术荣获
国家科学技术进步奖一等奖

地址：河南省濮阳市胜利西路41号
电话：0393-4471000　4471111
传真：0393-4416227

中原石化公司大门

上海石油化工研究院

全貌

评价装置

聚合及加工设备

中国石油化工股份有限公司上海石油化工研究院创建于 1960 年。建院以来，上海院始终围绕国家战略需要和石化行业重大需求，目前在基本有机原料（烯烃、芳烃及其大宗衍生物）、碳一化工 / 新型碳资源、高端化学品及高性能合成材料等领域，形成了独具特色的创新体系和关键核心技术，为满足国家重大战略需求、推动产业迈向中高端提供技术支撑。

经过 60 年的建设和发展，上海院已成为科研力量雄厚、装备设施齐全的综合性研发机构和中国石化重要的石油化工科研开发基地，拥有五家分院、基本有机原料催化剂国家工程研究中心、绿色化工与工业催化国家重点实验室等国家级研发基地和甲醇转化技术、三采用表面活性剂、芳烃技术（联合）、碳纤维及其复合材料（联合）、高端精细化学品等中国石化重点实验室，以及中国石化合成纤维加工应用中心（FTC）等技术创新平台；是全国化学标准化技术委员会石油化学分技术委员会的依托单位，拥有国家人社部博士后工作站。

目前，拥有中国工程院院士 1 名、中国科学院院士 1 名，全国创新争先奖获得者 1 名，现有享受国务院政府特殊津贴专家 38 名。累计获得省部级以上科技奖励 310 余项，包括国家科技进步特等奖 1 项、一等奖 2 项，国家技术发明二等奖 5 项，中国专利金奖 5 项；累计授权中国专利 4200 余件；授权涉外专利 370 余件。

中国石化
SINOPEC

北京化工研究院北三环办公区

通州基地 PTC 实验楼

中国石化北京化工研究院于 1958 年 6 月 1 日成立，是中国较早从事石油化工综合性研究的研究机构，1998 年 9 月转制进入中国石化集团公司。经过 60 多年的发展，已形成一院四地的发展格局。院本部位于北京市朝阳区，燕山分院位于北京市房山区，在北京市通州区、天津市建立了两大科学试验基地。

在历代科技人员的不懈努力下，北京化工研究院形成了乙烯技术、合成树脂、合成橡胶、有机与精细化工、化工环保、高端医用卫生材料等多个优势领域；业务涵盖了自石脑油（轻烃）裂解及之后化工产业链中除芳烃之外的所有领域；产品涵盖了石油化工催化剂、助剂、添加剂和油田化学品，以及三大合成材料中的合成树脂、合成橡胶以及部分合成纤维；形成了“原料 - 催化剂 - 工艺 - 产品 - 分析表征 - 加工应用 - 绿色资源化利用”完整的研发链条。

北京化工研究院设有生物源纤维制造技术国家重点实验室、高浓度难降解有机废水处理技术国家工程实验室 2 个国家重点实验室，拥有聚烯烃国家工程研究中心、橡塑新型材料合成国家工程研究中心、国家基本有机原料质量监督检验中心、国家化学建材测试中心、国家先进高分子材料测试评价中心等 10 个国家级和行业性技术中心，承担国际标准化委员会（ISO）TC61/SC2（塑料 - 力学性能分会）等 5 个国内外行业协会秘书处职能。设有中国石化三次采油助剂研发中心、北京环保技术中心、清洁生产技术中心等 5 个中国石化技术中心，以及高分子物理及表征实验室、合成橡胶新技术开发实验室、分离用膜材料研究与应用实验室、医用卫生材料研究与应用重点实验室、可降解材料及单体研发与应用重点实验室、氢能技术重点实验室等 6 个中国石化重点实验室。拥有工程设计和制造等 7 个资质，创办了《石油化工》《化工环保》等学术期刊，拥有化学工程与技术、材料科学与工程 2 个一级学科硕士学位授权点，具有联合培养博士研究生资格，设有博士后科研工作站。

北京化工研究院

天津中试科学试验基地

乙烯技术领域
——百万吨级乙烯成套装置

合成树脂领域
——生物可降解材料 PBST

合成树脂领域
——汽车轻量化材料制品

截至 2020 年底，累计获得省部级及以上奖励 465 项，其中国家级奖励 88 项，国家科技进步特等奖 1 项、一等奖 2 项、二等奖 9 项，国家技术发明二等奖 6 项；中国专利金奖 2 项、银奖 3 项；获中国石化科技进步特等奖 2 项，前瞻性基础性研究科学、技术发明、科技进步一等奖 50 项。累计申请国内发明专利 7394 件，获得授权 4068 件，申请国外专利 1256 件，获得授权 784 件，拥有专有技术 67 项。中国发明专利年申请量连续 7 年超过 600 件，专利业绩稳居中国石化前列。

展望未来，北京化工研究院将以习近平新时代中国特色社会主义思想为指引，坚定履行在科技领域为党工作的政治责任，奋力打造世界领先研究院，为集团公司打造“一基两翼三新”产业格局和世界领先洁净能源化工公司提供有力技术支撑，为全面建设世界科技强国、实现中华民族伟大复兴的中国梦做出新的更大贡献！

聚烯烃催化剂

中科炼化一体化项目

镇海炼化沸腾床渣油加氢装置

中石化广州（洛阳）工程有限公司

中石化广州（洛阳）工程有限公司成立于 1956 年 10 月，为能源化工行业集技术开发、工程设计、工程总承包为一体的国家高新技术企业，是国家企业技术中心，拥有国家综合甲级设计资质，是中国石油化工集团有限公司旗下主力工程公司之一，占据了全国炼油工程设计市场份额的半壁江山。

公司在境内先后承揽建设了包括中国石化“十三五”期间开工建设的第一个世界级炼化基地——中科炼化一体化项目，镇海沸腾床渣油加氢、洛阳石化炼油结构调整、石家庄炼化烷基化等油品质量升级重点项目，大连恒力、浙江石化、恒逸（文莱）、盛虹炼化等国内特大型炼化一体化项目；在境外总承包建设了哈萨克斯坦阿特劳炼厂改造、科威特阿祖尔新建炼厂等备受瞩目的“一带一路”沿线项目。炼化一体化拿总能力、装置大型化、协同设计能力、数字化交付能力大幅提升，培育了科威特 KOC、阿联酋阿布扎比石油公司等一批境外战略目标客户，拥有一支具有境外项目运作经验的人才队伍，能够为客户提供覆盖项目完整生命周期的一站式整体解决方案，境内外项目执行能力显著提升。

世界首套全球规模最大的 180 万吨 / 年煤基甲醇制烯烃 MTO 工业示范装置在内蒙古建成投产

中国石化
SINOPEC

作为国内能源化工领域知名的技术专利商，公司在工厂设计、石油炼制、石油化工、现代煤化工、油气储运、LNG、节能环保、新能源等领域拥有一批具有自主知识产权的核心技术，保持了国内能源化工行业领先地位。特别是超低压连续重整、甲醇制烯烃（DMTO）、新型硫酸烷基化、安全环保密闭除焦等技术在十多家炼化企业成功应用，为企业清洁生产、转型发展提供了强大技术支撑。

哈萨克斯坦阿特劳炼油厂石油深加工项目

科威特阿祖尔炼油厂

世界首套芳烃型移动床轻石脑油芳构化装置

哈萨克斯坦阿特劳炼油厂芳烃项目

世界首创的安全环保型智能化密闭除焦成套技术在齐鲁石化推广应用

洛阳石化20万吨/年新型硫酸烷基化装置

中国石化 SINOPEC

牢记初心使命　发挥政治优势
以高质量金融服务助力集团主业高质量发展

中国石化财务有限责任公司坚持以习近平新时代中国特色社会主义思想为指导，深入贯彻落实党的十九届五中全会精神，始终把党的政治建设摆在首位，扎实开展“两学一做”学习教育和“不忘初心、牢记使命”主题教育，牢记初心使命，发挥政治优势，不断从百年党史学习教育中汲取智慧，凝聚起广大干部员工奋进的力量，以高质量金融服务助力集团主业高质量发展。

这五年，我们姓党为党政治本色充分彰显。

这五年，我们服务主业发展取得显著成效。

这五年，我们改革管理创新工作稳步推进。

这五年，我们基层党建工作质量全面提升。

这五年，我们党建融入中心工作扎实有效。

这五年，我们推进一流政治生态加快形成。

这五年，我们干事创业良好氛围持续营造。

项目管理公司（南京项目管理中心）

【概况】 中石化项目管理有限公司（简称项目管理公司）于 2018 年 9 月 28 日在江苏省南京市江北新区注册成立，同年 12 月 28 正式揭牌运营，是股份公司全资子公司，是中国石化建设工程项目管理的专业技术服务公司，主要从事石油化工工程项目管理、工程技术咨询、工程招标代理、工程造价咨询、贸易经纪与代理、税务代理、审计服务、工程监理、设备监造服务、面向成年人开展的培训（不含国家统一认可的职业证书类培训）等业务，注册资金人民币 1 亿元，业务归口集团公司工程部管理，与中国石化工程部南京项目管理中心（简称南京项目管理中心）合署办公，实行“一套班子，两块牌子”。2020 年 9 月 20 日，项目管理公司整体搬迁至南京市建邺区南京金融城 9 号楼 8—9 层。

南京项目管理中心是中国石化 2007 年 6 月批准成立的工程部南京派出机构，作为工程部管理职能的延伸，代表中国石化履行重点工程项目管理、制度修订、技术支持、专项培训等职能。自成立以来，向中国石化武汉 80 万吨 / 年乙烯工程（简称武汉乙烯工程）、中天合创鄂尔多斯煤炭深加工示范项目、中安联合煤制 170 万吨 / 年甲醇及转化烯烃项目（简称中安项目）、福建漳州古雷炼化一体化项目（简称古雷项目）、中国石化扬子油品质量升级及原油劣质化改造项目（简称扬子炼油改造项目）、福建炼化炼油乙烯一体化项目、镇海炼化 100 万吨 / 年乙烯工程、中国石化青岛 1 000 万吨 / 年炼油项目、南京扬子石化碧辟乙酰有限责任公司 50 万吨 / 年醋酸合资项目、中国石化扬子石化 50 万吨 / 年醋酸装置配套工程、扬子石化 - 巴斯夫有限责任公司 IPS 二期改造项目等重点项目派出了管理团队，其中以南京项目管理中心团队为管理核心的武汉乙烯工程获国家优质工程金奖，扬子炼油改造项目获国家优质工程奖。

项目管理公司在南京项目管理中心职能的基础上，按照专业化、市场化的要求，增加经营管理、市场开发、工程技术服务及部分人力资源协调管理等职能，对中国石化合资合作项目、系统内石油化工工程建设项目开展工程管理服务，最大程度地维护和保障中国石化的整体利益，正在逐步成为独立的市场化运作的项目管理公司。

项目管理公司设有综合管理部（党群工作部）、经营管理部、工程技术部、工程财务部、工程管理部、质量安全部 6 个职能部门。截至 2020 年 12 月底，有现职中层干部 11 人，其中 40 岁以下 1 人、40—50 岁 7 人；高级专家 1 人、专家 5 人。在职员工 96 人，大多数是石油化工工程及相关专业的项目管理技术骨干，持有 PMP、IPMP、建造师、监理工程师、造价工程师等各类资质证书和注册执业证书的人员 52 人，占总人数的 54.17%；本科及以上学历 65 人，占总人数的 67.7%；具有正高级职称的 2 名、高级职称的 24 名、中级职称的 47 名。

（姜　喆）

【经营发展】 2020 年，项目管理公司实现利润总额 338.67 万元、净利润 245 万元，超额完成集团下达的净利润 200 万元的基本目标和 225 万元的奋斗目标。制度建设和体系认证取得突破，制定并印发党群、纪检、宣传、干部人事、行政等 5 类 14 项制度；大力推进质量、环境和职业健康安全管理体系认证工作，5 月取得劳氏质量体系认证，6 月实现 QHSE 三标管理体系并轨运行，11 月取得劳氏 HSE 管理体系认证，各项业务更加规范有序。招标代理工作进展顺利，全年续签、新签招标代理合同 9 份，合同额约 1 250 万元；完成招标代理 60 个项目的 108 个标段，包括巴陵石化己内酰胺产业链搬迁与升级转型发展项目、扬子石化炼油结构调整项目、仪征化纤 300 万吨 / 年 PTA 项目、中国石化集团石油商业储备有限公司福建原油商业储备基地工程、古雷项目等重点项目，中标金额约 38 亿元。信息化水平进一步提升，公司网络经受三次“护网行动”检验，视频会议系统有效保障疫情期间办公联络，信息管理平台及相关软件开发稳步推进，知识库的初步体系有序建设。

（姜　喆）

【重点工程管理】 2020年，项目管理公司持续抓好重点工程项目管理，安全、质量、进度、投资、合同五大目标全面受控。①古雷项目。2020年是古雷项目全面实现项目建设总体目标的攻坚之年，面对疫情、项目进度、资源组织的多种风险挑战，古雷石化项目管理团队创新性提出“一个现场，两个工地”，实现国内首台整体模块化施工的乙烯裂解炉搬运安装，在施工中推广国际化的安全管理理念和方法，采取“先焊工、后班组、再支部”的质量管理模式，开发全厂智能管理综合系统，全力推进数字化交付。截至12月底，项目总体累计进度完成91.86%；全年累计完成投资1 060 850万元，占年度投资计划的97.55%；项目始建完成投资2 064 365万元，占基础设计批复总投资的74.22%；66个主项已中交29个（已投用21个），中交率43.94%；39个10千伏以上变电所，已受电33个；钢结构安装完成93.39%，设备安装完成86.41%，工艺管道焊接完成87.43%，艺管道试压完成46.92%，仪表回路调试完成27.29%，机泵单试完成34.99%，现场安全质量始终处于受控状态。②中安项目。中安项目管理团队聚焦推进全流程优化项目实施，抓紧抓好工程合同结算，全力配合项目竣工验收，圆满实现项目建成合法开车、合法生产。③扬子石化炼油结构调整项目。项目管理公司派遣人员继续协助业主开展项目控制和施工管理工作，完成绿化迁移、建构筑物拆除、施工用电外线改造，雨排管线迁移开工建设。④上海赛科乙烯原料配套工程（简称赛科项目）。2020年7月24日，项目管理公司收到上海赛科公司关于参与赛科项目建设和管理的委托函；9月7日，项目管理公司成立赛科项目前期筹备组，正式启动赛科项目前期策划工作（因环评原因，项目暂无进展）。

古雷项目第二工地裂解炉装置移位

古雷项目10座大型塔器吊装完成

（姜　喆）

【攻坚创效】 成立攻坚创效行动领导小组，制发实施方案，重点围绕优化办公室搬迁方案、压减非生产性支出、古雷项目建设、优化公司管理体系、充分发挥党支部战斗堡垒和党员先锋模范作用等11个方面，采取扎实措施，进一步提升公司管理水平、降低管理成本、加快项目建设进度、创造经济效益。古雷项目顺利实现2020年底工艺工程基本建成的目标。

（姜　喆）

【疫情防控】 制发疫情防控方案和应急预案，按要求做好信息动态排查上报；每日监测返岗员工体温并发放口罩；为基层党支部划拨党费，购买相关防疫物资，及时将组织的关怀关爱传递到疫情防控第一线；古雷项目累计报备审批31 017人，核酸检测25 817人，全项目组无一例确诊、疑似、感染病例，做到全面有效防控；倡议广大干部员工自愿捐款支持防疫工作，82名员工共计捐款51 350元。项目管理公司及各驻外项目始终保持“零感染”目标。

（姜　喆）

【改革推进】 认真贯彻《集团公司深化改革三年行动实施方案（2020—2022年）》，立足“一基两翼三新”产业格局，制订公司深化改革三年行动实施方案，落实对标世界一流管理提升行动实施细则、公司中长期发展规划，薪酬和用工制度改革均向市场化方向迈出坚实步伐。按时稳妥完成退休人员社会化管理任务，截至2020年底，共有退休人员18名（其中党员10名），全部完成人事档案、党员组织关系的移交、转接，赴社区报到率达 100%。

（姜　喆）

【队伍建设】 全面加强干部人才队伍建设，建立健全配套制度，畅通人才成长通道，进一步充实干部队伍，2020 年新提拔中层副职 1 人，选聘公司高级专家 1 人、专家 3 人；加强年轻后备人才培养，首次引进毕业生 18 名，及时开展“导师制”培养，师带徒覆盖率达 100%。

（姜　喆）

【党风廉政建设】 深入开展党风廉政建设和反腐败工作，结合实际下发该项工作“明白纸”，组织签订党风廉政建设责任书和廉洁自律承诺书；成立公司监督委员会，制发构建“大监督”格局工作实施方案；切实加强领导班子作风建设，持续强化日常监督提醒，大力开展反腐倡廉教育月活动，干部员工纪律规矩意识进一步增强，公司无违规违纪违法情况发生。

（姜　喆）

【宣传思想工作】 认真落实“第一议题”制度，党委中心组每月组织 1 次集中学习研讨，及时跟进学习习近平总书记最新重要讲话精神和重要指示批示精神，领导班子积极投身推进公司经营发展和项目管理各项任务的责任感、使命感持续增强。深化“传承石油精神、弘扬石化传统”教育，将石油精神和石化传统纳入新员工入职培训第一课，组织公司中高层干部参加“华为文化与核心价值观分享”等课程培训，组织全员开展 EAP 培训，公司员工队伍和谐稳定。建立兼职宣传员队伍，开通“中石化项目管理”微信公众号，成立石化报社驻项目管理公司记者站，形成“网微融合”宣传文化平台。1 名党员获中国石化优秀共产党员称号，1 名员工获中国石化抗击新冠肺炎疫情先进个人称号。

（肖子雅）

【党建工作】 2020 年 5 月，经过充分筹备并报集团公司党组同意，组织召开党员大会，选举产生党委、纪委组成人选，组织建设进一步健全。①认真履行抓党建主体责任。牢固树立“在经济领域为党工作”理念，结合实际制定《公司 2020 年深化推进党的政治建设重点措施责任清单》《公司党委落实全面从严治党主体责任清单》，成立公司党建工作领导小组，制发《领导班子会议事规则》《公司党委前置研究讨论重大经营管理事项清单管理办法（试行）》，公司决策的科学化、规范化、制度化水平进一步提升。严格落实“两个一以贯之”重要要求，共召开党委会 9 次、研究议题 57 项，书记专题会 1 次、研究议题 1 项，领导班子会 2 次、研究议题 4 项，较好落实了民主集中制原则，充分发挥了“把方向、管大局、保落实”作用。②党建质量持续提升。完成基层党组织设置，深入开展支部定级考评，“石化党建”平台始终实现“三个百分之百”。创新开展党建共建，开设“点燃红色引擎、引领项目前行”项目大讲堂，举办“党徽闪光创精品工程”活动，开展“焊工辛苦，劳动光荣”优秀焊工选树、“身居兵头将尾，功成舍我其谁”优秀班组长评选，充分发挥党委领导作用、党支部战斗堡垒作用和党员先锋模范作用，推进公司“三基本”建设向纵深发展。

（姜　喆）

【群团统战工作】 2020 年 5 月召开公司首次工代会，选举产生工会组成人选；认真贯彻落实民主管理、民主监督制度，坚持开展“五必访”“送温暖”活动，把关心员工落到实处。积极开展扶贫攻坚活动，全年消费扶贫支出 6.73 万元，超额完成 5 万元的年度任务计划。12 月，召开首次团员大会，顺利完成公司团支部组建。成立公司统战工作领导小组，建立统战对象台账，召开统战座谈会，充分发挥党外高级知识分子等骨干作用，为公司发展凝心聚力。

（姜　喆）

资本金融和支持板块

国际事业公司

【概况】 中国石化国际事业有限公司（简称国际事业公司）成立于1984年6月，2000年5月成为股份公司的全资子公司，注册地点北京。国际事业公司主要承担除原油、成品油、化工原料以外的进口物资采购业务和设备、材料、炼化产品的出口业务。

截至2020年底，国际事业公司的管理机关共有在岗员工224人，其中本科及以上学历219人、占97.77%。在境内拥有中石化南光（上海）实业有限公司1个参股公司，在北京（2家）、上海（3家）、天津、重庆、湛江、南京、武汉、宁波、大连、海南等地设有13家子公司，设有北京、南京、华南、重庆、武汉、宁波、大连、上海和天津9家招标中心，在靖江、成都、无锡、郑州、济南等地设有5家办事处。在美国、日本、德国、俄罗斯、阿联酋等国家设有5家境外二级子公司，在委内瑞拉、新加坡、澳大利亚、沙特、巴西、伊朗、乌兹别克斯坦、泰国等国家设有5家境外三级子公司、3家办事处。

2020年，国际事业公司总体实现经营规模608.4亿元，完成年度目标550亿元的110.63%。

国际事业公司主要经营指标见表1。

（李 佳）

【奋力投身抗疫攻坚战】 ①紧急行动尽锐出战。发挥全球寻源采购优势，组织海内外资源，在武汉、北京、上海、南京4地建立配送基地，境内外、线上下、全天候响应集团公司防疫需求。②攻坚克难冲锋在前。全过程统筹关键设备驻厂监造和催交催运，全天候调运设备、倒排工期，助力快速建设投用16条熔喷布生产线，全力保障从零起步建成全球最大熔喷布生产基地。③协同供需打通链条。发挥供应链核心企业作用，发布“我有熔喷布、谁有口罩机”英雄帖，打通产业链，融通供应链，全力推动口罩增能上产，组织党员骨干驻厂攻坚，仅用32天实现每日自产和协产口罩“双百万”，累计生产口罩超2亿只。④携手并进迎难而上。克服资源紧缺、物流受限等困难，多方对接资源、各地互相支援、全力协调运输，确保防疫物资第一时间供给到位。⑤依法合规阳光操作。加强过程控制，采用“现场＋远程”方式，针对防疫物资的采、储、配、销，开展合规性监督检查13次，确保管控有力、依法合规。以战时状态、战时作为，累计为集团公司境内企业和境外机构供应防护口罩超7 000万只、测温仪超3万支、消毒用品超400吨；向社会企业配置熔喷布1 877吨，增产口罩超20亿只，在战疫大考中交出了合格答卷。

（李 佳）

【推进专项工作显成效】 ①全面推进攻坚创效。通过联动主材、专项招标、优化框架、激活竞争、多方协同、优化库存、推进国产、颗粒归仓8项措施，深挖采购降本潜力，同步强化管理减费、平台创效、经营增效，超额完成目标任务。②支持出口产品内销。充分发挥易派客展示推介、服务支持、贸易融通优势，设立平台外贸商品专区，上线供应商1 210家、商品36万种，实现交易金额175亿元，全面彰显央企责任担当。③助推湖北疫后发展。面向湖北工业企业，组织开展76项物资专项招标，完成中标金额21.7亿元，助力湖北工业“稳链补链强链”。④助力推动精准脱贫。对接30家供应商引入帮扶资金660万元，在易派客生活馆上架扶贫产品550个，助推扶贫产品拓市扩销。⑤精心组织参加进博会。圆满完成中国石化交易分团工作任务，与50家境外供应商实现签约金额325.7亿美元，成交数量规模增长5.2%，得到国务院国资委和集团公司党组领导的充分肯定，国务院国资委向进口博览局推荐中国石化为明星采购商。

（李　佳）

【安全及时经济保供应】 ①聚焦重点抓实保供。针对55个重点工程项目，梳理345个保供节点，全年供应1 172台（套）长周期设备、6 836台（套）次长周期设备、10万吨管线钢、25万吨罐板及20万余台阀门。②集采集储提升效能。优化集团化采购物资目录，统筹近2万份框架协议接续，严格框架协议执行，提升集团化采购质量。完善储备管理体系，建立涵盖9个品牌600个品类的DCS备件战略储备，建立易派客应急物资专区及6万余吨合金不锈钢管集中储备专区，提升应急保障能力。③严抓执行防范风险。紧盯重点项目进度节点，全面协调工厂制造、物资检验和现场服务，强化关键设备和进口物资全过程控制。推进全生命周期质量管理，完善A类设备材料监造大纲，加强监造管理和质量监督，确保物资质量和进度受控。④紧盯关键推进国产。聚焦"卡脖子"设备及配件，大力推进国产化攻关和应用，LNG闪蒸气压缩机较进口节约1 400万元/台，镇海基地裂解气和丙烯压缩机组较进口节约5 500万元，中科乙烯"三机"、挤压造粒机组、EO反应器等重大装备实现国产化。⑤快速响应优化服务。成立55个保供服务组和24个招标服务组，贴近现场、靠前服务，强化资源统筹，加大物流协调，快速保障企业生产、大修、抢修等急需物资供应，共收到企业和关联方感谢信函23件。

（李　佳）

【践行规范高效促提升】 ①创新管理深挖潜力。与中国石油、中国海油开展联合采购，初期选定进口动力装备及配件等47个试点品种，共享优质资源和采购成果。推进西南工区、江苏地区上游企业区域资源共享，整合采购、仓储、配送等资源，提升采购效能。从性能、运维和可靠性3个维度，优化评标办法，试点推进抽油机、压缩机等75类物资的全生命周期管理。②持续强化招标采购。优化招标方案审批流程，建立招标异常快速处理机制，强化招标过程控制，提高招标采购效能。推行投标不见面、评标不聚集、全程无纸化，疫情期间远程招标比例达86.3%。明确招标采购"七加强、六不得"要求，规范招标业务操作。集合原油商储项目需求，开展集中招标，有效降低罐板、焊材等通用物资采购成本。③全面推行标准采购。制定82项国内上游采购技术标准，提升物资通用互换性和稳定可靠性。统一采购标准，共享框架协议，助力天津、湛江、库车3个原油商储项目提前10个月中交。④加强供应资源管理。严格资格审查、评级考核、违约惩治，对145家供应商发送严肃履约提示函，依规处理41家违约供应商，全面营造诚信供应生态。⑤强化企业采购监管。加大监督管理力度，加强异议投诉处置，重点聚焦指定采购、独家采购和其他非招标采购行为，规范企业采购管理。在国务院国资委组织的中央企业采购管理对标评估中，中国石化评估总分和4项分指标均排名同组第一，继续位居央企前列。

（李　佳）

【多措并举控险稳经营】 ①全面清理涉险业务。针对业已发生的案件纠纷和业务异常，吸取教训、举一反三，修订经营业务负面清单，全面开展风险排查，坚决退出潜在的存险涉险业务，致力稳健与创效两手硬、控险与效益两手抓。②重新界定经营范围。聚焦党组巡视反馈意见，按照"聚焦主责主业、强化合规经营、严控经营风险、促进平台发展"原则，重新界定各境内外公司业务范围，严禁超范围、超授权经营，确保风险全面可控。③系统推动隐患治理。聚焦审计署审计、集团公司内控检查和重大经营风险管控体系诊断反馈问题，细化整改措施，压实整改责任，系统推进全面整改、彻底整改。按照"一案一策""一债一策"原则，持续推进涉案纠纷处置，运用法律手段，最大维护权益。④持续强化控险工具。立足"高度控制"，优化完善风险管理系统功能，建立业务关联方信用评价模型，将内控风控要求全面嵌入管控流程刚性执行，持续推进风险管控工具化、平台化。⑤优化完善制度流程。全面修订经营管理、法律与风险管理等各类制度104项，堵塞管理漏洞。修订内控细则，优化审批流程，强化风险管控。健全风险评估、识别、预警、报告、处置及“六不放过”的整改和考核问责机制，坚决惩处违规经营、违纪操作。

（李 佳）

【做强增值服务创价值】 ①建强建优标准基地。持续完善易派客标准体系，累计制定以产品质量评价标准为核心要素的企业标准 2 990 项，参与制定国际标准 2 项、国家标准 3 项、行业标准 4 项、团体标准 1 项，提升平台公信力，增强用户信任度。推进“易派客”标准国际化发展，“易派客”产品质量评价模板入选 IEC 标准，“易派客”绝热泡沫玻璃质量评价标准在 ISO 获准立项，推动实现“一次检验、一张证书、全球通用”，获评中国质量协会 2020 年全国质量标杆。②全力打造特色专区。优化完善钢铁、阀门、劳保、MRO 等专区功能，展现专业特质，提升服务质量，实现价值增值。推进物流专区上线运行，全面集成物流信息，汇集整合物流资源，贯通采购订单与物流业务流程，挖掘物流服务价值。③做优做强平台服务。持续完善推广“易系列”工具，全力打造工业品电商生态，以服务强黏性、提流量、增效益。全年实现“易保理”服务规模 49 亿元、“易权通”服务规模 6 亿元、“易商旅”服务规模 5 577 万元、“易生活”服务规模 2 523 万元。④持续提升品牌价值。“易派客”坚守“让采购更专业”，对内保供生产建设，对外服务创造价值，社会影响持续扩大。2020 年，“易派客”被国家工信部列为大数据产业发展试点示范项目，获评全国十佳电子化采购平台；“易派客”平台发布的“我有熔喷布、谁有口罩机”合作讯息，成为现象级传播案例，入选《国资央企抗疫白皮书》热点事件 TOP5，获评 2020 年度亚太区域品牌和声誉管理杰出成就奖等多项荣誉。

（李 佳）

【锻造过硬队伍强支撑】 ①深化改革优化配置。落实集团公司深化改革部署，稳妥完成本部“三定”及部室和人员调整，内设机构、中层职数和定员分别精简 25%、24% 和 27%。②加强干部队伍建设。树立业绩和实干导向，优化调整中层干部人次。在 4 家境内外公司推行执行董事、党支部书记“一肩挑”领导体制，为 6 家境内外公司增配专职党支部书记或副书记。加大年轻干部培养使用力度，落实“三百三千”计划。③打造专业人才队伍。选聘高级专家 3 人、专家 12 人。择优晋级员工 170 人，63 人通过中级、高级职称评审，有效激发员工动力活力。推进人才梯队建设，构建领军、骨干、后备 3 个层级人才库，推荐集团公司骨干人才库人选 26 人，遴选 83 名优秀企业人才进入物资管理领域骨干人才库。抓能力素质提升，组织开展重点岗位和骨干人才培训 4 366 人次。④优化人力资源配置。制订“十四五”用工总量规划，推动行政与党群、管理与业务、本部与基层人才交流 23 人次，引进高校毕业生 32 人、成熟人才 4 人，积极参加国资央企“抗疫稳岗扩就业”专项网络招聘，引进职业雇员 6 人，组织配备专兼职风控岗位人员 35 人。落实党组巡视要求，深化开展“双严”治理，妥善处理长期离岗人员，规范本部外包人员管理。⑤强化薪酬激励作用。突出绩效导向和精准激励，及时就防疫抗疫、进博会工作、招标劳动竞赛等推优评先、表彰奖励。稳妥开展海外薪酬福利制度改革，优化薪酬福利结构。

（李 佳）

【坚持党建引领促发展】 ①强化思想理论武装。抓好党委中心组和党支部理论学习，落实“第一议题”“第一课程”“第一标尺”要求，深入学悟习近平新时代中国特色社会主义思想、习近平总书记系列重要论述，认真学习党的十九大及十九届二中、三中、四中、五中全会精神，增强“四个意识”、坚定“四个自信”、做到“两个维护”。②抓实党组巡视整改。聚焦党组巡视反馈问题，制定 118 条整改措施，定期召开整改推进会，狠抓整改落实。开展“增强责任心、提高执行力”集中教育，提升干部员工责任心、执行力和遵章守纪意识。组织召开两级班子专题民主生活会，对照“三个摆进去”要求，主动认领问题，深刻分析原因，严肃批评帮助，持续推动整改。已完成整改措施 101 条，其余正在按计划推进。③全面加强党建工作。强化问题导向，细化措施、结对帮扶、跟踪督办，高质量完成集团公司党建考核反馈问题整改。建强基层组织，新成立 15 个本部党支部，完成 17 个境内外公司党支部换届选举。强化“一支部一品牌”“双示范”及党员示范区、示范岗创建，推行党员积分管理，推进基层党建工作标准化、规范化、特色化。④深化落实党政融合。开展“攻坚创效”行动暨“践行初心使命、推动高质量发展”主题实践活动，推进党建工作与中心工作同频共振、互促共进。严格落实“三重一大”决策制度，制定党委前置研究讨论重大经营管理事项清单管理办法，推进直属机构完善党支部前置审议清单，充分发挥党组织把关定向作用。⑤加强党风廉政建设。落实“两个责任”，一体推进“三不”机制，强化“四种形态”应用，严肃监督执纪问责，全面营造风清气正、干事创业的良好生态。严格执行中央八项规定精神和集团公司党组实施细则，深化作风建设，加强日常监督，强化警示教育，持续反“四风”、工作风、树新风。

（李　佳）

表 1　　国际事业公司主要经营指标

指标名称＼年份	2020	2019	2018	2017	2016	2015
经营规模 / 亿元	608.40	1 235.10	1 043.90	537.30	263.80	321.30
国际贸易规模 / 亿美元	16.50	58.80	51.90	27.20	15.30	21.00
进　口	10.50	45.20	37.90	18.00	8.40	12.50
出　口	4.70	9.40	10.90	7.90	6.00	7.30
第三国贸易	1.30	4.30	2.90	1.40	0.90	1.20

财务公司

【概况】 中国石化财务有限责任公司（简称财务公司）是由原中国石油化工总公司独家发起，经中国人民银行批准于 1988 年 7 月 8 日成立，以加强集团资金集中管理和提高集团资金使用效率为目的，为集团成员单位提供金融服务的非银行金融机构。财务公司注册资本 180 亿元（内含 6 000 万美元），其中集团公司出资 91.8 亿元、占注册资本的 51%，股份公司出资 88.2 亿元、占注册资本的 49%。

财务公司股东会是公司的最高权力机构，董事长为法定代表人。财务公司位于北京市朝阳区朝阳门北大街 22 号，设综合管理部（党委办公室、企业管理部）、人力资源部（党委组织部）、党群工作部（党委宣传部、企业文化部）、纪检监督部、风险控制（法律事务）部、财务会计部、稽核部、资金计划部、信贷部、票据业务部、国际业务部、投资银行部、结算部、信息部、金融研究开发部 15 个本部部室；京外设上海、南京、广州、山东、郑州、武汉、成都、新疆、天津 9 家分公司。截至 2020 年底，财务公司干部职工共 376 人，其中本部 110 人、分公司 266 人。

2020 年，财务公司实现营业收入 47.42 亿元，实现利润 26.75 亿元，年末资产总额 2 281.47 亿元，所有者权益 297.61 亿元。全年通过充分发挥金融专业优势，提供结算、贷款、委托贷款、直接购付汇、优惠贴现等各项服务，为集团公司协同创效超过 17 亿元。

财务公司资产负债损益情况见表 1。

（张　贝）

【疫情防控有力有效】 2020 年，面对突如其来的新冠肺炎疫情，财务公司听党指挥、闻令而动，第一时间成立疫情防控工作领导小组，建立联络机制，确保信息准确传递、防控措施全面到位。在全力抗击疫情的同时，发挥内部银行优势，制定强化金融服务 5 项保障措施，积极助力集团主业疫情防控和复工复产，在武汉封城期间，公司本部全面接管武汉分公司线上操作业务，实现业务不停摆、标准不降低，有效保障驻湘、鄂成员企业金融服务需求。

（张　贝）

【资金集中管理安稳高效】 2020年，财务公司始终保持集团公司“资金池”“票据池”、电商支付等资金管理系统安稳高效运行，各系统功能持续提升。全年累计完成资金结算2 747.74万笔、40.52万亿元，为集团成员单位提供票据业务服务合计8.6万笔、1 138亿元，电商支付平台全年在线结算量72.09万笔、4 827.5亿元，保持录入零差错、收付零损失、服务零投诉。办理首笔“票付通”业务。

（张　贝）

【筹融资服务保障有力】 2020年，财务公司上下协同发力，多措并举应对存款规模下降的不利影响，在集团公司、股份公司大力支持下，日均吸存规模927亿元；发挥同业融资优势，紧盯货币市场走势，坚持多市场联动，优化筹融资结构，全力满足成员企业资金支付需求；完善交易模型，提高议价能力，资金运作水平进一步提升。

（张　贝）

【信贷业务增量创效】 2020年，财务公司传统信贷业务增量创效，贷款规模保持高位运行，日均规模达716亿元，中长期贷款规模比重首次突破银行业30%平均水平，通过调整贷款利率定价政策及低息贷款，帮助成员企业降本1.16亿元。保函业务快速发展，累计出具保函85亿元，帮助企业减费6 400万元。委存委贷业务高效开展，累计办理业务1 096亿元。

（张　贝）

【产业链金融业务再创新高】 2020年，财务公司产业链金融业务再创新高，发挥集团上下游一体化优势，深化结算平台数据分析，加大精准获客力度，累计办理产业链业务241亿元，增收创效的同时，增强集团成员单位对产业链的影响力和客户黏性。

（张　贝）

【风险管理巩固深化】 2020年，财务公司内控合规一体化建设取得突破，系统修订内控手册，对94条业务流程进行风险控制矩阵转换；编制合规管理清单，创新式实现合规事项按业务流程、按岗位看板管理。信用风险管控能力进一步增强，制定成品油零售行业信贷风险评估指引，启用流动资金贷款标准化信贷调查模板。制订“两高一重”落实方案，实施重大项目全流程管控，开展疫情期间经营风险变化情况、资金风险及交易对手信用风险等7次专项排查。迎接国家审计署经济责任延伸审计、集团信息化管理专项审计、法制央企建设检查等5项检查，公司风险防范工作得到肯定。全年未出现风险上报事件。

（张　贝）

【信息化建设持续加强】 2020年，财务公司积极稳妥地开展信息系统的新建和改造提升工作，持续建设新网银系统，新建电子发票系统，持续完善核心业务系统功能，建设反洗钱系统、二代征信查询系统等，信息系统支持服务水平进一步提升。强化信息安全管理，开展网络攻防演习工作。制定信息系统数据管理办法，规范信息数据管理。

（张　贝）

【人才队伍建设取得新成效】 2020年，财务公司干部梯队建设取得新成效，选拔任用4名中层干部、11名基层干部，引进2名中层干部，实施“苗圃工程”，建立并动态调整两级优秀年轻干部库。加强专业技术人员选聘，初步建立涵盖9个专业的公司骨干人才库。强化干部人才系统培育，6名青年干部参加“三百三千”干部实践锻炼，组织179名青年骨干进行综合能力提升培训。

（张　贝）

【治理效能稳步提升】 2020年，财务公司完成董事会换届，修订公司章程，制定董事长办公会制度，认真履行党委会决策前置程序及“三重一大”集体决策制度，坚持召开公司月度例会、班子每周碰头会及业务部室日间晨会，跟踪推进各项重点工作有效落实。对标管理深入开展，全面实施对标世界一流管理提升行动，聚焦6个重点领域

10 项重点任务，明确 27 个提升目标、37 项行动措施；完善精益管理评价标准，坚持问题导向，按月、季开展对标，建标、对标、追标、创标工作持续推进。

（张　贝）

【党建质量显著提升】 2020 年，财务公司全面贯彻党的十九大和十九届二中、三中、四中、五中全会精神，严格落实“第一议题”制度。召开公司党建工作推进会，制定党支部工作规范，修订党建考核、支部分类定级、支部书记述职等基层党建制度，加强“石化党建”平台推广应用，党建工作考核全覆盖。巩固深化中央巡视反馈问题和党组巡视反馈意见整改工作成果，一体推进“三不”机制建设，完善“大监督”格局和廉洁风险防控机制；成立巡察工作领导小组和巡察组，制定党委巡察工作办法，确定 2021 年党委巡察工作计划；强化正风肃纪工作力度，全力营造风清气正、干事创业的良好生态。

（张　贝）

8 月 20 日，财务公司在郑州召开党建工作推进会

【文化建设和群团工作丰富多彩】 2020 年，财务公司开展参观燕山石化公众开放日，学习大庆精神等传承石油精神、弘扬石化传统系列活动，举办多样化劳动竞赛，配备健身器材，建立“职工图书角”。举办“青年大学习”、纪念五四运动 101 周年等活动，开展助力社区疫情防控、“冬奥洁净加油团”等志愿服务，为青年员工搭建彰显个性、展示才华、提升能力的舞台。

（张　贝）

【获得荣誉】 2020 年，财务公司获中国财务公司协会颁发的 2020 年度课题研究突出贡献单位称号；获中国人民银行征信中心 2019 年度企业征信系统数据质量工作优秀机构称号；《“以点带面强合作，创新服务促共赢”整合营销案例》获第三届中国金融年度品牌案例大赛整合营销年度案例奖；获中国外汇交易中心 2019 年度最佳非银机构会员称号；获上海票据交易所 2019 年度优秀贴现机构称号。

（张　贝）

表 1　　财务公司资产负债损益情况　　亿元

指标名称 \ 年份	2020	2019	2018	2017	2016	2015
流动资产	1 751.39	1 803.83	2 098.37	1 611.80	1 495.21	1 544.37
非流动资产	530.08	189.13	163.59	177.82	166.02	158.68
资产总计	2 281.47	1 992.96	2 261.96	1 789.62	1 661.23	1 703.05
自营资产总额	1 522.00	979.30	1 335.08	1 085.63	996.56	842.73
流动负债	1 978.72	1 706.21	2 004.02	1 542.09	1 424.50	1 479.52
非流动负债	5.14	5.69	3.32	0.06	1.19	1.46
所有者权益	297.61	281.06	254.62	247.47	235.54	222.07
实收资本	180.00	180.00	180.00	180.00	100.00	100.00

续表

指标名称 \ 年份	2020	2019	2018	2017	2016	2015
资本公积	0.19	0.19	0.19	0.19	0.19	0.19
盈余公积	28.41	26.38	24.15	22.28	20.75	19.32
未分配利润	69.39	53.89	33.79	30.27	97.79	89.44
负债及所有者权益	2 281.47	1 992.96	2 261.96	1 789.62	1 661.23	1 703.05
营业收入	34.67	37.63	29.45	25.30	21.54	47.35
营业支出	7.92	9.50	5.03	4.36	2.50	1.69
税金及附加	0.36	0.30	0.23	0.26	0.55	1.53
利润总额	26.75	28.13	24.41	20.95	19.06	45.67
净利润	20.27	22.34	18.68	15.33	14.29	34.84

盛骏公司

【概况】 中国石化盛骏国际投资有限公司（简称盛骏公司）是1994年底经原中国石油化工总公司同意，1995年3月以收购方式设立的有限责任公司，原名豪锐投资有限公司，收购完成后更名为盛骏国际投资有限公司。2007年11月，公司更名为“中国石化盛骏国际投资有限公司”。2008年6月，集团公司印发《中国石化境外资金管理办法》，明确以盛骏公司为境外资金平台在集团范围内全面实施境外资金集中管理，承担集团公司境外结算、筹融资、现金和外汇管理、境外账户资金监控等职能。盛骏公司持有香港特区政府颁发的放债人牌照，获穆迪公司“A2”、标普公司“A”信用评级。

盛骏公司是集团公司境外结算中心、筹融资中心、现金管理中心、监控中心和外汇中心。设有董事会，有管理层成员3人，截至2020年底，有员工57人，其中香港本部40人；内设9个部门，即企业结算部、信贷业务部、银行业务部、全球市场部、信息科技部、投资战研部、风控法律部、财务会计部、综合管理部。有新加坡、英国、美洲、中东、深圳和敏沃6家全资子公司，分别负责东南亚区域、欧洲及非洲区域、美洲区域、中东及中亚区域和跨境的相关资金和金融业务。

2020年，盛骏公司实现营业收入103.1亿元，实现利润总额22.14亿元、净利润20.89亿元；年末资产总额2 965亿元，所有者权益233亿元。

（李　贝）

自保公司

【概况】 中石化保险有限公司（简称自保公司）位于香港湾仔港湾道1号，于2013年10月31日获香港保险业监理局特许并受其监管开展专属自保业务，2014年1月1日起正式运营。自保公司注册地为香港，注册资本5亿港元，2019年集团公司再次增资8亿元人民币等值港元（其中3亿元为自保公司留存收益转增资本、5亿元为集团公司增资），资本金增至13.15亿港元。自保公司由集团公司全资控股，负责统筹集团公司境外资产、业务和集团外派人员保险及相关服务，以适应集团境外业务发展过程中风险管控和风险融资的需求。自保公司实行董事会领导下的总经理负责制。自保公司设有能源建工、贸易储运、意外健康3个业务部及负责业务外其他后台支持性工作的综合管理部，共计4个部门，有员工14人。

截至2020年底，自保公司累计实现保费收入20.99亿元人民币（25.27亿港元）；累计实现税前利润6.64亿元人民币（7.47亿港元）；累计实现净利润（风险资金积累）6.09亿元人民币（6.83亿港元）；净资产收益率（ROE）累计达227%。

（杨　梅）

保险经纪公司

【概况】 中石化保险经纪有限公司（简称保险经纪公司）由集团公司和股份公司注资成立（分别持股51%、49%），注册资本为5 000万元。保险经纪公司于2016年4月7日取得北京工商行政管理局核发的企业法人营业执照，于2016年8月10日取得中国保险监督管理委员会北京保监局核发的经营保险经纪业务许可证。保险经纪公司是集团公司实施境内保险集中管理的执行单位和操作平台，受集团公司委托代表各企事业单位、股份公司各分（子）公司与保险公司开展保险业务，具体协助各单位开展境内商业保险投保、索赔、风险评估、风险管理等工作。

股东会是保险经纪公司的最高权力机构。保险经纪公司实行董事会领导下的总经理负责制，董事长为法定代表人。保险经纪公司位于北京市朝阳区朝阳门北大街22号，下设经纪业务部、财务资产部、综合管理与风险控制部。

2020年，保险经纪公司实现营业收入6 742.76万元，增长10.07%；实现利润总额5 132.53万元、增长14.37%，完成年度利润预算目标的103%；年末资产总额1.7亿元，其中所有者权益1.65亿元；总资产报酬率34.17%，净资产收益率26.38%。全年通过保险集中统筹管理、开展多项重点工程项目保险采购招标等工作，累计帮助企业降低保费近4 750万元。盈利和降保费2项为集团公司创效1亿元。

（马会静）

浙石期货

【概况】 上海浙石期货经纪有限公司（简称浙石期货）位于中国（上海）自由贸易试验区浦电路438号，于1995年5月经中国证监会批准设立，经营商品期货经纪和金融期货经纪，是以打造中国石化期货业务风控平台和价值创造平台为目标，为集团公司期货业务服务的非银行金融机构。浙石期货注册资本人民币7亿元，是集团公司全资子公司。

浙石期货股东会是公司的最高权力机构，实行董事会领导下的总经理负责制，董事长为法定代表人。浙石期货设有交易部、风控部、财务部、结算交割部、信息技术部、综合部、稽核部、研发部、金融期货部、资产管理部10个本部部门；下设中石化朝阳风险管理有限公司（2020年6月设立）和杭州、宁波营业部。截至2020年底，浙石期货共有干部职工47人，其中44人获期货从业人员资格 。

2020年，浙石期货实现营业收入2 683.36万元，实现利润总额842.85万元，年末资产总额18.71亿元，所有者权益7.52亿元。

（应　峻　郑晨兴）

金租公司

【概况】 太平石化金融租赁有限责任公司（简称金租公司）位于上海市浦东新区银城中路488号，由中国石油化工集团有限公司和中国太平保险集团有限责任公司共同发起，经原中国银监会批准于2014年10月成立。

金租公司注册资本50亿元，其中集团公司出资25亿元，占注册资本的50%；太平人寿保险有限公司出资25亿元，占注册资本的50%。

股东会是金租公司的最高权力机构。金租公司实行董事会领导下的总经理负责制，董事长为法定代表人。设有党办/董监办/办公室、纪委办公室、人力资源部/党委组织部、战略规划部、计划财务部、风险管理及合规部、资产管理部、金融市场部、上海业务一部、上海业务二部、北京业务一部、北京业务二部、北京业务三部、汽车金融业务部、石化能源事业部、航运业务部、航空事业部17个部门。截至2020年底，金租公司有干部职工共137人。

2020年，金租公司实现营业收入30.01亿元，实现净利润5.62亿元，年末租赁资产余额427.11亿元，所有者权益68.95亿元。全年石化能源板块新增投放2.01亿元，累计向中国石化及相关企业投放租赁业务112.99亿元。

（尹　阳）

实华租赁

【概况】 实华国际租赁有限公司（简称实华租赁）位于北京市朝阳区建国门外大街1号国贸写字楼1座，是经原对外经济贸易部批准，于1990年10月15日在国家工商行政管理总局注册成立的中日合资企业，注册资本为1 000万美元，经营期限20年。2005年10月，4家股东协商并经商务部批准将经营期限延长10年至2020年。2019年6月，4家股东协商并经北京市工商局批准将经营期限再次延长10年至2030年。

董事会是实华租赁的最高权力机构，实华租赁实行董事会领导下的总经理负责制。截至2020年底，实华租赁下设计划财务部、营业一部、营业二部、管理部、总经理办公室5个部门，共21名职员。

2020年，实华租赁实现主营业务收入1 476.41万美元，营业利润249.20万美元。年末资产总额21 555.76万美元，所有者权益2 707.99万美元。

（武光义）

资本公司

【概况】 中国石化集团资本有限公司（简称资本公司）是由集团公司和股份公司联合出资设立，初期实缴注册资金100亿元人民币，于2018年7月10日在河北雄安新区注册成立。其中，集团公司出资51亿元，占股51%；股份公司出资49亿元，占股49%。截至2020年12月31日，共有员工62人（含实践锻炼人员），其中党员42人、党员比例68%。

2020年，资本公司坚持国有企业政治本色，落实全面从严治党要求，围绕政治建设开展工作，增强“四个意识”、坚定“四个自信”、做到“两个维护”，大力推进投资和改革，为中国石化实现转型升级和可持续发展培育新动能、打造新引擎。通过积极探索，市场化体制机制条件下的党建工作成效不断显现。

（孙雅彬　张敏燕）

【全力推进投资工作】 2020年，资本公司直投业务取得重要进展。新增完成交割项目6个、合计8.2亿元，在管资产规模19.2亿元。其中，投资入股凤阳硅谷智能有限公司，布局超薄光伏及光电显示特种玻璃。投资入股常州百佳年代薄膜科技股份有限公司，布局光伏胶膜材料领域，拓展高端化工材料产业链。与连云港市赣榆城市建设发展有限公司合资设立江苏金陵创联新材料有限责任公司，投资高端石墨材料煅烧针状焦项目，助力集团产业协同，协助金陵分公司开发高增值产品，延伸高碳材料产业链。投资1.2亿元入股浙江海正生物材料股份有限公司，布局生物可降解材料领域。投资1.3亿元入股北京博奥晶典生物技术有限公司，布局高端智能制造，助力其发挥生物芯片领域的技术优势，为病毒样本检测、精准防控贡献力量。

前期投资项目实现较大增值，上海重塑能源集团有限公司于2020年9月完成pre-IPO轮融资，浙江中控技术股份有限公司、新乡市瑞丰新材料股份有限公司于2020年11月分别在科创板、创业板相继上市。

基金募集设立工作取得实质性进展。恩泽基金于2020年8月完成设立，聚焦中国石化内部科技成果转化，培育战略性新兴产业，首期资金实缴到位，全力开展项目投资。朝阳基金项目于2020年12月完成集团批复，正式开展设立工作，助力集团产业转型升级。

（金　岩　金玉洁）

【编制“十四五”发展规划】 围绕集团公司党组提出的“一基两翼三新”产业格局，结合资本公司培育新动能、打造新引擎的初心和使命，资本公司党委以习近平新时代中国特色社会主义思想为指引，按照行稳致远总要求，坚持价值引领、创新驱动、协同发展、合作共赢发展战略，提出“一个目标、双擎驱动、三支团队、四个科研平台、五大投资领域、六项保障措施”的规划思路。

（金　岩　金玉洁）

【加快推进公司治理能力现代化】 资本公司坚持将党的领导融入公司治理。严格执行党委工作规则、董事会议事规则、监事会议事规则和管理委员会议事规则、“三重一大”决策制度等多项公司治理方面的制度，充分发挥党委把方向、管大局、促落实作用，确保与中心工作、公司治理有效融合。①不断加强制度建设。根据业务发展和管理实际，进一步完善公司制度体系。持续完善风控体系，滚动修订公司风险清单，梳理明确公司高风险业务、高风险岗位和重点人员等“两高一重”范围，进一步完善风险预警指标体系。加强合规体系建设，上线启用合同管理系统，不断完善投资管理系统合同管理功能，实现全部合同线上审批和管理。②不断强化项目风控。坚持底线和红线意识，围绕投资逻辑及投资标准，严格审核把关拟投项目，强化项目投后风险管理。稳健推进财务管理，完善以业财融合、价值引领为基础的预算管理体系，实行公司预算和项目预算相结合的管控模式，夯实财务基础工作，细化制定适用各层级主体的资金管理制度，确保资金风险的全覆盖。③稳步推进信息化建设，积极推进数字化转型业务发展规划编制工作，初步形成公司数字化发展的总体目标、工作重点和实施路径。落实金融科技平台项目建设，相关工作稳步推进。

（孙雅彬　张敏燕）

【聚焦高质量党建引领高质量发展】 资本公司党委坚持把党的政治建设放在首要位置，推动从严治党向纵深发展，落实“第一议题”制度，引导全体党员和员工树牢“四个意识”、坚定“四个自信”、坚决做到“两个维护”。切实锚定质量实效，加强党支部建设，大力提升组织力。突出夯实基础，强化党建质量和实效，探索创新基层党建群团有效工作举措。更加注重党支部工作的规范性和创新性。结合巡视反馈问题，强化“三会一课”落实，提高党员身份意识。组织参观石家庄炼化，学习石油精神和石化传统，到西柏坡开展“重走赶考路”主题党日活动。

将巡视整改作为重大政治任务，统筹推进各类反馈问题整治，扎实做好巡视后半篇文章。通过延伸巡视整改“自我加压”，主动迎接机动巡视“寻求体检”，统筹整改“挂图作战”，突出问题导向、目标导向、结果导向，将巡视指出的问题逐项对标，逐条剖析，确保每个问题都有针对性强、操作性强、责任人清晰、时间轴明了的整改措施，形成整改闭环。

注重加强能力建设促进文化双向融合，着力打造富有市场化特点的“资本讲坛”，邀请专家学者，就如何海外能源投资、经济形势展望、金融科技的发展与创新、全球投资和价值创造的风险与机遇及欧洲对新能源和氢能市场的观点、新格局下资本有序发展和产业有效投资等主题做主旨演讲，把讲坛打造成建设学习型、创新型企业的重要平台。针对员工市场化来源的特点，举办弘扬石油精神、石化传统专题讲座，帮助员工深入了解中国石化企业文化，增强传承“爱我中华、振兴石化”“为美好生活加油”的行动自觉，加快文化融合。

（孙雅彬　张敏燕）

【疫情防控】 及时传达落实国家、北京市、集团公司关于疫情防控工作有关精神，确保全员思想统一。资本公司整体秩序平稳，员工心态稳定，无感染病例发生。履行社会责任，做好对外“抗疫”援助，2 次组织党员、员工捐款近 3 万元支援疫区，通过红十字协会定向给朝阳区商委捐赠口罩 500 只，帮助雄安新区协调燕山石化供应 500 千克口罩原料熔喷布（相当于 50 万只口罩的原料），有力支援了雄安新区防疫工作。

（孙雅彬　张敏燕）

【获得荣誉】 2020 年，资本公司获集团公司“持续攻坚创效”行动先进单位、宣传思想工作先进单位、财务管理工作先进单位称号；《资本公司建立全面市场化人力资源机制的探索与实践》《全周期的生命代码制项目管理体系建设》获集团公司第 29 届管理现代化创新成果二等奖。公司工会获集团公司直属工会优秀基层工会组织称号；公司团支部获集团公司五四红旗团组织称号。多人分获集团公司“百日攻坚创效”先进个人、抗击疫情先进个人、“持续攻坚创效”行动先进个人、优秀工会干部、优秀职工之友、优秀工会会员和青年岗位能手等称号。

（孙雅彬　张敏燕）

百川公司

【概况】 百川经济贸易有限公司（简称百川公司）主要负责为中国石化总部、部分专业公司和在京单位提供后勤服务保障，承担总部部分管理职能，经营部分在京宾馆酒店，是集团公司直属专业公司、全资子公司，企业性质为全民所有制。

百川公司成立于 1993 年 2 月，注册资金 3 000 万元人民币。根据改革发展需要，经集团公司批准，1995 年成立机关服务中心，2008 年成立机关服务局。机关服务中心、机关服务局与百川公司合署办公，为一套机构三块牌子。2019 年底，按照《集团公司机关服务中心改革工作方案》要求，撤销机关服务中心和机关服务局。

百川公司下设综合管理部（办公室）、党群工作部（党委办公室、纪检监督部、宣传工作部）、党委组织部（人力资源部、外事办公室）、财务经营部、安全环保部、市场开发部、餐饮服务分公司、交通运营服务分公司、小营办公区项目部、沙河项目部、房产管理运营中心、设备管理运营中心、健康服务中心、物资采购中心、井田公司等部门（单位），经营管理会议中心、和园酒店、实华饭店、胜利饭店、塔河宾馆、春成宾馆等宾馆酒店。截至 2020 年底，百川公司共有职工 202 人。

北京百川恒升物业管理有限公司是百川公司与北京燕化天钲建筑工程有限公司、新中物业管理（中国）有限公司于 2013 年 10 月共同出资成立的合资企业，主要通过业务外包形式为百川公司提供服务。

百川公司主要承担总部部门、部分专业公司和在京单位后勤服务保障任务，主要包括：餐饮服务、楼层办公及会议服务、办公楼设备运行维护维修、安全保卫、公务用车、健康服务、洗衣保洁等；承担总部部分管理职能，负责总部办公、住宅和员工公寓的房产管理，基本建设管理等工作，履行总部住房制度改革领导小组办公室、绿化委员会办公室、总部消防安全委员会办公室、交通安全委员会办公室、医疗保险办公室、爱国卫生委员会办公室、人口与计划生育办公室、义务献血办公室等职能；负责会议中心、和园酒店等 6 家宾馆酒店的经营管理。

2020 年，百川公司坚持以习近平新时代中国特色社会主义思想为指导，深入贯彻党的十九届四中、五中全会精神，坚决执行集团公司党组决策部署，以疫情防控为首要任务，以服务保障为立足根本，以经营创效为重点，以党的建设为引领，抓改革、强管理，统筹谋划、狠抓落实，各项工作取得了较好成效。

（郭保红）

【疫情防控】 坚决落实党中央决策部署和集团公司党组工作要求，坚持将疫情防控工作作为首要政治任务，迅速成立公司疫情防控工作领导小组，严格执行防控规定，研究制订应急预案，深入落实防控措施，针对性优化服务模式，严格办公楼出入管理，全面开展环境消毒，从严实施人员管控，大力开展防控知识宣传，组织核酸检测 4 000 多人次、新冠疫苗和流感疫苗接种近 4 000 人次，发放口罩等防疫物资 96 万件。积极践行社会责任，会议中心、和园酒店等单位多次承担地方政府交办的隔离任务，组织 2 次为疫区捐款 16.5 万元，为中小微企业减免租金 526 万元。特别是在疫情进入常态化防控阶段后，继续坚持思想不松劲、标准不降低、力度不减弱，为实现总部办公人员零感染提供坚强保证，得到各方的充分肯定，餐饮服务分公司党支部、健康服务中心周风华分别被评为集团公司抗疫先进集体和抗疫楷模。

（郭保红）

【服务保障】 坚持将服务作为百川公司生存发展的根本，全力做好服务保障。2020 年共提供餐饮服务 179 万人次、会议服务 38.2 万人次、前台接待 1.9 万人次，公务用车 64.1 万千米、各类维修 3 万余项、医疗服务 4.5 万人次，理发、健身、制送水等各项服务 6 万余人次。严格落实党组领导关于对标先进、提升服务质量的指示要求，赴华为公司、中国石油、中国海油、锦江集团等单位交流学习服务管理经验，组织服务人员到北京会议中心进行业务培训。全力做好重大活动、重要会议服务保障工作，优质完成全国发展和改革工作会议、国资委中央企业负责人会议、集团公司年度工作会等会议服务保障任务，对外树立了中国石化良好形象，对内强化了百川服务品牌。坚持问题导向，开展“提升服务意识、服务质量、服务效率”主题党日活动，践行“马上就办、办就办好”。坚持以服务对象为中心，不断强化服务意识，组织召开总部及专业公司办公室主任会，收集服务方面意见和建议。组织 200 余名志愿者对广华新城 5 号院进行环境清扫，协调北京公交集团开通广华新城—朝阳门定制公交，受到广大干部员工好评。

（郭保红）

【经营创效】 在新冠肺炎疫情得到控制后，迅速组织复工复产，深入开展“百日攻坚创效”和“持续攻坚创效”行动，效果明显，全年实现营业收入 5.7 亿元，利润较预算指标减亏近 3 400 万元。成立“百日攻坚创效”“持续攻坚创效”领导小组，制订行动方案，倒排时间进度，分解费用压减指标和创效目标，周密制订工作计划，建立周例会和月分析制度，共提出“百日攻坚创效”措施 86 项、超目标实现效益 7 304 万元，“持续攻坚创效”措施 65 项、创效 4 335 万元。突出办公物业这一核心主业，进一步优化完善费用分摊机制，实现经营收入 3.33 亿元。积极拓展创效业务，向部分专业公司、在京单位提供健康管理、汽车租赁等服务，实现创效 135 万元。加大市场开发力度，主动参与市场竞争，成功中标管理干部学院和北京石油物业管理项目，项目合同额超 1 000 万元。努力盘活现有资产，研究实施公寓收费改革，完成交道口四合院等房产出租，实现收入 2 139 万元。深入降本减费，优化调整沙河科研中心贷款结构，每年节省利息支出 2 153 万元。积极用好税收、社保等方面优惠政策，实现政策性创效 794 万元。大力开展自主维修，积极与外委单位协商免费延长维保期限，共节约费用 120 万元。

（郭保红）

【改革管理】 坚持将改革作为激发活力、提升动力的关键手段，深入贯彻集团公司深化改革三年行动工作部署。按照百川公司改革发展总体方案，围绕向管理型、经营型、专业化转型的发展方向和主要业务，精简内设机构，实施去行政化调整，优化机构职能，成立市场开发部。自觉将百川公司融入集团公司世界领先发展方略，编制百川公司“十四五”规划方案，进一步明确发展思路与定位。启动内控权限优化调整，推进简政放权，提高工作效率。全面梳理修订各项管理制度，完成食品安全、质量、环境等方面管理体系认证，提升管理规范化水平。强化安全环保管理，完善 HSSE 管理体系，组织安全环保“四不两直”检查，开展实华饭店、会议中心等单位隐患治理，以及“我为安全做诊断”等活动，消除管理漏洞 32 个，识别安全风险 66 条。加强消防安全管理，提高消防应急能力，实现安全事故为零目标，获评集团公司安全生产先进单位。

（郭保红）

【重点任务】 完成沙河科研中心项目开办入驻。克服疫情防控、人员不足等困难，加强沟通协调，全力推进项目建设，按时完成工程建设及开办准备。积极配合石油工程技术研究院、石油勘探开发研究院搬迁入驻，主动沟通运行初期有关问题，逐项落实整改，并对标总部做好后勤服务，初步实现“党组满意、入驻单位和干部员工满意”目标。沙河职工住宅陆续封顶。

完成驻京办事机构专项清理后续工作。按照集团公司总体部署，稳步推进所接收宾馆酒店、房产、车辆的资产划转、营业执照变更，先后完成 3 个宾馆酒店、8 个单位驻京办及驻外办、55 台车辆接收工作，与部分宾馆酒店签订业务承揽协议。

推进职工住宅配售配租工作。认真总结前两轮职工住宅配售工作经验，经全面摸底、反复论证、多次修订，制订《总部住房配售及配租方案》，按程序启动相关工作。积极推进大郊亭职工住宅配租住房装修，其中遮挡房部分装修工作已基本完成。

完成“四供一业”分离移交等任务。按照北京市政策要求和集团公司“四供一业”分离移交统一部署，积极推进总部职工家属区物业管理职能分离移交工作，达成移交协议，完成总部职工住宅共计 1 712 户、15.4 万平方米的物业管理职能移交任务。

完成退休人员管理社会化工作。按照集团公司部署和离退休工作部要求，稳妥有序做好退休人员社会保险和员工档案移交地方工作，按期完成存量退休人员管理社会化。

（郭保红）

【党建工作】 讲政治、重践行，坚决做到“两个维护”。严格落实“第一议题”制度，坚持以习近平新时代中国特色社会主义思想武装头脑、指导实践、推动工作，深入学习并积极宣贯十九届四中、五中全会精神，全年组织党委中心组学习 23 次，进一步增强“四个意识”、坚定“四个自信”、做到“两个维护”。积极响应习近平总书记号召，大力开展杜绝餐饮浪费活动，取得较好成效。充分发挥党员和党组织在疫情防控和攻坚创效中的作用，组织党员坚守岗位、承担重任，引导员工从转变观念等 9 个方面见行动，实现“双战双胜”。全力配合国家审计署经济责任审计和党组巡视“回头看”工作，针对发现问题逐项制定整改措施 70 条。

强责任、提实效，不断提升党建工作质量。强化责任落实，进一步完善细化两级党组织和领导干部党建责任清单，定期研究党建工作，听取班子成员履行“一岗双责”情况汇报。加强组织建设，完成基层党支部换届，制定并严格执行《关于持续提升班组党员力量覆盖质量的重点措施》等制度，实现班组党员覆盖率达 100%。加强支部工作指导，建立党支部工作日常诊断服务等机制，开展全覆盖走访帮扶和支部台账评比，党建规范化水平明显提升。强化党建和业务融合，持续开展“强实效、树品牌”等活动，实现相融互促。大力开展石油精神、石化传统以及形势任务教育，研究提炼百川公司企业文化，在《中国石化报》等媒体发稿 20 余篇次，展示了百川公司良好形象。

树导向、抓培养，突出加强干部和人才队伍建设。严格干部选用程序，大力选用有热情、想干事、能干事、肯奉献的年轻干部，选聘的 5 个中层管理岗位中，40岁以下人员占80%，干部年龄结构进一步改善。注重干部多岗位锻炼，组织中基层干部轮岗交流12人次。加强专业技术人才队伍建设，组织4个专家岗位选聘，推荐9人参加总部评审并取得高级以上专业技术职称。积极引进人才，校园招聘硕士研究生6人。加强员工培训，举办各类培训班8期，741人次参与培训，干部员工素质进一步提升。

重预防、抓日常，一体推进党风廉政建设"三不"机制。强化责任落实，党委专题听取班子成员抓党风廉政建设情况汇报，班子成员与部门（单位）负责人谈心谈话26人次。强化廉洁教育，通过廉洁党课、案例教育及年节假期廉洁提醒等方式，不断增强干部员工廉洁意识。从修订完善制度入手，优化廉洁风险防控措施，堵塞漏洞。围绕新冠疫情防控措施落实、攻坚创效行动措施落实等工作开展专项监督，发挥监督委员会成员单位作用，强化日常监督。坚持政治监督定位，已对1个党支部进行巡察，2021年还将对5个党支部开展巡察。强化作风建设，组织"转作风、提效率"专项调研，制定改进作风的13项具体措施。

讲大局、聚人心，扎实做好群团工作。征集"我为改革献计策"合理化建议，引导员工立足本职做贡献。切实关心关爱员工，深入开展"走基层、访万家"活动，举办丰富多彩的群众性文体活动，为员工发放节礼、公园年卡、电影票、防疫物资等。加强团组织建设，召开百川公司第二届团员代表大会，完成百川公司团委换届，深化"一团一品"和"师带徒"工作，开展志愿者服务活动，引导青年积极作为。

（郭保红）

共享服务公司

【概况】 中国石化集团共享服务有限公司（简称共享服务公司）于2017年5月20日设立，8月25日正式完成工商注册，是集团公司全资子公司，也是中央企业成立的首家一体化共享服务专业公司。业务范围主要涵盖财务、人力资源、IT、商旅和党务共享。财务共享业务范围主要包含资金、应付、成本、资产、总账、应收、费用报销7类会计核算和会计档案业务。人力资源共享业务范围主要包含薪酬发放、员工关系、信息维护、统计报表、信息化建设5类基础服务和员工自助服务。IT共享业务范围主要包含系统运维、数据服务、风险与安全、技术服务、项目服务5类服务。商旅共享业务范围主要包含差旅申请、订票、结算、差旅数据分析等全流程商旅服务。党务共享业务范围主要包含数据服务、业务支持、教育资源和专家咨询4类服务。

共享服务公司组织架构包括本部和东营、南京2家分公司（按大Ⅱ型管理）及石化国旅1家子公司，依托东营、南京2家分公司分别设立了淄博、濮阳、武汉、扬州4个区域服务部，由分公司按业务单元统一管理。用工总量4 822人，合同制员工平均年龄40.7岁。共享服务公司致力于建设"国内领先、世界一流"的共享服务公司，坚持以市场化为导向，立足服务职能，通过建立高效运营、持续改进、价值提升的管理机制，打造一体化、智能化的服务支持平台，为客户提供财务、人力资源、IT、商旅和党务共享，以及大数据分析、专家咨询等专业支持服务。截至2020年底，共享服务业务已涵盖油田、炼油、化工、销售、科研、专业公司等板块，为国家管网、国家能源集团、南光集团等外部企业提供财务共享、HR共享建设与咨询服务。通过一体化统筹、专业化管理、市场化运作，在促进管理提升和推动资源优化等方面取得成效，实现具体事务的高效处理、业务流程的优化升级、管理效能的快速提升，在服务集团战略和企业转型方面，充分发挥了支持保障作用。

（陈洪瑞）

【领导班子调整】 2020年5月28日，集团公司党组对共享服务公司领导班子进行调整：聘任陈惠文为共享服务公司党委副书记、纪委书记、工会主席、监事；聘任江涌鑫为共享服务公司副总经理，不再担共享服务公司党委副书记、纪委书记、工会主席、监事职务；聘任程中义为共享服务公司副总经理；解聘邱颖的共享服务公司副总经理职务，任二级协理员。

（陈洪瑞）

【财务共享服务】 2020年，财务共享完成集团公司新设单位和新增业务上线，境内上线企业（板块核算并表口径）累计达217家，其中集团企业109家、股份企业108家。完成巴陵石化、石油工程公司等下属21家分子公司、销售企业40多家并表单位上线，化工销售公司票据业务、中科炼化基建转生产等新业务顺利完成。持续深入推进业务标准化、规范化建设，配合总部制定下发2020版会计手册和业务操作规范，完成会计核算合规性风险排查并建立销号整改落实机制，促进集团管理要求落地、企业财务管理转型和共享服务质量效率提升。推动完成TMS系统优化提升和直属机关党费、工会经费业务上线，持续减轻企业工作量。积极推动基于流程的业务组织优化，完成部分业务专业布局迁移。稳妥推进境外财务共享服务，按照试点先行、稳妥推进的原则，完成国际事业公司境外和香港公司报销、总账、成本、资产业务上线和国勘公司业务回迁工作。完成科研单位物资采购三单匹配推广上线，开展企业主要报表数据变动分析，深度参与集团2020年度财务决算工作，充分发挥共享服务对集团公司总部和企业的支持保障作用。

（陈洪瑞）

【人力资源共享服务】 2020年，人力资源共享完成石油销售公司、商储公司2家集团新设单位上线，累计完成180家（直属单位分子公司口径），服务员工60.8万人、离退休人员46.6万人。大力推进人力资源业务全流程信息化建设，14个工作流程在9家企业试点上线，日常人事业务由传统线下管理向全面线上信息化管理迈出坚实一步。开展共享端业务处理流程优化，编制完成《共享端标准流程体系手册》，进一步提升业务标准化水平。持续优化企业端业务提报流程和业务表单，实现业务提报信息灵活定制和系统信息自动化提取，减轻企业填报表单25%的工作量。积极拓展服务范围，完成石油工程公司年金服务、10家企业人事档案服务业务，推动电子考勤系统在40家企业上线实施。开发建设员工自助系统2.0版，完成PC端34项和APP端30项功能开发及优化，持续提升员工服务体验。配合总部人力资源部做好高管劳动合同信息系统业务处理与日常运维工作，高管人员劳动合同已全部实现在线管理。积极开展专项数据分析和人力资源关键指标智能推送，为总部及企业决策提供支持。

（陈洪瑞）

【IT共享服务】 2020年，IT共享服务加强工作落实，确保业务稳步推进。全面开展一体化运维体系建设，完成运维标准规范体系；建立呼叫中心，面向企业提供23套应用系统呼叫服务。积极推进风险与安全服务，建立信息安全基础数据库，完成16家企业促优提升服务，网防G01系统安全保护范围进一步扩大，安全加固防护、攻击溯源、监控预警等服务质量明显提升。加快数据服务建设，征集数据实验室课题58项，研究并完成财务风控预警、智慧商旅、人才360度盘点等5项实验室课题开题报告。项目与技术服务方面，协助总部优化信息化标准体系蓝图等技术标准，合作编制《信息化项目验收测试》等13个规范；按照CNAS标准流程，完成集团21个项目在验收阶段的质量检测并试点项目技术审查验证，有效提升项目交付质量。做好云平台运营服务储备，选拔组建20人云平台团队承担经营、管理、电商、销售和金融5个测试工作区的项目质控工作，参加并全部通过总部组织的培训认证，为下一步做好云平台和移动平台运营工作奠定基础。

（陈洪瑞）

【商旅共享服务】 精心组织商旅平台推广应用，2020年10月实现集团境内企业全覆盖，累计上线企业211家。制定商旅平台应用管理办法等26项制度规范，持续推进标准化、规范化管理。健全商旅服务全过程监督考核与产品质量管控机制，增强服务保障水平；建立以"客户为中心"的服务工作机制，提升服务效率。不断拓展丰富商旅资源，引进28家国内航空公司、19家主流酒店集团，实现火车票12306系统直连，平台已有航线

1.5 万条、酒店 100 多万家。完成石化国旅平稳划转，建立东营分公司商旅服务团队，构建运服一体运营模式，初步建立全集团统一规范的差旅业务标准和流程。充分发挥集采规模效应，积极落实集团各项差旅管控措施，商旅平台累计为上线企业节约费用 17.3%。商旅平台的全面上线应用实现了差旅行为的过程管控，减少了企业事后审核投入的人力物力，有效加强了企业对差旅业务的规范管理和风险防范，提高了共享效率；实现了员工免垫资、免贴票，为员工商旅出行带来了新体验。

（陈洪瑞）

【党务共享服务】 党务共享落实集团公司党组新要求，坚持“边开发建设、边推广应用”，平台发展进入新阶段。构建“两位一体”新格局，着重将 PC 端各项功能向 APP 端拓展延伸，实现大部分线上业务流程在移动端的数据同步和协同处理，搭建起系统化管理、一体化运行的“一台三中心、六库四门户”党建信息化管理服务体系。围绕“全体党员都上线”目标要求，党务共享业务团队坚持问题导向，定标准、定措施、抓运行，加班加点，主动作为，确保了平台运维高质量，超前实现在职党员注册率、党费线上缴纳率、平台功能使用率“三个百分之百”目标任务。2020 年 10 月，党务共享平台正式更名为中国石化党建信息化平台。

（陈洪瑞）

【强化服务运营管理】 聚焦客户价值和用户体验，狠抓服务运营水平提升。坚持“线上 + 线下”“日常”与“专题”相结合，分板块、分区域客户深入与企业沟通交流，及时解决企业需求和问题。建立客户服务反馈报告机制，及时向企业反馈关键业务指标，提供风险预警和管理建议。运用 ISO 管理体系建设框架，探索建立符合共享业务特点的 PDCA 循环管理体系，试点引入六西格玛方法论，推动质量优化提升。2020 年整体业务处理准确率达 99.90%，及时率超过 99.80%，持续提升服务质量与效率。研究制定《关于完善客户服务工作机制的意见》，探索建立客户服务 3 × 3 协同机制，即“客户经理 + 业务经理 + 交付团队”三角色在“服务承诺、服务沟通、服务评价”三事项上的配合协同，通过明确职责和工作流程，形成相对固定的服务团队，为企业提供问题解决、服务反馈、需求响应、回访交流等全流程服务。全年每单业务客户主动评价保持在 99.7 分以上，年度满意度问卷调查得分 98.81 分，比上年提高 1.63 分，全年收到企业锦旗 33 面、感谢信 205 封，客户满意度和认可度持续稳步提升。

（陈洪瑞）

【加强共享服务品牌建设】 坚持品牌引领，持续提升中国石化共享服务知名度和影响力。以共享服务公司官微公众号为平台，积极宣传共享服务重大发展事件和建设成效，树立专业形象。扎实推进中财协一体化专委会建设，召开专委会第一次会议，明确组织架构和议事规则，积极发展会员，成员单位由上年底的 10 家发展为 20 家，增选副会长单位，组织赴共享建设先进企业调研活动，推动开展课题研究，切实发挥专委会行业引领作用。2020 年接待中国石油、国家电投、中国铝业等 30 家国企、央企、事业单位到访交流，进一步扩大交流合作范围。

（陈洪瑞）

【打造共享服务产品】 在共享服务产品体系 1.0 的基础上，结合共享服务公司“十四五”规划，梳理形成 5 个业务线条“基础 + 增值”2.0 服务产品体系。外部市场取得新突破，组织专业团队开展国家管网共享服务建设，创新国有资产重组共享模式；与国家能源集团、南光集团达成人力资源共享服务建设合作，为中国石化共享服务产品市场化推广积累宝贵经验。积极开展金科平台数据治理工作，为集团公司数字化转型提供支持。总结《中国石化财务共享服务建设创新与实践》创新成果，参加中国企业管理协会国有企业管理成果评选；获国家财政部《新理财》2019 年中国企业财务共享建设卓越成就奖；做好 RPA 机器人“享当当”、共享服务产品等核心业务产品推介，《“享当当”机器人助力企业管理效能提升》获集团公司优秀品牌提名奖。

（陈洪瑞）

【坚持创新驱动发展】 共享服务公司坚持把创新作为推动发展的第一动力，加大信息技术开发投人，完善鼓励创新创效机制，不断提升共享服务自动化、智能化水平，2020 年通过国家高新技术企业认定，正式跨入高新技术企业行列。积极推动 RPA 与人工智能技术融合，充分发挥“智能流程自动化”在企业数字化转型中的推动作用，打造了具有自主知识产权的“享当当”RPA 产品，累计部署 RPA 机器人 108 个，涉及业务流程 169 个，每月节约人工工时约 2.55 万小时。RPA 平台实现智能容错、人机互动优化、机器人高并发多线程运行等技术优化，机器人运行稳定性大大提升，RPA 开发效率提升 30% 以上。完成“享当当”机器人在 12 家企业的推广应用。其中，资金监管系统自动清账 RPA 在山东、山西、广西、湖南和贵州 5 家销售企业省市公司全面推广，可以减轻清账人员 50% 以上工作量，替代 1/3 以上清账人员工时，助力企业业务运行效率提升。

（陈洪瑞）

【治理水平持续提升】 扎实开展疫情防控，妥善安排复工复产，实现“零感染”，为业务平稳有序运营提供坚强保障。制订共享服务公司“十四五”发展规划，明确未来发展方向。组织开展制度建设年活动，加强对各类制度的宣贯，持续完善制度体系，推动各项工作制度化、规范化、科学化管理。财务管理持续推进价值驱动，全面完成集团“百日攻坚创效”及“持续攻坚创效”目标。通过加强内部降本挖潜和外部创收持续降低企业基础服务收费标准，强化制度和流程体系建设，探索中长期定价机制，完善共享服务收费体系。发挥资金集中管理优势，强化公司层面统筹和分子公司层面管控，确保资金高效平稳运行。深化资产管理，提升资产增效创效能力。开展风险防控审计，持续规范和加强内部审计工作。加强法律事务和规范合同管理，全年审查物资采购、技术服务等各类合同 692 份，规范化运行水平进一步提升。建立合同分级审核流程，审查业务承揽、采购、培训等各类合同 702 份，进一步提升合同管理规范化水平。明确涉密岗位人员，开展资格审查和保密协议签订，组织开展保密工作检查，进一步提高保密风险防范能力。修订完善“1+12”HSSE 管理体系，组织分公司开展安全隐患风险排查治理，进一步完善 HSSE 制度体系，增强应急管理能力，公司治理水平持续提升。

（陈洪瑞）

【加强干部人才队伍建设】 共享服务公司坚持“事业成就人才、人才成就未来”的理念，把人才作为最大的资本，推动队伍建设从优化人力资源向增值人才资本转变。贯彻落实人才强企工程实施方案，加大分公司基层管理人员和专业技术人员选聘，构建较为合理的干部人才梯队。加大成熟人才引进，完成公司专家选聘，持续加强高层次人才队伍建设。组织开展“三百三千”和公司内部挂职交流锻炼，加大优秀年轻干部选拔力度，干部队伍结构进一步优化。推进财务、人力资源共享课程体系建设，组织开展首届财务、人力资源业务竞赛，举办中层干部、公司专家素质能力提升培训班，加强重点人才培养，持续提升员工专业素质能力，培养了一批充满干事创业激情活力的专业化干部员工队伍。

（陈洪瑞）

【党的建设取得新进展】 深化加强党的政治建设，持续巩固深化“不忘初心、牢记使命”主题教育成果，组织党的十九届五中全会精神专题宣讲。坚决落实党组巡视重大政治任务，充分发挥公司两级党委合力，全面配合巡视组完成公司常规巡视和分公司延伸巡视工作，统筹推进公司及分公司联动整改，得到巡视组的肯定。持续完善以“三同机制、六个融合、三个打造”为主要内容的“363”融合模式。组织召开突出政治功能、提升组织力工作推进会，部署推动全面加强基层党建工作，基层党组织体系进一步健全。推进党建与业务工作一体化考核，建立党建工作创新实践长效机制，聚焦疫情防控、攻坚创效等重点任务，党支部战斗堡垒和党员先锋模范作用有效发挥。胜利召开公司第一次团代会，团结带领各级团组织和广大团员青年不忘初心跟党走，砥砺奋斗勇担当，为推动公司高质量发展贡献青春力量。

（陈洪瑞）

【央企网络安全大赛获佳绩】 坚持高素质专业化人才培养，2020 年代表集团公司组队参加中央企业新型信息基础设施网络安全技术大赛，获团体三等奖。东营分公司、南京分公司分别组队参加全国工业互联网安全技术技能大赛（全国十大技能竞赛之一），在5 000多支参赛队中分别取得45名和56名的成绩，并代表中国石化获团体总分奖。

（陈洪瑞）

【共享服务东营分公司】 中国石化集团共享服务有限公司东营分公司（简称共享服务东营分公司）位于山东省东营市，于2017年5月20日组建，10月13日完成工商注册登记。2015年8月，在齐鲁石化驻地成立淄博服务部，2016年11月，在中原油田驻地成立濮阳服务部。2020年，共享服务东营分公司财务共享累计完成116家企业上线和对私报销214家上线；制定17项拓展服务产品手册，为32家企业财务岗位300余名新入职人员提供培训服务。人力资源共享完成员工自助2.0版迭代升级，企业年金共享服务完成石油工程板块、石化机械公司等12家企业上线；为国家能源集团提供人力资源共享服务规划建设管理咨询，实现人力资源共享外部市场服务“第一单”。IT共享自主研发RPA开发管理平台，完成28个RPA程序开发和80项功能优化；资金监管清账RPA推广到46个地市的4 600多个加油站。党务共享落实集团党组新要求，构建石化党建“两位一体”新格局，推进“全体党员都上线”，超前实现平台推广应用“三个百分之百”任务目标。商旅共享完成油田、石油工程等6个板块182家企业上线，超前实现境内企业全覆盖。呼叫中心上线23套集团统建应用系统呼入业务，呼叫接通率达98.68%。创新实施“党建+服务”机制，党建工作与服务管理同频共振、互促互进。建立“五三一”服务管理体系，配套完善28项业务规范、302项服务运营和质量指标。开展十九届五中全会精神专题宣讲，认真做好中央巡视、党组巡视、党建考核等问题整改工作，反馈问题全部整改到位。推进“三本账”“三清单”制度落地，开展支部分类定级，打造“支部委员+五小组长”队伍，开展“党员先锋指数”量化考核，全面推行“结对子”工作，党员责任区、示范岗的模范作用充分发挥。

（陈洪瑞）

【共享服务南京分公司】 中国石化集团共享服务有限公司南京分公司（简称共享服务南京分公司）位于江苏省南京市，于2017年5月20日组建。下设扬州服务部、武汉服务部，9月18日完成工商注册登记。2020年，共享服务南京分公司聚焦疫情防控，聚力攻坚创效，瞄准“专业运营”目标，扎实推进“创新南分、智慧南分、幸福南分”建设，实现疫情防控和生产经营“双战双胜”。财务共享基础业务基本实现应接尽接，境外业务成功扩大试点，为企业提供内部管理报表、重点业务“风险提示函”等增值服务，财务凭证自动化率提高到70%，自动生成凭证170万笔，检查数据3 700万条。HR共享完成8.79万个基层机构信息、1.36万名基层管理人员信息规范化整改，开展“三项制度”改革评估、人力资源价值增值等5项人力资源数据分析，员工关系办理自动化率达50%，薪酬主数据维护自动化率达60%。IT共享为7家企业提供风险与安全服务，协助企业整改ERP等不规范应用1 700余项，为企业解决系统运维问题3.8万项，RPA项目获江苏省2020年企业管理现代化创新成果一等奖。开展“制度建设年”活动，修订完善制度85项。着力提升干部队伍素质，组织参加中央企业“新基建”网络安全技术大赛，获团体二等奖、个人三等奖，参加共享服务公司会计大赛，取得8人进入前10名，扬州服务部、武汉服务部获团体奖的好成绩。聚焦党组延伸巡视狠抓问题整改，建立落实“第一议题”制度，优化党委部门设置，深化“一支部一品牌”“党建+服务”、党建共建等品牌建设，成立监督委员会，深入开展廉洁教育月和“干部作风建设年”活动。

（陈洪瑞）

【石化国旅】 中国石化集团国际旅行社有限责任公司（简称石化国旅）位于北京市朝阳区，于2000年9月27日注册登记，下设综合部、财务部、国内业务部、国际业务部、业务拓展部。根据集团公司决策部署，2020年7月由百川公司划转至共享服务公司，成为其全资子公司，平稳有序完成人员、资产及业务的整体划转。作为中国石化商旅平台运营主体，加快构建一体化运营服务体系，夯实商旅业务基础，持续提升客户服务水平。在国内业务方面，为215家企业提供7×24

小时的机票服务，服务集团员工 51 万余人次，销售客票 14.39 万张、销售额 1.3 亿元；在国际业务方面，建立疫情预警机制，与国际合作部同频联动，及时跟踪并报告国际航班动向及出入境政策要求，积极做好疫情期间海外服务保障，积极协调航空公司座位，助力海外驻地项目加快复工复产，为 35 家企业提供 7×24 小时的国际机票，服务员工 858 人次，销售客票 1 740 张、销售金额约 938 万元；在团体服务方面，为 17 家单位提供服务，总接待人数为 1 717 人，总收入 297.35 万元。充分发挥党支部战斗堡垒作用，创新开展“强实效、树品牌”示范岗活动，积极开展联合党建系列特色活动，推动业务与党建融合互促。

（陈洪瑞）

经济技术研究院（咨询公司）

【概况】 中国石化集团经济技术研究院有限公司（简称经济技术研究院）是中国石化直属的软科学研究机构，位于北京，主要从事公司发展战略、宏观经济政策、国际化经营、金融证券、公司管理及市场营销战略研究，并为重大项目提供决策支持。1999 年 12 月底，中国石化为加强发展战略、宏观经济与政策、市场营销及科技信息研究，并为决策层提供决策咨询，决定将原中国石化石油化工规划院和原中国石化信息中心的经济技术信息部分合并，设立中国石油化工集团公司经济技术研究院。经中央机构编制委员会办公室批复同意，经济技术研究院仍为事业单位。2015 年，经济技术研究院获全国博士后管委会批准设立博士后科研工作站。2017 年，经济技术研究院入选中国社会科学评价研究院《中国智库综合评价研究报告（2017）》核心智库榜单，跻身十大国有企业智库之列。2020 年，中国石油化工集团公司经济技术研究院由事业单位改制为企业，注册成立中国石化集团经济技术研究院有限公司。

中国石化咨询有限责任公司（简称咨询公司）的前身是成立于 1985 年的中国石化咨询公司，原与中国石化规划院、现与经济技术研究院合属办公，主要职责是对中国石化固定资产投资项目进行可行性研究的前评估和后评价，是中国石化的直属专业公司。1994 年，咨询公司获中国首批甲级工程咨询资质，成为中国工程咨询协会理事单位，2004 年获首批承担国家发改委投资咨询评估任务的咨询机构资格并始终保持。2017 年，按照中央企业公司制改制的总体部署，咨询公司完成改制工作，正式更名为中国石化咨询有限责任公司。

截至 2020 年底，经济技术研究院（咨询公司）用工总量 207 人，其中 197 人具有专业技术职务任职资格，占职工总数的 95.17%。具有正高级技术职称的 15 人、副高级技术职称的 88 人，38 人具有博士学位、115 人具有硕士学位。

2020 年，经济技术研究院（咨询公司）坚持以习近平新时代中国特色社会主义思想为引领，紧盯打造世界一流能源化工智库战略目标，突出党建引领，以“百日攻坚创效”“持续攻坚创效”行动为抓手，深入开展宏观、中观、微观支撑性研究 210 余项，持续深化改革强化管理，圆满完成年度各项目标任务，为中国石化赢得疫情防控与生产经营“双胜利”提供了智库支撑。

经济技术研究院主要研究成果获奖情况见表 1。

（陈丹妮）

【课题研究成果丰硕】 2020 年，经济技术研究院（咨询公司）恪守“服务国家、服务集团、服务企业”发展宗旨，紧紧围绕中国石化科学谋划“十四五”发展，聚焦新冠肺炎疫情、低油价、国际贸易形势等新情况新问题新矛盾，分析形势，研判趋势，把握走势，深入开展宏观、中观和微观课题各项研究。①宏观研究前瞻性、战略性显著提升。聚焦战略谋划、环境研判，紧盯国际政治、经济、贸易格局变化，持续开展中国石化工业高质量发展战略、宏观经济政策与市场环境分析等前瞻性战略性研究。②中观研究针对性、实操性显著提升。聚焦"十四五"发展顶层设计、环境变化应对、竞争力提升、产融结合、深化改革、管理提升、国际化发展，持续深入开展各项研究，为中国石化长远发展和生产经营优化提供决策支持。③微观研究务实性、操作性显著提升。聚焦投资决策、提质增效、制度完善，全年开展固定资产投资项目评估近30项、重点项目后评价5项，为投资项目决策提供有力参考；深入开展炼化企业生产经营优化研究，为企业找准问题、检视差距、全方位提升竞争力提供针对性措施建议；完成《中国石油化工集团有限公司暨股份公司石油化工项目可行性研究报告编制规定》和《中国石油化工集团有限公司暨股份公司石油化工项目可行性研究投资估算编制办法》修编，为完善提升中国石化石油化工项目可行性研究报告编制提供科学依据。

（陈丹妮）

【改革转型再增举措】 2020年，中国石化集团经济技术研究院有限公司注册成立，经济技术研究院事业单位转企改制全面完成；聚焦激活力增动力攻坚突破，市场化改革迈出实质性步伐。①成立企业诊断中心，巩固提升传统优势，做大做强咨询业务。②推行《中国石化集团经济技术研究院有限公司（中国石化咨询有限责任公司）咨询项目收费标准（试行）》，市场化收费机制和契约化咨询服务机制基本建立。③持续加大项目经理负责制推行力度，竞争高效的课题研究及管理机制加速建立。④"瘦身健体"持续深入，"四供一业"分离移交进入收官阶段，退休人员社会化管理基本完成。

（陈丹妮）

【品牌影响力持续深化】 2020年，经济技术研究院（咨询公司）持续加大对外发声力度，聚焦"双循环格局下的十四五高质量发展"，成功举办《2021中国能源化工产业发展报告》发布及研讨会。会议以线上和线下形式同步举行，吸引了来自政府部门、中外油气企业、咨询研究机构、新闻媒体等数千名代表参加，被中央电视台等30余家国内外媒体宣传报道百余篇，社会反响热烈。

（陈丹妮）

《2021中国能源化工产业发展报告》发布及研讨会现场

【合作交流再获突破】 2020年，经济技术研究院（咨询公司）组织多场线上线下交流研讨会，不断深化与IHS Markit、Wood Mackenzie、FGE、澎湃新能源财经等国内外知名咨询公司的学术交流；与"沙特研究与知识交流中心"合作开展相关研究，实现与海外智库合作研究零的突破。

（陈丹妮）

【精细管理再迈步伐】 2020年，经济技术研究院（咨询公司）抓严抓实内部管理，以年度重点任务分解为抓手，推动重点工作督办有力、落实有效。①结合转企改制，制修订公司章程，公司规范治理进一步夯实；制度标准化、流程化和信息化建设持续加强，内控管理持续强化，风险抵抗能力显著增加；财务精细化管理持续发力，完成子企业亏损治理，超额完成年度利润指标。②对标世界一流管理提升行动扎实开展，推动建立系统完备、科学规范、运行高效、符合智库特点的管理体系。③持续完善视频会议、线上办公、电脑更新等信息化基础设施建设，筹划信息系统顶层设计，积极探索数据治理体系，推进信息系统互联互通，细化网络安全管控措施，信息化管理水平持续提升。④后勤服务保障水平持续加强。抓实抓细疫情防控，保障防疫物资供应、确保全员"零感染"；全面完成办公楼隐患治理综合工程项目，着力为员工营造舒心工作生活环境。

（陈丹妮）

【党建工作再上台阶】 2020年，经济技术研究院（咨询公司）党委坚持以"学懂弄通做实习近平新时代中国特色社会主义思想、建设世界一流能源化工智库”为主线，全方位加强党的领导和党的建设，充分发挥党委“把方向、管大局、促落实”作用，为全面完成年度目标任务提供坚强保障。①持续强化政治建设，巩固深化“不忘初心、牢记使命”主题教育成果，深入落实“第一议题”制度，结合《习近平谈治国理政》（第三卷）学习，高质量举办收获汇报会；坚持制度治党、依规治党，党建责任制体系更加健全；充分发挥党委领导作用，抓大事强主业推动抗疫与研究“两手抓、两手硬”。②持续强化组织建设，大力实施组织力提升工程，优化调整党支部设置，选优配强支部班子，实现重点人员、重点部门党员轮训全覆盖；严格落实“三会一课”制度，通过班子成员和中层干部讲授专题党课、举办线上“微学习”和视频党课等形式，“三会一课”实效性显著增强；命名党员示范岗 6 个、评选表彰“两优一先”，激励全体党员奋发有为、建功立业；高质量开展工会、共青团、统战工作，圆满完成团总支换届，开展“坚定紧跟党走 炼铸红色青春”主题团日、“十四五”发展建言献策统战人士座谈会、困难群众兜底保障、“学制度用制度”线上劳动竞赛、全员健步走等活动，凝聚了人心、提振了士气、激发了干劲。③持续强化作风建设，压实压紧“两个责任”，发挥党委主体责任，制定重点任务与分工，组织签订《党风廉政建设责任书》《廉洁从业承诺书》《家庭助廉承诺书》，以契约化方式压实责任；发挥纪委监督责任，强化日常监督，持续开展专项审计，监督问题整改；强化关键少数和重点领域重点监督，审查排查岗位廉洁风险点；制定《关于深化作风建设的若干措施》，聚焦精文减会持续发力，作风建设持续向好；精心准备、高效组织，全力配合完成巡视“回头看”各项工作。④持续强化人才队伍建设，完善人力资源顶层设计，形成与公司发展需要相适应、与人才成长规律相契合、与智库特点相匹配的人才发展机制；突出结构优化打造顶梁柱，及时把优秀年轻人才选拔到中层领导岗位，40 岁以下、41—50 岁、50 岁以上干部比例总体趋于合理；开展部门经理（主任、所长）助理岗位、法律顾问岗位竞聘，启用 8 名优秀年轻人才，后备干部梯队建设不断加强；引进优质毕业生，突出引才育才夯实根基；制订核心岗位成熟人才引进方案，致力突破核心人才缺失瓶颈；建立全方位、符合智库特点的年轻人才培养体系，帮助青年人才明方向、担重任。

（陈丹妮）

表 1　经济技术研究院（咨询公司）2020 年主要研究成果获奖情况

序号	课题名称	奖项名称	获奖等级
1	功能性高分子膜材料关键技术攻关	集团公司科技进步奖	特等奖（第九完成单位）
2	中央企业培育具有全球竞争力的世界一流企业路径研究	中央企业智库联盟 2019 年度重点课题（联合调查研究类）优秀研究成果奖	特等奖
3	我国自贸试验区政策在中国石化的建设实践	中国石化第 29 届管理现代化创新成果	二等奖
4	从严管理、精细管理、精益管理在提升企业核心竞争力方面的研究与实践	中国石化第 29 届管理现代化创新成果	二等奖
5	世界领先能源化工公司评价标准研究	中国石化第 29 届管理现代化创新成果	三等奖

石化报社

【概况】 中国石化报社（简称石化报社）成立于 1988 年 7 月，是集团公司直属事业单位，主营业务是新闻报刊的出版与发行，注册资本 1 000 万元，社址位于北京市朝阳区吉市口路 9 号。

石化报社1988年成立时仅出版《中国石化报》，定位是集团公司党组机关报，也是石油石化行业经济报。1992年，由原中国石油化工总公司企业管理部主办的《中国石化企业管理》杂志（1994年更名为《中国石化》杂志）划入石化报社。2000年，原中国石化信息中心声像业务整体划入石化报社。2016年，集团公司官网、股份公司官网的管理和维护职能及总部办公门户要闻栏目更新维护工作移交石化报社。

截至2020年底，石化报社所属媒体有《中国石化报》《中国石化手机报》《中国石化》杂志、石化V视、中国石化新闻联播（电视，含网络视频）、中国石化新闻网、《车友报》、中国石化报微信公众号、中国石化新闻图片网、石化新闻客户端、中国石化新闻网微博（中国石化报社官方微博）等。同时石化报社还负责管理维护中国石化2个官网。石化报社有员工150人，其中具有硕士研究生以上学历49人、本科学历95人，具有副高级和高级技术职称的63人、中级技术职称的61人。内设14个机构，其中机关职能部门4个、直属机构10个。石化报社有驻省记者站26家。

石化报社主要媒体运营数据见表1。

（庞　炜）

【深入一线报道基层亮点】 2020年初，石化报社与西北油田、新疆石油分公司、安徽石油分公司、湖南石油分公司联合开展“新春走基层”采访活动；11月底，与地球物理公司联合开展“地球物理一体化实践一线行”，首次采用2个团队分别前往东（山东、江苏）、西（重庆、陕西、新疆）片区三维地震项目工区现场采访，历时19天，发布短视频、纪录片、创意公众号、记者手记、报纸文章等作品80余篇，全面展示新时代“找油尖兵”的精神风貌。

（庞　炜）

2020年12月17日，“地球物理一体化实践一线行”采访团在新疆古尔班通古特沙漠物探工区采访（程　强　供稿）

【“石化V视”上线】 为顺应媒体融合发展形势，提升媒体矩阵传播效果，7月1日，在中国共产党成立99周年之际，石化报社倾力打造的“石化V视”视频平台正式上线。“石化V视”用视频产品横贯报纸、电视、手机报、微信、网站等平台，利用自身所属媒体和社会新媒体提升传播效力，更好地传递党组声音、讲好石化故事，致力于传播中国石化创造之美、人性之美、生态之美、文化之美，用视频展现中国石化的良好形象，提升中国石化报社媒体的传播力、引导力、影响力、公信力。“石化V视”可供石化系统其他宣传媒介共享使用，对石化系统外以“石化V视”为名称，在抖音、快手、微信视频号及微信、微博等平台注册官方账户并集中统一发布内容。截至年底，“石化V视”日均浏览量约9.7万次。

（庞　炜）

2020年7月1日，石化报社举行“石化V视”上线仪式

（胡庆明　摄）

【推进“党组信赖、央企领先”的融媒体中心建设】 2020年，石化报社以改革创新精神推进“党组信赖、央企领先”的融媒体中心建设，结合制订“十四五”发展规划，注重在理念上创新，明确“纸媒做精、新媒做强、融合有道、传播有效”的建设标准；在内容上创新，主流内容年轻化表达、主题报道视觉化表达；在传播上创新，创办“石化V视”“周油列国”微信公众号，升级完善中国石化报微信公众号、石化新闻客户端等，中

国石化报社微信公众号关注人数达 4.68 万人，平均点击率近 30%，平均阅读量达 5 000—6 000 次，石化新闻客户端累计下载量达 22.69 万次，月活占 13.7%；在机制上创新，每天的编前会成为全媒体“策、采、编、制”创意交流平台，项目化制作成为部门协作打造“视听读”产品的新路子，“报刊台网端微屏”融合传播特征更加明显。

（庞　炜）

【持续推进“业财融合”，利润转正】 2020 年，石化报社精细管理降成本，树立“一切成本皆可控”理念，按照攻坚创效、加快扭亏的要求，把业财融合落实到媒体经营全过程；通过核对每个单位发行点信息，及时做好纸媒增减调整，认真开展纸张采购和印务效能监察，降低采购和印刷成本，全年成本费用比年初预算大幅降低，特别是非生产性费用超额完成压减 23% 的目标；创新经营增效益，发挥全面预算管理价值引领作用，细化增收创效措施，不断拓展服务领域，积极开拓市场，做好企业形象策划宣传，加大与易捷、“易派客”、长城电商的合作力度，广告经营超额完成年度目标。全年实现利润 719 万元，较预算目标增利 1 869 万元，实现党组领导提出的“利润尽快转正”的要求，提前完成亏损子企业治理目标任务。

（庞　炜）

【加大“人才强企”实施力度】 2020 年，石化报社坚持党管干部、党管人才原则，全年通过网上授课、多种形式开展十九届四中、五中全会精神培训，坚持把政治忠诚作为选人用人的首要标准，把敢不敢担当、愿不愿做事、能不能干事、好不好共事作为选拔干部、使用人才的重要标准，全年选聘选任视觉总监、首席专家、中层干部 9 名，9 名员工取得副高级以上技术职称，10 名员工取得中级技术职称。为加快年轻干部骨干的培养、选拔、使用，向集团公司推荐骨干人才 3 名、选派参加“三百三千”计划 4 名、选派参加集团青年干部培训班 1 名；修订员工岗位晋升管理办法并获职代会通过，降低了学历及年限门槛，报社人员职级结构由“金字塔型”逐步转化成“椭圆型”，突出靠能力和业绩晋升岗位。

（庞　炜）

【开展“党建巩固深化年”活动】 2020 年，石化报社党委研究制定落实全面从严治党主体责任细则、党支部组织力提升工程实施方案，调整党建工作领导小组，统筹推进党建工作重点事项，主动对照中央巡视反馈问题，从严从实抓好党建考核反馈问题整改，13 项整改措施全部落实完成。指导 11 个党支部完成换届选举，组织党支部分类定级、支部书记述职和“两优一先”评选等工作，落实“三会一课”、主题党日等组织制度，开展“三亮三承诺”活动，定期专题研究意识形态（员工思想动态）、党风廉政建设、党支部建设、工团工作，引导骨干员工积极向党组织靠拢，党建平台“三个百分之百”要求得到有效落实。

（庞　炜）

表 1　石化报社主要媒体运营数据　万份

媒体名称＼年份	2020	2019	2018	2017	2016	2015
《中国石化报》①	12.60	12.56	12.90	12.60	12.30	12.30
《中国石化》杂志②	2.82	2.81	2.80	2.75	2.73	2.72
《中国石化手机报》③	1.86	1.86	1.83	1.82	1.89	1.87
中国石化新闻网④ / 万次	2.00	2.00	3.00	3.00	5.00	—
中国石化报微信公众号⑤ / 万人	4.68	2.52	2.28	1.99	—	—
中国石化新闻网微博⑥ / 万人	5.87	5.71	5.70	5.00	—	—

续表

年份 媒体名称	2020	2019	2018	2017	2016	2015
石化新闻客户端⑦ / 万次	22.69	22.50	11.00	10.00	5.60	5.00
石化 V 视⑧ / 万次	9.70	—	—	—	—	—

①②③发行量
④日均页面浏览量
⑤关注人数
⑥新浪微博关注人数
⑦累计下载量
⑧日均浏览量

石化出版公司

【概况】 2015 年 9 月，集团公司印发《关于中国石化出版社有限公司中国经济出版社整合的通知》，决定对 2 家出版社进行整合，实行“一套班子、两块牌子”，整合后保留 2 家出版社名称，对内称石化出版公司，对外分别使用中国石化出版社有限公司、中国经济出版社有限公司开展业务。

石化出版公司以建设国内知名文化品牌和国内一流的知识、文化、智库服务提供商为目标，坚持把社会效益放在首位，坚持服务引导、市场方向，以服务集团、服务行业、服务国企、服务社会为己任，紧紧围绕中国石化战略与业务发展、品牌文化建设、队伍建设和党建等各方面工作需要，实施价值创造战略、创新驱动战略、资源开拓战略、差异化运营战略、平台化战略、人才强企战略，立足全面提升传统出版，积极拓展数字与融合出版和知识服务等新业务，大力提升品牌影响力和市场竞争力，努力实现更高质量、更高水平的快速发展，加快把 2 家出版社打造成为集团公司建设世界领先企业的“文化名片”。

截至 2020 年底，石化出版公司有在岗员工 193 人；设置中层机构 18 个，其中业务部门 13 个、职能部门 5 个；有党支部 16 个，党员 127 人。

（综合管理部）

【生产经营】 2020 年，石化出版公司通过“百日攻坚创效”和“持续攻坚创效”行动，在全体干部员工奋力拼搏下，努力克服新冠肺炎疫情造成的严重不利影响，逆势而上，主要生产经营指标完成良好，超额完成集团公司下达的各项目标任务，为“十三五”收官划上圆满句号。全年共出版图书 1 536 种；出版码洋 4.58 亿元，增加 1.44 亿元，增长 45.9%；营业收入 1.93 亿元，增加 1 714 万元，增长 9.7%；实现利润 549 万元，增加 269 万元，增长 96%。其中，石化出版社全年出版图书 852 种，其中新书 642 种、重印书 210 种；出版码洋 2.29 亿元，发货码洋 8 851 万元；营业收入 10 195 万元；实现利润 485 万元；圆满完成 10 项上报集团公司重点出版项目。经济出版社全年出版图书 684 种，其中新书 548 种、重印书 136 种；出版码洋 2.29 亿元，发货码洋 1.1 亿元；营业收入 9 107 万元；实现利润 64 万元；圆满完成 8 项上报集团公司重点项目。

（综合管理部）

【实现图书出版高质量高效益发展】 聚焦习近平新时代中国特色社会主义思想的研究阐释、全面建设小康社会、打赢脱贫攻坚战、全力做好新冠肺炎防控，以及石油石化行业、中国石化取得的辉煌成就，积极组织一批高质量的主题出版项目。出版《大国顶梁柱》《中国石化助力脱贫攻坚图（文）志》《中央企业战疫图鉴》等 10 余种主题出版重点图书。全年共有 61 种图书获奖（经济出版社 22 种、石化出版社 39 种）。其中，石化出版社获2020年中国石油和化学工业优秀出版物奖31项,《安全可靠、清洁环保型炼油与化工企业构建》《中国石化上游“十二五”科技进展》分获集团公司2019年科技进步二等奖、三等奖;经济出版社《新基建》获评2020年最具影响力图书,《新基建》《手机简史》荣登“百道原创好书”年度榜中榜。

全年,“百种万册”竞赛上榜图书31种,其中《中国石化销售企业保护生命基本法则》发行量超过25万册、《手把手教你读财报》超过10万册、《领导胜任力与行政管理能力提升学习宝典》超过8万册、《两次全球大危机的比较研究》《大学英语四级真题绿皮书》和《员工日常办公保密安全防护知识》超过6万册,《巴芒演义》超过5万册,提升了市场书、畅销书的比例。

(综合管理部)

【“四个服务”取得显著成效】 服务国务院国资委、央企方面。创新服务国务院国资委工作模式,成效显著。持续打造“国资专家智库”,举办“推进国资国企治理能力现代化研讨会”暨《国资报告》创刊5周年座谈会等国有企业高端论坛,配合国务院国资委宣传局、新闻中心做好两会、扶贫论坛、抗疫表彰等相关宣传报道;完成《国资年鉴》和《国资委公告》数字化项目,“国资委公告”栏目在国务院国资委网站提前上线;全力服务好国务院国资委改革办和宣传局、党建局研究成果的编撰和出版工作,出版《国企改革三年行动百问》《中央企业党建思想政治工作研究文集》等重点图书;全年为国务院国资委机关提供40余次重点摄制任务,包括“中央企业负责人会议”“国资委机关宪法宣誓活动”等。

服务集团方面。为集团公司和事业部及时提供图书出版、视频宣传、举办高端论坛等高质量高效服务共计61项。配合开展集团公司疫情防控与复工复产、“百日攻坚创效”“深化改革三年行动”部署、“传承石油精神、弘扬石化传统”学习教育等宣传工作,高效策划制作电子书、动漫、短视频及明白纸等19个作品,线上累计点击量超过80万次;结合精准扶贫工作,策划主题出版《中国石化扶贫图(文)志》等一批重点图书;高质量完成《集团公司年报(2019)》和《国企基层党建读本》出版发行工作;配合科技部、工程部,做好行业标准和企业标准的审查、出版、配发工作;配合集团公司党组宣传部拍摄制作《他们正在改变中国Ⅲ——为了总书记的嘱托》系列专题片,承办资本和金融事业部年金十周年主题论坛;完成第三届中国国际进口博览会中国石化采购签约活动及7个展览项目;为总部部门提供了48个读书角,有针对性上架所需图书。

服务行业方面。准确把握行业热点和需求,策划出版一批具有行业特色的精品图书和年鉴。策划出版《轻烃加工工艺与工程》《炼化装置腐蚀检查方法与防护》《涪陵大型海相页岩气田高效勘探开发实践系列丛书》等系列石油石化特色精品图书,高效完成《铁建年鉴》《证券投资年鉴》和一批行业发展报告的出版。

服务社会方面。履行社会责任,彰显企业担当。承担由中央宣传部和国务院国资委联合在中央企业海外分支机构试点建设的“中国书架”项目;在疫情防控防治期间,出版《中国经济安全展望报告2020》《探讨中国发展之路》等正能量图书。

(综合管理部)

【创新融合发展取得新进展】 2020年,积极开展“图书+论坛”,承办10场大型论坛,包括“首届油气行业数字化建设新技术”云论坛、中国智慧石油和化工论坛、百年未有之大变局高端论坛暨《变局:中国智库专家视角》新书发布会、“改变·展望:中国乡村下一站”论坛等,论坛主题紧扣时代命题,嘉宾层次高,传播效果好,是融合发展的重要平台。大力推进“图书+影视”和“图书+音视频”,发布《为了总书记的嘱托》东乡扶贫纪录片;第1个音视频付费产品——《巴芒演义:可复制的价值投资》在喜马拉雅等平台投放;主题IP“他们正在改变中国”品牌化运营项目,入围集团公司“2020品牌营销优秀案例”30强。加快推进电子书转化,推进有声书、现代纸书和其他数字资源上线,图书电子化转化存储586种,上线现代纸书168种、增长64%,75种现代纸书实现价值转化,成功申获武汉理工数传集团出版融合基金2.38万元,全年共有6类53种数字资源上线,有36种图书、263个节目在喜马拉雅、阿基米德等平台上线,收听量达402万次。完成集团公司科研课题《集团公司基于大数据驱动的石油石化产业知识图谱构建》的研究和验收工作，启动基于出版资源的知识服务平台建设研究立项，为出版公司电子化转型奠定基础。

（综合管理部）

【子公司巩固扭亏增盈成效突出】《国资报告》杂志社在配合国务院国资委进行新闻策划宣传报道的同时，持续打造“国资专家智库”，专注传播报道国资央企大国顶梁柱的独特作用，服务国企国资改革发展的能力不断提升，行业影响力持续增强，市场订阅量站稳万册大关，盈利能力稳步提升。进出口公司加快落实“三年发展规划”，推进图书资源交易平台“易知网”上线；积极拓展网销渠道，开通京东、天猫专营店；深入推进大客户业务；重建并推进与教材培训机构及科研院校的合作渠道；各项收入大幅增长。经济书店围绕“四个服务”，完成国务院国资委、集团公司党组和党群工作部、党组宣传部等单位的学习、培训等相关工作的图书推荐、征订和配送；在为中央企业做好服务的同时主动策划及出版图书，围绕税务行业策划的《领导胜任力与行政管理能力提升学习宝典》，销售量取得突破，巩固了扭亏为盈的成效。中经录音录像中心依托财经大众分社，队伍得到更好的锻炼，服务能力进一步增强，完成“企业年金十周年”“全球投资人大会”“改变·展望 中国乡村下一站”“2020 中国石化资本年度讲坛”4 个大型论坛的策划和承办，为集团进博会制作高水平的宣传片，取得良好的经济效益。

（综合管理部）

【党建工作持续提升】 2020 年，石化出版公司党委认真落实集团公司党组对党建工作提出的各项要求，进一步提高政治站位，树立更高目标要求，压实全面从严治党责任，夯实基础、创新方式、提升实效，从体制、机制、制度、工作上全方位加强党的领导和党的建设，不断强化党建政治优势，更好地融入和服务中心工作，以高质量党建引领公司高质量发展。①持续强化理论武装。认真落实“第一议题”制度，深入学习领会习近平新时代中国特色社会主义思想，以及关于党的宣传思想工作、文化建设与文化自信的最新论述。跟进学习习近平总书记全国国有企业党的建设工作会议重要讲话发表四周年学习研讨会精神，中央关于进一步推动传统出版和新兴出版融合发展、国企改革三年行动等重要部署，以及集团公司党组重要会议精神。全年党委中心组集体学习研讨 22 次。坚持学习与解决问题相结合，两级干部确定调研专题 24 个。通过强化理论武装、夯实理论基础，不断增强“四个意识”、坚定“四个自信”、做到“两个维护”，始终把好正确出版方向，守好意识形态重要阵地，为谋划和推进公司“十四五”发展、深化改革等重要工作奠定坚实的思想和理论基础。②扎实推进党建责任落实落地。完善体制机制，健全党建责任体系，细化全面从严治党主体责任清单，明确党委抓党建工作的 9 项职责和党委班子成员、部门干部的职责。党委定期听取领导班子成员履行党建责任情况和纪委、群团、统战工作汇报，研究意识形态相关工作，及时研究解决党建工作存在的突出问题。修订党委意识形态工作责任制实施细则，明确重大选题、论坛等报备程序，确保意识形态工作全覆盖。加强支部班子建设，细化支部工作责任，加强考核监督。③深入开展基层党组织标准化、规范化建设。完善党支部设置，以行政机构为单位设置 16 个党支部。建立融入中心抓党建的考核机制，持续深化“三评比、三创建”活动。加强党建工作内外部交流，党支部与中国财政出版社、中华工商联出版社、胜利油田、燕山石化等 25 个系统内和外部单位开展党建共建，实现业务和党建双提升。完善《党支部考核定级办法》《党支部月度工作考核办法》，对支部工作做到月月有计划、有监督、有考核，有效推动党建责任落实落地。强化党员教育，全年开展专题性学习教育 43 次。在疫情防控和复工复产、推进改革等关键时期设立 16 个“共产党员示范岗”，“七一”期间选树表彰“两优一先”典型，表彰抗疫与复工复产先进典型，党支部的战斗堡垒作用和党员的先锋模范作用得到较好发挥。④不断加强党风廉政建设和反腐败工作。完善党风廉政建设责任制实施办法和廉洁风险防控体系建设，开展常态化廉洁风险排查，持续开展党风廉政教育，完善一体推进“三不”机制和“大监督”格局。提升运用监督执纪“四种形态”的能力，规范处置问题线索。强化日常监督，整合监督资源，对学习贯彻落实党的十九届四中、五中全会精神、制订深化改革三年行动实施方案、抓好疫情防控等工作开展常态化监督。组建风险防控监督巡查小组，通过 ERP、合同、业务往来等及时发现问题。抓实事前预防，从业务全流程入手，突出对“关键少数”和关键岗位重点人员的监督。

（党群工作部）

【干部人才队伍建设加快推进】 坚持新时代党的组织路线，坚持正确的选人用人导向，选人用人制度更加完善，选人用人程序严谨规范。系统谋划、推进干部人才队伍建设工作。注重年轻干部队伍建设，年轻干部培养选拔工作纳入领导班子和干部队伍建设总体布局，建立优秀年轻干部动态发现储备机制，以 30 岁左右年轻员工为主体建立优秀年轻干部储备库。建设中层干部后备人才库，进一步规范中层后备干部选拔使用程序。系统谋划“三项制度”改革工作，积极推进市场化机制建设。公司干部队伍年龄结构比较合理，能力素质进一步优化提升。

（人力资源部）

石化出版社（展览办公室）

【概况】 中国石化出版社有限公司（简称石化出版社）是集团公司主管和主办的中央级科技出版社。其前身为经文化部批准于 1984 年 12 月成立的烃加工出版社，先后与原中国石化情报所、中国石化信息所、中国石化信息中心合署办公，1992 年更名为中国石化出版社，1999 年 3 月与原中国石化信息中心分离单列，成为中国石化直属独立的事业法人。2010 年 12 月根据中央文化体制改革有关要求转制为企业，设立中国石化出版社有限公司。中国石化集团公司展览办公室（简称展览办公室）经集团公司批准成立，负责中国石化境内外展览业务，与石化出版社合署办公。

截至 2020 年末，石化出版社有在岗员工 85 人，其中硕士研究生以上学历 27 人、本科学历 48 人；取得高级专业技术职称的 33 人、中级专业技术职称的 22 人。

石化出版社主要出版石油勘探开发、石油炼制、石油化工、安全环保、企业文化与管理等方面的图书，以及相关的行业标准、辞典、手册工具书、石油及石化专业系统教材和职工培训教材的出版及电子、音像制品的出版；同出版范围相一致的互联网图书出版，设计、制作图书广告，利用出版的图书发布广告；图书、期刊、电子出版物、音像制品批发、零售、网上销售；负责集团公司年鉴、年报的编辑出版工作；负责承办集团公司暨股份公司在国内外举办的各种展览业务、会议服务，承办展览展示。石化出版社与多家国际知名的出版机构开展版权贸易和业务合作活动，引进国际石油化工、勘探开发等专业科技书籍版权并组织翻译出版；坚持以为石油石化工业科技进步服务为宗旨，逐步摸索出一套具有新闻出版行业特色、适合自身发展、规范稳健的管理模式。

石化出版社 2020 年重点图书目录见表 1。

（综合管理部）

【1 个项目被确定为 2020 年度国家出版基金资助项目】 3 月 9 日，国家出版基金规划管理办公室发布《关于 2020 年度国家出版基金资助项目立项的通知》，石化出版社《鄂尔多斯盆地矿产资源共生现状及开发战略》被确定为 2020 年度国家出版基金资助项目。该书针对鄂尔多斯盆地多种能源矿产资源叠置现状和赋存特点，划分了矿产资源叠置组合类型和 6 个协调勘查区域，分析了石油—煤炭、天然气—煤炭、煤—煤层气之间开采的相互影响因素，阐述了“油气与煤同采”关键技术方案。

（宋开利）

【3 部科技著作顺利通过集团公司科技成果鉴定】 6 月 3 日，由石化出版社出版发行的科技著作《安全可靠、清洁环保型炼油与化工企业构建》《中国石化上游“十二五”科技进展》和《元坝超

深高含硫生物礁气田高效开发技术与实践》通过集团公司科技成果鉴定。专家评价3部著作编辑出版质量优秀，具有很高的专业性、权威性、先进性与实用性，是具有国际水准的优秀专著，对于相应领域的研究发展具有重要的指导和借鉴意义。

（宋开利）

【石化出版公司5部图书获2020年度全国石油石化企业管理现代化创新优秀著作奖】 11月，中国石油企业协会《关于发布和推广2020年度石油石化企业管理现代化创新优秀成果、优秀论文、优秀著作的通知》，由石化出版公司组织申报的5部图书获优秀著作奖，其中一等奖1项、二等奖3项、三等奖1项，1部图书获优秀编辑奖。

（宋开利）

【第十一届（2020）石油化工设备维护检修技术交流会召开】 2020年9月17—18日，石化出版社举办的第十一届（2020）石油化工设备维护检修技术交流会在青岛召开。来自中国石化、中国石油、中国海油、中国中化和国家能源集团的总部领导、生产企业，以及地方炼化企业、检维修企业、研究机构、高等院校、制造企业的260多名代表参加会议，22位专家在会上做精彩的技术报告。会议交流的领域涵盖石化设备领域的多个方面，如设备管理、完整性体系、检修模式创新、机组润滑监测、机封关键技术、设备智能化发展、涂料与防腐、绿色检修、VOC减排等行业热点、难点问题。

（白　桦）

【全国石化行业设备管理研讨会暨中国石化海南炼化设备管理观摩活动举行】 为提升石化企业、煤化工企业生产设备运维水平，减少非计划停工，提高设备使用寿命，全面提升设备管理水平，2020年12月2—5日，石化出版社在海口成功举办全国石化行业设备管理研讨会。来自中国石化、中国石油、国家能源集团公司总部及下属石化企业、煤化工企业、科研单位、专业检维修公司，以及设备制造、服务企业的50余名技术人员参加研讨会。研讨会后，代表们赴中国石化海南炼化进行现场观摩学习。

（白　桦）

【第十一届（2020）炼油与石化工业技术进展交流会暨石油石化好技术发布会召开】 2020年12月3—4日，第十一届（2020）炼油与石化工业技术进展交流会暨石油石化好技术发布会在海口召开。来自三大石油公司总部及其所属单位、高等院校和国外石油公司、专利技术公司的专家和员工参加会议。会议期间，代表们就国内外炼油化工企业如何应对当前形势，及时掌握石油化工工业生产、经营及相关先进技术应用和发展趋势进行了深入的探讨和技术交流。

（田　曦）

【第18届高等院校专业教材协作组会议召开暨第四届“石油和石化工程教材出版基金”评选结果公布】 2020年12月6—7日，由石化出版社主办的高等院校专业教材协作组第18届年会在海口召开。来自中国石油大学、沈阳化工大学、广东石油化工学院、西安石油大学、海南师范大学、中国民航飞行学院、军勤务学院等近20所具有石油化工专业特色的高校30余名代表，以及石化出版社相关出版分社人员参会。会议总结了协作组一年来的工作成果，督促检查了“十三五”规划教材的编写工作。会上，代表们讨论交流了教材建设、教学管理等方面的经验，制订了协作组下一步专业教材编写、出版计划，编制“十四五”教材规划的建议，评审了2020年中国石油和石化工程教材出版基金资助项目，确定了20个资助项目。

（张正威）

表1　石化出版社2020年重点图书书目

序号	书名	著译者
1	润滑脂及相关产品采购指南	郭小川
2	中国石化压力容器发展史	徐　钢

续表

序号	书名	著译者
3	微生物提高原油采收率现场应用技术	柯从玉　孙妩娟
4	全国压力管道设计和审批人员培训教材（第四版）	国家市场监督管理总局
5	天然气水合物开发理论与技术	李占东　张海翔　李　吉　刘淑芬　李　阳
6	海上固定平台模块钻机加工设计指南	中海油能源发展装备技术有限公司
7	换热器工艺设计（第二版）	孙兰义　刘立新　马占华　邱若磐
8	延迟焦化技术进展与应用	赵日峰
9	常减压蒸馏技术进展与应用	赵日峰
10	激光在非线性介质中的光学特性	张　艳
11	应用燃烧学	李爱琴
12	石油石化污水处理减排技术	王哲明
13	石油炼制辞典（第二版）	王基铭
14	储运机泵及阀门技术	中国石化管道储运有限公司
15	机电系统设计基础	冯华山
16	信息资源检索与利用	刘　波
17	化工工程设计概论（第三版）	杨基和　刘英杰　黎　珊
18	公路隧道工程施工工艺	本书编委会
19	金属塑性变形理论基础	魏坤霞
20	储运 HSE 技术	中国石化管道储运有限公司
21	储运加热炉及油罐技术	中国石化管道储运有限公司
22	石油化工设备维护检修规程 第四册 化纤设备（2019 版）	中国石油化工集团有限公司 中国石油化工股份有限公司
23	反钙钛矿结构 Mn3XN（X=Zn，Co，Ag 等）化合物磁及电输运性质的研究	褚立华
24	烘焙玉米秸秆燃烧过程中含氧官能团演化特性研究	赵丽霞
25	采油工（信息化）培训教材	胜利石油管理局有限公司培训中心（党校）
26	加氢裂化专家培训班大作业选集（第二期）	赵日峰
27	连续重整专家培训班大作业选集（第二期）	赵日峰
28	采气二厂图志·1979—2019	《采气二厂图志》编纂委员会
29	采气二厂志·1979—2019	《采气二厂志》编纂委员会
30	浙江自贸区石油交易中心构建研究	夏良康　杨　茜
31	“讴歌新时代·共筑石化梦”报告文学作品集	中国石化作家协会
32	风险工程学	陈国华
33	上海石化年鉴·2019	《上海石化年鉴》编纂委员会
34	油田设备管理（第二版）	李宁会
35	火灾现场消防员定位技术研究	李智慧

续表

序号	书名	著译者
36	石油物探技术研究院年鉴·2019	《石油物探技术研究院年鉴》编纂委员会
37	石油炼制过程模拟	刘裔安
38	铁军风采（2016—2017）	中石化石油工程技术服务股份有限公司
39	高分子化学（第三版）	徐　玲
40	中原油田年鉴·2019	中原油田史志编纂委员会
41	典型化工设备识图与零件测绘实训教程	张瑞琳
42	石油工程现场作业岗位标准化建设：射孔、修井分册	甘振维　何　龙　范希连
43	石油工程现场作业岗位标准化建设：录井、测井分册	甘振维　何　龙　范希连
44	石油工程现场作业岗位标准化建设——钻井液、定向、固井分册	甘振维　何　龙　范希连
45	石油工程现场作业岗位标准化建设丛书——钻井分册	甘振维　何　龙　范希连
46	石油工程现场作业岗位标准化建设：试油（气）、酸化压裂分册	甘振维　何　龙　范希连
47	光学无创测量血糖新技术	李东明
48	石油化工设备维护检修规程 第八册　热电联产设备（2019 版）	中国石油化工集团有限公司 中国石油化工股份有限公司
49	石油化工设备维护检修规程　空分设备（2019 版）	中国石油化工集团有限公司 中国石油化工股份有限公司
50	深水钻井隔水管系统力学分析与工程设计	陈国明
51	海洋酶工程	朱本伟
52	西南石油年鉴·2019	《西南石油年鉴》编纂委员会
53	重油碱性催化剂	唐瑞源
54	江苏油田年鉴·2019	《江苏油田年鉴》编辑委员会
55	新能源技术（第二版）	周　锦　席　静
56	沥青、重油及其组分表征	Oliver C. Mullins，Eric Y. Sheu
57	如何快速拿本科	尚德机构学术中心
58	致密油储层压裂液返排及渗吸机理	杨　柳　孟思炜　江　昀　段永伟
59	液化天然气接收站维修技术手册	中石油江苏液化天然气有限公司
60	南倚昆仑	秦　汉
61	液化天然气接收站运行技术手册	中石油江苏液化天然气有限公司
62	面波成像技术	李欣欣
63	易捷营销实战指南	中石化易捷销售有限公司
64	幼儿园教师专业化发展导论	赵　怡
65	西北石油年鉴·2019	西北石油局 西北油田分公司
66	炼化企业硫化氢防护口袋书	中国石油化工集团有限公司安全监管部 中国石化集团公司职业病防治中心

续表

序号	书名	著译者
67	氨防护口袋书	中国石油化工集团有限公司安全监管部 中国石化集团公司职业病防治中心
68	粉尘防护口袋书	中国石油化工集团有限公司安全监管部 中国石化集团公司职业病防治中心
69	气井气体携液及井下涡流排水理论研究	潘　杰
70	会计基础与技能实训	刘长林　苏慧萍　彭小琳
71	Android 应用开发	黄　程　许姗姗
72	会计基础习题集	卓茂荣　张惠琴
73	会计基础	卓茂荣　张惠琴
74	茂名石化年鉴·2019	《茂名石化年鉴》编纂委员会
75	一级注册消防工程师考前冲刺密卷	尚德机构学术中心
76	一级注册消防工程师核心考点	尚德机构学术中心
77	第二届国际稠（重）油勘探开发技术论坛论文集	辽宁省石油石化学会
78	过程装备制造工艺与检测技术	胡效东　罗　云
79	化学反应工程（第三版）	张卫红
80	集输工（信息化）培训教材	胜利石油管理局培训中心（党校）
81	酒中的化学	陈智栋　北條正司
82	加氢裂化装置工艺计算与技术分析	李立权
83	新型低维材料异质结的能谷电子性质及调控	屈进峰
84	SIL 定级与验证	朱东利
85	齿轮传动系统典型故障振动响应机理	万志国　訾艳阳　窦益华
86	镍基高温合金的热腐蚀：钽和铼的作用研究	常剑秀
87	页岩气地质评价技术与实践	郭洪金
88	济阳坳陷复杂潜山及内幕地震描述技术研究	曲志鹏
89	经济政治与社会学习指导	刘万军
90	中国油气产业发展分析与展望报告蓝皮书（2019—2020）	王志刚　蒋庆哲　董秀成　高潮洪
91	SiC 材料表面处理	和万霖
92	CALM 单点系泊系统应用技术	蔡世亮
93	冻土区天然气水合物储层岩石地球物理特征	肖　昆　邹长春
94	井中地震复杂介质高斯束正演数值模拟及成像	杨飞龙
95	心理健康	刘万军
96	石油石化企业硫化氢防护培训教材	中国石化集团胜利石油管理局有限公司 培训中心（党校）
97	你好！机器人	绘知堂科普馆
98	建设工程招标投标政策和收费标准汇编（上、下册）	周同伟
99	非常规致密气储层裂缝表征及“甜点”预测	尹　帅　张凤奇

续表

序号	书名	著译者
100	工业汽轮机技术（第二版）	中石化第五建设有限公司 王学义
101	石油化工设备基础操作与维护手册	梁利君
102	常减压及焦化专家培训班大作业选集（第一期）	赵日峰
103	鄂尔多斯盆地致密砂岩气藏储层精细表征	唐 颖
104	油气田企业直接作业环节安全管理	中国石油化工股份有限公司胜利油田分公司
105	深度域地震层析反演速度建模方法与技术	蔡杰雄
106	油藏地球化学基础与应用——以新疆油田玛湖区块为例	靳 军 李二庭 杨 禄
107	鄂尔多斯盆地北部天然气耗散与成岩成矿效应	张 龙 刘池洋 雷开宇
108	化学教育研究方法与案例	李 勋 张世勇
109	环境微生物学	李大鹏
110	金融学综合真题汇编及详解（第 8 版）	科兴教育
111	土木工程材料实验（第二版）	李美娟
112	乙烯设备	宋天民
113	汽车润滑解码（第三版）	石俊峰
114	常减压蒸馏装置操作指南（第二版）	李 鹏 王 宾
115	油气井完井工作液	王中华
116	现代钻井液概论	王中华
117	高含硫气田采气工边学边练	王红宾
118	石油化工设备维护检修技术（2020 版）	《石油化工设备维护检修技术》编委会
119	A 类石油石化设备材料监造大纲	中国石油化工集团有限公司物资装备部
120	荆门石化志・2009—2018	《荆门石化志》编纂委员会
121	费托合成装置技术问答	郭中山 李 虎 杨占奇
122	金融学综合复习指南（第 10 版）	科兴教育
123	金融学综合习题精编（第 10 版）	科兴教育
124	油田企业经济产量效益评价决策体系	鞠 伟
125	局域表面等离子体基光伏器件	白利华
126	危险化学品从业人员安全培训教材	方文林
127	辉绿岩侵入作用对碎屑岩围岩储层性质的影响机理	刘 超 谢庆宾
128	汽车充电站建设与管理	马秀让
129	环境保护与治理基础知识	王 靓
130	环境保护案例	牛思雅
131	环境风险与应急	王 靓 牛思雅
132	广州石化年鉴・2019	《广州石化年鉴》编纂委员会
133	山西省非物质文化遗产旅游研究	刘 敏

续表

序号	书名	著译者
134	风险管理领结图——CCPS 过程安全概念书	Center for Chemical Process Safety（CCPS），Energy Institute（EI）
135	过程安全管理实施指南（第二版）	Center for Chemical Process Safety（CCPS）
136	政府购买社会组织服务的管理实践	景永平，陈彦玲
137	手部、足部防护	中国石油化工集团有限公司安全监管部 中国石油化工集团有限公司劳动防护用品检测中心
138	躯干部、坠落类防护	中国石油化工集团有限公司安全监管部 中国石油化工集团有限公司劳动防护用品检测中心
139	油田企业标准成本管理体系研究与应用	贺小滔
140	电学法多相流测量技术	王小鑫　胡红利　唐凯豪
141	诱发地震监测数值模拟与反演方法	李　萌
142	钻井废弃物处理技术	王中华　单海霞
143	钻井液监督与工程师读本	王中华
144	扬子石化年鉴 · 2019	扬子石化志鉴编纂委员会
145	应变硅纳米 MOS 器件辐照效应及加固技术	郝敏如
146	东营凹陷新生代扭张构造特征及控藏作用	张云银　张伟忠　曲志鹏　于景强 刘海宁　石晓光
147	环境污染控制原理	张　婷
148	压力容器目视检测缺陷分析	王纪兵
149	钻井液安全使用必读	杨小华
150	特种加工	夏法锋
151	碲化铋基纳米材料的制备、组分调控及热电性能	刘　帅
152	全球地壳隆坳演化与海陆变迁论	康玉柱
153	标杆工程铸成记	中国石化九江石化公司
154	石油化工装备制造与安装	王文友
155	道路桥梁和工程建设	本书编委会
156	断陷盆地陡坡带砂砾岩体沉积模式与圈闭样式	韩宏伟　于景强
157	智能油田	李剑峰　肖　波　肖　莉　景　帅
158	油田生产服务保障系统岗位安全应知应会知识读本（8 册）	郑文军
159	工程建设安全管理	王建章
160	钢箱梁横隔板疲劳开裂机理与损伤修复研究	陈卓异
161	从百万到千万——21 座标杆油站非油飙升之道	初福君
162	基于提高过程安全绩效的整合管理体系和指标指南	Center for Chemical Process Safety（CCPS）

续表

序号	书名	著译者
163	直接作业环节安全风险管控	中国石油化工股份有限公司胜利油田分公司
164	生产保障作业安全风险管控	中国石油化工股份有限公司胜利油田分公司
165	后勤服务环节安全风险管控	中国石油化工股份有限公司胜利油田分公司
166	汽车加油站建设与管理	马秀让
167	2017—2018 年度石油工程建设工法汇编	李广远
168	环境学基础	张　园
169	高分子材料加工工程实验指导	蒲　侠　陈金伟　张桂云　葛建芳
170	石油天然气及化工设施防火防爆工程手册（第三版）	Dennis P. Nolan
171	三元 MAX 相 / 类 MAX 相层状金属陶瓷	孙　良
172	高含硫气田净化系统典型故障案例及应急处置	崔吉宏　管红滨　吴基荣
173	河南油田年鉴・2019	河南石油勘探局年鉴编纂委员会
174	压力容器与压力管道技术基础	李志安
175	班组安全管理流程与技巧	沈　健　贺向东
176	声波测井仪器智能调试诊断技术	郝小龙　鞠晓东
177	生物质气化反应特性研究	丁　亮
178	硫黄装置隐蔽项目检查方法	中国石油化工股份有限公司炼油事业部
179	延迟焦化装置隐蔽项目检查方法	中国石油化工股份有限公司炼油事业部
180	过程容器设计	张　丽　姜文全
181	沥青混凝土桥面铺装层层间接触响应分析	王勋涛
182	中国生活用纸年鉴・2020—2021	中国造纸协会生活用纸专业委员会
183	油气集输管道 CO_2 腐蚀	路永新
184	华东石油工程公司年鉴・2019	《华东石油工程公司年鉴》编纂委员会
185	化学储氢材料——硼氢化锂—氢化镁体系及水合肼制氢体系	钟玉洁
186	中国油气计量论坛论文集・2020	中国计量协会石油计量分会
187	优质页岩测井识别与评价	赵俊峰
188	皮肤、应急救援类防护	中国石油化工集团有限公司安全监管部 中国石油化工集团有限公司劳动防护用品检测中心
189	你好！小“食”光	绘知堂科普馆
190	基层党支部书记基本功训练应知应会 500 问	中国石化党建工作领导小组办公室
191	过程设备设计课程设计指南	陆　怡
192	TiO_2 基材料及光催化还原 CO_2 制备碳氢燃料	王其召　佘厚德　王　磊
193	中国碳酸盐岩缝洞型油藏认识不准确性及生产优化理论	康志江　尚根华　李红凯　崔书岳

续表

序号	书名	著译者
194	煤焦油加氢处理工艺与转化机理	牛梦龙
195	生物质能工程	黄冠华 任庆功 何 环 万民熙
196	天然气长输管道员工 HSSE 培训系列教材——安全管理	康永华 孔令启 孟凡忠
197	天然气长输管道员工 HSSE 培训系列教材——安全操作	孔令启 孟凡忠 杨文强 赵玉红
198	高含硫化氢天然气采输技术问答	杨作海 孔令启
199	高含硫化氢天然气井控案例选编	康永华 孔令启
200	管道完整性管理技术与实践（第二版）	董绍华
201	油田企业职业技能等级认定工作实务	王建健
202	高含硫气田安全生产技术	张庆生
203	炼化企业非常规水资源利用技术与实例	李本高 纪 轩 王辉
204	特大型集群化空分设备运行与维护 200 问	郭中山 孟卫宁 李登桐
205	氢能与燃料电池	黄国勇
206	中国石油石化工程建设年鉴（2011~2015）	中国石油和石化工程研究会
207	汽车加气站建设与管理	马秀让
208	石油化工流程模拟技术应用及案例	顾松园 周 昌
209	建设工程审计管理理论与实践	王昭罡
210	人工智能火电厂和智慧企业	赵俊杰
211	加气站现场安全标准化手册	朱宏武
212	工程建设项目过程安全实施指南	张晓华 王昭华 刘亭
213	致密砂岩气藏水相圈闭损害及其防治	刘雪芬
214	金属矿床地下开采	何晓光
215	大数据驱动下高速公路交通运行状态评价与分析	陈娇娜
216	你好！小医生	绘知堂科普馆
217	国际商务专业基础真题汇编及详解（第 5 版）	科兴教育
218	基于润湿性的管道流动减阻技术	齐红媛
219	铝合金半固态成形技术	高 倩
220	碳捕集、利用与封存技术	陆诗建
221	炼化企业设备完整性管理体系基本知识问答	徐 钢 刘小辉 许述剑
222	海洋石油一体化数据中心建设技术与应用	夏如君
223	煤直接液化过程中溶剂的作用及氢传递机理	牛 犇 毛学锋
224	致密砂岩油藏 CO_2 驱储层伤害机理	王 琛
225	第五届中国石油石化腐蚀与防护技术交流大会论文集	本书编委会
226	碳酸盐岩缝洞型油藏提高采收率基础理论	康志江 鲁新便 张 允
227	不对称 Salen 型 Ni（Ⅱ）/Cu（Ⅱ）系催化剂及催化烯烃 / 丙烯酸酯类聚合	丁丽芹

续表

序号	书名	著译者
228	碳四烷基化技术	曹东学
229	现代油气藏经营管理	郭小哲　刘月田
230	第二届中国石油石化工程建设创新发展大会论文集	中国石油学会石油工程专业委员会
231	中油国际管道公司 2017—2019 年科技论文集	孟繁春
232	新型生物医用镁合金的制备与性能	贾红敏
233	你好！航空器	绘知堂科普馆
234	中国石化 HSSE 管理体系运行指南	中国石油化工集团有限公司安全监管部 中国石化青岛安全工程研究院
235	管道应力分析与工程应用	宋岢岢
236	管道检测技术探索与实践	石仁委
237	西南石油年鉴・2020	《西南石油年鉴》编纂委员会
238	生产井多相流测量技术	李利品
239	控制阀结构与检维修技术	崔学智　崔家铭
240	X100 管线钢组织强韧化机制与腐蚀行为	胥聪敏　罗金恒　朱丽霞　李丽锋
241	齐鲁石化年鉴・2020	齐鲁石化史志编纂委员会
242	石油产品行业标准汇编・2020	付　伟
243	石油化工产品及试验方法行业标准汇编・2020（上册　有机原料类）	付　伟
244	石油化工产品及试验方法行业标准汇编・2020（下册　塑料树脂和合成橡胶类）	付　伟
245	石油和石油产品试验方法行业标准汇编・2020（第一分册）	付　伟
246	石油和石油产品试验方法行业标准汇编・2020（第二分册）	付　伟
247	石油和石油产品试验方法行业标准汇编・2020（第三分册）	付　伟
248	缝洞油藏高表面扩张模量起泡体系构建及泡沫流动行为研究	王　洋
249	物理化学实验	李　勋　钟金莲
250	道路桥梁设计与施工	宋启宇
251	小康路上一个都不能少——中国石化助力脱贫攻坚文志	中国石化社会责任办公室 中国石化扶贫办公室
252	人民对美好生活的向往——中国石化助力脱贫攻坚图志	中国石化社会责任办公室 中国石化扶贫办公室
253	可见光催化材料的合成及环境净化过程的应用	吕　英
254	智能完井技术概论	王金龙　张　冰　汪跃龙
255	石油化工设备完整性管理	朱建民　杨　锋　王建军
256	水驱油田井间示踪监测技术与应用	徐建平　谢　青
257	天然高分子基钻井液体系研究	顾雪凡　张　洁　陈　刚
258	西峰油田增注提产实验与现场实践	黄　海

续表

序号	书名	著译者
259	地球物理约束反演理论及应用	饶丽婷
260	上海石化年鉴·2020	《上海石化年鉴》编纂委员会
261	油气储运技术论文集（第十六卷）	中国石油天然气管道工程有限公司
262	江苏油田年鉴·2020	《江苏油田年鉴》编辑委员会
263	致密气藏沉积特征与储层预测	肖　玲　魏钦廉　田景春
264	LSCF 钙钛矿阴极制备与开发	郭绍丽
265	复杂断块油田储层表征及应用	王喜鑫　侯加根　王　军　史敬华 季　岭
266	中原油田内蒙古探区志·2009—2019	《中原油田内蒙古探区志》编纂委员会
267	压力管道等承压设备安全技术研究进展精选集 .2020	中国腐蚀与防护学会承压设备专业委员会 中国特种设备检测研究院 中特检管道工程（北京）有限公司
268	第十八次全国高校油气储运学术交流会论文集（2020 年）	第十八次全国高校油气储运学术交流会执行委员会
269	2020 中国石油石化企业信息技术交流大会论文集	中国石油学会
270	中国油气勘探技术交流大会论文集（上、下册）	中国石油学会石油储运专业委员会
271	提质增效、转型升级，科技创新助力炼化产业发展	陈　淳
272	高含硫化氢天然气净化技术问答	于艳秋
273	高分子化学实验（双语版）	张晓云　曲剑波
274	SY/T 7351—2016《油气田工程安全仪表系统设计规范》详解与应用指南	田京山
275	海相页岩气储层勘探与压裂改造效果评估	李林亚
276	中国石油化工集团有限公司年鉴·2020	《中国石油化工集团有限公司年鉴》编委会
277	南化年鉴·2020	《南化年鉴》编纂委员会
278	2020 消防科技与工程学术会议论文集	中国消防协会学术工作委员会 中国人民警察大学防火工程学院
279	碳酸盐岩缝洞型油藏酸压理论及工程应用	王世洁　赵海洋
280	碳酸盐岩油藏四度选择性堵水技术与实践	赵海洋
281	海洋石油工业节能低碳管理	张俊峰
282	化工过程全生命周期本质安全应用指南（第三版）	普建武　吕京鹏　闫肇栋
283	现代化工工程项目管理第三次变革	万国杰
284	其实，绩效管理并不难	卢锐军
285	纤维增强复合材料声发射检测技术	周　伟
286	中国人民警察大学首届警用装备技术学术会议论文集	朱红伟
287	分子动力学方法在力学问题中的应用	安敏荣
288	基坑工程设计与施工	张玉飞

续表

序号	书名	著译者
289	小型管道油水分离技术	刘为民
290	碳化铬基金属陶瓷制备与应用	翟文彦
291	稠油与浅层气联合勘探	王兴谋
292	页岩气气藏工程动态分析方法	胡德高

经济出版社

【概况】 中国经济出版社有限公司（简称经济出版社）由原国家经济委员会创办于 1985 年 1 月，先后隶属国家计划委员会、国家经济贸易委员会、国务院国有资产监督管理委员会。2010 年完成转企改制，2013 年 1 月经财政部批准整体划转中国石油化工集团公司，2017 年 11 月改制为中国经济出版社有限公司。

经济出版社为中央一级出版社。30 多年始终坚持多出书、出好书，形成了以热点经济、经济管理、财政金融、人文社科和教育教材为主营方向的业务板块，在经济界和社会上赢得了良好声誉。经济出版社整体组织结构分为出版社主体和子公司两部分，其中主体功能涵盖图书的出版、发行、批发、零售业务。下属 4 家子公司：中国经济图书进出口有限公司，主营出版物进出口贸易、国际出版合作等业务；中经录音录像中心有限公司，主营音像制品的出版业务；中国经济书店有限公司，主营书刊、音像制品、文化用品等的销售业务；《国资报告》杂志社有限公司，由经济出版社与国务院国资委新闻中心共同主办，出版《国资报告》杂志（月刊）。

截至 2020 年末，经济出版社有在岗合同制员工 108 人，其中博士 4 人、硕士 31 人、本科学历 44 人；具有高级技术职称的 38 人、中级技术职称的 21 人。

经济出版社 2020 年重点图书目录见表 1。

（综合管理部）

【《澳门故事——我们这 20 年》在网络平台上线】 2020 年 1 月，纪念澳门回归 20 周年纪录片《澳门故事——我们这 20 年》在网络平台上线。澳门当地最具代表性的企业家、专家学者等从不同角度和维度共同讲述澳门回归 20 年来的变化。

（财金大众分社）

【“推进国资国企治理能力现代化研讨会”暨《国资报告》创刊 5 周年座谈会召开】 2020 年 1 月，由《国资报告》和国务院国资委新闻中心、集团公司联合主办的“推进国资国企治理能力现代化研讨会”暨《国资报告》创刊 5 周年座谈会在北京召开。近 200 位来自地方国资监管部门和中央企业、国有企业、民营企业等领域的代表参加研讨会。

（《国资报告》杂志社）

【国家出版基金资助项目】 2020 年 2 月，《国企改革历程 1978—2018》获“2020 年度国家出版基金资助项目”立项。

［经管（学术）分社］

【获第七届“韬奋杯”全国图书编校暨高校编辑出版能力大赛编辑个人奖】 2020 年 3 月，经济出版社编辑耿园获第七届“韬奋杯”全国图书编校暨高校编辑出版能力大赛职工组编辑个人三等奖。

（总编室）

【《国资委公告》数字化项目】 2020 年 5 月，《国资委公告》数字化项目顺利完成，在国务院国资委网站设置的“国资委公告”栏目上线。《国资委公告》数字化项目的圆满完成得到国务院国资委的充分肯定，并被写入《国资委 2019 年信息公开工作年度报告》。

（年鉴综合分社）

【中国石化企业年金业绩通报会与中国石化集团企业年金运营十周年庆典大会举行】 2020 年 8 月 17 日，由中国石化企业年金理事会主办、经济出版社承办的“中国石化企业年金业绩通报会与中国石化集团企业年金运营十周年庆典大会”在北京举行。集团公司党组副书记、企业年金理事会理事长赵东，股份公司副总裁兼董事会秘书、集团公司资本和金融事业部总经理黄文生等相关领导出席活动。

（财金大众分社）

【2020 国有企业投融资创新峰会召开】 2020 年 8 月 28 日，由《国资报告》杂志社主办的“2020 国有企业投融资创新峰会”在青岛召开。峰会以“激发资本新动能 助推改革提成效”为主题，与会嘉宾围绕论坛主题和“资本助力稳产业链保供应链”“新资本市场下后混改时代创新与探索”2 个分主题进行意见对话、资源对接、发展对标，共同探讨如何激发资本市场新动能，加速改革举措落实落地。

（《国资报告》杂志社）

【4 种图书入选国家级、北京市级重点翻译资助项目】 9 月，《从量变到质变：中国经济的现代化理路》（英语）入选国家新闻出版署“经典中国国际出版工程”。9 月，《一条新路：中国“低碳 +”战略》（俄语）入选国家新闻出版署“丝路书香工程”。12 月，《中国经济高质量发展研究》（日语）入选 2020 年“国家社科基金中华学术外译项目”。9 月，《一带一路：倡议与构想》（尼泊尔语）获“2020 北京市提升出版业国际传播能力奖励扶持项目”资助。

（总编室）

【全球投资人大会暨中国石化资本、恩泽基金、康明斯（中国）合作意向书签约仪式举行】 2020 年 10 月，由中国石化集团资本有限公司恩泽基金主办，经济出版社承办的全球投资人大会暨中国石化资本、恩泽基金、康明斯（中国）合作意向书签约仪式在北京举行。

（财金大众分社）

【第四届国有企业信息技术创新与应用研讨会举行】 2020 年 10 月，由《国资报告》杂志社主办的“第四届国有企业信息技术创新与应用研讨会”在北京举行，旨在探讨新时期国有企业信息技术创新与应用的成果及未来趋势，来自 80 余家央企、国企及信息技术服务领域共 320 余名代表参与研讨会。

（《国资报告》杂志社）

【百年未有之大变局高端论坛暨《变局》新书发布会召开】 2020 年 11 月 16 日，由经济出版社、南开大学联合主办的“百年未有之大变局高端论坛暨《变局》新书发布会”在经济出版社成功召开。中国公共外交协会会长、外交部原部长李肇星，国务院研究室原主任、国家行政学院原党委书记、常务副院长魏礼群，中央党校原副校长李君如，财政部原副部长、中央财经领导小组办公室原副主任朱光耀，中国国际经济交流中心副理事长兼秘书长、河南省人大常委会原副主任张大卫等 100 多位政研专家及来自新华网、人民网等近 20 家权威媒体人士就如何构建和发展相互尊重、合作共赢的新型大国关系展开深入交流。

［经管（学术）分社］

【“改变 · 展望”中国乡村下一站主题论坛暨《他们正在改变中国Ⅲ——为了总书记的嘱托》系列片正式发布】 2020 年 11 月 27 日，经济出版社、《国资报告》杂志社举办“改变 · 展望”中国乡村下一站主题论坛暨《他们正在改变中国Ⅲ——为了总书记的嘱托》系列片发布仪式。集团公司党组副书记赵东、扶贫办主任宋云昌、新闻发言人吕大鹏等出席论坛，分别从中国扶贫工作历程、中国乡村在世界舞台中的形象、脱贫背后的力量、扶贫工作中融媒体的力量等角度展开探讨。

（财金大众分社）

【2020 中国石化资本年度讲坛举行】 2020 年 12 月，由中国石化资本有限公司主办，经济出版社

承办的“2020 中国石化资本年度讲坛”在北京举行。讲坛以“新机·新局”为主题，实现主平台直播，多地视频分会场、海外连线、线上线下互动的全媒体营销传播。来自境内外的产业界、投资界、学术界代表及中国石化有关部门和企业代表约 80 人参加现场会议、约 1 600 人以视频形式在线参加讲坛。

（财金大众分社）

【荣登财资中国 2020 年度好书榜】 2020 年 12 月，《双循环：构建以国内大循环为主体、国内国际双循环相互促进的新发展格局》《新基建：数字经济重构经济增长新格局》荣登“财资中国 2020 年度好书榜”，分别位列经济金融类第 4 名和第 5 名。

（总编室）

表 1　经济出版社 2020 年重点图书书目

序号	书名	著译者
1	中央企业战疫图鉴	国务院国资委宣传局 国务院国资委新闻中心
2	新基建：数字经济重构经济增长新格局	袁国宝
3	数字经济：新基建浪潮下的经济增长新引擎	袁国宝
4	中国国际经济交流中心智库丛书（全 7 册）	中国国际经济交流中心课题组
5	政务新媒体——引爆指尖“政能量”	袁国宝
6	5G 革命	刘东明
7	中国特色的企业发展理论	马晓强　等
8	中国与世界合作发展的政治经济学	马莉莉　王颂吉 李侨敏　等
9	中国微观经济发展的政治经济学	宋　宇　马小勇 王　聪　等
10	中国特色发展道路的政治经济学	吴振磊　吴丰华　等
11	发展的政治经济学：理论框架与分析范式	何爱平　等
12	中国特色绿色发展的政治经济学	岳利萍　康　蓉 李　伟　等
13	中国特色生态文明建设的政治经济学	何爱平　等
14	双循环：构建以国内大循环为主体、国内国际双循环相互促进的新发展格局	袁国宝
15	数智物流：5G 供应链重构的关键技术及案例	陈晓曦
16	三井帝国在布局——揭开日本财团的“一带一路”	白益民
17	执政之基：中央苏区国有资产管理	《执政之基》编写组
18	大道至简任正非	赵文锴
19	万达蜕变王健林	赵文锴　李　军
20	智造未来董明珠	王　妍
21	无限可能马化腾	张艳霞
22	顺丰而为王卫	李芏巍　甘盖凡　薛战雷

续表

序号	书名	著译者
23	中国光电之星：舜宇集团腾飞的奥秘	陈博君
24	探讨中国发展之路：吴晓求对话九位国际顶级专家	吴晓求　等
25	金砖国家：新兴大国合作新模式	王　磊
26	新形势下中日韩经济发展合作的挑战与新机遇	中国国际经济交流中心课题组
27	成道	翟长信
28	一本书读懂培训管理	陈雅娜　刘东明
29	一本书读懂人力资源管理	黄　铮
30	品牌寻迹	许　晖　陈家刚
31	流量变现：你的流量，能变现吗？	孙　郡
32	汽车行业 IATF16949 最新应用实务	谢建华
33	迈克尔·波特竞争战略精髓	张秀军
34	德鲁克管理思想精髓	张秀军
35	民企财务规范 5 大体系	张金宝
36	老板财务管控必修课	张金宝
37	老板财税风险故事集	张金宝　黄传伸　陈　光
38	老板财税规划 100 招	张金宝　黄传伸　陈　光
39	职场表达力：从小白到精英的沟通精进指南	周子宸
40	短视频这么玩更赚钱	李非黛
41	地产销售 4.0：思维、标准与技术要点	陈利文
42	爆款短视频运营指南：视频制作、爆款设计、吸粉引流、营销转化、电商变现	陈雅娜　刘东明
43	营销企划动作分解与精准制导	张洪吉　等
44	组织依恋：概念、影响因素及作用结果的实证研究	陈玉玲
45	种草文案：月销百万的推文写作技巧	许显锋
46	绝对成交：一页纸营销计划	艾伦·迪布
47	茶叶应该这样卖 2：用感动打造千万销量茶店茶馆	戴高诺
48	直播带货全攻略	桑　昆
49	流量运营变现”	竹林羿　李雨桐　刘宇轩
50	快手营销与运营全攻略	陈永惠
51	抖音营销与运营攻略	陈永惠
52	网络语言广告：理论与应用	刘世雄　贺凯彬
53	智说营销	李建州
54	企业新闻发布会并不难	吕大鹏　俞国明　刘　姗
55	奢侈品在中国	欧家锦

续表

序号	书名	著译者
56	小公司股权合伙全案	臧其超
57	年度经营计划制订与管理（第 4 版）	水藏玺　吴平新
58	智能前沿：群智能优化算法及应用	李　煜　刘景森　何小锋
59	地产操盘手：房地产营销策划关键环节与实战案例	郑振飞
60	巴芒演义：可复制的价值投资	唐　朝
61	逆向投资心理学	[德] 汉诺 · 贝克
62	新股民入门十课	麻道明　编
63	保险怎么买：北大宝妈的保险攻略	高媛萍
64	一年十倍的期货操盘策略（七）：期货实盘操作解析	无　形
65	价值投资全解：心理、估值与风险	董百文
66	鸡蛋期货一年翻身记	李海林
67	投资像格力一样的企业：产销均衡视角下的企业财务分析	于日新
68	交易之道：傅海棠观点集	傅海棠论述　沈良主编
69	投资真相：傅海棠演讲集	傅海棠论述　沈良主编
70	写给上班族看的投资学：巴菲特投资思想精髓	张秀军
71	“破”浪 A 股	马　欣
72	攻守：可转债投资实用手册	饕餮海　定风波　优　美
73	财报背后的投资秘密：“韭菜”的自我修养	孙旭龙
74	指数基金投资攻略	翁　量
75	涨停先锋	廖丁霖
76	短线抓涨停——快速捕捉股价涨停的实战技术要诀	麻道明
77	新女性财务自由	安德莉亚 · 肯尼迪
78	长赢投资：10 周年全新增订版	[美] 约翰 · 博格
79	数说保险	陈　辉
80	漫谈保险	陈　辉
81	保险法一本通	徐小帆
82	智能金融	刘　军　张　燃
83	金融科技研究：前沿与探索	廖　理　李鹏飞　王正位
84	漫画财经：金融防骗指南	零壹财经　图财经
85	金融集聚影响区域民营经济成长的机理与实证研究	张　玄
86	数据化决策 2.0	约恩 · 里塞根
87	社交新零售：爆发式增长和私域流量裂变的低成本路径	殷中军
88	中国融资租赁前沿问题探讨	中国融资租赁（西湖）论坛
89	“一带一路”背景下高管激励组合、技术创新投入对企业绩效影响研究	王雅楠
90	“一带一路”背景下陕西自贸区金融服务创新发展研究	刘　红

续表

序号	书名	著译者
91	“一带一路”与中国对外投资：新机遇、新合作与新路径	中国（深圳）综合开发研究院
92	“一干多支”战略下四川省区域经济联动发展协调机制研究	徐姣姣
93	6S 精益管理（工具执行版）	孙少雄　邱　杰
94	IOD· 创新引领：科技城市实践与能力评价	鑫创科技
95	OKR 开发与应用六步法	秦杨勇
96	产业生命周期、市场集中度与经济绩效	郑　飞
97	超级营销	柯清锋
98	潮起大鹏湾：大学生眼中的深圳	郑　磊
99	城市建设用地空间拓展理论与方法研究：以海西地区为例	叶剑平
100	大数据驱动的协同制造机理及支撑技术研究	王　萌
101	代建 4.0 王国：绿城管理代建方法论	袁啸云　陈汉聪
102	地位竞争导致的团队断裂研究	邓传军
103	动态资产配置问题的最优策略研究：基于多阶段均值 – 方差模型	卞利花
104	对标新加坡　建设自贸港：新加坡国家治理体系和治理能力现代化的启示	熊安静　李世杰　编
105	对接与合作：丝绸之路经济带与欧亚经济联盟	杨希燕　唐朱昌　等
106	多元化战略与企业债券融资研究：基于资源基础理论与有效市场理论的视角	程熙鎔　李　智　于晓东
107	高效工作的执行术	王靖飞
108	给青少年的金融课	（韩）权五相　金慧姈绘
109	给小朋友的金钱礼物	（韩）权才媛
110	广东侨商企业投资发展与转型升级	卫海英
111	广东省财政科技专项资金绩效评价体系研究	石水平
112	海南热带森林资源变动下经济、社会和生态协调发展研究	邓须军
113	海洋战略性新兴产业的产学研合作创新：特征、机制及影响	张　艺
114	环境问题分析与相关政策评估：经济学分析方法及应用	安　祺
115	黄河流域高质量发展的战略研究	任保平　师　博　等
116	汇率变动对中国企业出口的影响	田　朔
117	基于创新和服务的企业动态价格博弈及应用	李秋香　陈兴礼
118	家居建材销售一定要懂的心理学	道　几
119	嘉言善行：山区校长谈教育	中国国际民间组织合作促进会教育扶贫志愿项目　编
120	建设资源节约、环境友好的绿色发展体系研究	王仲颖　高　虎　等
121	交通大数据人才队伍建设研究：以贵州为例	“贵州交通大数据人才队伍建设研究”课题组

续表

序号	书名	著译者
122	金融扶贫理论的中国实践研究	李　飞　杨德勇
123	经济社会转型与地区环境治理提升研究	李子豪
124	科创板上市实战指南	刘　恩
125	领导胜任力提升 + 行政管理能力测试·学习宝典	刘绪义
126	刘跃进国家安全文集（上册）	刘跃进
127	刘跃进国家安全文集（下册）	刘跃进
128	农户生活垃圾处理的行为选择与支付意愿研究	程志华
129	农业劳动力老龄化对农户生产行为影响研究	乔志霞
130	品牌危机与品牌长期管理：心理契约理论视角	刘红艳
131	企业合规实战案例解析	刘志民等编
132	企业集团及其内部资金交易的影响因素及经济后果研究	窦　欢
133	企业所得税政策与申报实务深度解析（2020 年版）	陈玉琢　叶美萍
134	区域工业绿色转型发展研究	熊华文　任　远
135	全国先进制造研发基地建设路径研究	刘洪银　李慧燕
136	任玉岭论“三农”	李淑翔　李益辉 许立主　编
137	鲨鱼经济学 2	斯蒂芬·安吉瑟斯 夏　炜　译
138	上市公司超额银行借款行为研究：影响因素与经济后果	邓　路　刘瑞琪
139	上市公司前瞻性非财务信息披露质量研究	谭有超
140	深圳社区治理体制改革与实践 40 年	张　巍
141	声誉机制与独立财务顾问制度的有效性研究	巫　岑
142	市场化对中国企业出口行为的影响研究	沈得芳
143	双重外部性约束下中国可耗竭资源型产业的间接进入规制研究	李嘉晨
144	丝绸之路经济带建设中的新疆发展与开放	王宏丽
145	文化的较量 – 中国企业民族精神与文化品格	林　锋
146	我国流域水质达标规划制度评估与设计	李　涛　王洋洋
147	我国西部地区城乡二元经济结构转化的路径研究	舒银燕
148	项目制贫困治理：理论与实践	刘俊英
149	消费者审美体验的信息处理机制与实证研究	黄　赞
150	小红书为什么红：小红书爆红背后的秘密及内容运营策略	曹珂瑄
151	新能源与第四次产业革命	邓彤等
152	新时代中国企业混合协同创新发展初探	李明星　黄吉海 贾尽裴　等
153	新时期重庆区域发展战略与路径研究	重庆市综合经济研究院铜 仁市发展和改革委员会

续表

序号	书名	著译者
154	新中国70年与新时代经济学的历史使命	苏　剑　主编
155	新中国成立70年辽宁的探索与实践	张万强　赵玉红　宋帅官　等
156	薪情：科技工作者薪酬调查	杨　光　王燕妮
157	信息经济发展测评与咨询建议	刘　亭　应　瑛　等
158	虚拟社区成员持续知识共享行为研究	赵文军
159	银行绩效管理实践案例	丁家奎　李国英　编
160	战略性新兴产业技术创新主体胜任力研究	王建民　王　欢　杨木春
161	证券交易系统优化与实践	李　博　刘振亚　编
162	旨在提升居民幸福感的财政支出优化研究	殷金朋
163	质权人竞争与股权质押及其后果研究	李晓溪
164	中国低碳经济发展的市场机制研究	李　创
165	中国货币政策信贷传导效果研究	董华平
166	中国科创板：理论与实践	王汀汀　季仙华　主编
167	中国企业海外耕地投资研究	喻　燕
168	中国食品安全规制拐点的历史机遇与治理路径	王彩霞
169	中国自贸区税收制度优化与创新设计：以中国（辽宁）自贸区大连片区为例	李旭红
170	中小商业银行跨区域发展的经济效应评估及监管政策研究	欧阳青东　陈雨花
171	中央企业创新行为研究	陈　美
172	中央企业改革发展研究	中央企业智库联盟
173	珠江一西江经济带产业空心化与产业生态系统重构	欧阳华
174	主权债务危机跨国分层传导研究	何　珊
175	转型中的青海经济：发展现状与产业嬗变	殷颂葵　石鹏娟　孙立霞　刘海斌
176	资产评估案例精选	史福厚　唐龙海　主编
177	自由贸易试验区与区域对外开放研究：兼论中国（广西）自由贸易试验区的建设与发展	曹　鑫　等
178	中国经济增长与经济周期（2019）	刘树成　张连城　张　平
179	丝绸之路经济带发展报告：2018—2019	马莉莉等
180	中国信托业发展报告（2020）	中国人民大学信托与基金研究所
181	产业金融发展蓝皮书（2019）：中国产业金融发展指数报告	中国（深圳）综合开发研究院
182	中国经济安全展望报告（2020）：供求双萎缩下的经济形势与政策	刘　伟　苏　剑　主编
183	中国少数民族地区扶贫进展报告（2019）	张丽君　吴本健　王　飞　马　博　等

续表

序号	书名	著译者
184	中国少数民族地区精准扶贫案例集（2019）	张丽君　许　晨　和　萍　张春敏　等
185	2019年中国融资租赁行业研究报告	中国融资租赁（西湖）论坛
186	中国创意产业发展报告（2020）	张京成　主编
187	中国石油流通行业发展蓝皮书（2019—2020）	孙仁金　董秀成　王文澜　主编
188	2020年中国信托公司经营蓝皮书	中国人民大学信托与基金研究所
189	中国煤炭行业绿色发展报告2020	刘传庚　主编
190	探索建设自由贸易港蓝皮书2019	文　娟　张　鸿　主编
191	2019中国进口发展报告	魏　浩　等
192	中国中小企业改制上市操作手册2020	上海市投资促进服务中心　上海市中小企业上市促进中心　主编
193	中国国有资产监督管理年鉴2018	《中国国有资产监督管理年鉴》编委会
194	为什么要自我实现	车建新　钱旭东
195	情绪心理学	赵冬瑶
196	高邮文化与汪曾祺的文学创作	苗思露
197	高效提问：如何让提问精准有效	梁宇亮
198	互联网简史	袁载誉
199	铁路简史	刘文学　蒲爱杰
200	手机简史	党　鹏　罗　辑

集团公司党组党校（管理干部学院、网络学院）

【概况】 中国共产党中国石油化工集团有限公司党组党校（石油化工管理干部学院、中国石化网络学院）[简称集团公司党组党校（管理干部学院、网络学院）]，作为集团公司直属的教育培训单位，承担着集团公司高层管理人员培训、高层次人才培训、网络培训、党建和人力资源研究的重任。2011年，学院被评为国家级专业技术人员继续教育基地。2010年以来，学院多次荣获中央党校国资委分校优秀办学单位。

管理干部学院于1985年筹建，1987年正式成立，1998年在管理干部学院的基础上成立集团公司党组党校，2020年成立网络学院。截至2020年底，集团公司党组党校（管理干部学院、网络学院）设有15个部门，即管理培训部（党建培训部）、技术培训部、国际化经营培训部、网络培训部、教务部（外事办公室）、党校分校办公室、科研管理部（院研究中心、中石化人力资源研究中心）、党建研究所、品牌与文化研究所（管理案例研究室）、综合管理部（党群工作部、纪检监督部、党委宣传部）、人力资源部（党委组织部）、行政管理部、财务资产部、信息资源中心、后勤服务中心。同时，建立了较为完备的专兼职教师队伍，聘任的客座教授和兼职教师包括集团公司党组领导，两院院士，高层管理人员和技术专家，国内外著名高校、教育培训和科研机构的专家学者等。

集团公司党组党校（管理干部学院、网络学院）占地 103 亩（6.87 万平方米），建筑面积 5.31 万平方米。主要设施有：各类多功能教室 41 间，500 座和 300 座多功能报告厅各 1 个，宿舍 769 间，餐厅 6 个，可同时容纳 800 余名学员在校学习。学习资源中心拥有党建、管理、技术、国际化等多种类别馆藏图书文献和相关电子期刊、论文库。网络学院平台采用“云集中 + 分布式”部署架构，具有岗位学习、培训管理、资源管理、学习专区等主要功能。另外，在朝阳区安翔北里（健翔桥）设有分校区，建筑面积 1.6 万平方米，可同时容纳 200 余名学员在校学习。

集团公司党组党校（管理干部学院、网络学院）紧紧围绕服务集团公司发展战略、服务于集团公司人才队伍建设的“两个服务”使命，主要承担业务有：①高层经营管理及后备人才培训，重点培训总部职能部门和直属企事业单位的领导干部、中青年后备干部及部分中层干部；培训者培训，重点培训各直属企业的培训管理人员和培训机构的专兼职骨干教师。②高级专业技术人才培训，重点培训油气勘探开发、炼油化工、工程建设、科研、销售等领域的各类专家及青年骨干人才。③国际化经营人才培训，重点培训国际勘探开发、国际石油工程、国际炼化工程、国际贸易等领域的经营管理、专业技术人员和外籍员工。④网络培训。依托网络学院，为集团公司和各企业提供在线学习、岗位培训、分享交流、资源管理、培训管理等服务。⑤科研咨询。为管理干部学院和直属企业培训机构培训业务发展提供智力支持，为集团公司和直属企业经营管理提供咨询服务。

未来发展中，集团公司党组党校（管理干部学院、网络学院）将深化实施价值创造、全面创新、人才强校、数字化转型四大战略，做强做精做优管理培训、技术培训、国际化培训、网络培训四大业务，打造培训中国石化领导干部的主渠道，高层次人才培训核心基地，宣传、研究党的理论的重要阵地，中国石化党建研究、人力资源研究的重要智库，努力建设成为央企一流党校、世界一流企业大学。

（李　锐）

【“两个服务”职责使命履行到位】 面对疫情，集团公司党组党校（管理干部学院、网络学院）党委应势而动、科学施策，开设“云端课堂”，抢抓时机率先在央企党校中启动线下培训，各项重点培训项目得到顺利实施，取得较好成效。全年完成线下培训量 8.1 万人 · 天，集团公司 A 类干部培训数量创历年新高；完成线上培训 20 万人次，增加 19.5 万人次。在抢抓培训的同时，圆满完成朝阳区境外进京人员集中观察点工作，获朝阳区政府的表扬和集团公司党组的肯定。顺利完成体制机制重大调整，赵东兼任集团公司党组党校校长，党校领导力进一步提升；网络学院正式挂牌成立，党校、学院、网络学院“三位一体”的发展格局进一步强化。积极谋划数字化转型，谋划“十四五”发展，发展方向和路径更加明确。干部培训工作经验得到中组部干教局的好评。被《培训杂志》授予中国示范性企业大学称号。中青一班、二班、三班培训管理服务团队被评为集团公司抗击新冠肺炎疫情先进集体。全年党组领导 33 人次参加授课或培训活动。

（李　锐）

【管理与党建类培训】 将政治建设贯穿干部培训始终，着力强化科学理论武装，高起点谋划干部培训方案，初步构建从毕业生入职到直属单位“一把手”的递进式、系统化培训体系框架。积极构建以加强“思想淬炼、政治历练、实践锻炼、专业训练”为重要任务，以国有企业领导人员“对党忠诚、勇于创新、治企有方、兴企有为、清正廉洁”要求为目标的“四五”培训格局，推进习近平新时代中国特色社会主义思想往深里走、往心里走、往实里走，引导学员不断增强“四个意识”、坚定“四个自信”、坚决做到“两个维护”。设计实施直属单位“一把手”政治能力提升培训班，中青年干部培训一班、二班、三班，青年干部示范培训一班、二班，青工政治轮训和新入职员工培训 8 个层级的系列培训班。同时，突出理论研究和问题分析，坚持实践导向和解决实际问题，举办领导人员理论研修班等各类培训班。形成的干部教育培训相关经验被中组部干教局给予了“有灵魂、有传承、有特色、有实效”的高度评价。

（李　锐）

【技术类培训】 全面贯彻落实集团公司“一基两翼三新”产业布局，推进实施“专业技术人才高端引领计划”，将培训深度融入集团核心业务，积极推动集团各类专业技术人才队伍建设。以HSSE班、PIMS班为代表的网上专题班参加人数达17.8万人，7个解决生产实际问题的网上学习专区参加人数超过1万人，实现技术类线上培训的有效突破，助力疫情防控及攻坚创效。油田、炼化领域领军专家创新引领研讨班，群策群力形成培训班智库建议报告，为集团公司战略落地提供强有力的支撑。地质工程一体化为代表的系列培训班，以事业部重点工作为培训主题，用行动学习的思路设计培训方案，提升了学员解决实际问题的能力。未来科学家班、金奖班等为代表的一系列培训班，按照“理想信念、文化传承、战略指引、创新提升”的培训思路精准设计培训方案，助力青年人才的快速成长。

（李　锐）

【国际化经营类培训】 紧密围绕国际业务发展方向和专业问题解决开展针对性的培训。海外项目经理能力强化系列班创新应用项目经理赋能训练营模式，“一带一路”区域系列研讨班结合区域共性问题提出解决方案，化工板块储备人才培训班按照英语、俄语2个语种并行开班，领导人员英语能力强化在线学习班探索实施“AI自学+1对1外教+个性化教练”模式，均取得较好的培训成效。开发实施国际化经营基本素养、专业技术人员外语能力提升等系列在线项目，开发运行国际化经营等3个学习专区，9 900多人加入专区学习交流。创造条件为国勘公司、国际石油工程公司等多家专业公司举办物流采办、应对低油价等主题的线上线下培训项目，较好地满足企业培训需求。主动应对，克服困难，完成集团公司2次大规模全国性外语考试工作，共计1.7万名考生参考。

（李　锐）

【网络培训】 依托网络学院打造在线学习“云平台”，助力中国石化“攻坚创效”行动，在疫情防控期间发挥重要作用。持续推进19个线上学习专区建设，专区课程500余门，专区成员人数达5.3万人。积极落实中国石化扶贫专项培训工作，快速开发上线中国石化扶贫网络培训平台，为中国石化6个定点扶贫县提供农业技术等5类329门在线培训课程，举办5个基层干部能力提升培训班。为总部综合管理部等部门提供课程培训、资格考试等各类服务25万人次。结合企业需求，开发实施企业直播培训师等18个在线培训班，累计培训1.6万余人。全年参加网络学院学习达日均20万人次，学习总时长4 142万学时、系统点击量3亿多次、在线考试与练兵762万人次，均比上年有大幅提升。

（李　锐）

【持续深化培训创新，强调训战结合】 紧紧围绕“针对性和实效性”下功夫，全方位、多角度促进学用转化。强化党性锻炼，加强培训班临时党支部建设，中青班专门制订党性教育实施方案，首次实施政治辅导员制度，首次在不同层级培训班开展“手拉手”活动，促进了学员党性教育落实落地。开展调研式培训，组织部分培训班赴华为大学、胜利油田、镇海炼化等多家企业学习，助力学员近距离汲取先进的管理理念和实践经验。深化课题攻关，领导人员理论研修班和直属单位党群部门中层正职班形成“出题—认题—解题—破题—结题”的课题研究模式。加强校企合作，技术类培训建立在岗集团公司首席专家和高级专家作为班主任全程跟班助学的装置专家班培训模式。强化场景再现，国际化培训加强案例教学、情景模拟、实战演练，训战结合度不断提升。推进培训管理升级，牵头组织完成对5家企业党校举办青干班的巡回指导，开展对标华为大学研究，修订发布《培训质量手册（2.0版）》，建立在线学习相关管理制度，开发13门石油石化特色课程，深化学员座谈、培训评估、教学研讨、培训质量分析等基础工作，继续组织5类创新成果评选，牵头组织中国石化职工教育研究会年会、中国企业高管培训发展联盟主办的2020年度国有企业人才培养荣誉评选、集团公司2020年管理类党建类等好课程评审工作，加强与中国大连高级经理学院、国家电网党校等单位的交流，为推动培训精准化、体系化、数字化奠定扎实基础。

（李　锐）

【强化科研管理，加强智库建设】 以重点课题为依托，创新研究模式，开展科研攻关，完成“以提升组织力为重点，推进国有企业基层党支部建设全面进步全面过硬”等 3 项集团公司级课题，分别在国企党建理论创新、培训理论体系构建及培训实践探索方面进行深入研究，成果达到国内同行领先水平。新获批“新时代石油精神和石化传统研究”等 5 个集团公司级课题，新签合同数量和合同金额均创新高。完成“中国石化国际一流能源化工品牌对标研究”等 10 项院级课题、《劳动合同法律风险防范》等 9 项案例，参与编写《催化裂化装置设备故障百例》等 2 项教材，支撑了培训教学需要，提升了教师研究水平。积极为总部职能部门提供服务，开展专职师资人才队伍盘点，以及人力资源管理效能指标体系、经理层契约化管理等专题研究，持续深化人力资源专业化咨询服务工作。积极开展科研成果交流，《助力高素质人才培养的培训生态圈构建与实施》等 3 项成果分获集团公司管理现代化成果奖一、二、三等奖。

（李　锐）

【培训数字化转型】 全员数字化转型意识普遍提升，疫情期间线上培训、线上线下混合式培训数量大幅增长，网络培训探索应用力度前所未有，培训数字化迈出扎实一步。统筹开展数字化转型研究，提出数字化转型的思路、目标和重点任务，为全面数字化制定“路线图”。全面启动智慧学院建设项目，顺利完成智慧学院建设项目的可研、立项与需求对接，设计开发工作按进度计划有序推进。积极应对疫情期间网络学院常态化高峰访问带来的挑战，不断完善网络学院平台功能，推动平台建设向“石化 e 学”云平台转变。围绕网络学院平台提升开展广泛调研，完成可行性研究报告编制，加紧推进网络学院数字化提升项目的立项工作。

（李　锐）

【夯实保障体系，强化协同管控】 着力加强疫情防控管理，专门成立疫情防控领导小组和工作小组，定期召开会议，制订疫情防控方案，以及一整套管理办法和操作规程，切实保障集中观察点、重点班培训任务的圆满完成，全年安全平稳运行。着力优化基础设施，综合楼等楼宇隐患治理改造工程顺利立项，并完成设计方案的审查。洗浴热水制备工程项目投入使用，实现热水的自主供应。调整校园绿化布局，进一步美化校园环境。持续优化服务监督管理，强化提升服务质量和水平。在疫情防控常态化的形势下，两校区各类服务支持工作圆满完成。

（李　锐）

【加强队伍建设，提升干部人才整体实力】 畅通专业技术人才成长通道，设置并聘任与集团公司党组党校（管理干部学院、网络学院）发展需要相匹配的首席专家、高级专家、专家队伍，与专家一对一签订绩效考核责任书。推行导师带徒制，10 名专家与 13 名年轻教师签订导师带徒协议。完成《学院专职教师培养体系研究》，组织实施青年教师思想政治培训及新员工入职培训等培养项目。支持教师参加培训班、专题讲座、研讨会、论坛等，加强实践锻炼，夯实理论功底。统筹开展毕业生招聘、成熟人才引进工作，新进 10 名人员充实到教学一线。

（李　锐）

【强化党建引领，全面从严治党取得新成效】 加强党建工作顶层设计，靠实党建责任，形成党建工作齐抓共管的合力。推动党建与业务深度融合，深入开展“党建 + 持续攻坚创效”党员先锋岗、党员责任区创建活动，着力加强培训班临时党支部建设，创新党员学习和党性教育方式方法，基层党建工作质量明显提升。强化理论武装，深入落实“第一议题”制度，深入学习宣传贯彻党的十九届四中、五中全会精神，全年开展 13 次党委中心组学习、27 次支部或部门集体学习，以及“青年大学习”系列活动。深入推进意识形态责任落实，强化讲坛纪律，聘请教师做到了“三查”，网络学院发布的课件资源做到逐一审核。全方位加强思想文化建设，综合利用《学报》《培训学习简报》、官方微信等平台，宣传培训动态和学员培训成果，树立听党话、跟党走的正向文化。做实政治监督，落实“三个从严”，重点抓好学风学纪检查，2020年未发生学员违纪被通报事件。强化担当作为监督，发挥“大监督”作用，共同打造廉洁集团公司党组党校（管理干部学院、网络学院）。发挥工会、共青团桥梁纽带作用，做实各项凝心聚力的工作，较好地活跃了职工队伍氛围。

（李 锐）

工程质量监督总站（工程质量监测公司）

【概况】 石油化工工程质量监督总站于1987年批准成立，是经中央机构编制委员会办公室国家事业单位登记管理局核准的集团公司下属事业法人，受国家发改委委托，依法对石油石化专业建设工程质量进行监督，受集团公司工程部委托，开展工程建设项目质量管理。主要负责工程项目质量监督、压力管道安装质量监检、大检修项目质量监管等。具有国家市场监督管理总局核准的特种设备综合检验机构（甲类）资质，从事压力管道监督检验，包括长输（油气）管道（DJ1）、公用管道（DJ2）和工业管道（DJ3）项目的监督检验。截至2020年底，工程质量监督总站从业人员234人、持证人员198人，其中，正高级职称1人、高级工程师70人、中级工程师93人、其他技术人员70人，拥有从事特种设备检验的检验师70人、检验员93人，拥有无损检测Ⅲ级人员3人、Ⅱ级人员27人。

工程质量监测公司原名中石化工程质量监测中心，于2001年由国家工商行政管理总局核定注册批准成立，是集团公司出资成立的公司法人，主要负责石化建设项目的质量监测、无损检测监管工作和特种设备定期检验，以及承接国家市场监管部门委托的压力管道设计、安装许可资质评审和压力容器设计单位许可资质评审工作。具有国家市场监督管理总局核准的特种设备综合检验机构（甲类）资质，从事压力容器和压力管道定期检验，包括球罐、压力容器、工业管道定期检验和安全阀校验。工程质量监测公司从业人员126人、持证人员86人，其中正高级工程师1人、高级工程师29人、中级工程师54人、其他技术人员42人，拥有从事特种设备检验的检验师32人、检验员62人，拥有无损检测Ⅲ级证25人、Ⅱ级证54人。下设中石化工程造价有限公司（简称造价公司）1家子公司。造价公司主要开展定额管理、造价咨询和竣工决算审计等工作，具有工程造价咨询企业甲级资质证书。拥有从业人员30人、持证人员15人，其中一级造价工程师14人、一级建造师1人、监理工程师1人，有高级技术职称的5人、中级技术职称的21人。

（黎宇章）

【改革调整】 根据集团公司党组下发的《关于明确质监总站等3家单位机构编制和定员的通知》，质监总站、监测公司、招标公司按照“一个党委、一体化管理，3个机构法人单设、业务独立运行”管理。围绕坚持党对国有企业的领导这个重大政治原则和建设中国特色现代企业制度这个改革方向，开展顶层设计，建立有序合规、权责清晰、简洁高效的议事、决策制度，充分发挥党委把方向管大局保落实作用，保证3条线业务开展灵活高效。按照一套系统服务好3家法人的目标，推进本部部门一体化改革。建立“7+1”运行模式，将3家法人纳入生产经营管理体系。根据新架构重新梳理确定部门职能，厘清责任界面，提升共享服务水平，构建起各司其职、各负其责、协调运转、高效有序的公司管理机制。持续推进管理制度化、制度流程化、流程信息化，抓住计划、考核、财务、投资、人力、采购、后勤、党建等重点领域和关键环节，推动基础管理上台阶，为集团公司在此类法人结构下的公司治理摸索经验。

（黎宇章）

【严控新冠肺炎疫情风险】 面对新冠肺炎疫情，第一时间制订防控方案，部署防控任务，坚决打赢疫情防控阻击战。迅速成立疫情防控工作领导小组，党委靠前指挥，部门职责分工明确，全员积极响应参与。开展全员行程信息摸底排查，对有风险地区旅居史的逐一排查，提醒做好自我防护与隔离观察。多渠道筹措防疫物资，年初对居住和滞留武汉的 4 名员工及时协调国事武汉分公司调剂紧缺口罩，解决燃眉之急。严格执行集团公司疫情防控要求。认真落实“日报告、零报告”制度，及时将集团公司的指令传达至每个员工。针对熔喷布项目的质量监督工作，成立熔喷布专项小组和后勤保障组，全力保障集团公司熔喷布项目建设，在关键时刻顶得住、打得赢，受到集团公司及燕山石化、仪征化纤等单位高度赞扬。坚持疫情防控和复工复产两手抓、两手硬，为集团公司重点工程建设保驾护航。积极响应集团公司号召，踊跃为疫区捐款，共筹集 95 116 元，为疫区人民送去温暖。通过采取有效防范之举，激发全员战疫之志、凝聚战疫之气，全年无一例确诊及疑似感染情况发生，实现了防疫战疫目标。

（黎宇章）

在南京熔喷布现场开展质量监督

【保障重点工程项目质量受控】 认真落实集团公司党组以及工程部关于工程建设项目质量把控要求，全年共开展工程质量监督项目 1 455 项，对古雷一体化等 44 个集团公司重点项目开展综合质量检查 665 次，专项质量检查 371 次，累计发现问题 11 226 项，发现问题全部整改闭环。重点工程项目按焊口计算焊接一次合格率达 96.74%，高于集团公司指标 5.2 个百分点，按底片计算焊接一次合格率达 98.8%，高于集团公司指标 2.1 个百分点，完成质量控制目标。坚决维护“强制性、权威性、独立性”，强化追责问责，针对发现较大质量问题，约谈 20 家参建单位。调查处理中科项目水性漆、天津南港商储项目沥青砂等举报事件。坚持“监督 + 服务”理念，重点组织解决 TP347 管道焊接热处理裂纹、P11 管道焊接裂纹等现场技术难题。打造监督信息化平台，优化升级监督系统，推广使用监督日志 APP，提升集团公司质量管理信息化水平。认真开展质量月活动，组织开展质量宣贯，营造质量氛围。

（黎宇章）

【全力攻坚重点检修项目】 根据集团公司检修项目计划，集中调配优势人力、技术资源，协助优化重点大修项目检验方案，全年开展检验项目 15 项，对镇海炼化、中天合创等 5 个重点大检修项目开展定期检验，发现影响设备本质安全问题 42 项。首次对重点检修项目开展质量监督，对中科炼化等 7 个重点工程项目开展质量监测，对天津石化、中韩石化大检修项目开展质量督查，发现质量问题全部整改。在检验项目实施过程中，积极采用导波、相控阵、脉冲涡流检测等先进技术手段，运用电磁超声、穿透涂层型测厚仪等先进设备，降低了直接作业风险，提高了工作效率。启动检验系统平台建设，启动实施检验报告在线管理。

（黎宇章）

【定额管理、咨询业务稳步开展】 按照集团公司 2009 版检修工程预算定额修订要求，全面开展调研、课题研究、修订技术方案及专业细则编写工作。相继开展福建联合石化、普光和达州净化厂等 11 家典型项目实测，完成对生产运行期间专职安全监护等 7 项专题调研，为实现“量真价实，贴近市场”的定额修订工作目标打下基础。定额咨询书面答复 144 份咨询来函，解决问题 218 个。造价咨询稳步开展，培训工程造价从业人员 1 428 名，中科项目数据库已初具雏形，全年开展咨询合同 50 个。

（黎宇章）

【外部市场开拓初见成效】 按照集团公司关于“在保障系统内部业务基础上，积极开拓外部市场”的要求，积极主动参与市场竞争，打造石化质监品牌。监督业务实现跨系统、跨地区拓展，新签外部市场合同3 000余万元，取得收入1 900万元。压力管道监检完成各省市备案审核，实现在系统内项目全覆盖。中标北京燃气天津南港、温州LNG项目等系统外项目，定检业务中标青岛海湾索尔维项目，实现了系统外突破。造价咨询业务持续深化外部市场开发，新签外部市场合同近700万元。

（黎宇章）

【党建工作持续加强】 把政治建设摆在首位，深入学习习近平新时代中国特色社会主义思想、党的十九大、十九届四中和五中全会精神，坚持用科学理论武装头脑、指导实践、推动工作，带动广大党员干部员工增强“四个意识”、坚定“四个自信”、做到“两个维护”。

坚持用习近平新时代中国特色社会主义思想武装头脑、指导实践、推动工作。全年以习近平最新重要讲话、《习近平谈治国理政》等为重点，严格落实“第一议题”制度，全年组织党委会学习25次、中心组学习集体研讨17次，班子成员形成调研成果3项，班子成员全年到基层讲党课3次。紧抓党的建设机制建设和部署安排。紧抓管党治党责任制这个“牛鼻子”，制定印发《中共石油化工工程质量监督总站委员会落实全面从严治党主体责任实施细则》，明确党委、党支部和临时党小组的责任，形成三级联动的党建工作机制，为加强和改善党的领导提供制度保证。召开总站一届一次党代会，选举产生党委和纪委成员，明确了中长期党委工作的指导思想和工作思路，奠定总站发展基石。

（黎宇章）

中国共产党石油化工工程质量监督总站第一次代表大会

中国石化 SINOPEC

人　物

全国劳动模范 | 全国抗击新冠肺炎疫情先进个人 | 百千万人才工程国家级人选
全国青年岗位能手标兵 | 全国青年岗位能手

全国劳动模范

【唐守忠】男，1970年6月出生，中共党员，胜利油田分公司孤岛采油厂采油管理三区高级技师，集团公司技能大师、山东省首席技师，享受国务院政府特殊津贴。参加工作30多年来，唐守忠秉承精益求精的工匠精神，立足岗位痴心钻研、攻关破题。他创新实施的“延长抽油井光杆使用寿命法”被全国总工会命名为“大国工匠工作法——唐守忠工作法”，并在全国各油田推广应用；领衔研发的“稠油井掺水提效装置”，填补国内稠油井掺水自动化管理技术的空白。先后有3部技术专著出版发行，发表专业技术论文62篇；取得各类获奖创新成果152项，其中获全国优秀质量管理成果一等奖3项、省部级成果奖16项，国家发明专利3件、国家实用新型专利57件，累计创造经济效益1亿多元。先后培训员工4 600人次，培养技术能手212人，有36名徒弟在局级以上职业技能竞赛中获奖，有62人晋升为技师、高级技师。领衔的创新工作室先后被授予山东省劳模和工匠人才创新工作室、全国示范性劳模和工匠人才创新工作室称号。他先后获胜利油田劳动模范、山东省富民兴鲁劳动奖章、全国五一劳动奖章、首届齐鲁大工匠和泰山产业领军人才等荣誉称号，2020年获全国劳动模范称号。

（谢梓峰）

【王　涛】女，1976年11月出生，无党派人士，理学博士，研究员，胜利油田分公司石油工程技术研究院油田化学高级专家，兼任山东省科协副主席、第九届中国科协委员、山东省十三届人大代表和东营市八届政协委员。参加工作16年来，王涛始终把提高原油采收率作为实现人生价值的坐标，潜心科研、矢志攻关，共主持承担或参与16项国家重大专项、“863”项目及中国石化科技攻关项目，获国际发明展览会金奖1项、省部级局级科技进步奖13项，获授权国家发明专利20件，发表科技论文52篇，聚合物微球、乳液聚合物、二氧化碳驱气溶性发泡剂等研究成果矿场规模化应用，效益增油50余万吨，创造了超过10亿元的经济效益，为胜利油田特高含水期稳油控水和提高采收率技术的进步做出重要贡献。作为胜利名师，她积极做好导师带徒工作，在她的指导下，有3位博士后进站研究，4位课题组成员成长为中国石化科技攻关项目的技术首席，8位徒弟成为油田研究院所和采油厂的技术带头人。个人先后获山东省富民兴鲁劳动奖章、全国五一劳动奖章、国家孙越崎青年科技奖、山东省有突出贡献的中青年专家、感动石化人物、山东省优秀博士后等荣誉称号，2020年获全国劳动模范称号。

（谢梓峰）

【王红宾】男，1969年10月出生，中共党员，中原油田普光分公司采气厂普光集气总站采气工，中国石化采气工技能大师，中原油田首席技师，享受国务院政府特殊津贴。参加工作32年以来，王红宾以“干一行、爱一行、钻一行、精一行”的敬业精神，无怨无悔扎根采气一线，严细认真干好每项工作，获各类荣誉称号30余项。他紧盯设备维修和生产技术难题，先后攻克计量分离器排液流程不关井解堵、DN500阀门铜套卡、快开盲板渗漏等设备维修和生产工艺技术难题350余项，获授权国家实用新型专利18件、处级以上创新成果113项，累计创效1.6亿元。他带领技师团队利用废旧物资建成中原油田高含硫采气专业培训基地。坚持将理论知识和实践经验总结提炼为技术文章，出版专著《高含硫气田采气工边学边练手册》，编纂《高含硫气田采气工培训教材》等8本教材，创办气田内部期刊《技师交流》10期，发表论文32篇，为高含硫气田采气工培训奠定坚实基础。作为国家高级企业培训师和中原油田兼职教师，累计授课4 000余课时，培训员工2.7万余人次。他坚持“传艺带徒”，多年来，带徒70余人，其中晋升高级技师16名，获国家竞赛金奖2人、银奖1人，集团公司金奖1人，获评集团公司技术能手13人。他曾先后获中国石化精神文明建设标兵、河南省中原大工匠等荣誉称号，2020年获全国劳动模范称号。

（谢梓峰）

【艾晓慧】 女，1982年10月出生，中共党员，江汉油田分公司江汉采油厂新沟采油管理区马50站站长、党支部书记。她勤奋好学、乐于钻研，为尽快提高技能水平，艾晓慧无数个日夜奔波于站点、井场，所有闸门、管线、流程都熟记于心，仅用一年时间，就掌握采油、注水、输油等技能。2012年摘取江汉采油厂采油工状元桂冠，2013年被授予湖北省知识型职工标兵，2014年夺得湖北省石油石化行业采油工职业资格竞赛金奖。她善于管理、勇于创新。在班组积极推行设备标准化、可视化管理，创建“自我管理型班组”；建立“班组日考核”公开栏，组织班员相互打分、集体评价、每月评星；推行日考核、周交接、月岗检，日一练、周一赛、月一考制度，年节约成本60多万元，被评为厂先进班组。她参与制作的2项发明先后获国家知识产权专利。她心系员工，履职奉献。担任老新站党支部书记期间，她用亲情文化营造家园氛围，建立“亲情档案”，解决实际问题，凝聚人心。2020年初调任马50站站长期间，她带领10余名员工坚持驻站86个日夜，全力战“疫”保产，确保疫情期间原油生产、员工队伍“双稳定”。个人先后获全国五一巾帼标兵、全国五一劳动奖章等荣誉称号，2020年获全国劳动模范称号。

（谢梓峰）

【刘胜利】 男，1970年10月出生，中共党员，北京燕山分公司合成橡胶厂稀土顺丁橡胶区域工段长，燕山石化首席技师，高级技师。参加工作以来，刘胜利爱岗敬业，刻苦钻研，从一名学徒工成长为班长、工段长。先后掌握镍系顺丁、稀土顺丁、稀土异戊3套橡胶装置9个岗位的操作。实现稀土顺丁橡胶、稀土异戊橡胶2套装置一次开车成功。作为行业内的技术骨干与外聘专家，他协助福建炼化镍系顺丁橡胶装置、茂名石化镍系顺丁装置开车，均实现装置一次开车成功。作为“合成橡胶生产与技术开发刘胜利工作室”的领军人物，累计为企业培养工程师7人、高级技师6人。他带领团队积极开展技术攻关，对镍系顺丁装置共提出20项工艺技术改造建议，6项获公司表彰；优化稀土催化剂温控方式，催化剂配制成功率由45%提高到100%，门尼合格率由50%提高到95%，创造经济效益3 177万元；开展高活性二代催化剂工业化试验，实现一次投料开车成功，催化剂用量下降70%。个人先后获北京市劳动模范、北京市国资委系统优秀共产党员、“加油中国·传承铁人”十大年度人物、中国石化技术能手等荣誉称号，2020年获全国劳动模范称号。

（谢梓峰）

【于江涛】 男，1977年7月出生，中共党员，工程师，齐鲁石化胜利炼油厂联合装置车间技术员。参加工作26年来，于江涛立足本职工作，练就了过硬的技术本领，在山东省青工职业技能大赛“常减压蒸馏操作工”“计算机多媒体操作员”2个工种中均获第1名。2008年底，齐鲁石化炼油厂新建1套800万吨/年常减压装置提上日程，他作为常减压装置的技术骨干，从几千张图纸中发现100多项设计漏洞，为新装置按时中交赢得了宝贵时间。于江涛牵头成立了炼油厂常减压专业劳模创新工作室，他围绕生产问题开“诸葛亮会”，深入装置现场破题解惑，先后完成创新课题70多项，累计创效接近1亿元。他曾获齐鲁石化十大杰出青年、劳动模范，山东省青年岗位能手、富民兴鲁劳动奖章，全国首届十大创新工匠、全国五一劳动奖章等荣誉，2020年获全国劳动模范称号。

（谢梓峰）

【李　坤】 男，1969年8月出生，中共党员，高级工程师，茂名分公司炼油分部副总工程师。李坤28年如一日，坚持奋战在生产一线，苦心钻研炼油加氢技术，兢兢业业、实干争先、勇于创新。他严格落实“发展决不能以牺牲安全为代价”要求，开展安全教育，提高职工技能，采取“严看紧盯即改”办法抓隐患查改，足迹遍布生产区域的每一个角落，确保安全环保生产；始终牢记“发展是第一要务”理念，精心组织三号柴油加氢装置增加反应器改造，科学统筹干气回收富乙烷气、轻石脑油正异构分离等4套新装置的生产准备和开车，实现一次安全开车成功，促进炼油提质增效；带头践行“创新是第一动力”理念，利用“李坤劳模创新工作室”省级劳模创新工作室平台，组织骨干开展优化攻关、深挖装置潜能、解决生产难题，提出并实施“航煤加氢精制煤油与CFB锅炉水换热”“三加氢最大量生产粗石脑油”“干气回收富乙烷气装置高温水回用”等16个创新项目，创效数千万元，发现并解决“加氢装置缧蚊锁紧环换热器内漏”等生产问题，“一种煤油馏分加氢系统”获国家发明专利，获中国石化科技进步一等奖，同时培养数十名青年科技人才，打造了一支优秀创新团队。曾获广东省劳动模范、茂名石化劳动模范等荣誉称号，2020年获全国劳动模范称号。

（谢梓峰）

【吴文清】 男，1963年2月出生，中共党员，教授级高级工程师，天津分公司化工工艺高级专家。吴文清带领研发团队先后攻克诸多难题，成功完成气相法聚乙烯冷凝技术国产化开发应用，一举突破国外技术封锁，该技术在众多单位推广应用。中国石化“十条龙”科技攻关项目“气液法流化床聚乙烯工艺成套技术”在他的带动下顺利“出龙”，实现国内首次工业化生产，填补多项国内空白。他牵头研制的聚丙烯新品，成为“康师傅”“海尔”等知名品牌的生产用料。他的团队拥有国内授权专利20余件，国际PTC或国外授权专利3件，PTC申请2项，授权专利工业实施率达80%以上，仅专利转让费就超过1亿元。他先后开发聚烯烃新产品14个，并获中国石化聚烯烃新产品突破贡献奖，达到“生产一代、研发一代、储备一代”和“人无我有、人有我优”的良好预期。2018年，以他的名字命名的“吴文清劳模创新工作室”获评天津市十大示范劳模（技能人才）创新工作室。所带徒弟1人被授予全国劳动模范称号，1人获由集团公司授予的闵恩泽青年科技人才奖，5人次在中国石化技术比武中获金、铜牌。个人先后获天津市首届津门工匠、天津市劳动模范等荣誉称号，2020年获全国劳动模范称号。

（谢梓峰）

【缪长喜】 男，1965年9月出生，中共党员，博士研究生，正高级工程师，上海石油化工研究院原副总工程师，中国石化高级专家、重大项目项目长，享受国务院特殊津贴。缪长喜长期从事石油化工绿色催化、高端化学品合成及新能源材料研发和转化应用工作，先后承担过国家“973”计划、国家“863”计划、国家科技攻关和中国石化“十条龙”攻关等50余项重大科研项目，系中国烃类脱氢领域的领军专家，为中国石化行业科技进步做出重要贡献。负责研究的GS系列催化剂综合性能达到国际领先水平，在中国石化、中国石油、中国海油、兵器工业等公司的27套苯乙烯装置上大规模应用，据不完全统计，催化剂为应用单位每年新增销售额超过90亿元，年新增利润超过15亿元，并十多次出口欧洲和台湾地区，大力提升中国催化技术国际影响力。获国家及省部级技术发明、科技进步奖18项，其中国家科技进步二等奖1项、中国专利优秀奖1项、上海市科技进步一等奖2项、上海市优秀发明金奖1项、中国石化科技进步一等奖1项、中国化工学会科技进步一等奖1项。申请国内外发明专利461件，发表论文101篇。获中央企业优秀共产党员、全国石油化工优秀科技工作者等10多项个人荣誉，2020年获全国劳动模范称号。

（谢梓峰）

【杨　文】 男，1965年10月出生，中共党员，海南炼化副总经理，高级工程师。多年来，杨文始终牢记“在经济领域为党工作”第一职责，以“爱我中华、振兴石化”为己任，将海南炼化打造成世界一流炼化企业为目标，践行、传承“三老四严、苦干实干”石油精神和石化传统，兢兢业业、埋头苦干，为推动石化产业高质量发展和促进地方经济社会发展做出突出贡献，海南炼化近5年累计实现利税516亿元，累计工业总产值2 193亿元，各项技术经济指标居于中国石化千万吨炼油企业前列和亚太地区炼厂第一方阵，公司先后获全国五一劳动奖状、全国精神文明建设先进单位、全国先进基层党组织、能效领跑者标杆企业等荣誉称号。他带领开工团队扎根现场，精准把控关键路线，科学制订开工方案，2019年9月27日，二套芳烃装置一次开车成功，实现六大核心技术创新。主持的“节能降耗的柴油灵活加氢性质MHUG-Ⅱ技术开发和工业应用”获中国石化科技进步二等奖。他先后获海南省劳动模范、中国石化科学技术进步二等奖等荣誉称号，被中共海南省委人才发展局认定为海南省领军人才，2020年获全国劳动模范称号。

（谢梓峰）

【曹　飞】男，1977年3月出生，中共党员，仪征化纤PTA部PTA装置主任技师、党支部书记。穿上军装，保家卫国；脱下军装，建设祖国。20年前，曹飞从军营来到企业，从士兵转身成为一名石化操作工。参加工作以来，他退伍不褪色，坚守初心，牢固树立“当工人就要当个技术过硬的好工人”信念，暗下决心，用心学习钻研，守初心、铸匠心、造同心，建功新时代。他和团队先后发明尾气治理温控系统、关键机组死角杂质面团清洁法、过滤机快速高效碱洗法、尾气处理系统快速开车法等10多项先进操作方法，近5年来解决生产难题52个，处理安全隐患90多项，精心呵护装置高效稳定运行，为公司可持续高质量发展做出突出贡献；自身也实现了从一名操作工到石化名匠的转身。先后获仪征化纤公司劳动模范，中国石化技术能手、青年岗位能手、岗位练兵标兵，江苏省劳动模范，扬州市劳模年度人物，中国化学纤维工业协会优秀技术工人等荣誉称号。先后2次获中国石化管理创新奖，19次获仪征化纤科技进步奖和科技创新奖，2020年获全国劳动模范称号。

（谢梓峰）

【杨　涛】男，1966年4月出生，入党积极分子，洛阳石化炼油三部高级技师、主任技师，中国石化技能大师。参加工作36年来，杨涛先后从事过催化裂化、延迟焦化等5套生产装置的操作和管理，积累了丰富的炼油生产操作技能，多次化解生产波动和难题。他首创“焦炭塔60步操作法”，2014年获河南省职工优秀创新成果二等奖，先后被天津石化、塔河炼化等企业借鉴使用。他采用的炉管保护措施，每年创效近700万元；提出的焦化工艺优化方案，实现增效4 000多万元；发明的多功能新型阀板和高效排凝疏通器，填补炼油化工行业检维修空白，并且有24项专用器具及生产技术获国家实用新型专利证书。他先后发表技术论文11篇，完成攻关课题和技术创新成果44项，6项QC成果获省市一、二、三等奖，1项QC成果获中国石化QC成果一等奖。他针对大学生、班组长、技术骨干制定出“素质提升+”培训方法，开展“匠心文化讲堂”活动，先后有9人走上技术管理岗位、4人被聘为高级技师、8人走上班组长岗位。他先后获河南省五一劳动奖章、洛阳市首届优秀技能人才、洛阳市河洛工匠、中国石化技术能手、河南省石化医药系统“大工匠”、河南省劳动模范等荣誉称号，2020年获全国劳动模范称号。

（谢梓峰）

【姜　辉】男，1974年10月出生，中共党员，巴陵石化煤化工部煤气化装置副主任，高级技师。工作26年来，姜辉坚持白天坚守设备现场，夜晚挑灯苦学钻研，从一名钳工成长为国内煤化工行业“气化炉专家”。国内首套壳牌煤气化装置面临重大技术改造，因没有国内经验可供借鉴，只有1份英文版技术资料和流程图，不惧挑战的他通过查字典和网上请教，恶补英语，攻下“天书”，一年时间摸清煤气化技术工艺流程，掌握4套大机组的维修技能，编制出气化炉检修规程，自创“六步检修法”，并在国内刊物发表论文9篇，多项技术被国内外同行借鉴。在国内首创“容器内更换滤芯”维修模式，将装置24组飞灰过滤器滤芯检修时间从30天缩短到7天，攻破渣水处理系统机泵运行时间短、维修成本高和渣水污染环境等瓶颈问题，升级改造开工烧嘴、隔烟罩等设备，创造装置高负荷运行225天的新纪录。个人先后获全国五一劳动奖章、湖南省劳动模范、岳阳市劳动模范、巴陵工匠等荣誉称号，2020年获全国劳动模范称号。

（谢梓峰）

【葛大兴】男，1968年6月出生，中共党员，长岭分公司炼油一部催化焦化区大班长，长岭分公司燃料油生产首席技师。参加工作33年来，葛大兴坚持真抓实干，做技能操作带头人，完善“加氢柴油回炼”方案，解决装置轻油提升管振动大、安全风险大的问题；提出“再生压力快速提降震荡操作法”，解决1#催化装置原料裂化的催化剂跑损严重的问题，近5年共提出并实施合理化建议100余项。他始终大胆探索，做创新创效拓荒人，为降低催化柴油产量，提升产品质量，先后实施6种方案，并确定加氢柴油回炼为最佳方案，实现年降柴油27万吨、年增汽油20万吨、汽油辛烷值提高3个点的良好效果，年创效益8 000多万元。在1#催化油浆过滤项目试验开始运作后，他积极摸索操作条件和优化操作方案，顺利通过专家评审，得到一致肯定和好评。他总是责任担当，做追求卓越践行人，几十年如一日言传身教，积极传授技能、传递正能量；充分利用和发挥湖南省技能大师“葛大兴工作室”示范和引领作用，所带班组获国务院国资委央企红旗班组、中国石化学习型班组等称号。2011 年，获湖南省劳动模范荣誉称号，2015 年获岳阳市政府津贴，2020 年获全国劳动模范称号。

（谢梓峰）

【谢昌俊】 男，1972 年 9 月出生，中共党员，北海炼化炼油二部催化一班班长，技师。参加工作 29 年来，谢昌俊一直扎根基层，刻苦钻研催化裂化技术，坚持苦练内功、学以致用，不断提升自己的业务水平；公司异地搬迁扩建时，他充分发挥技术骨干的作用，从装置建设、“三查四定”入手，带领班员发现并整改催化装置不合理等 900 多项问题，为北海炼化催化裂化联合装置一次开车成功做出贡献，荣立北海炼化开工个人一等功。2015 年公司首次停工检修，他提出“停下解吸塔底泵 P-310，脱乙烷汽油进稳定塔改为靠解吸塔压力自压”的建议，经部门验证后实施，一年可节约用电约 9.6 万千瓦·时，节约电费 62.6 万元，获 2016 年度公司科学技术攻关一等奖。他采用低氧控制手段解决烟气拖尾、下坠现象，使外排烟气二氧化硫、氮氧化物、颗粒粉尘等外排指标和外排水 COD 始终大大低于国家规定的排放标准，获 2017 年度公司科技进步三等奖。他贯彻落实公司“师带徒”相关政策，为公司长远发展培养后备人才和徒弟 30 多人。因工作成绩突出，总能出色地完成生产任务和维护装置的平稳运行，2014 年获北海炼化劳动模范称号。2015 年获广西壮族自治区劳动模范称号，2017 年获中国石化文明建设先进个人称号，2020 年获全国劳动模范称号。

（谢梓峰）

【吕锦叶】 女，1972 年 9 月出生，中共党员，北京石油分公司十里河加油站站长，高级技师。2004 年入职北京石油分公司朝英加油站，2007 年起先后担任周庄加油站、日坛加油站和十里河加油站站长。多年来，吕锦叶兢兢业业，尽心尽责，干一行爱一行，工作中，她虚心学习新知识、新业务，默默无闻地奋战在加油一线。她紧紧抓住十里河加油站地处东三环辅路的有利位置，积极探索，细分客户，深入挖潜，创新便利店经营，设置“一键加油”服务专区，成功打造北京石油第一个非油品销售额突破 1 千万元的门店。作为基层党支部书记，她带领支部以党员带头为抓手，落实“党员六项承诺”，运用经络管理法推动经营管理工作，建立党支部“四结合”工作法，有效发挥支部的战斗堡垒作用。国庆 70 周年期间，她有幸参加国庆游行，顶着烈日参加集训 35 天，每次集训阶段结束，又重新回到工作岗位，全力做好加油客户服务和安全保卫工作，把初心和使命落实到“为美好生活加油”的生动实践中。她带领的十里河加油站获 2018 年首都文明示范单位称号，党支部获评中国石化基层党支部示范点。个人先后获首都劳动奖章、北京市优秀党务工作者、北京市劳动模范、全国五一劳动奖章，2020 年获全国劳动模范称号。

（谢梓峰）

【黄　河】 男，1965 年 8 月出生，中共党员，教授级高级经济师，湖南石油分公司代表、党委书记，第十三届全国人大代表。2017 年 5 月担任公司负责人以来，面对发生根本性逆转、竞争异常激烈的市场形势，黄河坚持贯彻新发展理念，谋划制定公司“中而强”发展战略，创新经营体制机制，改造竞争基因，精准精细经营，推动公司实现高质量发展。2017—2020 年，共销售成品油 3 022 万吨，实现营业额 2 057 亿元，上缴利税 43.2 亿元。公司继 2019 年首次被评为油品销售板块标杆企业后，2020 年再度获评标杆企业，连续 2 年被集团公司党建考核评为 A 档，连续 2 年获集团公司安全生产先进单位和绿色企业称号，连续 12 年获湖南省安全生产先进单位称号。他推行轻资产发展，公司与湖南全部 14 家市州政府及 67 家县级政府签订战略合作协议，锁定各类加油站 470 座；创新打造“互联网 + 加油站 + 便利店”综合服务商，非油品核心门店零售额增长名列前茅；创造性推行“四联四保”专项工作，被评为中国石化现代化管理创新成果一等奖；创新数质量管理，被评为中国石油和化工行业质量标杆企业；推行 3 轮“三项制度”改革，人均劳效增长 34%、人均收入增幅 67%，员工获得感、幸福感明显提升。他勇担社会责任，公司对口帮扶的 105 个扶贫村全面如期脱贫摘帽；全力抗疫情、保民生，确保“油品不断供、商品不涨价、服务不打烊”和员工“零感染”“零疑似”。个人先后获长沙市劳动模范、湖南省劳动模范、湖南省首届十佳优秀青年企业家并被湖南省政府记一等功、湖南省十大经济人物和最受公众关注奖，2020 年获全国劳动模范称号。

（谢梓峰）

【李雪梅】 女，1974 年 10 月出生，群众，大学本科学历，高级工程师，第四建设公司焊接技术高级专家。李雪梅承担完成中国石化多项焊接技术攻关，攻克“管道全自动焊接技术”，改变管道传统手工焊焊接方式；编写的“管道自动焊焊接工法”获评国家一级工法。她承担中国石化“十条龙”重大攻关项目——天津液化天然气（LNG）接收站国产 9%Ni 钢焊接技术开发，在钢板性能研究、焊接工艺参数制定、焊接工艺评定制作等方面，均取得国内创新性突破，为中国大型 LNG 储罐国产化焊接工艺开发做出突出贡献。她开拓特种工程材料焊接工艺，如镍及镍合金、锆及锆合金、钛及钛合金、双相不锈钢等，使企业在特材焊接上始终处于国内同行业领先水平。作为行业专家，她主编《石油化工异种钢焊接规范》《石油化工不锈钢复合钢焊接技术规程》《立式圆筒形料仓施工及验收规范》等多项石化行业规范，参与《焊接质检员》《焊接技师》《焊接高级技师》教材编写，并多次受邀审查国家及行业标准。她发表焊接专业论文 6 篇，取得 3 件国家专利、19 项创新成果及工法，其中多项成果获国家及省部级奖励。先后获天津市劳动模范、中国石化突出贡献专家等称号，2020 年获全国劳动模范称号。

（谢梓峰）

【夏先知】 男，1965 年 3 月出生，中共党员，硕士研究生学历，北京化工研究院副总工程师，集团公司高级专家。从事聚丙烯催化剂研究 32 年以来，夏先知带领团队苦心钻研球形聚丙烯催化剂技术，突破国外技术封锁，发现具有全新组成的新球形载体材料并成功应用于催化剂开发生产，彻底解决中国聚丙烯催化剂完全依赖进口问题。2015 年以来，主持开发先进载体制备技术、复合给电子体应用技术、超高活性催化剂制备技术等，DQ、DQC、NDQ、HA、HR 等多种聚丙烯催化剂实现产业化、系列化，为中国聚丙烯技术进步做出积极贡献；组织编写北京化工研究院“两个三年、两个十年”科技发展规划，提出研究院在支撑和引领中国现有“化工 + 材料”板块“基础 + 高端”发展 30 项重点发展方向。他先后主持完成 10 多项重大科研项目，发表论文 50 多篇，申请 210 件发明专利，获中国发明专利授权 83 件、国外发明专利授权 36 件。获中国发明专利优秀奖、国家技术发明二等奖。多次获中国石化科技进步奖、技术发明奖、前瞻性基础性研究科学奖等奖项。2019 年获中央企业劳动模范荣誉称号，2020 年获全国劳动模范称号。

（谢梓峰）

【徐　颖】 女，1967 年 12 月出生，中共党员，石油物探技术研究院首席专家、研究员，主要从事地震资料采集、处理及相关技术研究和应用工作。近 10 年主持国家“十二五”示范工程项目 1 项、省部级科研项目 4 项、局级生产项目 30 多项。主持完成塔里木盆地 1.5 万多平方千米和海洋近 3 000 平方千米三维地震资料处理任务，解决塔河油田缝洞精确成像和顺北油田超深层断溶体成像的世界级难题，取得多项技术创新成果与生产应用范例，获省部级科技进步一等奖 1 项、二等奖 5 项，技术发明三等奖 1 项及局级科技奖 10 多项；形成自主创新服务生产技术系列，为油田企业增储上产做出突出贡献，创造了巨大的社会效益，同时直接为物探院创收上亿元的经济效益。先后获全国地矿系统先进女职工、石油物探技术研究院先进工作者等 10 多项荣誉称号，并于 2016 年被评选为物探院铁人，2017 年被授予江苏省劳动模范称号，2020 年获全国劳动模范称号。

（谢梓峰）

【孙　野】 男，1991 年 2 月出生，中共党员，石化机械四机公司高压流体管汇厂数控车工技师。参加工作 10 年来，孙野先后承担国际首台 3000

压裂车、国家“十三五”科技重大专项5000型电动压裂装备、中国石化首台9 000米超深井钻机等多项核心零部件试制生产任务，参与了从工艺制定、工装设计到产品定型，最终批量生产的全过程。设计、制作多种高压管汇加工工装夹具和专用刀具，开展法兰式旋塞阀加工改进、复杂程序的优化等精益改进项目，涉及300多项产品，将原本中间工序多、周期长、效率低、成本高的难活变成了工序简易、周期短、效率高、成本低的拿手活，啃下了许多“硬骨头”。参与完成的“活动弯头立车加工改善”课题，加工效率提高3倍，为企业年增效1 000多万元。他还积极影响和带动身边同事学技术提技能，3人在省市技能竞赛中获奖、1人荣膺荆楚工匠。他曾先后获全国五一劳动奖章、湖北五一劳动奖章，并获集团公司技术能手、荆楚工匠、湖北省杰出青年岗位能手、湖北省技术能手、湖北省爱岗敬业好青年等荣誉称号，2015年夺得湖北省职业技能大赛数控车工第1名，2020年获全国劳动模范称号。

（谢梓峰）

全国抗击新冠肺炎疫情先进个人

【李郑军】 男，1973年11月出生，中共党员，湖北武汉石油蔡甸分公司副经理兼知音加油站站长。2020年初，与火神山医院一墙之隔的知音加油站成为社会关注焦点。医院建设期间，4 000多名参加会战的工友涌向知音加油站，他带领员工24小时不停烧水、泡面，每天提供200多壶开水，烧坏了6把水壶，被工友亲切地称为“红帽子港湾”。医院投用后，他冲锋在前，冒着生命危险为医院提供定点油品保供，近距离服务转运患者的救护车和司乘人员，服务救护车520余台次、军车130余台次，被网友称为火神山旁无声坚守的硬核加油站。从武汉“封城”、医院开建，直到城市“解封”、医院休舱，他一直坚守岗位，经抗疫特殊考验火线入党，圆满完成党委、政府和公司交给的保供重任。他的先进事迹被中央电视台、《人民日报》、湖北卫视、《中国石化报》等媒体争相报道。疫情过后，知音加油站成为“网红”，他带领全站人员继续发扬伟大抗疫精神，为不少慕名而来的消费者提供优质服务，不仅为他们加油，还讲述抗疫故事，通过这座“网红加油站”树立中国石化良好品牌形象。在他的带领下，持续攻坚创效期间，该站油品销售增长17%，非油品销售增长840%。2020年，先后获集团公司精神文明建设标兵、全国抗击新冠肺炎疫情先进个人等荣誉称号。

（李来君）

百千万人才工程国家级人选

【滕加伟】 男，1970年8月出生，中共党员，集团公司高级专家，上海石油化工研究院副总工程师、研究七部主任、七部与前瞻基础党支部书记，绿色化工与工业催化国家重点实验室副主任、中国石化甲醇转化技术重点实验室主任，享受国务院政府特殊津贴。从事科研工作20多年来，藤加伟坚守“政治上听党指挥，业绩上多出成果”的初心，在世界上首次提出全结晶分子筛催化材料概念，成功开发烯烃催化裂解（OCC）成套技术，在中原石化首次实现与MTO（甲醇制烯烃）技术集成，经济效益显著，是增产烯烃新技术领域的学术带头人。截至2020年底，OCC成套技术已经许可6套，并成功出口“一带一路”国家。发表国内外学术论文40余篇；取得各类获奖创新成果5项，其中获国家技术发明二等奖1项，中国专利金奖1项，省部级一等奖成果3项，获授权中国发明专利140余件。培养出院级专家5人；形成一支获集团公司突出贡献专家、优秀青年科技创新人才、闵恩泽青年科技人才奖、青年岗位能手，上海市领军人才、青年拔尖人才、巾帼建功标兵等多项荣誉的高层次优秀人才队伍。他带领的烯烃裂解课题组被评为中国石化优秀创新团队。他先后入选集团公司第三层次学术技术带头人、上海市领军人才计划，获中国石化突出贡献专家、优秀共产党员、优秀青年知识分子、上海市劳动模范称号，2020 年入选国家百千万人才工程。

（王　彬）

全国青年岗位能手标兵

【秦　宁】女，博士后，胜利油田博士后工作站副总工程师。她勤奋钻研，发展了高斯束叠前深度偏移技术，提高了地下地质体的成像像素和分辨率，该研究获中国博士后科学基金和山东省博士后创新基金资助，成果申获中国石化科技进步一等奖，最终形成自主知识产权软件模块集成到深度域地震一体化软件平台中，有效支撑胜利油田东部和西部的勘探开发。她躬行实践，攻关海陆双检资料处理难题，首创双检资料正演模拟和融合处理新技术，有效解决双检资料一致性合并的难题，在胜利滩浅海垦东东、桩海等多个区块进行满次面积超过 1 000 平方千米的处理应用，为胜利油田滩浅海勘探新增千万吨级石油探明储量提供有力的技术支撑。她锐意进取，攻关潜山内幕精确成像技术，创新提出潜山内幕散射波叠前深度偏移的技术思路，填补国内潜山散射波勘探的空白，为胜利油田潜山探区油气发现提供有力的技术支撑。她承担和参与国家级、省部级以及局级课题 15 项，3 项成果被鉴定为“国际领先”，申报国家发明专利 20 余件，获授权 5 件；出版专著 2 部，发表论文 48 篇。先后获山东省科技进步二等奖、中国石油与化学工业联合会科技进步二等奖、山东地学科技创新一等奖等，荣立胜利油田科研集体二等功 1 次，获评中央企业青年岗位能手、中国石化优秀青年科技创新人才、中国石化十大杰出青年岗位能手、中国石化优秀共产党员。2020 年获全国青年岗位能手标兵称号。

（王　彬）

全国青年岗位能手

【冯　喆】女，中共党员，福建联合石化产品质量中心化验工。2014 年入职以来，面对公司刚好遇上组建 EO/EG(环氧乙烷、乙二醇)化验室的重担，在没有任何经验可寻的情况下，冯喆在短时间内完成 EO/EG 模块 20 多种分析方法的建立，不分白天黑夜配合厂家工作人员调试仪器，标定标准曲线，经过不懈努力，终于建立起 EO/EG 的几十种分析方法，成功搭建起 EO/EG 化验室。她敢于亮剑，2016 年 11 月代表福建联合石化参加福建省化验工技能竞赛，获个人第 3 名；2019 年 10 月，参加中国石化环境监测工职业技能竞赛，获银奖。她先后获福建省金牌工人、福建省五一巾帼标兵、福建省青年岗位能手、2019 年度福建联合石化优秀个人等称号，2020 年获全国青年岗位能手称号。

（王　彬）

【李晓东】男，2012 年 7 月毕业于中国石油大学（华东）油气井工程专业，工学博士学位，中原油田钻完井技术研究所所长。他以科研创新支撑绿色发展。针对普光气田开发中的难题，首次提出多级流度控制驱油方法与理论，先后研究形成高含硫气井防漏喷安全技术、复合溶硫解堵技术、环空保护液“一井一策”体系优化及联合装置除臭钝化化学清洗技术，为普光气田高产稳产提供坚强技术支撑。他以成果转化实现效益开发。推广运用污泥填充凝胶颗粒调驱工业化应用项目，累计增油 4.26 万吨。持续改进高含硫气井井筒解堵液配方和配套工艺，组织完成户部寨气田低压储层高效冲砂技术现场应用8井次，创效298.72万元。他以党员身份带动团队建设。借助“博士团队创新工作室”平台，聚焦油田增产稳产的生产难题，引领不同专业的青年科技人才创新创效，他的团队多次获中原油田工人先锋号、党员示范岗、优秀创新团队等荣誉称号。他先后主持或参与国家重大专项、集团公司级、局级科研项目20余项，发表学术论文8篇，获授权发明专利5件；先后获中国石化闵恩泽青年科技人才，中原油田优秀共产党员、十大杰出青年等多项荣誉称号，研究项目多次获集团公司、中原油田科技进步奖。2020年获全国青年岗位能手称号。

（王　彬）

【沈金才】 男，中共党员，涪陵页岩气公司总地质师。他扎根一线、从零起步，以“保障国家能源安全”为己任，勇于攻坚克难、依托自主创新，创造了一系列令人瞩目的页岩气开发技术成果，引领带动了中国页岩气产业发展。他打破技术封锁，勇于从零起步、依托自主创新，他牵头制定的首创性开发技术政策——“页岩气水平井布井模式”，实现资源高效动用、施工难度适中、气藏有效开发的三者和谐统一，在国内多个页岩气区块产建中规模应用，发挥引领作用，取得显著成效。他破解管理难题，对气田几百口气井的生产动态了熟于心，编制的《江汉油田涪陵页岩气田开发管理纲要》《江汉油田涪陵页岩气田开发动态管理办法》有效指导国内页岩气开发评价、气藏管理、现场技术管理；创建了页岩气井分阶段“一井一策”现场管理模式。他提升企业效益，面对页岩气井产量递减较快的严峻形势，提出页岩气井全生命周期改善开发效果对策，为页岩气井的合理生产方式和生产制度确定了基本准则，填补国内页岩气井合理配产的空白。他牵头或参与的重大专项先后获国家级科技进步一等奖1项，省部级科技进步二等奖1项；编制国家能源行业标准2项，近5年发表科技论文8篇，参与编制专著2部。个人先后获中国石化十大杰出青年岗位能手、重庆市五一劳动奖章、中国石化闵恩泽青年科技人才奖等多项荣誉称号。2020年获全国青年岗位能手称号。

（王　彬）

【王海洋】 男，中原油田信息化管理中心软件开发室副主任师，先后在中国石化技术比武、全国青年职业技能大赛等众多职业技能比拼中拿下多个第1名的好成绩。在工作中，他思维敏捷，慧眼独具，善于捕捉一个个创新点。作为软件开发技术骨干，在16个油田信息化建设和外部市场项目中担任技术负责人，外部创效500余万元。他领导设计开发的普光气田应急指挥系统，创新性地使用工业物联网架构设计普光工业实时数据体系，不仅为生产应急指挥等多套系统提供最新数据支持，同时为科学研究提供良好历史数据。王海洋在软件开发室先后完成“普光设备管理系统”“普光气田智能生产指挥与应急救援一体化管理系统”等涉及众多领域的十几个信息化项目，提升油田勘探开发效益与生产管控能力，降低经营管理成本，实现创效300余万元。在推进智能油气田建设项目过程中，他带领核心团队高质量完成云平台的设计与技术验证，外部创收300万元。他组建中原油田第1个油气田人工智能实验室，组成6个人的初创科研团队，在探索如何利用人工智能技术助力油田高效勘探开发工作写下浓墨重彩的一笔。他在开展复杂地质构造条件下，储层物性AI判定问题时，通过技术合作，使用算法模型来辅助判定地层物性表征，支持地质研究。通过技术合作，开展了基于深度学习卷积神经网络的地震数据智能去噪的相关研究。2020年获全国青年岗位能手称号。

（王　彬）

【谢志翔】 男，中共党员，茂名石化重油加氢车间主任。他高标准严要求切实把好安全环保关，在煤制氢车间工作期间，坚持工作标准化与“三基”工作深度融合，扎实推行气化炉开停车标准化、装置检修项目清单化、装置巡检标准可视化，引入智能化轴承振动检测仪及机泵群态监测系统，有效提升职工巡回检查的针对性和质量。2018—2019年安全平稳完成32台次气化炉开停车及13台次气化炉检修任务。开展承包商“比学赶帮超”竞赛，调动承包商自主管理积极性，提升了现场安全管理及文明施工水平，实现年1.1万余项作业的安全施工。承包商自主管理“比学赶帮超”竞赛、承包商自主安全活动管理亮点先后在茂名石化交流推广。他组织成立优化增效专题攻关小组，积极探索，创新管理，提高装置运行水平。在他的带领下，车间职工及时推动“利用循环气压缩机氮气提压”等 20 多条合理化建议和优化小技改落地投用，实现降本减费 3 500 多万元，装置综合能耗、吨氢煤耗等主要技经指标始终保持中国石化同类装置前列。他抓好新装置建设。发挥“没有炼油人吃不了的苦、没有炼油人干不成的事”的斗争精神，克服国内“零起点、零经验”的困难，带领车间职工奋勇前行，严抓“三查四定”，实抓新装置员工培训，细抓开工方案细化，确保浆态床渣油加氢装置（全球第 2 套、国内第 1 套）一次投料开车成功。2020 年获全国青年岗位能手称号。

（王　彬）

【徐从齐】 男，中共党员，高级工程师，2010 年 8 月参加工作，销售华中分公司区域调控中心副主任师，中国石化重点工程——销售华中分公司智能化管线管理系统建设项目实施主要负责人。他先后参与装置升级改造、技术攻关、项目建设、新技术应用等工作。他兢兢业业孜孜不倦，参加“提高 7# 工业白油产品合格率”技术攻关，收率从最初的 50% 提升到 92.5%，同时实现稳产，为企业年增效千万余元，获国家级 QC 成果一等奖。他乐于吃苦甘于奉献，主动拥抱数字革命，积极运用“互联网 +”技术，大胆探索，带领团队实施“720° 全景影像在石油管道上的应用”“PSP-InSAR 技术在石油储罐形变监测上的应用”“管道中心线测绘数据质量开挖验证方法的研究”等一系列技术探索与应用，为智能化管线管理系统项目的成功建设及应用做出突出贡献。他勤学自勉探索创新，牵头创建 GPS 巡线、无纸化办公、3D 油库、应急指挥、光纤预警管道全智能化运营新模式，是销售板块首家通过验收的单位。2017 年，在中国石化智能化管线管理系统应用技术比武中，获个人金奖。2020 年获全国青年岗位能手称号。

（王　彬）

【严冠豪】 男，高级工程师，洛阳石化设备工程部电仪副主任师。自 2010 年参加工作以来，严冠豪虚心好学，甘于奉献，精于钻研石油化工生产中的疑难问题，在节能减排、提质增效中，优化设备参数，改造控制系统，工作成效突出。他负责实施的“卷曲机自动控制系统优化”项目，年创效 100 万元。他攻克国外厂家技术封锁，自主优化短纤维打包工序控制系统，年创效 174 万元。他完成“微间隙检测连锁控制系统”，实现智能传感器、可编程逻辑控制器技术对微间隙的检测；完成“循环链条自动润滑装置”，克服了传统加注润滑机缺陷，实现润滑效果准确、及时、节约、环保；完成“继电器智能测试平台”的设计任务，克服了继电器手动检测造成的人力浪费和高误差率的弊病。他设计开发开车参数自动修改系统，实现参数自动调整和精准控制。先后获河南省青年岗位能手、创新创业好青年，集团公司青年岗位能手、最美青工、精神文明先进个人，洛阳市青年五四奖章、技术创新能手等多项荣誉称号。2020 年获全国青年岗位能手称号。

（王　彬）

【张晓国】 男，入职长岭炼化短短一年后，即参加“炼塔杯”技术比武，从近 400 名操作员的队伍中脱颖而出，打败众多经验丰富的“老将”，一举夺得第 3 名的好成绩。作为新人，张晓国取得的成绩在“炼塔杯”历史上也属罕见。在后来的“炼塔杯”技术比武中，张晓国持续领跑，又先后夺得 2 次冠军。他先后参加中国石化第 1 期催化裂化装置专家培训班和法国石油科学院核心装置专家培训班。他刚担任实习工艺技术员，便遇到长岭联合三年一次的停工大检修，他负责的常减压装置是原油加工的龙头装置。他从前期的方案编写、人员培训、方案推演到后来的实际操作，全心投入，层层把关，严格标准，连续在一线奋战 2 个多月，圆满完成装置的首次停检开任务。他以身作则带头干，根据油品市场形势变化，优化改造 60 万吨 / 年航煤加氢装置，装置的航煤收率从最初的 6.3% 上涨至 14.79%。疫情期间，面对市场成品油需求量大幅缩减的实际，他优化装置生产，常减压装置的加工量从 1.95 万吨 / 日降到最低 1.25 万吨 / 日，比装置设计最低处理极限还要低 5%。2020 年获全国青年岗位能手称号。

（王　彬）

中国石化
SINOPEC

统计资料

表 1　　集团公司主要经济指标　　亿元

项　目	2020 年	2019 年	2018 年	2017 年	2016 年	2015 年
工业总产值（现价）	13 557.52	17 376.99	18 096.03	15 038.03	12 569.98	14 112.26
实现利税总额	3 477.23	3 894.68	4 168.76	3 831.05	3 747.11	3 920.11
利　润	726.22	1 008.74	967.38	582.05	529.03	621.22
年末职工总数 / 万人	55.88	58.72	61.58	64.72	66.33	56.58
营业收入	21 423.32	30 034.17	29 368.41	24 003.18	19 692.20	20 472.72
资产总值	22 399.60	22 117.19	22 600.94	22 566.98	21 593.91	20 585.08
负债总值	10 778.47	10 929.53	11 714.91	11 781.32	10 864.91	10 055.29
流动负债	7 207.07	7 297.38	7 838.01	8 424.28	7 280.88	6 565.09
非流动负债	3 571.40	3 632.15	3 876.89	3 357.04	3 584.03	3 490.19

表 2　　集团公司主要能源产品产量及占比　　万吨

项　目	2020 年	2019 年	2018 年	2017 年	2016 年	2015 年
原　油						
集团公司	3 514.39	3 513.07	3 506.03	3 505.36	3 565.51	4 173.74
全行业	19 476.90	19 190.20	18 950.50	19 150.61	19 942.40	21 458.60
占比 /%	18.04	18.31	18.50	18.30	17.88	19.45
天然气 / 亿立方米						
集团公司	302.79	295.86	275.75	257.38	215.90	206.96
全行业	1 925.00	1 719.70	1 580.90	1 480.35	1 358.60	1 339.50
占比 /%	15.73	17.20	17.44	17.39	15.89	15.45
原油加工量						
集团公司	23 859.64	25 040.82	24 596.39	24 012.24	23 732.03	23 828.84
全行业	67 440.80	65 503.00	60 575.60	56 537.80	54 078.60	52 634.80
占比 /%	35.38	38.23	40.60	42.47	43.88	45.27
成品油总量						
集团公司	14 150.13	15 999.62	15 479.77	15 066.29	14 916.65	14 838.24
全行业	33 126.00	36 050.00	35 957.10	35 825.11	34 776.00	33 967.60
占比 /%	42.72	44.38	43.05	42.06	42.89	43.68
汽　油						
集团公司	5 791.08	6 276.97	6 115.93	5 702.59	5 636.00	5 398.22
全行业	13 171.70	14 102.00	13 859.60	13 276.19	12 895.60	12 157.00
占比 /%	43.97	44.51	44.13	42.95	43.70	44.40
煤　油						
集团公司	2 037.80	3 116.48	2 891.45	2 688.09	2 546.57	2 435.17
全行业	4 049.40	5 272.60	4 768.80	4 230.90	3 983.80	3 658.60
占比 /%	50.32	59.11	60.63	63.53	63.92	66.56
柴　油						
集团公司	6 321.26	6 606.17	6 472.39	6 675.61	6 734.09	7 004.86
全行业	15 904.90	16 675.40	17 328.70	18 318.02	17 896.60	18 152.00
占比 /%	39.74	39.62	37.35	36.44	37.63	38.59
燃料油						
集团公司	815.26	235.81	223.44	154.17	156.91	228.51
全行业	3 406.30	2 470.00	2 074.70	2 408.90	2 711.70	2 506.20
占比 /%	23.93	9.55	10.77	6.40	5.79	9.12

注：全行业数据来自国家统计局，2019 年数据有调整

表 3　　集团公司主要化工产品产量　　万吨

项　目	2020 年	2019 年	2018 年	2017 年	2016 年	2015 年
乙　烯	1 206.00	1 249.28	1 151.15	1 160.97	1 105.86	1 111.79
纯　苯	432.38	448.34	425.30	415.55	400.08	402.81
精甲醇	760.22	602.43	504.43	393.51	115.17	69.10
醋　酸	43.50	38.99	24.20	27.34	14.75	3.60
合成氨	134.41	118.43	102.60	110.12	114.95	96.90
塑　料	1 768.65	1 754.75	1 624.37	1 621.49	1 546.45	1 547.79
聚乙烯	801.34	807.94	730.92	748.63	727.15	733.33
聚丙烯	803.99	789.48	747.59	716.31	658.11	651.74
聚苯乙烯	62.00	67.44	58.26	62.94	58.76	58.46
聚氯乙烯	33.10	23.90	23.22	20.34	23.12	22.60
合成橡胶	138.81	136.26	117.91	110.10	111.85	115.05
合成纤维原料	612.90	702.11	639.77	654.90	647.71	634.80
合成纤维聚合物	319.90	326.96	318.99	313.49	302.56	285.39
合成纤维	132.17	130.09	123.75	124.01	126.04	129.57
涤　纶	112.02	106.73	101.97	100.60	100.37	100.77
腈　纶	18.44	21.60	19.32	20.77	23.29	26.95
维　纶	0.89	1.18	1.98	2.05	1.83	1.34
丙　纶	0.46	0.24	0.22	0.36	0.36	0.37

表 4

中国原油与石油产品进口数量与金额

产品名称	2020 年		2019 年		2018 年		2017 年		2016 年		2015 年	
	数量 / 万吨	金额 / 百万美元	数量 / 万吨	金额 / 百万美元	数量 / 万吨	金额 / 百万美元	数量 / 万吨	金额 / 百万美元	数量 / 万吨	金额 / 百万美元	数量 / 万吨	金额 / 百万美元
原　油	54 206.11	176 048.25	50 570.28	241 820.90	46 189.04	240 361.26	41 996.65	160 750.93	38 103.78	115 308.30	33 549.13	134 152.00
成品油	1 549.20	7 227.98	1 546.80	10 050.93	1 653.03	12 247.34	1 569.03	9 544.66	1 572.63	8 097.77	1 407.98	9 004.73
车用、航空汽油	48.05	181.32	33.34	208.79	44.54	313.44	1.64	8.76	20.77	90.46	17.01	95.50
石脑油	788.70	3 076.10	702.22	3 827.79	747.21	4 802.37	666.76	3 290.12	669.92	2 721.62	664.76	3 568.07
橡胶等溶剂油	3.69	42.37	3.77	46.43	3.44	43.70	2.34	27.25	2.21	24.61	2.20	28.59
壬　烯	4.66	44.94	4.36	52.02	5.45	82.99	4.69	58.03	3.56	33.17	5.20	67.15
其他轻油及制品	35.62	158.51	19.29	148.19	73.00	560.03	124.39	757.70	110.81	590.39	35.08	247.83
航空煤油	255.23	920.25	358.34	2 236.03	406.19	2 796.98	371.44	1 945.69	349.45	1 495.11	346.11	1 933.24
灯用煤油	0	0	0	0	0	0	0	0	0	0	0	0.01
其他煤油馏分	10.48	69.72	8.41	81.35	6.47	68.00	4.30	39.92	2.72	25.01	2.36	25.69
柴　油	119.17	428.69	119.02	693.46	71.12	469.21	74.83	361.49	91.63	364.88	42.80	226.49
润滑油	28.95	678.98	29.15	726.50	33.51	840.47	34.41	820.47	34.57	797.12	32.61	811.99
润滑脂	2.26	116.29	2.24	114.54	2.40	119.38	2.57	122.06	2.30	112.90	2.25	114.32
润滑油基础油	252.40	1510.81	266.66	1 915.82	259.70	2 150.75	281.66	2 113.15	284.69	1 842.49	257.60	1 885.85
燃料油	1 262.59	4 479.51	1 493.23	6 867.88	1 674.80	7 693.35	1 368.14	4 677.26	1 186.97	2 809.94	1 564.64	5 150.14
石　蜡	11.34	122.97	9.86	124.50	9.48	129.88	10.33	135.94	8.66	114.90	8.46	114.64
石油沥青	476.42	1 550.97	428.39	1 771.96	460.32	1 762.19	503.86	1 551.09	495.14	1 045.81	470.59	1 801.90
石油焦	1 027.66	1 002.00	830.52	1 581.77	982.61	1 674.67	742.61	974.21	431.63	367.49	588.66	586.12
液体石蜡	14.70	101.15	15.85	153.62	20.23	206.07	27.22	232.48	27.43	207.38	21.25	191.63
液化石油气	1 965.79	8 451.56	2 060.55	10 131.75	1 899.30	11 128.71	1 844.90	9 209.00	1 612.50	6 110.11	1 208.81	6 152.46

注：数据来自海关总署

表 5　　中国原油与石油产品出口数量与金额

产品名称	2020 年		2019 年		2018 年		2017 年		2016 年		2015 年	
	数量 / 万吨	金额 / 百万美元	数量 / 万吨	金额 / 百万美元	数量 / 万吨	金额 / 百万美元	数量 / 万吨	金额 / 百万美元	数量 / 万吨	金额 / 百万美元	数量 / 万吨	金额 / 百万美元
原　油	163.81	481.63	81.00	361.76	262.66	1 270.42	486.34	1 822.81	294.06	943.49	286.56	1 545.64
成品油	4 593.15	19 440.22	5 561.47	33 277.96	4 628.36	30 454.15	4 120.99	21 774.92	3 843.75	17 025.52	2 558.67	15 306.89
车用、航空汽油	1 600.00	6 487.79	1 637.05	9 424.75	1 287.94	8 436.72	1 055.45	5 692.06	969.67	4 183.02	589.87	3 514.88
石脑油	0	0	0	0.01	4.40	25.71	2.58	9.31	7.45	30.19	0	0
橡胶等溶剂油	0.31	2.52	0.26	2.57	0.30	2.94	0.47	4.85	0.47	8.39	0.42	4.29
其他轻油及制品	1.37	10.66	8.56	57.48	0.63	6.85	0.91	7.60	0.05	0.37	0	0.04
航空煤油	997.48	4 758.55	1 761.21	11 254.13	1 467.00	10 155.13	1 318.93	7 157.06	1 310.07	6 075.78	1 235.86	7 623.31
其他煤油馏分	0.02	0.16	0.28	1.68	0.01	0.09	0.01	0.08	0.02	0.16	1.59	12.69
柴　油	1 976.30	7 915.51	2 138.23	12 278.05	1 853.24	11 575.53	1 725.53	8 632.38	1 540.47	6 487.09	716.37	3 852.90
润滑油	13.43	217.62	11.25	198.02	10.81	195.92	11.47	211.34	9.98	190.55	11.88	265.48
润滑脂	1.62	29.70	1.79	38.49	1.60	35.06	1.30	26.89	0.88	17.27	0.81	16.18
润滑油基础油	2.62	17.72	2.84	22.78	2.43	20.20	4.34	33.35	4.69	32.70	1.87	17.12
燃料油	1 584.50	6 072.50	1 119.14	5 097.25	1 234.58	5 431.14	1 112.93	3 724.07	987.86	2 344.87	1 054.86	3 772.92
石　蜡	66.00	516.12	60.17	541.20	52.86	547.73	53.25	529.28	64.77	604.02	62.37	663.32
石油沥青	56.74	211.53	65.62	295.80	77.50	283.21	38.56	118.74	20.62	77.35	28.70	148.37
石油焦	178.36	462.36	228.96	749.83	248.87	1 046.16	225.36	628.12	258.42	506.49	241.92	604.70
液体石蜡	3.54	41.83	4.07	47.19	0.83	8.12	0.15	1.32	0.07	0.48	0.19	1.37
液化石油气	94.86	446.18	140.86	707.78	114.28	694.37	132.14	710.57	132.31	552.15	144.13	774.55

注：数据来自海关总署

表 6　中国主要石化产品进口数量与金额

产品名称	2020 年		2019 年		2018 年		2017 年		2016 年		2015 年	
	数量 / 万吨	金额 / 百万美元	数量 / 万吨	金额 / 百万美元	数量 / 万吨	金额 / 百万美元	数量 / 万吨	金额 / 百万美元	数量 / 万吨	金额 / 百万美元	数量 / 万吨	金额 / 百万美元
一、五大合成树脂	2 760.48	26 691.82	2 433.43	26 905.57	2 140.80	28 256.56	1 850.58	23 720.06	1 619.71	19 731.20	1 659.47	22 119.21
1. 聚乙烯	1 853.64	16 578.06	1 663.44	17 124.37	1 402.48	17 512.78	1 179.35	14 215.28	994.31	11 664.63	986.66	12 623.73
低密度聚乙烯	943.84	8 627.31	866.72	8 849.49	729.45	8 682.89	539.96	6 671.78	205.23	2 515.49	217.80	2 864.25
高密度聚乙烯	909.80	7 950.75	799.72	8 274.88	673.03	8 829.89	639.39	7 543.50	527.68	5 995.71	512.82	6 462.46
2. 聚丙烯	450.46	4 542.27	349.10	4 045.71	327.96	4 193.17	317.76	3 843.41	301.75	3 524.15	339.70	4 439.67
3. 聚苯乙烯	135.99	1 436.36	131.00	1 595.99	115.27	1 628.92	74.32	1 099.81	68.38	932.88	77.77	1 122.51
可发性聚苯乙烯	3.74	56.46	6.42	88.39	9.16	125.02	3.31	58.17	3.04	54.52	4.82	85.72
其他聚苯乙烯	132.26	1 379.90	124.59	1 507.60	106.11	1 503.91	71.01	1 041.64	65.34	878.36	72.95	1 036.79
4. ABS 共聚物	201.71	3 070.87	204.48	3 278.98	201.28	3 923.51	178.90	3 508.06	168.55	2 748.41	162.48	2 993.52
5. 聚氯乙烯	118.68	1 064.26	87.41	860.52	93.81	998.18	100.25	1 053.50	86.72	861.13	92.86	939.78
纯聚氯乙烯	107.69	897.66	75.15	681.63	83.88	807.64	90.56	867.86	77.22	680.55	82.53	754.30
未塑化聚氯乙烯	1.92	30.79	2.35	27.30	1.93	28.09	1.83	25.80	1.93	25.08	2.51	26.45
已塑化聚氯乙烯	9.08	135.81	9.91	151.59	8.00	162.45	7.86	159.84	7.57	155.50	7.81	159.03
二、合成橡胶及胶乳合计	512.81	7 447.26	408.00	6 614.16	437.95	7 551.45	433.23	8 405.50	328.83	5 313.08	196.56	3 857.77
1. 丁苯橡胶	21.95	335.14	19.25	360.43	20.92	441.64	23.33	489.14	23.49	442.48	26.12	498.78
丁苯胶乳	10.53	162.72	9.59	163.47	10.12	198.05	10.92	199.28	8.60	132.80	10.60	151.83

续表

产品名称	2020 年		2019 年		2018 年		2017 年		2016 年		2015 年	
	数量 / 万吨	金额 / 百万美元	数量 / 万吨	金额 / 百万美元	数量 / 万吨	金额 / 百万美元	数量 / 万吨	金额 / 百万美元	数量 / 万吨	金额 / 百万美元	数量 / 万吨	金额 / 百万美元
2. 顺丁橡胶	7.05	99.08	6.14	116.09	6.54	139.75	7.24	168.66	6.30	109.76	7.78	136.66
3. 丁基橡胶	1.88	37.25	1.49	37.52	1.78	48.35	2.42	60.76	2.25	55.71	2.32	76.90
4. 氯丁橡胶	1.76	69.84	1.73	75.52	2.15	94.99	2.26	89.28	1.87	65.23	1.66	60.30
5. 丁腈橡胶	13.64	195.77	11.48	165.57	8.85	159.43	9.22	159.58	7.32	109.45	7.79	128.43
6. 异戊二烯橡胶	1.53	23.82	0.58	14.70	0.56	20.43	0.41	13.97	0.59	17.06	0.46	16.80
7. 乙丙橡胶	9.14	131.88	11.44	186.29	10.37	210.89	8.43	166.63	7.49	145.37	5.54	138.17
8. 其他合成橡胶	455.86	6 554.48	355.89	5 658.04	386.78	6 435.97	379.93	7 257.49	279.52	4 368.02	144.89	2 801.70
其他胶乳	0.35	7.23	0.40	6.99	0.50	8.71	0.76	11.69	0.50	11.64	0.63	9.60
三、合成纤维	50.25	1 631.66	62.68	2 070.86	71.05	2 438.94	67.38	2 202.85	61.34	2 073.36	63.80	2 349.12
1. 锦　纶	8.31	580.59	10.83	683.75	14.00	769.35	13.94	705.12	13.54	665.44	14.04	698.51
长　丝	7.26	490.88	9.74	590.15	12.79	670.58	12.63	611.78	12.41	583.13	12.90	617.85
短纤维及纤维条	1.05	89.71	1.09	93.60	1.21	98.77	1.31	93.34	1.13	82.31	1.14	80.66
2. 涤　纶	27.49	458.67	33.07	565.26	31.90	636.02	29.52	589.68	24.81	489.06	23.76	491.53
长　丝	8.86	267.26	11.22	316.20	13.01	356.42	13.72	361.81	12.58	322.88	11.14	303.54
短纤维及纤维条	18.63	191.41	21.85	249.06	18.89	279.60	15.80	227.86	12.23	166.17	12.62	187.98
3. 腈纶短纤维及纤维条	6.78	171.35	8.95	249.32	14.95	423.72	14.74	343.84	13.82	300.12	15.86	425.83

续表

产品名称	2020 年		2019 年		2018 年		2017 年		2016 年		2015 年	
	数量 / 万吨	金额 / 百万美元	数量 / 万吨	金额 / 百万美元	数量 / 万吨	金额 / 百万美元	数量 / 万吨	金额 / 百万美元	数量 / 万吨	金额 / 百万美元	数量 / 万吨	金额 / 百万美元
4. 丙　纶	0.51	11.28	0.39	8.25	0.32	7.50	0.40	9.02	0.44	11.41	0.67	18.14
长　丝	0.20	4.53	0.13	2.60	0.08	2.55	0.10	3.09	0.17	5.64	0.21	7.64
短纤维及纤维条	0.31	6.75	0.26	5.65	0.23	4.95	0.30	5.94	0.27	5.77	0.46	10.50
5. 氨纶长丝	2.94	176.97	2.80	202.35	3.09	232.94	2.69	203.09	2.64	202.40	2.56	219.82
6. 其　他	4.22	232.80	6.64	361.93	6.79	369.41	6.07	352.10	6.08	404.94	6.90	495.29
长　丝	1.47	110.32	1.47	131.67	1.46	132.05	1.08	119.04	1.04	120.09	1.14	139.40
短纤维及纤维条	2.75	122.48	5.17	230.26	5.33	237.36	4.99	233.06	5.04	284.86	5.76	355.89
四、制成肥料	1 101.79	2 943.95	1 097.15	3 491.58	936.60	2 681.82	917.90	2 336.62	832.89	2 410.80	1 115.65	3 926.98
尿　素	0.16	1.70	18.15	46.54	16.39	45.43	11.47	29.89	6.58	15.95	0.76	3.69
五、有机化学品												
（一）乙烯、芳烃												
乙　烯	197.78	1 457.10	250.97	2 373.95	257.59	3 302.38	215.69	2 507.02	165.65	1 750.48	151.57	1 621.62
纯　苯	209.79	989.98	193.92	1 228.04	257.25	2 184.13	250.31	2 094.57	154.92	993.38	120.55	864.94
甲　苯	45.24	195.23	33.14	220.97	32.73	257.46	50.90	343.07	76.39	471.17	75.01	525.05
混合二甲苯	0.01	1.56	14.58	105.63	1.26	9.73	0.96	6.76	0.02	0.56	0.91	8.00
邻二甲苯	18.74	100.39	8.44	71.02	26.23	225.18	35.60	281.74	29.02	215.28	34.93	287.20

续表

产品名称	2020 年		2019 年		2018 年		2017 年		2016 年		2015 年	
	数量 / 万吨	金额 / 百万美元	数量 / 万吨	金额 / 百万美元	数量 / 万吨	金额 / 百万美元	数量 / 万吨	金额 / 百万美元	数量 / 万吨	金额 / 百万美元	数量 / 万吨	金额 / 百万美元
对二甲苯	1 386.08	8 144.95	1 493.80	13 809.90	1 590.82	16 918.33	1 443.82	12 133.16	1 236.14	9 668.04	1 164.89	9 793.85
苯乙烯	283.04	2 096.55	324.31	3 306.05	291.35	3 957.03	321.22	4 008.55	349.85	3 629.12	374.44	4 159.04
乙　苯	0.50	2.31	2.38	18.23	17.91	186.75	13.72	139.01	5.46	46.27	2.82	26.98
（二）主要有机原料												
甲　醇	1 294.48	2 684.77	1 089.52	2 909.34	742.86	2 921.00	814.48	2 640.36	880.28	2 096.97	553.86	1 562.15
丁　醇	35.06	226.32	31.21	235.26	30.74	278.22	34.08	280.27	42.67	254.56	37.89	286.45
辛　醇	27.72	236.52	20.88	219.19	19.77	251.97	16.26	190.19	21.03	195.96	22.84	260.33
醋　酸	5.78	16.45	0.62	3.58	1.43	8.41	1.58	6.09	8.69	25.34	5.31	18.41
苯　酚	70.99	490.43	46.76	460.20	41.87	530.45	36.55	328.45	24.83	206.57	17.29	159.87
丙　酮	70.30	534.87	77.92	336.77	67.77	428.58	49.46	359.69	47.55	265.19	43.66	267.13
丁　酮	0.10	1.47	0.04	0.84	0.11	1.81	0.15	2.07	0.13	1.50	0.18	2.63
（三）主要合成纤维原料及聚合物												
乙二醇	1 054.79	4 889.27	994.70	5 818.61	979.99	9 009.68	875.01	7 507.91	757.28	4 934.59	877.16	7 123.97
对苯二甲酸	61.66	283.59	103.69	770.73	78.28	667.90	54.38	353.02	50.22	302.30	75.19	478.80
尼龙 66 盐	0.43	9.75	0.38	9.53	0.41	11.29	0.22	3.78	0.26	3.61	0.71	13.32
丙烯腈	30.66	330.13	30.91	487.03	37.00	742.30	27.08	398.02	30.61	326.08	39.79	556.78
己内酰胺	26.80	288.34	20.21	306.23	17.36	349.42	23.74	429.60	22.09	277.85	22.36	362.20
聚酯切片	49.63	444.50	63.71	607.55	43.35	527.44	22.13	332.29	17.87	271.78	16.67	262.83

注：数据来自海关总署

表 7　　中国主要石化产品出口数量与金额

产品名称	2020 年		2019 年		2018 年		2017 年		2016 年		2015 年	
	数量 / 万吨	金额 / 百万美元	数量 / 万吨	金额 / 百万美元	数量 / 万吨	金额 / 百万美元	数量 / 万吨	金额 / 百万美元	数量 / 万吨	金额 / 百万美元	数量 / 万吨	金额 / 百万美元
一、五大合成树脂	173.72	2 182.80	167.82	2 065.24	168.66	2 186.58	201.17	2 302.36	205.86	2 123.87	166.64	1 915.55
1. 聚乙烯	25.23	361.42	28.24	407.69	22.77	358.30	24.69	360.81	29.89	387.62	26.93	381.08
低密度聚乙烯	12.03	205.77	11.76	177.99	9.78	154.31	9.32	146.29	7.35	103.67	5.95	91.37
高密度聚乙烯	13.20	155.65	16.48	229.70	12.99	203.99	15.37	214.52	16.43	210.14	15.39	215.26
2. 聚丙烯	36.35	522.09	34.32	472.70	31.17	463.15	29.59	392.32	23.97	306.25	16.64	248.01
3. 聚苯乙烯	21.18	251.86	30.12	391.75	31.98	507.92	33.05	476.14	31.84	397.47	32.98	452.29
可发性聚苯乙烯	17.26	160.88	26.18	307.46	28.00	414.08	27.52	371.83	25.99	302.59	28.97	372.47
其他聚苯乙烯	3.92	90.98	3.94	84.29	3.98	93.84	5.53	104.32	5.84	94.38	4.02	79.82
4. ABS 共聚物	4.94	109.56	3.78	82.62	4.77	109.02	3.53	83.12	2.82	58.37	2.35	53.30
5. 聚氯乙烯	86.02	937.87	71.36	710.48	77.97	748.19	110.31	989.97	117.34	974.16	87.74	780.87
纯聚氯乙烯	65.35	588.26	54.86	465.92	62.73	543.41	96.92	801.14	105.01	792.43	78.23	627.63
未塑化聚氯乙烯	5.35	84.83	5.08	66.93	5.47	78.98	4.66	63.29	3.92	58.74	2.58	45.51
已塑化聚氯乙烯	15.32	264.78	11.42	177.63	9.77	125.8	8.73	125.54	8.41	123.00	6.94	107.73
二、合成橡胶及胶乳合计	38.27	716.88	31.97	683.77	29.74	699.76	25.92	601.69	20.76	427.10	18.84	419.07
1. 丁苯橡胶	6.70	96.77	6.97	116.25	6.06	118.69	5.10	100.03	6.08	116.13	6.50	128.27
丁苯胶乳	2.17	20.51	2.42	24.25	1.76	19.84	1.59	17.65	1.36	14.35	1.36	15.12

续表

产品名称	2020年		2019年		2018年		2017年		2016年		2015年	
	数量/万吨	金额/百万美元	数量/万吨	金额/百万美元	数量/万吨	金额/百万美元	数量/万吨	金额/百万美元	数量/万吨	金额/百万美元	数量/万吨	金额/百万美元
2. 顺丁橡胶	5.05	68.30	3.32	55.83	2.90	58.76	2.14	41.47	1.52	23.63	1.78	28.01
3. 丁基橡胶	1.44	30.96	0.75	22.38	0.05	2.13	0.13	3.53	0.03	0.67	0.02	1.09
4. 氯丁橡胶	1.08	37.51	1.22	49.34	1.18	57.84	0.44	17.44	0.18	6.21	0.18	6.75
5. 丁腈橡胶	5.75	123.64	2.66	38.87	3.40	60.00	1.43	29.04	2.03	26.70	1.43	22.45
6. 异戊二烯橡胶	0.10	3.47	0.05	1.72	0.08	4.32	0.09	2.64	0.09	1.82	0.02	0.64
7. 乙丙橡胶	1.04	20.90	0.39	7.51	0.57	12.14	0.42	9.04	0.46	15.53	0.21	6.27
8. 其他合成橡胶	17.11	335.33	16.61	391.87	15.5	385.88	16.16	398.50	10.39	236.41	8.71	225.59
其他胶乳	0.48	5.17	0.64	7.56	0.70	9.13	0.21	2.51	0.00	0.21	0.01	0.32
三、合成纤维	465.28	7 384.17	515.48	9 250.58	448.65	9 568.37	425.19	8 035.84	414.93	7 200.23	365.76	7 190.18
1. 锦　纶	25.53	786.20	27.74	1 000.11	24.69	994.24	24.76	869.95	23.07	744.36	19.36	734.32
长　丝	25.07	753.73	27.19	957.76	24.14	945.05	24.32	836.07	22.66	712.52	18.96	699.19
短纤维及纤维条	0.46	32.47	0.55	42.35	0.55	49.19	0.44	33.88	0.41	31.84	0.40	35.14
2. 涤　纶	354.98	3 871.22	371.61	5 062.56	333.53	5 195.18	308.66	4 187.75	302.28	3 644.76	266.94	3 634.37
长　丝	274.84	3 167.72	273.09	4 002.65	230.22	3 942.54	207.70	3 145.19	200.94	2 690.31	172.03	2 632.30
短纤维及纤维条	80.14	703.50	98.52	1 059.91	103.31	1 252.64	100.96	1 042.56	101.34	954.45	94.91	1 002.07
3. 腈纶短纤维及纤维条	3.11	53.59	2.58	55.48	1.94	47.99	4.57	88.82	3.04	52.58	1.95	43.24

续表

产品名称	2020 年		2019 年		2018 年		2017 年		2016 年		2015 年	
	数量 / 万吨	金额 / 百万美元	数量 / 万吨	金额 / 百万美元	数量 / 万吨	金额 / 百万美元	数量 / 万吨	金额 / 百万美元	数量 / 万吨	金额 / 百万美元	数量 / 万吨	金额 / 百万美元
4. 丙　纶	3.61	118.19	3.64	128.05	3.42	119.83	2.93	96.70	4.03	113.69	3.44	99.94
长　丝	2.35	98.57	2.18	104.84	2.05	96.19	1.96	80.85	3.21	99.72	2.58	83.69
短纤维及纤维条	1.26	19.62	1.46	23.21	1.37	23.64	0.97	15.84	0.82	13.93	0.86	16.26
5. 氨纶长丝	7.85	365.54	7.40	366.72	6.46	355.42	5.77	303.57	5.87	307.11	5.22	324.97
6. 其　他	70.20	2 189.43	102.51	2 637.66	78.61	2 855.71	78.50	2 489.06	76.64	2 337.72	68.84	2 353.34
长　丝	11.50	544.09	33.28	571.17	10.73	536.35	9.92	483.36	9.02	418.13	8.07	407.40
短纤维及纤维条	58.70	1 645.34	64.23	2 066.49	67.88	2 319.36	68.57	2 005.70	67.63	1 919.59	60.77	1 945.94
四、制成肥料	2 226.25	5 076.60	2 112.45	5 618.41	2 080.25	6 050.30	2 420.43	6 060.47	2 677.95	6 531.00	3 450.36	10 857.92
尿　素	545.01	1 421.08	494.46	1 404.72	244.30	773.95	465.64	1 143.73	887.07	1 975.50	1 374.80	3 938.15
五、有机化学品												
（一）乙烯、芳烃												
乙　烯	9.41	64.12	1.22	10.11	0.02	0.61	0.63	6.10	0.82	9.20	0	0.08
纯　苯	0.31	1.58	3.58	22.20	4.11	31.52	3.55	22.04	5.32	29.43	9.28	66.80
甲　苯	7.52	33.27	3.69	23.70	1.50	11.63	0.09	0.90	0.44	2.99	0.52	4.32
混合二甲苯	0.04	0.30	0.07	0.72	0.61	4.91	0.09	0.71	0.05	0.49	0.04	0.43
邻二甲苯	0	0.01	2.48	22.97	0.63	6.01	0	0	0.20	1.24	0.20	1.96
对二甲苯	0	0.10	0.01	0.15	0.01	0.17	3.50	29.70	5.66	41.24	12.01	100.76
苯乙烯	2.70	24.89	5.24	55.48	0.52	7.27	6.34	86.46	0.01	0.06	0.49	4.94

续表

产品名称	2020 年		2019 年		2018 年		2017 年		2016 年		2015 年	
	数量 / 万吨	金额 / 百万美元	数量 / 万吨	金额 / 百万美元	数量 / 万吨	金额 / 百万美元	数量 / 万吨	金额 / 百万美元	数量 / 万吨	金额 / 百万美元	数量 / 万吨	金额 / 百万美元
乙　苯	0.04	0.45	0.56	4.74	0.07	1.07	0.03	0.40	0.03	0.32	0.01	0.20
（二）主要有机原料												
甲　醇	12.12	29.23	17.10	62.02	31.64	133.91	12.67	47.45	3.35	9.80	16.29	49.89
丁　醇	2.14	16.11	2.09	18.37	1.77	20.71	3.95	35.32	1.68	12.59	2.01	19.45
辛　醇	0.96	9.81	2.02	21.81	2.40	29.27	3.18	32.81	0.71	6.76	1.45	17.12
醋　酸	40.04	131.18	63.83	259.50	70.98	431.27	45.74	185.34	24.03	67.09	39.31	150.56
苯　酚	1.60	14.08	0.64	8.12	4.40	56.93	5.72	58.24	5.67	50.23	1.79	17.68
丙　酮	0.02	0.35	0.21	1.08	0.37	2.75	2.25	17.20	0.82	5.33	0.31	2.60
丁　酮	19.05	177.37	16.48	163.79	14.97	192.96	11.51	115.73	9.31	67.79	9.09	95.91
（三）主要合纤原料及聚合物												
乙二醇	6.08	32.26	1.17	14.26	0.45	13.04	1.81	22.47	1.96	28.66	1.99	28.25
对苯二甲酸	84.74	395.52	69.17	517.35	84.04	714.61	52.36	334.64	69.53	418.80	62.25	421.62
尼龙 66 盐	0	0.01	0	0.01	0	0.01	0	0	0	0.02	0	0.11
丙烯腈	7.28	78.32	4.28	66.68	0.49	11.99	0.98	15.14	0.20	2.47	0	0
己内酰胺	0.05	0.78	0.02	0.43	0.01	0.31	0.50	9.69	0.02	0.32	0.21	3.68
聚酯切片	273.47	2 049.33	344.00	3 495.80	317.49	3 826.49	247.76	2 416.94	217.90	1 887.47	209.02	2 034.17

注：数据来自海关总署

表 8　　中国石化在《财富》杂志世界 500 强企业中排名

年度	排名
1999	73
2000	58
2001	68
2002	86
2003	70
2004	54
2005	31
2006	23
2007	17
2008	16
2009	9
2010	7
2011	5
2012	5
2013	4
2014	3
2015	2
2016	4
2017	3
2018	3
2019	2
2020	2

中国石化 SINOPEC

附　录

附录 1

企事业单位名录

序号	单位名称	地址	邮政编码	电话	传真	董事长 / 经理（厂长）
1	中国石化集团胜利石油管理局有限公司 中国石油化工股份有限公司胜利油田分公司	山东省东营市济南路 125 号	257001	（0546）8552074	（0546）8221719	孔凡群
2	中国石化集团中原石油勘探局有限公司 中国石油化工股份有限公司中原油田分公司	河南省濮阳市中原路 277 号	457000	（0393）4822151 （0393）4822172	（0393）4828300	孙　健 / 张庆生
3	中国石化集团河南石油勘探局有限公司 中国石油化工股份有限公司河南油田分公司	河南省南阳市宛城区油田五一村	473132	（0377）63830011	（0377）63830027	秦　都
4	中国石化集团江汉石油管理局 中国石油化工股份有限公司江汉油田分公司	湖北省潜江市广华寺江汉路 1 号	433124	（0728）6502051	（0728）6502784	孙　健
5	中国石化集团江苏石油勘探局 中国石油化工股份有限公司江苏油田分公司	江苏省扬州市文汇西路 1 号	225009	（0514）87761792	（0514）87761111	方志雄
6	中国石化集团上海海洋石油局有限公司 中国石油化工股份有限公司上海海洋油气分公司	上海市浦东新区商城路 1225 号	200120	（021）20896811	（021）68769284	周荔青 / 赵　勇
7	中国石化集团西北石油局有限公司 中国石油化工股份有限公司西北油田分公司	新疆乌鲁木齐市长春南路 466 号中国石化西北石油科研生产园区	830011	（0991）3166567	（0991）6637597	张　煜 / 王世洁
8	中国石化集团西南石油局有限公司 中国石油化工股份有限公司西南油气分公司	四川省成都市高新区吉泰路 688 号	610041	（028）65285555	（028）65285666	郭彤楼
9	中国石化集团东北石油局有限公司 中国石油化工股份有限公司东北油气分公司	吉林省长春市绿园区西安大路 4936 号	130062	（0431）87958808	（0431）87974693 （0431）87973631	元　涛 / 马代鑫
10	中国石化集团华北石油局有限公司 中国石油化工股份有限公司华北油气分公司	河南省郑州市中原区陇海西路 199 号	450006	（0371）68629220	（0371）86002220	吕新华
11	中国石化集团华东石油局有限公司 中国石油化工股份有限公司华东油气分公司	江苏省南京市建邺区江东中路 315 号金融城 9 号楼	210019	（025）66201000	（025）66201111	李东海 / 姚红生

续表

序号	单位名称	地址	邮政编码	电话	传真	董事长 / 经理（厂长）
12	中国石油化工股份有限公司勘探分公司	四川省成都市高新区吉泰路 688 号中国石化西南科研办公基地	610041	（028）85164709	（028）85164600	冯建辉
13	中国石油化工股份有限公司天然气分公司	北京市朝阳区惠新东街甲 6 号	100029	（010）69166083	（010）69196617	段彦修
14	中国石化集团国际石油勘探开发有限公司	北京市朝阳区惠新东街甲 6 号	100029	（010）69165038	（010）69165140	朱碧新
15	中石化石油工程技术服务有限公司	北京市朝阳区吉市口 9 号	100020	（010）59965998	（010）59965997	刘中云 / 袁建强
16	中国石化集团国际石油工程有限公司	北京市朝阳区吉市口 9 号	100020	（010）59965556	（010）59760955	张永杰
17	中石化海洋石油工程有限公司	上海市浦东新区商城路 1225 号	200120	（021）20896811	（021）68769284	周荔青 / 赵勇
18	中石化石油工程建设有限公司	北京市朝阳区安慧北里安园 21 号楼	100101	（010）84879999	（010）64963395	孙丽丽 / 吴德飞
19	中石化石油工程地球物理有限公司	北京市朝阳区吉市口路 9 号 24 层	100020	（010）59965719	（010）59760901	宋明水
20	中石化胜利石油工程有限公司	山东省东营市东营区济南路 125 号	257000	（0546）8555613 （0546）8710018	（0546）8555026	孙永壮
21	中石化中原石油工程有限公司	河南省濮阳市华龙区中原路 277 号	457001	（0393）4816077	（0393）4816077	张百灵 / 宋保健
22	中石化江汉石油工程有限公司	湖北省潜江市广华江汉路 1 号	433124	（0728）6502636	（0728）6502632	杨国圣
23	中石化西南石油工程有限公司	四川省成都市高新区吉泰路 688 号中国石化西南科研办公基地	610041	（028）65285566	（028）65285577	唐世春
24	中石化华东石油工程有限公司	江苏省南京市建邺区江东中路 371 号金融城 9 幢	210019	（025）66202329	（025）66202300	粟开喜
25	中石化华北石油工程有限公司	河南省郑州市中原区淮河西路 21 号新蒲恒辉广场	450006	（0371）60197569 （0371）60197570	（0371）60197569	常兴浩
26	中国石油化工股份有限公司石油勘探开发研究院	北京市昌平区沙河镇百沙路 197 号院中国石化科学技术研究中心	102206	（010）56607515	（010）56607519	郑和荣
27	中国石化集团石油工程技术研究院有限公司 中国石油化工股份有限公司石油工程技术研究院	北京市昌平区沙河镇百沙路 5 号中国石化科学技术研究中心 1 号楼西区	102206	（010）56606329	（010）56606666	路保平

续表

序号	单位名称	地址	邮政编码	电话	传真	董事长 / 经理（厂长）
28	中国石油化工股份有限公司石油物探技术研究院	江苏省南京市江宁区上高路 219 号	211103	（025）68109926	（025）68109900	曲寿利
29	中石化石油机械股份有限公司	湖北省武汉市东湖新技术开发区光谷大道 77 号金融港 A2 座 12 层	430205	（027）52306800	（027）52306868	谢永金 / 王峻乔
30	中国石化集团新星石油有限责任公司	北京市海淀区北四环中路 263 号	100083	（010）82335563	（010）82335152	张召平
31	中国石化集团茂名石油化工有限公司 中国石油化工股份有限公司茂名分公司	广东省茂名市双山四路 9 号大院	525000	（0668）2243941	（0668）2269317	尹兆林 / 陆建明
32	中国石化上海高桥石油化工有限公司	上海市浦东新区利津路 78 号	200129	（021）58711001	（021）58712207	王净依 / 孙敏杰
33	中国石化集团金陵石油化工有限责任公司 中国石油化工股份有限公司金陵分公司	江苏省南京市栖霞区甘家巷街 388 号	210033	（025）58989322	（025）85592004	张春生 / 徐宏
34	福建炼油化工有限公司	福建省泉州市丰泽区安吉路福炼大厦	362011	（0595）27355053	（0595）27355000	刘向东
35	中国石化集团资产经营管理有限公司长岭分公司 中国石油化工股份有限公司长岭分公司	湖南省岳阳市云溪区	414012	（0730）8452003	（0730）8451324	王妙云
36	中国石化集团资产经营管理有限公司广州分公司 中国石油化工股份有限公司广州分公司	广东省广州市黄埔区石化路 239 号	510725	（020）62123888	（020）82396591	丘仲宜
37	中国石化集团资产经营管理有限公司洛阳石化分公司 中国石油化工股份有限公司洛阳分公司	河南省洛阳市吉利区大庆路 1 号	471012	（0379）66992300	（0379）66991882	江寿林
38	中国石化青岛炼油化工有限责任公司	山东省青岛市经济技术开发区千山南路 827 号	266500	（0532）86915983	（0532）86915988	赵培录 / 杜博华
39	中国石化集团资产经营管理有限公司石家庄分公司 中国石油化工股份有限公司石家庄炼化分公司	河北省石家庄市裕华区石炼路 1 号	050099	（0311）80862314	（0311）80861234	胡正海
40	中国石化集团资产经营管理有限公司荆门分公司 中国石油化工股份有限公司荆门分公司	湖北省荆门市掇刀区白庙街办炼厂路 9 号	448039	（0724）2271917 （0724）2276857	（0724）2211677	杨勇刚

续表

序号	单位名称	地址	邮政编码	电话	传真	董事长 / 经理（厂长）
41	中国石油化工股份有限公司九江分公司	江西省九江市浔阳区滨江东路 230 号	332004	（0792）8492966 （0792）8493204	（0792）8617006	谢道雄
42	中国石化集团资产经营管理有限公司济南分公司 中国石油化工股份有限公司济南分公司	山东省济南市工业南路 26 号	250101	（0531）88832202	（0531）88983622	夏季祥
43	中国石化集团资产经营管理有限公司沧州分公司 中国石油化工股份有限公司沧州分公司	河北省沧州市交通北大道 50 号	061000	（0317）3552247 （0317）3552095	（0317）3552688	周庆水
44	中国石化润滑油有限公司	北京市海淀区安宁庄西路 6 号	100085	（010）62949873	（010）62917732	夏世祥
45	中国石化青岛石油化工有限责任公司	山东省青岛市李沧区滨海路 8 号	266043	（0532）66762212	（0532）84816954	李振民
46	中国石化北海炼化有限责任公司	广西北海市铁山港区 4 号路	536016	（0779）8528168	（0779）8528888	张忠和
47	中国石化塔河炼化有限责任公司	新疆库车市天山东路 60 号	842000	（0997）7979229	（0997）7979016	从　煜
48	中国石化炼油销售有限公司	上海市长宁区延安西路 728 号 22 层	200050	（021）60863300	（021）52381680	胡伟庆
49	中科（广东）炼化有限公司	广东省湛江市湛江市经济技术开发区中科大道 1 号	524076	（0759）8936026	（0759）8936000	吴惜伟 / 曾松
50	中国石化湛江东兴石油化工有限公司	广东省湛江市霞山区湖光路 15 号	524012	（0759）2606603	（0759）2606888	吴惜伟
51	中国国际石油化工联合有限责任公司	北京市朝阳区朝阳门北大街 22 号	100728	（010）59966528	（010）59966698	陈　波
52	中国石化销售股份有限公司北京石油分公司	北京市东城区广渠家园 6 号楼	100022	（010）67006700	（010）67006900	史东斌
53	中国石化集团资产经营管理有限公司天津石油分公司 中国石化销售股份有限公司天津石油分公司	天津市南开区南京路 338 号	300100	（022）27201588	（022）27201555	佟德健
54	中国石化集团资产经营管理有限公司河北石油分公司 中国石化销售股份有限公司河北石油分公司	河北省石家庄市槐安东路 106 号 /6 号	050021	（0311）87182017	（0311）87182888	张文胜
55	中国石化集团资产经营管理有限公司陕西石油分公司 中国石化销售股份有限公司山西石油分公司	山西省太原市万柏林区大王路 8 号	030024	（0350）2217302	（0350）2217029	董光明

续表

序号	单位名称	地址	邮政编码	电话	传真	董事长 / 经理（厂长）
56	中国石化销售股份有限公司上海石油分公司	上海市黄浦区中山东一路 24 号甲	200002	（021）63219490	（021）63210762	丁春生
57	中国石化销售有限公司江苏石油分公司	江苏省南京市中山北路 395 号江苏石油大厦	210003	（025）58808888	（025）58803729	张有根
58	中国石化销售股份有限公司浙江石油分公司	浙江省杭州市河坊街 58 号	310009	（0571）87818833	（0571）87813822	许卫东
59	中国石化销售股份有限公司安徽石油分公司	安徽省合肥市屯溪路 188 号	230009	（0551）62212843	（0551）62212900	韩雪岭
60	中国石化销售股份有限公司福建石油分公司	福建省福州市中山路 18 号	350003	（0591）87817322	（0591）87817322	吴庆高
61	中国石化集团江西石油总公司 中国石化销售股份有限公司江西石油分公司	江西省南昌市洪都北大道 102 号	330046	（0791）88512108	（0791）88511107	毛陆军
62	中国石化销售股份有限公司山东石油分公司	山东省济南市经十路 13777 号 9 栋中国石化山东石油大厦	250014	（0531）85856666	（0531）85856789	江建华
63	中国石化销售股份有限公司河南石油分公司	河南省郑州市郑东新区正光路 16 号	450016	（0371）87520290	（0371）87520299	焦德才
64	中国石化销售股份有限公司湖北石油分公司	湖北省武汉市解放大道 606 号	430030	（027）68837017	（027）68837100	向浩平
65	中国石化销售股份有限公司湖南石油分公司	湖南省长沙市湘春路 113 号	410008	（0731）84841848	（0731）84841801	黄　河
66	广东省石油企业集团公司 中国石化销售股份有限公司广东石油分公司	广东省广州市体育西路 191 号中石化大厦 A 塔	510620	（020）38084610	（020）38081618	岑利祥
67	中国石化销售股份有限公司广西石油分公司	广西南宁市桃源路 67 号石油大厦	530021	（0771）6757886	（0771）6757889	李玉杏
68	中国石化销售股份有限公司海南石油分公司	海南省海口市滨海大道 177 号	570311	（0898）68680801	（0898）68680909	丁建华
69	中国石化销售股份有限公司贵州石油分公司	贵州省贵阳市南明区解放路 21 号石化大厦	550000	（0851）85986622	（0851）85935810	张家顺
70	中国石化销售股份有限公司云南石油分公司	云南省昆明市国贸路 865 号	650029	（0871）63115218 （0871）63115217	（0871）63115210	杨惠明 / 周麟
71	中国石化燃料油销售有限公司	北京市朝阳区惠新东街甲 6 号	100029	（010）69166666	（010）69168888	刘祖荣
72	中国石化销售股份有限公司辽宁石油分公司	辽宁省沈阳市皇姑区崇山东路 51 号	110032	（024）86629533	（024）86860772	周绍海

续表

序号	单位名称	地址	邮政编码	电话	传真	董事长 / 经理（厂长）
73	中国石化销售股份有限公司四川石油分公司	四川省成都市高新区吉泰路 688 号中石化西南科研基地	610041	(028) 65286812	(028) 65286822	柴志明
74	中国石化销售股份有限公司重庆石油分公司	重庆市渝中区民族路 188 号环球金融中心 48 楼	400010	(023) 63107555	(023) 63106320	王红兵
75	中国石化销售股份有限公司陕西石油分公司	陕西省西安市莲湖区北大街 29 号中天国际大厦 10 层	710003	(029) 87255916	(029) 87403810	杨其明
76	中国石化销售股份有限公司内蒙古石油分公司	内蒙古自治区呼和浩特市如意开发区如意和大街 28 号万铭总部基地综合楼 5 楼	010000	(0471) 5289801	(0471) 5289808	张　华
77	中国石化销售有限公司新疆石油分公司	新疆乌鲁木齐长春南路 466 号中国石化科研生产园区 2 楼 B 座	830011	(0991) 3163087	(0991) 3163086	邱发森
78	中国石化销售股份有限公司吉林石油分公司	吉林省长春市南关区人民大街 10606 号东北亚国际金融中心 3 号楼	130000	(0431) 81332986	(0431) 81332966	仲　伟
79	中国石化销售股份有限公司黑龙江石油分公司	黑龙江省哈尔滨市道里区通达街 307 号	150000	(0451) 51530813	(0451) 51530991	叶　震
80	中国石化销售有限公司青海石油分公司	青海省西宁市城东区民和路 58 号	810007	(0971) 6233926	(0971) 5161973	阚　筇
81	中国石化销售有限公司甘肃石油分公司	甘肃省兰州市城关区天水中路 2 号	730030	(0931) 8520683	(0931) 8833795	冯培育
82	中国石化销售股份有限公司宁夏石油分公司	宁夏回族自治区银川市兴庆区和北街 1143 号	750000	(0951) 3803515	(0951) 3859299	周　炎
83	中国石化销售有限公司华北分公司	天津市华苑产业园区榕苑路 11 号	300384	(022) 23059524	(022) 23059522	于金广
84	中国石化销售股份有限公司华东分公司	上海市长宁区愚园路 819 号	200050	(021) 62119325	(021) 62119327	陈　坚
85	中国石化销售股份有限公司华中分公司	湖北省武汉市江汉区常青路 39 号	430023	(027) 65798026	(027) 65798015	张洪奎
86	中国石化销售股份有限公司华南分公司	广东省广州市天河区体育西路 191 号 A 塔 39 楼	510620	(020) 38083999	(020) 38083909	刘　胜

续表

序号	单位名称	地址	邮政编码	电话	传真	董事长 / 经理（厂长）
87	中国石化销售股份有限公司西北分公司	陕西省西安市国际港务区港务大道 99 号中西部陆港金融小镇 A 座 15 层	710026	（029）88315553	（029）88315589	任 裴
88	中石化易捷销售有限公司	北京市朝阳区朝阳门吉市口路 9 号	100020			
89	中国石油化工股份有限公司石油化工科学研究院	北京市海淀区学院路 18 号	100083	（010）62310806	（010）62311290	李明丰
90	中国石油化工股份有限公司大连石油化工研究院 中国石油化工股份有限公司抚顺石油化工研究院	辽宁省大连市旅顺口区南开街 96 号 辽宁省抚顺市望花区丹东路东段 31 号	116045 113001	（0411）39699990 （024）56389234	（0411）39699000 （024）56429551	侯栓弟
91	中国石油化工股份有限公司青岛安全工程研究院	山东省青岛市崂山区松岭路 339 号	266104	（0532）83786202	（0532）83861318	杨 哲
92	中国石化集团北京燕山石油化工有限公司 中国石油化工股份有限公司北京燕山分公司	北京市房山区燕山岗南路 1 号	102500	（010）69337800	（010）69345087	李 刚
93	中国石化集团资产经营管理有限公司齐鲁石化分公司 中国石油化工股份有限公司齐鲁分公司	山东省淄博市临淄区桓公路 15 号	255408	（0533）7512777	（0533）7586888	张绍光 / 王玉亮
94	中国石油化工股份有限公司镇海炼化分公司	浙江省宁波市镇海区蛟川街道	315200	（0574）86444000	（0574）86270077	张玉明 / 吕亮功
95	中国石化集团资产经营管理有限公司天津石化分公司 中国石油化工股份有限公司天津分公司	天津市滨海新区（大港）北围堤路（西）160 号	300271	（022）63805578	（022）25991000	李永林
96	中沙（天津）石化有限公司	天津市滨海新区（大港）北围堤路西 235 号	300271	（022）63809018	（022）63809000	戴立起
97	中国石化上海石油化工股份有限公司	上海市金山区金一路 48 号	200540	（021）57943143	（021）57942267	吴海君
98	上海赛科石油化工有限责任公司	上海市化学工业区南银河路 557 号	201507	（021）37990088	（021）67250866	李成峰 / 张明龙
99	中国石化扬子石油化工有限责任公司	江苏省南京市沿江工业开发区（大厂）新华路 777 号	210048	（025）57782200	（025）57784389	洪剑桥 / 卫达
100	扬子石化一巴斯夫有限责任公司	江苏省南京市江北新区新华东路 8 号	210048	（025）58569966		顾越峰

续表

序号	单位名称	地址	邮政编码	电话	传真	董事长 / 经理（厂长）
101	中韩（武汉）石油化工有限公司	湖北省武汉市化学工业区八吉府大街特1号	430070	（027）86595153	（027）86595188	刘家海 / 杨文德
102	中国石化集团资产经营管理有限公司巴陵石化分公司 中国石油化工股份有限公司巴陵分公司	湖南省岳阳市云溪区	414014	（0730）8492348	（0730）8481456	邬智勇
103	中国石化仪征化纤有限责任公司	江苏省扬州市仪征市长江西路 1 号	211900	（0514）83231693	（0514）83233880	万涛 / 郭晓军
104	中国石化集团南京化学工业有限公司	江苏省南京市六合区葛关路 268 号	210048	（025）57765017	（025）57792812	叶晓东
105	中国石化集团资产经营管理有限公司安庆分公司 中国石油化工股份有限公司安庆分公司	安徽省安庆市石化四路 20 号	246002	（0556）5381717	（0556）5378299	刘晓华
106	中国石化海南炼油化工有限公司	海南省洋浦经济开发区	578101	（0898）28820068	（0898）28820099	汪剑波
107	中国石化集团重庆川维化工有限公司	重庆市长寿区维江路 36 号	401254	（023）68976911	（023）68974009	严　红
108	中国石化集团资产经营管理有限公司宜昌分公司 中国石油化工股份有限公司湖北化肥分公司	湖北省枝江市迎宾大道 15 号	443200	（0717）4232261	（0717）4212660	李德武
109	中国石化中原石油化工有限责任公司	河南省濮阳市胜利西路	457001	（0393）4471067	（0393）4416227	胡明生
110	中国石化长城能源化工有限公司	北京市朝阳区吉市口路 9 号	100020	（010）59965232	（010）59760059	杨　栋
111	中天合创能源有限责任公司化工分公司	内蒙古自治区鄂尔多斯市乌审旗图克工业园区	017300	（0477）2247071	（0477）2247618	胡传清
112	中安联合煤化有限责任公司	安徽省淮南市潘集区祁集镇煤化工大道经六路	232000	（0554）4239425	（0554）4618888	施华彪
113	中国石化长城能源化工（宁夏）有限公司	宁夏回族自治区灵武市宁东能源化工基地煤化工 C 区	750411	（0951）3098828	（0951）3098833	李少平 / 林国
114	中国石化化工销售有限公司	北京市朝阳区朝阳门北大街 22 号	100728	（010）59966916	（010）59760728	常振勇
115	中国石化催化剂有限公司	北京市朝阳区惠新东街甲 6 号	100029	（010）69166523	（010）69166878	顾松园

续表

序号	单位名称	地址	邮政编码	电话	传真	董事长 / 经理（厂长）
116	中国石化集团资产经营管理有限公司北京化工研究院 中国石油化工股份有限公司北京化工研究院	北京市朝阳区北三环东路 14 号	100013	（010）59202809	（010）64228361	吴长江
117	中国石油化工股份有限公司上海石油化工研究院	上海市浦东新区浦东北路 1658 号	201208	（021）68463662	（021）68462283	杨为民
118	中石化炼化工程（集团）股份有限公司	北京市朝阳区慧忠北里安园 19 号兰华国际 B 座	100101	（010）64998021	（010）64998599	向文武
119	中国石化工程建设有限公司	北京市朝阳区安慧北里安园 21 号	100101	（010）84879999	（010）64963395	孙丽丽 / 吴德飞
120	中石化洛阳（广州）工程有限公司	河南省洛阳市中州西路 27 号 广东省广州市天河区体育西路 191 号 A 塔	471003 510620	（0379）64887749 （020）22193318	（0379）64887756 （020）22193355	周成平
121	中石化上海工程有限公司	上海市浦东新区张杨路 769 号	200120	（021）58354214	（021）58358142	张新明
122	中石化宁波工程有限公司	浙江省宁波市高新区院士路 660 号	315103	（0574）87975589	（0574）87975199	许一君
123	中石化南京工程有限公司	江苏省南京市江宁区科建路 1189 号	211100	（025）87117369	（025）85561051	徐德勤
124	中石化第四建设有限公司	天津市滨海新区大港世纪大道 180 号	300270	（022）63862215	（022）25990156	向文武
125	中石化第五建设有限公司	广东省广州市荔湾区中山七路 81 号	510145	（020）28348128	（020）28348169	衣　浩
126	中石化第十建设有限公司	山东省青岛市黄岛区漓江西路 677 号	266555	（0532）55681666	（0532）55681000	王　毅
127	中石化项目管理有限公司 中国石化工程部南京项目管理中心	江苏省南京市建邺区南京金融 9 号楼 8—9 层	210019	（025）66202700	（025）66202726	张强 / 杨秋龙
128	中国石化国际事业有限公司	北京市朝阳区朝阳门北大街 22 号	100728	（010）59966049	（010）59760629	王玉冰
129	中国石化财务有限责任公司	北京市朝阳区朝阳门北大街 22 号	100728	（010）59966700	（010）59760508	蒋永富 / 程忠
130	中国石化盛骏国际投资有限公司	香港湾仔港湾道 1 号会展广场办公大楼 24 楼	999077	+852 28373336 +852 28373300	+852 28272630	吴　泊 / 赵　立
131	中石化保险有限公司	香港湾仔港湾道 1 号会展办公大楼 20 楼	999077	+852 28633011	+852 28632333	支　华 / 刘继峰

续表

序号	单位名称	地址	邮政编码	电话	传真	董事长 / 经理（厂长）
132	中石化保险经纪有限公司	北京市朝阳区朝阳门北大街 22 号	100728	（010）59965497		支　华
133	上海浙石期货经纪有限公司	上海市浦东新区浦电路 438 号	200120	（021）50586901	（021）50586903	李建新 / 俞国华
134	太平石化金融租赁有限责任公司	上海市浦东新区银城中路 488 号太平金融大厦 4102 室	200120	（021）61625379	（021）61625389	沙　卫
135	实华国际租赁有限公司	北京市建国门外大街 1 号	100020	（010）65052105	（010）65052098	张伟成 / 西村浩二
136	中国石化集团资本有限公司	北京市朝阳区东三环中路 1 号环球金融中心东塔 22 层	100026	（010）56633668		孙明荣
137	中石化百川经济贸易公司（中国石油化工集团公司机关服务中心、中国石油化工集团公司机关服务局）	北京市朝阳区朝阳门北大街 22 号	100728	（010）59960509	（010）59960901	翟亚林
138	中国石化集团共享服务有限公司	北京市朝阳区吉市口路 9 号	100020	（010）59965596		刘利君
139	中国石化工集团经济技术研究院有限公司（中国石化咨询有限责任公司）	北京市朝阳区安外小关街 24 号	100029	（010）52826100	（010）52826200	戴宝华
140	中国石化报社	北京市朝阳区吉市口 9 号	100020	（010）59963283	（010）59762243	陈维松
141	中国石化出版社有限公司	北京市东城区安定门外大街 58 号	100011	（010）57512507		周志明
142	中国经济出版社有限公司	北京市东城区安定门外大街 58 号	100011	（010）57512507		周志明
143	中国石油化工集团有限公司党组党校（石油化工管理干部学院、中国石化网络学院）	北京市朝阳区立水桥北甲 1 号	100012	（010）52591897	（010）52591919	徐旭日
144	石油化工工程质量监督总站 中石化工程质量监测有限公司	北京市朝阳区安翔北里 1 号	100101	（010）21720150	（010）21720188	翁必生

附录 2

制度性文件名一览表

制度名称	制度文号
中国石化党组贯彻落实《党组讨论和决定党员处分事项工作程序规定（试行）》的实施细则	中国石化党组〔2020〕23 号
中国石化领导人员选拔任用工作监督检查和责任追究办法	中国石化党组〔2020〕25 号
中国石油化工集团有限公司党组巡视工作办法	中国石化党组〔2020〕33 号
中共中国石油化工集团有限公司党组落实全面从严治党主体责任办法	中国石化党组〔2020〕39 号
中国石油化工集团有限公司纪检监察机构处理检举控告工作办法	中国石化党组制〔2020〕44 号
基层党支部分类定级管理办法	中国石化党组制〔2020〕54 号
直属单位党委书记抓党建工作述职评议考核办法（试行）	中国石化党组制〔2020〕54 号
中共中国石化党组深入贯彻落实习近平总书记重要指示批示工作细则	中国石化党组制〔2020〕76 号
中国石油化工集团有限公司党组前置研究讨论重大经营管理事项管理办法（试行）	中国石化党组制〔2020〕107 号
中国石化领导人员退休管理办法	中国石化党组制〔2020〕116 号
中国石化领导人员退出现职管理暂行办法	中国石化党组制〔2020〕116 号
中国石化监督委员会工作规则（试行）	中国石化党组制〔2020〕124 号
中国石化 HSSE 管理体系运行管理办法	中国石化安〔2020〕126 号
中国石化金融衍生品业务管理办法	中国石化财〔2020〕121 号
中国石化石油工程造价管理规定	中国石化建〔2020〕109 号
中国石化工程造价专业人员管理办法	中国石化建〔2020〕168 号
中国石化青年创新基金课题管理办法	中国石化科〔2020〕16 号
中国石化基础研究课题管理实施细则	中国石化科〔2020〕174 号
中国石化知识产权保护规定	中国石化科〔2020〕195 号
中国石化绿化管理规定	中国石化能〔2020〕190 号
中国石化管理现代化创新成果评审和推广办法	中国石化企〔2020〕120 号
中国石化中介机构聘用管理办法	中国石化企〔2020〕128 号
中国石化审计结果应用管理办法	中国石化审〔2020〕149 号
中国石化专项审计管理办法	中国石化审〔2020〕158 号
中国石化风险内控审计办法	中国石化审〔2020〕169 号
中国石化合资合作项目审计办法	中国石化审〔2020〕171 号
中国石化审计项目计划管理办法	中国石化审〔2020〕211 号
中国石化委托审计管理办法	中国石化审〔2020〕212 号
中国石化境外审计管理办法	中国石化审〔2020〕213 号

续表

制度名称	制度文号
中国石化内部审计工作规定	中国石化审〔2020〕52 号
中国石化经济责任审计办法	中国石化审〔2020〕53 号
共青团中国石油化工集团有限公司委员会工作规则（试行）	中国石化团委〔2020〕16 号
中国石化直属单位团组织选举规定	中国石化团委〔2020〕17 号
中国石油化工集团有限公司团支部工作细则（试行）	中国石化团委〔2020〕33 号
中国石油化工集团有限公司直属单位团委工作规则（试行）	中国石化团委〔2020〕39 号
中国石油化工集团有限公司直属党委处分党员工作程序规定	中国石化直党〔2020〕14 号
中国共产党中国石油化工集团有限公司直属纪律检查委员会工作规则	中国石化直纪〔2020〕6 号
中国石化重大经营风险事件报告管理办法（试行）	中国石化制〔2020〕220 号
中国石化计量管理办法	中国石化制〔2020〕222 号
中国石化建设项目绩效考核管理办法	中国石化制〔2020〕222 号
中国石化质量事故管理规定	中国石化制〔2020〕222 号
中国石化质量管理办法	中国石化制〔2020〕222 号
中国石化财务资金审计管理办法	中国石化制〔2020〕222 号
中国石化审计信息化管理办法	中国石化制〔2020〕222 号
中国石化建设项目环境保护管理办法	中国石化制〔2020〕222 号
中国石化放射管理办法（试行）	中国石化制〔2020〕222 号
中国石化环境保护管理规定	中国石化制〔2020〕222 号
中国石化合规管理办法	中国石化制〔2020〕222 号
中国石化制度管理办法	中国石化制〔2020〕222 号
热电水务专业持续推进全员成本目标管理考评奖励细则	中国石化制〔2020〕222 号
中国石化重大决策稳定风险评估管理办法	中国石化制〔2020〕222 号
中国石化信访工作规定	中国石化制〔2020〕222 号
中国石化档案管理办法	中国石化制〔2020〕222 号
中国石化商旅平台应用管理办法（暂行）	中国石化制〔2020〕222 号
中国石化总部党组会办公会保密管理细则	中国石化制〔2020〕222 号
中国石化自然灾害防范管理规定（试行）	中国石化制〔2020〕234 号
中国石化原油商业储备管理办法	中国石化制〔2020〕263 号
中国石化紧急采购管理办法	中国石化制〔2020〕263 号
中国石化企业集中采购管理办法	中国石化制〔2020〕263 号
中国石化物资供应过程控制管理办法	中国石化制〔2020〕263 号
中国石化物资供应管理绩效考核办法	中国石化制〔2020〕263 号
中国石化科技类核心商业秘密项目保密管理规定	中国石化制〔2020〕263 号
中国石化物资供应质量管理办法	中国石化制〔2020〕263 号
中国石化境外档案管理规定	中国石化制〔2020〕263 号

续表

制度名称	制度文号
中国石化企业法律顾问管理办法	中国石化制〔2020〕263 号
中国石油化工集团公司井控培训管理规定	中国石化制〔2020〕263 号
中国石化建设项目竣工环境保护验收管理细则	中国石化制〔2020〕263 号
中国石化标准化管理办法	中国石化制〔2020〕263 号
中国石化石油与石油化工产品、油田企业采购物资质量监督抽查管理办法	中国石化制〔2020〕263 号
中国石化质量事故领导干部责任追究管理办法	中国石化制〔2020〕263 号
中国石化业务系统电子文件归档管理规范	中国石化制〔2020〕285 号
中国石化土地管理办法	中国石化制〔2020〕285 号
中国石化公共安全管理规定	中国石化制〔2020〕285 号
中国石化建设工程分包管理办法	中国石化制〔2020〕285 号
中国石化电力可靠性管理工作规定	中国石化制〔2020〕285 号
中国石化电力技术监督管理规定	中国石化制〔2020〕285 号
中国石化投资管理办法	中国石化制〔2020〕300 号
中国石化安全记录管理规定	中国石化制〔2020〕310 号
中国石化资金管理办法	中国石化制〔2020〕310 号
中国石化信息系统账户管理办法	中国石化制〔2020〕310 号
中国石化信息系统安全等级保护管理办法	中国石化制〔2020〕310 号
中国石化网络安全和信息化考核细则	中国石化制〔2020〕310 号
中国石油化工集团有限公司章程	中国石化制〔2020〕311 号
中国石化职业技能等级认定工作管理规定	中国石化制〔2020〕312 号
中国石化职业技能等级认定机构管理办法	中国石化制〔2020〕312 号
中国石化职业技能等级认定题库管理办法	中国石化制〔2020〕312 号
中国石化职业技能等级认定考务管理办法	中国石化制〔2020〕312 号
中国石化职业技能等级认定考评人员管理办法	中国石化制〔2020〕312 号
中国石化职业技能等级认定质量督导管理办法	中国石化制〔2020〕312 号
中国石化职业技能等级证书管理办法	中国石化制〔2020〕312 号
中国石化高级技师评审办法	中国石化制〔2020〕312 号
中国石化对外捐赠管理办法	中国石化制〔2020〕323 号
中国石化战略合作（框架）协议签署管理办法	中国石化制〔2020〕323 号
中国石化全员安全行为规范	中国石化制〔2020〕323 号
中国石化税务管理办法	中国石化制〔2020〕342 号
中国石油化工集团有限公司特殊资金监督管理办法	中国石化制〔2020〕342 号
中国石化应付款项管理办法	中国石化制〔2020〕342 号
中国石化安全生产保证基金资金管理办法	中国石化制〔2020〕342 号
中国石化煤矿安全管理规定	中国石化制〔2020〕342 号

续表

制度名称	制度文号
中国石化应急管理规定	中国石化制〔2020〕342 号
中国石化科技经费管理实施细则	中国石化制〔2020〕342 号
中国石化特种设备管理规定	中国石化制〔2020〕342 号
中国石油化工集团有限公司油气勘探重大发现专项奖励管理办法	中国石化制〔2020〕370 号
中国石油化工集团有限公司“三重一大”决策运行系统管理办法（试行）	中国石化制〔2020〕370 号
中国石油化工集团有限公司财务管理综合考评办法	中国石化制〔2020〕370 号
中国石化会计基础工作管理办法（暂行）	中国石化制〔2020〕370 号
中国石油化工集团有限公司资产管理办法	中国石化制〔2020〕370 号
中国石化信用风险管理暂行办法	中国石化制〔2020〕370 号
中国石化财务顾问资源库管理办法（试行）	中国石化制〔2020〕370 号
中国石化上市公司国有股权监督管理办法	中国石化制〔2020〕370 号
中国石化合资企业安全管理规定	中国石化制〔2020〕370 号
中国石化生产安全事故事件管理规定	中国石化制〔2020〕370 号
中国石化直属单位纪检机构案件审理工作办法	中国石化制〔2020〕370 号
中国石化心理健康（EAP）工作委员会章程	中国石化制〔2020〕370 号
中国石化抗震减灾管理办法	中国石化制〔2020〕370 号
中国石化工程质量管理规定	中国石化制〔2020〕370 号
中国石化工程质量监督规定	中国石化制〔2020〕370 号
中国石化建设项目检试验管理规定	中国石化制〔2020〕370 号
中国石油化工集团有限公司业务招待管理规定	中国石化综〔2020〕193 号
总部部门业务人员聘任管理办法	中国石化组总〔2020〕125 号
中国石油化工股份有限公司税务风险控制手册	石化股份财〔2020〕34 号
中国石油化工股份有限公司资金管理办法	石化股份制〔2020〕166 号
中国石油化工股份有限公司科技项目（课题）管理实施细则	石化股份制〔2020〕302 号
中国石油化工股份有限公司干粉煤型煤气化装置运行管理办法	石化股份制〔2020〕331 号
中国石油化工股份有限公司国拨项目财务管理办法	石化股份制〔2020〕331 号
中国石化价格管理办法	石化股份制〔2020〕331 号

索　引

企事业单位主题词索引

使用说明

1. 本索引引用主题词分析索引法编制。

2. 本索引按汉语拼音音序排列。具体如下：以英文字母开头的，排在最前面；汉字标目则按首字的音序、音调依次排列，首字相同时，则以第二个字排序，并依次类推。

3. 在索引中，索引标目之后的数字表示主题内容所在年鉴正文的页码；英文字母 a、b 分别表示左、右两个栏目。

4. 为反映索引款目的逻辑关系。对于二级目录，采取在上一级标目下缩两格的编排形式予以体现，之下的索引款目仍按上列排序方法依次排列。

A

B

D

F

G

H

K

L

M

Q

R

S

X

Y

表题索引

使用说明

1. 本索引采用表题索引法编制。年鉴中所有表题均在标引范围内。

2. 本索引基本上按汉语拼音音序排列。具体如下：以数字开头的，排在最前面；汉字标目则按首字的音序、音调依次排列，首字相同时，则以第二个字排序，并依次类推。

3. 在索引中，索引标目之后的数字表示主题内容所在年鉴正文的页码。

A

B

C

D

E

F

G

H

J

K

L

M

N

Q

R

S

T

X

Y

Z